中国社会科学院

年鉴

YEARBOOK
OF THE CHINESE ACADEMY
OF SOCIAL SCIENCES

2009

中国社会科学出版社

图书在版编目（CIP）数据

中国社会科学院年鉴．2009/王伟光，黄浩涛主编．—北京：中国社会科学出版社，2010.3

ISBN 978-7-5004-8491-2

Ⅰ．①中… Ⅱ．①王…②黄… Ⅲ．①中国社会科学院-2009-年鉴 Ⅳ．①G322.22-54

中国版本图书馆CIP数据核字（2010）第013624号

特邀编辑　朱丽雅　刘玉杰
责任编辑　易小放
责任校对　徐幼玲　王春霞
装帧设计　大盟文化
技术编辑　李　勤

出版发行　中国社会科学出版社
社　　址　北京鼓楼西大街甲158号　　邮　编　100720
电　　话　010－84029450（邮购）
网　　址　http://www.csspw.cn
经　　销　新华书店
印刷装订　北京一二零一印刷厂
版　　次　2010年3月第1版　　印　次　2010年3月第1次印刷
开　　本　787×1092　1/16
印　　张　47.75　　插　页　18
字　　数　1021千字
定　　价　228.00元

编辑委员会

中国社会科学院年鉴（2009）

编 辑 说 明

一、《中国社会科学院年鉴》（以下简称《院年鉴》）2009年卷收录了中国社会科学院2008年的机构设置、科研及对外学术交流活动、行政后勤工作、党务工作等方面的情况，较为全面系统地反映了全院以学术研究活动为中心的各项工作的进程，是了解中国社会科学院2008年工作全貌的、内容比较翔实的资料性参考书。

二、《院年鉴》2009年卷共分为“综述”、“组织机构”、“工作概况和学术活动”、“科研成果”、“学术人物”、“规章制度”、“统计资料”和“大事记”等八编 。其中，第一编“综述” 收录了中国社会科学院领导的《以十七大精神为指南 办好中国社会科学院》、《在中国社会科学院改革工作座谈会上的讲话》、《深入学习实践科学发展观 推进管理体制机制改革 加快我院哲学社会科学创新体系建设》等文章和《中国社会科学院关于深化管理体制机制改革的方案》、《中国社会科学院开展深入学习实践科学发展观活动的实施方案》；第二编“组织机构”介绍了中国社会科学院机构设置及负责人、中国社会科学院高级专业技术资格评审委员会名单及各研究所学术委员会、专业技术资格评审委员会名单；第三编“工作概况和学术活动”收录了院属各单位的年度工作概况和主要学术活动，其中，科研机构的排序仍以文史哲学部、经济学部、社会政法学部、国际研究学部、 马克思主义研究学部等五大学部的顺序排列；第四编“科研成果”收录了以科研机构为主的院属各单位的主要科研成果；第五编

“学术人物”按惯例收录了“中国社会科学院博士学位研究生指导教师（2008～2009）”和“2008年度晋升正高级专业技术职务人员”情况；第六编“规章制度”收录了《中国社会科学院院长学术基金管理办法》、《关于授予外籍人士“中国社会科学院荣誉学部委员”称号的条例》、《关于规范与境外机构在境外联名举办活动的规定（试行）》、《中国社会科学院学术会议管理办法》等条例；第七编“统计资料”收录了2008年度的主要统计资料；第八编“大事记”是中国社会科学院2008年度大事记。卷首图片生动、系统地反映了中国社会科学院2008年度的重大活动、重要学术会议及纪念我国改革开放30周年活动等内容。

在封面装帧和版式设计上，《院年鉴》2009年卷保持《院年鉴》2007年卷改版时的风格，继续将院属各单位的工作概况和学术活动与图片资料集中编排，以突出科研机构的工作动态。

三、《院年鉴》2009年卷的编辑工作是在中国社会科学院领导的关心下、在《院年鉴》编委会的指导下、在全院各单位的帮助下完成的，我们对各方面的大力支持和密切合作表示衷心的感谢。

《中国社会科学院年鉴》编辑部

二〇〇九年十一月

↑ 2008 年 9 月，中共中央政治局委员、国务委员刘延东在全国政协副主席、中国社会科学院院长陈奎元的陪同下考察中国社会科学院。

↑ 2008 年 10 月，中国社会科学院召开深入学习实践科学发展观活动动员大会。

↑ 2008 年 3 月，“中国社会科学院 2008 年度工作会议” 在社科会堂召开。

↑ 2008 年 3 月，“中国社会科学院 2008 年反腐倡廉建设工作会议” 在北京召开。

↑ 2008 年 7 月，“中国社会科学院改革工作座谈会” 在北京密云召开。

↑ 2008 年 11 月，“第四届中国社会科学院优秀期刊奖颁奖大会” 在北京举行。

↑ 2008 年 9 月，中国社会科学院研究生院建校三十周年庆祝大会暨 2008 年全国博士生学术论坛开幕式在北京举行。

↑ 2008 年 12 月，中国社会科学院学部主席团在北京举办“改革开放 30 年国际学术研讨会”。

↑ 2008 年 11 月，“中国社会科学院法学研究所建所五十周年纪念大会暨法学学科新发展论坛”在北京举行。

↑ 2008 年 10 月，中国社会科学出版社建社三十周年庆祝大会在北京举行。

↑ 2008 年 7 月，“中国社会科学院优秀图书资料工作者表彰大会暨 2008 年图书馆工作会议” 在北京召开。

↑ 2008 年 7 月，“中国社会科学院网络信息系统运行应用十周年总结表彰会” 在北京召开。

↑ 2008 年 5 月，中国社会科学院举行向地震灾区群众"送温暖、献爱心"捐助仪式。

↑ 2008 年 12 月，"中国社会科学院 2008 年部门决算结算中心业务工作会"在北京召开。

↑ 2008 年 4 月，中国社会科学院研究生院举行良乡新校区奠基仪式。

↑ 2008 年 12 月，“中国社会科学院第三届廉政研究论坛” 在北京举行。

↑ 2008 年 6 月，全国政协副主席、中国社会科学院院长陈奎元会见俄罗斯联邦委员会委员、俄罗斯联邦委员会自然垄断问题委员会主席、前苏联部长会议主席尼古拉 · 伊万诺维奇 · 雷日科夫。

↑ 2008 年 1 月，印度总理曼莫汉 · 辛格博士在中国社会科学院作题为"二十一世纪的印度与中国"的演讲。

↑ 2008 年 5 月，全国政协副主席、中国社会科学院院长陈奎元会见伊朗伊斯兰文化联络组织主席马赫迪 · 穆斯塔法维一行。

↑ 2008 年 4 月，全国政协副主席、中国社会科学院院长陈奎元会见泰王国诗琳通公主殿下一行。

↑ 2008 年 9 月，全国政协副主席、中国社会科学院院长陈奎元会见越南新任驻华大使阮文诗一行。

↑ 2008 年 11 月，全国政协副主席、中国社会科学院院长陈奎元会见澳大利亚总理特使理查德 · 伍尔科特。

↑ 2008 年 4 月，中国社会科学院院长陈奎元与蒙古国科学院院长恰德拉在北京签署《中国社会科学院与蒙古国科学院双边学术交流协议》。

→ 2008 年 11 月，中国社会科学院常务副院长王伟光与荷兰教育文化科学部大臣罗纳德·布斯特克在北京签署《中国社会科学院与荷兰教育文化科学部科学合作与交流谅解备忘录》。

↑ 2008 年 1 月，中国社会科学院常务副院长王伟光与欧盟委员会就业、社会事务和机会均等委员斯皮德拉签署《中国社会科学院与欧盟委员会交流备忘录》。

↑ 2008 年 12 月，中国社会科学院常务副院长王伟光会见出席“中美关系 30 年：过去、现在、未来——纪念中美建交 30 周年国际研讨会”的美国使馆代理大使彭达。

↑ 2008 年 5 月，中国社会科学院副院长李慎明率代表团访问比利时国家科研基金会，并与该基金会成员合影。

↑ 2008 年 5 月，中国社会科学院副院长李慎明率代表团访问英国剑桥大学，并与该校副校长合影。

↑ 2008 年 11 月，中国社会科学院副院长陈佳贵与加拿大阿尔伯塔大学副校长卡尔 · 阿穆仁在北京签署《中国社会科学院与加拿大阿尔伯塔大学学术交流与合作协议》。

↑ 2008 年 11 月，中国社会科学院副院长朱佳木会见越南胡志明国家政治行政学院胡志明与党的各位领袖研究院院长范红张。

↑ 2008 年 10 月，中国社会科学院副院长武寅与英国剑桥大学校长艾莉森 · 理查德签署《中国社会科学院与剑桥大学合作备忘录》。

↑ 2008 年 10 月，中国社会科学院领导李秋芳率团访问俄罗斯联邦国家杜马，并与反腐败立法保障委员会主席沃尔科夫等合影。

↑ 2008 年 4 月，中国社会科学院秘书长黄浩涛会见芬兰科学院院长马迪拉。

↑ 2008 年 2 月，“中国社会科学院文史哲学部学术动态报告会”在北京举行。

↑ 2008 年 1 月，中国社会科学院社会政法学部学术论坛“我国社会主义法律体系的几个问题”报告会在北京举行。

↑ 2008 年 2 月，中国社会科学院国际学术论坛“2007 ~ 2008 年拉丁美洲和加勒比形势：多样性与挑战”在北京举行。

↑ 2008 年 4 月，“社会科学研究政策：项目管理”研讨会在北京召开。

↑ 2008 年 5 月，“中欧社会科学研究合作研讨会”在北京召开。

↑ 2008年5月，“中国社会科学院第二十一届国际问题论坛：俄罗斯总统选举及其未来走势”在北京举行。

↑ 2008年5月，“第四届中国经济论坛：生态、环境与中国经济”在北京举行。

↑ 2008 年 7 月，“中国社会科学院国学研究论坛” 在北京举行。

↑ 2008 年 9 月，“中国社会科学院中国古代史论坛：改革开放 30 年来的中国古代史研究” 在北京举行。

↑ 2008 年 10 月，“改革开放 30 年暨纪念孙冶方百年诞辰研讨会” 在北京举行。

↑ 2008 年 10 月，“第四届环境与发展中国（国际）论坛” 在北京举行。

↑ 2008 年 10 月，“2008 年中国经济形势分析与预测秋季座谈会”在北京举行。

↑ 2008 年 10 月，“中非经济论坛 2008：增长与发展”在北京举行。

↑ 2008 年 11 月，“世界经济与中国 2009：变化中的世界和机遇国际研讨会”在北京举行。

↑ 2008 年 11 月，首届“城市发展 · 南昌论坛”在江西省南昌市举行。

↑ 2008 年 11 月，“中国—挪威社会政策研讨会：北欧模式与中国经验”在北京召开。

↑ 2008 年 11 月，“第四次全国地方志工作会议”在北京举行。

↑ 2008 年 11 月，“中国社会科学院世界史论坛”在北京举行。

↑ 2008 年 11 月，“第三亚欧大陆桥西南通道建设国际学术研讨会”在北京举行。

↑2008年12月，“中国社会科学院科研成果发布会暨中国经济改革开放30年理论研讨会”在北京举行。

↑2008年12月，中国社会科学院第22届国际问题论坛“中国与拉美经济改革：回顾与比较”在北京举行。

↑ 2008 年 12 月，“社会变革中的当代中国家庭国际研讨会” 在北京举行。

↑ 2008 年 12 月，“改革开放在台州——台州模式研究成果发布暨《草根经济与民主政治》出版座谈会” 在北京召开。

↑ 2008 年 12 月，“中国社会科学院学科交叉专题研讨会——气候变化的科学与经济问题”在北京举行。

↑ 2008 年 12 月，“第三届中国社会学博士后论坛：改革开放三十年中国社会福利与社会建设”在福建省厦门市举行。

《中国社会科学院年鉴》2009年卷
审稿人名单

杨　义	汤晓青	陈众议	曹广顺	王　巍	卜宪群
郭平英	步　平	吴恩远	刘　为	余克礼	吴尚民
金　泽	吴太昌	李　平	张晓山	裴长洪	李　扬
汪同三	张世生	张新平	冯　军	陈泽宪	王一程
邸永君	汪小熙	尹韵公	李向阳	邢广程	吴白乙
杨　光	江时学	胡国成	张宇燕	李　薇	程恩富
施鹤安	李汉林	王苏粤	杨　扬	张国宝	高来发
张昌东	王延中	杨沛超	孟昭宇	刘迎秋	高　翔
谢寿光	张新鹰	王俊军	冯俊森	崔民选	沈志渔
张星星	田　嘉				

《中国社会科学院年鉴》2009年卷
供稿人名单

曹维平	宋　颖	焦莉君	张　骅	巩　文	博明妹
赵笑洁	蔡　震	柴怡赟	姜　南	陆晓芳	牛晶晶
孙宏平	杨京林	王　平	王　鹰	周　济	谷玉珍
刘燕生	朱小慧	孔繁来	赵培德	霍冉冉	戴丽萍
韩胜军	张彦海	李　药	蒋熙辉	黄　晋	张　宁
宋丽梅	赵克斌	雷　霞	郗艳菊	冯育民	崔　振
蔡雅杰	史晓曦	刘东山	杨　西	李玲燕	马军伟
彭　华	周晓英	秦益成	卜岩枫	朱文清	孙　平
张　鼐	钱彦博	薛增朝	吴　敏	滕　瑶	李　特
于晓丹	曾　军	胡楠阳	马　援	高　洁	李　峰
彭　杉	刘振喜	王　浩	王宏宇	蔡继辉	匡卫群
王谨瑜	杨大英	刘慧岭	张丽生		

目 录

第一编 综述

第二编 组织机构

第三编 工作概况和学术活动

第四编　科研成果

第五编　学术人物

第六编　规章制度

第七编　统计资料

第八编　大事记

2009 YEARBOOK OF THE CHINESE ACADEMY OF SOCIAL SCIENCES

CONTENTS

CHAPTER ONE A COMPREHENSIVE SURVEY

CHAPTER TWO LEADERSHIP STRUCTURE AND ORGANIZATIONAL COMPOSITION

CHAPTER THREE WORK AND ACADEMIC ACTIVITIES

CHAPTER FOUR SCIENTIFIC RESEARCH ACHIEVEMENTS

CHAPTER FIVE PROMINENT ACADEMIC FIGURES

CHAPTER SIX RULES AND REGULATIONS

CHAPTER SEVEN STATISTICS DATA FOR 2008

CHAPTER EIGHT CHRONICLE

第一编

综　　述

ZONGSHU

一 领导讲话

以十七大精神为指南 办好中国社会科学院

——在中国社会科学院2008年度工作会议上的讲话

（2008年3月26日）

陈奎元

中国社会科学院2008年度工作会议，是在中国共产党第十七次全国代表大会、十一届全国人大一次会议和全国政协十一届一次会议之后召开的工作会议。

这次会议的主题，就是按照党的十七大的要求和部署，研讨、安排我院2008年以及今后五年的发展思路和主要任务。

党的十六大以来，以胡锦涛同志为总书记的党中央重视发展、繁荣哲学社会科学，发布了《中共中央关于进一步繁荣发展哲学社会科学的意见》，这是党中央发布的第一份关于发展哲学社会科学的专题文件。党的十六大之后，在中央历次全会和许多重要会议上，胡锦涛总书记的讲话中都有关于繁荣发展哲学社会科学的阐述。党的十七大又对哲学社会科学作出新的论述，提出了新的要求，进一步明确了哲学社会科学的地位和作用，为哲学社会科学的发展指明了新的方向。在党中央、国务院、中央宣传思想工作领导小组的领导下，我院各级组织和广大学者、工作人员以马克思主义特别是中国特色马克思主义理论为指导，以服务党和国家的大局为中心，在科学研究、队伍建设等各方面都有所前进，在中国特色社会主义的经济建设、政治建设、文化建设、社会建设各个领域作出了自己的贡献，展示了自己的形象。回首十六大以来的历程，可以说我们是脚踏实地为党中央、为中国特色社会主义事业努力工作、积极奉献的五年，以胡锦涛同志为总书记的党中央对中国社会科学院的工作给予了充分的肯定。

党和国家赋予我院重大的使命，对我们寄托很高的期望，要求我院建设成为马克思主义的坚强阵地，党和国家的思想库、智囊团，中国哲学社会科学的最高殿堂。对照这个要求，我院的差距很大，我们必须朝着这三个目标不懈地努力奋斗。

当前以及今后几年我们要以十七大精神为指南，办好中国社会科学院，为发展繁荣中国哲学社会科学事业作出应有的贡献。王伟光同志的工作报告提出了全面的部署，我再就今后我院各项工作的发展提出几点要求。

第一，必须自觉地为党和国家的大局服务。为党和国家的社会主义事业服务，是中国社会科学院的根本职责，也是发展繁荣中国特色哲学社会科学的基本途径。我国的社会主义现代化建设事业方兴未艾，经济、政治、文化、社会处在日新月异的变革之中。实践为理论创新提供了沃土，并且呼唤科学理论成为实践的先导，这样的时代，这样的中国，是哲学社会科学发展难得的机遇。

服务大局不是空洞的表态，更不是南其辕北其辙。当前，全党全国人民的大局主要是高举中国特色社会主义的旗帜，坚持走中国特色社会主义的道路，坚持中国特色社会主义理论体系。我院的许多学科位于经济社会发展的前沿，学术研究成果可以为党和国家制定政策、指导发展提供理论依据，直接为改革与发展作出贡献。有些人文基础研究的学科从表面上看与现实的社会生活直接关系不大，但是它关系到民族的精神水准和文化根基，为中华民族的兴旺发达同样也可以作出重大的贡献。

党中央提出兴起社会主义文化建设新高潮，这个新高潮的主旋律离不开中国特色社会主义理论体系的指导。改革开放以来，伴随思想大解放，在意识形态领域形形色色的“主义”和“思潮”纷至沓来，我院要始终保持清醒，不能迷失马克思主义思想和社会主义的方向，不能放弃主阵地的意识和责任。

中国特色社会主义理论不是教条，更不是禁区，它为思想解放、理论创新开辟了广阔的天地。我们的责任就是要坚定不移地维护和发展中国特色的社会主义理论。

第二，要下决心、下功夫出成果、出人才。中国社会科学院存在的价值和未来的前程，归根到底要看能否出国家和人民需要的科学成果、能否出振兴国家民族的宝贵人才。成果与人才需要良好的环境和适宜的气候，现在国家的大环境、大气候好，中国社会科学院要搞好自家的小环境，尽心尽力成为推介成果、培育人才的基地和摇篮。

要培育一批精通马克思主义的理论家、学贯中西的专家、功力深厚的国学大家、在国内外人文社会科学界名声鹊起的科学家、一批能够为兴国利民出计献策有资格称为智囊团的专家，要下大力气培养中青年学者。

人才的成长需要良好风气，而社会上的拜金主义、极端个人主义以及功利主义等不正风气不同程度地熏染人们的耳目和灵魂，道德沦丧是中华民族的忧患。我们要坚持正确的育人之道，营造良好的学术氛围，下功夫培养像前辈大师、学者那样道德高尚、学识出类拔萃的真正精英。

科学研究最讲究实事求是，本领高低、成就大小要凭公论，一个笃实的学者首先是一个老实人，必须有谦虚的品格和追求真理的精神。恩格斯在《自然辩证法》一书中有一段议论，他指出当时各种理论新体系“如雨后春笋出现在德国”，“每个人什么东西都能写，而‘科学自由’恰恰就在于人们甚至可以撰写他们所没有学过的东西，而且这被冒充为唯一的严格科学的方法”。这种现象，在今日的学术界也历历在目。显而易见，这样的成果和人才不会受到公认。中国社会科学院要在学术界树立风清气正的形象，中国社会科学院的学者要力求做道德文章的楷模。

第三，积极推进学科体系和科研方法创新。我院科研单位的设置、学科体系的形成，30年来走过了不平凡的道路，前人功不可没，特别应指出的是第一任院长胡乔木等同志，为构建社科院殚精竭虑，他们当时的设想有很高的立足点。

胡锦涛总书记在十七大报告中提出，繁荣发展哲学社会科学，推进学科体系、学术观点、科研方法创新，鼓励哲学社会科学界为党和人民事业发挥思想库作用，推动我国哲学社会科学优秀成果和优秀人才走向世界。这是对发展哲学社会科学提出的新任务。应对创新的要求，当前我院需要着重考虑几个关系重大的议题。

一是社会科学同自然科学的沟通、结合问题。自然界和人类社会发展，都有一般运动规律，对自然和社会运动规律的认识和自觉地掌握利用，不是互不相干而是相辅相成的。马克思、恩格斯创立社会科学的基本原理，同他们当时对自然科学最高成果的深刻理解是分不开的。现在人类对自然界的认识达到了崭新的境界，我国的社会发展进入新的阶段，国家的发展需要社会科学与自然科学提供更丰富的知识，给予更有效的指导。两弹元勋钱学森同志为自然科学和社会科学的结合作出很大的努力，为我们做出了榜样。胡锦涛同志在这方面也有过批示，现在我们中国社会科学院应当将自然科学和社会科学的结合提上学科体系创新的日程。

二是弘扬中华民族的优秀传统文化。中华民族数千年来生生不息，民族凝聚力如海纳百川长盛不衰，根源在于中华民族传统文化的精神力量。自五四新文化运动以来，经过几番沉浮扬弃，传统文化的精华与糟粕都受到洗磨。在大伤元气之后，传统文化的继承和发展，局面未可乐观，甚至于在某些方面有断档之忧。当今社会上有媒体哄抬的“国学”热，虚热的成分居多，戏说、新解炒得火热，那些真正的“国学大师”或大成就者们数十年磨一剑的著作及他们的真知灼见，反而鲜为人知。要兴起文化建设的新高潮，“国学”需要返璞归真，并焕发出新的时代光辉。我院人文学科有厚重的根基，现在还有一批功力深厚的学者以及优秀传人，理应薪火相传。我院要成为人文社会科学的殿堂，弘扬优秀传统文化应成为主体建筑的重要部分。院文史哲学部和其他学部的相关学科，都应积极参与，作出贡献。

三是基础研究与应用对策研究、国情调研同举并进。作为国家的社会科学殿堂，基础研究任何时候都不能削弱，基础理论的学科不能减弱，每个学者打基础的功夫也不能忽视。基础理论积淀深厚，作为思想库才有资源、才有分量。应用对策研究要继续提升水平，要发挥群体的优势。江泽民同志指出的“要立足国情，立足当代，与时俱进，开拓创新，以深入研究重大现实问题为主攻方向”的方针，指明了哲学社会科学发展的方向和前途，是作为智囊团的必然要求。在这一方面，我院从总体上看，下的功夫不够深，分量还不够重，是我们应当加劲的方向。国情调研是研究重大现实问题的一部分，我院的这项工作起步不久，要总结经验，找到规律，真实地认识国情民意。

四是扶持特殊学科、濒危学科。我院45名学部委员，92名荣誉学部委员以及尚未列入这个名单的专家学者，有很多是著名的学术带头人，有的是某一学科、某一学派，甚至是某一渐趋消逝的文化的主要传承人。文化源流不应中断，文化传承责任至大，祖先传到今天的文化是可贵的财富，不应断档。我们支持、扶持这些特殊学科和濒危学科，并不意味着我院的科研重点集中在特殊学科和濒危学科研究上。作为中国社会科学院，我们有责任、有义务、有能力支持、扶持这些特殊学科和濒危学科。应当鼎力支持老学者出版著作，整理发表成果，培养后续人才。我们应当有兴灭继绝的紧迫感，要抓紧调查，一个人一个人地帮助落实。

第四，坚持实践检验真理、发展真理。社会科学离不开人的实践活动。理论来自于实际，接受实践的检验，证明是科学的理论，然后才能指导实践。社会科学工作者，特别是年轻的社科工作者，需要更广泛地接触实际、接近群众，扎扎实实地提高实践的功夫。是否尊重人民群众的实践，是历史唯物主义与历史唯心主义的根本区别，以为凭天才头脑发明一种理论，推向社会，就能改变人类的命运，这是历史唯心主义的特征，是注定要失败的。社会科学工作者的成长、成才也要在实践上下功夫。当然也要尊重和学习前人基于实践创造的理论和经验。老一辈的理论工作者重视实践，同人民群众有深厚的感情，这是他们具有高深学问和高尚情操的源泉，是年轻一代学人应当认真学习和效法的。社会科学工作者，应当成为人民的代言人，只有了解人民，才能代表人民。

同志们，2008年是中国社会科学院向新的目标奋进的一年，让我们大家在以胡锦涛同志为总书记的党中央领导下，高举旗帜，共同向前。

在中国社会科学院改革工作座谈会上的讲话

（2008年7月26日）

陈奎元

此次座谈会是中国社会科学院研究自身改革的一次重要工作会议。会议的中心议题是贯彻党的十七大精神，继续深化我院领导和管理体制机制的改革，推进哲学社会科学研究事业的发展与繁荣。

王伟光同志的主题讲话很好，院各职能部门的发言各有侧重，与会各研究所和各单位的同志提出很多、很具体的意见和建议。在全面吸纳大家意见的基础上，院党组、院务会将发布改革我院管理体制、机制的实施意见，并努力在全院推行、实施。

这次会议讨论决定的思路和举措，不是寻常的工作部署，而是在我院进一步推进改革的重要决策思想、重大改革步骤，是深化改革的新开端。

今天在大家讨论的基础上，我着重讲几个问题。

（一）全院都要重视管理体制机制的改革

我院建立31年（上溯原中国科学院哲学社会科学部共53年），建院和发展历程伴随改革开放的脚步，付出的努力和取得的成就不容忽视。

党中央批准成立中国社会科学院是英明的决策。中国社会科学院的首届领导班子打下的基础和他们制定的发展蓝图是有远见的，全院几十年的科研成果和自身建设可圈可点。我们现在要在某些方面进行改革并不是认为前面做得不好，更不是自以为比前人高明。我们作为后继者，感谢他们，更有责任在新的形势下把他们开创的事业接续下去并不断推向前进。

近30多年是中国党和国家发生巨大变化的新时期，党和国家领导体制的改革逐渐深入、扩展。我院现在机构庞大、机制守旧，整体创新能力不强，这种状况与国家变革的步调有差距，与自身的使命不协调、不适应，弊端日趋明显。环顾左右，我们改革的力度不够，照旧章办事的状况比较明显，妨碍人才成长和科研成就的弊端大家均有所见，需要有针对性地进行改革。中国社会科学院必然要随着潮起潮落，随着国家大局走向改革的未来。

我国是具有独特文化传统、悠久历史文明的社会主义国家，是13亿人口的大国，理应站在人类文明的前列。具有中国人文社会科学最高殿堂地位的国家社会科学研究院，要清醒地看到，我们的分量不够，我们的责任重大，无论在国内还是在世界，都面临着挑战。我们不能关门当老大，要有紧迫感和危机感，要有忧患意识、改革意识和奋发图强的意识。

1．基础研究的传统优势不能下滑。哲学、语言、文学、史学、考古、外国文学、民族宗教学和经济学科的基础理论研究一向是我院的优势，有些前辈学者被视做该领域的泰山北斗。现在这些学科大部分保持相当的优势，但是面临的竞争是毋庸讳言的事实。要注重研究整理、刊发大师们的研究成果、重要著述，传承他们的学术精华。今后若干年，随着第二、第三代传人逐渐退出现职，要选好新的学科带头人，对于学术骨干的选拔、推介、培养工作，要下功夫尽快取得进展。

由学部组办的“国学研究论坛”是我院为了建设人文学科殿堂采取的一项实际决策。学懂古人，才能谈得上弘扬中华传统文化。对传统文化一派茫然，所谓创新根本是无稽之谈。如果没有汉、晋、唐、宋以及清代学者为古代典籍作出的那些传记、集解、索引、正义、注、疏……，古代的书籍及文化今天无人能解。近现代对甲骨文、钟鼎文、帛书、竹简的发现与辨识、研究是新的重大贡献，为今人了解古人打开了新的门户。中国社会科学院的学者背负历史的责任，应当上接古人、唱响当代、启迪后人。我主张把“国学研究论坛”做大、做响，主要是考虑应发挥我院研究所的学科特长、研究人员的真才实学，呼唤民族文化的精神，把中华民族的文化内涵扩展到人民中间。与此同时，也把我院学者的形象介绍给世人。这个动议不是即兴的发挥，是建设人文科学殿堂的深切希望，坚持下去就可以成为长效机制。民族传统文化不是宗教，其优秀文化的传承与生命力的根基厚重，关键在于需要有志于此项事业的专家坚韧不拔地代代相传。

2．应用对策研究要向战略高度提升。中央要求哲学社会科学研究要立足当代、立足国情，以研究重大现实问题为主攻方向，要求注重研究全局性、前瞻性、战略性的问题。这主要是指与应用对策关系紧密的学科，如：马克思主义基础理论、经济学、社会学、当代中国史、法学、国际学、政治学、民族学、宗教学、文学以及哲学、史学的部分学科。

基础研究与应用对策研究有不同的侧重，也有互相结合、互为体用的关系。研究得好，都有利国利民的功效，并不存在强调一部分人侧重这方面的研究，就会影响其他人进行另一方面研究的问题。

应用对策研究，包括国情调查，要提升水平。从战略的高度提出目标、任务，用战略的视角研究党和人民正在关切并希望找到答案的问题，把研究工作融入党和人民正在致力的伟大事业中去；要以中国特色社会主义理论为旗帜引领潮流；了解基于实践的理论材料，参与党的理论创新进程；了解世界理论、文化的动向，借鉴先进适用的文明成果。过去基督教宣扬其教义是“普世价值”，现在西方话语权的声音高，把他们主张的“民主观”、“人权观”以及自由市场经济理论等等也宣称为普世价值，我国也有一些人如影随形，大讲要与“普世价值”接轨。我们研究重大现实问题，涉及党的路线方针政策，在这样重大理论、战略问题上要清醒。

应用对策研究，要尊重、深刻理解党的理论创新成果。邓小平理论、“三个代表”重要思想和科学发展观，展示出新的研究空间。我国改革发展实践中的成就，现实生活中显示出的矛盾，人民群众的关注焦点，是研究的极好素材。举凡关系改革、稳定、发展，关系强国利民的思想、对策都有战略的意义，从中寻找研究的方向，作出科学的判断，就能够体现应用对策研究的价值，积而累之就会成为新的有根基的理论成果。

所谓“智囊团”并非是官封，更不是自封的。西汉的官员晁错第一个被称为“智囊”。涉及当时的天下大事，他见解精辟、独到，虽然成为政治斗争的牺牲者，真理在他一边，不愧“智囊”的称号。我们中国社会科学院人才济济，位列参谋咨询的重要机构，做智囊团体是本分，问题在于是否能够站在应有的高度，在国家需要的基础理论研究和应用对策领域拥有领先的优势。要健全科研成果选评的机制，不要让优秀成果被那些空谈、垃圾淹没了。

3．要走出去，在国际人文、社科领域争取制高点，争夺话语权，扩大影响力。在人文社科领域，所谓“西强我弱”不可一概而论，要具体分析西方强在何处，我方弱在哪里。东西方的价值观不同，文化传统、道德规范不同，有可比的方面，也有不可比的方面。强弱不但要看声音高低，还要看内涵和本质。马克思、恩格斯两个人创立的科学理论，曾经使整个资本主义世界震惊。现在中国特色社会主义的理论与实践在世界的影响力日益上升，在社会科学领域有独特的价值，不能笼统地讲强弱，一味甘拜下风。要学习的是先进文化而不是强势文化。中华的传统文化博大精深，中国特色社会主义理论体系独领风骚，在这些方面我们并不弱，在任何时候、任何场所，都有理由慷慨陈辞。在许多方面我们不如人家，或者人家有独到之处，我们就要虚心学习，这不仅是面对西方发达国家，而且是对全世界、全人类。现在这方面的主要倾向性的问题是民族文化虚无主义和过分崇拜西方主流意识形态。

强和弱并不是永恒不变的，我们的使命是转弱为强。相信辩证法，事物的发展变化是绝对的。冷战结束不到20年，美国一超独强的神话在经济、政治、军事上都显示风光不再，在思想文化上也不可能永远做霸主。我们要树立民族自尊心和自信心，不搞任何盲目崇拜，不能将西方的价值观念尊奉为所谓的普世价值，也就是不把我们党和国家的价值观贬低为另类价值，这是中国社会科学存在和振兴的内在要求。要实现中华民族文化的大发展、大繁荣，就需要树立保持中华五千年文化优秀传统的信念，相信中国特色社会主义理论体系是当代先进的科学理论，立足自己的根基，发扬民族的创造力。

这次我院内部的改革主要是管理职能的部分，对于学科体系建设、研究所的建设、学术评价标准、评价体系建设，作为学术改革的内容要继续研究，相机推进。

改革不是神话，正如理论创新一样。党中央进行理论创新，始终要探讨建设什么样的社会主义，怎样建设社会主义。在改革的问题上同样也要弄清楚一个问题：搞什么样的改革，怎样进行改革？社会上有些人故意模糊改革的性质，打着改革的旗号，企图取消党的理论基础，图谋褫夺党的领导权力，改变国家社会主义的性质和方向，提倡这样的改革绝对不是为了巩固和发展社会主义制度，而是和平演变的图谋。讲改革，如果脱离党的基本路线，违背党的理想信念，背离广大人民的利益和期望，就必然导致一系列难以控制的后果。我们绝不赞同那样的改革。

我院现在研讨的改革，是中国社会科学院内部管理体制、机制的改革，作风的改革，要义是推动科研、激励人才、优化服务。评价改革内容和措施，要看这几条。

（二）改革院机关的管理制度，转变部门职能

我院的科研工作，主体在研究所。研究所是科研组织、实施、评价、发布的主要承担者，研究所的水平高低是中国社会科学院科研水平高低的标志。院部和院部工作机构与研究所、研究中心是一个组合。院部的职能有领导、有服务，领导要讲章法，服务要有效率。机构的功能能够保证促进科研健康发展的就是正确的、必要的，阻碍科研顺利进展的就是不当的、多余的。

改革工作制度、转变机关职能、促进科研成果、促进人才的涌现和成长是我们的目标和要求。

1．树立为科研服务的意识。现在主要采用课题制的办法管理科研活动，这个办法行之已久，不可能立即用其他办法取代。课题制的利和弊基本上都清楚，要朝着鼓励出科研成果的方向进一步完善，还要研究跳出课题制的新办法，扶持学科带头人，扶持潜心钻研理论、不急功近利的学者，鼓励数年磨一剑的学者。

2．激励人才、打造推介人才的天地。我院队伍规模较大，鱼龙俱在，难免有吃闲饭的，有南郭先生厕身其间，最重要的莫过于发现人才、推介人才。既要善于求同存异、包容多样，更要慧眼识人。凡是大的群体，往往有魔亦有道，难以保证纯而不杂，重要的是保证主流健康，“君子之道长，小人之道消”。现在中央制定许多选人用人的新规矩，总而言之是制度化。光有制度还不能保证出人才。我们要建设有利于人才成长的环境，坚决反对嫉贤妒能、党同伐异、压抑人才的学伐作风，要完善人才制度，鼓励人才涌现，并要下功夫努力推介学有所成的专家。培养“大家”是我们始终不渝的目标。

要下决心实行人员退出机制，首先推行评聘分开，不要草率断绝退出人员的生路，但要坚决防

止冗员过多，不能长期容忍不干事的人阻塞有希望的人才的前进之路。这步棋非走不可，别无选择。

3．改掉衙门作风。“铁打的衙门流水的官”，这句话道出中国几千年官场的积弊。衙门根深蒂固，积重难返，各种明规则、暗规则，往往令人目瞪口呆。衙门风气不除，施之于国则误国，施之于事则误事。这是人民群众深恶痛绝的痼疾，是当今社会矛盾频发的渊薮。我院的工作部门总体上看，官僚主义并非十分突出，有些部门还受到服务对象的好评。问题主要在对职能的界定不清，改革职能就是为了加强服务的功能，提高服务的效率。机关职能转变得好，出成果出人才就会得到有力的支持与保证，就会提高全院的整体功能。

（三）加强党的建设

政治体制的改革，国家机关领导体制、管理机制改革的方向和目标，是要坚持和改善党的领导，而不能削弱党的领导。在推进领导制度改革的同时，要考虑有效地发挥党的核心领导作用，提高党组织的领导水平。

现在党的队伍巨大，执政50多年，党的队伍与革命战争年代比较，面目大不一样了。有相当多的党员组织观念淡漠，有不少党员干部为人民服务的意识、先锋队的意识、为实现社会主义共产主义远大目标进行奋斗的意识大幅度地下跌。加强党的自身建设，不但关系执政兴国的能力大小，而且关系党自身的生死存亡。

我院党员人数众多，专家学者中党员的比例较高，院所两级领导骨干绝大多数是党员专家学者，这是我院坚持正确政治方向和坚持马克思主义思想阵地的组织保证。党的自身建设搞好了，党组织才有力量；党的队伍一盘散沙，任何完备的制度和精巧的机构也不能保证党的执政地位不垮塌。

党的建设首要的是思想理论建设，共产党的党员干部不学习、不信仰马克思主义，离开社会主义、共产主义的理想信念去研究执政规律，与资产阶级政党就没有分别。失去了政治灵魂、政治保证去谋求领导的能力，既得不到劳动人民的信任，也不会为新产生的社会阶层长期接纳，苏联共产党的悲惨结局殷鉴不远。

共产党的力量来自于组织，党员个人永远要立足于组织之中，绝不要以为自己有一技之长，或者有一定的声望，就可以替代组织的力量。党员干部不论在何种岗位上，都要关心党组织的巩固和兴旺，自己也要自觉地接受组织的约束和监督。注意严格自律、维护党规党法，每一级党组织都要加强党风廉政建设。党和国家为人民谋利益的口号和实际措施都不少，但是许多突发事件显示，近年来党群、干群的关系不但未见明显改善，反而有激化的迹象，不容我们不加深思。我院各级党组织也要时刻牢记为巩固和加强党的组织始终不渝地奋斗。

制度要各级干部执行，要注意讲究工作方法，发扬民主、求实的作风。毛主席批评过李逵式的官长，李逵不是坏人，但是作风简单粗鲁，把好事办成坏事，坏事办多了，好人就当不成。

改革领导体制，建立规范的管理制度和工作制度是重要的，但是党的风气、干部的作风同样不可忽视。制度不是万能的，从理论上说，社会主义制度总比资本主义制度好，改革以后总比改革以前好。看实际情况，现今党员干部中贪腐分子滋生的情况、人民群众怨愤的心理、党群关系紧张的程度，我看是新中国成立以来少有的状况。每一个珍惜党的事业、关心党的前途命运的人，都不应置若罔闻。党是一个整体，我们虽然是一个具体的科研单位，但是要从自己做起，保持好党的这个重要阵地。我们研究领导体制的改革，绝不要忘记加强党的领导，研究社科院的建设，始终注意抓好党的建设，这不是题外的话。

（四）抓落实

我院现在提出科研管理体制、人事管理体制、财计后勤等方面管理体制、机制的改革意见，并不是独创的、率先的举动。像我院这样几乎原封不动维持过去选人、用人、留人办法的单位，已经为数不多。不进行适当的改革，奖勤戒懒、优胜劣汰做不到，各得其所也做不到。学问好、成果多、有前途的人要位置没有位置，要职称没有职称，要奖励没有奖励，就不会形成人才辈出的局面，社科院就没有前途。

改革的措施要慎重，大家提的意见要仔细斟酌，认真吸纳，已经有几个研究所作过试点，只要考虑周全，就不会产生大的闪失。凡事都会有一点风险，只要大家用心去做，不简单草率地处理涉及个人根本利益的事，这一步改革就不会产生大的风波。这一步迈出去以后，站稳了，学科体系建设、研究所的建设、科研成果评价等方面的改革紧随其后，我院和各研究所几年以后将会是一个崭新的面目。

深入学习实践科学发展观　推进管理体制机制改革 加快我院哲学社会科学创新体系建设

——在中国社会科学院深入学习实践科学发展观活动动员大会上的讲话

（2008年10月14日）

陈奎元

同志们：

今天，我们在这里召开中国社会科学院深入学习实践科学发展观活动动员大会，主要任务是按照中央精神和要求，对我院的学习实践活动进行全面动员和部署。中央决定，从2008年9月开始，用一年半左右的时间，在全党分批开展深入学习实践科学发展观活动。中央发出了《中共中央关于在全党开展深入学习实践科学发展观活动的意见》等一系列文件。2008年9月19日，胡锦涛同志在全党深入学习实践科学发展观活动动员大会暨省部级主要领导干部专题研讨班上发表重要讲话，从战略和全局的高度，科学分析了世情、国情、党情的发展变化，深刻阐述了在全党开展深入学习实践科学发展观活动的重大意义，全面阐述了学习实践活动的指导思想、主要原则和目标任务，明确提出了确保学习实践活动取得实效的基本要求。讲话高屋建瓴，内涵丰富，思想性、理论性、针对性都很强，是指导全党搞好学习实践活动、把贯彻落实科学发展观提高到一个新水平的全面部署和根本依据。

根据中央的总体部署，我院参加第一批学习实践活动，从2008年9月开始到2009年2月基本结束。中央派出的指导检查组已进驻我院，傅克诚同志为组长，王显政同志为副组长。指导检查组将在今后半年的时间里，对我院的学习实践活动进行全程指导和督促检查。我代表院党组对指导检查组的同志们表示热烈欢迎！我院学习实践活动领导小组将认真接受中央指导检查组的指导和督查，与指导检查组密切合作，共同把我院的学习实践活动组织好，学出新水平，改出新面貌，切实推动我院科研工作、党的建设、人才队伍建设和其他各项工作。

下面，我代表院党组讲几点意见。

（一）充分认识开展深入学习实践科学发展观活动的重大现实意义和紧迫性

党的十六大以来，以胡锦涛同志为总书记的党中央，高举邓小平理论和“三个代表”重要思想伟大旗帜，立足社会主义初级阶段基本国情，总结我国发展实践，借鉴国外发展经验，适应新的发展要求，提出了科学发展观这一重大战略思想。党的十六届三中全会首次明确提出“科学发展观”的概念，强调要坚持以人为本，树立全面、协调、可持续的发展观，促进经济社会和人的全面发展；十六届四中、五中、六中、七中全会在经济、政治、文化、社会、党建等各领域全面贯彻落实科学发展观，使科学发展观在理论和实践上全面展开。党的十七大全面阐述了科学发展观的时代背景、历史地位、科学内涵、精神实质和根本要求，把科学发展观写入了党章。党的十七大作出在全党开展深入学习实践科学发展观活动的战略决策。为了把这次学习实践活动开展好，十七大召开后，中央部署在23个单位进行了试点工作，积累了宝贵经验，探索了有益做法。这次中央部署在全党开展学习实践活动，就是为了把学习贯彻十七大精神引向深入，把贯彻落实科学发展观提高到一个新的水平。

我们要充分认识在全党开展深入学习实践科学发展观活动的重大现实意义和紧迫性，切实把思想和行动统一到中央决策、要求和部署上来。中央文件和胡锦涛总书记的重要讲话对这次学习实践活动作出了深刻的阐述和全面的部署。胡锦涛总书记讲话中提出三个迫切需要，从全局上阐明了这次学习实践活动的重大意义。深入学习实践科学发展观，是用中国特色社会主义理论体系武装全党的重大举措，是“三个代表”重要思想学习教育活动和保持共产党员先进性教育活动的继续，是深入推进改革开放、推动经济社会又好又快发展、促进社会和谐稳定的战略决策，是提高党的执政能力、保持和发展党的先进性的必然要求，是更好地实现党的十七大提出的宏伟蓝图和行动纲领的需要。这次学习实践活动的目的，就是进一步用中国特色社会主义理论体系武装头脑，不断增强贯彻落实科学发展观的自觉性和坚定性，坚定不移地把科学发展观贯彻落实到经济社会发展的各个方面，为全面推进社会主义经济建设、政治建设、文化建设、社会建设以及生态文明建设，全面推进党的建设新的伟大工程，实现全面建设小康社会的宏伟目标，进一步奠定重要的思想基础、政治基础和组织基础。

中国社会科学院是党中央直接领导的国家哲学社会科学研究机构，是党的思想理论战线的重要部门，理应率先学习和领会科学发展观，研究和宣传科学发展观，用科学发展观指导科学研究、建设理论研究队伍，因此应当更加自觉地参加学习实践科学发展观活动，并以此为契机，推动自身的改革发展。全院同志要从党和国家事业发展全局出发，深刻认识学习实践活动的重大意义和紧迫性，要紧密结合我院特点和实际，结合建设哲学社会科学创新体系的任务，深刻认识我院开展学习实践活动的重要性和必要性。

第一，深入学习实践科学发展观，以中国特色社会主义理论体系指导理论研究，努力推动哲学社会科学事业的繁荣发展。以胡锦涛同志为总书记的党中央，高度重视意识形态工作，重视哲学社会科学事业的发展繁荣，高度重视中国社会科学院的工作。党中央要求中国社会科学院要努力建设成为马克思主义的坚强阵地，努力建设成为我国哲学社会科学研究的最高殿堂，努力建设成为党中央国务院重要的思想库和智囊团。对照这样的要求，我们必须以马克思主义科学理论和中国特色社会主义理论武装头脑，积极参加改革开放的伟大实践，全面贯彻落实科学发展观。当前，时代和实践发展一日千里，中国特色社会主义理论和制度创新的步伐不断加快。面对新形势新任务，要求我们更加自觉地以中国特色社会主义理论体系为指导，用科学发展观统领哲学社会科学研究工作，全面推动我院学科体系和理论体系创新；要求我们把科学发展观真正融入到基础理论研究和应用对策研究各领域、各学科中去，使我们推出的研究成果、提出的对策建议符合科学发展观的要求，保证哲学社会科学研究沿着正确方向健康发展；要求我们更加自觉地立足国情，立足当代，以重大现实问题为主攻方向，更好地服务于发展中国特色社会主义的大局；要求我们更加自觉地推进学科体系、学术观点、科研方法创新，出精品成果，出拔尖人才。这次开展深入学习实践科学发展观活动，必将对我院哲学社会科学研究事业的繁荣发展产生重大而深远的影响。

第二，深入学习实践科学发展观，进一步深化我院管理体制机制改革，加快推进哲学社会科学创新体系建设。当前，全院上下正在推进管理体制机制的改革工作，改革的目的在于推动科研，激励人才，优化服务，为我院哲学社会科学创新体系建设提供强有力的体制机制保障。这次学习实践活动，对体制机制的改革创新提出了新的更高要求，我们要在学习实践活动的过程中进一步明确改革的方向和任务，树立符合科学发展观要求的思想观念，建立符合科学发展观要求的体制机制。通过学习实践活动，使全院人员进一步增强改革自觉性，形成改革合力，推动科研管理体制和人事管理体制等关键环节的改革取得新的实质性进展，以更充分地调动各方面的积极性和创造性，进一步解放和发展科研生产力，进一步建立健全有利于优秀人才脱颖而出的竞争激励机制，进一步建立健全适应我院创新体系建设的服务保障体系。我们还要以科学发展观为统领，在深化管理体制机制改革创新的基础上，全面推进哲学社会科学体系的改革创新，使这两方面的改革创新相辅相成，为我院各项事业的发展提供创新活力和发展动力。

第三，深入学习实践科学发展观，加强我院党的建设和领导班子建设。这次学习实践活动必将极大地促进党的思想建设、组织建设、作风建设、制度建设和反腐倡廉建设。这对于我院加强党的建设和领导班子建设，提供了宝贵的机遇。我院是党中央领导下的马克思主义的重要阵地，是国家社会科学研究的重要机构，院党组和各级党组织必须自觉地同党中央保持一致，必须在此次学习实践科学发展观的活动中高标准、严要求，全面改进和加强自身的建设，切实纠正中央指出的与科学发展观不相适应、不相符合的种种问题。广大党员干部特别是院所领导干部要严格对照中央的要求，认真检查理想信念是否坚定；坚持马克思主义的立场观点方法，运用中国特色社会主义理论研究问题解决问题是否自觉；自己的思想言论和行为能否自觉地同中央保持一致；是否认真学习全面领会十七大精神，自觉地坚持“一面旗帜、一条道路、一个理论体系”的要求和科学发展观的要求；学风、工作作风和领导作风存在不存在脱离实际、脱离群众、形式主义和官僚主义等不良倾向；领导班子是否做到团结共事、专心谋事、有能力干事；职能部门有没有牢固树立为科研一线服务、为全院职工服务的意识，等等。总之，要通过这次学习实践活动，真正发现问题、解决问题，使我院党员干部的思想政治素质、工作和领导水平、学风和工作作风，都有一个大的改进。

（二）按照中央要求，我院开展深入学习实践科学发展观活动的指导思想、目标要求和主要原则

《中共中央关于在全党开展深入学习实践科学发展观活动的意见》明确提出了学习实践活动的指导思想、目标要求、主要原则。我院要全面正确把握，认真贯彻落实。

1. 我院开展学习实践活动的指导思想

《中共中央关于在全党开展深入学习实践科学发展观活动的意见》提出的指导思想是：全面贯彻党的十七大精神，高举中国特色社会主义伟大旗帜，以邓小平理论和“三个代表”重要思想为指导，组织广大党员特别是各级领导班子和党员领导干部深入学习实践科学发展观，紧紧围绕党员干部受教育、科学发展上水平、人民群众得实惠，进一步解放思想、实事求是、改革创新，切实增强贯彻落实科学发展观的自觉性和坚定性，着力转变不适应、不符合科学发展要求的思想观念，着力解决影响和制约科学发展的突出问题以及党员干部党性党风党纪方面群众反映强烈的突出问题，着力构建有利于科学发展的体制机制，提高领导科学发展、促进社会和谐的能力，使党的工作和党的建设更加符合科学发展观的要求，把全社会的发展积极性进一步引导到科学发展上来，把科学发展观贯彻落实到经济社会发展各个方面。

中央提出的指导思想是此次学习实践活动的行动指南和总体要求，这个指导思想要在整个活动中一以贯之。结合我院实际，院党组认为，我院还要着力提高广大党员干部、研究人员以科学发展观指导科学研究的意识和水平，进一步改革不适应学科体系、理论体系创新的障碍，提高同

国内外敌对势力在意识形态领域的渗透作斗争的意识和能力，大力提高领导干部和领导班子贯彻落实科学发展观、推进我院哲学社会科学事业繁荣发展的能力和水平，努力把我院建设成为马克思主义的坚强阵地、我国哲学社会科学研究的最高殿堂、党和国家重要的思想库和智囊团。

2．我院开展学习实践活动的目标要求

根据中央的《意见》和胡锦涛总书记提出的要求，我院的学习实践活动要达到以下目标要求：

（1）提高思想认识。紧密联系我院党员和干部的思想实际，提高广大党员学者、领导干部特别是处室以上领导干部对开展学习实践活动重大意义的认识，科学发展观不仅是当代中国马克思主义理论，同时又是我国经济社会发展的重要指导方针，是治国理政必须坚持和贯彻的重大战略思想。不但要学习好，还必须自觉地贯彻执行。因此，各级领导干部和广大党员应当增强参加学习实践活动的自觉性和主动性；加深广大党员学者、领导干部对科学发展观的理解，增强贯彻落实科学发展观的自觉性和坚定性，把思想认识统一到科学发展观的要求上来。

（2）解决突出问题。紧密联系我院贯彻落实科学发展观的工作实际，努力解决影响和制约我院理论创新、人才建设、服务大局、创新发展的突出的思想问题；努力解决影响和制约我院哲学社会科学创新体系发展的管理体制机制上突出的实际问题；努力解决我院党员干部党性、党风、党纪和学风、工作作风方面群众反映强烈的突出的作风问题。

（3）创新体制机制。紧密联系我院正在推进的深化管理体制机制改革实际，进一步深化和完善我院管理体制机制改革方案，破除妨碍我院管理体制机制创新的思想观念，破除影响和制约发展科研生产力的体制机制障碍，建立健全有利于青年科研人员快速成长，拔尖人才脱颖而出，科研成果自然涌现的科研强院、人才强院的管理体制机制。

（4）坚持正确方向。紧密联系哲学社会科学在意识形态领域的使命，在国家政治生活中的地位和作用，必须高度重视坚持正确的政治方向，进一步巩固和加强马克思主义在哲学社会科学领域的指导地位，坚持“二为”方向和“双百”方针，加强基础研究，以重大现实问题和理论问题为主攻方向，围绕中心，服务大局，以全面贯彻落实科学发展观作为应用对策研究的中心。

3．我院开展学习实践活动的主要原则

中央文件提出了“坚持解放思想、突出实践特色、贯彻群众路线、正面教育为主”的原则。

（1）坚持解放思想。解放思想是研究新情况、解决新问题、开拓新局面的重要前提。在学习实践活动中，要以解放思想为先导，首先要下功夫学习中央指定的学习文件，使全院各级领导干部及广大党员的思想和行动更加符合实事求是的思想路线，更加符合哲学社会科学发展规律，更加符合党和人民事业需要，使我院各项工作和党的建设更加符合科学发展观的要求。

（2）突出实践特色。我院的学习实践活动在实践方面，把大力推进我院管理体制机制改革作为主要实践载体。要把学习实践活动与贯彻党的十七大一系列重大战略部署结合起来，与实现中央关于建设具有中国特色、中国风格、中国气派的哲学社会科学的要求结合起来，与加强和改进我院党的建设和领导班子建设结合起来，与推动我院改革和各项工作结合起来，通过学习推动实践，在推进实践中深化学习。

（3）贯彻群众路线。要广泛开展调查研究，充分发扬民主，吸收群众全程参与。要认真听取群众意见和建议，虚心向群众学习，正确对待和真诚接受群众的批评与监督，把群众满意作为评价活动成效的重要依据，切实把这次学习实践活动办成群众满意工程。

（4）正面教育为主。这次活动重在教育党员干部取得实际效果，要实事求是地查找存在的问题，深刻剖析产生问题的原因，客观总结经验教训。认真开展批评和自我批评，进一步明确努力方向。查找和剖析问题既坚持高标准、严要求，又不搞人人过关，注意保护党员、干部的积极性。

（三）紧密结合我院实际，切实解决在贯彻落实科学发展观方面存在的突出问题

结合实际，查找问题，解决问题，是保证学习实践活动取得实效的关键所在。我们要按照中央的要求，紧密联系我院贯彻落实科学发展观的思想实际和工作实际，认真查找并着力解决贯彻落实科学发展观方面存在的突出问题。

我院各级党组织和大多数党员干部，拥护党的理论和路线，努力贯彻落实科学发展观，坚持正确的政治方向、理论方向和科研方向。近年来正在推进哲学社会科学创新体系建设，建立健全有利于出成果、出人才的体制机制，加强和改进党的建设，各方面工作都在稳步扎实地推进。为贯彻中央的决策思想，我们成立马克思主义研究院，组建了学部，开展国情调研，制定了中国社会科学院“十一五”事业发展规划，推进管理体制机制改革，等等。这些决策和举动，都是贯彻落实科学发展观的成果。在肯定成绩的同时，我们必须更加清醒地看到，我们对科学发展观的学习理解还不够深入，贯彻落实还不够自觉，改革创新的思路不宽、力度不足，在许多方面还存在着不适应、不符合科学发展观要求的问题。主要表现在：

一是一些党员和干部对科学发展观的学习不够深入，有的态度还没有端正。科学发展观不是一个普通命题，也不仅是一个科学结论，科学发展观是对我党三代领导关于发展的重要思想的继承和发展，是既一脉相承又与时俱进的科学理论，是马克思主义关于发展的世界观和方法论的集中体现，是经济社会发展的重要指导方针，是必须坚持和贯彻执行的重大战略思想。有相当多的同志没有从这样的广度和深度认识、对待科学发展观。对科学发展观内涵缺少全面深入的理解，对“发展”这个第一要义、“以人为本”这个核心、“全面协调可持续”这个基本要求、“统筹兼顾”这个根本方法等内容的理解浅尝辄止；有的对科学发展观还存在片面认识，甚至把它混同于西方的发展理念；有的同志认为科学发展观同社会科学院某些领域的研究工作距离较远，没有把科学发展观视为哲学社会科学事业繁荣发展的根本指针，在真学、真信、真懂、真用上还存在差距，不能把科学发展观真正融入到科研工作中去，等等。

二是一些党员和干部贯彻落实科学发展观、推进我院哲学社会科学创新体系建设的自觉性不够高。我院的科学研究，特别是为重大现实服务的应用对策研究，要不要以马克思主义为指导，要不要高举中国特色社会主义的旗帜，要不要贯彻落实科学发展观，在思想认识上并没有完全一

致。这是学科体系建设和理论体系建设上根本性的问题，这次活动中要着重解决这个问题。

三是一些领导干部在思想作风和能力素质上与贯彻落实科学发展观、推进我院发展的要求不相适应。有些领导干部不关心政治，不注意大局，埋头于学术研究和通常的业务工作，缺少政治敏锐性和鉴别力；有些长期脱离实际，不注意国际国内各种复杂关系的变化，思想、工作滞后；有的迷信思想盛行，把西方的主流意识、价值观念、学术观点奉为普世价值；有的作风漂浮，工作不实，缺乏为群众服务、为科研一线服务的意识，存在着形式主义、做表面文章等问题。

四是保障我院哲学社会科学创新体系建设的管理体制机制还不完善，还存在一些明显弊端。我院现行的领导管理制度和体制机制改革的力度不够，在一定程度上存在着体制机制守旧、照旧章办事、整体创新能力不强等明显弊端。科研管理、人事管理、网络管理、外事管理、图书管理、行政管理和后勤保障服务等方面的制度建设，还不能适应新形势、新任务的要求，与我们所肩负的使命和应当发挥的作用不协调。

用科学发展观来衡量我院存在哪些主要的弊端，请大家在学习实践活动中共同查找，我今天提到的这些问题，不全面，也不一定准确。这是我们在开展学习实践活动之前和开头阶段的认识。要坚持从实际出发，看哪些问题已具备条件，在学习实践过程中就可以解决；哪些问题是长期的、难度较大的，需要创造条件、循序渐进地解决。总之，我们要按照中央精神和部署，凡是符合科学发展观要求的就全力以赴去做，凡是不符合科学发展观要求的就毫不含糊地去改。

我院在开展深入学习实践科学发展观活动中，要在以下方面作出认真扎实的努力：

第一，努力在用科学发展观武装全院党员干部特别是领导干部的头脑上下功夫，在对科学发展观的认识上有新的提高。全院党员和干部在学习实践活动过程中，要认真学习领会毛泽东、邓小平、江泽民同志关于科学发展的重要思想和党的十六大以来我们党关于科学发展的一系列重要论述，系统掌握科学发展观所体现的马克思主义立场观点方法；把学习科学发展观同学习十七大精神结合起来，同总结改革开放30年的经验结合起来，同推进我院哲学社会科学创新体系建设、深化改革的实际工作结合起来。通过学习，更加深入全面地把握科学发展观的科学内涵、精神实质和根本要求，增强高举中国特色社会主义伟大旗帜、贯彻落实科学发展观的自觉性和坚定性，增强用科学发展观统领哲学社会科学工作的能力。

第二，努力在实施科研强院和人才强院战略上下功夫，在推进学科体系和理论创新体系建设上有新的突破。我院学习实践科学发展观活动的成效，归根到底体现在推进创新体系建设、实施科研强院和人才强院战略上，体现在落实“六大战略任务”和“十二项工作”上。要始终坚持以科研为中心，积极探索哲学社会科学发展规律，努力使我们的科研成果能够有力地提升我国的软实力，增强我国人文、社会科学在国际舞台上的话语权。要坚持基础理论研究和应用对策研究并重，既要巩固和发扬基础研究的传统优势，又要使应用对策研究向战略高度提升，在全局性、战略性、前瞻性重大项目研究上，为中央决策提供有价值的调查和研究的成果。要牢固树立人才兴院、人才强院的理念，积极探索哲学社会科学人才成长的规律，努力抓好人才的培养和使用。要培养学术“大家”和领军人物，培养学术带头人和青年科研骨干。要千方百计地为人才成长创造有利条件，营造良好环境。

第三，努力在深化管理体制机制改革上下功夫，在构建有利于我院创新发展的体制机制上有新的进展。目前，全院管理体制机制改革工作已经进行了近三个月，总体上正在顺利推进。各项方案在实践中正在不断完善。学习实践科学发展观活动，需要以体制机制改革为实践依托，同时也向改革提出了新的更高要求。我们要乘着学习实践活动的东风，进一步明确改革的方向和思路，用科学发展观的要求检验和促进我院的改革。院所两级领导干部都要高度重视改革，带头推进改革，勇于担负改革重任。全院总体改革方案和各方面管理体制机制改革方案已经出台，要在学习实践活动中不断修改完善。每个研究所也要结合自己的实际，确定本所改革重点，选准突破口，提出本单位有针对性的改革措施。全院上下必须真抓实干，务求实效，下力气推进改革向纵深发展。

第四，努力在解决科研人员和干部职工反映强烈的影响和制约科学发展的突出问题上下功夫，使我院各项工作有新的局面。在学习实践活动中如何查找和解决实际问题，要从本单位的性质、职能、任务出发，要抓准主要矛盾。我们要按照中央要求，主要解决好用科学发展观武装头脑，统一思想，为党和国家的社会主义现代化建设搞好研究服务的问题；解决好党性、党风、党纪方面违背科学发展观的突出问题。同时也要努力解决好我院群众最关心、最直接、最现实的利益问题。我院在学习实践活动中要解决的实际问题与党政领导机关要着力解决的发展问题、民生问题有不同的着眼点和立足点，我们要解决的实际问题有改革的问题，也有日常工作的问题；有政治方面的问题，也有学术方面的问题；有人才培养方面的问题，也有物质待遇、生活条件方面的问题；有在职员工的问题，也有离退休老同志的实际问题。要根据实际情况，全力以赴，尽力而为。总之，要尽力办好自己的事情，并为国家的长远发展贡献力量。

第五，努力在讲党性、重品行、做表率上下功夫，提高各级领导干部素质，在坚持方向、端正学风、转变作风、维护纪律、强化服务意识上有新的成效。要把开展学习实践活动与促进党员干部讲党性、重品行、做表率紧密结合起来，按照中央提出的“八个坚持、八个反对”的要求，加强和改进党员干部的思想作风、学风、工作作风、领导作风。党员领导干部首先要牢固树立马克思主义世界观、人生观、价值观，牢固树立正确的权力观、地位观、利益观。要坚持正确的政治方向，坚持为最广大人民谋利益的根本宗旨。要加强工作作风建设，进一步抓好治“散”治“粗”的问题，增强管理部门为科研一线服务的意识，推进管理工作的规范化、制度化、科学化，转变作风，提高效率。大力加强党的思想、组织、作风、制度和反腐倡廉建设。

（四）加强组织领导，确保学习实践活动顺利进行并取得成效

开展深入学习实践科学发展观活动，是全党政治生活中的一件大事。中央要求全党把学习实践活动摆上重要日程，高度重视，精心组织，把深入学习、提高认识贯穿始终，把解放思想、改革创新贯穿始终，把解决问题、完善体制机制贯穿始终，把依靠群众、发扬民主贯穿始终，把

领导带头、典型示范贯穿始终，坚持进度服从质量，确保活动取得实效。根据中央的部署，院党组制定了开展学习实践活动的实施方案。我们要严格按照中央部署高质量完成各个阶段的任务。这里我代表院党组提出几点要求：

一是学好文件，领会精神。学习实践活动要从认真学习文件、准确领会精神入手。全院各级领导干部和广大党员要认真学习胡锦涛总书记在全党学习实践活动动员大会上的重要讲话，认真学习《中共中央关于在全党开展深入学习实践科学发展观活动的意见》等文件和中央领导讲话，深刻领会在全党开展学习实践活动的重大意义、目的任务和基本要求。要认真学习党的十七大报告，认真学习《毛泽东邓小平江泽民论科学发展》、《科学发展观重要论述摘编》和《深入学习实践科学发展观活动领导干部学习文件选编》等学习材料。我们现在对科学发展观的学习和领会还普遍的较为浮浅，真正掌握它的真谛，用以思考问题、指导言行还差得很远。必须要把学习活动同进行解放思想的讨论紧密结合，同我院开展的国情调研紧密结合，同我院深化改革的实践紧密结合，边学习，边实践，边探索，边总结，努力做到学习理论、解放思想、把握实际、推动工作的有机统一。

二是端正态度，领导带头。这次学习实践活动不是一般的理论学习，是为实现十七大所确定的全面建设小康社会的奋斗目标奠定思想基础、政治基础、组织基础的重大战略措施。我院各级党组织必须以同党中央保持高度一致的严肃态度，增强搞好学习实践活动的责任感和使命感，根据胡锦涛总书记的要求，领导干部要做到“五个带头”，即带头学习、深入学习，带头调查研究，带头坚持解放思想、实事求是，带头分析检查，带头整改落实，从而带动全院同志积极投身学习实践活动，努力在全院上下形成深入学习实践科学发展观的热潮。

三是理清思路，制定方案。院属各部门各单位要根据院党组关于开展学习实践活动的部署，制定本单位学习实践活动的实施方案和实施细则，并报院领导小组办公室备案。要紧紧围绕推动我院哲学社会科学研究事业繁荣发展这一主题，充分运用深化管理体制机制改革这一主要实践载体，进一步理清本单位本部门的改革发展思路。要注意选准突破口和切入点，结合本单位深化体制机制改革的方案和措施，制定切实可行的学习实践活动方案。

四是针对实际，解决问题。解决问题是突出实践特色的集中体现，能否切实解决我院履行职责、服务大局以及自身发展中的突出问题，是衡量这次学习实践活动成功与否的重要标志。要下决心切实解决查找出来的、通过努力能够解决的突出问题。要把正在开展的管理体制机制改革作为学习实践活动的重要突破点和主要实践载体，坚持边学边改、边查边改、边整边改，把“改”字贯穿学习实践活动的全过程，切实改出成效来，改出新面貌来。解决问题要突出重点，坚持什么问题突出就重点解决什么问题，全院有共同的突出问题，各单位也有各自突出的问题，都要下大力气解决。

五是搞好宣传，及时总结。要充分发挥我院各期刊、《院报》、《社科党建》、网站等媒体和《学习实践活动简报》的作用，宣传开展学习实践活动的重大意义，宣传学习实践科学发展观的先进典型，宣传学习实践活动的经验和成效，为学习实践活动的顺利开展营造良好氛围。院学习实践活动领导小组办公室要分阶段认真总结，组织交流各单位的做法和经验，及时向中央学习实践活动领导小组、指导检查组、中央国家机关工委等报送学习实践活动的进展情况。在学习实践活动基本结束时，院党组要组织召开我院学习实践科学发展观活动总结交流会。

六是加强领导，落实责任。根据中央要求，院党组全面负责我院的学习实践活动，院党组书记为第一责任人。院党组决定成立深入学习实践科学发展观活动领导小组，由我担任组长，伟光同志和慎明同志任副组长，其他党组成员为领导小组成员。领导小组下设办公室，具体负责我院学习实践活动的日常组织和协调工作，慎明同志兼任办公室主任，秋芳同志兼任办公室副主任，院职能部门有关负责同志为办公室成员。这次学习实践活动时间紧、任务重，院学习实践活动领导小组成员和办公室的同志要首先认真学好文件，切实承担起领导和组织协调的职责，确保这次学习实践活动获得显著成效。各单位也要成立相应的领导机构和工作机构，落实责任。党委书记和主要负责人要负起本单位学习实践活动第一责任人的职责，领导班子成员要认真履行直接责任人的职责。党员领导干部要充分发挥示范带头作用，积极参加领导班子和所在支部的活动，结合各自工作分工，建立联系点。各单位要将学习实践活动的进展情况及时向院领导小组汇报。院里还将派出6个指导检查组，负责指导和督促检查院属各单位的学习实践活动。

同志们，我院深入学习实践科学发展观活动已经全面展开。让我们更加紧密地团结在以胡锦涛同志为总书记的党中央周围，高举中国特色社会主义伟大旗帜，坚持以邓小平理论和“三个代表”重要思想为指导，深入贯彻落实科学发展观，圆满完成学习实践活动的各项任务，确保取得实实在在的成效，努力实现中央提出的各项目标要求。要以这次学习实践活动为难得机遇和强大动力，加快推进我院改革和哲学社会科学创新体系建设，为繁荣发展我国哲学社会科学事业作出新的更大贡献。

深入学习贯彻党的十七大精神
在新的历史起点上开创中国社会科学院工作新局面

——在中国社会科学院2008年度工作会议上的报告

（2008年3月25日）

王伟光

同志们：

受陈奎元同志委托，我代表院党组作2008年度工作报告。

这次院工作会议，是在深入学习贯彻党的十七大精神、全面推进中国特色社会主义事业的新形势下召开的，也是在认真落实全国宣传思想工作会议精神、推动社会主义文化大发展大繁荣的背景下召开的。本次会议的主题是：深入学习贯彻党的十七大精神，学习贯彻全国宣传思想工作会议精神，高举中国特色社会主义伟大旗帜，以邓小平理论和“三个代表”重要思想为指导，全面贯彻落实科学发展观，总结2007年、过去五年的工作，五年及建院30年的主要经验，部署2008年及今后一个时期的工作，动员和团结全院同志，在新的历史起点上开创各项工作新局面，为把我院建设成为马克思主义的坚强阵地、我国哲学社会科学研究的最高殿堂、党中央国务院重要的思想库和智囊团而努力奋斗。

（一）2007年、过去五年的工作，五年及建院30年的主要经验

回顾过去，总结经验，是为了更好地前进。这次院工作会议，既要认真总结我院2007年的工作，又要全面审视过去五年构建哲学社会科学创新体系的进程，还要提炼概括我院发展历史中积累的宝贵经验。目的在于进一步解放思想，凝聚力量，与时俱进，开拓创新，在新的历史起点上推动我院工作更好更快发展。

1．2007年的主要成绩

2007年是我院继续全面贯彻落实“5 · 19”中央政治局常委会议精神、积极推进哲学社会科学创新体系建设的一年。一年来，我院在科学研究、学科建设、学部工作、队伍建设、对外交流、行政管理、后勤保障和党的建设等方面，都迈出了新步伐，取得了新经验。

一是围绕庆祝建院30周年推动工作开展。2007年上半年，主要围绕庆祝建院30周年部署和推动各项工作。2007年5月25日，隆重召开建院30周年庆祝大会。李长春同志代表党中央专门发来贺信，刘云山同志出席大会并发表重要讲话。贺信和讲话高度评价了我院取得的成绩，指明了我院前进的方向，对我院工作提出了新的更高要求。特别是李长春同志明确指出，中国社会科学院要“努力建设成为马克思主义的坚强阵地，努力建设成为我国哲学社会科学研究的最高殿堂，努力建设成为党中央国务院重要的思想库和智囊团”。这是对我院职责定位、工作任务、发展方向的集中概括，对进一步办好中国社会科学院具有长远指导意义。庆祝建院30周年，是对我院哲学社会科学研究事业的一次大检阅，是对全院同志的一次巨大鼓舞和激励，推动了我院各项工作，扩大了我院的社会影响。

二是深入学习贯彻党的十七大精神。2007年下半年，主要围绕学习贯彻十七大精神，思考、规划和推进工作。院党组高度重视十七大精神的学习贯彻，将其作为全院的首要任务。十七大闭幕后，立即召开全院大会，把十七大精神迅速传达到每一位干部职工；发出《关于认真学习宣传贯彻党的十七大精神的通知》，对全院学习宣传贯彻工作作出全面部署，提出明确要求。对十七大精神的深入学习、研究和宣传，使办院方向更加明确，思想认识更加统一，理想、信念、信仰更加坚定，凝聚力、向心力进一步增强。

三是各项工作都取得重要进展。在上述两件大事的推动下，各项工作都取得显著成绩：

在为中央决策服务方面。认真组织落实中央及有关部门交办的委托课题，组织安排数十项重大调研任务，推出高质量研究成果，受到中央及有关部门好评；有三位专家学者分别为中央政治局集体学习讲课；一些专家学者参加中央重要文件和法律法规的起草；编发《要报》、《世界社会主义研究动态》、《思想理论动态简报》等各类信息稿件近600篇，其中有250余篇得到中央领导同志批示或被有关部门采用。

在科研工作方面。深入研究我国经济社会发展中的重大理论和现实问题，立项院重大重点课题123项，国家社科基金课题41项。据不完全统计，我院全年共出版专著332部，译著82部，发表论文5340篇，研究报告1338份，其中一些具有较高的学术和实践价值。图书出版和学术期刊的水平有所提高。

在学科建设方面。围绕院“十一五”事业发展规划提出的学科发展目标，认真总结学科建设成功经验，将学科建设同科研队伍建设相结合，制定“重点学科建设与科研队伍建设计划”，探索科研管理体制改革的新思路、新办法。

在学部工作方面。加强学部工作机制建设，较好地处理了院、学部、研究所之间的关系。学部的学术指导、学术咨询和科研协调作用得到进一步发挥。围绕经济社会发展的重大问题和学术前沿问题，广泛开展学术交流。大力宣传学部委员、荣誉学部委员的学术成就，学部的社会影响不断扩大。

在队伍建设方面。积极推进人事制度改革，制定岗位设置和管理实施方案。调整和充实部分所局领导班子，进一步优化领导干部队伍的年龄、知识和专业结构。加强以科研人才为重点的队伍建设，引进一批急需人才和青年人才。根据现有政策，对工资收入分配制度进行改革。研究生院和博士后流动站工作取得较好成绩。

在国情调研方面。确立139项国情调研项目，其中重大项目5项，重点项目88项，各系统国情考察活动6项，研究所国情考察活动40项，推出一批重要调研成果。认真总结国情调研工作经验，积极探索和完善国情调研工作机制。

在对外学术交流与合作方面。交流总量稳步增长，交流渠道继续扩展，合作层次不断提高。新签及续签院级对外交流协议16个，举办重要国际学术会议87个。重大国际活动和重要国际合作研究项目顺利开展。接待一批国际贵宾和著名学者来院演讲和访问，我院成为外国元首、政要和著名学者的“品牌讲坛”。

在图书资料和信息化建设方面。电子信息资源建设力度进一步加大，电子资源跨库检索系统投入使用，西文期刊导航系统开发初步完成。网络不断升级扩容，网站信息量更加丰富。电子所务建设稳步推进，网络安全得到加强，网络管理进一步规范。

在行政后勤方面。机关工作作风有所改进，管理服务水平有所提高，保障能力有所加强。国家财政拨款稳步增长，基础设施建设稳步推进，科研、办公和生活条件得到进一步改善。离退休干部工作得到加强。社团管理、档案保密、新闻宣传、安全保卫等工作都取得较好成绩。

在党的建设方面。贯彻落实中央保持共产党员先进性长效机制文件，党的思想、组织、作风、制度和反腐倡廉建设取得成效。理论学习和形势政策教育制度更加健全。研究所党委班子建设有所加强。党员队伍结构得到优化。惩治和预防腐败体系建设深入推进，廉政研究取得新成果。统战和工青妇等群众工作取得新进展。

2．过去五年工作的回顾

从十六大到十七大这五年，是我国哲学社会科学事业繁荣发展的大好时期。五年来，院党组全面贯彻落实中央精神和要求，带领全院同志团结奋斗，每年都有新举措，每年都有新业绩。

一是向中央政治局常委会议汇报工作。2005年5月19日，院党组向中央政治局常委会议汇报工作，提交了我院构建哲学社会科学创新体系的总体设想。胡锦涛同志作了《关于进一步办好中国社会科学院》的重要讲话，中央肯定和支持我院发展方案，提出具体而深刻的指导意见。这次会议对中国社会科学院乃至全国哲学社会科学事业的发展，都是具有里程碑意义的大事。

二是成立马克思主义研究院。在2005年12月26日毛泽东同志诞辰112周年之际，马克思主义研究院宣告成立。这是为把我院建设成为马克思主义坚强阵地迈出的坚实一步，是切实加强马克思主义基本原理和中国化马克思主义研究、凝聚和培养献身于马克思主义研究事业高素质人才的重要举措。

三是组建中国社会科学院学部。2006年8月，中国社会科学院学部正式成立，推举产生首批学部委员47人，荣誉学部委员95人。这是我院科研管理体制和人才激励机制的一项重大改革，对于提高综合研究能力，调动广大专家学者的积极性和创造性，更好地为中央决策服务，具有深远影响。

四是全面启动国情调研。2005年，我院全面启动国情调研，组织专家学者深入基层，调查研究，了解国情民情。这是关系我院长远发展的战略举措，是进行学术研究、推动理论创新、发挥思想库和智囊团作用的重要保证，为坚持正确办院方向、培养高素质人才、端正学风文风，打下了坚实的实践基础。

五是编制实施我院“十一五”事业发展规划。为扎实推进哲学社会科学创新体系建设，我院于2006年8月正式颁布“十一五”事业发展规划，对2006～2010年实施创新体系建设的六大工程作出总体部署，提出明确目标、重大任务和具体措施，对“十一五”期间各项工作的开展具有重要的指导和推动作用。

3．五年及建院30年的经验总结

五年来的工作成就，是在以往建设和发展的基础上取得的。办院实践深化了我们对在新的历史时期“发展什么样的哲学社会科学、怎样发展哲学社会科学”，“建设一个什么样的中国社会科学院、怎样建设中国社会科学院”的认识，积累了宝贵的经验：

第一，必须坚持马克思主义的指导地位，牢牢把握正确的政治方向和学术导向。

第二，必须坚持解放思想、实事求是、与时俱进，积极推进理论创新。

第三，必须服从服务于中国特色社会主义发展大局，以重大理论和现实问题为科研主攻方向。

第四，必须坚持为人民服务、为社会主义服务的方向和百花齐放、百家争鸣的方针，营造既严谨认真又生动活泼的学术环境。

第五，必须坚持一切从实际出发，广泛开展调查研究，深刻把握国情，大力弘扬理论联系实际的马克思主义优良学风。

第六，必须不断深化科研体制改革，积极推进学科体系、学术观点和科研方法创新。

第七，必须重视和加强以优秀科研人才为重点的队伍建设，为我院事业可持续发展提供充足的人才资源。

第八，必须积极开展对外学术交流与合作，借鉴人类文明的有益成果，推动我国哲学社会科学优秀人才和优秀成果走向世界。

第九，必须坚持和改善党的领导，加强思想、组织、作风、制度和反腐倡廉建设，为各项工作提供有力的政治和组织保证。

第十，必须切实加强硬件建设，不断改善全院职工的工作和生活条件，为科研事业和人才成长提供坚实的物质保障。

上述经验是宝贵的财富，对于我院今后的建设和发展具有重要意义，必须倍加珍惜、始终坚持，在实践中不断丰富和发展。

同志们，我们所取得的成绩，是党中央正确领导的结果，是全院同志共同奋斗的结果。这里，我代表院党组向辛勤工作在各个岗位上的全体同志，表示衷心的感谢！

4．目前工作中存在的不足

回顾过去，成绩显著；面向未来，任重道远。全院同志必须清醒地认识到，我们在前进道路上还有不少困难，工作中还存在许多不足。主要表现为：在巩固和加强马克思主义指导地位、深入研究和传播中国特色社会主义理论体系、深入研究和传播科学发展观、用马克思主义中国化最新成果统领科研工作方面，还面临着非常艰巨的任务；在围绕中心、服务大局，为党和国家重大决策服务方面，还不能很好地满足中央的要求，能力和水平还要进一步提高；对科研工作内在规律的认识探索还不够，科研管理、人事管理、行政后勤管理等方面的制度创新，还不能适应新形势新任务的要求，深化改革的任务依然很重；与较大的课题立项规模和较多的经费支持相比，优秀成果和精品力作还相对较少；学科布局还不能很好地适应国家经济社会发展需要，学科体系亟待调整创新，学部工作机制还需进一步完善；人才队伍建设还不能适应日益激烈的人才竞争和我院事业快速发展的要求，稳定、培养、优化、吸引人才的问题十分迫切；理论脱离实际、虚夸浮躁、急功近利等现象还不同程度地存在，学风、文风需要进一步端正；“散”的问题还没有根本解决，工作纪律、政治纪律要进一步加强，工作作风要进一步转变；职称评定、住房、待遇等关系全院职工切身利益的问题还比较突出，等等。全院同志必须树立忧患意识，以高度负责的态度，以改革的精神、创新的思路，采取更加有力的措施，在发展中切实加以研究和解决。

（二）当前和今后一个时期工作的总体要求和战略任务

2008年是深入贯彻落实党的十七大作出的战略部署的第一年，是我国改革开放30周年，中国特色社会主义事业将更加蓬勃发展。2008年也是我院继续实施“十一五”规划、构建哲学社会科学创新体系承上启下的重要一年。当前及今后一个时期我院工作的总体要求是：高举中国特色社会主义伟大旗帜，深入学习贯彻党的十七大精神，学习贯彻全国宣传思想工作会议精神，按照十七大关于哲学社会科学的部署和我院构建哲学社会科学创新体系的目标，根据党中央对我院职责定位的要求，进一步明确发展思路和主要任务，坚持以科研为中心，实施科研强院战略和人才强院战略，以改革创新精神加强党的建设，加强行政后勤保障体系建设，围绕中心，服务大局，解放思想，锐意进取，努力开创各项工作新局面。

当前，我国经济社会发展处于历史上的最好时期，也处于关键时期。哲学社会科学和我院事业的繁荣发展，既面临着新的任务、新的问题、新的压力、新的挑战，也面临着难得的机遇和有利的条件。一是30年的改革开放，经济的快速增长，为哲学社会科学和我院事业发展提供了一定的物质条件和财力支持，也对文化事业，包括哲学社会科学和我院事业的发展，提出了新的要求。二是党的十七大提出的推动社会主义文化大发展大繁荣、构建社会主义核心价值体系、发展哲学社会科学事业、提高国家文化软实力的战略任务，为哲学社会科学的繁荣发展提供了新的、更广阔的舞台。全院同志一定要牢固树立机遇意识，科学分析哲学社会科学和我院面临的形势，准确把握党和国家工作大局，全面审视面临的机遇和挑战，充分认识做好新形势下哲学社会科学工作和我院工作的重大意义，扎实工作，使我院事业发展呈现新气象，开拓新局面，迈上新台阶。

以胡锦涛同志为总书记的党中央，从中国特色社会主义事业的全局出发，高度重视哲学社会科学，高度重视我院工作，颁布了《中共中央关于进一步繁荣发展哲学社会科学的意见》，作出了实施马克思主义理论研究和建设工程等一系列重大决策，明确了新时期繁荣发展哲学社会科学的指导方针、总体目标和主要任务。中央还专门听取了我院工作汇报，作出重要指示，提出明确要求。党的十七大适应新形势，立足新实践，对哲学社会科学工作提出新任务，作出新部署，特别强调：“繁荣发展哲学社会科学，推进学科体系、学术观点、科研方法创新，鼓励哲学社会科学界为党和人民的事业发挥思想库作用，推动我国哲学社会科学优秀成果和优秀人才走向世界。”这是历次党的代表大会对哲学社会科学论述最多的一次。全国宣传思想工作会议又对哲学社会科学工作提出了明确的发展方向和战略任务。这些重要指示和基本精神，是开创我院工作新局面的指导方针和强大动力。我们一定要牢固树立阵地意识和发展意识，把十七大提出的任务和要求有机融入到我院整体规划和工作布局中，按照中央关于发展哲学社会科学和办好中国社会科学院的指示精神，努力把我院事业发展推向一个新的阶段。

鉴于以上综合考虑，当前和今后一个时期我院建设和发展的战略任务主要有以下六个方面：

第一，始终坚持马克思主义在哲学社会科学领域的指导地位，以中国特色社会主义理论体系为指导，努力把我院建设成为马克思主义的坚强阵地。

不断巩固和加强马克思主义的指导地位，在坚持和发展马克思主义、特别是中国化马克思主义方面发挥中流砥柱作用，是党中央对我院工作的第一位要求，也是办院方向的根本问题。从事马克思主义理论研究工作的同志，要成为马克思主义的坚强战士和理论骨干。广大科研人员要高举中国特色社会主义伟大旗帜，坚持正确的哲学社会科学研究方向，学习用马克思主义的立场、观点和方法指导科研探索和理论创新。真正把我院建设成为研究和宣传马克思主义基本理论的重要阵地，建设成为研究和宣传当代中国化马克思主义的重要阵地，建设成为研究和宣传中国特色社会主义理论体系、特别是科学发展观的重要阵地。

要大力加强马克思主义基本理论研究和马克思主义学科创新体系建设。十六大以来，我院参与了中央实施的马克思主义理论研究和建设工程，同时将其作为我院构建哲学社会科学创新体系的主要任务。要继续抓好工程各项课题的研究工作，高质量完成所承担的任务。继续加强马克思主义基础理论建设，积极推进马克思主义理论学科体系创新。切实加强马克思主义理论研究队伍建设，进一步充实马克思主义基础理论研究力量，下大力气培养造就一批马克思主义理论大家、名家，培养造就一批高水平的马克思主义理论学科带头人，培养造就一批坚定信仰马克思主义、立志研究马克思主义、善于运用马克思主义的中青年理论骨干。办好马克思主义研究院，办好邓小平理论和“三个代表”重要思想研究中心。充分发挥我院马克思主义研究队伍的规模优势和学术资源优势，把马克思主义研究院建设成为坚持、发展、创新和传播马克思主义的重要阵地。

要大力加强马克思主义中国化最新成果的研究和宣传。紧紧围绕十七大提出的新思想、新观点、新论断，深入学习和研究中国特色社会主义理论体系，特别要深入学习和研究科学发展观，全面理解和把握其时代背景、实践基础、科学内涵和重大意义，并根据实践的发展进一步丰富和完善，不断赋予当代中国马克思主义鲜明的实践特色、民族特色、时代特色，为推进马克思主义中国化作出新贡献。深入研究和宣传社会主义核心价值体系，为巩固和发展全党全国人民团结奋斗的共同思想基础贡献智慧和力量。认真总结改革开放30年的历史经验，深入研究中国特色社会主义经济、政治、文化、社会建设等领域的重大理论和实际问题，切实把改革开放的伟大意义、巨大成就、成功经验、前进方向研究好。大力加强对中国特色社会主义发展道路的研究和宣传，积极推动当代中国马克思主义的大众化。要加强全院科研人员马克思主义世界观和方法论的学习，不断提高运用马克思主义立场、观点、方法指导哲学社会科学研究的能力。

第二，始终坚持学科体系、学术观点、科研方法创新，加快构建哲学社会科学创新体系，努力把我院建设成为哲学社会科学研究的最高殿堂。

党中央要求我院建设成为我国哲学社会科学研究的最高殿堂，这既是赋予我院的至高荣誉，也是对我院的莫大期望。这一定位，要求我院在学术研究上站得更高、看得更远，创新力度更大，精品力作更多，人才队伍更强，社会影响更广。要进一步拓展学术视野和研究领域，改革和创新科研体制、机制、方法，培育新的理论生长点，催生新的思想和观念，推动我院哲学社会科学研究达到一个新水平，进入一个新境界。

要在前几年工作的基础上，继续全面、扎实地推进我院哲学社会科学创新体系建设。这一创新体系的蓝图，即“六大工程”、“五大中心”、“四大作用”的目标和设想，是得到中央批准、肯定和支持的办院规划。要根据十七大的新要求、新部署，更好更快地推进“十一五”规划各项工程的开展，切不可错过发展良机。

要大力加强学科建设，推进学科体系创新。学科建设是我院科研事业繁荣发展的基石。要努力构建适应哲学社会科学事业发展要求，符合发展中国特色社会主义需要，具有中国特色、中国风格、中国气派的学科体系。要按计划完成建设100个左右国内一流的二、三级重点学科的任务，努力达到学术积累深厚、科研实力领先、科研手段现代化、学术创新能力强的目标，其中三分之一以上的学科在国际学术界具有重要影响，一定数量的重点学科在国内居于发展前列、在国际上具有一定影响。要高度重视哲学社会科学与自然科学的结合，哲学社会科学内部不同学科的结合，基础理论研究与应用对策研究的结合。推动对经济社会发展具有重要意义的新兴学科、交叉学科的发展。通过调整、充实、整合，建设一批国内一流、国际知名的研究所、研究中心和研究室。在重大课题立项、重点研究领域、重点学科建设、重点研究室建设、重点实验室建设、重点人才引进等方面，进一步加大工作力度。

第三，始终坚持为发展中国特色社会主义服务，加强重大理论和现实问题研究，努力把我院建设成为党中央国务院重要的思想库和智囊团。

发挥好思想库和智囊团的作用，要求我们顾大局、议大事、谋大计，使科学研究完全服从服务于党和国家工作大局，完全融入到建设和发展中国特色社会主义的实践中，在党和政府决策的酝酿、制定和执行等各个环节，随时提供充分的知识储备和理论支持，提供有重要价值的咨询、论证和建议。发挥好思想库和智囊团的作用，要求我们深入实践，深入群众，加大国情调研力度，真正把握世情、国情、党情、民情，站在中国经济社会发展进步的潮头，正确回答和解决改革发展关键时期的重大问题，以发展中国特色社会主义为中心，开展创造性的理论研究、战略研究和对策研究，不断推出高质量的研究成果。发挥好思想库和智囊团的作用，要求我们继续抓紧抓好中央各类委托交办课题的研究，加强对经济社会发展重大项目的研究、论证和咨询，鼓励越来越多的专家学者参与到中央重大文件起草、法律法规制定、决策咨询等工作的实际过程中去。发挥好思想库和智囊团的作用，要求我们建立健全激励竞争机制，把服务决策的质量和水平同科研工作考核、职称评定、评优评奖等结合起来，提高科研人员服务党和国家工作大局的积极性和主动性。

基础理论研究和应用对策研究是发挥思想库、智囊团作用不可或缺的两个方面。两者侧重有所不同，发挥作用的内容和方式不同，但都有用武之地、作为之功。基础理论研究为应用对策研究提供深厚的基础，应用对策研究又积极带动基础理论研究。基础理论研究是我院的优势，要一如既往地重视和加强。在加强基础理论研究的同时，要大力加强应用对策研究，不断提升我院应用对策研究的层次和水平。

第四，始终坚持以科研为中心，实施科研强院战略和人才强院战略，深化科研和人才体制改革与创新，努力把我院建设成为具有中国特色的世界一流名院、强院。

作为中央直接领导的国家哲学社会科学研究机构，无论在科研成果上，还是在人才队伍建设上，都要达到国内一流、国际知名的水准。要在国内引领哲学社会科学的发展潮流，在国际上代表与我国经济社会发展水平和国际地位相称的学术水平。为此，一定要始终坚持以科研为中心，实施科研强院战略和人才强院战略，不断增强我院的综合实力。

科研工作是我院的中心工作，一切工作都要围绕这一中心工作来展开，都要为这一中心工作服务。要切实加强对科研工作的领导、组织和管理，不断加大对科研事业的投入，为科研事业发展提供充足的经费支持和有力的物质保障。要大力实施精品战略，不断推出一流的科研成果，推出一批传世之作。要根据经济社会发展和国家安全的需要，确立和承担具有全局性、战略性、前瞻性的重大研究项目和研究工程。

学术期刊、报纸、出版社、图书馆和网络等，是我院和全国哲学社会科学界的重要阵地，是展示我院和我国哲学社会科学成就的重要窗口。要充分依靠我院的学术优势和队伍优势，坚持以改革为动力，以质量求生存，以特色谋发展，增强活力，壮大实力，扩大影响力，努力建设与我院学术地位相称的、体现我国哲学社会科学最高研究水平的名刊、名报、名社、名馆、名网。我院拥有全国规模最大的哲学社会科学学术期刊群，是长期以来形成的学术品牌。要强化精品意识和品牌意识，始终坚持正确的办刊方向，依托我院丰厚的人文社会科学资源，进一步巩固和提高在国内外学术界的知名度和权威性。出版社、报社必须立足本院，面向整个哲学社会科学界，坚持以服务科研事业为宗旨，正确处理经济效益与社会效益的关系，始终把社会效益放在首位。要树立改革创新意识，强化管理，善于在文化市场竞争中生存和发展。大力实施精品学术期刊和出版物战略，珍惜我院学术出版和期刊杂志资源，占领这一领域的制高点，加大支持力度，积极创造条件，推出一批具有很高理论造诣和实践价值的精品学术刊物，打造一批具有相当知名度和权威性的学术出版物。大力实施图书信息资源建设战略，加快我院哲学社会科学文献信息资源保障体系和信息网络特别是中外文网站建设，使我院图书馆成为世界闻名的哲学社会科学专业图书馆，使我院网络成为国际公认的哲学社会科学专业网。

实施科研强院战略，关键在于以科学发展观为指导，扎实推进科研体制和机制创新。要充分借鉴国内外科研管理成功经验，不断深化科研管理体制改革，形成多出成果、多出精品的管理体制和竞争激励机制，不断提高科研管理水平，更好地适应我院科研事业大发展的需要。

科研强院，人才为本。胡锦涛同志指出：“办好中国社会科学院、做好哲学社会科学工作，关键在人，在于抓好人才的培养和使用。”必须充分认识人才工作的极端重要性，牢固树立人才兴院、人才强院的理念，把人才工作放在我院发展战略的重要位置，放在各项工作的首位。深化人事制度改革，调整优化队伍结构，促进科研人才、管理人才和服务人才三支队伍共同发展。根据各类人才的成长规律，建立合理的人才培养体系和人才选拔任用机制。坚持在公平竞争中发现人才，在科研实践中培育人才，在事业发展中凝聚人才，在工作生活中关爱人才，形成有利于优秀人才脱颖而出的良好环境。当前，人才竞争形势日益激烈，特别是在收入、待遇、住房等硬件条件方面，我院还不具备明显优势。但是，绝不能消极应对、无所作为。一方面，以事业留人，靠我院特有的学术地位、政治地位、社会地位吸引人和凝聚人；另一方面，以适当的待遇留人，竭尽所能、千方百计地创造条件留住和吸引人才。

当今时代，是应该产生也能够产生理论大家、学术大家的时代。人才队伍建设的重点是科研人才队伍建设。要培养一批享誉海内外的学术大师，一批学术领军人物，一批在本学科领域作出突出贡献的学术带头人，一批政治和业务素质良好的科研骨干。要按照政治强、业务精、作风正的要求，抓好人才的培养、吸引和使用。要下大力气培养和造就具有扎实的理论功底、深厚的传统文化根基、丰富的现代科学知识、强烈的创新意识的哲学社会科学队伍，下大力气培养和造就政治坚定、崇尚真理、学识渊博、学风优良、品德高尚的哲学社会科学人才。要重视对青年人才的扶持和培养，结合我院当前处于学科带头人代际交替的实际情况，切实采取措施，使中青年学术骨干迅速成长。

第五，始终坚持开门办院和“走出去”为主的原则，积极扩大国际学术交流，努力把我院建设成为中国哲学社会科学走向世界的重要窗口。

党的十七大报告强调，要推动我国哲学社会科学优秀成果和优秀人才走向世界。哲学社会科学的发展水平和繁荣程度，已经成为一个国家文明水平和综合国力的重要标志。必须从提高综合国力、掌握国际文化竞争和国际意识形态领域斗争主动权的战略高度，充分认识做好对外学术交流工作的重大意义，善于在国内国际两个大局的互动联系中谋划哲学社会科学走向世界。我院作为国家对外学术交流的重要渠道和窗口，要为我国哲学社会科学走向世界、扩大国际声誉和影响，发挥更重要的作用。把开门办院和哲学社会科学“请进来”、“走出去”，作为关系国家全局的战略任务切实抓紧抓好。以“走出去”为主，以我为主，努力扩大我国哲学社会科学优秀成果和优秀人才在国际上的影响力。

积极探索对外学术交流方式，巩固和拓展对外学术交流渠道，加大对外学术交流投入，不断扩大对外学术交流范围和规模，提高对外学术交流质量和水平。重点加强与世界一流学术机构和国际知名学术团体建立长期合作关系，重点邀请世界一流、国际知名的专家学者来访，邀请国际政要、各界名流来访，重点开展长期性、战略性重大国际合作研究项目，重点举办有国际影响力的高层学术研讨会和国际论坛。积极开展与重要国际学术组织的交流与合作，推荐和鼓励我院学术骨干积极参与国际学术团体和学术组织的领导工作。采取多种措施，不断增强我院在国际上的影响力、吸引力，把我院建设成为国际知名学者的品牌讲坛。

第六，始终坚持为科研服务的宗旨，深化改革，加强行政后勤保障体系建设，努力把我院建设成为具有雄厚保障能力的哲学社会科学发展基地。

行政后勤工作是全院整个工作的重要组成部分，是我院哲学社会科学研究事业的重要支撑。如何适应新形势、新任务、新要求，逐步建立起具有我院特色的行政后勤保障体系，是一项长期而艰巨的任务。

努力建立包括行政管理体系、图书资料体系、信息网络体系、后勤服务体系、物质条件保障体系等在内的完善的科研保障体系。坚持服务社会化、管理科学化、保障现代化的方向，深化行政管理体制和后勤服务体制改革，向改革要出路，向改革要形象，向改革要效益，向改革要保障。解放思想，转变观念，大胆探索，开拓创新，勇于抛弃不合时宜的思想观念和条条框框，闯出行政管理和后勤服务的新模式，走出新路子。积极争取国家财力的支持，确保事业经费稳步增长，有效调度，统筹安排，提高财政资金使用效益。在经费使用上加大对科学研究、人才培养的支持力度，加大对重点学科、重点研究室、重点课题和重点报刊出版物的支持力度。加强对国有资产特别是经营性资产的规范化管理，确保国有资产特别是经营性资产合理配置、有效利用、保值增值。努力扩大创收来源，增加筹资渠道。建立健全财务管理新体制，稳步推行经费管理绩效考评制度。加强对院属各单位的财务管理，建立并实行财务委派制、结算中心制、收支两条线制度。继续增加基本建设投入，加强对重大项目的建设、管理力度，改善科研、办公和生活条件。坚持以人为本，关心科研人员和全院职工的切身利益问题，及时排忧解难，努力创造有利于潜心科研、踏实工作的环境。加强行政后勤队伍建设，全面提高服务质量，努力推进行政管理和后勤服务的规范化、标准化和制度化建设。

上述六个方面，是我院当前和今后一个时期必须扎扎实实完成的战略任务。全院同志要进一步增强责任感、使命感和紧迫感，牢固树立阵地意识、机遇意识、忧患意识和发展意识，奋发有为，埋头苦干，为开创我院工作新局面而不懈奋斗。

（三）贯彻落实十七大和全国宣传思想工作会议精神，做好2008年各项工作

2008年，要按照十七大和全国宣传思想工作会议的部署，按照当前和今后一个时期我院发展战略的要求，以更开阔的思路、更有效的政策、更得力的措施，以更加昂扬向上的精神风貌，推动各项工作深入展开。

1．加强思想政治建设，坚持正确的政治方向和学术导向。胡锦涛同志反复强调，经济工作搞不好要出大问题，意识形态工作搞不好也要出大问题。在新形势下，思想政治工作必须不断加强，不能有丝毫削弱。坚持正确的政治方向和学术导向，是我院建设和发展的重要保证。2008年思想政治建设的首要任务，是认真学习贯彻十七大精神，使全院党员干部深入理解“一面旗帜、一条道路、一个理论体系”，使党的理论路线方针政策真正“入耳、入脑、入心”。要在用十七

大精神武装头脑、指导科研、推动工作上狠下功夫。把学习贯彻十七大和全国宣传思想工作会议精神，与学习贯彻中央关于繁荣发展哲学社会科学、办好中国社会科学院的一系列指示精神结合起来。要按照中央通知要求和院党组部署，用半年左右的时间，对全院领导干部和科研骨干分期分批进行集中培训。要抓好各级中心组的学习，领导班子、领导干部要发挥学习表率作用。学习十七大精神，关键是解决好高举中国特色社会主义旗帜问题，重点是学习中国特色社会主义理论体系，学习科学发展观，学习社会主义核心价值体系，解决好全院同志的理论指导、理想信念和价值观问题。下半年，要根据中央部署，认真开展学习落实科学发展观的活动。在认真学习的同时，深入研究十七大提出的新思想、新观点、新论断，深入研究中国特色社会主义理论体系，深入研究中国特色社会主义经济建设、政治建设、文化建设、社会建设和党的建设所面临的一系列重大问题。思想政治建设要紧密结合我院实际，不走过场，不流于形式，务求实效，切实解决好“散”和“粗”的问题，有力促进科研等各项工作的开展，使广大学者始终坚持正确的政治方向、理论方向、科研方向和学术方向。

2．加强科研创新体系建设，大力推进科研强院战略的实施。在坚持已经推出并被实践证明行之有效的科研管理体制和激励机制的同时，坚定不移地深化改革，全面推进科研体制创新，建立健全各项管理制度和办法，着力解决阻碍和制约科研生产力发挥的深层次矛盾和问题，建立健全科研竞争和激励机制，形成有利于出精品、出人才、出效益的科研发展环境，形成符合哲学社会科学发展规律、具有我院特点的科研管理体制和机制，最大限度地激发和调动科研人员的主动性、积极性和创造性，解放和发展科研生产力。合理分配经费资源，切实解决一些科研项目投入与产出不成比例的问题。建立和完善科研项目公示制度，避免多头下达，重复研究，避免超出实际研究能力承担多个课题的现象。不断完善科研资助体系和课题经费管理办法，强化各类课题的立项、结项和过程管理。不断完善科研成果评价和专业技术职务评聘制度，有效解决偏重科研成果数量和科研项目级别、忽视科研成果质量的问题。切实做好优秀科研成果的出版、宣传、发布和推广工作，不断扩大我院科研成果的社会影响。逐步建立起科研部门、科研管理部门、科研辅助部门和科研保障部门的分工与合作关系。充分发挥我院主管的100多个学会、协会的作用，加强学术导向、业务管理和财务管理。抓住若干事关国家发展大局和国家安全的重大战略性、前瞻性科研课题，争取国家经费支持，为中央决策提供理论支持和智力服务。比如，我院正进行的改革开放30年历程和基本经验研究课题、新疆历史与现状综合研究项目、西南边疆历史与现状系列研究工程等。

3．加强人才队伍建设，大力推进人才强院战略的实施。实施人才强院战略，首先要解放思想，转变观念，开拓人才工作新思路，真正把人才强院战略落到实处。加强院党组对人才队伍建设的统一领导，建立强有力的实施人才强院战略的领导体制。从我院科研事业长远发展需要出发，研究制定我院人才队伍发展规划、整体布局和发展目标，研究制定人才队伍建设和人才体制机制改革的具体实施方案。必须根据国家关于事业单位人事制度改革的总体要求，按照人事部批准的我院岗位设置方案，坚定不移地推进用人制度改革，探索建立能上能下、能进能出的人才流动机制，特别是有效的“退出”机制，形成有利于人才成长的竞争激励机制。要在原来试点基础上，总结经验，扩大试点范围。建立和完善干部任用管理机制、领导干部任期制及与岗位设置相配套的工资分配机制。对编制问题进行调研，在国家给定的编制之内，统筹解决编制平衡问题。完善专业技术职务聘任制，实施专业技术人员分级制度，统筹解决职称评定工作中的难点问题。积极探索培养、稳定、引进人才的新思路、新方法、新机制。眼睛向内，稳定、信任、培养和用好现有人才。提高引进人才的门槛和层次，吸引稀缺人才，将吸引人才的重点转移到知名学者和重点学科带头人上来。努力办好研究生院和博士后流动站，建立访问学者制度。研究生院要从严治院，从严施教，从严管理，完善研究生培养的体制机制。要对办学情况进行调研，制定未来发展规划，深化教学改革，适度扩大招生规模，提升教学水平，增强创收能力，闯出一条新的办学路子；随着院址搬迁，制定和实施后勤社会化保障方案。建立人才发展基金，加大对稳定、吸引和培养人才特别是青年优秀人才的经费投入。加大管理人才、科研辅助人才、服务人才的培养力度，逐步形成以科研人员为重点、结构合理的人才队伍。进一步规范、统一和完善我院各类评优评奖制度，制定科研辅助人员的院级奖励办法。

4．加强学科建设，巩固和提升我院学科优势和学术地位。优化学科结构，合理调整学科布局，积极推进制度创新，建立促进学科发展创新的管理制度、组织结构、运行方式和激励机制。坚持从实际出发，有所为有所不为，制定“十一五”学科建设规划的具体实施方案。对建设100个重点学科的计划进行检查、督办和调整，推动重点建设一批能够增强原创能力的基础学科，一批对国民经济和社会进步有重大影响的应用学科，一批具有前瞻性和影响力的新兴交叉学科，扶持“绝学”等学科，设立中华传统文化论坛，挽救濒危学科，整合资源和人才，逐步形成重点突出、全面推进、共同发展的学科体系建设新格局。将重点学科建设与科研队伍建设相结合，组织实施“重点学科与科研队伍建设计划”。采取具体措施，推进基础理论研究和应用对策研究的结合、哲学社会科学和自然科学的结合，推动科研事业的全面协调发展。

5．加强学部建设，更加充分地发挥学部和学部委员的作用。学部在我院科研事业发展中居于重要位置，肩负重要责任。学部建设是一项战略性、基础性的工作，是我院科研体制创新的一项基本建设。积极探索有利于学部和学部委员履行职能、发挥作用的新途径。进一步处理好院、学部和研究所之间的关系，不断完善学部工作制度和工作机制，健全和调整机构，使学部工作规范化、制度化、科学化。充分发挥学部的宏观指导和组织协调作用，精心组织一批跨学科、综合性、前沿性的重大研究课题，组织开展一系列有影响的重大学术活动，不断扩大学部在学术界和社会上的影响。重视和加强学部委员队伍建设，完善学部委员推选制度，严格学部委员推选标准，使学部委员成为哲学社会科学研究最高殿堂的重要形象和标志。

6．加强国情调研管理体制建设，探索国情调研的有效形式和办法。开展国情调研是大力弘扬理论联系实际的马克思主义优良学风的必然要求，是加强科研队伍建设特别是青年科研人才培养的重要途径，是发挥思想库和智囊团作用的重要举措。继续开阔眼界，拓展思路，探索具有我院特点的国情调研体制、形式和办法。对国情调研工作进行统筹规划，提炼一些党和国家关注的重大国情调研选题，组织一批重大国情调研项目。建立若干国情调研基地，加强与地方政府、学术机构和政策研究部门的长期合作，选择有代表性的地区和行业，进行长期跟踪研究。加强国情调研管理制度建设，在课题立项、经费使用、成果评估等环节严格把关，使之更加规范化和科学化。加强国情调研数据库和文献资料库建设，实现调研成果共享。通过各种有效途径，做好调研成果的报送、宣传和交流。加强对国情调研工作的组织领导，确保各项调研任务的落实。把国情调研工作和科研工作有机结合起来，使两者既各有侧重，又相互促进。

7．加强学术阵地建设，努力创办国内外一流的学术名刊、名报、名社、名馆、名网。整合我院报刊和出版资源，积极探索和推进报刊出版体制改革。对我院出版社、报刊的现状和未来发展作详细调研，提出改革思路和方案。集中力量办好“一报（《中国社会科学院院报》）、一刊（《中国社会科学》）、两社（中国社会科学出版社、社会科学文献出版社）”。对重点报刊和出版物给予倾斜性支持。积极改进并做好信息报送工作，《要报》等各类内部刊物要进一步规范化，精简篇幅和数量，突出重点，增加渠道，提高质量，准确把握思想理论前沿问题，善于捕捉重大理论和现实问题。坚持优秀专家学者办刊办报办出版制度，不断加强编辑队伍建设，提高编辑人员综合素质。加快图书资料数字化建设步伐，制定数字图书馆建设可行性方案，争取国家立项支持。对全院图书资料工作进行调研，探索图书资料服务体系改革，建立统一的图书馆管理体制。认真做好图书资料的开发、保管、使用工作，对珍贵图书资料进行抢救，整合图书信息资料，实现资源共享。对我院考古文物及典藏珍本、善本的现状进行全面调研，抓好文物展示、保管工作。院、学部、研究所等各级网站要加强信息资源的建设、集成和整合，建设规模强大、资源共享、查询便捷、全院统一的科研数据库。对我院信息网络建设现状和未来发展需求进行详细调研，建立健全既有统一指导协调又有自主创新的网络管理体系。不断推进电子院务所务建设，进一步提高办公自动化水平。

8．加强国际学术交流平台建设，加快推进“走出去”战略的实施。完善院、学部和研究所三个层次的对外交流运作机制，扎实推进国际学术交流基地建设工程。加快实施对外学术交流优秀人才建设工程，培养一批能够在国际学术交流中直接对话、有实力争取话语权的人才，培养各外语语种人才和能够掌握多语种的人才。为我院越来越多的优秀学者登上世界最高学术交流舞台创造条件，在重要的国际学术会议、学术讲坛和学术期刊上要有我们的声音，增强我们的言论力度。举办一两项有重大国际影响和战略意义的国际论坛和学术合作项目。整章建制，加强外事纪律教育，修订、完善和细化相关规章制度，保证对外学术交流有序进行。大力推动优秀成果“走出去”，有计划地组织翻译一批传统文化典籍和现代优秀学术研究成果，面向国外出版发行。认真落实《中国社科人文图书对外推广计划》，继续办好《中国与世界经济》、《中国经济学人》、《中国考古》等英文刊物，支持学部和有条件的研究所创办外文期刊。加快建设院所外文网站和著名学者外文网页。努力建设一支年龄结构合理、业务素质过硬的外事管理干部队伍，切实解决目前在年龄结构、外语水平、专业知识等方面存在的问题。

9．加强学风建设，树立我院良好学术形象。学风建设是关系我院科研事业兴衰成败的重大问题。树立良好的学风，是确立和维护我院最高学术殿堂形象和荣誉的必然要求。全院科研人员要大力弘扬理论联系实际的马克思主义学风，坚持一切从实际出发，注重调查研究，注重了解国情，把自己的学术研究同时代的要求、丰富多彩的社会生活和人民群众的创造性实践紧密结合起来。全院科研人员要牢固树立正确的世界观、人生观和价值观，坚持为人民服务，为社会主义服务，为民族振兴和国家发展服务。坚持求真务实的治学态度，力戒浮躁，不图虚名，不断提高学术水平，努力创造学术精品。增强社会责任感，注重研究工作的社会效果。加强学术道德修养，严格遵守学术规范，坚决抵制不良学术行为，自觉维护哲学社会科学工作者的良好形象。要建立健全学风建设管理制度，形成符合我院实际的监督机制和惩防措施。制定关于处理学术不端行为的管理办法，对全院范围内的学术活动和学术行为进行规范和引导。要善于用具体的事实说话，用鲜活的材料说话，用群众的语言说话，努力培育清新活泼的文风。

10．加强学术氛围建设，营造有利于出成果、出人才的良好环境。只有充分发扬学术民主，建设民主的学术环境，才能使各种学术活动沿着健康的轨道向前发展。面对新形势新任务提出的新要求，必须更进一步解放思想，加大贯彻执行“双百”方针的力度，尊重差异，尊重创新，尊重不同学派和观点，包容多样，让一切创造活力竞相迸发，让一切创新才华充分施展，让一切创新成果得到尊重，让一切人才充分发挥潜力和创造力。要把坚持“二为”方向和贯彻“双百”方针有机统一起来，积极倡导学术民主，充分尊重学术自由，正确处理思想理论领域的问题，注意区分学术问题和政治问题的界限，引导哲学社会科学工作者在坚持正确政治方向的前提下，进行大胆探索和创造。

11．加强行政后勤保障体系建设，为科研事业发展提供有效保证。要把深化行政管理和后勤服务体制改革提上日程，引导行政后勤人员解放思想，转变观念，勇于创新。研究制定后勤社会化改革方案，先行试点，取得经验，逐步推开。要组织专门班子，对需要国家支持的项目进行充分论证，争取国家的政策支持和经费支持。对可经营性资产进行清理和整合，引入竞争机制，实行统一管理，使之成为全院发展资金的重要来源。通过课题委托、合作研究、决策咨询等形式，加强与党政部门及企业之间的联系，拓展我院建设和发展的资金渠道。采取一定措施，对物质条件偏差的科研单位进行适度倾斜支持。要逐步建设一批用现代科技装备起来的人文社会科学专门实验室，积极研究和论证“经济社会发展社会科学模拟实验室”、“DNA实验室”、“语音实验室”等建设方案，争取国家立项支持。制定基本建设总体规划，形成基本建设合理布局，提高基本建设经费使用效率。对现有房地产状况进行详细摸底调研，制定长远使用建设计划和具体实施方案，提高我院房地产使用效益。科研与学术交流大楼建设项目要继续下大力气推进，力争早日拆迁动工。研究生院新校园建设工程要在上半年动工，争取明年年底前投入使用。加强全院统一档案管理，筹建院档案馆。筹建文物博物馆。加强综合治理，解决院部机动车辆停放问题。推进办公室的文明建设，建立和谐安全的工作环境。尽最大努力逐步改善全院职工特别是中青年科研人员的住房条件。各部门要各司其职，各负其责，加强协调，密切配合，逐步形成以办公厅为枢纽的高效的行政管理运作机制。健全和完善督办、检查、反馈制度，突出抓好督办工作，抓好办文、办会、办事的制度建设，确保中央重大决策和院党组重要决定的贯彻落实。加强机关制度建设，推进行政管理的规范化、制度化、科学化，增强机关工作为科研服务、为全院职工服务的意识，使工作作风有大的转变，工作效率有大的提高。

12．加强党的建设，为科研事业发展提供坚强的政治保证。党的建设，其中包括领导班子建设和反腐倡廉建设，事关我院工作全局，必须高度重视并以改革创新的精神积极推进，为我院实现三个“建设成为”的目标保驾护航。我院党的建设必须紧紧围绕党和国家的中心工作，建立和完善适应哲学社会科学研究工作特点的党建制度、体制和机制。要重视和加强所级党委建设和基层党支部建设，充分发挥所级党委的作用。重视和加强领导班子建设，加强后备干部的选拔和培养，把培养选拔优秀年轻干部作为一项战略任务抓紧抓好。加大干部交流力度，真正把那些政治立场坚定、熟悉哲学社会科学工作、富有改革创新精神的优秀干部选拔到各级领导岗位上来。抓紧修订《研究所党委工作条例》和《所长工作条例》，坚持和完善党委领导下的所长负责制。切实抓好党员队伍建设，优化党员队伍结构，重视在科研人员特别是优秀中青年科研骨干中发展党员。大力加强反腐倡廉建设，建设惩治和预防腐败体系，丰富和完善纪检监察六项工作格局，使之逐步制度化。对涉及我院人员的各类案件，要积极配合有关部门查处。进一步加强政治纪律、宣传出版纪律、外事纪律、财经纪律、保密纪律教育。加强制度建设，切实推进党内监督和群众监督，加大预防违纪违法问题工作的力度。组织好反腐倡廉研究工作，为党和国家反腐倡廉建设提供智力支持。加强对统战、工会、共青团和妇女工作的领导，充分发挥工青妇组织和各民主党派联系群众的桥梁和纽带作用。

这里，我特别强调一下离退休干部工作问题。我院离退休干部人数多，且高端人才多，加上我院各方面条件的制约，做好离退休干部工作很不容易。但无论如何，一定要竭尽全力把这项工作做好，把离退休干部是否满意作为衡量工作的标准。对离退休干部要做到政治上多尊重，思想上多关心，生活上多照顾。重视并注意发挥离退休干部的作用。坚持以人为本，服务第一，加大服务力度，拓宽服务项目，提高服务水平。积极创造条件，努力改善离退休干部在各方面的待遇。建立一支热爱老同志、献身老同志工作、认真负责、周到细致的管理和服务队伍。

同志们，如何进一步办好中国社会科学院，是需要全院同志共同研究的一个大课题，共同撰写的一篇大文章，共同努力的一项大事业。有党中央对哲学社会科学事业和我院工作的高度重视，有建设中国特色社会主义伟大实践为我们提供广阔舞台，有建院以来打下的坚实基础和积累的丰富经验，有全院同志的辛勤工作和团结奋斗，我们完全有信心、有能力进一步办好中国社会科学院。

深化改革，加强适应哲学社会科学创新体系的管理体制机制建设

——在中国社会科学院改革工作座谈会上的讲话

（2008年7月23日）

王伟光

2008年是我国改革开放30周年。纪念改革开放30周年，一方面要认真研究总结改革开放的成就、经验，这是我院科研工作的重要课题；另一方面要紧密结合我院实际，进一步推动我院的改革工作，这是我院工作的重要任务，是进一步提升我院工作水平、繁荣发展哲学社会科学的基础性建设。

召开这次改革工作座谈会，目的是深入贯彻落实十七大精神，深入贯彻落实院工作会议精神，推进我院在已有改革成绩基础上进一步改革。关于深化我院改革的指导思想、原则和要求，院工作报告已经形成决议。这次会议主要是研究推进改革的具体问题。积极推进我院的改革工作，还要深入解决好三个认识问题：一是为什么要改革；二是改革什么；三是怎样改革。

（一）为什么要改革

为什么要改革，也就是改革的重要性和必要性。党的十七大关于繁荣发展哲学社会科学的重要论述，党中央对我院提出的“三个定位”的基本要求和一系列重要指示，既指明了做好社科院工作、发展哲学社会科学的奋斗目标和基本要求，又为达到这一要求、实现这一目标提供了指导思想和基本方针。无疑，这是在新的历史条件下，中央向我院提出的崇高使命和更高要求。我们的目的就是要达到中央明确的“三个定位”要求，实现“哲学社会科学创新体系”建设目标。同中央的要求相比，我们的工作还有明显的差距，还有许多不相适应的地方。如果我们安于现状，缺乏开拓创新的精神状态，就难以达到目的。2008年院工作会议提出的“六项战略任务”是达到目标和要求的具体途径、办法和措施。而要达到要求，实现目标，完成任务，则必须进一步改革。

在历届院党组和全院同志共同努力下，在陈奎元同志和院党组领导下，经过长期的成功改革，我院已初步形成了一定的创新体制机制基础，如建立学部就是科研体制的重大改革和创新措施。但我院的改革还不够，必须加大改革的力度，努力推进创新体系建设，努力推进适应创新体系的管理体制机制建设。同样的人，同样的机构，同样的经费投入，通过改革，创新体制机制，

会产生更大的成效；体制机制不合适，已有的经费投入、人员投入，就可能发挥不出应有的效用。因此，我们要向改革要成果，向改革要人才，向改革要出路。改革是达到要求、实现目标、完成任务的唯一出路。

有两条思路：一条是满足于以往成绩，维持现状，这样做表面上看没有风险，但工作难有较大进展；再一条是在已有改革成绩基础上，大胆地改革。这虽然有一定风险，但只要思路正确、措施得当，工作就会有较大进展。我们是共产党人，应当采取第二种对事业负责的态度和做法。

（二）改革什么

解决了为什么要改革的问题，就要回答继续改革应当改什么的问题。

我院的改革大体包括两部分：一是哲学社会科学体系的改革创新，即学科创新、学术创新、观点创新、科研方法创新，目标是建立中国特色的哲学社会科学创新体系，这是党的十七大对哲学社会科学和我院提出的总体战略要求；一是科研、人才、科研辅助、行政后勤等管理体制机制的改革创新，目的是建立适应哲学社会科学创新体系的管理体制机制。这两方面的改革构成了我院全面改革的主要内容和任务。从某种意义上来说，第一方面的改革要解决的是哲学社会科学功能、作用和自身发展问题，是我院改革的根本目的；第二方面的改革是第一方面改革的基本保证。两个方面的改革，相辅相成，都要大力推进。根据陈奎元同志指示，这次会议可以先研究和推进管理体制机制的改革，这方面的改革创新会极大地推动第一方面的改革创新。当然，绝不放松第一方面的改革创新，在推进第二方面改革创新的同时还要积极推进第一个方面的改革创新。

我院管理体制机制创新应当遵循的基本原则、主要要求和重要任务是什么呢？

第一，调动科研人员积极性，解放和发展科研生产力是改革的根本目的。

针对我院当前实际，进一步改革，应当主要解决什么问题？在我院各项工作中，科研为中心，我院工作做得如何，最终结果要看科研怎样，出了多少成果，出了多少人才，特别是出了多少经得起实践检验的精品力作，出了多少拔尖人才。因此，我院工作说到底，就是要最大限度地解放和发展科研生产力。科研生产力的核心是科研人员，解放和发展科研生产力，就是要最大限度地调动科研人员的积极性和创造性，最大限度地调动研究所的积极性和创造性。从这个意义上说，我院深化改革就是要回答怎样才能进一步调动科研人员的积极性、解放科研生产力的问题。目前还存在着一些制约我院进一步发展的体制性和机制性的障碍，影响了科研生产力和科研人员积极性的更好发挥。下一步改革，必须集中力量突破不适应科研生产力和科研人员积极性发挥的体制性和机制性障碍，实现体制机制的不断创新，逐步建立更加有利于调动科研人员积极性和创造性、适合科研生产力发挥的体制机制。

第二，逐步建立适应哲学社会科学创新体系的管理体制机制是改革要解决的主要问题。

这次改革解决的主要问题是通过改革，建立和完善适应创新体系的管理体制机制。该体制机制包括科研管理、人才管理、行政管理、基建管理、后勤服务、财计管理、图书管理、网络管理、国际合作管理的体制与机制，还包括研究生教育、出版、报刊、学会管理等方面的体制与机制，等等。总之，我院的这次改革是管理体制机制的全面改革创新。

第三，建立具有竞争、激励功能的管理体制机制是改革的基本要求。

改革的最终目的是多出成果，多出精品；并通过出成果而多出人才，多出拔尖人才。怎样才能做到呢？这就需要建立具有竞争、激励作用的体制机制，要有退出和淘汰功能。通过发挥体制机制的竞争和激励作用，最大限度地调动科研人员的积极性和创造性。

调动科研人员的积极性和创造性，进行体制改革机制创新，最重要的就是利用体制机制的功能，进行合理的资源配置。资源配置合理了，就能充分调动科研人员的积极性。在我院，一切与科研工作有关的人、财、物的配置都是资源配置，要发挥体制机制对资源进行合理配置的作用，使之有利于调动科研人员的积极性和创造性。

在我院，调动科研人员的积极性与调动其他工作人员的积极性是一致的。我院人员大体可以分两部分：一部分是直接从事科研工作的研究人员，应当主要调动科研人员的积极性；还有一部分是从事科研管理、辅助、服务等方面的工作人员，他们是为科研保障服务的，也要调动他们为科研这个中心工作服务的积极性。

经费资源的配置是最重要的资源配置之一。经费资源的配置要合理，要有利于竞争，有利于激励，有利于调动科研人员、工作人员的积极性。现在的问题是，一方面缺钱，课题经费、学科建设经费、报刊出版经费等都需要加大投入，人员待遇也需要进一步改善；但另一方面有钱又花不出去，或者有的钱花出去了，达不到应有的效用，对科研人员、工作人员的激励和竞争作用不显著。这种情况说明，一方面，目前要积极争取国家财政的投入和支持；另一方面，也说明我们的资源配置特别是经费资源配置还不尽合理，有的钱没有用在刀刃上。科研经费、人才经费、图书购置经费、网络建设经费、报刊经费、后勤服务经费的配置，都存在一个如何调动积极性而不是削弱积极性的问题。这就需要用体制机制的改革创新来解决好资源配置问题。一切资源配置，都要着眼于并有利于调动而不是削弱科研人员、工作人员的积极性。

第四，推进科研和人才管理体制机制创新是改革的关键环节。

我院深化改革的关键环节，一个是科研管理体制机制，一个是人才管理体制机制。当然，科研管理体制机制改革是我院体制机制改革的重点，人才管理体制机制改革也要服务于这个重点，各方面的改革都要围绕“重点和关键环节”展开。

1．关于科研管理体制机制改革

2008年院工作会议提出以科研为中心，这在院工作报告中讲得非常明确。我院的中心工作就是科研，全院一切工作都要围绕科研工作来开展，都要以是否有利于科研工作作为首要的检验标准。一定要把科研工作放在重中之重的位置。正是在这个意义上，院党组提出了科研强院战略。

在2008年院工作报告中，提出了深化科研管理体制改革的任务。实现科研强院，必须进一步深化科研管理体制的改革与科研管理机制的创新，建立和完善激励、竞争机制，加强科研管理制度建设。科研管理体制改革实际上要回答六个主要问题：一是科研管理体制如何调动“两个积极性”，一个是科研人员的积极性，一个是研究所的积极性。要在如何调动“两个积极性”上下功夫，建立有利于调动“两个积极性”的具有我院特色的、科研管理体制和竞争激励机制。要认真研究如何建立科学、有效的管理体制机制，这种体制机制能使每个研究人员最大限度地发挥研究积极性，使每一个研究所最大限度地发挥研究集体的积极性，使每一项投入都产生最大限度的科研效益。要建立院所两级科研管理的互动体制，互相促进，调动所一级科研管理的积极性。要培养和建立一支精干高效的科研管理队伍，包括研究所一级的管理队伍、科研局自身的管理队伍。二是如何在全院形成一个统一协调的科研管理体制，形成一种协调机制，协调与各学部、各研究所、各学科、各科研辅助部门以及它们之间的关系，调动各方面的积极性，形成科研合力。要探索建立适当的体制机制，更好地发挥学部的综合协调作用。三是如何建立激励、竞争、淘汰、退出机制，鼓励多出成果。长期不出成果的科研人员怎么办？如何对成果进行鉴定，出不合格的成果怎么办？四是如何建立重大理论和现实问题研究的组织协调机制。怎样才能更好地做到紧密跟踪和迅速应对国家重大战略决策，回答重大理论和现实问题，更好地为党和国家大局服务，发挥好思想库和智囊团的作用。五是如何合理配置科研经费，出台具有竞争激励淘汰机制的科研经费使用管理办法。现在科研项目等积存下来的项目经费较多，要有一种机制、办法解决这个问题。六是如何建立一系列行之有效的科研管理制度，靠制度管理，靠制度创新。出成果一靠人才，二靠投入，但人才有了，钱投入了，更要靠好的科研创新制度。还是这些钱，还是这些人，如果制度创新了，即使不增加钱，也能搞得更好。

进行科研管理体制机制的改革，要考虑到并着力解决好以下几个方面改革的指向：一是如何加强马克思主义理论研究和马克思主义理论阵地建设。二是如何处理好基础理论研究和对策研究的关系，在加强对策研究的同时，加强哲学社会科学的基础理论研究。要研究设立基础理论研究队伍建设专项经费。加强国学研究，就是一项很重要的基础性研究。三是如何推进社会科学和自然科学的结合，对这项工作，陈奎元同志也有明确指示，要抓好落实。四是如何加强国情调研的体制机制建设。五是如何有利于特殊学科、交叉学科的发展创新。

总之，科研管理体制机制改革十分重要，要通过改革解决科研发展问题。院工作会议已经把科研管理体制机制改革作为一个重要问题提出来。2008年要形成思路、方案，选择突破口，逐步推开，经过几年努力，逐步形成有利于出成果、出精品、出人才、出拔尖人才的具有激励竞争作用的科研管理的创新体制机制。各研究所要考虑结合自身实际，提出科研管理体制机制改革的思路。

2．关于人才管理体制机制改革

人才强院战略和人才队伍建设，是院工作报告强调的重点工作，应该放在全院工作的重要位置。陈奎元同志着重提出，人事制度要改革要有退出机制。人才体制的改革是为科研服务的，是为了调动人才的积极性，是为了多出人才和多出拔尖人才。这是人才体制与机制改革的根本出发点和落脚点。人才管理体制机制改革总的思路，就是要解放思想，转变观念，以改革创新的精神推进人才工作，实施人才强院战略，建立统一的领导体制，推进人事制度改革，加大人才队伍，特别是拔尖人才、青年后备人才队伍建设的力度，建立有利于人才成长的机制。

人才管理体制机制的改革创新，一是要解决人才工作统一领导的体制问题。人才工作不能分散，如果分散了，思路和工作力度就不集中。要解放思想，创新人才工作思路，建立统一的实施人才强院战略的领导体制，积极研究探索培养、引进、稳定人才的新思路、新办法、新机制。要尽快提出一个关于实施人才强院战略的统一领导体制的方案。二是要进一步深化人事制度改革，加大用人制度和人事制度改革的力度，形成退出机制。积极推进用人制度改革，总结经验，扩大试点。三是研究制定中长期人才队伍发展规划和具体实施方案。四是加快实施对外学术交流人才建设工程。五是加强领导班子建设，加强后备干部队伍建设，加大处局级干部交流力度。六是制定重点人才引进的五年方案。每年引进多少人才，引进什么样的人才，需要什么样的投入，要有通盘考虑。七是建立人才发展基金，成立人才研究中心。研究哲学社会科学人才的成长规律，发现人才，培养人才。八是建立统一的奖励制度。要通过统一的有效的奖励制度来推动人才的成长。

第五，建立有效的哲学社会科学创新体系的保障体系是改革的重要内容。

科研强院，人才强院，建立创新体系，必须建立有效的保障体系。广义的保障体系也包括前述的科研管理、人事管理体制机制，这里讲的我院保障体系是狭义的，大体包括：科研辅助体系，如国际合作、图书、网络、报刊出版等等；行政、财计、基建、后勤等等行政后勤保障体系。如何适应新形势、新任务、新要求，通过改革，逐步建立具有我院特色的创新体系的保障体系，是一项长期而重要的任务。保障体系的改革，核心也是要解决好管理体制机制的改革创新。

1．关于行政管理体制机制改革

行政管理体制机制改革要探索行政管理体制机制的新模式：要逐步形成以办公厅为枢纽的高效的行政管理运行机制，健全和完善督办、检查、反馈制度，突出抓好督办工作，抓好落实工作，抓好办文、办会、办事的制度建设；要推行行政管理的规范化、制度化、科学化，形成有效率、有活力的行政管理运作体制和工作秩序。当前的工作要以督办为重点，集中力量抓好办文、办会、办事三项主要工作。贯穿这三项工作的重点是督办。通过督办，可以更好地把院党组提出的工作任务落到实处，可以更好地保证全院工作的顺利运转。院党组决定的事情一定要办，办不了的要及时说明。久拖不决，也不加以说明，一拖了之，这是非常不好的作风。要集中力量建立健全全院的督办落实制度。为了适应以办公厅为枢纽的行政管理运行体制机制的需要，办公厅要在调研的基础上，形成内设机构职能调整的具体思路。

改革《院报》，办好《要报》，抓好信息报送工作。加大信息上传下达的力度，保证信息的通畅。要集中力量办好向中央报送的《要报》和上传的信息。当前实际上是两件事情：一是保障《院报》平稳过渡，办好《院报》。对《院报》如何报道院新闻和信息，要有指导和配合的具体措施。二是加强和改革《要报》和信息报送工作。办公厅要以《要报》和信息报送工作怎样加强和改革为主要议题。对于《要报》和信息报送工作，我认为，关键是落实四个字要求：一是“准”，二是“新”，三是“短”，四是“快”。“准”就是要摸准情况，党中央国务院的工作重点是什么，正在关注什么？我国经济社会发展中重大实践和理论问题是什么？下面的实际情况到底怎么样？“新”就是要反映新情况、新信息，让领导一看是新事，而不是旧闻。“短”就是短小精悍，短的好处一是领导一看就明白，二是有时间看，三是减轻编辑本身的负担。怎样把长文章从目前的稿件中剥离出去，要考虑一个办法。比如，可以规定《要报》稿件不能超过多少字，大家都要遵照执行。“快”就是反应迅速，报送信息一定要快。《要报》的改革就是要贯彻好这四个字。加强和改进《院报》，加强并改进《要报》和信息报送工作，是奎元同志多次交待的任务，务必办好。

2．关于财计管理体制机制改革

财务基建计划局在财计管理体制机制改革方面起着非常重要的作用。财计基建工作要以改革为中心，加强制度建设，狠抓三大任务。加强制度建设，逐步实现经费管理、基本建设管理、房地产管理和国有经营性资产管理的规范化、制度化、科学化，形成一套行之有效的管理制度。狠抓三大任务：首先是抓好经费保障工作。其次是抓好基本建设工作，当前工作重点是贡院东街拆迁项目，研究生院新院址建设，老干部活动中心立项。基本建设工作要在摸清我院房地产现状和未来发展需要的基础上，制定出长期规划和一步一步实施的方案。再次是逐步解决职工住房问题。住房要靠“几条腿走路”的思路来解决：一是争取北京市“两限房”，二是争取国务院机关事务管理局的经济适用房，三是争取燕郊较低价格商品房。提出一个总体的住房解决规划，争取三至五年内职工住房条件有较大改善。可以考虑充分利用经济适用房房源解决好引进人才问题，财计局会同人事教育局要尽快提出并出台具体办法。

财务管理体制改革是改革的重点，要推进和不断深化财务管理体制的改革。院工作报告提出，要建立健全财务管理新体制，逐步推行经费管理绩效考评制度。要加强对院属各单位的财务管理，建立并逐步实现收支两条线制度、结算中心制度和财务委派制度。财务管理体制改革应主要围绕如何统一管理，集中更多的财力保障科研强院和人才强院战略的实施；如何把经费使用得更合理、更有效；如何调动“两个积极性”，使国有经营性资产保值、增值这三个问题来展开。

抓好财务体制改革最重要的是解决好经费保障问题。经费保障，不单单是筹钱、分钱、花钱的问题，不单单是加大投入的问题。如果体制机制合适，投入与效果就成正比，投入多，效果好。如果体制机制不合理，投入多，可能效果反而差，矛盾反而多。因此，要通过适当的体制机制改革创新，进行经费资源的合理配置。配置合理，有钱多办事；配置不合理，钱多也不见得多办事。

这几年国家财政对我院经费投入不少，但总体上我院的经费还不够充裕。但体制机制好可以使不充裕的经费发挥最大的效用。对我院来说，经费可以分两种：一种是国家财政划拨的钱。这个钱的好处是，只要经费要求合理、有道理，国家财政会给我们，我院主要开支靠这部分。一定要积极努力，争取更多的财政支持。另一种钱是“活钱”，就是我们自己创收的钱，这部分钱虽然也要上交国库，实行收支两条线，但还是可以比较机动灵活地使用，解决我院急需的问题，比如提高待遇、计划外建设等等，特别是研究生院新校园的建设需要大量经费。现在我们的情况是，活钱不多，且不均。可创收的经营性资产，一是分散在一些单位那里，没有发挥更大的效益；二是有的不增值，甚至不保值，严重的还流失。经费不够宽裕，主要体现在院里的活钱不充盈。

解决的办法，就是进行财务管理体制机制的改革，关键是集中财务办大事，集中国有资产办大事，这就需要逐步建立财务集中管理体制。财务管理体制改革，要先易后难。首先，可以考虑先从统一结算开始，建立统一的结算中心，便于院里掌握各单位的财务运转状况，解决可支配资金的透明度问题。这项工作，财计局可以和驻院纪检组、监察局联合起来做。建立统一结算体制，钱的主权还在各单位，过去如何管理使用现在还如何管理使用。其次，要建立统一的经营性资产管理体制。院属资产，用于经营的，要实现统一管理、统一经营、统一收入。作为过渡，可以对院属国有资产统一登记、清理整顿、透明管理、成本核算、分级上交。再次，对经营、服务单位实行严格成本核算，加强管理，提高效益，完成和增加上交任务。又次，支持有创收能力的单位，调动“两个积极性”，做大、做活、做强。总之，要提高院里的经费保障和经费创收、运用能力，集中全院财力办大事。

3．关于后勤服务社会化体制机制改革

院工作会议对后勤服务社会化改革提出了明确要求：“坚持服务社会化、管理科学化、保障现代化的方向，深化行政管理体制和后勤服务体制改革。”“把深化行政管理和后勤体制改革提上日程，引导行政后勤人员解放思想，转变观念，勇于创新。研究制定后勤社会化改革方案，先行试点，取得经验，逐步推开。”今年，服务局要提出后勤服务体制改革的方案，可以先行试点，以改革创新精神闯出一条服务社会化的新路子，为科研事业发展提供有效服务保障。这是总的指导思想和原则。具体来说：

一是要深化后勤社会化改革。在院党组领导下，后勤社会化改革已取得很大进展，奠定了一个较好的基础条件，但还需要进一步加大改革的力度。在计划经济条件下，机关和事业单位的后勤服务体制，是大包大揽型、行政指令型、单位办社会式的后勤服务体制，不计成本，不适应今天变化了的新形势。在今天的市场经济条件下，出路在哪儿？就是要把原来计划经济体制形成下的行政命令式的后勤服务模式，彻底转变为适应市场经济条件、适应今天需要、具有社科院特色的后勤服务模式。

后勤服务的改革，实际上就是一句话——社会化。什么叫社会化？社会化就是凡是能让社会上办的事情，自己不再办；能自己办的事，也要改变原来的服务模式，实行成本核算、优质服务。这样就没必要用那么多人，设那么多机构。一些专业性服务项目，可以探索由社会上的专业公司来承担，我们只负责监管，督促其提供良好的服务。社会化改革还要求经营、管理、服务三者分开，否则，又去管理又去经营又去服务，怎么能搞得好？

为了保证后勤服务社会化改革顺利推进，要加强对后勤服务社会化改革的统一领导。服务局要提出成熟的适合社科院的改革方案。当然，要求所有的服务体制改革一步到位，也是不可能的。但是可以一步一步来，看准一个改一个，一段时间改成一件事，积累起来就会改成许多件事。

二是要牢固树立服务意识和服务宗旨，提高服务质量。后勤工作，就是服务。要加强对服务中心工作人员的服务意识教育，牢固树立"服务第一"的理念，树立"为科研服务、为科研人员服务、为全院人员服务"的意识。

三是要加强对经营性资产的管理，提高创收能力。服务中心要把经营性资产清理一下，看一看效益怎么样；要进行成本核算，算效益账。后勤社会化改革，可以先从强化管理、成本核算、搞活经营性资产改革入手，这样震动面小，阻力也小。

4．关于国际合作交流管理体制机制改革

十七大报告提出，要推动我国哲学社会科学优秀成果和优秀人才走向世界。院工作会议对国际合作与对外学术交流工作提出了明确要求："始终坚持开门办院和'走出去'为主的原则，积极扩大国际学术交流，努力把中国社会科学院建设成为我国哲学社会科学走向世界的重要窗口。"这体现了党的十七大的思路。国际学术交流活动是我国哲学社会科学学术交流的重要组成部分，国际合作学术论坛是一个重要的对外交流窗口。我院对外学术交流管理体制与机制改革创新，要围绕建设"重要窗口"来开展，围绕"以我为主"、"走出去"战略来展开。要积极探索建立我院对外学术交流与合作的两级管理体制。要加强和改进已有的行之有效的对外学术交流体制，进一步调动各方面的积极性。总的想法是抓大放小，院里集中力量抓大的有影响的项目，同时要调动所一级的积极性。当然，对所里的一些大的有影响的项目，院里也要重点扶持。

5．关于图书管理体制机制改革

2008年的院工作报告提出了图书馆建设的总体目标："大力实施图书信息资源建设战略，加快我院哲学社会科学文献信息资源保障体系和信息网络特别是中外文网站建设，使我院图书馆成为世界闻名的哲学社会科学专业图书馆。"要积极探索图书资料管理体制改革的新举措，加强领导，建立统一的图书资料管理体制。这项工作包括四个方面：一是成立全院图书资料工作领导小组，统一指导、规划、协调全院的图书资料工作；二是建立全院图书资料专家咨询委员会，为图书信息建设出谋划策；三是建立图书馆与信息网络中心的协调会议制度，形成全院图书资源建设协调机制。全院的图书资源建设应重点放在图书资源数字化建设上。

图书馆要提出我院图书资料管理体制的改革思路和方案。图书馆提出建立总馆、分馆、资料室的管理运行体制，院里有总馆，条件具备的学科片有相应的分馆，每个研究所有专业特色的资料室，可以讨论。但考虑这项工作时，必须要考虑方便研究所的科研人员，要保留和建设好研究所的专业特色资料室。该体制要实行双重分级领导，总馆由院里负责管理，分馆由相关责任单位负责管理，专业资料室由各研究所负责管理。总馆对分馆和资料室实行业务指导及资源共享的协调。

当然，改革不可能一步到位，要分步推进。一是解决好总馆统一管理的问题。总馆建设一定要考虑到科研的需要和要求，一定要为科研人员搞好服务，可以把目前的文学、历史、哲学等馆，与研究所合作，共同建成具有专业特色的开架阅览室、专业特色的藏书馆。此外，可以考虑将院图书馆的相关藏书整合到这三个特色书库和开架阅览室去。首先是提供好服务，求得研究所的支持。科研人员满意了、方便了，专业特色保留了，总馆就会搞得更好，管理问题就好解决了；二是全院实行“一卡通”，打破各科研单位图书资源的分割，实现院内图书资源的共享；三是在有条件的地方增加投入，建立分馆。可以考虑通过试点，摸索经验，为今后的分馆建设提供借鉴。以上三项工作要进一步细化，要考虑得周到些，以科研人员方便不方便、满意不满意、支持不支持作为判断改革是否成功的标准。

6．关于信息网络管理体制机制改革

要按照院工作报告提出的，“各级网站要加强信息资源建设、集成和整合，建设规模强大、资源共享、查询便捷、全院统一的科研数据库。对我院网络信息建设现状和未来发展需求进行详细调研，建立健全既有统一指导协调又有自主创新的网络管理体系”。我院的信息网络建设，首先要以科研为中心，为科研服务，为科研人员服务，同时为繁荣和发展哲学社会科学、建立哲学社会科学创新体系服务，还要为党中央国务院的决策服务。要加强和改革全院信息网络管理体制，建立网络管理的统一的领导体制，加强、健全、改革信息网络管理的领导体制和机制。建立适合我院需要的、具有我院特色的二级网络管理体制。要增加各研究所资料室的网络管理和建设职能，明确院所两级在网络建设和管理上的分工，真正形成有效的管理体制和机制。我院的网络要加大资源建设的力度，实现专业化，提高专业化水平，真正成为全国哲学社会科学的信息网络中心，成为名网。

第六，出不出成果，特别是精品成果，出不出人才，特别是成就卓著的学术大家，是判断改革成功与否的标准。

判断我院改革是否成功，最主要的判断标准是通过改革，能不能进一步解决好出成果、出人才的问题，特别是出精品成果、出成就卓著的学术大家的问题。我院管理体制机制改革创新，效果如何，要用这个基本标准来衡量，各个方面的工作也要用这个标准来衡量。

这次改革座谈会，我们请9个职能部门的主要负责同志谈谈改革思路，请同志们深入思考，广泛发表意见，集思广益，以便形成正确的方案。这些职能部门讲的改革方案都是全局性的，希望同志们从大局出发，认真思考，认真讨论。当然，各单位也要在讨论中形成本单位的改革思路。会议总结时，我们还要请一些单位谈谈本单位的改革问题。

（三）怎么改革

怎样改革，谈几点意见，提出一些具体要求：

第一，解放思想，转变观念，勇于创新。改革开放是发展中国特色社会主义的强大动力，解放思想是发展中国特色社会主义的一大法宝。只有不断地解放思想，才能不断地推进改革开放。要对我院的体制机制进行进一步改革，首先要解放思想、转变观念，只有从不合时宜的习惯做法和固有思维模式的束缚中解放出来，才能深化改革。推进我院改革，首先是要求全院同志，特别是各职能部门的同志，解放思想、转变观念、勇于创新。

第二，服从大局，着眼全院，破除本位。改革是全院的大局，在改革过程中，可能会触动一些个人的利益、单位的利益、局部的利益。同志们必须充分认识到“大河不满小河干，大局发展小局好”的道理。全院发展了，小局也会发展，个人也会发展。没有大局观念的领导干部是不合格的。希望同志们在思想上行动上真正做到小局服从大局，小道理服从大道理，小利益服从大利益。当然，也要调动各方面的积极性，充分尊重并考虑到各个方面的利益。

第三，理清思路，形成共识，提出方案。改革一定要理清思路。思路决定出路，在一定意义上讲，思想路线正确与否是决定一切的。能不能改革，能不能改出成效，关键在于要有正确的思路。改革能否成功到位，最重要的是理顺思路。因此，解放思想、转变观念，关键是形成正确的思路。要形成正确的改革思路，首先是找准问题，找出症结所在，找到改革的突破口，然后针对问题，提出在体制上机制上的解决措施，制定出可行的改革方案和措施。

第四，先行试点，取得经验，逐步推开。中国改革成功的一个经验，就是实行“渐进式”的改革策略。有些国家搞休克式疗法的改革，就出了大问题。因此，在整体方案出台后，要选择突破口，需要试点的可以先行试点，取得成功后，再行推开。采取渐进、稳健、逐步推开的策略。改革初战成功，会增强人们改革的信心，也会为进一步改革积累经验，创造条件。

第五，转变作风，服务科研，提高效率。这次改革任务主要集中在院职能部门。院职能部门的改革要提倡为科研一线服务，要转变工作作风，深入科研一线，深入科研基层，了解情况，分析问题，解决问题，为科研人员排忧解难。要提高机关的工作效率，彻底摈弃推诿、扯皮、拖拖拉拉、形式主义、不实实在在办事的不良作风。机关党委要提出如何转变机关工作作风的方案，扎扎实实地抓机关作风建设。

第六，加强领导，细致工作，扎实落实。改革要在院党组统一领导下进行。各项改革分别由分管院长负责。为了加强领导，院党组成立由浩涛同志牵头的改革协调小组，有关职能部门的主要负责同志为成员，负责协调、推进改革工作。改革是全院的事情，各单位领导班子要切实加强对改革的领导，要一把手挂帅，亲自抓改革。整个改革过程，要加强领导，做好细致的思想工作，扎扎实实抓好落实。

关于进一步改革，陈奎元同志和院党组是下了决心的。当然，如何改革，怎样改革才能到位，同志们可以探索。在讨论中，要围绕我院和本单位实际，围绕不进一步改革行不行、目前我院体制上机制上还存在什么问题需要改革、改革的突破口在哪里、从哪里入手改革、怎样逐步推进改革等问题展开讨论研究。

这次会议是一次改革的务虚会，大家通过畅所欲言，形成共识，是统一思想的会；这次会议也是改革的务实会，要讨论形成改革的成熟方案，会后要抓好实施落实。总之，要形成可行的改革方案，在部分单位先行试点，或选择突破口先行启动，取得经验，再逐步推开。

完善我院国情调研工作机制
推动我院国情调研工作新发展

——在中国社会科学院2008年国情调研动员会上的讲话

（2008年5月29日）

李慎明

同志们：

今天，我院召开2008年度的国情调研动员会议，主要任务在于，进一步明确我院国情调研工作的指导思想，交流开展国情调研工作的经验和体会，完善我院国情调研工作机制，推动我院的国情调研工作取得新的更大的进展。

我院开展国情调研是引导广大科研人员和机关干部深入了解社会主义初级阶段的基本国情，大力弘扬理论联系实际的马克思主义优良学风，促进科研、培养人才，全面提升理论创新能力的重大战略举措。只有立足国情、立足当代，锻炼出一支扎实的队伍，才能完成好中央交给我院的建设马克思主义坚强阵地、党中央国务院的思想库和智囊团以及哲学社会科学最高学术殿堂三项重要使命。

我院的国情调研工作从2006年开始，着重围绕“重大现实问题和中央重大决策的反馈”、“社会关注的热点和焦点问题”、“基本国情调查”和“重要国情考察活动”等四个方面的重要任务，按照国情调研重大项目、国情调研重点项目、按系统组织的国情考察活动和研究所国情考察活动等形式，全面推开全院的国情调研工作。2006年和2007年两年立项了四类项目共206项。为了总结经验，进一步做好国情调研工作，院国情调研领导小组责成科研局对前两年立项的206项国情调研项目进展情况进行了一次普遍的调查。据对已经返回调查表的175项国情调研项目和考察活动的数据进行分析统计，两年来，全院至少有3460人次参加了国情调研工作，组成调研小组425个，深入到全国除港台澳以外的各个省、市、自治区，考察市县818个，走访工厂、农村、商店和学校2459个（所），深入居民家庭11385户，访谈20612人次，发放调查问卷66165份。完成的最终成果包括专著34部，调研报告108篇，考察报告32篇，论文集3部，还有大量数据、图片、资料、论文、心得体会等其他形式的调研成果。

2008年在总结往年国情调研工作经验的基础上，对国情调研立项工作作出了新的安排，体现了以下特点：

第一，加强对国情调研选题的宏观指导。关于2008年的国情调研工作，奎元同志提出“要积极地、坚决地贯彻十七大精神和战略部署，紧紧抓住十七大提出的重要理论观点和重大战略决策来统筹规划”的意见，按照这一原则，院国情调研领导小组认真贯彻十七大和全国宣传思想工作会议精神，提出了六项国情调研重大项目选题，并采取招标方式，组织全院最强队伍进行调查研究。对于招标选题之外贯彻落实十七大精神的调研选题，也可以进行自主设计和申报。

第二，进一步扩大研究所自主权。按照研究所学科性质的区别，各研究所（包括直属单位）分别以国情调研重点项目或国情考察活动为2008年国情调研工作的重点。以调研项目为重点的主要为经济学部、社会政法学部、马克思主义研究学部以及文史哲学部的部分研究所；以考察活动为重点的主要为文史哲学部、国际研究学部的研究所以及中国社会科学杂志社、中国社会科学院研究生院、院图书馆等直属单位。研究所可以通过所学术委员会评议，在院核定的资助经费额度内，自主立项研究所国情调研重点项目或国情考察活动。

第三，强化国情考察活动的开展。为了解决一些同志特别是青年人员缺乏在基层锻炼和工作的问题，锻炼好队伍，2008年的国情考察活动继续强调深入社会、深入基层，特别提倡开展“一个村庄”、“一个企业”、“一所学校”性质的深度考察；在组织形式上，作了三类安排，即：按系统组织的国情考察活动，2008年，继续由院职能部门牵头组织全院各系统的人员开展按系统组织的国情考察活动，主要有：行政后勤，科研管理，人事管理，博士后，党务，监察，青年，统战，女学者等9个系列；研究所国情考察活动，对于文史哲学部、国际研究学部的研究所，以及中国社会科学杂志社、中国社会科学院研究生院、院图书馆等直属单位，根据人员数量专门拨付经费用于开展国情考察活动；对于主要开展国情调研项目工作的研究所，强调要在各调研项目的调研过程中，积极安排有关人员参加调研现场的辅助工作，作为深入了解国情的机会。

第四，发挥学部委员、荣誉学部委员的学术指导作用。在立项工作中，专门组织学部委员、荣誉学部委员对全部申请材料进行了审读，共有19位委员参加了审读工作，提出了130多条意见和建议。在重大项目的评审中，还直接邀请部分委员参加了评审组工作。学部委员的意见和建议对今年国情调研立项的质量，起到了重要保障作用。

经过一定的评审和协调程序，院务会议批准，2008年总共立项各类国情调研项目98项，其中重大项目11项，重点项目59项，按系统考察活动9项，研究所考察活动19项。立项质量比往年有所提高。

总的来说，我院的国情调研工作开展的时间虽然不长，但它已经发挥了重要作用，对此要给予充分肯定：

1．人才队伍得到了培养和锻炼。据科研局的统计，全院参加国情调研的已经达到3400多人次，虽然其中有的人员是重复参与的，但如果加上尚未报送上来的统计数据，参加国情调研的人员数目大约已经达到了全院人员总数的80%。加上今年已经立项即将开展的国情调研项目，基本可以达到用三年左右的时间，使全院同志都能有一次参加国情调研机会的目标。参不参加国情调研，对于能否真正深入了解我国的国情、社情、民情，效果完全不同。参加调研回来的同志，对于他们调研的经历总会有许多感想。这对做好今后的工作是十分有益的，这就是收获所在。

2．调研的面比较宽阔。从地域来看，全国各地的800多个县市都留有我院同志的足迹，到达的工厂、农村、学校、商店2450多个（所），访问的家庭1万余户；从调研的领域看，不仅有经济社会的发展状况、而且包括思想、文化等方面的大量情况。我国地域辽阔，经济、社会、文化等各方面的发展状况、发展道路都不会完全一致。多去一些地方，多了解不同的侧面，可以使我们的调研工作更加具有说服力。

3．取得了一批调研成果。国情调研的不同形式，对于调研的成果有不同的要求。但是我们一直强调成果的重要性。通过国情调研我们掌握了一批重要的国情资料、数据，为进一步做好科研工作打下了重要基础；有的国情调研成果已经开始通过《要报》和其他一些途径，为党和政府的决策工作发挥了作用。

国情调研对我院来说还是一项新的工作，还不成熟，还有很多努力和探索的空间，需要在长期实践的体验和磨炼中一步步成长。就我院国情调研这两年的探索实践来说，我们也还存在一些问题和不足。这些不足主要有：

一是对国情调研的任务和目标需要进一步明确。一些单位和个人对国情调研的重要意义认识不够，对我院专门搞国情调研的必要性、迫切性没有从根本上引起重视，以为国情调研工作是到地方上走马观花，“到处都看一下子”。思想上不重视国情调研工作，于是调研前不认真准备调研行程和相关资料，调研中不会问、不会看、不会记，调研后不认真总结调研经验和心得，对调研问题不甚了了。

二是调研内容需要进一步调整并深入。有些调研课题，设计内容过于宽泛，问题意识不强；一些调研课题考察生产力本身的发展状况较多，对生产关系特别是人与人的关系层面的深入考察不够；一些项目的调研内容没有很好地与所在学科或者正在开展的科研工作结合起来考虑；一些调研项目依赖地方安排路线，停留在地方政府的会议室和办公室的时间过多，接触群众深入实际有待加强；有些调研课题不够深入，对调研问题的变化和运动关注也不够。

三是调研方法需要在实践中进一步掌握。有些调研课题调研点过多，调研时间短，安排紧张；一些调研课题没有很好地把宏观调查和典型调查结合起来，由点到面地了解情况方面有待努力；一些调研课题的人员规模过大，队伍结构安排不合理；有些调研课题的调研人员接触基层、接触群众经验不足，须在实践中进一步磨炼；有些调研课题理论联系实际不够，对调研问题缺乏深入、全面的思考和分析；一些调研课题在对调研对象认识不足的情况下，急于发表意见并撰写不成熟的书面调研报告；有的调研课题没有很好地把出成果与培养人才结合起来，在实践中锻炼队伍方面需要加强。

上面几点虽然不是普遍的现象，但对我们的国情调研工作整体质量还是会带来不利的影响。需要我们不断总结经验，不断发扬理论联系实际的优良作风，不断改进我们的国情调研工作。下面，我就进一步做好我院今后的国情调研工作，提五点意见，供大家参考。

（一）深入领会党中央以及院党组对做好国情调研工作的指示精神，进一步明确国情调研的必要性和迫切性

首先，深入开展国情调研是适应形势和发展，做好党中央国务院思想库和智囊团的需要。其次，深入开展国情调研是繁荣发展哲学社会科学，推进学科体系、学术观点、科研方法创新的有效途径。再次，深入开展国情调研是力戒空疏，力戒肤浅，力戒浮躁，弘扬“理论联系实践”优良党风、学风、文风的较有效的办法。最后，深入开展国情调研，既是为了出成果，也是为了锻炼队伍，增加学者尤其是青年学者的社会知识和接触社会的能力，是培养人才的一个重要途径。调查研究在我院将作为一项长期基本建设来抓，全院同志必须建立对国情调研工作的深刻认识，从思想上真正意识到它的重要性、必要性和紧迫性，才会在工作中认真做好。尤其是当前在机遇与挑战都前所未有的情况下，搞好国情调研更具特殊的意义。

（二）积极贯彻十七大精神，以重大现实问题作为主攻方向

胡锦涛同志指出，要“深入研究我国改革发展关键时期的重大现实课题”。这一精神为我们指明了哲学社会科学发展的方向和前途，也是我院作为马克思主义的坚强阵地、思想智库和最高学术殿堂的必然要求。

国情调研是研究重大现实问题的重要内容。江泽民同志指出，“要立足国情，立足当代，与时俱进，开拓创新，以深入研究重大现实问题为主攻方向”。我院强调以研究重大现实问题为主攻方向，是因为重大问题隐含了时代的脉动，一定程度上反映了一个时代的思维方式、价值观念、伦理道德甚至发展方向。马克思曾经说过：“一个时代的迫切问题，有着和任何在内容上有根据的因而也是合理的问题共同的命运：主要的困难不是答案，而是问题。因此，真正的批判要分析的不是答案，而是问题。”正因为问题对于时代具有如此重要的地位，所以必须准确把握和解决时代与实践提出的重大理论和现实问题。党的十七大是在我国改革发展关键阶段召开的一次十分重要的大会，十七大报告提出了许多新思想、新观点、新论断，反映了党的理论创新的最新成果，包含了很多重大理论和现实问题。对这些内容进行深入研究和全面阐释，是哲学社会科学工作者义不容辞的责任。

2008年及以后一个时期的国情调研工作，必须积极贯彻十七大精神，紧紧围绕十七大提出的重要理论观点和重大战略决策特别是十七大提出的科学发展观来进行。科学发展观是对党的三代中央领导集体关于发展的重要思想的继承和发展，是马克思主义关于发展的世界观和方法论的集中体现，是同马克思列宁主义、毛泽东思想、邓小平理论和“三个代表”重要思想既一脉相承又与时俱进的科学理论，是我国经济社会发展的重要指导方针，是发展中国特色社会主义必须坚持和贯彻的重大战略思想。我们要紧紧围绕这一理论，深入开展调研，及时总结学习实践科学发展观的经验，寻找学习实践中存在的问题，提出解决的相关办法与思路。

（三）扎实开展具体的国情调研活动，在实践中真正学会调查研究

我院的国情调研工作还处在起步阶段，我们有些同志还没有入国情调研的门，对调查研究的基本方法掌握不够，在怎么接触基层、接触群众方面还存在不足。但是，我们只要扎实开展具体的国情调研活动，走出书斋，走出办公室，以满腔的热忱、眼睛向下的决心、求知的渴望、甘当小学生的精神、与群众做朋友的真诚，深入基层，深入实际，深入群众，在实践中摸索，在摸索中不断总结和积累调研经验，在实践中不断学习和掌握调研方法，在摸索中实践“理论联系实际”的名言，在实践中认识“没有调查就没有发言权”的真理，相信在不久的将来，我们的学者会真正掌握调查研究这门基本功的。毛泽东同志曾经坦言：“从我个人调查农村来说，是经过了六七年的时间的。现在你们有了过去同志们的经验，都可以走直路了，可以把六七年的工作，在几个月内完成。”所以，虽然对我们大多数同志来说，真正学会调查研究，是需要下硬功夫的。大家不要着急，但要重视对这个基本功的掌握，这是成为一个较为成熟的专家学者的一项基本功。只要我们耐心地、有步骤地去做，用老老实实的态度在群众中调查研究，脚踏实地地去努力，是可以较快地缩短与实践的差距的，是可以获得很多成绩的。院里2008年提出了深入考察“一个工厂”、“一个村庄”、“一所学校”的号召，以后还要坚持下去。但也要注意，解剖“一只麻雀”是为了认识事物的整体和本质，要注意这“一个工厂”、“一个村庄”、“一所学校”的代表性，要有从特殊到一般的意识和眼光，要注意发掘和把握事物的本质与规律。要注意作典型调研和解剖，不能只见树木，不见森林。既要有深入“庐山”的方法和本领，又要有跳出“庐山”，识得“庐山真面目”的眼光与办法。国情考察活动不在于形式的轰轰烈烈，而在于实际取得的效果。我们提出每个考察小组一般不要超过10人，就是为了方便大家深入下去，下到最基层。

（四）建好国情调研基地，做好跟踪调查工作

建立国情调研基地，是进行从历史到现状的调查研究，深入了解事物变化运动的过程，获得大量的第一手的数据和资料，保证调研结论经得起实践检验的需要；也是加强与地方政府、学术机构和政策研究部门长期合作的重要机制。要积极地在全国选择几个有代表性的地区和行业建立国情调研基地，进行长期跟踪研究，并努力给党中央和国务院提出一些经得起时间和实践检验的

有价值的成果。在建立调研基地方面，我们一方面要积极回应一些积极与我院进行合作的省市，另一方面要随着调研的深入开展主动联系一些有必要进行长期深入调研的地方。目前我院已与部分省市和地区建立了长期的联系，一些学者在调研基地长期蹲点，同当地群众同吃同住，与当地政府和群众建立了密切的关系，获得了大量真实的数据和材料，并取得了一些有成效的研究成果，这是值得全院同志学习的。按照院党组布置，院继续探索推动与河南、湖南、云南、甘肃、内蒙古等省自治区合作建立省级调研基地。基地建设要明确任务，订立协议，要有项目推动。关于国情调研基地问题，这里还要强调四点：一是要研究建立规范的审批程序，一般而言，挂中国社会科学院基地牌子的必须是我院与相关省市自治区或副省级单列城市直接联合建立的基地，院级基地不可过多。二是每个所原则设立一个调研基地，并要事先正式行文报请院国情调研领导小组同意，不得挂院级牌子。原则上全院设立10个左右即可。三是基地不得开展与调研无关的活动，尤其不得从事经营活动。四是一般情况下，院里组织的国情考察活动不要通过基地进行，以免给基地增加不必要的负担。无论院还是各研究所及课题组对国情调研基地要摸清情况，及时总结经验，以不断改进和加强此项工作。

（五）进一步加强领导，力争多出快出能被将来实践证明是正确的国情调研的好成果

国情调研的基本任务，一是了解情况，提出问题；二是掌握政策，解决问题。前者就是认识世界，后者就是改造世界。就我院目前的国情调研工作来说，对大多数科研人员来说，我们的国情调研工作主要在于认识世界，努力使广大科研人员具备面向社会、接触社会、接触群众的能力，努力使广大科研人员深入实际，深入基层，深入群众，增强社会知识，增强对实际情况的全面了解，增强对社会主义初级阶段国情的认识。陈云同志就说过：“我们应该用百分之九十以上的时间去弄清情况，用不到百分之十的时间来决定政策。”这也就是说，我们搞调研，先不要急于以著作、论文、报告的多少衡量国情调研的成效，重要的是把实际看完全，把情况弄清楚，学会调查研究的方法。今后随着调研的深入，实践出真知，相信会有大批有分量有价值的调研成果涌现。不急于出成果，并不是说我们在调研中可以忽略成果。恰恰相反，我们必须要有强烈的成果意识。院国情调研重大项目和所国情调研重点项目，必须要有专著和研究报告；国情考察项目必须要有考察报告。我们为了推出有价值有分量的调研成果，在调研中就要端正思想认识，掌握正确方法，了解真实情况，取得可靠数据。同时，我们在调研中还要学会随时观察社会，发现问题。一些问题我们解决不了，但我们要带回来，反映上去，这也是社会科学工作者的职责所在。希望同志们要时刻具备问题意识，及时把了解的真实情况反映上来，供上级决策参考。

为了及时、充分发挥国情调研成果的决策咨询作用，院国情调研领导小组决定从以下五个方面加强国情调研成果的报送工作：

1．继续通过院《要报》《信息专报》渠道，报送重要国情调研成果。《要报》和《信息专

报》都要注明所属单位与所属国情调研的课题，科研局对采用量要单独统计，2008年年底就要进行总结和奖评。让我们各单位和各课题组来个竞赛，看哪个单位和哪个课题组出的成果多。

2．统一编印《中国社会科学院国情调研（考察）报告选编》，选编优秀国情调研报告和考察报告（包括专家鉴定意见），公开出版。

3．统一编印《中国社会科学院国情调研（考察）报告汇编》，各个项目独立成册，包括具体成果、项目组成员名单、资助金额、专家鉴定意见等，内部印刷。

4．设立“中国社会科学院国情调研文库”，出版国情调研专著和大型研究报告类成果。

5．继续编印《中国社会科学院国情调研工作简报》，报告全院国情调研工作进展情况。

以上五项工作科研局国情调研工作小组负责实施，科研局要尽快配备精干人员，真正能够胜任这项工作。

目前，按照院国情调研领导小组的要求，科研局正在研究思考进一步规范国情调研成果管理的办法，草案拟订后，要认真听取各单位意见。

院里决定加强国情调研项目管理力度。对院管重大项目，院里年中和年底分别要检查一次，各课题组在年中和年底都要给院里写出专题报告，院里将对好的进行表扬，差的进行批评，直至撤销个别极端不负责任的项目。各研究所也要加强对自己单位所属项目的管理。要建立严格的责任制，所长和分管科研工作的副所长负责国情调研项目；所党委书记负责国情考察项目。其中的关键是项目主持人，课题的每一个成员都要发挥积极性、主动性和创造性。院里每年将进行抽查，各单位每年对项目执行情况进行检查，并向院里提交总结报告。

院里曾经规定国情调研考察活动不得委托旅行社安排。所以，我们各单位要尽量发挥自己的主观能动性，与当地政府和有关单位联系，请他们给予支持。

在这里我还要重申一些相关规定：一是在调研和考察时，可以顺路看一看祖国的人文自然风光和大好河山，但这类活动绝不能不适量地安排，必须以调研和考察为最主要内容；二是考察队伍人员要精干，一次不要超过10人；三是考察活动要尽可能使更多的人轮流参加，力争每三年左右时间就能使相关人员有一次参与机会；四是没有专门开展考察活动的研究所，要在调研项目中，重视并积极安排有关人员参加调研辅助工作。

（六）进一步做好调研资料和成果的管理

国情调研形成的文字、图片、音像、数据库以及其他各种实物资料，归院所有，研究所负责管理，项目组优先使用。国情调研项目组应将调研资料及时登记造册、妥善保管，结项后上交研究所。项目执行过程中形成的重要阶段成果应及时报送院、所。研究所应建立国情调研资料管理制度，将国情调研资料集中保管，在一定范围内实现开放共享。院对研究所的国情调研资料管理工作实施领导和监督，适时建立院国情调研信息中心。国情调研成果和信息发布应严格遵守国家及我院有关保密法规。未经研究所批准，不得向境外机构、组织或个人提供国情调研重要和敏感信息。

同志们，我院的国情调研工作已经全面开展了两年，不久以后，在座的还有其他许多同志还会继续深入社会、深入基层开展国情调研工作。我们相信，在党中央、国务院和院党组的支持和领导下，在全院科研人员的共同努力下，继续开阔眼界，拓展思路，群策群力，一定会摸索出一条适合我院形势和发展的国情调研道路，我们的国情调研工作会越做越好。

努力开创学部工作新局面

——在中国社会科学院2008年度工作会议上的讲话

（2008年3月25日）

陈佳贵

根据中国社会科学院工作会议的安排，我这里主要讲一下学部工作。

2007年，我院学部以十七大精神为指导，在院党组和院务会议的正确领导下，围绕贯彻落实科学发展观、构建社会主义和谐社会、全面建设小康社会的工作大局，开展了一系列卓有成效的工作。第一，学部召开了“学习胡锦涛总书记‘6.25’重要讲话精神暨纪念学部成立一周年座谈会”和“中国社会科学院学部主席团学习贯彻党的十七大精神座谈会”等一系列学习会、座谈会，加深了对十七大精神的理解。第二，学部发挥了在重大课题研究方面的组织协调优势，认真组织实施了“中国经济改革开放30年历史经验问题研究”、“我国文化走出去”等若干项重大课题研究。第三，努力打造高层次交流平台，举办形式多样、内容丰富的重要学术会议。据不完全统计，2007年各学科部共举办国内、国际学术会议50多场。其中，在庆祝建院30周年期间，五个学科部共同组织了13场专题学术报告会，24位专家作了学术报告，在院内外产生了很好的反响。第四，弘扬理论联系实际的学风，积极组织开展了“中国少数民族地区文化建设”、“中国农村、少数民族地区的社会保障发展与法制建设”、“跨国公司在华并购与国家经济安全”、“关于社会主义核心价值体系的研究和践行情况”、“中国企业调研”、“中国乡镇调研”、“中国村庄调研”等重大国情调研项目。第五，学部组织编辑出版了各种形式的系列学术出版物，包括主办或合办学术刊物3种、出版学部委员文集1部、学部集刊1部、论文集3部、年鉴1部、内部研究报告和学部通讯多期，扩大了学部的学术影响力。第六，不断探索学部工作机制，努力发挥学部委员的学术咨询作用。出台并实施了《中国社会科学院学部印章管理规定》、《中国社会科学院学部主席团关于组织学术调研和学术休假活动的规定》、《中国社会科学院学部对外学术交流项目的经费管理办法》等多项规章制度，建立了一些固定的工作机制，如各学科部建立了工作联席会议或者工作交流会议机制，学部委员对重大课题立项、优秀科研成果评奖的咨询建议制度，等等。总之，2007年，学部认真贯彻落实院党组和院务会议的各项工作部署，很好地完成了学部的各项任务，学部影响日益扩大，建立学部、实行学部委员制度的举措得到了中央和社会各界的广泛认可和赞誉。特别是在庆祝建院30周年大会上，中共中央政治局委员、书记处书记、中宣部部长刘云山同志代表党中央发表讲话，对我院建立学部、实行学部委员制度给予了高度评价。现在，学部和学部委员已成为代表我院学术形象的重要标志。学部成立以来的工作实践表明，院党组关于成立学部、实行学部委员制度的决策是十分正确的，它对深化我院科研管理体制改革、提高我院科研管理水平、促进我院更好更快地发展，发挥了重要的作用。

2008年学部工作总的指导思想是：深入贯彻落实党的十七大精神，坚持正确的政治方向、理论方向和科研方向，本着学术指导、学术咨询和科研协调的学部职能定位，抓住时机，总结经验，积极努力，开拓进取，更加扎实、有效地推进学部的各项工作，进一步开创学部工作新局面，为促进我国哲学社会科学的更大发展和繁荣而努力。

2008年学部具体工作计划要点，包括以下几个方面：第一，学部计划紧紧围绕深入贯彻落实十七大精神和纪念改革开放30周年，组织课题研究、学术会议等一系列重大活动，这包括五个学科部将举办纪念改革开放30周年系列学术报告会，以及组织围绕有关科学发展观、中国特色社会主义理论体系、社会主义核心价值观等重大课题的研究等。第二，组织重大综合性学术活动，不断创新工作内容。经过一年多的实践，组织跨学科、跨所的重大课题研究，组织学术考察和国情调研活动，举办重大学术会议，编辑学术出版物，已经成为学部工作的“四驾马车”，是学部工作的主要内容。2008年，在认真完成具有持续性和例行性工作的同时，各学部还计划根据新的形势、新的需要开展一些新的重大学术活动，如举办“国学论坛”等。第三，加强对外学术交流，认真组织好国际学术会议、学部委员出国学术考察访问等活动，积极开创学部外事工作新局面。学部主席团计划在北京举办“中国改革开放30周年历史经验国际研讨会”，这是一项跨学科部的大型国际学术研讨会。另外，各学科部也制定了自己的对外学术交流计划。第四，遵循《中国社会科学院学部章程》，加强学部自身组织建设，根据院党组和院务会议的安排，做好学部委员增选的准备工作。第五，继续探索学部工作机制。2008年要进一步加强学部工作的计划性，规范学部管理工作。要鼓励各学科部从自己的学科特点出发，大胆探索，逐步建立各具特色，又行之有效的工作机制和组织模式，还要进一步加强学部工作局的组织机构建设，完善学部工作局的机构设置和人员配备。

我院成立学部是一件新生事物，到2008年8月3日，我院学部才成立两周年。院党组决定建立学部、实行学部委员制度，是期望这个创新能够在完善我院管理体制和机制、构建我院哲学社会科学创新体系、繁荣和发展哲学社会科学等方面发挥重要作用。相比院党组对学部的深切期望和要求，进一步做好学部工作还有许多问题需要研究和探索。例如，学部工作机制如何进一步科学化、规范化、制度化；如何更好地发挥学部与研究所之间引导、协调、合作的关系；如何更好地发挥学部委员和荣誉学部委员在学术活动中的作用；院各职能部门如何进一步与学部工作协调，学部工作局的机构设置和人员配备如何进一步完善，等等，都需要进一步改善。

根据一年多学部工作的实践经验，以及院党组对学部的要求和大家对学部工作的期望，我就如何进一步做好学部工作，谈几点意见。

第一，学部要坚持正确的政治方向，服务党和国家的工作大局。院党组一直旗帜鲜明地把坚持正确的政治方向、理论方向和科研方向放在全院工作的第一位来抓，学部在这方面必须做出表率。学部要为把我院建成马克思主义坚强阵地、党中央和国务院的思想库和智囊团、哲学社会科学研究的最高殿堂作出自己的重要贡献。学部要全面贯彻落实党的十七大精神，坚持科学发展观，紧紧围绕党和国家的工作大局，以自己的出色工作服务于我国社会经济发展和现代化建设。

第二，学部要坚持准确的工作定位，积极开展跨学科的、综合性的重大学术活动。学部工作要坚持自身在学术指导、学术咨询和科研组织协调方面的职责定位，在各类学术活动中发挥自身的重要作用。当今科学发展的一个重要趋势是人文社会科学与自然科学之间、人文社会科学各学科之间的交叉融合，而且研究解决重大的、全局性、战略性、综合性问题的社会需求日益增大，而学部的成立恰恰顺应这种发展趋势和社会需求。学部可以完成单个研究所难以承担的跨学科、综合性重大科研任务和学术活动，包括综合性的重大课题研究、重大国情调研活动、重要学术会议等。学部的这种工作定位有助于妥善处理好学部同研究所的关系，有利于调动与发挥学部和研究所的积极性。

第三，坚持学部委员的工作主体地位，充分发挥学部委员的积极性和创造性。学部的学术指导、学术咨询和科研组织协调的工作主体是学部委员和荣誉学部委员。要充分发挥学部委员的积极性和创造性，给学部委员创造一个很好的工作环境和氛围。要扩大学部委员的影响，发挥学部委员的荣誉激励作用。“学部委员”和“荣誉学部委员”称号，是荣誉，更是责任；是地位，更是使命。学部委员要积极参与学部的各项活动，在完成重大课题研究、开展国情调研、组织学术交流、编辑学术刊物等方面，贡献自己的力量；在探索学部工作机制、拟订学部工作方案方面，学部委员要积极出谋划策；在对外交流中，学部委员要充分展示自己的优良学风和深厚学术造诣，提升学部在社会各界的影响力；在培养高素质的学术人才方面，学部委员要继续奖掖后学、甘为人梯，发现和培养一批有潜质的优秀中青年人才；在学风建设方面，学部委员要更加谦虚谨慎、严于律己，在严谨治学、引领学风方面做出新的表率。

第四，坚持大胆创新的工作精神，不断探索和完善学部工作机制。学部组建时间不长，没有太多的现成工作经验可以借鉴，要做好学部工作、推进学部发展，就需要我们大胆创新和不断探索。要创新，就要允许失败，就要允许差异化，不能简单地一刀切，要给学部工作一个宽容的氛围。我院学科门类丰富，既包括人文科学也包括社会科学，课题种类也不同，既包括基础理论研究，也包括应用理论研究和决策研究。不仅五个学科部之间的差异性很大，有的同一学科部内不同学科之间，也有明显的差异，有各自不同的特点。而且从我院学部的管理实践看，各个学科部的差异性也十分明显。这就决定了各学科部要坚持从相关学科的科研特点和各自的组织模式出发，探索建立各具特色又行之有效的工作机制和运转模式。学部成立以来，各个学科部都进行了积极有益的探索，取得了很好的效果。今后，我们要继续鼓励各学科部大胆探索，勇于实践，使学部这一新生事物焕发出蓬勃生机。

第五，坚持依靠全院办学部的工作方针，争取全院对学部工作的支持。学部成立是我院对科研管理体制和人才激励机制进行的一项重大改革，学部工作同我院科研、人事、外事、后勤等各个方面的工作都密切相关。因此，做好学部工作，不仅是学部自身的事，更不仅仅是学部工作局的事，需要全院各单位、各部门的积极配合，需要全院同志的大力帮助和支持。学部从成立到现在，一直得到了全院各个单位和部门的大力支持，全院都为学部建设作出了贡献。借这个机会，我对大家对学部的大力支持表示感谢，同时也期望全院各单位、各个部门一如既往地帮助和支持学部工作。

深入学习贯彻党的十七大精神，努力把当代中国研究所办成马克思主义国史编研的坚强阵地

——在当代中国研究所2008年度工作会议上的讲话

（2008年2月1日）

朱佳木

（一）充分认识高举中国特色社会主义伟大旗帜的重要意义

“高举中国特色社会主义伟大旗帜，为夺取全面建设小康社会新胜利而奋斗”，是党的十七大报告的题目，也是十七大报告的主题和十七大的灵魂。深入学习贯彻十七大精神，首先要充分认识高举旗帜的重要意义。

十七大报告指出：高举中国特色社会主义伟大旗帜，最根本的就是要坚持中国特色社会主义道路和中国特色社会主义理论体系。对于这条道路，十七大报告讲得很清楚，那就是“在中国共产党领导下，立足基本国情，以经济建设为中心，坚持四项基本原则，坚持改革开放，解放和发展社会生产力，巩固和完善社会主义制度，建设社会主义市场经济、社会主义民主政治、社会主义先进文化、社会主义和谐社会，建设富强民主文明和谐的社会主义现代化国家”。对于这个理论体系，十七大报告讲得也很清楚，那就是“坚持和发展了马克思列宁主义、毛泽东思想，凝结了几代中国共产党人带领人民不懈探索实践的智慧和心血”的“包括邓小平理论、‘三个代

表’重要思想以及科学发展观等重大战略思想在内的科学理论体系”。因此，高举旗帜，也可以说是在坚持社会主义道路、人民民主专政、共产党的领导、马列主义和毛泽东思想这四项基本原则的前提下，通过改革开放，进一步解放和发展社会生产力，推进马克思主义的中国化，使社会主义制度更加巩固和完善，使马克思主义更加焕发强大的生命力、创造力、感召力。

有一种观点认为，改革开放使新中国分为现代中国和当代中国，就是说，改革开放前的中国是现代中国，改革开放后的中国是当代中国。这种说法表面看是在抬高中国特色社会主义的历史地位，但它容易导致把改革开放前后两个历史时期人为地割裂成两种不同性质的社会，因此反而会从根上贬低中国特色社会主义。

所谓现代和当代，都是历史学的概念。我国学术界在新中国成立之初，以1919年五四运动为界，把1840年至1919年称为中国近代史，或曰近代中国；把1919年至1949年称为中国现代史，或曰现代中国。正因为如此，20世纪90年代初兴起国史研究时，人们为了区别于现代史的原有定义，把1949年中华人民共和国成立后的历史称为当代史。但近来学术界越来越趋于主张将近代史的定义延伸至1949年，而把1949年以后的历史称为现代史。理由是根据唯物史观，历史分期一般应以社会形态的变化作为标志。既然1840年中国由封建社会进入半殖民地半封建社会作为近代史开端，那么，1919年的五四运动改变的只是旧民主主义革命的性质，并没有改变中国的社会性质，因此不应作为现代史的开端。而1949年标志着中国由半殖民地半封建社会走向或进入社会主义社会，恰恰应当作为现代史的开端。在这种情况下，中国现代史和当代史的内涵是一样的，指的都是进入社会主义时代的中国，叫现代中国可以，叫当代中国也可以，二者没有再加以区别的必要。1978年党的十一届三中全会虽然开启了改革开放的伟大事业，但它也没有改变中国的社会形态，而只是对中国社会主义制度的自我完善和发展，是赋予社会主义以新的生机与活力。因此，不必要也不应当以此为界，把中国区分为现代和当代两个部分。党中央一直把1978年作为中国社会主义建设进入历史新时期的标志，对此，全党认识一致，学术界理论界也是明确的。如果硬要改变这种提法，把1978年前后的中国分为现代中国和当代中国，很容易给人一种印象，似乎中国社会在改革开放前后发生了性质变化，从而把这两个历史时期对立起来。

关于改革开放前后两个历史时期的联系，十七大报告有一段十分精辟的论述。报告指出："改革开放伟大事业，是在以毛泽东同志为核心的党的第一代中央领导集体创立毛泽东思想，带领全党全国各族人民建立新中国、取得社会主义革命和建设伟大成就以及艰辛探索社会主义建设规律取得宝贵经验的基础上进行的。新民主主义革命的胜利，社会主义基本制度的建立，为当代中国一切发展进步奠定了根本政治前提和制度基础。"这个论述告诉我们，改革开放前后两个历史时期虽然有很大区别，但二者并非相互割裂的，更不是相互对立的，而是相互统一的。前一个时期是后一个时期的基础，没有前一个时期的探索和成就，就不可能有后一个时期对中国特色社会主义的开创和全面发展；后一个时期是对前一个时期的继承、扬弃和完善。两段历史都是中国共产党领导的人民当家做主的社会主义社会的历史，实行的都是社会主义制度，都内在地统一于对科学社会主义基本原则的坚持和对社会主义社会的建设，因而都是区别于近代中国的现代中国或当代中国。明白了这层关系，对于准确理解和把握中国特色社会主义道路的科学内涵，是十分必要的。

（二）为什么要高举中国特色社会主义伟大旗帜

改革开放近30年的历史证明，只有中国特色社会主义伟大旗帜能够代表当今中国最大多数人的共同利益，最大限度地把全党和全国各族人民团结凝聚起来，使中华民族以最快的速度实现复兴。正是在这面旗帜的指引下，中国亿万人民的积极性和创造性得到了极大调动，使中国在不到30年的时间里发生了翻天覆地的变化。

例如，在这段时间里，中国经济总量由3600亿元增长到24．6万亿元，增长68倍，从世界第11位上升到第四位；进出口总额由206亿美元增长到1．76万亿美元，增长85倍，从世界第32位上升到第三位；外汇储备由1．67亿美元增加到1．5万亿美元，增长8982倍，从世界第40位上升到第一位。同时，人均国民收入由379元（250美元）增加到1．85万元（2500美元），增长48倍；人均预期寿命由68岁增加到73岁，超过世界平均寿命（65岁）8年；农村贫困人口由2．5亿减少到2000万，人民生活从温饱不足发展到总体小康。

另外，从一些具体经济指标上，也可以看出近30年的巨大变化。例如，粮食产量由3亿吨增长到5亿吨，钢产量由3000万吨增长到4．6亿吨，汽车产量由14万辆增长到888万辆，分别居世界第一和第三位。1978年时，高速公路、手机、网络用户还都是零。而到2007年，高速公路已达到5．4万公里；手机产量达到5．6亿部，占全球一半以上，用户4亿，占人口数近三分之一；网民总数达到2．1亿，其中网站为150万个，分别居世界第一、第二位。

与此同时，中国特色社会主义的政治建设、文化建设、社会建设，也都有了突飞猛进的发展。正如十七大报告所指出的，这一切变化使社会主义和马克思主义在中国大地上焕发出勃勃生机，使中华民族大踏步赶上了时代前进的潮流，一个面向现代化、面向世界、面向未来的社会主义中国已经巍然屹立在世界东方。因此，我们要在2020年达到全面建设小康社会的目标，本世纪中叶达到中等发达国家的水平，使中国成为富强民主文明和谐的社会主义大国，就不能放弃中国特色社会主义这面旗帜，相反必须把它举得更高。

那些鼓吹中国要放弃中国特色社会主义而改举民主社会主义旗帜的人，总喜欢用欧洲一些发达资本主义国家实行社会民主党政策的情况作为例证，说那里搞得如何如何好，因此中国也应当实行它们的政策。我们且不去评论那些国家存在的种种社会问题，即使说社会民主党政策适合那些国家的情况，又怎么能因此证明它就适合中国的国情呢？

十七大之后，党报党刊的社论里普遍有这样一句话："实践无可辩驳地证明，只有中国特色社会主义，而没有别的什么主义，能够引领当代中国的发展进步；只有中国特色社会主义，而没有别的什么主义，能够把全党和全国各族人民团结凝聚起来，为国家富强、民族振兴、人民幸福而共同奋斗。”当了解到有人确实在那里鼓吹“别的什么主义”的时候，再来读这句话，就会豁然开朗，就会明白十七大突出强调高举中国特色社会主义伟大旗帜，绝非无的放矢，而是有着很强的现实针对性。

对人类社会特别是阶级社会里的任何概念，都不能仅从字面上理解，而要着重看它的内涵，看它的实质。比如，自由、平等、人权、民主、革命、文化革命、改革和开放等等，这些概念本身如果抽象地看，都是美好的。但在现实生活中，它们不可能是抽象的，不可能离开具体的阶级利益、政治背景。判断这些概念的实质，决定对它们的态度，必须先弄清楚它们的实际内容、要达到的目的。同样是这些概念，不同的阶级、不同的政治派别、不同的人讲，其内涵和实质都是不一样的。“社会主义”这个概念也不例外。

反对中国特色社会主义的人，一会儿说中国应当实行多党制、议会制，搞三权分立、全民直选，一会儿说共产党至今没登记，共产党最好改个名，军队要国家化，要撤销各级政法委，取消党对宣传的领导；一会儿说邓小平已用价值目标取代用经济制度界定社会主义，中国特色社会主义本质特点不是公有制为主体，一会儿说公有制为主体已没有实际意义，应当改为以混合制为主体，或以公有制为主导；一会儿说十月革命对中国的消极作用是主要的，共产主义者改变了新文化运动的方向，新中国的历史是血腥的历史、专制的历史，是历史的大倒退，一会儿说要用现代化史观、文明史观代替唯物史观，马克思主义史学是皇家史学、官方史学、狗屁史学。他们说来说去，围绕的大体都是三条。就是说，在政治上，要搞民主社会主义，改变中国的现行政治制度；在经济上，要搞新自由主义，实行私有化和完全的市场经济；在意识形态上，要搞历史虚无主义，重新改写中国的当代历史。

不妨回过头看看苏联。为什么这个原本可以和美国抗衡的超级大国，一夜之间会垮掉呢？原因可以说出许多，但关键是放弃了共产党的领导，实行了私有化，全盘否定了十月革命和苏联社会主义的历史。

戈尔巴乔夫时期推行所谓公开性，以“不能有被历史遗忘的角落”为借口，发动对苏共和苏联社会主义历史的清算，从根本上动摇了人民对领袖的崇敬和对社会主义的信念，为苏共下台、苏联解体准备了舆论和思想条件。但进入21世纪后，俄罗斯执政者和知识界逐渐认识到，把苏联历史说得一团漆黑，把列宁、斯大林等领袖人物丑化、妖魔化，对俄罗斯民族并没有什么好处，相反，只会使俄罗斯失去原本值得自豪骄傲的一切。正因为如此，2002年由俄罗斯教育部审定的《20世纪祖国史》对20世纪30年代的工业化建设和农业集体化的历史作用作出了新的比较合乎实际的评价。2007年，俄罗斯政府发给各地中学一本历史教学参考书《俄罗斯现代史：1945～2006》，修改了过去历史教科书的某些观点，重新评价了包括苏联在内的俄罗斯现代史，称斯大林为“苏联最成功的领导人”。该书一位编辑说：苏联解体后，俄罗斯丧失了自己的意识形态，以致让别的国家来判定自己是否是民主国家。

（三）深入学习贯彻党的十七大精神，不断提高国史研究为党和国家工作大局服务的自觉性

1．充分宣传国史成就，为坚定全党全国人民走中国特色社会主义道路的决心和信心服务

十七大号召全党全国各族人民要坚定走中国特色社会主义道路的决心和信心。做到这一点，就要从理论上或历史上论证中国特色社会主义道路的正确性。而从历史上论证，一个重要途径就是，既指出改革开放30年超越改革开放前的成就，又分析改革开放前29年对于改革开放这些成就的基础性贡献。

十七大报告指出："新时期最显著的成就是快速发展。"对此，大部分人特别是年轻人都亲身经历过，比较容易看清楚。但对改革开放前取得的成就，对这些成就在改革开放中的作用，第一，由于相隔时间比较长，许多人不很清楚；第二，由于那时很多成就是在条件极其落后的情况下取得的，又大多是基础性的，不大容易让人感觉到；第三，由于那时犯过"大跃进"、"文化大革命"的严重错误，容易妨碍人们对这些成就的客观评价；第四，由于国内外敌对势力为了抹黑社会主义的历史，总是抓住那时的问题，以偏赅全，大作文章，攻其一点，不及其余，从而影响一部分人对那段历史的全面认识。所以，要充分宣传中国社会主义建设的历史成就，有必要着重分析改革开放前的成就对于改革开放的意义。

根据当代中国历史的实际和十七大报告的精神，改革开放前29年的成就对于改革开放的意义，大体可以归纳为四点：

一是为改革开放提供了政治前提；二是为改革开放奠定了制度基础；三是为改革开放奠定了物质技术基础；四是为改革开放提供了正反两方面经验。

有了改革开放前29年打下的基础，又有了改革开放的正确决策和一系列路线、方针、政策，新的历史时期才会使亿万人民的积极性得到极大调动，使中华大地焕发出勃勃生机，使中华民族大踏步赶上时代前进的潮流，迎来伟大复兴的光明前景。与改革开放相比，前29年的建设成就和人民生活变化远没有那么显著，但这并不表明前29年没有成绩，或成绩不重要。如同盖楼一样，打地基时的成绩，不容易看出来，但楼房盖得快盖得高，反过来说明地基打得牢。正因为如此，十七大报告指出："经过新中国成立以来特别是改革开放以来的不懈努力，我国取得了举世瞩目的发展成就"；还指出："改革开放和社会主义现代化建设，是新中国成立以后我国社会主义建设伟大事业的继承和发展。"也正因为如此，才要在国史研究中始终把成就作为主流，不断通过研究成果的转化，运用通俗生动的形式着重宣传国史中的成就。

2．认真总结国史经验，为树立和落实科学发展观服务

科学发展观是党中央自十六大以后一直在积极倡导的关于发展的重大战略思想，是我国经济社会发展进入新世纪新阶段后必须坚持的重要指导方针。国史研究要为树立和落实科学发展观服务，就要通过历史经验证明科学发展观的科学性、正确性和贯彻科学发展观的必要性、紧迫性。

十七大报告指出："科学发展观，是立足社会主义初级阶段基本国情，总结我国发展实践，借鉴国外发展经验，适应新的发展要求提出来的。"报告同时阐述了我国发展在进入新世纪新阶段后呈现的一系列新的阶段性特征，阐述了科学发展观的要义、核心、基本要求和根本方法。我们要为树立和落实科学发展观服务，就要围绕发展问题，回顾新中国成立以来，特别是改革开放以来的历史，并用十七大精神认真总结其中的经验。

比如，在把发展作为党执政兴国第一要务的问题上，可以通过国史研究，说明为什么一定要牢牢抓住经济建设这个中心，聚精会神搞建设、一心一意谋发展；为什么必须实施科教兴国战略、人才强国战略、可持续发展战略，着力把握发展规律、创新发展理念、转变发展方式，破解发展难题，提高发展质量和效益，实现又好又快发展。

再如，在坚持以人为本的问题上，可以通过国史研究，说明为什么要始终把实现好、维护好、发展好最广大人民的根本利益作为党和国家一切工作的出发点和落脚点；为什么一定要尊重人民主体地位，发挥人民首创精神，保障人民各项权益，走共同富裕道路。

再如，在坚持全面协调可持续发展的问题上，可以通过国史研究，说明为什么要全面推进经济建设、政治建设、文化建设、社会建设，促进现代化建设各个环节、各个方面相协调，为什么要坚持生产发展、生活富裕、生态良好的文明发展道路，建设资源节约型、环境友好型社会，实现速度和结构质量效益相统一、经济发展与人口资源环境相协调。

再如，在坚持统筹兼顾的问题上，可以通过国史研究，说明为什么要统筹城乡发展、区域发展、经济社会发展、人与自然和谐发展、国内发展和对外开放，统筹中央和地方关系，统筹个人利益和集体利益、局部利益和整体利益、当前利益和长远利益，充分调动各方面积极性；为什么要统筹国内国际两个大局，从国际形势发展变化中把握发展机遇、应对风险挑战，营造良好国际环境。

再如，在贯彻落实科学发展观必须始终坚持"一个中心、两个基本点"的基本路线的问题上，可以通过国史研究，说明为什么说四项基本原则是立国之本，是我们党、我们国家生存发展的政治基石；为什么说改革开放是强国之路，是我们党、我们国家发展进步的活力源泉；为什么要坚持把以经济建设为中心同四项基本原则、改革开放这两个基本点统一于发展中国特色社会主义的伟大实践，任何时候都绝不能动摇。

再如，在贯彻落实科学发展观必须积极构建社会主义和谐社会的问题上，可以通过国史研究，说明为什么说科学发展与社会和谐是内在统一的，没有科学发展就没有社会和谐，没有社会和谐也难以实现科学发展；为什么说构建社会主义和谐社会是贯穿中国特色社会主义事业全过程的长期历史任务，是在发展的基础上正确处理各种社会矛盾的历史过程和社会结果；为什么在分配领域中要把公平放在更加突出的位置，着力解决人民最关心、最直接、最现实的利益问题，努力形成全体人民各尽其能、各得其所而又和谐相处的局面，为发展提供良好社会环境。

再如，在贯彻落实科学发展观必须继续深化改革开放的问题上，可以通过国史研究，说明为什么要毫不动摇地坚持改革方向，提高改革决策的科学性，增强改革措施的协调性；为什么要完善社会主义市场经济体制，加快重要领域和关键环节改革步伐，全面提高开放水平；为什么要坚持把改善人民生活作为正确处理改革发展稳定关系的结合点，使改革始终得到人民的拥护和支持。

再如，在贯彻落实科学发展观必须切实加强和改进党的建设的问题上，可以通过国史研究，说明为什么要把提高党的执政能力、保持和发展党的先进性，体现到领导科学发展、促进社会和谐上来，更好地代表和实现最广大人民的根本利益上来；为什么要使党的工作和党的建设更加符合科学发展观的要求，为科学发展提供可靠的政治和组织保障，等等。

3．正确评价国史问题，为建设社会主义核心价值体系服务

建设社会主义核心价值体系，是党的十六大以来党中央作出的又一重大战略部署。十七大报告对此作了进一步阐述，指出要通过建设社会主义核心价值体系，增强社会主义意识形态的吸引力和凝聚力。所谓价值体系，是建立在价值观基础上的价值取向与行为准则的观念体系，反映一定社会的意识形态。所谓意识形态，是旨在解释并改造世界的观念体系，系统反映一定社会经济形态和政治制度，集中体现一定阶级的利益和要求。马克思主义告诉我们，每个社会统治阶级的意识形态都是占统治地位的意识形态。因此，任何社会的核心价值体系必然是社会中占主导地位的观念体系，反映这个社会占统治地位的意识形态。十七大报告指出：社会主义核心价值体系“是社会主义意识形态的本质体现”，其基本内容是马克思主义指导思想、中国特色社会主义共同理想、以爱国主义为核心的民族精神和以改革创新为核心的时代精神，以及社会主义荣辱观。这就决定了，对国史的正确认识和解释，是社会主义意识形态的重要组成部分，在建设社会主义核心价值体系的过程中占有重要位置，起着重要作用。试想，如果抓住国史中出现的失误和错误，任意夸大，恶意曲解，以偏赅全，一叶障目，把国史描写成一连串错误的集合，说得一无是处、一团漆黑，怎么可能增强人们对中国共产党领导、社会主义制度、改革开放事业、全面建设小康社会目标的信念和信心？又怎么可能培育出以爱国主义为核心的民族精神和以热爱社会主义祖国为荣的荣辱观？所以，国史研究要为建设社会主义核心价值体系服务，必须对国史中的问题进行正确评价，尤其要正确解释改革开放之前29年中的种种失误和错误。

正确看待改革开放前的失误和错误，一是要把失误和错误与那段历史取得的成就放在一起比较，分清主流与支流。二是要对失误和错误进行具体分析，不能因为有些事情中有失误、错误，就对那些事情全盘否定。三是要把失误和错误放在当时特定的历史条件下分析，把在当时可以避免的和由于客观条件限制难以避免的错误区分开来。四是要分析造成失误和错误的主观原因，同时也要把好心办坏事与个人专断、个人专断与专制制度加以区别。

一个民族没有历史知识不行，没有正确的历史知识更不行。龚自珍说过：“灭人之国，必先去其史。”当年日本帝国主义妄图灭亡中国，在占领区大搞奴化教育，不许中国人学习中国历史；台湾陈水扁当局妄图分裂中国，在台大搞“去中国化”的教育，把中国史列入外国史，都印证了这个道理。关于历史问题，毛泽东同志讲过：“历史上不管中国外国，凡是不应该否定一切的而否定一切，凡是这么做了的，结果统统毁灭了他们自己。”这个道理也被许多事实证明过，其中最近的例子就是苏联由于否定苏联社会主义的历史而导致共产党下台、国家解体。从苏联的悲剧中不难看出，对于历史特别是国家史的解释，在塑造一个国家的主流意识形态和核心价值体系中具有多么重要的作用。关于思想理论战线工作，胡锦涛同志在全国宣传思想工作会议上的讲话中再次强调：“历史经验告诉我们，经济工作搞不好要出大问题，意识形态工作搞不好也要出大问题。”我们一定要接受苏联的惨痛教训，进一步加强唯物史观对当代中国研究所国史编纂与研究工作的指导，努力使国史编研工作为建设社会主义核心价值体系提供历史依据和智力支持。

为科研工作提供可靠保障

——在中国社会科学院2008年度工作会议上的讲话

（2008年3月25日）

高全立

根据中国社会科学院工作会议的安排，我将主要分管的人事教育局、财务基建计划局、机关服务局、人文公司、中咨公司及全院的维护稳定工作的基本情况向大会作汇报。几年来，在院党组的领导下，在全院同志大力支持下，我院在科研保障工作方面较好地完成了各项任务。

（一）全院机构和人员队伍情况

全院现有单位和部门55个，包括31个研究所、1个研究院、3个实体研究中心、8个职能部门、8个直属单位、2个直属公司和2个代管单位。

1．人员情况。截至2007年底，全院共有正式人员6843人。其中在职人员3938人，离退休人员2905人（包括离退休干部2789人，工人116人）。在职人员中，专业人员3199人，占全院在职人员的81%；管理人员478人（不含有专业职称的），占在职人员的12%；工人261人，占在职人员的6%。专业人员中，正高级743人，副高级919人，中级1027人，初级及以下510人。高级专业人员共1662人，占专业人员总数的51%。

2．全院引进人才情况。我院引进人才的主要途径，一是京外调干，二是京内调干，三是留学归国人员，四是博士后出站人员，五是接收应届高校毕业生，六是安置军队转业干部。近年来，我院引进人才每年都在100多人，主要是博士生、硕士生；同时，每年也有100余人因年龄关系退出工作岗位。总体讲，每年进多于退，保持了队伍的稳定。

3．专家队伍情况。2006年我院成立了学部，推出了学部委员47人（已调出1人，去世2

人），现有44人；荣誉学部委员95人（已去世3人），现有92人。截至2007年底，我院获得“全国杰出专业技术人才”荣誉称号的2人，国务院学位委员3人，国务院学位委员会学科评议组成员15人，国家有突出贡献的中青年专家71人，享受国务院政府特殊津贴的1593人（现有1335人，其中在职的226人），中组部直接联系和掌握的专家66人，中宣部联系的文教宣传口专家33人，中宣部批准的“四个一批”专家10人，人事部“百千万人才工程”和“新世纪百千万人才工程”国家级人选22人。除此之外，还有院级有突出贡献的中青年专家40多人，跨世纪第一至三层学科带头人、科研骨干100余人。现有博士生导师391人，硕士生导师525人。

人才队伍建设包括科研人才队伍建设、管理人才队伍建设、科辅人才队伍建设和工勤人才队伍建设。其中，科研人才队伍建设是重点。人才队伍建设的关键是深化事业单位人事制度改革，创新有利于人才成长的体制机制，创造有利于人才成长的良好环境。根据国家关于事业单位人事制度改革的总体要求和我院岗位设置方案，将尽快推进用人制度改革，实现人员的由身份管理向岗位管理的转变，形成能上能下、能进能出的人才流动机制和有利于人才成长的激励机制。按照国家有关规定，不断完善干部任用管理机制，建立领导干部试用制和任期制，不断优化队伍结构，培养、吸引和稳定各类优秀人才，特别是高层次人才的引进和培养。要树立正确的用人导向，把忠实践行邓小平理论、“三个代表”重要思想、全面贯彻科学发展观作为选拔领导干部的首要条件；要关心重视那些想干事、能干事、干成事的干部，对那些公道正派、政绩突出、勤政廉洁的干部要委以重任，让他们为党和人民多作些贡献，促进人才队伍健康发展。

（二）工资收入分配制度改革的情况

2006年起，按照人事部、财政部有关文件精神，我院在全院范围内进行了在职人员工资改革和离退休人员离退休费的调整。全院在职人员、离休干部、退休人员平均每月增资500元左右。

按照文件精神，这次工资制度改革后，事业单位实行岗位绩效工资制，工资由岗位工资、薪级工资、绩效工资和津贴补贴四部分组成。岗位工资和薪级工资为基本工资。岗位工资又分为专业技术岗位工资、管理岗位工资和工勤技能岗位工资。工资制度改革后，在年度考核的基础上，对考核合格及以上等次的人员，每年增加一级薪级工资。

事业单位工资制度改革目前还没有完全到位。岗位和薪级工资按文件精神已落实，而绩效和津贴补贴部分到现在还没出台文件。按照文件精神，事业单位的绩效工资，要由上级主管部门对各单位总量进行核定，并进行总量调控和政策指导，各单位根据核定的总量和有关政策，结合自己的实际情况，制定绩效工资分配办法。文件规定，津贴补贴主要是完善艰苦边远地区和规范特殊岗位津贴补贴的管理。实行绩效工资后，取消现行的年终一次性奖金，将年终一次性奖金（一个月基本工资额度）纳入绩效工资。

目前，我们只能在已调整的岗位和薪级工资的基础上，仍按现有的津贴补贴发放，同时执行在年度考核合格以上的基础上，每年增加一级薪级工资，把原来的年终一次性奖金平均到每个月里。

（三）行政后勤有关情况

我院行政后勤工作，始终贯彻以科研为中心，以资金保障和基础设施条件改善为出发点，以为全院工作服务为大局，创新发展思路，积极挖掘潜力，努力开展工作。

1．基础建设方面。因院里原来的基础设施条件较差，前几年，主要力量放在了全院的公共设施建设上，如院部科研大楼的维修改造，院图书馆的建成使用，院部职工食堂的建设，院部大院的整体绿化，北戴河培训中心、密云绿化基地维修改造，考古所综合楼建设，集中研究所办公区图书馆改造和办公房维修，社科会堂综合维修，以及宿舍区燃煤锅炉、煤改气改造和老干部活动站改造等。从这两年开始，主要力量转到了各独立办公区的办公用房改造维修、设备更新和环境治理上。有的已经完成了一部分，有的在实施，有的待实施，比如，国际研究学部张自忠路办公区办公条件的改善，已投入不少；经济学部月坛北小街办公区进行维修改造和环境治理；法学研究所等独立办公区的条件改善；西安考古文物工作站标本楼的翻建。同时，拟用一至两年时间对全院宿舍区的老干部活动站加大建设投入，扩大使用功能，改善活动条件。除此之外，伟光同志在报告中已讲到，目前正在努力做的还有三项任务：一是贡院东街国际学术交流大楼的建设，正在积极做北京市有关方面的工作，但困难不少，需要得到全院同志包括离退休老同志的支持；二是研究生院新址建设工程，目前基本准备就绪，近期即可开工；三是年轻人住房问题，这也是个社会共性问题，我们正在做北京市和有关方面的工作，争取在“两限房”和经济适用房方面得到具体支持。奎元、伟光同志对这三项工作非常重视，伟光同志亲自抓工作落实，有关部门都在积极做工作。

2．经费方面。应该说，这几年国家财政对我院的支持力度不小。但从供给和需求讲，经费不足永远是一个矛盾，仍然需要国家财政的更大投入和支持。从经费的使用和管理情况看，随着财务管理制度的改革和工作要求的不断完善以及审计工作的力度加大，从中也发现了不少的问题，有的属于管理方面的问题，有的属于违规违纪方面的问题；前者可以研究改进提高，后者则必须严肃处理。随着国家一系列财务管理新举措的出台，对财务管理的要求越来越高，对财务人员的素质要求也越来越高，对领导干部管财用财的政策水平要求更是越来越高。对此，希望引起各单位领导的足够重视。

3．后勤服务方面。后勤服务工作，按照从实际出发，逐步改善条件，不断提高水平的要求，坚持服务第一的原则，从科学化、规范化、制度化出发，高标准严要求，努力使工作不断上新台阶。总体讲，取得了显著成绩，院内重大活动、各种会议接待、日常后勤保障等，都是由本院的队伍承担的，都较好地完成了任务。

（四）维护稳定工作有关情况

稳定工作虽不是轰轰烈烈的工作，但却是经常性的工作。如果注意不到，工作不到位，就可能会出现比较麻烦的问题。对于国家级的科研单位来讲，维护稳定，主要是维护政治纪律的问题。

我院人员多，工作环境相对分散，对人的教育和管理就显得尤为重要。总体讲，我院维护政治纪律的情况是好的，各单位做了大量的工作，但也出现了个别人违法违纪事件和利用互联网等便利条件，发表与党和政府不一致的观点、言论，引起社会炒作，造成负面影响等问题，其负面影响极大。

我们是由国家财源保证的国家公职人员，是党和国家直接领导的社会科学最高研究机构，我们的一切都应从党和国家的利益出发，而不应该与党和国家离心离德。因此，要发挥好思想库、智囊团和坚强阵地的作用，必须要遵守政治纪律，必须强调学术无禁区、工作有纪律、行为懂法律。要强调责任感和使命感，要强调政治方向和职业道德。作为一名国家公职人员，特别是党员、领导干部、高级研究人员，政治方向、学术方向、服务方向必须搞正确，否则，很难说是合格的。对此，各级领导干部要勇敢地负起责任，既要抓业务、管科研出成果，又要抓基础管人管思想；既要坚持原则，敢于触及矛盾，又要善于发现问题，及时进行疏通和引导，做好化解工作。要积极妥善地处理好反映出来的各种矛盾和问题，主动营造和谐单位环境，稳定职工队伍，切实负起稳定一方和振兴一方的责任。

认真落实科研强院、人才强院战略

——在中国社会科学院2008年度工作会议上的讲话

（2008年3月25日）

武 寅

2008年院工作会议报告提出，要以科研为中心，实施科研强院和人才强院两大战略。我主要围绕这一思路谈谈2008年乃至今后几年科研工作的构想。

（一）关于学科建设

学科建设是“科研强院”的基础工作，是夯实发展基础、培育发展后劲的基本建设。加强我院学科建设，需要进行制度创新，对不同类型的学科实施不同的发展政策，以整体提升我院原始创新能力和学科优势。

第一，调整和完善“重点学科建设工程”。该工程于2002年启动，纳入工程的99个重点学科2008年进行期满验收。拟在总结经验的基础上，从2009年开始对新一轮学科建设五年计划进行调整和改革，改革重点主要是以下几个方面：一是扩大研究所自主权。充分调动各研究所的积极性，由研究所根据各自的学科特点制定符合本所实际的学科建设具体方案。允许各研究所对其确定的重点学科实行动态管理。二是实行目标管理，经费包干。科研局按比例核定各单位重点学科建设经费资助数额，各研究所根据院里审定的学科建设方案自主支配这些经费。三是院里进行综合调控。科研局负责制定全院学科建设总体规划与管理规则，负责组织协调和计划执行的中期管理及最终验收工作。

第二，要扶持“特殊学科”。所谓“特殊学科”，主要指对经济社会发展具有重要意义的新兴学科、交叉学科和具有重大学术文化价值的“绝学”等。“交叉学科”既包括院内各学科之间的交叉，也包括社会科学与自然科学的交叉。“绝学”包括我院各所以及跨所的濒危学科。对“特殊学科”的扶持，院、所两级要共同来抓。

具体采取以下扶持措施：（1）设立“特殊学科审定委员会”。各研究所可以根据本所情况进行申报，经过“特殊学科审定委员会”审定，纳入“特殊学科”。院里将对这些学科实施扶持政策，如拨专项建设经费，在研究生培养、人才引进、课题立项、对外交流以及人员退休返聘等方面给予政策倾斜。（2）申请国家重点研究室。2008年的《政府工作报告》提出，要加大对科技的投入，特别是要加大对国家重点实验室的科研经费投入。我院要抓住这一机遇，争取将我院与自然科学交叉的一些学科，像科技考古、实验语音学、生态安全与环境保护等，纳入国家重点研究室建设计划；对于一些国家亟需的、有重大发展潜力的新兴学科，我院也要积极争取纳入国家重点研究室的计划。同时，争取将我院学科建设总体规划作为国家重点扶持单位的主要内容之一，申请国家专项经费。

（二）关于科研队伍建设

科研工作要积极贯彻“人才强院”战略，把科研队伍建设与学科建设结合起来，统筹考虑，构建优秀人才成长的体制机制。具体做法是：

第一，在“重点学科建设总经费”中设立“科研队伍建设专项经费”，促进一流人才队伍建设。在学科建设方案中，要有科研队伍建设的内容和具体实施方案，建立培养学科带头人和优秀青年科研骨干的机制。要发挥所里的积极性和自主权，自主决定受资助的人选。非重点学科的优秀学者也应在资助之列。资助方式由研究所根据需要自主决定，实行动态管理。

第二，实施“对外学术交流优秀人才建设工程”。在院内选择一批政治素质好、学术功底扎实、外语能力强，能够在国际学术交流中直接对话、有实力争取话语权的优秀学者，为他们开展对外学术交流活动提供专项经费支持，并推介或派遣到国际知名论坛和重要研究机构，为他们登上世界最高学术舞台创造条件；同时也通过他们向世界介绍中国，塑造中国的国际形象。院里还将设立专项经费，选择一批有培养潜力的后备人才，提供长期资助，促其全面提升学术水平和外语能力，尽快成为优秀学术外交人才。

（三）关于课题建设

课题建设是科研工作的重要载体，要继续抓好。工作的总体思路是，发挥我院课题体系比较完备的优势，组织落实好各类课题研究，形成基础研究和应用对策研究互相促进的良性机制。

第一，关于国家级重大课题。在应用对策研究方面，紧紧围绕十七大和全国宣传思想工作会议精神，围绕中央工作大局，组织具有全局性、战略性、前瞻性的重大课题。在基础研究方面，组织对学科建设和学术发展具有重大意义和作用的课题。组织形式可以是国家社科基金重大课题；中央直接委托交办、由院里组织立项、有关所参加的课题，如西南项目；也可以由学部提出，组织跨所、跨学科重大项目。这些课题项目的经费来源主要是申请国家专项资金、国家社科基金经费、院特别经费（如学部重大项目）。

第二，关于院级课题，主要是院重大A类课题。要控制总量，狠抓质量，加强中期管理，提高结项率。评审程序不变，经费由院重大课题费安排。

第三，关于所级课题，包括院重点B类课题、所重点和所一般课题。组织形式和经费来源不变。

第四，对个人自选课题，同样给予重视，力争出精品。经费可以通过多种渠道解决，特别是要利用好后期资助。

（四）关于制度建设

制度建设的目的是要培育优秀人才，为多出精品力作创造良好的制度环境。

第一，奖励制度。已实行的奖励制度，凡行之有效的，我们今后要继续坚持。比如，优秀科研成果奖励制度。院优秀科研成果奖已举办六届，产生了积极的作用，今后要继续做好这项工作。要分析优秀成果产出的特点和规律，营造有利于优秀成果产出的机制。要继续做好优秀学术期刊奖励工作。2008年的优秀期刊奖评选工作，要增强学部的作用，发挥学部委员在学术上的优势，使他们参与到评奖工作中。要加强和改进期刊管理，保持我院学术期刊的整体优势和学术领先水平。同时，将新增优秀图书资料工作人员奖，完善奖励制度和激励机制。该奖的评选工作，今年将会启动。

第二，优秀科研成果出版资助制度。要进一步改进《中国社会科学院文库》的出版组织工作，将我院的优秀科研成果尽可能地选入文库，建立优秀成果出版“快速通道”，推出一批反映我院学术水平的科研成果，形成优秀科研成果出版的良性机制。同时，做好院《学者文选》、《青年学者文库》和《中国国情调研丛书》的出版组织工作。

第三，完善优秀科研成果发布制度。今后要进一步规范设置院所两级科研成果发布会，加大优秀成果的宣传和推介力度。通过科研成果发布会、新书出版座谈会、全院科研成果年度分析报告等形式，宣传我院学者，推介最新研究成果，包括向国外推介。

总之，2008年乃至今后几年的科研工作，要根据院党组的统一部署和院工作会议报告的精神，开拓进取，勇于创新，在全院的共同努力下，争取迈上一个新的台阶。

以科学求实的精神　深入推进反腐倡廉建设

——在中国社会科学院反腐倡廉建设工作会议上的讲话

（2008年3月27日）

李秋芳

今天，我院召开反腐倡廉建设工作会议。在这次会议上受陈奎元同志委托，王伟光同志代表院党组作了《全面贯彻党的十七大精神，努力开创反腐倡廉建设的新局面》的报告，就全院反腐倡廉建设工作进行了总结和部署。报告很好地体现了党的十七大和中央纪委十七届二次全会精神。为了贯彻落实好这次会议精神，我谨代表驻院纪检组谈几点意见。

党的十六大期间，中央颁布实施了《中共中央关于进一步繁荣发展哲学社会科学的意见》和《建立健全教育、制度、监督并重的惩治和预防腐败体系实施纲要》。几年来，我院贯彻中央要求，科研等各项事业和反腐倡廉建设都取得了重要进展。党的十七大对于建设惩治预防腐败体系和繁荣发展哲学社会科学进一步加以强调。从社科院实际出发贯彻党的十七大精神，要坚持哲学社会科学创新体系与惩治预防腐败体系协同构建，正确处理好以下几个关系：

（一）努力提供政治纪律与反腐倡廉建设的双重保障，为哲学社会科学事业的发展“保驾护航”

政治纪律和反腐倡廉建设，都是各项事业赖以发展的政治保障。办好中国社会科学院的首要问题是坚持正确的政治方向，反腐倡廉建设的首要任务是维护政治纪律。维护政治纪律，坚持正确的政治方向，加强反腐倡廉建设，都是为了保持党的先进性，提高党的战斗力和凝聚力，保证各项事业沿着社会主义方向前进。政治纪律建设和反腐倡廉建设具有目标的同一性，都服务于中国特色社会主义事业的建设，在我院则服务于哲学社会科学事业的发展。

党员干部维护政治纪律和廉洁自律，都要先解决政治方向和理想信念问题。只有正气在胸，才能百邪不侵。如果政治失向、信念崩溃，就可能导致行为失控，进而发生违纪违法问题。正如胡锦涛同志指出的“政治纪律加强了，有利于减少腐败问题的产生”。因此，政治纪律是全院党员干部首先要遵守的铁的纪律，也是所有社会科学工作者必须遵守的行为准则。在中国社会科学院，任何人都不能对政治纪律持轻视态度，全院各单位任何时候都不能放松维护政治纪律的工作。

（二）切实完善自律和他律的双重机制，创造党员干部自觉走廉洁人生道路的良好条件

自律与他律，是保证党员干部走廉洁人生道路不可或缺的两条“安全带”。自律需要他律创造外在条件，他律则需要自律发挥内生作用。

必须把道德和法纪自律作为拒腐防变的第一道防线。自律，说到底是用道德法纪管住自身行为，增强自觉抵御腐败风险的“免疫力”。多少人走上腐败道路血泪交织的教训表明：谁对自己的道德行为失控，谁视党纪国法为儿戏，谁就是葬送自己前程的最大敌人。党员干部都要学好马克思主义，形成良好的道德修养，打牢精神支柱，追求廉洁人生。古往今来，品行源于修养，情趣依靠涵养。《礼记·中庸》较早提出“君子慎其独”，朱熹提出“自省吾身，有则改之，无则加勉”。社科院的党员干部，更要明荣知耻，激浊扬清，使遵守道德和法纪成为一种行为习惯，一种生活方式，一种文化自觉。要注意净化自己的社交圈，坚持择善而交，顶住熟人和利益相关者主动“喂养式”的进攻，自觉抵制拜金主义、享乐主义和极端个人主义的侵蚀。要正确选择个人爱好，经常检点自己的行为，有高尚的追求，不贪图享受，不骄奢淫逸，做到台上台下一个样，工作时间业余时间一个样，有没有监督一个样。一个讲道德、重品行、善自律的人，一定能够获得心理平衡感和廉洁欣慰感。

必须靠管用的制度、到位的监督、严厉的惩处来强化他律。实现他律，一靠制度，二靠监督，三靠惩处。因为，制度健全使人无法腐败，监督到位使人不能腐败，惩处有力使人不敢腐败。要真正做到用制度管权、管事、管人。党员干部要理解、敬畏和遵守制度，使制度成为阻挡腐败侵蚀的“防火墙”。要坚持集体领导，推进决策的科学化、民主化，最大限度地减少以权谋私、权钱交易的制度漏洞。要加强对直接行使人财物管理权力的规制，完善科研、人事、财务、外事、刊发出版等制度，坚持在关键环节上不粗疏。要使权力受到有效监督。监督好似经常性体检，有利于及时“保健”。每个有成就的党员干部，都是组织上长期培养和个人多年努力的结果，为谋求事业顺利和人生平安，必须使监督伴随权力行使的全过程。要真诚自觉地接受监督和大力支持监督，千万不要认为群众跟自己过不去，嫌纪检机关麻烦，等到出事后又追悔莫及。要自觉报告个人廉洁自律情况。要增强科研行政管理的透明度，凡与群众利益相关的事项，要尽量公开听取意见，提高工作公信力。要主动推进党务公开，使党员了解党内事务，充分行使参与权、表达权和监督权。加强他律，必须健全腐败发现机制，加大对腐败问题的惩处力度，促使领导干部警醒自励，防微杜渐，增强抵御各种腐败现象侵蚀的能力。

（三）始终坚持廉政建设和勤政建设的双重目标，形成识别评价干部的正确导向

廉政和勤政，是反腐倡廉建设两个相联系的重要目标。清正廉洁、勤政为民，是党员干部安身立命、事业有成的法宝。干部不廉会堕落，廉政守的是行为底线，可以防止权力“错位”；干

部不勤会贻误事业，勤政拓展了行为价值空间，可以避免权力“缺位”。中国社会科学院建设哲学社会科学创新体系，不能缺少廉政勤政两项建设的保障。

要毫不放松地抓好廉政建设。过去都说社科院是“清水衙门”，没有机会腐败。近年来，随着社会上腐败现象向文化教育科研领域的蔓延，我院也呈现经济案件比例上升的情况。近五年以来，我院共核查经济类案件和问题44件，占总量的66%。其问题主要出在：一是贪污挪用。利用职务之便贪占集体资财，或“借”给家人好友经营，或将公共资金投资企业个人谋利。二是以权谋私。有的在基建工程中为自家装修住房、添置家具，有的购买办公用品、图书资料时个人拿回扣，有的为家人报销巨额费用。三是收受贿赂。或利用职务便利直接收受贿赂，或接受请托为他人谋取不正当利益收受巨额钱财。针对存在的问题，社科院对领导干部和关键岗位干部加大了教育监督力度，但反腐倡廉建设任务仍很繁重，要既着力解决导致违纪违法的老问题，又注重解决滋生腐败现象的新问题，不断拓展从源头上防治腐败的工作领域。全院党员干部要严格执行中央纪委关于廉洁自律的规定，警惕各种诱惑，防止利用职务便利或通过其他国家工作人员为自己和特定关系人谋取不当利益。

要持之以恒地抓好勤政建设。一个党员干部尤其是领导干部，如果在其位不谋其政，无所作为，或推诿责任，阻碍工作发展，即便没有不廉洁问题，对于党和人民来说也没多大用处。强调勤政，有利于党员干部保持昂扬向上干事业的精神状态。党员干部要锐意进取，善于抓住机遇创造性地开展工作。要增强事业心责任感，恪尽职守，矫正慵懒作风，始终保持工作热情和活力。要鼓起不怕事、干成事的勇气，摒弃“潜规则”，敢于直面困难，主动采取措施，解决面临的突出问题。勤政建设搞好了，廉政建设才会更有意义。

（四）忠实履行科研业务管理与党风廉政建设的双重责任，形成两手抓、两手都要硬的良好局面

科研行政管理和党风廉政建设，都是各级党员干部的基本职责。党的十六大以来，中国社会科学院形成了党组统一领导、党政齐抓共管、纪委组织协调、部门各负其责、依靠群众支持参与的党风廉政建设领导体制和工作机制。深化党风廉政建设责任制，要坚持一手抓科研行政业务，一手抓党风廉政建设，都抓好落实、抓出成效。

党风廉政建设与业务工作，如车之两轮，鸟之双翼，互为条件，相互促进。从做好业务工作的角度看，承担党风廉政建设责任，就要熟知法规纪律并贯彻执行，这样可以为业务工作提供政治和法规保障，使所在单位工作不偏离党规国法轨道，使自己不犯或少犯错误，使干部学者不出或少出问题。从承担党风廉政建设责任的角度看，要落实好党风廉政建设责任制，就必须找准切入点和落脚点，把反腐倡廉要求落实到科研行政工作中去。每年落实院工作会议和反腐倡廉建设工作会议精神，各单位要完成好党组提出的“规定动作”，把反腐倡廉工作与科研行政工作一起落实、一起检查，同时从实际出发提出本单位反腐倡廉工作的“自选动作”。只要用心融入和结

合，就会在实践中收到科研行政管理和反腐倡廉工作双提高、同受益的效果。

（五）认真担当监督与保护的双重职能，把住纪检组织爱护干部的重要关口

对于纪检组织来说，监督与保护是两项密不可分的重要职责。监督是关心爱护，是使干部不犯错误至少是少犯错误；保护同样是关心爱护，是使真正干事业的干部受到误解伤害时，组织上能为其排除障碍，轻装上阵。纪检组织发挥两方面的职责，都需要具有高度的责任感。

纪检组织做好监督工作，要多把工作放在违纪违法行为未发和初发时。党的十六大以来，中央纪委对监督的要求越来越具体，驻院纪检组对领导干部的监督力度也在加大。我院纪检组织的监督重点是三个：一是监督政治方向，二是监督权力运行过程，三是监督个人廉洁自律行为。加强监督，最经常性的工作是督促检查，保证中央和党组的重大决策部署得到贯彻落实。监督的重点是领导干部特别是主要领导干部、人财物管理等关键岗位。采取的监督措施主要有廉政谈话、沟通谈话、函询、述职述纪、报告个人事项、经济责任审计等，目的是“防患于未然”。对于“风起于青萍之末”的违纪现象，则通过诫勉谈话、批评教育、轻微处分，早打招呼早提醒，防止小错酿成大错。组织的监督一旦转化为个人严格自律的内在力量，便是对党员干部的最大爱护。

纪检组织要把监督干部同信任保护干部统一起来。监督干部，不是把干部弄得畏首畏尾，而是支持干部发挥积极性做好工作。近年来，院所两级纪检组织处理信访举报时，查清了半数以上的不实问题，为受到错告、诬告的同志澄清了是非。对于属实的问题，也严格区分缺乏经验出现的不规范操作与违纪违法的界限，一般性错误和违纪违法的界限。纪检组织要通过信访核查工作，进一步形成正确的评价导向，坚决支持干事业的干部，热心帮助工作存在不足的干部，审慎稳妥地处理违纪违法问题。

（六）自觉肩负管“门里事”和当“思想库”的双重使命，发挥社会科学工作者在反腐倡廉建设中的特殊作用

做好社科院的反腐倡廉工作，需要处理好“小环境”与“大环境”的关系。当前腐败现象在一些地方、部门仍处于易发高发阶段，严重损害了人民利益和党的形象，是巩固党的执政地位和经济社会发展必须下力解决的重大现实问题。由于腐败具有关联性和扩散性，随着我院与各界交往的扩大，社会上的腐败现象也难以避免地会影响到我院少数干部学者。抓好反腐倡廉建设，管好“门里事”，可以为社会科学事业“保驾护航”。同时，一个全国风清气正的“大环境”与我院廉洁健康的“小环境”是密不可分的。解决我国目前的腐败问题，需要的不是牢骚议论，也不是袖手旁观，而是拿出责任、勇气和实干精神。党的十六大以来，在党组的领导下，在广大专家学者和纪检干部的参与下，我院积极开展了廉政研究工作，取得了一批有价值的成果，为中央反腐倡廉决策提供了智力支持。落实党的十七大精神，我们要继续完成好中央纪委的分解交办任务，深入开展反腐倡廉研究，这是我院发挥党中央国务院思想库作用的题中应有之义。廉政研究

的政策性、应用性很强，必须具有高度的政治水平，宽阔的理论视野，务实的应对举措。要坚持理论联系实际，广泛深入地开展调查研究，掌握实情，吃透国情，将我院多学科优势与反腐倡廉实践有机结合，多提管用对策，为全党反腐倡廉建设作出社会科学工作者的有益贡献。

一年来，院纪检监察组织在履行职责的过程中，得到了院党组的高度重视和信任，得到了各部门各单位的大力配合和支持。在新的形势下，我院纪检监察组织和纪检监察干部，要按照党性强、作风优、纪律严、业务精的要求，努力提高思想政治素质和纪律检查工作能力，增强为社会科学事业“保驾护航”的本领，切实严格自律，进一步树立可亲、可信、可敬的形象，做党的忠诚卫士，当干部学者的贴心人。

在中国特色社会主义伟大事业中，反腐倡廉建设任务光荣而艰巨。让我们每个有事业心、责任感的党员干部和专家学者，都热情投身到哲学社会科学创新体系和惩治预防腐败体系的建设中，共同创造社会科学事业风清气正的发展环境。

学习实践科学发展观，进一步深化管理体制机制改革

——在全院深入学习实践科学发展观活动动员大会上的讲活

（2008年10月14日）

黄浩涛

同志们：

在全党开展的深入学习实践科学发展观活动中，中央明确提出关于学习实践活动要“突出实践特色”、“创新体制机制”的要求。我院学习实践科学发展观活动实施方案和刚才陈奎元院长代表院党组所作的动员报告，根据中央的部署和精神，紧密结合我院实际，都把进一步深化管理体制机制改革确定为我院开展学习实践科学发展观活动的重要内容和主要实践载体。按照院党组的安排，我在这里向大家报告一下前一阶段我院深化管理体制机制改革工作的基本情况，并对在开展学习实践科学发展观活动中，把管理体制机制改革作为学习实践活动所要解决的重点问题和主要实践载体的必要性，如何在学习实践活动中着力解决好管理体制机制改革这个突出问题，努力构建和完善有利于我院创新发展的体制机制，讲一些意见。

（一）前一阶段我院管理体制机制改革的基本情况

2008年院工作会议报告中提出了改革我院管理体制机制的总体思路。在深入调研的基础上，

7月23日至26日，院党组在密云召开了全院改革工作座谈会，对改革我院管理体制机制进行思想动员，陈奎元同志和王伟光同志等院领导作了重要讲话。院属各单位领导同志经过热烈讨论，在一些重大的改革步骤和举措上统一了思想，达成了共识。8月19日，我院召开了改革工作部署会议，对在全院推进管理体制机制改革进行了动员和全面部署。会后，院党组印发了《中国社会科学院关于深化管理体制机制改革的方案》和各个方面改革的实施方案。

推进管理体制机制改革，是院党组为落实十七大精神和中央对我院发展目标“三个定位”的要求，加快推进哲学社会科学创新体系建设作出的一项重要部署。改革关系到哲学社会科学创新体系的建设，关系到我院整体的繁荣发展。在院党组的正确领导下，在院属各单位的积极响应和大力配合下，在全院广大干部职工与科研人员的热情支持和积极参与下，我院管理体制机制改革进展顺利，总体形势很好。

1．进行了广泛的思想动员，改革深入人心。经过院党组和全院各单位的思想动员与广泛讨论，全院上下对改革反响热烈、高度认同，可以说，改革得到了全院绝大多数同志的支持和拥护。大家参与改革的积极性很高，对我院改革的信心和期望也很高。这说明，院党组推进我院改革的决策是正确的，部署也是得当的。

2．建立了改革工作的领导体制和机制，从组织上保证改革的顺利推进。改革在院党组的统一领导下进行。各方面的改革由分管院长负责。为加强对改革的领导，院党组成立了由秘书长牵头的改革工作协调小组，有关职能部门的负责同志为成员，负责协调、推动改革工作。改革工作协调小组每周五上午开一次例会，由职能部门负责同志汇报一周改革工作开展情况，检查工作进度，明确下一周工作计划，督促改革工作落实。院党组副书记、常务副院长王伟光同志和分管副院长经常列席改革工作协调会议，就有关问题作出指示。改革协调小组例会成为各成员单位沟通情况、研究问题、协调工作的平台，也成为院党组和院属各单位了解改革进展情况的重要渠道。

为加强协调和推进我院改革过程中的一些重要的专项工作，在院党组的领导下，还成立了由副秘书长谭家林同志牵头的院重大建设工程项目协调小组和由副秘书长晋保平同志牵头的院重大项目资金筹措小组。两个小组在同国家和北京市有关部门加强沟通，争取政策、资金、项目支持和解决住房方面，发挥了重要作用。

院属各单位也都建立了改革工作领导小组，由“一把手”挂帅，研究、协调和指导改革工作。

3．加强了对院属单位改革情况的调研和检查。为加强对院属单位改革工作的指导和检查，及时协调解决改革过程中遇到的问题，9月1日至18日，王伟光、高全立、武寅等院领导同志带领院改革工作协调小组成员，深入到我院5个学部34个研究所（中心）和4个院直属单位进行调研，召开座谈会，听取上述单位贯彻落实院改革工作部署会议精神以及制定本单位改革实施方案的情况汇报。院领导同志对各单位的改革工作作出指示。改革工作协调小组成员就各单位提出的需要院职能部门协调解决的问题，进行了面对面的直接交流和协商。

4．院属各单位制定了自身改革方案，明确了改革的基本思路。按照院改革总体方案和各业务系列的改革实施方案的要求，各研究所、出版社、杂志社和研究生院也都结合自身学科建设、科学研究或其他业务和管理工作的实际，进行调查研究，制定了本单位的改革方案，进一步明确了改革的目标、任务、措施和步骤。法学所、哲学所和马研院等一些单位的改革方案，对于改革工作考虑得比较细致和深入，提出了具有创新性的改革措施，对兄弟单位具有启发意义，已经在全院范围印发交流。总体上看，全院各单位对改革的认识比较深刻，行动比较迅速，工作比较扎实。

5．改革取得了初步成效。改革推动我院各项工作取得新进展，主要有：（1）研究生院新校园于4月底正式开工兴建，目前工程进展顺利，力争明年年底竣工。（2）职工住房问题有了重大突破。已经争取到国管局30套经济适用房和北京市300多套两限房，分到职工手中，燕郊的低价商品房已进入户型设计阶段。在争取国管局经济适用房和北京市两限房方面正在建立长效机制，可望将我院列为这两种房源经常性的解决对象，每年加以解决。（3）争取到国家财政1200万元专项经费，用于支持各研究所刊物建设，极大地改善了我院的办刊条件，并且刊物经费已成为经常项目。（4）争取到国家财政4599万元专项经费，用于图书馆地下书库改造和院部立体车库建设，两项工程开工在即。办公大楼门卫和楼前清理工程取得成效。（5）院财务结算中心成立，已归集资金约1.6亿元，并于10月8日正式挂牌运行，初步实现了全院财务的公开透明和资金的集中管理。

除此之外，我院已启动和初步完成了如下各项改革工作：

在科研管理体制机制改革方面：压缩积压科研经费工作取得进展；改进课题经费管理，出台了《中国社会科学院后期资助实施办法》，加大后期资助力度，支持基础学科研究和“十年磨一剑”人才的培养；出台了《中国社会科学院学术名刊建设管理办法》，促进我院学术名刊建设；出台了修订后的《中国社会科学院交办、委托课题管理办法》，加大对重大理论和现实问题研究的支持力度；出台了《中国社会科学院特殊学科建设管理办法》，支持绝学、濒危学科、交叉学科、边缘学科的发展；探索自然科学与社会科学合作的途径，推动交叉学科研究发展等。

在人才与人事管理体制机制改革方面：调整了一批所局领导干部，干部队伍知识化、专业化、年轻化程度进一步提高；聘用制和岗位设置扩大试点工作进展顺利，8个试点单位（马克思主义研究院、农村发展研究所、考古研究所、哲学研究所、社会学研究所、世界经济与政治研究所、中国社会科学出版社、服务中心）成立了试点工作领导小组，进行了宣传动员，完成了岗位设置说明书的编制，即将进入制定、审核实施方案阶段。

在行政管理体制机制改革方面：围绕发挥枢纽职能，办公厅健全和完善了督办、检查、反馈制度，重点加强了对院党组会议、院务会议和院长办公会议（简称三会）决定事项落实情况的集中检查和督办；为严肃工作纪律，规范工作程序，拟订了《中国社会科学院所局级领导离京出差出国审批备案管理办法》，实施所局领导干部外出请假备案制度；召开全院办公室主任会议，部署全院办公室工作改革和文明办公室建设。信息报送工作改革已经起步。

在财计与基本建设管理体制机制改革方面：除了成立院财务结算中心并归集资金、争取和分配住房外，还争取国家专项经费，用于图书馆地下书库改造和院部立体车库建设；部署了全院节能减排机制改革工作。

在对外学术交流体制机制改革方面：为搞好对外学术交流的院所两级管理，发挥学部的作用，国际合作局围绕四个专题深入研究所调研；完善我院国际合作方面的规章制度，制定《中国社会科学院关于进一步加强所局干部因公出国（境）管理的若干规定》（试行）等文件；通过自查和征求意见，加强制度建设，使改进服务态度成为国际合作局工作人员的共识。

在图书馆管理体制机制改革方面：成立全院图书资料工作领导小组，负责统一规划和协调全院图书资料工作；建立院图书馆与网络中心的协调会议制度，协调图书资料建设与网络建设的关系；试行“总馆—分馆—资料室”制度，筹建法学分馆和哲学特色专业阅览室；启动院图书馆地下书库改造工程，搬迁地下书库藏书；推进图书服务“一卡通”工作，促进全院资源共享。

在信息网络管理体制机制方面：建立院所两级信息网络管理体制，出台《关于加强和健全我院各研究所网络信息化管理体制机制的通知》和《中国社会科学院研究所（中心）信息化工作经费管理暂行办法》；清理项目经费，加大网络建设经费向研究所倾斜的力度；成立项目课题组，就搭建“远程访问内网系统”、建立“全院统一身份认证系统”和“上网有偿使用调控系统”进行调研；支持社科文献出版社“皮书”资料库建设工作。

在后勤服务体制机制改革方面：启动圣士餐厅和图文印刷厂的改制工作；落实国务院节能减排任务，开展增收节支，加强水、电、气核算工作，选择院图书馆作为节能减排试点单位。

在机关作风建设方面：直属机关党委公布了监督机关作风建设热线电话号码和电子邮箱地址，受理群众对机关作风方面的投诉。

中国社会科学出版社、社会科学文献出版社、中国社会科学杂志社、中国社会科学院研究生院也都结合自身业务实际，推动了管理体制机制改革工作。其中，文献出版社为转企改制和组建集团做好了准备，积极推进市场销售体系和学术出版基地建设，努力提高“皮书”系列的学术品位和出版质量；社科杂志社顺利完成了《院报》交接和改版工作，新《院报》第一期已于10月9日正式与读者见面。

总之，前一阶段我院的改革工作进展比较顺利，取得了初步的成效，受到了广大干部群众的欢迎和好评，也增强了全院同志推进改革的信心。我们应当清醒地看到，我院的改革工作还刚刚起步，在体制机制和实际的管理工作中，还有大量的积弊和问题没有解决。目前还有少数单位对改革重视不够，改革意识不强，满足于现状；一些同志担心改革影响科研工作，参与改革的积极性不高；少数单位缺乏大局意识，担心改革损害自身利益，对改革畏首畏尾，甚至有抵触情绪；一些单位对改革问题研究不够，制定的改革方案不能结合自身实际，质量不高，缺乏可操作性，等等。我院的改革任重道远，必须结合全院开展学习实践科学发展观活动，提高破解发展难题的能力，进一步完善和充实我院管理体制机制改革的思路和措施，积极推进改革。

（二）深刻认识把深化管理体制机制改革作为学习实践活动着力解决的重点问题和主要实践载体的重要意义

科学发展观不仅是指导我国经济社会发展的重大战略思想，也是推进哲学社会科学创新体系建设、开创我院工作新局面的指导方针。我院深化管理体制机制改革工作，正是在学习和贯彻党的十七大精神、实践科学发展观的过程中提出来的；我院的管理体制机制改革的思路和措施，也是在科学发展观的指导下，力求结合自身实际形成的。那么，我们如何认识把深化管理体制机制改革，作为这次学习实践科学发展观活动着力解决的重点问题和主要实践载体的意义呢?

1．这是着力解决制约我院发展的深层次的矛盾和问题，解决广大科研人员和干部职工反映强烈的突出问题，大力推进我院实现“三个定位”要求的需要。我们的科研和人事管理体制机制存在着滞后和不够完备的问题，课题资助方式和学术评价制度等不能适应学术创新发展的需要，不利于出精品力作；优胜劣汰、能进能出、能上能下的用人机制远未形成，不利于出拔尖人才。现行的行政管理工作规范性、科学性较差，“散”、“粗”以及形式主义、服务意识不强、工作效率低、办事拖拉等问题在一些单位和部门依然存在，管理干部队伍建设有待于加强。党风、学风建设方面，一些党员干部党性不强，作风不正，甚至有违反党纪的情况；少数研究所领导班子不团结，有的所领导忙于个人科研活动，不认真治所和治学；一些学者急功近利，治学不严谨，学风不端正。我院的科研物质保障水平和人员收入待遇还有待于进一步提高。为科研服务的国际交流合作、网络建设、图书馆建设工作需要进一步改革和加强。支持科研工作的资源配置不尽合理，利用效率低；后勤服务保证能力和管理水平不能适应科研发展和社会主义市场经济的要求，等等。这些问题的形成有着历史的和现实的深层次原因，也是大家最为关心、议论最多的事情，需要从深化管理体制机制改革的角度入手，着力加以解决。只有这样，才能为我院实现“三个定位”的要求提供体制机制的保障。

2．这是充分体现开展学习实践科学发展观活动的实践特色，把解决突出问题和完善体制机制统一起来，把解决现实问题和建立长效机制统一起来，使学习实践活动取得实效的需要。充分运用好深化管理体制机制改革这个实践载体，就可以在一个重要方面，使之成为我院查找学习实践科学发展观差距的对照，成为制定学习实践科学发展观措施的依据，成为解决学习实践科学发展观问题的动力，成为检验学习实践科学发展观成效的标准。使得学习实践科学发展观活动与我院的各项实际工作更好地结合起来，边学习边实践，避免流于形式，流于空谈，避免做表面文章。开展学习实践活动，关键在于解决影响和制约科学发展的突出问题，取得实效。既要努力解决现实问题，抓住那些群众反映强烈、当前具备整改条件的突出问题，办一些群众迫切需要办的实事；又要着眼长远发展，着眼于创新体制机制，从制度上巩固和扩大学习实践活动的成果。通过深化管理体制机制改革这个实践载体，我们就可以把解决突出问题和完善体制机制有机衔接、统一起来，同时把解决问题的有效措施用制度的形式固定下来，为全面贯彻科学发展观提供制度保障。

3．这是巩固前一阶段改革工作成果，进一步动员广大干部职工和科研人员解放思想、探索创新、形成共识，推进和完善改革工作的需要。我院深化管理体制机制改革工作，面临着繁重的任务。院党组计划用一年半左右的时间，初步完成构建有利于我院发展的管理新体制机制的任务。过去几个月的工作进展，相对于改革的总体任务，还仅仅是阶段性的初步成果。从前一阶段情况看，改革极大地调动了广大干部职工和科研人员认真总结我院过去发展的经验教训，认真思考自身的使命和现实差距的积极性，加深了对办好中国社会科学院、构建哲学社会科学创新体系的理解。许多研究所在研究管理体制机制改革的同时，也开始结合思考学科体系改革和学术创新等问题，这将是更为宽阔的领域。下一步的改革，任务更为艰巨，还有大量的问题需要进行深入细致的研究，在实践中探索，找到解决问题的办法。需要进一步解放思想，改革创新。从目前情况看，我们的一些干部，调查研究不够，思路不细不清，作风浮躁，对如何适应推进改革的要求，准备不足。我们要借学习实践活动的东风，趁势而起，进一步动员和组织广大职工特别是党员领导干部，把学习实践科学发展观的成果转化为深化改革的动力和实际成效。

（三）把深化管理体制机制改革和学习实践科学发展观活动紧密结合，贯穿始终，在推进重点领域和关键环节改革上下功夫，努力在构建有利于我院发展的创新体制机制上取得新的进展

我院进行深化管理体制机制改革，是贯彻落实科学发展观的必然要求；开展深入学习实践科学发展观活动，必将有力地推动深化管理体制机制改革工作。两者相辅相成、相互促进。我们既要组织好学习实践活动，又要紧抓改革工作不放松，将改革工作与学习实践活动紧密结合起来，在贯穿和取得实效上下功夫，用学习实践活动推动改革，通过改革使学习实践活动落到实处，真正做到“两不误、两手抓”。坚持边学边改、边查边改、集中整改，把改革从学习调研阶段到整改落实阶段一直贯穿始终。

在学习实践活动中，在改革前一阶段进展的基础上，还要在以下一些重点问题上加大改革力度：

1．科研管理体制机制改革工作。改革科研管理方式，抓大放小，科研局协助院领导从战略上把握改革开放与学科发展的重大理论和现实问题，建立重大理论和现实问题研究协调机制，对跨所、跨学科和全国性的重大项目进行组织、管理和协调，将一般性研究课题交由研究所管理，同时要加强对研究所经费使用的监督；完善课题和成果管理制度，抓好投入和产出，通过年度课题检查、课题结项、成果鉴定和结项公示，促进和激励科研人员的创造力和知识生产的效率；建立学术信誉制度；进一步推动优秀学者资助计划，加强后期资助力度，鼓励学者坐“冷板凳”；协助研究所抓好研究室建设，借鉴国外社会科学研究机构的管理经验，通过访问学者制度，搭建小学术群体、大学术社区的良好学术氛围和机制；充分发挥学部和学部委员在学术研究上的示范

作用，学部工作局要做好这方面的服务和协调工作；加强对我院科研成果和学者的宣传推介，进一步完善科研成果发布制度，重点加强所级科研成果新闻发布工作；对全院的非实体研究中心进行清理整顿，对于长期没有开展活动或不具备条件的中心，及时予以注销；加强社会科学与自然科学的结合。

2．人才与人事管理体制机制改革工作。继续推进聘用制和岗位设置试点改革，做好思想政治工作，及时研究解决试点工作中遇到的问题；对于编制、职称、博士后等指标问题，一方面向国家有关部门争取政策和支持，另一方面通过改革解决编制、职称不足的问题，在院内进行调剂，提出我院变通性的政策；协调院内有关部门，整合资源，共同做好人才工作，建立有利于人才脱颖而出的竞争激励机制；加大培训力度，通过举办办公室主任、科研处长、人事处长培训班，提高管理干部的政治素质和业务水平；加强对研究所的服务和管理，发挥研究所的主观能动性。

3．行政管理体制机制改革工作。在加强对“三会”纪要决定事项和院领导指示督办的同时，加强对研究所提交职能部门办理事项的督办工作；完善制度，建立有效机制，解决行政管理随意性大的问题，形成高效有序的行政管理体制；加强对所局干部请销假的管理；将管理和服务结合起来，简化手续，讲求实效，提高管理的制度化、规范化、科学化水平；加强管理队伍建设，解决部分研究所管理队伍人手不足和年龄老化问题，加强业务培训和指导；办好《要报》，与学部加强合作，改进管理体制和运行机制，做好信息报送工作。年内提出办公厅内部职能调整方案。

4．财计与基本建设管理体制机制改革工作。围绕为科研创新和院各项工作提供资金和物质保障，加大财计与基本建设管理体制机制改革力度，提高工作的科学化、制度化、精细化水平；按照“耐心宣传、正常运转、周到服务”的要求，搞好结算中心工作，继续归集资金，调适好运行，防范风险，保证资金的安全，在年底进行结算中心集中管理的第二环节工作；克服困难，继续推进院部新科研与学术交流大楼建设项目；建立我院争取国管局经济适用房和北京市两限房指标的长效机制，推进燕郊低价商品房建设；继续推进院图书馆地下书库改造和院部立体车库建设；推进研究生院新校园建设；筹备建设院单身宿舍和博士后公寓；院部停车问题解决后，解决大院道路整修和绿化、美化问题；做好老干部活动中心建设的各项工作；完成科研大楼前的整治美化工作；推进节能减排工作，提出全面推行成本核算的思路，通过承包等有效方式调动各方面积极性，首先抓好图书馆水气电包干使用的试点；加强经营性国有资产的管理，进一步解放思想，广开财源，将为全院职工进一步解决好待遇问题提上议程。

5．对外学术交流体制机制改革工作。根据我院的国际学术交流实际需要和能力，筹划“以我为主”的、具有全局性和较大社会影响的国际学术交流活动，提出“中国人文社会科学国际论坛”、“与周边国家开展学术交流的总体和国别思考”、“适应实际情况开展对美学术交流的新思路”以及“网上申报系统的改造计划”等项目方案，适时完成调研和可行性报告；改进国际合作项目管理，在做好院级重大项目的同时，抓大放小，加大院对研究所外事活动的经费支持和协调力度，调动研究所的积极性。

6．图书馆管理体制机制改革工作。继续推进法学分馆和哲学特色专业书库建设，争取年底前挂牌；继续推进“一卡通”工程；继续推进图书馆地下书库改造工程；继续推进图书馆资源数字化建设。

7．信息网络管理体制机制改革工作。建立健全院的两级网络管理体制；从院网络建设经费中挤出专项资金，支持研究所网络信息化建设；支持法学所专业特色网建设；年内完成科研人员远程访问内网和统一身份认证两项调研工作。

8．后勤服务体制机制改革工作。加大宣传力度，继续推进后勤保障体系服务社会化、保障法制化、管理科学化；加强院内后勤服务职能部门之间的协调；研究加强对编外人员的管理；继续推进圣士餐厅和图文印刷厂的改制工作，做好经营性资产体制机制改革准备工作。

9．机关作风建设工作。结合全院学习实践科学发展观活动，加大对有关人员的培训力度；办好监督机关作风建设热线电话和电子邮箱，结合年度总结考核工作民主评议作风，督促院机关进一步改进作风。

目前，大家对改革工作的若干方面逐渐达成共识，主要有：

——要把科研管理和人才管理体制机制改革作为我院改革的重点，实施科研强院、人才强院战略，真正建立起竞争、激励、约束、退出机制。

——要加大对研究所的支持力度，经费资源的使用要逐步向研究所倾斜，同时，院里要加强对研究所经费使用的监督和管理。

——要关心群众生活，把科研人员、管理人员和工勤人员最关心、最现实、最直接的问题解决好，让大家尽快看到和享受到改革的成效，真正把全院同志的积极性调动起来。

（四）对我院学习实践科学发展观、深化管理体制机制改革工作的几点要求

1．切实用科学发展观武装头脑，努力在对深化体制机制改革的认识上取得新的提高

深入学习理解院党组关于改革的文件，特别是陈奎元同志在院密云会议上的重要讲话精神，解放思想，转变观念，提高改革的自觉性，树立忧患意识、改革意识和奋发图强意识。要重点解决两个思想认识问题：一是要树立创新意识，进一步解放思想。否则，改革肯定是在原来老框框里转圈子，就不可能取得突破。要把思想认识从一切不适应我院建设发展和科研生产力发展要求的模式、框框和做法中解放出来。二是要树立全局意识，破除本位主义思想。在改革的过程中，各单位要自觉做到小局服从大局，局部利益服从全局利益。通过学习实践活动，努力在改革问题上认识有新的提高，行动上更加自觉，更加符合科学发展观的要求。

2．加强调查研究，坚持群众路线，在学习实践活动中进一步充实完善我院管理体制机制改革方案

各级领导干部要加强调查研究，注重思考问题。各单位已经制定的改革方案要在改革实践中

不断充实、不断调整、不断完善。有些单位的改革方案比较粗，思考不够，深度不够，解决问题不集中，要在学习实践活动中充实完善。已转发的法学研究所和哲学研究所两份改革方案，大家可以作为参照。改革是一个矛盾和问题逐步暴露、逐步解决的过程，我们要注意研究新情况、解决新问题。要本着对事业高度负责的态度，使出台的每一项改革措施，都能经得起历史的检验。院各单位的改革方案和各项措施一定要紧密结合本单位的实际，既不搞“一刀切”，也不搞“齐步走”。要紧紧地依靠群众，发动干部职工共同查找和分析影响我院哲学社会科学创新体系建设的突出问题，依靠干部职工共同探讨破解制约我院进一步繁荣发展的体制机制障碍，最大限度地凝聚干部职工的智慧和力量，最大限度地把干部职工的积极性和创造性引导到学习实践活动和改革中来，形成推进体制机制改革的强大合力。要鼓励和尊重群众的首创精神，善于发现、总结院属各单位具有开创性和普遍意义的改革举措，并及时在全院推广。同时，要切实解决好群众最关心、最现实的利益问题，让群众尽快看到改革的成效，增强他们参与改革的信心和积极性。

3．抓住范例，推广先进，带动全院改革

院里把马克思主义研究院、法学研究所、哲学研究所、中国社会科学杂志社、社会科学文献出版社、中国社会科学院研究生院等作为改革工作中重点联系的单位，及时总结经验和有益的做法，形成积极的范例作用，带动面上的改革。

4．要重视建章立制，形成推动我院事业发展的长效机制

要把解决现实问题与建立长效机制紧密结合起来，加快构建充满活力、富有效率、更加开放、有利于哲学社会科学创新体系建设的科研、人事、行政、财计、外事、图资、网络、后勤等方面的管理体制机制。要加强院所的工作制度建设，用制度管人、管事，真正实现管理工作的规范化、制度化、科学化。要把学习实践活动和改革工作的成果用制度形式固定下来，形成推进我院哲学社会科学创新体系建设的长效机制。

5．要加强党的领导，切实转变作风

深化我院管理体制机制改革，必须加强党的领导。要通过深入开展学习实践科学发展观活动，全面加强我院党的思想、组织、作风、制度和反腐倡廉建设。党的自身建设搞好了，才能更加有力地推进我院的管理体制机制改革。院学习实践活动指导检查组要在检查学习实践活动中，把检查改革的进展情况也作为一项任务。院改革工作协调小组也要组织成员下去检查、督办，帮助解决问题。研究所要坚持党委集体领导，大力提倡书记抓党、所长治所，书记、所长共同抓好研究所建设。提倡党员领导干部深入实际，尊重客观规律，密切联系群众，敢于直面矛盾，真抓实干，注意协调，创建和谐环境，保证各项改革工作健康地顺利地进行。

二 中国社会科学院2008年度工作会议文件

中国社会科学院2007年工作总结

2007年是我院建设和发展史上具有重要意义的一年。在这一年里，党的十七大胜利召开，我院步入而立之年。在党中央国务院正确领导下，我院高举中国特色社会主义伟大旗帜，坚持以邓小平理论和“三个代表”重要思想为指导，全面贯彻落实科学发展观，深入学习贯彻党的十七大精神，积极推进哲学社会科学创新体系建设，在科学研究、学科建设、队伍建设、学术交流、行政管理、后勤保障和党的建设等方面，都迈出新步伐，取得新成绩，为把我院建设成为马克思主义的坚强阵地、我国哲学社会科学研究的最高殿堂、党中央国务院重要的思想库和智囊团进一步奠定了坚实基础。

（一）把深入学习贯彻党的十七大精神作为首要任务和中心工作

1．组织各类学习宣传活动，形成迎接党的十七大胜利召开的浓厚氛围。党的十七大召开前，以“推动科学发展、促进社会和谐”为主题，宣传十六大以来改革开放和现代化建设所取得的巨大成就。通过举办研讨会、座谈会、撰写理论文章等形式，组织全院干部职工认真学习胡锦涛总书记6月25日在中央党校发表的重要讲话。根据中央国家机关工委要求，在全院基层支部开展“迎接党的十七大胜利召开，保持共产党员先进性”主题党日活动。组织我院干部职工参观“我们的队伍向太阳”和“复兴之路”等大型主题展览1000余人次。院党组进行认真研究，周密部署，做好学习宣传贯彻十七大精神的各项准备工作。按照民主集中制原则，完成我院参加党的十七大代表和出席中央国家机关党代会代表推荐提名工作。

2．深入学习宣传贯彻十七大精神，进一步统一全院思想和行动。院党组高度重视对十七大精神的学习贯彻工作，切实加强组织领导，在我院兴起学习宣传贯彻十七大精神的热潮。十七大开幕当天，组织全院干部职工收看收听胡锦涛总书记的报告。十七大刚闭幕，院党组立即召开全院大会，把十七大精神迅速传达到全院每一位干部职工。院党组发出《关于认真学习宣传贯彻党的十七大精神的通知》，对全院学习宣传贯彻工作作出全面部署，提出明确要求，号召全院同志全面准确领会和把握十七大精神，切实把思想和行动统一到十七大精神上来，把智慧和力量凝聚到十七大要求和部署上来。我院学部、学术咨询委员会、各研究所和职能局，根据不同学科特点，结合部门工作实际，组织各种类型的学习会、座谈会、报告会80余场。院内外报刊对这些会议作了广泛报道，产生良好社会反响。我院专家学者积极撰写宣传十七大精神的理论文章140余篇，其中一些在《求是》、《人民日报》、《光明日报》等中央主要报刊上发表。院属各报刊和网站纷纷开辟学习十七大精神专栏，各出版社也积极筹划出版专题图书。我院专家学者作为中央或中央国家机关十七大精神宣讲团成员或通过其他形式，到中央国家机关和地方省市作巡回宣讲、举办专题讲座，获得广泛好评。

3．确立系列研究课题，系统阐发党的十七大精神。十七大召开后，我院先后发出《关于深入学习贯彻十七大精神，加强理论研究和宣传工作的通知》和《关于深入学习十七大精神，组织一批交办课题的通知》，组织动员全院科研力量，深入研究十七大报告中提出的一系列重大理论观点、重大战略思想和重大战略部署，着力推出一批全面系统阐发十七大精神的高质量研究成果，使我院成为中国特色社会主义理论体系研究的重要基地。我院已相继确立与十七大精神有关的院级重大、重点课题59项。各研究所也结合各自学科特点和研究方向，确立研究阐发十七大精神的所级课题80余项。

通过对十七大精神的学习、宣传和研究，我们的办院方向更加明确，思想认识更加统一，理想信念信仰更加坚定，凝聚力、向心力进一步增强。

（二）隆重庆祝建院30周年，全面总结我院发展历程

1．隆重召开建院30周年庆祝大会。2007年5月25日，我院隆重召开建院30周年庆祝大会。中共中央政治局常委李长春同志代表党中央专门发来贺信，中共中央政治局委员刘云山同志出席大会并发表重要讲话。贺信和讲话高度评价我院取得的成绩，进一步指明了我院前进的方向，对我院工作提出了新的更高要求。特别是李长春同志明确提出的中国社会科学院要“努力建设成为马克思主义的坚强阵地，努力建设成为我国哲学社会科学研究的最高殿堂，努力建设成为党中央国务院重要的思想库和智囊团”，是对我院地位、任务和发展方向的精辟概括和集中表达，对我们进一步办好中国社会科学院具有长远的指导意义。

2．举办一系列庆祝活动，全面展示30年发展成就。开展我院第六届优秀科研成果奖评奖活动，并于院庆当天召开颁奖大会，对140项优秀科研成果给予表彰和奖励；制作第六届优秀科研成果奖获奖成果光盘，积极宣传和推介获奖成果，扩大我院优秀科研成果的社会影响。院庆期间，举行了13场系列学术报告会，向社会展示我院有代表性的学术成就。举办了“中国社会科学院建院30周年优秀科研成果展览”，集中反映30年来我院科研工作和事业发展的辉煌成绩。编辑出版了《中国社会科学院文库》首批著作、《纪念中国社会科学院建院30周年优秀科研成果奖获奖论文集》、《中国社会科学院马克思主义研究论丛》、《卅载回眸社科院》等纪念文集和《中国社会科学院建院30周年》大型画册，制作了《光辉的历程——庆祝中国社会科学院建院30周年》专题纪录片。举

办了建院30周年职工书画展，展示了我院职工蓬勃向上的精神面貌。新华社、《人民日报》、《光明日报》、中央电视台等多家新闻媒体对院庆活动进行了专题系列报道。

庆祝建院30周年，是对我院哲学社会科学研究事业的一次大检阅，是对全院同志的一次巨大鼓舞和激励，推动了我院各项工作，扩大了我院社会影响。

（三）服务党和国家工作大局，积极发挥思想库和智囊团作用

1．为中央政治局集体学习服务。我院专家学者三次为中央政治局集体学习讲课，围绕“制定和实施物权法的若干问题”、“完善中国特色社会主义法律体系和全面落实依法治国基本方略”、“当代世界宗教和加强中国宗教工作”等主题进行讲解。一些专家学者还参加了中央重要文件和法律法规的起草、对党和国家大政方针的阐释解说等工作。

2．认真完成中央及有关部门交办委托的研究任务。组织全院精干力量，提供充足经费保证，认真完成社会主义民主政治理论研究、新形势下宣传文化工作调研、党的十七大以后五年反腐倡廉的新思路新对策、廉政建设研究、中国与亚非诸国关系研究、北京奥运会期间社会稳定风险分析评估、《中华人民共和国专利法（修订草案送审稿）》和《中华人民共和国就业促进法（草案）》修改咨询等数十项中央决策关注、社会普遍关心的重大理论和现实问题研究任务，推出一批高质量研究成果。

3．信息报送工作受到中央领导及有关部门的肯定和好评。准确把握思想理论前沿，密切关注重大理论和现实问题，不断增强上报信息稿件的针对性，切实提高为中央决策服务的能力。全年编发《中国社会科学院要报》89期、《中国社会科学院要报·信息专报》47期、《中国社会科学院专供信息》250期、《领导参阅》36期、《世界社会主义研究动态》73期、《思想理论动态简报》100余期，其中得到中央领导同志批示或被有关部门采用的有250余篇。

（四）创新体系建设加快推进，科研工作取得显著成绩

1．切实做好各类课题的立项和申报工作。全面落实我院“十一五”规划课题，以全面贯彻落实科学发展观、构建社会主义和谐社会、社会主义核心价值体系建设、党的建设、改革开放30年的成就和经验、社会主义新农村建设等重大问题研究为重点，全年立项院重大重点课题123项；加强对国家社科基金课题的申报组织工作，获准立项课题41项；继续做好青年科研启动基金评审资助工作，立项资助93人；组织申报国家软科学研究项目7项；完成“西南边疆历史与现状综合研究项目”的论证。

2．完成一批重大课题，推出一批重要成果。全年完成院（A类）重大课题21项，其中15项获优秀鉴定；完成32项国家社科基金课题专家鉴定工作，在已完成结项的11项课题中，有6项获优秀评价。通过各类别课题的研究，全年共出版专著332部，译著82部，发表学术论文5340篇，撰写研究报告1338篇，其中有些成果，如《中国近代通史》（10卷本）、《2008年：中国经济形

势分析与预测》、《中国的语言》等具有较高的学术和实践价值。

3．学部工作得到加强，学部作用显著发挥。加强学部工作机制建设，创新学部工作思路，较好地处理了院、学部、研究所之间的关系，学部的学术指导、学术咨询和科研协调作用得到积极发挥。学部主席团和各学部围绕经济社会发展中的重大问题及哲学社会科学发展前沿问题，广泛开展学术交流，组织召开学术理论研讨会、座谈会50余场。积极参与院重大重点课题特别是重大综合性研究课题、国情调研项目的立项评审和科研成果的评价工作。大力宣传荣誉学部委员、学部委员的学术成就，学部和学部委员的社会影响不断扩大。

4．国情调研工作继续推进，国情调研工作机制不断完善。不断加强国情调研工作组织力度，全面提高我院理论创新能力。围绕“重大现实问题和中央重大决策的反馈”、“社会关注的热点和焦点问题”、“基本国情调查”和“重要国情考察活动”等重点，积极开展国情调研工作。全年确立139项国情调研项目，其中重大项目5项，重点项目88项，各系统国情考察活动6项，研究所国情考察活动40项，推出了一批重要调研成果。认真总结国情调研工作经验，积极探索和完善国情调研工作机制，研究制定国情调研项目和考察活动管理办法。调整充实国情调研领导小组，进一步加强对全院国情调研工作的领导。

5．认真总结学科建设经验，积极探索学科建设途径。按照院重点学科建设工程管理办法的有关规定，布置对2002年学科建设立项项目的鉴定验收和对2003年学科建设立项项目的年度检查工作。围绕我院“十一五”事业发展规划提出的学科发展目标，认真总结学科建设成功经验，将学科建设同科研队伍建设相结合，研究制定“重点学科建设与科研队伍建设计划”，探索进一步加强学科建设和科研队伍建设的有效工作机制。推出《中国人文社会科学前沿报告》（2007年卷），全面展示近年来各学科的发展状况和建设成就。

6．科研管理体制进一步完善，出版、报刊和社团管理工作不断加强。根据新时期哲学社会科学繁荣发展要求和科研管理工作实际，准确把握哲学社会科学发展规律，深入研究科研评价、成果管理、课题管理、经费管理、科研队伍建设、对外学术交流合作等科研管理工作中的实际问题，加强对我院承担的重大工程项目和各类课题的组织与管理，科研管理的能力和水平不断提升。在院重点课题类别设置后期资助项目，探索和完善符合人文社会科学研究特点的科研资助方式。坚持科研成果发布制度，积极宣传和推介我院优秀科研成果，不断扩大我院优秀科研成果的社会影响。进一步强化政治纪律意识和阵地意识，坚持专家审读制度，确保期刊与图书出版的政治方向和质量水平。继续做好社团管理和服务工作，妥善处理和解决存在的问题。

7．国史研究和地方志工作取得新成就。当代中国研究所举办第七届国史学术年会和首届“陈云与当代中国”研讨会，启动大型电视系列专题片《当代中国》第一部的摄制，出版《国史编年》（1951年卷）等一大批国史类图书。中国地方志指导小组办公室进行贯彻落实《地方志工作条例》情况的检查，颁布《关于第二轮志书编纂的若干意见》和《关于建立地方志书编纂规划备案制度的规定》，启动《香港地方志》和《澳门地方志》编修的筹备工作。

（五）积极推动人事管理体制改革，建设高层次人才队伍

1．完成岗位设置方案的制定。根据人事部关于事业单位岗位设置管理试行办法和实施意见的要求，从我院下一步实施岗位设置管理和聘用制的需要出发，在进行深入调查研究的基础上，对我院各类岗位的比例进行了测算，制定了《中国社会科学院岗位设置管理实施方案》。该方案经院务会议讨论通过，已上报人事部审批。

2．调整和充实部分所局领导班子。全面贯彻干部队伍“四化”方针和德才兼备、群众公认、注重实绩的原则，从提高素质、优化结构、增强能力的目的出发，对24个所局单位的领导班子进行了调整，任免所局干部37名，进一步优化了所局领导班子的年龄、知识和专业结构，加强了所局领导班子建设。

3．招收与吸引一批青年人才和急需人才。根据科研事业发展需要，在院所共同努力下，通过拓宽渠道、公开招聘、严格把关、层层筛选，全年从院外招收和引进人才171人，其中调入77人，接收应届高校毕业生94人。这些青年人才和急需人才的引进，为科研和管理队伍输入了新鲜血液。

4．积极开展各类人员培训。根据中央关于“大规模培训干部，大幅度提高干部素质”的方针和《干部教育培训条例》，结合我院“十一五”人才发展规划要求，继续组织全院管理干部进行“公共管理核心内容”若干课程的系统轮训，举办公共管理硕士研究生班和管理干部计算机知识技能基础培训班，提高管理干部队伍素质和实际工作能力。举办新入院人员培训班，帮助青年科研人员和管理人员树立良好职业道德，提高正确分析和解决问题的能力。根据中组部和人事部要求，做好“西部之光”访问学者培养和“新疆特配”学员接收工作。

5．加强对高层次人才的推荐和选拔。经我院推荐，有25名专家获准享受政府特殊津贴，2名专家学者获“新世纪百千万人才工程”国家级人选的荣誉称号，1人被授予“全国非物质文化遗产保护先进工作者”荣誉称号，2人被授予“文化部非物质文化遗产保护工作先进个人”荣誉称号，民族文学研究所被授予“文化部非物质文化遗产保护工作先进集体”荣誉称号。

6．完成工资收入分配制度改革工作。根据人事部、财政部有关文件精神，完成了院属44个单位3889名在职职工的工资改革工作，月增资总额195.7万元，人均月增资503元。离退休人员的离退休费也有所增加：离休干部650人，月增资总额52.3万元，人均月增资805元；退休人员2224人，月增资总额112.6万元，人均月增资506元。

7．研究生院和博士后流动站建设进一步加强。认真总结研究生院建设与发展经验，明确新阶段治理、经营、建设和发展研究生院指导思想；进一步规范教学管理工作，修订和出台包括教学、科研、教材等方面的规章制度；教授委员会的决策、咨询和监督职能得到较好发挥；研究生重点教材工程进展顺利；研究生招生工作有序进行，研究生就业指导力度不断加大；博士后流动站建设取得新成绩，增设马克思主义理论和外国语言文学博士后流动站；全院招收进站172人，

出站113人，出站后留院23人。

8．完成2007年度职称评审和优秀管理人员评选工作。按照有关政策和规定，对院属各单位高研岗位进行调整和增补，为稳步推进全院岗位设置工作打下基础；根据我院科研管理体制的变化，组织了院直机关职称评委会和包括文史哲学部（文学）、文史哲学部（史学）、文史哲学部（哲学）、经济学部、社会政法学部、国际研究学部、出版系列、图资系列、翻译系列9个职称评审委员会。坚持以代表作制度为核心的学术评价体系建设，严格遵循评审原则，完善监督评审程序，顺利完成2007年度职称评审工作，全院共评出正高级职称52人，副高级职称71人，中级职称86人，初级职称14人。在各单位推荐的基础上，经过严格评选，有15位同志被授予“中国社会科学院2006～2007年度优秀管理人员”荣誉称号。

（六）加快实施国际学术交流基地建设工程，对外学术交流层次和水平明显提高

1．交流总量稳步增长，交流渠道继续拓展。全年出访1558人次，比上年增长10.9%，其中派出3个月以上的长期访问学者104人。邀请来访1446人次，比上年增长1.2%。到我院顺访的国外学者、记者和驻华机构人员789人。与法国国家科研中心、西班牙国家研究理事会、俄罗斯人文基金会、瑞典皇家文学历史与文物学院、美国波士顿大学、韩国高丽大学、墨西哥国立自治大学等重要学术机构新签及续签院级对外交流协议16项，为我院与亚非、欧美地区的学术交流开辟了新的平台。

2．学术交流层次不断提高，学术外交作用充分发挥。贯彻落实中央领导同志关于加强与国外知名学者和学术机构交往的指示，邀请诺贝尔奖获得者、经济学家格兰杰，哲学家艾柯，考古学家霍德尔，历史学理论家怀特和伊格尔斯，以色列作家阿摩斯·奥兹等世界一流学者，以及俄罗斯科学院院长、越南社科院院长、老挝科学院院长、福特基金会理事会主席、日中文化交流协会会长、日本财团会长等国外重要学术文化机构领导人来我院访问；服务国家外交大局，根据国家外交需要，接待厄瓜多尔总统、德国总理、韩国议长、墨西哥外长、纽约市长等国际贵宾到我院演讲。我院成为外国元首政要和国际知名学者的“品牌讲坛”。

3．重大学术交流活动组织有力，重要合作研究项目顺利推进。与俄罗斯科学院共同组织“俄中社会科学论坛”和“中国社会科学图书展”，两者均为2007年在俄举办的“中国年”国家项目。举办“联合国模型连接组织2007年会议暨第三届中国经济论坛”、“国际历史科学委员会成员组织大会暨中国历史科学的过去、现在与未来研讨会”、“国际（社科）数据论坛”等重要国际学术会议87个。“中国欧盟—欧洲研究中心项目”和“中日共同历史研究”等重要合作研究项目顺利推进，我院声誉和影响进一步扩大，对外学术交流中的地位和作用更加突出。

4．积极实施“走出去”战略，我国哲学社会科学的国际影响进一步扩大。根据国家有关部门工作部署，积极配合落实“中国图书对外推广计划”，组织实施“中国社科人文图书对外推广计划”，我院推荐部分图书目录已在《中国社科人文图书对外推广计划》英文专刊登载。《中国

与世界经济》、《中国经济学人》、《中国考古》等英文刊物在国际学术界赢得更大关注和影响。继续积极支持和推荐我院优秀学者参与国际学术组织活动和担任国际学术组织领导职务。实施“中青年学术骨干出国培训专业外语项目”，为优秀人才在国际学术舞台上脱颖而出创造条件。

5．对台港澳交流取得新进展，两岸四地学术联系不断加强。全年接待台港澳学者来访34批，120人次；派遣赴台港澳学者162批，354人次。其中，派遣我院学者赴台进行学术交流和讲学82批，186人次；接待台湾学者25批，99人次。我院经济学家代表团赴台出席“区域经贸整合与前瞻”、“两岸经济发展及转型”研讨会，取得重要会议成果。配合中国地方志指导小组，启动编修《香港地方志》和《澳门地方志》的筹备工作。应香港特区政府要求，派我院学者人大代表接受驻港外国记者集体采访，讲解中国经济和十七大精神。

（七）图书资料和信息化建设得到加强，数字化信息资源开发取得新进展

1．信息资源保障水平明显提高。图书馆坚持服务科研宗旨，突出资源建设重点，加强馆藏特色建设，地方志及学位论文的收集、管理和开发利用取得了显著进展。积极参与文化部发起的古籍保护计划，被列为全国古籍保护试点单位。信息化建设稳步推进，电子资源跨库检索系统投入使用，西文期刊导航系统开发初步完成，读者查询检索更为便捷。全国社会科学院联机联合编目项目取得阶段性成果，人文社会科学引文数据库建设进展顺利，为我院科研评价体系的建立和完善提供了有效手段。

2．网络建设不断加强。网络不断升级扩容，网络管理进一步规范，网络安全进一步加强。认真做好网络设施环境的维护和保障工作，确保全院网络总体运行安全稳定。完成相关单位的网络建设工程及互联网链路接入工程，使我院网络全部实行直通，成为连接在京所有单位（含代管单位）、外连15个局域网的城域网，办公自动化水平有所提高。网站信息量不断扩充，对内应用和对外宣传有所加强。坚持“重整合、易检索、求质量、上规模”的原则，对我院网站进行升级改版，使之同时具备中国哲学社会科学门户网和中国社会科学院机构网双重功能。在网站硬件建设方面，对网站硬件系统实施了第二次升级。

3．信息资源开发和应用成效显著。“三库”资源管理系统已经建成，2006年以前数据的收集、整理、入库工作基本结束。开始GIS综合应用集成系统（一期）系统的搭建，分析院国情调研数据库支持平台需求，启动院期刊编辑与稿件数据库系统开发。与超星公司合作开发完成的“中文图书大数据库”包含140余万种数字化中文书籍（占已公开出版发行中文书籍的70%），为目前全球规模最大、使用人数最多的海量中文数字化信息平台，为我院乃至全国哲学社会科学系统的资源整合与共享、全国哲学社会科学网及学科和专题研究网的组建，提供了一个规模巨大、相对完整的数字化信息资源。电子所务建设稳步推进，电子所务系统（二期）已经完成并在部分研究所推广使用。

（八）行政后勤管理工作取得新成绩，服务和保障能力进一步增强

1．财政拨款较大增长，资金保障更为有力。财政部核定我院科学事业费预算61907万元，比2006年增加5126万元，增长9%；核定住房改革支出9021万元，基本建设资金1429万元，为科研和各项业务工作的正常开展、工资改革的顺利实施、科研基础设施和条件的改善提供了有力的资金保障。落实财政有关要求，做好专项资金申报工作，完善专项资金项目库建设。高度重视制度建设，切实加强财务管理；做好日常财务检查，保证预算顺利执行。

2．基本建设投入力度持续加大，科研工作环境和基础设施条件进一步改善。努力做好贡院东街项目的前期工作，加强与相关部门沟通，多渠道反映我院科研与学术交流工作的重要性和项目对改善相关条件的必要性、迫切性，积极争取北京市人民政府及相关部门的理解和支持。新建研究生院项目初步设计获得批复，项目建设工作积极推进。基础设施改造工程力度继续加大，科研环境和工作条件继续得到改善。对经济学部、文史哲学部、国际研究学部和社会政法学部部分研究所的科研办公区、会议室、图书馆等公共设施以及院老干部科研活动工作站和博士后集体宿舍进行改造维修。完成院部热力点改造工程，考古科研综合楼顺利竣工并交付使用。

3．房产管理进一步加强，节能降耗工作初见成效。继续落实国家房改政策，解决售房遗留问题，为1249名无房和未达标职工核发住房补贴资金5000多万元。做好建筑物外立面粉刷的组织工作，为奥运创造优美和谐环境。积极推进节能降耗工作，完成全院科研办公区照明灯具改造工程，加快节能型机关建设。

4．国有资产管理进一步规范，政府采购制度得到落实。完成了我院资产清查工作，在全院范围内建立固定资产管理系统，为实现我院国有资产动态管理奠定了基础。在招投标管理工作中，严格政府采购程序，落实政府采购制度。

5．后勤管理工作明显改进，服务水平不断提高。坚持服务宗旨，实施科学管理，完成物业服务、公务用车、职工用餐、会议接待、医疗保健、综合管理、休闲度假等各项任务，为科研工作和机关办公提供了良好的后勤服务和后勤保障。加强经营性企业管理，改进经营管理方式，开发新的经济增长点，不断提高经济效益。

6．离退休干部工作取得新成绩，目标管理达标成果得到巩固。积极推行离退休干部工作目标管理，有力促进离退休干部工作开展。畅通联系沟通机制，加强离退休干部党建工作。以老同志满意为标准，打造优质服务品牌。支持离退休干部开展科研活动，组织2007年度老年科研基金课题立项和出版资助评审，举办第二届离退休干部优秀科研成果评奖。落实离退休干部生活待遇，加大对生活特别困难的老同志的补助力度。开展形式多样的文体活动，不断丰富离退休干部的生活。加强离退休干部工作队伍建设，全面落实离退休干部各项工作。

7．新闻宣传工作得到加强，我院社会影响不断扩大。院属媒体大力宣传党和国家各项重大方针政策及我院相关部署落实情况。密切关注社会热点和理论前沿，不断增加科研信息容量。

《中国社会科学院年鉴》改版工作进一步推进，科研机构工作动态更加突出。创办专刊，开辟专版专栏，积极报道学习宣传贯彻党的十七大精神、庆祝建院30周年和学部成立一周年等重要活动。进一步扩大与各大主流媒体的沟通、联系和协作，加强对我院重点工作和重要活动的宣传报道。据不完全统计，2007年电视台播发我院消息和访谈节目344次，广播165次，报刊刊发文字1182篇。

8．机关工作作风有所改进，工作效率有所提高。坚持服务科研，服务全院，高度重视机关工作作风建设，建立健全机关工作制度，不断增强纪律意识和责任意识。努力做好各项重要活动和重要会议的组织协调，保障全院各项工作的顺利开展。建立实施重要决策和领导批示落实情况反馈制度，确保中央重大决策、中央领导重要批示和院党组重要决定、院领导交办事项的贯彻落实。

9．档案保密工作得到加强，综合治理、安全保卫等工作取得实效。认真总结保密工作经验教训，坚决贯彻国家保密法规，完善保密工作制度，建立保密工作档案，强化保密意识和保密教育，保密工作水平进一步提高。不断提高政策和业务水平，进一步做好政治保卫工作。坚持“预防为主，防消结合”方针，切实做好消防工作。加强综合治理，努力做好警卫、治安、交通安全等工作。加强值班、信访和综合服务工作，推进信访工作制度化、规范化。继续做好全院人口计划生育和献血组织工作。

（九）党的建设进一步加强，政治、思想和组织保障能力不断提高

1．理论武装工作格局不断完善。建立健全理论学习和形势政策教育制度，进一步加强全院理论武装工作。建立所局级领导干部形势报告会制度，邀请院内外领导及专家学者围绕当前国际国内形势和时事热点问题进行讲解，提高我院党员干部的理论思维和战略思维能力，增强运用马克思主义立场观点方法观察世界大势、把握时代要求的自觉性。建立机关干部学习报告会制度，进一步提高院直机关干部的思想政治素质和政策理论水平。继续举办马克思主义基础知识系列讲座，增强全院青年科研人员的马克思主义理论素养。

2．组织建设进一步加强。建立健全领导干部民主生活会管理制度，探索建立民主生活会质量评价机制，推动民主生活会发挥发展民主、增添活力、实现和谐、提升能力、改进作风的作用。加强研究所党委班子建设，当代中国研究所、政治学研究所、法学研究所、国际法研究中心完成了党委换届和设立纪委工作，亚洲太平洋研究所完成党委和纪委换届工作。开展党支部建设试点工作，加强和改进基层党组织建设。做好在科研人员和青年中发展党员工作，优化党员队伍结构。建立健全党内关怀和帮扶机制，进一步增强党组织的凝聚力、向心力。建立健全党员干部培训机制，继续办好院党校，加强党员骨干和党务干部队伍建设。

3．党风廉政建设取得成效。深入推进惩治和预防腐败体系建设，形成具有我院特色的纪检监察工作格局。切实维护政治纪律，通过专项检查推动院属各单位严格执行《中国社会科学院关

于加强组织纪律的决定》。创新教育形式，从正反两方面务实开展反腐倡廉和遵纪守法警示教育。加强制度建设，研究制定《中国社会科学院涉密课题管理办法》等三项新的制度。积极探索并实践新体制下履行监督职责的办法。设立纪检监察三室，加大监督力度。加强信访工作，始终保持查办案件的工作力度，严格依纪依法办案。继续推进廉政研究，产出一批有价值的廉政研究成果。

4．统战和工青妇工作取得新进展。围绕推进“和谐机关”、“和谐研究所”建设，进一步做好统战和工青妇工作。积极发挥党外知识分子作用，统战工作再上新台阶。切实履行工会职责，探索建立和完善研究所职工代表大会制度。以纪念建团85周年为契机，进一步加强共青团和青年工作。贯彻执行《中央国家机关妇女工作办法（试行）》，进一步做好妇女工作。

在充分肯定2007年工作成绩的同时，全院同志必须清醒地认识到，我们在前进道路上还有不少困难，工作中还存在许多不足。主要表现为：在巩固和加强马克思主义指导地位、深入研究和传播中国特色社会主义理论体系、深入研究和传播科学发展观、用马克思主义中国化最新成果统领科研工作方面，还面临着非常艰巨的任务；在围绕中心、服务大局，为党和国家重大决策服务方面，还不能很好地满足中央的要求，能力和水平还要进一步提高；对科研工作内在规律的认识探索还不够，科研管理、人事管理、行政后勤管理等方面的制度创新，还不能适应新形势新任务的要求，深化改革的任务依然很重；与较大的课题立项规模和较多的经费支持相比，优秀成果和精品力作还相对较少；学科布局还不能很好地适应国家经济社会发展需要，学科体系亟待调整创新，学部工作机制还需进一步完善；人才队伍建设还不能适应日益激烈的人才竞争和我院事业快速发展的要求，稳定、培养、优化、吸引人才的问题十分迫切；理论脱离实际、虚夸浮躁、急功近利等现象还不同程度地存在，学风、文风需要进一步端正；“散”的问题还没有根本解决，工作纪律、政治纪律要进一步加强，工作作风要进一步转变；职称评定、住房、待遇等关系全院职工切身利益的问题还比较突出，等等。对此，我们必须树立忧患意识，以高度负责的态度，以改革的精神、创新的思路，采取更加有力的措施，在发展中切实加以研究和解决。

中国社会科学院2008年工作要点

2008年我院工作的总体要求是：高举中国特色社会主义伟大旗帜，深入学习贯彻党的十七大精神，学习贯彻全国宣传思想工作会议精神，按照十七大关于哲学社会科学的部署和我院构建哲学社会科学创新体系的目标，根据党中央对我院职责定位的要求，进一步明确发展思路和主要任务，坚持以科研为中心，实施科研强院战略和人才强院战略，以改革创新精神加强党的建设，加强行政后勤保障体系建设，围绕中心，服务大局，解放思想，锐意进取，努力开创各项工作新局面。具体目标是，积极推进12项工作，为全面实现院工作会议提出的六大战略任务迈出坚实的一步。

（一）加强思想政治建设，坚持正确的政治方向和学术导向

1．深入学习贯彻党的十七大精神，用马克思主义中国化最新成果武装全院干部职工。加强领导、精心组织，狠抓落实、务求实效。通过理论学习中心组、理论研讨会、专题学习班等形式，把学习贯彻十七大精神引向深入。院党组和各级党组织要带头学好。认真组织好全院所局级领导干部参加中宣部举办的学习十七大精神培训班工作，组织好全院处室级党员干部学习十七大精神培训班工作。下半年要认真开展深入学习落实科学发展观的活动。紧密结合我院实际，切实解决好“散”和“粗”的问题。

2．突出学习重点，深入领会精神。重点是学习中国特色社会主义理论体系，学习科学发展观，学习社会主义核心价值体系，使全院干部职工深入理解“一面旗帜、一条道路、一个理论体系”，使党的理论路线方针政策真正“入耳、入脑、入心”，解决好全院同志的理论指导、理想信念和价值观问题。深入开展理想信念教育、国情教育、形势政策教育。继续组织好所局级领导干部系列学习报告会、院机关干部学习报告会、青年学习马克思主义基础知识讲座等系列学习活动。

3．加强马克思主义理论研究学科建设，推进马克思主义中国化的理论创新。围绕十七大提出的新思想、新观点、新论断，围绕中国特色社会主义理论体系，围绕中国特色社会主义经济建设、政治建设、文化建设和社会建设所面临的一系列重大现实问题，立项一批重点选题，努力推出一批高质量的理论成果和宣传文章。认真落实好我院承担的马克思主义理论研究和建设工程任务，按计划和要求推出高质量研究成果。努力办好马克思主义研究院、邓小平理论和“三个代表”重要思想研究中心。

（二）加强科研创新体系建设，大力推进科研强院战略的实施

1．深化科研体制改革。通过改革，建立竞争和激励机制，充分调动科研人员的主动性、积极性和创造性，努力形成有利于出精品、出人才、出效益的科研发展环境，形成符合哲学社会科学发展规律、具有我院特色的科研创新体制。抓紧制定并出台科研经费管理办法。

2．加强课题管理工作。合理分配经费资源，强化各类课题的立项、结项和过程管理。对已立项的院重大课题进行重点检查，对无正当理由拖延的课题要责令限期完成或做撤项处理。完善科研资助体系和课题经费管理办法，适度增加青年科研启动金项目资助。制定相关政策，鼓励科研人员积极申报和承担国家社科基金项目。完善科研成果评价机制和发布制度，做好优秀科研成果的出版、宣传和推广工作，有效解决偏重科研成果数量和科研项目级别、忽视科研成果质量的问题。加强院内外的科研交流合作。抓好若干事关国家发展大局的重大战略性、前瞻性课题。

3．加强对国家经济社会发展中重大理论和现实问题的研究。围绕贯彻落实科学发展观、构建社会主义和谐社会、实现经济发展方式的转变、促进经济社会又好又快发展、推动社会主义民主和法制建设、中国特色社会主义发展模式、社会主义核心价值体系等重大理论和现实问题，优先立项一批重大课题，组织专家学者进行深入研究，力争年内推出一批具有重要影响的优秀成果。组织好改革开放30周年理论研讨会和系列研讨纪念活动，组织好相关课题研究和重大学术活动。围绕“中央重大决策反馈”、“社会关注的热点和焦点问题”，努力推出一批对党和政府决策具有重要参考价值的调研成果。组织专家学者高质量完成党和政府及有关部门交办的委托研究课题、重大问题调研和重要文件起草工作，积极改进并做好重要信息报送工作。把“皮书”系列作为重要品牌项目办好。

4．稳步推进国史编研和地方志编修工作。基本完成《国史编年》（1952～1955年卷）的统稿工作。召开以“中共十一届三中全会与当代中国的历史发展”为主题的第八届国史学术年会和以“科学发展观与陈云思想”为主题的第二届“陈云与当代中国”研讨会。继续推进大型电视系列专题片《当代中国》的摄制工作，为迎接建国60周年和全面完成当代中国研究所五年科研规划奠定基础。

5．继续贯彻落实《地方志工作条例》。加强对第二轮修志工作的指导，着力推进志书质量标准体系的建设。做好地方志指导小组换届和第四次全国地方志工作会议的筹备工作。

（三）加强人才队伍建设，大力推进人才强院战略的实施

1．研究制定我院人才队伍发展规划和具体实施方案。解放思想，创新人才工作思路，建立统一的实施人才强院战略的领导体制，积极研究探索培养、稳定、引进人才的新思路、新方法、新机制。充分信任和用好现有人才，努力为他们创造较好的学习、工作和生活条件。提高引进人才的门槛和层次，将吸引人才的重点转移到知名学者和重点学科带头人上来。采取有效措施，加快学科领军人物和学术带头人的培养步伐。通过实行课题学术助手制、导师制、参与国情调研等途径，加大青年科研人员培养力度。改变单一的用人制度，充分利用社会人才资源，合理吸纳和聘用院外优秀专家学者。建立人才发展基金。成立人才研究中心，就人才队伍建设中的一些重大问题开展专题研究。加大管理人才、科研辅助人才、服务人才的培养力度，逐步形成以科研人员为重点、结构合理的人才队伍。进一步规范和完善我院各类评优评奖制度，制定科研辅助人员院级奖励办法。

2．制定和实施人才体制机制改革具体方案，积极推进用人制度改革，加大人才流动。积极推进用人制度改革，在原来试点的基础上，总结经验，扩大试点范围，逐步建立和完善与岗位设置相配套的工资分配机制和干部任用管理机制，探索建立能上能下、能进能出的人才流动机制，特别是有效的“退出”机制。进一步完善专业技术职务聘任制，实施专业技术人员分级制度，统筹解决职称评定工作中的难点问题。通过岗位设置和聘用制工作的逐步完善，转换用人机制，逐

步实现由身份管理向岗位管理的转变。探索高层次专业技术人才管理新机制，完善专业技术人员评价和激励机制。在国家对事业单位绩效工资总量调控的政策指导下，制定符合我院特点的绩效工资分配办法。在中央编委核定的编制总额范围内，统筹兼顾，解决编制平衡问题，妥善解决部分单位科研人员编制不足问题。按照《中华人民共和国劳动法》的要求，认真做好各类人员工作，维护他们的合法权益，调动他们的积极性。

3．办好研究生院和博士后流动站。对研究生院学生教育状况进行调研，制定发展规划。要深化教学改革，提高教学质量，从严治院，从严施教，从严管理，完善研究生培养的体制机制。随着研究生院新院址搬迁和办学条件的改善，适度扩大招生规模。制定和实施后勤社会化保障方案。加强博士后流动站的管理制度建设，严格进站人员选拔标准，提高人才培养质量，注重跨学科和复合型人才培养。积极鼓励和支持有条件的研究所申办博士后流动站，适度扩大博士后培养规模。建立访问学者制度，成立“中国社会科学院博士后管理委员会”，提高博士后管理水平。

（四）加强学科建设，巩固和提升我院学科优势和学术地位

1．进一步优化学科结构，调整学科布局，整合资源和人才，逐步形成重点突出、全面推进、共同发展的学科体系新格局。制定学科发展规划，促进学科管理制度、组织结构、运行方式和激励机制建设，统筹和指导全院学科建设工作。对建设100个重点学科的计划进行检查、督办和调整。重点建设一批能够增强原创能力的基础学科；一批对国家经济社会发展有重大影响的应用学科；一批具有前瞻性的新兴学科和交叉学科；大力扶持“绝学”。办好中华传统文化论坛。处理好基础理论研究和应用对策研究的关系，推动科研事业全面协调发展。采取具体措施，抓好哲学社会科学与自然科学的结合。

2．加强重点学科建设。制定“十一五”学科建设规划具体实施方案。组织实施“重点学科与科研队伍建设计划”。切实组织实施“重点研究室建设规划”。按计划完成建设100个左右国内一流的二、三级重点学科的任务，其中三分之一以上的学科在国际学术界具有重要影响。建设一批国内一流、国际知名的研究所、研究中心和研究室。在重大课题立项、重点学科建设、重点人才引进等方面进一步加大支持力度。设立“基础理论研究队伍建设专项资金”，鼓励优秀学者潜心基础理论研究。

（五）加强学部建设，充分发挥学部和学部委员的作用

积极探索有利于学部和学部委员履行职能、发挥作用的新途径，妥善处理好院、学部和研究所之间的关系，不断完善学部工作制度和工作机制，使学部工作进一步制度化、规范化、科学化。充分发挥学部的宏观指导和组织协调作用，精心组织一批跨学科、综合性、前沿性的重大研究课题，组织开展一系列有影响的重大学术活动，不断扩大学部在学术界和社会上的影响。重视和加强学部委员队伍建设，完善学部委员推选制度，严格学部委员推选标准。

（六）加强国情调研管理体制建设，探索国情调研有效形式和办法

继续探索具有我院特点的国情调研体制、形式和办法。对国情调研工作进行统筹规划，提炼一些党和国家关注的重大国情调研选题，组织一批重大国情调研项目。建立若干国情调研基地，加强与地方政府、学术机构和政策研究部门的交流合作。选择有代表性的地区和行业，进行长期跟踪研究。加强国情调研管理体制建设，在课题立项、经费使用、成果评估等环节严格把关，使之更加规范化和制度化。加强国情调研数据库建设，实现调研成果共享。通过各种有效途径，做好调研成果的报送、宣传和交流工作。加强对国情调研工作的组织领导。

（七）加强学术阵地建设，努力创办国内外一流的学术名刊、名报、名社、名馆、名网

1．整合报刊出版资源，积极探索和推进报刊出版体制改革。集中力量办好“一报（《中国社会科学院院报》）、一刊（《中国社会科学》）、两社（中国社会科学出版社、社会科学文献出版社）”。对重点报刊和出版物给予倾斜性支持。

2．继续做好信息报送工作。《要报》等各类内部刊物要进一步规范化，精简篇幅和数量，准确把握思想理论前沿，集中研究重大理论和现实问题，突出重点，提高质量。不断加强编辑队伍建设，提高编辑人员综合素质。

3．积极探索图书馆管理体制改革。努力把院图书馆建设成为具有一流信息资源、一流服务能力和一流科研水平的现代化哲学社会科学专业图书馆。各研究所的图书馆（室）要更新观念，深化改革，本着资源共享、便捷高效的原则，逐步建立有我院特色的图书信息保障体系。加快图书资料数字化建设步伐，制定数字图书馆建设可行性方案，争取国家立项支持。认真做好文献信息研究和图书资料的开发、保管、使用工作，对珍贵图书资料进行抢救。解决图书馆涨库问题。对我院考古文物及典藏珍本、善本图书的现状进行全面调研，提出抢救、保管、使用方案。

4．加强网络信息建设。加强信息资源的建设、集成和整合，建成全院统一、规模强大、资源共享、查询便捷的科研数据库。大力加强信息化专业人才队伍建设，不断完善院所两级管理体制，努力形成既有统一指导协调又有自主创造的网络管理体系。不断推进电子院务所务建设，进一步提高办公自动化水平。加强网络管理，确保网络信息安全。

（八）加强国际学术交流平台建设，积极推进“走出去”战略的实施

1．精心组织重大交流项目，努力拓展对外学术交流渠道。进一步完善院、学部、研究所三个层次的对外学术交流工作机制，扎实推进国际学术交流基地建设工程，抓好双边、多边的合作研究。继续推进与福特基金会、阿登纳基金会等机构合作开展“全球化研究项目”、“中德学术对话：社会市场经济与和谐发展”合作项目，继续执行好“中日共同历史研究”等中央交办的几个重大合作研究项目。组织好“老龄化背景下经济发展与社会政策”高层研讨会、中国欧盟社科

合作研讨会等重要国际学术会议的筹备工作。

2．加快实施对外学术交流优秀人才建设工程。努力培养能够在国际学术交流中直接对话、有实力争取话语权的人才，培养各外语语种人才和能够掌握多语种的人才。大力推介我院知名专家学者，为越来越多的优秀学者登上世界最高学术交流舞台创造条件。继续实施我院“中青年学术骨干出国培训专业外语项目”，加快培养对外学术交流后备人才队伍。努力建设一支年龄结构合理、业务素质过硬的外事管理干部队伍。

3．推动优秀成果走向世界，展示和提升我院对外学术影响。有计划地组织翻译一批传统文化典籍和现代优秀学术研究成果，面向国外出版发行。认真落实《中国社科人文图书对外推广计划》，继续做好《中国与世界经济》、《中国经济学人》、《中国考古》等英文刊物的出版发行，支持学部和有条件的研究所创办外文期刊，努力推出更多的外文学术出版物。加快建设院、所外文网站和著名学者外文网页，及时向国外学术界推介我院学者的最新研究成果。成功举办一两项有重大国际影响与战略意义的国际交流论坛和学术交流项目。整章建制，加强外事纪律教育，修订、完善和细化相关规章制度，进一步规范来访、出访审批程序和国际会议、合作研究项目立项程序，加强和改进对外国访问学者的管理。

（九）加强学风建设，树立我院良好学术形象

要大力弘扬理论联系实际的马克思主义学风，注重调查研究。树立正确的世界观、人生观和价值观，坚持为人民服务，为社会主义服务，为民族振兴和国家发展服务。坚持求真务实的治学态度，力戒浮躁，不图虚名，不断提高学术水平，努力创造学术精品。增强社会责任感，注重研究工作的社会效果。加强学术道德修养，严格遵守学术规范，坚决抵制不良学术行为，自觉维护哲学社会科学工作者的良好形象。建立健全学风建设管理制度，形成符合我院实际的监督机制和惩防措施。制定《中国社会科学院关于处理学术不端行为的管理办法》。

（十）加强学术氛围建设，营造有利于出成果、出人才的良好环境

进一步解放思想，把坚持“二为”方向和贯彻“双百”方针有机统一起来，积极倡导学术民主，充分尊重学术自由，正确处理思想理论领域的问题，注意区分学术问题和政治问题的界限，引导哲学社会科学工作者在坚持正确政治方向的前提下，进行大胆探索和创造。

（十一）加强行政后勤保障体系建设，为科研事业发展提供有效保证

1．深化后勤管理和服务体制改革，努力提高管理水平和服务质量。积极研究制定后勤管理和服务体制的社会化改革方案，先行试点，取得经验，逐步推开。研究制定后勤事业发展规划。坚持服务宗旨，实施科学管理，加强经营开发，提高服务水平和经济效益。认真做好物业管理、会议接待、医疗保健、职工用餐、公务用车、资料印刷和综合管理等服务工作。

2．加强财务管理，提高资金保障能力。组织专门班子，对需要国家支持的项目进行充分论

证，争取国家的政策和经费支持，努力实现国家财政对我院投入的持续稳定增长。对经营性资产进行清理与整合，实行统一管理，引入竞争机制，使之成为全院发展资金的重要来源。通过课题委托、合作研究、咨询服务等形式，加强与中央和地方党政部门及企业之间的联系，拓展我院建设和发展的资金渠道。对基础设施条件较差的单位和院里确定的重点学科、重点研究室、重点课题、重点报刊，给予必要的经费支持。

3．加强基础设施建设，改善科研办公条件。制定基本建设规划，加大基本建设投入，努力改善科研办公条件。对现有房地产状况进行详细摸底调研，制定长远的使用建设规划和具体实施方案，实现房地产保值增值。研究生院新校园建设工程务必尽快开工，明年年底前投入使用。科研与学术交流大楼建设项目要继续下大力气积极推进，力争早日拆迁动工。逐步建设一批用现代科技装备起来的人文社会科学专门实验室，积极研究和论证“经济社会发展社会科学模拟实验室”、“DNA实验室”、“语音实验室”等的建设方案，争取国家立项支持。积极创造条件，尽最大努力改善全院职工特别是中青年科研人员的住房条件。争取有关部门的支持，落实国家方志馆建设项目。继续做好考古研究所西安研究室文物标本楼工程的申请立项工作。认真做好考古研究所科技中心实验楼、郭沫若故居安防系统、民族学与人类学研究所、中国社会科学出版社和中国社会科学杂志社科研办公用房等维修改造工程。积极创造条件筹建文物博物馆和档案馆。加强综合治理，解决院部机动车辆停放问题，推进办公室的文明建设。

4．加强行政管理和机关作风建设，提高工作效率。逐步形成以办公厅为枢纽的高效的行政运作机制，健全和完善督办、检查、反馈制度，实现以办文、办事、办会为主要任务的行政管理工作的规范化、制度化、科学化。强化日常督办检查。加强档案管理和建设。机关各职能部门要增强责任意识和服务意识，爱岗敬业、恪尽职守、求真务实、开拓进取。加强制度建设，积极推进机关工作方式、工作机制和管理模式创新。严肃工作纪律，坚决贯彻执行院党组作出的各项重大决定，做到有令必行，有禁必止，确保政令畅通。认真落实部门责任制，各部门要各司其职，各负其责，同时要加强协调和配合，力戒推诿扯皮、各行其是。加强机关干部的政治理论和业务知识学习，努力提高自身的思想政治素质和行政管理能力。

（十二）加强党的建设，为科研事业发展提供坚强的政治保证

1．加强领导班子建设。积极稳妥地做好所局领导班子调整充实工作，特别是要把中青年干部选拔到领导岗位上来。优化领导班子的专业结构和年龄结构，逐步推行领导干部任期制。完善领导干部选拔任用制度和考核评价机制，提高民主推荐、民主测评的科学性，增强选人用人的公信度。修订我院《研究所党委工作条例》和《所长工作条例》，坚持和完善党委领导下的所长负责制。健全所党委议事规则及各项工作制度，不断提高研究所领导班子的治所能力和解决自身问题的能力。坚持党委理论学习中心组制度，开好党员领导干部民主生活会。继续组织好党委书记国情考察活动。完成院直属机关党委换届选举工作。

2．加强基层党支部建设，巩固先进性教育成果。总结和推广党支部建设试点工作经验，创新支部活动方式，积极探索适合我院工作特点的支部工作模式。继续做好党支部书记培训工作。组织全院党员学习十七大修订的新党章，增强党员的理想信念、宗旨意识和党性修养。积极稳妥地做好党员发展工作，重视在科研骨干特别是优秀中青年科研骨干中发展党员。

3．加强政治纪律教育，深入推进反腐倡廉建设。坚持不懈地开展政治纪律、宣传出版纪律、外事纪律、财经纪律和维护国家安全利益教育，增强全院干部职工遵纪守法的自觉性。大力加强反腐倡廉建设，建设惩治和预防腐败体系，完善纪检监察六项工作格局，使之逐步制度化。认真查处涉及我院人员的各类案件。进一步加强制度建设，切实推进党内监督和群众监督，加大预防违纪违法问题的工作力度。强化监督机制，完善所局级领导干部任期内经济责任审计，加强对重点专项资金和重大投资项目的审计。坚持标本兼治、综合治理、惩防并举、注重预防的方针，全面落实党风廉政建设责任制。组织好反腐倡廉研究工作，为党和国家反腐倡廉建设提供智力支持。

4．坚持以人为本，改进群众工作。加强对统战、工会、共青团和妇女工作的领导，充分发挥各民主党派和工青妇组织联系群众的桥梁和纽带作用。在无党派人士中认真开展“自觉接受中国共产党领导，坚持中国特色社会主义”主题教育活动。鼓励和支持工会、共青团、妇工委等组织积极开展各具特色的群众学习和文化娱乐活动。坚持以人为本，真实反映和帮助解决群众的住房、治病等实际困难。

5．强化服务意识，认真做好离退休干部工作。积极创造条件，逐步加大服务力度，拓宽服务项目，提高服务水平，努力改善离退休干部的政治待遇和生活待遇。建立起一支热爱老同志、认真负责、周到细致的离退休干部管理和服务队伍，不断提高离退休干部工作的效率和质量。继续开展和不断完善离退休干部工作目标考核达标活动，及时总结经验，完善达标考核办法。精心组织好老年科研基金的立项审核、出版资助和优秀科研成果评奖等项工作。努力解决部分老同志的特殊困难和实际问题。

各项工作的责任单位要切实负起责任，根据本《要点》提出的任务和要求，制定具体工作计划，并在落实上狠下功夫，务必抓出成效，将贯彻落实情况定期书面汇报。办公厅要建立严格的督办检查制度，把认真检查各单位上半年工作的落实情况作为今年暑期工作会议的重要议题。

三　中国社会科学院关于深化管理体制机制改革的方案

（2008年8月18日院党组审议通过）

2008年是我国改革开放30周年。纪念改革开放30周年，既要认真研究总结改革开放的成就、经验，又要紧密结合我院实际，继续深化各项改革，在改革中提升我院整体工作水平。这是新形势下进一步繁荣发展我国哲学社会科学的一项重要任务。根据2008年度院工作会议和院改革工作座谈会的精神和部署，现就深化我院管理体制机制改革，制定如下方案。

（一）充分认识深化管理体制机制改革的重要性和必要性

党的十七大关于繁荣发展哲学社会科学的重要论述，指明了做好社科院工作、繁荣发展哲学社会科学的奋斗目标和基本要求，提供了指导思想和基本方针。要落实十七大和中央对我院发展目标“三个定位”的指示精神，加快推进哲学社会科学创新体系建设，就必须进一步深化改革。

我院的改革大体包括两部分：一是哲学社会科学体系的改革创新，即学科创新、学术观点创新和科研方法创新，目标是建立具有中国特色的哲学社会科学创新体系；二是科研、人才、科研辅助、行政后勤等管理体制机制的改革创新，目标是建立适应哲学社会科学创新体系的管理体制机制。两个方面的改革创新，相辅相成，都要大力推进。在深入推进哲学社会科学体系改革创新的同时，我院目前集中部署深化管理体制机制改革，以此来带动哲学社会科学体系的改革创新，并为其提供必要的保证。

近30年是我们国家发生巨大变革的新时期，我院也经历了不断改革发展的过程。但是，我院目前状况的一些方面与国家变革的步调还不协调，与自身的使命还不适应，在一定程度上存在着思想观念与体制机制守旧、创新能力不强等方面的弊端，亟需有针对性地进行改革。如果不进行改革，奖勤戒懒、优胜劣汰做不到，各得其所也做不到。如果我们安于现状，缺乏开拓创新的精神，长此以往，就难以实现我院事业的大发展。要清醒地看到，同党和国家的要求相比，同哲学社会科学事业快速发展的需要相比，我们的分量不够，我们的责任重大。无论在国内还是在国际，都面临着挑战。全院同志一定要有紧迫感和危机感，树立忧患意识、改革意识和奋发图强的意识。要向改革要成果，向改革要人才，向改革要效益，向改革要出路。通过改革，为我院事业发展提供不竭的创新活力和发展动力。

（二）深化管理体制机制改革的指导思想、总体目标和基本原则

深化我院管理体制机制改革的指导思想是：以中国特色社会主义理论体系为指导，深入贯彻落实十七大精神和科学发展观，按照十七大关于哲学社会科学的战略部署和我院构建哲学社会科学创新体系的目标，根据党中央对我院“三个定位”的要求，解放思想，转变观念，锐意创新，破除不合时宜的体制机制束缚，改革工作制度，转变机构职能，进一步建立健全适应中国特色社会主义发展、符合哲学社会科学发展规律、具有我院特色的管理体制机制，以推动科研，激励人才，优化服务，为我院事业的进一步发展提供强有力的体制机制保障。

深化我院管理体制机制改革的总体目标是：

1．建立健全适应哲学社会科学创新体系的管理体制机制。各项管理体制机制改革都要围绕如何适应和推动哲学社会科学创新体系建设这个总任务来展开，与之相互配合，相辅相成，逐步形成适应哲学社会科学创新体系的管理体制机制。

2．建立健全具有竞争、激励、“退出”、“淘汰”功能的管理体制机制。尽快建立具有竞争、激励、“退出”、“淘汰”功能和充满活力的管理体制机制，特别要下决心建立“退出”和“淘汰”机制。要靠健全合理的体制机制进行资源配置，以激发科研人员和全体工作人员的积极性和创造性。

3．建立健全服务科研的有效保障体系。科研是我院的中心工作，我院一切工作都要围绕科研来展开，为科研服务。国际合作、图书资料、信息网络、报刊出版，以及行政、财计、后勤、基本建设等，都要适应新的形势、任务和要求，通过改革，逐步建立适应我院“创新体系”建设的服务保障体系。

深化我院管理体制机制改革的基本原则是：

1．调动科研人员积极性，解放和发展科研生产力。改革的目的，就是要最大限度地解放和发展科研生产力，最大限度地调动科研人员的创造性，提高我院哲学社会科学发展水平和创新能力。

2．把全院的整体发展和根本利益作为改革的出发点和落脚点。着眼于我院的整体利益和长远发展，着眼于全院人员最关心、最直接、最现实的问题，调动科研人员和全体工作人员的积极性，使全院共享改革成果。

3．倡导和激励竞争，尊重和支持创新。通过改革，在平等竞争基础上，让创造活力竞相迸发，让创新才华充分施展，让创新成果得到尊重，充分发挥各类人才的潜力和创造力。

4．坚持公平、公开、透明，合理有效配置资源。增强科学性，增加透明度，扩大知情面，统筹安排、有效调度各类资源，提高使用效益。

5．出不出成果，特别是精品成果，出不出人才，特别是拔尖人才，是判断改革成功与否的根本标准。在出成果、出人才的总体要求之下，更加强调成果质量和人才水平，是建设国家哲学社会科学最高殿堂的必然要求。

（三）深化管理体制机制改革的范围、任务和重点

我院管理体制机制改革的范围涉及科研管理、人才与人事管理、行政管理、财计管理、基建管理、后勤服务管理、国际合作管理、图书管理、网络信息管理等多方面的体制与机制改革，还涉及与科研活动相关的研究生教育、出版、报刊、学会管理等体制与机制的改革。要以科研管理体制机制创新为重点，人才管理体制机制创新为关键，实行综合、系统和全面的管理体制机制改革。

我院管理体制机制改革的主要任务有：

1．科研管理体制机制改革。围绕科研强院战略，进一步深化科研管理体制机制的改革创新，建立健全全院统一协调的科研管理体制。加强科研管理制度建设，完善激励、竞争机制，充分调动研究所和科研人员的积极性，逐步形成有利于出成果、出精品，出人才、出拔尖人才的科研创新体制与机制。主要改革工作包括：加强马克思主义理论阵地建设；完善课题管理制度，改革课题管理办法和课题资助方式，建立课题经费合理使用的长效机制；创新学科建设体制机制，全面启动特殊学科建设计划，实施新一轮“重点学科建设工程”，保持和提升我院整体学科优势；积极推进自然科学与社会科学的交叉结合；加强基础学科建设，注重对策性研究，既要建设好哲学社会科学的最高殿堂，又要当好思想库和智囊团；扶持创建一批学术名刊，保持我院期刊的学术水准和领先地位；创新科研队伍建设制度，加大对优秀学者和青年学者的资助力度，加强基础研究优秀人才的扶持和培养，实施学术外交优秀人才建设工程；整章建制，切实推进科研管理工作的科学化、规范化、制度化。

2．人才与人事管理体制机制改革。围绕人才强院战略，解放思想，转变观念，以改革创新的精神推进人事人才工作。建立统一的领导体制，推进人事制度改革，加大人才队伍，特别是拔尖人才、青年后备人才队伍建设的力度，建立有利于人才成长的体制机制。主要工作包括：深化人事制度改革，逐步实行全员聘用制，形成“退出”和“淘汰”机制；编制中长期人才发展纲要，科学规划队伍建设战略目标；加强所局领导班子建设和后备队伍建设，增强选人用人公信度；建立统一的奖励制度，完善激励机制；实施“三个一批”人才工程，加强人才，特别是拔尖人才和青年后备人才的培养。

3．行政管理体制机制改革。积极推进行政管理体制机制改革，形成有效率、有活力的行政管理运作机制和工作秩序，逐步形成以办公厅为枢纽的、高效的行政管理运行体制。主要工作包括：健全和完善督办、检查、反馈制度，突出抓好督办工作，强化对全院工作的督办检查职责；改革《院报》，办好《要报》，做好信息报送工作；抓好办文、办会、办事的制度建设，改革工作制度，调整机构职能，实现行政管理的规范化、制度化、科学化。

4．财务计划与基本建设管理体制机制改革。加强制度建设，逐步实现财务计划管理、基本建设管理、房地产管理和经营性资产管理的规范化、制度化、科学化，形成一套行之有效的管理

制度和高效率的管理体制机制。财务管理体制机制是改革的重点，要逐步建立健全财务集中管理和经营性资产统一管理体制；逐步推行经费管理绩效考评制度，以实现结算中心制度和财务委派制度等为突破口，强化管理，加强成本管理，集中更多的财力，把经费使用得更合理、更有效；调动“两个积极性”，提高经费创收能力，实行成本核算，深化国有经营性资产管理体制改革，使国有经营性资产保值、增值；尽最大努力做好住房、办公用房、基本建设保障服务工作。

5．对外学术合作与交流管理体制机制改革。坚持开门办院和“走出去”战略，以我为主，积极探索建立我院对外学术交流与合作的两级管理体制，推进对外交流合作管理制度改革与创新；充实对外交流人才队伍，形成促进优秀人才走向世界的有效机制；合理配置对外学术交流经费，院集中力量办一些重大的有影响的项目，同时对研究所的重要项目给予扶持，进一步调动研究所和科研人员开展对外学术交流的积极性；进一步改进外事服务，针对不同门类、不同层次的服务对象，制定相应的服务标准，落实人员职责，改善服务态度，提高服务水平。

6．图书管理体制机制改革。大力实施图书信息资源建设战略，加快我院哲学社会科学文献信息资源保障体系建设；探索图书资料服务体系改革，建立统一的图书资料管理体制，积极推进“总馆—分馆—资料室”三级管理体制和运行机制；重新配置图书购置经费，加大对分馆和各研究所资料室的支持力度；调整资源结构，适当减少纸质图书购买数量，加大电子数字资源建设的力度；建设特色专业书库，实现全院图书资源共享。

7．信息网络管理体制机制改革。加强和改革信息网络管理体制，明确院所两级在网络建设和管理上的分工，建立健全既有统一指导协调又有自主创新的院所两级网络管理体制和运行机制；推进信息化建设经费配置改革，院集中力量抓好海量数据库建设，加大信息资源建设力度，同时重心下移，加大对各研究所网站的支持力度；增强各研究所网络管理和建设职能，建设各所专业特色网。

8．后勤服务管理体制机制改革。按照后勤社会化、管理科学化、服务优质化的原则进行后勤服务体系的改革创新。加大后勤社会化改革力度，实现经营、管理、服务三者分离，用改革创新精神闯出一条服务社会化的新路子，为科研事业发展提供有效服务保障，形成适应市场经济条件、适应时代需要、具有社科院特色的后勤服务模式；加强对经营性资产的管理，清理经营性资产，加强成本核算，提高创收能力；牢固树立服务意识，改进服务方式，提高服务质量。

我院2008年下半年管理体制机制改革的重点是：

1．科研管理体制机制改革方面。推进五项改革和加强四项工作。五项改革包括：积极探索加强重大理论和现实问题研究的体制机制；扶持和加强特殊学科建设；推动社会科学与自然科学的交叉结合；实施“学术名刊建设”方案；压缩科研项目留存经费。四项工作包括：完善院级课题管理制度；健全科研成果发布制度；组织选编居于学术高端的“论文集刊”；发挥好学部科研组织协调作用。

2．人才与人事管理体制机制改革方面。按照“统一部署，稳步推进”原则，以推行全员聘用制度、岗位设置管理为重点，以建立健全不同岗位人员分类管理体制和具体人事管理制度为内容，加大综合配套改革力度；扩大实行全员聘用制试点工作的范围，在总结第一批试点单位民族学与人类学研究所、数量经济与技术经济研究所和中国边疆史地研究中心改革经验的基础上，确定以下单位为新的试点单位：马克思主义研究院、农村发展研究所、考古研究所、哲学研究所、社会学研究所、世界经济与政治研究所、中国社会科学出版社、服务中心；认真研究和实施岗位设置管理，科学设岗；推行人员聘用制度，合同管理；建立公开招聘制度，择优聘用；建立院人才工作统一领导机制，形成加大人才建设力度、有利于优秀人才脱颖而出的体制机制改革方案。

3．行政管理体制机制改革方面。形成以办公厅为枢纽的高效的行政管理运行机制；健全和完善督办、检查、反馈制度，突出抓好督办工作；调整办公厅《院报》办报职能，改进加强《要报》报送形式和内容，发挥好我院思想库和智囊团作用；根据形势任务的要求，形成办公厅内部机构职能的调整方案。

4．财务计划与基本建设管理体制机制改革方面。全面推行院结算中心制改革，通过财务集中管理，保障科研强院和人才强院战略的实施；加强制度建设，强化成本核算，推进国有经营性资产经营体制机制改革。

5．后勤服务管理体制机制改革方面。大力推进社会化改革，逐步形成适应市场经济发展、具有我院特色的后勤服务模式；采取切实措施解决圣士状元食府和图文印刷厂的亏损问题；制定加强经营性资产改革创新的具体方案，努力提高创收能力；进一步改进服务方式，提高服务质量。

6．对外学术合作与交流管理体制机制改革方面。建立主管部门与研究所的协调机制；完善院级对外交流合作的项目体系；积极扶持和推出外文出版物，实施优秀成果译介推广计划，构建展示学术精品的窗口；大力培养对外学术交流骨干，提供必要渠道和途径，继续为“走出去”创造条件；调整外事经费的使用配置，院重点抓大的外事交流项目，加强对研究所外事经费的支持力度，调动所级对外学术交流的积极性。

7．图书管理体制机制改革方面。成立全院图书资料工作领导小组和专家咨询机构，建立院图书馆与计算机网络中心的协调会议制度；推行“总馆—分馆—资料室”三级体系，在法学研究所、中国社会科学院研究生院、民族学与人类学研究所试点建立三个专业特色分馆；筹备组建特色专业书库，实现全院资源共享，支持研究所图书馆和资料室建设；实行全院“一卡通”，统一全院各图书馆服务体系；做好图书馆资料数字化建设工作，适当减少纸质图书购置数量；推进图书资料经费重新配置。

8．信息网络管理体制机制改革方面。加强信息网络管理统一领导体制机制建设，建立健全院所两级管理体制；合理配置信息网络经费资源，加大对研究所（中心）信息化工作的支持力度；搭建远程访问内网系统，建立全院统一的身份认证系统平台，实现科研人员对网上信息资源查询的“一码通”；探索建立上网有偿使用调控系统和模式。

（四）深化管理体制机制改革的基本要求

1．解放思想，转变观念，勇于创新。只有不断地解放思想，才能不断地推进改革。要深化改革，就要切实转变观念，把思想和行动从不合时宜的习惯做法和固有思维模式的束缚中解放出来，牢固树立改革创新意识。

2．服从大局，着眼全院，破除本位观念。改革是全院的大局，在改革过程中，可能会触动一些单位、个人和局部的利益。必须充分认识到，我院整体事业发展了，各单位和局部才会发展，个人才会发展。要树立全局意识，在思想和行动上真正做到小局服从大局，小道理服从大道理，小利益服从大利益。要调动各方面的积极性，充分尊重并考虑各方面的利益。

3．理清思路，形成共识，抓好落实。思路决定出路，能不能改革，能不能改出成效，关键在于要有正确的思路。各职能部门、各研究所（中心）和直属单位（经营单位），都要积极行动起来，根据院改革方案，结合自身实际，制定切实可行的落实措施和配套办法，提出与本单位相关的内部改革举措。

4．认真部署，稳健实施，逐步推开。改革采取渐进、稳健、逐步推开的策略。找准问题，找出症结所在，选择好突破口。需要试点的可先行试点，取得成功，再行推开。

5．加强协调，步调一致，整体推进。改革是一个有机整体，各项改革方案既有侧重，又互相联系。各责任单位必须做好沟通、协调和配合工作。各研究所（中心、直属单位）要积极响应，密切配合，认真落实各项改革措施，以形成合力，共同推进。

6．转变作风，服务科研，提高效率。改革责任单位主要在院职能部门。各职能部门要提倡为科研服务，转变工作作风，深入科研一线，贴近实际，了解情况，分析和解决问题，为科研人员排忧解难。要提高工作效率，彻底摈弃办事拖拉、推诿扯皮、文牍主义、形式主义等不良作风。在改革过程中，要加强党的作风建设，带动机关作风的转变。由机关党委牵头，集中抓好院机关作风建设。

（五）深化管理体制机制改革的步骤安排

改革是我院的一项长期任务。从现在开始，争取用一年半左右的时间，即从2008年8月至2009年底或2010年初，基本完成我院管理体制机制改革方案规定的任务。然后，在总结经验的基础上，适时推进下一步改革。

1．抓好思想发动，做好各项改革准备工作。8月份，各单位要认真传达、学习今年院工作会议和院改革工作座谈会文件，学习我院深化管理体制机制改革方案。学好文件，领会精神，把思想统一到院工作会议和院改革工作座谈会的精神上来，统一到院改革方案上来。各单位要做好各项改革准备工作，同时制定出本单位具体的落实和改革措施。

2．选好突破口，完成下半年的重点改革工作。从8月下旬到明年年初，各单位要按照全院管理体制机制改革方案的要求，抓住重点，搞好试点，完成今年下半年改革重点任务，为明年全面推进我院改革奠定基础。

3．总结经验，全面推开2009年改革工作。在2009年初召开我院年度工作会议时，认真总结2008年度改革工作的经验，进一步完善改革方案，全面推进各项改革工作，实现我院深化管理体制机制改革的总体目标。

（六）加强对改革工作的领导

改革在院党组统一领导下进行，各分管院领导负责组织和推动分管范围的改革工作，院成立改革协调小组具体负责日常协调和推进工作。各级领导班子要加强对改革工作的领导，要议改革、抓改革。各单位，特别是改革的责任单位要“一把手”挂帅，亲自动员、组织和推动。要充分发挥各级党组织在改革中的战斗堡垒作用和党员的先锋模范作用。相信群众，依靠群众，做好深入细致的思想政治工作。集中全院人员的智慧和力量，形成全院上下共同推进我院管理体制机制改革创新的新局面。

院代管单位要结合自身实际，参照执行本方案。

四　中国社会科学院开展深入学习实践科学发展观活动的实施方案

（2008年10月8日院党组审议通过）

在全党开展深入学习实践科学发展观活动，是党的十七大作出的战略决策，是在新的历史条件下以改革创新精神全面推进党的建设新的伟大工程的重要举措。按照中央的统一部署，我院被列入第一批开展深入学习实践科学发展观活动的单位，现根据《中共中央关于在全党开展深入学习实践科学发展观活动的意见》及中央深入学习实践科学发展观活动领导小组《关于第一批开展深入学习实践科学发展观活动的实施意见》，结合我院实际，提出如下实施方案。

（一）我院开展学习实践活动的指导思想和目标要求

根据中央关于在全党开展深入学习实践科学发展观活动的指导思想和总体要求，结合我院实际，我院开展学习实践活动的指导思想是：全面贯彻党的十七大精神，高举中国特色社会主义伟大旗帜，以邓小平理论和“三个代表”重要思想为指导，组织广大党员特别是各级领导班子和党员领导干部深入学习实践科学发展观，紧紧围绕党员干部受教育、科研工作上水平、多出经得起实践检验的精品成果和拔尖人才，进一步解放思想、实事求是、与时俱进，切实增强贯彻落实科学发展观的自觉性和坚定性，着力解决影响我院贯彻落实科学发展观、制约我院哲学社会科学事业繁荣发展的思想观念，着力推进改革，积极构建有利于科研强院和人才强院战略实施、适应哲学社会科学创新体系要求的管理体制机制，着力解决影响和制约我院哲学社会科学创新体系发展的突出问题以及党员干部党性党风党纪和学风工作作风方面群众反映强烈的突出问题，提高领导干部领导我院改革、推进我院建设的能力和水平，努力把我院建设成为马克思主义的坚强阵地、我国哲学社会科学研究的最高殿堂、党中央国务院重要的思想库和智囊团（即党中央对我院的“三个定位”要求，以下简称为“三个定位”）。

我院的学习实践活动以所局以上领导班子和处室级以上领导干部为重点，全体党员参加。按照中央文件要求的“坚持解放思想、突出实践特色、贯彻群众路线、正面教育为主”的原则，根据胡锦涛总书记提出的“四个新”的要求，具体达到以下目标要求：

1．提高思想认识。提高广大党员干部特别是处室级以上领导干部对开展学习实践活动重大意义的认识，增强参加学习实践活动的自觉性和主动性；加深广大党员干部特别是处室级以上领导干部对科学发展观的理解，增强贯彻落实科学发展观的自觉性和坚定性，把思想认识统一到科学发展观的要求上来。

2．解决突出问题。紧密联系我院贯彻落实科学发展观的思想实际和工作实际，努力解决影响和制约我院实现“三个定位”要求、不适应我院事业创新发展的突出思想问题；努力解决影响和制约我院哲学社会科学创新体系发展的管理体制机制上突出的实际问题；努力解决我院党员干部党性党风党纪和学风工作作风方面群众反映强烈的突出作风问题。具体地说，通过这次学习实践活动，要着力解决以下突出问题：一是有的领导干部和党员对科学发展观的精神实质和科学内涵理解不深，认识有偏差，在真学、真信、真懂、真用上还存在一定的差距。二是我院现行的管理制度和机制尚不能适应构建哲学社会科学创新体系的发展要求，在一定程度上存在着体制机制守旧、依照旧章办事、整体创新能力不强等明显弊端，在一定程度上影响和制约了我院各项事业的发展。三是我院党的建设、干部队伍建设与我院改革和各项事业发展的要求不相适应，少数党员和领导干部在党性党风党纪和学风工作作风等方面还存在这样那样的问题。

3．创新体制机制。紧密联系我院正在推进的深化管理体制机制改革的实际，进一步深化和完善我院管理体制机制改革方案，努力解决影响和制约我院管理体制机制创新的思想观念，破除影响和制约我院科研生产力解放和发展的管理体制机制障碍，建立健全有利于科研强院、人才强院的管理体制机制。把大力推进我院管理体制机制改革作为开展学习实践活动的主要实践载体。

4．坚持正确方向。紧密联系我院坚持哲学社会科学正确政治方向的实际，进一步巩固和加强马克思主义在哲学社会科学领域的指导地位，坚持“二为”方向和“双百”方针，加强基础研究，以重大现实问题和理论问题为主攻方向，围绕中心，服务大局，努力实现党中央对我院的“三个定位”要求。

（二）开展学习实践活动的步骤和安排

根据中央统一要求，我院的学习实践活动分3个阶段进行，每个阶段包括3个环节，加上活动开始前的准备环节和活动结束时的总结测评环节，共有11个环节。各单位紧密结合自身实际，认真抓好每个阶段每个环节的工作，确保学习实践活动扎实有序推进。具体步骤安排如下：

1．准备环节（2008年9月1日至26日）。本环节的主要工作有8项：（1）院主要领导同志从9月1日起带队深入各单位调研，先期摸清学习实践要解决的主要问题。（2）直属机关党委从9月1日起先期学习中央学习实践活动有关试点单位的经验做法，准备相关工作。（3）9月21日，直属机党委召开相关准备工作会议。（4）9月23日，院召开学习实践活动专题调研座谈会，听取我院各方面代表关于如何结合我院实际开展学习实践活动的建议。（5）9月25日召开院党组会议，学习领会中央精神。研究制定我院学习实践活动实施方案，成立我院学习实践活动领导小组及其办事机构。（6）9月26日召开全院处室以上党员领导干部大会，传达中央关于在全党开展学习实践科学发展观活动动员大会精神，对我院的学习实践活动进行初步动员和部署。（7）召开院属各单位党办主任会议，安排部署院属单位开展深入学习实践科学发展观活动的相关准备工作。（8）做好全院学习实践活动动员大会的各项筹备工作。

2．学习调研阶段（2008年9月27日至11月27日）。本阶段重点抓好三个环节：

（1）学习培训。10月14日，召开全院学习实践活动动员大会，院党组书记、院长陈奎元同志作动员报告，并对我院开展学习实践活动进行全面部署。各单位组织全体党员干部采取个人自学、集体学习等形式，认真学习党的十七大报告，认真学习《毛泽东邓小平江泽民论科学发展》和《科学发展观重要论述摘编》，处室以上领导干部还要认真学习《深入学习实践科学发展观活动领导干部学习文件选编》等学习材料。9月24日至30日，院党组带头进行集中学习。院学习实践领导组决定于10月15日至23日分两批、每批各用4天时间组织全院所局级领导干部集中学习培训，院领导亲自作学习动员和专题报告。院属各单位可以采取中心组学习扩大会、专题辅导和培训班、研讨班等形式，组织处室领导干部集中学习培训。

（2）专题调研。着重围绕如何破除影响和制约我院实施科研强院、人才强院战略，构建哲学社会科学创新体系的思想观念和体制机制障碍，结合我院深化管理体制机制改革的实际开展专题调研。自9月1日以来，院党组主要成员已围绕深化我院管理体制机制改革问题进行了为期一个月的专题调研，听取了35个单位的工作汇报，目前正在汇总分析调研结果。院党组成员还将结合自己分管的工作进行专题调研或补充调研。所局领导班子成员也要根据职责分工，确定深化管理体制机制改革等重点调研课题，广泛听取群众意见和建议，认真撰写调研报告，初步梳理出本单位存在的突出问题。要及时进行调研成果交流，认真总结经验教训，精心选择正反两方面的典型案例进行剖析，努力提高领导班子和领导干部分析和解决实际问题的能力，更好地从理论与实践的结合上加深对落实科学发展观的认识。

（3）进行解放思想讨论。按照科学发展观要求，紧密结合我院的工作实际和党员干部的思想实际，运用多种形式组织开展解放思想讨论，引导党员领导干部把思想认识从那些违反科学发展观要求的观念、做法和体制机制的束缚中解放出来，克服安于现状、因循守旧等思想，开创思想解放的新境界，增强我院各级党员领导干部的忧患意识、改革意识和奋发图强意识，进一步开阔眼界、开阔思路、开阔胸襟，在我院要不要贯彻科学发展观，能不能贯彻科学发展观，怎么样贯彻科学发展观等重大问题上形成共识。

3．分析检查阶段（2008年11月28日至2009年1月14日）。重点抓好三个环节：

（1）召开领导班子专题民主生活会。院党组和所局领导班子要围绕深入贯彻落实科学发展观、进一步推动我院改革和发展等重大问题召开专题民主生活会。领导班子成员要结合分工，重点查找个人和班子在贯彻落实科学发展观方面存在的突出问题，查找党性党风党纪方面的突出问题，深刻分析原因，开展严肃认真的批评与自我批评。民主生活会前，领导班子成员之间要相互谈心，交换看法，认真听取群众意见，认真撰写发言材料，做好充分准备。专题民主生活会可与年度民主生活会合并召开，适当扩大列席人员范围。院纪检监察机构、直属机关党委、人事教育局等部门和院学习实践活动指导检查组派人列席，提前介入，加强指导。院党组成员每人要选择两个以上所局级单位，参加他们的专题民主生活会，进行直接指导。组织党员认真参加专题组织生活会，按照科学发展观要求分析查找自身差距和不足，明确努力方向。对民主生活会和组织生活会既要严格要求，提高质量，又不搞人人过关，注意保护党员干部的发展积极性。

（2）形成领导班子分析检查报告。院党组和所局领导班子要紧密联系实际，在回顾十六大以来贯彻落实科学发展观情况，充分运用学习调研、征求意见和专题民主生活会成果的基础上，撰写领导班子分析检查报告，认真查摆在贯彻落实科学发展观方面存在的突出问题，深刻分析形成问题的主客观原因特别是主观原因，确定贯彻落实科学发展观的主要思路和加强领导班子自身建设的具体措施等。分析检查报告要突出检查和分析两个环节，避免写成工作总结或工作报告。领导班子主要负责同志要全程主持分析检查报告的撰写。初稿形成后，以适当方式广泛听取各方面意见，经领导班子扩大会议充分讨论后，反复修改完善。

（3）组织群众评议。领导班子分析检查报告形成后，要认真组织评议，广泛征求党员、群众的意见。参评人员包括本单位党员、群众以及离退休干部代表。参评人员着重从对科学发展观的认识深不深、查找的问题准不准、原因分析得透不透、发展思路清不清、工作思路可行不可行等方面对分析检查报告进行评议。根据评议意见，对分析检查报告作进一步修改。群众评议中提出的正确意见要体现到修改后的分析检查报告中来，分析检查报告和评议结果要在一定范围内公布。根据实际情况，评议可以采取召开座谈会或书面评议等形式进行。

4．整改落实阶段（2009年1月15日至2月21日）。重点抓好三个环节：

（1）制定整改落实方案。整改落实方案以分析检查报告为依据，注重可操作性。对查摆出来的突出问题和需要完善的制度，按轻重缓急和难易程度，分别提出整改落实的目标、方式和时限要求，明确分管领导、分管部门，使整改落实工作有章可循。特别是各单位对已经形成的管理体制机制改革方案要进一步充实完善。整改落实方案制定后，采取适当方式向党员、群众公布，接受监督。广大党员要围绕制定、落实整改落实方案，积极建言献策，努力转变作风、改进工作。

（2）集中解决突出问题。进一步明确推进我院改革发展的工作思路、工作方向和工作方法，切实解决查找出来的、通过努力能够解决的突出问题。解决问题要突出重点，坚持什么问题突出就重点解决什么问题，多做调动群众积极性、促进我院改革发展的实事。全院各单位都要下大力气解决群众反映强烈的问题。对涉及多个部门和单位的问题，积极探索上下互动、左右联动解决问题的有效方式。解决问题要防止形式主义、短期行为和“形象工程”。管理体制机制改革是推进我院事业发展需要解决的重点问题。

（3）完善体制机制。从促进改革发展的需要出发，积极稳妥地推进我院管理体制机制创新和制度建设，努力解决制度缺失和体制机制障碍等突出问题。认真清理现有的规章制度，切实做好废、改、立等工作安排。各单位要从学习实践活动一开始就重视做好创新管理体制机制工作，勇于突破制约我院发展的体制机制束缚，大力推进管理体制机制改革创新。

整个学习实践活动过程中，要把已经展开的管理体制机制改革工作贯穿始终，坚持边学边改、边查边改、边整边改，把“改”字贯穿学习实践活动的全过程。已经推进的改革措施不能停下来，要结合到学习实践活动中去，认真改。看准的、条件成熟的，要立即改。院党组决定把深化我院管理体制机制改革作为这次学习实践活动的实践载体，并把哲学研究所、法学研究所、马克思主义研究院、中国社会科学杂志社、社科文献出版社和研究生院作为管理体制机制改革的重点联系单位。

5．总结和测评环节（2009年2月22日至2月28日）。学习实践活动基本完成时，要做好活动的总结工作，并采取适当方式向党员、群众通报。在此基础上，对学习实践活动进行满意度测评，测评结果要以适当方式向群众公布。主要测评两项内容：一是解决突出问题的满意度，二是对活动开展情况的满意度。合理确定参加测评人员的规模、范围，使之既有一定的代表性，又规模适中，力求测评工作简便易行，测评结果真实可靠。测评结果以适当方式向群众公布。根据测评情况，进一步完善整改措施，确保在学习实践活动中尚未解决的突出问题继续得到有效解决。

（三）加强领导，确保学习实践活动取得实效

院党组和所局领导班子要切实加强对学习实践活动的领导和指导，思想上高度重视、工作上落实责任、组织上提供保障，确保学习实践活动各项要求落到实处。

1．加强领导。根据中央精神，成立我院深入学习实践科学发展观活动领导小组，院党组书记、院长陈奎元同志任组长，院党组副书记、常务副院长王伟光同志，院党组副书记、副院长李慎明同志任副组长，其他院党组成员任领导小组成员。领导小组下设办公室，李慎明同志兼任办公室主任，院党组成员、中纪委驻院纪检组组长李秋芳同志兼任办公室副主任，办公室成员由院职能部门有关负责同志组成，负责学习实践活动的日常工作。成立6个指导检查组，指导和督促检查院属单位的学习实践活动，防止活动走过场、出偏差。各单位要成立相应的组织领导机构，党委书记和主要负责人承担学习实践活动第一责任人的职责，领导班子成员认真履行直接责任人的职责。党员领导干部要发挥表率作用，带头深入学习，带头调查研究，带头解放思想，带头分析检查，带头整改落实。要积极参加领导班子和所在支部的活动，结合各自分工建立联系点。各单位学习实践活动实施方案报院领导小组办公室备案。

2．探索创新。院属各单位要严格按照中央精神和院党组部署，高度重视，精心组织好学习实践活动。在坚持学习实践活动基本要求的前提下，鼓励各单位提出有针对性的具体要求，创新活动的实践载体，从本单位实际出发大胆探索开展活动的具体方式方法。充分发挥党支部的作用，积极探索有效形式，确保广大党员全员全程参加。充分发扬民主，尊重群众首创精神，认真听取群众意见。讲成本、重实效，防止铺张浪费、文山会海，杜绝形式主义。

3．抓好宣传交流。高度重视学习实践活动的宣传工作，充分发挥《中国社会科学院报》、《社科党建》、网站等媒体和《学习实践活动简报》的作用，大力宣传科学发展观的科学内涵、

精神实质和根本要求，宣传开展学习实践活动的重大意义，宣传学习实践科学发展观的先进典型，宣传学习实践活动的部署、要求、做法、经验和成效，做好舆论引导工作。尊重宣传规律，突出政治性、政策性和导向性，掌握节奏，注重效果。各单位要及时向院领导小组办公室报送学习实践活动的进展情况和信息。

4．做到两手抓、两不误、两促进。当前，我院的管理体制机制改革正在全面推开，科研及各项任务相当繁重，全院同志要把学习实践活动当做推动科研及各项工作的重要机遇和强大动力，始终抓住管理体制机制改革不放松，通过学习实践活动，促进管理体制机制改革；通过学习实践活动，促进我院科研方法和学科创新工作；通过学习实践活动，加强我院党的建设，提高干部素质，促进各项工作，用各项工作的实际成果衡量和检验学习实践活动成效。

第二编

组织机构

ZUZHIJIGOU

一　中国社会科学院机构设置

中国社会科学院领导及其分工

（2008.1～2008.12）

院党组书记、副书记、成员

党组书记　陈奎元

党组副书记　王伟光　李慎明

党组成员　陈奎元　王伟光　李慎明　陈佳贵　朱佳木　高全立　武　寅　李秋芳　黄浩涛

院长、副院长

院　长　陈奎元　主持全院工作，主持院党组会议、院务会议，联系当代中国研究所。

副院长　王伟光　全面担负常务副院长职责，主持全院日常工作，协助陈奎元同志处理院党组会议和院务会议工作，主持院长办公会议。分管办公厅。

李慎明　（～2008.12.16）协助陈奎元负责全院党务、思想政治工作、党风廉政建设，主持党组办公会议，联系纪检工作，主持直属机关党委工作，分管工青妇、院党校工作，分管国情调研工作，负责世界社会主义研究中心，联系台湾研究所。（2008.12.16～）协助陈奎元负责全院党务、思想政治工作、党风廉政建设和党建工作，主持党组办公会议，联系纪检工作。分管国情调研工作，负责世界社会主义研究中心，联系台湾研究所。

陈佳贵　主管全院职称评定、机构改革和人才工程建设、外事工作，分管人事教育局（职称评定、专家工作）、国际合作局、计算机网络中心、中国社会科学出版社、社会科学文献出版社，联系研究生院。主持学部工作。

朱佳木　负责当代中国研究所工作，分管中国地方志指导小组办公室。

高全立　（ ～2008.12.16）主管全院人事、行政财务、机关服务、基本建设和扶贫工作，分管人事教育局、财务基建计划局、服务中心、中国人文科学发展公司、中国经济技术研究咨询有限公司，负责邪教问题研究中心。（2008.12.16～ ）协助李慎明负责党建工作，主管全院人事、基本建设和扶贫工作，分管人事教育局、负责邪教问题研究中心。主持直属机关党委工作，分管工青妇、院党校工作。

武　寅　主管科研、老干部、期刊和学会工作，分管科研局／学部工作局、老干部工作局、院图书馆、中国社会科学杂志社。

中央纪委驻院纪检组

纪检组长　李秋芳　协助李慎明负责党建工作，主管全院纪检、监察、审计工作，负责中央纪委驻院纪检组，分管院监察局、院直属机关纪委，联系科学工程审计局。

秘书长

秘书长　黄浩涛　（ ～2008.12.16）协助院长、副院长负责管理机关日常工作，负责院党组会议和院务会议的事务工作，主持院机关办公会，负责全院保卫工作，协助王伟光分管办公厅、院保密委员会、《院报》编委会、院史研究室。（2008.12.16～ ）协助院长、副院长负责管理机关日常工作，负责院党组会议和院务会议的事务工作，主持院机关办公会，负责全院行政财务、机关服务、保卫工作，协助王伟光管办公厅工作，分管院保密委员会、《院报》编委会、院史研究室、财务基建计划局、服务中心、中国人文科学发展公司、中国经济技术研究咨询有限公司。

副秘书长　谭家林　晋保平

特约顾问

刘国光　王忍之　王洛林

备注：院领导分工以“中共中国社会科学院党组会议纪要”2006年第20号（2006年11月30日）文，2008年第1号（2008年1月10日）、2008年第16号（2008年12月16日）文为依据。

中国社会科学院职能部门

办公厅

主　　任　施鹤安
副 主 任　孙海泉　王树民　姜　辉

科研局/学部工作局

局　　长　李汉林
副 局 长　王　正
代理副局长　黄群慧

人事教育局

局　　长　王苏粤
副 局 长　潘晨光　赵岳红

国际合作局

局　　长　杨　扬
副 局 长　张友云　王　镭

财务基建计划局

局　　长　张国宝
副 局 长　何燕生　段小燕

老干部工作局

局　　长　高来发
副 局 长　赵萍芬　孙　瑜

监察局

局　　长　王延中（中央纪委驻中国社会科学院纪检组副组长）
副 局 长　刘克平　孙壮志

直属机关党委

书　　记　李慎明（兼）
常务副书记　张昌东
副 书 记　刘克平（兼）　王苏粤（兼）　张顺洪

直属机关纪委

书　　记　刘克平
副 书 记　吴海星　李世茹

中国社会科学院研究机构

（党委委员按姓氏笔画排列）

文史哲学部

文学研究所

联合党委书记　钟代胜
所　　长　杨　义
副 所 长　钟代胜　党圣元　刘跃进
党委委员　刘跃进　汤晓青　安德明
　　　　　杨　义　钟代胜　党圣元
　　　　　朝戈金

（注：文学研究所、民族文学研究所为联合党委）

民族文学研究所

联合党委书记　钟代胜
所　　长　朝戈金
副 所 长　汤晓青
党委委员　刘跃进　汤晓青　安德明
　　　　　杨　义　钟代胜　党圣元
　　　　　朝戈金

（注：文学研究所、民族文学研究所为联合党委）

外国文学研究所

党委书记　陆建德
所　　长　陈众议
副 所 长　陆建德
党委委员　石南征　吴晓都　陆建德
　　　　　陈众议

语言研究所

党委书记　蔡文兰
所　　长　沈家煊
副 所 长　蔡文兰　曹广顺　刘丹青
党委委员　李爱军　沈家煊　蔡文兰
　　　　　谭景春

考古研究所

党委书记　齐肇业
所　　长　王　巍
副 所 长　齐肇业　白云翔　陈星灿
党委委员　王　巍　白云翔　刘凤瀛
　　　　　齐肇业　李　港　陈星灿

历史研究所（含郭沫若纪念馆）

党委书记　刘荣军
所　　长　（暂缺）
副 所 长　刘荣军　卜宪群　王震中
　　　　　杨　珍
党委委员　齐克琛　刘荣军

近代史研究所

党委书记　步　平

副 书 记　赵葛田
所　　长　步　平
副 所 长　赵葛田　虞和平　王建朗
党委委员　王建朗　步　平　赵葛田
　　　　　徐秀丽　虞和平

世界历史研究所

党委书记　周荣耀
所　　长　吴恩远
副 所 长　周荣耀　赵文洪　任长海
党委委员　周荣耀　孟庆龙　赵文洪
　　　　　姜　南

中国边疆史地研究中心

主　　任　厉　声
副 主 任　李国强

台湾研究所

党委书记　余克礼
副 书 记　祝恒花
所　　长　余克礼
副 所 长　周志怀　朱卫东　张冠华
党委委员　余克礼　张冠华　祝恒花

哲学研究所

党委书记　吴尚民
所　　长　谢地坤
副 所 长　吴尚民　余　涌　孙伟平
党委委员　孙伟平　李存山　吴尚民
　　　　　余　涌　周晓亮　谢地坤

世界宗教研究所

党委书记　曹中建
所　　长　卓新平
副 所 长　曹中建　金　泽
党委委员　卓新平　金　泽　曹中建
　　　　　魏道儒

经 济 学 部

经济研究所

党委书记　吴太昌
所　　长　吴太昌
副 所 长　王振中　朱　玲　张　平
党委委员　王振中　刘兰兮　朱　玲
　　　　　杨元宏　吴太昌

工业经济研究所

党委书记　李　平
所　　长　金　碚
副 所 长　李　平　黄速建　李维民
党委委员　李　平　李海舰　李维民
　　　　　金　碚　黄速建

农村发展研究所

党委书记　杜晓山
所　　长　张晓山
副 所 长　杜晓山　李　周　权兆能
党委委员　权兆能　杜志雄　杜晓山
　　　　　李　周　张晓山

财政与贸易经济研究所

党委书记　高培勇
所　　长　裴长洪
副 所 长　高培勇
党委委员　林　旗　荆林波　高培勇
　　　　　裴长洪

金融研究所

党委书记　王国刚
所　　长　李　扬
副 所 长　王国刚　王松奇
党委委员　王国刚　李　扬　赵培德

数量经济与技术经济研究所

党委书记　何德旭
所　　长　汪同三
副 所 长　何德旭　齐建国　李雪松
党委委员　齐建国　何德旭　汪同三
　　　　　张京利

人口与劳动经济研究所

党委书记　张世生
所　　长　蔡　昉
副 所 长　张世生　张车伟
党委委员　王跃生　张世生　张车伟
　　　　　赵天晓　蔡　昉

城市发展与环境研究中心

主　　任　潘家华
副 主 任　张新平　魏后凯

社会政法学部

法学研究所

联合党委书记　陈　甦
所　　长　李　林
副 所 长　陈　甦　冯　军　穆林霞
党委委员　冯　军　李　林　陈泽宪
　　　　　陈　甦　柳华文　顾卫东
　　　　　穆林霞

（注：法学研究所、国际法研究中心为联合党委）

国际法研究中心

联合党委书记　陈　甦
主　　任　陈泽宪
副 主 任　陈　甦
党委委员　冯　军　李　林　陈泽宪
　　　　　陈　甦　柳华文　顾卫东
　　　　　穆林霞

（注：法学研究所、国际法研究中心为联合党委）

政治学研究所

党委书记　房　宁
所　　长　王一程
副 所 长　房　宁　王　兵
党委委员　王一程　杨海蛟　周少来
　　　　　房　宁

民族学与人类学研究所

党委书记　揣振宇
所　　长　郝时远
副 所 长　揣振宇　黄　行

党委委员　王希恩　扎　洛　刘　泓
陈景源　郝时远　黄　行
揣振宇

社会学研究所

党委书记　汪小熙
所　　长　李培林
副 所 长　汪小熙　陈光金
党委委员　李培林　汪小熙　陆会平
陈光金

新闻与传播研究所

党委书记　庄前生
所　　长　尹韵公
副 所 长　庄前生　唐绪军
党委委员　尹韵公　庄前生　唐绪军

国际研究学部

世界经济与政治研究所

党委书记　王秀奎
所　　长　余永定
副 所 长　王秀奎　王逸舟　李向阳
党委委员　王秀奎　王逸舟　王德迅
李向阳　余永定　鲁　桐

俄罗斯东欧中亚研究所

党委书记　孟庆海
所　　长　邢广程
副 所 长　孟庆海　董晓阳　张建国
党委委员　邢广程　朱晓中　张建国
孟庆海　钱玉柱

欧洲研究所

党委书记　（暂缺）
副 书 记　罗京辉
所　　长　周　弘
副 所 长　罗京辉　江时学
党委委员　罗京辉　周　弘　赵苏苏
程卫东

西亚非洲研究所

党委书记　崔建民
所　　长　杨　光
副 所 长　崔建民　张宏明
党委委员　王京烈　杨　光　张宏明
崔建民　潘　仓

拉丁美洲研究所

党委书记　郑秉文
所　　长　郑秉文
副 所 长　宋晓平　吴白乙
党委委员　孙文军　宋晓平　郑秉文
袁东振

亚洲太平洋研究所

党委书记　张宇燕
副 书 记　韩　锋
所　　长　张宇燕
副 所 长　孙士海　韩　锋
党委委员　朴键一　孙士海　李　文
张宇燕　韩　锋

美国研究所

党委书记　顾国良
所　　长　黄　平
副 所 长　顾国良　胡国成
党委委员　胡国成　钟湘农　顾国良
　　　　　姬　虹　黄　平

日本研究所

党委书记　孙　新
所　　长　李　薇
副 所 长　孙　新　金熙德　张进山
党委委员　孙　新　张进山　张淑英
　　　　　金熙德　蒋立峰　韩铁英

马克思主义研究学部

马克思主义研究院

代理党委书记　侯惠勤
院　　长　程恩富
副 院 长　侯惠勤　张祖英
党委委员　张祖英　侯惠勤　程恩富
（注：马克思主义研究院为临时党委）

中国社会科学院直属单位

中国社会科学院研究生院

党委书记　黄晓勇
院　　长　刘迎秋
副 院 长　黄晓勇　李进峰　葛幼力
　　　　　文学国　赵　睿
党委委员　文学国　刘迎秋　李进峰
　　　　　黄晓勇

中国社会科学院图书馆（文献信息中心）

党委书记　赵燕平
主　　任　杨沛超
副 主 任　赵燕平　蒋　颖　张树华
党委委员　刘振喜　杨沛超　赵燕平
　　　　　姜晓辉　蒋春青

中国社会科学出版社

社　　长　孟昭宇
副 社 长　张志刚
总 编 辑　赵剑英
副总编辑　曹宏举

中国社会科学杂志社

总 编 辑　高　翔
副总编辑　周溯源　王利民

社会科学文献出版社

社　　长　谢寿光
副 社 长　胡鹏光
总 编 辑　邹东涛

计算机网络中心

主　　任　张新鹰
副 主 任　匡卫群　周世禄

服务中心

主　　任　王俊军
副 主 任　赵亚南　刘福庆　冯　林

人才交流培训中心

主　　任　何清平
副 主 任　汝晓丁　钱　伟

中国社会科学院直属公司

中国人文科学发展公司

总 经 理　冯俊森

中国经济技术研究咨询有限公司

总 经 理　崔民选
副总经理　何敬中

中国社会科学院代管单位

当代中国研究所

党组书记　朱佳木
机关党委书记　米　山
所　　长　朱佳木（兼）
副 所 长　张星星　米　山　武　力
秘 书 长　赵明新

中国地方志指导小组办公室

主　　任　田　嘉
副 主 任　李富强

二　中国社会科学院学部

（主席团成员按姓氏笔画排列）

主 席 团

代主席　陈佳贵
成　员　王家福　刘国光　汝　信
　　　　江蓝生　李京文　陈佳贵
　　　　张蕴岭　林甘泉　郝时远
　　　　程恩富
秘书长　何秉孟

文史哲学部

主　任　江蓝生
副主任　张海鹏　李景源

经济学部

主　任　陈佳贵
副主任　刘树成

社会政法学部

主　任　郝时远
副主任　景天魁

国际研究学部

主　任　张蕴岭
副主任　周　弘

马克思主义研究学部

主　任　程恩富

三　中国社会科学院高级专业技术资格评审委员会(第七届)

（高级专业技术资格评审委员会成员按姓氏笔画排列）

研究系列正高级专业技术资格评审委员会

文史哲学部（文学）研究系列正高级评审委员会

主　任　江蓝生

委　员　文日焕　尹虎彬　石南征　江蓝生　刘丹青
杨　义　陈众议　陈敏华　陆建德　沈家煊
麦　耘　党圣元　高建平　曹广顺　朝戈金
蒋　寅　解志熙

文史哲学部（史学）研究系列正高级评审委员会

主　任　张海鹏

委　员　卜宪群　于　沛　王　巍　王建朗　王震中
厉　声　白云翔　刘庆柱　吴恩远　宋镇豪
李国强　步　平　汪朝光　陈争平　陈星灿
陈祖武　张海鹏　周荣耀　赵文洪　黄朴民

文史哲学部（哲学）研究系列正高级评审委员会

主　任　李景源

委　员　王　卡　刘　霓　何培忠　余　涌　李存山
李景源　张志刚　卓新平　金　泽　胡新和
谢地坤　魏道儒

经济学部研究系列正高级评审委员会

主　　任　陈佳贵

委　　员　王国刚　王振中　刘世锦　刘树成　吕　政
朱　玲　何德旭　吴太昌　张车伟　张晓山
李　平　李　扬　李　周　李晓西　陈佳贵
杜晓山　汪同三　金　碚　高培勇　黄速建
蔡　昉　裴长洪　潘家华

社会政法学部研究系列正高级评审委员会

主　　任　郝时远

委　　员　尹韵公　王一程　王延中　王浦劬　冯　军
孙宪忠　何星亮　折晓叶　李　林　李汉林
李培林　杨圣敏　杨宜音　陈　甦　陈泽宪
房　宁　郝时远　唐绪军　聂鸿音　黄　行
景天魁

国际研究学部研究系列正高级评审委员会

主　　任　张蕴岭

委　　员　丁一凡　王逸舟　孙　杰　孙士海　江时学
邢广程　余永定　宋晓平　张宇燕　张宏明
张蕴岭　李　薇　李向阳　杨　光　周　弘
季志业　郑　羽　郑秉文　胡国成　顾国良
黄　平　董礼胜　蒋立峰

马克思主义研究学部研究系列正高级评审委员会

主　　任　程恩富

委　　员　刘迎秋　何秉孟　张树华　张顺洪　李崇富

侯惠勤　姜　辉　赵智奎　夏伟东　夏春涛
程恩富　董正平

出版（编辑）系列正高级专业技术资格评审委员会

主　　任　陈佳贵
委　　员　马晓光　王　诚　刘世哲　刘跃进　孙海泉
　　　　　汤晓青　余中先　陈佳贵　张广兴　李　文
　　　　　李富强　柯锦华　赵剑英　徐秀丽　高　翔
　　　　　常　玢　曹宏举　黄晓勇　彭　卫　谢寿光
　　　　　韩铁英

翻译系列正高级专业技术资格评审委员会

主　　任　黄长著
委　　员　马胜利　冯晓明　吴国平　李永平　顾曰国
　　　　　高　洪　黄　列　黄友义　黄长著

图书资料系列副高级专业技术资格评审委员会

主　　任　武　寅
委　　员　王余光　王砚峰　刘金利　刘振喜　孙　坦
　　　　　成　红　杨沛超　陈　力　陈欣新　孟庆龙
　　　　　武　寅　赵嘉朱　梁俊兰　蒋　颖　蔡曙光

四　中国社会科学院院属各单位学术委员会及专业技术资格评审委员会

文史哲学部

文学研究所

（一）学术委员会

主　　任　杨　义
副 主 任　赵　园　蒋　寅
委　　员　杨　义　赵　园　蒋　寅
　　　　　刘跃进　黎湘萍　高建平
　　　　　吕　微　刘扬忠　胡　明
　　　　　党圣元　叶舒宪　石昌渝
　　　　　张中良　包明德　杨匡汉

（二）专业技术资格评审委员会

主　　任　杨　义
副 主 任　党圣元　蒋　寅
委　　员　杨　义　包明德　党圣元
　　　　　刘跃进　叶舒宪　蒋　寅
　　　　　吕　微　张中良　胡　明
　　　　　高建平　黎湘萍　周启超
　　　　　巴莫曲布嫫

民族文学研究所

（一）学术委员会

主　　任　杨　义
副 主 任　朝戈金
委　　员　杨　义　朝戈金　郎　樱
　　　　　扎拉嘎　尹虎彬　杨恩洪
　　　　　汤晓青　刘亚虎　巴莫曲布嫫

（二）专业技术资格评审委员会

主　　任　杨　义
副 主 任　朝戈金
委　　员　杨　义　朝戈金　斯钦孟和
　　　　　丹　曲　尹虎彬　汤晓青
　　　　　刘亚虎　吕　微　文日焕

外国文学研究所

（一）学术委员会

主　　任　黄宝生
副 主 任　陈众议
委　　员　黄宝生　陈众议　陆建德
　　　　　郭宏安　黄　梅　石南征
　　　　　吴岳添　陈中梅　盛　宁
　　　　　刘文飞　周启超　余中先
　　　　　钱满素

（二）专业技术资格评审委员会

主　　任　陈众议
副 主 任　陆建德
委　　员　陈众议　陆建德　石南征
　　　　　黄　梅　陈中梅　周启超
　　　　　史忠义　李永平　程　巍
　　　　　申　丹　查晓燕

语言研究所

（一）学术委员会

主　　任　沈家煊
副 主 任　董　琨
委　　员　江蓝生　沈家煊　董　琨
　　　　　曹广顺　刘丹青　张振兴
　　　　　张国宪　顾曰国　傅爱平
　　　　　麦　耘　张伯江　谭景春
　　　　　李爱军

（二）专业技术资格评审委员会

主　　任　沈家煊
副 主 任　董　琨
委　　员　江蓝生　沈家煊　董　琨
　　　　　曹广顺　刘丹青　张国宪
　　　　　麦　耘　顾曰国　傅爱平
　　　　　谭景春　李爱军　袁毓林
　　　　　殷国光

考古研究所

（一）学术委员会

主　　任　刘庆柱
副 主 任　王　巍
委　　员　刘庆柱　任式楠　王　巍
　　　　　张显清　陈星灿　吴耀利
　　　　　安家瑶　袁　靖　李健民
　　　　　白云翔　乌　恩　殷玮璋
　　　　　孟凡人　李伯谦　朱凤瀚

（二）专业技术资格评审委员会

主　　任　刘庆柱
副 主 任　王　巍
委　　员　王　巍　白云翔　陈星灿
　　　　　刘庆柱　傅宪国　许　宏
　　　　　朱岩石　杜金鹏　王仁湘
　　　　　袁　靖　施劲松　赵　辉
　　　　　王震中

历史研究所

（一）学术委员会

主　　任　陈祖武
副 主 任　宋镇豪
委　　员　陈祖武　陈高华　卢钟锋
　　　　　万　明　王震中　王育成
　　　　　宋镇豪　余太山　杨　珍
　　　　　吴玉贵　卜宪群　商　传
　　　　　高　翔　彭　卫　黄正建

（二）专业技术资格评审委员会

主　　任　陈祖武
副 主 任　宋镇豪
委　　员　陈祖武　万　明　王震中
　　　　　王育成　李锦绣　宋镇豪
　　　　　杨　珍　吴玉贵　卜宪群

高　翔　彭　卫　黄正建
黄朴民　梁满仓　张海燕

近代史研究所

（一）学术委员会

主　　任　步　平
委　　员　步　平　王建朗　王晓秋
刘小萌　张海鹏　李长莉
杨天石　汪朝光　郑师渠
姜　涛　闻黎明　耿云志
陶文钊　曾业英　虞和平

（二）专业技术资格评审委员会

主　　任　步　平
委　　员　王奇生　王建朗　左玉河
李长莉　汪朝光　郑大华
陈争平　闻黎明　徐秀丽
崔志海　陶文钊　虞和平
步　平

世界历史研究所

（一）学术委员会

主　　任　于　沛
副 主 任　何芳川　赵文洪
委　　员　吴恩远　于　沛　何芳川
赵文洪　周荣耀　李春放
廖学盛　冯秀苐　刘　军
俞金尧　黄立　　张　丽
郭　方　徐建新　吴必康
张宏毅

（二）专业技术资格评审委员会

主　　任　吴恩远
委　　员　吴恩远　于　沛　武　寅
周荣耀　赵文洪　徐建新
姜　芃　吴必康　张顺洪
黄立苐　李春放　毕健康
俞金尧

中国边疆史地研究中心

（一）学术委员会

主　　任　厉　声
委　　员　厉　声　李国强　马大正
李　方　李大龙　步　平
成崇德

（二）专业技术资格评审委员会

主　　任　厉　声
委　　员　厉　声　李国强　李大龙
李　方　于逢春　步　平
成崇德　杨圣敏　刘正寅

台湾研究所

（一）学术委员会

主　　任　余克礼
委　　员　余克礼　朱卫东　张冠华

（二）专业技术资格评审委员会

主　　任　余克礼
委　　员　余克礼　朱卫东　张冠华
祝恒花

哲学研究所

(一) 学术委员会

主　　任　李景源
副 主 任　谢地坤
委　　员　余　涌　孙伟平　魏晓萍
　　　　　李存山　江　怡　周晓亮
　　　　　朱葆伟　王生平　李鹏程
　　　　　李甦平　邹崇理　赵汀阳
　　　　　章建刚　李景源　谢地坤

(二) 专业技术资格评审委员会

主　　任　李景源
副 主 任　余　涌
委　　员　谢地坤　孙伟平　李存山
　　　　　胡新和　江　怡　周晓亮
　　　　　朱葆伟　王柯平　孙　晶
　　　　　邹崇理　丰子仪　章建刚
　　　　　李景源　余　涌

世界宗教研究所

(一) 学术委员会

主　　任　卓新平
副 主 任　张新鹰　金　泽
委　　员　卓新平　张新鹰　金　泽
　　　　　马西沙　王　卡　王志远
　　　　　卢国龙　吴云贵　邱永辉
　　　　　周燮藩　黄夏年　魏道儒

(二) 专业技术职务评审委员会

主　　任　卓新平
委　　员　卓新平　金　泽　魏道儒
　　　　　卢国龙　何劲松　王　卡
　　　　　邱永辉　赵敦华　张晓东

经 济 学 部

经济研究所

(一) 学术委员会

主　　任　刘树成
副 主 任　朱　玲
委　　员　刘树成　吴太昌　王振中
　　　　　朱　玲　董志凯　李　实
　　　　　韩朝华　袁纲明　胡家勇
　　　　　张　平　杨春学　刘兰兮
　　　　　郑红亮　王　诚　武　力

(二) 专业技术资格评审委员会

主　　任　刘树成
副 主 任　吴太昌　朱　玲
委　　员　刘树成　朱　玲　吴太昌
　　　　　王振中　杨春学　韩朝华
　　　　　王　诚　武　力　胡家勇
　　　　　刘兰兮　张　平　刘　伟
　　　　　高德步

工业经济研究所

（一）学术委员会

主　　任　金　碚

副 主 任　李　平

委　　员　金　碚　吕　政　李　平　黄速建　李海舰　沈志渔　杜莹芬　吕　铁　史　丹　张其仔　罗仲伟

（二）专业技术资格评审委员会

主　　任　金　碚

副 主 任　李　平

委　　员　金　碚　吕　政　李　平　黄速建　李海舰　杜莹芬　沈志渔　史　丹　吕　铁　陈佳贵　郑新立　刘世锦　黄群慧

农村发展研究所

（一）学术委员会

主　　任　张晓山

副 主 任　李　周

委　　员　刘玉满　刘建进　朱　钢　李　周　李成贵　杜晓山　杜志雄　吴国宝　张　军　张元红　张晓山　陈劲松　苑　鹏　胡必亮　党国英

（二）专业技术资格评审委员会

主　　任　张晓山

委　　员　张晓山　杜晓山　李　周　党国英　朱　钢　胡必亮　李成贵　苑　鹏　杜志雄　吴国宝　张元红　宋洪远　王秀清

财政与贸易经济研究所

（一）学术委员会

主　　任　裴长洪

副 主 任　何德旭

委　　员　高培勇　荆林波　宋　则　张广瑞　温桂芳　王诚庆　冯　雷　杨之刚　夏杰长　裴长洪　何德旭

（二）专业技术资格评审委员会

主　　任　裴长洪

副 主 任　何德旭

委　　员　高培勇　荆林波　宋　则　王诚庆　冯　雷　夏杰长　杨之刚　贾　康　江小涓　裴长洪　何德旭

金融研究所

（一）学术委员会

主　　任　王松奇

副 主 任　李　扬　王国刚

委　　员　王松奇　李　扬　王国刚　王延中　何德旭　易宪容　王　力

（二）专业技术资格评审委员会

主　　任　李　扬
委　　员　李　扬　王国刚　王松奇
　　　　　周茂清　郭金龙　黄群慧
　　　　　高培勇　李　建　瞿　强

数量经济与技术经济研究所

（一）学术委员会

主　　任　汪同三
副 主 任　郑玉歆　沈利生
委　　员　汪同三　郑玉歆　齐建国
　　　　　李　平　李　军　沈利生
　　　　　张　晓　杨敏英　郭树生
　　　　　赵京兴　汪向东　张昕竹
　　　　　李金华

（二）专业技术资格评审委员会

主　　任　何德旭
委　　员　汪同三　齐建国　何德旭
　　　　　李　军　李雪松　张　晓
　　　　　杨敏英　赵京兴　张昕竹
　　　　　李金华　吕　薇　张晓峒

人口与劳动经济研究所

（一）学术委员会

主　　任　蔡　昉
副 主 任　张车伟
委　　员　蔡　昉　张车伟　田雪原
　　　　　王跃生　郑真真　张　翼
　　　　　都　阳　王德文　张展新

（二）专业技术资格评审委员会

主　　任　蔡　昉
副 主 任　张车伟
委　　员　蔡　昉　张车伟　郑真真
　　　　　王跃生　张　翼　李建民
　　　　　都　阳　潘家华　李雪松
　　　　　赖德胜　段成荣

城市发展与环境研究中心

（一）学术委员会

主　　任　潘家华
副 主 任　魏后凯
委　　员　潘家华　魏后凯　宋迎昌
　　　　　李景国　刘治彦　李红玉
　　　　　李国庆　李　周　王国刚
　　　　　张车伟

（二）专业技术资格评审委员会

主　　任　潘家华
副 主 任　魏后凯
委　　员　潘家华　魏后凯　宋迎昌
　　　　　李景国　梁本凡　蒋建业
　　　　　刘志彦　黄　平　李　周
　　　　　张车伟　李　平

社会政法学部

法学研究所、国际法研究中心

（一）学术委员会

主　　任　李　林

委　　员　陈　甦　陈泽宪　冯　军
　　　　　黄东黎　李　林　李明德
　　　　　梁慧星　刘作翔　莫纪宏
　　　　　屈学武　沈　涓　孙宪忠
　　　　　王敏远　王晓晔　熊秋红
　　　　　徐立志　张广兴　周汉华
　　　　　邹海林

（二）专业技术资格评审委员会

主　　任　陈　甦

委　　员　陈　甦　陈泽宪　冯　军
　　　　　李　林　李明德　刘作翔
　　　　　沈　涓　徐立志　屈学武
　　　　　孙宪忠　王敏远　王晓晔
　　　　　王振民　叶　林　周汉华
　　　　　朱晓青　邹海林

政治学研究所

（一）学术委员会

主　　任　王一程

副 主 任　房　宁

委　　员　王一程　房　宁　杨海蛟
　　　　　史卫民　张树华　张明澍
　　　　　陈红太　李良栋

（二）专业技术资格评审委员会

主　　任　王一程

副 主 任　房　宁

委　　员　王一程　房　宁　杨海蛟
　　　　　史卫民　赵秀玲　张树华
　　　　　董礼胜　王浦劬　陈红太
　　　　　蒋劲松　韩冬雪

民族学与人类学研究所

（一）学术委员会

主　　任　郝时远

副 主 任　黄　行　揣振宇

委　　员　郝时远　黄　行　揣振宇
　　　　　何星亮　王希恩　聂鸿音
　　　　　罗贤佑　朱　伦　龙远蔚
　　　　　吴安琪　周庆生　刘正寅
　　　　　朝　克　色　音　邸永君

（二）专业技术资格评审委员会

主　　任　郝时远

副 主 任　黄　行

委　　员　郝时远　黄　行　何星亮
　　　　　王希恩　色　音　聂鸿音
　　　　　朱　伦　杨圣敏　揣振宇
　　　　　江　荻　徐世璇　方素梅
　　　　　孙伯君

社会学研究所

（一）学术委员会

主　　任　李培林

副 主 任　景天魁　李汉林

委　　员　李培林　景天魁　李汉林
　　　　　陈光金　陈婴婴　李银河

罗红光　渠敬东　王晓毅
王延中　杨　团　杨宜音
折晓叶

(二) 专业技术资格评审委员会

主　　任　李培林
副 主 任　陈光金
委　　员　李培林　陈光金　陈婴婴
李汉林　李银河　罗红光
渠敬东　王春光　王延中
杨宜音　折晓叶

新闻与传播研究所

(一)学术委员会

主　　任　尹韵公
副 主 任　唐绪军
委　　员　尹韵公　庄前生　唐绪军
卜　卫　宋小卫　时统宇
王怡红

(二)专业技术资格评审委员会

主　　任　尹韵公
副 主 任　唐绪军
委　　员　尹韵公　唐绪军　宋小卫
卜　卫　时统宇　钱莲生
雷跃捷　郑保卫　崔保国

国际研究学部

世界经济与政治研究所

(一) 学术委员会

主　　任　余永定
副 主 任　李向阳　李少军
委　　员　余永定　李向阳　李少军
王逸舟　何　帆　何新华
宋　泓　张宇燕　杜厚文
沈骥如　贺力平　高海红
鲁　桐　路爱国　孙　杰

(二) 专业技术资格评审委员会

主　　任　余永定
副 主 任　王逸舟
委　　员　余永定　王逸舟　李向阳
李少军　孙　杰　鲁　桐
高海红　邵　峰　张宇燕
牛　军　宋　泓　何新华
卢　峰

俄罗斯东欧中亚研究所

(一) 学术委员会

主　　任　邢广程
副 主 任　朱晓中　赵常庆
委　　员　邢广程　朱晓中　赵常庆
李静杰　马维先　董晓阳
许　新　李建民　郑　羽
潘德礼　冯育民　何　卫

(二) 专业技术资格评审委员会

主　　任　邢广程

委　　员　李静杰　郑　羽　李建民
董晓阳　张盛发　朱晓中
孙壮志　潘德礼　季志业
常　玢　陈新民　吴恩远
孔田平　邢广程

欧洲研究所

（一）学术委员会

主　　任　周　弘
委　　员　吴白乙　裘元伦　王　鹤
马胜利　吴　弦　沈雁南
罗红波　董礼胜　程卫东
田德文　周　弘

（二）专业技术资格评审委员会

主　　任　周　弘
委　　员　吴白乙　裘元伦　王　鹤
刘立群　罗红波　丁一凡
冯仲平　朱立群　周　弘

西亚非洲研究所

（一）学术委员会

主　　任　杨　光
副 主 任　张宏明
委　　员　杨　光　张宏明　杨立华
王京烈　张晓东　李智彪
贺文萍　刘月琴　殷　罡
姚桂梅　陈　沫

（二）专业技术资格评审委员会

主　　任　杨　光
副 主 任　张宏明
委　　员　杨　光　刘月琴　张宏明
王京烈　张晓东　李智彪
贺文萍　王逸舟　李绍先

拉丁美洲研究所

（一）学术委员会

主　　任　江时学
副 主 任　徐世澄
委　　员　江时学　徐世澄　苏振兴
郑秉文　宋晓平　刘承军
吴国平　刘纪新　贺双荣
袁东振　蔡同昌

（二）专业技术资格评审委员会

主　　任　郑秉文
副 主 任　江时学
委　　员　郑秉文　江时学　宋晓平
吴国平　刘纪新　刘承军
周穗明　吴洪英　孙　杰

亚洲太平洋研究所

（一）学术委员会

主　　任　张蕴岭
委　　员　张蕴岭　王玉主　刘　建
朴键一　孙士海　张宇燕
李　文　李　南　赵江林
柴　瑜　韩　锋　马军伟（秘书）

（二）专业技术资格评审委员会

主　　任　张宇燕

委　　员　张宇燕　张蕴岭　孙士海
　　　　　韩　锋　朴键一　李　文
　　　　　周小兵　刘　建　柴　瑜
　　　　　李向阳　阎学通

美国研究所

（一）学术委员会

主　　任　黄　平
副 主 任　胡国成
委　　员　黄　平　顾国良　胡国成
　　　　　姬　虹　李晓岗　倪　峰
　　　　　陶文钊　王孜弘　赵　梅
　　　　　黄卫平　金灿荣

（二）专业技术资格评审委员会

主　　任　黄　平
副 主 任　胡国成
委　　员　黄　平　顾国良　胡国成
　　　　　倪　峰　赵　梅　周　琪
　　　　　潘小松　王孜弘　牛　军
　　　　　金灿荣　傅梦孜

日本研究所

（一）学术委员会

主　　任　蒋立峰
委　　员　蒋立峰　孙　新　张进山
　　　　　高增杰　张淑英　高　洪
　　　　　王　伟　金熙德　韩铁英
　　　　　汤重南　江瑞平

（二）专业技术资格评审委员会

主　　任　蒋立峰　李　薇
委　　员　蒋立峰　李　薇　刘世龙
　　　　　韩铁英　金熙德　张淑英
　　　　　高　洪　赵晋平　尚会鹏
　　　　　崔世广

马克思主义研究学部

马克思主义研究院

（一）学术委员会

主　　任　程恩富
委　　员　程恩富　吴恩远　侯惠勤
　　　　　李崇富　胡乐明　赵智奎
　　　　　何秉孟　夏春涛　张祖英

（二）专业技术资格评审委员会

主　　任　程恩富
委　　员　吴恩远　侯惠勤　张祖英
　　　　　夏春涛　胡乐明　赵智奎
　　　　　董正平　夏伟东　高　翔
　　　　　张顺洪　程恩富

中国社会科学院直属单位

中国社会科学院图书馆

(一) 学术委员会

主　　任　黄长著

副 主 任　杨沛超

委　　员　黄长著　杨沛超　张树华
黄育馥　邵小鸥　何培忠
胡广翔　郑海燕　李惠国
刘　霓　萧俊明　姜晓辉
蒋　颖　刘振喜

(二) 专业技术资格评审委员会

主　　任　李惠国

副 主 任　杨沛超

委　　员　李惠国　杨沛超　黄长著
张树华　何培忠　萧俊明
刘　霓　姜晓辉　杨雁斌
赵嘉朱　梁俊兰　王立强
张友云

中国社会科学出版社

专业技术资格评审委员会

主　　任　赵剑英

成　　员　赵剑英　何秉孟　曹宏举
马晓光　王　浩　冯广裕
郭沂纹　冯春凤　冯　斌
任　明　黄燕生　陈　彪
吴安琪

中国社会科学杂志社

学术委员会

主　　任　高　翔

委　　员　高　翔　何秉孟　赵剑英
吴玉章　柯锦华　姚玉民
王兆胜

中国社会科学院代管单位

当代中国研究所

(一) 学术委员会

主　　任　朱佳木

副 主 任　张星星

委　　员　武　力　李正华　陈东林
刘国新　丁　明　罗燕明
杜　蒲　李　文　李　格
朱佳木　张星星

顾　　问　田居俭　程中原

(二) 专业技术资格评审委员会

主　　任　朱佳木

副 主 任　张星星

委　　员　张启华　逄先知　有　林
李　捷　梁　柱　柳建辉
宫　力　董志凯　房　宁
于　沛　杨凤城　李路路
齐德学　武　力　程中原
田居俭　李正华　陈东林
刘国新　丁　明　罗燕明
李　格　李　文　朱佳木
张星星

第 三 编

工作概况和学术活动

GONGZUOGAIKUANG
HEXUESHUHUODONG

一　中国社会科学院2008年度科研工作报告

2008年，中国社会科学院高举中国特色社会主义伟大旗帜，深入贯彻落实科学发展观，认真学习贯彻党的十七大和十七届三中全会精神，扎实开展学习实践科学发展观活动，根据社会主义现代化建设和中国社会科学院创新体系建设的需要，全面实施“科研强院”和“人才强院”战略，大力推进科研管理体制、机制改革，强化多出优秀人才、多出学术精品的竞争激励机制，各项科研工作取得显著成绩。

（一）科研管理体制改革

研究、制定并启动中国社会科学院科研管理体制改革方案，是2008年度科研管理工作的重中之重。根据院党组关于深化改革、以科研工作为中心、实施“科研强院”与“人才强院”战略的指示精神，在全面总结中国社会科学院科研组织和管理经验的基础上，认真分析科研管理工作中存在的突出问题，就全院科研管理体制和机制创新问题进行了深入研究，形成了以近两年改革工作为重点、直至未来五年全院科研管理体制改革的基本构想。2008年下半年至2009年深化科研管理体制改革的基本任务是：以科研资助方式和学科建设机制创新为重点，完善科研资助体系，优化科研资源配置，强化竞争激励机制，充分调动科研人员和研究所两方面的积极性，努力形成有利于出精品成果、出拔尖人才的科研发展环境。内容涉及完善院级课题管理制度、改革后期资助方式、创新学科建设新机制、扶持创建一批“学术名刊”、健全科研成果新闻发布制度、协助学部发挥好科研组织协调作用、创新科研队伍建设制度、推进科研管理制度化建设等方面。

2008年下半年，全院启动了一系列科研管理体制改革举措：（1）启动特殊学科建设计划，按照分类指导、分级管理、重点支持、院所共同负责的原则，以科研队伍建设与经费资助为扶持重点开展特殊学科建设，首批启动11个“绝学”学科的建设工作；（2）筹备成立“中国社会科学院重大问题综合研究中心”，加强对重大理论和现实问题研究的组织与协调，搭建发挥中国社会科学院思想库和智囊团作用的研究平台；（3）实施“学术名刊建设”，按照普遍资助与重点扶持相结合的原则，对全院67种学术期刊分别实行重点资助和一般资助，通过实行目标管理责任制，加大资助力度，改善办刊条件，进一步提高刊物的学术水平和编印质量，以保持中国社会科学院学术期刊的整体优势；(4) 修订颁布《中国社会科学院交办委托课题管理办法》，加强对重大交办委托课题研究的资助力度，以适应重大决策咨询和应急突发问题研究的需要；(5) 实施课题后期资助办法，适当压缩院重大、重点课题的立项数量和资助强度，加强对课题成果的后期资助，鼓励科研人员潜心学术研究，多出学术精品；(6) 采取措施压缩院属各单位的留存科研经费，将院重大、重点课题以及国情调研项目立项工作完成时间提前到当年年底，同时改进课题经费管理方式，至2008年11月15日，全院课题积压经费压缩到原来的35%；(7) 研究制定《中国社会科学院院长学术基金管理办法》，支持学部组织跨学科、跨研究所的事关经济社会发展和国家安全的重大宏观性、战略性、前瞻性研究项目以及重大基础研究项目，有效发挥中国社会科学院学术团队的整体优势。

根据院反腐倡廉建设任务分解的要求，科研局专门组建“学风建设”调研起草小组，研究提出了《中国社会科学院关于处理学术不端行为实施办法》。

（二）主要科研成果

2008年，全院科研人员认真学习实践科学发展观，围绕中心，服务大局，以党和国家关注的我国经济社会发展中的重大理论和现实问题为主攻方向，坚持马克思主义的指导地位，坚持基础理论研究和应用对策研究并重的方针，推出了一批具有学术价值和社会影响的重要研究成果。全年共完成学术著作379种、学术论文5473篇、研究报告1547篇、学术资料134种、古籍整理53种。此外，还完成译著、学术普及读物、工具书、软件、论文集、教材、影视作品等大量研究成果，为构建哲学社会科学创新体系，实现中央对中国社会科学院的“三个定位”要求作出积极贡献。

1．研究阐述科学发展观，推进中国特色社会主义理论体系的完善。科学发展观是马克思主义关于发展的世界观和方法论的集中体现，是马克思主义创新发展的最新理论成果，是我国经济社会发展的重要指导方针，是发展中国特色社会主义必须坚持和贯彻的重大战略思想。全院学者深入研究和阐述科学发展观理论，推出一批重要研究成果，为推进中国特色社会主义理论体系的建设发挥积极作用。这方面的论文有《全面贯彻落实科学发展观，大力推进中国特色社会主义伟大事业》、《深入学习实践科学发展观　推进哲学社会科学繁荣发展》、《中国特色社会主义的基本特征和内涵》等；著作有《建设中国特色社会主义史纲（1978～2008）》、《中国特色社会主义理论体系新论》、《科学发展观的基本问题研究》、《科学发展观与和谐社会建设》、《历史唯物主义与马克思主义中国化》、《中国二线城市科学发展研究》等。

2．总结改革开放30年的历史经验，为深化改革提供智力支持。2008年是中国改革开放30周年，30年来，中国的经济社会发展取得了伟大成就。系统研究总结改革开放30年来的成功经验和教训，为实现全面建设小康社会的目标提供理论支持，是全院2008年的研究重点，在这方面取得了丰硕成果，主要成果有《马克思主义中国化理论创新30年》、《改革开放30年思想史》

(上、下卷)、《中国经济改革开放30年研究丛书》(共9册)、《中国法治30年(1978～2008)》、《中国民族学30年(1978～2008)》等著作和一系列学术论文。

3．吸收中外优秀文明成果，构建社会主义核心价值体系。中华文明源远流长，是中华民族智慧和劳动的结晶，在世界文明发展历史中占有重要地位。全院学者以继承和发扬中华文明为己任，辛勤耕耘，认真研究相关学科的重大前沿问题，努力推动社会主义核心价值体系建设。历史表明，任何文明如果故步自封终将失去活力，只有不断吸收世界文明的精华，才能不断进步。全院学者深入研究中西文化，努力推动社会主义核心价值体系建设，取得的主要成果有《中国话剧百年图文志》、《中国西部的文化多样性与族群认同：沿丝绸之路的少数民族口头传统现状报告》、《近代中国文化转型研究》(9卷本)、《殷墟甲骨文人名与断代的初步研究》、《视觉美学史——从前现代、现代到后现代》、《从胡塞尔到德里达》、《康德的信仰——康德的自由、自然和上帝理念批判》等专著和调研报告。此外，还发表了一批优秀的学术论文。

4．深入研究经济发展中的重大问题，为宏观决策提供支持。2008年，面对纷繁复杂的国际、国内经济形势，全院学者紧密关注国内外经济动态，围绕宏观经济、产业经济、金融、财政、环境等经济发展中的重大问题，积极开展前瞻性、针对性的理论和对策研究，完成一批具有学术价值和社会价值的研究成果，为党和国家的宏观决策建言献策。这方面的主要成果有《经济过热的判断标准及防止我国经济增长从偏快转为过热的对策研究》、《关于我国医疗体制改革若干问题研究》、《中国经济形势季度分析》等论文和研究报告，以及《中国经济形势分析与预测2008》、《WTO框架下中国工业竞争力研究》、《中国的工业化与城市化》、《中国农村经济形势分析与预测(2007～2008)》、《中国经济增长与经济周期》、《中国宏观经济管理体制与调控政策》等著作。

5．研究社会法制建设与发展问题，推动和谐社会建设。全院充分发挥综合学术优势，组织整合相关科研力量，围绕社会法制建设与发展中的综合性重大问题，针对南方雨雪冰冻灾害、汶川大地震、奥运会、涉藏问题等重大事件，进行深入调查研究，推出了一批具有重要影响的科研成果。这些成果主要有《法学学科新发展丛书》、《中国法治发展报告No.6》、《草根经济与民主政治》、《中国基层民主政治建设发展报告》、《社会学与中国社会》、《民族研究文汇》、《传媒全球化与中国崛起》等著作及其他成果。

6．加强国际问题研究，为党和国家对外战略决策服务。当今世界全球化程度不断加深，各国各地区之间的联系日益紧密，以开放的视角思考国内和国际问题成为必然。2008年，随着国际金融危机的发展，国际经济和政治形势发生了重大变化，建立国际间的协调和合作机制、构建国际新秩序成为世界范围的重要议题。全院学者围绕国际经济、政治的重大现实问题和学科发展中的重大理论问题开展研究，完成了一批具有重要理论和现实意义的研究成果，积极发挥思想库和智囊团的作用，为党和国家提供决策参考。这方面的主要成果有《全球政治与安全报告(2008)》、《世界经济前沿问题》、《2008年世界经济形势分析与预测》、《国际政治理论与战略前沿问题》、《2007～2008年欧洲发展报告：欧洲联盟50年》、《俄美新较量：俄罗斯与格鲁吉亚的冲突》、《中国与周边国家：构建新型伙伴关系》等著作及其他成果。

（三）课题立项情况

组织研究我国经济社会发展中的重大理论与现实问题和学科基础理论问题，是实现中央对中国社会科学院“三个定位”要求的基础和依托。2008年，全院继续落实院“十一五”科研规划课题选题，同时把深入研究十七大提出的重大理论和现实问题、十七大提出的新思想新观点新论断、对学科发展具有重大推动作用的基础理论问题作为2008年度立项的重点，并要求课题立项体现出基础理论研究与应用对策研究并重的原则。2008年，全院共立项院级课题132项，其中，院重大课题30项、院重点课题98项、后期资助项目4项。

2008年度国情调研立项工作中，加强了院对国情调研项目的宏观指导，进一步推动国情考察活动深入企业、乡镇和社区，鼓励青年科研人员深入基层了解国情。全年立项国情调研项目98项，其中重大项目11项、重点项目59项、按系统考察活动9项、研究所考察活动19项。根据需要，委托交办国情调研项目4项。

2008年，全院围绕经济增长与波动、国际金融危机、南方雪灾、汶川特大地震、北京奥运会等经济建设与社会发展过程中的重大问题和突发性实际，积极组织落实中央有关部门以及院领导交办的课题65项，直接为党和国家的重大决策提供咨询及服务。

继续做好青年科研启动基金的评审资助工作，全年共资助82人，其中新调入人员12人（4人具有副高职称，8人具有博士学位），应届毕业生70人（博士50人，硕士20人）。此外，资助马克思主义研究院第一批重点引进人员4人。

组织国家社科基金项目申报，召开全院国家社会科学基金申报动员会，组织申报2008年度国家社科基金重大招标项目。全院共申报国家社科基金项目240项，获准立项40项，其中重点项目4项、一般项目26项、青年项目10项，平均立项率为16.6%。正式启动国家社科基金特别委托项目“西南边疆历史与现状综合研究”。

（四）学科建设创新

2008年，中国社会科学院总结学科建设经验，创新学科建设机制。在深入调研的基础上，研究提出加强“绝学”、濒危学科、新兴学科和交叉学科等特殊学科建设的措施，制定《中国社会科学院特殊学科建设计划实施办法》，以分类指导、分级管理、重点支持、院所共同负责为基本原则，以科研队伍建设与经费资助为扶持重点，开展特殊学科建设。启动了特殊学科建设立项工作，首批立项“绝学”类学科11项。

开展了“重点学科建设工程”项目的结项验收工作，完成了对2002年立项的57个项目的鉴定验收，并对2003年立项的42个项目的鉴定验收工作进行了布置。

积极推动自然科学与社会科学的交叉融合发展，寻求并探索与科技界建立社会科学与自然科学交叉研究的合作机制。向院属各单位下发了《关于申报社会科学与自然科学交叉课题选题的通知》，组织各研究单位结合自己的专业方向选择、申报合适的课题。“经济社会发展社会科学实验室”的论证工作积极推进。

（五）期刊评奖

学术期刊是哲学社会科学研究事业的一个重要组成部分，在坚持马克思主义研究方向，繁荣发展哲学社会科学中起着十分重要的作用。全院学术期刊始终坚持以马克思主义为指导，坚持良好的学术风范，以重大理论和现实问题研究为中心，发表了大量能够体现我国哲学社会科学研究先进水平的优秀成果，在繁荣和发展我国哲学社会科学研究事业中发挥了积极作用。为进一步提高全院期刊质量，2008年组织开展了“第四届优秀期刊奖”评奖工作，评选出获奖期刊30种，其中一等奖9种：《中国工业经济》、《数量经济技术经济研究》、《哲学研究》、《考古》、《历史研究》、《中国语文》、《文学评论》、《俄罗斯东欧中亚研究》、《中国社会科学》；优秀奖16种：《中国农村经济》、《中国人口科学》、《中国经济史研究》、《马克思主义研究》、《社会学研究》、《民族研究》、《世界宗教研究》、《环球法律评论》、《中国史研究》、《近代史研究》、《史学理论研究》、《外国文学评论》、《西亚非洲》、《拉丁美洲研究》、《美国研究》、《世界经济》；进步奖5种：《财贸经济》、《民族文学研究》、《当代亚太》、《日本学刊》、《当代中国史研究》。

（六）主要学术活动

学术活动是促进学术交流、推动学术发展的重要形式。2008年，全院围绕中国经济社会发展中的重大理论和现实问题举办形式多样的学术活动，与国内外学术机构进行广泛的学术交流与研讨，扩大了中国社会科学院的学术影响。

1．纪念改革开放30年。2008年是中国改革开放30周年。围绕改革开放30周年，全院开展了各种形式的学术纪念活动，回顾总结30年来中国经济社会发展的成就与经验。2008年10月，学部主席团举办纪念改革开放30周年系列学术报告会，共18场，41位学者作了学术报告；2008年12月16～17日，学部主席团举办“改革开放30周年国际学术研讨会”，会议由经济学部、社会政法学部、国际研究学部、国际合作局承办，中国社会科学院院长陈奎元出席会议，常务副院长王伟光致辞。此次会议对30年来中国走过的历程以及取得的成就进行了系统的回顾和总结，对中国未来发展的相关问题进行了深入研讨，会议受到了社会上的广泛关注。此外，各学部还分别开展了一系列学术活动。如，文史哲学部于2008年6月7日举办了“思想解放与理论创新——纪念真理标准讨论与改革开放30周年全国理论研讨会”；马克思主义研究学部于2008年4月30日举办了“继续解放思想，深入落实科学发展观——纪念真理标准讨论30周年座谈会”，于2008年12月19～21日举办了“马克思主义与改革开放30年：第二届全国马克思主义院长论坛”；经济学部组织完成了院重大课题“中国经济改革开放30年历史经验研究”，出版了9卷本的最终成果《中国经济改革开放30年研究丛书》，并于2008年12月6日举办了丛书发布暨经济改革开放30年学术研讨会；国际研究学部与上海社会科学院于2008年11月13～14日在上海共同举办了“坚定不移地走向和平发展的道路——中国对外开放30年”学术研讨会，还出版了论文集《中国对外开放：战略与实践》。

2．关注经济形势，促进经济平稳较快增长。2008年，中国经济发展形势严峻。上半年经济形势处于过热状态，而下半年受国际金融危机影响开始出现经济下滑。在新的经济形势下，全院围绕保持经济平稳较快发展、推动经济改革深化等主题举办了一系列学术活动，为经济发展建言献策。2008年2月15～16日，中国社会科学院经济学部主办的“2008年中国经济形势与热点问题研讨会”在北京召开。2008年5月16～17日，中国社会科学院经济学部主办，中国社会科学院科研局、国际合作局、城市发展与环境研究中心承办的“第四届中国经济论坛”在人民大会堂召开。其他相关学术会议还有“经济形势分析与预测春季座谈会”、“经济形势分析与预测秋季座谈会”、“中国企业社会责任重大理论和实践问题研讨会”、“美国金融危机与我国经济形势学术研讨会”、“农村土地制度改革问题学术研讨会”、“自然科学与社会科学交叉论坛——关于当前医疗改革重大问题学术研讨会”、“我国当前工业经济形势研讨会”、“中部崛起与新乡创新发展论坛”、“改革开放30年——统筹城乡发展论坛”、“第四届中国企业文化国际论坛”等。

3．研究国际问题，推动和谐世界建设。源于美国次贷危机的国际金融危机深化是2008年国际环境的重大事件，为当前国际政治经济秩序的改革提供了动力。围绕当前国际经济与政治中的重大现实和理论问题，全院召开了相关的学术活动进行研讨，为推动和谐世界建设发挥作用。这方面的主要学术活动有：2008年2月27日，中国社会科学院国际研究学部、国际合作局、拉丁美洲研究所共同主办了“中国社会科学院第四届国际学术论坛：2007～2008年拉丁美洲和加勒比：多样性与挑战”。 2008年4月9日，欧洲研究所和中国欧洲学会联合举办“2007～2008年欧洲形势年会：第12期大使论坛”。相关的学术活动还有：“经济全球化进程中拉美竞争力的国际比较研讨会”、“亚洲非传统安全国际学术研讨会”、“金融危机及其影响研讨会”、“纪念中美建交30周年国际研讨会”、“可持续发展与环境保护国际学术研讨会”等。

4．研讨社会发展问题，推进社会主义民主法制建设。2008年，围绕社会主义民主政治建设的理论前沿以及南方雪灾、拉萨事件等重大现实问题召开了一系列学术研讨会，加强社会政法研究的学术交流，推进社会法制建设。主要学术活动有：2008年1月28日，社会政法学部举办第一次学部论坛，邀请全国人大常委会法制工作委员会副主任信春鹰作了题为《我国社会主义法律体系的几个问题》的学术报告。2008年7月15日，举办第二次学部论坛“四川地震灾区社会重建调查报告暨研讨会”。社会学研究所陈光金、王春光、唐灿、张时飞等分别作了题为《四川灾后社会重建调查》、《遇难人员善后问题调查》、《灾民安置点管理和服务状况调查》、《灾民住房安置状况调查》的主题发言。2008年4月26～27日，法学研究所、国际法研究中心召开“依法治国与深化司法体制改革——纪念法学研究所成立50周年理论研讨会”。其他相关学术会议还有“经济、社会和文化权利的可诉性国际研讨会”、“首届中国人际传播论坛”、“第四届社会政策国际论坛”、“人权保障法与中国研讨会”、“科学发展观与宪法修改学术研讨会”、“第五届国际法论坛：改革开放与国际法”等。

5．弘扬中华优秀文明，吸收国际先进文化成果。中华文明源远流长、博大精深，为世界文明进步作出了巨大的贡献。弘扬中华优秀文明，同时吸收国际先进文化成果，繁荣中国特色社会主义新文化是哲学社会科学工作者的光荣使命。与这方面相关的学术活动有：2008年7月4日，学部主席团召开首届“国学研究论坛”，论坛主题是“何为国学，国学何为”，中央文史馆馆长、北京大学国学研究院院长袁行霈教授，中国人民大学校长兼国学院院长纪宝成教授，中国社会科学院历史研究所卢钟锋研究员、学部委员方克立教授等专家围绕这一主题，发表了演讲。2008年10月27日、11月11日、12月11日又先后召开了三届“国学研究论坛”，在学术界和社会上引起热烈反响。2008年5月4～5日，文史哲学部召开第八届史学理论研讨会，中国社会科学院副院长武寅出席研讨会并讲话。会议主题为“改革开放30年中国史学的发展”。其他学术活动还有“改革开放30年与中国文学研究学术研讨会”、“现代化进程与外国文学研讨会”、“中国创世神话比较国际学术研讨会”、国际中国语言学学会第16次学术年会、“第二届国际儒学文化论坛”、“当代世界中的宗教国际学术研讨会”，等等。

（郭建宏）

二　研究机构工作

文史哲学部

文学研究所

（一）人员、机构基本情况

截至2008年年底，文学研究所共有在职人员138人。其中，正高级职称人员37人，副高级职称人员40人，中级职称人员32人；高、中级职称人员占全体在职人员总数的79%。

文学研究所设有古代文学研究室、现代文学研究室、当代文学研究室、文艺理论研究室、民间文学研究室、比较文学研究室、台港澳文学与文化研究室、数字信息研究室、《文学评论》编辑部、《文学遗产》编辑部、《中国文学年鉴》编辑部、世界华文文学研究中心、中国民俗文化研究中心、影视文学研究中心、中国古典小说研究中心、办公室、科研处、人事处。

（二）科研工作

1．科研成果统计

2008年，文学研究所共完成专著20种，506万字；学术论文526篇，548万字；研究报告2篇，60万字；学术资料9种，280万字；古籍整理8种，349万字；译著7种，199万字；译文7篇，10.2万字；学术普及读物3种，178万字；论文集6种，175万字。

2．科研课题

（1）新立项课题

2008年，文学研究所共有新立项课题14项。其中，国家社科基金课题2项："桐城派与清季民国学坛"（王达敏主持），"秦汉魏晋南北朝乐府制度研究"（许继起主持）；院重点课题2项："梁籍考——全梁著作的文献学研究"（吴光兴主持），"民间文学的存在论"（户晓辉主持）；院青年科研启动基金课题5项："论马尔库塞美学思想的学术缘分"（丁国旗主持），"《红楼梦》120回抄本系列研究"（夏薇主持），"郑樵《诗经》学简论"（高晓成主持），"独孤及《毗陵集》的语料分析"（李桃主持），"解读严歌苓创作中的人性书写"（汤俏主持）；院国情调研课题1项：

"三晋文化考察"（杨义主持）；院交办课题1项："古典文学名家讲座"（杨义主持）；所重点课题3项："当代生态文明与女性写作"（田美莲主持），"'自由时间'论与'审美生产主义'：消费时代美学思想的马克思主义表述"（刘方喜主持），"中日现代演剧交流图史"（刘平主持）。

（2）结项课题

2008年，文学研究所共有结项课题11项。其中，国家社科基金课题1项："文学理论基本问题与后结构主义批判"（金惠敏主持）；院A类重大课题2项："新世纪全球文化格局与中国人文建设"（杨义、叶舒宪主持），"全元诗"（杨镰主持）；院青年科研启动基金课题4项："新世纪文学、文化思潮研究"（杨早主持），"晚清词学校勘风气研究"（张晖主持），"海外文学中的女性写作"（刘艳主持），"论李健吾小说的女性形象"（程朝霞主持）；院国情调研课题1项："北京地区戏剧市场调研"（陶庆梅主持）；所重点课题3项："文学中的'疯狂女性'：20世纪中国女性写作的演进"（徐坤主持），"后殖民批评与中国立场"（赵稀方主持），"中国文学观念的建构"（吴光兴主持）。

（3）延续在研课题

2008年，文学研究所共有延续在研课题80项。其中，国家社科基金课题15项："中外民间文学关键词研究"（户晓辉主持），"敦煌赞颂文学写本整理与研究"（徐俊主持），"中国共产党的文艺运动与文艺实践的历史经验研究"（朱寨主持），"20世纪中国文学史通论"（杨义主持），"解读延安：文学·知识分子和文化"（李洁非主持），"留日作家的创作、翻译与白话文的形成"（董炳月主持），"周秦时代《诗》的传播史"（马银琴主持），"后殖民台湾"（赵稀方主持），"20年代革命文学的思想脉络与历史源流"（程凯主持），"两宋士大夫文学研究"（陶文鹏主持），"啸史：中国古代文学与音乐关系之个案研究"（范子烨主持），"宋代家族与文学研究"（张剑主持），"《礼记》之文学理论形态研究"（王秀臣主持），"桐城派与清季民国学坛"（王达敏主持），"秦汉魏晋南北朝乐府制度研究"（许继起主持）；院A类重大课题4项："中国民间文学史"（祁连休、吕微主持），"中国古典文学与华夏民族精神建构"（刘扬忠、蒋寅主持），"台湾文学史料编纂与研究"（黎湘萍主持），"元代文献数据库"（邓绍基、郑永晓主持）；院重点课题18项："中国民间叙事诗"（贺学君主持），"桐城派史论"（王达敏主持），"瞿秋白文学创作与文学思想研究"（胡明主持），"20世纪中国女性诗歌史论"（周亚琴主持），"21世纪中国文学发展倾向研究"（王绯主持），"美学的文化学转向及其在中国的发展"（高建平主持），"近30年中国小说发展综论"（曾镇南主持），"古典诗学形式范畴系统与民族精神传统"（刘方喜主持），"家乡民间文学研究：中国民间文艺学中的一个重要流派"（安德明主持），"网络时代的文学生产与消费"（陈定家主持），"中国文学研究论文数据库"（徐公持主持），"中国现代文学中的民族国家问题"（张中良主持），"社会生活史中的4～6世纪文学"（戴燕主持），"周氏兄弟与日本"（赵京华主持），"秦汉文学史"（刘跃进主持），"清代戏曲史论"（李玫主持），"梁籍考——全梁著作的文献学研究”（吴光兴主持），“民间文学的存在论”（户晓辉主持）；院青年科研启动基金课题9项：“从《诗镌》到《学文》——‘新月’书店与杂志研究”（胡博主持），“鲁迅‘转变期’思想研究”（程凯主持），“《世说新语》之文献学研究”（范子烨主持），“台湾文学与现代性问题”（张重岗主持），“论马尔库塞美学思想的学术缘分”（丁国旗主持），“《红楼梦》120回抄本系列研究”（夏薇主持），“郑樵《诗经》学简论”（高晓成主持），“独孤及《毗陵集》的语料分析”（李桃主持），“解读严歌苓创作中的人性书写”（汤俏主持）；院国情调研课题4项：“全国文学网站年度调查报告（蓝皮书）”（党圣元主持），“新疆绿洲文明调查”（杨镰主持），“中国文学物质性遗产调研（中原地区）”（杨义主持），“三晋文化考察”（杨义主持）；院交办课题2项：“社会主义荣辱观与廉政文化建设”（包明德主持），“古典文学名家讲座”（杨义主持）；所重点课题28项：“中国文学体系的近代化转型”（王飚主持），“吕碧城研究”（张奇慧主持），“左翼文学与文学史叙述”（萨支山主持），“中华文化母体与海外华文文学”（杨匡汉主持），“文化视野中的明清小说评点”（吴子林主持），“纪昀诗学研究”（杨子彦主持），“白居易研究史”（陈才智主持），“东汉文学研究——以政治变迁与文学演进之关系为中心”（陈君主持），“孙楷第学术成就研究”（杨镰主持），“20世纪中国古代小说学术史编年”（竺青主持），“古诗文名物新证——以敦煌艺术为中心”（赵永晖主持），“延安作家研究”（吕晴主持），“论20世纪40年代后期‘新写作’文学思潮”（段美乔主持），“百年中国话剧图文志”（刘平主持），“幻想儿童文学的结构主义研究”（杨鹏主持），“共和国文学生产方式”（李洁非主持），“‘雾社事件’与台湾文学”（李娜主持），“君君臣臣：明清小说的道德焦虑”（刘倩主持），“抗战时期北平学生移动剧团历史资料整理研究”（严平主持），“马尔库塞文艺思想的价值诉求”（丁国旗主持），“柳田国男民间文学思想研究”（乌日古木勒主持），“中国新诗书刊总目（诗刊卷）”（刘福春主持），“对先秦文学的发生学、民族学、图志学的综合考察”（杨义主持），“想象与叙述”（赵园主持），“新世纪重大文论问题研究”（党圣元主持），“当代生态文明与女性写作”（田美莲主持），“‘自由时间’论与‘审美生产主义’：消费时代美学思想的马克思主义表述”（刘方喜主持），“中日现代演剧交流图史”（刘平主持）。

3．获奖优秀科研成果

2008年，文学研究所周瓒的《透过诗歌写作的潜望镜》获中国当代文学研究会颁发的第11届当代文学研究优秀成果奖。

（三）学术交流活动

1．学术活动

2008年，文学研究所主办和承办的学术会议有：

（1）2008年4月18～20日，文学研究所与河南大学文学院联合主办的“改革开放30年与中国文学研究”学术研讨会在河南省开封市举行。会议的主题是“全面清理和总结改革开放30年来文学研究在整个中国学术史上的价值”。

（2）2008年5月7日，文学研究所与中国社会科学院外国文学研究所、民族文学研究所联合主办的“学位制度恢复与文学研究30年学术研讨会”在北京举行。会议的主题是“回顾学位制度恢复历程，研讨30年文学研究”。

（3）2008年9月16日，文学研究所与浙江省海宁市委宣传部联合主办的“纪念吴世昌先生诞生一百周年学术研讨会”在浙江省海宁市举行。会议的主题是“探讨和研究吴世昌先生的治学成就和学术贡献”。

（4）2008年11月11日，中国社会科学院学部主席团和国家图书馆主办、文学研究所承办的中国社会科学院第三次国学研究论坛在北京举行。论坛的主题为“郑振铎与现代中国文化建设”。

（5）文学研究所“中国古典文学名家系列讲座”：

2008年11月14日，文学研究所陈祖美研究员作题为《博大参差的词学家族》的报告。

2008年11月18日，文学研究所陆永品研究员作题为《老子》的报告。

2008年11月21日，文学研究所陶文鹏研究员作题为《晚唐杰出诗人李商隐》的报告。

2008年11月25日，文学研究所徐公持研究员作题为《汉赋》的报告。

2008年12月2日，文学研究所杨镰研究员作题为《萨都剌与元代诗文》的报告。

2008年12月9日，文学研究所胡明研究员作题为《谈谈胡适》的报告。

2008年12月23日，文学研究所刘扬忠研究员作题为《苏辛词》的报告。

2008年12月30日，文学研究所陈铁民研究员作题为《盛唐边塞诗》的报告。

2．国际与地区学术交流和合作

2008年，文学研究所共派遣出访22批26人次，接待来访14批14人次（其中，中国社会科学院邀请来访6批6人次）。与文学研究所开展学术交流的国家和地区有美国、俄罗斯、斯洛伐克、斯洛文尼亚、瑞典、日本、韩国等国家和中国台湾、香港地区。其中：

（1）2008年1月8日，日本东京大学东洋文化研究所尾崎文昭教授在文学研究所作题为《“丸尾鲁迅”以及鲁迅的复仇观》的报告。

（2）2008年1月15日，法国国家科学研究中心陈庆浩研究员在文学研究所作题为《明清时期中国通俗文化对外传播及其位阶之提升：以第一部翻译成西方文字的中国书〈明心宝鉴〉为中心》的报告。

（3）2008年1月17日，美国纽约州艺术委员会民间艺术室主任、哈佛大学客座研究员Robert Baron在文学研究所作题为《公众民俗与文化旅游规划中的能动性、干预与社区文化自主》的报告。

（4）2008年3月4日，美国威斯康星州麦魁特大学教授、国际美学协会第一副主席柯提斯·卡特在文学研究所作题为《黑格尔和丹托论艺术的终结》的报告。

（5）2008年10月14日，香港树仁大学英文系主任王建元教授在文学研究所作题为《颜色生态与中国文化》的报告。

（6）2008 年 10 月 21 日，美国加州圣 · 克鲁斯大学文学教授泰勒斯 · 米勒在文学研究所作题为《图像的情境性：德波论摄影、写作与电影》的报告。

（7）2008 年 11 月 4 日，美国哥伦比亚大学东亚系教授商伟在文学研究所作题为《阅读与评点：从朱熹的〈读书法〉到张竹坡的〈金瓶梅读法〉》的报告。

（8）文学研究所“亚洲文化论坛”讲座：

2008 年 2 月 29 日，清华大学中文系教授汪晖在文学研究所作题为《去政治化的政治、霸权的多重构成与六十年代的消逝》的报告。

2008 年 3 月 25 日，独立纪录片制作人胡杰在文学研究所作题为《“悲悯而平等的记录”——胡杰纪录片》的报告。

2008 年 3 月 28 日，台湾小说家张大春在文学研究所作题为《台湾小说现代性的发生与解离》的报告。

2008 年 4 月 8 日，中国社会科学院政治学研究所研究员王炎在文学研究所作题为《走出“原子化社会”——托克维尔的政治思想》的报告。

2008 年 5 月 13 日，日本明治大学副教授丸川哲史在文学研究所作题为《回到朝鲜战争去！——第二次朝鲜战争与回避“核”危机的力量》的报告。

2008 年 5 月 27 日，中国社会科学院民族文学研究所研究员降边嘉措在文学研究所作题为《见证西藏五十年亲历记——西藏社会民主改革与“西藏问题”之由来》的报告。

2008 年 5 月 29 日，日本早稻田大学教授道场亲信在文学研究所作题为《“战后开拓”与“三里冢斗争”》的报告。

2008 年 6 月 17 日，北京大学教授钱理群在文学研究所作题为《大山中的小溪如何汇入历史大潮—— 1978～1980 年大陆社会民主运动纪事》的报告。

2008 年 7 月 29 日，美国纽约大学教授张旭东在文学研究所作题为《文化比较的几个历史范畴：黑格尔—尼采—德勒兹》的报告。

2008 年 9 月 23 日，环保专家、阿拉善 SEE 生态协会副秘书长邓仪在文学研究所作题为《中国特色的公益事业——阿拉善 SEE 的战略与行动》的报告。

（四）学术社团、期刊

1. 社团

（1）中国当代文学研究会，会长张炯。

（2）中国近代文学研究会，会长郭延礼。

（3）中国鲁迅研究会，会长杨义。

（4）中华文学史料学学会，会长包明德。

（5）中国中外文艺理论学会，会长钱中文。

2008年7月16～17日，中国中外文艺理论学会与北京师范大学文艺学研究中心、陕西师范大学文学院、西北大学文学院、兰州大学文学院、青海民族学院在青海省西宁市联合主办“理论创新时代：中国当代文论改革与审美文化转型学术研讨会暨中国中外文艺理论学会第五届年会”。会议的主题是“深入总结改革开放30年来中国当代文学理论和审美文化取得的巨大学术成就，反思其中存在的问题，进一步拓展研究思路，强化理论创新，实现学科的超越性发展”，研讨的主要问题有“改革与创新是中国当代文学理论发展的主调”、“立足现实和本土化问题”、“问题意识、理论的学理结构、理论范式的转换探讨”、“少数民族文学理论新收获”。与会专家学者100多人。

（6）中国现代文学研究会，会长温儒敏。

2008年4月29日至5月1日，中国现代文学研究会与《文学评论》编辑部、安徽省文学艺术界联合会、安徽省社会科学界联合会、安徽师范大学、安庆市人民政府在安徽省芜湖市联合举行“张恨水与中国传统文化学术研讨会”。会议的主题是“张恨水与中国传统文化”，研讨的主要问题有“张恨水的文学史定位”、“张恨水研究中的方法论问题”、“张恨水与新闻传播”。与会专家学者60多人。

2008年10月14～16日，中国现代文学研究会在河北省保定市举行中国现代文学研究会第十届理事会第二次会议。会议的主题是“探讨新时期现代文学研究与教学问题”。与会专家学者80多人。

（7）中国毛泽东诗词研究会，会长逄先知。

2008年10月19～21日，中国毛泽东诗词研究会与湖北大学在武汉市联合举行“毛泽东诗词研究30年学术研讨会暨中国毛泽东诗词研究会第八届年会”。会议的主题是“总结新时期30年毛泽东诗词研究的成就与经验”。与会专家学者80多人。

2．期刊

（1）《文学评论》（双月刊），主编杨义。

2007年是文学研究所前任所长何其芳逝世30周年，2008年是文学研究所首任所长郑振铎诞辰110周年与逝世50周年。《文学评论》2008年第1期与第3期分别发表《何其芳论》（杨义、郝庆军）和《郑振铎论》（杨义、邵宁宁）两篇纪念文章，对两位前任所长表示崇高敬意和深切缅怀，总结了他们丰富的学术经验与高超的领导艺术及在学术界产生的较大影响。2008年，《文学评论》刊载的有代表性的文章有：栾栋的《辟文学通解——兼论文学非文学》，尤西林的《审美与时间——现代性语境下的美学的信仰维度》，陈定家的《市场与网络语境中的文学经典问题》，党圣元的《中国古代文学批评中的“进步观”》，叶舒宪的《本土文化自觉与“文学”、“文学史”观反思》，吴承学、何诗海的《从章句文学到文章之学》，古风的《刘勰对于“锦绣”审美模子的具体运用》，陈广宏的《黄人的文学观念与19世纪英国文学批评资源》，郭万金的《明代经济生活与诗歌传统》，谭桂林的《论现代中国神秘主义诗学》，曹禧修的《时间、修辞策略与鲁迅“铁屋子”的破解》，张传敏的《中国左翼现实主义观念之发生》，王彬彬的《孙犁的意义》，南帆的《当代文学史写作：共时的结构》，张炼红的《“大团圆”之争——传统“人情戏”的当代艺术流变》，袁良骏的《香港小说风格流派述论》。

2008年，《文学评论》获第四届中国社会科学院优秀期刊奖“期刊一等奖”。

（2）《文学遗产》（双月刊），主编陶文鹏。

2008年，《文学遗产》刊载的有代表性的文章有：马银琴的《孟子诗学思想二题》，吴承学的《明代文章总集与文体学——以〈文章辨体〉等三部总集为中心》，周裕锴的《风景即诗与观者入画——关于宋人对待自然、艺术与自我之关系的讨论》，刘宁的《李白是浪漫诗人吗？——反思中国20世纪对李白的浪漫主义解读》，潘建国的《海内孤本明刊〈新刻全像五鼠闹东京〉小说考——兼论明代以降“五鼠闹东京”故事的历史流变》。2008年，《文学遗产》开设了“古典文学研究三十年”重点栏目，发表的文章有：袁行霈的《走向宽广通达之路——新时期古代文学研究的趋向》，胡明的《为最近三十年的中国古代文学研究立块碑石》，徐公持的《谈“杂文学化”与“边缘化”》，汪涌豪的《文学史研究的边界亟待拓展》，蒋寅的《古代文论研究的回顾与前瞻》，邓绍基的《永远的文学史》，黄天骥的《解放思想 继续开拓——兼谈“边缘化”问题》，孙逊的《期待突破：新时期古代小说研究的问题与思考》。

（五）会议综述

“改革开放30年与中国文学研究”学术研讨会

2008年4月18～20日，由中国社会科学院文学研究所和河南大学文学院联合举办的“改革开放30年与中国文学研究”学术研讨会在河南省开封市召开。来自全国30余所高校和研究机构的80余位学者出席了会议。会议对30年中国文学研究的历程、取得的成绩、存在的不足、未来发展趋向等问题进行了多学科之间的对话和研讨。

2008年4月，“改革开放30年与中国文学研究”学术研讨会在河南省开封市召开。

中国社会科学院文学研究所所长杨义在主题发言中指出，改革开放30年来，中国经济全面复兴，实事求是、解放思想和与时俱进的思想路线给文学学术注入丰厚的底气，学术创新意识空前强化，学术空间大大拓展，学科体系、学术观点和研究方法全面更新，开创了中国学术史的新时代。我们需要对改革开放30年中国文学研究在整个中国学术史上的价值进行全面的清理和总结，看看哪些学术有根底并能产生长远影响，哪些在理论层面和研究方法上有所创新，在交叉学科领域进行了有效探索并推动了新的学科的产生。我们应该如何处理马克思主义及其在中国的最新发展和最新成果，如何处理现代西方思潮和本土文化资源的关系，应该产生什么战略格局，以避免学术的僵化和过分西化，产生一种博大精深、充满活力的机制。只有这样，我们才能充满自信地开创现代大国的文学学术。

许多学者从学科史的角度回顾、反思了改革开放30年与中国文学研究的关系，一些观点触及了学科建设中的深层次学术问题，并对学科的未来发展提出了一些可资借鉴的思路。河南大学关爱和的《近代文学研究30年》系统总结了30年近代文学研究的辉煌业绩。上海社会科学院的陈伯海指出，30年学术研究的最大特点是形成了杂语共生的局面，但我们的目标不是杂语共生，而是多元对话和综合创新。中国社会科学院文学研究所的金惠敏提出，发展马克思主义文论，必须加强与社会现实和文学现实的对话，加强与当代西方文论的对话，从马克思主义原理而非理论教条中去寻找发展的生机。中国社会科学院文学研究所的高建平结合30年政治、经济、文化的发展变化，系统总结了中国美学30年的历史，并对如何进一步发展中国美学提出了许多建设性的思考。北京师范大学的王向远认为，30年比较文学研究中，以作家为研究对象的“文学史”太多，以研究者和专家为研究对象的“学术史”太少，应把“学术史”与“文学史”的研究置于同等重要的地位。

中山大学的黄修已把30年现代文学研究命名为现代文学研究史上“寻求突破的时代”，文学研究在评价标准、研究方法、内容等方面开创了全新的局面，下一步应该在已开辟的熟地上精耕细作出精品，要善于提炼可以影响其他学科的理论成果。朱寿桐主张以“汉语新文学”取代“中国现代文学”、“中国当代文学”、“中国现当代文学”等学科名称，因为它既有理论优势又有实践价值，可以超越国家板块、政治地域对新文学的规定和制约，使新文学研究摆脱政治化的学术预期，在汉语审美表达的规律性探讨方面建构起新的学术路径，用这一概念从语言角度整合中国本土与海外的汉语写作，既符合汉语新文学历史发展与当代开拓的实际，又体现出华人写作者的共同情感，足以应对任何地域、任何时代汉语写作的任何发展态势，并将其整合为一个学术整体。

学者们还对长期困扰学科建设的重要理论问题和实践问题（诸如如何处理古今、中外的关系，如何更新研究方法，如何改善当前学术研究的生态环境等）进行了深入的研讨，显示出强烈的当代问题意识和鲜明的主体意识。

（武新军）

学位制度恢复与文学研究30年学术研讨会

2008年5月7日，由中国社会科学院文学研究所、外国文学研究所、民族文学研究所联合主办的“学位制度恢复与文学研究30年学术研讨会”在中国社会科学院举行。来自全国各地的首届考入中国社会科学院研究生院的硕士研究生和文学研究所、外国文学研究所、民族文学研究所1977级、1978级的本科生共40多人参加了会议。中国社会科学院外国文学研究所所长陈众议主持了会议。

中国社会科学院文学研究所所长杨义在会上致辞。作为首届研究生，他向特邀与会的钱中文、樊骏、邓绍基、刘世德四位老师表示诚挚的谢意。他谈到，学位制度的恢复伴随着在座的每一位学者的成长，正是从那个时候起，每个人的命运发生了几乎是根本性的变化。“30年的阅历是一本大书，我们今天一起翻回去，再读一读，值得反思，值得回味，值得总结”。

邓绍基先生作为当年的教师代表讲话。他指出，恢复学位制度调动了当时整个社会的求知热情。他至今仍然清晰地记得，1977年5月，党中央批准在中国科学院哲学社会科学部的基础上成立中国社会科学院。1978年2月28日，《人民日报》等几大报纸发布中国社会科学院招收研究生的消息，结果报名超过5400人（其中报考文学系人数最多，共1300余人）。5月考试，6月、7月复试，因人才济济，录取时领导欣然决定增加招收名额。10月，中国社会科学院研究生院举行了隆重的建院和首届研究生开学典礼。

参加会议的学者结合各自的工作和学习经历畅谈体会。其共同的感受是，学位制度的恢复，不仅改变了他们各自的命运，也使国家迅速走出“文化大革命”的阴影，为改革开放输送了大量人才。回顾这段往事，可以更加深刻地认识到这一决策的重大意义和现实作用。大家表示，离开学校以后的生活道路与治学方法虽各有不同，但淡泊名利、潜心治学却是共同的追求。面对现实生活中的种种困难，都能从容面对，不改初衷，努力寻求着学术上的突破与学理上的创新。中国社会科学院一批学贯中西的知名学者，他们的学识修养、道德文章，已成为后来者矢志不移的追求。

（程玉梅）

中国社会科学院国学研究论坛：郑振铎与现代中国文化建设

2008年11月11日，由中国社会科学院学部主席团和国家图书馆主办、中国社会科学院文学研究所承办的“中国社会科学院国学研究论坛：郑振铎与现代中国文化建设”在中国社会科学院学术报告厅举行。论坛的主题为“郑振铎与现代中国文化建设”。会议由中国社会科学院荣誉学部委员刘世德主持，中国社会科学院学部委员、文史哲学部主任江蓝生致辞。郑振铎先生是我国当代著名学者，他在文学创作、文学史研究、编辑出版、翻译、考古、文物保护等多方面都取得了卓越成就。此外，他还是我国杰出的社会活动家、文化事业的组织者和领导者。2008

2008年11月，“中国社会科学院国学研究论坛：郑振铎与现代中国文化建设”在北京举行。

年是郑振铎先生诞辰110周年，因公殉职50周年。江蓝生在致辞中高度评价了郑振铎令人感怀的一生和卓越贡献，号召大家学习和继承郑振铎先生的学术品质，学习和继承先生高尚的爱国主义精神。杨义、李致忠、王世民、石昌渝四位知名学者围绕“郑振铎与现代中国文化建设”这一主题分别进行了专题讲演。

1．郑振铎——献身中国文艺复兴的卓越先驱

郑振铎是我国现代文学和文学研究事业的杰出开拓者，也是现代文化史上少见的百科全书式的人物。中国现代文学史上一些最为重大的事件都是和郑振铎联系在一起的。他是中国现代文学史上第一个重要的文学社团——文学研究会的发起人和组织核心。他在20世纪30年代出版的《插图本中国文学史》，材料丰富，规模宏大，迄今仍是最重要的文学史著作之一。他是20世纪30年代中国文学格局中沟通京派和海派、左翼和其他作家的桥梁。抗战以后，他成为祖国文化的守护人，他倡议文艺复兴，宣传爱国思想，抢救善本古籍，出版了钱钟书的《围城》、巴金的《寒夜》等许多重要作品。新中国成立后，他是文学研究事业的奠基者，先后担任了国家文物局局长、考古研究所所长、文化部副部长、文学研究所首任所长等重要职务。郑振铎对文学研究所的奠基工作，主要体现在引揽人才、知人善任、确定学术研究方向、重视收集整理图书资料等方面。俞平伯、孙楷第、余冠英、钱钟书、杨绛等一批著名学者能汇集在文学研究所，是和郑振铎广泛的社会影响、学术交往分不开的。

2．郑振铎与国家图书馆

郑振铎与国家图书馆既有公谊关系，又有领导与被领导的关系。一是以私藏支持国家图书馆，1932年、1933年他多次捐赠珍贵图书给国家图书馆。二是为国家抢救珍贵古籍，丰富了国家图书馆的馆藏。1951～1955年，郑先生以国家文物局局长的身份，尽力回购香港陈澄华所藏被誉为“无上神品”的廖莹中世彩堂校刻的《昌黎先生集》、《河东先生集》等多种闻名遐迩的善本古籍，不仅大大丰富了国家图书馆的馆藏，更为国家图书馆的善本珍藏增色。三是郑振铎殉职后，家人秉承遗志，将先生京、沪两地中外藏书17224部94441册件悉数献给了国家，收藏在国家图书馆。其中古籍就有7700多部，善本300多种，国家图书馆辟室专藏，并组织力量编

辑出版了《西谛书目》，使藏书为更多的人利用。

3．郑振铎与文物考古工作

郑振铎是新中国文物考古工作的开拓者和主要奠基人。他对考古工作的贡献除抢救善本古籍、阻止文物海外流失外，还主要体现在收集整理和出版编印了一批重要美术考古、古代社会生活方面的研究资料和著作，注重制定文物保护的政策法令，培养考古人才等方面。郑先生非常注重包括中国古代版画在内的美术史资料的收集和研究，先后编纂出版了《中国古代木刻画选集》、《中国历史参考图谱》、《西域画》、《域外所藏中国古画集》、《韫辉斋所藏唐宋以来名画集》、《伟大的艺术传统图录》等，撰写了《中国古代版画史略》等重要著作。新中国成立后，郑振铎主持全国的文物博物馆工作，兼任考古研究所所长工作，注重制定法规保护文物，创办北京大学历史系的考古专业，主持制定《考古学研究工作十二年远景规划》。他的思想和工作对中国文物考古事业的建设起到了重要作用。

4．郑振铎与古典文学研究

郑振铎是五四新文化运动的健将，古典文学学科的奠基人之一。他高度重视古典文学，认为古典文学研究和新文学创作共同构成了新文学运动的两翼。郑先生在古典文学研究方面著述甚丰，成就很多。他撰写的《插图本中国文学史》总结了文学观念的历史进步，将文学分为诗歌、散文、戏曲、小说以及说唱民间文学五大部分，基本上确立了古典文学研究的对象和范畴。他在戏曲、小说、版画、弹词、宝卷方面收集整理出版的许多资料，为古典文学学科的发展开拓了空间并提供了文献基础。郑振铎对古典文学研究的重大贡献还不止在方法和结论上，他对古典文学研究作为一门学科的科学品质的坚持和追求更为重要，在今天仍有重要的现实意义。

（文　研）

民族文学研究所

（一）人员、机构基本情况

截至2008年年底，民族文学研究所共有在职人员45人。其中，正高级职称人员12人，副高级职称人员9 人，中级职称人员11人；高、中级职称人员占全体在职人员总数的71%。

民族文学研究所设有蒙古族文学研究室、藏族文学研究室、南方民族文学研究室、北方民族文学研究室、当代民族文学研究室、《民族文学研究》编辑部、图书资料室、办公室（含人事、科研管理、财务）、中国少数民族文学学会、蒙古文学学会、《江格尔》研究会、维吾尔历史文化研究会、口头传统研究中心、《格萨尔》研究中心。

（二）科研工作

1．科研成果统计

2008年，民族文学研究所共完成专著4种，126.5万字；论文84篇，86.9万字；研究报告13篇，12.7万字；学术资料8种，259.6万字；一般文章57篇，17.1万字。

2．科研课题

（1）新立项课题

2008年，民族文学研究所共有新立项课题17项。其中，国家社科基金课题1项："突厥语民族英雄史诗结构与母题比较研究"（阿地里·居玛吐尔地主持）；院重大课题1 项："藏文《格萨尔》精选本"（丹曲等主持）；院重点课题2项："卡尔梅克民间散体叙事文本集注"（旦布尔加甫主持），"哈萨克族叙事诗《阔孜库尔佩西与芭艳苏露》版本比较研究"（黄中祥主持）；院国情调研课题1项："西部少数民族文化生态现状调查"（尹虎彬主持）；院青年科研启动基金课题2项："公共民俗学发展及其在中国的实践检验——以端午节为参照个案"（宋颖主持），"口头诗学视野中的白族民歌研究——以剑川县石龙村的白曲演述传统为例"（朱刚主持）；院交办委托课题1项："《格萨尔》艺人及其说唱传统"（诺布旺丹主持）；所级课题9项："蒙古英雄史诗资料汇编"（旦布尔加甫主持），"中国传说时代文化关系研究"（扎拉嘎主持），"穿行于异质文化之间——阿来和他的《尘埃落定》"（杨霞主持），"新疆和田达斯坦奇夏赫买买提及其弟子演唱活动及方式的调查研究"（热依汗·卡德尔主持），"《格萨尔》说唱艺人昂仁调查研究"（李连荣主持），"满族说部《乌布西奔妈妈》研究"（高荷红主持），"蒙古族乌力格尔现状调查"（纳钦主持），"贵州污讲、广西隆石红苗文化状况调查"（吴晓东主持），"突厥语民族口头史诗：传统、形式和诗歌结构"（阿地里·居玛吐尔地主持）。

（2）结项课题

2008年，民族文学研究所共有结项课题19项。其中，国家社科基金课题2项："藏族史诗《格萨尔王传》说唱艺人调查研究"（杨恩洪主持），"口传史诗文本研究"（朝戈金主持）；院A类重大课题1项："中国史诗类型学研究"（尹虎彬主持）；院B类重大课题2项："蒙古秘史人文精神研究"（扎拉嘎主持），"《福乐智慧》与《四书》——喀喇汗王朝时期维汉文化关系及比较研究"（热依汗·卡德尔主持）；院重点学科建设工程1项："中国史诗学"（朝戈金主持）；国情调研重大项目1项："中国（大陆）少数民族地区文化建设状况调查研究"（江蓝生、朝戈金主持）；国情调研项目1项：" 元代入居内地维吾尔人的历史与现状"（热依汗·卡德尔主持）；国情调研考察活动1项："广西百色、河池地区壮族、瑶族民间文化保护与发展情况考察"（汤晓青主持）；院交办委托课题2项："《格萨尔》艺人及其说唱传统"（诺布旺丹主持），"20世纪哲学转向马克思主义中国化"（扎拉嘎主持）；院科研管理课题1项："口头传统研究基地的建设与管理"（李斯颖主持）；院青年科研启动基金课题1项："浅析壮族民间韵体长诗的特征"（李斯颖主持）；院国际合作课题1项："抢救回收和出版蒙古国收藏的《格斯尔》重要孤本资料"（斯钦孟和主持）；所级重点课题5项："当代满族女作家研究"（田美莲主持），"蒙古萨满诗歌研究"（仁钦道尔吉主持），"蒙古英雄故事研究"（旦布尔加甫主持），"图瓦《格斯尔传》——蒙译注释与比较研究"（斯钦巴图主持），"藏族当代作家的汉语创作论"（杨霞主持）。

（3）延续在研课题

2008年，民族文学研究所共有延续在研课题40项。其中，国家社科基金课题6项："俄罗斯民间文学通论"（刘魁立主持），"口承《格斯尔》史诗研究"（斯钦孟和主持），"口头论辩与史诗演述：彝族民间叙事传统研究"（巴莫曲布嫫主持），"中国现代神话学研究的思想渊源和学术范式"（刘宗迪主持），"满族小说－中华小说与中华文化"（关纪新主持），"本子故事抄本与口头异本比较研究"（纳钦主持）；院A类重大课题2项："中国少数民族文学资料库（二期）"（汤晓青主持），"少数民族口头文学丛编"（邓敏文主持）；院B类重大课题3项："柯尔克孜史诗传承的调查与研究"（郎樱主持），"金巴扎木苏及其演唱《格斯尔》研究"（斯钦孟和主持），"中国诗学与中国民族文学研究的理论转型"（刘宗迪主持）；院重点课题5项："《格萨尔》掘藏艺人研究——以丹增扎巴为个案"（诺布旺丹主持），"新疆阿合奇县《玛纳斯》歌手传承研究"（阿地里·居玛吐尔地主持），"蒙古文译本《三国志演义》研究"（巴雅尔图主持），"南方民族创世神话研究"（刘亚虎主持），"青海蒙古史诗研究"（斯钦巴图主持）；院国情调研课题4项："青海热贡藏区传统文化的世俗化与产业化调查研究"（诺布旺丹主持），"新疆克孜勒苏自治州边境地区民间文化资源调查"（阿地里·居玛吐尔地主持），"内蒙古科尔沁地区非物质文化传承情况调查"（斯钦巴图主持），"河北易县、涞水县民间信仰与宝卷调查"（尹虎彬主持）；院重点学科建设工程项目1项："中国各民族文学关系研究"（扎拉嘎主持）；所级重点课题19项："新时期少数民族古代文学研究之发展"（汤晓青主持），"现代传播技术的发展与民族民间文学的保护"（罗汉田主持），"中国民族文学学术史"（邓敏文主持），"苗族口承文学与生态民俗"（吴晓东主持），"满族的萨满文化与民间文学"（苑利主持），"民间说唱《格斯尔》研究"（斯钦孟和主持），"口承与书写：彝族史诗与族群叙事传统"（巴莫曲布嫫主持），"扎巴老人与他的说唱本"（降边嘉措主持），"端智嘉及作品研究"（才让道吉主持），"日据时期朝鲜族移民作家研究"（张春植主持），"台湾原住民与大陆南方少数民族射日神话研究"（周翔主持），"壮族布洛陀经诗研究"（李斯颖主持），"哈萨克族演唱艺人与演唱特征"（黄中祥主持），"《格萨尔》的灵魂观念与藏族宗教文化"（丹曲主持），"现代语境中的少数民族文学"（刘大先主持），"德格地区《格萨尔》文化资源调查研究"（甲央齐珍主持），"中国民族文学网：扩容、更新与维护"（巴莫曲布嫫主持），"乌兰巴托版《今古奇观》研究"（莎日娜主持），"《蒙古秘史》叙事艺术研究"(孟根主持)。

3．获奖优秀科研成果

2008年，关纪新的专著《20世纪中华各民族文学关系研究》获得中国当代文学研究会颁发的"中国当代文学研究第11届优秀成果表彰奖"；张春植的专著《日据时期朝鲜族移民文学》获得中国作家协会颁发的“少数民族文学骏马奖”。

（三）学术交流活动

1．学术活动

2008年，民族文学研究所主办的学术会议主要有：

（1）2008年1月8日，由民族文学研究所承担的院A类重大课题“中国史诗类型学研究”（2002～2007年）结项报告会暨鉴定会在民族文学研究所会议室召开。

（2）2008年9月21～24日，民族文学研究所《民族文学研究》编辑部与新疆大学人文学院共同主办召开了“第五届中国多民族文学论坛”。会议研讨的主要问题有“创建‘中华多民族文学史观’的思考延伸与理论拓展”、“传统与现代接轨下的少数民族文艺理论”、“边地与中原的文学互动”等。

（3）2008年10月15～18日，由民族文学研究所主办、中国神话学会协办的“中国创世神话比较研究国际学术研讨会” 在北京召开。会议研讨的主要问题有“中国创世神话的研究史回顾与反思”、“中国创世神话的多样性与分类问题”、“中国创世神话研究的新材料与新领域”。

2．国际与地区学术交流和合作

2008年，民族文学研究所共派遣出访6批10人次，接待来访2批3人次，与民族文学研究所开展交流的国家和地区有蒙古国、日本、韩国、俄罗斯、越南、荷兰、美国和中国台湾等。其中：

（1）2007年12月9日至2008年1月6日，由斯钦孟和、斯钦巴图、旦布尔加甫等组团前往蒙古国科学院抢救、收集和购置《格斯尔》的相关资料，获得了相关的抄本和资料。

（2）2008年5月29日至6月4日，应日本神奈川大学常民文化研究所的邀请，由朝戈金、汤晓青等组团前往日本东京访问。双方深入沟通和交流，为民族文学研究所在非物质文化遗产保护、民俗学研究、资料库建设等方面提供了可资借鉴的经验。

（3）2008年9月7～20日，吴英对俄罗斯科学院西伯利亚分院蒙古学佛教与藏学研究所进行了学术访问。

（4）2008年10月12～23日，应国务院新闻办公室的邀请，俄日航旦参加赴奥地利、挪威、波兰访问团进行学术交流。

（5）2008年10月14～18日，莎日娜前往蒙古国国家图书馆收集和复制《今古奇观》的蒙译本手抄本资料，并访问了蒙古国科学院语言文学研究所和蒙古国国立大学文学教研室，搜集到相关的抄本和研究资料。

（6）2008年10月24～27日，张春植前往韩国参加离散民族文学国际会议。

（四）学术社团、期刊

1．社团

（1）中国少数民族文学学会，理事长朝戈金。

（2）中国蒙古文学学会，会长阿古拉。

（3）中国《江格尔》研究会，会长巴岱。

（4）中国维吾尔历史文化研究会，理事长塔瓦库力。

（5）口头传统研究中心，主任朝戈金。

（6）《格萨尔》研究中心，主任降边嘉措。

2. 期刊

《民族文学研究》（季刊），主编包明德。

2008年，《民族文学研究》刊载的有代表性的文章有：刘大先的《中国多民族文学史观的兴起》，丹珍草的《“在两种语言之间流浪”——〈尘埃落定〉的多文化混合语境》，张佳生的《纳兰气象论》，郭万金的《元代文化生态平议》，蔡铁鹰的《论宋元以来民间宗教对〈西游记〉的影响》，高桥幸吉的《元好问与道教》，周建江的《“中华民族多民族文学史观”建立并确立过程中不容忽视的若干问题》，梁庭望的《中华文化板块结构和多民族文学史观》，王勇的《另一类身份的汉语文学写作》，李晓峰的《中华多民族文学史观的理论基础及其内涵》。

2008年，《民族文学研究》获第四届中国社会科学院优秀期刊奖“期刊进步奖”。

（五）会议综述

“中国史诗类型学研究”（2002～2007年）结项报告会暨鉴定会

2008年1月8日，中国社会科学院A类重大课题“中国史诗类型学研究”（2002～2007年）结项报告会暨鉴定会在中国社会科学院民族文学研究所召开。课题主持人尹虎彬研究员就课题概况、课题计划与思路、实施过程及总结、成果简介及自我评价、调查及资料搜集情况、成果社会评价、经费使用等方面情况进行了说明和报告。

该课题的最终成果主要有以下几个方面：第一，史诗艺人及其口头创编和演述；第二，口传史诗的文本类型分析；第三，口传史诗的搜集、整理、出版等。对特定史诗传统的田野研究主要从学术史的反思开始，对史诗文本的类型学分析正在从史诗的传统形式深入到对史诗文本深层结构和传统意义的解释，对史诗艺人及表演研究加深了人们对于特定史诗传统的认识，对历史原型的探寻则深化了史诗的文化史意义。

来自北京大学、中央民族大学、北京师范大学等单位的专家学者们认为，该成果标志着学界在史诗特质、类型和具体特征的研究中迈出了重要的一步，这与中国社会科学院民族文学研究所各位专家在口传诗学、表演理论、艺人学等方面的长期积累分不开，是大家扎实的田野调查、外来理论的译介经验以及长期的理论与实践结合思考的产物。学者们认为，“中国史诗类型学研究”课题具有以下学术意义和价值：

第一，从国内外史诗研究转型的实际，阐述了史诗观念更新与研究范式转移的重要观点，由取例西方古典诗学范式和希腊史诗范例，转向以口头诗学、民族文化和地方传统为依据的史诗观念和民族志田野研究的范式。

第二，在口头传统的视野下建立关于口传史诗的理论范畴，围绕史诗表达形式、演述模式、艺人类型、文体风格、主题、文本形态和故事范型，拓展比较口头传统研究的共同层面，构建史诗学的话语体系。

第三，把口头传统研究的方法论与具体的史诗传统和个案研究结合起来，对史诗的民俗学过程，即中国少数民族史诗的搜集、整理、迻译和出版过程中普遍存在的"格式化"问题进行学术反思，标志着中国民间文艺学的范式转换。

第四，从本土和地方性的民间叙事传统出发，贯彻民族志田野作业的技术路线，运用第一手资料进行归纳和阐释，提出关于活形态口传史诗研究的必要前提：演述传统、演述人、演述事件、研究主体以及使用本土语言为田野工作语言的五个在场原则。在民俗学倡导"本真性"前提下探求史诗的传统叙事法则。

第五，从史诗的形式深入到史诗文本背后的文化史意义的原型解剖。论者能够从史诗传统的演化过程中，从口头传统和文献传统的相互印证中，把史诗这一文类与神话、民间信仰行为和民众的历史记忆联系起来研究，开拓了史诗的文化史意义探索的新路径。

第六，从民俗学的类型学研究出发，从史诗学的理论和方法论的整体建构出发，把个案研究与理论创新结合起来，即在具体研究中借鉴和创用包括口头诗学、民族志诗学和表演理论等多样手法，克服口头与书写二元论的僵化模式，在口头和书写、形式和意义、共时和历时、个人创造和集体性之间寻求理论的张力。

（尹虎彬）

中国创世神话比较研究国际学术研讨会

2008年10月16～17日，由中国社会科学院民族文学研究所主办的"中国创世神话比较研究国际学术研讨会"在北京召开。来自中国、荷兰和美国等国家的25位专家学者就中国的创世神话展开了讨论：

第一，比较文学视野中的创世神话研究。荷兰米尼克·希珀的发言试图解答创世神话中具有普遍性的问题：创世和起源神话为何及如何为世界上第一个人的生活创造条件。叶舒宪的论文将图像叙事和文字叙事联系成为同一种神话信仰传统的不同表达方式，在宏观的纵深视野中对少数民族的蛙神创世神话进行了重新解读。美国马克·本德尔开拓了新的研究角度，将"生态文学"及"民族志诗学"的方法用于西南少数民族的创世史诗研究。

第二，中国少数民族创世神话研究。刘亚虎总结了中国创世神话的典型形式，结合活形态的少数民族创世神话，并对其中所体现的人文精神进行了探讨。那木吉拉通过故事类型学和母

2008年10月，“中国创世神话比较研究国际学术研讨会”在北京召开。

题比较的方法，对各民族不死水神话的异同进行了总结。陈建宪认为，分析台湾原住民洪水神话中的可变母题和不可变母题的链接方式，可以描绘出洪水神话的详细分布。台湾鹿忆鹿认为，台湾原住民神话中关于取火方式的叙述在亚洲范围内具有独特性。王宪昭的论文对既往利用西方类型学方法划分中国少数民族创世神话的做法提出了质疑。吴晓东认为以往将盘古神话视做开天辟地神话的说法是一种文本误读。

第三，神话学史的反思。杨利慧探讨了传媒对中国神话的利用和重现，及其在当下的变迁及变化的原因等问题。户晓辉主张通过把神话还原到自身，展现出作为本原经验形式的纯粹神话现象的世界。陈连山考察了鲧、禹神话研究中的“捞泥造陆”说之形成过程及各家的论证根据，同时给予评论。台湾高莉芬利用《楚帛书》对中国创世神话的结构类型、思维模式及宇宙论进行了重新审视。韩国林炳僖认为，韩国没有发现文献记载的创世神话，但仍可从口传角度比较中韩创世神话。

第四，中国典籍神话。刘毓庆认为，太行太岳神话系统包括了中国神话最精粹的内容，其渗透着民族童年的经验与感受，体现出植根于山岳的文化品格。台湾学者钟宗宪认为，通过探寻创世神话叙述层面之后所隐藏的神话流变脉络，可以看出其中思维方式可能来自于阴阳生成的观念。刘宗迪的论文揭示了印度须弥山神话的天文学渊源，认为中国和印度对于宇宙观的想象具有同构关系。黄悦探讨了创世神话在民族文化和心理结构中的基础性地位及其在不同群体中的演化规律。

（朱　刚）

外国文学研究所

（一）人员、机构基本情况

截至2008年年底，外国文学研究所共有在职人员83人。其中，正高级职称人员24人，副高级职称人员26人，中级职称人员18人；高、中级职称人员占全体在职人员总数的82%。

外国文学研究所设有英美文学研究室、俄罗斯文学研究室、中北欧文学研究室、东方文学研究室、南欧拉美文学研究室、文艺理论研究室、《世界文学》和《外国文学动态》编辑部、《外国文学评论》编辑部、科研处、办公室和资料组。

（二）科研工作

1．科研成果统计

2008年，外国文学研究所共完成专著 9部，300.3万字；论文60篇，81.37万字；学术资料 7篇，1.4万字；译著 12部，218.7万字；译文49篇；工具书1部，150万字；一般性文章100篇；论文集 5部，94.6万字；研究报告3篇，1.9万字；教材1篇，0.2万字。

2．科研课题

（1）新立项课题

2008年，外国文学研究所共有新立项课题14项。其中，国家社科基金课题2项："美国文论通史"（盛宁主持），"柿本人麻吕研究"（吕莉主持）；院重大课题1项："外国文学学术史工程·欧美日经典作家系列"（吴晓都主持，集体项目）； 院国情调研课题1项："世博会的历史和影响"（陆建德主持）； 院重点课题6项："近代以来中日文学样式比较研究——以'私小说'等样式概念为中心"（魏大海主持），"美国'纽约知识分子'集群文化批评思想研究"（刘雪岚主持），"大江健三郎作品研究"（许金龙主持），"英国国性的再定义：1910年代英国的文学史写作和词典编撰"（程巍主持），"现代性诗学的辉煌和危机：走向新现代性"（史忠义主持），"古典和谐与东西衔结——经典文本体现的歌德思想之形成"（叶隽主持）；所B类课题3项："D.H.劳伦斯小说研究"（冯季庆主持），"英国的文学知识分子（1870～1939）"（萧莎主持），"解构主义在美国"（周颖主持）；所级课题1项："陀思妥耶夫斯基根基主义思想研究"（万海松主持）。

（2）延续在研课题

2008年，外国文学研究所共有延续在研课题26项。其中，国家社科基金课题4项："变革中的20世纪希伯来文学"（钟志清主持），"海德格尔的艺术观研究"（梁展主持），"比较诗学"（周启超主持），"目光的交织：在普鲁斯特与曹雪芹之间"（涂卫群主持）；院重大课题3项："跨文化的文学理论研究"（周启超、郭宏安主持），"现代化进程中的文学"（陆建德、黄梅主持），"外国文学学术史研究工程·经典作家系列"（陈众议主持）；院B类重点课题10项："伦理学和宗教背景下的俄罗斯文学"（汪剑钊主持），"现当代视野中的荷尔德林"（李永平主持），"布尔迪厄的社会文化理论研究"（刘晖主持），"20世纪俄罗斯戏剧文学史"（苏玲主持），"普里什文研究"（刘文飞主持），"波斯古典诗学研究"（穆宏燕主持），"奈保尔研究"（石海军主持），"中印古典诗学比较研究"（黄宝生主持），"意大利文学史"（吴正仪主持），"20与21世纪之交的俄罗斯小说研究"（侯玮红主持）；院国情调研课题2项："外国文学在我国社会主义精神文明建设中的地位和作用”（陈众议、陆建德主持），“西部文化的战略发展设想：以重庆和成都为中心”（陈众议、陆建德主持）；所重点课题6项：“诗学的批判：尼采、海德格尔、德里达”（任昕主持），“宙斯的天空——奥林波斯众神研究”（陈中梅主持），“俄罗斯诗史性长篇小说研究”（石南征主持），“英国女作家研究”（黄梅主持），“美国犹太作家研究”（杨卫东主持），“诗歌翻译”（陈树才主持）；人事部留学人员科技活动课题1项：“日本战后文学译介与研究”（秦岚主持）。

3．获奖优秀科研成果

（1）2008年10月，外国文学研究所副研究员陈树才获法国政府授予的“法国教育骑士勋章”。

（2）2008年12月，外国文学研究所副研究员吕莉的《“白雪”入歌源流考》荣获第五届“孙平化日本学学术奖励基金”论文类一等奖。

（三）学术交流活动

1．学术活动

2008年，外国文学研究所主办和承办的学术活动有：

（1）根据中国社会科学院抢救和发展“绝学”的战略思想，对“梵学”进行重点扶植。从2008年起，中国社会科学院学部委员黄宝生研究员为外国文学研究所从事梵文研究的青年学者开设了梵文研修班。

（2）2008年3月18日，《中国戏剧》杂志执行副主编黎继德来到外国文学研究所，与外国文学研究所学者就与外国戏剧研究相关的一些问题进行了座谈。会议研讨的主要问题有“外国戏剧在我国戏剧文化中所发挥的作用”、“作为文学体裁之一的戏剧在当今世界文学中的处境和命运”、“外国戏剧在外国文学研究中的地位”等。

（3）2008年9月18日，《世界文学》编委会在外国文学研究所会议室举行。会议的主题是“在新形势下如何把《世界文学》办好”。

（4）2008年10月28日，应外国文学研究所理论室的邀请，北京大学教授车槿山来到外国文学研究所，就“文本理论”问题作了题为《从“作品”到“文本”》的学术演讲。

2008年12月，“改革开放与外国文论研究三十年座谈会”在北京召开。

（5）2008年11月1～3日，由外国文学研究所《外国文学评论》编辑部主办、上海师范大学人文与传播学院和外国语学院联合举办的“现代化进程与外国文学学术研讨会”在上海召开。会议的主题是“外国文学的现代性、反现代性以及生态”。

（6）2008年12月5～7日，外国文学研究所文艺理论研究室主办的“改革开放与外国文论研究30年座谈会”在北京召开。会议研讨的主要问题有“问题与前景”、“跨文化的文学理论：空间的拓展”、“文学史观”、“翻译与接受”。

2．国际与地区学术交流和合作

2008年，外国文学研究所共派遣出访9批10人次，接待来访4批14人次（其中，中国社会科学院邀请来访2批 10人次）。与外国文学研究所开展学术交流的国家有土耳其、希腊、美国、日本、以色列、德国。其中：

（1）2008年5月13日，外国文学研究所《外国文学评论》主编盛宁应邀赴澳门参加由中山大学、法国里昂让—穆林大学和澳门国际大学学院联合举办，中山大学和澳门国际大学学院承办的“中—欧跨文化交流学术研讨会”。

（2）2008年5月20日，由中国社会科学院国际合作局、外国文学研究所与希腊驻华使馆联合举办的“中希荷马研讨会”在中国社会科学院学术报告厅举行。来自中国、希腊两国的学者近百人参加了研讨会。

（3）2008年5月21～31日，土耳其著名作家、诺贝尔文学奖获得者奥尔罕·帕慕克应邀到外国文学研究所访问，并作了题为《我们究竟是谁？》的专题演讲。外国文学研究所主办了“奥尔罕·帕慕克作品研讨会”。

（4）2008年6月28日，外国文学研究所副所长陆建德研究员应瑞典文学院的邀请，前往斯德哥尔摩参加“作家及文学翻译学术研讨会”。

（5）2008年7月15日，美国瓦萨学院教授刘皓明在外国文学研究所作了题为《荷尔德林与历史》的报告。

2008年5月，“奥尔罕·帕慕克作品研讨会”在北京举行。

（6）2008年9月1日，根据中国社会科学院与英国学术院交流协议项目，经院国际合作局批准，外国文学研究所东方文学研究室钟志清博士赴英国进行为期一个半月的学术访问。在访学期间，钟志清博士应邀在剑桥大学亚洲与中东研究学院作了题为《民族关于创伤的集体意识》的学术讲座。

（7）2008年9月25日，外国文学研究所《外国文学评论》

主编盛宁应德国法兰克福歌德大学的邀请，赴德参加“批判—理论—批判理论学术研讨会”，并作了题为《哈贝马斯与霍克海默和阿多诺的“纠缠”——兼谈〈启蒙辩证法〉》的发言。

（8）2008年9月28日，外国文学研究所副所长陆建德研究员应英国剑桥大学邀请，赴英参加“翻译与改变：中国、现代性与文化传播国际学术研讨会”。

（9）2008年10月21日，德国作家马丁·瓦尔泽在外国文学研究所作了题为《批判·认同·现时代精神》的报告。

（10）2008年12月16日，应外国文学研究所的邀请，日本著名学者铃木真美教授在外国文学研究所作了题为《明治时期日本启蒙思想中的“自由与平等”——以福泽渝吉、西周、加藤弘之为中心》的报告。

（11）2008年12月23日，外国文学研究所和以色列驻华使馆共同举办了“女性文学研讨会”。

（四）学术社团、期刊

1. 社团

（1）中国外国文学学会日本文学研究分会，会长谭晶华。

2008年8月18～20日，中国外国文学学会日本文学研究会在大连外国语学院举行“第11届年会暨日本文学学术研讨会”。会议的主题为“国际性、学际性：学术互动中的日本文学研究”。与会专家学者近百人。

（2）中国外国文学学会法国文学研究分会，会长吴岳添。

2008年7月14～16日，中国外国文学学会法国文学研究会在云南省昆明市举行“法国文学研究会年会暨纪念西蒙娜·德·波伏瓦诞生100周年学术讨论会”。会议研讨的主要问题有“波伏瓦作品及波伏瓦哲学思想中的悖论”、“波伏瓦与萨特的爱情”、“波伏瓦在中国的接受”。与会专家学者50人。

2. 期刊

（1）《外国文学评论》（季刊），主编盛宁。

2008年，《外国文学评论》共出版4期，共计95万字。全年刊载的有代表性的文章有：张巍的《特奥格尼斯的“印章”：古风诗歌与智慧的传达》，毛亮的《历史与伦理：乔治·爱略特的〈罗慕拉〉》，黄梅的《〈爱玛〉中的长者》，陆贵山的《现当代西方文论的魅力》，周宪的《论作品与（超）文本》，王旭峰的《后殖民之后：理论的反思与重构》，高奋的《小说：记录生命的艺术形式》，余杨的《“作为迷信的启蒙”：君特·格拉斯在〈头生〉与〈伸舌〉中对启蒙辩证法之反思》，但汉松的《作为文类的百科全书式叙事：解读品钦新著〈反抗时间〉》。

2008年，《外国文学评论》获第四届中国社会科学院优秀期刊奖“期刊优秀奖”。

（2）《世界文学》（双月刊），主编余中先。

2008年，《世界文学》共出版6期，共计150万字。全年刊载的有代表性的作品有：《2007

年诺贝尔文学奖得主多丽丝·莱辛作品小辑》、《西班牙中篇小说〈劳拉与胡里奥〉》、《土耳其作家帕慕克作品选》、《玛丽·奥利弗诗选》、《日本作家立松和平小辑》、《加拿大中篇小说〈赫尔辛基的罗卡曼迪欧家族背后的事实〉》、《马姆列耶夫短篇小说选》、《美国当代名家散文选》、《奥地利长篇小说选译〈夜之杰作〉》、《英国长篇小说〈时间之箭〉》、《美国诗人罗伯特·勃莱作品小辑》。

(3)《外国文学动态》(双月刊),主编陆建德。

2008年,《外国文学动态》共出版6期,共计42万字。全年刊载的有代表性的文章有:杨玲的《扬弃魔幻,回归现实——从〈深谷幽城〉窥当今拉美小说》,郭国良、俞晓红的《跨越时空的马德琳·英格——评劳埃德·琼斯的小说〈匹普先生〉》,魏燕的《离散者的悲歌——2008年普利策奖获奖小说〈奥斯卡·瓦奥短暂而奇异的一生〉》,钱程的《天才、抱负和成就的巨匠——走进威廉·沃尔曼的后现代主义艺术世界》,张俊翔的《个体与时代的搏弈——当代诗人眼里的帕斯捷尔纳克》。

(五)会议综述

中希荷马研讨会

2008年是中国—希腊文化活动年。由中国社会科学院国际合作局、外国文学研究所与希腊驻华使馆联合举办的“中希荷马研讨会”于2008年5月20日在中国社会科学院学术报告厅举行。来自中国、希腊两国的80多位专家学者出席了研讨会。

中国社会科学院外国文学研究所所长陈众议和希腊驻中国大使丹巴尼分别致开幕词。陈众议在致辞中高度颂扬了荷马史诗穿越时空为整个人类创造了一个五彩缤纷的世界,具有恒久的魅力。大使丹巴尼还对此次研讨会召开给予高度评价,称研讨会是中、希两国之间长期有效合作的开端。

研讨会上,中、希两国的荷马史诗专家、学者发表了他们对荷马史诗《伊利亚特》和《奥德赛》的最新研究成果,引起了与会者的积极反响。陈中梅在发言中提出,在荷马史诗上半部出现的军事侦察这一主题,暗示了史诗中人物的世界观:一切有价值的东西只能来自于神的赐送,而非人力所能为之,同时,英雄豪杰的用武之地是在浴血拼搏的战场,对于“偷偷摸摸”的侦察,总是不屑的。山东大学教授王景迁,则将荷马史诗与传颂于中国的藏、蒙民族英雄史诗《格萨尔王》相比较,分析其中的神灵生死轮回问题,指出,神灵可死,英雄经历了磨炼可以永生。

希腊学者对荷马史诗进行了精彩解读和深刻诠释。他们或是以史诗的上、下部里的两个主要人物阿基琉斯和奥德修斯为中心展开剖析,进而从宏观上把握两部史诗的宏大主题;或是将焦点转移到荷马本人的创作技巧上,展现古希腊行吟歌者令人叹为观止的高超艺术本领。认为,荷马史诗总的基调是赞颂斗争和竞争精神,由此还联系到了更高、更快、更强的奥运竞技精神。

为了迎接在北京举行的奥运会,希腊教授们特意选取了史诗中与体育竞技相关的内容展开讨论，析评了荷马史诗中有关体育竞技的内容，挖掘了古希腊崇尚体育竞技的深刻内涵。体育竞赛会让来自不同背景的人们产生共鸣，成为他们有效沟通的桥梁。

（外　研）

现代化进程与外国文学研讨会

2008年11月1～3日，由中国社会科学院外国文学研究所《外国文学评论》编辑部主办，上海师范大学人文与传播学院和外国语学院联合举办的“现代化进程与外国文学学术研讨会”在上海举行。来自全国各高校的专家学者60余人参加了会议。

在研讨会开幕式上，上海师范大学副校长陆建非教授首先谈到了外国文学研究者在这一历史环节上的使命和重要作用。陆建非从恩格斯论巴尔扎克小说的观点出发，指出文学具有帮助人们认识世界、改造世界的作用，外国文学界拥有广阔的视野，可透过外国文学家的忧患意识和人文关怀照应国人的生存境况——倘如此，这将于我国价值体系多元化有益，于新时期的民族精神重塑有益。

中国社会科学院外国文学研究所副所长陆建德研究员用“现代化进程与外国文学”课题组的研究成果说明了“外国文学”之于我国“现代化进程”的功用和意义。中国社会科学院外国文学研究所研究员盛宁在题为《奥尔特加·加塞特〈艺术的非人文化〉的启示》的发言中指出，西班牙作家奥尔特加·加塞特自20世纪30年代便投身于大众文化批评，为求得真知灼见，他不惜逆民主热潮而动，站在今天看来似乎是“政治不正确”的“贵族精英”立场上，直击大众崛起所造成的种种新问题。中国社会科学院外国文学研究所研究员郭宏安通过安托瓦纳·贡巴尼翁的《反现代派》一书介绍了法国反现代派作家如何对现代性所崇尚的价值保持清醒警惕的姿态，最终恰恰成为“现代性的真正的奠基者及其卓越的代表”。中国社会科学院外国文学研究所研究员黄梅在发言时谈到，简·奥斯丁受欢迎度之所以经久不衰，是因为一代一代的读者能在艺术成就之外不断发现奥斯丁与现代生存的关系，可以把现代思想带入对她的阅读和理解。例如，《傲慢与偏见》、《曼斯菲尔德庄园》等小说关于房舍和风景的描写，也显示了奥斯丁对新旧阶层在居住环境取舍上的敏锐观察。

（萧　莎）

语言研究所

（一）人员、机构基本情况

2008年，语言研究所共有在职人员86人。其中，正高级职称人员26人，副高级职称人员

21人，中级职称人员31人；高、中级职称人员占全体在职人员总数的91%。

语言研究所设有句法语义研究室、历史语言学一室、历史语言学二室、汉语方言研究室、语音研究室、《应用语言学》研究室、《当代语言学》研究室、词典编辑室、《中国语文》编辑部、科研处、办公室、人事处。

（二）科研工作

1．科研成果统计

2008年，语言研究所共完成专著2部，102.5万字；论文75篇，87.5万字；学术资料1篇，1.8万字；软件4套,2000万字节；论文集2部，55万字；其他2部65万字。

2．科研课题

（1）新立项课题

2008年，语言研究所共有新立项课题9项。其中，国家社科基金课题3项："语言接触和语言演变:汉语同阿尔泰语语言接触的历时与共时研究"(祖生利、周磊主持)，"普通话婴幼儿的早期词汇及语音发展"（李爱军主持），"指称与句法结构"（王灿龙主持）；国家社科基金后期资助1项："晋语语音的演变和层次"（沈明主持）；院重点课题2项："中国境内壮侗语中的接触引发的语法演变"（吴福祥主持），"徽语语音的演变与层次"（谢留文主持）；院青年科研启动基金课题1项："《左传》使动用法研究"（孙志阳主持）；院国情调研社会实践项目2项："西北方言与文化考察"（曹广顺、周磊主持），"云南少数民族口头文化与汉民族文化交融调研"（顾曰国主持）。

（2）延续在研课题

2008年，语言研究所共有延续在研课题38项。其中，国家社科基金课题15项："基于口语语料库的语音研究及音段和韵律自动标注"（李爱军主持），"语言学名词审定"（董琨主持），"湘粤桂三省区土话平话及其周边方言比较研究"（张振兴主持），"贵州汉语方言调查研究"（李蓝主持），"名词短语的类型学比较"（刘丹青主持），"汉语疑问句的实验研究"（林茂灿主持），"施事和受事语义角色的系统研究"（张伯江主持），"对语音变化的类型和模式化研究"（陈肖霞主持），"中古译经专书语法研究"（赵长才主持），"汉语动态呈现语法研究"(方梅主持)，"现代汉语篇章现象研究"（徐赳赳主持），"新疆汉语方言与阿尔泰语接触研究"（周磊主持），"汉语与同语系语言的同源词根研究及同源字总谱"（郑张尚芳主持），"桂北平话语音历史层次及语言接触研究"(覃远雄主持)，"汉语'主句现象'与从句环境的类型学研究"（唐正大主持）；院A类、B类课题9项："现代汉语口语语料库"（沈家煊主持），"断代汉语语法史研究"（江蓝生主持），"现代汉语用法研究"（张伯江主持），"汉语方言语法类型比较研究与方言语法语料库"（刘丹青主持），"中国方志方言资料总集"（周磊主持），"汉语语音及拼音标准的研究与制定"（董琨主持），"汉语方言词汇数据库"（麦耘主持），"语文词典编纂规范与难点研究"（陆尊梧主持），"汉语方言重点调查"（熊正辉主持）；院重大课题4项："现代汉语大词典"（江蓝生主持），"面向生理的语音产生理论与方法研究”（李爱军主持），“中国濒危语言方言调查研究与新编《中国语言地图集》（第二期）”（张振兴主持），“基于语言资源数据处理的汉语辞书编纂系统”（顾曰国、傅爱平主持）；院重点课题3项：“普通话语音基础数据库和音高模式研究”（熊子瑜主持），“近代汉语语法研究”（杨永龙主持），“论元结构与现代汉语形式句法研究”（胡建华主持）；国情调研项目3项：“广西大中城市多语状况和语言态度调查”（周磊主持），“与元白话有关的碑刻资料及接触语言的调查”（曹广顺、祖生利主持），“现代汉语方言”（刘祥柏主持）；社会实践项目2项：“近代广东梅州客家方言和文化状况”（刘丹青主持），“当代吴语吴文化调研”（麦耘主持）；院青年科研启动基金课题2项：“汉语关系从句的类型学研究和优选论分析”（唐正大主持），“汉语方言中的后口化鼻辅音与去鼻化历史音变”（胡方主持）。

（三）学术交流活动

1．学术活动

（1）2008年4月18～20日，语言研究所在北京召开了“第八届中国语音学学术会议暨庆贺吴宗济先生百岁华诞语音科学前沿问题国际研讨会”。会议研讨的主要问题有“语音学涉及的声学、心理学、生理学、计算机科学以及人工智能、言语理解等”、“语音研究所面向的语音合成、语音识别、人机交互等信息科学”等。参加大会的学者200余位。

（2）2008年5月30日至6月2日，由语言研究所与北京大学中文系、汉语语言学研究中心在北京联合举办了“国际中国语言学学会第16次学术年会”。会议主要研讨了语言学各学科各个领域的前沿热点问题，同时对语言学最新理论展开讨论。参加大会的学者150余位。

（3）2008年7月11～14日，由语言研究所句法语义研究室、《中国语文》编辑部联合主办的“第15次现代汉语语法学术讨论会”在吉林省延吉市延边大学召开。会议研讨的主要问题有“汉语语法理论”、“汉语语法研究的原则和方法”、“现代汉语语法研究的方向”、“语法现象的描写与解释”、“语言的对比与运用”等。80多位专家学者参加了研讨会。

（4）2008年9月19～21日，由语言研究所历史语言学二室举办的“第13届全国近代汉语研讨会”在杭州市召开。会议就近代汉语语音、词汇、语法等一系列问题进行了讨论。50多位专家学者参加了研讨会。

（5）2008年10月23～26日，由语言研究所《当代语言学》编辑部主办的“第12届当代语言学研讨会”在武汉市华中师范大学召开。会议主要就语言研究自然观、句法语义接口等问题进行了研讨。150余位专家学者参加了研讨会。

2．国际与地区学术交流和合作

（1）2008年，语言研究所共审批办理出访手续25批29人次。出访的国家和地区有美国、法国、德国、巴西、日本、越南、新加坡、韩国等国家和中国的香港、台湾地区。交流方式有参加学术会议、合作研究和学术访问及中短期进修等。

（2）2008年，语言研究所接待国外来访学者13批16人次。其中院协议项目3批3人次，顺访13人次。学者来自美国、法国、捷克、韩国等国家和中国的香港、台湾地区。

（四）学术社团、期刊

1．学术社团

（1）中国语言学会，会长侯精一。

2008年8月27～30日，由中国语言学会举办的“中国语言学会第14届学术年会”在温州大学召开。会议讨论了现代汉语语法、历史语法、汉语方言、历史语音、历史词汇、语言运用等方面的问题。110多位专家学者参加了研讨会。会议期间，召开了学会理事会，就换届、学报的编辑出版、发展新会员及下届年会会址的选定等问题交换了意见。

（2）全国汉语方言学会，会长熊正辉。

2008年6 月13～14日，全国汉语方言学会在甘肃省兰州市举办了“第三届西北方言与民俗国际学术研讨会”。对西北地区的汉语方言和阿尔泰语系诸语言之间接触的描写和研究是近年方言学界的热点之一，对于汉语方言的形成和发展、接触和融合等方面的研究有重要的材料价值和理论意义。来自中国社会科学院、南京师范大学、华东师范大学、兰州大学、陕西师范大学、日本东京大学、日本神户外国语大学等海内外院校及科研机构的学者共92人参加了研讨会。

2008年11月29日至12月1日，“第四届汉语方言语法国际研讨会”在福建省泉州市召开。来自中国社会科学院、北京师范大学、暨南大学、中山大学、陕西师范大学、厦门大学、香港中文大学、香港理工大学等全国几十所高等院校、科研机构的多名专家学者参加了会议。与会学者就语言演变、方言语义、虚词研究、方言和普通话的比较、语言构造和句式研究等问题进行了研讨。

2．学术刊物

（1）《中国语文》（双月刊），主编沈家煊、侯精一。

2008年，《中国语文》共发表专题研究论文74篇。其中，语法研究仍是刊物的核心领域，探讨语法结构的产生机制是2008年的显著特点。如：江蓝生的《概念叠加与构式整合——肯定否定不对称的解释》，沈家煊的《“移位”还是“移情”？——析“他是去年生的孩子”》，方梅的《由背景化触发的两种句法结构——主语零形反指和描写性关系从句》，谭景春的《语义综合与词义演变及动词的宾语》，吴为善、吴怀成的《双音述宾结果补语“动结式”初探——兼论韵律运作、词语整合与动结式的生成》。同时，对于汉语语法结构特点的宏观研究也有新著，如刘丹青的《汉语名词性短语的句法类型》。

在以往研究的传统领域也有新的突破。比如语法方面的有：刘探宙的《再探强式焦点共现句》，王远杰的《再探多项定语“的”的隐现》；历史音韵方面的有：朱晓农的《入声演化三途》；方言语音研究方面的有：侍建国的《丹阳话的“嵌入式”变调》，汪平的《吴江方言声调再讨论》等。

2008年，《中国语文》获第四届中国社会科学院优秀期刊奖“期刊一等奖”。

（2）《方言》（季刊），主编麦耘。

2008年，《方言》共发表学术论文45篇。其中，讨论方言语音的26篇，讨论方言词汇的5篇，讨论方言语法的12篇，理论和综述性论文2篇。全年刊载的有代表性的文章有：熊正辉、张振兴的《汉语方言的分区》，李蓝的《汉语的人称代词复数表示法》，陈泽平、秋谷裕幸的《福州话的通用量词“隻”与“個”》。

2008年9月10～13日，《方言》编辑部在甘肃省召开了庆祝《方言》创刊30周年国际学术研讨会。来自中国大陆、台湾、香港以及日本、法国的学者专家出席了研讨会。与会者高度评价《方言》杂志30年来所作出的巨大贡献。

（3）《当代语言学》（季刊），主编沈家煊、顾曰国。

2008年，《当代语言学》共发表57篇质量较高的文章。其中，研究性论文14篇，国外语言学综述16篇，书评19篇。其中，有代表性的文章有：李艳惠的《短语结构与语类标记：“的”是中心词？》，袁毓林的《反预期、递进关系和语用尺度的类型——“甚至”和“反而”的语义功能比较》，于珏、李爱军、王霞的《上海普通话与标准普通话卷舌元音声学特征对比研究》，刘丹青、陈玉洁的《汉语指示词语音象似性的跨方言考察（上）》。

2008年10月24～26日，《当代语言学》编辑部和华中师范大学外国语学院联合举办了“第12届当代语言学研讨会”。

（五）会议综述

第八届中国语音学学术会议
暨庆贺吴宗济先生百岁华诞语音科学前沿问题国际研讨会

2008年4月18～ 20日，由中国社会科学院语言研究所主办的“第八届中国语音学学术会议暨庆贺吴宗济先生百岁华诞语音科学前沿问题国际研讨会”在北京举行。中国社会科学院原副院长、文史哲学部主任江蓝生，中国社会科学院副秘书长谭家林出席大会并致开幕词。来自世界各地的200多位学者参加了研讨会。

吴宗济是中国实验语音学的先锋和奠基人之一、国际语音科学大会常设理事会终身理事、中国社会科学院荣誉学部委员。吴宗济在国内外发表了诸多有影响的学术著作和论文，特别是在汉语声调和语调、语音学和言语工程的结合方面作出了杰出的贡献。

会议工作语言为汉语和英语，其中第八届中国语音学学术会议以汉语为主，语音科学前沿问题国际研讨会以英语为主，二者分组同步进行。会议采取匿名审稿方式，录用了215篇论文，其中，英文稿件71篇，中文稿件144篇，内容涉及语音产生、语音感知、声学语音学、韵律等11个领域。会议采用国际通行的4种报告形式：大会报告、主题报告、口头报告和板报方式。

2008年4月，“第八届中国语音学学术会议暨庆贺吴宗济先生百岁华诞语音科学前沿问题国际研讨会”在北京举行。

语音学是重要的交叉学科。近年来，新理论和新技术发展很快，其在研究领域和应用领域的重要性日益凸显，此次学术会议邀请了多位国内外著名的语音学家，以大会报告和专题报告的方式，展示了语音学及相关研究领域的最新发展动态。

参加大会报告的国际知名语音学家有：日本东京大学教授藤崎博也（Hiroya Fujisaki），德国基尔大学教授科勒（Klaus J. Kohler），香港城市大学教授徐云扬（Eric Zee），中国社会科学院语言研究所研究员李爱军、林茂灿，法国国家科学研究中心教授杰奎琳（Jacqueline Vaissière），中国科技大学教授王仁华，德国慕尼黑大学教授提尔曼（Hans G. Tillmann），美国加利福尼亚大学伯克利分校教授奥哈拉（John Ohala）。

专题报告共包括发音姿态的调节、交际中的语音和言语研究、韵律的实验室研究方法、实验音系学和语音格局、二语习得和言语信息处理、汉藏语系语音类型学研究等6个议题。口头报告分为9个议题，主要涉及以下内容：语音的产生、语音的感知、韵律、音系学、言语技术、语言习得、方言和少数民族语言、法医、临床语音学及言语病理学等。

（张　骅）

国际中国语言学学会第16次学术年会

2008年5月30日至6月2日，国际中国语言学学会第16次学术年会在北京大学举行。会议由中国社会科学院语言研究所和北京大学中文系、北京大学汉语语言学研究中心联合主办，北京语言大学、中央民族大学、香港理工大学、香港城市大学参与协办，商务印书馆、外语教学与研究出版社、北京大学出版社、香港海德基金会等提供赞助。会议得到国家语委和教育部有关部门的特别支持。

会议开幕式在北京大学百年纪念讲堂举行。北京大学副校长张国有、教育部语言文字信息管理司司长李宇明、国际中国语言学学会会长高岛谦一、北京大学中文系教授蒋绍愚、中国社会科学院语言研究所副所长蔡文兰、北京语言大学校长崔希亮、中央民族大学985创新基地主任戴庆厦、商务印书馆副总编辑周洪波、外语教学与研究出版社社长于春迟等先后在开幕式上致辞。

参加年会的220位代表中有中国大陆学者92人，中国台湾、香港、澳门学者40人，欧洲和北美洲学者63人，澳洲和亚洲其他国家学者25人。在中国国际语言学学会历次年会中，这是中国大陆汉语研究者与会人数最多的一次；在中国境内举行的历次汉语研究国际会议中，这也是国外和境外汉语研究者与会人数最多的一次。黄正德、平山久雄、曹茜蕾、陆俭明在会上作了主题报告，乔姆斯基和拉尔森分别作了录像报告和书面发言。会议还邀请了戴庆厦、高岛谦一、黄师哲、李行德、李亚非、李艳惠、林若望、杉村博文、沈家煊、司马翎、陶红印11位特邀报告人。

会议共收到88篇在读研究生和青年学者提交的论文全文申请“青年学者奖”、“桥本万太郎奖”和“波拉奖”。会议组委会学术委员会和中国国际语言学学会经过严格评选，从中选出5篇入围，最后，香港理工大学博士研究生刘兆静的论文《汉语反身代词认知过程研究》获得“波拉奖”。会上，主办方之一北京大学宣布：北京大学决定授予美国麻省理工学院教授乔姆斯基名誉博士学位。

会议举行了学会的换届选举。北京大学教授陆俭明当选新一届国际中国语言学学会会长，同时还增补了戴庆厦等7位常务理事。会议还宣布，国际中国语言学学会第17次学术年会将于2009年6月在法国巴黎举行，由法国国家高等社会科学院语言研究所主办。

（张　骅）

考古研究所

（一）人员、机构基本情况

截至2008年年底，考古研究所共有在职人员164人。其中，正高级职称人员38人，副高级职称人员45人，中级职称人员44人；高、中级职称人员占全体在职人员总数的77%。

考古研究所设有史前考古研究室、夏商周考古研究室、汉唐考古研究室、边疆民族与宗教考古研究室、考古科技实验研究中心、文化遗产保护研究中心、考古编辑室（考古杂志社）、考古资料信息中心、办公室、科研处、人事处。另在西安设有研究室，洛阳和安阳设有工作站。

（二）科研工作

1．科研成果统计

2008年，考古研究所共完成专著13种，217.9万字；论文151篇，176.9万字；研究报告24篇，44万字；学术资料18种，286.1万字；译著4种，62.7万字；译文1篇，1万字；学术普及读物2种，50万字；论文集5种，187万字。

2．科研课题

（1）新立项课题

2008年，考古研究所共有新立项课题6项。其中，院重大课题1项："中国考古学大辞典"(陈星灿主持)；院重点课题3项："广西邕宁顶狮山贝丘遗址研究"(傅宪国主持)，"考古学传统技术传承研究"（王影伊主持)，"2002～2007年山西襄汾陶寺遗址聚落考古资料研究"（何努主持)；院青年科研启动基金课题1项："公元5世纪末至7世纪初北方制瓷业研究"(王睿主持)；院国际合作研究课题1项："公元10世纪前中国与地中海间的交流（第一阶段)"（白云翔主持)。

（2）结项课题

2008年，考古研究所共有结项课题13项。其中，国家社科基金课题2项："半支箭河中游先秦时期遗址"及"大山前第一、第二、第四地点发掘报告"（朱延平主持)，"西汉诸侯王陵墓制度研究"（刘瑞主持)；院B类重大课题1项："文物基础信息数据库"（李健民主持)；国情调研课题2项："我国古代大遗址保护的现状调查"（王巍主持)，"丝绸之路境内段重要古代文化遗产保护现状调查"（齐肇业主持)；国情考察课题1项："长江流域文化遗产展示与利用之现状调查"（齐肇业主持)；科研管理研究课题1项："田野考古发掘的管理和建议"（缪雅娟主持)；科技部国家科技支撑计划课题2项："中华文明探源工程（二)"项目之"3500BC～1500BC中国文明形成与早期发展阶段的社会与精神文化"（陈星灿主持)，"3500BC～1500BC中国文明形成与早期发展阶段的经济和技术研究"（袁靖主持)；国家文物局文物保护科学和技术研究课题4项："青海柴达木地区年轮年表的建立与考古定年、古文化"（王树芝主持)，"西辽河上游地区史前农业的形成和发展以及与当地生态环境演变的关系"（赵志军主持)，"稳定同位素碳十三、氮十五分析应用于流水墓地和前掌大遗址古人类食物结构研究"(张雪莲主持)，"动物骨骼图谱"(袁靖主持)。

（3）延续在研课题

2008年，考古研究所共有延续在研课题65项。其中，国家社科基金课题4项："偃师二里头发掘报告"（郑光主持)，"兴隆洼——新石器时代聚落遗址发掘报告"（杨虎主持)，"偃师商城"（杜金鹏主持)，"偃师二里头（1999～2005年田野考古报告)"（许宏主持)；院重大课题16项："中国古代都城的考古发现与研究"（刘庆柱主持)，"生态环境的变迁与黄河中下游地区古代文明的形成"（赵志军主持)，"汉唐西域中外文化关系的考古学研究"（孟凡人主持)，"中国古代文明起源与早期发展研究"（王巍主持)，"偃师商城研究"（杜金鹏主持)，"中国考古学的方法和技术"（袁靖主持)，"20世纪中国考古影像数字化集成和田野考古资料数字化"（朱乃诚主持)，"洛阳隋唐城考古发掘报告"(陈良伟主持)，"敖汉兴隆沟——新石器时代聚落发掘报告"(刘国祥主持)，"隋唐长安佛寺的考古发现与研究——西明寺和青龙寺"（安家瑶主持)，"洛阳汉墓发掘与研究"（白云翔主持)，"安阳殷墟白家坟商代遗址"（徐广德主持)，"殷墟小屯村中村甲骨"（刘一曼主持)，"安阳郭家湾商代遗址"（刘忠伏主持)，"殷墟孝民屯"（王学荣主持)，

“考古学大辞典”（陈星灿主持）；院重点课题13项：“偃师二里头（1999～2005年田野考古报告）”（许宏主持），“2004年安阳大司空发掘报告”（岳洪彬主持），“隋唐宋元壁画墓综合研究”（赵超主持），“汉代骨签及汉代手工业研究”（李毓芳主持），“唐代都城园林研究——长安太液池”（龚国强主持），“山东旧石器文化研究——从沂沭河流域的细石器工艺传统看东亚地区的文化交流与传播”（梁中合主持），“龙山辿遗址的研究——黄河中游地区旧石器时代向新石器时代过渡的考古学探索”（王小庆主持），“新疆巴州古墓葬研究——和静县察吾乎沟、轮台县群巴克及且末县加瓦艾日克墓地”（丛德新主持），“汉长安城出土的北朝佛教造像”（刘振东主持），“哈克·团结遗址（1985～2004年考古报告）”（刘景芝主持），“中国考古学论文资料数据库”（辛爱罡主持），“安阳殷墟54号墓出土陶容器内存积土的化学分析及埋葬环境特征重建”（赵春燕主持），“喇家遗址”（叶茂林主持）；院青年科研启动基金课题7项：“辽河流域新石器时代陶器研究”（金英熙主持），“汉代瓦当与铜镜、花纹砖装饰纹样对比研究”（申云艳主持），“喀什噶尔的喀喇汉王朝王陵研究”（艾力江主持），“中国古代的水门和水关”（汪勃主持），“手工业生产专业化的考古学研究”（李新伟主持），“石质尖状器钻孔痕迹的试验研究”（谢礼晔主持），“中原龙山文化城址的聚落形态研究”（高江涛主持）；“新疆历史与现状综合研究”课题1项：“汉代及其以前新疆地区居民种群与考古学文化研究”（王巍主持）；科研管理研究课题1项：“非实体研究中心在学科发展中的作用和影响”（巩文主持）；所重点课题23项：“东周偪阳城址考古调查”（印群主持），“理论反思与古史建构”（徐良高主持），“宇宙与原始宗教信仰的考古学理论研究”（何努主持），“关中西部商时期文化研究”（宋江宁主持），“陶寺遗址与二里头遗址聚落形态之比较研究”（高江涛主持），“商代金文综合研究”（严志斌主持），“江苏扬州唐宋城东门遗址发掘报告”（汪勃主持），“欧亚草原‘龙’、‘虎’样艺术形象研究”（郭物主持），“考古勘探用便携式电法探测仪的研究与数据采集的智能化研究”（钟健主持），“中国古代漆器的起源与发展”（洪石主持），“甲骨文与商代天文历法研究”（冯时主持），“长江流域青铜文化研究”（施劲松主持），“晚商墓葬中的动物牺牲研究”（李志鹏主持），“考古研究所科研成果数据库”（张广荣主持），“仰韶文化彩陶研究”（王仁湘主持），“楚国墓葬制度与先秦礼制研究”（杨晖主持），“中原地区北宋金元墓的断代研究”（董新林主持），“中国考古网的升级与改版”（乔玉主持），“新疆古代于阗佛寺壁画研究”（雷然主持），“麦积山北魏石窟分期研究”（李裕群主持），“从考古遗存解读古代社会的探索”（朱延平主持），“黄河下游地区古代社会复杂化进程论”（贾笑冰主持），“明清北京城礼制建筑的勘察与研究”（姜波主持）。

3．科研组织管理新举措

2008年，为使考古学走向大众，使大众对考古学有一全面、正确的认识，考古研究所成立了“公众考古中心”非实体中心。在充分征求各方面意见的基础上，修订了部分科研管理制度，制定了考古研究所《出版管理工作条例》。在人才队伍建设方面，2008年按照中国社会科学院的工作部署，考古研究所作为聘任制试点单位进行了人事制度改革，制定了研究员分级方案，完成了研究员分级评定与聘任工作。

(三)学术交流活动

1. 学术活动

2008年，考古研究所主办和承办的学术会议有：

(1) 2008年1月17日，中国社会科学院主办、考古研究所承办的“中国社会科学院考古学论坛”在北京举行。会议的主题是“考古学论坛2007年中国考古新发现（六项）暨评述”。

(2) 2008年1月18日，考古研究所主办的“考古与文化遗产保护论坛”在北京举行。会议的主题是“考古发掘研究与考古遗址保护及其与文化遗产的关系”，研讨的主要问题有“考古发掘、研究与考古遗址保护”、“考古发掘、研究与文化遗产的关系”等。

(3) 2008年6月3～5日，中国社会科学院国际合作局和考古研究所联合主办的“第四届世界东亚考古学大会”在北京举行。会议的主题是“加强世界范围内研究东亚地区考古学的学者之间的学术交流，以及考古学与其他相关学科之间的联系和信息交流，促进东亚地区考古学研究和文化遗产保护事业的发展”。

(4) 2008年9月7～9日，中国社会科学院考古研究所、内蒙古自治区文物局、鄂尔多斯市委、鄂尔多斯市人民政府联合主办的“鄂尔多斯青铜器国际学术研讨会”在内蒙古自治区鄂尔多斯市举行。会议的主题是“鄂尔多斯青铜器”。

(5) 2008年10月22～26日，中国社会科学院考古研究所、中国考古学会联合主办的“中国考古学会第十一次年会暨第五届会员代表大会”在北京举行。会议的主题是“改革开放30年来的中国考古学”，会议研讨的主要问题有“改革开放30年来中国各个时代、区域、研究领域考古学研究的新进展”、“现代科学技术手段在考古学中应用的发展”等。

(6) 2008年10月29～31日，中国社会科学院考古研究所、安阳市人民政府等联合主办的“殷墟科学发掘80周年考古与文化遗产论坛”在河南省安阳市举行。会议的主题是“纪念殷墟科学发掘80周年”，会议研讨的主要问题有“考古学的理论方法、学术史”、“安阳殷墟以外地区的青铜器文化研究”、“安阳殷墟洹北商城及殷墟考古”、“甲骨文、金文及相关研究”、“文化遗产保护与管理”等。

(7) 2008年12月4～6日，中国社会科学院考古研究所、广州市文化局等联合主办的“西汉南越国考古与汉文化国际学术研讨会”在广东省广州市举行。会议的主题是“西汉南越国考古与汉文化”。

2. 国际与地区学术交流和合作

2008年，考古研究所共派遣出访45批36人次，接待来访24批200人次。与考古研究所开展学术交流的国家和地区有美国、俄罗斯、德国、法国、日本、韩国等国家和中国的台、港、澳地区。其中：

（1）2008年3月5～12日，考古研究所白云翔赴日本与日本滋贺县立大学人间文化学部就“中日古代铜镜比较合作研究”问题开展合作交流。

（2）2008年3月12～18日，考古研究所王巍一行与日本独立行政法人文化财机构奈良文化财研究所在日本就“汉魏洛阳故城调查发掘项目”双方合作事宜进行商讨并开展交流活动。

（3）2008年3月25～30日，考古研究所王巍与加拿大英属哥伦比亚大学人类学系就“东亚早期地域与地域间的互动关系和相互影响”问题开展学术交流。

（4）2008年3月30日至4月6日，考古研究所王巍、陈星灿赴美国与美国斯坦福大学考古中心有关专家学者就文化遗产研究问题开展交流活动。

（5）2008年4月8～15日，考古研究所齐肇业、陈星灿与澳大利亚拉楚布大学历史和欧洲学院就双方进一步开展考古合作研究事宜进行交流。

（6）2008年4月9～11日，考古研究所王巍一行与香港中文大学中国考古艺术研究中心就“古代玉器研究方法探索”问题开展交流活动。

（7）2008年6月18～22日，考古研究所郭物赴法国与法国国家自然历史博物馆以及国家东方语言和文明研究所就“欧亚大陆上导致人类迁徙的起源以及这些迁徙导致人类的扩散”等问题开展学术交流。

（8）2008年7月1～7日，考古研究所朱岩石赴德国与海德堡大学东亚艺术史研究所就“中国佛教刻经”问题开展学术交流。

（9）2008年8月6日至9月6日，考古研究所张雪莲赴德国与德国基尔大学就碳十四制样系统的建立问题开展学术交流。

（10）2008年8月7～17日，考古研究所朱延平赴美国与美国匹兹堡大学人类学系和艺术史系就“赤峰国际联合考古研究”项目开展合作交流。

（11）2008年9月2～11日，考古研究所王巍一行赴俄罗斯与俄罗斯科学院就双方进一步合作事宜进行交流。

（12）2008年9月16日至11月15日，考古研究所赵超赴香港与香港城市大学就有关“中国考古学与古代文化”等问题开展学术交流。

（13）2008年9月28日至10月3日，考古研究所王巍赴韩国与韩国（财）东亚细亚文化财研究院就 “从考古学看中国古代人的生和死”问题开展学术交流。

（14）2008年9月30日至2009年3月31日，考古研究所龚国强与日本东北学院大学就中国考古学相关问题开展合作交流。

（15）2008年10月12～15日，考古研究所王巍一行赴台湾与“中研院”历史语言研究所就“纪念殷墟发掘80周年”开展学术交流。

（16）2008年10月12～18日，考古研究所赵志军赴美国与哈佛大学人类学系就“亚洲农业的传播”问题开展学术交流。

（17）2008年10月28日至11月3日，考古研究所刘庆柱赴韩国与韩国柳琴瓦当博物馆就“亚洲古代瓦当研究”问题开展合作交流。

（18）2008年11月14日，考古研究所朱岩石赴日本与日本国学院大学就“东亚地区古代佛教文化起源”问题开展学术交流。

（19）2008年12月1～2日，考古研究所张显清与澳门理工学院在澳门就“中国地方志”问题开展学术交流。

（20）2008年12月9～14日，考古研究所安家瑶在德国梅茵兹罗马·日耳曼中心博物馆就有关中国早期的玻璃器问题开展学术交流。

2008年，考古研究所结项的国际合作研究项目有1项，是考古研究所和河南省洛阳市文物局与日本滋贺县立大学人间文学部合作进行的“洛阳汉晋铜镜的考古学研究”项目；取得阶段性成果的国际合作研究项目有2项，分别是考古研究所与日本奈良文化财研究所合作开展的“汉魏洛阳故城遗址勘察与研究”、考古研究所和山东省文物考古研究所与美国哥伦比亚大学东亚语言和文化系合作开展的“山东龙口归城遗址”。

（四）学术社团、期刊

1．社团

中国考古学会，理事长张忠培。

2．期刊

（1）《考古》（月刊），主编王巍。

2008年，《考古》共出版12期，共计180万字。全年刊载的有代表性的文章有：内蒙古自治区考古研究所的《内蒙古扎鲁特旗南宝力皋吐新石器时代墓地》，浙江省文物考古研究所的《杭州市余杭区良渚古城遗址2006～2007年的发掘》，安徽省文物考古研究所的《安徽含山县凌家滩遗址第五次发掘的新发现》，宁波市文物考古研究所等的《浙江宁波市走马岭山古代墓葬与窑址的发掘》，江西省文物考古研究所的《江西靖安县李洲坳东周墓葬》，中国社会科学院考古研究所河南一队等的《河南灵宝市西坡遗址墓地2005年发掘简报》，河南省文物局南水北调办公室等的《河南新郑市唐户遗址裴李岗文化遗存发掘简报》、《河南淅川县徐家岭11号楚墓》、《河南安阳市固岸墓地II区51号东魏墓》，河南省文物考古研究所的《河南荥阳市关帝庙遗址商代晚期遗存发掘简报》，安阳市文物考古研究所的《河南安阳市殷墟郭家庄东南五号商代墓葬》，湖北省文物局南水北调办公室等的《湖北郧县大寺遗址2006年发掘简报》、《湖北郧县辽瓦店子遗址东周遗存的发掘》、《湖北郧县乔家院子春秋殉人墓》，四川省文物考古研究院的《四川汉源县麦坪新石器时代遗址2007年的发掘》，周原考古队的《陕西扶风县周原遗址庄李西周墓发掘简报》。

2008年，《考古》获第四届中国社会科学院优秀期刊奖“期刊一等奖”。

（2）《考古学报》（季刊），主编刘庆柱。

2008年，《考古学报》共出版4期，共计82万字。全年刊载的有代表性的文章有：中国社会科学院考古研究所细石器课题组等的《内蒙古呼伦贝尔辉河水坝细石器遗址发掘报告》，中国社会科学院考古研究所安阳工作队的《殷墟大司空M303发掘报告》，衡阳市文物处等的《河南耒阳白洋渡汉晋南朝墓》，洛阳市文物工作队的《洛阳关林镇唐墓发掘报告》，邢台市文物管理处的《邢台南宫普彤塔明代铜造像》。

（五）会议综述

第四届世界东亚考古学大会

2008年6月3～5日，由中国社会科学院考古研究所和中国社会科学院国际合作局共同举办的“第四届世界东亚考古学大会”在北京召开。来自澳大利亚、加拿大、法国、荷兰、以色列、日本、德国、韩国、蒙古国、英国、美国、俄罗斯、越南等国家以及东道主中国的将近200余位学者参加了大会。中国社会科学院常务副院长王伟光、国家文物局副局长童明康、东亚考古学会主席井川史子出席了开幕式并致辞。中国社会科学院考古研究所所长王巍和国际合作局局长杨扬作为会议举办方的代表也在开幕式上发表了演讲。开幕式之后，大会组织五位学者围绕中国考古学分别作了主题发言。

大会的专题讨论设置了23个专题和 5个综合组。学者们就东亚旧石器、东亚与世界早期复杂社会的比较研究、欧亚大陆的冶金和社会、 东亚岛屿考古、东亚史前和历史时期的区域间互动、东亚考古遗产保护、中国青铜时代、中国南方与东南亚史前考古等课题以及东亚地区的古代动物、植物、体质人类学、玻璃器等内容展开讨论。这些课题既包括了当今东亚乃至世界考古学研究领域中的热点理论问题，也有对东亚区域性考古工作成果的提炼与展示。

2008年6月，“第四届世界东亚考古学大会”在北京举行。

关注古代社会文明的发展道路与发展模式，探讨不同地区间古代文化的互动关系，充分利用新技术、新理论与方法来研究古代的遗迹、遗物，是此次大会讨论、交流的重要议题。同时，伴随着东亚地区尤其是中国近年在文化遗产保护事业方面的成就越来越多地吸引了世界的注意，对文化遗产保护事业的理论与实践的探讨也成为大会的重要议题之一。

东亚考古学大会是东亚考古学会定期组织召开的国际会议。东亚考古学会成立于1996年，第一届于1996年在美国的夏威夷召开，此后每四年一届。东亚考古学会的宗旨是加强世界范围内研究东亚地区考古学的学者之间的学术交流，加强考古学与其他相关学科之间的联系和信息交流，促进东亚地区考古学研究和文化遗产保护事业的发展。东亚考古学会目前有正式会员百余名，近年来，伴随着东亚地区考古事业的迅猛发展以及研究成果的大量涌现，来自中国、日本、韩国、蒙古国、越南等地的学者越来越多地参与其中。

（巩　文）

鄂尔多斯青铜器国际学术研讨会

2008年9月7～9日，由中国社会科学院考古研究所、内蒙古自治区文物局、鄂尔多斯市委、鄂尔多斯市人民政府联合主办的“鄂尔多斯青铜器国际学术研讨会”在内蒙古自治区鄂尔多斯市举行。国家文物局文保司司长柴小明在开幕式上讲话。鄂尔多斯市副市长包崇明致欢迎词，并与中国社会科学院考古研究所副所长白云翔、内蒙古自治区文化厅厅长王志诚分别致开幕词，白云翔致闭幕词。60余位代表参加了大会。大会共收到论文40余篇。

研讨会主要围绕着鄂尔多斯青铜器、北方青铜时代和早期铁器时代考古学文化、北方草原青铜文明与中原青铜文明的关系、欧亚“草原丝绸之路”等4个议题展开。

关于鄂尔多斯青铜器方面，涉及到有关的新发现，涉及到有角神兽牌饰、云纹牌饰、带饰、带扣、腰带饰品，涉及到铜器的合金成分、铜器的用途，涉及到陕北地区发现的鄂尔多斯青铜器等。

2008年9月，“鄂尔多斯青铜器国际学术研讨会”在内蒙古自治区鄂尔多斯市举行。

关于北方青铜时代和早期铁器时代考古学文化方面，有学者就内蒙古中南部的青铜时代—早期铁器时代文化、玉皇庙文化、辽河流域的北方式青铜器、东北亚地区的几何纹铜镜、青铜短剑的用途和性质、夏家店上层文化的青铜器、夏家店上层文化中的铜盔、赤峰三座店夏家店下层文化城址、大甸子墓地的夏家店下层文化彩绘陶纹样、鄂尔多斯的鲜卑遗存、北方青铜文化墓葬中的动物殉牲、北方草原地带的早期铁器等问题进行了讨论。

关于北方草原青铜文明与中原青铜文明以及同中国南方古代文化的联系方面，代表们通过朱开沟的青铜武器、带铃铜器、毛庆沟和饮牛沟墓地、河套地区先秦时期的移民、云南青铜器中的北方草原文化因素、秦地域内新发现的动物纹装饰器物等进行了探讨。

关于欧亚草原古代文化及“草原丝绸之路”问题方面，部分学者从有角神兽牌饰、游牧民和农耕民铜器的联系、塞吉玛—图尔比诺类型、欧亚草原的非金属牌饰、阿鲁柴登金冠、卡拉苏克式铜短剑、匈奴文化遗存、匈奴贵族墓葬以及墓葬中的外来文化因素、青海东北部地区草原文化风格的文化遗存、欧亚草原的早期东西文化交流、蒙古国新发现的早期游牧民文化遗存、蒙古国阿尔泰地区古代墓葬等不同侧面进行了探讨。

（巩　文）

殷墟科学发掘80周年考古与文化遗产论坛

2008年10月29～31日，中国社会科学院考古研究所、安阳市人民政府、河南省文物局、安阳师范学院、中国殷商文化学会等单位在河南省安阳市联合举办“殷墟科学发掘80周年考古与文化遗产论坛”，以纪念殷墟发掘这一中国学术史上的历史性事件。开幕式由安阳市委副书记、市长张笑东主持。安阳市委书记张广智致欢迎词。闭幕式由安阳市委常委、市政府副市长李宏伟主持。近200名学者参加了纪念会，其中来自海外的学者58人。会议共收到论文92篇。

1928年，原中央研究院历史语言研究所以发掘甲骨文材料为契机，开始了殷墟发掘工作。1928～1936年的15次发掘奠定了殷墟考古的基础。殷墟不仅是中国考古学的发祥地，也是中国考古学人才培养的基地和摇篮。自1949年至今，殷墟考古工作一直持续开展，并不断有重大发现。殷墟成为名副其实的世界文化宝库，并成功申报为世界文化遗产。

此次研讨会主要围绕以下7个专题展开：第一，考古学理论方法与学术史；第二，商代考古综合研究；第三，殷墟以外地区的青铜文化研究；第四，洹北商城·殷墟研究；第五，商代铸铜、制陶、制骨技术；第六，甲骨文、金文及相关研究；第七，文化遗产保护与管理。

这次研讨会是近年来殷墟遗址研究、保护工作的一次检验。以下诸项工作成就受到与会者一致认可：第一，殷墟成功列入世界文化遗产名录；第二，殷墟布局研究进展显著；第三，殷墟手工业生产方面的研究进展显著；第四，商代社会结构研究有重要进展；第五，殷墟花园庄东地甲骨的发现与研究逐渐展示出商朝诸王族间的复杂关系，这种复杂关系直接涉及到商王武丁及武丁配偶妇好。

这次会议以学术研讨为核心，同时穿插了洹北商城宫城城墙及新发掘的洹北商城2号建筑基址发掘现场参观，并邀请董作宾、李济、梁思永、胡厚宣等参加过20世纪30年代殷墟发掘的前辈学者的后人，在小屯村北原史语所的发掘工地举行了隆重纪念活动。

（巩　文）

西汉南越国考古与汉文化国际学术研讨会

2008年12月4～6日，由中国社会科学院考古研究所和广州市文化局联合主办，广州市文物考古研究所、南越王宫博物馆筹建处和西汉南越王博物馆共同承办的“西汉南越国考古与汉文化国际学术研讨会”在广东省广州市召开。开幕式由中国社会科学院考古研究所副所长白云翔主持。中国社会科学院副秘书长晋保平、中国社会科学院考古研究所党委书记齐肇业、国家文物局文保司副司长柴晓明、广东省文物局副局长龙家有、广州市人民政府副秘书长赵南先、广州市文化局党委书记徐咏虹、巡视员陈玉环等出席会议并致辞。来自日本、韩国、越南、法国、德国等国家的14位学者以及我国各省市自治区考古文博机构、有关高等院校的100多位学者参加了会议，其中包括著名考古学家和历史学家黄展岳、麦英豪、张荣芳、刘庆柱等。会议共收到学术论文80余篇。

中国社会科学院学部委员刘庆柱、广州市文物考古研究所所长冯永驱、广西壮族自治区文物考古研究所副研究员熊昭明分别就汉代考古和岭南地区汉代考古新发现作了发言。

研讨会共进行了6场分组发言和讨论。与会代表围绕西汉南越国考古发现与研究、岭南地区汉代考古发现与研究、汉代中原与岭南及周边地区的交流、汉代海上丝绸之路研究、汉代考古与汉文化研究、大遗址的考古发掘与保护等6个方面的议题分组进行了学术报告和讨论。西汉南越国考古发现与研究、岭南地区的汉代墓葬是此次研讨会的主要议题；汉代考古发现与研究是此次研讨会的又一重要议题，除介绍近年来汉代考古的新发现外，与会代表还就汉代城址、墓葬以及出土遗物等方面进行了研讨；汉代城址的发现与研究一直是学界关注的热点，也是此次研讨会的重点之一。

2008年12月，“西汉南越国考古与汉文化国际学术研讨会”在广东省广州市召开。

会议期间，与会代表参观了西汉南越王墓博物馆、广州博物馆、番禺博物馆、南越国宫署遗址、南越国木构水闸遗址、北京路千年古道遗址以及莲花山古采石场等博物馆和考古遗址。

（巩 文）

历史研究所

（一）人员（含郭沫若纪念馆）、机构基本情况

截至2008年年底，历史研究所共有在职人员153人。其中，正高级职称人员35人，副高级职称人员44人，中级职称人员40人；高、中级职称人员占全体在职人员总数的78%。

历史研究所设有先秦史研究室、秦汉魏晋南北朝史研究室、隋唐宋辽金元史研究室、明史研究室、清史研究室、中国思想史研究室、中外关系史研究室、社会史研究室、文化史研究室、史学史和历史文献学研究室、历史地理研究室、《中国史研究》编辑部、图书馆、郭沫若纪念馆、办公室、科研处、人事处。另有4个院级非实体性研究中心：中国社会科学院甲骨文殷商史研究中心、中国社会科学院简帛研究中心、中国社会科学院敦煌研究中心、中国社会科学院徽学研究中心；一个所级非实体中心：中国社会科学院历史研究所内陆欧亚学研究中心。

（二）科研工作

1．科研成果

2008年，历史研究所共完成专著13部，514.4万字；论文200篇，279.8万字；古籍整理1部，200万字；译著3部，134.7万字；译文7篇，8.6万字；工具书2部，80万字；论文集12部，487万字。

2．科研课题

（1）新立项课题

2008年，历史研究所共有新立项课题17项。其中，国家社科基金课题1项："16世纪明代财政研究——以《万历会计录》的整理为中心"（万明主持）；国情调研考察项目1项："改革开放30年与西北开发"（刘荣军主持）；院重大课题1项："甲骨文合集三编"（宋镇豪主持）；院重点课题1项："贵霜史研究"（余太山主持）；院委托交办课题1项："中国古代史名词审定"（楼劲主持）；所重点课题12项："编辑《'封建'名实问题研讨会论文集》"（卜宪群主持），"魏书校释"（刘驰主持），"汉魏丛书的整理与研究"（孙晓主持），"突厥第一汗国汉文史料编年辑考"（吴玉贵主持），"明代遗民思想研究"（汪学群主持），"秦汉医疗社会史"（彭卫主持），"《禹贡》学术史"（吴锐主持），"卢见曾幕府研究"（曹江红主持），"明代服饰研究"（赵联赏主持），"两汉魏晋南北朝正史所见中国北方民族非汉语专有名词汇编汇考"（贾衣肯主持），"历史研究所网络

信息化基础建设”（刘荣军主持），“中国古代史名词审定”（楼劲主持）。

（2）结项课题

2008年，历史研究所共有结项课题16项。其中，国情调研课题1项：“传统文化与和谐社会建设——以宁波市为中心的调查”（陈祖武主持）；院B类重大课题1项：“历史研究所科研基础数据库”（齐克琛主持）；院青年科研启动基金课题6项：“比丘林中国边疆史地研究述评”（李伟丽主持），“晚明理学界‘由王返朱’趋势探析”（朱昌荣主持），“南书房撤销时间考辨”（李娜主持），“清代前期科举落第问题研究——以浙江、陕西落第举子为例”（贺晓燕主持），“西周青铜器铭文中纪时词语新研”（王泽文主持），“王莽改制文物研究”（王艺主持）；所重点课题8项：“传统社会结构转型研究”（商传主持），“内陆欧亚史纲”（余太山主持），“清代中期的易学”（汪学群主持），“明代中外关系史研究”（万明主持），“两汉经学佚书的整理研究”（孙晓主持），“明清易代背景下的私修明史研究”（曹江红主持），“明代官服研究”（赵联赏主持），“汉唐时期北方游牧部落迁徙史论”（贾衣肯主持）。

（3）延续在研课题

2008年，历史研究所共有延续在研课题113项。其中，国家社科基金课题7项：“中国早期城市的探索——18、19世纪的北京外来人口研究”（郭松义主持），“明清时代‘府政’研究”（阿风主持），“花园庄东地甲文例研究”（孙亚冰主持），“中国古代国家的起源与王权的形成研究”（王震中主持），“殷墟花园庄东地H3甲骨文研究”（刘源主持），“元代法律史研究”（刘晓主持），“16世纪明代财政研究——以《万历会计录》的整理为中心”（万明主持）；院A类重大课题3项：“中国历史的发展道路”（卢钟锋主持），“中国历代自然灾害及其对策研究”（赫治清主持），“礼与中国古代社会”（吴丽娱主持）；院重大课题2项：“中国古代历史图谱”（王曾瑜主持），“甲骨文合集三编”（宋镇豪主持）；院重大交办委托课题1项：“中国历史上的邪教及其政府对策”（赫治清主持）；院交办委托课题1项：“中国古代国家社会建设问题”（卜宪群主持）；国情考察课题1项：“改革开放30年与西北开发”（刘荣军主持）；院B类重大课题8项：“秦汉国家形态研究”（卜宪群主持），“唐宋道教文化史研究”（王育成主持），“历史研究所图书馆特藏文献数据库”（袁立泽主持），“《水经注》城邑考”（曲英杰主持），“元代的法制史研究”（刘晓主持），“宋元明礼学思想研究”（王启发主持），“唐代西域文献整理与研究”（李锦绣主持），“《元典章·户部》校释”（陈高华主持）；院重点课题14项：“《宋会要辑稿》研究与整理”（江小涛主持），“中国古代国家的起源与王权的形成”（王震中主持），“中国古史研究20年”（刘洪波主持），“清代政治研究”（张捷夫、李世愉主持），“天一阁宋藏《天圣令》研究”（黄正建主持），“九至十一世纪敦煌地方政权与中央关系研究”（杨宝玉主持），“西方文化视域中的《老子》”（张海燕主持），“从《唐将书帖》看南兵北将”（杨海英主持），“改革开放30年的中国古代史研究”（陈祖武主持），“明代诏令文书整理与研究”（万明主持），“出土《日书》类文献研究”（刘乐贤主持），“明清徽州诉讼文书的整理与研究”（阿风主持），“清代新疆的内地移民研究”（贾建飞主持），“贵霜史研究”（余太山主持）；院基础研究课题1项：“明清鱼鳞图册研究”（栾成显主持）；院青年科研启动基金课题5项：“靺鞨、渤海与东北亚各国各族关系史研究”（马一虹主持），“北魏时期关中地区地方行政体制变革”（戴卫红主持），“洪武开科：心态、任职与社会现实”（胡吉勋主持），“清代方略类书目研究”（邱源媛主持），“商周青铜豆类器物及其礼制研究”（张翀主持）；中纪委驻院纪检组委托课题1项：“传统文化与廉政文化建设”（卜宪群主持）；院领导委托课题1项：“为国家领导人讲授中国历史”（卜宪群主持）。此外，还有所重点课题68项。

（三）学术交流活动

1．学术活动

2008年，历史研究所主办的主要学术会议有：

（1）2008年9月25～26日，由中国社会科学院主办、历史研究所承办的“中国社会科学院中国古代史论坛——改革开放30年来的中国古代史研究”在北京举行。会议围绕改革开放30年来古代史研究的重大问题和焦点问题、新的研究方法和理论以及所取得的成就等进行了探讨。

（2）2008年10月19～20日，由中国社会科学院历史研究所内陆欧亚学研究中心、中国人民大学国学院和新疆维吾尔自治区吐鲁番学研究院共同举办的“第三届吐鲁番国际学术研讨会”在吐鲁番市召开。会议的主题是“内陆欧亚游牧民族的迁徙”。

（3）2008年12月11日，由中国社会科学院学部主席团主办、历史研究所承办的“中国社会科学院国学研究论坛”在北京举行。论坛的主题是“陈垣、陈寅恪与二十世纪中国传统文化研究”。

（4）2008年12月18～20日，由中国社会科学院历史研究所与宁波市海曙区政府联合主办的“全祖望与浙东学术文化国际研讨会”在浙江省宁波市召开。会议围绕全祖望的学术思想以及近年来国内外关于全祖望及浙东学派的最新理论研究等议题进行了探讨。

2008年12月，“中国社会科学院国学研究论坛：陈垣、陈寅恪与二十世纪中国传统文化研究”在北京举行。

（5）2008年12月19～22日，由中国社会科学院历史研究所和宁波市文化广电新闻出版局共同主办、宁波市天一阁博物馆承办的“纪年万斯同诞辰370周年·万斯同与《明史》编纂国际学术研讨会”在浙江省宁波市召开。会议围绕以万斯同为代表的清代浙东史学在中国史学史、思想史与文化史上的重要地位和天一阁藏万斯同手稿《明史稿》的价值及流传源流等，探讨了蕴涵在浙东学派中的进步思想和现代价值。

2．国际与地区学术交流和合作

2008 年，历史研究所根据院级交流协议出访 4 批次 6 人次；根据所级交流协议出访 4 批次 10 人次；根据所级非协议项目出国参加学术会议、访问及讲学的有 21 批次 21 人次。出访的国家和地区包括美国、俄罗斯、法国、日本、韩国及中国香港、台湾地区。

2008 年，历史研究所共接待国外及港台地区来访学者 80 余人。其中，根据院级协议来访的有 5 批次 8 人次；接待所级协议来访 4 批次 6 人次；接待参加学术研讨会学者 17 人次；接待长期访问学者 1 人次；安排来访学者学术演讲 14 人次；来所一般性拜访、参观、座谈学者 40 余人次。

（四）学术社团、期刊

1．社团

（1）中国先秦史学会，会长李学勤。

2008 年 4 月，中国先秦史学会在北京中央广播电视大学召开“2008《春秋》、《左传》学术研讨会”。

2008 年 9 月，中国先秦史学会在山西省平陆县召开“全国第二届傅圣文化学术研讨会”。

（2）中国秦汉史研究会，会长王子今。

2008 年 5 月 8～11 日，中国秦汉史研究会与北京市大葆台博物馆共同举办“汉代文明国际学术研讨会”。

2008 年 9 月 19～21 日，中国秦汉史研究会与西北大学共同举办“秦汉史高层论坛”。

（3）中国殷商文化学会，会长王宇信。

2008 年 2 月 5 日，中国殷商文化学会在北京举行“殷墟保护利用管理与构建和谐社会资深文物考古专家研讨会”。

2008年10月，中国殷商文化学会在河南省安阳市参加举办“殷墟考古发掘80周年研讨会”。

2008年12月，中国殷商文化学会在山东省周村举行“中国周村古商城保护与弘扬高层论坛”。

（4）中国中外关系史学会，会长耿昇。

2008 年 3 月 21～23 日，由中国中外关系史学会（历史研究所托管）、香港海外交通史学会、浙江工商大学日本文化研究会共同主办，海南琼州学院承办的“新视野下的中外关系史研究学术讨论会”在海南省三亚市召开。会议研讨的主要问题有“我国历代睦邻政策影响下的中外文明交流与和谐社会的形成”、“海上丝绸之路与海洋文明”、“中外交通的历史作用及其影响”、“中日关系史研究”、“推动中外文明交流的历史人物与事件研究”等。来自中国社会科学院及全国各地的专家学者 70 余人参加了研讨会。

2008年8月，中国中外关系史学会在新疆阿拉尔与塔里木大学西域文化研究所联合召开“环塔里木中外文化交流”学术讨论会。

2008年10月，中国中外关系史学会在山东省蓬莱市与联合国泛丝绸之路系列活动组委会、鲁东大学、山东师范大学齐鲁文化研究中心、蓬莱市人民政府联合举办了“登州与海上丝绸之路国际学术研讨会”。

（5）中国明史学会，会长张显清。

2008年8月1～5日，由中国明史学会主办、河南省新郑市人民政府承办的“明史暨高拱国际学术研讨会”在河南省新郑市举行。会议的主题是“明朝中后期著名的政治家、思想家和改革家高拱的改革成就特别是他的学术成就和学术思想”。来自国内外高等院校和科研机构的50多位专家学者参加了研讨会。

2008年8月16～20日，中国明史学会与广东省东莞市政协、暨南大学历史系共同举办“以明清东莞为中心的珠三角区域史国际学术研讨会”。

（6）中国魏晋南北朝史学会，会长李凭。

2008年5月，中国魏晋南北朝史学会在山西省大同市举办“北朝都城与历史文化国际学术研讨会”。

2. 期刊

(1)《中国史研究》(季刊)，主编彭卫。

2008年，《中国史研究》共出版4期，共计100万字。全年刊登的有代表性的文章有：何龄修的《太子慈烺和北南两太子案》，楼劲的《宋初礼制沿革及其与唐制的关系》，袁延胜的《天长纪庄木牍〈算簿〉与汉代算赋问题》，林甘泉的《“封建”与“封建社会”的历史考察》，陈峰的《宋代军功集团在政治上的消亡及其影响》。2008年，《中国史研究》还新开设了两个栏目：一个是“重点课题成果专栏”，一个是“黑水城文献发现100周年笔谈”。

2008年，《中国史研究》获第四届中国社会科学院优秀期刊奖“期刊优秀奖”。

(2)《中国史研究动态》(月刊)，主编陈高华。

2008年，《中国史研究动态》共出版12期，共计60万字。

（五）会议综述

中国社会科学院中国古代史论坛——改革开放30年来的中国古代史研究

2008年9月25～26日，“中国社会科学院中国古代史论坛——改革开放30年来的中国古代史研究”在北京举行。论坛主要就改革开放30年来中国历史学研究进行了系统的回顾和总结，为推动中国古代史研究的进一步发展奠定了坚实的基础。著名历史学家李学勤、朱凤瀚、林甘泉、朱大渭、张泽咸、黄朴民、郝春文、彭林、李治安、李华瑞等以及古代史研究各相关领域的研究人员近百人出席了论坛。论坛分别由中国社会科学院历史研究所所长陈祖武和副所长卜宪群主持。

论坛中，先秦史、秦汉魏晋南北朝史、隋唐史、宋辽金西夏元史、明史、清史、文化史、经济史、社会史、经学研究、国学、敦煌文献、中外关系史、思想史、历史地理、历史文献等各断代史和专门史学科的学者代表围绕改革开放30年来古代史研究中的重大问题和焦点问题、新的研究方法和研究理论进行了讨论。与会学者普遍认为，改革开放30年，古代史研究在解放思想、实事求是的思想路线指引下取得了辉煌的成绩，这是长期以来坚持马克思主义基本理论与中国历史实践相结合的结果。

回顾改革开放30年所取得的成绩，与会学者从以下四个方面进行了多角度、多层次的归纳和总结：

第一，优化学术环境，拓宽发展空间。在安定团结、日益富足的社会大环境下，解放思想、实事求是的精神深入人心，开放宽松、兼容并蓄的学术环境逐渐形成。同时，国家对中国古代史研究学科的重视和支持也为专家学者提供了一个优越的研究环境。

第二，拓宽研究领域，完善学科体系。这是30年来中国古代史研究中无论是断代史还是通史、专门史领域所呈现的一个突出特点，重大考古成果和各类出土文献的不断涌现，使古代史研究从深度和广度上都得到了极大的扩展。

第三，培养优秀人才，及时为研究队伍补充新鲜血液。改革开放30年来，特别是进入21世纪后，我们逐渐拥有了一支充满朝气、锐意进取的研究队伍，他们受过严格的专业训练，有着真诚的唯物史观的科学信仰，他们将日益成为中国古代史研究的中坚力量。

第四，转换理论视角，更新研究方法。外来史学理论和研究方法的引入，使中国古代史研究的基本手段和范围有了诸多更新，古代史研究的多学科渗透以及相互交叉的现象日益显现，各兄弟学科相互借鉴、相互补充、相互印证，已经成为发展趋势，一个诸学科共同研究、相互对话、平等交流的平台已经初步形成。

针对中国古代史未来的研究发展趋势，与会学者认为：随着我国改革开放的日益深化，中国古代史研究又将迎来一个新的发展契机，在继续关注重大问题的同时，还将不断地拓宽研究视野和研究领域，在马克思主义理论思想的指导下，发扬改革开放的时代精神，解放思想，从中国历史发展的实际出发提出研究课题，用具有中国特色的研究方法，探索中国历史发展的自身特点。

（历　研）

第三届吐鲁番国际学术研讨会

2008年10月19～20日，由中国社会科学院历史研究所内陆欧亚学研究中心、中国人民大学国学院和新疆维吾尔自治区吐鲁番学研究院共同举办的“第三届吐鲁番国际学术研讨会”在新疆维吾尔自治区吐鲁番市召开。来自中国、日本、韩国、俄罗斯、土耳其、波兰、乌兹别克斯坦等国家的学者参加了研讨会。

吐鲁番地处内陆欧亚的南缘，自古以来就是欧亚的交通枢纽，也是历史上各游牧民族势力的必争之地，因此，研讨会是以“内陆欧亚游牧民族的迁徙”为主题在吐鲁番这个具有重要的地理和历史意义的地方召开的。研讨会上，国内外26位学者作了学术报告，24位评议人发言。

研讨会有以下4个显著特点：第一，议题的地理范围广，学者的议题从东北亚到欧洲西部，可谓纵横万里；第二，议题的时间跨度大，从遥远的史前时代一直到20世纪30年代，可谓上下几千年；第三，出席研讨会的国家和民族众多，代表们分别来自7个国家，中国有汉族、蒙古族、维吾尔族、柯尔克孜族、朝鲜族等多民族学者参加；第四，研讨会使用和研究的语言种类繁多，学者们在发言和交流中使用的语言有汉语、英语、俄语、日语、韩语、土耳其语等，研究的语言对象涉及汉文、藏文、西夏文、回纥文、阿拉伯文、波斯文、吐火罗文、梵文、蒙古文、俄文、日文、土耳其文、韩文等。

研讨会还组织代表们参观了吐鲁番周边地区的高昌故城、阿斯塔那墓和伯兹克里克千佛洞等历史遗迹。

（历　研）

全祖望与浙东学术文化国际研讨会

2008年12月18～20日，由中国社会科学院历史研究所与宁波市海曙区政府联合主办的“全祖望与浙东学术文化国际研讨会”在浙江省宁波市召开。来自中国、美国、日本、韩国、新加坡等国家的50多位专家学者参加了会议。会议围绕全祖望的学术思想和近年来国内外关于全祖望以及浙东学派的最新理论研究等议题进行了探讨。

出生于浙江省宁波市海曙区的清朝学者、文学家全祖望是浙东学派著名的代表人物之一。全祖望是继黄宗羲、万斯同之后浙东学派一位承上启下的重要代表人物，他的学术思想散发着“以民为本”和“经学致用”的民主与科学的精神，具有重要的历史地位和现实影响力。他的著作颇丰，共计有30余种400余卷，其中的《鲒埼亭集》和《续甬上耆旧诗》都

2008年12月，“全祖望与浙东学术文化国际研讨会”在浙江省宁波市召开。

是鸿篇巨著。在治学上彰显民族气节是全祖望的史学特点，在《鲒埼亭集》和《外编中》，搜集和整理了抗清志士的材料事迹。他所强调的民族爱国思想，被后代学者体察、认识到以后，不断地加以阐发，成为全祖望史学研究中最有生命力的部分。而浙东学派源于宋朝，清初以黄宗羲、万斯同、全祖望、章学诚、邵晋涵等为代表的浙东派别在国内具有较高的知名度。他们一贯主张治学先穷经而求证于史，倡导注重研究史料和通经致用之风气。

中国社会科学院学部委员陈祖武，历史研究所副所长卜宪群，浙江省文化厅副厅长、省文物局局长鲍贤伦以及宁波市政府的有关领导出席了开幕式。此次研讨会共有 3 项活动，分别是：全祖望塑像落成仪式、全祖望人物书画展和全祖望墓园整修竣工典礼暨大型公祭活动。

（历　研）

纪念万斯同诞辰370周年·万斯同与《明史》编纂国际学术研讨会

2008 年 12 月 19～22 日，由中国社会科学院历史研究所、宁波市文化广电新闻出版局共同主办、宁波市天一阁博物馆承办的“纪念万斯同诞辰370周年·万斯同与《明史》编纂国际学术研讨会”在浙江省宁波市举行。中国社会科学院学部委员陈祖武，历史研究所副所长卜宪群，宁波市人民政府副市长成岳冲，宁波市文化广电新闻出版局副局长孟建耀等领导以及来自中国、美国、韩国、日本等国家的 80 多位专家出席了研讨会。

万斯同是我国明末清初的著名学者、史学大师，他继承黄宗羲之学，以其在经学、史学等领域的卓越建树，成为清代浙东学派的重要代表，对当时及后世都产生了极为深远的影响。在万斯同的史学活动中，最受人推崇的当属他参与的《明史》纂修。自 20 世纪 30 年代以来，有关万斯同以及《明史》纂修研究一直是学术界关注的热点。此次研讨会旨在明确以万斯同为代表的清代浙东史学在中国史学史、思想史与文化史上的重要地位，明确天一阁藏万斯同手稿《明史稿》的价值以及流传源流，深入探讨蕴涵在浙东学派中的进步思想，发掘其现代价值，从而进一步弘扬浙东学术文化的优秀传统。

作为学术界首次为万斯同先生举办的研讨会，来自中国、美国、日本、韩国的专家学者围绕万斯同的生平、学术思想、万斯同家族及天一阁藏《明史稿》版本及流传情况以及《明史》修纂等多个主题展开了讨论，其新的学术观点总括起来有以下几点：

第一，代表们一致认为，天一阁所藏万斯同的《明史稿》是国内现存主要版本的《明史》中的最早版本，具有极为重要的文献、文物和史料价值。

第二，代表们还认为，万斯同不仅仅是明末清初著名的史学大师、浙东学派的杰出代表，他在经学、文学以及编辑思想等方面也都有极高的造诣。万斯同对我国古代丧礼制度、山水风土人情、诗词歌赋文学理论等也有深入的研究和论述。

第三，专家们还对万斯同的生平、家族以及天一阁与万斯同《明史稿》的深厚渊源、《明史》

的编纂等进行了深入的研究和探讨。

（历　研）

附：

郭沫若纪念馆

（一）机构基本情况

郭沫若纪念馆设有研究室、文物陈列工作室、公众教育与资讯中心、办公室。

（二）科研工作

1．科研成果统计

2008年，郭沫若纪念馆共完成论文9篇，6万字；学术资料2种，56万字；教材1种，3万字；学术普及读物1种，0.8万字；论文集1种，42万字。

2008年，郭沫若纪念馆推出文物专题展1项、图片流动展6项。

2．科研课题

（1）新立项课题

2008年，郭沫若纪念馆共有新立项课题3项，均为馆重点课题："郭沫若文献史料考论"(蔡震主持)，"郭沫若纪念馆观众调研"(赵笑洁主持)，"文化的记忆·郭沫若画传"(郭平英主持)。

（2）结项课题

2008年，郭沫若纪念馆共有结项课题3项，均为馆重点课题："《女神》时期的佚诗"（蔡震主持)，"郭沫若与友人"(郭平英主持)，"郭沫若生平暨郭沫若纪念馆中英文简介"(李晓红主持)。

（3）延续在研课题

2008年，郭沫若纪念馆共有延续在研课题4项。其中，院A类重大课题1项："郭沫若生平与学术思想研究"（林甘泉、蔡震主持)；馆重点课题3项："郭沫若文稿书稿手迹档案"（钟作英主持)，"郭沫若与中国知识分子的文化选择"（李晓虹主持)，"郭沫若与中日文化交流"（郭平英主持)。

（三）学术交流活动

1．学术活动

2008年，郭沫若纪念馆主办和承办的学术会议有：

2008年6月13日，在郭沫若纪念馆开放20周年之际，郭沫若纪念馆与雅昌文化公司联合主办了"大幅面中国书画数字复制技术研讨会"。会议的主题是：以目前我国最大尺幅的数字技术复制郭沫若纪念馆藏品——傅抱石《拟九龙渊诗意》为例，就数字复制技术与木版水印、珂罗版等复制技术进行对比论证。会议研讨的主要问题有“中国画复制技术中的水墨韵味和色彩还原”、“数字化复制技术的创新和在博物馆的应用”等。

2．国际与地区学术交流和合作

2008年，郭沫若纪念馆共派遣出访1批2人次，接待来访6批10人次。与郭沫若纪念馆开展学术交流的有日本、韩国等国家。其中：

(1) 2008年3月5日，郭沫若纪念馆文物陈列工作室主任钟作英接待日本九州大学医学部国际交流部学者，就为九州大学纪念郭沫若留学90周年提供图片资料事宜进行交流。

(2) 2008年3月20日，郭沫若纪念馆馆长郭平英等接待日本剧作家、绿川英子研究者木田日登美，就郭沫若与日本反战同盟的问题进行交流，并联络安排其考察抗日战争期间绿川英子和日本反战同盟的活动遗址，收集有关史料。

(3) 2008年7月19日，郭沫若纪念馆馆长郭平英、文物陈列工作室主任钟作英与日本聚友日中友好交流促进协会理事长相泽友子、冈山县立美术馆参与守安收就2009年在日本联合举行郭沫若文物展事宜进行会商。

(4) 2008年9月1～2日，郭沫若纪念馆馆长郭平英、副馆长蔡震应邀参加了由日本郭沫若研究会为纪念郭沫若留学日本九州大学90周年举办的“郭沫若研究国际学术研讨会”。

(5) 2008年10月22日，郭沫若纪念馆馆长郭平英接待日本日中协会顾问、原众议院议员、社民党首任日中特别委员会委员长藤田高敏一行来访。

(6) 2008年11月4日，郭沫若纪念馆馆长郭平英接待了美国康奈尔大学副校长鲍绍琦对纪念馆的访问。

(7) 2008年11月10日，郭沫若纪念馆馆长郭平英、文物陈列工作室主任钟作英与日本聚友日中友好交流促进协会理事长相泽友子就2009年在日本冈山举行“郭沫若展”事宜进行第二次会商。

2008年4月，郭沫若纪念馆等8家名人故居、纪念馆举行“清明时节缅怀名人走进故居”系列文化活动。

3．公众教育活动

2008年，郭沫若纪念馆参与主办的活动有：

(1) 2008年4月2日，郭沫若纪念馆等8家名人故居、纪念馆在宋庆龄故居与北京青年政治学院青年志愿者举行签约仪式，并进行了为期一周的“清明时节缅怀名人走进故居”系列文化活动。

（2）2008年5月17日，由北京市文物局主办，郭沫若纪念馆等8家名人故居、纪念馆承办，北京王府井古人类文化遗址博物馆协办，在位于北京王府井地铁站的科普文化长廊举办“文化名人与世界文化”的展览。展览持续一个月，约180万人观看了展览。

（3）2008年5月22日，郭沫若纪念馆等8家名人故居、纪念馆及国家话剧院、中国儿童艺术剧院共同发起的“文化艺术进校园”活动的启动和签约仪式在北京舞蹈学院举行。

（4）2008年6月1日，为迎接“六一”儿童节的到来，同时宣传2008年“5·18国际博物馆日”的主题“博物馆：促进社会变化发展的力量”，由中国现代文学馆牵头，郭沫若纪念馆等8家名人故居、纪念馆的文化名人展览在北京市安贞学区10余所学校巡展。

（5）2008年7月10～15日，郭沫若纪念馆等8家名人故居、纪念馆将展示8位杰出历史人物、弘扬中华民族优秀文化为主题的“中华名人展”首次在少数民族地区内蒙古自治区的赤峰学院巡展。

（6）2008年8月6日开始，在北京迎接奥运会和残奥会期间，中共北京市西城区委宣传部与郭沫若纪念馆等8家名人故居、纪念馆联合推出了“名人与北京历史文化展”。

（7）2008年，郭沫若纪念馆编写印制了中英文对照图册《走进郭沫若纪念馆》，印制了免费向观众提供的中英法日韩五个语种的简介。在奥运会和残奥会期间，按照第29届奥组委、文化部、北京市政府、北京奥组委要求，免费接待残奥会官员、运动员、教练员以及志愿者近2000人次。

4．文物工作

（1）2008年8月5日至12月15日，郭沫若纪念馆馆内新扩建的展厅首次推出专题文物展“跨着东海——郭沫若与中日文化交流”，展览展出文物30件（套），历史图片94张。展览诠释了郭沫若在不同历史背景和国际环境中为深化中日文化交流、促进两国关系正常化作出的特殊历史贡献。展览在奥运会召开前夕开幕，同时配合了中日和平友好条约签订暨郭沫若逝世30周年的纪念活动。

（2）完成文物迁移新库房工作，文物陆续分类上架。

（3）为社会鉴定郭沫若书法作品12 件。

（四）学术社团

中国郭沫若研究会，会长蔡震。

2008年11月14～16日，中国郭沫若研究会第五次代表大会暨学术研讨会在北京举行。会员代表大会审议通过了第四届理事会的工作报告，选举产生了中国郭沫若研究会第五届理事会、常务理事会，选举产生了新一届会长、副会长、秘书长。

（五）会议综述

中国郭沫若研究会第五次代表大会暨学术研讨会

2008年11月14～16日，由中国郭沫若研究会与郭沫若纪念馆共同举办的“中国郭沫若研究会第五次代表大会暨学术研讨会”在北京举行。会议的主题是“郭沫若研究的回顾与思考”。参加研讨会的有来自中国社会科学院等国内各高校、科研机构的专家学者65人。会议共收到论文39篇。

中国郭沫若研究会会长、郭沫若纪念馆副馆长蔡震研究员，中国郭沫若研究会副会长谢保成研究员等主持了大会。会议围绕主题，就“新时期30年郭沫若研究的回顾和反思”、“郭沫若与民族精神家园”、“郭沫若文献史料的整理”等问题进行了研讨。2008年逢郭沫若逝世30周年，也正是郭沫若研究成为一个学科领域走过了30年的路程。目前的郭沫若研究处在一个不景气甚至被冷淡的状态中，所以，回顾郭沫若研究30年走过的道路，思考这一学术领域存在的问题以及如何推进郭沫若研究深入发展等问题，均为研究者们所普遍关注。

新时期30年的郭沫若研究大体经历了两个阶段。20世纪70年代末至90年代初，郭沫若研究是一个大发展且成果累累的时期，这一时期基本上奠定了延续至今的研究格局和研究态势。20世纪90年代初以后，整个社会学术环境、学术语境发生了很大变化，郭沫若研究从热趋于冷，对于郭沫若的评价也形成了巨大的反差。意识形态话语、自由主义话语、民间话语等不同话语方式认定的郭沫若，相互矛盾。这使得郭沫若研究处于一种尴尬的境地。面对这一现状，学者们着重寻找分析了其中的原因，诸如：社会上反正统的意识形态偏见，学术上的浮躁、矫情、急功近利，重论轻史而缺失了实证精神，附着于市场经济作哗众取宠的炒作，等等。尽管讨论中学者们对郭沫若研究现状的探讨各有所执，但在深入推进郭沫若研究必须加强文献史料的建设、拓展研究者的学术视野这两点上，与会学者具有共识。在主要议题之外，一些学者还从历史学、文化学、文献学等角度，针对郭沫若研究的具体问题进行了探讨，且不乏新见。

（蔡　震）

2008年11月，“中国郭沫若研究会第五次代表大会暨学术研讨会”在北京举行。

近代史研究所

（一）人员、机构基本情况

截至2008年年底，近代史研究所共有在职人员133人。其中，正高级职称人员33人，副高级职称人员36人，中级职称人员34人；高、中级职称人员占全体在职人员总数的77%。

近代史研究所设有近代政治史(晚清史)研究室、近代经济史研究室、近代文化史研究室、近代思想史研究室、史学理论研究室、近代中外关系史研究室、革命史研究室、中华民国史研究室、台湾史研究室、《近代史资料》编译室、《近代史研究》《抗日战争研究》编辑部、图书馆、科研处、人事处、办公室。

（二）科研工作

1．科研成果统计

2008年，近代史研究所共完成专著25种，732.5万字；论文148篇，207.3万字；论文集3部，206万字；研究报告6篇，9.6万字；学术资料6种，117.2万字；译文1篇，1.3万字；学术普及读物3种，80万字；一般文章42篇，21万字。

2．科研课题

（1）新立项课题

2008年，近代史研究所共有新立项课题17项。其中，国家社科基金课题1项："晚清中法政治关系研究（1840～1911）"（葛夫平主持）；院A类重大课题2项："中国近代思想通史"（耿云志、郑大华主持），"英藏赫德档案的整理与研究"（王建朗主持）；院重点课题1项："清末民初人伦礼俗之研究"（罗检秋主持）；院青年科研启动基金课题3项："咸、同两朝政府与第二次鸦片战争赔款的偿付"（任智勇主持），"民国初期知识分子自杀现象研究"（沈巍主持），"论日本陆军中的'中国通'及其对日本侵华政策的影响"（马晓娟主持）；院国情考察课题1项："现代革命史在建设和谐社会中的作用"（闻黎明主持）；所重点课题9项："晚清中法关系研究"（葛夫平主持），"东亚三国的近现代史"（荣维木主持），"美国对台援助研究（1950～1965）"（杜继东主持），"台商在中国大陆投资研究"（褚静涛主持），"民国地质科学与科学思想的传播"（宋广波主持），"日据时期台湾米糖经济史研究"（王键主持），"近代史所学术会议及历史资料片综合数据库"（熊励主持），"三民主义在台湾"（贺渊主持），"晚清新海关的起源与关税收支"（任智勇主持）。

（2）结项课题

2008年，近代史研究所共有结项课题8项。其中，院重大课题1项："中国近代文化转型研究"（耿云志主持）；院重点课题1项："中苏关系史（1917～1949）"（薛衔天主持）；院国情考察课题1项："东北老工业基地国情考察"（步平主持）；所重点课题5项："晚清学术传统研究"（罗检秋主持），"维新时代：近代中国的政治转折"（马勇主持），"战后台日经济关系的演变轨迹"（王键主持），"丁文江研究"（宋广波主持），"二二八事件研究"（褚静涛主持）。

（3）延续在研课题

2008年，近代史研究所共有延续在研课题115项。其中，国家社科基金课题23项："中国通史（第11、12卷）"（蔡美彪主持），"近代华北农村社会经济研究"（从翰香主持），"中国古代政治文化中的民主性因素及其现代价值研究"（耿云志主持），"第五次反围剿中的红军、苏维埃政权与苏区社会"（黄道炫主持），"近代中国社会结构研究"（姜涛主持），"晚清督抚与新政研究"（李细珠主持），"20世纪香港经济与社会文化"（刘蜀永主持），"清代满汉关系史"（刘小萌主持），"晚清华北村落研究"（王庆成主持），"19世纪中叶的江南农村"（夏春涛主持），"中苏国家关系史研究"（薛衔天主持），"资产阶级与中国近代社会"（虞和平主持），"20世纪中国近代史研究的走向"（张海鹏主持），"清代北京城区房屋契约研究"（张小林主持），"近代国家与农民关系研究"（郑起东主持），"传统农村社会文化的近代变迁"（李长莉主持），"国民党的权利重组"（金以林主持），"中日历史问题与中日关系"（步平主持），"建国以来的中国历史学研究"（王建朗主持），"清朝嘉道财政与社会"（倪玉平主持），"中法建交始末"（黄庆华主持），"美国政府与甲午战争以来的晚清政治（1895～1912）"（崔志海主持），"阶级与封建：中国近代马克思主义话语论考"（赵利栋主持）；院A类重大课题5项："中国国民党台湾时期史"（王奇生主持），"中华民国外交史"（刘存宽主持），"台湾历史研究"（张海鹏主持），"中华民族抗日战争史"（步平主持），"中国近代社会经济史"（虞和平主持）；院B类重大课题14项："中俄关系史研究"（栾景河主持），"近代中法文化交流史"（葛夫平主持），"近代中国社会文化变迁录"（刘志琴主持），"馆藏珍稀期刊的数字化处理"（闵杰主持），"近代中国人的国家观念与近代中国政治"（邹小站主持），"地方都抚与清末新政研究"（李细珠主持），"近现代中葡关系史"（黄庆华主持），"近代中国文化保守主义思潮研究"（郑匡民主持），"孔子之道与近代中国社会"（左玉河主持），"晚清政府与社会各阶级"（姜涛主持），"美国与晚清改革运动"（崔志海主持），"近代中国社会生活与观念变迁"（李长莉主持），"民国思想家群体研究"（郑大华主持），"中国社会史大论战研究（1927～1937）"（李红岩主持）；院重点课题11项："晚清满汉关系研究"（刘小萌等主持），"中国近代工业化研究"（郑起东主持），"中法建交始末"（黄庆华主持），"中国抗战人口损失结构研究"（卞修跃主持），"建国以来的中国历史学研究"（金以林主持），"西南联合大学研究"（闻黎明主持），"中国国民党与越南独立运动"（罗敏主持），"民国人物传增订合编本"（赵利栋主持），"义和团战争的起源、转折及后果"（马勇主持），"战后日美台关系五十年史研究（1945～1995）”（王键主持），“1940年代国共两党的组织与资源吸取”（黄道炫主持）；院青年科研启动基金课题6项：“40年代后期美国与中共外交关系资料编译”（杨婉蓉主持），“19世纪前半期中国民间救荒事业的演变”（朱浒主持），“巴拉第·卡法罗夫与晚清中俄文化关系研究”（陈开科主持），“民国初年的中英禁烟交涉”（张志勇主持），“中国近代教科书编审制度的演变”（毕苑主持），“建国以来近代中国不平等条约研究综述”（侯中军主持）；院国情调研课题1项：“历史教育国情调研”（步平主持）；院廉政研究课题1项：“民国贪政史研究”（汪朝光主持）；所重点课题54项：“1944至1946年的中国政治”（邓野主持），“传教士与晚清社会救济”（顾建娣主持），“秘密社会与近代政治”（韩志远主持），“新生命派研究”（贺渊主持），“第五次反围剿中的红军、苏维埃政权与苏区社会”（黄道炫主持），“马克思主义五老史学研究”（黄敏兰主持），“三民主义青年团史”（贾维主持），“嘉道经世思潮与晚清思想文化转型”（贾小叶主持），“中国外贸政策研究（1927～1936）”（蒋清宏主持），“中国近代社会文化史论”（李长莉主持），“地质调查所的发展历程与近代科学的体制化研究”（李学通主持），“国民党文化统制之研究”（李玉刚主持），“清末民初史学的流变”（刘俐娜主持），“晚清民国的经子之学”（刘巍主持），“20世纪前期中国禁毒史”（闵杰主持），“清代两淮盐政改革研究”（倪玉平主持），“闽粤赣边区族群与区域文化研究”（丘权政主持），“会馆与近代社会研究：以京沪两地广东会馆为中心”（唐仕春主持），“美国对台政策的起源与发展”（汪小平主持），“五四时期自由知识分子研究”（王法周主持），“从现代化模式的转换看近代中国的历史进程”（严立贤主持），“1944～1950年中共与美国的关系”（杨婉蓉主持），“20世纪中国近代史研究的变迁”（曾业英主持），“明代宗藩制度研究”（张德信主持），“中国知识界与早期太平洋国际关系学会”（张静主持），“近代中英贸易史研究”（张俊义主持），“近代英国在华金融业扩张史研究”（张丽主持），“中国近代中央政府对蒙藏地区施政研究”（赵云田主持），“中国近代思想史大事编年”（郑匡民主持），“晚清驻日使团与甲午战前的中日关系（1877～1894）”（戴东阳主持），“太平天国时期人口损失初步研究”（姜涛主持），“西部开发史研究——抗战时期的工业”（刘萍主持），“政学系与中华民国政治”（孙彩霞主持），“民国时期民间组织的发展”（徐秀丽主持），“阶级与封建：中国近代马克思主义话语论考”（赵利栋主持），“蒋渭水研究”（钟安西主持），“黎原口述回忆”（金以林主持），“赫德与近代中英关系”（张志勇主持），“移民与关东文化的近代转型”（马平安主持），“贺龙青少年时期的研究”（刘树发主持），“潘光旦与中国早期社会”（吕文浩主持），“嘉道时期的灾荒与社会”（朱浒主持），“组织与动员：1925～1935年的中国共产党研究”（王奇生主持），“从中小学教科书看近代国民常识教育”（毕苑主持），“台湾‘教育部’审定普通高中历史教科书研究”（李理主持），“《现代评论》自由思想研究”（陈于武主持），“嘉庆十年——嘉庆朝中俄关系史研究”（陈开科主持），“在日本问题影响下的西南与中央：1932～1936”（罗敏主持），“近代中国不平等条约研究——基于实证视角的考察”（侯中军主持），“《圣经》中译本与近代中国社会”（赵晓阳主持），“近代史研究所的网站及数据库建设（2007～2009）”（连锐锋主持），“抗战时期大后方精神生活研究”（柴怡赟主持），“中日教育交流合作30年：1978～2008”（马晓娟主持）；其他部门与地方委托课题1项：亚洲研究中心项目课题“东亚三国近代史”（步平主持）。

（三）学术交流活动

1．学术活动

2008年，近代史研究所参与组织、主办的学术会议有：

(1) 2008年1月4～5日，近代史研究所在北京主办中日共同历史研究第三次全体会议。会议分古代史组与近代史组。中日双方委员和执笔者在会议上对已经完成的部分研究成果进行了讨论，互相提出了基于学术层面的修改意见。

(2) 2008年5月3～6日，在山东省济南市主办中日历史共同研究古代史组与近代史组会议。近代史研究所所长步平作为中方首席委员，副所长王建朗、《抗日战争研究》执行主编荣维木作为中方委员出席。会议就中日双方已完成的论文进行了讨论，交换了意见，基本完成了论文的撰写。

(3) 2008年7月1日，在中国社会科学院近代史研究所召开了“新史料与民国史研究”研讨会。会议由复旦大学历史系、美国斯坦福大学胡佛研究所、《历史研究》编辑部和中国社会科学院近代史研究所联合举办。金冲及、章百家、步平、张海鹏、杨天石、吴景平、金光耀等众多国内近代史研究领域的专家参会。美国斯坦福大学胡佛研究所教授郭岱君及宋曹利璇到会并发言。

(4) 2008年7月18～21日，中国社会科学院近代史研究所中外关系史研究室联合湖南师范大学历史文化学院在长沙市举办了“近代中外关系史国际学术研讨会”。会议以研讨整个近代中外关系为主线，涵盖近代中外关系历史的主要内容。会议共收到论文60余篇，来自中国、美国、日本等国学者70余人参加了讨论会。

(5) 2008年9月1日，中国社会科学院台湾史研究中心联合河南大学、北京联合大学、台海出版社及全国台联在河南省开封市共同举办了“林献堂、蒋渭水——台湾历史人物及其时代学术研讨会”。会议围绕两位台湾近代史著名活动家林献堂、蒋渭水的生平事迹和历史评价展开讨论，旨在“通过历史人物认识台湾”。

(6) 2008年10月18～19日，中国社会科学院近代史研究所革命史研究室联合中国现代史学会、东北师范大学历史文化学院主办的“中外关系与中国近现代社会学术研讨会”在长春市东北师范大学召开。

(7) 2008年10月25～27日，中国社会科学院近代史研究所联合华中师范大学、政协武汉市委员会、江汉大学在江汉大学举办了“武汉抗战与民族复兴国际学术研讨会”。会议围绕武汉抗战时期的人物、军事、政治、经济、外交、文化等方面问题进行了交流。

(8) 2008年11月1～2日，在中国社会科学院近代史研究所召开了“民国人物与民国政治国际学术研讨会”。会议围绕民国政要人际关系及其对民国政治的发展演变展开探讨。

(9) 2008年12月22～23日，中国社会科学院近代史研究所在北京举办第十届青年学术讨论会。

2．国际与地区学术交流与合作

2008年，近代史研究所共派遣出访27批40多人次，接待来访19批20人次。与近代史研究所开展学术交流的国家和地区有美国、日本、韩国、英国、法国、德国、澳大利亚、俄罗斯、捷克、罗马尼亚、印度等国家和中国的台、港、澳地区。其中：

(1) 2008年1月21～26日，《抗日战争研究》执行主编荣维木、近代史研究所副研究员金以林等赴日本参加中日韩共同历史教科书辅助教材编写会议。

(2) 2008年1月29日至2月11日，台湾潘邦正教授来近代史研究所访问，并作了题为《蒋中正日记之历史价值》的学术报告。

(3) 2008年2月24日至3月4日，近代史研究所副所长王建朗等赴英国北爱尔兰贝尔法斯特大学查阅资料。

(4) 2008年3月11日，日本广岛大学研究生院副教授丸田孝志应邀来近代史研究所作了题为《日本近年来中国近代史的研究》的报告。

(5) 2008年3月24日，日本亚洲资料中心一行来近代史研究所访问，参观了近代史研究所图书馆。

(6) 2008年4月3～14日，近代史研究所所长步平赴台湾“中研院”近代史研究所访问。

(7) 2008年4月20日至5月1日，俄罗斯莫斯科友谊大学副教授尤科维奇到近代史研究所访问，并作了题为《中国近代历史在当代俄国研究的问题与困难》的报告。

(8) 2008年9月11～13日，近代史研究所所长步平赴美国哈佛大学燕京学社参加东亚历史学术讨论会。

(9) 2008年9月15日，依据中国社会科学院与俄罗斯科学院的协议，俄罗斯远东所威尔钦科研一行访问近代史研究所。

(10) 2008年10月1日，近代史研究所研究员崔志海前往英国学术院进行访问研究。

(11) 2008年10月9日，近代史研究所所长步平应新加坡国家历史博物馆邀请，赴新加坡参加“中日共同研究战争史”学者对话会。

(12) 2008年10 月12～18日，近代史研究所所长步平、《近代史研究》主编徐秀丽赴德国参加“历史教育与认知：比较视角下的东亚”学术会议。

(13) 2008年10月24日至11月7日，日本一桥大学教授坂元弘子应邀到近代史研究所访问，并作了题为《摩登女郎在抗日时期怎么了？——以〈抗日漫画〉和女漫画家梁白波为主》的报告。

(14) 2008年12月8～15日，近代史研究所副所长虞和平等赴台湾参加“科研管理、资讯数位化论坛”，并访问台北“中研院”近代史研究所。

（四）学术社团、期刊

1．社团

(1) 中国现代文化学会，会长耿云志。

(2) 中国中俄关系史研究会，会长李静杰。

2008年4月20～22日，由中国中俄关系史研究会、北京大学当代俄罗斯研究中心联合举办的第二届“中俄关系的历史与现实国际学术讨论会”在北京举行。来自中国大陆和台湾的百余名学者参加了会议。会议研讨的主要问题有“中俄关系史”、“中苏关系史”、“当代中俄关系问题”等。

2008年4月25日，由中央文献研究室、黑龙江大学、北京大学当代俄罗斯研究中心、中国中俄关系史研究会等单位联合举办的“中俄国界东段演变问题研讨会”在北京举行。会议研讨的主要问题有“如何把握并正确处理历史与现实国际政治关系”、“如何正确认识列强各国侵略中国的‘民族主义’与由此激发的中国各界民族主义（一般爱国主义）的区别问题”、“今后如何深入研究中俄关系史”等。

(3) 中国孙中山研究会，会长金冲及。

(4) 中国抗日战争史学会，会长何理。

(5) 中国史学会，会长李文海。

(6) 中国社会科学院台湾史研究中心，理事长朱佳木，主任张海鹏。

2008年，台湾史研究中心先后邀请台北“中研院”近代史研究所副所长谢国兴、台湾大学政治学系副教授王鼎铭、台湾政治大学国际关系研究中心教授汤绍成等前来进行学术交流。

(7) 中国社会科学院近代思想研究中心，理事长耿云志，主任郑大华。

(8) 中国社会科学院近代社会文化研究中心，理事长虞和平，主任李长莉。

2．期刊

(1) 《近代史研究》(双月刊)，主编徐秀丽。

2008年，《近代史研究》刊载的有代表性的文章有：李里峰的《运动中的理性人——华北土改期间各阶层的形势判断和行为选择》，何稼书的《战时重庆“有机知识分子”及其阶级道德基础研究——以余祖胜为例》，胡成的《叙述转向与新旧之间的整合—— 新世纪中国近现代史研究面临的一个问题》，刘巍的《经典的没落与章学诚“六经皆史”说的提升》，臧运祜的《西安事变与日本的对华政策》，彭春凌的《以“一返方言”抵抗“汉字统一”与“万国新语”——章太炎关于语言文字问题的论争（1906～1911)》，唐力行的《整体史视野下的学术新求索——评〈江南场景：社会史的跨学科对话〉》，罗志田的《斯文关天意：1932年清华大学入学考试的对对子风波》，曾业英的《历史当事人的记述与历史真实——新见〈剿共随军日记〉释读》，鹿锡俊的《中国问题与日本1941年的开战决策——以日方档案为依据的再确认》，胡英泽的《流动的土地与固化的地权——清代至民国关中东部地册研究》，侯旭东的《中国古代专制说的知识考古》，邱捷的《同治、光绪年间广东首县的日常公务——从南海知县日记所见》，佳宏伟的《大灾荒与贸易（1867～1931）——以天津口岸为中心》，邓野的《皖南事变之后国共两党的政治较量》，桑兵的《金毓黻与南北学风的分合》，吴义雄的《邓廷桢与广东禁烟问题》，程兆奇的《松井石根战争责任的再检讨——东京审判有关南京暴行罪被告方证词检证之一》，罗志田的《陈寅恪的“不古不今之学”》。

2008年，《近代史研究》 获第四届中国社会科学院优秀期刊奖“期刊优秀奖”。

(2) 《抗日战争研究》（季刊），主编步平，执行主编荣维木。

2008年，《抗日战争研究》刊载的有代表性的文章有：戚其章的《近代日本的兴亚主义思潮与兴亚会》，臧运祜的《抗战中后期日本的“重庆工作”述论》，张生、翟意安的《东京审判南京大屠杀案的辩护——以控辩双方质证为中心》，李翔的《抗战时期国民政府陆军抚恤机构初探》，江红英的《抗战时期国民政府的人力管制》，张燕平的《抗战时期国民政府兵员动员述评》，曹大臣的《近代日本在华领事裁判权述论》，黄庆华的《抗日战争时期及战后初期的中法关系》，赵入坤的《二战结束前后美国对华政策再探讨》，胡越英的《二战后期美国马特洪恩计划与核战略》，张艳的《科学技术与抗日根据地的经济建设——以陕甘宁边区为中心》，王续添的《音乐与政治：音乐中的民族主义——以抗战歌曲为中心的考察》，袁成毅的《关于中国抗战财产损失研究中的几个问题》等。

(3) *JOURNAL OF MODERN CHINESE HISTORY*（《中国近代史》）（半年刊），主编王建朗。

2008年，《中国近代史》刊载的代表性的文章有：Wang Di’s“Teahouses，Theaters，and Popular Education：Entertainment and Leisure Politics in Late-Qing and Early Republican Chengdu”（王笛的《茶馆、剧院与大众教育：清末民初成都的休闲娱乐与休闲政治》），Lu Xijun’s“Changes in Japanese Strategy in 1939-1940 and the Internationalization of the Sino-Japanese War”（鹿锡俊的《欧战前后日本的战略转变与中日战争的国际化》），Li Yi’s“Beyond Restoration：Problems of Imperial Power in the 1870 Famine Relief Efforts in Zhili”（李毅的《超越中兴——从1870年的直隶赈灾看十九世纪的皇权问题》），Tao Feiya’s“Drug or Medicine? China’s Experience of Marx’s Opium Thesis on Religion”(陶飞亚的《毒品还是药品？——马克思宗教鸦片论的中国经验》)，Mechthild Leutner’s“Cooperation Networks and Actors in Semi-Colonial China，1860-1911”（罗梅君的《半殖民地时期中国的合作网络和参与者，1860～1911年》），Irwin See’s“Alone Against the Waking Dragon：Britain’s Failure to Secure International Cooperation in China，1925-1926”（艾温·丝的

《孤独对抗苏醒的巨龙：1925～1926年间英国在中国寻求国际合作的失败》)，Larry N. Shyu's "Diplomatic Relations through Wartime Alliance：The Republic of China's Relations with Canada"(徐乃力的《战时同盟的外交关系：中华民国与加拿大》)，Gao Yanli's "Judd's China：A Missionary Congressman and U.S. China Policy"(高艳丽的《周以德眼中的中国：宗教、政治与美国的对华政策》)，Fang Xiaoping's "From Union Clinics to Barefoot Doctors：Healers，Medical Pluralism，and State Medicine in Chinese Villages，1950-1970"(方小平的《从联合诊所到赤脚医生：动态多元医疗体系下的乡村医疗者，1950～1970年》)。

（五） 会议综述

林献堂、蒋渭水——台湾历史人物及其时代学术研讨会

2008年9月1日，由中国社会科学院台湾史研究中心和河南大学、北京联合大学、台海出版社及全国台联共同举办的"林献堂、蒋渭水——台湾历史人物及其时代学术研讨会"在河南省开封市召开。来自海峡两岸及海外的近百名专家学者参加了会议。会议由中国社会科学院近代史研究所所长步平主持。

中国社会科学院副院长、中国社会科学院台湾史研究中心理事长朱佳木在开幕上致辞，他认为，此次学术研讨会的召开，不仅有助于深入认识林献堂、蒋渭水等历史人物的生平、思想及他们所处的复杂的时代背景，而且对于更深刻地理解广大台湾同胞的思想感情有着十分重要的意义。

会议围绕两位台湾近代史著名活动家林献堂、蒋渭水的生平事迹和历史评价展开讨论，旨在"通过历史人物认识台湾"。台湾"中研院"近代史研究所黄富三的《林献堂自治思想的演变：1910年代至1950年代》，分阶段阐述了林献堂的政治活动及其思想演变轨迹，总结了林氏各个阶段政治活动的特点。厦门大学台湾研究院陈小冲的《台湾1937：皇民化运动与林献堂——以〈灌园先生日记〉资料为中心》，论述了林氏在皇民化运动高压政策和恶劣政治环境中的遭遇。中国社会科学院近代史研究所赵云田的《略论蒋渭水的"中华情"》，从蒋渭水求学、组建台湾文化协会、组织台湾民众党三个时期探究了蒋渭水心系祖国、念念不忘自己是中华民族子孙的"中华情"。中国社会科学院近代史研究所赵一顺在论文《浅论蒋渭水在台湾历史地位的变迁》中指出，台湾社会对蒋渭水的评价因时代环境的不同而有所变化。中国社会科学院近代史研究所汪小平的《1920年代"台湾文化协会"启蒙运动中的民族论述》，以20世纪20年代台湾文化启蒙运动中蒋渭水的言论为中心，考察蒋氏及其同时代的知识分子对"民族"这一概念的思考以及他们的民族论述。台湾大学教授王晓波对林献堂、蒋渭水所处时代的历史引起学术界的重视表示欣慰，并谈了他对这段历史研究的心得。

研讨会还有多篇论文讨论日本侵台及台湾人民的反侵略反殖民斗争。中国社会科学院近代

史研究所王键在的《后藤新平与台湾总督府的旧惯调查》一文指出，后藤新平大力推行台湾旧惯调查，目的在于为日本总督府确立殖民地统治秩序和制定殖民地统治政策提供帮助。

中外学者对台湾文化的研究也是此次会议的一大亮点。日本宇都宫大学松金公正的《日本殖民地统治初期布教使眼中之台湾佛教——以佐佐木珍龙为中心》，以佐佐木珍龙1894～1901年作为从军布教使的调查结果《从军实历梦游录》为文本，研究殖民地初期的台湾佛教概况及日本人对台湾佛教的理解。中国社会科学院近代史研究所左玉河的《日据时期台湾的墨学研究——以黄纯青、连雅堂、张纯甫等人为中心的考察》以1930年台湾学术界关于儒学问题的争论为中心，以张纯甫的《非墨十说》、连雅堂的《读墨十说》及黄纯青的《孔墨并尊》、《兼爱非无父》等相关论著为主要分析文本，通过与大陆学界的墨学研究状况相比较，梳理日据时期墨学研究状况，考察台湾墨学研究的特色及其发展趋向。

总之，此次以历史人物为中心展开的台湾历史研究研讨会，取得了不少具体成果，主要历史人物林献堂、蒋渭水研究较之以前更加深化，一些历史人物是第一次进入研究者的视野。举办以台湾历史人物为主题的学术会议在大陆尚属首次，它将成为推进台湾史研究过程中的一个里程碑。

（柴怡赟）

中外关系与中国近现代社会学术研讨会

2008年10月18～19日，由中国社会科学院近代史研究所革命史研究室与中国现代史学会、东北师范大学历史文化学院联合主办的“中外关系与中国近现代社会学术研讨会”在长春市东北师范大学召开。来自全国高等院校与科研单位的60余位代表出席了会议。会议收到50余篇论文，论文内容涉及政治、经济、思想、文化等领域。其中既有外交方针、外交政策、外交策略、国家行为，也有民间对外交事件的反应与思考。

会议论文中，属于宏观研究的有北京师范大学方艳华的《“以华制华”策略在思想文化上的运用》，文章从文化史角度，论述了日本侵略者在侵华期间利用中国传统的儒家文化，在沦陷区进行“以华制华”的侵略行径。此外，《论毛泽东处理与共产国际关系的主要经验》、《抗战时期国民政府与美国的关系》等论文从宏观层面上论述了外交政策、国家关系、和平秩序、社会变迁等问题。

从具体问题上说，在国别史领域里，属于中苏关系方面的有解放军后勤指挥学院储峰与陆军航空兵学院戴燕君的《两次台海危机中的中苏关系》，文章剖析了1954～1955年间的第一次台湾海峡危机、以1958年“八·二三炮战”为标志的第二次台湾海峡危机两次事件中的中苏关系。中美关系方面，有中国政法大学侯松涛的《朝鲜战争爆发后中国政府对相关谣言传播的调控》，文章介绍了朝鲜战争爆发后中国出现的各种谣言，分析了这些谣言产生和传播的复杂原因，考察了中国政府对于谣言的调控与效果，证明了中国共产党高超的执政能力。

属于中日关系方面的有云南红河学院范德伟的《论“九一八”事变时的不交涉》，文章认为，不与日本直接交涉，才是“九一八”时期中国政府处理中日外交关系的方针。这个方针，直至国联表现出软弱无力之后，才逐渐被一面抵抗一面交涉的方针所取代。

属于两岸关系方面的有中国社会科学院近代史研究所李理的《同化会与台湾近代民族民主运动的开启》，论述的是台湾同化会与台湾近代民族民主运动的关系。

在外交政策领域里，有上海师范大学洪小夏的《试论中国对联合国筹执会和筹委会的历史贡献》，论文考察了过去很少研究的中国参与联合国筹执会和筹委会的活动，研究成果不仅展示了中国在联合国创建过程中的贡献，还证明了中国在这一过程中发挥的作用也得到不断的提升。华南师范大学洪岚的《抗战时期中共对国联政策的演变》也是一篇与国联有关的论文，文章勾画了一幅“九一八”事变至“七七抗战”期间，中共对国民政府争取国联支持的外交政策，及中共对国联援华问题态度的曲线图。

经济史方面，上海师范大学郑智鑫的《对侵华战争推动和促进中国近现代经济发展的再思考》围绕日本对中国的殖民经济统治，通过列强在华发展经济过程中的失衡性、表象性、暂时性、垄断性、功利性等五个特征，对“侵华战争可以推动和促进中国近现代社会经济发展”这一观点，进行了质疑和反思。

教育史方面，有辽宁师范大学杨晓的《清末中日关系与中国教育近代化的文化特质》，论文以清末中日关系易位为背景，阐述了中国近代化过程中如何借鉴日本近代教育模式、建立近代学制，全面启动教育近代化等问题。在中日关系研究多以政治、经济、军事为中心的今天，这种从文化入手，考察日本教育对中国教育影响的视角，的确需要一种宽大的胸襟与冷静的思考。

（柴怡赟）

武汉抗战与民族复兴国际学术研讨会

2008年10月25～27日，由中国社会科学院近代史研究所、华中师范大学、政协武汉市委员会、江汉大学联合举办的“武汉抗战与民族复兴国际学术研讨会”在江汉大学召开。此次国际学术研讨会是为纪念武汉抗战70周年而召开的。武汉市政协主席叶金生出席了研讨会开幕式。叶金生在讲话中说，作为抗日战争初期全国的抗战中心和世界反法西斯战争的前哨，武汉在全国抗战和世界反法西斯战争中作出过重要贡献。

会议共收到论文100多篇，范围非常广泛。南京大学中华民国史研究中心主任张宪文教授作了题为《深化抗日战争研究的几个问题的认识》的报告。台湾“中研院”近代史研究所研究员张朋园作了题为《我在抗战中成才》的发言。美国亚利桑那州立大学教授麦金龙作了题为《武汉抗战：历史的转折点》的报告。在分组讨论中，来自美国、日本、德国、中国的150多名专家学者围绕武汉抗战时期的人物、军事、政治、经济、外交、文化等方面进行了交流。台湾“中研院”近代史研究所副所长黄克武的《胡适与抗战时中美桐油借款》、加拿大纽布朗斯大学教授徐乃力的《抗战时期中国兵力补充的探讨》、中国社会科学院近代史研究所研究员汪朝光的《汉奸的末路　缺憾的正义》等一批论文角度独特，观点创新。中国社会科学院荣誉学部委员杨天石教授、德国柏林大学教授墨轲分别作了题为《武汉抗战与日本诱和》、《1938——处于权势较量与利益冲突中的德中关系》的报告。此外，美国西雅图中国抗日战争史实维护会联系人田长焯、台湾亚太科学理事会理事长余传韬、澳门辛亥·黄埔协进会理事长林园丁及台湾湖北文献社社长汪大华一行9人也应邀参加了会议。

（柴怡赟）

民国人物与民国政治国际学术研讨会

2008年11月1～2日，“民国人物与民国政治国际学术研讨会”在中国社会科学院近代史研究所召开。来自美国、日本、韩国、中国香港、中国台湾的共45名学者出席了研讨会。

研讨会共收到21篇论文，其中有13篇论文直接以蒋介石命题而作，包括蒋介石的内政与外交等诸多方面，时间跨度从20世纪20年代一直到国民党败退台湾之前。论文从多个侧面对历史上的蒋介石进行解读，并力争利用最新开放的蒋介石日记探讨在重大历史关头蒋介石本人的内心活动，重新研读民国时期的那段历史。中国社会科学院近代史研究所研究员杨天石在《二二八事件与蒋介石的对策》一文中指出，“二二八事件”是一个具有两重性或多重性性质的事件，其中抗暴或骚乱是其具有的内在性质，既有正义性与合理性的成分，又有非正义与非理性的成分。斯坦福大学胡佛研究所客座研究员郭岱君在《国民政府的管制经济、二二八事变与经济转型，1945～1949》中指出，国民政府的管制经济与“二二八事变”之间有很深的历史关联，而这些都对台湾后来的经济转型有重要的作用。

2008年11月，“民国人物与民国政治国际学术研讨会”在北京召开。

研讨会有两篇论文专门涉及了蒋介石日记的价值问题，川岛真教授的《再论日本产经新闻的蒋介石秘录之史料价值——

跟蒋介石日记对比》一文以“九一八”、“七七事变”等历史上的重大案件为例，将产经新闻的蒋介石秘录与新近开放的蒋介石日记作对比。杨奎松教授的《关于蒋介石日记的史料价值问题》通过对比现有文献及回忆史料与蒋介石日记所记内容的方法，对1949年1～4月期间，即从蒋介石下野前后到北平和谈破裂这一阶段蒋介石与各方关系及其态度、活动与作用的史实进行考察。中国社会科学院近代史研究所研究员汪朝光使用最新开放的蒋介石日记，解读了1945年昆明事变中蒋介石与龙云的明争与暗斗。中国社会科学院近代史研究所研究员王建朗的论文《从蒋介石日记看抗战后期中美关系的多重面相》，侧重于从蒋介石日记出发，探讨此一时期的中美关系。中国社会科学院近代史研究所研究员王奇生则另辟蹊径，透过蒋介石日记中所记载的读书内容来研究蒋介石的读书世界。美国底特律大学政治学系教授戴鸿超的英文论文（题目中译名为《蒋介石战时外交：谈判策略与内外互动》），利用新开放的蒋介石日记，详述这一时期蒋介石的外交活动。

此次研讨会不仅推动了方兴未艾的民国史研究，而且进一步展现了蒋介石、宋子文等民国政要所遗留的日记、档案的重要性。斯坦福大学胡佛研究所所藏的这批民国政要的档案，尤其是令学界瞩目的蒋介石日记，具有不可替代的价值与地位。从蒋介石日记本身去探讨民国政治的发展演变、探讨重大历史关头蒋介石本人的决策过程，对于进一步科学认识民国史、认识近代中国的发展道路具有非常重要的作用。

（侯中军　柴怡赟）

世界历史研究所

（一）人员、机构基本情况

截至2008年年底，世界历史研究所共有在职人员85人。其中，正高级职称人员21人，副高级职称人员26人，中级职称人员24人；高、中级职称人员占全体在职人员总数的84%。

世界历史研究所设有外国史学理论研究室、古代中世纪史研究室、西欧北美史研究室、俄罗斯东欧史研究室、亚非拉美史研究室、中国社会科学院加拿大研究中心、中国社会科学院史学理论研究中心、中国社会科学院世界历史研究所日本历史与文化研究中心、《世界历史》编辑部、《史学理论研究》编辑部、图书资料室/世界历史数字化研究部、科研组织处、行政办公室。

（二）科研工作

1．科研成果统计

2008年，世界历史研究所共完成专著5种，191.7万字；论文49篇，60.3万字；研究报告

2篇，2.2万字；译著1种，21万字；译文2篇，2.8万字；一般文章45篇，19.23万字；论文集2种，65万字；电视纪录片100集，50万字；电视专题片4集，2万字。

2. 科研课题

（1）新立项课题

2008年，世界历史研究所共有新立项课题17项。其中，国家社科基金课题2项："苏联东部移民史研究（1917～1991）"（王晓菊主持），"亚述赋役制度研究"（国洪更主持）；院重大课题1项："欧美工业化城市化以来的民生问题和民生政策"（吴必康主持）；院青年科研启动基金课题1项："古埃及公共权力演变视角下的王权与专制主义"（郭子林主持）；院国情调研课题2项："村镇基层民主建设现状调研与历史分析"（刘军主持），"提高土地利用效率，稳定和发展农业生产"（俞金尧主持）；研究所国情考察活动1项："地方人民代表大会制度和基层民主考察"（赵文洪主持）；院委托交办课题1项："外国历史名词审定"（周荣耀主持）；所重点课题4项："2009年度所网站建设工程"（陈蓉主持），"欧盟对阿拉伯政策研究"（姚惠娜主持），"德国工业化过程中的社会保障政策研究（1880～1956年）"（王宏波主持），"美国对苏情报评估学术资料集"（李锐主持）。此外，还有所一般课题5项。

（2）结项课题

2008年，世界历史研究所共有结项课题21项。其中，国家社科基金课题1项："近代以来美国公民权利观念的发展与社会变革：1776～2000"（刘军主持）；院交办课题3项："历史科学与社会主义核心价值体系建设"（于沛主持），"关于爱国主义的思考"（赵文洪主持），"弘扬历史研究中的民族精神和时代精神"（孟庆龙主持）；院青年科研启动基金课题2项："法国旧制度末年财税体制下的教会特权问题：一个剖析"（黄艳红主持），"试析E. P. 汤普森与佩里·安德森之间的一场争论"（张文涛主持）；交办委托课题1项：中宣部"中国特色社会主义文化发展规律研究"的子课题"其他社会主义国家文化发展的经验教学研究"（马龙闪主持）；院国情调研项目2项："财产权利与农村环境保护"（赵文洪主持），"西方'文化渗透'的影响和我们的对策（之二）"（于沛主持）；国情考察活动2项："南疆地区国情考察"（赵文洪主持），"地方人民代表大会制度和基层民主考察"（赵文洪主持）；代管课题1项："大陆外文清史资源暨清史译著馆藏分布状况调查"（孟庆龙主持）；所重点课题4项："大国在中亚的争夺：现状与前景"（侯艾君主持），"安萨里思想研究"（王希主持），"世界历史所中文期刊题录数据库二期工程"（郭远英主持），"2008年度世历所网站更新扩容工程"（陈蓉主持）；所一般课题5项："近代德国建立社会保险制度的动因探析"（王宏波主持），"社会规模与古代公共权力结构演化"（易建平主持），"'明六社'与'正教社'对日本近代化的影响"（文春美主持），"顾颉刚与汤普森史学思想方法之异同"（张文涛主持），"19世纪末20世纪初日本知识分子对中国的认识"（张艳茹主持）。

（3）延续在研课题

2008年，世界历史研究所共有延续课题64项。其中，国家社科基金重大课题1项：“所有制形式的演进与社会变革”（赵文洪主持）；国家社科基金重点课题3项：“经济全球化和世界文化的多元性”（于沛主持），“20世纪英国执政党及其执政经验教训分析和比较研究”（吴必康主持），“19世纪——马克思主义产生的世纪”（张椿年主持）；国家社科基金一般课题3项：“环境、瘟疫与人类社会历史发展研究”（王旭东主持），“1945年以来的朝韩关系研究”（李敦球主持），“苏联东部移民史研究（1917～1991）”（王晓菊主持）；国家社科基金青年课题3项：“中东现代化进程中的民主问题比较研究”（毕健康主持），“美国环境史学研究”（高国荣主持），“亚述赋役制度研究”（国洪更主持）；院A类重大课题4项：“世界历史(多卷本)”（武寅主持），“20世纪美国环保运动与环保政策研究”（徐再荣主持），“马克思主义史学思想史”（于沛主持），“欧美工业化城市化以来的民生问题和民生政策”（吴必康主持）；院B类重大课题8项：“世界历史地图集（古代部分）”（郭方主持），“世界历史地图集（近代部分）”（俞金尧主持），“世界历史地图集（现代部分）”（孟庆龙主持），“近代日本对东亚的历史影响”（汤重南主持），“古罗马共和时期的平民职官研究”（胡玉娟主持），“南非种族隔离制度与白人经济关系的历史考察”（刘兰主持），“欧洲一体化进程中的大国关系与国家主权研究（1945～1973）”（姜南主持），“世界历史研究所科研管理系统——科研档案管理子系统”（张晓华主持）；院重点课题9项：“列国志（共9个国家与组织）”（于沛主持），“新经济政策时期的苏维埃社会”（黄立茀主持），“战后初期美国保守主义权势集团对杜鲁门政府外交政策的影响”（金海主持），“中国世界史学科信息门户系统研究：元数据及体系标准”（王旭东主持），“德国近现代史上的民族、民主与民生问题”（景德祥主持），“俄罗斯东部移民问题研究（1917～1991）”（王晓菊主持），“欧美现代警察制度的历史考察”（谢闻歌主持），“世纪之交的西方史学”（姜芃主持），“历史嬗变中的俄国史学(十月革命前)”（朱剑利主持）；院青年科研启动基金课题2项：“‘世界史知识组织’与科研资源优化”（陈蓉主持），“古埃及公共权力演变视角下的王权与专制主义”（郭子林主持）；院国情调研课题2项：“两村镇基层民主建设现状调研与历史分析”（刘军主持），“提高土地利用效率，稳定和发展农业生产”（俞金尧主持）；院委托交办课题1项：“外国历史名词审定”（周荣耀主持）；所重点课题（包括所交办）19项：“美国环境史学研究”（高国荣主持），“中国阿拉伯古代物质文化交流”（宋岘主持），“田中角荣与战后日本政治”（张跃斌主持），“社会系统的自整合与中日现代化演进”（张经纬主持），“莱茵河、塞纳河与城市文明及环保”（张丽、邸文主持），“二战以来美国新中间阶级发展史”（吴英主持），“19世纪墨西哥社会转型研究”（王文仙主持），“2009年世历所网站及信息化建设工程”（陈蓉主持），“欧盟对阿拉伯政策研究”（姚惠娜主持），“美国交通运输史”（顾宁主持），“美国对苏情报评估学术资料集”（李锐主持），“20世纪中法交流互动史”（端木美主持），“印度人民党研究”（宋丽萍主持），“巴勒克拉夫全球史研究”（董欣洁主持），“亚述赋役制度研究”（国洪更主持），“欧洲观念的历史与文化研究”（张旭鹏主持），“德国工业化过程中的社会保障政策研究（1880～1956年）”（王宏波主持），“中国世界史研究30年：1978～2008”（于沛主持），“《世界历史》特刊”（张丽主持）。另外，还有所一般课题9项。

3．获奖优秀科研成果

2008年10月，世界历史研究所沈永兴、高国荣等的专著《列国志·澳大利亚》获“中国第11届澳大利亚政府与澳中理事会原创著作奖”。

4．科研组织管理新举措

世界历史研究所对2008年度的科研成果实行了后期资助奖励制度，以提高科研人员的积极性，对1部专著、13篇论文和译文进行了奖励。

（三）学术交流活动

1．学术活动

2008年，世界历史研究所主办和承办的学术会议有：

（1）2008年4月18～21日，世界历史研究所《世界历史》编辑部与苏州科技学院人文学院联合主办的“近代以来的战争与社会发展学术研讨会”在江苏省苏州市召开。会议的主题是“战争与人类社会发展的关系”。

（2）2008年10月18～21日，世界历史研究所世界古代中世纪史研究室与湖南吉首大学合作举办了“古代文明的演进——历史学与文化人类学的对话学术讨论会”。

（3）2008年11月20～21日，由中国社会科学院文史哲学部主办、院学部工作局和世界历史研究所承办的“中国社会科学院世界史论坛”在世界历史研究所举行。

此外，2008年，世界历史研究所共举办了15期全所学术报告会，内容涉及“南非种族隔离制度与白人经济关系的考察”、“古罗斯国家的起源”、“先秦中国公共权力结构性质问题”、“阶级兴起的社会政治影响”、“鞑靼模式与车臣模式比较”、“俄罗斯‘国家民族主义’”、“科索沃的历史与独立后的国际反应”、“魏玛德国的民族、民主与民生问题”、“美国大平原的荒漠化及其治理”、“罗马起源传说之研究”、“英国保守党工党的执政特点问题”、“高句丽历史与‘高句丽历史问题’之争”、“世历所内网应用与安全管理”、“古埃及王室墓葬的演变与王权”、“对中世纪英格兰财产继承制度的考察”。报告以不同的方式，从不同角度介绍了当前国内外研究的重点学术问题、学术前沿等。

2．国际与地区学术交流和合作

2008年，世界历史研究所有11批13人次分别出访了美国、日本、俄罗斯、德国、意大利、瑞典、法国、芬兰、希腊等国家以及中国的香港地区。全年共接待了来自美国、法国、德国、英国、俄罗斯、日本、越南的7批26名学者，与他们进行了学术交流。其中：

（1）2008年10月11～25日，受中国社会科学院国际合作局“邀请海外知名学者来访”项目的资助，世界历史研究所邀请并接待了来自美国的两名著名左翼历史学家莫里斯和艾伦。两位学者作了题为《美国的共产主义和苏联的间谍活动：新的证据和新的解释》的学术报告；在马克思主义研究院作了题为《1980年代以来学术自由：对知识分子的限制》、《美国左翼的历史发展历程及前景》的学术报告。

（2）2008年10月25～26日，“19世纪以来欧美社会经济的重大变革”国际学术研讨会在北京召开。会议邀请了四位外国学者，他们是美国密苏里圣路易斯大学历史系主任安德鲁·赫尔利教授（Andrew Hurley）、美国德克萨斯休斯敦大学历史系教授哈雷尔·罗杰斯（Harrell Rodgers）、德国马普历史研究所教授于尔根·施鲁姆伯恩（Jüergen Schlumbohm）、法国巴黎第八大学教授弗雷德·施拉德（Fred E.Schrader）。

（3）2008年10月28日，美国密苏里圣路易斯大学历史系主任安德鲁·赫尔利教授（Andrew Hurley）来世界历史研究所作题为《用三维重现历史城市：建立全球网络的一个机遇》的学术报告。

（4）2008年12月3日，日本共产党副委员长绪方靖夫在世界历史研究所作题为《日共的现状》的报告。

（5）2008年12月9日，美国密西西比州立大学马克·赫西博士（Mark Hersey）在世界历史研究所作题为《乔治·卡维、生态农业和农业改革的未来》的学术报告。

（6）2008年12月10日，美共中央经济委员哈拉比教授作题为《金融危机与苏联问题研究》的学术报告。

（7）2008年12月15日，越南共产党中央理论委员会代表团一行13人顺访世界历史研究所。双方就党的政治纲领的制定模式、社会主义的认识和看法等问题进行了交流。

（四）学术社团、期刊

1．社团

（1）中国第二次世界大战史研究会，会长胡德坤。

2008年4月14～16日，由国际第二次世界大战史学会、中国第二次世界大战史研究会联合主办，武汉大学历史学院、国际问题研究院承办的“1931～1949年占领历史研究国际学术会议”在湖北省武汉市举行。

（2）中国美国史研究会，会长李剑鸣。

2008年5月23～26日，“中国美国史研究会第12届年会暨学术讨论会”在武汉大学召开。会议由中国美国史研究会和武汉大学世界历史研究所共同举办。来自全国学术及出版单位的113名代表就美国外交史、城市史、宪政史、史学史、社会史等问题进行了探讨。

（3）中国世界近代现代史研究会，会长闫照祥。

中国世界近代现代史研究会世界现代史专业委员会，会长李世安。

2008年7月20～24日，由中国世界近代现代史研究会世界现代史专业委员会、新疆大学人文学院历史系和喀什师范学院人文系联合主办的“21世纪的中国与世界学术研讨会”在新疆大学举行。

（4）中国朝鲜史研究会，会长黄有福。

2008年8月22～26日，中国朝鲜史研究会在延边大学举行“第八次会员大会暨学术讨论会”。会议进行了第七届研究会理事会的换届工作，选举产生了第八届理事会。学术讨论主要议题为“中国朝鲜史研究回顾与展望”。

（5）中国苏联东欧史研究会，会长于沛。

2008年9月16～19日，由中国苏联东欧史研究会主办、黑龙江省社会科学院和黑河市社会科学界联合会协办的“俄罗斯社会发展：历史与现实国际学术会议”在黑龙江省黑河市举行。来自全国20多个科研机构和高校及俄罗斯国立阿穆尔大学的70余位专家学者出席了会议。

（6）中国法国史研究会，会长端木美。

2008年9月16～20日，由中国法国史研究会、华东师范大学、浙江大学联合主办的“中法历史文化研讨班第五期及欧洲历史研讨会”分别在上海和杭州市举行。

（7）中国中日关系史学会，会长武寅。

2008年9月19日，由中国中日关系史学会与中国日商会联合主办的“中国的改革开放与日本论坛”在北京召开。会议的主题为回顾并讨论在中国改革开放的各个阶段，日本政府以及日本经济界对中国的改革开放所发挥的作用，纪念为中国的改革开放作出贡献的日本友人，并讨论中日经济合作发展的前景。

2008年10月24～25日，中国中日关系史学会与复旦大学日本研究中心共同举办了“中日两国在亚洲的共同发展和合作——纪念中日和平友好条约30周年学术研讨会”。

（8）中国非洲史研究会，会长宁骚。

2008年10月15～19日，在山西大学举行了中国非洲史研究会学术年会。会议的主题是“中非关系与当代世界”。

（9）中国世界近代现代史研究会，会长闫照祥。

中国世界近代现代史研究会世界近代史专业委员会，会长闫照祥。

2008年10月31日至11月4日，由中国世界近代现代史研究会近代史专业委员会主办的“中国世界近代现代史研究会近代史专业委员会年会暨学术讨论会”在华中师范大学举行。会议研讨的主要问题有“改革开放30年来中国世界近代史研究和教学的回顾”、“当前中国世界近代史研究和教学中的问题及对策”、“我国世界近代史研究和教学的新方向和新领域”。

（10）中国世界古代中世纪史研究会，会长王敦书。

中国世界古代中世纪史研究会世界中世纪史专业委员会，会长侯建新。

2008年10月30日至11月3日，中国世界古代中世纪史研究会世界中世纪史专业委员会学术研讨会在陕西师范大学召开。年会的主要议题为“欧洲及其他地区经济与社会转型问题研究”、“欧洲文化传统研究和中世纪社会史专题研究”。

2．期刊

（1）《世界历史》（双月刊），主编吴恩远。

2008年，《世界历史》共出版6期，共计150万字。全年刊载的有代表性的文章有：邓峰的《美国与EC−121危机——对1969年美国大型侦察机被朝鲜击落事件的研究》，宋云伟的《美国对菲律宾的殖民统治及其影响》，梁俊艳的《论18世纪末至20世纪初英国对华路陆战略：以西藏为中心》，张宏毅的《美国对苏政策中意识形态因素及其在苏联解体过程中的作用》，金卫星的《美元的崛起与欧美经济民族主义博弈》，舒建中的《美国的“成功行动”计划：遏制政策与维护后院的隐蔽行动》，王晓德的《“美国化”与德国反美主义的文化释读》，王加丰的《“欧洲化”、西欧现代民族国家的形成与主权问题》，张晓华的《试论瑞典的“充分就业”》，赵秀荣的《近现代英国政府的医疗立法及其影响》，韩琦的《拉美结构主义研究中的几个问题》，韩志斌的《利比亚早期现代化的两条道路之争》，王萍的《哥伦比亚咖啡经济与早期工业化》，张雅军的《日本人群的种族起源和演化》，董国辉的《论拉美结构主义兴起的历史根源》，晏绍祥的《古典斯巴达政治制度中的民主因素》，陈志强的《“查士丁尼瘟疫”影响初探》，郭子林的《论托勒密埃及的专制主义》，黄洋的《希罗多德：历史学的开创与异域文明的话语》，金寿福的《古代埃及人的外族观念》。

（2）《史学理论研究》（季刊），主编于沛。

2008年，《史学理论研究》共出版4期，共计124万字。全年刊载的有代表性的文章有：于沛的《历史科学与社会主义核心价值体系建设》，王大庆的《谈刘家和先生的历史比较研究思想》，田居俭的《论良史工文》，王赳的《从暴徒到英雄：构建激进参政者的公共记忆》，毛曦、王善军的《漆侠先生对马克思主义史学理论与方法论的运用》，哈全安的《伊朗现代化进程中的世俗政治与宗教政治》，赵文洪的《欧洲公地共同体管理中的法治因素》，孟广林的《中西封建君主制中的“法治”与“人治”》，易建平的《从摩尔根到塞维斯：酋邦理论的创立》，徐国利、陈永霞的《中国马克思主义史家论文史关系》。

2008年，《史学理论研究》获第四届中国社会科学院优秀期刊奖“期刊优秀奖”。

（五）会议综述

近代以来的战争与社会发展学术研讨会

2008年4月18～21日，由中国社会科学院世界历史研究所《世界历史》编辑部与苏州科技学院人文学院联合举办的“近代以来的战争与社会发展学术研讨会”在江苏省苏州市召开。国内21所高校和科研机构的49名专家学者及相关研究人员参加了会议。会议共收到论文40余篇。会议对“战争与国际关系”、“战争对相关国家及社会的影响”、“和平思想与和平事业”、“战争与女性的关系”等问题进行了讨论。

有学者认为，“二战”结束后，虽然局部战争连绵不断，但始终没有发生新的世界大战。原因主要有以下两点：第一，雅尔塔体制(或体系)的历史作用。第二，和平与发展已经成为当今时代的主题。苏联解体后一超多强格局的出现和发展、核武器已经被许多国家研制和掌握的事实、强国获取经济利益的手段和方式的改变、各国间在经济全球化大趋势下的双向开放等，都已成为制约战争的重要因素。

有学者指出，联合国制定的应对战争策略，即以《联合国宪章》为法律框架，结合相关的国际条约和协定，将战争纳入法制化、官僚化的轨道。这一应对战争策略，对战争问题作了新的规范，进而对现代社会产生了广泛和深刻的影响。

有学者指出，蒙古征服以来，对外战争影响了俄罗斯国家和社会发展的道路。其一，持续不断的战争造成了国家和社会生活的军事化，其实质是“国家战时体制”。其二，许多战争促使俄国认识到西方文化的优越，并且推动着俄国向西方学习的步伐。其三， 18世纪以来，战争直接刺激了俄国经济发展，为经济现代化创造了条件。其四，19世纪的卫国战争、克里米亚战争，促成了俄罗斯民族意识的空前觉醒，开始了俄国思想的现代化进程，把俄国社会力量推上国家政治生活的前台。在19世纪和20世纪，俄罗斯国家发展方向和道路的数度改变，都与对外战争的结局有着密切联系。

有学者分析认为，战争对人类历史的发展和文明交往影响深远。战争不仅用军事语言表达了民族国家的政治需要，而且它和人类文化交往、社会演进尤其是族群心理的变化如影随形，因而具有多重社会功能，能够产生多元化的后果。

有学者认为，第二次世界大战刺激了美国西部经济的迅速崛起，使西部的经济地位实现了从战前附属东部到战后引领全国的转变。

有学者指出，英国20世纪历史上发生的三次大规模战争（1899～1902年的英布战争、1914～1918年的第一次世界大战和1939～1945年的第二次世界大战）对战后现代社会福利制度的建立起了催化剂与助产士的作用。

有学者指出， 第二次世界大战给英国妇女所带来的影响是深远的。战争不仅意味着就业上的解放，也标志着整个社会的重大变革，使性别不平等的价值观、现存社会秩序的永久性受到挑战。

（张　丽）

“19世纪以来欧美社会经济的重大变革”国际学术研讨会

2008年10月25～26日，由中国社会科学院世界历史研究所主办的“19世纪以来欧美社会经济的重大变革”国际学术研讨会在北京召开。来自国内外10多个科研院所的60多位专家学者参加了研讨会。27位学者围绕19世纪以来欧美社会、经济领域的重大问题作了大会发言。

在马克思主义、工人运动理论、社会主义理论方面，法国学者施拉德教授、南京大学沈汉教授、于文杰教授、李春放研究员分别作了发言。

在生态、环境问题上，俞金尧研究员指出，19世纪以来全球生态环境日趋严重，主要根源就在于资本的不断扩张；北京师范大学教授梅雪芹就“环境史的知识在新闻媒体报道中的作用”发言；高国荣副研究员就“1930年代美国大平原尘暴重灾区和1990年代内蒙古草原荒漠化问题”发言。

关于贫困问题、社会保障问题、农业问题，美国学者赫尔利教授、罗杰斯教授分别阐述了美国的贫困问题，北京师范大学教授郭家宏、陕西师范大学教授马瑞映分别阐述了英国历史上解决贫困问题的方式。德国学者施鲁姆伯恩教授从经济史的角度探讨了19世纪德国的农业问题。王宏波博士就“德国最早建立社会保险制度的原因”进行了阐述。

在教育问题、公共政策、工业企业方面，张丽研究员阐述了19世纪法国教育世俗化、普及初等教育这两大教育改革问题。刘杰教授就“中美两国公共政策制定的不同”进行了阐述。

在公民权和人权、公民组织、民族问题、资本主义精神、欧洲一体化、1968年西方学生运动等方面，刘军研究员就“公民权和人权问题”、黄立茀研究员就“俄罗斯公民组织问题”、景德祥副研究员就“近代以来德国面临的民族、民主、民生三大问题”、秦海波副研究员就“民族国家的定位问题”等发表自己的观点。华东师范大学教授潘兴明阐述了英国在欧洲一体化过程中执行独立特行政策的原因以及这一政策的前景。华中师范大学教授黄正柏阐述了“二战”后欧洲走向一体化的思想原因。北京大学教授董正华指出，资本主义精神是个人主义。北京大学教授许平指出，20世纪60年代西方学生运动在本质上是一场对现代资本主义文化的批判运动。

2008年10月，“19世纪以来欧美社会经济的重大变革”国际学术研讨会在北京召开。

中国社会科学院世界历史研究所研究员吴必康对大会进行了学术

总结，他指出，19世纪以来的历史意义十分重大，是最需要思考和研究的世纪之一。

（王宏波）

中国社会科学院世界史论坛

2008年11月20～21日，由中国社会科学院文史哲学部主办、中国社会科学院学部工作局和世界历史研究所承办的“中国社会科学院世界史论坛”在世界历史研究所举行。来自中国、英国、法国、德国、俄罗斯的73位世界史学者参加了会议。

与会学者讨论了世界历史研究中的诸多重大理论与现实问题。中国社会科学院世界历史研究所前所长、世界历史研究所学术委员会主任于沛研究员作了题为《世界史研究的新起点、新阶段——中国世界史研究30年》的报告。于沛指出，伴随着中国30年的改革开放，中国的世界史学科得到迅速发展，出现了不曾有过的繁荣景象。同时，当今中国的世界史研究还面临着艰巨的任务。英国伦敦经济学院教授、英国皇家科学院院士巴里·布赞评价了英国学派在将国际关系与世界史研究结合起来中所作的重要贡献。具体来说就是，英国学派在国际社会这个核心观念的基础上，发展出了基本制度这一重要概念。所谓的基本制度主要是指国际社会中的深层次的和成型的社会结构，如主权、外交、民族主义、殖民主义、国际法等，它们在界定什么是国际社会和为世界史中的延续与变迁提供参照中起到了特殊的作用。法国巴黎第一大学教授、巴黎高等师范学校近现代研究所所长克里斯托弗·夏尔勒指出，自20世纪70年代以后，法国史学出现了民族问题的回归，这主要是由于对记忆史和创伤史的兴趣。此外，新一代学者中也出现了新的研究趋向，体现了当前法国史学研究中的跨民族趋势。俄罗斯自然科学院院士、《祖国历史》杂志主编安德烈·梅杜舍夫斯基主要讨论了历史何以成为一门科学的问题。在对认知方法论和分析型历史进行新的定位的背景下，梅杜舍夫斯基还介绍了当前俄罗斯史学界着重关注的以下一些重要理论问题：史学研究方法和科学认识真实性标准的形成；批判性地重新认识传统史学，确立新的科研道德标准；在现代化、全球化和信息化的背景下，扩大方法论问题的研究范围；揭示史学与不断变化的世界中社会实践的关系等。德国莱比锡大学历史系教授马提亚斯·米德尔综述了世界史与全球史领域理论与方法的最新发展，他特别提到了“跨民族史”视角在全球史研究中的重要价值，指出这一视角强调了全球体系中不同民族主体的彼此影响与相互渗透，较之此前过于关注全球一体化力量有许多可取之处。

中国学者也分别探讨了以下几个方面的问题：唯物史观与世界史研究、改革开放30年以来中国世界史诸研究领域的回顾与总结、世界史及全球史研究的理论与方法、全球史与全球化、全球史背景下的生态环境史等。

会议最后，由中国社会科学院世界历史研究所所长吴恩远研究员作了总结报告。

（张旭鹏）

中国边疆史地研究中心

（一）人员、机构基本情况

截至2008年年底，中国边疆史地研究中心（以下简称“边疆中心”）共有在职人员31人。其中，正高级职称人员7人，副高级职称人员8人，中级职称人员10人；高、中级职称人员占全体在职人员总数的81%。

边疆中心设有研究一部、研究二部、编辑部、网络信息部、图书资料部、综合处。

（二）科研工作

1．科研成果统计

2008年，边疆中心共完成专著2种，79万字；论文28篇，32万字；研究报告6篇，11万字；译著1部，45万字；译文7篇，15万字；学术普及读物2种，10万字；论文集1部，45万字。

2．科研课题

（1）新立项课题

2008年，边疆中心共有新立项课题15项。其中，院重点课题1项：“十四世达赖喇嘛生平研究”（孙宏年主持）；院国情调研课题2项：“延边地区劳务输出民族教育国情调研”（李国强主持），“内蒙古自治区额济纳旗经济生态综合调研”（毕奥南主持）；院青年科研启动基金课题2项：“明朝末期后金、明、蒙古三方势力角逐辽东研究——以萨尔浒之战后蒙古内喀尔喀部动向为中心”（吕文利主持），“伊犁将军与黑龙江将军比较研究”（周卫平主持）；所重点课题10项：“中国疆域理论研究初编”（厉声主持），“中蒙国家关系历史编年”（毕奥南主持），“中国疆域形成理论探索”（李大龙主持），“清代藩部体系研究”（吕文利主持），“《朔方备乘研究》——以17～18世纪中俄关系为中心”（阿拉腾奥其尔主持），“辛亥革命与中国边疆政治变迁研究——民族国家构筑视野下蒙新藏地区”（冯建勇主持），“从时空构建角度探析近代东北社会的发展变迁（1875～1931）”（牛咄咄主持），“中国边疆稀见资料汇编”（寇俊敏主持），“嘉道时期新疆汉人的性犯罪研究”（贾建飞主持），“当代中国边疆社会经济发展与研究前沿报告”（于逢春主持）。

（2）结项课题

2008年，边疆中心共有结项课题5项。其中，院廉政专项课题1项：“历史上腐败边吏对边政的影响”（毕奥南主持）；所重点课题4项：“信息数据库建设和网络维护七期”（万燕主持），“锡良主政东北时期的新政改革研究”（高月主持），“《皇朝藩部要略》及其‘藩部’思想研究”（吕文利主持），“清代新疆总理回疆事务参赞大臣研究”（周卫平主持）。

（3）延续在研课题

2008年，边疆中心共有延续在研课题14项。其中，国家社科基金特别项目1项：“新疆历史与现状综合研究项目”（厉声主持）；院重大课题3项：“东北边疆历史与现状研究”（马大正主持），“中国历代边事与边政”（厉声主持），“近代中朝界务研究”（李大龙主持）；院长交办课题1项：“中朝图们江分界研究”（厉声主持）；院重点课题1项：“古代中国疆域构造及属国形态研究”（于逢春主持）；院青年科研启动基金课题1项：“民族主义与时间观念”（刘清涛主持）；所重点课题7项：“清朝边疆统治的构造研究”（于逢春主持），“先秦西南民族史”（翟国强主持），“中国海疆政策研究”（安京主持），“新疆研究文献提要（政治、外交卷）”（白妍主持），“1962年以来西藏东部地区的稳定与发展研究”（孙宏年主持），“十三世达赖喇嘛年谱”（房建昌主持），“边疆交通与边疆治理研究——以青藏铁路为中心的探讨”（张永攀主持）。

3．科研组织管理新举措

2008年，边疆中心继续坚持开放办所的方针，形成了以“东北工程”和“新疆项目”等重大课题为核心，组织全国的科研院所、大专院校的科研人员联合攻关的科研组织管理模式。同时，边疆中心继续拓展研究方向，充分发挥边疆中心的组织协调能力，与内蒙古等地区科研人员加强合作，积极开展其他地区重大课题的设计和准备工作。

2008年，边疆中心在中国社会科学院研究生院学位办的支持与指导下，经过研究生院学位委员会的评议，批准边疆中心设置二级学科，即中国边疆史地博士点，初设中国边疆史、中国疆域理论两个研究方向。中国边疆史地博士点的设立，将进一步促进边疆中心学科建设。

（三）学术交流活动

1．学术活动

2008年，边疆中心主办的学术会议有：

（1） 2008年9月26日至10月3日，中国社会科学院台港澳学术交流委员会、中国边疆史地研究中心、西南民族大学、西藏自治区社会科学院联合主办的“海峡两岸清代驻藏大臣与边疆治理学术讨论会”在四川省成都市召开。会议研讨的主要问题有“清代驻藏大臣制度”、“西藏地方史”、“中国古代的边疆治理”等。

（2）2008年11月11～13日，边疆中心与韩国东北亚历史财团共同主办的“2008年中韩高句丽历史研究学术讨论会” 在韩国特别自治州济州举行。会议的主题是“卒本时期的高句丽历史研究问题”，研讨的主要内容有“高句丽建国初期王都”、“高句丽建国初期传说资料的系统和性质”、“考古资料反映的卒本时期高句丽文化的性质”、“高句丽早期文化比较研究”等。

2．国际与地区学术交流和合作

2008年，边疆中心共派遣出访4批12人次，接待来自美国、韩国等国家和中国台湾等地区的学者共4批11人次。与边疆中心开展学术交流的国家和地区有美国、韩国、芬兰、瑞典、加拿大等国家和中国香港、澳门、台湾地区。其中：

（1）2008年6月15日至7月30日，应芬兰赫尔辛基大学孔子学院的邀请，边疆中心主任厉声研究员、许建英副研究员赴该校访问。访问期间，两位学者致力于马达汉西域考察期间史料的发掘，同时顺访瑞典，查找有关瑞典传教士1892～1938年在中国活动的史料。

（2）2008年8月10～14日，边疆中心厉声研究员、马大正研究员、李大龙编审、于逢春研究员等参加国际朝鲜研究会北美分会在加拿大召开的“关于最近高句丽讨论的政治化问题国际研讨会”。

（3）2008年10月30日，美国夏威夷大学中韩关系史研究专家姜希雄教授和美国斯坦福大学著名文献学者邵东方教授一行二人应邀访问边疆中心，就“美国的东方学与中国学研究范式”作学术报告，并与边疆中心部分学者就美国汉学中的边疆学研究问题进行了交流。

（4）2008年12月11日，美国约翰霍普金斯大学教授傅瑞珍（Carla Freeman）及尼克松中心中国研究所教授汤姆森（Drew Thompson）访问边疆中心，就“中国蒙古族与朝鲜族的经济发展、边贸与边境安全问题”与边疆中心部分学者进行了交流。

（四）期刊

《中国边疆史地研究》（季刊），主编李大龙。

2008年，《中国边疆史地研究》共出版4期，共计96万字。全年刊载的有代表性的文章有：邹建达的《清代云贵总督之建置演变考述》，厉声的《改革开放30年来中国边疆史地研究学科的繁荣与发展——兼述中国边疆史地研究的第三次研究高潮》，陈金生、王希隆的《两汉边政中的质子述评》，林文勋的《宋王朝边疆民族政策的创新及其历史地位》，崔明德的《略论两汉时期匈奴首领的“自尊”意识》，周伟洲的《关于19世纪西藏与森巴战争的几个问题》，康民军的《中印边界西段的东半部分有条约根据吗——试析20世纪五六十年代中印双方关于边界问题的一个分歧》，潘志平、石岚的《新疆和中亚及有关的地理概念》。

（五）会议综述

海峡两岸清代驻藏大臣与边疆治理学术讨论会

2008年9月26日至10月3日，由中国社会科学院台港澳学术交流委员会、中国边疆史地研究中心、西南民族大学、西藏自治区社会科学院联合主办的“海峡两岸清代驻藏大臣与边疆治理学术讨论会”在四川省成都市召开。来自中国社会科学院、中央民族大学、中国西藏信息中心、西藏自治区社会科学院、西藏大学、四川省社会科学院、四川省民族研究所、四川大学、西南民族大学、陕西师范大学、台湾大学、台湾宜兰大学、台北市教育大学、台湾铭传大学和台湾元智大学等院校的两岸专家学者60多人到会。会议共收到论文33篇。会议就清代驻藏大臣制

2008年9月，“海峡两岸清代驻藏大臣与边疆治理学术讨论会”在四川省成都市举行。

度、西藏地方史、中国古代的边疆治理、西藏历史文化及相关问题进行了研讨。

驻藏大臣制度与西藏治理研究是会议的重要议题。与会专家从驻藏大臣的设置、发展、演变及其对西藏治理的影响、法律地位等不同角度进行了探讨，并对乾隆时期的治藏特点、西藏的行政区划进行了研究。

关于晚清的驻藏大臣与西藏治理的专题研究。晚清时期，由于国内外形势的变化、驻藏大臣个体的差异，驻藏大臣们代表清中央政府在西藏的施政直接影响了西藏地区的政局、近代西南边疆的稳固，琦善、升泰、有泰、张荫棠、联豫等人在近百年间也始终受到人们关注，他们也是学术界研究西藏史地、近代西藏史的重要对象。会上，与会专家从历史学、政治学、民族学、社会学、法学、地理学、经济学等多种学科的视角出发，既对驻藏大臣制度及其影响进行了综合研究，又对清代驻藏大臣的设置时间、法律地位等问题和琦善、瑞元、凤全、张荫棠等人物进行了专题研讨。与会专家既努力复原历史的真实，分析清代西藏治理的得失，寻求当今西藏治理的借鉴之法，又探讨了唐代西藏地区的历史变迁和清代治理新疆、台湾、四川及相关问题，关注台湾原住民问题，从时间、空间的角度进行纵向、横向的比较研究，从中探究治藏之道。

会议在研究方法以及学术观点上都有创新，开拓了西藏史地研究的视野。同时，也为两岸学术界在藏学研究、中国边疆民族研究等方面增进交流、深化合作创造了条件。

（边　研）

台湾研究所

（一）人员、机构基本情况

截至2008年年底，台湾研究所共有在职人员60人。其中，正高级职称人员11人，副高级职称人员9人，中级职称人员11人；高、中级职称人员占全体在职人员总数的52%。

台湾研究所设有台湾政治研究室、台湾经济研究室、台湾对外关系研究室、台湾人物研究室、综合研究室、资料室、科研室、办公室、人事处和《台湾研究》编辑部、《台湾周刊》编辑部。

（二）科研工作

1. 科研成果统计

2008年，台湾研究所共出版《台湾研究论文集》1种，23万字；论文50余篇，30余万字；《基础和重点研究课题》1种，24万字；《新时期对台方针政策重要文献选编》1种，11万字。

2. 科研课题

2008年，台湾研究所承担国家社科基金特别委托课题1项，国家社科基金重大课题1项，国务院台湾事务办公室和其他政府相关部门委托调研课题6项，已按期完成。该所课题7项，已完成。

3. 科研组织管理新举措

2008年3月台湾选举结束后，岛内局势和两岸关系发生重大积极变化，两岸关系和平发展迎来了难得的历史性机遇。根据形势发展，台湾研究所及时地进行了业务研究重心的调整，即从过去以跟踪形势为主、集中进行动态研究转变为以涉台重大问题的对策研究为主，兼顾重大课题的基础研究和综合研究，成果主要以研究报告的形式体现。在研究人员中，中级以下职称的人员以基础研究为主，成果以学术资料或其他形式体现；副高级职称以上的人员以研究报告为主。对所有研究人员明确提出了每年的研究成果指标和任务。

（三）学术交流活动

1. 学术活动

2008年，台湾研究所举办的学术会议有：

（1）2008年4月25～30日，台湾研究所与国民党智库内政组在湖北省武汉市举办了“大选后的台湾局势与两岸关系展望学术研讨会”。会议研讨的主要问题有“未来两岸关系的发展”、“马英九的大陆政策和民进党的未来走向”等。

（2）2008年8月26日，台湾研究所主办的“台湾主体意识面面观”学术研讨会在内蒙古自治区海拉尔市举行。会议就“台湾主体意识”及其相关的“台湾意识”、“台独意识”等的内涵、特点、发展演变、相互关系及其未来走向等会议主题进行了探讨。

（3）2008年11月3日，台湾研究所主办的“构建两岸经济合作机制研讨会”在云南省昆明市举行。会议研讨的主要问题有“未来两岸经济合作机制的方式与途径”、“两岸经贸协商机制与优先议题探讨”等。

2．国际与地区学术交流和合作

2008年，台湾研究所共接待美国、日本、加拿大、俄罗斯、韩国、澳大利亚等国家及中国香港、台湾地区来访客人80余批310多人次；出访10批21人次。其中：

（1）2008年1月23日，台湾《海峡评论》杂志社吴琼恩社长、毛铸伦副总编辑、杨开煌教授等一行12人应邀来台湾研究所访问。台湾研究所所长余克礼会见了客人。

（2）2008年2月22日，瑞典安全与发展研究所尼古拉斯高级研究员、卡里斯将军、驻华大使英格尔夫来台湾研究所访问。台湾研究所所长余克礼会见了客人。

（3）2008年2月26日，台湾著名时事评论员黎建南应邀来台湾研究所访问，并作了题为《从江湖看台湾选举》的学术演讲。

（4）2008年3月31日，台湾研究所所长余克礼会见应邀来访的美国田纳西州孟菲斯罗兹学院国际关系学教授康培庄（John Franklin Copper）。

（5）2008年4月17日，台湾研究所所长余克礼会见来访的美国驻华使馆一秘胡望中。

（6）2008年5月22日，台湾研究所所长余克礼与应邀来访的台湾东华大学教授杨开煌、台湾淡江大学大陆研究所教授赵春山、台湾政治大学东亚研究所所长邱坤玄等人座谈。

（7）2008年5月28日，台湾中华资深记者协会会长洪锡铭一行19人来台湾研究所访问。台湾研究所所长余克礼会见了客人。

（8）2008年6月2日，台湾研究所所长余克礼会见美国大洛杉矶地区促进中国统一联合会主席刘建民、副主席欧阳韬。

（9）2008年7月23～25日，台湾研究所与全国台湾研究会、全国台湾同胞联谊会在吉林省长春市共同举办“第十七届海峡两岸关系学术研讨会”。

（10）2008年8月9日，台湾“联电”名誉董事长曹兴诚和前“法务部长”廖正豪夫妇来台湾研究所访问。台湾研究所所长余克礼会见并宴请了客人。

（11）2008年9月10日，台湾研究所所长余克礼会见应邀来访的台湾淡江大学美国研究所教授陈一新。

（12）2008年9月21～30日，台湾研究所所长余克礼率台湾研究所访问团应邀赴台湾进行学术交流，参加“新形势下的两岸关系发展研讨会”，并在台湾会见了连战、宋楚瑜、王金平、吴

2008年9月，台湾研究所所长余克礼应邀率团访问台湾。图为余克礼与中国国民党荣誉主席连战等合影。

敦义等台湾党政要人。

(13) 2008年10月18日，台湾大学教授张麟征、蔡玮，台湾前“新闻局长”邵玉铭应邀来台湾研究所访问。台湾研究所所长余克礼会见了客人。

(14) 2008年10月23日，加拿大中国统一促进会会长马清石一行17人应邀来台湾研究所访问。台湾研究所所长余克礼会见了客人。

(15) 2008年11月28日，台湾亚太和平研究基金会董事长赵春山、执行长高辉等一行应邀来台湾研究所访问。台湾研究所所长余克礼等会见了客人。

(16) 2008年12月1日，台湾大学政治系教授张亚中应邀来台湾研究所进行学术演讲。

(17) 2008年12月29日，台湾大学哲学系教授王晓波应邀来台湾研究所进行学术演讲。

（四）期刊

(1)《台湾研究》(双月刊)，主编余克礼。

2008年，《台湾研究》共出版6期，发表论文66篇，约70万字。全年刊载的有代表性的文章有：余克礼的《对推进两岸关系和平发展的几点看法》，朱卫东的《新形势下国共交流机制的定位与作用》，张冠华的《关于新形势下建构两岸经济合作框架的探讨》，康绍邦等的《改革开放三十年对台湾局势和两岸关系的影响》等。

(2)《台湾周刊》，主编彭维学。

2008年，《台湾周刊》密切跟踪台湾政局和两岸关系的形势发展，在办刊中更加注重政策性、系统性、时效性和可读性，不断丰富栏目和内容，作者队伍、读者群体和社会影响力持续扩大。

（五）会议综述

大选后的台湾局势与两岸关系展望学术研讨会

2008年4月25～30日，中国社会科学院台湾研究所与国民党智库内政组在湖北省武汉市举办了“大选后的台湾局势与两岸关系展望学术研讨会”。海峡两岸学者15人参加了会议。与会的台湾学者包括国民党智库执行长蔡政文、台湾大学教授周继祥、台湾政治大学教授朱新民等。会议由中国社会科学院台湾研究所所长余克礼主持。

对于未来两岸关系的发展问题，与会学者一致认为，国民党重新执政后，两岸关系迎来重大历史机遇期，但仍面临如何处理“中华民国”定位以及台湾的“国际空间”等诸多棘手问题。这些问题能否妥善解决，不仅将影响两岸关系的发展，也将影响台湾的政治生态。与会台湾学者建议，国民党重新执政为两岸关系带来重大机遇，但机遇稍纵即逝，马英九的“蜜月期”很快就会结束。

对于马英九的大陆政策，与会学者多认为，马英九大陆政策的核心可归纳为“一个中心、两个基本点”。一个中心就是改善两岸关系，两个基本点就是承认“九二共识”和“不统、不独、不武”的“三不”主张。一方面，马英九承认“九二共识”、反对“两国论”、反对搞“法理台独”，这与李登辉、陈水扁时期的大陆政策有本质区别；另一方面，马英九基于外省籍身份、扩大选民基础以及追求连任等需要，也将更加坚持台湾主体性。

对于民进党的未来走向问题，与会学者认为，民进党虽连遭“立委”及“总统”选举的重挫，但不会泡沫化，因为该党选后未出现分裂，也仍拥有40%左右的基本盘。若蔡英文顺利当选民进党新任党主席，其很有可能成为民进党转型的重要推手。未来，民进党迫于选举压力，会慢慢向基层靠拢，凸显照顾弱势者形象，与财团作一定切割，逐步走上中间偏左路线。而马英九的两岸政策和实践也将会牵动民进党的政策路线思维。如果两岸互动良好，民进党内“独派”势力会受到压制，温和派可能会起来。反之，则可能促其向相反的方向发展。

（杨京林）

“台湾主体意识面面观”学术研讨会

2008年8月26日，中国社会科学院台湾研究所主办的“台湾主体意识面面观”学术研讨会在内蒙古自治区海拉尔市举行。台湾大学教授张麟征，文化大学教授周阳山、杨泰顺、朱高正等来自海峡两岸的10余名专家学者参加了会议。学者们就“台湾主体意识”及其相关的“台湾意识”、“台独意识”等的内涵、特点、发展演变、相互关系及其未来走向等进行了分析与探讨。会议由中国社会科学院台湾研究所所长余克礼主持。会议的主要观点如下：

第一，台湾主体意识的特点与内涵。台湾学者认为，台湾主体意识是20世纪90年代中期在李登辉倡导下，由一批“台独”学者人为构建出来的一种新的台湾意识。陈水扁执政后，通过极力宣扬与推动，使台湾主体意识逐渐成为当今台湾社会的一种主流意识。台湾主体意识具有脆弱性、虚构性、多变性的特点。出于不同的政治立场，岛内蓝绿阵营对台湾主体意识有不同的阐释和演绎。

第二，台湾主体意识与台湾意识、“台独意识”的区别与联系。关于台湾意识，与会学者认为，它是台湾民众对台湾的一种心理感知与

2008年8月，“台湾主体意识面面观”学术研讨会在内蒙古自治区海拉尔市举行。

认同，主要包括地域认同、情感认同、群体认同、身份认同、政治认同等五个层次。关于“台独意识”，学者们认为，它是一种旨在谋求将台湾从中国分裂出去、成为一个“独立国家”的政治意识。多数与会学者认为，台湾主体意识由台湾意识演化而来，但台湾主体意识比台湾意识具有更强的“国家认同”色彩。台湾主体意识不能完全等同于“台独”意识，但是，台湾主体意识与“台独意识”有很强的关联性，在一定意义上说是异化的“台独意识”，是“台独意识”的变种。

第三，台湾主体意识的形成原因及其未来走向。多数学者认为，台湾主体意识主要是李登辉、陈水扁政治操弄的结果，但台湾特殊的历史悲情、国民党的反共宣传及岛内“政治民主化”进程也是其形成与发展的土壤。具体成因包括：李登辉、陈水扁的政治操弄及“台独”教育；台湾民众的历史悲情与现实不安全感；国民党的反共宣传与“本土化”政策；台湾 “政治民主化”的不断推进等。大部分台湾学者认为，民进党连遭重挫，虽代表岛内“台独”运动遭受挫败，但未来台湾主体意识仍将进一步强化。

（杨京林）

构建两岸经济合作机制研讨会

2008年11月3日，中国社会科学院台湾研究所主办的“构建两岸经济合作机制研讨会”在云南省昆明市举行。海峡两岸的1 5名专家学者参加了会议。来自台湾的专家学者有台湾金融研训院院长许振明、醒吾技术学院讲座教授周添城、台湾大学政治系教授萧全政等。会议重点围绕“未来两岸经济合作机制的方式与途径”、“两岸经贸协商机制与优先议题探讨”等问题进行了探讨。会议形成的主要观点如下：

在经济整合无法一蹴而就的情况下，以推动“两岸经济合作架构”为实践两岸共同市场的具体方案相当务实。研拟“两岸经济合作架构”时，应参酌两岸目前与全球各区域经贸组织的洽谈内容，再对照两岸之间特殊经贸关系及未来发展重点，为两岸量身订做一套具有弹性的框架协议。由于两岸特殊的经贸关系，推动“两岸经济合作架构”应按照“自愿的动机、平等的原则、渐进的过程、互惠的基础、双赢的结果”原则进行，这样才能在弹性的机制下使两岸人民得到长远与最大的福祉。

过去两岸三地在市场腹地、资源、劳动力、技术与开发程度等方面，具有相当高的差异性，因而能发挥整合互补的效益。然而，随着大陆技术研发水平的提升以及市场开放程度的加速，两岸三地分工结构已产生质变，不仅已由产业价值链的“垂直分工”发展到“水平分工”，而且合作交流项目也由制造业为主转而向服务业延伸。两岸三地的经济整合，除可直接提供两岸三地的就业机会、充裕产业资金、活络金融市场外，还可扩大彼此的金融市场规模，加速两岸三地的经济发展。

在两岸金融合作方面，随着两岸周末包机直航、开放陆客来台、大陆投资上限及开放陆资来台投资等限制的松绑，两岸民众对货币直接兑换的需求将大幅提高，且两岸银行货币兑换业务也会不断增加，但是，当前台湾与大陆之间并未建立货币清算机制，若再考虑两岸企业或民众直接通汇的可能，将会产生相关的人民币与新台币兑换问题。在思考促进两岸三地经济整合的同时，货币清算的问题刻不容缓。

（杨京林）

哲学研究所

（一）人员、机构基本情况

截至2008年年底，哲学研究所共有在职人员143人。其中，正高级职称人员43人，副高级职称人员44人，中级职称人员28人；高、中级职称人员占全体在职人员总数的80%。

哲学研究所设有马克思主义哲学原理研究室、马克思主义哲学史研究室、中国哲学研究室、东方哲学研究室、西方哲学史研究室、现代外国哲学研究室、逻辑学研究室、美学研究室、伦理学研究室、科学技术哲学研究室、文化哲学研究室、中国社会科学院文化研究中心、《哲学研究》编辑部、《哲学动态》与《哲学年鉴》编辑部、《世界哲学》编辑部、图书资料室、办公室、科研处、人事处、老干部工作办公室。

（二）科研工作

1. 科研成果统计

2008年，哲学研究所共完成专著16种，582.2万字；学术论文240篇，252.1万字；研究报告9篇，166.5万字；译著17种，732.5万字；译文8篇，9.3万字；学术普及读物1种，20万字；一般文章9篇，2.9万字；论文集5种，82万字。

2. 科研课题

（1）新立项课题

2008年，哲学研究所共有新立项课题39项。其中，国家社科基金课题5项：“自由与希望：对康德实践哲学与美学的存在论阐释”（黄裕生主持），“科学知识社会学及其近期发展”（刘文旋主持），“注释、诠释与建构——四书学与宋明理学的发展”（陈静主持），“一阶逻辑片段研究”（夏素敏主持），“托马斯·阿奎那宗教伦理思想的人学解读”（刘素民主持）；院A类重大课题2项：“当代西方形而上学问题研究”（江怡主持），“马克思主义哲学形态史”（吴元樑主持）；院重点课题10项：“Sheffer竖的逻辑与哲学”（刘新文主持），“俄罗斯哲学史”（马寅卯主持），“分析哲学中关于语言和心灵的前沿问题研究”(蒉益民主持),“论中国特色社会主义理论体系”(徐崇温主持),“马克思政治哲学深层次解读”(欧阳英主持),“解读马克思的宗教观”(黄慧珍主持),“韩国哲学史”(李甦平主持),“柏格森和柏格森主义研究”(尚杰主持),“马克思主义哲学中国化与近现代文化论争”(张羽佳主持),“20世纪政治哲学史” (周穗明主持);院青年科研启动基金课题4项:“社会批判理论的谱系:从马克思到福柯” (张羽佳主持),“福泽谕吉的生平与其政治思想的形成”(贺雷主持),“从‘物的依赖性’到‘自由个性’——马克思三大社会形态理论的深层解读”(李西祥主持),“戏仿之思——对一个流行诗学范畴的历史考察”(孙茹茹主持);院重大国情调研课题1项:“中医药事业现状、关键问题和政策建议”(谢地坤主持),院重点国情调研课题4项:“科学发展观与当代中国城市风貌及公共建筑的文化意蕴”(章建刚主持),“经济发达县(市)公共文化服务状况调查”(贾旭东主持),“产权模式、分配方式与不同群体劳动积极性的调研”(魏小萍主持),“近年来‘传统文化热’现象的社会、文化与政治内涵”(李存山主持);院交办课题5项:“如何更加自觉、更加主动地推动文化大发展、大繁荣”(李景源主持),“如何用中国特色社会主义核心价值体系引领和整合多样化的社会思潮”(余涌主持),“诚信意识与公民道德建设”(孙春晨主持),“生态文明理论体系研究”(杨通进主持),“十七大精神与新文化发展观”(李河主持);所重点课题8项:“《三元经》校释及版本研究”(姜守诚主持),“心智哲学问题系列研究”(王湘楠主持),“现象学视野中的科学”(张昌盛主持),“设计美学”(梁梅主持),“王符思想研究”(罗传芳主持),“回归还是超越?——霍耐特承认理论转向评析”(贺翠香主持),“马克思实践哲学的当代意义”(孟宪清主持),“计算与信息哲学论要”(刘钢主持)。

(2)结项课题

2008年,哲学研究所共有结项课题21项。其中,国家社科基金课题2项:“认识的另一半——非理性认识论研究”(张浩主持),“当代西方环境伦理思想研究”(杨通进主持);院A类重大课题2项:“当代中国应用伦理学的理论与实践”(甘绍平主持),“东方哲学史”(李甦平主持);院B类重大课题1项:“马克思主义哲学形态的演变”(吴元樑主持);院重点课题2项:“葛兰西译著及研究”(田时纲主持),“中西:语言与思想制度”(尚杰主持);国情调研课题1项:“中国公共文化服务体系调研”(李景源主持);院交办课题6项:“科学发展观研究”(李景源、吴元樑主持),“中医药事业国情调研(前期)”(谢地坤主持),“科学发展观的政治意义”(李景源主持),“十七大精神”(徐崇温主持),“廉洁教育在社会主义核心价值体系中的作用”(孙春晨、吴尚民主持),“廉政文化的内涵、目标和实践价值”(余涌主持);所课题4项:“人类自我意识的路标”(王湘楠主持),“中国传统哲学范式的现代转向”(贾红莲主持),“汉晋道教与葬俗考”(姜守诚主持),“西方马克思主义批判理论的当代转型及其意义”(贺翠香主持);院青年科研启动基金课题3项:“海德格尔与康德”(陈志远主持),“社会批判理论的谱系:从马克思到福柯”(张羽佳主持），“从‘物的依赖性’到‘自由个性’”（李西祥主持）。

（3）延续在研课题

2008年，哲学研究所共有延续在研课题85项。其中，国家社科基金课题16项：“系统科学和社会发展”（闵家胤主持），“越南儒学研究”（何成轩主持），“统一性和多样性与社会主义社会的发展”（赵凤岐主持），“经济全球化下的民族文化——道家与传统文化的综合创新”（胡孚琛主持），“中国哲学的实在论与道德论”（李存山主持），“德国哲学发展史——从德国哲学发生至今的历史”（谢地坤主持），“相对论和20世纪哲学”（罗嘉昌主持），“知识、信念和行为的逻辑”（刘奋荣主持），“京都学派的历史哲学研究”（卞崇道主持），“伊斯兰哲理与古典文学”（王家瑛主持），“日本‘批判佛教’思潮的佛教批判思想研究”（周贵华主持），“图式逻辑研究”（刘新文主持），“荀子综合研究”（高正主持），“中医典籍研究与英译工程”（罗希文主持），“法国哲学精神与当代欧洲社会”（尚杰主持），“哲学的拓扑学研究”（江怡主持）；院A类重大课题12项：“全球化中的价值冲突与我国文化战略”（江蓝生主持），“面向知识时代的科技哲学与兴国之道”（金吾伦主持），“艺术哲学与国民素质的全面提高”（章建刚主持），“政治哲学研究”（李鹏程主持），“经济伦理与社会发展”（孙春晨主持），“马克思主义与时俱进的思想源头——马恩全集（MEGA）研究”（魏小萍主持），“西方哲学与宗教关系之哲学研究”（叶秀山主持），“当代西方马克思主义新思潮研究”（孔明安主持），“马克思主义哲学创新研究”（李景源主持），“发展先进文化与文化体制改革研究”（江蓝生主持），“黑格尔文集编译”（梁存秀主持），“模态逻辑以及几个最新分支的内容、方法和意义研究”（张清宇主持）；院B类重大课题8项：“阿多诺思想研究”（谢地坤主持），“中国文化系统和国际文化竞争”（闵家胤主持），“20世纪佛教思想与中国思想的现代转换”（张志强主持），“社会伦理与社会发展”（余涌主持），“遗传学发展与人文研究”（赵功民主持），“中国哲学的实在论与道德论”（李存山主持），“西方哲学的当代问题”（江怡主持），“国外马克思主义哲学发展轨迹、趋势研究”（魏小萍主持）；院重点课题10项：“信息时代唯物史观的新发展”（孙伟平主持），“第一哲学的中国进路”（赵汀阳主持），“当代科学基础的哲学分析”（段伟文主持），“当代法国哲学的语言视野——中西文字的哲学差异研究”（尚杰主持），“注释、诠释与建构——四书学与宋明理学的发展”（陈静主持），“《剑桥哲学史》翻译”（周晓亮主持），“印度吠檀多哲学史”（孙晶主持），“魏晋隋唐时期的文化与玄学”（王葆玹主持），“中国遗传伦理前沿问题研究”（王延光主持），“马克思主义哲学创新的存在论研究”（崔唯航主持）；院国情调研课题3项：“中国道德国情调研”（余涌主持），“当代中国社会价值观的现状与发展趋势”（孙伟平主持），“红色文化在社会主义核心价值体系中的地位、作用及对策建议”（吴尚民主持）；所课题24项：“知识问题在现时代”（朱葆伟主持），“符号互动论的社会哲学研究”（霍桂桓主持），“实用英汉哲学术语词典”（鲁旭东主持），“当代生物学哲学”（徐兰主持），“日本应用伦理学的研究及实践”（龚颖主持），“克罗齐美学引论”（田时纲主持），“孔孟之间的哲学——以出土文献为背景”（郭沂主持），“前期吠檀多哲学史”（孙晶主持），“现代逻辑和语言的信息处理”（邹崇理主持），“马克斯舍勒的哲学思想研究”（程志民主持），“克尔凯郭尔‘前基督教时期’宗教哲学思想研究”（王齐主持），“科学发展的广义生态公正问题研究”（段伟文主持），“苏联马克思主义哲学教科书体系研究”（李涛主持），“知识社会学：曼海姆以后的发展”（刘文旋主持），“存在图逻辑的现代分析”（刘新文主持），“马克思主义政治哲学发展史”（欧阳英主持），“海德格尔理解的《黑格尔的精神现象学》”（张慎主持），“现代中国佛教中的佛教批判思想研究”（周贵华主持），“庄子与中国近现代的自由观念”（陈静主持），“《纯粹理性批判》的翻译”（谢地坤主持），“儒道哲学的分流与融合”（王葆玄主持），“郭店竹书考释和校注今译”（高正主持），“现代性语境中马克思哲学当代价值的伦理学研究”（熊在高主持），“明末泰州学派的流变及其影响”（马晓英主持）；院交办课题4项：“关于树立和落实科学发展观问题”（李景源主持），“和谐社会与公民道德”（孙春晨主持），“如何更加自觉、更加主动地推动文化大发展、大繁荣”（李景源主持），“如何用中国特色社会主义核心价值体系引领和整合多样化的社会思潮”（余涌主持）；院青年科研启动基金课题7项：“知识社会学：曼海姆以后的发展”（刘文旋主持），“利益的主体性”（高岸起主持），“关于马克思主义哲学创新的存在论研究”（崔唯航主持），“政治价值论纲”（熊在高主持），“儒家政治哲学的建构：战国礼学研究的新视角”（刘丰主持），“存在图逻辑”（刘新文主持），“颜钧与泰州学派研究”（马晓英主持）；院青年人文社会科学研究中心社会调研课题1项：“中等收入者阶层的价值观调研与构建和谐社会”（熊在高主持）。

3．获奖优秀科研成果

2008年，哲学研究所共有3项图书获得新闻出版总署颁发的“三个一百”原创出版工程图书奖：徐崇温著《当代外国主要思潮流派的社会主义观》，刘悦笛著《生活美学与艺术经验：审美即生活，艺术即经验》，殷登祥主编的“科学、技术与社会”丛书；2项获第二届中华优秀出版物奖：徐崇温著《民主社会主义评析》，殷登祥主编的“科学、技术与社会”丛书；1项获第二届中华优秀出版物提名奖：叶秀山著《哲学要义》。

（三）学术交流活动

1．学术活动

2008年，哲学研究所主办和承办的学术会议有：

（1）2008年3月28～29日，哲学研究所《哲学研究》编辑部、《哲学动态》编辑部与安徽师范大学在安徽省芜湖市联合举办“第五届马克思主义哲学创新论坛”。会议的主题是“30年马克思主义哲学研究的回顾与反思”，研讨的主要问题有“30年马克思主义哲学研究的历史与现状”、“30年马克思主义哲学研究的热点问题”和“未来马克思主义哲学研究的几点展望”等。

（2）2008年4月21日，哲学研究所举办第二届青年学术论坛。哲学研究所学术委员会成员、论文评议人、青年研究人员共40余人参加了论坛。评委们就“考据学研究方法与论题选择”、“中国哲学研究路向与研究方法”、“文本考证与文本阐释”、“西方哲学与马克思主义哲学对话的可能性”、“学术研究中的历史线索梳理与逻辑论证”等进行了评论，并就青年人员研究步骤的展开以及要掌握学科发展史等问题，提出了建议。

（3）2008年7月4日，哲学研究所在北京举行“中英美暑期哲学学院建院20周年”庆典活动。会议回顾了暑期学院20年历程，展望了未来发展的前景。哲学研究所副所长谢地坤、英国牛津大学教授摩尔、美国纽约州立大学教授余纪元分别就“西方哲学的最新发展”、“西方的古希腊哲学研究最新进展”、“中国哲学面临的挑战与任务”等问题作了专题报告。

（4）2008年7月5日～25日，中英美暑期哲学学院第13期高级研讨班在山西省太原市举行。研讨班的主题是“法哲学”。来自英国牛津大学的尼古拉斯·布宁（Nicholas Bunnin）、澳大利亚国立大学的彼得·凯恩（Peter Cane）、英国曼彻斯特大学的金伯莉·布朗李（Kimberly Brownlee）、英国华威大学的普瑞尔（Dan Priel）分别就“罗尔斯的万民法”、“责任与道德”、“惩罚与法律”和“法治观念”等作了专题讲座。

（5）2008年10月14日，由哲学研究所科技哲学研究室和中国自然辩证法委员会青年委员会联合举办的“科技哲学前沿问题系列研讨会”第八次会议在哲学研究所召开。会议邀请了美国加尔文大学哲学系教授凯利·詹姆斯·克拉克（Kelly James Clark）和牛津大学研究员贾斯汀·巴瑞（Justin L. Barrett）作学术报告。演讲的题目是《掀过上帝这页：进化心理学的挑战》。来自哲学研究所、北京大学、人民大学和中山大学等单位的40多名学者和研究生参加了会议。

（6）2008年10月25～26日，由哲学研究所、中英美暑期哲学学院主办的“北京国际善治学术会议”在北京召开。会议得到福特基金会的资助。会议围绕“善治的概念、理论、原则和价值及其在中国及其他国家的应用”等主题展开讨论，并讨论了中国和其他亚洲国家改进治理的种种建议。

（7）2008年11月4～10日，由哲学研究所与越南国家社会科学与人文研究中心哲学所联合举办的“第六届中越双边学术研讨会”在越南艺安省荣市召开。会议的主题是“民生问题与和谐社会”。

（8）2008年11月10～11日，“第二届国际儒学文化论坛”在哲学研究所召开。论坛的主题是“最近中国与韩国儒学研究新成果分析”。40余人参加了论坛。

（9）2008年12月14～17日，“中外社会理论与文化反思（澳门2008）学术研讨会”在中国澳门召开。会议的主题是“结合中外社会理论的前沿研究，探讨社会与文化的变迁，以推动社会理论的发展，并促进澳门学者与国内外学者的学术交流”，研讨的主要问题有“中国的传统文化与当代发展”、“全球化背景下的文化冲突与文化共存”、“韦伯对中国文化的解释”、“技术哲学与技术文化”、“大众传媒与流行文化”、“虚拟空间与网络文化”等。国内外30余位学者参加了会议。

（10）2008年12月16～17日，“人权的应用伦理学视角”学术研讨会在香港浸会大学召开。会议的主题是 “人权的哲学思想在应用伦理学中的地位及其应用”。

2．国际与地区学术交流和合作

2008年，哲学研究所共派遣出访31批49人次，接待来访27批92人次。交流的学科涵盖马克思主义哲学、外国哲学、中国哲学、逻辑学、伦理学、科学技术哲学和美学，其中又以马克思主义哲学、外国哲学和中国哲学为主。与哲学研究所开展学术交流的国家和地区有美国、德国、法国、荷兰、俄罗斯、捷克、日本、韩国、越南等国家和中国的台、港、澳地区。其中：

（1）2008年3月1日，哲学研究所副研究员单继刚、徐素华赴荷兰阿姆斯特丹参加中国社会科学院与荷兰教育文化科学部谅解备忘录出访的重要项目——马克思主义理论在西方和中国以及《马克思恩格斯全集》历史考证版研究项目。

（2）2008年3月7日，塔吉克斯坦科学院副院长、哲学研究所所长季诺尔绍耶夫，塔吉克斯坦对外友好协会主席赛义多夫，国立语言学院院长扎博罗娃一行对哲学研究所进行了访问并与哲学研究所学者进行了座谈。

（3）2008年5月6～20日，哲学研究所研究员周穗明赴捷克参加法兰克福学派第三代批判理论家主导的“哲学与社会科学”2008年学术年会。

（4）2008年5月29日至6月5日，哲学研究所逻辑室研究员张家龙、邹崇理赴台湾参加“第三届两岸逻辑教学学术会议”。会议在台湾东吴大学举行。应台湾东吴大学的邀请，张家龙在会上作了主题发言。

（5）2008年5月31日至6月5日，哲学研究所东方哲学研究室研究员孙晶、李甦平赴台湾参加“2008两岸第一届东方人文思想学术研讨会”。会议在台湾台北华梵大学召开。会议讨论的议题主要是关于东方传统思想的现代重构以及对东方人文思想库中最有价值的思想理论的再挖掘。

（6）2008年6月22～28日，哲学研究所文化中心研究员章建刚赴法国参加“《保护和促进文化表现形式多样性公约》政府间委员会首次特别会议”。会议在联合国教科文组织总部法国巴黎召开。

（7）2008年6月24日，台湾“中研院”研究员陈宜中应哲学研究所邀请，在哲学研究所作了题为《公民有拒战的权利吗——华瑟的自由主义论证及其商榷》的演讲。

（8）2008年7月29日，美国加州州立大学北岭分校哲学系教授、北美中国哲学家学会会长孙为民应哲学研究所邀请，在哲学研究所发表了题为《中国逻辑与古代中国理论科学缺乏之原因》的演讲。

（9）2008年7月30日至8月5日，哲学研究所所长谢地坤率团赴韩国参加第22届世界哲学大会。会议在韩国首尔大学举行，由世界哲学团体联合会主办，总主题为“反思当今的哲学”。

这是世界哲学大会首次在亚洲举行。大会研讨当今时代在全球化背景中关涉社会、政治、科技、文化、宗教、历史、人生等的重大哲学问题，是东西方哲学与文化交流的一次盛会。哲学研究所是世界哲学团体联合会的会员，谢地坤、孙伟平、单继刚、姚介厚、郭沂、李存山、江怡、王柯平、邹崇理、王延光、王齐等11人组成的代表团参加了会议。

（10）2008年8月5～9日，哲学研究所美学研究室研究员王柯平赴希腊参加"第19届全球化时代的政治、伦理与生态国际学术研讨会"。会议由希腊雅典大学奥林匹克哲学与文化国际研究中心主办。王柯平在会上作了题为《从中国实用理性角度审视法治与贤明》的演讲。

（11）2008年9月23日，牛津大学教授弗洛里迪（Luciano Floridi）来哲学研究所作学术访问，并在科技哲学研究室和中国自然辩证法研究会青年委员会联合举办的科技哲学前沿问题研讨会（班）第七次研讨会上发表了题为《理解信息转向：第四次革命》的讲演。

（12）2008年9月23日，捷克科学院哲学研究所教授、全球化研究中心主任、"批判理论学术会议"召集人之一赫鲁贝奇（Marek Hrubec）在哲学研究所作了题为《分析的马克思主义与平等主义的自由主义：G.A.柯亨分析》的学术报告。

（13）2008年9月25日至10月8日，俄罗斯科学院布洛夫、里谢耶夫、德米特里 A.B.以及基亚辛科访问哲学研究所。布洛夫等4人与哲学研究所学者就"中国美学、哲学理论及其历史领域研究的主要问题"、"矛盾论理论和实践中的主要问题"进行了交流和讨论。

（14）2008年10月8日，希腊亚里士多德大学哲学与教育学院教授亚历山德拉·德里基尔基访问哲学研究所。哲学研究所研究员姚介厚、王柯平等会见了亚历山德拉·德里基尔基，并就有关学术问题进行了交流。

（15）2008年10月14日，当代美国著名的马克思主义理论研究专家诺曼·莱文教授访问哲学研究所，作了题为《西方马克思主义的国家理论》的报告。莱文教授重点讲述了马克思的国家理论思想。

（16）2008年11月14日，波兰科学院教授马林诺夫斯基（Jacek Malinowski）应邀在哲学研究所作学术报告，介绍了逻辑学研究的波兰传统及其与其他传统的区别和联系。

（17）2008年11月27日至12月4日，哲学研究所文化研究室研究员赵汀阳赴法国参加"全球治理国际学术会议"。会议在法国欧盟跨文化研究院召开。全球治理是目前国际学术热点问题，涉及政治哲学、经济学和文化研究等学科。赵汀阳作为欧盟跨文化研究院的学术常委参加了会议。

（四）学术社团、期刊

1. 社团

(1) 中国辩证唯物主义研究会，会长杨春贵。

2008年8月1～3日，中国辩证唯物主义研究会、中共中央党校哲学教研部、上海市委党校在上海联合举行“马克思主义哲学与中国改革开放30周年研讨会”。会议的主题是“马克思主义哲学与中国改革开放30周年”。与会专家学者50人。

（2）中国马克思主义哲学史学会，会长梁树发。

2008年2月19～23日，中国马克思主义哲学史学会、广东肇庆学院在广东肇庆学院共同举办“十七大精神与马克思主义哲学史研究”会议。会议研讨的主要问题有“马克思主义哲学史创新”、“马克思主义中国化”、“马克思主义文本研究”、“马克思主义哲学史教材编写”等。与会专家学者90人。

2008年5月15～18日，中国马克思主义哲学史学会国外马克思主义研究分会、上海复旦大学、南京大学、黑龙江大学在上海举行“改革开放30年来的国外马克思主义研究”学术研讨会。会议的主题是“国外马克思主义研究与当代中国”。与会专家学者70人。

2008年7月29～31日，中国马克思主义哲学史学会应用哲学分会和邓小平理论分会、中共黑龙江省委党校在哈尔滨市举行“应用哲学和邓小平理论研讨会”。会议的主题是“思想解放与哲学应用”。与会专家学者50余人。

2008年11月15日，中国马克思主义哲学史学会和中央社会主义学院在北京举行“改革开放30年与马克思主义哲学发展”会议。会议的主题和主要内容是“改革开放30年来马克思主义哲学史研究的回顾、反思和展望”、“马克思主义哲学中国化的逻辑、经验与创新”、“中国特色社会主义理论体系中的哲学问题”等。与会专家学者100人。

（3）中国哲学史学会，会长陈来。

2008年11月8～10日，中国哲学史学会、中山大学在广州市举行“汉唐盛世与汉唐哲学精神国际学术研讨会”。会议的主题和主要内容是“汉唐哲学在中哲史上的地位”、“中国哲学特质和精神”等。与会专家学者90余人。

（4）中华美学学会，会长汝信。

2008年4月18～21日，中华美学学会在杭州市举行“中国现代美学与梁启超学术研讨会”。会议的主题是“梁启超的美学和文艺理论思想在中国现代美学中的地位与作用”。与会专家学者60人。

（5）中国现代外国哲学学会，会长江怡。

2008年3月28～30日，中国现代外国哲学学会、中山大学在广州市举行全国第四届分析哲学会议。会议的主题是“分析哲学与心灵哲学”。与会专家学者50人。

2008年10月31日至11月2日，中国现代外国哲学学会、浙江大学在杭州市举行“全国西方哲学新进展学术研讨会暨中国现代外国哲学2008年年会”。会议的主题是“西方哲学最新发展”。与会专家学者80人。

（6）中华全国外国哲学史学会，会长谢地坤。

2008年4月25～27日，中华全国外国哲学史学会、中国现代外国哲学学会、安徽师范大学在安徽省芜湖市举行“全国外国哲学学术研讨会暨纪念‘芜湖会议’和两学会成立30周年”。会议的主题是“外国哲学研究30年的回顾与展望”。与会专家学者80人。

（7）中国伦理学会，会长陈瑛。

2008年7月14～15日，中国伦理学会、韩国伦理学会在韩国城南市举行“第16次中韩伦理学讨论会”。会议的主题是“现代社会与伦理问题”，研讨的主要问题有“现代社会与伦理意识”、“现代社会与应用伦理”、“现代社会与道德教育”等。与会专家学者100人。

（8）中国逻辑学会，会长张家龙。

2008年10月11～14日，中国逻辑学会因明逻辑专业委员会在兰州市西北民族大学举行“第四届因明学术研讨会”。会议的主题是“藏传因明和汉传因明比较”。与会专家学者60人。

2008年10月31日至11月2日，中国逻辑学会在天津商业大学举行“第八次中国逻辑代表大会”。会议的主题是“逻辑学的发展——理论和应用”。与会专家学者200人。

（9）国际易学联合会，会长董光璧。

2008年11月7～9日，国际易学联合会在北京举行“国际易学联合会第二次会员大会暨第四届国际易学与现代文明研讨会”。会议的主题和内容是“交流国际易学研究成果，总结国际易学联合会的工作，修改会章，选举第二届理事会和学会领导，制定今后四年的工作纲要”。与会专家学者80人。

（10）老子道学文化研究会，会长胡孚琛。

2008年3月28日，老子道学文化研究会在北京人民大会堂举行“老子道学文化研究会成立大会”，与会专家学者90人。

中国社会科学院院属中心（6个）：

中国社会科学院社会发展研究中心，主任孙伟平。

中国社会科学院东方文化研究中心，主任李甦平。

中国社会科学院应用伦理研究中心，主任甘绍平。

中国社会科学院科学技术和社会研究中心，主任殷登祥。

中国社会科学院世界文明比较研究中心，主任汝信。

中国社会科学院文化研究中心，主任李景源。

2008年10月25日，中国社会科学院文化研究中心及哲学研究所博士后流动站在北京举行“首届中国博士后文化论坛”。与会学者70余人。

2．期刊

（1）《哲学研究》（月刊），主编李景源。

2008年，《哲学研究》共出版12期，共计252万字。全年刊载的有代表性的文章有：郇建兴的《解放思想才能构建和谐社会》，叶险明的《确立历史评价科学性的理论基础的三个重要逻辑环节》，阎孟伟的《马克思主义哲学与现代纯粹哲学》，李景源的《唯物史观与思想路线》，王德峰的《社会权力的性质与起源——一个历史唯物主义的分析》，衣俊卿的《探索马克思主义中国化研究的一个新向度》，王雨辰的《用“马克思主义哲学中国化”的范式研究西方马克思主义》，李和佳、高兆明的《社会批判理论的范式演进：从福柯、哈贝马斯到霍耐特》，张汝伦的《概念是普遍的吗？——比较哲学的一个基本问题》，白溪的《〈老子〉“躁胜寒，静胜热”释义新探——以郭店竹简本为依据》，陈少明的《论乐：对儒道两家幸福观的反思》，黄克剑的《惠施“合同异”之辩发微》，叶峰的《关于克里普克模态性的一个自然主义解释》，张盾的《黑格尔对康德哲学的批判和超越》，江怡的《共时性哲学空间中的中国与世界——反思30年来我国的现代外国哲学研究》，倪梁康的《客体化行为与非客体化行为的奠基关系问题——从唯识学和现象学的角度看“识”与“智”的关系》，甘绍平的《作为一项权利的人的尊严》，赵汀阳的《民主的最小伤害原则和最大兼容原则》，程炼的《杰克逊的“知识论证”错在何处？》，刘新文的《论命题与括号》等。

2008年，《哲学研究》获第四届中国社会科学院优秀期刊奖“期刊一等奖”。

(2)《哲学动态》(月刊)，主编谢地坤。

2008年，《哲学动态》共出版12期，共计284万字。《哲学动态》对“专题讨论”等栏目进行了调整，新增了“重读经典”、“学术评论”、“马克思主义哲学研究30年”等栏目。全年刊载的有代表性的文章有：方克立的《综合创新之路的探索与前瞻》，张曙光的《论当代中国学术研究的思想立足点——从哲学界中西马的对话说起》，丰子义的《列宁视野中的民族文化》，干成俊的《马克思哲学本体论研究30年的回顾与反思》，王庆丰的《辩证法理论研究的两个教条及其超越——兼论近30年马克思主义辩证法思想研究的逻辑》，韩庆祥的《回到马克思哲学本性的基地上探寻哲学发展之路》，鲁品越的《生成论规律观与马克思主义哲学原理建设》，吕世荣、聂庆彬的《唯物史观在当代面临的挑战和诘难》，张立文的《和合经济与儒家伦理》，李宗桂的《儒家文化促进经济发展的若干进路》，胡伟希的《儒家中观经济论》，王东的《〈资本论〉的哲学意义》，孙承叔的《〈资本论〉及其手稿的哲学地位》，何萍的《马克思〈资本论〉的历史性解读》等。

(3)《世界哲学》(双月刊)，主编李河。

2008年，《世界哲学》共出版6期，共计96万字左右。新增了“青年哲学家论坛”、“国外著名哲学家简介”、“经典与诠释”等栏目。全年刊载的有代表性的文章有：汪堂家的《世俗化与科学的诠释学因素》，朱刚（译）的《伦理学作为第一哲学》，张再林的《意识哲学，还是身体哲学——中国传统哲学的理论范式的重新认识》，陈立胜的《身体之为“窍”：宋明儒学中的身体本体论建构》，柯小刚的《道路与Ereignis——兼论中文翻译对于〈通往语言之途〉的意义》，王均江的《论海德格尔思想主导词Ereignis》，马琳的《海德格尔与亚洲语言之双重关系探究》，刘佳（译）、陈波（校）的《关于弗雷格“Bedeutung”一词的翻译》，靳希平、郑辟瑞（译）的《另类胡塞尔——胡塞尔现象学的“标准化”和“非标准化”的解读》，靳宝（译），张建华、张廷国（校）的《论海德格尔的知觉现象学》，曹剑波的《绝对不可错论：怀疑主义的根基—— 以彼得·乌格为例》等。

(4)《中国哲学史》(季刊)，主编方立天、李存山。

2008年，《中国哲学史》共出版4期，共计100余万字。新增了“遗文与学记”栏目。全年刊载的有代表性的文章有：陈来的《慎独与帛书五行思想》，程仲棠的《文化的终极关怀与逻辑学的命运》，李承贵的《宋代新儒学中的儒、佛关系新论》，汤用彤的《佛典举要》，向世陵的《张载、王夫之的保和太和说》，蔡方鹿的《吕祖谦的经学思想及其方法论原则》，张卫红的《罗念庵与道教道家之关系》，吕澂的《金刚般若经讲义》，汪学群的《试论清代中期易学诸流派的特色》，林乐昌的《张载两层结构的宇宙论哲学探微》等。

（五）会议综述

改革开放实践与马克思主义哲学创新研讨会

2008年6月28日，由中国社会科学院哲学研究所《哲学研究》编辑部与山东社会科学院哲学研究所共同主办的“改革开放实践与马克思主义哲学创新研讨会”在山东省济南市召开。来自国内马克思主义哲学界、中国哲学界和西方哲学界的近50名专家学者参加了会议。会议围绕改革开放实践与马克思主义哲学创新的问题，主要研讨了三个问题：

第一，改革开放实践与马克思主义哲学创新的根本动力。与会者认为，马克思主义哲学创新为改革开放伟大实践的顺利推进提供了根本的理论支持。一方面，改革开放伟大实践是马克思主义哲学创新的根本动力，也是当代马克思主义哲学中国化的内在驱动力；另一方面，改革开放的伟大进程是一个思想大解放的历史过程，在这一过程中，马克思主义哲学既是解放思想的先导，又是解放思想的对象，应将历史实践与理论创新结合起来，形成推动中国特色社会主义伟大事业不断前行的强大合力。

第二，改革开放实践对马克思主义哲学创新的重大挑战。挑战之一是：求解中国发展之谜需要马克思主义哲学给出科学的阐释；挑战之二是：实践唯物主义作为马克思主义哲学的一面旗帜有被实证化和庸俗化的危险；挑战之三是：马克思主义哲学作为一种信仰价值受到信仰虚无主义的冲击；挑战之四是：“马克思主义哲学中国化”所面临的理论环境日趋复杂，马克思主义哲学创新面临的理论挑战越来越多。

第三，改革开放实践与马克思主义哲学创新的当代使命。与会者认为，改革开放伟大实践为马克思主义哲学创新提供了强大动力，同时也使马克思主义哲学创新面临严峻的挑战。当代

“马克思主义哲学中国化”的历史使命，就是要亲身体验改革开放伟大时代最敏感、最深入的现实问题，深刻回答改革开放伟大实践提出来的新问题和新现象，增强研究的前瞻性和导向性，主要包括重建历史理性、重识实践标准、重塑信仰价值、重启对话进程和重思哲学形态五个方面的任务。

（王　平）

中国社会科学院纪念改革开放30周年系列学术报告会·哲学专场

2008年10月15日，“中国社会科学院纪念改革开放30周年系列学术报告会·哲学专场”在中国社会科学院学术报告厅举行。会议由中国社会科学院哲学研究所所长、学部委员李景源主持。参加大会的有哲学研究所的学部委员、荣誉学部委员和离退休科研人员、各研究室科研人员、研究生、博士后及中国社会科学院有关研究所的相关人员近百人。

中国社会科学院学部委员叶秀山作了题为《为新时代哲学发展努力工作——改革开放30年西哲史研究感想》的主题发言，他认为，在这30年中最为重要的是，在许多专家共同努力取得的丰硕研究成果基础上，我们重新确立了德国古典哲学研究的重要地位。中国社会科学院哲学研究所东方哲学研究室主任孙晶研究员作了题为《30年来印度吠檀多哲学研究概况》的主题发言。中国社会科学院哲学研究所中国哲学研究室副主任张志强副研究员作了题为《时代·传统·中国哲学——时代课题与中国哲学史研究30年来的演进逻辑》的主题发言，他认为，追溯的本意可以促使我们理智地认识当前中国哲学研究所处位置的来龙去脉，历史地理解当前中国哲学研究的处境。中国社会科学院哲学研究所马克思主义哲学原理研究室主任孙伟平研究员作了题为《价值论的兴起及其对哲学的改变》的主题发言，他认为，自20世纪80年代以来，我国价值论研究取得了重大进展，哲学基础理论中一个新的分支已经基本确立。目前，无论是在理论层面还是在实践层面，价值论研究都处于一个有待深化、期待突破的时期。中国社会科学院哲学研究所伦理学研究室副主任杨通进研究员作了题为《改革开放以来我国伦理学研究的发展》的主题发言，他认为，改革开放以来，我国的伦理学在基础理论、中外伦理思想史和应用伦理学方面取得了显著成就。但是，我国的伦理学研究还存在许多不足，例如，在实证研究方面还比较薄弱；道德哲学的研究方面亟待提高。

主题发言结束后，中国社会科学院哲学研究所所长李景源作了总结，他从总体上对中国社会科学院哲学研究所乃至整个国内哲学界的历史进程进行了分析，并鉴于历史经验给哲学研究所中青年科研人员及研究生提出了一些指导性建议。

（王　平）

中国社会科学院国学研究论坛：国学与中国哲学

2008年10月27日，由中国社会科学院哲学研究所承办的“中国社会科学院国学研究论坛：国学与中国哲学”在中国社会科学院学术报告厅举行。论坛的主题是“国学与中国哲学”。中国社会科学院世界宗教研究所荣誉学部委员余敦康、北京大学哲学系教授楼宇烈，中国社会科学院哲学研究所中国哲学研究室主任李存山研究员分别就此主题发表了演讲。论坛由中国社会科学院文史哲学部副主任李景源研究员主持。中国社会科学院领导、部分学部委员和荣誉学部委员以及百余位专家学者参加了论坛。

余敦康在题为《国学的核心价值》的演讲中强调，应该区分国学的外延与内涵，国学的外延是指包括“经、史、子、集”或儒、释、道等诸多形态在内的、在中国五千年历史当中产生的一切传统学术文化，而国学的内涵则指传统文化中蕴涵的文化精神；在此基础上，上下五千年，和谐一线牵，中国文化的精神既非天人合一，也不是仁民爱物，也不是道德理性，而是两个字：和谐，用和谐二字完全可以说得清楚中国文化的核心价值。我们构建和谐社会也就是要回归传统文化，和谐既是民族性的，同时也有其时代性，在应对世界挑战的时候，我们和谐的文化传统必然会对世界作出贡献。

楼宇烈在题为《中国哲学的特点》的演讲中指出，中国哲学是关注人事的，是变动不居的，是整体地看问题的，并着重从“天人合一”的视角对中国传统哲学思维的一些特点进行了层层解析。他认为，在以往关于“天人合一”思想的研究中，大多从人与自然和谐相处的角度加以发挥，实际上在“天人合一”思想中包含着更为深刻和丰富的哲学内涵和意义，一方面要看到人的主动性、能动性，但另一方面，这种主动性、能动性又不能随意发挥，还要讲“诚”。“天人合一”思想的要旨，首先就体现为“以天为则”——“天道”与“人道”的合一。他认为，深入挖掘“天人合一”的深刻内涵对现代世界和现代文明都是一个非常有补益的思想资源。

2008年10月，“中国社会科学院国学研究论坛：国学与中国哲学”在北京举行。

李存山在题为《中国哲学合法性问题》的演讲中指出，“国学”与“中国哲学”都是中西文化交汇而产生的概念。“中国哲学合法性问题”首先关涉国学中是否有“哲学”，而其更深层的意蕴是我们应该如何认识中国哲学的特点及其与西方哲学的关系。学术界近年提出的“中国哲学合法性问题”，主要是针对以往中国哲学史研究中的“以西释中”问题，其积极意义是推动我们更加深入地探讨中国哲学的特点及其与西方哲学的关系。中国哲学是“天人之学”，其内在的逻辑理路是“推天道以明事”，价值观是中国哲学的核心。中国哲学的精神就是要在现实的生活世界中自强不息地追求和实现人生、社会的理想，厚德载物，生生日新。这种精神就使中华文化成为中华民族生生不息、团结奋进的不竭动力。

（王　平）

世界宗教研究所

（一）人员、机构基本情况

截至2008年年底，世界宗教研究所共有在职人员79人。其中，正高级职称人员20人，副高级职称人员23人，中级职称人员23人；高、中级职称人员占全体在职人员总数的84%。

世界宗教研究所设有佛教研究室、伊斯兰教研究室、道教和中国民间宗教研究室、宗教学理论研究室、基督教研究室、当代宗教研究室、儒教研究室、宗教文化艺术研究室、编辑室（《世界宗教研究》杂志社）、资料室、办公室、科研处。

（二）科研工作

1．科研成果统计

2008年，世界宗教研究所共完成专著13种，597.3万字；论文246篇，196.7万字；研究报告3篇，5.6万字；学术资料1种，65万字；教材1种，42.8万字；译著3种，71万字；译文6篇，32万字；学术普及读物3种，26.5万字；工具书3种，213万字；论文集9种，353.6万字。

2．科研课题

(1) 新立项课题

2008年，世界宗教研究所共有新立项课题11项。其中，国家社科基金一般课题1项：“清代藏传佛教研究”（尕藏加主持）；国家社科基金青年课题1项：“‘理一分殊’——当代宗教多元现象与理论研究”（李林主持）；院重点课题6项：“云南宁蒗彝族摩梭人和澜沧拉祜族的原始宗教——中国西南少数民族原始宗教‘活化石’田野调查与专题研究系列”（于静主持），“仪式活动与宗教生态：闽浙赣边界地区的普庵教科仪调查研究”（李志鸿主持），“儒学的存在现状研究——以海南三县市为例”（肖雁主持），“东北全真道研究”（汪桂平主持），“阿奎那的基督教神学”（周伟驰主持），“内蒙古地区佛教文化与寺院教育经济关系研究”（嘉木扬·凯朝主持）；

院国情调研课题3项："江苏佛教慈善与社会建设"（纪华传主持），"转型时期的宗教生态变迁及影响"（曾传辉主持），"陕西鄠县先贤祠宗教调研"（王志跃主持）。

（2）结项课题

2008年，世界宗教研究所共有结项课题7项。其中，国家社科基金一般课题2项："宋元明清佛教史"（魏道儒主持），"唐、辽、南诏大理、南宋密教考古研究"（罗炤主持）；院A类重大课题1项："宗教与社会主义社会相适应的理论与实践"（冯今源主持）；院青年科研启动基金课题2项："论基督教神学的反美学源流以及当代神学美学的回应"（沙湄主持），"清朝度牒制度"（杨健主持）；院国情调研课题1项："2006年浙江三地区宗教国情调研"（朱锦昌、金泽主持）；所重点课题1项："中国内蒙古地区佛教艺术现状研究"（嘉木扬·凯朝主持）。

（3）延续在研课题

2008年，世界宗教研究所共有延续在研课题19项。其中，国家社科基金一般课题3项："伊斯兰教苏非主义研究"（周燮藩主持），"西方宗教哲学传统的反思与展望"（单纯主持），"藏传佛教与藏区发展研究"（尕藏加主持）；院A类重大课题4项："梵蒂冈及天主教问题研究"（任延黎主持），"马克思主义宗教理论研究"（吕大吉主持），"宗教改革史"（周燮藩主持），"南亚地区宗教发展态势及其对我国的影响研究"（邱永辉主持）；院重点课题1项："道教心性学的建构"（郑开主持）；院青年科研启动基金课题4项："宗教复兴与地方传统——福建西部地区'罗祖教'发展现状调查"（陈进国主持），"莫尔特曼神学与马克思主义"（杨华明主持），"近代密教的复兴与悉昙学研究"（周广荣主持），"云南南传上座部佛教研究"（郑筱筠主持）；院国情调研课题1项："滇西道教及民间宗教文化遗产调研"（王卡、陈进国主持）；所重点课题6项："苏非主义研究"（周燮藩主持），"中梵关系再研究"（王美秀主持），"尼采的宗教神学批判理论及其意义"（赵广明主持），"元代基督教史"（唐晓峰主持），"清代东北全真道研究"（汪桂平主持），"当代韩国宗教发展态势研究"（黄奎主持）。

（三）学术交流活动

1. 学术活动

2008年，世界宗教研究所主办和承办的学术会议有：

（1）2008年2月23～24日，世界宗教研究所主办的"中国宗教的新生态、新问题和新挑战学术研讨会"在北京举行。会议研讨的主要问题有"中国宗教的新

2008年6月，"海峡两岸宗教文化与经济社会发展学术研讨会"在福建省泉州市召开。

生态”、“探讨当代‘五大宗教’出现的新问题”、“中国宗教研究面临的新国际环境和新挑战”。

（2）2008年4月18日，世界宗教研究所与山东省汶上县人民政府联合举办的“太子灵踪文化研讨会”在汶上县召开。会议围绕1994年汶上宝相寺太子灵踪塔北宋地宫出土的大量文物及太子灵踪文化独具特色的佛教文化现象进行了讨论。

（3）2008年5月10～13日，世界宗教研究所、浙江省社会科学界联合会、中共台州市委宣传部、天台县委县政府联合主办的“寒山子暨和合文化国际学术研讨会”在浙江省天台县召开。会议研讨的主要问题有“寒山诗的版本流传与影响”、“寒山诗的风格特点及其文学价值”、“寒山诗的思想特点”、“域外寒山热”、“和合二仙与传统婚俗”、“和合文化与和谐”、“佛教天台宗”、“道教南宗以及与天台相关的文化”。

（4）2008年5月31日至6月1日，世界宗教研究所主办，美国杨百翰大学法学院、美国全球接触研究所、普世社会科学研究所协办的“宗教与法治国际学术研讨会——和谐社会中的法律制度与宗教”在北京举行。会议研讨的主要问题有“宗教在构建和谐社会中的作用”、“政教关系模式比较”、“宗教与基层自治”、“宗教团体的法律地位”、“各国宗教立法比较”、“宗教团体的财务管理”、“宗教团体参与社会服务的途径”、“宗教与公共秩序”。

（5）2008年6月26～27日，世界宗教研究所、中国社会科学院台港澳学术交流委员会、台湾中华宗教哲学研究社和华侨大学联合主办的“海峡两岸宗教文化与经济社会发展学术研讨会”在福建省泉州市召开。会议研讨的主要问题有“世界各大宗教的历史演变与现代形态”、“宗教与民间信仰的生存处境与转型”、“宗教在文明社会所起的作用”、“宗教与社会和谐的关系”、“闽南地区宗教信仰的历史与现状”、“东南亚与海外华人的宗教信仰”。

（6）2008年10月15～17日，世界宗教研究所、意大利马切拉塔大学、罗马天下一家协会以及米兰天主教大学共同主办的“当代世界中的宗教国际学术研讨会”在北京召开。会议研讨的主要问题有“宗教在不同国家所扮演的角色与作用”、“宗教与社会的关系”、“宗教在不同地理范围的出现”、“宗教与当地文化的互动”。

2008年11月，第四届“基督宗教在当代中国的社会作用及其影响”学术研讨会在北京举行。

（7）2008年11月19～21日，世界宗教研究所、中央统战部和中央人民政府驻香港特别行政区联络办公室共同主办的第四届

"基督宗教在当代中国的社会作用及其影响"学术研讨会在北京举行。会议研讨的主要问题有"基督宗教与当代中国社会公益事业发展"、"基督宗教与当代和谐社会构建"、"基督宗教与跨宗教跨文化对话"。

（8）2008 年 12 月 11～13 日，中国社会科学院基督教研究中心主办的"基督宗教与社会转型学术研讨会"在北京举行。会议研讨的主要问题有"基督宗教与社会转型的相关概念和理论"、"基督宗教与经济转型"、"基督宗教与文化转型"、"基督宗教与社会形态变迁"、"基督宗教与社会价值转变"、"基督宗教与社会转型的东西方比较研究"、"基督宗教与中国社会转型"、"社会转型中的基督宗教"。

2．国际与地区学术交流活动

2008 年，世界宗教研究所共派遣出访 28 批 51 人次，接待来访 23 批 113 人次。与世界宗教研究所开展学术交流的国家和地区有美国、德国、英国、瑞典、韩国、新加坡、马来西亚、泰国、印度等国家以及中国的台湾、香港、澳门。其中：

（1）2008 年 2 月 5～15 日，世界宗教研究所所长卓新平和研究员高师宁应英国坎特伯雷大主教的邀请，赴英国参加"公共范围中的宗教国际学术研讨会"。

（2）2008 年 2 月 20 日至 4 月 1 日，世界宗教研究所陈进国博士应新加坡本元山道堂、马来西亚柔佛州登义山道堂、泰国合艾真空道堂的邀请，赴新加坡、马来西亚和泰国进行学术访问与交流。

（3）2008 年 2 月 26 日至 3 月 8 日，应印度喜马拉雅研究与文化基金会的邀请，世界宗教研究所副所长金泽和研究员邱永辉赴印度参加"宗教，文化及亚洲中部、南部的安全国际学术研讨会"。

（4）2008 年 3 月 1～23 日，世界宗教研究所晏琼英应美国国务院教育文化局国际访问者办公室的邀请，赴美进行学术访问。

（5）2008 年 3 月 21 日，德国电视一台的编导莫尼卡和史蒂芬访问了世界宗教研究所。世界宗教研究所所长卓新平接待并接受了他们的采访。

（6）2008 年 4 月 2 日，德国汉堡基督教会中国研究部的甘默霓博士来世界宗教研究所拜访了世界宗教研究所所长卓新平，双方就中国基督教发展以及合作等事宜进行了交流。

（7）2008 年 4 月 3 日，比利时枢机主教丹尼尔斯（Cardinal G．Danneels）等 15 人来世界宗教研究所访问。丹尼尔斯主教作了题为《生活文化面临的挑战：伦理与科学的对话》的学术报告，并与世界宗教研究所学者进行了交流和探讨。

（8）2008 年 4 月 8 日，意大利波洛尼亚若望二十三世宗教学基金会所属宗教学研究所所长、莫德纳大学教授麦劳尼（Alberto Melloni）来世界宗教研究所作了题为《20 世纪 60 年代圣座的国际政策》的学术报告。

（9）2008年4月15～19日，世界宗教研究所所长卓新平应台湾财团法人台北市教会聚会所的邀请，赴台参加“宗教如何在开放发展的社会中扮演和谐共荣的角色研讨会”并作主题发言。

（10）2008年5月6日，印度赫鲁大学教授迪潘卡尔·古普塔来世界宗教研究所作了题为《印度的宗教自由与宗教问题》的学术报告。

（11）2008年5月20日，应中国文化部部长邀请来华访问的伊朗伊斯兰文化联络组织主席穆斯塔法维博士一行来世界宗教研究所访问并与该所学者进行座谈。

（12）2008年5月29日，印度尼西亚卡渣玛达大学教授Bernard Adeney-Risakotta等来世界宗教研究所拜会了所长卓新平，双方就加强彼此日后的学术交流，特别是伊斯兰教研究和基督教研究进行了探讨。

（13）2008年6月3日，伊朗驻华使馆大使和文化参赞等来世界宗教研究所访问，与该所学者就伊斯兰教特别是伊斯兰教什叶派的教义、真谛和本质等问题进行了探讨。

（14）2008年6月22～25日，应香港教育学院宗教教育与心灵教育中心的邀请，世界宗教研究所副所长张新鹰一行11位学者赴香港参加“人类宗教与社会发展学术研讨会”。

（15）2008年7月5～14日，世界宗教研究所所长卓新平应德国海德堡大学的邀请参加“律与爱：中国与西方的哲学、宗教和科学国际学术研讨会”。

（16）2008年8月19日，法国驻华大使馆政务参赞乐达吉和一等秘书杜丽缇来世界宗教研究所拜访了所长卓新平。卓新平向客人介绍了中国当前宗教的基本状况和世界宗教研究所的基本情况。

（17）2008年9月13～22日，应新加坡和真道堂、马来西亚柔佛登义山道堂和泰国合文真空道堂的邀请，世界宗教研究所所长卓新平、副所长金泽等一行赴新加坡、马来西亚、泰国进行学术访问和交流。

（18）2008年10月2～7日，世界宗教研究所孙波应瑞典斯德哥尔摩大学皇家研究院的邀请，赴瑞典参加“宗教与社会——多种身份的挑战国际学术研讨会”。

（19）2008年10月4～8日，世界宗教研究所所长卓新平应美国伯格翰扬大学国际宗教与法律研究中心的邀请，赴美参加“全球化秩序下的宗教国际学术研讨会”。

（20）2008年12月10～15日，应马来西亚英迪国际大学的邀请，世界宗教研究所副所长金泽一行赴吉隆坡和新加坡进行学术交流访问。

（四）学术社团、期刊

1. 社团

（1） 中国宗教学会，会长卓新平。

2008年12月14日，“中国宗教学会2008年学术年会暨宗教学科研究机构联席座谈会”在北京举行。来自全国各地的45名宗教学理事参加了会议。宗教学会的各位理事交流了2008年宗教学研究的新进展、新做法和新成果，展望了2009年的工作，并对如何改进和加强宗教学会的工作提出了建议。会议还讨论了新推荐的理事人选。

（2）中国无神论学会，理事长任继愈。

2．期刊

（1）《世界宗教研究》（季刊），主编卓新平。

2008年，《世界宗教研究》共出版4期，共计80万字。全年刊载的有代表性的文章有：王志军的《论犹太教对马克思的影响》，朱岚的《论儒佛孝道观的歧义》，崔小敬的《和合神考论》，范若兰的《马哈蒂尔的伊斯兰教理念与实践评析》，铁省林、傅永军的《哈贝马斯后期宗教思想论析》，卢国龙的《“礼失求诸野”义疏》，杨健的《乾隆朝废除度牒的原因新论》，纪华传的《永觉元贤〈鼓山志〉及其文献价值》，熊铁基的《试论王重阳的“全真”思想》，马桂芬的《胡门门宦的宗教思想及其礼仪特点》，李宗俊、董知珍的《玉门—吾艾斯拱北的历史解读》，王作安的《我国宗教立法的回顾与思考》，温玉成的《谈王崇仁藏佛舍利五重宝塔》，林观潮的《费隐通容〈五灯严统〉的毁板与日本重刻》，戈国龙的《〈大丹直指〉非丘处机作品考》，问永宁的《蒋湘南与伊斯兰哲学》，郭丹彤的《论古代埃及阿玛纳宗教中王权的本质和职能》，陆丽青的《冯特的宗教心理学思想研究》，张志刚的《再论宗教—文化观的方法论意义》，释印顺的《构建“人文佛教”平台努力探索和践行现代寺院管理模式》，董黎的《岭南近代基督教堂建筑艺术》，车文明的《中国古代民间祭祀组织“社”与“会”初探》，李树辉的《试论摩尼教消亡的时间》。

2008，《世界宗教研究》获第四届中国社会科学院优秀期刊奖“期刊优秀奖”。

（2）《世界宗教文化》（季刊），主编黄夏年。

2008年，《世界宗教文化》共出版4期，共计40万字。全年刊载的有代表性的文章有：敏敬的《美国伊斯兰媒体的发展概况》，贺汉魂、廖鸿冰的《佛陀的智慧：经济学发展的理论之源》，张中奎的《“5·12”大地震后的穆斯林自救——以四川省“伊协”为考察中心》。

（五）会议综述

太子灵踪文化研讨会

2008年4月18日，山东省汶上县人民政府联合中国社会科学院世界宗教研究所，在汶上县召开“太子灵踪文化研讨会”，就汶上佛教历史文化进行了深入探讨。来自中国社会科学院、北京大学、北京师范大学、中央美术学院、山东大学、上海师范大学、陕西师范大学、法门寺博物馆的近30位佛教研究学者参加了研讨会，其中包括黄心川、楼宇烈、杨曾文、金维诺等著名专家。

学者指出，1994年，汶上宝相寺太子灵踪塔北宋地宫出土了大量文物，其种类之多，品质之高，保存之完好，在北宋考古史上甚为罕见，是迄今发现的北宋时期等级最高、历史背景清楚、纪年明确、艺术价值极高的佛教文物。其中，双膝跪姿“捧真身菩萨”造像为世所仅见，100多件“七宝”为北宋皇室供品，曾被一方信众视为圣物的一枚佛牙在历史文献中屡有记载，印证着当时社会各阶层的佛教崇拜状况。这里出土的文物，历史线索清楚，有铭文记录，而且历史长，等级高，有一定的代表性，值得我们重视。

学者们特别指出，由于舍利崇拜是一种信仰的活动，信仰是心理活动的反映，对舍利的研究与考证，就不能从真伪的角度来谈了。虽然我们不能判断舍利的真伪问题，但并不是说不能对它进行研究。因为舍利活动中包含了相当多的历史文化因素，这些因素值得我们去进行考述，通过考述，可以得到历史文化的痕迹。山东汶上的佛牙出土以后，有长达170字的铭文，记载了这颗舍利迁徙的经过，经学者结合历史资料进行研究，确认这是从宋代皇宫里流出来的舍利，所以从它的迁移过程，我们可以知道宋代宫廷与民间供奉舍利的情况，还了历史的真实面目。所以每一次舍利的出土，对学术界来说都是一次重大的发现，舍利除了有宗教的崇高价值之外，也是历史文化因素的深刻反映。

与会学者认为，太子灵踪文化是汶上独具特色的佛教文化现象，是中国传统文化遗产的有机组成部分，研究领域涉及宗教、历史、考古、民俗、艺术、地理、旅游等诸多学科，内涵丰富，外延宽广，具有重要的学术价值。汶上当地以往在研究工作方面迈出了一定的步伐，今后，应该在已有成果的基础上，继续推动相关研究取得更大的进展。

（黄夏年）

寒山子暨和合文化国际学术研讨会

2008年5月10～13日，由中国社会科学院世界宗教研究所、浙江省社会科学界联合会、中共台州市委宣传部、天台县委县政府联合主办的“寒山子暨和合文化国际学术研讨会”在浙江省天台县召开。来自美国、韩国、日本和中国台湾、香港及内地的百余名专家学者参加了会议。会议共收到论文60余篇。

会议组织了两场大会专题发言。第一场专题报告由中国社会科学院世界宗教研究所副所长张新鹰教授、浙江省社会科学界联合会巡视员连晓鸣主持。中国社会科学院荣誉学部委员杨曾文教授，北京大学宗教研究所所长楼宇烈教授，中国人民大学孔子研究院院长张立文教授，美国学者、著名汉学家赤松，香港浸会大学教授钟玲分别作专题演讲。与会学者就寒山子暨和合文化的文学价值和思想价值进行了讨论。文学方面围绕着寒山其人及其诗研究展开讨论，讨论的范畴包括寒山子的生平及其形象、寒山诗的版本、流传、思想内涵及其风格特点、寒山及其诗歌的域外影响等内容。思想方面主要涉及的问题有寒山拾得与和合二仙的神话、天台和合文化的基本内涵及其特征、和合文化的历史内涵及现代意义等内容。

会议举行第二场主题发言及闭幕式。韩国东国大学中文系主任朴永焕作了题为《当代韩国寒山子研究现况与展望》的报告，介绍寒山子研究在韩国的发展以及现况。台湾逢甲大学中文所叶珠红博士的《台湾寒山子研究现况》，对台湾地区寒山子研究的发展作了一个概括性的描述。浙江省社会科学院研究员杨建华的《二律和合文化精神与中国现代化》，探讨了二律和合的文化精神对于中国现代化发展所具有的意义和价值。

这次研讨会不仅在我国寒山子研究的历史上是空前的，将寒山子与和合文化结合在一起加以研讨，在国内也是空前的。这在很大程度上是因为天台这一特定的地域具备特定的条件实现这一特定的创意——和合文化是中华民族传统文化的精髓之一，而天台是中国和合文化的原生地，“和合二仙”寒山、拾得是中国古代人与人和合相处的典范。

（何善蒙）

宗教与法治国际学术研讨会——和谐社会中的法律制度与宗教

2008年5月31日至6月1日，由中国社会科学院世界宗教研究所主办，美国杨百翰大学法学院、美国全球接触研究所、普世社会科学研究所等协办的“宗教与法治国际学术研讨会——和谐社会中的法律制度与宗教”在北京举行。来自越南、老挝、新加坡、韩国、印度、巴基斯坦、德国、法国、意大利、比利时、美国、挪威等国家以及中国香港、台湾地区的专家及相关人士近百人参加了会议。中国社会科学院世界宗教研究所所长卓新平在开幕式上致辞。他说，各国宗教管理方法及经验，可以为我们提供重要的参考和借鉴。会议触及的宗教管理立法、宗教与公民社会及公共生活、现代社会中的非政府组织、新型宗教的多元发展等议题，也是当前学术界所特别关注的问题。

作为一次跨学科、跨文化的中西方学术对话，与会者围绕“宗教在构建和谐社会中的作用”、“政教关系模式比较”、“宗教与基层自治”、“宗教团体的法律地位”、“各国宗教立法比较”、“宗教团体的财务管理”、“宗教团体参与社会服务的途径”、“宗教与公共秩序”等议题展开对话与讨论，涉及的范围包括各国关于宗教的法律法规比较、国家与宗教组织的关系、政府管理宗教的模式以及宗教与社会公共秩序的关系等相关问题。

来自不同国家的与会者介绍了各国在宗教与法治关系的认识和处理上的不同特点和经验。大家一致认为，宗教是人类社会长期存在的社会现象，在当代社会与国际事务中宗教是一个具有重要作用的因素。宗教与法治的关系是世界各国面临的共同问题，也是各国法学、政治学、宗教学界共同关注的问题。人类社会要有信仰，现代国家离不开法律。国家要处理好与宗教的关系，就必须实行宗教信仰自由、完善宗教立法、依法管理宗教、发挥宗教在社会中的积极作用。只有处理好宗教关系，才能维护社会稳定，巩固民族团结，促进社会的和谐与发展。

（宗　研）

当代世界中的宗教国际学术研讨会

2008年10月15～17日，由中国社会科学院世界宗教研究所、意大利马切拉塔大学、罗马天下一家协会、米兰天主教大学共同主办的“当代世界中的宗教国际学术研讨会”在北京召开。来自中、意两国的近40位专家学者参加了研讨会。20多位学者提交了学术论文。

会议开幕式由中国社会科学院世界宗教研究所副所长曹中建主持，中国社会科学院世界宗教研究所所长卓新平研究员、意大利马切拉塔大学校长罗伯特·萨尼教授、罗马天下一家协会代表梁作禄在开幕式上致辞。卓新平研究员和罗马天下一家协会会长、米兰天主教大学历史系主任乔万里教授先后作了主题发言。

与会学者围绕“宗教与当代世界”、“在中国的宗教”、“当代国际天主教的发展”、“20世纪中国的天主教”等主题展开交流与讨论。

学者们首先分析了20世纪以来世界各大宗教的发展状况及其主要特征。其后，几位中国学者针对在中国的宗教各抒己见。有学者通过南传上座部佛教传入我国云南边疆少数民族地区后的发展，说明南传佛教在保持其基本传统纯洁性的同时，也在积极适应着中国边疆少数民族文化。有学者从各个方面对基督教在中国大陆的状况作了简要分析，指出基督徒群体逐步成为一个令人瞩目、充满活力同时又具有张力和多元性的群体。有学者回顾了自17世纪以来俄罗斯东正教在中国传布的历史、发展及其对中俄关系的影响。有学者认为，由于今日中国社会的变迁带给不同地域的中国穆斯林以不同的影响，因此中国伊斯兰教中的多样性不仅不会消失，而且还会不断增加。还有学者介绍了中国道教的发展历史以及作为中国传统文化主干的儒释道三教各有特色的修身养性之理法。

围绕当代天主教这一主题，几位意大利学者透过不同的视角分析了天主教在当代世界中的总体发展状况。有的学者评述了第二次梵蒂冈大公会议召开的历史背景及其重大历史意义。有的学者分析了天主教文化在第二次梵蒂冈大公会议之后发生的显著变化。长时间以来以拒斥现代社会为特征的天主教世界开始用积极的方式应对当代社会，主张教会理论要与社会相适应，教会应服务于社会。其他学者分别论述了天主教会与民族主义的关系、教宗通谕中的天主教会社会关怀、宗教社团的历史发展轨迹以及风起云涌的平信徒运动。

会议最后，学者们还探讨了20世纪中国的天主教这一重要内容。学者根据珍贵的文献资料，重现了中华人民共和国成立之后直至“文化大革命”开始这段时期内天主教会在中国的历史，尤其关注50年代的一系列事件。

（孙艳燕）

基督宗教与社会转型学术研讨会

2008年12月11～13日，“基督宗教与社会转型学术研讨会”在北京召开。会议主办方为中国社会科学院基督教研究中心，合办单位包括加拿大维真学院、香港中文大学崇基学院神学院、香港中文大学天主教研究中心、香港浸会大学中华基督宗教研究中心、基督教与中国研究中心（洛杉矶）、香港汉语基督教文化研究所。

会议的目的在于探讨中国社会转型将对基督宗教带来哪些机遇与挑战，基督宗教又能如何主动适应转型中的中国社会等一系列重要问题。来自高校、科研机构的近150位专家学者及青年学生参加了会议。会议共收到论文70余篇，60多位学者登台发言。

会议围绕“基督宗教与社会转型的相关概念和理论”、“基督宗教与精神价值”、“社会文化变迁中的《圣经》解读”、“基督宗教与政治文化”、“基督宗教与社会形态变迁”、“基督宗教与社会转型的东西方比较”、“基督宗教与社会转型的实证分析”、“基督宗教与近现代中国社会”、“基督宗教与中国历史”等9个主题展开讨论。

基督宗教与政治文化的关系成为会议讨论的热点议题。与会学者就此主题发表的论文大体可划分为三类：第一类，关注政教关系。有些学者立足现状，揭示出转型时期基督宗教与政府之间的互动关系，旨在促进基督宗教在构建和谐社会过程中发挥积极作用；有些学者关注历史，总结18世纪英国政教关系的经验，目的是反思在社会急剧变动的背景下，如何最大限度地减少不稳定因素。第二类，思索基督宗教在中国社会转型时期能够发挥的积极作用。有些学者指出，基督宗教在当代社会的功能应以公益慈善为根基，以心灵慰藉为核心，以终极关怀为旨归，充分发挥其“安心”、“助心”和“化心”的作用。也有学者指出，基督宗教在现代社会中的职能不应局限于福利事业，更需发挥自身的精神价值。第三类，着眼长远，远虑经此中国社会之转型，基督宗教未来将何去何从。

总结基督宗教在国内各个地方得出的本土经验，成为与会学者关注的另一个焦点。这些本土经验来自全国各地，此类论文可按地域之别划为三种：首先，是基督宗教在现代化都市的发展。例如，有学者以北方某现代化都市中的一个社区教会为例，分析了中国基督宗教发展的机遇与所遭遇的问题，揭示了转型时期教会内部神学思想上的分歧与碰撞。也有学者立足香港社会，为香港的高等教育深深打上经济全球化的烙印而忧心忡忡，并提出基督宗教的思想可能成为医治这种弊病的一剂良药。其次，是基督宗教进入民族地区后引发的相关问题。也有学者分析和归纳了社会转型时期广西乡村基督宗教的几个特点。再次，也有学者介绍了湖北省基督宗教的教派演变的渊源、特点和现状，为研究转型期基督宗教的教派问题提供了可资借鉴的地方经验。

（李　林）

经 济 学 部

经济研究所

（一）人员、机构基本情况

截至2008年年底，经济研究所共有在职人员132人。其中，正高级职称人员38人，副高级职称人员32人，中级职称人员30人；高、中级职称人员占全体在职人员总数的76%。

经济研究所设有政治经济学研究室、宏观经济学研究室、微观经济学研究室、经济增长理论研究室、中国经济史研究室、中国现代经济史研究室、经济思想史（发展经济学）研究室、当代西方经济理论研究室、《经济研究》编辑部、《经济学动态》编辑部、《中国经济史研究》编辑部、《中国城市年鉴》编辑部（具体业务由中国社会科学院办公厅代管）、网络中心、图书馆、办公室、科研处和人事处。

（二）科研工作

1．科研成果统计

2008年，经济研究所共完成专著14部，457.8万字；论文133篇，169.22万字；研究报告20篇，44.1万字；论文集2部，22.5万字；教材2部，81万字；一般文章12篇，20.2万字。

2．科研课题

（1）新立项课题

2008年，经济研究所共有新立项课题39项。其中，国家社科基金课题2项：“贯彻落实科学发展观与完善宏观调控体系”（张晓晶主持），“结构调整与就业增长的稳定性：基于产业层次上技术扩散方式的分析”（汪红驹主持）；院重大课题1项：“开放经济新阶段的宏观稳定”（张晓晶主持）；院重点课题5项：“农民工医疗保险制度研究”（朱恒鹏主持），“中国工业化成本上升与通货膨胀的关系”（汪红驹主持），“马克思主义经济学中国化研究”（裴小革主持），“中国公司治理与经济增长的微观机制研究”（仲继垠主持），“抗战前中国财政与商业发展状况研究”（徐卫国主持）；院重点后期资助课题2项：“唐五代敦煌绿洲农业研究”（苏金花主持），“养老保险与收入再分配”（香伶主持）；院国情调研重大课题3项：“中国乡镇调研”（刘树成、吴太昌主持），“中国居民收入分配体制改革调研”（魏众、朱玲主持），“市场经济与政府转型”（刘小玄主持）；院国情调研重点课题6项：“地方政府财政收支状况调研”（胡家勇主持），“柳州五菱汽车有限公司改革与重组调研报告”（吴延兵主持），“农民工医疗需求与民营医疗机构医疗服务供给”（朱恒鹏主持），“中央企业社会责任实践”（钟宏武主持），“村庄基础设施建设及维护的资金筹措问题”（武力主持），“中部地区国家商品粮基地的粮食生产与农民家庭收入”（袁为鹏主持）；院青年科研启动基金课题3项：“中国外部失衡的形成机制及治理对策”（王宏淼主持），“我国货币政策的国际协调研究”（汤铎铎主持），“美国新经济史革命及其对中国经济史研究的影响：1957～2004”（隋福民主持）；院青年人文社会科学研究中心社会调研课题1项：“中央企业社会责任推进机制研究”（钟宏武主持）；参加工业经济研究所国情调研重大课题1项：“国家电网公司调研”（韩朝华主持）；所重点课题12项：“共和国经济社会发展与展望”（钱津主持），“代建制改革研究”（钱津主持），“失业形成机理：基于经济发展战略的研究”（陆梦龙主持），“金融发展、人力资本与收入分配关系研究”（杨新铭主持），“中央企业社会责任推进机制研究”（钟宏武主持），“公司治理的理论与实践研究”（剧锦文主持），“市场经济与政府转型”（刘小玄主持），“缓预算约束与经济波动”（陈健主持），“马克思主义经济学”（王振中主持），“马克思主义经济学中国化研究”（裴小革主持），“对自由市场制度的两种理解的比较研究”（左大培主持），“薛暮桥工作笔记整理与研究”（曲韵主持）；其他部门与地方委托课题3项：“当前我国利益集团问题研究”（王振中主持），“食品—能源危机应对策略研究”（朱玲主持），“灾后重建与企业社会责任”（韩朝华主持）。

（2）结项课题

2008年，经济研究所共有结项课题48项。其中，国家社科基金课题2项：“中国各地经济增长差异的制度分析”（韩朝华主持），“科学发展观的财富基础理论研究”（裴小革主持）；国家自然科学基金课题1项：“大国开放经济的流动性效应和货币政策规则”（汪红驹主持）；院B类重大课题2项：“影响各地区经济发展水平的制度因素”（贺晓东主持），“1949年以来中国城乡经济关系若干问题研究”（徐建青主持）；院重点课题7项：“培育市场体系、完善宏观调控体系与政府职能转型”（钱津主持），“重新反思‘社会主义核算大论战’的理论遗产”（杨春学主持），“农民工基本健康保障政策研究”（朱恒鹏主持），“经济增长、技术进步与我国就业问题研究”（刘霞辉主持），“中国改革开放的理论和实践背景”（刘小玄主持），“经济体制转轨的‘中国模式’研究”（张晓晶主持），“咸丰至光绪前期的清朝财政”（史志宏主持）；院青年科研启动基金课题2项：“经济平衡增长与政府支出政策研究”（于长革主持），“海外中资企业社会责任研究”（钟宏武主持）；院、中纪委交办课题4项：“社会中介组织腐败状况与治理对策”（林跃勤主持），“关于转变经济发展方式的几个理论问题”（裴小革主持），“中国共产党处理城乡关系的历史经验”（武力主持），“寻求增长与通胀之间的平衡：过热标准探讨及如何防止经济由偏快到过热”（张晓晶主持）；所级国情调研课题4项：“地方政府职能转换与机构改革”（胡家勇、陈健主持），“企业、市场和政府转型”（刘小玄主持），“浙江诸暨、湖北石首、河北高阳三村城乡关系调查与工农业协调发展”（林刚、封越建主持），“玉东村10年变化——1997年第四次无锡保定农村调查跟踪研究”（曲韵主持）；院国情考察活动课题1项：“河南省息县东岳镇经济社会发展调查”（周济主持）；院科研管理课题1项：“我国哲学社会科学管理的任务与对策研究”（周济主持）；院国情重大调研课题（第一期）8项："乡镇政府的变身：无锡胡埭镇的变迁和创新"（韩朝华主持），"乡镇政府职能与乡镇机构改革：浙江省温岭市泽国镇调研"（胡家勇主持），"农村劳动力资源开发与乡镇政府职能变化——山东省陵县边临镇的调研"（张平主持），"农村基础设施建设与乡镇政府职能变化——贵州省青岩镇的调研"（刘霞辉主持），"乡村城镇化与乡镇政府职能变化——晋江县安海镇的调研"（仲济垠主持），"无锡地区90年代中期以来乡镇发展及政府经济职能演变——以玉祁镇为个案的考察"（武力主持），"少数民族地区的公共财政与公共物品——以大理喜洲镇为案例"（杨春学主持），"三屯营镇的发展与演进"（李文军主持）；院国情重大调研课题（第二期）2项："探索乡镇旅游发展之路——湖北省孝感市大悟县新城镇调研"（钱津主持），"北京市房山区长沟镇调查"（董志凯、赵学军、武力主持）；参加院国情调研重大课题2项："我国中西部农村医疗救助制度专题调研"（魏众主持），"中国村庄调查——李集村"（林刚主持）；所重点课题12项："社会资本的结构分析"（陈健主持），"西方马克思主义经济学研究"（张新主持），"中国工业化进程中的'三农'问题与政府效能研究"（贾利主持），"完善基本经济制度"（韩朝华主持的经济体制改革30年研究课题），"加快政府行政管理体制改革和政府职能转型"（胡家勇主持的经济体制改革30年研究课题），"计划与市场的关系：基于思想史的考察"（杨春学主持的经济体制改革30年研究课题），"自主发展、对外开放与经济增长"（张平、刘霞辉主持的经济体制改革30年研究课题），"改革开放以来国内在改革理论上的讨论"（王诚主持的经济体制改革30年研究课题），"转型国家改革比较和国际学术界对中国改革开放的评价"（李仁贵主持的经济体制改革30年研究课题），"明清时期的商品流通研究"（江太新主持），"中国经济史研究100年"（李根蟠主持），"明清封建租佃关系研究"（魏金玉主持）。

（3）延续在研课题

2008年，经济研究所共有延续在研课题74项。其中，国家社科基金课题12项："中国经济理论发展史——以传统经济范畴为中心"（叶坦主持），"我国经济结构战略性调整和增长方式转变"（张平主持），"历史上西北民族贸易与民族地区经济开发"（魏明孔主持），"中国农村借贷与农村金融体系变迁（1949～2000年）"（赵学军主持），"中国封建社会的阶级和等级"（经君健主持），"中国近代经济史（1927～1937）"（汪敬虞主持），"中华人民共和国经济档案资料选编（1958～1965年卷）"（刘国光、董志凯主持），"核心就业扩展与中国就业模式转型——新就业理论及政策研究"（王诚主持），"中华人民共和国经济史（1953～1957）"（董志凯主持），"中国古代农业、农村与农民研究"（李根蟠主持），"中国国家资本的历史分析"（武力主持），"中国城乡市场长期发展研究"（吴承明主持）；院重大（含A、B类）、院重点课题25项："对自由市场制度的两种理解的比较研究"（左大培主持），"中国改革开放的历史起点及路径研究"（朱文强主持），"抗战前中国产业经济发展状况研究"（徐建生主持），"开放新阶段对宏观稳定的影响"（汪红驹主持），"中国近代经济史（1937～1949）"（王洛林主持），"吐蕃社会经济研究"（魏明孔主持），"1953～1957年中国经济运行分析"（武力主持），"我国收入分配格局演变：改革30

年来经验与相关性”（罗楚亮主持），“中日近代证券发展比较研究”（朱荫贵主持），“中国封建社会的等级制度”（经君健主持），“和谐社会与社会公平政策的选择”（朱玲主持），“中国近代企业史”（刘兰兮主持），“中华人民共和国经济史第二卷”（董志凯主持），“1958～1976中华人民共和国经济档案资料研究”（刘国光主持），“有效政府理论研究”（胡家勇主持），“家庭经营对中国经济发展的长期影响”（林刚、封越建主持），“居民健康、劳动就业与经济增长”（魏众主持），“就业优先的宏观调控目标体系研究”（王诚主持），“中国国家资本的历史分析”（吴太昌主持），“当代西方经济学前沿研究”（胡怀国主持），“当代西方规制理论与实践的最新进展及其对中国网络型产业规制改革的启示”（常欣主持），“投资波动性与利率相关性专题研究”（桁林主持），“西方经济学传入考”（叶坦主持），“社会主义政治经济学基本问题反思与探索”（毛立言主持），“中国近代工业之地理分布研究：影响因素、变化趋势、时空特征及评价”（袁为鹏主持）；院国情重大调研课题1项：“中国乡镇调研（第一批2个子项目、第二批8个子项目、第三批10个子项目）”（刘树成、吴太昌主持）；院国情调研一般课题3项：“河南台村：京郊山区农民家庭经济调查”（王小嘉主持），“西北干旱地区农民经营调查——以甘肃省皋兰会阳洼窑村为个案”（高超群主持），“农业村农户经济状况——生产、收入与生活”（安东建主持）；中宣部及院交办课题2项：“马克思主义理论研究和建设工程”（刘树成主持），“有效控制政府行政成本对策研究”（王振中、胡家勇主持）；院科研管理课题1项：“改革开放以来我国哲学社会科学研究与我国社会经济发展的关系研究”（张凡主持）；院青年科研启动基金课题5项：“中国地区工业生产函数实证研究”（吴延兵主持），“1949～1978年东北地区的工业发展研究”（石建国主持），“中国金融结构和经济增长”（张磊主持），“劳动力比较优势的福利效应与策略权衡”（袁富华主持），“中国非正规就业研究——上海案例”（姚宇主持）；参加院国情调研重大课题1项：“保定农村90年代中期以来乡村发展及政府经济职能演变——以玉祁镇为个案”（朱文强主持）；所重点课题24项：“市场经济下的政府职能(政治经济学年刊文集)”（钱津主持），“经济走势跟踪”（王砚峰主持），“当代中国的生态环境与经济可持续发展——政府职能如何协调经济效益与社会成本”（董志凯主持），“中国现代经济史数据库建设”（武力主持），“中国早期工业化与农村市场”（林刚主持），“转型经济学”（胡家勇主持），“中国经济思想史学科创始研究”（叶坦主持），“公有企业治理结构研究”（王红领主持），“市场发展约束下的企业经营者素质、心态与行为变化”（尚列主持），“中国经济思想范畴史”（叶坦主持），“中国收入分配的政策研究”（魏众主持），“转型政治经济学引论”（毛立言主持），“中国非公有企业成长分析”（韩朝华主持），“关于中国经济发展中若干不利因素的分析”（李志宁主持），“剩余价值理论探索——第三部分”（安东建主持），“马克思主义政治经济学若干基本理论问题研究”（裴小革主持），“经济开放新阶段的宏观稳定”（张晓晶主持），“健康风险、医疗保障与农村居民消费选择”（罗楚亮主持），“健康状况、卫生保健需求及保障制度的受益群体”（邓曲恒主持），“中国经济长期增长问题研究”（刘霞辉主持），“中国经济史研究追踪”（高超群主持），“经济理论动态追踪”（郑红亮主持），“日档及日文旧书回溯”（陈晓旭主持），“最新论文数据库与网上学术交流”（吴裕宪主持）。

（三）学术活动

1. 学术活动

2008年，经济研究所主办和承办的主要学术会议有：

（1）2008年5月17～18日，经济研究所《经济研究》编辑部和浙江大学经济学院、山东大学经济学院共同举办的“第六届中国法经济学论坛”在杭州市举行。会议的主题是“法经济学的理论进展和应用”，研讨的主要问题有“法经济学的理论”、“财产与合同”、“侵权与规制”和“犯罪与刑法”。

（2）2008年5月23～25日，经济研究所《经济研究》编辑部和广州大学商学院联合主办的“区域经济合作与区域经济发展理论研讨会”在广州市举行。会议的主题是“区域经济与区域经济发展”，研讨的主要问题有“区域经济发展中的合作动力”、“机制及绩效评价”、“我国东中西部区域经济差异与合作方式”和“区域经济合作与区域经济增长”。

（3）2008年6月1～2日，经济研究所与河南财经学院联合主办的“第十届全国政治经济学理论研讨会”在郑州市举行。会议的主题是“市场经济下的政府职能”，研讨的主要问题有“市场经济下的政府经济管理的地位与作用”、“政府职能与社会民主”和“经济全球化与政府职能发展”。

（4）2008年6月21～22日，经济研究所与首都经济贸易大学、香港经济导报社联合主办的“中国经济增长与周期论坛（2008）：中国经济周期与物价稳定”在北京举行。会议的主题是“中国经济周期与物价稳定”。

（5）2008年6月28～29日，经济研究所、《经济研究》编辑部与福建师范大学经济学院、中国社会科学院马克思主义研究院、公共管理学院共同主办的全国第二届马克思主义经济学发展与创新论坛在福州市举行。会议的主题是“马克思主义经济学的发展与创新”。

（6）2008年7月18～21日，经济研究所中国经济史学会主办、广西师范大学历史与文化旅游学院承办的“中国经济史学会2008年年会暨国际学术研讨会”在桂林市举行。会议的主题是“全球视野下的中国社会经济发展”，研讨的主要问题有“中国古代经济史”、“中国近代经济史”、“中国现代经济史”和“外国经济史”。

（7）2008年7月19～20日，经济研究所《经济学动态》杂志社与哈尔滨商业大学等单位联合主办的“纪念改革开放30周年经济理论研讨会”在哈尔滨市举行。会议的主题是“思想解放与理论继承”，研讨的主要问题有“公平与效率”、“收入与分配”和“社会保障的基础、水平和目标”。

（8）2008年9月20～21日，经济研究所《经济研究》编辑部与北京大学光华管理学院、武汉大学高级研究中心等单位联合主办的“第八届中国青年经济学者论坛”在厦门市举行。会议的主题是“经济理论的应用与创新”，研讨的主要问题有“宏观经济学”、“微观经济学”、“金融学”和“中国经济”。

（9）2008年10月21日，经济研究所和中国社会科学院经济学部、孙冶方经济科学基金会联合主办的“改革开放30年暨纪念孙冶方诞辰百年研讨会”在北京举行。会议的主题是“纪念改革开放30周年和孙冶方百年诞辰”。

2．国际与地区学术交流和合作

2008年，经济研究所共派遣出访33批42人次，接待来访21批43人次。与经济研究所开展学术交流的国家和地区有美国、俄罗斯、日本、巴西、阿根廷、智利等国家和中国台、港、澳地区。其中：

（1）2008年1月2～12日，经济研究所与美国在纽约、新奥尔良等地就中国经济发展等问题与美方学者开展学术交流活动。

（2）2008年5月9～20日，经济研究所与巴西、阿根廷、智利在这三个国家的首都就经济发展、金融开放与金融危机等问题分别与三国学者开展学术交流活动。

（3）2008年10月21～28日，经济研究所与俄罗斯在莫斯科和圣彼得堡等地就中俄经济转型的挑战与前景等问题与俄方学者开展学术交流活动。

（四）学术社团、期刊

1．社团

（1）中国《资本论》研究会，会长林岗。

2008年10月18～19日，中国《资本论》研究会在开封市举行“中国《资本论》研究会第14次学术研讨会”。会议的主题是“马克思主义经济学与中国改革开放30年”，研讨的主要问题有“马克思和《资本论》的研究与传播”、“剩余价值理论和转型”和“所有制和分配理论”等。与会专家学者150人。

（2）中国社会主义经济规律系统研究会，会长杨圣明。

2008年11月2～4日，中国社会主义经济规律系统研究会在湖南省长沙市举行“改革开放30年中国经济理论与实践的创新与发展研讨会”。会议的主题是“改革开放30年中国经济理论与实践的创新与发展”，研讨的主要问题有“中国经济理论的创新”和“改革开放30年的历史经验”。与会专家学者100人。

2．期刊

（1）《经济研究》（月刊），主编刘树成。

2008年，《经济研究》刊载的有代表性的文章有：陈钊、陆铭的《从分割到融合：城乡经济增长与社会和谐的政治经济学》，江小涓的《服务全球化的发展趋势和理论分析》，张亚雄、赵坤的《北京奥运会投资对中国经济的拉动影响——基于区域间投入产出模型的分析》，杨汝岱、姚洋的《有限赶超与经济增长》，李子奈的《计量经济学应用研究的总体回归模型设定》，中国社会科学院经济研究所中国经济增长与宏观稳定课题组的《论中国特色经济体制改革道路》(上、下)，中国社会科学院经济研究所中国经济增长与宏观稳定课题组的《中国可持续增长的机制：证据、理论和政策》。

(2)《经济学动态》(月刊)，主编王振中。

2008年，《经济学动态》刊载的有代表性的文章有：刘国光的《对十七大报告论述中一些经济问题的理解》，黄泰岩的《2007年中国经济研究热点排名与分析》，宋小川的《经济学的第三次危机与第二次凯恩斯革命》，左大培的《中国的经济增长与通货膨胀》，刘源的《谨防人民币升值“过速”》，吴培新的《我国宏观调控中的货币供应量和信贷规模》，蔡继明的《从体制改革到制度创新的启示与思考》，陈甬军的《中国新型城市化道路的理论及发展目标预测》，曹红辉的《美国信用危机：成因、风险传导与制度变革》。

(3)《中国经济史研究》(季刊)，主编吴太昌。

2008年，《中国经济史研究》刊载的有代表性的文章有：经君健的《关于明清法典中“雇工人”律例的一些问题》(上、下)，张东刚的《食物结构和营养结构：20世纪二三十年代一个中国国民生活的实证分析》，方行的《对清代前期经济发展的一些看法》，杨乙丹、高德步的《农村高利贷及其治理的历史审视》，魏金玉的《〈高峰、发展与落后：清代前期封建经济发展的特点与水平〉的补充》。

2008年，《中国经济史研究》获第四届中国社会科学院优秀期刊奖“期刊优秀奖”。

(五) 会议综述

改革开放30年暨纪念孙冶方诞辰百年研讨会

2008年10月21日，由中国社会科学院经济学部、孙冶方经济科学基金会、中国社会科学院经济研究所联合主办的“改革开放30年暨纪念孙冶方诞辰百年研讨会”在北京召开。会议的主题是“纪念改革开放30年和孙冶方百年诞辰”，研讨的主要内容有“改革开放30年的经验”、“孙冶方的经济思想体系”等。首都经济学界100多人参加了会议。

中国社会科学院副院长、中国社会科学院经济学部主任陈佳贵主持会议。中国社会科学院常务副院长王伟光致辞。中国社会科学院特邀顾问刘国光、国务院发展研究中心研究员吴敬琏、中国经济体制改革研究会会长高尚全、孙冶方经济科学基金会理事长张卓元、中金公司董事长李剑阁、中国社会科学院金融研究所所长李扬、中国(海南)改革发展研究院院长迟福林、北京师范大学经济与资源管理研究院院长李晓西、中国社会科学院金融研究所副所长王松奇在会上作了主题发言。

与会者回顾了我国改革开放走过的历程，一致认为，从20世纪70年代末开始，我们坚持解放思想，实事求是，选择了改革开放的正确道路。经过30年改革开放，中国社会主义初级阶段基本经济制度已初步建立，社会主义市场经济体制也已建立，且正在逐步完善。改革发端于农村。农村经济社会所发生的变化，带动了国家的全面改革，从农村到城市，从经济到政治、文化和社会的各个领域都发生了历史性巨变。国家经济实力显著增强，人民生活水平大幅度提高，对外开放等各项事业都取得了举世瞩目的巨大成就。

与会者一致认为，孙冶方从20世纪50年代起始终坚持理论联系实际，倡导对计划经济体制的改革，拟创建新的经济学体系，在探索真理的崎岖小道上勇敢前行，对中国经济学在一个历史时期的发展作出了重要贡献。孙冶方是我国改革开放的积极探索者，这是我们永远都不能忘怀的。

与会者指出，经济理论工作者任重道远。我们的经济社会中还存在许多不容忽视的问题：城乡、区域、经济与社会的发展还很不平衡；经济发展方式还较粗放；劳动就业、社会保障、收入分配、教育卫生等方面的问题也仍然较多。解决这些问题归根到底要靠进一步深化改革开放。我们应继续推进各个领域的改革，继续扩大对外开放。改革开放将贯穿于把中国建设成为富强、民主、文明、和谐的具有中国特色社会主义现代化国家的整个历史过程。

（科研处）

全国第二届马克思主义经济学发展与创新论坛

2008年6月28～29日，由中国社会科学院经济研究所、《经济研究》编辑部与福建师范大学经济学院、中国社会科学院马克思主义研究院、公共管理学院联合主办的“全国第二届马克思主义经济学发展与创新论坛”在福建师范大学举行。来自中国社会科学院、中国人民大学、南开大学、中国政法大学、厦门大学、天津师范大学、山西财经大学、河南大学、黑龙江大学、福建师范大学等30多所高校和研究机构的50多位专家学者参加了此次学术论坛。与会者围绕马克思主义经济学基础理论、马克思主义经济学在当代中国的运用与发展、马克思主义文本学研究等三个主题进行了广泛而深入的研讨。

继承马克思政治经济学研究的方法论和创新马克思主义经济学的研究方法，是发展马克思主义经济学的重要内容。福建师范大学教授李建平提出，新形势下应大力开展文本研究，纠正以往在编排、翻译、解读马克思主义文本中出现的误读、误解、误用，还马克思主义以本来面目。

中国人民大学教授杨志认为，《资本论》是承载科学世界观和科学发展观的样板，以此为视角，当代网络经济正是以“资本”为主体的生产方式以及和它相适应的生产关系和交换关系，及其支撑这种生产关系体系的网络技术系统。

南京财经大学教授何干强认为，马克思主义经济学具有阶级性、实践性和科学性相统一的理论品格，它在当代的历史使命包括以下内容：用唯物史观基本思想和方法反映当代经济运动和发展的客观规律；促进人类合理生存方式的形成；实现自身的现代化和具体化；坚持对现代资产阶级经济学的批判和扬弃。

如何正确认识和理顺政治经济学与西方经济学两门课程之间的关系是当前我国高等院校经济学教学过程中亟待解决的一个重要问题。天津师范大学教授丁为民认为，西方主流经济学从某一层面、某一侧面研究了经济活动，而马克思主义经济学则是运用整体主义的方法，从更深层次研究人们的经济行为。近年来，由于政治经济学课程对现实的解释力下降，导致该课程的影响力也在下降。

中国人民大学教授卫兴华认为，马克思恩格斯所阐述的政治经济学的对象是生产关系，但苏联和我国政治经济学教材中有关“生产关系”范围的界定是不全面的，脱离了生产资料与劳动力的结合方式，而只讲所有制决定作用就不能完全说明生产关系的性质。社会主义的根本任务是更好更快地发展生产力，这要求社会主义政治经济学既要继承又要拓宽马克思主义经济学的研究对象，即一方面要加强和深化生产关系的研究，另一方面要把生产力纳入研究领域，从理论基础的角度研究生产力的社会方面。

河南大学教授于金富认为，生产方式是马克思主义政治经济学的主要研究对象。生产方式的基本含义是生产的条件与形式，生产的条件包括生产的技术条件与社会条件；生产的形式包括社会的生产形式与生产的社会形式。既不同于西方主流经济学的“资源配置范式”，也不同于传统社会主义经济学的“生产关系范式”，马克思主义经济学是以生产方式为核心范畴的科学范式。

对此，福建师范大学教授李建平提出不同的看法。他认为，马克思在《资本论》第一卷德文版序言中所述的作为研究对象的“资本主义生产方式”是专有概念，是指资本主义方式的生产或生产的资本主义方法，它包含“何为生产”、“为何生产”、“如何生产”、“由何而来”、“向何处去”等五个方面的内容。在他看来，不论是从唯物史观的角度，还是从历史演变的角度，抑或是从《资本论》的内容、方法等角度来看，资本主义的生产应是《资本论》或政治经济学的研究对象。

（经　研）

中国经济增长与周期论坛（2008）：中国经济周期与物价稳定

2008年6月21～22日，由中国社会科学院经济研究所、首都经济贸易大学、香港经济导报社共同举办的“中国经济增长与周期论坛（2008）：中国经济周期与物价稳定”在北京召开。来自全国各地的80余名专家学者和政府官员围绕“中国经济周期与物价稳定”这一主题展开讨论。

与会专家一致认为，2008年中国经济增长速度必然趋缓。但在能否据此判断经济出现“拐点”问题上专家们却存在着分歧。

2008年6月，“中国经济增长与周期论坛（2008）：中国经济周期与物价稳定”在北京举行。

有些专家预测2008年经济增长速度只是小幅度下滑。(1) 投资增速在大幅度回落后趋于平稳。城镇固定资产投资增速从2004年一季度的47.8%回落到2005年一季度的25.3%，此后一直稳定在26%左右，2008年一季度为25.9%，仍保持平稳增长态势。(2) 消费结构不断提升，消费需求旺盛。消费结构提升和消费需求旺盛，是近年来我国经济持续快速增长的主要拉动力量。由于消费需求增速高峰要比GDP增速滞后1～2年，估计消费需求的快速增长状态会持续到2009年上半年。(3) 出口对我国经济增长的拉动作用下降，增速开始回落。2008年1～5月我国出口增速回落，增速只有22.9%，比2007年上半年回落4.7个百分点，加上人民币升值较快的影响，出口与国内消费的比例有较大幅度下降，目前是86%，出口对我国经济增长的拉动作用下降。同时，扣除出口价格上涨因素，实际出口增速只有14%左右，比2007年同期出口增速下降13个百分点。特别是对欧美出口，目前已很低或负增长，鉴于美国次贷危机尚未结束，未来对欧美出口形势很不乐观。(4) 灾后重建的扩张效应大于灾害造成的收入性损失。雪灾、地震灾害造成巨大财产损失，但对GDP增速影响很小，综合来看，2008年GDP增速将因此提高0.1到0.5个百分点。

中国经济经过几年的高速增长，进入2008年以后，由于以下几个方面的原因，经济将会向下调整，进入收缩阶段：(1) 过快的经济增长速度已经受到了资源约束，能源、原材料短缺，国际大宗商品价格上涨迅猛。(2) 过高的通货膨胀率降低了人们实际收入水平，相对缩小了消费需求。(3) 投资环境的恶化和投资成本的提高，降低了投资者的信心指数，投资增长速度将会下降。(4) 发达国家经济衰退必然对中国的出口形成负面影响，特别是作为第二大贸易伙伴国的美国，2007年第四季度和2008年第一季度的经济增长率都是0.6%，衰退期一般是11个月，2008年第三季度还会继续衰退，这必然对中国的出口形成负面影响。(5) 从紧的宏观经济政策对中国的经济增长制约作用在2008年会更加显现。(6) 从中国经济周期的波动规律来看，2007年是波峰年，2008年将形成经济周期的“拐点”，并有可能在2009年进入波谷，但波幅不会很大，谷底也不会太深，经济增长率有可能保持在8%以上。

有些与会专家认为，中国在2008年GDP增长率若放缓，不能断定就是“拐点”，也可能属于“高位调整”，现在尚不宜下结论。判断“拐点”出现涉及到经济周期波动的波形问题。在一个典型的经济周期波动中，波形比较简单，即一起一落，其中只有一个高峰，可称为“单峰型”波动。我国经济过去多是“单峰型”波动。而在现实的经济波动中，会出现各种不同的波形，如在一个周期中可能出现两个高峰，可称为“双峰型”波动；也可能出现三四个高峰，可称为“多峰型”波动。我国2008年经济增长维持在10%左右，应属于高位调整，即使2009年经济增长率预测为9．5%，世界上恐怕也没有这么高的低谷。假使到了2010年，经济增长率跌到了8%以下，那才能断定“拐点”出现，现在下此判断为时尚早。显然，中间的微小起伏不宜称为“拐点”，称为“高位调整”更恰当。

（经　研）

工业经济研究所

（一）人员、机构基本情况

截至2008年年底，工业经济研究所共有在职人员87人。其中，正高级职称人员17人，副高级职称人员26人，中级职称人员25人；高、中级职称人员占全体在职人员总数的78%。

工业经济研究所设有工业发展研究室、产业组织研究室、投资与市场研究室、能源经济研究室、工业布局与区域经济研究室、企业管理研究室、企业制度研究室、财务与会计研究室、《中国工业经济》编辑部、《经济管理》编辑部、*China Economist*编辑部、经济管理出版社、办公室、科研处、信息网络室。

（二）科研工作

1．科研成果统计

2008年，工业经济研究所共完成专著12种，391.1万字；论文318篇，231.7万字；研究报告179篇，627.3万字；学术资料9种，14.8万字；教材2种，91.6万字；译著1种，120万字；译文两篇，4万字；论文集10种，17.2万字；软件1种，0.1兆字节；影视1种，5分钟。

2．科研课题

（1）新立项课题

2008年，工业经济研究所共有新立项课题32项。其中，国家社科基金重大招标课题1项：“构建区域创新体系战略研究”（黄速建主持）；院重大课题2项：“中国企业自主创新激励政策研究”（黄速建主持），“能源利用效率与节能研究”（史丹主持）；院重点课题4项：“创新利用外资方式研究”（杨丹辉主持），“国有大企业深化公司制改革研究”（余菁主持），“中国区际产业转移与区域经济协调发展研究”（石碧华主持），“生产要素价格上涨与中国工业发展模式转型研究”（李晓华主持）；院青年科研启动基金课题1项：“商业模式评估问题研究”（原磊主持）；所重点课题11项：“OEM向自主品牌转型问题研究”（张世贤主持），“欧美垄断行业改革的最新进展分析”（刘戒骄主持），“企业文化与企业社会责任研究”（刘光明主持），“当前我国装备工业产业升级的对策研究”（王燕梅主持），“中小企业信息化建设研究”（葛健主持），“中国能源效率政策机制研究”（白玫主持），“我国工业技术创新的地区差异分析”（孙承平主持），“我国企业会计制度改革路径优化研究”（时杰主持），“中国企业‘走出去’的发展路径研究”（原磊主持），“环境约束与中国企业的技术创新战略反应”（贺俊主持），“国际铁矿石价格形成体系及其对我国的影响”（江飞涛主持）；其他部门与地方委托课题13项：科技部软科学重大课题“中国特色自主创新道路研究”（沈志渔主持），河北省唐山市课题“唐山市建设科学发展示范区战略规划”（金碚主持），南京医药股份有限公司课题“医药托管”（吕政主持），凯风公益基金会课题“中国能源效率分析”（史丹主持），中国工程院课题“中国能源中长期发展战略”（史丹主持），国家审计署课题“中国企业审计发展战略研究”（王钦主持），商务部课题“入世六年来中国产业安全情况评估报告”（赵英主持），商务部课题“提高产业竞争力、维护国家产业安全”（赵英主持），环境保护部课题“公共管理体制改革背景下的环境管理体制改革”（余晖主持），北京市信息化工作办公室课题“北京市信息服务业指标体系研究”（朱彤主持），浙江省宁波市瑞昌节能设备有限公司课题“宁波瑞昌节能项目及发展研究”（张永健主持），上海市嘉定区课题“嘉定轨道交通开发建设规划”（徐希燕主持），福建省厦门市集美区课题“厦门市集美区灌口镇概念规划”（徐希燕主持）。

（2）结项课题

2008年，工业经济研究所共有结项课题28项。其中，国家社科基金课题2项：“资源约束条件下的工业增长问题研究”（金碚主持），“我国能源供应体系研究”（史丹主持）；院重大课题1项：“我国当前的高增长行业及其产业政策导向研究”（周叔莲、吕铁主持）；院重点课题3项：“转轨经济时期的中国煤矿安全生产管理研究”（黄群慧主持），“中国国有企业公司治理与绩效研究”（余菁主持），“产业结构的模块化问题研究”（张其仔主持）；所重点课题4项：“《中国工业发展报告（2008）》”（金碚主持），“工业技术创新问题研究”（张世贤主持），“基于内部控制的企业风险管理研究”（李春瑜主持），“中央企业经营者薪酬决定机制研究”（张小宁主持）；其他部门与地方委托课题18项：国务院西部开发办公室课题“西部吸纳东部产业转移研究”（陈耀主持），国家发展和改革委员会课题“东南沿海地区产业调整与转型升级研究”（陈耀主持），中石化进出口集团课题“中国石油石化产业组织调整研究”（黄速建主持），北京市门头沟区课题“门头沟高端产业发展战略”（吕政主持），安徽省六安市课题“六安市重点产业发展规划”（吕政主持），中国化工集团课题“中国化学工业发展战略研究”（吕政主持），河南杜康集团课题“杜康集团投资多晶硅项目条件”（吕政主持），凯风公益基金会课题“中国能源效率分析”（史丹主持），河北省迁安市课题“迁安市工业发展规划”（魏后凯主持），江西省上饶市课题“上饶市新型工业化发展规划”(魏后凯主持),河北省乐亭县课题“乐亭新区建设科学发展示范区规划”(魏后凯主持),北京润兴工程咨询有限公司课题“北京市亦庄经济技术开发区A2地块产业定位”(魏后凯主持),中国汽车工业协会课题“加入WTO能力建设项目”(曹建海主持),黑龙江省大兴安岭地区课题“大兴安岭地区全面振兴暨推进新型工业化建设规划”(曹建海主持),浙江省宁波市课题“宁波开放型经济发展比较研究”(曹建海主持),中国工程物理研究院课题“大科学项目组织架构研究”(赵英主持),深圳发展银行课题“深圳发展银行质押业务咨询方案”(李钢主持),顺丰速递集团课题“中国快递行业发展与国民经济发展的关系研究”(徐希燕主持)。

(3)延续在研课题

2008年,工业经济研究所共有延续在研课题40项。其中,国家社科基金课题4项:“新型工业化道路与推进工业结构优化升级”(吕政主持),“区域创新体系与中国地域科技战略”(周民良主持),“企业文化与企业竞争力”(张其仔主持),“我国治理商业贿赂的体制机制研究”(刘戒骄主持);院重大课题4项:“资源环境管制改革与工业竞争力提升研究”(金碚主持),“中国经济改革开放30年历史经验问题研究子课题:国有企业改革”(吕政主持),“产业集群与区域竞争力”(陈耀主持),“全球化与中国子课题:经济全球化与中国服务外包发展战略研究”(杨丹辉主持);院重点课题10项:“中国民营企业公司治理问题研究”(黄速建主持),“策略性投资行为理论前沿”(曹建海主持),“中国工业增长过程中的环境污染控制研究”(周民良主持),“企业税费与企业发展关系研究”(杜莹芬主持),“治理商业贿赂问题研究”(刘戒骄主持),“中国民营企业的制度创新——从家族制向现代企业制度的转变”(沈志渔主持),“中国产业政策变动趋势实证分析”(赵英主持),“我国能源管理体制改革研究”(朱彤主持),“战略管理思维创新及其案例研究”(李海舰主持),“中国企业自主创新战略研究”(王钦主持);院交办课题1项:“灾区工业恢复重建中的产业结构与区域布局调整研究”(陈耀主持);国情调研课题5项:“企业制度与管理经验”(李维民主持),“大唐移动通信设备有限公司调研项目”(杜莹芬主持),“奇瑞汽车集团企业调研项目”(罗仲伟主持),“江苏宝胜集团企业管理调研”(沈志渔主持),“杭州西子联合控股集团企业调研项目”(刘光明主持);所重点课题14项:“中国企业管理研究数据库群(网站)”(黄速建主持),“国有企业股利政策问题研究”(杜莹芬主持),“中小煤矿企业安全生产监管体系建设研究”(郭朝先主持),“中国城市居民能源消耗分析”(李钢主持),“我国能源生产行业固定资产投资问题研究”(李晓华主持),“中国制造业R&D投资与自主创新关系研究”(谢晓霞主持),“制造业集约化增长的产业组织方式研究”(彭绍仲主持),“中国公司治理的路径依赖研究”(施晓红主持),“国有企业改革30年”(吕政主持),“重化工业结构调整与优化升级”(周维富主持),“当前固定资产投资过热问题研究”(曹建海主持),“企业竞争力评价:工资成本上升研究”(张其仔主持),“国有工业资本控制力研究”(罗仲伟主持),“主体功能区政策研究”(魏后凯主持);其他部门与地方委托课题2项:国家自然科学基金课题“我国能源利用效率及其影响因素分析”（史丹主持），“中国投资领域中的重复建设：理论模型、实证分析及对策研究”（曹建海主持）。

3．获奖优秀科研成果

2008年，工业经济研究所获得国家出版政府奖1项：金碚的《竞争力经济学》；蒋一苇企业改革与发展学术基金奖3项：金碚的《新型国有企业现象初步研究》，李海舰的《论无边界企业》，王钦的《跨国公司并购中国企业：动因、绩效与对策研究》；中国公路学会科学技术奖1项：吕政的《高速公路管理研究》。

4．科研组织管理新举措

（1）成立了工业经济研究所重大现实问题应急协调研究组，加强了对我国重大理论和现实问题研讨的组织和协调，进一步扩大了工业经济研究所的社会影响力，当好党中央国务院的思想库和智囊团（如：对国家医改方案的建议、美国金融危机原因分析、我国汽车产业发展研究等）。

（2）在所内研究室主任中实行了值星主任制度，让中层干部参与所内管理工作，协调组织所内的科研活动。

（3）完善了课题经费管理制度，提高了课题经费的使用效率，压缩了所课题经费的节余数额。

（4）设立了工业经济研究所中青年双周论坛，开展所内研究室、课题组学习会、讨论会等活动，进一步加强了对理论和现实问题的研究，加强专业理论和方法的学习讨论，调动了中青年科研人员的积极性，活跃了所内学术氛围，提高了科研成果质量。

（5）为迎接新中国成立60周年，启动了所重点项目《中国工业发展报告（2009）——新中国工业发展60年》，44名科研人员承担了写作任务。

（三）学术交流活动

1．学术活动

2008年，工业经济研究所主办和承办的学术会议有：

（1）2008年4月25日，工业经济研究所主办的“中国工业发展与改革论坛暨庆祝中国社会科学院工业经济研究所建所30周年研讨会”在北京举行。会议的主题是“中国工业发展与改革”。

（2）2008年6月12日，工业经济研究所与中国经营报社和韩国每日经济新闻社联合主办的“2008中韩论坛——发展与合作”在上海举行。会议的主题是“中国和韩国经济发展与合作”，研讨的主要问题有“中韩企业合作的前景”、“中韩金融市场合作”、“国际金融危机下中韩金融监管的协调”等。

（3）2008年6月19～20日，中国社会科学院与德国阿登纳基金会北京代表处主办、工业经济研究所承办的中德对话“社会市场经济与和谐发展”第三次会议在北京举行。会议的主题是“市场竞争政策”，研讨的主要问题有“竞争与经济秩序”、“反垄断法、竞争政策与公平竞争”等。

（4）2008年11月7～8日，工业经济研究所与安徽财经大学联合主办的“中国经济管理改革理论与实践研讨会暨纪念《经济管理》杂志创刊30周年研讨会”在安徽省蚌埠市举行。会议的主题是“改革开放30年来经济管理体制改革理论和实践”，研讨的主要问题有“国有企业改革”、“公司治理”、“企业能力培养与社会责任”等。

（5）2008年11月14日，中国社会科学院经济学部、科研局、工业经济研究所联合主办的“自然科学与社会科学交叉论坛——我国医改若干重大问题研究讨论会”在北京举行。会议的主题是“本轮医改若干重大问题的政策建议”。

（6）2008年11月18日，工业经济研究所与意大利埃尼恩里科·马特艾基金会联合主办的“中国的能源政策与措施及其国际比较学术研讨会”在北京举行。会议的主题是“国际比较视野中的中国能源政策”，研讨的主要问题有“中国的能源政策与措施”、“国际能源政策比较”等。

（7）2008年11月27日，工业经济研究所与中国经营报社联合主办的“2008年（第六届）中国企业竞争力年会” 在北京举行。会议的主题是“前行中国·彰显不确定年代的竞争力”。

2．国际与地区学术交流和合作

2008年，工业经济研究所共派遣出访23批35人次，接待来访10批26人次（其中，中国社会科学院邀请来访3批12人次）。与工业经济研究所开展学术交流的有德国、意大利、欧盟、日本、韩国等国家和国际组织。其中：

（1）2008年5月15日，工业经济研究所吕政与韩国成均馆大学在韩国首尔就中国企业生产经营条件变化问题开展学术交流活动。

（2）2008年7月22～28日，工业经济研究所黄速建等与越南社会科学院在越南河内就越南经济形势问题开展学术交流活动。

（3）2008年9月15～24日，工业经济研究所金碚等与瑞典斯德哥尔摩经济学院经济学系、乌布萨拉大学、斯德哥尔摩大学经济学系在瑞典斯德哥尔摩就中瑞发展与合作问题开展学术交流活动。

（4）2008年10月26日至11月2日，工业经济研究所金碚等与日本学术机构、政府部门在日本东京等地就日本地震后产业重建问题开展学术交流活动。

（四）学术社团、期刊

1．社团

（1）中国工业经济学会，会长郑新立。

2008年10月11～12日，中国工业经济学会在北京举行“中国工业经济学会成立30周年庆典暨中国产业经济发展回顾与展望研讨会”。会议的主题是“中国产业经济回顾与展望”，研讨的主要问题有“产业结构、产业组织与学科建设”、“全球背景下中国产业竞争力研究”、“反垄断与深化垄断行业改革”等。与会专家学者200余人。

（2）中国企业管理研究会，会长陈佳贵。

2008年9月7～8日，中国企业管理研究会在重庆举行“中国企业管理研究会2008年年会暨中国企业改革30年学术研讨会”。会议的主题是“中国企业改革30年”，研讨的主要问题有“中国企业改革理论和实践30年发展”等。与会专家学者200余人。

（3）中国区域经济学会，会长王洛林。

2008年7月14～15日，中国区域经济学会在安徽省合肥市举行“十七大后中国区域经济发展研讨会”。会议的主题是“十七大以来中国区域经济发展”，研讨的主要问题有“中国区域经济30年”、“区域差距与协调发展”、“区域政策”等。与会专家学者近200人。

2．期刊

（1）《中国工业经济》（月刊），主编金碚。

2008年，《中国工业经济》共出版12期，共计28万字。新调整后，栏目共5个，即“国民经济”、“产业经济”、“工商管理”、“案例研究”和“学术动态”。全年刊载的有代表性的文章有：金碚的《中国工业化的资源路线与资源供求》，裴长洪等的《利用外资仍要坚持数量与质量并重》，朱玲的《促进就业：德国劳动力市场改革》，何德旭等的《中国产业结构调整的效应、优化升级的目标和政策措施》，李海舰等的《从经营企业到经营社会——从经营社会的视角经营企业》，戚聿东等的《深化垄断行业改革的模式与路径：整体渐进改革观》，黄速建等的《制度约束、需求驱动和适应性选择——中国民营企业治理演进的分析》，郑海航的《内外主体平衡论——国有独资公司治理理论探讨》，郑新立的《物价 结构 速度》，周叔莲等的《新时期我国高增长行业的产业政策分析》，张其仔的《比较优势的演化与中国产业升级路径的选择》，高闯等的《社会资本、网络连带与上市公司终极股东控制权——基于社会资本理论的分析框架》，于立等的《纵向价格双轨制：“电荒”的经济分析与出路》，孙红玲的《“3+4”：三大块区域协调互动机制与四类主体功能区的形成》，杨惠馨等的《互联网条件下企业边界及其战略选择》。

2008年，《中国工业经济》获第四届中国社会科学院优秀期刊奖“期刊一等奖”。

（2）《经济管理》（半月刊），主编吕政。

2008年，《经济管理》共出版24期，共计380万字。新调整后，共有“政府经济管理”、“产业和区域经济管理”、“工商管理”、“公共管理”、“管理学动态”等五大栏目。全年刊载的有代表性的文章有：陈栋生的《用全覆盖的区域政策构建大协调的发展新格局》，姚凯的《基于内源性—外源性动机的仆人式领导理论模型》，安树伟的《我国大都市区的管治结构》，李征的《美国次贷危机与中国资产证券理性》，李向阳的《当前世界经济面临的风险及其影响》，陈佳贵的《努力提高我国制造业国际化的质量和水平》，张广科的《员工职业发展模式创新》，彭贺的《中国传统商人精神的现代性转换》，林迎星的《美国翰威特2007年中国最佳雇主企业榜与雇主品牌建设》，王艺明的《流动性过剩、法定存款准备与信用配给》，路妍的《发达国家跨国银行经营策略的新变化及启示》，张车伟的《〈劳动合同法〉将开启劳动关系的新时代》，吕波的《我国饭店企业国际竞争力演进及启示》，许明的《我国应放弃汇率名义锚》，张广瑞的《汶川大地震后关于旅游发展的战略思考》，王崇的《上市公司股权融资选择：私募还是公募？》，郭建鸾的《单双层董事会模式比较与我国董事会模式改进》，辜胜阻等的《创新型国家建设的战略思考》，周民良的《奥运后北京经济持续发展问题研究》，曲庆的《企业价值观在人力资源管理制度中的实现》，陈晓红等的《构建有中国特色的管理理论体系——第三届（2008）中国管理学年会综述》。

（3）*China Economist*（《中国经济学人》）（英文，双月刊），主编金碚。

2008年，*China Economist*全年出版共6期，共计75万字。新调整后，共有“高层论坛”、“趋势”、“焦点”、“国情”、“国际”、“商业”、“行业”、“数据中国”、“访谈”、“特别报道”等10个栏目。全年刊载的有代表性的文章有：Wang guogang's “Overcapitalization in China's Banking System”(王国刚的《中国银行系统的过度资本化》)，Wei Houkai's “A Regional Comparison of China's Industrial Development Efficiency”（魏后凯的《中国工业发展效率的区域比较》)，Huang Qunhui et al.,“A Closer Look at Chinese and Indian Economic Development”（黄群慧等的《中、印经济发展的近距离透视》)，Huang Sujian et al., “Institutional and Policy Guarantee: A Premise to Improving Enterprise Governance”（黄速建等的《制度与政策保障：改善公司治理的前提》)，Li Xiaoxi's “30 Years of Reform Transforms: China Beyond Recognition”（李晓西的《中国改革发展30年》)，Wang Jiancheng et al.,“How Can China Achieve Industrial Upgrade?”（汪建成等的《中国如何实现产业升级？》)，Pei Changhong et al.,“Quantity and Quality Equally Important in Utilizing Foreign Investment”（裴长洪等的《利用外商投资中兼顾数量与质量的重要性》)，Jin Bei's “China's 30-year Industrial Reform in Retrospect”（金碚的《中国工业改革30年回顾》)，Hua Min's “What Competition Model for Economic Development Should China Adopt”（华民的《中国经济发展应采取何种竞争模式》)，Qi Jianguo's “Economic Growth is not at Odds with Environmental Efforts”（齐建国的《统筹经济增长与环境保护》)，Xiang Bing's “'Made in China' Reflects Low Added-value in Global Industrial Divisions”（项兵的《“中国制造”与中国在全球产业分工中的低附加值地位》)，Zheng Bingwen's “Social Security Funds Clamor for Reform”（郑秉文的《社会保障基金制度亟待改革》)，Li Ruogu's “China-US Trade Relations: Win-Win Picture Distorted”（李若谷的《中美贸易关系——双赢秩序的扭曲》)，Wen Tiejun et al.,“Should China Develop Small Cities and Towns?”（温铁军等的《中国应发展小城镇吗？》)。

（4）《中国经营报》（报纸，周刊），主编李佩钰。

（5）《精品购物指南》（报纸，周双刊），主编张书新。

（五）会议综述

中国工业发展与改革论坛暨庆祝中国社会科学院工业经济研究所建所30周年

2008年4月25日，中国社会科学院工业经济研究所主办的“中国工业发展与改革论坛暨庆祝中国社会科学院工业经济研究所建所30周年”研讨会在北京举行。来自国务院研究室、国家发改委政策研究室、国家发改委宏观经济研究院、商务部政策研究室、中国社会科学院等机构的200多名学者参加。

中国社会科学院工业经济研究所所长吕政致欢迎词，并对工业经济研究所过去30年所取得的成就和基本经验进行了总结。中国社会科学院工业经济研究所副所长金碚作了总结发言，对工业经济学学科的发展情况进行了回顾，并对工业经济研究所的未来发展进行了展望。与会专家围绕“工业经济研究所发展回顾与未来展望”和“中国在改革开放中迈向工业大国和工业强国”这两个主题进行了交流和探讨，取得了丰硕成果。

吕政指出，30年来，工业经济研究所在企业改革、工业发展、工业结构调整、产业组织调整、企业制度、区域经济和工业布局、利用外资与工业国际分工、企业管理现代化、工业竞争力、能源经济等一系列重大现实问题方面进行了持续、深入的研究，这些研究成果既为中央的有关决策发挥了理论支持作用，也丰富和发展了具有中国特色的中国工业经济学理论、企业制度理论、企业管理理论和区域经济理论，并产生了广泛的社会影响。

吕政认为，工业经济研究所过去30年健康发展的基本经验可以总结为六条。一是始终坚持马克思主义的指导地位，贯彻党的基本路线，坚持正确的政治方向。二是坚持理论研究为建设有中国特色社会主义服务的办所宗旨，以当好党中央、国务院的思想库和智囊团为己任，树立把中国建设成为现代化工业强国的使命感和责任感。三是在研究工作的实践中，发扬我们党历来倡导的理论与实际相结合的优良学风，坚持实事求是、解放思想的思想路线，不唯书、不唯上、不唯洋，始终

2008年4月，“中国工业发展与改革论坛暨庆祝中国社会科学院工业经济研究所建所30周年”研讨会在北京举行。

把探讨和回答我国现实经济中的重大问题作为研究工作的重点。四是梳理创新意识，坚持与时俱进，研究工作始终关注我国改革开放和工业发展过程中的新情况、新问题，把追求理论创新作为研究工作的灵魂。五是注重人才培养，坚持在研究工作的实践中培养和锻炼青年科研人员，提高科研人员的水平。六是发扬学术民主，树立团结合作精神，把研究重大课题的需要和个人的学术专长、学术兴趣结合起来，充分发挥重大课题集体合作的综合优势和个人创造精神。

金碚指出，工业是中国所有产业中发展最快、规模最大的对国民经济有重大影响的行业，然而以工业为主要研究对象的工业经济学却逐渐式微，主要的原因是改革开放使中国的工业经济学科发生了分裂与融合。一是分裂融合为企业管理学，二是分裂融合为产业经济学，三是分裂融合为区域经济学。工业经济研究所的发展体现了中国经济发展的重要趋势，目前也分化为企业管理学、产业经济学、区域经济学三个研究领域。

金碚指出，工业经济研究所在今后的发展上，应当抓住中国经济发展的重要趋势，为中国改革开放的进一步深化出谋划策，同时也要身体力行，发展成为具有国际竞争力的研究机构和经济实体。一是从仅仅关注“硬产业”转变为关注“硬产业”和“软产业”相结合。中国经济正在从更加需要硬产业转向更加需要软产业，而工业经济研究所也应当适应国家这种需求，实现自身关注重点的积极转变。二是加强国际交流与合作。三是建立具有综合优势的经济实体。

（原　磊）

自然科学与社会科学交叉论坛
——我国医改若干重大问题研究讨论会

2008年11月14日，由中国社会科学院经济学部、科研局、工业经济研究所联合主办的“自然科学与社会科学交叉论坛——我国医改若干重大问题研究讨论会”在中国社会科学院学术报告厅召开。中国社会科学院副院长陈佳贵应邀出席会议并致辞。中国社会科学院经济学部工作室主任黄群慧主持讨论会，工业经济研究所所长金碚在大会上就我国医疗改革问题作了主题发言。中国社会科学院医改课题组成员就《本轮医改若干重大问题的政策建议》研究报告进行了汇报。来自医疗卫生单位和相关科研机构的学者对课题成果进行了专家点评。中国社会科学院监察局局长王延中，工业经济研究所党委书记兼副所长李平、副所长李维民等30余人参加了讨论会。

金碚认为，关于医疗服务属于公共物品还是私人物品的经济性质的问题是我国医疗体制改革的基本理论问题。科学认识医疗卫生服务是“具有社会公益性的经济私人品”，才能为医疗体制改革奠定理论基础。我国的医疗体制改革应当构建激励相容的政策体系。我国医疗体制改革所要达到的目标应当包括：满足同我国经济发展水平相适应的最低限度全社会医疗保障标准，实现社会及国家财政支付能力约束下的更大覆盖面，直至尽快实现医疗卫生保障的全面覆盖。我国医疗体制改革的基本方式是，在社会可承受的税负和社保缴款限度内，逐步地增加财政的医疗卫生支出和扩大社会医疗保障的覆盖面。

王延中认为，课题成果具有很高的学术性，逻辑一致性强，提出了很好的分析框架。医改是一个复杂的领域。我国医疗改革的整体框架基本上是没有变化的。我国的医疗改革环境要比其他国家复杂得多。医改的基本目标包括以下三方面：人人享有健康；激励服务机构提高医疗服务质量；经济的可供性。医疗改革是这三个目标之间的平衡。医改要坚持分类的原则，要调动卫生和医疗的积极性，形成改革的利益共同体。在医保制度方面，要建立协调机制，解决公平性问题。

陈佳贵在总结发言中指出，课题组成果形成一个报告和一些具体建议，具有很强的理论和现实意义。关于医改的理论争论分歧很大，如公共物品还是私人物品。理论争论要继续推进，但首先要解决现实重大问题。医疗体制改革涉及到企业、政府和民众等各方面利益，最终的结果要兼顾各方的利益。

（贺　俊）

2008年（第六届）中国企业竞争力年会
——前行中国·彰显不确定年代的竞争力

2008年11月27日，中国社会科学院工业经济研究所和中国经营报社联合主办的“2008年（第六届）中国企业竞争力年会——前行中国·彰显不确定年代的竞争力”在北京举行。全国人大常委会副委员长陈昌智和中国社会科学院常务副院长王伟光在开幕式上致辞。来自政府部门、学术机构、中外企业的400余人参加了会议。

王伟光在致辞中说，2008年中国迎来了改革开放30周年，经济迅速发展，人民生活水平不断提高，百年奥运梦想的成功实现，更是为中国改革开放的历史进程写下了辉煌的一页。同时，2008年也是充满不确定的一年，中国在迎接30年改革开放的同时，也面临着各种巨大的挑战：特大自然灾害、全球金融危机、楼市泡沫、商业信用危机。中国面临世界罕

2008年11月，“2008年（第六届）中国企业竞争力年会——前行中国·彰显不确定年代的竞争力”在北京举行。

见的难解之题，中国企业也面临前所未有的压力和考验。他说，年会有幸请来了来自政府和国内外经济学界、企业界的优秀代表，共同进行思想的碰撞和智慧的交流。在回顾总结过去的同时展望未来，共同为中国经济和中国企业的发展建言献策，贡献出我们的一份力量，进而为全球经济稳定贡献中国的力量。

全国人大常委、中国社会科学院副院长陈佳贵在年会的专场致辞中指出，美国经济危机引起了全球的经济衰退，对中国经济也造成了影响。他认为，2008年出现了经济速度大幅度下滑的原因是，第一，长达五年的10%以上的高速增长，我国的经济积累了很多矛盾，进入了新的调整时期；第二，近几年来，特别是2008年上半年，政府出台了一系列双防的宏观调控措施；第三，奥运会后对中国的经济特别是对北京这些地方的经济也是有一定的影响。第四，受外部环境影响的冲击，这是最主要的原因。

中国社会科学院工业经济研究所所长、中国经营报社社长金碚发布了《2008中国企业竞争力报告》主要内容，并揭晓2008年中国最具竞争力上市公司排行榜。他说，中国的企业经过30年的发展，其竞争能力是不断提升的。所以，当风险出现或者是企业要素成本上升的时候，企业实际上是具有消化能力的。当然，有一部分企业也会面临比较大的困难。在金融危机的情况下，在悲观情绪充斥世界的情况下，我们企业界要看到也许在危机中间，蕴藏着中国强国之路的又一次机会。

（陈晓东）

附：

经济管理出版社

经济管理出版社是专业出版社，主要出版经济管理类学术专著、实用经济管理类图书、经济管理类教材和教辅图书、经济管理类培训图书以及各种经济类读物。

2008年，经济管理出版社在出版工作中，坚持正确的出版导向，以邓小平理论和“三个代表”重要思想为指导，以科学发展观统领全局，牢固树立和认真落实马克思主义出版观，坚持为人民服务、为社会主义服务的方向，认真贯彻执行党的十七大精神和国家的各项出版方针和政策，对图书的选题和内容严格把关，努力打造优秀学术著作出版平台，取得了较好的社会效益和经济效益。

2008年，经济管理出版社共出版图书400种（经济类337种）。其中，新出图书322种（经济类271种）；总印数150.85万册(其中经济类120.82万册)；定价总金额5444.34万元。全年共发行图书143万册，实现销售收入2501万元，税前利润总额467万元。

在出版工作中，经济管理出版社重点抓了以下几项工作：

（1）明确出版社定位，为学术出版搭建良好平台。2008年，经济管理出版社在选题策划方面坚持学术出版特色，为出版学术精品、打造经济管理出版社的学术品牌奠定了坚实的基础。

随着文化体制改革的不断深入，出版业的竞争越来越激烈，经济管理出版社进一步明确自己的定位和目标，发挥自己的优势，依托中国社会科学院经济学部、工业经济研究所，为深入贯彻落实科学发展观、学习贯彻党的十七大精神服务，为实施科研强院、人才强院战略，促进中国社会科学院的发展贡献力量，努力把经济管理出版社办成国内一流的专业学术出版社。

2008年，经济管理出版社的出版工作坚持面向中国社会科学院的经济学部和相关研究所、科研人员，面向全国的高等院校和科研机构，努力为中国社会科学院文库的出版和经济类、管理类学术著作的出版服务，为全国的社会科学工作者服务。出版了大量高质量的学术精品，并通过组织新书发布会、研讨会和媒体推介会等多种形式向国内外宣传推广。

（2）重点抓好纪念改革开放30年系列图书的出版。例如，围绕中国改革开放30年，该社组织编辑出版了一系列重点图书，主要包括被列为院重大项目的"中国经济改革开放30年研究丛书"，该丛书分别由中国社会科学院工业经济研究所、经济研究所、财政与贸易经济研究所、人口与劳动经济研究所、数量经济与技术经济研究所、农村发展研究所、社会学研究所和研究生院等单位的领导担任分卷主编，共分为《中国经济体制改革30年研究》、《中国投资体制改革30年研究》、《中国国有企业改革30年研究》、《中国非国有经济改革与发展30年研究》、《中国财税体制改革30年研究》、《中国劳动与社会保障体制改革30年研究》、《中国金融体制改革30年研究》、《中国农村改革30年研究》和《中国对外开放与流通体制改革30年研究》等9卷；由江泽民同志题写书名、原外经贸部副部长刘向东同志组织编写的《对外开放起始录》；由商务部、国家发改委等部门的专家组织编写的"中国改革开放30年丛书"，共分为《中国对外开放与对外经贸30年》、《中国投资30年》、《中国商品交易市场30年》、《中国流通产业改革30年》、《中国商业改革30年》和《中国粮食改革30年》等6卷；工业经济研究所编的《中国工业发展报告（2008）——中国工业改革开放30年》等。

（3）重点抓好中国社会科学院经济学部及其他学部的专著出版工作。例如，编辑出版了中国社会科学院文库和院国情调研企业系列的图书，包括《中国社会科学院经济学部学部委员与荣誉学部委员文集(2008)》、《中国民营企业治理演进问题研究》、《中国煤矿企业安全发展研究》、《区域宏观调控理论的基本框架》、《唐山冀东水泥公司考察》、《山东鲁北企业集团考察》、《企业竞争力与项目竞争力互动研究》，以及经济、政治、外交3卷本《普京八年：俄罗斯复兴之路(2000～2008)》等。

（4）为国家有关部委的专家、各大专院校的教师、地方社会科学院、科研机构的研究人员搭建一个较高水平学术著作的出版平台。2008年，该社出版的研究报告系列图书主要有《中国经济研究报告(2007～2008)》、《中国创业风险投资发展报告(2008)》、《全球竞争力报告(2006～2007)》、《中国服务经济报告（2007)》、《中国生产性服务业发展报告（2007)》、《中国粮食发展报告（2008）》、《中国产业发展研究报告（2008）》、《中国经济研究报告（2007～2008）》、《中国社会网络与社会资本研究报告（2007～2008）》、《北京企业发展报告（2007）》、《经济与政策模拟研究报告》（第一辑）等，这些报告每年连续出版，其中《中国工业发展报告》已经连续出版了13年，《中国创业风险投资发展报告》、《全球竞争力报告》等也已经连续出版数年，形成了很好的品牌。此外，该社还编辑出版了顾秀莲主编的《中国家庭平安建设的理论与实践》，郭树言、欧新黔主编的《推动中国产业结构战略性调整与优化升级探索》，聂振邦主编的《现代粮食流通产业发展战略研究》，郑海航主编的《家族企业与企业家族》以及《晋商研究当代文库》（全12册），《晋商研究经典文库》（全5册），《晋商研究》（第一辑），“浙江财经学院产业经济学研究丛书”（共7册），“基于信息技术平台的项目管理丛书”（共8册）等，在社会上形成了较好的品牌影响力。

（5）打造学术品牌，成套化、系列化取得初步成果。经济管理出版社已经形成了“中国现实经济重大课题成果系列”、“中国现实经济理论前沿系列”、“中国现实经济热点问题系列”、“中国管理理论前沿系列”、“中国管理案例与实务系列”、“经济管理学术文库”、“当代中国中青年经济学家文库”、“当代中国中青年管理学家文库”、“当代中国中青年经济学人文库”、“当代中国中青年管理学人文库”等丛书系列，为该社进一步打造学术品牌奠定了良好的基础。

此外，该社还出版了一批高等院校的教材，如《企业文化教程》、《项目流程管理》、《消费者行为学》、《金融学概论》等。

2008年，经济管理出版社在经营管理和制度建设方面深化内部改革，以适应出版行业激烈的竞争环境，积极探索出版社改革和发展的新路子；进行内部人事和分配制度改革，改善经营管理，调动职工的工作积极性；坚持重大选题申报制度，对于应当进行申报备案的选题，一丝不苟地履行申报备案手续；坚持贯彻“质量立社”的原则，努力完善以质量为中心的出版过程管理；加强员工培训，及时组织全体编辑、校对进行政治学习、业务交流培训，努力提高全社员工的政治责任意识、业务水平和综合素质。

农村发展研究所

（一）人员、机构基本情况

截至2008年年底，农村发展研究所共有在职人员84人。其中，正高级职称人员19人，副高级职称人员28人，中级职称人员22人；高、中级职称人员占全体在职人员总数的82 %。

农村发展研究所设有农村宏观经济研究室、农村产业与区域经济研究室、农村经济组织与制度研究室、生态与环境经济研究室、农村贫困问题与发展金融研究室、农村政策研究室、小额信贷研究室、信息网络室、《中国农村经济》和《中国农村观察》编辑部、科研处、办公室和人事处。

（二）科研工作

1．科研成果统计

2008年，农村发展研究所共完成专著5种，152.8万字；论文132篇，153万字；研究报告87篇，286.3万字；学术资料4种，27万字；译文7篇，24.1万字；学术普及读物8种，31.7万字；一般文章60篇，30万字。

2．科研课题

（1）新立项课题

2008年，农村发展研究所共有新立项课题 31项。其中，院重大课题2项："村庄治理与新农村建设：以公共产品提供为例"（胡必亮主持），"农民专业合作社与现代农业经营组织创新研究"（苑鹏主持）；院重点课题7项："中国粮食价格预测模型比较研究"（罗万纯主持），"新型农村合作医疗政策对减缓贫困的影响研究"（谭清香主持），"建立农村养老保险制度研究"（崔红志主持），"中国农村民间金融风险与对策研究"（冯兴元主持），"城乡统筹指数及分省比较研究"（张军主持），"中国贫困乡村农民金融组织模式研究"（徐鲜梅主持），"土地立法研究：修改与整合"（杨一介主持）；院青年科研启动基金课题1项："全球化背景下中国的灌溉水平衡与粮食安全研究"（廖永松主持）；院重大国情调研课题2项："我国农村民主政治发展状况调查"（党国英主持），"中国农业（粮食）补贴政策效果的调查与评估"（李国祥主持）；院重点国情调研课题2项："我国农村要素市场发育、社区和谐和国家政策绩效的调查"（李周主持），"农村公共事业发展、农村社会全面进步的调查"（朱钢主持）；院交办课题3项："汶川地震灾区农村问题研究"（张晓山主持），"关于走中国特色农业现代化道路形成城乡经济社会一体化新格局"（张晓山主持），"当前我国廉政文化建设的形势与任务"（党国英主持）；所重点课题4项："粮食安全与农产品价格状况跟踪对策研究"（张晓山主持），"农民工就业情况跟踪和对策研究"（李周主持），"2009年农村经济社会发展形势跟踪研究"（李周主持），"农发所大事记及各项规章制度的建立完善"（权兆能主持）；中央及国家有关部委及地方政府委托课题10项："农村党风廉政"（张晓山、党国英主持），"珠三角地区改革发展规划农业调研"（张军主持），"生态补偿标准与补偿机制研究"（谭秋成主持），"村镇劳动力流动跟踪检测与跨区域调控信息技术开发研究"（党国英主持），"农民专业合作社的财政扶持政策研究"（苑鹏主持），"第二次全国农业普查研究课题"（吴国宝主持），"中国科技特派员项目进展评估和创新机制研究"（李人庆主持），"湖北、江西、天津科技特派员工作评估"（刘建进主持），"北京市农业科技体系建设"（刘玉满主持），"社会主义新农村建设发展战略研究"（姚梅主持）。

（2）结项课题

2008年，农村发展研究所共有结项课题8项。其中，院重点课题2项："农村信用社向合作银行专制的研究"（张军主持），"黄河流域大型灌区不同管理方式的比较研究"（于法稳主持）；院交办课题4项："汶川地震灾区农村问题研究"（张晓山主持），"农村党风廉政"（张晓山、党国英主持），"食品价格变动及其防止演变为明显通货膨胀的对策"（李国祥主持），"珠三角地区改革发展规划农业调研"（张军主持）；院青年科研启动基金课题1项："农民地权与资源开发的冲突"（杨一介主持）；国家自然科学基金课题1项："中国木材市场模型与林业政策评价研究"（李周主持）。

（3）延续在研课题

2008年，农村发展研究所共有延续在研课题17项。其中，国家社科基金重大课题1项："社会主义新农村建设政策体系研究"（张晓山主持）；院重大课题4项："政府、市场和社会组织在减缓贫困中的作用"（吴国宝主持），"农村全面小康社会建设的机制研究"（李周主持），"中国农村民间金融：信用、利率与市场均衡"（张元红主持），"新农村建设财政转移支付效率与公平问题研究"（朱钢主持）；院重点课题 7项："调整放宽农村地区银行业金融机构准入政策对农村金融市场的影响"（任常青主持），"劳动力乡城迁移与留守儿童、流动儿童问题研究"（檀学文主持），"新农村建设中非政府小额信贷组织制度研究"（孙同全主持），"我国粮食中短期供求平衡研究"（李国祥主持），"中国农村经济市场化研究"（李静主持），"新农村建设组织方式转变与贫困村庄社区发展"（李人庆主持），"农村劳动力转移的波动研究"（张兴华主持）；所课题5项："农村经济发展若干前沿问题跟踪研究"（党国英主持），"城乡统筹与县域发展研究"（张元红主持），"中国农村社区发展基金可持续性研究"（吴国宝主持），"农村社会组织发展农村公共品提供机制改善研究"（苑鹏主持），"新农村建设的支持政策体系研究"（李成贵主持）。

3．获奖优秀科研成果

2008年，农村发展研究所获"第三届中国农村发展研究奖"专著类1项：孙同全的《扶贫小额信贷与公益信托制度研究》，论文类1项：吴国宝的《农村公路基础设施对减缓贫困的影响研究》；获"第二届张培刚发展经济学优秀成果奖"专著类1项：胡必亮的《非正规组织与中国农村发展》；杜晓山获得"第四届中国发展百人奖——改革开放30周年纪念个人奖"。

（三）学术交流活动

1．学术活动

2008年，农村发展研究所主办和承办的主要学术会议有：

（1）2008年3月29～30日，农村发展研究所与世界农场动物福利协会、美国善待动物协会、英国防止虐待动物协会、世界动物保护协会共同主办的"农场动物福利科学与农业可持续发展"国际论坛在北京举行。论坛研讨的主要问题有"农场动物福利与可持续农业之间的关系"、"改善动物福利对农民、食品生产者和环境带来的益处”。

（2）2008年4月7～14日，农村发展研究所主办、山东诸城市政府和山东农业大学经管学院协办的“中国的可持续食品产业链国际论坛”在山东省诸城市举行。与会代表就食品产业链和食品产业体系的构建和发展、食品加工与现代农业发展等问题进行了讨论。

（3）2008年4月25日，农村发展研究所主办、人民日报新闻研究中心和河北省武安市政府协办的“《十里店》——中国共产党近代土改运动回顾与总结座谈会”在北京举行。与会者高度评价《十里店》一书的学术价值，回顾了中国共产党在20世纪四五十年代发动土地改革运动的目标、过程和方式，讨论了这场土地改革运动对中国社会、经济、政治产生的深远影响。

（4）2008年4月29日，农村发展研究所、国家统计局农村社会经济调查司和社会科学文献出版社共同举办的“《中国农村经济形势分析与预测（2007～2008）》出版发布会暨研讨会”在中国社会科学院学术报告厅召开。会议主要对2007年农村经济运行状况及存在的问题进行分析，并对2008年农村经济发展的一些重要方面进行展望和预测，会议还围绕现代农业发展问题进行了专题讨论。

（5）2008年9月11～13日，农村发展研究所与四川省社会科学院联合举办的“《农民专业合作社法》颁布后中国农民专业合作经济组织发展新动向国际研讨会”在四川省邛崃市召开。会议就农民专业合作组织发展、农民专业合作社的规范化建设和政策支持体系建设、公司领办或参与的农民专业合作社发展的新动向、国际经验等专题进行了研讨。

（6）2008年10月25～26日，农村发展研究所与湖南省社会科学院联合举办的“第四届社科农经研究网络大会”在湖南省长沙市召开。会议的主题是“农村改革30年与中国农业的发展与展望”。

（7）2008年11月20～21日，农村发展研究所主办、美国中律原咨询有限公司和美国乔治·华盛顿大学法学院协办的“中国农村土地财产权改革国际研讨会”在北京举行。会议讨论了我国农村土地财产权改革和农地利用制度改革的有关问题。应邀参会的外方专家也分别介绍了东欧转型国家、日本、美国、越南等国在土地制度改革、农地利用等方面的相关政策和经验。

2008年11月，“中国农村土地财产权改革国际研讨会”在北京举行。

2．国际与地区学术交流和合作

2008年，农村发展研究所共派

遣27批31人次学术出访。其中，院级协议短期出访3批7人次，分赴澳大利亚、芬兰、波兰和匈牙利访问。

2008年，农村发展研究所共邀请8批8人次来华进行学术交流、访问。其中6批6人次为院级协议来访，分别为荷兰、俄罗斯、希腊、印度和匈牙利学者。另外接待临时来访的境外学者、记者和国外驻京使馆有关经济官员等共35批63人次。

2008年，农村发展研究所2项国际合作研究项目立项：亚洲基金会资助的"河北省易县村级农户互助发展基金试验项目"；福特基金会资助的"村庄治理网络服务与管理系统开发"项目。

2008年，农村发展研究所共有8项国际资助、国际合作研究项目继续进行：福特基金会资助的"中国木材市场和林业政策系统研究"；福特基金会资助的"中印农村社会保护比较研究"；欧盟资助的与比利时根特大学合作执行的"高校农村发展国际硕士培养项目"；中国社会科学院与荷兰教科部交流备忘录框架内的与荷兰皇家科学院合作执行的"中国转基因农产品生产：生物安全管理和风险控制合作研究"；与荷兰格罗宁根大学合作的"中国农民土地财产权利保护"研究项目；福特基金会资助的"小额信贷试验项目"；福特基金会资助的"发挥人大代表在解决社会纠纷中的作用研究"课题；欧洲委员会驻华代表团资助的"增强中国人口较少民族乡村地区村民的政治和社会参与：调查、培训和政策研究"。

（四）学术社团、期刊

1．社团

（1）中国林牧渔业经济学会，会长张晓山。

2008年4月9日，中国林牧渔业经济学会在天津召开都市畜牧业经济理论研讨会。参会代表约60余人。会议实地考察了天津宁河种猪场，并对改进和完善种猪场提出了建议。

2008年6月7～8日，中国林牧渔业经济学会第三届年会在北京召开。会议代表约120余人。会议研讨的主要问题有"2008年畜牧业经济和扶持政策"、"林牧渔业经济与三农问题"、"饲料经济发展趋势与对策"等。

2008年10月24～26日，中国林牧渔业经济学会与江西省畜牧兽医局在江西省南昌市联合召开"中国现代肉牛经济高层论坛暨中国肉牛经济专业委员会换届大会"。约200余人出席了会议。

（2）中国生态经济学会，会长滕藤。

2008年3月31日，中国生态经济学会在北京召开纪念学会顾问、中国社会科学院荣誉学部委员王耕今逝世一周年座谈会。

2008年10月，中国生态经济学会在北京举办学会顾问石山的新著《大农业发展战略的思考》学术研讨会。

2008年11月1～2日，中国生态经济学会与南京农业大学在南京市共同主持召开"中国生态经济学会第七届会员代表大会暨生态经济与和谐社会研讨会”。约100余人出席会议。

（3）中国国外农业经济学会，会长徐更生。

2008年3月26～28日，中国国外农业经济学会协助农村发展研究所在北京举办“中德土地问题研讨会”。会议研讨的主要问题有“中德农地流转问题”、“农民土地权益保障”、“土地利用规划及保护与管理”等。

2008年5月10～11日，中国国外农业经济学会协助中国社会科学院农村发展研究所与工合国际委员会在北京共同主办了“合作社发展阶段评估本土化国际研讨会”、“纪念《农民专业合作社法》颁布一周年暨北京市农民合作社发展创新模式研讨会”。

（4）中国县镇经济交流促进会，会长郭永才。

2008年以来，中国县镇经济交流促进会先后与农业部中国合作经济学会特色经济推广中心等单位共同发起中国生态农村工程建设项目。该项目已在山西、河南、四川等贫困地区开始启动。该学会还与中韩经济发展协会共同组织社会主义新农村“湖州模式”调研活动。

（5）中国城郊经济学会，会长包永江。

2008年以来，中国城郊经济学会组建由中央有关部门高级专家和沪、粤、浙等省市高级政策研究专家组成的课题组，选择南北24个发达郊区，以北方某市的第一郊区为典型，开展经济社会发展的全方位比较研究，取得一定效果。

该学会还组织研究力量对城郊发展中的以下4个问题进行专项研究：一是在土地资源约束日益加剧的形势下以挖潜为主的可持续发展问题；二是新农村建设中村级集体经济的维护和发展、改革问题；三是城郊村镇的生态建设尤其是城郊特有的农牧业污染、工业污染、生活污染的治理问题；四是新农村发展和建设中的宅基地挖潜利用和开发问题。

（6）中国西部开发促进会，会长阿不来提·阿不都热西提。

① 2008年6月12日，中国西部开发促进会成员赴云南省西双版纳傣族自治州和红河哈尼族、彝族自治州的部分区县，就特色产业、高新技术产业、农业产业等方面进行实地考察。

② 2008年9月1日，中国西部开发促进会会长阿不来提·阿不都热西提率团赴新疆出席第17届中国乌鲁木齐对外经济贸易洽谈会。

2．期刊

（1）《中国农村经济》（月刊），主编张晓山。

2008年，《中国农村经济》刊载的有代表性的文章有：万广华、张藕香、伏润民的《1985～2002年中国农村地区收入不平等：趋势、起因和政策含义》，张锦华、吴方卫、沈亚芳的《生物质能源发展会带来中国粮食安全问题吗？——以玉米燃料乙醇为例的模型及分析框架》，廖西元、王志刚、朱述斌、申红芳、胡慧英、王磊的《基于农户视角的农业技术推广行为和推广绩效的实证分析》，张社梅、赵芝俊、朱希刚的《国产转基因棉花科研投资收益的定量分析》，蔡昉的《刘易斯转折点后的农业发展政策选择》，陈光金的《中国农村贫困的程度、特征与影响因素分析》，王广慧、张世伟的《教育对农村劳动力流动和收入的影响》，王冉、盛来运的《中国城市农民工社会保障影响因素实证分析》，钱忠好的《非农就业是否必然导致农地流转——基于家庭内部分工的理论分析及其对中国农户兼业化的解释》，毛学峰、曾寅初的《基于时间序列分解的生猪价格周期识别》。

2008年，《中国农村经济》获第四届中国社会科学院优秀期刊奖“期刊优秀奖”。

（2）《中国农村观察》（双月刊），主编张晓山。

2008年，《中国农村观察》刊载的有代表性的文章有：李小云、齐顾波、徐秀丽的《行动研究：一种新的研究范式？》，寇荣、谭向勇的《蔬菜批发主体技术效率分析——基于北京市场的调查》，姚耀军的《资金配置、价格发现与风险控制——对投资型互助会的田野调查分析》，旦增遵珠、多庆、索南才让的《从习俗与惯例中考察藏区草场纠纷行为》，何宇纳、张晓勇、Hans Dagevos、Ivo van der Lans、翟凤英的《食物消费与肥胖——基于食物特点的消费者分层研究》，郭金兴的《剩余劳动的理论发展、估算方法与中国经验》。

（五）会议综述

“农场动物福利科学与农业可持续发展”国际论坛

2008年3月29～30日“农场动物福利科学与农业可持续发展”国际论坛在北京举行。来自国内外的专家学者和代表150多人出席了会议。代表们分别来自不同的机构和行业，包括政府机构、研究机构、教学机构、行业协会、学术团体、加工企业、生产企业、设备加工、制药企业等。中国社会科学院秘书长黄浩涛教授到会并致辞。中国社会科学院农村发展研究所所长、中国林牧渔业经济学会理事长张晓山出席会议，并介绍了我国有关农场动物福利的相关情况和中国林牧渔业经济学会开展工作的情况。

2008年3月，“农场动物福利科学与农业可持续发展”国际论坛在北京举行。

出席会议的中外主讲嘉宾27人，其中，中方13人，外方14人，主讲嘉宾就有关农场动物福利方面的专题作了主题演讲，这些演讲包括“可持续农业与农场动物福利”、“农场动物的痛苦和压力”、“农场动物行为”、“运输和屠宰”、“教育和培训”、“农场动物福利与生产力之间的关系”、“农场动物福利科学在现代农业生产中的应用”等专题。

与会者认为，我国正处于由传统畜牧业向现代畜牧业过渡的转型阶段，正经历着传统的农户散养向现代化的规模化养殖转变。在转型阶段，我国应借鉴西方发达国家的经验，在积极推进规模化养殖的进程中，把农场动物福利因素考虑进来，以便实现现代畜牧业的可持续发展。同时，这也是落实党的十七大报告提出的建设生态文明的具体步骤。

召开这次国际论坛的一个重要的目，就是为相关的国内外组织机构、国内外的专家学者和企业界的朋友搭建一个交流沟通的平台，让外国同行和朋友多了解中国的现实情况，多向中国同行介绍国外先进理念、经验和技术，针对中国的具体国情多提一些宝贵意见和建议，帮助我们推进农场动物福利事业向前发展，共同为促进我国的生态文明建设作出贡献。

此次国际论坛由中国林牧渔业经济学会与世界动物保护协会、英国防止虐待动物协会、世界农场动物福利协会、美国善待动物协会共同主办，由中国林牧渔业经济学会畜牧业经济专业委员会承办。中国农业科学院北京畜牧兽医研究所为论坛的召开提供了技术支持。

（刘玉满）

中国的可持续食品产业链国际论坛

2008 年 4 月 7～14 日，由中国社会科学院农村发展研究所主办，山东诸城市政府、山东农业大学经管学院协办的“中国的可持续食品产业链国际论坛”在山东省诸城市举行。论坛由欧洲人类进步基金会、世界可持续食品实验室以及意大利 RISTECO 可持续饮食研发中心共同资助，主要意图是将国际上流行的分析复杂问题的综合性工作方法引入中国，为参会者搭建一个讨论食品产业链可持续发展的平台，并向来自世界各地的代表展示中国农业发展的成就。

参加论坛的代表共有 60 余人，其中境外代表约 25 人。论坛采取了一个叫做 U−Process 的认识论和叫做学习之旅的田野工作方法，这是类似工作方法第一次在国内农业发展论坛上的应用。U−Process 认为，人们认识事物的方式受到思维定势的严重束缚，需要通过一系列有意识的行动过程来摆脱思维定势，达到对事物本质属性的认识。这个过程落实到论坛的设计就是“考察——沉思——研讨——总结”的完整过程。其中在考察环节重点设计了学习之旅的方法，即对每个考察点实施深入细致的观察，与现场负责人进行充分的沟通，并在每一次具体考察之后都进行基于直觉的感受的陈述，并由专人记录。

根据上述工作方法，论坛分两阶段进行。第一阶段为学习之旅，在山东省潍坊市内进行，主要由中国社会科学院农村发展研究所所长张晓山主持。在论坛开幕式上，张晓山、潍坊市副市长陈白峰、欧洲人类进步基金会吴翰等分别致辞。全体参会者分为两个主题组和四个小组，分别在诸城市、寿光市、安丘市以及昌邑市考察了蔬菜、果品、畜牧、水产等产业体系，并与企业、政府机构、合作社以及学校食堂的负责人进行了充分的现场交流。考察结束后，全体代表在诸城市对考察经过进行了小结，对潍坊市的现代农业发展给予了充分肯定，并对潜在的问题提出了中肯的建议。第二阶段为沉思和研讨阶段，在山东省泰安市举行，由杜志雄研究员主持。全体代表首先进行了一个小时的沉思活动，完全置身于安静的自然环境，以期产生新的思想火花，沉思后的交流表明取得了良好的效果。沉思阶段之后，大家参加了分组研讨，分别采取中方主讲、外方提问和评论，外方主讲、中方提问和评论以及按主题分组讨论的形式，深入交流了小农和农民组织、公共饮食、渔业、转基因食品等主题。

论坛上最受关注或共识最多的内容体现为如下五个方面：（1）可持续食品供应链的概念和食品短链的理念在很大程度上得到了理解和传播；（2）中国大型食品企业的发展水平和速度令人惊叹；（3）中国的社会制度与国民心理令外宾感到新奇；（4）中外代表始终特别关心对于小农户的家庭生计和生产方式的维持问题；（5）各国应对本国的发展道路有信心，不要轻易把他国的已有模式视为当然的效仿对象。

（檀学文）

财政与贸易经济研究所

（一）人员、机构基本情况

截至2008年年底，财政与贸易经济研究所共有在职人员73人。其中，正高级职称人员16人，副高级职称人员16人，中级职称人员22人；高、中级职称人员占全体在职人员总数的74%。

财政与贸易经济研究所设有财政研究室、税收研究室、国际贸易与投资研究室、服务贸易与WTO研究室、流通产业研究室、旅游与休闲研究室、价格研究室、城市与房地产经济研究室、信息服务与电子商务研究室、服务经济理论与政策研究室、《财贸经济》编辑部、学术信息室、办公室、科研组织处、人事处、学术交流办公室。

（二）科研工作

1．科研成果统计

2008年，财政与贸易经济研究所共完成专著8部，236万字；论文272篇，215万字；论文集4部，157.7万字；研究报告62篇（部），517.6万字；学术资料2种，1.9万字；教材2种，67万字；译文3篇，4万字；学术普及读物1种，17.2万字；一般文章23篇，6.35万字。

2．科研课题

（1）新立项课题

2008年，财政与贸易经济研究所共有新立项课题24项。其中，国家社科基金课题1项："完善省以下财政体制、增强基层政府公共服务能力研究"（杨志勇主持）；院重大课题1项："转变外贸增长方式和提高开放型经济水平研究"（裴长洪、彭磊主持）；院重点课题4项："实施走出去战略——创新对外投资与合作方式"（冯雷主持），"中国零售产业安全问题研究——框架、评测和预警"（宋则主持），"我国互联网产业的外资进入：现状、问题及对策"（荆林波主持），"信用环境构建与服务业发展"（夏杰长主持）；院国情调研课题3项："城市服务业发展与就业状况调查"（何德旭主持），"资源价格形成机制与利益分配格局"（张斌主持），"焦作、平遥等县市服务业发展状况调查"（孔凡来、朱小慧主持）；院青年科研启动基金课题5项："我国医疗费用上涨的影响因素：基于省级面板数据的实证研究"（汪德华主持），"信息、区位与金融服务集群：关于金融中心的一个分析框架"（王朝阳主持），"私募股权投资基金的动作模式"（高广春主持），"以对外投资和合作方式的创新促进我国企业国际化"（张宁主持），"我国商业物流产业的发展现状和对策研究"（孙开钊主持）；所重点课题7项："我国石油国际贸易战略研究"（冯远主持），"信用制度演进与现代服务业发展"（田侃主持），"增值税实施范围及其经济影响：理论、国际经验及对中国的启示"（杨之刚主持），"后奥运阶段北京旅游业的发展战略"（依绍华主持），"中国城市竞争力与房地产关系研究"（倪鹏飞主持），"完善国内外石油价格联动机制研究"（盛逖主持），"江苏无锡新区考察"（林旗主持）；所青年基金3项："中外政府预算外收支管理之比较研究"（冯静主持），"中国电子支付的监管研究"（刘波主持），"构建以人为本的城市旅游公共服务体系——以北京为例"（陈立平主持）。

（2）结项课题

2008年，财政与贸易经济研究所共有结项课题22项。其中，社科基金课题2项："中国公共财政建设指标体系研究"（高培勇主持），"加快发展现代服务业研究"（夏杰长主持）；院重大课题1项："中国出口退税政策与国际贸易、全球经济失衡关系研究"（裴长洪、高培勇主持）；院重点课题6项："新一轮税制改革：税收收入预测与改革时机选择"（杨之刚主持），"十一五时期中国现代流通服务业影响力研究"（宋则主持），"跨越城乡数字鸿沟　实现城乡普遍服务"（荆林波主持），"服务经济理论前沿与中国服务业发展"（夏杰长主持），"中国电价形成机制与管制制度改革"（温桂芳主持），"海峡两岸经济合作模式研究"（冯雷、赵瑾主持）；院国情调研课题3项："十一五期间中国服务业的发展：问题、目标与政策建议"（何德旭主持），"中国城市国际竞争力调研"（倪鹏飞主持），"关于外资进入我国零售业的国情调研"（荆林波主持）；院青年科研启动基金课题3项："企业并购与重组涉税问题研究"（冯静主持），"中国电子支付产业的环境研究"（刘波主持），"流通产业理论的经济学基础"（张琦主持）；所重点课题5项："城市营销治理研究”（刘彦平主持），“制度变革与服务业成长：理论与实证研究”（李勇坚主持），“公共财政视角下的中国政府规模问题研究”（张德勇主持），“旅游经济与奥运”（依绍华、马聪玲主持），“多层次参与国际经济合作　发挥我国动态竞争优势”（夏先良主持）；所青年基金课题2项：“FDI与中国工业自主创新：基于工业部门面板数据的实证分析”（李蕊主持），“中国保险业发展评价体系研究”（盛逖主持）。

（3）延续在研课题

2008年，财政与贸易经济研究所共有延续在研课题14项。其中，国家社科基金课题3项：“中国现代流通服务业影响力研究”（宋则主持），“古村镇旅游开发与利益相关者互动机制研究”（宋瑞主持），“改革和完善财政预算管理制度研究——基于共同治理的预算管理制度创新”（马蔡琛主持）；院重大课题3项：“中国经济改革开放30年历史经验问题研究：对外开放与中国商务体制改革”（裴长洪主持），“中国经济改革开放30年历史经验问题研究：迈向公共化的中国财税体制改革”（高培勇主持），“房地产融资创新研究”（王诚庆主持）；院重点课题4项：“中国房地产与宏观经济关系研究”（倪鹏飞主持），“中国财权事权分配机制与运行模式研究”（张斌主持），“技术进步与现代服务业的融合与互动关系研究”（姚战琪主持），“中国出境旅游研究”（戴学锋主持）；国情调研课题4项：“开放经济条件下东中西部县域经济发展比较”（裴长洪、彭磊主持），“中国公共财政建设的现状与问题”（高培勇主持），“旅游业在资源枯竭型城市社会转型中的作用”（王诚庆、戴学锋主持），“我国煤炭产品价格情况调查”（温桂芳主持）。

3．获奖优秀科研成果

2008年，财政与贸易经济研究所共获得各类研究成果奖6项。其中：张斌等的《税收法治研究》（经济科学出版社2004年12月版）于2008年4月获中国税务学会“第五次全国税收学术研究优秀成果二等奖”；荆林波、李蕊的论文《中国服务业发展水平、结构变化与增长趋势及国际比较》（《产业经济研究》2008年第1期）于2008年7月获得中国商业经济学会征文二等奖；裴长洪、赵忠秀、彭磊的《经济全球化与当代国际贸易》（社会科学文献出版社2007年5月版）于2008年9月获“安子介国际贸易研究优秀著作三等奖”；夏先良、张宁的论文《中国外经贸发展：改革开放30年的优势变迁》（《国际贸易》2008年第5期）于2008年9月获中国国际贸易学会优秀论文一等奖；汪德华、张再金、白重恩的论文《政府规模、法治水平与服务业发展》（《经济研究》2007年第6期）于2008年10月获中国世界经济学会首届“浦山中银世界经济优秀论文奖最高奖”。

（三）学术交流活动

1．学术活动

2008年，财政与贸易经济研究所主办、承办和联合主办的大中小型学术会议有：

（1）2008年1月15日，裴长洪、高培勇主持的院重大课题结项报告会“出口退税与我国对外贸易发展”在北京举行。

（2）2008年1月17日，财政与贸易经济研究所与中国财经出版社联合主办的“《中国财政政策报告2007/2008》首发式暨‘财政与民生’学术研讨会”在北京举行。

（3）2008年3月18日，财政与贸易经济研究所举行“财经论坛”，邀请华夏人寿保险股份有限公司副总经理王森博士作题为《中国保险业的现状及发展趋势》的报告。

（4）2008年3月28日，财政与贸易经济研究所与社会科学文献出版社联合主办的“2008年《城市竞争力蓝皮书》发布暨中国城市竞争力研讨会”在北京举行。

（5）2008年4月19日，财政与贸易经济研究所与北京大学中国信用研究中心、中国国际经济科技法律人才学会等联合主办的“2008中国信用4.16高峰论坛”在北京举行。

（6）2008年4月22日，财政与贸易经济研究所与世界银行集团国际金融公司联合主办的“《2008中国营商环境报告》发布暨研讨会”在北京举行。

（7）2008年6月3日，财政与贸易经济研究所举行“财经论坛”，姜雪梅博士作了题为《中国住房政策对城市空间结构和社会福利的影响》的演讲。

（8）2008年7月26～27日，由中国社会科学院、扬州市政府主办，财政与贸易经济研究所、扬州市政府办公室承办的“第五届城市竞争力国际论坛：城市可持续发展的东方之道”在江苏省扬州市举行。

（9）2008年10月10日，首届“中国社会科学院财政与贸易经济研究所青年论坛”在北京举行。

（10）2008年10月12日，财政与贸易经济研究所与河北省三河市人民政府联合主办的“地方政府与现代服务业高层论坛”在河北省三河市燕郊经济开发区举行。

（11）2008年10月18～19日，财政与贸易经济研究所与阜新市人民政府联合主办的“阜新工业遗产利用与资源枯竭城市转型高峰论坛”在辽宁省阜新市举行。

（12）2008年11月5～6日，财政与贸易经济研究所与全国人大常委预算工委、中澳项目管理办公室联合主办的“建立全口径预算管理制度国际研讨会”在北京举行。

（13）2008年11月22日，财政与贸易经济研究所夏杰长主持的国家发改委产业协调司委托课题“我国服务业发展规划研究”开题专家咨询会在北京召开。

（14）2008年12月8日，财政与贸易经济研究所主办的第九届中国宏观经济运行与政策论坛“中国服务业30年：回顾与展望”在北京举行。

（15）2008年12月12日，财政与贸易经济研究所和《中国财经报》社、《中国税务报》社联合召开的“纪念中国财税改革30年座谈会”在北京举行。

2．国际与地区学术交流和合作

2008年，财政与贸易经济研究所共完成出访团组申报审批40批59人次，受汶川大地震及北京奥运会的影响，取消和延迟了部分工作计划，实际出访32批45人次，其中长期进修2人，出访国家和地区涵盖印度、美国、意大利、韩国、澳大利亚、英国、瑞士、蒙古国、新加坡、墨西哥、阿联酋等国家和中国香港、澳门、台湾，派出团组及出访人数均达到财政与贸易经济研究所最高纪录，比往年增加了约1倍。接待来宾12批25人次，其中主接5批10人次；共有两个境外资助课题获得立项，一是倪鹏飞、刘彦平主持的、澳门基金会资助的“澳门城市国际竞争力报告”，二是张广瑞主持的、韩国高等教育财团资助的“东南亚与东北亚地区旅游发展比较研究”；在已签订的协议框架下，于2008年11月与合作方韩国仁荷大学共同在韩国举办“中韩物流研讨会”，财政与贸易经济研究所副所长何德旭一行出席会议；于2008年11月与合作方韩国文化与旅游研究院共同在韩举办“2008KCI-CASS旅游研讨会”，张广瑞研究员一行出席会议；2008年11月，张广瑞研究员、金准博士参与合作方澳门旅游学院“迎合澳门人力资源战略和政策——相似目的地城市考察”课题研究。

（1）2008年1月14日，美国国际贸易委员会C.Falan Yinug、Dawn Heuschel、美驻华大使馆经济处一秘米德伟等一行访问财政与贸易经济研究所，与外贸室主任冯雷、冯远等座谈中国贸易政策问题。

（2）2008年3月6日，渣打银行（中国）有限公司资深经济学家王志浩（Stephen Green）博士访问财政与贸易经济研究所价格研究室副主任张斌博士，就中国税制改革等问题进行了学术交流。

（3）2008年4月1日，财政与贸易经济研究所所长裴长洪与流通产业研究室、电子商务研究室科研人员会见来访的香港利丰集团一行，就双方的合作事宜进行了交流。

（4）2008年4月3日，财政与贸易经济研究所城市与房地产经济研究室主任倪鹏飞会见台湾政治大学社会学系教授陈小红一行，并与他们进行了两岸城市经济、城市社会与房地产经济等方面的学术交流。

（5）2008年4月8日，墨西哥蒙特雷理工学院北美研究中心主任维克托·洛佩斯·比利亚法内（Victor Lopez Villafane）访问财政与贸易经济研究所，财政与贸易经济研究所国际贸易与投资研究室主任冯雷和价格研究室副主任张斌分别与外国客人座谈了中国的贸易政策和税收问题。

（6）2008年4月17日，英国商品研究所首席经济学家格兰特·凯宏一行访问财政与贸易经济研究所，与财政与贸易经济研究所城市室主任倪鹏飞研究员等就城市竞争力问题进行了学术交流。

（7）2008年5月27日，俄罗斯科学院经济研究所第一副所长索罗金（Sorokin）等来财政与贸易经济研究所访问，与财税研究室副主任杨志勇、马珺博士座谈中国财政政策等问题。

（8）2008年6月26～29日，应韩国首尔市政府邀请，财政与贸易经济研究所研究员张广瑞出席在首尔举行的“2008年首尔国际旅游论坛”，并以《北京胡同游：一个城市旅游产品开发的成功案例》为题发表专题演讲。

(9) 2008年7月2～6日，应韩国旅游科学学会邀请，财政与贸易经济研究所研究员张广瑞出席了在韩国釜山举办的“第64届韩国旅游科学学会国际论坛”，并发表了题为《中国旅游发展政策与实践》的演讲。

(10) 2008年8月19日，财政与贸易经济研究所副所长高培勇会见美国大使馆经济处二等秘书莫伟棠一行，双方座谈了中国财税政策等问题。

(11) 2008年8月25日，韩国文化观光研究院辛用锡博士一行拜访财政与贸易经济研究所，与旅游研究中心主任张广瑞进行了座谈，双方讨论了旅游研究合作和年内在韩国举办双边讨论会事宜。

(12) 2008年10月15～18日，财政与贸易经济研究所研究员张广瑞应邀出席在蒙古国首都乌兰巴托举办的“第五届东北亚旅游国际论坛”，并在论坛上发表了题为《中国旅游发展60年》的主旨演讲。

(13) 2008年11月20～23日，“第二届中韩双边旅游研讨会”在韩国首都首尔举行。财政与贸易经济研究所旅游与休闲研究室研究员张广瑞一行出席会议。双方就中韩两国旅游管理体制、旅游政策沿革和出境旅游等专题进行了讨论。

(14) 2008年11月26～27日，财政与贸易经济研究所党委书记高培勇应邀出席由澳门大学主办的“经济结构调整与公共财政的保障学术研讨会”。

(15) 2008年11月27～28日，财政与贸易经济研究所所长助理荆林波出席在法国巴黎举办的“中国与欧盟关于新技能新就业研讨会”。

(16) 2008年12月11～14日，应香港利丰集团邀请，财政与贸易经济研究所所长裴长洪访问香港，就应对金融危机等问题进行了学术交流。

(17) 2008年12月23日，印度国际经济关系研究委员会高级研究员Pravakar Sahoo等来访财政与贸易经济研究所，与国际贸易与投资研究室主任冯雷研究员交流了中国与南亚国际贸易往来问题。

(四) 学术社团、期刊

1. 社团

(1) 中国成本研究会，会长张卓元。

2008年9月25日，中国成本研究会在中国社会科学院学术报告厅颁布第二届“许毅财经科学奖励基金”优秀科研成果奖。

中国成本研究会充分利用研究会人才资源平台，积极配合中青年财务成本研究会、会计学会、中注协、国家会计学院、纺织专业委员会等单位，组织“青年论坛”等小型会议，举办专题性、行业性的讲座、研讨与培训。

（2）中国市场学会，会长高铁生。

2008年3月21日，中国市场学会与上海交通大学、韩国市场营销协会、韩国延吉大学、中国管理学会在上海联合举办“2008国际营销大会”，来自全球20家顶尖学术杂志的主编及300多位专家出席会议。

2008年5月10日，中国市场学会与北京物资学院、中国物流与采购联合会在北京联合举办“第二届中国（北京）流通现代化论坛——国际物流与采购高峰论坛”。来自中国、法国、德国、日本等国经济界、学术界、企业界的代表及高等院校师生200余人出席论坛。

2008年6月10日，中国市场学会与石家庄市人民政府在石家庄市联合举办“中国—拉美国际经贸合作论坛”。国家有关部委、省市有关部门负责人和业内专家、企业100余人参加了会议。

2008年9月6～8日，中国市场学会与呼和浩特市人民政府、中国国际贸易促进委员会内蒙古分会、内蒙古自治区西部开发办公室在呼和浩特市联合举办“第二届中国民族商品交易会”。

2008年12月6日，中国市场学会与南京财经大学在南京市联合举办“中国市场、流通、营销改革开放30年回顾与展望研讨会”。来自全国财经院校的师生100余人参加了会议。

2．期刊

《财贸经济》（月刊），主编裴长洪。

2008年，《财贸经济》共出版13期（包括增刊1期），共计近270万字（包括英文近2万字）。全年刊载的有代表性的文章有：刘国光的《回顾改革开放30年：计划与市场关系的变革》，李晓西等的《改革开放30年重大理论问题的讨论与进展》，裴长洪的《我国利用外资30年经验总结与前瞻》，李扬的《中国金融改革开放30年：历程、成就和进一步发展》，高培勇的《奔向公共化的中国财税改革——中国财税体制改革30年的回顾与展望》，国务院发展研究中心经济形势分析课题组的《2007年经济形势基本判断与2008年展望》，张卓元的《加快转变经济发展方式和着力完善新体制》，汪同三的《中国宏观经济运行的深层次问题与宏观调控政策取向》，王曙光的《国家主导与地方租金激励：民间信用扩张的内在动力要素分析》，王广谦的《中国崛起："北京共识"与"中国模式"》，王国刚的《中国银行体系中资金过剩的界定和成因分析》，《中国银行体系中资金过剩的效应分析》，马珺的《当代财政学：新的综合分析框架——评阿耶·希尔曼〈公共财政与公共政策——政府的责任与局限〉》，何振一的《社会主义财政学创新中的几个理论认识问题》，吕炜、刘畅的《中国农村公共投资、社会性支出与贫困问题研究》，陈宪、殷凤的《服务贸易：国际特征与中国竞争力》，裴长洪的《论转变出口退税政策目标》，高传胜、汪德华、李善同的《经济服务化的世界趋势与中国悖论：基于WDI数据的现代实证研究》，倪鹏飞的《建立多层次的中国住房公共政策体系》，李培的《中国经济适用房供求的省际差异分析》，程大中的《中国服务业存在"成本病"问题吗？》，周建成、张永岳的《城镇劳动要素配置、社会利益分配与房地产业发展——来自中国的经验》。

2008年，《财贸经济》获第四届中国社会科学院优秀期刊奖“期刊进步奖”。

（五）会议综述

第五届城市竞争力国际论坛：城市可持续发展的东方之道

2008年7月26～27日，由中国社会科学院和扬州市人民政府共同主办、中国社会科学院财政与贸易经济研究所与扬州市政府办公室承办的“第五届城市竞争力国际论坛：城市可持续发展的东方之道”在江苏省扬州市举行，来自主办单位的领导和课题组成员、国务院有关部委领导、高等院校和研究机构的专家学者、城市市长，美国、德国、日本、韩国等国家以及中国内地和香港地区的城市竞争力专家等200名代表出席论坛。论坛围绕“城市可持续发展的东方之道”的主题，以扬州的理念与实践为案例，交流研究成果，深入探讨提升城市竞争力的有效途径。

代表们对扬州市城市可持续发展的经验进行了总结，对扬州市在城市建设中所走出的科学发展、和谐发展、可持续发展之路给予了充分肯定和高度评价。

代表们认为，“城市可持续发展的东方之道”主要应包括以下主要内容：一是强调新型工业化道路，以区别于西方的传统工业化道路。新型工业化不是只讲工业、重工业，只追求产值，而是强调环保、节约资源，强调可持续发展。二是强调城乡统筹发展，以区别于传统的城市化道路。“城乡统筹”这个说法一定是东方之道。传统城市化道路的衡量标准是城市人口占全国人口的比重，城乡统筹则必须要考虑农民怎么样，而且一定把农民当做兄弟，而不能当做一个被消灭的落后生产力来看待。因此，城乡统筹不是城市政府某一个部门的事情，而必须由市领导亲自抓，以平衡城市和农村两个方面。三是强调传承文化、突出特色的发展方向。四是强调以人为本、小康导向的富民发展。五是强调天人合一、顺乎自然、建设环境友好型社会的发展理念。

2008年7月，“第五届城市竞争力国际论坛：城市可持续发展的东方之道”在江苏省扬州市举行。

有代表认为，应当推进以城市为单元的“可持续性城市运动”。“可持续性”不同于传统工业化社会的价值意识，不是以无条件地服从增长与开发为原则，而是在产业、生活、城市、世代关系等几乎所有的方面蕴涵了新的价值基准的崭新概念，实现了这种价值基准的地域社会则可被称为可持续性地域社会。可持续性城市运动要从社区做起，如果社区不具有可持续性，就不会有地球的可持续性；要改变增长模式和生活模式，否则将损害自然资源；城镇是改变生活模式、生产方式、消费方式、空间形态的关键；人类的基本生活不能超越自然的环境承载力的限度，应追求社会的可持续性、经济的可持续性及生态学的环境可持续性；承认区域之间的差异和多样化，不同区域的问题应该采用不同的解决方法；确保社会的公平性，不让贫困人群成为环境问题的最大受害者。作为城市可持续管理的政策手段需要实施对环境、经济、社会三个领域既有可持续性政策的统合。环境的可持续性只能产生于具有可持续性的社会系统，如果不从根本上改变现存的地域社会政策体系，仅仅以废弃物的循环利用、水质净化、绿化、保护生物多样性等环境问题作为政策的主题，就不可能实现营造可持续性城市的目标。

代表们分析了传统城市化的弊端，提出走新型城市化道路的观点。他们认为，传统的城市化不仅造就了更加贫困的农村，也造就了城市中的大量贫民，成为导致“拉美陷阱”的主要原因之一。传统的城市化只追求城市人口数量的增加，不顾及统筹城乡发展和城乡共同富裕的根本，这必然产生一系列的社会矛盾和社会动荡。新型城市化是在城乡统筹、城乡协调、城乡一体化的总原则下，“提升农民攫取财富的能力”、“实现农民从体能向技能的转变”、“建设社会主义新农村，改变农村的生产方式、生活方式和文化方式”、“统一覆盖城乡全区域的社会保障体系”、“实现城乡教育和就业的机会平等”、“构建适应城乡一体化的政治体制和公共服务体系”等。只有始终坚持统筹城乡发展，才能真正使城乡“从异化走向同化，从对立走向统一，从二元走向一元”，从而将威胁社会和谐的“第一矛盾”始终维系在安全阈值之内。

（孔繁来）

地方政府与现代服务业高层论坛

2008年10月12日，由中国社会科学院财政与贸易经济研究所和河北省三河市人民政府共同举办的“地方政府与现代服务业高层论坛”在河北省三河市燕郊经济技术开发区召开。来自中国社会科学院、商务部和三河市有关部门的领导与专家共40余人出席了论坛。论坛就“开发区发展过程中加快现代服务业发展”、“地方政府在发展现代服务业中的作用”等问题进行了探讨与交流。

代表们充分肯定了我国开发区建设的辉煌成就，认为开发区在完成了第一次创业的要素聚焦和数量扩张任务以后，面临发展困境和挑战，应加快向生产性服务业转型。主要表现在以下几个方面：（1）开发区企业对优惠政策的依赖性较强。由于开发区的土地成本、劳动力价格等区位优势及税收优惠政策的不断弱化，一些企业逐步丧失成本优势，并导致利润下滑，必须寻找新的增长点。（2）在位于产业链中端的制造业的利润空间越来越低的情况下，企业亟须向附加值较高的产业链“两端”即服务产业链上转移。（3）开发区内资源与环境承载能力也在不断下降。研究表明，服务业的万元GDP能耗只有制造业的四分之一。（4）向服务业转型是适应现代产业演变规律的需要。（5）开发区建设经历了20多年的发展，已经有了较好的工业基础，既可以通过专业化分工剥离出不少生产性服务业，提供生产性服务业的供应，也对生产性服务业有较强的需求。

代表们认为，在促进开发区向服务业转型、大力发展现代服务业方面，地方政府大有作为。主要表现在以下几方面：一是制定科学的发展规划。开发区建设是一个长期过程，进行科学、超前、综合的规划设计异常重要，需要进一步明确和落实“一手抓高新技术产业，一手抓现代服务业”的战略思路。二是营造一流的商务环境，通过提高政府效率和公信度、优化投资环境等手段吸引更多的服务企业进入。三是注重公共设施建设，包括交通系统、休闲场所、学校、医院、城市管理系统、家政服务、安全部门等在内的公共设施的建设和投入运营。四是营造和谐人文氛围。从关注硬件建设到重视软件建设，追求物质与精神的结合、经济与社会的和谐，已成为先进地区开发区建设的主流和趋势。五是引导商业银行支持优化开发区的产业结构调整。通过给予财政资助、补贴、担保等方式，引导商业银行认真实践环保总局、人民银行、银监会三部门推出的绿色信贷政策，支持优化开发区化解资源环境瓶颈。

代表们还就燕郊经济技术开发区的进一步发展问题进行了探讨与交流，并提出了一些具有针对性的政策建议。

（孔繁来）

阜新工业遗产利用与资源枯竭城市转型高峰论坛

2008年10月18～19日，由中国社会科学院财政与贸易经济研究所和阜新市人民政府共同举办的“阜新工业遗产利用与资源枯竭城市转型高峰论坛”在辽宁省阜新市召开。来自国务院研究室、国务院发展中心、国家发改委、国家旅游局、财政部财政科学研究所、国家开发银行、北京旅游学院、第二外国语学院、辽宁省政府有关厅局委以及河南省焦作市等10个资源枯竭型城市的领导与专家学者共120余人出席了论坛。论坛围绕阜新工业遗产旅游与资源枯竭城市转型的主题进行了探讨与交流。

2008年10月，“阜新工业遗产利用与资源枯竭城市转型高峰论坛”在辽宁省阜新市举行。

阜新是一座因煤而立、因煤而兴的典型资源型城市，已有100多年的煤炭开采历史。自20世纪80年代以来，随着煤炭资源逐渐减少和开采成本上升，阜新以煤炭为主的主导产业群凸现一系列严重的问题：产业结构单一、经济总量不足、就业压力巨大、群众生活艰难、生态环境恶化。与会代表认为，发展旅游业是促进阜新等资源枯竭城市实现经济社会转型的现实选择。面对资源枯竭型城市转型过程中的种种困难，当务之急是解决下岗职工再就业，以满足人民群众生产生活的基本需要，这是落实科学发展观的重要内容。而根据阜新经济社会发展的实际情况和焦作市资源枯竭城市转型的经验，可以将旅游业作为阜新市实现经济社会转型的现实选择。有关专家认为，阜新的工业遗产具有丰富的文化内涵，并因此将阜新旅游业发展的目标定位为“打造中国第一个工业遗产旅游之城”，并最终打造成国际工业遗产旅游城市。根据这一定位，以工业旅游为核心，打造集餐饮、娱乐、知识、趣味性为一体的旅游项目集群，最终形成以工业遗产旅游为核心，带动第三产业的全面发展，进而促进城市的全面发展。

代表们认为，由于工业遗产的稀缺性、不可重复性及其所具有的历史、文物价值和能够永续利用的经济价值，其保护和利用应该得到高度重视。充分利用工业遗产发展旅游产业，是资源枯竭城市实施经济转型的重要途径，也是实践科学发展观的有效载体。

有代表认为，阜新工业遗产旅游规划在国内旅游业内首次提出了工业遗产旅游的概念，把工业遗产作为旅游核心资源、独特资源，把工业遗产旅游作为阜新市未来旅游发展的主打产品，把阜新市打造成世界工业遗产旅游之城，在城市转型过程中继承和提升阜新的城市文化与城市个性，是一个非常好的创意。因此，建议阜新在做工业遗产旅游项目的同时，要将其纳入申报世界工业遗产项目计划，不仅要把它作为国家级历史文化保护单位，还可以将申报世界工业遗产作为一个营销点，打造一个世界文化品牌，吸引更多的高端游客的注意力，同时也能达到招商引资的目的。

代表们认为，从阜新增加居民就业和提高城市活力的角度来看，应该把发展服务业特别是现代服务业作为转型的重中之重。为此，一是要坚持多种经济形式共同发展，特别是要充分发展民营经济、个体经济和外资经济；二是要继续改革国有工业企业，通过股份制改造建立现代企业制度；三是要利用外资发展服务业；四是要进一步提高生活服务水平，解决老百姓面临的诸如上学难、看病难等问题。

此外，与会代表还从金融政策、财政政策、产业政策等方面探讨了支持资源型城市发展的政策选择。

（孔繁来）

第九届中国宏观经济运行与政策论坛“中国服务业30年：回顾与展望”

2008年12月8日，由中国社会科学院财政与贸易经济研究所主办的第九届中国宏观经济运行与政策论坛“中国服务业30年：回顾与展望”在北京举行。来自中国社会科学院、国务院发展研究中心、中山大学第三产业研究中心、浙江树人大学中国服务业研究中心、国家发改委、商务部等国内服务业研究领域的专家学者，北京市、辽宁省、河北省、陕西省、山东省济宁市等省市政府机构的专家学者，美国、澳大利亚、新加坡等国外专家学者等近200人出席了论坛。论坛围绕“中国服务业30年：回顾与展望”的主题进行了探讨与交流。

2008年12月，第九届中国宏观经济运行与政策论坛“中国服务业30年：回顾与展望”在北京举行。

中国社会科学院副院长陈佳贵、科研局局长李汉林、国际合作局局长杨扬出席论坛，并在致辞中阐述了中国现代化进程中发展服务业的重要性，肯定了中国社会科学院财政与贸易经济研究所近年来在服务业研究方面所作出的努力以及举办这届论坛的重要意义。

与会的专家学者回顾了改革开放30年来中国服务业发展的历程，肯定了中国服务业发展的巨大成就，总结了中国服务业发展过程中的经验与教训，并对未来中国服务业的发展趋势进行了展望，提出了一系列政策建议。

有代表将中国服务业发展的教训总结为如下几点：(1) 政府对产业结构高级化规律认识不足，重工业、轻服务业的思想依然存在，对服务业发展重视不够。(2) 以“摸着石头过河”的方式推进服务业市场化改革，缺乏完善的制度设计。(3) 在对外开放方面，对促进企业走出去重视不足，措施不得力。

与会代表分析了服务业全球化的新趋势以及全球服务产业转移与服务贸易的最新发展，阐述了中国参与服务业全球化、扩大服务业对外开放、促进服务贸易发展的战略选择：以科学发展观为指导，坚持实行开放带动战略，坚持将提高承接服务业跨国转移和外包水平与促进服务业自身发展相结合，坚持推动服务业微观制度和经营管理创新，坚持将一批有条件的沿海中心城市办成生产性服务的聚集区，对国内经济和产业发展形成更强大的辐射带动效应，并推进服务业体制和政府管理的全面创新。具体措施包括：扩大服务业开放度，提高市场准入水平，引入竞争，打破内生制度障碍；深化体制改革和创新，打破服务业发展的瓶颈，进一步加快电信、金融、民航、铁路、邮政等垄断性行业的改革和开放；加强制度保障，建立诚信环境；加快建立和完善法律法规制度，推进建立现代企业诚信制度，加强知识产权保护；积极争取财政和金融支持，推动服务外包投资促进工作；建立健全鼓励服务外包企业自主创新的政策，逐步打造本国中高端服务供应商。

来自国外的专家学者介绍了美国、澳大利亚等发达国家发展服务业的经验。来自地方政府的专家学者总结交流了地方政府发展服务业的经验。

与会代表特别强调了发展服务业在促进就业、扩大内需、化解全球金融危机影响等方面的重要作用，提出了落实科学发展观、解放思想、加快服务业发展的一系列政策思路。一是从旧的产品观、产业观和财富观中解放出来，提高对服务产品、服务产业和服务财富的认识；提高对第三产业战略地位的认识，在分析服务业演变历史、趋势和成因的基础上，把握第三产业比重上升规律；认清服务业比重日趋增大是一个不可逆转的趋势，通过体制创新和服务创新，推进工业化、城市化、服务化，大力发展生产服务和生活服务，不断拓展现代服务业，并改造传统服务业。二是发挥市场与政府的双重作用，促进服务业又好又快发展；坚持市场化取向的改革，发挥市场机制对服务业发展的基础性作用；创新服务业体制，为服务业的快速发展奠定体制基础；积极有序地扩大服务业对外开放，提高对外开放水平，在金融危机大背景下，应把对外开放和维护服务业安全体系有效地结合起来。

（孔繁来）

金融研究所

（一）人员、机构基本情况

截至2008年年底，金融研究所共有在职人员38人。其中，正高级职称人员7人，副高级职称人员13人，中级职称人员14人；高、中级职称人员占全体在职人员总数的89%。

金融研究所设有货币理论与货币政策研究室、金融市场研究室、结构金融研究室、国际金融与国际经济研究室、保险与社会保障研究室、法与金融研究室、银行研究室、公司金融研究室、金融实验室、信息网络室、综合办公室和《金融评论》编辑部筹备组。

金融研究所还设有中国社会科学院金融研究中心、中国社会科学院保险与经济发展研究中心、中国社会科学院开发性金融研究中心等三个院级研究中心和基金评价研究中心、外商投资研究中心、理财产品评价中心、支付清算研究中心等所级研究中心。

（二）科研工作

1．科研成果统计

2008年，金融研究所共完成专著11部，340.4万字；论文170篇，207.7万字；研究报告22篇，152.8万字；教材1部，40万字；译著3部，90.4万字；论文集1部，23.4万字；一般文章360篇，109.9万字。

2．科研课题

（1）新立项课题

2008年，金融研究所共有新立项课题21项。其中，国家社科基金重点课题1项：“分离生产性投资与非生产性投资，走出资金流动性过剩困境”（王国刚主持）；院重大课题1项：“走出资金流动性过剩”（王国刚主持）；院重点课题3项：“金融生态系统中金融风险的周期性效应及其传导机制研究”（黄国平主持），“通货膨胀与相对价格研究”（彭兴韵主持），“银行危机处理：国际经验与中国实践”（胡滨主持）；国情调研课题3项：“《证券法》修改实施后证券违法处罚情况调研”（胡滨主持），“从紧货币政策对中小企业的影响”（彭兴韵主持），“完善农村金融市场机制调查”（张跃文主持）；院青年科研启动基金课题2项：“我国新股发行制度改革研究”（张跃文主持），“法与金融学及其在中国的发展路径”（全先银主持）；所重点课题4项：“中国金融论坛2008”（李扬主持），“中国金融改革开放30年研究”（李扬主持），“中国城市金融生态2008”（刘煜辉主持），“建立我国股票场外交易市场研究”（张跃文主持）；其他部门与地方委托课题7项：“环鄱阳湖生态经济区建设投资基金研究”（国家开发银行江西省分行，李扬主持），“珠三角地区改革发展规划纲要”（院科研局委托，王松奇主持），“按揭保险的国际经验及对国内的借鉴”（中国保监会委托，郭金龙主持），“国家开发银行商业改革的过渡期（2008～2010）及长期（2011～2015）发展战略”（国家开发银行委托，胡滨主持），“银行理财产品运行分析评价报告（2008年上半年）”（中国人民银行委托，殷剑峰主持），“城市铁路网络对区域经济社会发展带动作用”（北京市城市铁路股份有限公司委托，杨涛主持），“中国农业现代化新机遇与金融支持”（中国进出口银行委托，石俊志主持）。

（2）结项课题

2008年，金融研究所共有结项课题23项。其中，院重大课题2项：“完善住房体制，构建和谐社会”（李扬主持），“社会主义新农村建设中的金融支持问题”（王松奇主持）；院重点课题3项：“探索政策性金融的理论基础与实现模式——兼论中国政策性银行的困境与出路”（杨涛主持），“资本充足率监管与银行业转型”（曾刚主持），“经济全球化背景下的中国外汇储备管理”（余维彬主持）；国情调研课题2项：“中国金融生态与金融法治环境调研”（胡滨主持），“新型农村金融机构：案例分析与深度访谈”（杨涛主持）；院青年科研启动基金课题3项：“企业高级管理层薪酬激励机制研究”（董裕平主持），“货币传导中的信贷渠道研究”（胡志浩主持），“个人金融与服务政策”（袁增霆主持）；院科研管理课题2项：“非实体研究中心建设与学科发展关系研究——以金融学科发展为例”（赵培德主持），“构建信息化高校平台，提升科研管理水平及科研资源效率”（刘戈平主持）；所重点课题5项：“货币政策范式的演变及中国的选择”（彭兴韵主持），“法与金融理论研究”（胡滨主持），“软蠕动钉住汇率制度的可维护性”（余维彬主持），“《公司金融学》教材体系”（董裕平主持），“《中华金融辞库》修订增补和《金融小词典》编纂”

（罗滢主持）；委托课题6项：“上海建立国际金融中心的战略规划”（上海市政府委托，李扬主持），“走出去的金融风险”（国家开发银行委托，余维彬主持），“中国中学保险教育问题研究”（中国保监会委托，郭金龙主持），“中国宏观经济分析”（兴业银行委托，殷剑峰主持），“开放经济条件下的金融稳定与监管协调”（中国人民银行委托，曾刚主持），“中国债券市场发展研究”（财政部委托，曹红辉主持）。

（3）延续在研课题

2008年，金融研究所共有在研课题1项，即国家社科基金重点课题：“现代商业保险规范发展与金融稳定关系的综合”（郭金龙主持）。

3．获奖优秀科研成果

2008年，金融研究所获“国际金融青年论坛优秀科研成果奖”论文类一等奖2项：张跃文的《国际对冲基金的中国资产配置研究》，程炼的《有管理的浮动汇率制度、外汇储备与国际货币政策协调》；获论文类优秀奖1项：殷剑峰的《迎接下一次亚洲金融危机——不同的故事、相同的机制》；获“银行间债券市场十周年纪念征文活动”论文类一等奖1项：安国俊的《国债市场流动性问题研究》。

（三）学术交流活动

1．学术活动

2008年，金融研究所主办和承办的学术会议和专题学术讲座有：

（1）2008年1月13日，金融研究所与长江证券股份有限公司联合主办“提高宏观调控水平 完善货币政策与财政政策协调配合机制”研讨会。

2008年1月，“提高宏观调控水平 完善货币政策与财政政策协调配合机制”研讨会在北京举行。

（2）2008年1月15日，金融研究所与中国保监会、特华博士后工作站联合主办“第十届特华金融论坛”。

（3）2008年1月23日，国资委研究中心主任王忠明主讲“国企改革和国资监管的若干问题”。

（4）2008年1月30日，金融研究所博士生汪增群主讲“中国货币政策区域非对称性效应：机制与治理”。

（5）2008年3月1日，金融研究所主办“银行理财产品评价

(2008)”报告会。

(6) 2008年3月12日，中国农业银行总行国际部副处长王雪主讲“我国QDII发展及2008年展望”。

(7)2008年4月1日，金融研究所与法国投资银行Natixis联合主办“中国金融市场和银行业改革发展研讨会”。

(8) 2008年4月16日，中国国际金融公司首席经济学家哈继铭主讲“中国宏观经济展望”。

(9) 2008年4月30日，金融研究所所长李扬教授主讲“中国宏观经济展望”。

(10) 2008年5月7日，广东金融学院中国金融转型与发展研究中心主任陆磊主讲“当前中国资金的跨区域流动问题研究”。

(11) 2008年5月28～30日，由中国社会科学院和中华经济研究院主办、金融研究所承办的“经济全球与两岸经济发展学术研讨会”在江苏省南京市召开。

(12) 2008年6月4日，金融研究所结构金融研究室主任殷剑峰主讲“银行理财产品的评价方法和投资价值分析”。

(13) 2008年7月2日，中国银行资深金融专家黄金老主讲“中国私人银行的创建与运行”。

(14) 2008年7月6日，金融研究所与中国银行业协会联合主办“中国银行业改革开放热点问题学术研讨会”。

(15) 2008年7月23日，金融研究所金融市场研究室主任曹红辉主讲“美国信用危机新进展与经济展望”。

(16) 2008年9月10日，国家发展和改革委员会宏观经济研究院副院长陈东琪主讲“下半年及明年经济形势预测分析”。

(17) 2008年9月17日，金融研究所结构金融研究室主任殷剑峰主讲“石油、农产品等大宗商品定价机制分析”。

(18) 2008年9月24日，金融研究所所长李扬主讲“美国‘两房’ 危机分析”。

(19) 2008年10月21日，金融研究所杨涛博士和程炼博士共同主讲“城市轨道交通的经济效应与融资安排”。

(20) 2008年10月16日，金融研究所与北京商务中心区管理委员会联合主办“第九届北京CBD国际论坛”。

(21) 2008年10月28日，中国反洗钱监测分析中心主任欧阳卫民主讲“中国支付清算体系的新进展”。

(22) 2008年11月25日，中国社会科学院荣誉学部委员、美国研究所研究员陈宝森主讲“美国金融危机与债务经济”。

(23) 2008年11月30日，金融研究所与英国保诚集团联合主办“‘保诚杯’中学生保险知识竞赛”。

（24）2008年12月16～17日，由中国社会科学院经济学部主席团主办、金融研究所承办的“中国经济改革与发展30年国际研讨会”在北京召开。

（25）2008年12月18日，金融研究所与欧美同学会联合主办“国际金融危机对策研讨会”。

（26）2008年12月23日，世界银行首席经济学家王君博士主讲“布雷顿森林体系改革与中国实践”。

2．国际与地区学术交流和合作

2008年，金融研究所出访13批次15人次；来访28批次70人次；接待院级访问学者1名，启动与韩国国际金融研究中心的交流合作协议，开展对外合作研究项目1个。与金融研究所开展学术交流的国家和地区主要有欧美国家、日本、韩国以及中国香港。

主要的国际会议有：

（1）2008年5月28～30日，由中国社会科学院与中华经济研究院主办、金融研究所承办的“经济全球与两岸经济发展学术研讨会”在江苏省南京市召开。来自海峡两岸的30余位学者对两岸经济问题进行了研讨。

（2）2008年12月16～17日，金融研究所承办了中国社会科学院经济学部主席团主办的“中国经济改革与发展30年国际研讨会”。会议研讨的主要问题有“中国改革开放30年：进程、经验与国际比较”、“中国改革开放30年：宏观调控体系的完善”、“中国改革开放30年：市场化的进展”等。

（3）2008年4月18日，金融研究所与法国外贸银行股份有限公司在法国巴黎举办了“中国金融市场和银行体系：组织、监管与创新”国际研讨会 。欧盟专家包括法国财政部长、欧洲央行官员、法国央行官员等；中国专家主要来自中国人民银行、中国银行业监督管理委员会、中国证券业监督管理委员会、中国国家外汇管理局、中国社会科学院等。

（四）会议综述

“银行理财产品评价（2008）”报告会

2008年3月1日，中国社会科学院金融研究所主办的“银行理财产品评价（2008）”报告会在北京召开。报告会由中国社会科学院学部委员、金融研究所所长李扬主持。中国人民银行金融市场司副司长沈炳熙、中国银监会业务创新监管协作部主任李伏安、中国证监会基金部副主任杨秋梅、中国证监会机构部副主任杨志华、中国工商银行金融市场部总经理徐志宏、宏源证券董事长汤世生、泰达荷银基金公司总经理缪均伟、兴业银行资金营运中心总经理陈世涌等先后发言。会议就金融创新、银行理财产品等问题进行了讨论。

报告会上，“理财评价和设计”团队发布了《银行理财产品评价报告（2008）》。报告首先对

2007年银行理财产品的发展特点进行了总结分析。报告指出，继2006年实现了几近翻番的高速增长之后，2007年产品的发行数量呈现出爆发性的增长。依据收益和风险两类指标，团队对2007年近千只产品进行了评价。从评价结果看，显示了三个鲜明特点：第一，人民币产品的投资价值显著高于外币产品，其主要原因在于人民币打新股产品的收益高，而外币产品则因次贷危机、银行产品设计缺陷出现了较多的低收益、零收益现象；第二，股票以及包括股票和其他资产在内的混合类产品的投资价值高于其他类别产品，低收益、零收益现象主要集中在外币利率、汇率产品中；第三，中资银行的人民币股票、混合类产品全面超过了外资银行，花旗、渣打、东亚和华侨等外资银行的产品也普遍出现了低收益、零收益现象，尤其是东亚银行自2005年来几乎每年都会出现一些投资价值远低于相应存款利率的产品。

2008年3月，“银行理财产品评价（2008）”报告会在北京举行。

（殷剑峰）

经济全球与两岸经济发展学术研讨会

2008年5月28～30日，由中国社会科学院、中华经济研究院主办，中国社会科学院金融研究所承办的“经济全球与两岸经济发展学术研讨会”在江苏省南京市召开。来自海峡两岸的30余位学者对两岸经济问题进行了交流。台湾经济学家萧代基、于宗先、许嘉栋等10余位学者和大陆学者汪同三、张晓山、李扬、王国刚、张车伟、金碚等16位学者作了大会发言。中国社会科学院秘书长黄浩涛、中国社会科学院台港澳学术交流委员会秘书长李薇等出席了会议。

在对台湾经济及两岸经济关系的认识上，双方学者一致认为，两岸应该优势互补才能实现共赢。统计数据及历史事实都表明，过去台湾实行的限制台湾与大陆经济交往的政策是失败的。台湾学者王健全的报告《全球化对台湾经济的冲击及两岸经济合作契机》、大陆学者孙兆慧的报告《刍议台湾产业转移与“产业空洞化”》、刘相平博士的报告《全球化与“本土化”缠斗中的台湾经济》都表明，限制台湾与大陆的经济交往是过去几年台湾经济低迷的最主要原因，台湾企业向大陆转移不仅没有导致台湾本土经济的“产业空洞化”，反而有利于台湾经济的产业升级与优化，两岸经济应该加强合作才能共同应对经济全球化的挑战。

对于大陆经济的发展，台湾经济学家们提出了很多建设性的意见。台湾学者于宗先的报告《高速经济成长引发的失常症候群》在总结日本、中国台湾的经验和教训后，对中国大陆经济发展可能会遇到的资产价格泡沫、收入分配不公及由此导致的社会问题提出了具有针对性的政策建议，他认为，"追求高速经济成长并无不当，但对于追求高速成长所采用的手段是否对自然环境有破坏性，对所获取的成果是否作适当的运用，对促进社会和谐、提升人生境界是否有帮助，这是值得深思熟虑的课题"。会议还就中国大陆经济及台湾经济的发展及两岸在农业、金融、人力资源及能源经济上的合作等方面问题进行了学术交流。

（徐义国）

中国经济改革与发展30年国际研讨会

2008年12月16～17日，由中国社会科学院经济学部主席团主办、金融研究所承办的"中国经济改革与发展30年国际研讨会"在北京召开。来自国内外的50余位专家学者对中国30年来经济、金融领域的改革开放进程进行了深入探讨和广泛交流。论坛由 "中国改革开放30年：进程、经验与国际比较"、"中国改革开放30年：宏观调控体系的完善"、"中国改革开放30年：市场化进程" 三个单元组成。

央行副行长易纲、中国证监会副主席庄心一、中国保监会主席助理袁力、中国银监会研究局副局长龚明华、中国社会科学院工业经济研究所所长金碚、中国社会科学院财政与贸易经济研究所副所长高培勇、中央财经大学校长王广谦、中国人民大学副校长陈雨露、清华大学布鲁金斯公共政策研究中心主任肖耿、美国皮特森国际经济研究所资深研究员Truman、美国皮特森国际经济研究所资深研究员Lardy、瑞典银行首席经济学家Fromlet、法国法盛银行首席经济学家Artus、德国弗莱堡大学金融研究所主任Francke等出席了会议，并就相关主题发表了演讲。中国社会科学院学部委员、金融研究所所长李扬出席并主持了会议。

与会专家普遍认为，30年的改革经验表明，中国金融业改革的巨大成就体现在突破了传统的计划金融体制模式，初步形成了与社会主义市场经济体制相适应的金融体制，建立和完善了灵活高效的金融调控体系和符合国情的金融监管体制，构建起了多元化的金融机构组织体系，形成了多层次、多功能的金融市场体系，充分发挥了金融作为现代经济的核心作用、金融在经济资源配置中的关键性作用、金融在宏观调控中的杠杆作用、金融支持国民经济发展的重要作用。中国改革开放30年是从计划经济向市场经济的转轨过程，这一转轨过程的本质特征就是通过界定和保护逐渐清晰的产权制度，使经济主体从单一到众多，决策从集中到分散的过程。这个过程通过给经济主体放权让利，使众多的经济主体能够独立决策，并让经济主体对其后果负最终责任。产权清晰、政企分开、依法治理、激励相融、社会监督是整个金融领域进行市场化改革的重要特征，而这些特征在过去30年的企业改革、银行业改革、证券业改革、保险业改革和金融市场建设中都得到了充分体现。30年改革开放，使中国逐步建立和完善了灵活高效的金融调控体系和符合国情的金融监管体制，为实现中国经济宏观调控目标和保障金融业合法稳健经营发挥了重要作用。

与会者认为，与改革紧密联系的另外一个层面就是对外开放，中国金融领域的对外开放体现在“引进来”和“走出去”两个层面。一方面，在华外资金融机构数量迅速增加，形成了中外资金融机构竞相发展的局面；另一方面，众多中资金融机构在自身实力壮大的基础上，也纷纷走出国门积极参与世界竞争。伴随着机构往来的增加，各种形式的资金往来流动也成为中国金融对外开放的重要内容。中国在合理利用境外直接投资的同时，也开始逐步放开境外证券投资资金的有序流入，在积极引导对外直接投资的同时，也注重培育对外证券投资资金的管理能力。在不断放松资本管制的同时，中国还积极地推动汇率制度改革，现已实行以市场供求为基础、参考一篮子货币进行调节、有管理的浮动汇率制度。

会议在总结中国30年改革斐然成果的同时，也对当前面临的困难和未来的改革之路进行了深入探讨。时值改革开放30周年之际，中国遭遇了全球性的金融危机，并且这场危机现已升级为波及全球的经济危机。这使得中国的改革开放和经济发展再一次面临严峻的挑战。这次全球金融危机的爆发再一次引发了一场关于市场机制缺陷的讨论，但与会专家一致认同中国发展的出路还在于继续深化市场经济改革。市场机制内在的缺陷并不是中国当前面临的主要矛盾，社会主义市场经济体制的进一步完善才是当前中国面临的难点。虽然经历了30年的改革开放，但中国建立一个完善的市场经济体制的伟大事业还任重而道远。相对于发达经济国家，中国的经济效率还相对较低，市场体系还在进一步健全完善中，中国未来的发展空间仍然十分广阔。

与会专家还就中国在国际经济格局中的地位问题、中国的外汇资产管理问题、中国的房地产市场与房地产金融问题、中国的宏观经济政策等问题进行了探讨。

（徐义国）

数量经济与技术经济研究所

（一）人员、机构基本情况

截至2008年年底，数量经济与技术经济研究所共有在职人员84人，其中，正高级职称人员23人，副高级职称人员23人，中级职称人员20人；高、中级职称人员占全体在职人员总数的79%。

数量经济与技术经济研究所设有经济系统分析研究室、经济模型研究室、环境技术经济研究室、资源技术经济研究室、技术经济理论与方法研究室、数量经济理论与方法研究室、信息化与网络经济研究室、数量金融研究室、综合研究室、《数量经济技术经济研究》编辑部、网络信息中心、办公室和科研处。

（二）科研工作

1. 科研成果统计

2008年，数量经济与技术经济研究所共完成专著3部，66万字；论文64篇，59.3万字；研究报告17篇，108.4万字；教材1部，29万字；一般文章74篇，11.3万字；论文集9部，328.7万字。

2. 科研课题

（1）新立项课题

2008年，数量经济与技术经济研究所共有新立项课题26项。其中，国家社科基金重大招标课题1项："加快转变经济发展方式研究"（汪同三主持）；国家社科基金一般课题1项："中国住户生产核算的理论与方法研究"（李金华主持）；院重大课题1项："经济模型前沿理论与方法及其在中国经济分析与政策模拟中的应用研究"（李雪松主持）；院国情调研项目1项："中国经济形势分析与预测调研基地"（汪同三主持）；院重点课题4项："外商直接投资的空间集聚及对东道国企业持续创新能力影响的定量研究"（李新中主持），"新形势下政企关系：理论分析与案例研究"（吕峻主持），"高油价下我国能源替代趋势研究"（杨英敏主持），"对外贸易与转变经济发展方式关系研究"（沈利生主持）；院青年科研启动基金项目2项："财税政策与公平初次分配研究"（蔡跃洲主持），"环境管制对生产率增长的影响"（李玉红主持）；另有所重点课题16项。

（2）结项课题

2008年，数量经济与技术经济研究所共有结项课题14项。其中，院重点学科建设工程项目3项："数量经济学理论"（赵京兴主持），"技术经济学"（李平主持），"经济政策与模拟重点研究室"（汪同三主持）；院青年科研启动基金课题1项："基于Web2.0的邮箱发展趋势研究"（叶秀敏主持）。此外，还有所重点课题4项，委托课题6项。

（3）延续在研课题

2008年，数量经济与技术经济研究所共有延续在研课题40项。其中，国家社科基金项目2项；软科学项目3项；院A类项目2项；院B类项目3项；院重大课题2项；院重点课题8项；所重点课题11项；委托课题9项。

3. 获奖优秀科研成果

2007年12月，数量经济与技术经济研究所姜奇平的课题报告《信息产业技术标准与专利研究》获第五届全国知识产权（专利）优秀研究报告暨优秀软科学成果二等奖。

4. 科研组织管理新举措

（1）组织撰写数量经济与技术经济研究所学科发展报告。

（2）对于论文被国际学术会议接受的青年科研人员参加国际会议的费用给予一定的资助。

（三）学术交流活动

1. 学术活动

2008年，数量经济与技术经济研究所主办和承办的学术会议有：

（1）2008年4月24日，中国社会科学院经济学部（数量经济与技术经济研究所承接）"经济形势分析与预测"课题组承办的"中国经济形势分析与预测2008年春季座谈会"在中国社会科学院学术报告厅举行。会议的主题是"2008中国经济形势分析与预测"，研讨的主要问题有"2008年我国经济运行是否能很好地贯彻'防止经济增长由偏快转向过热，防止价格由结构性上涨演变为明显通货膨胀'的'双防'方针、保持快速平稳增长"、"应采取什么措施以避免出现'滞胀'或者'硬着陆'的局面"等。

（2）2008年5月16～18日，数量经济与技术经济研究所和宁波大学、宁波市教育局联合举办的"中国数量经济学会2008年年会"在浙江省宁波市举行。会议的主题是"数量经济学的理论、方法和应用"，研讨的主要问题有"计量经济理论与方法"，"数理经济学及其他分支学科"，"宏观经济增长与发展"，"金融、银行、财政、税收、投资、贸易"，"区域经济、协调发展"，"企业、产业经济"，"博弈论"等专题。

（3）2009年10月10日，中国社会科学院经济学部"经济形势分析与预测"课题组、中国社会科学院数量经济与技术经济研究所及中国数量经济学会联合主办的"中国经济形势分析与预测2008年秋季座谈会"在中国社会科学院学术报告厅召开。与会专家运用定量与定性相结合的方法对我国当前宏观经济形势的特点及未来的走势进行了分析与预测。

（4）2008年10月18～19日，由国家环境保护部、中国社会科学院主办，中华环保联合会与中国社会科学院中国循环经济与环境评估预测中心共同承办的"第四届环境与发展中国（国际）论坛"在北京举办。论坛的主题是"关注气候变化，推进节能减排，防治大气污染，促进国际合作"，研讨的主要问题有"全球气候变化问题"、"大气污染防治"、"节能减排以及加强国际合作"等。

（5）2008年10月25～26日，数量经济与技术经济研究所和清华大学经济管理学院、重庆大学经济与工商管理学院、山东科技大学联合主办的"第四届中国技术经济论坛（青岛）"在山东科技大学举行。论坛的主题为"发展方式转变、创新型国家建设与技术经济学的发展"，研讨的主要问题有"技术经济学科的发展与演变"、"发展方式转变"、"自主创新与创新型国家建设"、"资源综合利用"、"节能减排与可持续发展"、"环境保护与科学发展观"、"技术经济评价理论方法及应用"、"信息化与管理现代化"等。

2. 国际与地区学术交流和合作

2008年，数量经济与技术经济研究所共派遣出访24批36人次，接待来访50余批130余人次（其中，经中国社会科学院审批邀请来访9批次15人次）。与数量经济与技术经济研究所开展学术交流的国家和地区有美国、俄罗斯、英国、法国、德国、西班牙、日本等国家和中国的台、港、澳地区。

（四）学术社团、期刊

1．学会

中国数量经济学会，理事长汪同三。

2．期刊

《数量经济技术经济研究》（月刊），主编汪同三。

2008年，《数量经济技术经济研究》共出版12期，共计约30万字。全年刊载的有代表性的文章有：李兆前、齐建国、吴贵生的《从3R到5R：现代循环经济基本原则的重构》，胡日东、苏梽芳的《中国通货膨胀与通货膨胀不确定性的非线性关系》，钱学锋、梁琦的《测度中国与G-7的双边贸易成本：一个改进引力模型方法的应用》，吴杰、覃永安的《基于马克思主义经济学的商品交换模型》，项本武的《中国经济的动态效率：1992～2003年》，刘纪显、吕江林的《人民币名义升值是否“人民币升值”》，葛新权的《基于非正态分布的泡沫经济模型的研究》，李胜文、李大胜的《中国工业全要素生产率的波动：1986～2005》，郑月明、董登新的《外商直接投资对我国就业的区域差异与动态效应》，吴巧生、陈亮、张炎涛、成金华的《中国能源消费与GDP关系的再检验》，唐东波的《实际有效汇率、财政赤字与中国经济增长》，李燕凌、曾福生的《农村公共品供给农民满意度及其影响因素分析》，李军的《进出口对经济增长贡献度的测算理论分析》，郑伟的《技术转移与经济增长研究》，艾春荣、汪伟的《习惯偏好下的中国居民消费的过度敏感性》。

2008年，《数量经济技术经济研究》获第四届中国社会科学院优秀期刊奖“期刊一等奖”。

（五）会议综述

中国经济形势分析与预测2008年春季座谈会

2008年4月24日，中国社会科学院经济学部“经济形势分析与预测”课题组承办的“中国经济形势分析与预测2008年春季座谈会”在中国社会科学院学术报告厅举行。中国社会科学院学部委员、数量经济与技术经济研究所所长汪同三代表课题组发布了预测报告。来自国务院有关部委、有关科研机构、大专院校及部分省市的数十名专家学者出席了座谈会，香港特别行政区的专家也出席会议并发言。

与会专家指出，2003年以来，我国经济连续5年保持了10%以上的高速增长，且增长速度逐年提高。2007年GDP增长11.4%，超过2006年的11.1%，再创新高，同时CPI涨幅达到4.8%，涨幅比2006年提高3.3个百分点，创20世纪90年代后期以来的新高，通货膨胀压力加剧。目前，经济发展中的不均衡问题愈发明显。2008年我国经济运行是否能很好地贯彻“防止经济增长由偏快转向过热，防止价格由结构性上涨演变为明显通货膨胀”的“双防”方针、保持快速平稳增长？应采取什么措施以避免出现“滞胀”或者“硬着陆”的局面？这些问题应引起我们的密切关注。

与会专家运用定量与定性相结合的方法对我国当前宏观经济形势的特点及未来的走势进行了分析与预测，并围绕上述问题进行了深入的分析，提出了很多意见和建议。全面综合这些意见，对我们深入认识当前的宏观经济形势与未来走势及制定恰当的宏观调控政策具有重要的参考意义。

（彭　战）

中国数量经济学会2008年年会

2008年5月16～18日，“中国数量经济学会2008年年会”在宁波大学召开。著名经济学家、诺贝尔经济学奖得主罗伯特·蒙代尔出席大会并作了主题演讲。中国社会科学院学部委员、中国数量经济学会理事长汪同三在开幕式上致辞，并在闭幕式上作了总结发言。中国数量经济学会副理事长唐绍祥、常务副理事长李富强分别主持了年会的开幕式和闭幕式。418名学会会员和相关代表参加了年会。会议共收到论文324篇。这次年会是历届年会中参会人数最多、收到论文最多的一届。

汪同三在致辞中指出，中国数量经济学会成立于1979年3月，迄今已召开过14次年会，陕西省科学技术委员会和陕西省社会科学院、安徽省科学技术委员会、武汉大学和中南财经大学、山东经济学院、吉林大学商学院和吉林省社会主义学院、中国社会科学院数量经济与技术经济研究所、重庆工商大学、华侨大学、湖南大学商学院、西南交通大学经管学院、南京财经大学金融学院、浙江工商大学、武汉理工大学经济学院和理学院、宁波大学分别承办了历届年会，这些高校和科研单位为中国数量经济学会的成长和发展作出了重要贡献。同时，他寄语青年学

2008年5月，“中国数量经济学会2008年年会”在浙江省宁波市举行。

者，要利用年会的良机，多接触名家、名师，多接受新知识、多认知新问题、多了解新动向，不断地增长知识，丰富自己，争取早日在中国、在国际数量经济学界崭露头角。

年会上，东北财经大学教授高铁梅就“经济周期波动研究中的滤波方法”作了学术报告。清华大学教授李子奈、南开大学教授张晓峒、上海社会科学院教授朱平芳、中国人民大学教授赵国庆分别就数量经济学的经典理论或方法作了学术演讲。

根据提交论文的选题，年会分8个组，就“计量经济理论与方法”，“数理经济学及其他分支学科”，“宏观经济增长与发展”，“金融、银行、财政、税收、投资、贸易”，“区域经济、协调发展”，“企业、产业经济”，“博弈论”，“实验经济学及其他”等专题进行了学术交流。60多位学者在小组讨论会上介绍了自己的最新研究成果。

会议根据分组交流情况和中国数量经济学会优秀论文评奖条例，评选出学会首届优秀论文，31位青年学者或研究生获奖，其中一等奖5名，二等奖26名，大会向获奖者颁发了优秀论文证书。

年会期间召开的学会第9届理事会第2次全体会议，还增补了宁波大学教授汪浩瀚、中国社会科学院数量经济与技术经济研究所研究员李军和副研究员李朝霞为常务理事，增补宁波大学教授俞海山、天津财经大学教授白仲林为理事。

会议决定2009年的年会在深圳大学举行。

（彭　战）

第四届环境与发展中国（国际）论坛

2008年10月18～19日，“第四届环境与发展中国（国际）论坛”在北京召开。论坛由国家环境保护部、中国社会科学院主办，中华环保联合会与中国社会科学院中国循环经济与环境评估预测研究中心共同承办。

论坛主题为“关注气候变化，推进节能减排，防治大气污染，促进国际合作”。论坛设开幕式、主题峰会、三个专题论坛、闭幕式四个部分。三个专题论坛主题分别为“节能减排与全球气候变化”、“大气污染治理技术措施”、“节能减排新技术与新趋势”。

出席论坛的领导有全国人大常委会副委员长周铁农，原国务委员、两院院士宋健，国家发改委副主任解振华，环境保护部部长周生贤、副部长周建，中国气象局局长郑国光。中国社会科学院副院长陈佳贵出席开幕式并作了题为《当前中国经济发展与环境保护》的报告。

出席大会的还有清华大学校长顾秉林，山东省副省长李兆前及科技部、工业和信息化部等部委和机构的领导；联合国环境规划署前副执行主席卡卡海尔，联合国驻中国总协调员、联合国开发署代表马和励，欧盟驻华代表团大使赛日・安博，联合国环境规划署驻华代表处协调员张世刚，匈牙利大使馆大使库绍伊・山多尔及来自英国、加拿大等数十家驻华使馆、驻华机构的代表及法国苏伊士环境集团亚太区首席执行官艾力・德蒙克出席了论坛。另外，部分省市领导、环保领域有关领导、知名专家学者、相关企业代表与嘉宾代表共500余人参加了论坛。

论坛开幕式由环境保护部副部长周建主持。环境保护部部长周生贤作了题为《让中国人的呼吸更加甜美——北京奥运会给我们的启示》的主旨报告。

中国社会科学院数量经济与技术经济研究所党委书记、副所长郑玉歆等参加了会议。来自国内外的40余名嘉宾就“大气污染和全球变暖对经济社会的影响”、“如何从全球角度看待中国的节能减排”、“全球大气环境保护领域国际合作机制”、“大气污染防治法律、法规和制度建设”等方面的问题进行了广泛深入的探讨，并从政策、制度等方面提出了建议。

（齐海英）

人口与劳动经济研究所

（一）人员、机构基本情况

截至2008年年底，人口与劳动经济研究所共有在职人员46人。其中，正高级职称人员9人，副高级职称人员13人，中级职称人员20人；高、中级职称人员占全体在职人员总数的91%。

人口与劳动经济研究所设有人口与社会发展研究室、劳动与人力资本研究室、人口统计与分析研究室、国际人口比较研究室、《中国人口科学》杂志社、《中国人口年鉴》编辑部、信息室、办公室。

（二）科研工作

1. 科研成果统计

2008年，人口与劳动经济研究所共完成专著3 部，100.3万字；与院外学者合作出版专著1部，承担20万字，专著合计120.3万字；论文107篇（其中包括院外合作23篇），约94.7万字；研究报告18篇（其中包括2008年人口与劳动问题报告1篇，以及院外合作6篇），约62.57万字；参加院内其他研究所发表的专著、论文撰写12篇，承担约25.9万字；一般性文章28篇，约9.4万字。

2. 科研课题

（1）新立项课题

2008年，人口与劳动经济研究所共有新立项课题27项。其中，国家社科基金课题1项：“农村家庭代际关系研究”（伍海霞主持）；院重大课题1项：“中国人口迁移流动发展及政策研究”（郑真真主持）；院重点课题2项：“农村网络家庭研究——基于河北的考察”（伍海霞主持），“《劳动合同法》实施中的问题及其解决的对策建议”（王美艳主持）；院国情调查重点课题2项：“城乡社会保障一体化调查”（王美艳主持），“我国社区与家庭早期儿童素质教育问题调查”（邵夏珍主持）；企业调查项目1项：“改制：国有企业职工家族化关系的解构与重建——贵州六盘水煤炭机械厂调查”（张翼主持）；镇调查项目1项：“北京丰台区花乡流动人口就业与生活变动状况调查”（张翼主持）；院委托课题1项：“成都地区地震灾后重建与城乡统筹建设发展研究”（蔡昉主持）；另的所重点课题2项，国际合作课题3项，院外合作课题13项。

（2）结项课题

2008年，人口与劳动经济研究所共有结项课题13项。其中，国家社科基金课题1项：“中国人口变动发展预测比较研究”（王广州主持）；院国情调研课题1项：“农村生育状况调查”（郑真真主持）；国家自然科学基金课题1项：“中国的城市贫困及其社会救助效率研究”（都阳主持）；院亚洲中心课题1项：“日韩老年保护与保障政策对中国建立和谐社会的启示”（张翼主持）；教育部课题1项：“国家中长期教育改革和发展规划纲要”（蔡昉主持）；院青年科研启动基金课题1项：“80年代以来我国妇女初婚初育间隔变动分析”（李玉柱主持）；国家人口计生委课题1项：“人口和计划生育国际项目管理及拓展能力研究”（郑真真主持）；另外，还有7项院外合作项目。

3．获奖优秀科研成果

2008年，人口与劳动经济研究所蔡昉的论文《人口转变对经济发展的贡献》和郑真真的论文《生殖健康领域中的妇女赋权》分别获得国家人口与计划生育委员会和中国人口学会举办的“改革开放与人口发展”征文一等奖；蔡昉主编的《中国人口与劳动问题报告No.8：刘易斯转折点及其政策挑战》（社会科学文献出版社2007年版）被评为第二届全国“三个一百”原创出版工程入选图书；蔡昉获得第四届中国发展百人奖（农村）个人奖。

（三）学术交流

1．学术活动

2008年，人口与劳动经济研究所主办、合办以及承办的较有影响的学术会议有：

（1）2008年1月14～15日，由中国社会科学院、上海市政府、欧盟委员会就业总司主办，中国社会科学院国际合作局、人口与劳动经济研究所承办的“中欧老龄化背景下的就业、社会保障与经济增长国际研讨会”在上海召开。会议议题有以下几方面：其一，经济增长：增长与生产力——结构转变中的社会政策调整；其二，就业：人口老龄化与劳动力市场前景；其三，社会保障：老龄化社会中社会保障的现代化。会议围绕“中国和欧盟国家共同面临的老龄化社会的经济增长”、“就业与社会保障”、“如何通过发展教育和人力资本开发、技术创新和投资，推动经济转型和产业结构升级等方式来保持老龄化社会的竞争力，促进就业，提高保障能力”等专题进行了讨论。来自中国社会科学院、劳动和社会保障部、农业部、上海市政府有关部门、上海市社会科学院、复旦大学、中国人民大学、南开大学、北京师范大学、上海财经大学等单位和欧盟地区的有关专家学者100余人参加了会议。

(2) 2008年3月25～26日，人口与劳动经济研究所与湖北经济学院、日本拓殖大学联合主办的“东亚人口、就业与经济资源环境可持续发展国际研讨会”在湖北省武汉市举行。会议研讨的主要问题有“民生保障问题”、“经济转型与就业”、“区域发展与资源环境”等。有关学者和研究人员约70人参加了会议。

2008年3月，“东亚人口、就业与经济资源环境可持续发展国际研讨会”在湖北省武汉市举行。

(3) 2008年5月15～16日，中国社会科学院和欧洲七国11个相关研究资助机构在北京联合召开了“中欧社会科学研究合作研讨会”。会议由中国社会科学院国际合作局、科研局和人口与劳动经济研究所承办。会议研讨的主要问题有“人口、家庭与社会福利”、“法律、治理与决策”、“劳动力市场变化、移民与社会凝聚”、“文化遗产”等。中国社会科学院和欧洲国家有关专家学者100余人参加了会议。

(4) 2008年10月10日，人口与劳动经济研究所、日本久留米大学经济部等单位在河北省唐山市曹妃甸工业区合作举办了“第13届中日社会经济国际研讨会”。会议研讨的主要问题有“中日韩三国高龄化政策、老年人服务”、“高龄化与经济发展、就业人口与经济增长”、“环境污染与环境保护”等。有关专家和研究人员约50人参加了会议。

(5) 2008年10月13日，人口与劳动经济研究所、社会科学文献出版社在北京联合主办了“刘易斯转折点及其政策含义研讨会暨2008年中国人口与劳动绿皮书发布会”。会议研讨的主要问题有“刘易斯转折点”、“劳动关系”、“就业形势”、“就业政策”等。有关专家学者、新闻记者等50余人参加了会议。

(6) 2008年10月15日，由中国社会科学院经济学部、国际合作局主办，人口与劳动经济研究所承办的“中非经济论坛2008：增长与发展”在北京举行。论坛研讨的主要问题有“中国和非洲的工农业发展与经济增长方式变化”、“人力资本与资源环境经济可持续发展”、“中国和非洲的优势产业与经济合作”等。来自非洲国家的学者和国内有关单位的专家学者60余人参加了会议。

(7) 2008年10月22～23日，由中国社会科学院、英国经济社会研究理事会主办，人口与劳动经济研究所承办的“老龄化的经济社会挑战——中国和英国”研讨会在北京召开，会议研讨的主要问题有“人口家庭关系”、“性别与老年”、“老年劳动就业”、“养老金”、“老年人健康和医疗服务与社会照料”、“社会参与”、“老年调查数据比较研究”等。中英两国有关专家学者40余人参加了会议。

（8）2008年10月23日，由国家人口计生委、中国社会科学院主办的“改革开放与人口发展论坛”在北京举行。论坛以党的十七大精神和科学发展观为指导，纪念改革开放30周年，回顾人口发展成就，分析当前人口发展所面临的形势和挑战，坚定不移走中国特色统筹解决人口问题的道路，大力推进向人力资本强国的转变。来自中国社会科学院、国家人口计生委、全国政协、中央党校、全国妇联、国务院发展研究中心、中国红十字会、各高等院校等的代表200余人参加了论坛。

（9）2008年10月24日，由中国社会科学院经济学部主办、人口与劳动经济研究所承办的“气候变化的经济后果及其政策含义”论坛在北京举行。论坛的主要议题有“全球气候变化对全球经济发展的影响”、“节能减排与就业”、“人口经济资源环境协调可持续发展”等。有关人士100余人参加了论坛。

（10）2008年10月25～26日，由《中国人口科学》杂志社主办、浙江省嘉兴学院商学院承办的“改革开放30年流动人口管理与社会保障学术研讨会”在浙江省嘉兴市举行。会议的主要议题有“流动人口状况”、“流动人口管理”、“流动人口的健康权益”、“流动人口服务体系的构建”、“流动人口养老保障”等。近70位专家学者参加了会议。

（11）2008年12月10～11日，由中国社会科学院科研局、国际合作局和人口与劳动经济研究所联合主办的“社会变革中的当代中国家庭国际研讨会”在北京召开。会议的主要议题有“社会转型与家庭变动”、“家庭理论和研究方法”、“家庭功能”、“家庭成员的婚姻及问题”、“生育政策与中国当代家庭”、“人口迁移流动与家庭变动”、“家庭成员关系和代际关系”等。来自美国、加拿大、德国、法国、英国、瑞典、澳大利亚、马来西亚、日本等国家以及世界银行等国际组织的专家和国内高等院校和科研机构的专家学者70余人参加了会议。

2008年，人口与劳动经济研究所举办其他小型学术报告会7次，内容涉及人口生育与发展问题、家庭结构变化、养老金改革、中国土地制度、农村劳动力问题等。

2．国际与地区学术交流和合作

（1）短期出访

2008年1～12月，因公实际出访24批32人次，赴17个国家参加国际会议或作短期学术访问。在出访活动中，有6批为学术访问和合作工作访问，有18批是参加国际会议。

（2）长期进修

2008年8月，人口与劳动经济研究所副研究员吴要武完成福特基金进修项目回国。

2008年12月，人口与劳动经济研究所副研究员高文书赴澳大利亚莫纳什大学进修1年。

2008年12月，人口与劳动经济研究所研究员都阳赴日本名古屋大学做客座教授，为期3个月。

（3）来访接待

2008年，人口与劳动经济研究所接待来自15个国家以及中国台湾地区的学者、国际组织的官员等共54批136人次来所访问；还主持接待了通过院协议项目来访的3位长期访问学者；安排海外来访学者在所内作了4次小型学术报告会，内容涉及养老保障、人口与经济发展、生育问题、“三农”问题等。

2008年，人口与劳动经济研究所研究员郑真真当选国际计划生育联盟东亚、东南亚、大洋洲区域司库，并成为国际计划生育联盟常务理事。

（四）期刊

1.《中国人口科学》（双月刊），主编蔡昉。

2008年，《中国人口科学》共出6期，共计98万字。该刊2008年召开了“改革开放30年流动人口管理与社会保障学术研讨会”，回顾了改革开放30年来中国流动人口的发展趋势，并围绕当前流动人口管理和社会保障存在的问题进行了探讨。全年刊载的有代表性的文章有：郑秉文的《改革开放30年中国流动人口社会保障的发展与挑战》，郭志刚的《关于中国家庭户变化的探讨与分析》，朱玲的《在生命的起点阻止贫困的代际传递》，王广州等的《对伤残死亡独生子女母亲人数的初步测算》，任强等的《中国人口的不确定性研究》，Sylvie Démurger等的《中国经济改革与城镇劳动力市场分割——不同地区职工工资收入差距的分析》。

2008年，《中国人口科学》获第四届中国社会科学院优秀期刊奖“期刊优秀奖”。

2.《中国人口年鉴》（年刊），主编张车伟。

城市发展与环境研究中心

（一）人员、机构基本情况

截至2008年年底，城市发展与环境研究中心（以下简称“城市中心”）共有在职人员38人。其中，具有正高级职称人员10人，具有副高级职称人员7人，具有中级职称人员14人；高、中级职称人员占全体在职人员总数的82%。

城市中心设有城市经济研究室、城市规划研究室、城市社会与环境研究室、可持续发展研究室、图书资料室、行政办公室、财务室。

（二）科研工作

1. 科研成果统计

2008年，城市中心共完成专著2部，58万字；学术论文55篇，67.1万字；研究报告35篇，415.6万字；一般文章63篇，21万字；教材2种，77万字；论文集2种，98万字。

2. 科研课题

（1）新立项课题

2008年，城市中心共有新立项课题17项。其中，院重点课题3项："中国历史文化名城的保护与发展"（孟雨岩主持），"全球主要经济体排放与经济发展的关系研究"（庄贵阳主持），"中国城市化进程中土地可持续利用的评价模型及政策选择空间"（李萌主持）；院国情调研课题2项："科学发展观下的二线城市发展研究——态势、实践、探索、对策"（牛凤瑞主持），"进城农民工的城市适应与社会满意调查"（单菁菁主持）；所重点课题1项："中国房地产发展报告（2009）"（牛凤瑞、李景国、尚教蔚主持）；其他部门与地方委托课题11项：国家发改委地区经济司委托的"跨区城市化背景下区际土地协商利用研究"（牛凤瑞、李庆主持），国土资源部委托的"2008年上半年土地市场运行与宏观调控"（梁本凡主持），与国家发改委能源研究所合作的"低碳经济方法学及低碳经济区发展案例研究"（潘家华、庄贵阳主持），北京市工业促进局委托的"北京市高端制造业综合成本研究"（魏后凯主持），黑龙江省大庆市政府委托的"我国新型工业化道路的背景和政策研究"（梁本凡主持），北京市崇文区政府委托的"崇文区创建生态和谐环境宜居城区规划深度研究"（宋迎昌主持）等。

（2）结项课题

2008年，城市中心共有结项课题31项。其中，院重大课题1项："都市圈战略规划研究"（宋迎昌主持）；院重点课题1项："生态城市规划建设的理论与实践"（盛广耀主持）；院科研局交办课题3项："都江堰灾后重建规划概念"（牛凤瑞、单菁菁主持），"贯彻落实科学发展观，推进城镇化发展模式转变"（盛广耀主持），"解读十七大报告——加强城市公共服务能力"（李红玉主持）；院国情调研重大课题1项："科学发展观下的二线城市发展研究"（院领导主持）；院网络中心交办课题1项："北京市城乡空间识别系统研究"（宋迎昌主持）；院青年中心课题1项："中国民间组织人力资源现状与发展研究"（李萌主持）；所重点课题1项："中国房地产发展报告（2008）"（牛凤瑞、李景国、尚教蔚主持）；其他部门与地方委托课题22项："全球化背景下中国的环境与发展——机遇、挑战与战略转型"（潘家华主持），"中国实施PCDM项目的相关政策问题及建议"（陈洪波主持），"我国快递市场准入、运营与退出规范研究"（蒋建业主持），"关于未来国际气候制度构建的若干问题和对策"（庄贵阳主持），"2008上半年土地市场运行的经济分析报告"（梁本凡主持），"北京市生活垃圾分类规划研究"（李宇军主持），"广东省循环经济发展规划"（蒋建业主持），"雅鲁藏布江中游水电规划社会环境影响评价报告"（潘家华、盛广耀主持），“马吉水电站建设对国民经济拉动作用研究”（潘家华、单菁菁主持）等。

（3）延续在研课题

2008年，城市中心共有延续在研课题17项。其中，国家科技支撑计划课题2项：“执行《联合国气候变化框架公约》的支撑技术研究”（潘家华主持），“CDM国内相关政策与机制研究”（庄贵阳主持）；国家社科基金课题2项：“未来中国不同环境税制的社会经济生态效果仿真研究”（梁本凡主持），“外来农民工融入城市问题研究——以社会网络为重要视角”（单菁菁主持）；院重大课题1项：“中国百县市经济社会跟踪调查”（院领导主持）；院A类重大课题1项：“城市垃圾社会化管理模式研究”（李宇军主持）；院B类重大课题2项：“增进城市经济竞争力的环境税制研究”（梁本凡主持），“中国城市经济数据库构建及其应用”（刘志彦主持）；院重点课题6项：“中国经济低碳发展的潜力和途径分析”（陈迎主持），“全球化背景下我国城市化动力机制研究”（黄顺江主持），“房地产业发展与建设和谐社会”（尚教蔚主持），“农民工融入城市的经济学分析”（单菁菁主持），“土地非农化与人口城镇化的时空对应关系及统筹管理机制研究”（李恩平主持），“社区物业管理模式与评估体系研究”（李国庆主持）；院青年科研启动基金课题2项：“中国科技人才创新能力及政策环境评价”（娄伟主持），“国际碳市场的发展趋势与中国CDM供给管理策略研究”（陈洪波主持）；所重点课题1项：“中国城市可持续发展报告No.2”（潘家华、牛凤瑞、魏后凯主持）。

（三）学术交流情况

1．学术活动

城市中心2008年度举办重要学术会议14次，召开内部学术交流会与论坛20余次。这些学术活动以贯彻落实科学发展观、推进经济又好又快发展为主线，针对城市经济学前沿、城市化模式、房地产政策调整、城市垃圾运营管理、低碳经济、清洁能源、生态环境等重大理论和现实问题进行了研讨。

2008年，城市中心主办和承办的主要学术会议有：

（1）2008年3月28日，“气候变化国际制度构建中美对话”会议在北京举行。

（2）2008年4月26日，“中英气候变化经济学圆桌会议”在北京召开。该会议由中国社会科学院经济学部和英国驻华使馆联合主办，城市中心承办。会议研讨的主要问题有“气候变化的经济学问题”、“国际合作机制”、“国际碳市场”等。

（3）2008年4月27日，城市中心和社会科学文献出版社联合召开了“2008年中国房地产高峰论坛暨《2008年房地产蓝皮书》发布会”。会议研讨的主要问题有“住房保障”、“中国房地产宏观调控与住房保障体系建设”等。

（4）2008年5月16～17日，“第四届中国经济论坛：生态、环境与中国经济”在北京举行。论坛的主题是“经济发展与生态环境保护”。

（5）2008年7月16日，“都江堰灾后重建概念规划汇报会”在北京举行。“都江堰灾后重建概念规划”课题是中国社会科学院交办的抗震救灾重点课题之一。汇报会上，课题组以“奇迹都江堰”为主线，以都江堰精神为主题研讨了其灾后重建模式、城市定位、城市的功能分区及布局结构、产业支撑、城乡形态、灾毁资源的利用和再开发等理论与政策问题。

（6）2008年10月17～18日，“第三届联系公民社会：亚欧经济社会对话”在北京举行。此会议是亚欧领导人峰会的边会，由城市中心与亚欧基金会、爱尔兰考克大学中国问题研究中心、联合国大学地区问题研究中心共同举办。来自亚欧地区30多个国家共计60余名专家学者及行政官员、企业代表参加了会议。会议研讨的主要问题有“食品安全”、“能源安全”、“金融市场稳定”等。

（7）2008年10月25日，由城市中心与德国伯尔基金会合作主办的“2012年后国际气候制度与发展权益研讨会”在北京召开。会议的主要内容是介绍瑞典斯德哥尔摩环境研究所开发的“温室气体发展权强调保护发展权益”方案和城市中心开发的强调优先满足人的基本需求的“碳预算”方案。会议还就2012年后国际气候制度的相关问题进行了研讨。

（8）2008年11月16日，首届“城市发展·南昌论坛”在江西省南昌市举行。该论坛由中国社会科学院与中央党校等单位联合主办，城市中心与南昌市委共同承办。来自韩国高阳市、日本高松市和国内郑州、兰州、宁波等30多个城市的市长、政府职能部门负责人以及众多国内外知名专家学者近300人出席了大会。会议的主题是“科学发展让城市更美好”。

（9）2008年12月29日，由中国社会科学院科研局主办、城市中心承办的“自然科学与社会科学交叉论坛：气候变化的科学与经济问题研讨会”在北京举行。论坛按主题分为气候变化的科学与适应问题、气候变化的经济与国际关系两部分。

2．国际与地区学术交流和合作

2008年，城市中心共派遣出访41批62人次，接待来访30余批100余人次。与城市中心开展学术交流的国家与地区有美国、加拿大、丹麦、德国、法国、瑞士、瑞典、意大利、英国、奥地利、西班牙、俄罗斯、日本、韩国、印度、印度尼西亚、泰国等国家和中国的台湾、香港、澳门地区。其中，主要的接待来访活动有：

（1）2008年2月27日，为筹备“中美气候变化学术交流论坛”而来华访问的美国纽约州前州长帕塔基一行到访城市中心。城市中心副主任潘家华研究员等接待了帕塔基。通过交流，双方都认为，中美在气候变化领域具有很多共同的利益和广阔的合作前景，气候变化应该成为加强中美经济技术合作的一个重要机遇。

（2）2008年3月17～19日，英国前首相、现联合国中东特使布莱尔应中国外交学会邀请顺访中国，其间约见中国学者，商谈低碳发展。城市中心副主任潘家华出席了其中两次讨论会。

（3）2008年10月24日，中国社会科学院国际合作局安排丹麦气候与能源部Bo Lidegaard

大使一行5人到访城市中心，就国际气候制度、实施行业／部门减排的可能性以及国际碳市场发展愿景等问题与城市中心学者进行探讨。城市中心副主任潘家华介绍了城市中心对上述问题的研究概况。

城市中心的主要出访活动有：

（1）2008年3月31日至4月4日，城市中心副研究员陈迎、陈洪波赴泰国曼谷参加经济社会理事会亚太地区委员会召开的联合国气候变化会议。

（2）2008年9月17～18日，美国乔治城大学、中国国际问题研究所和澳大利亚全球基金会联合举办的美、中、澳关于能源安全与气候变化的对话在乔治城大学举行。城市中心副主任潘家华应邀出席大会，并在会上作了关于能源安全与气候变化问题的发言。

（3）2008年11月8～18日，在城市中心副主任潘家华的率领下，该中心和人民大学环境学院组成的代表团出席了“中美2012年后国际气候制度构建非正式对话访问活动”，与美国哈佛大学、美国外交关系委员会、世界资源研究所、皮尤中心、橡树岭国家实验室，美国商会和美国环境保护基金会等多家机构就“美国大选后的气候政策安排”、“美国关于构建国际气候制度的核心内容及其背后的利益诉求”、“美国在气候制度构建过程中将有可能对中国施以哪些方面的压力，而这些方面又能为中国提供什么样的机遇与挑战”、“在全球化背景下，共同执行巴厘行动计划，探索在能源与气候变化领域的合作机遇”等问题进行了探讨。

2008年，城市中心新签订的国际合作研究项目有3项，分别是：与英国皇家事务研究所、第三代环境主义、国家发改委能源研究所等四家联合开展的“低碳经济方法学及低碳经济区发展案例研究”项目；与德国发展研究所合作开展的“中国城市民用建筑节能减排政策”调研项目；与德国莱布尼茨农业警官研究中心合作开展的“欧洲土地可持续利用评价研究”项目。

（五）会议综述

“气候变化国际制度构建中美对话”会议

2008年3月28日，中国社会科学院城市中心在北京举行了“气候变化国际制度构建中美对话”会议。美国哈佛大学肯尼迪政府学院经济学教授罗伯特·斯特文思（Robert N.Stavins）和宙斯富·爱迪博士（Joseph E.Aldy）、中国社会科学院城市中心副主任潘家华研究员分别就构建国际气候制度问题发表了演讲。

罗伯特·斯特文思发言时表示认同现行国际气候制度在解决气候变暖问题方面取得的积极进展。现有气候制度的优点在于：效率（基于市场途径和成本效益分析的减排方法）、灵活（各国可根据自身的发展特点自行选择履行承诺的方法）、公平（强调发达国家的历史责任及目前在温室气体排放中负有责任的主要国家的义务）。但是，在他看来，现行的气候制度也具有一些显

2008年3月，"气候变化国际制度构建中美对话"会议在北京举行。

而易见的缺点，例如：一些排放大国尚未承担减排责任、美国尚未签署该协议、存在排放泄露的问题等。

宙斯富·爱迪介绍了他们正在进行的一个哈佛大学研究项目的成果，该项目的目的是推动研究机构、企业、政府和非政府组织等利益相关方共同协作，力图为2012年之后的气候变化国际制度搭建一个科学上可信、经济上理性、政治上务实的协议框架。其主要内容是针对2012年后的国际气候制度提出一些具体建议，这些建议具有以下特点：一是注重构建有效的制度基础而非制定雄心勃勃的目标；二是基于市场的实施方案，如排放贸易和碳税；三是重视公平的气候政策，对发展中国家采取基于发展进程的升级性目标，将气候政策与发展、贸易和适应相结合；四是增进参与，包括国内民众的参与，关注减排行动及付诸的努力而不仅仅关注减排结果，将气候谈判拓展到发展和贸易领域，集中关注主要排放国的谈判，在此基础上进一步推广谈判成果。

潘家华在对话中围绕"共同但有区别责任"这一中心思想阐释了发展中国家与发达国家如何在减缓气候变化上合作的问题。气候变化不仅仅是环境问题，也是发展问题。美国、欧盟和中国在温室气体排放中的比重变化及其影响因素均不同，中国排放增长的本质是出于经济增长和生活质量提高的需要，仍然处于满足基本生活需要的发展阶段。鉴于此，潘家华认为，公平而可持续的全球气候制度的思路应为：一是实施基于满足基本排放需求的碳预算，在满足基本需求的基础上推行人际公平而非国际公平。二是对消费征收累进排放税，税率在基本需求没有满足的情况下可以为负数，通过累进的方式控制超额的排放，可以在不同富裕程度的群体间交易。三是鼓励低碳或零碳的经济发展方式，可通过累进征税的方法调节成本，使低碳或零碳的经济增长成本低于传统经济增长模式的成本。以上三点思路都是强调基于"需求侧"，满足基本需要，打击超额排放。这种考虑"需求侧"的方法能够鼓励气候友好型的生活方式和消费方式。

科技部、发改委等政府部门的专家认为，哈佛气候协议及行动计划需要立足于现有的国际气候制度框架及巴厘岛会议的成果，作为政府部门希望能够基于项目方式来推行相关气候政策。此外，对于技术转让、边境调节税、碳税及发展中国家在减排中承担的额外成本等问题，专家们也给予了积极的关注。

中国社会科学院国际合作局局长杨扬作了总结发言。

（郑　艳）

第四届中国经济论坛：生态、环境与中国经济

2008年5月16～17日，由中国社会科学院经济学部主办，中国社会科学院科研局、国际合作局、城市中心承办的“第四届中国经济论坛：生态、环境与中国经济”在北京举行。来自中央国家机关有关部委、地方社会科学院和部分高校及国外学界的200余位学者参加了论坛。论坛围绕“能源、资源与经济发展”、“生态环境与可持续发展”、“应对全球气候变化”、“经济和社会协调发展”等议题进行了研讨。会议共收到来自中外学界的论文56篇。

开幕式于5月16日在人民大会堂举行，中国社会科学院常务副院长王伟光，中国社会科学院副院长、经济学部主任陈佳贵，中国气象局局长郑国光，英国首相特使、议会议员巴里·加德纳（Barry Gardiner）出席开幕式并讲话。

论坛分别就“落实科学发展观　实现又快又好发展”、“能源与发展”、“经济增长与生态环境保护”、“经济与社会发展”等议题进行了研讨。关于能源、资源与经济发展的议题，发言和交流主要集中在转变经济增长方式、如何实现国家“十一五”规划中提出的节能减排目标以及能源资源的清洁和可持续利用上。关于生态环境与可持续发展议题的讨论，集中在“两型社会综改区”的战略意义、循环经济、环境与发展战略转型、环境管理制度变革、科学发展与生态文明建设等。大家还深入探讨了气候变化背景下的产业发展、能源与气候安全、中国绿色碳基金的运营与管理等。

（李　莳）

2012年后国际气候制度与发展权益研讨会

2008年10月25日，中国社会科学院城市发展与环境研究中心与德国伯尔基金会联合主办了“2012年后国际气候制度与发展权益研讨会”。参加会议的外方代表有德国伯尔基金会中国项目负责人卡垂·阿麦叶（Katrin Altmeyer），瑞典斯德哥尔摩环境研究所“温室气体发展权”国际气候制度框架的作者之一斯文·卡莎（Sivan Kartha）。中方会议代表包括来自国家发改委、外交部、科技部、气象局、环保部、财政部等部委参与国际气候谈判或负责气候变化政策的官员，来自中国人民大学、北京大学、上海国际问题研究所、中国社会科学院研究生院能源安全研究中心等研究机构的专家学者等。

研讨会就如何建立2012年后更加公平、有效的国际气候制度问题进行了交流和研讨。伯尔基金会的研究小组制定了一个“温室气体发展权强调保护发展权益”新方案，而城市中心科研团队开发出了一个强调优先满足人的基本需求的“碳预算”方案。

会议由斯文·卡莎教授、潘家华研究员分别作主题发言，介绍各自方案。斯文·卡莎教授介绍说：“温室气体发展权”国际气候制度框架认为要保护发展权益，穷人在尚未达到一定水平之前不可能承担减排义务。GDR以购买力评价调整的人均GDP达到7500美元作为发展阈值，

计算了各国超过发展阈值人口的总能力和总义务两个指标，作为未来减排义务分担的依据。按该方法计算，发达国家在未来全球减排义务中占有最大份额。该目标对于欧盟来说，远远高于欧盟自己定的目标。对中国而言，也将承担义务。

城市中心主任潘家华认为，按照“碳预算”方案所强调的公平原则，应在满足全球长期目标的条件下，把全球历史、现实和未来全过程总累计排放空间作为资源，以基年全球人口为标准进行碳预算的初始分配，而后考虑各国气候、地理、资源禀赋等自然因素对碳预算作出调整，以确定各国允许排放的碳预算。研究结果表明，全球碳排放要达到2050年减排50%的目标将面临非常严峻的挑战，发达国家不仅历史排放已经严重透支了未来的碳预算，侵占了其他国家作为全球公共资源的排放空间，而且多数发达国家即使能采取相对严格的减排政策和目标，未来仍将超过碳预算的界限。为了保护全球气候安全的共同利益，发展中国家尽管普遍低于碳预算，拥有发展和排放的权利，但不得不为发达国家历史上的超额排放和保障未来的基本需求“埋单”。

（李晨曦　陈迎）

自然科学与社会科学交叉论坛：气候变化的科学与经济问题研讨会

2008年12月29日，由中国社会科学院科研局主办、城市中心承办的“自然科学与社会科学交叉论坛：气候变化的科学与经济问题研讨会”在北京召开。中国社会科学院副院长武寅和原副院长滕藤出席了会议，会议由中国社会科学院科研局副局长黄群慧主持。参加会议的还有来自中国社会科学院、中国科学院、农业科学院、国家发改委能源研究所、世界自然基金会、科技部、中国气象局等单位的60余名代表。秦大河、潘家华、周大地、许吟隆等国内外知名专家就气候变化相关主题作了专题报告。

武寅在开幕词中指出，未来10～15年是全球控制温室气体排放的关键时期，也是中国社会经济发展的重要时期，中国如何平衡经济发展与控制温室气体排放，走低碳发展道路，促进经济又好又快发展，是广大科学工作者面临的重大课题。气候变化本质上是一个环境、技术、经济、政治、法律等多学科交叉的综合性战略问题。应对气候变化，参与全球气候谈判迫切需要自然科学与社会科学密切协作并提供强有力支撑，在这一背景下召开的此次交叉学科专题研讨会，将成为促进在气候变化领域自然科学与社会科学交叉与合作的良好平台，进一步推进我院与相关机构在该领域的合作与交流，为国家决策服务，发挥中国社会科学院在中国参与全球气候谈判中的作用。

专题报告中，秦大河从自然科学角度对气候变化的形成机理、全球升温趋势以及人类社会对气候变化的认知过程作了详细介绍；许吟隆就气候变化对中国农业、湿地和水资源所产生的负面影响，以及人们如何适应气候变化等问题加以论述；周大地从占温室气体排放比重最大的能源行业入手，分析了在不同排放情景下中国能源发展规划；潘家华就全球如何实现公平、有效减少温室气体排放专题展示了“碳预算”方案。四个专题报告将自然科学和社会科学紧密结合，通过气候变化的“认知—适应—减缓—全球减排方案”等步骤为全球应对气候变化建言献策。

（李　菂）

社会政法学部

法学研究所

（一）人员、机构基本情况

截至2008年年底，法学研究所共有在职人员109人。其中，正高级职称人员28人，副高级职称人员28人，中级职称人员38人；高、中级职称人员占全体在职人员总数的86%。

法学研究所设有法理学研究室、法制史研究室、宪法与行政法学研究室、刑法学研究室、诉讼法学研究室、民法学研究室、商法学研究室、经济法学研究室、知识产权法学研究室、传媒与信息法学研究室、法治国情调查研究室、社会法学研究室、《法学研究》编辑部、《环球法律评论》编辑部、图书馆、办公室、科研组织处、人事处（党委办公室）。

（二）科研组织工作

1．科研成果统计

2008年，法学研究所共完成专著58部，2733.7万字；论文813篇，1169.6万字；研究报告356篇，748.4万字；古籍整理21部，720万字；译文233篇，531万字；一般文章1907篇，901.4万字。

2．科研课题

（1）新立项课题

2008年，法学研究所共有新立项课题39项。其中，国家社科基金重大课题1项：“党的领导、人民当家做主与依法治国的有机统一”（王家福主持）；国家社科基金一般课题3项：“信赖意思原则研究”（冉昊主持），“民法中的事实行为研究”（常鹏翱主持），“社会转型与近代中国刑法变革研究”（高汉成主持）；院重大课题1项：“我国行政执法体制改革方向研究”（周汉华主持）；院重点课题6项：“法律与权利哲学”（胡水君主持），“中国信托法研究”（席月民主持），“不动产登记法律制度研究”（常鹏翱主持），“法的规范性与权威：法律实证主义的新发展”（支振锋主持），“建立我国刑事辩护准入制度研究”（冀祥德主持），“中国刑法近代化研究”（高汉成主持)；院国情调研课题8项：“中国法治与城乡社会基层法律治理”（李林、陈甦主持），“个人信息保护现状调研”（田禾主持），“民间文学艺术保护现状调查”（李明德主持），“西北地区婚姻习俗与制定法关系调查”（薛宁兰主持），“劳动法律制度实施情况调研”（冯军主持），“藏族习惯法跟踪调查”（苏亦工主持），“安徽省民间组织管理执法中的制度创新及其效果”（谢海定主持），“雨雪冰冻灾害危机应对机制的法律问题研究”（田禾主持）；院青年科研启动基金课题5项：“侵权法基础理论研究”（冯珏主持），“中央与地方关系法制化研究”（刘海波主持），“中国宪法学说30年”（翟国强主持），“主权财富基金的相关政策研究”（张凡主持），“中国法理学研究反思”（支振锋主持）；法学研究所重点课题11项：“中国法学与法治发展30年”（李林主持），“中国法治发展报告（2009年卷）”（李林主持），“依法治国与深化司法体制改革”（李林主持），“法苑撷英（上、下卷）”（陈甦主持），“民主法治之道”（李林、胡水君主持），“宪政摇篮”（张庆福、周汉华、莫纪宏主持），“中国法学30年：回顾与展望”（李林主持），“中国法治30年：1978～2008”（李林主持），“中国社会科学院法学博士后论丛（第二、三、四卷）”（李明德主持），“法学研究之路：《法学研究》30年内容摘要汇编”（张广兴主持），“法学研究之路：《环球法律评论》30年摘要汇编”（徐炳主持）；中国法学会重大课题1项：“实施依法治国基本方略总体规划研究”（王家福、李林主持）；中国法学会一般课题3项：“大众传播内容法律标准研究”（简海燕主持），“法的规范性与权威”（支振锋主持），“量刑的程序控制”（彭海青主持）。

（2）结项课题

2008年，法学研究所共有结项课题41项：“中国稀见法律文献的整理和研究”（杨一凡、徐立志主持），“经济全球化与中国竞争法发展”（王晓晔主持），“鉴定制度改革与司法公正”（王敏远、刘荣军主持），“行政程序立法研究”（张明杰主持），“WTO规则实施与中国动物福利保护法制建设”（常纪文主持），“国际刑法基础理论问题研究”（黄芳主持），“公务主体多元化研究”（李洪雷主持），“不动产物权登记制度研究”（常鹏翱主持），“宪政的程序理性初论”（范亚峰主持），“我国物权立法与英美法系财产权法律的对接与借鉴”（冉昊主持），“劳动教养立法研究”（张绍彦主持），“刑事附带民事诉讼精神损害赔偿制度研究”（祁建建主持），“法的实证分析”（冉井富主持），“预算法律问题研究”（丁一主持），“法律与道德的关系问题研究”（邹利琴主持），“反思刑事政策”（蒋熙辉主持），“‘依法治税’的宪政考量——以财产权为媒介”（李霞主持），“大清刑律草案签注研究”（高汉成主持），“国有资产信托法律制度研究”（席月民主持），“中国法院对规范性法律文件的司法审查权”（黄金荣主持），“当前农民土地权益维权过程中的法律障碍调查”（贺海仁主持），“外观设计法律保护制度研究”（管育鹰主持），“社会弱势群体犯罪问题研究”（余少祥主持），“反商业贿赂的立法可行性研究”（陈甦、莫纪宏主持），“治理斡旋腐败的对策研究”（屈学武主持），“治理期权腐败的对策研究”（黄芳主持），“借用他人的财产财物形成的腐败治理对策”（邓子滨主持），“从宪法行政法角度看《出版管理条例》的完善”（冯军主持），“从有关国际公约看《出版管理条例》的修订”（冯军主持），“中国环境宏观战略研究专题研究：环境法制保障”（马骧聪主持），“知识产权资产评估相关法律问题研究”（李顺德主持），“依法治国理念”（李步云主持），“社会主义法治理念概述”（李林主持），“新中国民主法制建设成就”（冯军主持），“知识产权保护与防止滥用的法律问题研究”（李顺德主持），“初级卫生保健立法研究”（于敏主持），“死刑核准问题研究”（蒋熙辉主持），“司法体制改革比较研究”（陈泽宪主持），“西方国家宪法监督制度比较研究”（李林、莫纪宏主持），“南太平洋渔业法律制度”（王翰灵主持），“我国人才法律法规体系研究”（陈甦主持）。

（3）延续在研课题

2008年，法学研究所共有延续在研课题34项：“社会弱势群体的法律保障机制研究”（陈甦主持），“文化建设与文化体制改革的法律保障”（冯军主持），“中国文化与中国法律现代化”（苏亦工主持），“‘一国两制’法律问题研究”（李明德主持），“构建和谐社会的法制基础”（李林主持），“WTO法律框架下国有企业补贴问题研究”（黄东黎主持），“马克思主义法学原理”（李步云、高全喜主持），“物权法实施中的重大法律问题”（孙宪忠主持），“《联合国反腐败公约》与我国刑事法制的完善”（陈泽宪主持），“中国社会法基本理论研究”（刘俊海、刘翠霄主持），“中国近代司法改革研究”（徐立志主持），“宪法上的平等权研究”（李忠、李洪雷主持），“再审程序研究”（熊秋红主持），“信息内容安全的法律规制”（陈欣新主持），“和谐社会与劳动合同法制定中的热点和疑难问题研究”（谢增毅主持），“中国商事法治的理论与实践”（邹海林主持），“自主科技创新与传统知识法律保护研究”（周林主持），“法庭审判中的科学证据——科学的有效性和证据规则”（叶自强主持），“亚洲反腐败法制研究”（田禾主持），“社会法体系与和谐社会构建”（常纪文主持），“法规、司法解释的合法性审查”（莫纪宏主持），“信息技术知识产权保护研究”（李顺德主持），“互联网垃圾信息的法律规制”（沈卫利主持），“控辩平等论”（冀祥德主持），“法人理论与中国公共组织变革”（李洪雷主持），“双边海洋渔业协定的理论与实践”（王翰灵主持），“中国古代地方法制研究”（杨一凡主持），“法律与社会理论”（胡水君主持），“公司刑事责任若干问题研究”（蒋熙辉主持），“反垄断立法疑难问题研究”（王晓晔主持），“侵权行为法立法研究”（于敏主持），“天下的法：中国公益法实践问题研究”（贺海仁主持），“构建我国刑事诉讼中的控辩平等”（冀祥德主持），“干部激励和惩戒机制研究”（陈甦主持）。

3．获奖优秀科研成果

2008年，法学研究所科研成果获得多项国家级、省部级的奖励：

（1）首届中国法学优秀成果奖特别贡献奖1项：王家福的《依法治国建设社会主义法治国家的理论与实践》（新华出版社1999年5月第1版）。

（2）首届中国法学优秀成果奖专著类一等奖1项：郑成思的《版权法》（中国人民大学出版社1997年8月第2版），首届中国法学优秀成果奖专著类三等奖1项：莫纪宏的《实践中的宪法学原理》（中国人民大学出版社2007年2月第1版）。

（3）首届中国法学优秀成果奖论文类二等奖1项：冉昊的《两大法系法律实施系统比较——

财产法律的视角》(《中国社会科学》2006年第1期)。

(4)钱端升法学研究成果奖二等奖1项：王晓晔的《企业合并中的反垄断问题》(法律出版社1996年5月第1版)。

4. 科研组织管理新举措

2008年，法学研究所撤销比较法研究室，新设法治国情调查研究室。

(三)学术交流活动

1. 学术活动

2008年，法学研究所举办的学术研讨会有：

(1)2008年4月26～27日，法学研究所与国际法研究中心主办的“依法治国与深化司法体制改革理论研讨会”在法学研究所举行。会议的主题为“依法治国与深化司法体制改革”。

(2)2008年7月14～15日，中国社会科学院知识产权中心、中国法学会知识产权法研究会、中国知识产权培训中心主办的“专利战略实施研讨会”在北京举行。会议的主题为“专利战略实施的若干问题”。

(3)2008年8月22日，法学研究所公法研究中心主办的“党的领导、人民当家做主与依法治国有机统一研究”社科规划办重大课题学术座谈会在法学研究所举行。会议的主题为“党的领导、人民当家做主与依法治国有机统一的若干问题”。

(4)2008年8月22日，德国阿登纳基金会、法学研究所公法研究中心主办的“人权保障法与中国研讨会”在法学研究所举行。会议的主题为“人权保障法与中国”。

(5)2008年9月19日，法学研究所公法研究中心主办的“西方国家宪法监督制度比较研究研讨会”在法学研究所举行。会议的主题为“西方国家宪法监督制度比较研究”。

2008年11月，“第二届中国社会法论坛：改革开放与社会法三十年”在北京举行。

(6)2008年10月23日，四川大学法学院、法学研究所公法研究中心主办的“科学发展观与宪法修改学术研讨会”在四川大学法学院举行。会议的主题为“科学发展观与宪法修改的若干问题”。

(7)2008年11月8～9日，中国社会科学院刑事法重点学科主办的“第六届刑事法前沿暨刑事诉讼法修改问题研讨会”在北京举行。会议的主题为“刑事法前沿问题与刑事诉讼法修改”。

（8）2008年11月15日，法学研究所主办的“中国社会科学院法学研究所建所50周年纪念大会暨法学学科新发展论坛”在北京举行。论坛的主题为“法学学科新发展”。

（9）2008年11月16日，法学研究所举办的“第二届中国社会法论坛：改革开放与社会法30年”在北京举行。会议的主题为“改革开放与社会法30年”。

2. 国际与地区学术交流和合作

2008年，法学研究所出访共76人次，通过法学研究所申报程序来访的境外学者24人次，接待国外访问学者7人（分别来自韩国、挪威、日本、法国、丹麦和美国），接待境外记者采访13人次。

2008年，法学研究所对外学术交流会议共有：

（1）2008年3月8～9日，法学研究所主办的“犯罪定义国际研讨会”在北京举行。会议的主题为“犯罪定义与刑事法治”。

（2）2008年3月21日，中国社会科学院法学研究所、国际计划中国办公室主办的“弱势儿童权利保护国际研讨会”在北京举行。会议的主题为“促进弱势儿童的权利保护”。

（3）2008年3月29～30日，联合国人权事务高级专员办公室、中国社会科学院法学研究所主办的“经济、社会和文化权利的可诉性国际研讨会”在北京举行。会议的主题为“经济、社会和文化权利的可诉性问题”。

（4）2008年4月26～27日，中国社会科学院法学研究所、英国防止虐待动物协会主办的“中国动物保护法制建设国际研讨会”在北京举行。会议的主题为“中国动物保护法制建设”。

（5）2008年5月13～14日，法学研究所受外交部委托组织参加的“中欧第十六次人权对话研讨会”在斯洛文尼亚首都卢布尔雅娜举行。会议的主题为“健康权和儿童权保护”。

（6）2008年5月20～22日，中国社会科学院法学研究所、瑞士弗莱堡大学联邦研究所共同主办的“《公民权利和政治权利国际公约》的理论与实践国际研讨会”在北京举行。会议的主题为“《公民权利和政治权利国际公约》的理论与实践”。

（7）2008年11月1～2日，中国社会科学院法学研究所、国际司法桥梁与中国行为法学会律师执业行为研究会共同主办的“中国刑事辩护30年暨刑事辩护准入制度国际研讨会”在北京举行。会议的主题为“中国刑事辩护制度及其改革”。

（8）2008年12月15～16日，中国社会科学院法学研究所、欧盟和联合国开发计划署联合主办的“立法工作中的公共参与国际研讨会”在北京举行。会议的主题为“立法工作中的公共参与”。

此外，2008年9月底至10月初，法学研究所代表团出访墨西哥，取得了首次与拉美国家法学交流的成功。

（四）学术社团、期刊

1．社团

中国法律史学会，会长夏勇。

2008年10月23日，中国法律史学会在重庆举行主题为“中国传统司法与司法传统国际学术研讨会暨中国法律史学会2008年年会”。

2．期刊

（1）《法学研究》（双月刊），主编梁慧星。

2008年，《法学研究》刊载的有代表性的文章有：马长山的《法治的平衡取向与渐进主义法治道路》，朱国斌的《香港基本法第158条与立法解释》，王锡锌的《自由裁量权基准：技术的创新还是误用》，常鹏翱的《民法中的物》，张新宝的《侵权死亡赔偿研究》，崔建远、龙俊的《委托合同的任意解除权及其限制》，龙宗智的《推定的界限及适用》，何家弘的《证据学抑或证据法学》，陈兴良的《形式与实质的关系：刑法学的反思性检讨》，赵建文的《人民自决权的主体范围》。

（2）《环球法律评论》（双月刊），主编徐炳。

2008年，《环球法律评论》刊载的有代表性的文章有：刘作翔的《法理学的定位》，高鸿钧的《文化与法律移植》，杜颖的《商标纠纷中的消费者问卷调查证据》，鄢斌的《论债之本质的事实状态性定位》，杨代雄的《主体意义上的人格与客体意义上的人格》，陈红彦的《重复征税的税法完善》，周铭川的《承继的共同正犯研究》，陈兴良的《刑法机能的话语转换》，陈航的《刑法论证及其存在的问题》，张明楷的《刑法目的论纲》，王四新的《表达自由与真理》。

2008年，《环球法律评论》获第四届中国社会科学院优秀期刊奖“期刊优秀奖”。

（五）会议综述

中国社会科学院法学研究所建所50周年纪念大会暨法学学科新发展论坛

2008年11月15日，“中国社会科学院法学研究所建所50周年纪念大会暨法学学科新发展论坛”在中国社会科学院社科会堂召开。中国社会科学院常务副院长王伟光、全国人大法律委员会主任胡康生、法工委副主任信春鹰、全国人大常委会研究室主任尹中卿、最高人民检察院副检察长朱孝清、全国总工会副主席张鸣起、国务院港澳事务办公室副主任张晓明、国家安全部副部长马建、中国法学会副会长周成奎、中央党校副校长石泰峰、国家行政学院副院长袁曙宏、吉林省高级人民法院院长张文显、天津市高级人民法院院长李少平、山东大学校长徐显明等出席会议。庆典大会还邀请了王仲方、王家福、刘海年、李步云、孙国华、王保树、梁慧星、赵秉志、朱苏力、陈兴良、王利明、王振民等著名法学专家学者与会。

王伟光代表中国社会科学院、代表陈奎元院长对庆典大会暨论坛的召开表示祝贺，并对出席庆典大会暨论坛的来宾和朋友表示欢迎。王伟光指出，中国社会科学院是中国哲学社会科学研究的国家级研究机构，法学研究所是中国社会科学院历史悠久的研究所之一。法学研究所自成立以来，为党和国家在社会主义民主法制建设方面的重大决策发挥过重要作用。中国社会科学院非常重视法学研究所的建设与发展，致力于把法学研究所建成党中央、全国人大和国务院在中国特色社会主义民主法制人权建设方面的思想库和智囊团，建成我国法学基本理论和法治重大现实问题研究的最高学术殿堂，建成研究马克思主义法学理论和传播社会主义法治理念的坚强阵地，建成国内最强、国际知名的国家级法学研究机构。王伟光希望法学研究所的各位同志，希望法学界、法律界的各位同仁、各位朋友继续携手并进，为全面落实依法治国基本方略、加快建设社会主义法治国家作出新的更大的贡献。

全国人大法律委员会胡康生主任在会上致辞，对中国社会科学院法学研究所的50华诞暨论坛的召开表示祝贺。胡康生指出，法学研究所作为中国社会科学院建所最早的研究所之一，是中国法学研究的重镇，是法学学者成长的摇篮，是中国特色社会主义民主法制建设的智库。改革开放以来，法学研究所为党和国家在民主、法制、人权建设方面的决策提供过重要的智力支持与理论服务——法学研究所的学者率先开展法治研究、人权研究，推动社会主义市场经济法制建设，为依法治国基本方略的确立和落实、为中国特色社会主义法律体系形成与完善作出了重要贡献。胡康生指出，法学研究所已经在中国法学界法律界确立了崇高的学术地位，形成了广泛的学术影响，他希望法学研究所今后能为全国人大输送更多的法律人才，更为广泛地参与立法、司法，参与法制建设，为中国特色社会主义民主、法制、人权建设作出更为突出的贡献。

石泰峰、朱孝清、信春鹰、朱苏力、徐显明、王利明等先后致辞，对中国社会科学院法学研究所的50华诞和学科新发展论坛的召开表示祝贺。王仲方、王家福先后在庆典大会上致辞，感谢嘉宾对法学研究所的支持。

中国社会科学院法学研究所所长李林在会上致辞，欢迎各位嘉宾和朋友前来出席法学研究所建所50周年与法学学科新发展论坛。他说，法学研究所过去50年取得的成就，要感谢全国法学界、法律界同仁的大力支持和帮助，要感谢中国社会科学院领导的关心和指导，要感谢全体法学研究所数代研究人员的共同努力。他代表法学研究所表示，一定要按照中国社会科学院的部署，不负全国法学界、法律界的期待，立足于积极开展为党和国家民主、法制、人权建设提供服务的对策研究，立足于深入开展法学重大理论的基础研究，立足于扎实开展高级法学教育，立足于参与推动中国法学和法治文化走向世界，实现新的跨越，作出新的贡献。

在法学学科新发展论坛上，张文显、王保树、赵秉志、付子堂、刘海年、王晓晔、梁慧星、周汉华八位专家学者发言。发言围绕“中国法理学的现状与未来”、“中国商法学的现状与未来”、“中国刑法学的现状与未来”、“马克思主义法学在中国的发展”、“中国人权法学的现状与未来”、

"中国经济法学的现状与未来"、"中国民法学的现状与未来"、"中国行政法学的现状与未来"等主题进行。学科新发展论坛上，中国社会科学院法学研究所发布了《中国法学30年》、《法苑撷英——法学研究所建所50周年纪念文集》与"法学学科新发展丛书"等专著。

"中国社会科学院法学研究所建所50周年纪念大会暨法学学科新发展论坛"共邀请全国法学界、法律界的领导数十位、专家学者百余人以及法学所的学友、法学研究所的师生400余人出席。庆典大会由法学研究所与国际法研究中心联合党委书记陈甦研究员主持，法学学科新发展论坛由中国社会科学院国际法研究中心主任陈泽宪研究员主持。

（法　研）

第二届中国社会法论坛：改革开放与社会法三十年

2008年11月16日，中国社会科学院法学研究所举办的"第二届中国社会法论坛：改革开放与社会法三十年"在北京举行。

与会学者围绕"社会法学30年"、"中国劳动法制30年的回顾与展望"、"劳动法的前沿问题"、"中国社会保障制度前沿问题"、"医疗卫生保障"等问题进行了研讨。与会学者认为，社会法在构建和谐社会、落实科学发展观中将发挥重要作用。改革开放30年来，我国社会法制建设取得了巨大进步，特别是《劳动合同法》、《就业促进法》、《劳动争议调解仲裁法》等大量法律法规的颁布，为构建和谐劳动关系、保护劳动者以及其他弱势群体的权益、推进我国的社会建设发挥了重要作用。社会法学作为一门新兴的学科，伴随着社会法制建设的推进，在社会法基础理论、劳动关系契约理论、劳动权、劳动合同、劳动争议处理制度、社会保障制度、非典型劳动关系等方面取得了长足的进步。但相比传统学科，社会法学的研究领域和研究方法仍有待改进，中国社会法学任重道远。

与会学者认为，我国在劳动立法领域取得了巨大进展，一系列劳动法律的出台有助于构建和谐稳定的劳动关系。今后劳动立法应当注意不同用人单位和劳动者的特点，劳动立法应更有弹性，重视劳动法的经济功能，使劳动法能够得到普遍遵守。随着一系列劳动法律的出台，劳动争议案件大量增加，我国在劳动执法和司法方面面临严峻挑战，要切实加强执法和司法机构建设，使《劳动合同法》等法律的各项规定落到实处。我国在劳动报酬请求权制度、城乡劳动力就业平等就业权、工会制度等方面仍需要不断完善。与会学者探讨了我国当前社会保障制度建设中的热点问题，分析了当前我国在社会保险、社会补偿、社会福利以及社会救济研究中的热点、焦点和难点问题，认为我国应抓紧出台《社会保险法》，完善我国的灾害救助制度，注意协调教育优惠政策与少数民族平等权的保障，加强社会工作立法，推动职业化、专业化的社会工作建设。与会学者还讨论了当前民众普遍关心的医疗卫生制度和住房制度。

中国社会法学研究会会长、北京大学法学院教授贾俊玲，中国社会科学院法学研究所、国际法研究中心联合党委书记陈甦研究员分别在开幕式上致辞。来自国务院法制办、人力资源和社会保障部、卫生部、中华全国总工会、中国劳动关系学院、北京大学、中国人民大学、中国政法大学、西北政法大学、东南大学、西南财经大学以及中国社会科学院等机构的近60名专家学者参加了研讨会。

（法　研）

立法工作中的公共参与国际研讨会

2008年12月15～16日，受全国人大常委会法工委委托，法学研究所、欧盟和联合国开发计划署合作举办的“立法工作中的公共参与国际研讨会”在北京召开。英国牛津大学、比利时列日大学、西班牙巴塞罗那自治大学、瑞典隆德大学的五位从事立法研究的专家出席研讨会。

2008年12月，“立法工作中的公共参与国际研讨会”在北京举行。

会议围绕“中央立法中的公共参与”、“地方立法中的公共参与”、“不同主体对立法的参与”等问题进行了探讨。与会学者分析了英国和比利时公共参与立法的机制、瑞典公共参与立法的程序与机制、美国立法和治理中的公共参与等问题，探讨了中国立法中公共参与的理论与实践、提高公众参与行政立法的有效性以及公共参与地方立法的经验、问题和前景。从公众立法动议与立法透明度的视角分析了公共参与与公民社会的问题，探讨了专家立法在公众参与立法中的作用、未成年人保护法修订过程中的公共参与情况以及律师、社会组织、媒体和社区参与立法等问题。与会学者认为，立法应具有科学性、民主性、合理性和可行性，立法应该公开，应有公众的参与，更应设置保障公共参与立法的制度和程序；中国的政治体制不同于西方，中国应当总结改革开放30年的立法经验，借鉴西方国家的经验，进一步扩展中国自己的公共参与立法的途径。会议还探讨了北京、上海、福建、山东等地立法过程中的公共参与问题，围绕立法信息公开以及公民查阅立法卷宗的渠道、立法中公众参与者的代表性、提高公众立法参与热情和参与率、立法听证、立法旁听、地方立法中的利益博弈等问题进行了深入的研讨。

（法　研）

国际法研究中心

（一）人员、机构基本情况

截至2008年年底，国际法研究中心共有在职研究人员23人。其中，正高级职称人员3人，副高级职称人员7人，中级职称人员9人；高、中级职称人员占全体在职研究人员总数的83%。

国际法研究中心设有国际公法研究室、国际私法研究室、国际经济法研究室、科研与外事管理处、《国际法研究》编辑部。另外，人事处、办公室和图书馆与法学研究所合署办公。

（二）科研工作

1. 科研成果统计

2008年，国际法研究中心共完成专著13种，290.6万字；论文195篇，287万字；研究报告63篇，76.5万字。

2. 科研课题

（1）新立项课题

2008年，国际法研究中心共有新立项课题6项："贸易救济法的新发展"（蒋小红主持），"国际贸易与人权"（刘敬东主持），"全球金融危机与国际金融法律体制改革"（廖凡主持），"涉外民事法律关系适用法与民事实体法的关系"（谢新胜主持），"涉外民商事案件审判"（沈涓主持），"国际金融危机对我国金融法制的影响及应对措施"（刘敬东主持）。

（2）延续在研课题

2008年，国际法研究中心共有延续在研课题1项，即院A类重大课题："当代国际法的新发展"（朱晓青主持）。

（三）学术交流活动

1. 学术活动

2008年12月6～7日，国际法研究中心主办的"第五届国际法论坛：改革开放与国际法"在北京举行。会议研讨的主要问题有"国际法与我国改革开放"、"国际法实践与国际法理论"、"国际私法与国际经济法"等。

2. 学术报告

2008年7月20日，国际法研究中心举办了"英国反垄断法"学术报告，主讲人为伦敦政治经济学院教授施耐德。

（四）刊物

《国际法研究》（年刊），主编黄东黎。

（五）会议综述

第五届国际法论坛：改革开放与国际法

2008年12月6～7日，中国社会科学院国际法研究中心在北京主办了“第五届国际法论坛：改革开放与国际法”。来自外交部、商务部、中国国际贸易仲裁委员会、北京仲裁委员会等政府实务部门的专家及来自北京大学、清华大学、中国人民大学、中国政法大学、北京师范大学、武汉大学、复旦大学、华东政法大学、上海社会科学院、中国社会科学院国际法研究中心和法学研究所等全国20多所高等院校和科研单位的国际法学者共计80多人参加了会议。中国社会科学院国际法研究中心主任陈泽宪教授和法学研究所、国际法研究中心联合党委书记陈甦研究员出席会议。

会议以“改革开放与国际法”为主题，分大会主题发言和分组讨论两部分进行。来自全国的老、中、青三代国际法专家学者围绕会议主题，紧密结合当前国际国内政治经济发展的新形势和国际法领域中出现的新问题与新发展进行了多层次、多角度的探讨。

会议呈现出如下三个特点：一是涉及领域广泛。会议提交的论文和讨论内容涉及国际法基本理论、国际组织法、国际海洋法、国际刑法、国际贸易法、海商法、国际反垄断法、国际商事仲裁法以及冲突法等诸多理论问题。二是国际法实务部门和国际法理论界积极互动，相互切磋。会议期间，来自实务部门的专家就“外交工作中的国际法问题”与“中美知识产权问题”等最为前沿的国际法问题作了报告，与会的理论界学者则针对实践中的国际法问题分别宣读了自己在国际法理论方面的研究成果。三是讨论紧扣热点问题，有关我国东海划界问题、格俄冲突与科索沃问题以及美国金融危机对国际法的冲击等问题都有涉及，其中宏观和微观视角、实践和理论问题、传统国际法理论以及新兴国际法分支并存互补，百花齐放，百家争鸣。

与会代表一致认为，改革开放30年来，我国国际法理论与实践均取得巨大成就。虽然当前国际社会中出现一些新现象、新问题，但以国家主权原则为基础的国际法原则、规则与制度仍然是维护国际和平与安全的主要手段；对我国来说，我们应积极利用国际法构建和谐世界，创造和平有利的发展环境，主动地、更深入地参与各方面国际规则的制定，最大限度地维护我们的国家利益。

（黄　晋）

政治学研究所

（一）人员、机构基本情况

截至2008年年底，政治学研究所共有在职人员45人。其中，正高级职称人员7人，副高级职称人员11人，中级职称人员14人；高、中级职称人员占全体在职人员总数的71%。

政治学研究所设有政治理论研究室、政治制度研究室、行政学研究室、比较政治研究室、信息资料室、《政治学研究》（双月刊）编辑部、综合办公室。

（二）科研工作

1．科研成果统计

2008年，政治学研究所共完成专著5种，249.4万字；论文46篇，58.9万字；研究报告11篇，150.3万字；学术资料7种，4.5万字；译著1种，40万字；译文1篇，0.2万字；论文集1种，27.2万字；一般文章17篇，4.7万字。

2．科研课题

（1）新立项课题

2008年，政治学研究所共有新立项课题12项。其中，院重大课题1项："构建社会主义和谐社会与政治建设研究"（杨海蛟主持）；院重点课题1项："乡村政治发展研究——改革开放以来乡村政治结构变革和文化权力变迁"（周庆智主持）；院国情调研重大课题1项："全面推进党的建设新的伟大工程调研"（房宁主持）；院国情调研重点课题1项："发展社会主义民主政治的案例调研和对策研究"（陈红太主持）；院青年科研启动基金课题1项："村民姚三信的日记（1995～2007）：政策视角的分析"（王红艳主持）；所重点课题7项："马克思主义政治学理论的坚持与发展"（张明澍主持），"国内外行政区划概况研究"（贠杰主持），"基层预算制度改革研究"（史卫民主持），"改革开放30年以来的政治建设"（杨海蛟主持），"亚洲主要国家年度述评"（郭静主持），"'中国政治学网'网站建设"（罗维维主持），"政治学所民主政治研究资料库建设"（刘欣钊主持）。

（2）结项课题

2008年，政治学研究所共有结项课题20项。其中，国家社科基金课题1项："改革开放以来中国共产党的西藏政策与反分裂斗争研究"（宋月红主持）；院国情调研课题1项："中国特色社会主义民主政治建设系列调研之二：地方和基层民主政治建设实践探索典型调查"（王一程、房宁主持）；院重点课题1项："德国代议制研究"（蒋劲松主持）；院青年科研启动基金课题6项："社会主义民主监督的新发展：以徐工并购案为例"（陈承新主持），"区域一体化理论"（李静主持），"当前俄罗斯腐败问题探析"（徐海燕主持），"公民参与政府管理研究"（孙彩虹主持），"发展中国家民主化的反思”（陈海莹主持），“全球化背景中的现代国家”（王利主持）；所重点课题7项：“马克思主义政治学理论的坚持与发展”（张明澍主持），“国内外行政区划概况研究”（贠杰主持），“基层预算制度改革研究”（史卫民主持），“改革开放30年以来的政治建设”（杨海蛟主持），“亚洲主要国家年度述评”（郭静主持），“‘中国政治学网’网站建设”（罗维维主持），“政治学所民主政治研究资料库建设”（刘欣钊主持）；其他部门与地方委托课题4项：院科研局课题“社会主义政治文明建设与构建社会主义和谐社会”（杨海蛟主持），院科研局课题“中国特色社会主义民主政治基本经验和面临的挑战研究”（陈红太主持），院亚洲研究中心课题“东亚民间交流与沟通的路径”（王红艳主持），北京市社科“十五”规划项目“首都保持社会稳定预警系统研究”（房宁主持）。

（3）延续在研课题

2008年，政治学研究所共有延续在研课题27项。其中，国家社科基金课题3项：“论坚持党的领导、人民当家做主和依法治国的有机统一”（白钢主持），社科基金特别委托项目“马克思主义理论研究和建设工程‘政治学教材编写课题’”（王一程参与主持），社科基金特别委托项目“马克思主义理论研究和建设工程‘中国特色社会主义民主政治建设研究’课题”（王一程主持）；院重大课题4项：“12卷本中国政治思想通史”（白钢主持），“马克思主义政治学理论研究”（王一程主持），“中国特色社会主义民主政治研究”（房宁主持），“中国县政与农村政治建设研究”（史卫民主持）；院B类重大课题4项：“社会经济结构变化对政治体制的影响”（张明澍主持），“法治政府建设与税费改革”（韩旭主持），“‘执政为民’与政府治理方式的转变”（赵秀玲主持），“‘台独’的政治理论话语批判”（王焱主持）；院重点课题3项：“当代国际政治中的民主问题”（张树华主持），“社会主义条件下的国家与社会关系研究”（周少来主持），“中国政府层级和行政区划改革问题研究”（贠杰主持）；院国情调研考察课题1项：“地方和基层政治建设实践调查”（贠杰、韩旭主持）；院青年科研启动基金课题2项：“马克思主义政党学说中的意识形态问题研究”（徐绍刚主持），“德治及其实现方式研究”（林立公主持）；其他部门与地方委托课题10项：院廉政研究领导小组办公室课题“社会主义民主政治建设与反腐败问题研究”（房宁主持），院科研局“我国公共安全、社会治安状况的变化和发展趋势研究”（张树华主持），院邓小平理论和“三个代表”重要思想研究中心和院科研局课题“关于当代中国社会阶级阶层的变化问题”（王一程主持），马克思主义理论研究和建设工程项目中国社会科学院科研局资助“政治学领域重大学术理论问题研究”（王一程主持），院科研局课题“以科学发展为导向的行政体制改革战略思想研究”（贠杰主持），中组部党建研究所课题“关于民主问题的基本理论研究”（房宁主持），中组部党建研究所课题“‘三会一评’基层群众自治的好形式”（王一程主持），中组部党建研究所课题“听证制度彰显科学民主决策机制”（王一程主持），中组部课题“中国国家吏治改革的目标与途径”（王一程主持），中纪委课题“领导干部拒腐防变教育长效机制研究”（房宁主持）。

3．获奖优秀科研成果

2008年，政治学研究所获中国行政管理学会的“第四届行政管理科学优秀成果”专著类三等奖1项：蒋劲松的《责任政府新论——熔权制、分权制、监督－仲裁－保障制比较》；获“中国行政管理学会2007年年会优秀论文”二等奖1项：孙彩虹的《继续加强政府的社会管理职能的思考》。

（三）学术交流活动

1．学术活动

2008年，政治学研究所主办和承办的学术会议有：

（1）2008年9月19日，《思想理论教育导刊》编辑部与《政治学研究》编辑部联合主办的“普世价值”问题学术研讨会在北京市举行。会议的主题是“普世价值”。

（2）2008年10月24～26日，中国政治学会主办、湖北省政治学会协办、襄樊学院承办的“回顾与展望：中国政治学与中国政治发展30年学术研讨会”在湖北省襄樊市举行。会议的主题是“我国政治学30年来的发展”。

（3）2008年12月6日，中国社会科学院科研局、政治学研究所与浙江省委宣传部、台州市委市政府、社会科学文献出版社联合主办的“台州模式研究成果发布暨《草根经济与民主政治》出版座谈会”在北京举行。

2．国际与地区学术交流和合作

2008年，政治学研究所共派遣出访6批9人次，接待来访20批60人次（其中，中国社会科学院邀请来访4批4人次）。与政治学研究所开展学术交流的国家和地区有美国、俄罗斯、加拿大、挪威、墨西哥、匈牙利、韩国等国家和中国台、港地区。其中：

（1）2008年2月13～20日，根据中国社会科学院与印度社科理事会合作协议，政治学研究所张明澍、冯钺访问印度社科理事会。其间，张明澍等与新德里尼赫鲁大学国际研究学院、新德里伊斯兰大学政治系和尼赫鲁研究中心以及少数民族研究中心、新德里印度社会发展研究中心、加尔各答社会研究中心的学者就印度的民主与法制建设问题开展交流活动。

（2）2008年2月26日，政治学研究所所长王一程、副所长房宁等与挪威奥斯陆大学社会科学学院政治学系教授Tom Christensen在政治学研究所就中国国务院机构改革等问题进行交流。

（3）2008年4月1～11日，根据中国社会科学院与俄罗斯科学院的学术交流协议，俄罗斯科学院远东研究所研究员斯捷潘诺娃访问中国社会科学院。其间，斯捷潘诺娃访问了中国社会科学院政治学研究所和文献信息中心、中央社会主义学院，与相关学者就“统战工作和政协制度的发展”、“新时期中国的多党合作与民主党派现状”、“当前港台地区的政党政治”等问题进行交流活动。

（4）2008年5月20日，政治学研究所副所长房宁就“中国的贫富差距如何与经济增长相协调”问题在政治学研究所接受葡萄牙新闻社的采访。

（5）2008年6月6日，政治学研究所所长王一程等与加拿大原改良党领袖、曼宁民主建设中心主席兼首席执行官普雷斯顿·曼宁在政治学研究所就“中国近年来的经济发展、政治体制改革、党内民主建设情况”、“中国的多元文化发展、社会治理”等问题开展交流活动。

（6）2008年7月18日，政治学研究所副所长房宁就“中国的‘80后’在汶川地震后表现出的无私和热情所反映的深层社会原因”在政治学研究所接受美国全国广播公司的采访。

（7）2008年7月29日，政治学研究所副所长房宁就“中国政治体制的现状”、“如何看待奥运会后中国在全球的地位”等问题在政治学研究所接受韩国国营电视台《现场报道》的采访。

（8）2008年10月17～31日，根据中国社会科学院与匈牙利科学院科学合作协议，匈牙利科学院政治学研究所所长贝尔（Bayer）访问中国社会科学院。其间，贝尔访问了中国社会科学院政治学研究所、世界经济与政治研究所，就“社会转型中的政治经验”与相关学者开展交流活动。

（9）2008年11月25日，政治学研究所副所长房宁就“改革开放30年来中国社会主义民主建设的主要成就及特点”在政治学研究所接受日本NHK电视台采访。

（10）2008年12月2日，政治学研究所所长王一程等与台湾大学政治学系参访团一行17人就“当代中国政治学的发展”在中国社会科学院座谈。

（11）2008年12月9日，政治学研究所所长王一程等与加拿大枢密院官员梁静慧、加拿大驻华使馆一秘马克（Mark · Vcislo）在政治学研究所就“中国的政治体制改革”、“中国特色民主政治建设”、“中国的民族主义问题”开展交流活动。

（12）2008年，政治学研究所结项国际合作研究项目是：中国社会科学院政治学研究所“当代中国社会结构的新变化”课题组与德国阿登纳基金会的“当代中国社会结构的新变化调查之二——当代中国知识分子和‘舆论精英’研究”。

（13）2008年，政治学研究所赴境外培训2人。

（四）学术社团、期刊

1．社团

（1）中国政治学会，会长李慎明。

2007年12月13～15日，中国政治学会在吉林省长春市举行“中国特色社会主义政治建设与政治体制改革学术研讨会”。会议的主题是“中国特色社会主义政治建设与政治体制改革”，研讨的主要问题有“中国特色社会主义政治建设”、“政治发展与政治体制改革面临的一些重大理论和实践问题”、“中国特色社会主义政治建设的意义”、“中国特色社会主义政治建设的基本内容”、“中国特色社会主义政治建设的战略目标”、“中国特色社会主义政治建设的发展道路”

等。与会专家学者120多人。

（2）中国政策科学研究会，会长袁木。

2．期刊

（1）《政治学研究》（双月刊），主编王一程。

2008年，《政治学研究》全年共出版6期，共计150万字。全年刊载的有代表性的文章有：高建、乔贵平的《民主的分歧——20世纪社会主义与自由主义关于民主问题的争论》，周平的《我国的边疆与边疆治理》，王向民的《学科与学术：中国20世纪30年代政治学的建立》，张献生的《试论我国多党合作制度的民主价值》，奚广庆的《对我国现代政治学学科建设的几点看法》，冯志峰的《政治学方法论30年：现状、问题与发展——一项对86本有关政治学方法论教材的研究报告》，杨芳的《论政治学研究的规范方法》，郑科扬的《贯彻落实科学发展观和加强党的建设》，冯虞章的《怎样认识所谓"普世价值"》，周新城的《论"普世价值"是否存在及"普世价值"鼓吹者们的政治目的》，林青的《中国人民的抗震救灾精神不容"普世价值"鼓吹者曲解》，冯虞章、周新城、王一程、刘书林、陈红太、郝立新、郑一明、汪亭友的《"普世价值"问题研究八人谈》，王浦劬的《我国政治学学术发展中的基本关系论析——纪念十一届三中全会30周年》。

（2）《今日中国论坛》（月刊），主编段若非。

（五）会议综述

"普世价值"问题学术研讨会

2008年9月19日，教育部《思想理论教育导刊》编辑部与中国社会科学院政治学研究所《政治学研究》编辑部在北京联合举办了"普世价值"问题学术研讨会。会议围绕"普世价值"问题的含义及其实质、"普世价值"思潮出现的过程、原因及如何应对等问题，进行了深入研讨。

2008年9月，"普世价值"问题学术研讨会在北京召开。

（1）关于"普世价值"问题的界定及其实质。有学者指出，当前思想舆论界争论的"普世价值"问题不是一个纯学术问题，而是一个意识形态领域斗争的前沿问题。"普世价值"思潮的政治实质，是企图改变我国深化政治体制改革和发展民主政治的指导思想、社会主义性质和方向，按他们的所谓“普世价值”即西方国家社会政治理念和制度模式改造中国的政治制度；其思想上的指向，是鼓吹指导思想的多元化，企图动摇废除马克思主义的指导地位，以西方资产阶级的政治思想和价值观为圭臬，颠覆和取代社会主义核心价值体系建设；在经济制度方面，为推动全盘私有化制造舆论，企图釜底抽薪，搞垮以公有制为主体的初级阶段社会主义经济基础；在国家统一问题上，迎合西方敌对势力，支持配合“藏独”、“台独”等分裂势力，公然站在祖国统一和中华民族整体利益的对立面。

（2）关于“普世价值”思潮出现的过程及原因。与会学者分析了“普世价值”思潮在我国泛起的过程，指出，2005年10月，境内外敌对势力和“自由派知识分子”就以他们所谓民主的“普世价值”为理论武器，攻击否定我国的社会主义民主政治建设。从2007年秋天起，在某些报刊、网站的刻意推动下，“普世价值”观开始扩散、传播。2008年又借四川汶川大地震的抗震救灾和北京奥运会、残奥会等机会大肆炒作，宣扬中国改革开放以来的成功和成就都是由于接受了西方的“普世价值”，误导了很多群众、青年和干部，成为当前一股不可忽视的错误思潮。这股大肆宣扬西方“普世价值”的思潮，引发了社会舆论界和学界的较大争论，有许多有识之士和马克思主义理论工作者站出来对其进行研究批判和奋起抵制。中央有关领导同志也明确指出“普世价值”时髦说法的错误本质。“普世价值”思潮的流行是在错综复杂的国际国内环境和背景下，资产阶级与无产阶级争夺意识形态和价值观主导权的政治斗争，“普世价值”思想泛起的过程中，国内因素起主要作用，国际影响起推波助澜作用。

（3）关于如何应对“普世价值”问题。有学者提出，“普世价值”问题说明，西化政治主张与西化学术倾向有密切关联。要克服学术理论上的西化倾向，仅从政治上给予批判是不够的，还需要有针对性地从学术理论上加强对重大现实问题、前沿理论问题，特别是观点主张存在尖锐分歧和对立的问题的马克思主义研究，形成真正科学的、有充分说服力的马克思主义研究成果。也有学者认为，分析和应对“普世价值”问题，要区别对象和分清层次。对“普世价值”鼓吹者推销西方资本主义价值观、否定社会主义核心价值体系和社会主义制度的政治企图，我们要旗帜鲜明地抵制。对属于人与自然的关系、人类生存延续以及不具有阶级性、政治性的人际关系，我们应实事求是地承认，在这些领域客观存在某些由人类生理属性和自然进化规律决定的人类的共同需要以及由此形成的相同或相通的规则。

（张　宁）

回顾与展望：中国政治学与中国政治发展30年学术研讨会

2008年10月24～26日，由中国政治学会主办、湖北省政治学会协办、襄樊学院承办的“回顾与展望：中国政治学与中国政治发展30年学术研讨会”在湖北省襄樊市召开。中国政治学会副会长王一程代表会长李慎明作大会主题报告。

与会学者围绕大会主题展开讨论。大家一致认为，改革开放30年来，我国不仅经济发展成就令世人瞩目，政治发展也取得了丰硕成果。其一，确立了一系列与时俱进的政治理念，如依法治国、政治文明、中国特色社会主义政治发展道路，等等，指导中国政治发展沿着正确方向前进。其二，中国特色的民主政治发展道路逐步确立，人民代表大会制度、中国共产党领导的多党合作和政治协商制度、民族区域自治制度以及基层群众自治制度不断完善。其三，社会主义法治不断发展，确立了依法治国的基本方略，明确了社会主义法治理念，中国特色的社会主义法律体系初步形成，法治政府建设取得进展。其四，人权保障制度化水平不断提高。其五，政府管理体制改革和创新不断深化。其六，权力监督和制约机制逐步确立和完善。其七，“一国两制”伟大构想已在港澳成功实践。其八，社会治理方式不断完善。其九，党的执政能力不断加强。其十，我国的国际地位不断提升。有学者认为，我国在改革开放以来在社会管理、推动经济增长、政治建设以及对外交往等方面表现出十分明显的自主性特征，其中所蕴涵的发展逻辑为30年来我国改革开放取得辉煌成就并实现持续发展奠定了重要基础。改革开放不仅带来了我国经济的转型与腾飞，也以其毋庸置疑的开放性，推动中国政治面向世界、走向世界，开启了中国政治发展的新阶段。

中国特色社会主义民主政治的艰苦探索和不断实践，在取得巨大成就的同时也积累了丰富的经验。这些经验包括以下几方面：首先，必须高举人民民主的旗帜，始终不渝地发展社会主义民主政治。其次，从中国国情出发，走中国特色社会主义民主政治建设之路。再次，民主建设必须有利于社会发展和社会稳定。又次，民主政治必须同健全社会主义法制紧密结合，以制度建设为重点，实现民主的制度化、规范化、程序化。同时应当清醒地意识到，中国特色社会主义民主建设任重道远。有学者指出，推进我国的民主政治建设，要以科学发展观为指导。必须坚持“第一要义是发展”的原则，有序扩大人民民主；必须坚持“以人为本”的原则，保证人民当家做主；必须坚持全面协调发展的原则，着力处理好“党的领导、人民当家做主、依法治国”有机统一的关系；必须坚持改革开放的方针，稳步推进政治体制改革，借鉴吸收人类文明成果，保证中国特色社会主义民主政治的持续发展。

（张　宁）

台州模式研究成果发布暨《草根经济与民主政治》出版座谈会

2008年12月6日，时值改革开放30周年之际，中国社会科学院科研局、中国社会科学院政治学研究所、浙江省委宣传部、台州市委市政府、社会科学文献出版社在北京联合举办了“台州模式研究成果发布暨《草根经济与民主政治》出版座谈会”。中国社会科学院党组副书记、常务副院长王伟光，国务院发展研究中心副主任卢中原，浙江省委宣传部常务副部长胡坚，台州市委书记张鸿铭，中国社会科学院政治学研究所所长王一程，社会科学文献出版社副社长胡鹏光以及中宣部、中央政策研究室、中央党史研究室、中国民营经济研究会等有关方面的领导出席了会议。

王伟光在讲话中指出，2008年是改革开放30周年。改革开放是发展中国特色社会主义的强大动力。台州的发展变化就是中国改革开放的一个缩影，也是社会主义市场经济发展的一个成功范例。台州从改革开放之初“一穷二白”的局面，发展到今天成为我国东南沿海最具经济活力的地方之一，这和坚持改革开放是分不开的。台州的发展道路也独具特色。在经济发展方面突出的亮点就是“草根经济”，也就是以当地人民群众创造的股份合作制经济为基础发展起来的具有典型意义的乡土工业化的发展之路。台州在民主政治建设方面，特别是党内民主政治建设方面，也积累了很多成功经验。研究台州改革开放30年经济政治社会发展变化，总结台州发展经验，对于进一步推动台州的发展有重要的现实意义，对于总结我国改革开放的经验和进一步推动改革开放也有重要意义。张鸿铭在讲话中回顾了台州改革开放30年的历程，总结了台州经济建设、政治建设、文化建设和社会建设取得的历史性飞跃，并对中国社会科学院的专家为研究台州所作出的贡献表示感谢。他同时指出，《草根经济与民主政治》一书中对台州模式的概括是符合台州发展实际的，充分肯定了台州模式研究对于台州今后的发展、对台州落实科学发展观的实践具有重要意义。

中国社会科学院政治学研究所副所长房宁作为“台州模式”研究课题主持人介绍了研究的进展情况和主要成果。该书提出了“草根经济是人民群众的创业经济，民主政治是实现人民权利的民本政治”的“台州模式”概念，并认为，台州模式是在改革开放的实践中创造的一种“通过内生型工业化道路实现经济社会发展，通过社会主义民主政治建设保障和实现人民权利、经济政治协调发展”的社会发展模式。与会专家学者对台州模式研究给予积极评价，也提出了一些中肯意见。中国社会科学院政治学研究所所长王一程指出，该成果对台州经验进行了初步研究和提炼总结。尽管这一成果的形成在时间上比较仓促，其中不妥当、不准确之处在所难免，但发扬理论联系实际的学风，走出书斋、贴近生活、深入社会、深入群众、深入地方和基层实践进行国情调研，坚持为人民服务、为社会主义服务的科研方向，不仅可以使我们这支科研队伍有所作为、不断进步，更重要的是，坚持这样的科研实践，是我们的职责所在。

与会专家学者对台州改革开放以来在经济政治社会诸方面取得的成就给予充分肯定，同时就台州的发展经验展开了研讨。有学者认为，党代会常任制、民主恳谈以及基层群众自治多种新机制的产生和发展，是台州协调推进经济建设与政治建设的具体体现，这也正是台州模式的突出特点。

（张 宁）

民族学与人类学研究所

（一）人员、机构基本情况

截至2008年年底，民族学与人类学研究所共有在职人员158人。其中，正高级职称人员33人，副高级职称人员50人，中级职称人员51人；高、中级职称人员占全体在职人员总数的 85%。

民族学与人类学研究所设有民族理论研究室、社会文化人类学研究室、宗教文化研究室、民族历史研究室 、南方语言研究室、北方语言研究室、语音学与计算语言学研究室、民族古文字研究室、世界民族研究室、经济与社会发展研究室、影视人类学研究室、《民族研究》编辑部、《世界民族》编辑部、《民族语文》编辑部、图书馆、网络信息中心、科研处、人事处、行政办公室。

（二）科研工作

1. 科研成果统计

2008 年，民族学与人类学研究所共完成专著 16 种，708 万字；论文 160 篇，362 万字；研究报告 29 篇，114 万字；译著 5 种，147 万字；学术资料 7 种，2201 万字；软件 3 种，20 万字节；影视片 1 部，58 分钟。

2. 科研课题

（1）新立项课题

2008 年，民族学与人类学研究所共有新立项课题 22 项。其中，国家社科基金课题 3 项：“满通古斯诸语基本词汇研究”（朝克主持），“清末以来华北民间宗教图像的人类学调查与研究”（梁景之主持），“纳西东巴经语言研究”（木仁华主持）；国家自然科学基金课题 1 项：“中国少数民族语言语音声学参数数据库建设工程”（呼和主持）；院重大课题 1 项：“纳西东巴经书的整理和研究”（孙伯君主持）；院重点课题 4 项：“阿尔泰语言共有词根研究”（斯钦朝克图主持），“藏族牧区的生态环境危机与定居化”（梁景之主持），“中国特色社会主义理论体系与民族工作新思路研究”（周竞红主持），“达赖集团‘中间道路’主张研究”（东主才让、卢梅主持）；院青年科研启动基金课题 4 项：“维吾尔语的形容词化短语”（木再帕尔主持），“大理地区民间社团研究”（陈春宇主持），“法国政府针对科西嘉独立主义的反分裂政策与措施”（陈玉瑶主持），“中国少数民族地区经济地理分布图”（韦韧主持）；所重点课题 9 项：“日本涉藏情况现状调查与研究”（秦永章主持），“孔雀佛母与摩利支天——明清佛教美术中的女神崇拜”（廖旸主持），“中加少数民族／土著教育比较研究”（彭雪芳主持），“联合国处理土著问题史概”（姜德顺主持），“松紧元音生理／声学特征辨析”（周学文主持），“大理地区竞技文化研究”（杨春宇主持），“维吾尔语的波斯语借词研究”（木再帕尔主持），“民族所馆藏近代以来西方涉藏文献目录提要”（魏忠主持），“蒙古语言学理论的形成与发展研究”（正月主持）。

（2）结项课题

2008年，民族学与人类学研究所共有结项课题17项。其中，国家社科基金重点课题4项：“世界地区性民族问题研究”（刘泓、曹兴主持），“中国原始宗教与原始文化”（孟慧英主持），“20世纪世界民族问题史鉴”（王建娥主持），“经济全球化进程中的民族问题趋势”（王希恩主持）；院重点课题3项：“中国民族自治区政区沿革图集”（周竞红主持），“魏晋南北朝少数民族政权的建立与中原王朝体制的更新”（陈勇主持），“中国民族语言文字研究史”（朝克、李云兵主持）；交办、委托课题1项：“从中国特色社会主义全局认识当代汉中国的民族问题 ”（王希恩主持）；院青年科研启动基金课题3项：“苗语动词的句法语义属性研究”（李云兵主持），“社科专题文献数据库系统功能设计研究”（孔敬主持），“西北穆斯林社会组织研究”（郭宏珍主持）；所重点课题6项：“陇南宕昌县藏羌地区族群互动与社会文化变迁”（艾菊红主持），“民国时期（1912～1949）的语言政策”（黄晓蕾主持），“《御制满珠、蒙古、汉字三合切音清文鉴》研究”（江桥主持），“龟兹石窟壁画图像学与年代学研究”（廖旸主持），“藏语卫藏方言民间谚语、熟语调查”（龙从军主持），“普通话语音声学参数统计和分析”（周学文主持）。

（3）延续在研课题

2008年，民族学与人类学研究所共有延续在研课题94项。其中，国家社科基金课题4项：“新疆若干文物、文书调查与研究”（何星亮主持），“西夏社会经济文书研究”（史金波主持），“蒙古语朗读话语韵律特征研究”（呼和主持），“藏语比较语法”（周毛草主持）；院重大课题14项：“中国民族多媒体信息系统”（黄行主持），“20世纪世界民族问题报告与新世纪世界民族问题展望”（葛公尚、王建娥主持），“《蒙古秘史》研究”（乌兰主持），“中国人类学民族学基础理论研究”（何星亮主持），“20世纪中国民族问题报告”（王希恩主持），“汉藏语系语言声调及发声的声学研究”（孔江平主持），“中国少数民族现状与发展调查（第二期）”（郝时远主持），“台湾原住民问题与‘台独’理论研究”（陈建樾主持），“语言接触研究”（周庆生主持），“清末民初民族主义思潮与国族建构研究”（郑信哲主持），“藏彝走廊族群认同及社会文化背景的人类学研究”（翁乃群主持），“中国少数民族地区发展30年（1978～2008）”（吴兴旺主持），“中国新发现语言调查研究（第二期）”（孙宏开主持），“民族主义基本理论与实际问题”（朱伦主持）；院重点课题8项：“中国少数民族语言空间认知研究”（黄成龙主持），“西夏军事文书研究”（史金波主持），“回鹘语文献《金光明最胜王经》语言结构研究”（赵明鸣主持），“中国古代民族志”（方素梅主持），“北方民族语言变迁之现状调查研究”（曹道巴特尔主持），“面向信息处理的藏语语库与词法研究”（江荻主持），“彝族地区习惯法影视人类学研究”（陈景源主持），“城市少数民族流动人口与各民族散居化趋势”（张继焦主持）；交办、委托课题4项：“民族平等与社会主义核心价值体系”（郝时远主持），“民族理论民族政策”（王希恩主持），“从中国特色社会主义建设全局的高度认识当代中国的民族”（王希恩主持），“加快推进改善民生为重点的社会建设对民族关系发展的影响”（周竞红主持）；院青年科研启动基金课题6项：“大陆、台湾与东南亚客家人的族群关系研究”（曾少聪主持），“全球化过程中傣族水文化的象征意义及实践意义”（艾菊红主持），“西北穆斯林社会组织研究”（郭宏珍主持），“澳大利亚政府对土著人的政策之研究”（刘晓丹主持），“《古代汉语发音学》汉译”（胡鸿雁主持），“俄藏黑水城出土藏文文书初探”（苏航主持）；国情调研课题10项：“藏传佛教文化圈中基督教的传播及其影响调查研究”（东主才让主持），“新疆双语教学和大专毕业生就业情况调查与研究”（何星亮主持），“城市化过程中延边朝鲜族自治州基督徒流动情况调查”（揣振宇主持），“‘垃圾围城’与都市环保的对策——对昆明市的普通市民和拾荒者的人类学调查”（张继焦主持），“西夏故城‘兀剌海’遗迹探查”（聂鸿音主持），“宁夏回族自治区农村劳动力转移个案访谈调查”（刘小珉主持），“台湾史前文明的来历——高山族历史情况调查”（吴安其主持），“互联网上的民族网站与新兴民族问题调研”（石茂明主持），“近期民族地区和谐社会建设的问题及解决方案的调查研究：以四川省凉山彝族自治州的经济社会发展为例”（冯卫民主持），“藏区民族工作现状调查——以藏传佛教文化圈中基督教的传播与影响调查”（郝时远主持）；所重点课题48项：“纳西东巴文构形系统研究”（木仕华主持），“蔡家话系属研究”（胡鸿雁主持），“粤东畲语研究”（刘援朝主持），“水族语言文字研究”（韦学纯主持），“西南部分余姓族人蒙古族认同研究”（巫达主持），“旅游文化象征与民族身份认同——满族和摩梭人为例”（吴凤玲主持），“东地区汉族与回族宗教信仰的历史变迁与社会文化”（郭宏珍主持），“满族认同的再调查”（刘正爱主持），“新时期少数民族语文政策实施现状研究”（普忠良主持），“制定自治区自治条例的调查与研究”（马俊毅主持），“民族学人类学专题数据库调查”（王小霞主持），“民族地区村委会组织与和谐社会建设研究”（邓卫荣主持），“影视人类学田野工作方法”（雷亮中主持），“民族意识与民族地区的和谐社会建设”（孙懿主持），“‘蒙古’民族与国家的历史称谓及相关问题研究”（杜世伟主持），“川、滇、藏交界地区少数民族经济生产方式转型与社会文化变迁”（侯红蕊主持），“缄默的亚热带——生活方式与生产方式研究”（周旭芳主持），“拉坞戎语业隆方言动词研究”（尹蔚彬主持），“清代大国师章嘉若必多吉研究”（秦永章主持），“清代治康政策的演变与地方控制”（卢梅主持），“奚族史”（周峰主持），“普通话语音参数统计研究”（周学文主持），“藏语卫藏方言民间谚语、熟语调查”（龙从军主持），“临高语中的汉借词研究”（蓝庆元主持），“20世纪前半期的中国民族史研究和撰述”（贾益主持），“中国民族学人类学多媒体信息系统”（莫小洪主持），“回族伦理及其在当代的变迁”（杨华主持），“河南南阳地区高山族田野调查”（杜世伟主持），“国际移民政策对国际移民趋势的影响”（劳焕强主持），“塞浦路斯民族冲突问题”（刘晓丹主持），“拉美土著人问题研究”（邓颖洁主持），“西方民俗学史”（孟慧英主持），“民族经济学基础理论研究”（刘晓春主持），“‘十五’少数民族地区的经济社会发展回顾与‘十一五’展望”（刘小珉主持），“黑水城出土音韵学文献”（聂鸿音主持），“陇南宕昌县藏羌地区族群互动与社会文化变迁”（艾菊红主持），“中国民族史上的避暑山庄”（易华主持），“清代中央政府与东部藏区土司关系史研究”（李晨升主持），“杨增新治疆研究”（刘文远主持），“灾害与古代北方多民族社会的变迁”（梁景之主持），“魏晋南北朝时期北方少数民族国家观念研究”（彭丰文主持），“羌语语法关系研究”（黄成龙主持），“独龙语动词的语法范畴”（杨将领主持），“南亚语研究”（吴安其主持），“《福乐智慧》《真理的入门》语言结构研究”（赵明鸣主持），“河北围场满族蒙古族自治县高山族田野调查报告”（马骍主持），“民族研究学者个人主页系统”（王小霞主持），“民国时期（1912年～1949年）政府少数民族语言政策”（黄晓蕾主持）。

（三）学术交流活动

1．加强对外交流，拓宽合作领域

2008年，民族学与人类学研究所出访共29批20人次，接待来访学者共13批53人次。与民族学与人类研究所开展学术交流的国家和地区有日本、美国、俄罗斯、挪威、奥地利、德国、芬兰、西班牙、比利时、匈牙利、保加利亚、蒙古国、韩国等国家和中国香港、澳门、台湾等地区。

2．举办国际会议，扩大学术影响

2008年11月3～5日，民族学与人类学研究所在北京主办了“辽夏金元历史文献国际研讨会”。

3．组织联合学术考察

（1）2008年9月17～21日，民族学与人类学研究所考察组赴俄罗斯联邦布里亚特共和国俄罗斯科学院西伯利亚研究院蒙古学、藏学佛学研究中心，进行学术考察，达成合作意向，并出席了其承办的“第六届俄罗斯东方学研讨会”。

（2）2008年9月19日，由民族学与人类学研究所负责接待的俄罗斯科学院民族学博物馆一行10人，赴我国新疆乌鲁木齐、喀什、吐鲁番、昌吉阜康和青海省西宁、循化地区，考察维吾尔、回、撒拉等穆斯林及藏族的传统文化。在当地相关机构和学术同行的大力配合下，用民族学人类学田野工作的方法，对喀什古城、周缘沙漠、坎儿井源头、历史古城古墓、西宁清真寺、班禅行宫、喇嘛府邸、老街故居等40处历史古迹与文化点进行了学术考察。其间，俄方专家与新疆社会科学院考古研究所、新疆师范大学民族学人类学研究所和青海民族大学民族学社会学研究所同行专家进行了学术座谈。

（3）2008年9月23日至10月5日，民族学与人类学研究所考察组赴布里亚特共和国北部西伯利亚森林沼泽地带的巴格达岭地区埃文基（鄂温克）驯鹿猎民点进行了田野调查。考察组采取以定居点整体（面）的普查和以家庭为单位（点）的重点调查相结合，辅之以对相关管理部门的调查、对历年档案资料的搜集和复制以及专家访谈等手段，取得了很大收获。

（4）2005年12月7日，中国社会科学院与蒙古国科学院签署了双边学术合作框架协议。根据这一协议，经中国社会科学院批准，2006年6月，由民族学与人类学研究所与蒙古科学院国际游牧文明研究所签署了《中蒙双边游牧文化比较研究》协议。该项目历时5年（2006～2010

年)。2008 年再次实施了双边的联合考察。

(四) 学术社团、期刊

1. 社团

(1) 中国民族研究团体联合会，理事长郝时远。

(2) 中国民族理论学会，会长牟本理。

(3) 中国民族史学会，会长郝时远。

(4) 中国民族学学会，会长郝时远。

(5) 中国民族语言学会，会长黄行。

(6) 中国世界民族学会，执行会长郝时远。

(7) 中国突厥语研究会，会长哈米提·铁木耳。

(8) 中国民族古文字研究会，会长揣振宇。

(9) 中国西南民族研究会，会长何耀华。

2. 期刊

(1)《民族研究》(双月刊)，主编郝时远。

2008 年，《民族研究》获第四届中国社会科学院优秀期刊奖“期刊优秀奖”。

(2)《世界民族》(双月刊)，主编郝时远。

2008 年，《世界民族》编辑部围绕把中国社会科学院建设成为“马克思主义坚强阵地”、“最高学术殿堂”、“国家智囊团参谋部”这一总体目标，发挥刊物的“学术成果展示平台”、“世界民族知识普及窗口”的作用，追踪当今世界理论学术焦点问题、民族热点问题，刊发了具有理论学术水平和实际参考价值的代表性文章，如：《国际政治中的“文明冲突”范式新解——重读亨廷顿的“文明的冲突？”》，《全球化语境下的文化认同与文化自觉》，《21 世纪美国民族霸权新趋势探析》，《超越多元文化主义——对加拿大多元文化主义政治思想的反思》，《试析犹太恐怖主义的发展、演变——从“抵抗型恐怖主义”到“定点清除”》，《从解构联盟到区域合作——中亚民族主义价值取向的嬗变》，《中东欧九国“2005～2015 罗姆人融合十年倡议”的初期实施及其得失》等。

(3)《民族语文》(双月刊)，主编黄行。

2008 年，《民族语文》共出版 6 期，刊发 61 篇文章。《民族语文》主要设“通论”、“语音”、“语法”、“词汇”、“语言历史演变与比较研究”、“民族文字”等栏目。

(五) 会议综述

藏族历史与文化研讨会暨中国民族史学会第 12 次学术研讨会

2008 年 9 月 10～12 日，“藏族历史与文化研讨会暨中国民族史学会第 12 次学术研讨会”在陕西省咸阳市召开。会议由中国民族史学会、西藏民族学院和中国社会科学院藏族历史与文化研究中心联合举办。来自全国各地大专院校和科研院所的67位专家学者出席了研讨会。

会议开幕式在西藏民族学院举行。西藏民族学院副院长王学海主持会议。中国民族史学会副会长喜饶尼玛致开幕词。西藏民族学院院长刘洪顺、中国社会科学院民族学与人类学研究所党委书记揣振宇、中国民族史学会常务副会长罗贤佑在开幕式上发表讲话。

研讨会以西藏历史与文化为主题，50位专家在大会上宣讲了最新科研成果。中国是一个多民族国家，各少数民族在国家政治社会生活中占有重要地位，对国家疆域的形成、政治局面的稳定、经济文化生活的繁荣等各个领域都产生过重大影响。探讨历代治边政策的成败得失，一直是中国民族史学界的核心议题之一，也是这次研讨会涉及最多的领域。研讨会上，专家围绕中央政府的治藏政策，以史代论，集中分析评估了吐蕃、元、明、清和民国几个历史时期的治藏政策。一些中青年学者在研究中引入了政治学、社会学、人类学的研究方法和理论框架分析历史问题，角度新颖，见解独到，引起了与会学者的关注和好评。

藏学研究不仅是学术问题，其价值也体现在历史研究对现实问题的关注中。与会学者结合社会现实和藏学建设提出观点，阐释问题，特别是有新闻、交通、信息化管理等多学科领域的专家参与到藏学研究的领域中，为藏学研究向不同方向的拓展作出了有益探索。

这次会议召开正值西藏民族学院建院50周年之际。开幕式上，中国社会科学院民族学与人类学研究所党委书记、副所长揣振宇在致辞中代表中国民族史学会、中国社会科学院藏族历史与文化研究中心以及参会的专家学者向西藏民族学院建院50周年表示热烈祝贺。与会全体代表还集体参观了西藏民族学院的校史展览、西藏人权展览和校园基础设施，对西藏民族学院的不断发展以及所取得的各项成绩表示赞赏。

（民　研）

第九次全国民族理论学术研讨会

2008年10月15～16日，“第九次全国民族理论学术研讨会”在贵州省贵阳市举行。会议由中国民族理论学会主办，贵州民族学院承办。来自北京、黑龙江、吉林、辽宁、内蒙古、青海、甘肃、云南、新疆、广西等省、市、自治区的70位专家学者参加了会议。

会议以改革开放30年来中国民族理论发展为中心议题。会议共收到论文32篇，内容涉及改革开放30年来民族理论开拓创新、民族政策创新发展和民族工作经验与成就等方面。对30年民族工作以及民族理论研究状况的回顾，对于全面认识各地民族工作的历史性变化，在新形势下加强民族理论和政策研究，继续推动民族工作进展具有重要意义。

中国民族理论学会会长牟本理作了题为《认真学习实践科学发展观，进一步做好新形势下的民族理论研究工作》的重要讲话。

会议期间举行了首届中国民族理论学会科研成果奖颁奖仪式，对评出的15项优秀研究成果进行了表彰。会议选举产生了新一届中国民族理论学会理事、常务理事、正副会长、名誉会长等，顺利完成了理事会换届工作。

（刘　玲）

辽夏金元历史文献国际研讨会

2008年11月3～5日，为纪念著名的黑水城文献出土100周年，中国社会科学院民族学与人类学研究所民族古文献研究室在北京主办了“辽夏金元历史文献国际研讨会”。参加会议讨论的学者110人，与会正式代表80人，来自中国香港、台湾地区以及俄、日、德、蒙古、芬兰、澳大利亚等国家的25名学者参加了会议。会议共收到论文60余篇。

会议开幕式由中国社会科学院民放学与人类学研究所民族古文献研究室主任聂鸿音主持。中国社会科学院民族学与人类学研究所所长郝时远、中央民族大学副校长宋敏、内蒙古大学校长呼格吉勒图、俄罗斯科学院东方文献研究所所长波波娃、大阪国际大学教授松田孝一、蒙古国立大学教授乔玛等致欢迎词。

会议期间，专家们围绕“西夏历史文献和考古”、“蒙元历史和考古”、“辽金历史和文献”、“西夏语言和文字”、“西夏文献和佛教”等专题进行了讨论。此前各国举办的研讨会大都集中于单一文种的文献，这次会议首次尝试以黑水城为切入点，以多学科的视角对中国北方古代众多民族进行综合考察，以此与世界各地相关领域的专家学者共同回溯一个世纪以来西夏学和蒙古学的研究历程，总结其中的经验和教训，会商各种难题，并对文献所映射的西夏、女真、蒙古的历史文化进行深入探讨。这一宏观的学术思路得到了各国与会专家的高度评价。大家一致认为，相邻学科之间的沟通和借鉴是学术发展的坦途，这次会议的尝试将对今后中国北方民族文献研究产生深远的影响。

（孙伯君）

社会学研究所

（一）人员、机构基本情况

截至2008年年底，社会学研究所共有在职人员81人 。其中，正高级职称人员16人，副高级职称人员26人，中级职称人员22人；高、中级职称人员占全体在职人员总数的79% 。

社会学研究所设有社会理论研究室、社会调查与方法研究室、家庭与性别研究室、组织与社区研究室、社会政策研究室、农村与产业社会学研究室、青少年和社会问题研究室、社会发展研究室、社会人类学研究室、社会心理学研究室、《社会学研究》编辑部、信息网络中心、办公室、科研处。

（二）科研工作

1．科研成果统计

2008年，社会学研究所共完成专著7种，178万字；论文104篇，134万字；研究报告37篇，13万字；译著4种，85万字；译文2篇，2万字；论文集12种，305万字。

2．科研课题

（1）新立项课题

2008年，社会学研究所共有新立项课题12项。其中，国家社科基金课题2项："'我们感'的建构——以维权群体为例"（施芸卿主持），"近十年来结构方程模型的新发展"（赵锋主持）；院A类重大课题1项："境遇与态度：'80后'青年的社会学研究"（陈昕主持）；院重点课题2项："工作—家庭冲突与应对策略研究"（李原主持），"我国出生性别比的未来趋势及对策建议"（宋时歌主持）；院国情调研课题3项："五城市家庭现状调查"（王震宇主持），"应对危机的社会支持模式——南方受灾村落的实地研究"（刁鹏飞主持），"集体维权的城市比较研究"（施芸卿主持）；院青年科研启动基金课题3项："国民政府宁属社会调查研究"（阿嘎佐诗主持），"'早期帕森斯'研究"（赵立伟主持），"农村税费改革后基本医疗卫生服务机制研究"（王晶主持）；所重点课题1项："20世纪海外中国家庭研究评述"（马春华主持）。

（2）结项课题

2008年，社会学研究所共有结项课题11项。其中，国家社科基金课题2项："中国社会学基础理论研究"（李培林主持），"大城市发展中外比较研究"（李国庆主持）；院A类重大课题2项："构建社会主义和谐基本社会跟踪调查"（李培林主持），"公共资源与社会稳定：全面建设小康社会的机制研究"（黄平、王晓毅主持）；院B类重大课题1项："当代中国城镇发展与社会流动研究"（王春光主持）；院国情调研课题1项："我国农村社会变迁考察"（汪小熙主持）；院青年科研启动基金课题2项："育儿方式与全球化"（王甘主持），"比较社会学研究个案"（鲍江主持）；所级课题3项："汉字文化圈的社会心理研究"（林国灿主持），"中外'工作福利'制度比较研究：社会建构视角"（葛道顺主持），"员工工作、生活冲突的结构及相关因素分析"（李原主持）。

（3）延续在研课题

2008年，社会学研究所共有延续在研课题68项。其中，国家社科基金课题14项："中国百村经济社会调查"（陆学艺主持），"中国社会思想史研究"（陆学艺主持），"社会监督机制及其效度"（景天魁主持），"城市社区治理结构研究"（王颖主持），"关于中国乡村建设与改造的案例研究”（许欣欣主持），“弱势群体共享社会发展成果的社会学研究”（石秀印主持），“中国制度变迁中的员工参与”（李汉林主持），“西方现代社会理论与当代思潮”（苏国勋主持），“中国私营企业主阶层的现状与发展趋势研究”（陈光金主持），“构建社会主义和谐社会若干重大问题的理论和实证研究”（陈光金主持），“社会学视野中的和谐社会研究：阶层结构的区域差距”（樊平主持），“农民健康保障与农村卫生服务体系研究”（杨团主持），“寺院经济及其社会影响：对宗教团体的经济经营的综合研究”（何蓉主持），“当代独生子女生育意愿对生育政策调整的影响”（田丰主持）；院重大课题12项：“社会市场条件下的社会政策与社会保障”（景天魁主持），“社会稳定与预警系统研究”（单光鼐主持），“当代中国城乡社会变迁”（沈崇麟主持），“贫困人口的社会网络研究”（沈红主持），“现阶段中国社会中间阶层现状：对海归派的个案研究”（张宛丽主持），“国家—农村干部—农民利益互动与信任关系研究”（陈光金主持），“当代中国人的生活动力”（陈午晴主持），“社区转型的制度建构过程：乡村工业社区组织与制度变迁研究”（折晓叶主持），“公共服务义务化：社会协调发展的社会人类学分析”（罗红光主持），“社会心态及其变动的趋势分析与预测”（杨宜音主持），“中国城市家庭结构和家庭关系变迁”（李银河主持），“90年代以来中国社会转型过程中的工会角色和作用”（渠敬东主持）； 院重点课题6项：“劳资关系从冲突到和谐的实现方式研究”（石秀印主持），“反思青年研究：从80年代以来青年话语变迁的视角”（吴小英主持），“劳动力市场的性别不平等与职业地位获得的性别差异”（李春玲主持），“广义线性回归模型和计算机软件应用研究”（赵平主持），“中国农村发展道路探索：就地现代化与农民组织化”（杨团主持），“建立和完善我国农村低保制度的对策研究”（张时飞主持）；院国情调研课题13项：“构建社会主义和谐社会全国追踪抽样调查”（李培林主持），“我国城乡社区发展调查”（景天魁主持），“正确处理群众利益关系，构建和谐社会”（王春光主持），“社会学所调查点建设”（李汉林主持），“特大城市社会治安研究”（景天魁主持），“中国农村、少数民族地区的社会保障发展与法制建设”（王延中主持），“当前公众社会风险心态测量与调查”（王俊秀主持），“县域社会的组织机制与制度变迁——一项社会学长期追踪研究”（折晓叶主持），“农民新合作组织：综合性农业协会状况调研”（杨团主持），“中国工人状况与劳动关系调研”（石秀印主持），“中国非物质文化遗产状况的人类学调查”（罗红光主持），“中国中产阶级状况访谈调查：收入、消费、价值理念及政治态度”（李春玲主持），“农村年轻女性的流动模式与城市适应研究”（杨可主持）；院青年科研启动基金课题4项：“对我国儿童肥胖症现状与趋势的社会学分析”（宋时歌主持），“宗教理念、社会阶层与社会和谐：从经典社会理论的视角对中国佛教的考察”（何蓉主持），“综合农协的个案研究——永济市农民协会发展状况调查”（李振刚主持），“数字化时代的农民工”（杨可主持）；所级课题19项：“社会思想史”（苏国勋主持），“中国人的关系认同”（陈午晴主持），“个人职业地位获得与社会转型中的结构延伸性”（陈婴婴主持），“乡村民间组织与公共空间研究”（潘杰主持），“社会研究定量分析模型研究”（夏传玲主持），“社会认同理论及经验研究”（王兵主持），“社会流动与社会阶层、阶级意识之关系研究”（李炜主持)，“中国现代化进程中仇富心理现象研究”(沈杰主持)，“企业组织变迁和创新过程中的信任”(陈华珊主持)，“城市高龄老人社区照护系统的形成及其发展中的问题”(张小曼主持)，“青少年越轨行为与犯罪相关性研究：兼评我国目前社区矫正工作对青少年行为规制与促进其社会化过程中存在的问题”(陈昕主持)，“全球化与工业化背景下的儿童肥胖症”(宋时歌主持)，“文化模式与社会秩序建构的演变”(张旅平主持)，“国家规制与宗教组织的发展：历史与现实的研究”(何蓉主持)，“企业劳动控制的所有制差异”(宓小雄主持)，“中国农村改革中的逆分化现象”(王颉主持)，“农村家庭赡养行为的变化”(唐灿主持)，“一个自我建构的诠释学研究”(徐冰主持)，“互助合作：理想、实践与转化——对柳青小说的社会思想史解读”(罗琳主持)。

3．科研组织管理新举措

2008年，社会学研究所加强了各类课题申报的管理，除严格审核课题的经费预算外，还对课题的选题和课题的论证进行了严格的规定。各类课题在向所科研管理部门提交申报书以前，首先要由研究室领导进行把关，有效保证了立项课题的质量。

（三）学术交流活动

1．学术交流

2008年，社会学研究所主办和承办的学术会议有：

(1) 2008年1月7日，社会学研究所举办了中韩“社会不平等问题”学术讨论会。

(2) 2008年5月26日，“社会形势分析与预测”课题组在北京召开工作会议，研究2008年的社会形势，讨论《2009年社会蓝皮书：社会形势分析与预测》写作思路。

(3) 2008年7月7～17日，社会学研究所举办的“社会心理学高级研讨班”在甘肃省兰州市举行。研讨班邀请美国伊利诺大学香槟分校的华人教授赵志裕、康莹仪系统讲授了实验社会心理学。来自全国社会心理学教学、科研机构的学者和学生近30人参加了研讨班。

(4) 2008年7月15日，社会学研究所承办了由中国社会科学院社会政法学部主办的“四川地震灾区社会重建调查报告暨研讨会”。有关单位的学者约60人出席了报告会。

(5) 2008年7月18～21日，中国社会学会社会政策专业委员会在上海主办“第四届社会政策国际论坛”。大会的主题为“社会建设中的社会政策与社会工作”。

(6) 2008年9月9日，社会学研究所举办第二届青年学术论坛。论坛的指导思想是落实中国社会科学院深化改革工作会议精神，加大青年后备人才队伍建设的力度，提高青年科研人员的研究能力，为青年研究人员提供一个学术交流和展示自我研究成果的平台。

(7) 2008年10月17～18日，社会学研究所与挪威科技大学在杭州市联合举办了“中国—挪威社会心理工作坊”。工作坊的主题是“奥运会对举办国国民社会心理影响研究”。

(8) 2008年10月29～30日，社会学研究所在北京承办“中德对话：社会市场经济与和谐发展”第四次工作会议。

2008年11月，"跨国公司的社会责任与劳动者保护"工作会议在北京召开。

（9）2008年11月4～5日，社会学研究所在北京举办"中国—挪威社会政策研讨会"。

（10）2008年11月15～16日，社会学研究所与荷兰跨国公司研究中心联合主办的"跨国公司的社会责任与劳动者保护"工作会议在北京举行。

（11）2008年11月20日，社会学研究所与英国海外发展署在北京联合举办"如何理解2000年以后中国农村贫困研讨会"。社会学研究所研究员王晓毅领导的"农村贫困课题组"介绍了他们基于12个村的定性研究所得出的一些初步观察结论。

（12）2008年12月7～8日，社会学研究所和中共太仓市委、太仓市人民政府联合主办的"苏南模式新实践——中国县域（太仓）现代化道路探索理论研讨会"在江苏省太仓市举行。

（13）2008年12月16～17日，社会学研究所承办了由中国社会科学院学部主席团主办的"改革开放30年国际研讨会"中的"中国社会发展30年论坛"。

（14）2008年12月20～21日，社会学研究所举办的"第三届中国社会学博士后论坛暨改革开放30年中国社会福利与社会建设研讨会"在福建省厦门市举行。论坛的主题是"改革开放30年中国社会福利与社会建设"。

2．国际与地区学术交流和合作

2008年，社会学研究所共有53批62人次出访，接待来访学者近100人次。与社会学研究所开展学术交流的国家和地区有美国、澳大利亚、日本、韩国、瑞典、挪威、泰国、越南、印度尼西亚、英国、德国、南非、埃塞俄比亚、西班牙、荷兰、丹麦、波兰、匈牙利、奥地利等国家和中国台、港、澳地区。其中：

（1）2008年1月4～11日，《社会学研究》编辑部主任渠敬东研究员等赴台湾参加"乐生怒活：2008年文化研究会议"。

（2）2008年1月18～21日，社会学研究所农村与产业社会学研究室副研究员许欣欣赴韩国首尔参加"世界大都市幸福感与竞争力学术研讨会"。

（3）2008年2月27日至3月1日，应东亚社会发展网络会议的邀请，社会学研究所所长李培林赴泰国曼谷参加"东亚社会发展网络会议2008年年会"。

（4）2008年2月27日，挪威劳动部副部长让·埃里克·斯托斯塔德一行访问社会学研究所。社会学研究所副所长陈光金等同他们进行了座谈。

（5）2008年4月1日，社会学研究所副所长陈光金会见以系主任盖尔为团长的挪威奥斯陆大学社会学系代表团，双方就2008年秋季在北京召开学术研讨会及合作问题交换了意见，并签署了学术交流备忘录。

（6）2008年4月10～17日，应德国柏林社会科学研究中心的邀请，社会学研究所副所长陈光金等赴德国柏林参加“社会分层研究国际讨论会”，并顺访曼海姆大学。

（7）2008年5月17～25日，应挪威科技大学的邀请，社会心理学研究室主任杨宜音率团访问挪威。代表团出访的目的是与挪威学者就举办奥运会对国民心态的影响问题进行交流。

（8）2008年6月28日至7月6日，应法国国家科研中心邀请，社会学研究所所长李培林率团赴法国巴黎、里昂进行访问，并出席学术研讨会。

（9）2008年9月15日至10月14日，根据中国社会科学院与英国学术院的学术交流协议，社会学研究所副所长陈光金赴英国访问。

（10）2008年10月8～23日，根据中国社会科学院与波兰科学院和匈牙利科学院的学术交流协议，社会学研究所研究员李银河率代表团赴波兰和匈牙利访问。

（11）2008年10月20～30日，根据中国社会科学院与俄罗斯科学院的学术交流协议，社会学研究所副所长汪小熙率代表团赴俄罗斯访问。

（12）2008年10月28日至11月4日，社会学研究所所长李培林随中央宣传部代表团赴越南参加“中越两党理论研讨会”。

（13）2008年11月21日至12月3日，根据中国社会科学院与俄罗斯科学院和罗马尼亚科学院的学术交流协议，社会学研究所副研究员许欣欣和谭深赴俄罗斯和罗马尼亚访问。

（14）2008年12月15～18日，国际社会学协会主席迈克尔·威维尔卡、新加坡国立大学东亚研究所所长郑永年、俄罗斯圣彼得堡社会学研究所所长叶莲娜、哥伦比亚大学中国法研究中心主任李本来华参加由社会学研究所承办的“改革开放30年国际研讨会”中的“中国社会发展30年论坛”。

此外，该所学者还多次接受《美国之音》、《读卖新闻》、《华盛顿邮报》、《新加坡海峡时报》、《南华早报》等境外媒体的采访和外国驻华使馆人员的访问。

（四）学术社团、期刊

1．社团

（1）中国社会学会，会长李培林（法人代表）。

2008年1月20日，由中国社会学会、中国社会科学院社会学研究所和深圳市精神文明建设委员会联合主办的“关爱精神与和谐社会建设理论研讨会”在广东省深圳市举行。中国社会科学院党组成员、副院长武寅出席会议并致辞。会议研讨的主要议题有“深圳关爱行动与和谐社会建设”、“关爱精神与城市品格”、“关心社会与城市文明”、“社会责任与城市经济”。

2008年7月20～23日，“中国社会学会2008年学术年会暨第七届理事会”在长春市举行。年会的主题是“光辉的30年：改革开放与中国社会学”。

（2）中国社会心理学会，会长乐国安，秘书长杨宜音。

2008年10月22～23日，中国社会心理学会2008年学术年会在天津召开。

2．期刊

（1）《社会学研究》（双月刊），主编李培林。

2008年，《社会学研究》刊载的有代表性的文章有郭于华的《作为历史见证的“受苦人”的讲述》，张岩的《社会组织与亲属制度研究》，王天夫等的《城市性别收入差异及其演变：1995～2003》，折晓叶的《合作与非对抗性抵制——弱者的“韧武器”》，陈映芳的《城市开发的正当性危机与合理性空间》，高柏的《中国经济发展模式转型与经济社会学制度学派》，王铭铭的《东南与西南——寻找“学术区”之间的纽带》，汲喆的《如何超越经典世俗化理论？——评宗教社会学的三种后世俗化论述》，杨念群的《章学诚的“经世”观与清初“大一统”意识形态的建构》，王晶的《中国农村医疗筹资公平性研究——基于全国八个农业县医疗筹资系统的实证研究》，周雪光的《基层政府间的“共谋现象”——一个政府行为的制度逻辑》，曹正汉的《产权的社会建构逻辑——从博弈论的观点评中国社会学家的产权研究》，赵鼎新的《费纳与政府史研究》等。

2008年，《社会学研究》获第四届中国社会科学院优秀期刊奖“期刊优秀奖”。

（2）《青年研究》（月刊），主编单光鼐。

2008年，《青年研究》刊载的有代表性的文章有：尚晓援等的《关爱受艾滋病影响的儿童——中国四地区的个案研究》，何明洁的《工作：自我转换的平台——服务业青年女性农民工日常工作研究》，余秀兰的《社会弱势群体教育支持政策解读——以关于城市流动儿童教育政策为例》，贾勇宏的《留守儿童的德行失范问题研究——对中部三省九县市的调查》，郭鑫等的《学生职业生涯规划需求状况及影响因素》，宋国恺的《大学生职业前适应问题分析》，杨雄等的《中国青少年对智障学生的态度调查》，庄渝霞的《当前生育政策微调的不可行性研究》，徐安琪、张亮的《父职参与对孩子的效用：一个生态系统论的视角》，罗观翠、顾江霞的《华南农民工NGO的组织环境分析》，杨晓明的《知青后代记忆中的“上山下乡”——代际互动过程中的传递与建构》，刘博的《生活方式的转变与社会身份的缺失——对服务业新生代农民工城市生活的个案研究》。

（五）会议综述

中国社会学会2008年学术年会暨第七届理事会

2008年7月20～23日，“中国社会学会2008年学术年会暨第七届理事会”在吉林省长春市举行。年会的主题是“光辉的30年：改革开放与中国社会学”。中国社会科学院常务副院长王伟光，吉林省委副书记王儒林，吉林省委常委、宣传部长荀凤栖，吉林省人大副主任车秀兰，吉林省政协副主席林炎志，中国社会学会名誉会长陆学艺、郑杭生等出席了开幕式。来自全国30多个省、市、自治区、港澳地区及韩国的代表参加了会议。

王伟光在开幕式上代表中国社会科学院对大会的召开表示热烈的祝贺。他指出，回首改革开放走过的30年，我们可以自豪地向世界宣示，中国社会主义现代化建设事业取得了举世瞩目的成就，这样的成就是全方位的，包括政治开明、经济发展、社会进步、文化繁荣、科技创新以及人民生活水平的提高等等。我们高兴地看到，社会学在恢复重建的近30年中，得到了迅速的成长，取得了显著的成果，与我国改革开放同进步、共发展，为促进我国社会经济发展作出了很大的贡献，在社会上产生了很大的影响，已经成为哲学社会科学的一支重要学术队伍。在今后加快推进以改善民生为重点的社会建设中，中国社会学肩负着重要的任务。

王伟光指出，在总结我们的经验和成就的同时，我们也要清醒地认识到，我国在现代化建设上还有很长的路要走，还要克服各种各样业已存在和即将出现的困难，从思想、理论和实践上都应有充分的准备。当前全国上下都在关注、支援地震灾区重建工作，我国社会学研究者也为灾后重建进行了各种各样的研究，这充分体现了社会学关注现实、了解现实、服务现实的学科特点和精神，这也是每个社会学研究者的社会责任。

王伟光希望中国社会学界今后要加强对我国所面临的重大现实问题的调查研究，积极服务于以改善民生为重点的社会建设，广泛深入地开展调查研究，特别是加强对就业、收入分配、社会保障、教育、医疗等民生问题的研究，密切关注我国面临的重大问题和发展趋势，充分发挥思想库和智囊团的作用；抓紧社会学和哲学社会科学创新体系建设，全面落实中央提出的创新国家体系建设精神；重视科研学风建设，继续保持和发扬光大费孝通等老一辈社会学家注重社会调查的优良学风；希望社会学研究工作者继续努力，中国13亿人口这样一个社会的巨大变化及其走向现代化的过程，是社会学兴起的契机，中国社会学工作者要抓住机遇，团结一致，努力进取，使中国社会学走向世界。

荀凤栖代表吉林省委、省政府对大会的召开表示热烈祝贺。他简要地介绍了吉林省经济社会发展情况，指出吉林省的发展振兴虽然取得了一定的成绩，但是还存在许多困难和问题，未来几年是振兴吉林老工业基地的关键阶段，热切盼望来自全国各地的专家学者能为吉林经济社会全面协调可持续发展献言献策，期盼哲学社会学工作者强化对于事关经济社会发展全局的重大理论和实际问题的研究和思考，在解决实际问题中深化理论，在阐释和发展理论的过程中推进实际问题的解决；深化社会发展和社会建设规律的研究，认真回答人民群众最关心的热点、难点问题，促进社会的稳定和繁荣。

在大会开幕式上，中国社会学会会长、中国社会科学院社会学研究所所长李培林致开幕词，中国社会学会副会长、吉林省社会科学院院长邴正致欢迎词。开幕式后，郑杭生、邴正、沈原、王宁、陈映芳、王雅林、李小云等七位学者分别作了专题学术报告。

大会共设15个论坛，分别为“中国农村改革开放30年”、“改革开放进程中的公共安全管理研究”、“当代中国农村宗族、传统与地方治理”、“中国社会调查30年”、“社会稳定有序与社会管理机制”、“社会建设的理论与实践”、“社会变迁中的理论社会学”、“社会工程与社会政策”、“改革开放30年与女性发展”、“北京奥运与和谐社会”、“华人社会中产阶级研究”、“新农村建设：社会政策与农村合作组织”、“当代中国移民问题研究”、“当代中国农村宗族、传统与地方治理”、“中国改革开放与传媒社会学”。会议共收到论文622篇，经论文评审组评选，有9篇论文获一等奖，20篇论文获二等奖。

学术年会之前，召开了中国社会学会第七届理事会，选举产生了中国社会学会新一届领导机构，李培林当选为会长，王思斌、卢汉龙、刘敏、宋林飞、李友梅、李强、李路路、邴正、蔡禾、潘允康当选为副会长，谢寿光当选为秘书长。

年会由中国社会学会主办，吉林省社会科学院、吉林省社会科学界联合会、吉林省社会学会、吉林大学和东北师范大学联合承办。

（高　鸽）

“中德对话:社会市场经济与和谐发展”第四次工作会议

2008年10月29～30日，由中国社会科学院社会学研究所承办，中国社会科学院国际合作局、德国阿登纳基金会和德国技术合作公司联合主办的“中德对话:社会市场经济与和谐发展”第四次工作会议在北京举行。中国社会科学院国际合作局局长杨扬、德国阿登纳基金会北京办事处主任、德国技术合作公司北京代表处高级顾问出席会议并致辞。会议的主题是“中国和德国的社会政策”。

会议分四个单元进行研讨。第一单元为“社会福利与反贫困”；第二单元为“收入分配和税收政策”；第三单元为“移民的社会保障”；第四单元为“农村社会保障”。

在“社会福利与反贫困”单元中，中国社会科学院经济研究所副所长朱玲研究员发表了题为《经济全球化中的农村迁移工人职业健康保护》的演讲，她重点介绍了中国农民工劳动保护的状况，工作伤害与贫困的关系。中国社会科学院社会学研究所王晓毅研究员发表了题为《如何理解21世纪中国农村的贫困》的学术演讲，他从甘肃、江西、云南、内蒙古农村的社会调查数据出发，论述了社会发展和农村贫困的关系。来自经济合作发展组织的罗伯特发表了题为《农村和城市地区的减贫战略：财政工具的使用，公共服务和其他政策》的学术论文。

在“收入分配和税收政策”单元中，中国社会科学院经济研究所魏众研究员发表了题为《中国改革30年的收入分配指导思想、收入格局和社会公平观》的学术演讲，他全面介绍了中国改革开放以来政府在收入分配与社会公平方面所作的努力。中国社会科学院财政与贸易经济研究所副所长高培勇研究员发表了题为《打造功能齐全的中国税制体系》的演讲，他详细介绍了改革开放以来中国税收体系的变化情况。德国德累斯顿经济研究所执行副所长拉格尼兹教授介绍了德国税收体系中关于地区和个人的分配元素，介绍了执行中的问题和未来发展。

在“移民的社会保障”单元中，中国社会科学院人口与劳动经济研究所王德文研究员介绍了目前我国农民工的社会保障状况，提出了体制改革的政策建议。中国社会科学院社会学研究所王春光研究员对中国农村流动人口在城市的社会流动进行了全面考察。中国—欧盟社会保障改革项目专家赫伯特教授介绍了欧盟成员国间的跨国界流动。

在“农村社会保障”单元中，中国社会科学院社会学研究所研究员唐钧和副研究员张时飞分别介绍了中国农村社会养老保险制度探索与发展和中国农村最低生活保障制度的现状、问题与对策。德国联邦议会议员、法兰克福大学教授沃尔福冈介绍了德国社会保障体系改革和资金提供情况。

来自中国和德国的学者约50人出席了会议。

（赵克斌）

苏南模式新实践——中国县域（太仓）现代化道路探索理论研讨会

2008年12月7～8日，由中国社会科学院社会学研究所和中共太仓市委、太仓市人民政府联合举办的“苏南模式新实践——中国县域（太仓）现代化道路探索理论研讨会”在江苏省太仓市举行。中国社会科学院副院长武寅、学部主席团成员汝信、学部秘书长何秉孟出席会议并讲话。苏州市委副书记徐建明到会致辞。中国社会科学院荣誉学部委员陆学艺、社会学研究所所长李培林及来自全国各地的专家学者40多人参加了会议。

武寅首先代表中国社会科学院对会议的召开表示热烈的祝贺。她指出，此次会议基于苏南尤其是太仓30年改革开放发展的成功经验，对我国县域现代化的理论和实践进行理论总结和探索，意义非常重大。在现阶段，县域经济社会发展和现代化还滞后于我国经济社会现代化发展的整体进程，突出反映了我国目前城乡发展严重不平衡的问题，加大县域发展的力度，应当成为今后相当长一个时期我国经济社会发展的重中之重。太仓市是我国县域经济社会发展的实践中涌现出的一个工业化、城市化和现代化的先行者，目前经济社会协调发展，社会结构比较合理，人口城市化水平高，城乡收入差距小，劳动就业充分，利益关系协调，国民教育体系较为完善，社会保障和医疗卫生体系相当健全，生态环境总体良好。太仓的县域现代化历程，生动而有力地证明了只要坚持走以人为本、全面协调可持续发展的道路，社会主义现代化与和谐社会建设就能取得成就和成功。

武寅指出，太仓市是中国社会科学院社会学所长期联系的研究基地，15年前就成立了中国社会科学院社会学所太仓市经济社会发展研究中心，双方曾经共同完成了许多重要课题，取得了一批可喜的研究成果。希望双方继续加强合作，不断总结、提升太仓市县域现代化发展的经验，探索县域现代化发展道路，加强对中国社会变迁中的重大理论和现实问题的研究，为推动我国社会建设和促进社会和谐作出应有的贡献。

参加会议的专家认为，太仓的实践表明，苏南现代化新实践的核心是科学发展，动力是深化改革，着力点是思想观念的转变，运作方式是统筹协调，太仓就是一个很好的个案。太仓现代化走得是一条符合太仓实际、拓展自身优势、注重实践效果、具有太仓特色的现代化发展之路，太仓的做法为全国各地县域现代化提供了宝贵的经验和借鉴。

（社　研）

第三届中国社会学博士后论坛暨改革开放30年中国社会福利与社会建设研讨会

2008年12月20～21日，由中国社会科学院、全国博士后管理委员会主办，中国社会科学院博士后流动站、中国社会科学院社会学博士后流动站、厦门大学社会学系、厦门华融集团有限公司承办的“第三届中国社会学博士后论坛暨改革开放30年中国社会福利与社会建设研讨会”在福建省厦门市召开。论坛由厦门大学公共事务学院教授张友琴主持，厦门大学公共事务学院副院长胡荣教授、全国博士后科学基金会秘书长庄子健、中国社会科学院社会学研究所所长李培林、中国社会科学院博士后流动站处长李晓林等发表了讲话。与会学者围绕改革开放30年中国社会福利与社会建设等主题进行了深入研讨。

中国社会科学院学部委员、政法学部副主任景天魁研究员作了题为《福利社会学的主题》的专题演讲。他认为，从历史上看，社会福利实现从个人福利向国家福利、家庭福利向社会福利的变迁是一个必然趋势，而推动这种变迁的原因不仅仅是工业化和城市化的结果，也是政治与意识形态斗争的结果。改革开放30年中国的社会发生了深刻变化，社会学也应作出相应的回应，其具体表现形式便是福利社会学研究的兴起，人们对待福利的态度也由以前的国家恩赐转向公民的一项基本权利等。在他看来，福利与发展不一定呈正相关，社会福利研究的目标既不是寻求社会福利最大化，也不是走向发展主义，而是寻求两者之间的平衡。

中国社会科学院社会学研究所所长李培林研究员总结了改革开放30年中国社会政策的变化，认为社会政策实现了由改革开放前的“为阶级斗争服务”到改革开放初期的“为经济建设服务”再到现时期的“为社会发展服务”的转变。全面建设小康社会目标的提出，标志着社会政策开始从效率导向转向公平导向。而现阶段中国社会政策重点要解决城乡二元结构、收入分配不公、失业问题严峻以及人口老龄化等问题，这就要求我们加强社会改革，建立一套新的多元化社会管理体制，实现各个方面的平衡。

南开大学教授彭华民认为，中国社会福利的供给应该由“问题取向”向“社会质量取向”以及“社会需要取向”转变，社会政策由社会成员的需要决定应当是社会福利研究的基本价值取向。为此，她提出了社会政策的社会需要取向要求，以此来解决社会需要由谁定义、如何定义、如何测量、如何满足等问题。

南京大学公共管理学院副院长林闽钢教授则结合中国农村医疗保障制度的分析，指出集体经济的衰退是中国传统农村医疗合作失败的根本原因，总结了传统农村合作医疗在制度设计方面的成功之处，提出与中国治理贫困的实践一样，农村合作医疗也是一种成功的中国模式。同时，他认为，正在实施的新型农村合作医疗制度已经从民办公助模式转向公私合作模式转变，这种模式从供给和需求两个角度构造了一种新型农村合作医疗运作模式。

在论坛上，与会博士后代表围绕社会福利与社会建设方面问题进行了研讨。徐延辉在对农村劳动力流动实证调研的基础上提出了劳动力剩余价值概念，并对社会劳动力的软资本和硬资本进行了量化区分；崔凤对中国民间组织工作人员社会保障状况进行了调研，提出民间组织社会保障问题分析框架；赵定东认为“社会福利社会化”理念中存在三大认识误区，主张强化政府在社会福利建设中的作用；吕庆春认为，中国社会保障与社会福利建设正在实现从制度排斥到社会整合的有机转换；胡献忠则探讨了复合型社团的社会建设现状、存在问题以及对策建议；孟翔飞通过对“莫地棚户区”改造的实证分析，探讨了社区治理与社会建设中应该注意的问题；梅哲结合西部开发对重庆社会建设问题进行了实证性探讨；袁金辉探讨了基本公共服务均等化与农村社会福利建设的关系；杨馥郁从系统动力学的独特视角分析了作为一种社会福利的中国教育问题；高和荣则指出，中国社会福利研究过程中出现的种种问题实质上主要依赖了政治、经济视角，必须从这两个误区中走出来，坚持从社会结构视角分析社会福利问题；周广庆通过对中国历史上的人口劫难的分析，提出要实现人口革命，关键是解决人口老龄化问题，并创造性地提出“房产养老”等养老模式。

出席论坛的专家学者和社会学博士后共 50 人。

（李小琳）

新闻与传播研究所

（一）人员、机构基本情况

截至 2008 年年底，新闻与传播研究所共有在职人员 41 人。其中，正高级职称人员 8 人，副高级职称人员 11 人，中级职称人员 12 人；高、中级职称人员占全体在职人员总数的 76%。

新闻与传播研究所设有新闻学研究室、传播学研究室、网络与传媒研究室、新闻事业研究室、中国新闻年鉴社、《新闻与传播研究》编辑部、图书资料室和办公室。

（二）科研工作

1．科研成果统计

2008年，新闻与传播研究所共完成专著3部， 85.2万字；论文60篇，74万字；研究报告49篇，200万字；一般文章29篇，8.7万字；入选论文集文章1篇，0.3万字；译著1部，15.6万字。

2．科研课题

（1）新立项课题

2008年，新闻与传播研究所共有新立项课题10项。其中，院重大课题1项：“跨国媒体传播战略研究”（姜飞主持）；院重点课题2项：“电视知识分子研究”（时统宇主持），“广告主对大众传媒的影响与控制”（王凤翔主持）；所重点课题5项：“互联网在中日传播中的作用”（刘志明主持），“胡锦涛同志新闻宣传思想的理论创新”（孟威主持），“胡锦涛新闻思想与全球化语境”（王凤翔主持），“后奥运时代主流媒体新闻报道的国际视野研究”（张化冰主持），“网络日志中的符号互动”（赵康主持）；所课题追加资助1项：“传播学在中国的30年(1978～2008)高端DV访谈”（姜飞主持）；国情调研课题1项：“新媒体发展与党的执政能力建设研究”（庄前生主持）。

（2）结项课题

2008年，新闻与传播研究所共有结项课题8项。其中，院A类重大课题2项：“收视率导向研究”（时统宇主持），“21世纪世界新闻传播格局研究”（明安香主持）；院重点课题1项：“中日传播比较研究”（刘志明主持）；所课题3项：“论媒介消费的司法保护 ”（宋小卫主持），“谁是播客？”（杨斌燕主持），“中国电影体制改革研究”（谢明主持）；国情调研课题1项：“牡丹江新闻传媒集团体制改革调研”（尹韵公主持）；国情考察课题1项：“党史教育与经济社会考察”（庄前生主持）。

（3）延续在研课题

2008年，新闻与传播研究所共有延续在研课题31项。其中，国家社科基金课题5项：“电视娱乐节目：传播形态与社会影响研究”（杨瑞明主持），“中外传媒集团比较研究”（唐绪军主持），“媒介行为的伦理道德问题研究”（孟威主持），“完善我国媒介消费投诉的受理机制”（宋小卫主持），“媒介话语：语言与意识的博弈”（姜飞主持）；院重大课题2项：“美国政府与新闻媒体关系研究”（张西明主持），“我国网络媒体的发展态势、影响力与和谐社会的构建”（尹韵公、孟威主持）；院重点课题7项：“大众媒介中的成就观念及其与传统文化的关系”（刘晓红主持），“清末官方新闻活动研究”（李斯颐主持），“当前中国电视新闻发展中的问题与对策”（殷乐主持），“E时代美、日与欧盟的媒介产业政策之演变”（张放主持），“中国民营传媒业发展报告”（唐绪军主持），“当代中国人际传播的现实与观念”（王怡红主持），“文明传播学的跨学科研究与学科创建”（张丹主持）；院青年科研启动基金课题3项：“中国新闻评价标准研究”（钱莲生主持），“网络‘客’文化研究”（张化冰主持），“网络传播侵犯隐私权研究”（王颖主持）；

所重大课题3项："中国传播学研究30年大事记"（王怡红主持），"传播学在中国的30年(1978～2008)高端DV访谈"（姜飞主持），"传播研究网（所网站）改版"（唐绪军主持）；所重点课题6项："编码/解码的困境与景观/表演的适用性：受众研究的范式变迁及思考"（殷乐主持），"《新闻学刊》全文数据库"（王辉主持），"新闻自由与隐私权保护的冲突与平衡"（王颖主持），"新媒体对我国舆论监督机制的影响探析"（张化冰主持），"新媒体在组织文化建构与传播中的作用"（雷霞主持），"西方广告法制研究"（王凤翔主持）；交办课题3项："媒体与科技传播能力建设"（尹韵公主持），"发达国家媒体管理与宪法精神的调研"（唐绪军主持），"新闻舆论监督与相关法规研究"（庄前生主持）；国情调研课题2项："中国传媒业投资多元态势及文化安全对策调研"（唐绪军主持），"新媒体发展与党的执政能力建设研究"（庄前生主持）。

3．科研组织管理新举措

2008年，新闻与传播研究所学术委员会修订了所重大课题和所重点课题申请立项的有关规定，并增补了后期追加资助制度。

（三）学术交流活动

1．学术活动

2008年，新闻与传播研究所主办或主要承办的学术会议有：

(1) 2008年1月25日，新闻与传播研究所在北京主办"庆祝新闻与传播研究所建所30周年暨网络文化建设与发展专家座谈会"。会议研讨的主要问题有"促进网络文化与传统文化的互动融合"、"青少年网瘾的现状及对策"、"用先进的网络文化去占领互联网阵地"、"新闻网站的舆论引导作用"、"擅自篡改他人文章标题行为的法律规制"、"网络文化发展中的技术因素"、"网络舆情特征与量化分析"等。

(2) 2008年4月26日，新闻与传播研究所在北京举办了"首届中国人际传播论坛"。论坛的主题为"中国社会转型期与网络时代的人际传播与人际关系研究"。50余位专家学者参加了会议。

(3) 2008年5月10～11日，由中国社会科学院社会政法学部主办、新闻与传播研究所和深圳大学传播学院共同承办的"第十届中国传播学大会"在广东省深圳市召开。会议的主题为"从历史到未来：传播、对话、共

2008年4月，"首届中国人际传播论坛"在北京召开。

享”。来自海内外的200余名专家学者参加了会议。

(4) 2008年11月25日，由新闻与传播研究所主办、温州日报报业集团承办的“中国新闻年鉴第28届全国工作会议”在浙江省温州市举行。会议研讨的主题是“中国新闻年鉴的编辑出版工作”。

2．国际与地区学术交流和合作

2008年，新闻与传播研究所共派遣出访14人次，接待来访8人次。与新闻与传播研究所开展学术交流的国家和地区有美国、瑞典、加拿大、日本、菲律宾、德国、加纳、老挝等国家和中国的香港地区。其中：

(1) 2007年12月5～9日，新闻与传播研究所党委书记庄前生应“环境与健康国际学术会议”邀请，赴香港参加了“2007：空气质素与健康”研讨会，并作了题为《加强健康传播　促进生态文明　共建和谐社会》的主题演讲。

(2) 2007年12月17～18日，新闻与传播研究所研究员卜卫应香港中文大学新闻与传播学院的邀请，参加了在香港召开的“信息技术与社会责任国际研讨会”。

(3) 2008年5月22～26日，新闻与传播研究所研究员卜卫应邀出席了在加拿大蒙特利尔召开的国际传播协会第58届年会。

(4) 2008年5月23日，美国南卡罗莱大学新闻与传播学院广告系副教授魏然来新闻与传播研究所作学术访问。新闻与传播研究所所长尹韵公等会见客人，并举行了以“中美媒体与政府的关系”为主题的座谈会。

(5) 2008年6月13～14日，新闻与传播研究所研究员卜卫参加了在香港召开的第六届中国互联网年会，并作了题为《互联网研究的视角与方法论》的学术报告。

(6) 2008年6月27日至12月18日，新闻与传播研究所王颖参加了“德国全球治理培训项目”第四期培训班。

(7) 2008年7月14～17日，新闻与传播研究所研究员卜卫出席了在菲律宾马尼拉召开的“亚洲媒介信息与传播年会”。

(8) 2008年7月16～25日，应日本北海道大学邀请，新闻与传播研究所所长尹韵公、副所长唐绪军一行赴日本进行学术访问。

(9) 2008年7月27日至8月24日，新闻与传播研究所接待了中国社会科学院与瑞典斯德哥尔摩大学交流协议项目来访学者乌普萨拉大学中国文化传播学科高级讲师琳娜·瑞德姆（Lena Rydholm）。

(10) 2008年8月9～15日，新闻与传播研究所研究员卜卫参加了在加纳阿克拉召开的“我们的媒介第7届年会”。会议的主题是“认同、包含、创新：全球化世界里的替代性传播”。

(11) 2008年9月7～10日，新闻与传播研究所研究员卜卫应邀参加了在香港召开的“第17届国际防止儿童虐待及忽略照顾年会”，并在大会上作了题为《中国经验分析：儿童参与反对暴力的传播倡导》的报告。

(12) 2008年9月17～19日，新闻与传播研究所研究员卜卫应邀参加了在老挝召开的“联合国儿童基金会区域拐卖评估专家讨论会”。

(13) 2008年11月2日，新闻与传播研究所在北京召开了“中日传播研究研讨会”。作为对新闻与传播研究所访日代表团的回访，北海道大学国际传媒与观光研究生院院长杉浦秀一、北海道日中关系学会会长、北海道大学国际传媒与观光研究生院教授高井洁司、北海道大学国际传媒与观光研究生院专门研究员西茹来新闻与传播研究所进行学术访问，并参加了“中日传播研究研讨会”。

（四）学术社团、期刊

(1)《新闻与传播研究》(双月刊)，主编尹韵公。

2008年，《新闻与传播研究》共出版6期，共计105万字。该刊对“网络研究”、“新闻史论”等栏目进行了调整，新增了“新媒体研究”、“胡锦涛新闻思想笔谈”、“西方媒体报道与西藏3·14暴力事件”、“新闻传播与汶川大地震新闻报道”等栏目或专题。该刊全年刊载的有代表性的文章有尹韵公的《论胡锦涛新闻思想的时代特征》，张昆的《网络时代马克思主义新闻思想的新发展》，董天策的《在开放与控制之间：危机传播的基本准则与尺度》，侯宏虹的《政治博客影响力的长尾分析》，罗云力的《西欧政党的传媒党化》，王怡红的《中国大陆人际传播研究与问题探讨（1978～2008)》，姜飞的《中国跨文化传播研究三十年探讨》，曾庆香的《论文化公民身份及其建构——以〈感动中国〉、北京奥运开幕式为例》，刘瑞生的《涉藏报道与美国主流媒体的意识形态性》，郑欣的《政府官员：一个特殊群体的媒介认知及其应对行为研究》，李曦珍、王晓刚的《全球化背景下的文化渗透与冲突》，林晓光的《日本对华战略文化形成的社会舆论机制》，林晖的《中国主流媒体与主流价值观之构建》，黄春平的《汉代邸报考》，余虹的《网络论坛舆论领袖筛选模型初探》，杨嫚的《数字鸿沟及其界定选择——以美国为例》等。

(2)《中国新闻年鉴》(2008年卷)(年刊)，主编钱莲生。

《中国新闻年鉴》2008年卷共计170万字。设有20个栏目，分别为“要文”、“典章”、“全国新闻事业专项综述”、“中央主要新闻媒体社团概况”、“地方新闻事业概况”、“港澳台新闻传播业概况”、“高层

2008年11月，“中国新闻年鉴第28届全国工作会议”在浙江省温州市举行。

视点”、“新论选摘”、“新书”、“经验”、“评奖”、“调查”、“中国新闻传媒集团专题”、“人物”、“机构”、“统计”、“纪事”等。该卷年鉴对“人物”、“评奖”、“统计”等栏目进行了调整，在“人物”栏目中，增加了十七大全国新闻宣传界代表名录；在“评奖”栏目中增加了吴玉章奖（新闻学）的评奖内容；在“统计”栏目中，增加了中国广播电视统计的内容。该卷还新增了“中国记协70年专辑”、“专题：新媒体”等栏目；发表了中宣部新闻局提供的《十七大宣传报道综述》等；摘编了全国新闻专业期刊发表的年度有代表性的论文、观点170多篇（条）。此外，该卷还在“附录”部分增加了中央新闻机构驻国外及境外记者站名录。

（五）会议综述

第十届中国传播学大会

2008年5月10～11日，由中国社会科学院社会政法学部主办、中国社会科学院新闻与传播研究所和深圳大学传播学院共同承办的“第十届中国传播学大会”在广东省深圳市召开。会议的主题为“从历史到未来：传播、对话、共享”，研讨的主要问题有“传播学在中国30年”、“中国传播学研究的回归与建构”、“发展传播与文明传播”、“传播学理论与方法”、“媒介研究热点”、“风险社会与危机传播”、“新媒体传播研究”、“传播教育与媒介素养”、“奥运与传播”、“广告与媒介策略”、“传播与公共领域”、“媒介经营管理研究”、“媒介文化研究”等。

中国传播学会会长、中国社会科学院新闻与传播研究所所长尹韵公致开幕词。深圳大学副校长及有关方面的领导出席了大会。来自中国社会科学院、北京大学、清华大学、中国人民大学、中国传媒大学、北京外国语大学、上海复旦大学、上海外国语大学、上海大学、浙江大学、南京大学、华中科技大学、中国科技大学、香港中文大学、香港浸会大学、台湾交通大学、美国约翰·霍普金斯大学、康奈尔大学、纽约大学、亚利桑那州立大学、肯特州立大学、扬斯顿州立大学、英国牛津大学、日本早稻田大学等海内外高校与学术研究机构的200多名专家学者参加了会议。会议共收到论文330余篇。该会成为历届传播学大会规模最大、参会人数和提交会议论文最多的一次盛会。

与会学者认为，传播学是20世纪人类创造的精神财富，也是21世纪人类重要的精神财富。人类传播的实践及有关传播的观念和思想，已经成为影响人类日常生活的重要力量。传播学建构起来的知识体系，正在成为对社会与个人的进步和发展进行合理解释的一个重要层面。改革开放30年，中国传播学的发展与中国的现代化进程相得益彰，中国传播学的观念、体制及传播方式发生着深刻的变革；中国的传播实践正面临全球化与高科技的挑战，呼唤着理论的阐释与回应；中国传播学的创新与构建，正亟待与中国传播业的互动共济，借此建立中国特色的传播研究范式，实现中国传播学的本土化发展以及与其他人文社会科学的交叉融合与跨学科领域的拓展。

（雷　霞）

国际研究学部

世界经济与政治研究所

（一）人员、机构基本情况

截至2008年年底，世界经济与政治研究所共有在职人员107人。其中，正高级职称人员24人，副高级职称人员33人，中级职称人员26人；高、中级职称人员占全体在职人员总数的78%。

世界经济与政治研究所设有国际金融研究室、国际贸易研究室、国际产业经济研究室、宏观经济分析与统计研究室、国际政治研究室、国际战略研究室、经济发展研究室、国际投资研究室、综合研究室、《世界经济》编辑部、《世界经济与政治》编辑部、《国际经济评论》编辑部、*China & World Economy*（《中国与世界经济》）编辑部、《世界经济年鉴》编辑部、党委办公室、所长办公室、科研处、人事处、办公室、杂志社、信息资料中心。

（二）科研工作

1．科研成果统计

2008年，世界经济与政治研究所共完成专著12种，604.5万字；论文138篇，152.2万字；研究报告63篇，100.1万字；教材2部，60.1万字；译著3种，100.1万字；译文1篇，0.3万字；工具书1种，130万字；一般文章104篇，37.36万字。

2．科研课题

（1）新立项课题

2008年，世界经济与政治研究所共有新立项课题23 项。其中，国家社科基金课题3项：“日本制造业演进的创新经济学分析：对技术创新与组织创新的一种新认识”（李毅主持），“冷战后大国的核战略、防扩散战略的调整与核不扩散体制危机的解决思路”（邵峰主持），“国际贸易协定与国内经济调整——美国的经验及对中国的借鉴作用”（田丰主持）；院重大课题1项：“中国外交60年：历史、利益与战略”（王逸舟、谭秀英主持）；院重点课题3项：“FDI技术溢出的条件性：对信息通讯产业R&D投入的经验分析”（王玲主持），“无线（移动）互联网产业国际比较研究——商业模式的角度”（乔为国主持），“中国上市公司治理：评价与案例”（鲁桐主持）；院青年科研启动基金课题3项：“美国次贷危机研究”（张明主持），“FTA框架下的环境合作研究”（东艳主持），“资产专用性对全球生产网络收益分配的影响”（李国学主持）；院国际研究学部应急课题3项：“美国次贷危机和人民币加速升值对中国出口的冲击”（姚枝仲主持），“美国次贷危机为中国提供的机会”（余永定主持），“全球通货膨胀与中国应对措施”（高海红主持）；

所重点课题9项："全球生产网络下中国的外资政策选择"（李国学主持），"核能与后京都议定书时代中国能源选择"（薛力主持），"贸易制度安排对国家间政治冲突的影响"（郎平主持），"深度一体化与外国直接投资"（东艳主持），"主权财富基金研究"（张明主持），"灾区资源转化的SWOT分析及对策——以四川广元为例"（蒋尉主持），"生产分割和中间产品贸易的关系及对环境的影响"（马涛主持），"攻防理论与国际性战争"（徐进主持），"国际气候变化谈判的趋势及中国的应对"（田慧芳主持）；研究室启动基金课题1项："信任对公司规模及公司合作模式的影响——理论与实证研究"（涂勤主持）。

（2）结项课题

2008年，世界经济与政治研究所共有结项课题27项。其中，院B类重大课题1项："国际金融学科建设"（高海红、陈虹主持）；国情调研课题7项："世界经济失衡和中美贸易逆差"（李向阳主持），"世界农业发展一般规律与中国现代农业建设"（吴广义主持），"借鉴国外经验，健全海南省金融服务体系"（王秀奎主持），"关于政府消费核算的若干问题"（何新华主持），"关于尽快建立我国 FAST 统计制度的可行性调研"（吴海英主持），"珠三角地区外资企业收入分配调查"（刘仕国主持），"中国应急管理机制现状调研——以北京、重庆、内蒙古为例"（王德迅、邵峰主持）；院青年科研启动基金课题6项："生物技术产业规制的国际比较研究——以植物转基因产业为例"（魏蔚主持），"基于实物期权法的高科技项目投资管理"（孔杰主持），"中国高投资、低消费现象研究"（曹永福主持），"人民币升值对我国不同产业的影响研究"（李众敏主持），"如何有效管理浮动人民币汇率"（张斌主持），"技术能力建设与后发工业国的技术赶超"（万军主持）；所重点课题9项："日本从技术引进到技术立国的历史启示——兼论中国改变'加工厂'地位的路径选择"（李毅主持），"欧洲工业化进程中农村劳动力流动的技术条件"（蒋尉主持），"2007年度中国国际关系学科发展报告"（谭秀英主持），"区域经济合作与产业分工体系的变动趋势"（刘秀莲主持），"中国高技术产业技术投入、国际贸易和生产率变动间的关系研究"（王玲主持），"核能与后京都议定书时代中国能源选择"（薛力主持），"近代中国主权意识觉醒与国家利益的再建构"（但兴悟主持），"美国参与东亚贸易自由化对中国的影响研究"（李众敏主持），"业务持续管理（BCM）：企业危机管理的新思维"（王德迅主持）；院国际研究学部应急课题2项："美国次贷危机为中国提供的机会"（余永定主持），"全球通货膨胀与中国应对措施"（高海红主持）；院交办委托课题2项："全球生态文明观与中国生态产业的实践"（吴广义主持），"党中央提出全民牢固树立生态文明观正逢其时"（王秀奎主持）。

（3）延续在研课题

2008年，世界经济与政治研究所共有延续在研课题47项。其中，国家社科基金课题2项："日本的战略文化与中日战略互惠关系的建构"（卢国学主持），"美国贸易逆差的可持续性及其对世界经济的影响"（何帆主持）；国家自然科学基金课题1项："跨国公司战略调整与中国产业成长"（宋泓主持）；院重大课题13项："WTO与世界经济新秩序"（李向阳主持），"全球化条件下中国对外经济发展战略”(李向阳主持),“开放条件下的宏观经济政策——理论框架、国际经验与中国问题”(余永定主持),“《马克思 恩格斯 列宁 斯大林 毛泽东 邓小平 江泽民 胡锦涛论国际问题》(精选)”(余永定、刘国平主持),“开放条件下跨国公司与发展中国家的产业成长——国际经验及对我国的启示”(宋泓主持),“外交决策分析:理论、方法与案例”(王鸣鸣主持),“传染病对经济发展和国家安全的影响及对策分析”(何帆主持),“经济全球化条件下各国产业政策的调整和比较”(魏蔚主持),“中国跨国公司50家数据库”(鲁桐、张金杰主持),“2004～2005年世界经济与政治研究所网站创新工程”(石新香主持),“中国加入国际汇率政策合作机制研究”(高海红、张斌主持),“世界经济模型”(何新华主持),“国际体系与中国的对外战略选择”(李少军主持);院重点课题8项:“国际生产与分工网络:模式、原因与参与收益”(姚枝仲主持),“中国与周边国家经济、安全合作的统筹政策研究”(沈骥如、邵峰主持),“社会责任投资的绩效分析”(陈虹主持),“区域债券市场发展的比较研究”(孙杰主持),“中国与国际组织:一项遵约行为研究”(袁正清主持),“居民生活和收入满意度的国家比较研究”(涂勤主持),“国外大型客机产业发展的比较研究”(万军主持),“外商直接投资对中国居民收入差距的影响”(刘仕国主持); 院青年科研启动基金课题6项:“冷战后非政府组织参加国际会议和中国对策”(袁正清主持),“最优汇率制度与人民币汇率制度改革”(姚枝仲主持),“我国区域自主技术创新能力决定的环境因素分析”(乔为国主持),“中国国际关系理论中的全球化与全球主义研究”(但兴悟主持),“发展中国家与WTO争端解决机制”(田丰主持),“可计算的一般均衡模型(CGE)及其在经济政策研究中的应用”(田慧芳主持);国情调研课题2项:“煤炭产业的发展、环境污染的治理与地方政府的作用”(何帆主持),“跨国公司在华并购与国家经济安全”(余永定主持);国情考察课题1项:“中部地区对外开放的实践”(李向阳主持);所重点课题13项:“中国对外贸易增长的新特征及其原因”(姚枝仲主持),“转基因生物技术产业发展中的技术进步与政府规制研究”(魏蔚主持),“从综合安全视角看‘颜色革命’性质与规律”(卢国学主持),“非政府组织与非传统安全研究”(袁正清主持),“期限匹配和公司资本结构——一个理论框架”(孙杰主持),“从产业政策到竞争政策——东亚国家政府干预方式的转型与产业竞争力的变化”(万军主持),“债券市场与企业筹资方式选择”(陈虹主持),“美国在多边贸易体系的诉讼行为:方式与决定因素”(田丰主持),“北约组织的转型及其走向”(高华主持),“中澳自由贸易协议可行性分析”(田慧芳主持),“联合国改革的组织惯性分析”(李东燕主持),“中美贸易摩擦的利益集团博弈分析框架”(宋志刚主持),“中国上市公司独立董事制度与企业价值研究”(鲁桐主持);院交办委托课题1项:“‘和谐哲学’理念与中国外交的新进展”(邵峰主持)。

(4)撤项课题

2008年,世界经济与政治研究所共有撤项课题1项,即所重点课题:“中国家族企业治理结构特征及其改进路径”(王巍主持)。

（5）转移课题

2008 年，世界经济与政治研究所共有转移课题 1 项，即国家社科基金课题：“俄罗斯金融制度变迁的状况与发展趋势——兼论对我国金融改革的借鉴”（米军主持），转至浙江师范大学。

3．科研组织管理新举措

2008 年 9～12 月，世界经济与政治研究所作为中国社会科学院聘任制改革试点单位，从学科建设的角度出发对现有的研究室进行了“撤、改、立”三项调整工作。2008 年 12 月，撤掉原有的跨国公司与国际经济组织研究室，新成立了国际投资研究室和综合研究室，原有的世界产业结构研究室更名为国际产业经济研究室，世界经济统计分析研究室更名为宏观经济分析与统计研究室。

（三）学术交流活动

1．学术活动

2008 年，世界经济与政治研究所主办和承办的重要学术会议有：

（1）2008 年 4 月 10 日，由世界经济与政治研究所《国际经济评论》编辑部主办的“美国次贷危机与中国专题研讨会”在北京举行。会议的主题是“美国次贷危机及其对中国的影响”。

（2）2008 年 6 月 13 日，由中国社会科学院亚洲研究中心主办、世界经济与政治研究所《世界经济与政治》杂志编辑部承办的“东亚共同体：制度构建与区域认同学术研讨会”在北京举行。会议的主题是“东亚共同体：制度构建与区域认同”。

（3）2008 年 10 月 13～15 日，由中联部主办、世界经济与政治研究所承办的“第七届亚欧人民论坛（分会）”在北京举行。会议的主题是“债务和国际金融机构之外的发展融资新方式”。

（4）2008 年 11 月 14 日，由中国社会科学院国际研究学部、世界经济与政治研究所、中国世界经济学会、《国际经济评论》编辑部和中国银行国际金融研究所、中国国际金融学会联合主办的“世界经济与中国 2009：变化中的世界和机遇国际研讨会”在北京举行。会议的主题是“2008～2009 年世界经济和国际金融市场发展的特点以及中国经济和中国金融业未来的走向”。

（5）2008 年 11 月 18 日，世界经济与政治研究所和韩国东北亚财团共同主办的“美国金融危机对东亚经济影响及应对”研讨会暨郑德龟著作《超越

2008 年 11 月，“美国金融危机对东亚经济影响及应对”研讨会暨郑德龟著作《超载增长与分配》中译本新书发布会在北京举行。会议的主题是“世界经济新秩序的胎动和东北亚——重新审视亚洲的价值”。

增长与分配》中译本新书发布会在北京举行。会议的主题是“世界经济新秩序的胎动和东北亚——重新审视亚洲的价值”。

（6）2008年11月20～21日，由中国社会科学院国际合作局、中国社会科学院世界经济与政治研究所、日本北海学园东北亚研究交流中心、日本社团法人北太平洋地域研究中心联合主办的“第七届中国与北海道经济交流会议”在北京举行。会议的主题是“进一步加强中日经济交流，推动各领域之间的合作”。

（7）2008年11月24～26日，由世界经济与政治研究所和香港理工大学联合主办的“2008中国经济发展论坛：透视与展望”研讨会在香港举行。会议的主题是“透视与展望中国经济的发展”。

（8）2008年12月9～10日，由世界经济与政治研究所、中国人民银行金融研究所、布鲁塞尔欧洲与全球经济实验室、日本庆应大学、韩国首尔国立大学、亚洲开发银行、法国国际经济研究所和德国基尔世界经济研究所联合主办的“全球金融危机：亚洲与欧洲的政策抉择”在北京举行。会议的主题是“全球金融危机：亚洲与欧洲的政策抉择”。

（9）2008年12月16～17日，由中国社会科学院国际合作局主办、世界经济与政治研究所承办的“中国对外开放与和平发展30年研讨会”在北京举行。会议的主题是“中国对外开放与和平发展的30年”。

2．国际与地区学术交流和合作

截至2008年10月底，世界经济与政治研究所共派遣出访71批84人次，接待来访244批448人次(其中，中国社会科学院邀请来访10批77人次；执行2008年度院级对外学术交流协议的有16批19人次；接待来所访问的外国学者13人，在来访的外国学者中，执行院级对外学术交流协议的来访学者有5批7人次)。与世界经济与政治研究所开展学术交流的国家和地区有美国、加拿大、法国、英国、芬兰、荷兰、德国、意大利、澳大利亚、日本、韩国、孟加拉国、奥地利、古巴、瑞士、瑞典、马来西亚、新加坡、俄罗斯等国家和中国港、澳、台地区。其中：

（1）2008年1月16～19日，应日本早稻田大学邀请，世界经济与政治研究所副所长王逸舟赴日本早稻田大学参加由全球COM项目举办的“亚洲合作、一体化和人力资源国际研讨会”。

（2）2008年1月20～29日，应世界经济论坛邀请，世界经济与政治研究所所长余永定赴瑞士达沃斯参加“世界经济论坛2008年会”。

（3）2008年1月30日，世界经济与政治研究所副所长王逸舟等研究人员参加日本防卫大学校长、福田内阁外交政策咨询委员会顾问五百旗头真的演讲会。五百旗头真演讲的题目是《福田内阁的安保与外交政策》。

（4）2008年2月14日，世界经济与政治研究所所长余永定会见澳大利亚外交贸易部高级官员及中国加入世界贸易组织谈判中澳大利亚首席谈判代表汤姆森。

（5）2008年2月22日，世界经济与政治研究所所长余永定会见奥地利驻华大使Martin Sajdik，就中国宏观经济形势等问题进行交流。

（6）2008年2月22日，世界经济与政治研究所所长余永定会见瑞士驻华大使丹特马提内利阁下，探讨2008年中国和世界经济形势的发展。

（7）2008年2月26日，世界经济与政治研究所所长余永定、副所长王逸舟等会见了来访的福特基金会新任首席代表费约翰和前首席代表华安德一行。

（8）2008年3月6日，叙利亚驻华大使穆罕默德·海伊尔·瓦迪在世界经济与政治研究所举办讲座，讲座的题目是《叙利亚与中东和平进程》。

（9）2008年3月9～12日，应英国Sussex大学发展研究所的邀请，世界经济与政治研究所研究员宋泓赴印度尼西亚雅加达参加学术讨论会。会议的主题是关于世界各国对非投资现状、投资对非经济发展影响及投资的相应对策。

（10）2008年4月3日，委内瑞拉驻华大使罗西奥·马内罗·冈萨雷斯（Mrs. Rocio Maneiro Gonzalez）在世界经济与政治研究所举办讲座，讲座的题目是《玻利瓦尔委内瑞拉的政治进程和对外政策》。

（11）2008年5月15日，世界经济与政治研究所研究员高海红参加德国阿登纳基金会举办的圆桌会，与来华访问的德国青年基督教代表团就中国经济以及中德关系的问题进行交流。

（12）2008年5月22日，日本著名经济学家香西泰应中国社会科学院知名学者项目的邀请来访，在世界经济与政治研究所作题为《日本战后经济改革的经验、教训及其对中国的启示》的演讲。

（13）2008年5月26日，世界经济与政治研究所副所长王逸舟接受德国《时代周报》总编马蒂亚斯·纳斯的采访，就中国与大国关系专题进行交流。

（14）2008年6月17～18日，国际战略研究室主任邵峰参加由中国人民外交学会和韩国国际交流财团举办的“中韩未来论坛”第13次会议。邵峰参加第一个议题“半岛最新局势与为构建东北亚和平所需的中韩合作”的讨论。

（15）2008年6月29日至7月3日，应新兴市场论坛的邀请，世界经济与政治研究所所长助理何帆参加在越南河内举行的“第三届全球新兴市场论坛”。

（16）2008年7月2日，世界经济与政治研究所副所长李向阳接受独联体国家联合新闻团的采访，就中国的改革开放成就等问题进行交流。

（17）2008年9月20日至10月4日，应加拿大Carleton大学贸易政策与法规研究中心主任Phi Rourke的邀请，国际贸易研究室研究员宋泓和副研究员姚枝仲赴加拿大进行“经济模型领域的理论与实际操作”学术交流。

（18）2008年10月15～28日，依据中国社会科学院与罗马尼亚科学院的学术交流协议，罗马尼亚科学院世界经济研究所副所长Cimpean Virginia一行在世界经济与政治研究所进行学术访问。

(19) 2008年10月18日，中国社会科学院副院长陈佳贵在世界经济与政治研究所所长余永定的陪同下，会见欧洲议会议员、意大利前副总理德米·凯利斯，就当前的金融危机和中国经济发展等问题进行交流。

(20) 2008年10月31日，世界经济与政治研究所所长余永定赴澳大利亚使馆会见澳大利亚总理国际经济特使麦克·喀拉翰，双方就“地区金融体系”、“20国集团峰会如何能在促进金融业问题全球合作方面作出有意义的贡献”等问题进行了交流。

(21) 2008年11月5～7日，应英国中央银行出版社的邀请，世界经济与政治研究所所长助理何帆赴新加坡参加“2008亚洲主权财富管理会议”，就“主权管理基金对欧洲国家所带来的威胁及机遇”问题进行学术交流。

(22) 2008年10月18日，联合国大会主席布洛克曼（Miguel D’Escoto Brockmann）宣布成立联合国大会货币与金融体系改革专家委员会，世界经济与政治研究所所长余永定担任该委员会委员。

2008年，世界经济与政治研究所举办了8次国际会议，接待外宾70余人。

2008年，世界经济与政治研究所新签订的国际合作研究项目有1项，即与日本东京国际俱乐部签署的有关合作研究的备忘录。

2008年，世界经济与政治研究所赴境外进修4人。

（四）学术社团、期刊

1. 社团

(1) 中国世界经济学会，会长余永定。

2008年3月29日，由中国世界经济学会和对外经济贸易大学主办、对外经济贸易大学国际经济贸易学院承办的首届中国国际商务发展论坛“开放型经济体系：中国对外开放30年回顾与展望”全国学术研讨会在北京举行。会议的主题是“中国对外开放30年的回顾与展望”。

2008年6月21～22日，由中国世界经济学会和东南大学经济管理学院联合主办、东南大学台湾经济研究所承办的“世界经济不确定因素与两岸经贸关系新展望学术研讨会”在南京举行。会议的主题是“世界经济不确定因素与两岸经贸关系新展望”。

2008年9月27～28日，由中国世界经济学会与南开大学联合主办的“中国开放新阶段与世界经济新格局理论研讨会”在天津举行。会议的主题是“我国如何在科学发展观指导下实施‘互利共赢的开放战略’”。

2008年11月13日，由中国世界经济学会主办、中国人民大学经济学院国际经济系承办的“第九届中国世界经济学会第二次常务理事扩大会议暨理论研讨会、浦山中银世界经济学优秀论文奖颁奖大会”在北京举行。会议的主题是“美国金融危机对中国宏观经济的影响”。

（2）中国东欧中亚经济研究会，会长罗肇鸿。

2008年6月7～9日，由中国东欧中亚经济研究会和上海华东师范大学联合主办的“俄罗斯的发展前景：新阶段、新机遇、新挑战——暨中国东欧中亚经济研究会第七届年会”在上海召开。会议的主题是“俄罗斯经济、政治及社会发展前景分析”。

2．期刊

（1）《世界经济》（月刊），主编余永定。

2008年，《世界经济》共出版12期，共计约197万字。全年刊载的有代表性的文章有：冯维江、何帆的《日本股市与房地产泡沫起源及崩溃的政治经济解释》，徐高的《斜率之谜：对中国短期总供给／总需求曲线的估计》，姚洋、章林峰的《中国本土企业出口竞争优势和技术变迁分析》，章元、刘修岩的《聚集经济与经济增长：来自中国的经验证据》，谢建国、陈莉莉的《出口退税与中国的工业制成品出口：一个基于长期均衡的经验分析》，黄薇、任若恩的《中国价格竞争力变动趋势分析：基于单位劳动成本的实际有效汇率测算研究》，聂辉华、谭松涛、王宇锋的《创新、企业规模和市场竞争：基于中国企业层面的面板数据分析》，包群的《贸易开放与经济增长：只是线性关系吗？》，李涛、周业安的《财政分权视角下的支出竞争和中国经济增长：基于中国省级面板数据的经验研究》，黄满盈的《中国价格贸易条件波动性研究》。

2008年，《世界经济》获第四届中国社会科学院优秀期刊奖“期刊优秀奖”。

（2）《世界经济与政治》（月刊），主编王逸舟。

2008年，《世界经济与政治》共出版12期，共计192万字。新增了“国际政治经济学”、“新安全观与中国”、“纪念改革开放30年专辑”栏目。全年刊载的有代表性的文章有：樊勇明的《区域性国际公共产品——解析区域合作的另一个理论视点》，赵景芳的《战略文化的再思考》，沈丁立的《核扩散与国际安全》，李少军的《国际关系研究中的理论与解释》，本刊编辑部的《2007年中国国际关系学科发展报告》，李安山的《为中国正名：中国的非洲战略与国家形象》，王逸舟的《中国外交十特色——兼论对外交研究的启示》，刘永涛的《话语作为（不）安全实践：语言、理论和“邪恶轴心”》，杨洁勉的《新兴大国群体在国际体系转型中的战略选择》，石之渝、殷玮、郭铭杰的《原子论是国际政治学的本体？——“社会建构”与“民主和平”的共谋》，张文木的《灾难是民族和国家进步的加速器——写在2008年四川汶川大地震之后》，庄贵阳的《后京都时代国际气候治理与中国的战略选择》，许田波的《战争、国家形成与公民权：春秋战国与近代早期欧洲比较》，张蕴岭的《坚定不移地走对外开放与和平发展的道路》，秦亚青的《中国国际关系理论研究的进步与问题》，苏长和的《国际化与地方的全球联系——中国地方的国际化研究》，[日]天儿慧的《亚洲的民族主义和区域主义——全球化背景下的相克和超克》，姚枝仲的《美国金融危机：性质、救助与未来》，薛力的《核能与天然气：后京都时代中国能源的关键》，庞森的《改革开放与中国的多边外交政策》。

（3）*China & World Economy*（《中国与世界经济》）（双月刊），主编余永定。

2008 年，《中国与世界经济》共出版 6 期，共计约 36 万英文字符数。全年刊载的有代表性的文章有："What Prompts the People's Bank of China to Change Its Monetary Policy Stance? Evidence from a Discrete Choice Model"/ Dong He, Laurent L. Pauwels(何东、劳伦特·鲍威尔斯的《是什么促使中国的中央银行改变了货币政策的方向——运用离散选择模型的分析》)，"Pass-through Effects of Global Commodity Prices on China's Inflation: An Empirical Investigation" / Ligang Liu, Andrew Tsang(刘利纲、安德鲁·曾的《全球商品价格对中国通货膨胀的传递效应：一个经验调查》)，An Inquiry into the Determinants of the Exports of China and India / Richard S. Eckaus （理查德·艾克劳斯的《中国和印度出口的决定因素》)，"How China Could Contribute to a Benign Global Rebalancing?" / Heping Hong, Rob Vos, Keping Yao（洪和平、罗伯·华斯、姚克平的《中国如何帮助全球经济实现再平衡?》)，"Excess Liquidity and Inflation Dynamics in China：1997～2007"/ Chengsi Zhang, Hong Pang(张成思、 庞洪的《1997～2007 中国的过度流动性和通货膨胀的动态趋势》)，"China's Regional Disparity and Its Policy Responses" / Minjia Chen, Yongnian Zheng(陈敏嘉、郑永年的《中国地区差异和对策》)，"China's Changing Trade Elasticities" / Jahangir Aziz, Xiangming Li（贾汗格·阿齐兹、李祥明的《变化中的中国贸易弹性》)，"Deficit Estimation and Welfare Effects after the 1994 Fiscal Reform in China: Evidence from the County Level" / Pengfei Zheng, Victor Shih（郑鹏飞、 维克多·辛的《1994年中国财政改革后的赤字估算和财富效应——来自县级的证据》)，Local "Land Finance" in China's Urban Expansion：Challenges and Solutions / Guangzhong Cao, Changchun Feng, Ran Tao(曹光忠、冯长春、陶然的《中国城镇扩张中的地方"土地财政"：挑战和出路》)，"Changing Engines of Growth in China：From Exports, FDI and Marketization to Innovation and Exports" / Furong Jin, Keun Lee, Yee-Kyoung Kim（金芙蓉、李坤、金易勇的《中国经济增长引擎的变化：从出口、FDI和市场化到创新和出口》)，"Does China have Inflationary Effects on the USA and Japan?"/ Necmettin Tarhan Feyzioglu, Luke Byrne Willard（内克米挺·塔汗·菲格鲁、路克·威拉德的《中国对美国和日本产生通货膨胀效应吗？》)，"Has Fiscal Federalism Worked for Macroeconomic Purposes? The Chinese Experience 1994～2003 " / Liping He（贺力平的《财政地方割据是否具有宏观经济意义——中国 1994～2003 年的经验》)。

（4）《国际经济评论》（双月刊），主编余永定。

2008 年，《国际经济评论》共出版 6 期，共计 80 万字。全年刊载的有代表性的文章有：余永定的《中国宏观经济面临的十个问题》，金中夏的《从中国视角看“开放经济的三元困境”》，刘震涛的《对新形势下两岸经济关系的思考》，张明的《论次贷危机对国际金融体系、国际格局和中国经济的影响》，宋泓的《中国进口战略的实施与进口管理体制的改革》，姚枝仲的《中国的进口战略调整》，郑秉文的《中国建立“主权养老基金”的急迫性及国际比较——应对“中国威胁论”与外汇储备二次分流的战略思考》，周其仁的《货币、制度成本与中国经济增长》，张明的《论次贷危机对中国主权财富基金带来的机遇与挑战》，姚枝仲、李众敏的《国际贸易如何传导美国经济衰退？》，王德迅的《危机管理的新模式：来自日本的实证分析》，王逸舟的《中国外交的思考与前瞻》，席涛、范军、崔浩、胡林的《四川汶川地震对中国经济、社会、环境的影响分析》，孙玉胜的《透过奥运赛场我们还应看到什么？——经济视野中的奥林匹克文化全球传播》，郝时远的《奥运会留给中国的经验绝非民族主义》，冯朴的《关于中国宏观调控的看法和建议》，黄海洲的《全球经济格局转变与中国经济结构转型》，张明的《美国次贷危机的深化及中国的对策》，卢锋的《中美经济外部不平衡的“镜像关系”——理解中国近年经济增长特点与目前的调整》，谢世清的《国际城市水业改革对中国的十大启示》。

（5）《世界经济年鉴》2008/2009 年卷（年刊），主编王秀奎。

《世界经济年鉴》（2008/2009 年卷）全书共 130 万字。全书分以下 14 个部分：综合报告·专论，国别（地区）经济（亚洲、欧洲、非洲、美洲、大洋洲），世界农业，世界工业·科技，国际贸易·国际投资，国际金融，世界旅游业，世界环境保护，世界流通业，国际经济组织（集团）最新动态，国际经贸最新动态，中外工商企业，中国经济、社会之窗，世界经济统计汇编。

（五）会议综述

美国次贷危机与中国专题研讨会

2008 年 4 月 10 日，由中国社会科学院世界经济与政治研究所《国际经济评论》编辑部主办的“美国次贷危机与中国专题研讨会”在北京举行。来自国家外汇管理局、中国外汇交易中心、中国建设银行、花旗银行、中信建投证券、清华大学等机构的学者就次贷危机本身、次贷危机对美国经济乃至世界经济的影响、次贷危机为中国经济提供的挑战与机遇等问题进行了探讨。

围绕“美国次贷危机及其对中国的影响”的主题，学者们首先提出了次贷危机背景下宏观经济研究需要关注的几个新问题：其一，次贷危机将对短期国际资本的流向和规模产生何种影响？其二，美联储的救市政策是否有效？流动性过剩是否可能导致新的泡沫？其三，在次贷危机背景下，人民币汇率的升值策略是否应进行调整？其四，后次贷危机时代的世界格局将会发生什么样的变化？其五，次贷危机将对金融全球化产生何种影响？

与会学者认为，从历史视角来看，之所以会爆发次贷危机，是因为美国经济和世界经济在

20世纪90年代达到了前所未有的繁荣状态。美国经济获得了巨大的全球化红利，从而倾向于过高估计经济增长潜力，过低估计通货膨胀的威胁，同时也过分相信货币政策制度和央行信誉。而当全球化红利在近年来逐渐递减时，资产价格发生全面重估，美国经济进入了负利率、高通胀、低增长的新范式。随着次贷危机的深化，有专家作出了以下预测：首先，美国政府为解决危机将会实施长期宽松的货币政策，低利率和高通胀将成为长期现象；其次，美国政府将进行更大幅度更深层次的干预，有学者将此称为"社会主义红利"；再次，在上述前提下，全球大宗商品牛市依旧，而股市或将出现震荡反弹；最后，次贷危机后美国政府会积极寻求新的增长点，而生物制药行业可能继IT行业之后成为新的推动力。

针对美联储的救市政策，有专家认为，从传统上而言，美联储只有两个增加市场流动性的工具，即公开市场操作和贴现窗口。随着危机的扩散和升级，美联储在2007年12月和2008年3月集中推出了4种非传统的流动性工具（TAFs、Expanded OMOs、TSLF和PDCF），这将造成美联储角色和功能的如下转变：其一，美联储提供的大量承诺贷款会造成其资产负债表上国债比重下降、资产质量下降、美联储信用风险上升；其二，如果进一步降息造成名义利率接近于零，那么其资产负债表的规模可能无限膨胀，救市能力将显著提高；其三，救市的结果造成美联储持有了大量的非传统资产；其四，美联储的金融监管范围将由商业银行扩展到投资银行。

与会专家还运用定量分析和定性分析相结合的方法，对次贷危机给中国宏观经济带来的影响进行了全面评估。他们认为，次贷危机不仅给中国经济带来了挑战，同时也给中国经济带来了机遇。它有助于中国进一步提高国力和影响力，同时也为中国提供了学习的机会。次贷危机的爆发使中国深刻认识到，即使像欧美这样发达的金融市场，同样可能发生严重的市场失灵，中国在推行金融创新和金融自由化的进程中必须对风险保持高度警惕。此外，央行是否应对资产价格波动作出反应，将资产价格纳入货币政策考虑范围，也将引发更多讨论和争议。

（郁艳菊）

第七届亚欧人民论坛之"债务和国际金融机构之外的发展融资新方式"

2008年10月13～15日，由中联部主办、中国社会科学院世界经济与政治研究所承办的第七届亚欧人民论坛之"债务和国际金融机构之外的发展融资新方式"在北京举行。第七届论坛有三个议题：传统和非传统安全挑战及应对；现行发展模式的趋势和另外的模式；全球化市场下参与式民主和人权面临的挑战。

中国社会科学院世界经济与政治研究所承办了第七届亚欧人民论坛第二个议题"现行发展模式的趋势和另外的模式"的第九个分会"债务和国际金融机构之外的发展融资新方式"。该会共分为三个议题：第一，全球化与发展融资：传统债务融资的局限、缺点与国际金融机构的作用；第二，新型发展融资渠道；第三，中国与发展融资。

与会代表认为，世界各国应该密切监控国际金融体系内部利润的流向，为了改善发展中国家的融资状况，解决发展所需资金的缺口，需要对现行的金融机构进行改革；同时，也要改进发展中国家利用外债和外国援助的效率、透明度，发达国家需要履行承诺，并进行更多的人才、技术、知识方面的援助。在发达国家对金融机构的救援方面，应该不是简单地对金融体系的不良资产实施国有化，而应该对整个金融体系实施社会化；整个危机救援方式必须透明，金融机构必须对社会公众公开其账目。

关于次贷危机问题，与会专家认为，当前的国际贸易与投资体系是不合理的，需要建立更加公正的国际经济金融新秩序；美国政府对待次贷危机的态度严重背离了之前它在国际社会上推行的新自由主义意识形态（华盛顿共识），这值得发展中国家警醒；为应对次贷危机对中国经济的冲击，中国必须刺激内需，在扩大内需方面，通过消除各种结构性扭曲来刺激居民消费，是其中的重中之重；建议在亚洲国家之间建立一个区域性的基金来应对次贷危机；中国应该在帮助其他国家摆脱危机方面扮演更加重要的角色。他们还认为，次贷危机可能意味着美元霸权的全面衰落，这意味着新兴市场国家将在国际舞台上扮演更加重要的角色。但是短期内我们很难看到足以与美国匹敌的替代者，因此，美元霸权衰落的过程将是非常缓慢的。

（郝艳菊）

世界经济与中国2009：变化中的世界和机遇国际研讨会

2008年11月14日，由中国社会科学院国际研究学部、世界经济与政治研究所、中国世界经济学会、《国际经济评论》编辑部和中国银行国际金融研究所、中国国际金融学会联合主办的"世界经济与中国2009：变化中的世界和机遇国际研讨会"在北京举行。会议研讨的主题是：2008～2009年世界经济和国际金融市场发展的特点以及中国经济和中国金融业未来的走向。

关于美国金融危机的发展和蔓延。尽管有学者对美国经济衰退的程度作出了乐观的预期，但更多的学者表达了对危机的忧虑。很多学者认为这次危机非同寻常，在这次衰退周期中，美国面临着一系列的短期和长期问题亟待解决：短期中的问题如住房市场的房价灾难，长期中的问题如美国居民实际收入的减少、财政预算赤字、社会保障等等。美国的市场经济模式以及生产活动都受到了极大影响，而要从危机中完全恢复则需要很长的时间。学者们还发现，金融危机除了向其他行业蔓延之外，已经在空间上向全世界扩展，一些新兴市场经济都受到了严重影响，导致了全球范围内不同程度的恐慌。

关于金融危机背景下的中国经济。与会学者认为，中国的金融部门所受冲击较小。这是因为，中国有经常账户的盈余、高额的外汇储备、资本账户的管制等等因素。但中国的实体经济将遭受冲击，这是因为，过去的15年里，中国融入了全球经济并推动了全球繁荣，而现在发生了危机，但中国与全球经济的密切联系不会立刻凭空消失。所以，中国将难以独善其身。近年来，中国的股市、房市以及过剩产能的泡沫相继破灭。在面临美国金融危机影响的同时，这三个泡沫破灭的形势，使得目前中国经济的调整尤其艰难。从目前来看，工业企业利润和财政收入已出现急剧下降。所以，中国经济增长的趋缓将难以避免，甚至有可能超过预期。

关于各国政府的应对措施与国际合作。关于美国政府的救市政策，有学者指出，美国政府采取降息、对金融机构的债券进行担保等措施已经初步见效，但仍然有一些问题尚未解决。要更好地解决危机，美国政府的救市政策要做到快速行动、保证金融机构的流动性以及对金融机构重新注资，不要让它们破产。当然，重建市场信心是关键所在。美国政府应该着手短期和长期的政策调整，并积极促成国际协调。

关于中国政府的应对措施。学者们既看到了财政刺激计划使中国经济保持稳定增长的现实，同时他们也看到，中国的经济增速降温是不可避免的。有学者建议，在目前的经济环境下，出现了金融风险上升的趋势，此时中国应强调防范金融风险，以维护金融安全。

对于中国经济的前景，学者们普遍持乐观态度。在他们看来，中国经济在2009年或是更长的一段时期内保持8%～9%的增速应该是没有问题的。

关于世界经济形势。有学者认为，世界经济格局将发生根本性的变化：新兴市场国家将在可预见的未来，成为世界经济增长的持续推动因素。但也有学者表达了不同意见。该学者认为，美、日、欧三大经济体，将呈现出L型衰退，这个L型衰退是一个长期的过程。中国经济也将会经历大的V型调整，这个调整过程也蕴涵着风险；其中，如何调整中国的经济结构和增长模式，是中国面临的巨大挑战。

（郗艳菊）

俄罗斯东欧中亚研究所

（一）人员、机构基本情况

截至2008年年底，俄罗斯东欧中亚研究所共有在职人员96人。其中，正高级职称人员22人，副高级职称人员25人，中级职称人员19人；高、中级职称人员占全体在职人员总数的69%。

俄罗斯东欧中亚研究所设有俄罗斯政治室、俄罗斯经济室、俄罗斯外交室、中亚室、战略研究室、乌克兰室、东欧室、苏联室、《俄罗斯中亚东欧研究》编辑部、《俄罗斯东欧中亚市场》编辑部、图书馆、科研处、办公室。

（二）科研工作

1．科研成果统计

2008年，俄罗斯东欧中亚研究所共完成专著10种，334.2万字；教材1种，32万字；译著7种，489.6万字；论文73篇，65.53万字；研究报告98篇，56.06万字；一般文章73篇，39.95万字。

2．科研课题

（1）新立项课题

2008年，俄罗斯东欧中亚研究所共有新立项课题 24项。其中，院重大课题1项："俄罗斯高层决策研究"(邢广程主持)；院重点课题2项："苏联解体后的俄罗斯与中亚五国的关系"(柳丰华主持)，"俄罗斯政治转轨——以国家治理的战略选择为视角"（庞大鹏主持)；院青年科研启动基金课题5项："俄罗斯对外经济关系研究（1992～2007年)"(高际香主持)，"俄罗斯政治生态研究——从政党政治的角度"（郝赫主持)，"中俄美的亚洲能源政策——亚洲能源格局对中国的影响和对策"（徐洪峰主持)，"当代俄罗斯政治保守主义"（张昊琦主持)，"俄罗斯资本市场发展概况"（许文鸿主持)；院老年科研基金课题1项："普京的治国理念与实践"（徐葵主持)；院国情考察课题1项："龙羊峡水电站落实科学发展观情况"（吴宏伟主持)；所重点课题14项："20世纪上半期苏联社会状况与布尔什维克党的政权建设 "（吴伟主持)，"中亚国家与欧盟关系研究"(赵会荣主持)，"巴尔干地缘政治与地区安全"(左娅主持)，"俄白联盟研究"(孙辰文主持)，"乌克兰与俄罗斯的经济关系"（张弘主持)，"中亚金融危机研究"（于树一主持)，"俄罗斯农村土地制度改革研究"（王志远主持)，"俄罗斯的大学与政府关系——以'国家主义'为视角"（李莉主持)，"斯大林与大国同盟——第二次世界大战时期的俄美关系"（梁强主持)，等等。

（2）结项课题

2008年，俄罗斯东欧中亚研究所共有结项课题9项。其中，院重点课题2项："2007年俄罗斯东欧中亚国家发展报告"（邢广程主持)，"俄罗斯东欧中亚外交概论"（郑羽主持)；院青年科研启动基金课题2项："俄语文化意涵语汇"(薛福岐主持)，"俄罗斯对外经济关系研究（1992～2007年)"(高际香主持)；院国情考察课题1项："龙羊峡水电站落实科学发展观情况"（吴宏伟主持)；所重点课题4项："2007年俄罗斯议会选举与2008年俄罗斯总统选举：预测与分析"（邢广程主持)，"格俄冲突及其影响"（吴宏伟主持)，"车臣战争"（李雅君主持)，"美国对俄罗斯经济外交：一个经济视角的外交政策研究"（徐洪峰主持)。

（3）延续在研课题

2008年，俄罗斯东欧中亚研究所共有延续在研课题46项。其中，国家社科基金课题3项："'颜色革命'与执政关系研究"（赵常庆主持)，"俄罗斯的现状及其发展趋势"（许志新主持)，"中亚极端势力问题及我国应对策略"（苏畅主持)；国家项目2项："中苏关系历史档案"（李静杰主持），“20世纪俄罗斯历史档案文集”（李静杰主持）；院重大课题6项：“欧洲一体化与巴尔干欧洲化”（朱晓中主持），“苏联通史”（张盛发主持），“独联体投资环境研究”（李建民主持），“乌汉词典”（何卫主持），“颜色革命研究”（孙壮志主持），“共建和谐世界：中俄崛起的战略互动”(吴大辉主持)；院重点课题12项：“过渡经济学”（许新主持），“全球化、制度变迁与中东欧国家的赶超”（孔田平主持），“乌克兰的国际地位及其对外政策”（何卫主持），“俄罗斯腐败问题研究”（马维先主持），“中俄油气合作的潜力、方向和模式”（程亦军主持），“原苏东国家转轨比较研究”（潘德礼主持），“中亚地区发展与国际合作机制研究”（吴宏伟主持），“列国志·爱沙尼亚”（何卫主持），“列国志·拉脱维亚”（何卫主持），“列国志·立陶宛”（何卫主持），“俄罗斯精英集团研究”(李雅君主持)，“俄罗斯地缘政治学与外交行为”（顾志红主持）；院青年科研启动基金课题1项：“中俄关系中的台湾因素”（许齐主持）；老年科研基金课题2项：“中俄经贸合作：现状与前景”（陆南泉主持），“苏俄艺术发展简史”（李景阳主持）；所重点课题 20项：“对中国与中亚国家关系现状的评估与深入发展的对策研究”（赵常庆主持），“中东欧国家的地缘政治地位与发展道路‘选择’”（高歌主持），“俄罗斯国防工业转轨研究”（王伟主持），“中亚伊斯兰教与地区稳定”（常玢主持），“马林科夫——赫鲁晓夫：1953～1957年的苏联”（王桂香主持），“冷战起源新论”（张盛发主持），“俄罗斯与中亚：在非一体化和一体化双重背景下的合作”（柳丰华主持），“俄罗斯与欧盟‘四个共同空间’研究”（姜毅主持），“中俄区域经济合作”（张红侠主持），“俄罗斯地区经济发展战略与实证分析”（高际香主持），“当代俄罗斯国家治理的战略选择”（庞大鹏主持），“俄罗斯在朝鲜半岛的利益及其对朝核危机的政策”（李勇慧主持），“中亚国家的能源战略研究”（张宁主持），“捷克和斯洛伐克政治转型比较研究”（姜琍主持），“俄罗斯东欧中亚研究所青年学者论文集”（张中华主持），“新地区主义与东南欧的稳定——冷战后地区冲突的起源和地区稳定机制的建立”（李丹琳主持），“中共‘一边倒’政策研究”（许文鸿主持），“俄罗斯帝国思想初探”（张昊琦主持），“俄罗斯经济增长与发展研究”（张中华主持），“俄罗斯寡头现象分析”（郝赫主持）。

3．科研组织管理新举措

(1) 研究员报告制度。为了活跃研究所的学术气氛，加强科研人员的学术思想和研究成果的交流，经过两年的摸索和实践，2008年，俄罗斯东欧中亚研究所开始正式实施研究员报告制度。研究所规定研究员每年至少在所内作一次学术报告，并把它作为研究员年终考核的一项重要的硬性指标。2008年，俄罗斯东欧中亚研究所举办的研究员专题学术报告会达20 场。

(2) 设立博士专项课题资助。2008年，俄罗斯东欧中亚研究所开始正式实施博士课题资助制度。该制度规定，凡新入所的青年科研人员，只要申报的课题符合研究所的研究方向，均可享受一次博士专项课题资助。该项制度从2006年开始实行，经过几年的实践，取得良好的反响，尤其是对青年科研人员的培养卓有成效。

（三）学术交流活动

1．学术活动

2008 年，俄罗斯东欧中亚研究所主办和承办的学术会议和专题学术报告有：

（1）2007 年 11 月 24 日，俄罗斯东欧中亚研究所与北京大学国际关系研究院等单位联合举办“中亚与中国的能源安全暨第九届中亚学术研讨会”。

（2）2008 年 1 月 8 日，俄罗斯东欧中亚研究所邀请中联部调研咨询小组高级研究员俞邃作题为《对当前局势的认识及应对策略》的报告。

（3）2008 年 2 月 19 日，俄罗斯东欧中亚研究所举行“科索沃局势的现状暨对巴尔干地区影响研讨会”。

（4）2008 年 3 月 19 日，俄罗斯东欧中亚研究所举行“俄罗斯选举及大选后的俄罗斯研讨会”。

（5）2008 年 4 月 1 日，俄罗斯东欧中亚研究所俄罗斯政治学科和俄罗斯经济学科举行结项报告会。

（6）2008 年 5 月 20～21 日，中国社会科学院科研局主办、俄罗斯东欧中亚研究所承办的“中国社会科学院第 21 届国际问题论坛：2008 年俄罗斯总统选举及其未来走势”在北京召开。

（7）2008 年 5 月 27 日，俄罗斯东欧中亚研究所俄罗斯外交室主任、研究员郑羽作题为《学术作品中的注释问题》的学术报告。

（8）2008 年 6 月 3 日，俄罗斯东欧中亚研究所中东欧研究室主任、研究员孔田平作题为《东南欧国际治理：科索沃案例》的学术报告。

（9）2008 年 6 月 24 日，俄罗斯东欧中亚研究所邀请中国科学院国际合作局局长助理、科研处处长李俊雄作题为《中俄科技合作的现状与发展趋势》的学术报告。

（10）2008 年 6 月 24 日，俄罗斯东欧中亚研究所中东欧研究室副主任、研究员高歌作题为《大国的附庸与滞后的发展——中东欧落后探源》的报告。

（11）2008 年 7 月 1 日，俄罗斯东欧中亚研究所苏联室研究员白晓红作题为《俄罗斯历史上的村社》的学术报告。

（12）2008 年 7 月 1 日，俄罗斯东欧中亚研究所举办出访报告会：邢广程所长出访哈萨克斯坦；赵会荣博士出访乌兹别克斯坦；刘显忠研究员、张昊琦博士赴俄罗斯参加第 11 届青年历史学家、民族学家、考古学家远东国际会议；徐洪峰博士赴马来西亚参加国际会议；副所长董晓阳赴韩国参加国际会议“复兴的俄罗斯：后普京俄罗斯未来发展走向”。俄罗斯东欧中亚研究所上述人员分别作了出访国家的情况报告。

（13）2008 年 12 月 15～16 日，俄罗斯东欧中亚研究所举行了“2008 年俄罗斯东欧中亚地区年终形势讨论会”。会议研讨的主要问题有“国际金融危机对俄罗斯东欧中亚地区的影响”、“俄格冲突及其影响”、“中俄关系”、“中国与中亚关系”。

（14）2008年12月26日，俄罗斯东欧中亚研究所召开2008年成果发布会。主要成果有：邢广程主编的《俄罗斯东欧中亚国家发展报告（2008）》，郑羽、蒋明君主编的《普京八年：俄罗斯复兴之路（2000～2008）》，邢广程、张建国主编的《梅德韦杰夫和普京：最高权力的组合》，董晓阳主编的《俄罗斯地方权限及其调整》，李雅君撰写的《俄罗斯之痛："车臣问题"探源》。

2．国际与地区学术交流和合作

2008年，俄罗斯东欧中亚研究所组织各种形式的外事活动60余次，其中派出访问约30人次（包括派往俄罗斯访问学者15人次，中亚地区7人次，欧美和亚洲地区6人次），接待国外学者、使馆官员、国际组织和国外媒体访问约50人次，参加使馆活动约10次，组织学术研讨会和演讲会3次。

2008年，俄罗斯东欧中亚研究所主要派出学者（执行）总计23批37人次，其中包括院协议项目4批10人次、所协议项目4批6人次、非协议项目15批21人次、所领导出访7人次、45岁及以下青年学者出访20人次。比较重要的学术出访有：

（1）2008年2月21～26日，俄罗斯东欧中亚研究所李静杰赴韩国首尔参加国际俄罗斯东欧中亚和欧亚联合会举办的"俄罗斯的复苏对欧亚大陆和东北亚地区的影响国际研讨会"。

（2）2008年3月9～19日，俄罗斯东欧中亚研究所邢广程、孟庆海、程亦军、姜毅等赴蒙古国考察能源电力情况。

（3）2008年6月19日，俄罗斯东欧中亚研究所董晓阳赴韩国参加韩国斯拉夫学会举办的"复兴的俄罗斯：后普京俄罗斯未来发展走向国际研讨会"。

（4）2008年7月10～24日，俄罗斯东欧中亚研究所邢广程赴俄罗斯科学院远东所进行学术交流与访问。

（5）2008年11月10日至12月1日，俄罗斯东欧中亚研究所朱晓中、常玢赴罗马尼亚、保加利亚、塞尔维亚三国进行学术访问。

（6）2008年10月10～22日，俄罗斯东欧中亚研究所徐小云、许华、张宁赴乌兹别克斯坦进行学术访问。

（7）2008年10月14～18日，俄罗斯东欧中亚研究所程亦军、姜毅、吴宏伟赴蒙古国参加由蒙古战略研究所举办的"蒙中睦邻关系现状与前景国际会议"。

（四）学术社团、期刊

1．社团

中国俄罗斯东欧中亚学会，会长李静杰。

2008年1月30日，中国俄罗斯东欧中亚学会邀请外交部部长助理李辉作题为《国际局势与中俄关系》的报告。40多位常务理事参加了报告会。

2008年9月22～23日，中国俄罗斯东欧中亚学会与辽宁大学共同主办的"俄罗斯经济结构

2008 年 9 月，"俄罗斯经济结构问题学术研讨会" 在辽宁省沈阳市举行。

问题学术研讨会"在辽宁省沈阳市举行。

2008 年 9 月，经中国社会科学院国际合作局批准，中国俄罗斯东欧中亚学会正式加入世界斯拉夫学会。

2．期刊

（1）《俄罗斯中亚东欧研究》（双月刊），主编邢广程。

2008 年，《俄罗斯中亚东欧研究》共出版 6 期，共计 90 万字。全年刊载 7 篇专论：胡锦涛的《〈普京文集〉（2002～2008）序言》，普京的《〈普京文集〉（2002～2008）致中国读者》，李铁映的《〈20 世纪俄罗斯历史档案文件〉卷首语》，张树华的《中国与俄罗斯：政治发展的理论价值与现实意义》，郭连成的《普京时代俄罗斯转轨经济论析——兼论后普京时代俄罗斯经济发展走势》，邢广程的《科学发展观与科学社会主义——结合苏联在发展方面的经验教训，深入领会党的十七大精神》，冯玉军、蒋莉、李东的《权力交接与俄罗斯走向》。

全年刊载的有代表性的文章有：庞大鹏的《论俄罗斯的"普京计划"——兼论对中俄关系的影响》，朱新光的《中亚国家软实力探略》，张昊琦的《当代俄罗斯民族主义》，王桂芳的《上海合作组织与地区安全》，李建明、赵常庆的《非正式制度理论与俄罗斯政治制度改革》，林治华的《俄罗斯大选后普京影响力可持续性的经济学分析》，林跃勤的《转型国家经济协调发展问题研究——中俄经济结构调整与增长方式转变》，曲文轶的《试析俄罗斯经济政策调整的新动向，强化国家对自然垄断的所有权控制》，高际香的《俄罗斯外债问题》，景维民、王永兴的《原苏东国家市场社会主义改革失败原因的新探索》，殷红的《俄罗斯"国家福利基金"的建立及意义》，童伟的《俄罗斯中期预算改革：原因、现状及发展趋势》，马蔚云的《俄罗斯贫困线：基本概念与测定方式》，郭力的《中俄区域贸易博弈分析》，王兵银的《试析中俄在东北亚的战略分析》，朱晓中的《从铁板一块到市场细分——普京时期俄罗斯对中东欧国家政策》，柳丰华的《艰难的睦邻之路——苏联解体以来的俄罗斯与波罗的海三国》，冯玉军的《试析俄格冲突的战略内涵》，陈新明的《俄美关系中的"软实力"与"硬实力"——一项符号学的考察》，杨恕、林永峰的《中亚伊斯兰主义》。

2008 年，《俄罗斯中亚东欧研究》获第四届中国社会科学院优秀期刊奖"期刊一等奖"。

（2）《俄罗斯东欧中亚市场》（月刊），主编常玢。

2008年，《俄罗斯东欧中亚市场》共出版12期，共计240万字。该刊新开辟了“市场调查”栏目。全年刊载的有代表性的文章有：陆南泉的《2007年俄罗斯经济成效与问题》，李建民的《2007年俄罗斯经济形势回顾及2008年展望》，孙永祥的《俄“东部天然气规划”及中俄天然气合作》，王之光的《沿边开放的新内涵：语义、要素和前瞻》，中国社会科学院俄罗斯东欧中亚研究所考察小组的《中俄、中哈、中越边境口岸的比较及启示——对中越边境最大的陆路口岸凭祥市的考察报告》，李传勋的《中国东北经济区与俄罗斯远东地区经贸合作战略升级问题研究》，李建民的《俄罗斯限制外资进入战略性产业》，陈新明的《俄罗斯国有经济的规模与效益》，李建民的《俄罗斯国家公司形成特点、功能及影响》，郭晓琼的《俄罗斯联邦稳定基金的发展》，童伟的《俄罗斯预算制度改革评析》，戚文海的《论中俄贸易中合作技术创新的有效组织模式》，高晓慧、高际香的《俄罗斯住房制度改革及绩效》，陈淑靖、李豫新的《中俄工业制品贸易竞争力实证分析》，谢颖的《世界粮食危机中的俄罗斯》，朱磊、张茜的《中国能源企业对俄罗斯油气资源的投资与合作》，毕燕茹的《中国新疆建设区域性国际商贸中心的若干思考》，张宁的《欧盟的中亚的援助战略》。

（五）会议综述

中国社会科学院第21届国际问题论坛：
2008年俄罗斯总统选举及其未来走势

2008年5月20～21日，由中国社会科学院科研局主办、俄罗斯东欧中亚研究所承办的“中国社会科学院第21届国际问题论坛：2008年俄罗斯总统选举及其未来走势”在北京召开。论坛着重讨论俄罗斯2008年3月新一届总统选举之后政治、经济、外交以及社会文化的发展前景和走向。中国社会科学院副院长武寅致开幕词。开幕式由中国社会科学院俄罗斯东欧中亚研究所所长邢广程主持。参加会议的有来自现代国际关系研究院、中国国际战略学会、华东师范大学等单位的专家学者和来自党政机关的代表共60多人。

研讨会上，与会代表分别就总统选举前后俄罗斯的内政、外交、文化等宏观、中观、微观问题以及战略思想、未来走向等进行了主题发言和分组讨论。

第一，对未来俄罗斯政治形势的影响。代表们提出以下观点：（1）未来一段时期俄罗斯国内政治形势总体可望保持稳定，但同时存在影响稳定的不确定因素。邢广程认为，普京八年探索俄罗斯发展道路的尝试是成功的，其改革取得成就并因此受到俄多数党派和民众的支持。在此背景下，西方等外部势力难以影响俄罗斯政局。从目前情况看，俄罗斯高层精英利益集团的内部矛盾尚可控制，不会造成执政集团的分裂。但应该看到，俄罗斯政治局势总体呈稳定的同时，也应对一些政治的不稳定性和脆弱性有充分的估计。（2）俄罗斯新的政治力量格局的特点是，中派力量成为俄罗斯政治发展的主导力量，俄政府防右大于防左。庞大鹏认为，当前俄罗斯继续保持由左、中、右三种势力支配的政治格局。现在左右两翼力量大大衰弱，中派力量成为当前俄罗斯政治发展的主导政治力量，而普京是其领袖人物。这种政治格局表明，普京有可能把具有俄罗斯特色的资本主义和俄罗斯特色的社会主义结合起来。(3) 普京政府将成为权重较大的高效政府。与会者认为，这次俄罗斯最高权力的更替不应视为普京时代的结束，而应是新普京时代的开始。俄高层权力结构仍将是以普京团队为基础，由普京亲自掌舵的垂直权力体系。未来一段时期普京政府的实际权重将增大，有可能成为高效的政府。政府主席团的成立、政府办公厅的改组、新一届政府组成人员的基本稳定均表明普京仍处在决策中心。(4) 梅德韦杰夫在未来一段时期内无意挑战普京权威，梅普组合顺利发展的可能性较大。梅普组合表现为三个层次：一是战略目标的组合，是梅普组合的基础；二是权力的组合，即权力交接和共享权力，是梅普组合的实质；三是团队的组合，即普京团队，它是梅普组合的架构。未来梅普组合顺利发展的可能性较大。(5) 将继续实行普京总统时期的治国理念、方针政策。梅德韦杰夫作为普京的继承者将继续延续普京的既定方针，沿着普京八年的方向走下去。

第二，对未来俄罗斯经济形势的影响。与会者分别就俄罗斯经济形势的不同方面提出以下观点：(1) 对俄以创新经济为核心的国家发展战略能否实现存在分歧。有代表认为，创新经济与俄大国地位生死攸关，其本身已经超越单纯的经济发展层面，是俄未来成为世界大国的一个宏观纲领。但该战略提出的诸多指标在短期内是不可能实现的，各项指标的落实会大幅缩水。另一种观点则认为，俄罗斯目前具备由资源型经济向创新型经济转换的可能性和可行性。俄保存下来的人力资本和科技资源是实施转变的最根本依据，是俄未来崛起可以依托的条件。(2) 梅普经济发展战略基本一致，但侧重点有所不同。迄今为止，梅德韦杰夫关于俄经济发展的阐述主要是对普京路线的补充、细化和具体化。梅德韦杰夫经济政策的重点在于：国家制度化建设、基础设施建设、创新经济以及发展投资。今后，梅普在两大问题上侧重点可能会有不同：一是治国理念；二是社会发展政策。(3) 未来中俄贸易将保持快速增长态势，同时贸易摩擦、贸易纠纷将增多和突出。(4) 中俄能源合作有进展，但前景不容乐观。中石油的代表认为，从中俄油气合作的进展情况看，有进展，但阻力较大。有代表认为，普京时期，中俄能源合作一直没有取得根本性进展，未来一个时期，中俄能源合作难有重大突破，目前中俄能源合作总体处于徘徊调整时期。

第三，对未来俄罗斯战略外交形势的影响。(1) 俄罗斯对多极国际格局的判断和未来战略走向。有代表认为，2006年对外政策概论中关于多极世界的判断可能会影响俄未来的对外战略选择。这种判断的缘由是俄罗斯国力高速增长。目前，俄罗斯人均GDP是美国的五分之一多，是中国的四倍；美国目前已经陷入全球战略困境，美国的战略资源严重耗散，对全球的战略控制力严重下降，实施自身战略安排的能力受到严重削弱。(2) 俄崛起是中国的机遇，但机遇和问题并存。一些人认为，俄罗斯崛起的方式是运用国家权威，以国家驱动型的方式实现跨越，俄罗斯崛起总体会以和平方式崛起。俄罗斯崛起必然引起大国关系的调整，有可能加快世界多极化进程。当前，美俄已经进入冲突多发期，俄罗斯恢复势力范围、维护安全空间的努力与美国主导的北约东扩是矛盾根本点，有可能会引发一系列问题，在此背景下，中俄可能进一步走近。(3) 中俄关系发展的不确定因素增加。与会者指出，中俄两大邻国同时崛起，在历史上尚属首次。中俄关系总体良好，处于历史最好时期。中俄两国都将对美关系作为对外战略的重中之重，在对美关系上相互猜疑的现象十分严重。俄担心中国在中亚、上合组织中取得主导权。

第四，对未来俄罗斯社会文化的影响。与会者认为，大众文化的平民主义、精英文化的中流主义、领袖文化的强国主义自由主义是当前俄社会文化特征。

与会代表认为，未来俄非政府组织发展平稳，但不可能迅速发展。当前，俄罗斯的非政府组织主要有两个特点：一是断裂性与继承性并存，断裂性大于继承性；二是俄非政府组织仍处于非常低的水平。

（冯育民）

吉尔吉斯斯坦与中国国际研讨会

2008 年 10 月 14～18 日，中国社会科学院俄罗斯东欧中亚研究所与吉尔吉斯斯坦斯拉夫大学战略分析与预测研究所联合举行国际研讨会。会议就吉尔吉斯斯坦国内局势、中亚地区安全、上海合作组织和中吉关系等问题交换了意见。来自现代国际关系研究院、中国国际战略学会、中国国际问题研究所等十几所高校、研究所的专家学者 30 多人参加了会议。

吉尔吉斯斯坦斯拉夫大学战略分析与预测研究所所长萨里耶夫认为，由于吉银行业及相关信贷业务不发达，从目前的局势看，国际金融危机对吉影响有限。然而，吉整体经济状况不佳，物价上涨幅度较大，电力供应不足，客观上会给居民生活和经济发展造成一定的困难。这些因素都会对吉国内局势造成不利影响。

会议认为，中吉互为紧邻，双边关系潜力巨大。从目前情况看，中国对吉方提供的大量帮助和支持，两国在政治、经济、外交、人文领域开展合作，但宣传不多。

萨里耶夫认为，从吉尔吉斯民众对华态度来看，老一代在苏联时期形成的戒备心理依然存在，而青年一代则主要关注西方。

在讨论俄格冲突问题时，与会者深入分析了俄罗斯与格鲁吉亚关系的历史、俄格冲突的原因和过程、国际社会在冲突中的立场、冲突对国际关系的影响、冲突后俄罗斯的地区政策走向。吉方代表认为，俄罗斯打击格鲁吉亚，标志着美国在独联体地区活动的高峰期宣告结束。

会议还探讨研究了阿富汗问题的重要性，阿富汗问题无论对中国还是对中亚地区的安全影响巨大，牵扯到地区各国的切身利益。

（冯育民）

欧洲研究所

（一）人员、机构基本情况

截至2008年年底，欧洲研究所共有在职人员50人。其中，正高级职称人员11人，副高级职称人员11人，中级职称人员18人；高、中级职称人员占全体在职人员总数的80%。

欧洲研究所设有经济研究室、欧盟法研究室、社会文化研究室、政治研究室、国际关系研究室、《欧洲研究》编辑部、图资信息室、办公室。中国欧洲学会秘书处挂靠在欧洲研究所。

（二）科研工作

1．科研成果统计

2008年，欧洲研究所共完成专著6种，129.6万字；论文40篇，48.3万字；研究报告33篇，30.6万字；学术资料1种，1万字；译著2种，8.4万字；论文集1种，32万字。

2．科研课题

（1）新立项课题

2008年，欧洲研究所共有新立项课题20项。其中，国家社科基金课题1项："中国—欧盟关系的历史和现状"（周弘主持）；院重大课题1项："发达国家电子治理研究及对中国的启示"（董礼胜主持）；院重点课题3项："变化中的中欧关系：问题解析与展望"(吴弦主持)，"新安全观与欧盟司法与内务合作的新发展"（程卫东主持），"资本与劳动力市场的改革与创新——欧洲的经验"（薛彦平主持）；院青年科研启动基金课题1项："欧元与国际货币体系演变——兼论中国的应对"（熊厚主持）；所重点课题14项："欧洲研究对中国国际关系学的启示"(范勇鹏主持)，"欧洲一体化进程中的经济周期趋同研究"(秦爱华主持)，"欧盟文化战略分析：'文化多样性'的两重经济含义"(郭灵凤主持)，"南奥塞梯和阿布哈兹独立的国际政治影响"(董礼胜主持)，"中国社会科学院年鉴（2008年）"(赵苏苏主持)，"欧洲发展报告（2008～2009）"(周弘主持)，"欧盟东扩后的中欧贸易——国别分析与行业观察"(陈新主持)，"欧洲气候政策一体化与欧盟气候治理"(傅聪主持)，"资料中心数据库"(钱小平主持)，"国内欧洲研究跟踪评估（2008）"(田德文主持)，"欧盟产业政策研究　（博士学位论文）"(孙彦红主持)，"萨科齐能否使欧盟走出困境——法国担任欧盟轮值主席的机遇与挑战"(马胜利主持)，"超越国界的民主——欧盟民主问题分析"(赵晨主持)，"欧洲认同的形成"（范勇鹏主持）。

（2）结项课题

2008年，欧洲研究所共有结项课题5项。其中，院重点课题1项："欧洲工业创新机制与政策分析”（薛彦平主持）；所重点课题4项：“政治科学中的新制度主义”（刘作奎主持），“欧洲认同的形成”（范勇鹏主持），“欧洲研究对中国国际关系学的启示”（范勇鹏主持），“里斯本战略评述——从经济增长角度分析欧盟经济”（秦爱华主持）。

（3）延续在研课题

2008年，欧洲研究所共有延续在研课题3项。其中，院重点课题3项：“欧洲经济”（王鹤主持），“美国和欧盟对华政策的形成及相互影响”（吴白乙主持），“欧洲政治文化研究”（马胜利主持）。

3．科研组织管理新举措

（1）鼓励年轻学者多申请课题，在所级课题立项方面向青年学者倾斜，以提高他们的科研积极性，培养他们的独立研究能力。

（2）逐渐加强立项课题的进程管理，要求课题组按期结项，并由科研管理部门经常性地了解课题进展情况，督促课题组加快课题研究进度，规定未结项的课题主持人不得申请新课题。

（3）加强课题的结项管理，要求对课题结项成果进行评估，并要求所级课题的成果应公开发表。

（三）学术交流活动

1．学术活动

2008年，欧洲研究所主办和承办的学术会议有：

（1）2008年3月25日，欧洲研究所与意大利联合信贷银行集团联合主办的“《产业区直面经济全球化——中意比较研究》首发式暨学术研讨会”在北京举行。会议的主题是“《产业区直面经济全球化——中意比较》新书发布和中意双边问题”，研讨的主要问题有“产业区／产业集群”、“中意产业区／产业集群的比较研究”。

（2）2008年4月9日，欧洲研究所和中国欧洲学会共同主办的“2007～2008年欧洲形势年会” 在北京举行。会议的主题是“欧洲形势发展和中欧关系”。

（3）2008年5月13～14日，欧洲研究所、中联部、德国艾伯特基金会联合主办的“中德安全对话会议”在北京举行。会议的主题是“中德关系的现状”，研讨的主要问题有“两国各自关心的主要问题和中德关系的现状”。

2．国际与地区学术交流和合作

2008年，欧洲研究所共派遣出访12批26人次，接待来访30批39人次(其中，中国社会科学院邀请来访1批2人次)。与欧洲研究所开展学术交流的国家和地区有英国、德国、美国、法国等国家和中国台、港、澳地区。

（1）2008年4月1日，欧洲研究所所长周弘参加荷兰国际关系研究所举办的“欧盟与中国：建立战略伙伴关系国际会议”。

（2）2008年4月8日，欧洲研究所所长周弘参加德国康斯坦茨大学举办的主题为“欧盟与欧洲一体化的文化基础研究”的论坛。

（3）2008年5月7日，欧洲研究所副所长吴白乙参加瑞典安全与发展政策研究所主办的主题为“裁军和东北亚地区问题”的国际会议。

（4）2008年5月12日，欧洲研究所副所长吴白乙参加挪威防务研究所主办的题为“美国—欧盟—中国关系——促进合作以及解决利益冲突”的国际会议。

（5）2008年5月25日，欧洲研究所所长周弘参加澳门大学法学院组织的题为“欧盟50年：回顾过去,展望未来”的国际学术会议。

（6）2008年5月30日，欧洲研究所研究员罗红波参加意大利经济学家与企业家协会、亚洲观察研究会在意大利罗马主办的“加强中意两国中型企业合作研讨会”。

（7）2008年6月1日，欧洲研究所副所长吴白乙参加国际战略研究所、日本国际问题研究所在日本东京主办的“亚洲国家国际战略所面临的挑战研讨会”。

（8）2008年9月18日，欧洲研究所所长周弘参加瑞士沙夫豪森政府理事会举办的“Wirts－chaft simpulse（“经济推动力”）论坛”。

（9）2008年10月28日，欧洲研究所所长周弘参加由欧洲委员会主办的主题为“中国—欧盟关系：我们将往哪里去”的国际会议。

(10)2008年12月13日，欧洲研究所所长周弘参加哈佛大学肯尼迪政府学院贝尔佛中心主办的中美建交30周年庆典活动。

（四）学术社团、期刊

1．社团

中国欧洲学会，会长周弘。

2008年4月，中国欧洲学会与中国社会科学院欧洲研究所在北京共同举办“2007～2008年欧洲形势年会”暨《欧洲发展报告2007～2008》蓝皮书发布会。该书为欧洲发展报告第12卷，主题报告为“欧洲联盟50年：经济、法律、政治与价值建构”。

（1）中国欧洲学会法国研究分会学术活动

2008年4月23日，法国研究分会在中国社会科学院欧洲研究所组织“中法关系的问题和走向”专家座谈会，就法国出现的抵制奥运和排华活动及其对中法关系的影响等问题进行探讨。

2008年5月28日，中国欧洲学会法国研究会主办的“法国外交政策和中法关系——法国大使演讲会”在北京举行。会议的主题是“如何看待中法关系中出现的问题”，研讨的主要问题有“法国外交官员如何分析中法关系中出现的问题”。

2008年6月10日，中国欧洲学会法国研究会主办的“法国内政及中法关系国际研讨会”在北京举行。会议的主题是“中法关系的新走向”，研讨的主要问题有“法国新总统上台后内政、外交政策”、“中法关系”。

2008 年 11 月 18 日，法国研究分会举办了“当前金融危机及其影响报告会”。会议邀请法国驻华使馆公使衔商务参赞泰斯达介绍法国和欧洲的金融危机。

（2）中国欧洲学会德国研究分会学术活动

2008 年 1 月 29 日，中国欧洲学会德国研究分会在北京举办“当前中德关系报告会”，就中德关系进行了讨论。德国外交政策协会研究所所长桑德施奈德教授就当前中德关系作了报告。

2008 年 9 月 2 日，中国欧洲学会德国研究分会在北京与德国汉堡国防军大学代表团举行座谈会，就中德关系进行了讨论。

（3）中国欧洲学会意大利研究分会学术活动

2008 年 4 月 15 日，中国欧洲学会意大利研究分会和欧洲泰雷西斯基金会在欧洲研究所共同举办“投资非洲的机遇与融资渠道讲座”。

2008 年 4 月 17 日，“杭州企业走进非洲——投资非洲的机遇与融资渠道报告会”在杭州市举行。会议由杭州市人民政府主办，中国欧洲学会意大利研究分会和欧洲泰雷西斯基金会协办。

2008 年 10 月 17 日，中国欧洲学会意大利研究分会和意大利驻华大使馆共同举行《从共同市场到单一货币》一书中文版首发式暨欧盟经济政策研讨会。

2008 年 10 月 29 日，中国欧州学会意大利研究分会和意大利翁布里亚大区经济促进局在欧洲研究所共同举行“扩大对欧洲／意大利贸易与投资研讨会”。

（4）中国欧洲学会西班牙研究分会学术活动

2008 年 2 月 24 日，中国欧洲学会西班牙研究分会与北京塞万提斯学院共同举办“中国与西班牙经济社会发展报告会”。中国欧洲学会西班牙分会秘书长张敏副研究员作了关于技术创新对中国经济发展影响的主题报告，西班牙学者作了关于西班牙科技发展对社会发展的报告。

2008 年 6 月 21～30 日，中国欧洲学会西班牙分会秘书长张敏副研究员应西班牙政府邀请，参加了第三期中国未来青年领导人项目。

（5）中国欧洲学会欧洲法律研究会学术活动

2008 年 11 月 21～23 日，中国欧洲学会欧洲法律研究会主办，武汉大学法学院、武汉大学国际法研究所承办的“中国欧洲法研究会第二届年会：欧盟法制 50 年的回顾与展望”在北京举行。会议的主题是“欧盟法制 50 年：回顾与展望”，研讨的主要问题有“欧洲联盟宪政问题”、“欧洲联盟私法问题”、“欧洲联盟共同市场法律问题”、“欧洲联盟与中国”、“欧洲联盟与国际法”、“欧洲联盟一体化新发展及启示”。

（6）中国欧洲学会欧盟研究会学术活动

2008 年 8 月 30～31 日，“中国欧洲学会欧盟研究会第 11 届年会暨中国欧洲学会经济研究分会第一届年会”在吉林省长春市召开。会议研讨的主要问题有“欧盟面临的挑战与问题”、“欧洲政策调整与发展”、“欧盟的对外关系与中欧关系”。

(7) 中国欧洲学会欧洲经济分会学术活动

2008年9月5日，中国欧洲学会欧洲经济分会、欧洲经济分会与吉林省外办和外经委、欧洲泰雷西斯基金会共同举办的“吉林企业投资非洲论坛”在吉林省长春市举办。这一论坛被纳入第四届东北亚博览会活动之列。

2. 期刊

《欧洲研究》(双月刊)，主编周弘。

2008年，《欧洲研究》共出版6期，共计96万字。全年刊载的有代表性的文章有：马胜利的《欧洲公民权与欧洲认同》，吴弦的《从“共同贸易政策”看“欧洲模式”》，中国社会科学院欧洲研究所课题组的《中国公众对欧盟及中欧关系看法的调查与初步分析》，戴炳然的《解读〈里斯本条约〉》，曾令良的《欧洲联盟治理结构的多元性及其对中国和平发展的影响》，王鹤的《论欧盟的经济力量》，庞大鹏的《俄罗斯的“主权民主”思想》，张茗的《“规范性力量欧洲”：理论、现实或“乌托邦”？》，吴瑛的《议程与框架：西方舆论中的我国外交话语》，石贤泽的《美国知识霸权压力下的欧洲国际关系》。

(五) 会议综述

2007～2008年欧洲形势年会

2008年4月9日，中国社会科学院欧洲研究所和中国欧洲学会在北京主办了“2007～2008年欧洲形势年会”。欧盟现任轮值主席国斯洛文尼亚驻华大使马里安·森森，欧盟下任轮值主席国法国驻华公使郁白，欧盟驻华大使赛日·安博，欧盟其他成员国驻华大使和使馆代表，在京国际问题研究机构、高等院校及中央政府部门的中国欧洲问题专家学者150人就2007～2008年度欧洲形势发展和中欧关系进行了深入探讨。

2008年4月，“2007～2008年欧洲形势年会”在北京举行。

会议由中国社会科学院欧洲研究所所长周弘主持。中国社会科学院学部主席团秘书长何秉孟致欢迎词。何秉孟认为，中国历来重视欧盟的发展，欧盟在国际事务上奉行多边主义的外交理念，与中国在诸多问题上具有共识。因此，我们将欧盟作为中国推行和平与发展外交政策的重要合作伙伴。当前，中国和欧洲都正处于重要的改革时期。虽然我们的发展基础、背景和路径不同，但是在世界经济全球化的大背景下，我们正面临着许多同样的挑战，并且在诸多诉求中存在共同利益，双方有能力更有责任进一步加强交流，取长补短，在新的历史条件下为人类的和平与繁荣作出新的贡献。

斯洛文尼亚驻华大使马里安·森森回顾了2007年欧盟发生的两件大事，即庆祝罗马条约签署50周年和《里斯本条约》的签署。他认为，在斯洛文尼亚担任轮值主席国期间（2008年上半年），中欧关系延续了欧中全面战略伙伴关系的既定方向。法国驻华公使郁白主要阐释了法国担任下届轮值主席国所面临的挑战。他认为，欧盟成员国与中国的双边关系要好于欧盟与中国的关系。法国担任轮值主席国后所要面对的一个挑战是如何团结其他成员国为克服欧盟与中国关系中的困难开辟道路。法国担任下届轮值主席国所要达到的一个目标是如何消除欧中在经济和政治上的分歧。中国也需要在伙伴关系框架下，担负全球性责任。欧盟驻华大使赛日·安博从中欧双方战略需求的角度总结了中欧关系的发展。他认为，改革开放30年来，中国对欧洲的战略需求首先是市场，其次是投资，再次是人员交流。虽然目前欧中关系遇到了一些困难，但双方不应在合作和伙伴关系上迷失方向，而应继续回应对方的战略需求。中国前驻德国大使梅兆荣对中欧关系的现状及未来作了总结性发言，他认为，中欧关系在过去33年中，经历了风风雨雨，但总体上来看，是不断向前发展的。双方本着相互尊重、平等互利、求同存异、合作共赢的精神，在中欧关系上取得了显赫的成果。然而，以2006年欧盟出台的第六个对华政策文件为标志，欧盟的对华态度发生了广泛而深刻的变化，我们很难从文件中看出要致力于建立中欧全面战略伙伴关系的精神。他认为，近年来欧方在一些问题上对中国颇多指责，而散布中国崛起对欧洲构成威胁的言论是缺乏根据的。任何国家的发展道路和发展模式都应该符合国情。他还指出，有些欧洲人对西藏历史和现状、达赖为何许人缺乏起码的了解，也不考虑西藏是中国领土不可分割的一部分这样一个基本事实。

会上，中方与会者与欧洲国家的大使就中欧关系面临的一些问题进行了坦率的交流和对话。

（宋晓敏）

《产业区直面经济全球化——中意比较研究》首发式暨学术研讨会

2008年3月25日，中国社会科学院欧洲研究所和意大利联合信贷银行集团主办的“产业区直面经济全球化——中意比较研究》首发式暨学术研讨会”在北京举行。中国社会科学院国际学部副主任、欧洲研究所所长周弘研究员，意大利联合信贷银行集团亚洲—太平洋负责人萨缪尔·蓬博士，意大利驻华大使赛飒在开幕式上致辞，闭幕式由意大利驻华使馆文化处负责人玛利亚·魏伯教授致辞。与会者共计120人。主题发言者12人。

《产业区直面经济全球化——中意比较研究》一书是中国社会科学院欧洲研究所与意大利联合信贷银行集团在社会科学研究领域多年合作的又一成果。作为一种特殊的生产组织形式，产

2008年3月，《产业区直面经济全球化——中意比较研究》首发式暨学术研讨会在北京举行。

业区/产业集群为世界上许多国家的经济发展和转型注入了活力。在中国，鼓励产业集群的发展成为许多省市“十一五发展规划”的重要内容之一；在欧洲，作为一项特殊的支持措施，欧盟委员会将促进产业集群发展纳入其研究框架计划；在意大利，由于最近15年传统产业区遇到问题，有关“本地发展”的议题重新成为今日讨论的热点。

在研讨会上，学者、产业集群所在地的官员和企业家围绕两国产业区的发展特点、对经济增长的贡献、政府相关政策、产业区/产业集群国际化战略、两国产业区和企业如何在全球价值链上“牵手”进行了深入研讨。中、意学者还特别指出，由于国际金融市场的稳定与否直接影响产业区发展和国际化战略，因此，应把对产业区的微观研究与对当前国际金融市场的宏观研究相结合，以便从更广阔的角度考察产业区的作用，为政策制定者提供更全面、更客观的建议。

（罗红波）

奥运圣火受阻和中法关系问题研讨会

2008年4月7日，奥运圣火在巴黎的传递仪式受到反华势力和藏独分子的肆意破坏。与此同时，法国某些报刊传媒也借拉萨骚乱事件对中国的人权状况进行了抨击。为探讨法国反华势力兴起的原因和中法关系面临的问题，2008年4月23日，中国欧洲学会法国研究分会在中国社会科学院欧洲研究所组织召开了专家研讨会。应邀出席会议的有来自政府部门、大专院校、新闻传媒和研究机构的法国问题专家30余人。会议由法国研究分会会长、中国前驻法大使蔡方柏主持。会上，法国研究分会副会长、外交部欧洲司副司长刘海星介绍了奥运圣火在巴黎受阻前后法国当局的态度，以及最近以来中法关系中出现的一些问题。与会者就法国政府、巴黎当局、反华组织和社会舆论在此次事件中的态度和做法进行了分析和评论。法国驻华使馆公使衔参赞郁白应邀参加了会议，他就法国政府的立场进行了辩解和说明，他强调，法国政府并不愿看到奥运圣火在巴黎受阻，也不支持西藏独立，而只是希望中国政府改善人权。中方与会者则就法国报刊传媒和政府成员中的反华言论、萨科齐关于出席奥运开幕式的条件和会见达赖喇嘛的计划提出强烈批评，并希望法国政府和社会舆论能够尊重中国人民的根本利益和民族感情。经过交流，中国和法国的与会者都表示，应当珍视40多年来中法两国构建的传统友好关系，中法两国需要相互尊重，相互理解，共同在国际事务中发挥积极和进步的作用。

（马胜利）

中国欧洲法研究会第二届年会：欧盟法制50年的回顾与展望

2008年11月22～23日，由中国欧洲学会欧洲法律研究会主办，武汉大学法学院、武汉大学国际法研究所承办的“中国欧洲法研究会第二届年会：欧盟法制50年的回顾与展望”在武汉大学召开。来自国内高等院校、研究机构、政府部门的70余位代表与会。会议共收到论文58篇。会议围绕“欧洲联盟法治50年：回顾与展望”这一主题讨论了以下几个方面的问题：

关于欧洲联盟宪政问题。与会代表以《里斯本条约》为中心展开了对欧盟宪政问题的讨论，认为从欧盟的宪政层面来看，《里斯本条约》带来了诸多新变化，为欧盟决策机制的更民主、更透明提供了新理念和新机制，也为欧盟政治一体化的深化提供了新契机。

关于欧洲联盟私法问题。会议主要回顾和分析了欧盟在私法发挥方面的新进展、面临的新问题等，并从欧洲法院有关判例出发分析了欧盟若干私法问题。

关于欧洲联盟共同市场法律问题。与会代表就欧洲联盟共同市场法律问题的讨论集中在以下几个方面：欧共体竞争法执行主体的权力配置是否合理问题，相互承认原则作为一种新的市场规制方法所具有的战略优势及其不完整性，欧盟农业问题与多哈回合谈判等。

关于欧洲联盟与中国。会议对中国与欧盟关系中的若干法律问题以及欧盟法律对中国的借鉴意义等进行了分析，特别是欧盟是否承认中国市场经济，欧盟环境保护及对中欧贸易的影响，欧盟能源法律、欧盟公共采购法律体系及其对中国的启示，以及中欧关系中的人权问题。

关于欧洲联盟与国际法。与会代表认为，如今的欧洲在经济和贸易领域不断发挥着积极的作用，而且在关于主权让渡等领域、反恐的理论与实践中也对传统的国际法进行了新的尝试和发展，因此，也成为此次年会与会学者所重点讨论的问题。

关于欧洲联盟一体化新发展及启示，会议重点讨论了一体化与新欧洲、环境保护与健康权、欧洲电子货币的法律问题等。

（程卫东）

西亚非洲研究所

（一）人员、机构基本情况

截至2008年年底，西亚非洲研究所共有在职人员63人。其中，正高级职称人员12人，副高级职称人员 15 人，中级职称人员 24 人；高、中级职称人员占全体在职人员总数的 81%。

西亚非洲研究所设有中东研究室、非洲研究室、国际关系研究室、社会文化研究室、《西亚非洲》编辑室、图书资料室、办公室、科研处、人事处。

（二）科研工作

1．科研成果统计

2008 年，西亚非洲研究所共完成专著 7 种，191 万字；论文 87 篇，88.2 万字；研究报告 29 篇，55.3 万字；学术资料 24 种，36.5 万字；译著 1 种，54 万字；译文 2 篇，2.8 万字。

2．科研课题

（1）新立项课题

2008 年，西亚非洲研究所共有新立项课题 6 项。其中，院重点课题 2 项："土耳其政治现代化研究"（姜明新主持），"非洲民族问题研究"（李新烽主持）；院青年科研启动基金课题 1 项："美国媒体在中东地区的'传媒外交'活动"（刘中伟主持）；所重点课题 3 项："土耳其国家属性与民主化道路研究"（王林聪主持），"债务与发展——国际关系中的非洲债务问题"（杨宝荣主持），"西亚非洲文献资料数据库"（成红主持）。

（2）结项课题

2008 年，西亚非洲研究所共有结项课题 8 项。其中，国家社科基金课题 1 项："伊斯兰国家面临的挑战、发展趋势及我国应对策略"（唐宝才主持）；所重点课题 2 项："马克思主义经典作家论亚非国际问题"（崔建民主持），"民族和宗教问题对非洲国家的影响"（李文刚主持）；国情调研课题 2 项："文化事业单位体制改革"（崔建民、李文刚主持），"企业走出去战略中的劳动力管理问题"（杨光、姚桂梅主持）；院国际学部应急课题 3 项："巴以冲突问题及我对策研究"（王京烈主持），"非洲国家发展政治趋势及其对中非关系的影响"（张宏明主持），"中非关系中的软实力"（贺文萍主持）。

（3）延续在研课题

2008 年，西亚非洲研究所共有延续在研课题 38 项。其中，国家社科基金课题 3 项："政治变革与避免社会动荡——南非经验研究"（杨立华主持），"巴以冲突与当代国际关系"（殷罡主持），"21 世纪初的非洲发展与国际合作研究"（张永蓬主持）；院重大课题 10 项："西亚非洲重点国家跟踪研究"（杨立华主持），"阿拉伯研究系列丛书"（杨光、王京烈主持），"西亚非洲资源、市场与中国经济发展"（李智彪主持），"当代非洲政治中的民族与宗教问题"（张宏明主持），"阿以战争史"（王建主持），"大国对非洲战略的比较研究及对我国的启示"（贺文萍主持），"贸易全球化与非洲发展"（姚桂梅主持），"非洲国家贫困与反贫困战略研究"（安春英主持），"冷战后伊斯兰运动一些重大现实问题的考察及预测"（刘月琴主持），"中东石油输出国组织的经济发展研究"（陈沫主持）；院重点课题 3 项："全球化趋势下非洲国家间关系——现实、未来走向与中国国家利益”（张永蓬主持），“世界列国志”（赵国忠、温伯友、杨光主持），“大国中东战略调整与我国对策”（余国庆主持）；院基础研究课题2项：“20世纪中东国际关系”（张晓东主持），“中国和以色列关系史”（殷罡主持）；所重点课题17项：“从南非流动劳工制度看发展中国家劳动力转移比较研究”（刘乃亚主持），“多元文化与以色列社会政治发展”（冯基华主持），“非洲社会文化变迁中的种族因素”（刘海方主持），“国际关系研究”（张晓东主持），“西撒哈拉问题研究”（肖克主持），“海湾地区安全战略研究”（王京烈主持），“中东和平与以色列安全战略”（余国庆主持），“90年代的非洲冲突处理——案例研究”（詹世明主持），“当代中东经济发展”（杨光主持），“当代非洲政治思潮——非洲复兴的理论与实践”（唐大盾、徐拓主持），“中东政治民主化”（杨鲁萍主持），“南部非洲经济发展报告”（陈玉来主持），“欧洲中东关系史”（张士智主持），“新经济环境下非洲的经济增长”（陈宗德主持），“东非三国妇女减贫研究”（魏翠萍主持），“所史”（王茂珍、杨光主持），“非洲资本市场研究”（李智彪主持）；科研管理课题3项：“关于研究所建立和完善内部机制的研究报告”（王茂珍主持），“研究所科研处功能定位与作用研究”（潘日霞主持），“如何建立科学的哲学社会科学学术期刊管理机制——以我院国际片8所为例”（成红主持）。

3．科研组织管理新举措

2008年，西亚非洲研究所继续落实《西亚非洲研究所科研人员岗位职责及工作量考核管理办法》，制定了《西亚非洲研究所课题奖励办法暂行规定》，以有效推动科研任务的完成。

（三）学术交流活动

1．学术活动

2008年，西亚非洲研究所主办和承办的学术会议有：

（1）2008年4月23～24日，中国社会科学院国际合作局、西亚非洲研究所和南非驻华使馆共同举办了“庆祝中国—南非建交10周年国际学术研讨会”，研讨会分为“非洲发展新伙伴计划与中非合作前景”、“中南关系”、“非洲政治发展及其对社会经济发展的影响”、“中国—非洲发展合作”、“中国企业在非洲”等几个板块。

（2）2008年9月29日至10月1日，西亚非洲研究所与德国发展研究所和德国阿登纳基金会联合召开中国、欧盟与非洲国家发展合作国际研讨会。研讨会的主题是“欧盟—非洲—中国：建设战略伙伴关系”，继续进行2007年12月在北京启动的对话。

（3）2008年10月13～15日，西亚非洲研究所暨中国亚非学会协助中共中央对外联络部在北京承办了“第七届亚欧人民论坛”，配合第七届亚欧峰会的召开，具体承办“宗教极端主义的影响及对策”研讨会。来自中国和外国非政府组织的40余名代表参加研讨会。会议就宗教极端主义的定义、表现、原因和影响等进行了研讨，并就防治措施提出了建议。

2008 年 10 月，西亚非洲研究所所长杨光等出席“第七届亚欧人民论坛”。

2．国际与地区学术交流和合作

2008 年，西亚非洲研究所共派遣出访 35 批 42 人次，接待来访 23 批 40 人次。与西亚非洲研究所开展学术交流的国家和地区有英国、法国、德国、加拿大、美国、瑞典、澳大利亚、荷兰、土耳其、南非、埃塞俄比亚、奥地利、比利时、葡萄牙、以色列、伊朗、马里、苏丹、塞内加尔、沙特阿拉伯、肯尼亚、挪威、蒙古国、马来西亚等国家和中国澳门地区。出访对象国包括更多的研究对象国。

（1）执行与南非 Stellenbosch 大学交流协议。派遣长期（6 个月）青年访问学者 1 人，短期（1 个月）高级访问学者 1 人，接待对方短期（1 个月）访问学者 1 人。

（2）组团赴非洲自主调研。受院国际研究学部委托，组成以西亚非洲研究所所长杨光为组长的 5 人调研组（其中西亚非洲研究所 4 人），赴非洲的马里、苏丹和埃塞俄比亚三国调研“中国企业在非洲履行社会责任情况”。

（3）与挪威智库 ECOM 合作调研。组成联合考察组，赴尼日利亚调研投资环境，西亚非洲研究所 3 人参加，贺文萍牵头；1 人赴挪威参加课题研讨会；双方共同发表研究报告；在北京举办国际研讨会。

（4）与美国公益服务委员会合作考察。组成联合调研组，赴南非和赞比亚实地考察中国企业在非洲履行社会责任情况。西亚非洲研究所 4 人参加，张宏明牵头。

（5）与荷兰亚洲国际研究所开展合作研究。执行与荷兰亚洲国际研究所签署的两年合作研究协议，共同研究能源安全的内部和外部因素。中国社会科学院共 4 个研究所 8 人参加课题组，其中包括西亚非洲研究所 3 人，杨光为中方课题主持人。

（四）学术社团、期刊

1．社团

中国中东学会，会长杨光。

2008 年 12 月 22～24 日，中国中东学会在云南大学召开 2008 年年会暨“中国中东研究 30 年回顾与展望研讨会”。来自外交部、新华社、中国国际战略学会、中国社会科学院、中国现代国际关系研究院、上海国际问题研究院、北京大学、外交学院等 30 多家科研机构和高校的 63 名代表与会。与会代表就“中国中东研究 30 年”、“中国的中东研究现状”、“中国与中东关系”、“当前中东局势”四个议题进行了研讨。

2. 期刊

《西亚非洲》(月刊)，主编杨光。

2008年，《西亚非洲》共出版12期，共计156万字。全年刊载的有代表性的文章有安维华的《开辟中国与中东国家关系新天地的三十年》，刘鸿武的《论中非关系三十年的经验累积与理论回应》，李安山的《东京非洲发展国际会议与日本援助非洲政策》，李岩、王礼茂的《从达尔富尔危机透视气候变化下的生态冲突》，蒋真的《构建海湾新安全体系——由内贾德访问伊拉克谈起》，杨光的《新世纪的高油价与中东》，姜恒昆的《达尔富尔问题的历史溯源——再论达尔富尔冲突的原因、阶段及性质》，张春的《中国与欧盟在达尔富尔问题上的合作探析》，张宏明的《反黑人种族主义思潮形成过程辨析》，王林聪的《中东国家民主实践的基本特征及其类型》，李伟建的《伊拉克教派冲突背后的宗教文化博弈及对地区形势影响》，刘月琴的《论伊斯兰政治文化功能（上、下)》，杨立华的《中国与非洲：建设可持续的战略伙伴关系》，东方晓的《中国的战略选择：从陆地迫近中东》，王铁铮的《伊斯兰教与中东国家现代化的基本特点》，高晋元的《2008年初肯尼亚政治危机反思》等。

2008年，《西亚非洲》获第四届中国社会科学院优秀期刊奖“期刊优秀奖”。

（五）会议综述

庆祝中国—南非建交10周年国际学术研讨会

2008年4月23～24日，中国社会科学院国际合作局和西亚非洲研究所、南非驻华使馆在北京共同主办“庆祝中国—南非建交10周年国际学术研讨会”。中国社会科学院副院长武寅为大会致辞，回顾中南建交10周年的历程。中国商务部副部长高虎城就“南非与中国战略伙伴关系”发言。中国社会科学院西亚非洲研究所的学者分别就相关主题进行发言：所长杨光强调“加强中国与南非的社会科学研究合作”，杨立华研究员回顾了“中国与非洲：建立可持续的战略伙伴关系”，李新烽副研究员讲了“非洲政治的转型——对20年民主化进程的几点看法”，张宏明研究员分析了“非洲国家民主与国情之间的关系”，姚桂梅研究员介绍了“中国对非直接投资及治理”，陈玉来副研究员介绍了“中国企业在非洲的经营情况”。南非外交部长德拉米尼·祖马博士畅谈“南非21世纪构想”。南非工业部长介绍了“南非富有活力的现代化经济体”。

研讨会主要分以下几个议题：《非洲发展新伙伴计划》与中非合作前景、中南关系、非洲政治发展及其对社会经济发展的影响、中国—非洲发展合作、中国企业在非洲。会议就《非洲发展新伙伴计划》的发展理念、非洲经济和社会发展搭建战略框架的行动机制、协助和促进企业在非洲进行可持续的经营、鼓励提高非洲在全球竞争力为宗旨的商业基金是如何运行的等问题进行了研讨。

中南关系是研讨会的核心话题。与会的中国和南非学者都指出，对非洲和平与发展的承诺是中南合作中加强政治合作的重要组成部分。中国社会科学院西亚非洲研究所研究员杨立华就“中国与非洲：建立可持续的战略伙伴关系”进行主题发言。南非学者姆潘尼亚指出，双方在很多方面的政策都具有互补性，因而有诸多合作前景。南非学者马丁·戴维斯认为，南非对于中国在战略上的重要性来源于下列几方面：南非是地区经济的龙头、商业的中心，在国际上（特别是在非洲地区）享有冲突调解者、维和者的积极政治声誉，同时还是中国和非洲联系西方的桥梁。但是也有学者敏锐地指出，要将中南关系的性质从中非关系中区分开来，二者不能等同。

中国与非洲关系所面临的具体挑战以及可能的应对措施，是研讨会上引发关注和争论最多的话题。中国社会科学院西亚非洲研究所所长杨光在《加强中国与南非的社会科学研究合作》的发言中指出，中国与南非在社会科学领域的交流已经起步，特别是中国社会科学院及其下属的研究所与南非人文研究理事会、斯泰伦布什大学等单位签署了学术交流协议并且得以执行。但与中国和南非双方在经济贸易、国际政治等领域的迅速发展相比，两国在社会科学研究领域的合作至今还显得比较薄弱，双方在社会科学领域的合作研究或比较研究方面，还是有很大的发展潜力，建议两国政府把社会科学研究领域的合作当做发展两国战略伙伴关系的新增长点并给予有效推动，并积极开拓交流方式，特别应注意就双方共同关心的重大现实课题开展合作和比较研究。南非学者姆潘尼亚强调，双方关系固然源于独立运动时期中国支援非洲的历史，但是不能仅仅基于这一段时期形成的伙伴关系来期待中国，而应该“立足于已经建立的珍贵友谊，寻求共同成长中新良性的互动关系”，即强调双方关系的平等性质的同时，也应该注意均等、对称发展。另外，中非关系深入发展也面临着下列方面的挑战：一是确保非洲的利益和需要是这种伙伴关系的核心；二是非洲国家需要发展非洲自身的能力（特别是加速经济和政治一体化进程）、提高工业化程度，而不是仅仅靠采掘业，否则会形成对新兴市场中国和印度的依赖；三是抵消美国、欧洲等在确保能源安全的“战略性竞争”中所带来的负面影响，包括非洲还大量存在的武器交易问题。中国政府遵循的“不干涉内政”原则备受外界争议，南非学者鲁伊特斯建议：“中国政府应该在非盟框架内进行更多的政治对话，看看中国可以怎样既能更好地支持非洲的民主化、善治和人权议程，同时又不伤害中国秉承的不干涉原则。”

在研讨会上，来自中国和南非的众多学者就中非关系的发展历程以及当前中非关系所面临的问题和未来的战略展开讨论，对促进中非（中南）合作及非洲发展与振兴，具有特别积极的意义。

（科研处）

拉丁美洲研究所

（一）人员、机构基本情况

截至2008年年底，拉丁美洲研究所共有在职人员60人。其中，正高级职称人员10人，副高级职称人员19人，中级职称人员14人；高、中级职称人员占全体在职人员总数的72%。

拉丁美洲研究所设有经济研究室、政治研究室、国际关系研究室、社会和文化研究室、《拉丁美洲研究》编辑部、文献信息室、办公室。

（二）科研工作

1. 科研成果统计

2008年，拉丁美洲研究所共完成专著4种，121万字；译著3种，116.2万字；论文91篇，104.77万字；学术资料3篇，0.67万字；文章138篇，52.47万字；教材1篇，3.4万字；研究报告76篇，43.45万字；译文17篇，10.6万字。

2. 科研课题

（1）新立项课题

2008年，拉丁美洲研究所共有新立项课题11项。其中，院重点课题3项："拉丁美洲经典文献评注"（刘承军主持），"中拉经贸合作：格局与战略"（杨志敏主持），"20世纪70年代以来拉美劳动力流动研究"（张勇主持）；纪念改革开放30周年报告会课题1项："纪念改革开放30周年报告会'改革开放与中、拉关系的新发展'"（苏振兴主持）；院青年科研启动基金课题3项："冷战后美国对拉美的援助政策"（孙洪波主持），"拉美非政府组织的发展及其挑战"（袁琳主持），"拉美国家社会保障改革的历史经验与教训"（房连泉主持）；院国情考察活动课题1项："内蒙古扎兰屯市社会主义新农村建设的成效和经验考察"（江时学主持）；所重点课题3项："拉美新左派研究"（方旭飞主持），"查韦斯和'查韦斯现象'研究"（王鹏主持），"智利养老金制度改革研究"（房连泉主持）。

（2）结项课题

2008年，拉丁美洲研究所共有结项课题13项。其中，院国际学部应急课题2项："当前拉美社会主义思想和运动新动向"（郑秉文主持），"拉美社会凝聚的理念与实践及其对我国的启示"（刘纪新主持）；关于学习贯彻十七大精神交办课题2项："构建和谐社会与拉美国家的经验教训"（郑秉文主持）；"拉美国家维护政治社会稳定的基本经验与启示"（袁东振主持）；纪念改革开放30周年报告会课题1项："纪念改革开放30周年报告会'改革开放与中、拉关系的新发展'"（苏振兴主持）；院国情调研活动课题4项："山东沂蒙山地区与巴西落后地区贫困问题的比较及对策”（郑秉文主持）；“内蒙古扎兰屯市社会主义新农村建设的成效和经验考察”（江时学主持），“国家安全与发展国际战略调研拉美所子课题‘拉美在中国国家安全与发展战略中的地位及中国对拉美政策的战略选择’”（江时学主持），“双边关系民意调查子课题‘我国民众如何看待并理解中拉关系’”（郑秉文主持）；院青年科研启动基金课题3项：“拉美国家社会保障改革的历史经验与教训”（房连泉主持），“阿根廷的政党治理危机及其原因探析”（郭存海主持），“中拉贸易摩擦原因与对策研究”（岳云霞主持）；院交办课题1项：“拉美国家的腐败问题与反腐败研究”（刘纪新主持）。

（3）延续在研课题

2008年，拉丁美洲研究所共有延续在研课题32项。其中，国家社科基金课题1项：“巴西的崛起对国际格局及中国的影响”（周志伟主持）；院A类重大课题4项：“面向21世纪的拉丁美洲”（江时学主持），“拉美经济改革的经验及其教训——主要国家实例比较研究”（吴国平主持），“拉丁美洲现代思潮”（徐世澄主持），“中国企业‘走出去’战略与拉美投资环境”（宋晓平主持）；院重大课题1项：“构建和谐社会面临的挑战——拉美人均GDP1000到3000美元阶段的经验教训”（苏振兴主持）；院B类重大课题2项：“拉美热点问题跟踪研究”（刘维广主持），“巴西外交政策与中巴关系”（贺双荣主持）；院重点课题8项：“拉美国家经济、社会转型过程中的重大社会问题与政府对策研究”（刘纪新主持），“拉美国家可治理性危机问题研究”（袁东振主持），“拉美‘三农’问题研究”（谢文泽主持），“当前拉美社会结构研究”（林华主持），“拉美银行危机研究”（高静主持），“拉丁美洲经典文献评注”（刘承军主持），“中拉经贸合作：格局与战略”（杨志敏主持），“20世纪70年代以来拉美劳动力流动研究”（张勇主持）；院后期资助课题1项：“拉美第一大党墨西哥革命制度党的兴衰”（徐世澄主持）；院青年科研启动基金课题4项：“对拉美发展模式的可持续性分析及其警示”（赵丽红主持），“冷战后美国对拉美的援助政策”（孙洪波主持），“拉美非政府组织的发展及其挑战”（袁琳主持），“企业年金管理的英美模式和拉美模式及对中国的启示”（黄念主持）；院国情调研课题1项：“拉美国家农村发展的经验教训及其对北京周边地区‘三农’问题的启示”（谢文泽主持）；《列国志》5项：“哥斯达黎加、洪都拉斯”（杨志敏、方旭飞主持），“墨西哥”（谌园庭主持），“危地马拉、伯利兹、萨尔瓦多”（王锡华主持），“牙买加、巴巴多斯、特立尼达和多巴哥”（周志伟、齐峰田主持），“拉美地区组织”（王鹏、张育媛、林华主持）；所重点课题5项：“资源诅咒假说与拉美国家资源出口型发展模式”（赵丽红主持），“当代拉美政治重大问题研究”（张凡主持），“拉美新左派研究”（方旭飞主持），“查韦斯和‘查韦斯现象’研究”（王鹏主持），“智利养老金制度改革研究”（房连泉主持）。

3．获奖优秀科研成果

2008年3月，拉丁美洲研究所徐世澄完成的中共中央组织部2007年度重点课题“全球化信息化背景下古巴共产党组织发展趋势研究”荣获中共中央组织部党建研究所二等奖；拉丁美州研究所张凡完成的中共中央组织部2007年度重点课题“全球化信息化背景下巴西劳工党组织发展趋势研究”荣获中共中央组织部党建研究所优秀奖。

2008年10月，在第三届中国社会保障论坛上，拉丁美洲研究所房连泉的论文《基本养老保险个人账户基金投资管理体制改革——智利和新加坡的比较及其对中国的启示》获优秀奖。

4．科研组织管理新举措

2008年，拉丁美洲研究所采取了以下几项加强科研管理的措施：实行对学术论文的年终奖励；抓好具有重大理论意义和现实意义课题的立项，如“当前拉美社会主义思想和运动新动向”、“拉美社会凝聚的理念与实践及其对我国的启示”、“构建和谐社会与拉美国家的经验教训”；采取各种切实措施促进青年科研人员成长：对新进所的毕业生配备专人指导，加强青年科研人员的外语培训等；完成《拉丁美洲和加勒比发展报告》（黄皮书）改版工作。

（三）学术交流活动

1．学术活动

2008年，拉丁美洲研究所主办和承办的主要学术会议有：

（1）2008年1月17日，拉丁美洲研究所主办了“拉美国家中左派上台对国际关系的影响研讨会”。

（2）2008年7月31日，拉丁美洲研究所主办了“经济全球化进程中拉美竞争力的国际比较研讨会”。

（3）2008年10月16日，拉丁美洲研究所主办了“全球金融动荡对拉美经济的影响和挑战研讨会”。

（4）2008年10月24日，拉丁美洲研究所主办了“危机与对策：世界、拉美与中国的粮食安全问题研讨会”。

（5）2008年10月30日，拉丁美洲研究所与亚洲太平洋研究所共同举办了“中国的应对措施——科学发展观的视角报告会”。

（6）2008年10月30日，拉丁美洲研究所主办了“拉美民众主义的发展及其影响研讨会”。

（7）2008年12月11日，拉丁美洲研究所承办了中国社会科学院第22届国际问题论坛“中国与拉美经济改革：回顾与比较”。

2．国际与地区学术交流和合作

2008年，拉丁美洲研究所共举办了8次国际会议；接待来访外宾60批100人次，接受海外媒体采访5批次；出访9批12人次，出访学者大多为应邀出席国外举行的研讨会并作演讲。出国进修1人。

（1）2008年2月27日，拉丁美洲研究所与中国社会科学院国际合作局、国际学部共同主办了国际学术论坛“2007～2008年拉丁美洲和加勒比：多样性与挑战”。

（2）2008 年 3 月 5 日，拉丁美洲研究所与中国社会科学院国际合作局、中国社会科学出版社、古巴驻华使馆共同举办《卡斯特罗访谈传记：我的一生》首发式。

（3）2008 年 3 月 25 日，拉丁美洲研究所与中国社会科学院国际合作局、经济合作与发展组织（OECD）联合举办 "中国与拉美：跨越太平洋的合作" 研讨会。

（4）2008 年 10 月 9 日，拉丁美洲研究所举办第三次大使论坛，邀请玻利维亚大使费尔南多·罗德里格斯作题为《社群社会主义：对自由主义的民主回应》的报告。

（5）2008 年 11 月 13 日，拉丁美洲研究所与美洲开发银行联合举办了"拉美社会排斥与社会凝聚国际研讨会"。

（6）2008 年 12 月 3 日，拉丁美洲研究所与西班牙对外银行联合举办"中国与拉美和加勒比：投资与贸易机会"研讨会。

（四）学术社团、期刊

1. 社团

中国拉丁美洲学会，会长苏振兴。

2008 年 7 月 11 日，由中国现代国际关系研究院、中国拉美学会和中国拉美史研究会联合主办的"第四届全国拉美研究青年论坛：当前拉美改革与调整对中拉关系的影响"在北京举行。

2. 期刊

《拉丁美洲研究》（双月刊），主编郑秉文。

2008 年，《拉丁美洲研究》共出版 6 期，共计 92.4 万字。全年刊载的有代表性的文章有：苏振兴的《对拉美国家经济改革的回顾与评估》，袁东振的《拉美国家维护整治社会稳定的基本经验》，吴国平的《中拉经贸合作：在经济增长中实现良性互动》，张勇的《20 世纪 70 年代以来拉美劳动力就业及其启示》，房连泉的《社会分化、贫富差距与社会保障——拉美国家福利体制变革的经验教训》，刘纪新的《对阿根廷腐败问题与反腐体制建设的初步分析》，岳云霞的《中墨经贸竞争力比较研究》。

2008 年，《拉丁美洲研究》获第四届中国社会科学院优秀期刊奖"期刊优秀奖"。

（五）会议综述

拉美国家中左派上台对国际关系的影响研讨会

2008 年 1 月 17 日，中国社会科学院拉丁美洲研究所召开了"拉美国家中左派上台对国际关系的影响研讨会"。来自中联部、外交部、人民日报社、北京大学、国家开发银行、中国银行、中国进出口银行以及中国石油天然气集团公司等多家单位的专家学者 60 余人参加了研讨会。会议由拉丁美洲研究所所长郑秉文研究员和国际关系研究室主任贺双荣研究员主持。

就拉美左派崛起的历史背景，与会者在分析全球左翼的主要流派及其影响的基础上，提出了拉美左派崛起应在全球视野框架内加以考察的研究思路。有学者提出，当前拉美左派与拉美历史上的民众主义有着一定的历史渊源，这两者都具有民众威权主义倾向和相似的政策目标。

关于拉美左派对外政策调整特点，与会学者认为，激进左派政府反美立场强烈，而温和左派政府虽然离美倾向明显，但仍与美国在诸多领域保持合作。有学者分析了伊朗与拉美左派政府关系发展的动力及影响。关于拉美左派对内政策，与会者认为，在执政理念上，激进左派政府提出了建设社会主义的口号，而温和左派政府则提出了民众主义的主张；在经济政策领域，激进左派政府力图改变新自由主义发展模式，推进合作化运动。值得一提的是，拉美左派政府的能源国有化具有经济政策和外交政策调整的双重性质。

会议深入分析了拉美中左派政府的对外政策调整，具有较强的政策意义，是考察中拉关系发展的重要地区背景。与会者认为，拉美中左派执政后，有利于中国与拉美国家共同反对霸权主义，但必须妥善处理中拉关系中的“美国因素”以及中美关系中的“拉美因素”。

（孙洪波）

中国社会科学院国际学术论坛
“2007～2008年拉丁美洲和加勒比：多样性与挑战”

2008年2月27日，中国社会科学院国际学部、国际合作局、拉丁美洲研究所共同主办，中国拉美学会和社会科学文献出版社协办的中国社会科学院国际学术论坛“2007～2008年拉丁美洲和加勒比：多样性与挑战”在北京举行。中国社会科学院国际合作局局长杨扬与拉丁美洲研究所所长郑秉文共同主持了会议。150多位中外官员、学者、媒体记者、企业界人士以及拉美国家驻华使馆的官员参加了论坛。

中国社会科学院副院长李慎明代表中国社会科学院向与会代表致辞。全国人大常委会副委员长成思危、外交部副部长李金章、中联部副部长陈凤翔等领导分别发表主题演讲，他们认为，近年来拉美国家的自我调整、自我发展能力有所提高，其多样化的特点反映了拉美各国对发展道路和模式的深层次思考和积极实践，是其自主性逐步增强的体现；中拉双方可相互借鉴经验，促进共同发展；当前中拉双方开展互利合作面临着前所未有的历史性机遇。

牙买加、古巴、苏里南三国驻华大使分别结合本国当前的政治经济形势和对华关系发表了精彩的演讲。

中国社会科学院拉丁美洲研究所的四位学者在发言中分析了2007年以来的拉美国家形势：拉美经济增长继续，挑战显现；政治进程趋于常态化，激进改革遭遇新挑战；社会形势基本稳定，政策调整力度加大；拉美政治格局的变化给美拉关系带来新的挑战。

（刘维广）

“中国与拉美：跨越太平洋的合作”研讨会

2008年3月25日，由中国社会科学院拉丁美洲研究所、经济合作与发展组织（OECD）、中国社会科学院国际合作局联合主办的“中国与拉美：跨越太平洋的合作”研讨会在北京举行。中国社会科学院国际合作局局长杨扬和拉丁美洲研究所所长郑秉文分别主持了会议。来自商务部、外交部、中联部、全国人大和全国政协等部门的政府官员、拉美学界的国内外专家学者、部分投资拉美的中国企业代表以及来自人民日报、新华社等海内外媒体的记者等约150人出席会议。

中国社会科学院副院长李慎明与经济合作与发展组织（OECD）总干事安赫尔·古里亚出席会议开幕式并致辞。他们高度评价了中拉经贸合作的丰硕成果，肯定了经贸合作对双方产生的积极影响。他们一致认为，进一步拓宽经贸合作的渠道和领域，对于双方继续保持经济稳定持续增长，使经贸合作的成果更好地造福人民，具有非常现实的积极意义。

经济合作与发展组织发展中心主任兼首席经济学家哈维尔·桑蒂索和中国社会科学院拉丁美洲研究所研究员吴国平在会上发表了主题演讲。他们以大量的数据证明，中拉经贸合作伴随双方经济的持续增长呈现出了加速发展趋势，然而，从中国和拉美国家经济发展的实力和规模来看，双方的贸易与合作还有较大的增长潜力和上升的空间；中拉双方面临着相似的机遇和挑战，而深化改革、扩大开放是创造经贸合作美好远景的选择。

商务部合作司和上海宝山钢铁集团、中国五矿集团等企业的领导也在大会上作了主题发言。他们分别介绍了中国的对外投资政策、中国企业在拉美的整体情况以及与拉美国家合作的经验和体会等方面内容，对未来中国企业在拉美的发展前景作出了积极研判。

整体而言，研讨会在理论、政策和实践三个层面，重点讨论了中拉经贸合作对拉美的影响，不仅为拉美学界提供了推广研究成果的平台，还为相关政府部门介绍中国的对外投资政策创造了机会，更为投资拉美的中国企业交流经验和对外宣传开通了新的渠道。而经济合作与发展组织的积极参与，使得研讨会能够向国际传达中拉经贸合作共赢互利的信息，有助于中国企业在拉美更好地展开经贸活动。

2008年3月，“中国与拉美：跨越太平洋的合作”研讨会在北京举行。

（岳云霞）

拉美社会排斥与社会凝聚国际研讨会

2008 年 11 月 13 日，由中国社会科学院拉丁美洲研究所与美洲开发银行联合举办的“拉美社会排斥与社会凝聚国际研讨会”在北京举行。部分拉美国家驻华使节以及来自外交部、商务部、现代国际关系研究院、总工会、中国人民银行、新华社、中国社会保障论坛等单位的代表参加了研讨会。

研讨会由中国社会科学院拉丁美洲研究所副所长吴白乙研究员主持。中国社会科学院拉丁美洲研究所所长郑秉文和美洲开发银行亚洲办事处代表鹿户丈夫博士分别致辞。

美洲开发银行研究部主任阿尔伯托·钟博士详细介绍了2008年美洲开发银行的年度报告《局外人——拉美和加勒比变化中的社会排斥形式》的内容。首先，社会排斥与贫困相联系，但又在很大程度上不同于贫困和不平等现象。社会排斥的定义是多维度的、不断变化的，经济、政治和社会因素都可能带来不平等的资源和机会分配，从而影响个人的收入、消费和社会参与。其次，社会排斥会带来难以估量的经济成本，它的最大危害在于造成社会不信任，限制集体行动和合作，增加社会距离，从而提高社会交易成本。再次，减少社会排斥的对策在于改进公共政策的设计，从制度和环境上为实现社会融入创造条件。

中国社会科学院拉丁美洲研究所研究员郑秉文、刘纪新与副研究员宋霞分别从社会保障改革、社会凝聚理论实践以及教育在社会融入中的作用三个角度对拉美的社会凝聚问题进行了点评。学者们认为，社会凝聚的核心理念在于同贫困、不平等和社会排斥作斗争，目前拉美面临着突出的社会排斥问题，实现社会凝聚，拉美国家需要在制度层面上进行改革，并配合出台相应的公共政策。

中国社会科学院拉丁美洲研究所所长助理、研究员吴国平对发言进行了点评，并作会议总结。

（房连泉）

中国社会科学院第 22 届国际问题论坛
“中国与拉美经济改革：回顾与比较”

2008 年 12 月 11 日，中国社会科学院国际学部、中国经济体制改革研究会、中联部拉美局联合主办，中国社会科学院拉丁美洲研究所承办的中国社会科学院第 22 届国际问题论坛“中国与拉美经济改革：回顾与比较”在北京举行。来自外交部，中共中央对外联络部、人力资源和社会保障部、中国人民对外友好协会、中国经济体制改革研究会、中国社会保险学会、中国社会科学院的专家学者 70 余人参加了论坛会。

中国经济体制改革研究会会长高尚全作了题为《市场化改革的方向不要动摇》的主题演讲。

中共中央对外联络部副部长陈凤翔在发言中指出，无论实行哪种经济体制的国家，其采取的经济政策只有符合经济发展的自身规律，经济改革的方向符合世界经济形势的发展趋势，才有可能取得成功。中国社会保险学会会长、原劳动保障部副部长王建伦着重介绍了中国社会保险制度和保障体制改革的情况。中国社会科学院国际学部主任张蕴岭指出，我国是现行体制的参与者，目前能否对现行体制进行渐进性调整是对中国的一种考验。

在专题研讨中，中国社会科学院学部委员苏振兴认为，正是拉美国家广大民众反新自由主义的浪潮构成了近年来拉美政坛“左倾化”的主要政治背景与社会背景。中国社会科学院经济研究所研究员张平认为，中国在改革开放后实现了经济增长奇迹和下凹型赶超路径，形成了增长与体制的互动，在这个过程中，最重要的是渐进式体制改革和宏观保持稳定。

中国社会科学院拉丁美洲研究所所长郑秉文从中国和拉美的相同点出发，深入探讨了中拉社保改革中激励机制产生的不同效果的原因。他还着重强调了中国儒家文化形成的储蓄文化是区别于拉美的一个重要特征。人力资源和社会保障部社会保险研究所所长何平着重介绍了我国基本养老保障和基本医疗保障的中长期规划情况。中国社会科学院拉丁美洲研究所副研究员高静在发言中说，改革的时序安排应当合理、安全。中国社会科学院世界经济与政治研究所张明则指出了中国金融体系目前存在的主要问题。

（张　勇）

亚洲太平洋研究所

（一）人员、机构基本情况

截至2008年年底，亚洲太平洋研究所共有在职人员54人。其中，正高级职称人员11人，副高级职称人员15人，中级职称人员18人；高、中级职称人员占全体在职人员总数的81%。

亚洲太平洋研究所设有经济研究室、区域合作室、政治研究室、安全与外交研究室、社会文化研究室、《当代亚太》编辑部、《南亚研究》编辑部、图书馆、办公室、科研处、人事处。

（二）科研工作

1. 科研成果统计

2008年，亚洲太平洋研究所共完成专著11种，453.8万字；论文74篇，81.5万字；研究报告52篇，65.48万字；学术资料14种，18.7万字；译著1种，20万字；译文2篇，2.5万字；学术普及读物1种，30万字；一般文章41篇，20.35万字；教材1种，46万字。

2．科研课题

（1）新立项课题

2008年，亚洲太平洋研究所共有新立项课题16项。其中，院重大课题1项：“东亚经济结构转型与中国的战略选择”（赵江林主持）；院重点课题2项：“东海海域争端研究”（朱凤岚主持），“中国—东盟非传统安全合作研究”（张洁主持）；院重点后期资助课题1项：“美国行为的根源”（张宇燕主持）；院国情调研课题1项：“中国沿海地区经济发展合作与经济安全——对广西省宾阳、南宁、防城港等城市的考察”（柴瑜主持）；院青年科研启动基金课题3项：“泰国非营利组织与社会发展的人类学研究”（龚浩群主持），“APEC贸易便利化研究”（沈铭辉主持），“近期美台关系研究”（邢伟主持）；所课题8项：“中、泰非营利组织发展状况的比较”（龚浩群主持），“东亚合作中的中日关系”（冯维江主持），“韩国社会反美现象研究”（董向荣主持），“超越经济利益：东盟经济共同体建设的动力”（王玉主主持），“中国与亚太国家双边自贸区的政治经济学分析”（高程主持），“全球化背景下的东亚地区主义”（杨丹志主持），“战后日本能源外交”（朴光姬主持），“中国外交：观念、利益与模式”（周方银主持）。

（2）结项课题

2008年，亚洲太平洋研究所共有结项课题18项。其中，院重点课题2项：“中国印度文化交流史”（薛克翘主持），“东亚发展中国家的非暴力群众运动”（李文主持）；院委托课题7项：“中国文化走出去”（张蕴岭主持），“关于始终不渝地走和平发展道路、推动建设和谐世界”（张蕴岭主持），“利益集团问题研究”（张宇燕主持），“国外廉政文化建设的经验及启示”（李文主持），“软实力与中国周边外交”（杨丹志主持），“自然资源、制度创新与经济增长”（富景筠主持），“泰国‘知识经济’发展理念及其对我国科学发展难关的借鉴意义”（周方冶主持）；院青年科研启动基金课题5项：“日本对华日元贷款援助政策”（朱凤岚主持）、“FDI在加强中国与东亚地区联系中的作用”（李淑娟主持），“韩国社会福利运动与社会公平”（王晓玲主持），“和谐世界与中国外交”（周方银主持），“韩国文化产业政策透析”（马军伟主持）；院国情调研课题2项：“我国边境地区的国际合作与发展——以云南保山地区为中心”（李文主持），“中国沿边地区经济发展合作与经济安全——对厦门、泉州、福州等城市的实地考察”（赵江林主持）；所重点课题2项：“日本的能源”（朴光姬主持），“当代东南亚伊斯兰发展与挑战”（许利平主持）。

（3）延续在研课题

2008年，亚洲太平洋研究所共有延续在研课题19项。其中，国家社科基金课题1项：“跨国公司外包发展趋势及中国的对策”（柴瑜主持）；院A类重大课题4项：“21世纪初亚洲东南部的国际环境及对我国的影响”（韩锋主持），“亚太地区产业结构、投资结构、贸易结构之间变动关系的研究——中国与亚太地区经贸关系变化及趋势”（陆建人主持），“朝鲜半岛局势与东北亚新安全框架”（朴键一、吴献斌主持），“构建亚太和谐地区的文化基础研究”（刘建、许利平主持)；院B类重大课题4项："东南亚政党政治"（贾都强主持），"印度的结构变迁与经济增长"（王小敏主持），"东南亚的恐怖主义"（张洁主持），"投机性攻击金融危机：诱因与预防"（王玉主主持）；院重点课题4项："列国志·朝鲜"（朴键一主持），"东亚发展中国家政治转型中的非暴力群众运动"（李文主持），"东北亚若干重大问题研究"（陈山主持），"佛教密宗金刚乘"（李南主持）；院青年科研启动基金课题6项："东亚经济合作——从外国直接投资角度的研究"（柴瑜主持），"韩国政府的社会基础研究"（董向荣主持），"伊斯兰祈祷团的变化发展及其影响"（许利平主持），"20世纪90年代以来日本政府对经济复苏的作用"（李素华主持），"印度的双重国籍政策：变迁、效用及对中国的启示"（蓝建学主持），"中国与澳大利亚的双边经贸关系及FTA的可行性研究"（高程主持）。

3．获奖优秀科研成果

2008年，亚洲太平洋研究所张宇燕主持编写的《全球化与中国发展》入选新闻出版总署2007年推出的百种"迎接党的十七大重点图书选题和社会主义和谐文化重点图书"。

4．科研组织管理新举措

（1）建立了所级课题责任制，要求所级课题主持人与所、研究室签订三方责任书，以规范课题管理。

（2）实行结项课题报告制度。课题完成后，要求主持人面向全所科研人员报告课题完成情况，在所科研人员的意见建议基础上，经过进一步修改、完善方可由学术委员会或专门鉴定会进行结项。

（3）建立了科研成果新闻发布制度。根据院改革精神，为对外宣传优秀科研成果，亚洲太平洋研究所实行科研成果新闻发布制度。根据该制度，该所每年将至少举行两次科研成果新闻发布会。为做好此项工作，所里将拨付专款、指派专人负责具体组织实施。

（三）学术交流活动

1．学术活动

2008年，亚洲太平洋研究所主办和承办的学术会议有：

（1）2008年7月21～24日，亚洲太平洋研究所与中国国际友好联络会联合主办、云南大学人文学院协办的"南亚学会2008年年会"在新疆维吾尔自治区乌鲁木齐市举行。会议讨论的主要问题有"印度崛起与国际关系"、"南亚国家国内形势与对外关系"、"南亚研究队伍的建设问题"等。

（2）2008年9月8～10日，亚洲太平洋研究所与黑龙江省社会科学院、哈尔滨市社会科学院联合主办的"第六届亚太学会年会暨学术讨论会"在黑龙江省齐齐哈尔市举行。会议的议题有：以学术交流、研讨的形式来纪念改革开放30周年；就当前亚太地区的经济政治社会文化等方面的内容进行学术交流；进行学会换届，产生新一届领导。

（3）2008年12月19日，中国社会科学院科研局、中国社会科学院国际学部主办，亚洲太平洋研究所承办的“中国社会科学院国际学部第23届国际问题论坛：中国周边外交战略学术研讨会”在北京举行。会议讨论的主要议题有“中国的外交思想”、“中国的外交政策”、“中国的周边外交实践”、“对2009年中国周边形势的展望”等。

2．国际与地区学术交流和合作

2008年，亚洲太平洋研究所共派遣出访50批70人次，接待来访50批80人次。与亚洲太平洋研究所开展学术交流的国家和地区有美国、俄罗斯、英国、奥地利、日本、韩国、泰国、越南、马来西亚、孟加拉国、柬埔寨、尼泊尔、蒙古国、澳大利亚、新西兰、新加坡、荷兰、斯里兰卡、印度、澳大利亚、新西兰等国家和中国的台、港、澳地区。其中：

（1）2008年11月10～11日，中国社会科学院国际学部、亚洲太平洋研究所和新加坡南洋理工大学在北京举办了“2008年亚洲非传统安全年会”。会议研讨的主要议题有“灾难外交”、“跨国犯罪”、“能源安全”、“粮食安全”等。

（2）2008年11月24～25日，中国社会科学院和云南省政府联合在北京举办了“第三亚欧大陆桥西南通道建设国际学术研讨会”。会议研讨的主要议题为“第三亚欧大陆桥西南通道的建设构想”。

（3）2008年12月12～15日，亚洲太平洋研究所在江苏省无锡市举办了“第二届中韩未来对话论坛”。论坛的主题是“增进互信、加强合作、应对挑战”。

（四）学术社团、期刊

1．社团

（1）中国亚洲太平洋学会，会长张蕴岭。

2008年9月8～10日，中国亚洲太平洋学会与黑龙江省社会科学院、哈尔滨市社会科学院在齐齐哈尔市联合举办了“第六届亚太学会年会暨学术讨论会”。与会专家学者60余人。

（2）中国南亚学会，会长孙培钧。

2008年7月21～24日，中国南亚学会与中国国际友好联络会在新疆维吾尔自治区乌鲁木齐市举办了“南亚学会2008年会”。会议研讨的主要问题有“印度崛起与国际关系”、“南亚国家国内形势与对外关系”、“南亚研究队伍的建设问题”等。与会专家学者80多人。

2．期刊

（1）《当代亚太》（双月刊），主编张宇燕。

2008年，《当代亚太》共出版6期，共计96万字。全年刊载的有代表性的文章有：张蕴岭的《对东亚合作发展的再认识》，张宇燕、张静春的《货币的性质与人民币的未来选择——兼论亚洲货币合作》，俞新天的《中国培育东亚认同的思考》，李向阳的《区域经济合作中的小国战略》，余永定的《美国次贷危机：背景、原因与发展》，贺力平的《东亚经济体外汇储备与国际金融危机》，胡鞍钢的《通向哥本哈根之路的全球减排路线图》。

2008年，《当代亚太》获第四届中国社会科学院优秀期刊奖“期刊进步奖”。

(2)《南亚研究》(半年刊)，主编孙士海。

2008年，《南亚研究》共出版2期，共计34万字。全年刊载的有代表性的文章有：赵干城的《中国对印度战略浅析》，綦建红、李鸿的《中印对外直接投资的特征与效应比较》，张贵洪的《中国与南亚地区主义：以南亚区域合作联盟为例》，蓝建学的《水资源安全和中印关系》，赵伯乐的《印度崛起模式探析》。

（五）会议综述

南亚学会2008年年会

2008年7月21～24日，由中国社会科学院亚洲太平洋研究所和中国国际友好联络会联合主办、云南大学人文学院协办的“南亚学会2008年年会”在新疆维吾尔自治区乌鲁木齐市召开。来自中国社会科学院、上海社会科学院、上海国际问题研究所、云南省社会科学院、中国现代国际关系研究院、中国国际问题研究所、中国国际友好联络会及其分支机构、北京大学、复旦大学、云南大学、四川大学、兰州大学、广州外语外贸大学、南京国际关系学院、西安外国语大学、四川国际和平与发展研究中心、四川西华师范大学、洛阳外国语学院、新华社参编部、国防大学、中国进出口银行、河北师范大学等近30个单位的80多名代表参加了会议。

此届年会主要围绕两个议题展开：一是印度崛起与国际关系、南亚国家国内形势与对外关系；二是南亚研究队伍的建设问题。关于印度的崛起，南亚学会会长孙培钧认为，在当前世界走弱的形势下，印度当前的经济增长放缓只是一种暂时现象，并不会影响到其经济崛起的大趋势。关于印度的崛起模式问题，有代表指出，印度在发展道路上所选择的是经济上加大改革、政治上实现民主、军事上扩大力量、文化上发挥优势的综合模式，基本上可称为内向型的、复兴式的崛起，由于其明显的传统性色彩，更易为世界接受。关于印度的对外关系，有代表指出，印度已在很大程度上改变了尼赫鲁时期的对外战略，力争成为多极世界中的一员，在这个过程中尽量采用多边外交和务实外交，以实现对大国地位的追求，其崛起也会与中国一样，表现为和平崛起，因此有利于中印关系的改善。一个强大、自信的印度会更加理智，更有可能制定平衡的对外政策。印度在中国西藏问题上仍会以其国家利益最大化为基本考虑，维持由来已久的两面政策。关于印度经济，有代表认为，印度经济崛起是在物质欲望不够强烈、基础设施较差、经济规模大但人均规模小和不断增加军费、制约经济投入的条件下发生的，因此必然是一个漫长的过程，印度对中国崛起的影响会小于中国对印度崛起的影响。关于巴基斯坦的国内局势和中巴关系，与会代表认为，巴基斯坦近期的政治动荡和经济回落，反映了社会转型期的特点。此外，会议代表还就尼泊尔国内形势及印美的对尼政策、阿富汗毒品问题、中国与南盟的关系等进行了广泛的讨论。

关于南亚研究的队伍建设问题，南亚学会常务副会长孙士海和南亚学会秘书长邱永辉在闭幕式的总结中指出，中国的南亚研究队伍正在不断壮大，特别是许多年轻学者开始加入，在一定程度上保证了中国的南亚研究事业后继有人。但目前我国的研究工作在深度和广度上都与现实需要存在着不适应性。今后，南亚学界应当更好地利用中国南亚学会这个平台，凝聚研究队伍，进行深入探讨，使年会常开常新，使研究队伍更加壮大并具有创新性。另外，在这次年会上，上海世界观察研究院副院长孙扬被补选为常务理事。

（科研处）

第六届亚太学会年会暨学术讨论会

2008年9月8～10日，“第六届亚太学会年会暨学术讨论会”在黑龙江省齐齐哈尔市召开。会议由中国社会科学院亚洲太平洋研究所、黑龙江省社会科学院、哈尔滨市社会科学院联合主办，黑龙江省国际经济贸易学会、齐齐哈尔市委宣传部、齐齐哈尔市社科联、齐齐哈尔市社会科学院协办。中国社会科学院学部委员、中国亚太学会会长张蕴岭，黑龙江省社会科学院曲伟，黑龙江省政府参事、黑龙江省国际经贸学会会长乔光汉，齐齐哈尔市委常委、宣传部长王铁静出席开幕式并分别致辞。开幕式由中国社会科学院亚洲太平洋研究所副所长韩峰主持。此次年会有三个主要议程：一是以学术交流、研讨的形式来纪念改革开放30周年；二是就当前亚太地区的经济政治社会文化等方面的内容进行学术交流；三是进行学会换届，产生新一届领导。

与会专家一致认为，改革开放30年来，我国经济建设、政治建设、文化建设和社会建设等各项事业都得到了长足发展，我国在国际上的影响越来越大，在国际上的地位也越来越举足轻重。30年来的大发展，为中国哲学社会科学的发展提供了雄厚的物质基础和前所未有的机遇。进入21世纪以来，亚太地区成为世界经济增长最快的地区，随之我国的亚太研究也进入了繁荣时期。各类人才辈出，众多优秀研究成果涌现。

专家们认为，亚太地区的经济联系越来越密切，其对世界经济增长的贡献率在不断增加。随着美国次贷危机引发的全球金融危机的扩散，亚太地区尤其是东亚地区国家之间的经济合作进程明显加快。2008年以来，亚太地区热点不断。泰国和巴基斯坦政局发生剧烈动荡，朝鲜半岛核问题久拖不决，南亚地区印巴矛盾难以从根本上缓解，东南亚非传统安全局势不容乐观。东亚地区有着共同的文化基因，各种交流日益频繁，该地区的文化产业发展迅速。以文化为出发点，东亚地区一体化建设构想越来越明朗。

（科研处）

2008年亚洲非传统安全年会

2008年11月10～11日，“2008年亚洲非传统安全年会”在北京召开。会议由中国社会科学

2008年11月，“2008年亚洲非传统安全年会”在北京举行。

院国际学部、中国社会科学院亚洲太平洋研究所、新加坡南洋理工大学拉贾拉南国际学院亚洲非传统安全中心联合举办。来自中国、日本、韩国、新加坡、印度尼西亚、印度、孟加拉国和斯里兰卡等国的50余位学者参加了会议。

学者们讨论了“灾难外交”、“跨国犯罪”、“能源安全”和“粮食安全”等问题。关于灾难外交，学者们介绍了在印度洋海啸、缅甸风灾、中国汶川地震中各国政府采取的措施、国际社会的救援活动以及因此产生的国际反应等。学者们对中国政府在汶川地震中的快速反应能力、强大的动员能力以及积极与国际社会合作等给予高度赞扬，并对围绕人道主义干涉、国家主权等问题对缅甸政府在风灾中的措施进行了讨论。跨国犯罪是非传统安全研究长期跟踪的课题。学者们讨论了贩卖妇女和儿童问题、小武器走私问题等，指出打击跨国犯罪，既是一个国内问题又是一个地区性问题，各国政府要解决好贫困与就业、经济发展、民族和谐等国内问题，同时由跨国犯罪的扩散特性所决定，还需要进一步加强地区合作。能源安全是会议关注的热点问题。学者们介绍了各自国家能源现状、问题和发展前景等。会议还围绕俄罗斯与中国、韩国在东北亚的能源合作、中国—东盟的能源合作问题等展开了讨论。一些学者指出，能源合作问题要细化和区别对待，如在获取能源方面国家间常常具有竞争性，但是在保证能源运输安全和能源储备方面则存在合作的空间。

面对越来越多的非传统安全问题的挑战，会议最后具体讨论了关于亚洲非传统安全中心机构建设、加强各国科研院所间交流等问题，并再次呼吁各国政府，要重视地区合作，以共同应对非传统安全对整个地区的挑战。

（科研处）

第三亚欧大陆桥西南通道建设国际学术研讨会

2008年11月24～25日，“第三亚欧大陆桥西南通道建设国际学术研讨会”在北京召开。会议由中国社会科学院和云南省政府联合举办。全国人大常委会副委员长桑国卫、中国社会科学院常务副院长王伟光、云南省省长秦光荣、国务院发展研究中心主任张玉台、商务部原副部长魏建国出席会议并致辞。会议由中国社会科学院秘书长黄浩涛主持。来自缅甸、孟加拉国、柬埔寨、印度、巴基斯坦、中国、美国等国家的50多位专家学者和政府官员参加了研讨会。

第三亚欧大陆桥东起广东沿海港口群，由昆明经缅甸、孟加拉国、印度、巴基斯坦、伊朗，从土耳其进入欧洲，最终抵达荷兰鹿特丹港，横贯亚欧21个国家，全长约15000公里。西南通道南北两线均途经我国云南省，是第三亚欧大陆桥的重要组成部分。

桑国卫在致辞中说，第三亚欧大陆桥西南通道建设，是涉及中国国家安全、西部大开发、兴边富民和南向互利合作战略的宏伟构想，是当前中国积极应对国际金融危机，实现经济社会平稳较快增长的重大举措。构建第三亚欧大陆桥对中国和周边国家的中长期发展具有深远的意义，在当前面临国际经济危机的背景下，有利于中国与周边国家紧密合作，促进经济增长，维护世界经济稳定。桑国卫指出，推进第三亚欧大陆桥西南通道建设，要正确处理当前和中长期的关系，规划建设与环境保护的关系，平衡好云南省内各地区之间的关系。王伟光在致辞中说，2008年是中国改革开放30周年。30年来，中国始终贯彻与邻为善、以邻为伴的周边外交方针，加强同周边国家的睦邻友好和务实合作，积极开展区域合作，共同营造和平稳定、平等互信、合作共赢的地区环境。王伟光强调，第三亚欧大陆桥西南通道一旦建成，必将大大促进亚洲国家之间以及亚洲与世界其他地区之间的交流与合作，也一定会对亚洲各国的共同发展以及亚洲的繁荣与和平起到重要作用。秦光荣在致辞中指出，云南省将把打造第三亚欧大陆桥作为中国通往东南亚、南亚国际大通道建设的主攻方向，以航空为先导，积极推进铁路、高等级公路骨架网络建设，力争到2015年前完成第三亚欧大陆桥云南境内段立体交通网络骨架的建设任务。魏建国在致辞中指出，建设第三亚欧大陆桥西南通道是一个非常具有前瞻性和战略眼光的构想，对深入推进我国与沿线国家特别是南亚国家的经贸合作将起到积极作用。

与会代表一致认为，第三亚欧大陆桥将成为连接“三亚”（东亚、东南亚、南亚）的中枢，沟通“三洋”（太平洋、印度洋、大西洋）的纽带，横贯“三洲”（亚洲、欧洲、非洲）的桥梁。第三大陆桥能够将中国与印度这两个亚洲最富活力、快速发展的经济体连接在一起，对未来世界经济和亚洲经济的发展具有十分重要的意义。

（科研处）

中国社会科学院国际学部第23届国际问题论坛：中国周边外交战略学术研讨会

2008年12月19日，“中国社会科学院国际学部第23届国际问题论坛：中国周边外交战略学术研讨会”在北京召开。会议由中国社会科学院国际学部、中国社会科学院科研局主办，中国社会科学院亚洲太平洋研究所承办。来自中国社会科学院、北京大学、清华大学、中国人民大学、中国国际问题研究所、现代国际关系研究院、国家发改委对外经济研究所、国防大学、复旦大学、上海外国语大学、华东师范大学等机构的30余位知名学者参加了会议。会议围绕四个

2008 年 12 月，“中国社会科学院国际学部第 23 届国际问题论坛：中国周边外交战略学术研讨会”在北京举行。

议题展开了讨论：一是中国的外交思想；二是中国的外交政策；三是中国的周边外交实践；四是对2009年中国周边形势的展望。

会上，有专家提出，营造良好周边环境应置于中国外交工作第一位，加强非传统安全合作应当成为中国“睦邻、安邻、富邻”政策新的努力方向，应努力推动中美日关系继续朝着合作、稳定、相对平衡的方向发展。有专家认为，中国应当开始考虑构建自己的外交文化，将国内的改革与外交建设有机结合，展示有中国特色又符合世界文明大势的建设和发展理念。有专家提出，中国要实现周边外交战略，首先要讲利益、讲价值、讲原则。国家利益不能不讲，但同时还要讲价值。此外，还要讲原则，太务实了容易出现多重标准，短期内能解决一些问题，但长期看不利于软权力的构造。有学者主张，应当把地区和国别研究与中国国内产业政策研究结合起来。有学者认为，需要研究中国国内改革与对外拓展之间的关系，并指出，从内外关联性方面看，中国仍存在五个方面的反差。专家们一致认为，周边国家对中国来讲非常重要，不光是重要，可能是最重要。中国应该有自己明确的外交战略，以指导其外交实践。

（科研处）

美国研究所

（一）人员、机构基本情况

截至 2008 年年底，美国研究所共有在职人员 56 人。其中，正高级职称人员 11 人，副高级职称人员 14 人，中级职称人员 24 人；高、中级职称人员占全体在职人员总数的 88%。

美国研究所设有美国政治研究室、美国经济研究室、美国外交研究室、美国社会文化研究室、《美国研究》编辑部、图书馆、行政办公室、军备控制与防扩散研究中心。

（二）科研工作

1．科研成果统计

2008 年，美国研究所共完成专著 6 种，184.3 万字；论文 40 篇，43.28 万字；研究报告 27

篇，14.9万字；译文2篇，3.5万字；一般性文章204篇，58.7万字；教材1种，30万字。

2．科研课题

（1）新立项课题

2008年，美国研究所共有新立项课题18项。其中，院重大课题1项："软实力理论及其在国际关系中的应用"（黄平主持）；院重点课题4项："美国新移民研究（1965年至今）"（姬虹主持），"宗教对中美关系的影响研究"（刘澎主持），"中美关系30年（1979～2009）"（刘得手主持），"亚太多边合作的发展与中美关系"（魏红霞主持）；国情考察课题1项："河南温县东口村社会主义新农村建设"（黄平主持）；所重点课题12项："布什政府的中东政策研究"（陶文钊主持），"美国的政治腐败与反腐败"（周琪主持），"美国当代移民的跨种族婚姻研究"（姬虹主持），"美欧关系的变化及其对中国的影响"（刘得手主持），"试析中美两国在东亚多边合作中的作用"（魏红霞主持），"关系摩擦与美日同盟"（刘卫东主持），"布什政府朝核危机决策制定过程个案研究"（李楠主持），"美国政府机构与民间团体之间的互动对美国软实力的影响：以'推进民主'为案例"（黄河主持），"新世纪美国在出口管制上的国际合作"（李恒阳主持），"游走于古老信仰和当代政治之间——美国天主教新保守主义的兴衰"（彭琦主持），"利益集团政治与2008年美国大选——劳联—产联的案例研究"（何兴强主持），"美日关系中的历史问题"（刘卫东主持）。

（2）结项课题

2008年，美国研究所共有结项课题13项。其中，所课题12项："美国当代移民的跨种族婚姻研究"（姬虹主持），"美日关系中的历史问题"（刘卫东主持），"美国市民社会的起源"（赵梅主持），"美国的国家利益与美国—印尼军事关系的演变"（仇朝兵主持），"美国政治腐败与反腐败"（周琪主持），"美国天主教新保守主义的兴衰"（彭琦主持），"布什政府朝核危机决策制定过程个案研究"（李楠主持），"布什政府的中东政策研究"（陶文钊主持），"试析中美两国在东亚多边合作中的作用"（魏红霞主持），"新世纪美国在出口管制上的国际合作"（李恒阳主持），"美欧关系的变化及其对中国的影响"（刘得手主持），"关系摩擦与美日同盟"（刘卫东主持）；国情调研课题1项："河南温县东口村社会主义新农村建设"（黄平主持）。

（3）延续在研课题

2008年，美国研究所共有延续在研课题21项。其中，院级课题14项："美国霸权主义研究"（王缉思主持），"美国宏观经济监管"（胡国成主持），"美国资本流动"（王孜弘主持），"'9·11'后美国单边主义研究"（李晓岗主持），"当代美国保守主义研究"（倪峰主持），"美国军事战略的后冷战时代调整与中国安全"（樊吉社主持），"美国对新疆的渗透及其在'东突'问题上的政策走向"（顾国良主持），"全球经济失衡与中美经贸关系"（王荣军主持），"美国思想库与冷战后美国对华政策"（陶文钊主持），"美国能源安全政策与其全球战略"（周琪主持），"国际多边机制下的中美互动"（袁征主持），"美国公众外交研究"（仇朝兵主持），"美国国会政治与中美关系（2000～2008）"（张立平主持），后期资助课题"美国反腐败机制"（刘卫东主持）；所级课题7项："利益集团政治与2008年美国大选——劳联—产联的案例研究"（何兴强主持），"美国政府机构与民间团体之间的互动对美国软实力的影响：以'推进民主'为案例"（黄河主持），"布什政府（2001～2008）对台政策及其对中美关系的影响"（许安结主持），"次贷危机对美国养老金投资及管理体制的影响"（杜邢晔主持），"布什内阁对国家安全委员会的改革"（李楠主持），"美欧在东亚安全问题上的一致与分歧"（刘得手主持），"美国对印度尼西亚的选举援助"（仇朝兵主持）。

（三）学术交流活动

1．学术活动

2008年，美国研究所主办和承办的学术会议有：

（1）2008年4月22～26日，由中国社会科学院美国研究所、中国美国经济学会、澳门大学社会科学及人文学院、岭南大学香港商学研究所、香港珠海学院亚洲研究中心共同举办的"第五届中美经贸关系国际研讨会"在澳门和香港举行。研讨会第一阶段于4月22～24日在澳门举行；第二阶段于4月24～26日在香港举行。研讨会就中美经贸关系中的热点和焦点问题进行了讨论。

（2）2008年5月15～16日，美国研究所"青年论坛"在河北省白洋淀举行，全所近30名科研人员参加了这次学术活动。论坛分两个部分进行，首先由5位青年科研人员汇报自己近期的科研成果，并听取大家的意见和建议；在第二部分的研讨中，与会人员围绕美国大选和未来台海局势展开讨论。

（3）2008年6月28～30日，由中国社会科学院美国研究所、中美关系史研究会、北京第二外国语学院英语系、鲁东大学外国语学院联合举办，鲁东大学外国语学院承办的"中美关系史研讨会"在山东省烟台市举行。会议的主题是"中美关系与国际格局"，研讨的主要问题有"国际局势的变动与中美关系的调整"、"地区问题与中美关系"、"中美经贸关系"、"中美关系中的文化因素"。

（4）2008年10月29～30日，中国社会科学院美国研究所、中国社会科学院国际合作局、国际跨文化研究所共同举办的"全球治理——跨文化研究北京圆桌会议"在北京召开。与会中外学者探讨了不同文化对"全球治理"概念的不同理解。

（5）2008年11月11日，由美国研究所《美国研究》编辑部与经济研究室联合举办的"金融危机及其影响研讨会"在北京举行。来自国家发改委、财政部、商务部、中国银行、华夏银行、隆圣投资银行、北京大学、中国社会科学院世界经济与政治研究所等单位的研究人员参加了会议。会议围绕次贷危机缘由、金融危机持续时间、对实体经济的影响、应对措施等问题展开讨论。

（6）2008年12月15～16日，由中国社会科学院美国研究所、中国社会科学院国际合作局主办，美中政策基金会协办的“中美关系30年：过去、现在、未来——纪念中美建交30周年国际研讨会”在中国社会科学院举行。

2．国际与地区学术交流和合作

2008年，美国研究所公派遣出访43批48人次；接待来访4批24人次外宾顺访25批81人次；外国记者采访及外国使馆官员来所拜会30批52人次。

（四）学术社团、期刊

1．社团

（1）中华美国学会，会长王缉思。

2008年12月14日，中华美国学会在北京举行理事会。50余名团体理事会员的代表出席了会议。学会副会长丁幸豪回顾了学会几年来的工作情况，秘书长胡国成就学会财务情况作了汇报。全体与会代表就学会未来的工作进行了讨论，提出了多项有价值的建议。

（2）中美关系史专业研究会（中华美国学会下属二级学会），会长陶文钊。

2008年6月28～30日，中美关系史研究会与中国社会科学院美国研究所、北京第二外国语学院英语系、鲁东大学外国语学院联合举办的“中美关系史研讨会”在山东省烟台市举行。会议的主题是“中美关系与国际格局”。

2．期刊

《美国研究》（季刊），主编黄平。

2008年，《美国研究》共出版4期，共计80万字。全年刊载的有代表性的文章有陶文钊的《布什政府的中东政策研究》，韩铁的《美国陪审团废止权的历史演变——民主与现代化的矛盾》，唐士其的《美国政治文化的二元结构及其影响》，仇朝兵的《美国对印度尼西亚军政关系民主化改革的影响》，李楠的《从〈国际刑事法院规约〉看美国霸权维系的困境》，王立新的《试析全球化背景下美国外交史研究的国际化与文化转向》，刘得手的《美欧“跨大西洋对话”及其对中国的影响》，刘子奎的《冷战后美国出口管制政策的改革和调整》，［美］弗朗西斯·福山的《布什主义影响下的美国外交政策》，［美］彼得·海斯·格里斯与H.迈克尔·克劳森的《政治取向与美国对华政策》等。

2008年，《美国研究》获第四届中国社会科学院优秀期刊奖“期刊优秀奖”。

（五）会议综述

中美关系30年：过去、现在、未来
——纪念中美建交30周年国际研讨会

2008年12月15～16日，由中国社会科学院美国研究所、中国社会科学院国际合作局主办，

2008年12月，“中美关系30年：过去、现在、未来——纪念中美建交30周年国际研讨会”在北京举行。

美中政策基金会协办的“中美关系30年：过去、现在、未来——纪念中美建交30周年国际研讨会”在中国社会科学院举行。

中国社会科学院常务副院长王伟光，中国国际战略学会会长、原解放军副总参谋长熊光楷，中国前驻美大使柴泽民、李道豫以及美国驻华使馆代理大使彭达、前驻华大使芮效俭等出席会议并发表祝辞。来自北京大学、清华大学、中国人民大学、复旦大学、北京外国语大学、外交学院、中央党校、中国国际问题研究所、中国现代国际关系研究院、新华社世界问题研究中心、中国社会科学院美国研究所、复旦大学、上海国际问题研究院、上海社会科学院、厦门大学、中华美国学会等机构的80多位专家学者参加了会议。参会的美国学者来自霍普金斯大学、密歇根大学、美中政策基金会、麦肯锡公司等机构。数位原美国驻外大使也应邀出席研讨会。

王伟光在致辞中指出，在中美建交30年之际举办这样一个研讨会，回顾两国关系的发展历程，总结历史经验，评估当前中美关系的发展，展望两国关系发展的未来，是具有重要的历史意义和现实意义的。中美两国关系已成为当今最重要的双边关系之一。随着中美关系的不断向前发展，两国在国际事务中也找到了越来越多的利益交汇点，彼此的战略定位更加明确。中美双方应积极进取，加强合作，努力构建新世纪持续稳定的中美关系。

熊光楷会长在致辞中回顾了1978年中美建交过程中的细节。他强调，事实证明，中美关系向好的方向发展，既符合中美两国的国家利益，也符合全世界的利益。中美学界需要努力合作，为中美关系的健康发展作出贡献。

美国驻华代理大使彭达对出席这次会议并曾对中美关系正常化作出努力的专家学者表示感谢。他认为，在刚刚结束的美国大选中，中国问题第一次没有成为竞选辩论的首要议题，这反映出中美之间的关系已十分深厚，相互依赖在加强。他表示相信，中美两国在求同存异的基础上可以建立起更牢固的关系。

研讨会分为“1972年以来的中美关系回顾”、“1980年代战略背景下的中美关系”、“1990年代的中美关系：合作与分歧”等六个部分。

中外专家学者们围绕中美关系30年来的历程展开了讨论，并对未来提出了展望。

美中政策基金会理事傅立民、中国社会科学院美国研究所研究员陶文钊、美国霍普金斯大学高级国际问题研究院教务长兰普顿、中国现代国际关系研究院院长崔立如、中国社会科学院国际学部主任张蕴岭论述了20世纪70年代中美关系的演变。

中华美国学会副会长丁幸豪、北京大学国际关系学院副院长袁明、复旦大学美国研究中心前主任倪世雄探讨了20世纪80年代中美关系的发展。

美国密歇根大学教授李侃如，复旦大学美国研究中心主任沈丁立、副主任吴心伯，上海社会科学院副院长黄仁伟，外交学院教授熊志勇，清华大学国际问题研究所教授孙哲，中国人民大学美国研究中心主任时殷弘，前美国驻华大使芮效俭，中国现代国际关系研究院院长助理傅梦孜，美国研究所所长袁鹏，上海国际问题研究院副院长陈东晓，美国驻华使馆代理政治处公使衔参赞黄浩，中国五矿化工进出口商会周世俭研究员等专家发表了对20世纪90年代中美关系曲折发展变化的看法。

中国社会科学院美国研究所研究员陈宝森，北京大学国际关系学院教授查道炯，中国人民大学国际关系学院副院长金灿荣、李侃如教授和傅立民大使就中美关系中的关键议题及其教训进行了阐述。

中央党校国际战略研究所副所长刘建飞、清华大学布鲁津斯公共政策研究主任肖耿、麦肯锡公司大中华区资深董事华强森等展望了中美关系的未来。

美中政策基金会总裁王冀、中国社会科学院美国研究所所长黄平在闭幕式上对会议进行了总结。

（美　研）

全球治理——跨文化研究北京圆桌会议

2008年10月29～30日，中国社会科学院美国研究所、国际跨文化研究所、中国社会科学院国际合作局在北京共同举办了“全球治理——跨文化研究北京圆桌会议”。来自中国社会科学院、法国国家科学研究中心、法国里昂第二大学、印度尼赫鲁大学的20多位中外学者出席了会议。中国社会科学院美国研究所所长黄平担任会议主席。

会议议程分为三个部分。第一部分，跨文化研究的发展策略。与会学者普遍认为，跨文化研究的宗旨就是促进不同文化之间的交流与合作，打破全球化导致的单一主导与被主导现象，使不同文化背景的人们能够平等对话并且参与全球治理。第二部分，理解全球问题的理论框架。与会学者重点探讨了普世价值的概念和评价标准以及普世主义与多元主义的关系等问题。第三部分，会议总结及未来计划。与会的中方学者阐述了中国的“正治”（justified governance）一词的来源及其与西方“政治”（politics）一词的异同，以及中国的“理”、“礼”与西方的理性、法律的联系，让外方学者更加了解中国文化背景下的“治理”含义。此外，与会学者讨论并确定下次在里昂召开的跨文化国际会议的主题为“美与罪”（Aesthetics and Guilt），并商议了会议成果的翻译、出版等事宜。

（美　研）

金融危机及其影响研讨会

2008年11月11日，由中国社会科学院美国研究所《美国研究》编辑部与经济研究室联合举办的“金融危机及其影响研讨会”在北京召开。来自国家发改委、财政部、商务部、中国银行、华夏银行、隆圣投资银行、北京大学、中国社会科学院世界经济与政治研究所和美国研究所等单位的研究人员参加了会议。中国社会科学院美国研究所所长黄平致辞、副所长胡国成主持会议。会议围绕次贷危机缘由、金融危机持续时间、对实体经济的影响、应对措施等问题展开讨论。

与会代表指出，低利率下的流动性过剩、信贷条件过于宽松、可调息抵押贷款的使用、对信用违约掉期合同等金融衍生品缺乏监管等为此次危机埋下伏笔，而房地产市场价格大跌引发了此次金融海啸。与会学者普遍认为，此次金融危机严重影响到实体经济，欧盟、日本等发达国家及不少发展中国家受到重大冲击，但是危机并未达到20世纪30年代大萧条的严重程度，预计此次危机会持续一年至一年半。关于应对危机的措施，与会人员认为，解决好中国自己的事情就是对国际最好的援助，我国实施积极财政政策会带动经济增长、应对危机导致的增长放缓。

（美　研）

日本研究所

（一）人员、机构基本情况

截至2008年年底，日本研究所共有在职人员52人。其中，正高级职称人员12人，副高职称人员11人，中级职称人员20人；高、中级职称人员占全体在职人员总数的83%。

日本研究所设有日本政治研究室、日本经济研究室、日本社会文化研究室、日本对外关系研究室、《日本学刊》编辑部、图书馆、办公室。

日本研究所还设有5个非实体研究中心：日本政治研究中心、中日经济研究中心、日本社会文化研究中心、中日关系研究中心、东亚与和平发展战略论坛。

（二）科研工作

1．科研成果统计

2008年，日本研究所共完成专著4种，148万字；论文52篇，47.2万字；研究报告41篇，

55.3万字；译文2篇，2.8万字。

2．科研课题

（1）新立项课题

2008年，日本研究所共有新立项课题23项。其中，院重大课题1项：“21世纪初期日本的文化战略”（崔世广主持）；院重点课题2项：“中日第四次舆论调查”（王伟主持），“日本非政府组织的发展及其社会功能”（胡澎主持）；院国情考察课题1项：“西部新农村建设与投资环境考察”（孙新、张进山主持）；院青年科研启动基金课题3项：“日本地震对策与灾后重建”（赵刚主持），“日本确保建筑工程质量的制度与措施”（陈桐花主持），“21世纪初的日本经济体制改革与日本企业经营制度环境的变化”（叶琳主持）；所重点课题13项：“当代日本广泛性道德伦理对社会／经济发展的推动模式及启示”（范作申主持），“世袭与日本文化”（张建立主持），“日本东亚共同体思想研究”（唐永亮主持），“‘二战’后日本对东南亚政策的研究”（白如纯主持），“日本新时期安全传略研究”（吴怀中主持），“中国早期日本研究杂志研究”（林昶主持），“中日关系现状、前景及对策”（蒋立峰主持），“日本学刊数据库建设（WEB）”（林肖主持），“《参考资料》全文数据库”（杨艳艳主持），“《日本所科研成果论文全文数据库》和《日本所专著数据库》”（韩琳主持），“日本所对外学术交流信息库”（丁英顺、彭华主持），“日本所网页维护”（韩永顺主持），“发展报告2007”（金熙德主持）；原所重点课题名称调整2项：“外国对日直接投资”(徐梅主持)变更为“日本住宅安全责任与经济问题研究”（陈桐花主持），“日本的政治结构”（何晓松主持）变更为“霸权压力下的再度改造——80年代中后期美日政治经济摩擦”；国际学部委托课题1项：“未来十年的中日关系与中国对日政策”（蒋立峰主持）。

（2）结项课题

2008年，日本研究所共有结项课题20项。其中，院重大课题1项：“当代日本民族保守主义研究”（张进山主持）；院B类课题1项：“日本现代化过程中的文化建设研究”（崔世广主持）；院重点课题1项：“第三次中日舆论调查”（蒋立峰主持）；院国情考察课题1项：“湖南社会发展与对日交流情况考察”（蒋立峰主持）；院国情调研课题1项：“关于日本对华ODA中‘利民工程无偿援助’的调研”（对外关系室主持）；所重点课题4项：“日本：2007”（林昶主持），“日本企业诊断——理论与方法”（范作申主持），“日本所规章制度”（孙新、郭颖主持），“日本战争受害者索赔研究”（孙伶伶主持）；院青年科研启动基金课题4项：“‘惯用句’翻译及文化背景浅析”（李璇夏主持），“近代日本中坚阶层的对华观”（吴怀中主持），“中江兆民的国际政治思想研究”（唐永亮主持），“日本司法制度改革研究”（孙伶伶主持）；所课题4项：“日本学刊数据库建设（WEB）”（林肖主持），“《参考资料》全文数据库”（杨艳艳主持），“《日本所科研成果论文全文数据库》和《日本所专著数据库》”（韩琳主持），“日本所对外学术交流信息库”（丁英顺、彭华主持）；国际学部应急课题3项：“关于我国领导人访日的建议”（蒋立峰主持），“洞爷湖G8

峰会与日本环境外交取向”（吕耀东主持），“设立‘中日环境基金’可行性分析”（张季风主持）。

（3）延续在研课题

2008年，日本研究所共有延续在研课题44项。其中，国家社科基金课题5项：“中日间战争赔偿问题研究”（孙伶伶主持），“日本改宪及未来发展道路研究”（高洪主持），“中日关系中的舆论话语权问题研究”（金莹主持），“中日建立自由贸易区问题研究”（徐梅主持），“世界主要发达国家的社会发展与政策选择”（蒋立峰主持）；院A类课题1项：“日本军国主义史研究”（蒋立峰主持）；院B类课题3项：“日本自民党研究”（高洪主持），“日本研究基础数据库”（蒋立峰主持），“中日农村劳动力转移比较研究”（张季风主持）；院重大课题2项：“21世纪初期日本的东亚政策”（金熙德主持），“日本智库与对华外交”（王屏主持）；院重点课题5项：“日本的社会结构变迁与政策选择”（王伟主持），“日本克服长期萧条的经验教训”（张季风主持），“中日美关系与台湾问题”（刘世龙主持），“中日两国事业单位改革比较研究”（韩铁英主持），“中国和平发展战略与日本”（吕耀东主持）；院国情调研课题3项：“日本大众文化对中国青少年的影响”（王伟主持），“日本在华企业经营现状调研分析”（张季风主持），“中国青少年对日意识调查”（张伯玉主持）；院青年科研启动基金课题5项：“日本经济实例分析”（姚海天主持），“日本右翼革新政党研究”（张伯玉主持），“茶道文化与日本社会”（张建立主持），“日本历史认识问题研究”（吴万虹主持），“中日银行组织制度比较研究”（刘瑞主持）；所重点课题20项：“日本及日本人”（蒋立峰主持），“中国三代领导人论日本”（孙新主持），“小泉政权对中日关系的影响”（孙新主持），“日本社会保障制度研究”（王伟主持），“日本政治文化研究”（崔世广主持），“日本媒体与日本社会”（金莹主持），“社会性别视角下的日本女性问题”（胡澎主持），“日本大词典”（编辑部主持），“日本精神史”（张义素主持），“现代日本行政研究”（韩铁英主持），“日美安保体制”（刘世龙主持），“日本非传统安全政策研究”（吕耀东主持），“日本外交政策研究”（张勇主持），“日本右翼研究”（王屏主持），“传统思想对日本近代政治制度的影响”（赵刚主持），“日本的网络政治研究”（张伯玉主持），“日本企业竞争与反垄断政策”（胡欣欣主持），“中日家电产业比较：以市场结构和反倾销诉讼为中心”（胡欣欣主持），“可持续发展的一个新课题——日本经济增长方式转型及其启示”（张淑英主持），“日本货币政策的理论与实践研究”（刘瑞主持）。

（三）学术交流活动

1．学术活动

（1）2008年3月1日，日本研究所与日本一桥大学在北京共同举办了“可持续发展与环境保护国际学术研讨会”。中日两国学者就两国间存在的环境问题以及今后发展方向进行了讨论。

（2）胡锦涛2008年访日，是中国国家元首时隔10年再次访日，同时也是《中日和平友好条约》签署30周年之际的访日，意义重大。2008年3月12日，日本研究所召开了“为胡锦涛访日建言内部研讨会”。

（3）2008年9月17～18日，日本研究所、山东省社会科学院、日本岛根县立大学、韩国启明大学在中国青岛共同举办了“中日韩合作促进东北亚经济社会发展国际学术研讨会”。此次研讨会是为纪念中国社会科学院日本研究所与日本岛根县立大学签订学术交流协议一周年而举办的。与会代表主要围绕东北亚地区经济贸易、环境保护等方面的内容进行了探讨，并在可持续发展与东北亚区域合作方面达成了共识。

（4）2008年9月27～28日，中国社会科学院日本研究所、国际合作局共同举办了“深化战略互惠　构筑东亚和谐——纪念《中日和平友好条约》签订30周年国际学术讨论会”。

2008年9月，“深化战略互惠　构筑东亚和谐——纪念《中日和平友好条约》签订30周年国际学术讨论会”在北京举行。

2．国际与地区学术交流和合作

2008年，日本研究所学者出访28批34人次；接待外宾10批88人次。其中，邀请日本防卫大学校长五百旗头真、日本国会议员兼自民党中央政治大学院院长小野晋也、日本皇学馆大学校长伴五十嗣郎、日本岛根县立大学副校长今冈日出纪、韩国启明大学副校长吕博东、韩国东国大学日本研究所所长洪润植等来华参加日本研究所主办的国际会议，并作了学术演讲。

2008年，日本研究所科研人员共接受境外记者以及驻华使馆人员的采访25人次。

（四）学术社团、期刊

1．社团

（1）中华日本学会，会长李慎明。

2008年6月27日，中华日本学会联合吉林大学东北亚研究院邀请学会团体会员暨全国主要日本研究机构负责人和学会部分常务理事70余人在吉林大学举行了题为“中国的日本研究——2008”的学会年会，共同探讨中国日本研究的新形势、新问题及解决对策。

（2）全国日本经济学会，会长王洛林。

2008年6月14日，由全国日本经济学会和辽宁大学共同主办的“2008年全国日本经济学会年会暨国际学术研讨会”在辽宁大学召开。中日双方80余名专家学者出席了会议。

2．期刊

《日本学刊》（双月刊），主编韩铁英。

2008年，《日本学刊》共出版6期，共计90万字。为纪念《中日和平友好条约》签订30周年，《日本学刊》组织了相关专栏。全年刊载的有代表性的文章有：尚会鹏的《论日本人感情模式的文化特征》，王新生的《首相官邸主导型决策过程的形成及挫折》，江瑞平的《当前日本经济形势与中日经济关系：2007》，吴寄南的《浅析智库在日本外交决策中的作用》，鲁义的《日本遗弃化学武器问题的现状与对策》。

2008年，《日本学刊》获第四届中国社会科学院优秀期刊奖“期刊进步奖”。

（五）会议综述

深化战略互惠　构筑东亚和谐
——纪念《中日和平友好条约》签订30周年国际学术讨论会

2008年9月27～28日，中国社会科学院日本研究所、国际合作局共同举办了“深化战略互惠　构筑东亚和谐——纪念《中日和平友好条约》签订30周年国际学术讨论会”。与会代表回顾了过去的30年，认为中日关系经历风雨终于得到长足的发展。尤其是近年，经过两国领导人“破冰——融冰——迎春——暖春”的共同努力，中日签署了《中日关于全面推动战略互惠关系的共同声明》，全面规划出中日共同繁荣发展，为亚洲与世界作贡献的美好前景。

与会代表认为，随着政治关系迅速回暖，中日间出现了政治、经济、文化交流关系全面提速的可喜局面。在经贸关系方面，两国年度贸易额已达2360亿美元，中国已超过美国，成为日本的最大贸易伙伴，日本则是中国的第三位的贸易伙伴。截至2007年，日本对华提供的经济援助约合300亿美元，投资累计项目约4万个，到位金额超过600亿美元，对中国的经济发展产生了良好的作用。在中日交流方面，两国间的地方交流、民间交流也得到迅速开展，友好城市达到236对，人员往来达到544万人次。中日两国关系的稳定不仅促进了东亚地区的稳定与发展，也将为解决全球性课题作出更大的贡献。

与会代表认为，中日关系仍存在一些亟待解决的问题，进一步加强两国民众之间的了解，培育亲近感，是巩固中日关系的重要基础，也是一项非常重要和紧迫的工作。在胡锦涛“暖春”之旅确立的战略互惠的大框架下，要妥善合理地解决两国间存在的问题，围绕推动建立中日战略互惠关系、继续改善和发展两国关系、全面加强中日友好合作，将中日关系推向更高的层次。

（日　研）

第三届中日韩国际学术讨论会：中国和谐社会与中日韩合作

2008年10月18～19日，中国社会科学院日本研究所、韩国东国大学、日本九州大学在中国青岛市共同举办了“第三届中日韩国际学术讨论会：中国和谐社会与中日韩合作”。此次讨论会是2007年2月和11月分别在日本和韩国召开的“中日韩三国社会发展与价值认同”、“中日韩三国社会经济文化合作”两次国际学术讨论会的继续。

讨论会主要围绕经济与产业合作、大众文化、老龄化社会、环境保护、医疗与生命伦理等问题进行了讨论。与会学者认为，中日韩三国在社会文化领域具有多种相近点和相同点，但同时也因此导致了认识上将对方看做与自己相同或同质的误解。所以，三国间以谦虚的态度取得相互信任，保持和谐、和而不同的精神极为重要。作为无法搬迁的邻居，没有人与人之间的相互理解，就无法形成新的作为亚洲地区认同基础的共同理念与价值观。为此，今后要加强研究，促使中日韩传统文化中共同价值观体系化，努力促使精英阶层对共同体的理解，进而促使大众文化交流、教育交流，争取政府支持，使交流制度化。

在文化交流领域，为创立新型东亚文化，中日韩应当共同经营专用电视频道，通过与媒体人士的交流，为形成新的国家关系形象而努力。在产业合作领域，要强调产业供应链条管理概念，强调企业的社会责任在东亚区域产业供给链条中的重要性。在为实现有活力的老龄化社会领域，会议代表提出了中日韩三国面临共同的课题与四点建议：运用儒学、佛教等东方传统思想，制定符合中日韩各国国情的社会保障、社会福利政策；进一步调查研究人口老龄化给家庭和社区带来的影响，分析研究家庭和社区在老龄社会中的局限性及其可能发挥的作用；在自助(个人、家庭)、公助(国家)的基础上建立共助机制，实现政府与民间的协作；共同探讨应对老龄化社会的对策，特别是中韩要研究已进入超老龄社会的日本的经验和教训，作为制定对策的参考。

关于今后交流合作的方向，会议发表了《青岛宣言》，宣布“今后将在已有的成果与人际关系基础上继续合作”，面对全球金融危机的挑战，东亚三国学术界开展新的共同研究极为必要，应通过学者的深入研究和不懈努力，引起中央政府的更高度的关注，以推动企业社会责任尽早在中国得到普及，促进中国和谐社会的早日实现。

2008年10月，“第三届中日韩国际学术讨论会：中国和谐社会与中日韩合作”在山东省青岛市举行。

中国社会科学院特邀顾问、全国日本经济学会会长王洛林，前日本驻中国特命全权大使、日中友好会馆副会长谷野作太郎，前韩国外务部长官、韩国东西大学客座教授孔鲁明等出席会议并作了基调报告。

（日　研）

第五次中日安全对话研讨会

2008年8月27～28日，由中国社会科学院日本研究所和日本冈崎研究所共同举办的“第五次中日安全对话研讨会”在日本东京举行。

此次安全对话研讨会是在双方首脑顺利实现推进两国战略互惠关系的迎春和暖春之旅、达成中日第四个政治文件的形势下召开的。与会专家学者围绕如下两大议题进行了坦率认真的讨论。

第一，关于中日双边关系及在东亚的合作。武贞秀士作了题为《东北亚形势与日中关系——以朝鲜半岛为中心》的发言。他表述了当前日本对朝政策的几个观点：（1）日本在对朝关系上谋求三个问题（导弹、核武器、人质绑架）一揽子解决；（2）支持六方会谈和美朝磋商以及朝鲜半岛无核化措施；（3）期待六方会谈中的五个工作小组继续运转，期待日朝代表就再次开始调查人质问题进行磋商；（4）日本可以考虑随着人质问题再次调查的开始缓和对朝制裁措施；（5）在朝鲜问题上重视与包括中国在内的亚洲邻国进行对话，期待建立日中韩对话框架。

中国社会科学院日本研究所孙伶伶以“中日在东海的共同开发”为题阐述了如下观点：（1）关于中日对共同开发的理解：6月18日签署的联合协议表明，它要求双方本着求同存异的精神去解决问题；它是一个过渡措施和临时安排；它不影响中国在东海的主权和法律地位；它不对双方在东海的领土争端提供解决办法。（2）除了官方看法外，中国民众中存有不同意见。（3）有关共同开发体系。共同开发分为：政治性的政府行为和商业性的公司行为；共同开发是过渡安排而不具备法律效果；日方参与春晓油气田开发是以外商投资方式，将按照中国法律从事生产活动。此项协议如果取得成功，则可以继续选择其他合作区域；最终东海大陆架与专属经济区划界需要两国专家对国际法及其实践进行深入调查。

针对上述报告及相关问题，与会代表进行了深入的讨论。中国社会科学院日本研究所研究员蒋立峰和中国军事科学院研究员江新凤指出，中国对朝鲜问题的一贯立场是实现半岛无核化与和平统一，这个立场是十分坚定的。朝鲜国家何去何从是内政问题，外部力量不应干涉，沿着六方会谈达成的协议和路线图前行可以逐步解决朝鲜半岛问题。

第二，关于中日防卫合作。冈崎研究所理事金田秀昭以“日中在东海的共同开发和互信措施”为题介绍了日中解决东海问题的进展经过并提出了自己的看法。中国社会科学院日本研究所罗援就国际社会对中国的安全关注事项归纳出如下几点阐释：（1）关于核政策。中国的核政策是一贯的、透明的，即“后发制人”，中国的军事战略也是积极防御的战略。中国对核安全和防扩散问题的关注程度不亚于日本，这从中国致力于朝核问题和伊朗核问题的和平解决就可见一斑。(2) 关于太空安全。中国在2007年进行的太空试验是针对废旧气象卫星的科学试验，不针对任何国家。中国一贯主张和平利用外空，反对该领域的军备竞赛，并正在倡议缔结相关的国际法律文件。(3) 关于网络安全和中国黑客部队。这纯粹是被西方媒体炒作起来的话题，事实是中国军队没有任何一个单位对境外网站进行过恶意网络攻击。(4) 关于军事透明度。首先，战略意图透明度是最重要的透明，中国既无威胁他国意图，也无威胁他国能力。其次，世界上只有相对的而没有绝对的军事透明。再次，军事透明需要循序渐进，中国正在努力采取各种措施增加透明度。(5) 关于建造航母。从保卫国家安全和利益、满足国防需求的角度来说，中国发展航母是题中应有之义，但中国发展海上力量还有很长的路要走。其实，一个国家有无航母并不能说明问题，问题是其使用航母的战略意图。

蒋立峰针对相关问题进行了澄清，指出：(1) 6月18日的中日共同开发协议没有提到“中日中间线附近的共同开发”，日方应诺不提及“中间线”一词，双方继续协议事项包括开发区域问题。(2) 中日在钓鱼岛归属问题上存在争端，应正视这个现实。(3) 对地区安全合作，日本不必总是意图发挥主导作用，这应是个多国平等协调与合作的议题。中国社会科学院日本研究所研究员高洪表示：(1) 此前达成了合作开发协议但没有能再往前发展，双方在对“共同新闻发布”内容的理解上还存有分歧。(2) 双方外交场合约定俗成地不谈“中间线”，第二轨道磋商时也不论及，但怎样表达这个概念本身确实是个问题。(3)“6·18共同声明”没有提及新开发区域等事项。

（日　研）

马克思主义研究学部

马克思主义研究院

（一）人员、机构基本情况

截至2008年年底，马克思主义研究院共有在职人员129人。其中，正高级职称人员23人，副高级职称人员24人，中级职称人员56人；高、中级职称人员约占全体在职人员总数的80%。

马克思主义研究院设有马克思列宁主义原理研究部（下设马克思恩格斯思想研究室、列宁主义研究室）、中国马克思主义研究一部（下设毛泽东思想研究室、邓小平理论研究室、“三个代表”重要思想研究室）、中国马克思主义研究二部（下设科学发展观研究室、党建与政治研究室、文化与哲学研究室、国际战略研究室）、国际共产主义运动史研究部（下设19世纪共运研究室、20世纪共运研究室）、当代世界社会主义研究部（下设国外社会主义实践研究室、国外左翼思想研究室、社会制度比较研究室）、《马克思主义研究》编辑部、《中国特色社会主义年鉴》编辑部、信息网络与资料室、办公室、科研处、人事处。中国社会科学院邓小平理论和“三个代表”重要思想研究中心主任由马研院院长担任，并重点以马研院为依托开展理论研究和学术交流。

（二）科研工作

1．科研成果统计

2008年，马克思主义研究院共完成专著16种，649.5万字；论文348篇，304.68万字；研究报告24篇，39.05万字；教材3种，186.6万字；译著3种，70万字；译文14篇，10.91万字；论文集5部，128万字；一般文章42篇，16.83万字。

2．科研课题

（1）新立项课题

2008年，马克思主义研究院共有新立项课题44项。其中，国家社科基金重大招标课题2项：“用社会主义核心价值体系引领多样化社会思潮研究”（侯惠勤主持），“中国特色社会主义理论体系若干重大问题研究”（罗文东主持）；国家社科基金课题5项：“马克思主义视野中的社会主义改革”（毛立言主持），“独联体国家共产党的理论与实践研究”（刘淑春主持），“世界社会主义运动视阈中的国外社会主义流派研究”（吕薇洲主持），“文化生产力与人类文明的跃迁”（李春华主持），“科学发展观与发展模式的创新”（陈志刚主持）；院重大课题1项：“社会主义基本问题研究”（李伟主持）；院重点课题4项：“斯大林的社会主义建设思想与实践研究”（苑秀丽主持），“马克思主义实践观与文化研究”（秦益成主持），“全球化背景下中国和平发展战略研究”（梁孝主持），“苏联演变与民族问题研究”（尚伟、李瑞琴主持）；院国情调研课题6项：“关于建立社会主义核心价值体系、增强社会主义意识形态的吸引力和凝聚力的调研”（侯惠勤、张祖英主持），“以改革创新精神全面推进党的建设新的伟大工程”（桁林主持，与政治学研究所合作），“社会主义新农村建设中亟待解决问题的调研”（苑秀丽、杨静主持），“历史题材作品对受众价值观影响的调查”（刘淑春、庞晓明主持），“改制后国有企业运营状况的调研”（毛立言、王中保主持），“‘全国文明城市’环境现状调研”（李伟主持）；院青年科研启动基金课题12项：“可持续发展理论研究”（翟胜明主持），“劳动者权益保护的政治经济学分析”（胡乐明主持），“中国马克思主义大众化的历史资源与当代实现形式”（金民卿主持），“马克思主义服务思想研究”（汪世锦主持），“当代国外剩余价值理论和剥削问题研究”（韩冬筠主持），“中俄学者关于斯大林模式的评析”（杨朴伟主持），“第三批判中的先天综合判断”（王晓红主持），“先进文化在构建社会主义和谐社会中的作用研究”（李建国主持），“我国社会主义市场经济理论与实践的国际影响研究”（王佳菲主持），“国际舆论与中国的和平崛起”（王雪冬主持），“马克思早期作品中共产主义思想研究”（朱亦一主持），“国家相对自主性理论研究”（范春燕主持）；所重点课题14项：“农村集体经济问题研究”（王宜秋、彭海红主持），“乌克兰共产党的理论与实践”(陈爱茹主持)，“马克思主义经典作家关于妇女问题的研究”（妇工委主持），“列宁关于党的建设的基本思想”（刘志明主持），“当前全球金融危机与中国发展转型研究”（王佳菲主持），“越南金融动荡：原因、影响与启示”（潘金娥主持），“当前精神文化消费中的价值取向问题及其引领”（黄涛主持），“论中国在当今国际体系中的地位和角色”（王雪冬主持），“自然观念的发展——从康德到马克思”（王晓红主持），“经典作家人力资源建设思想及其当代意义”（李建国主持），“马克思主义中国化与社会思潮关系研究”（贺新元主持），“新自由主义背景下社会积累结构理论的衰落与重建”（范春燕主持），“马克思主义文化本质观研究”（张建云主持），“马克思主义研究院大事记（2009）”（何冬梅主持）。

（2）结项课题

2008年，马克思主义研究院共有结项课题29项。其中，院重大课题2项：“三个代表与全面建设小康社会研究”（柳可白主持），“改革开放30年思想史”（赵智奎主持）；院国情调研课题2项：“关于我国企业职工权益保护状况的调研”（程恩富主持），“防范国内外敌对势力在意识形态领域的渗透——部分知识分子、工农群众对‘西化’、‘分化’认知度的调查”（吴恩远主持）；院青年科研启动基金课题15项：“科学发展观的基本问题研究”（辛向阳主持），“后现代语境中的现代性批判及其限度”（罗骞主持），“宏观经济区划的实证分析”（谢士强主持），“马克思主义城乡发展理论视野下的中国城乡统筹发展问题研究”（杨静主持），“改革开放30年的思想主线与社会思潮研究”（钟君主持），“俄罗斯共产党组织建设与发展的最新趋势研究”（康晏如主持），“马克思产权理论的形成和发展”（彭五堂主持），“我国参与经济全球化利益博弈的策略选择”（王中保主持），“论和谐社会的公正内涵”（刘须宽主持），“拉丁美洲非政府组织问题初探”（贺钦主持），“马克思货币理论研究”（陈秋贵主持），“团结工会与波兰剧变”（宋丽丹主持），“社会主义和谐社会的世界观基础：对立统一与和合文化”（夏一璞主持），“帝国主义——概念演变背后的问题意识”（陈人江主持），“消费文化前沿问题研究”（王静主持）；所重点课题8项：“列宁民主集中制建党原则的真谛及现实意义”（刘志明主持），“列宁的社会主义与资本主义关系思想”（苑秀丽主持），“改革开放30年的思想主线与社会思潮研究”（贺新元主持），“马克思主义指导思想在社会主义核心价值体系中的地位和作用”（辛向阳主持），“贯彻落实科学发展观与搞好宏观调控”（黄丹华主持），“构建社会主义和谐社会若干问题研究”（刘德中主持），“中国特色社会主义理论视域中的和谐世界”（任洁主持），“和谐文化与人的全面发展”（张建云主持）；委托课题2项：“马克思主义与可持续发展”（程恩富主持），“当代中国发展的政治前提和制度基础”（李伟主持）。

（3）延续在研课题

2008年，马克思主义研究院共有延续在研课题38项。其中，院重大课题6项："科学发展观与十六大以来党中央的理论创新"（冷溶主持），"当代国外马克思主义经济学基本理论研究"（程恩富主持），"当代世界社会主义重大历史与现实问题"（吴恩远主持），"马克思主义意识形态思想史"（侯惠勤主持），"马克思主义经典文献整理和研究（第一期）"（庄前生主持），"改革开放以来党的建设的实践发展和理论创新研究"（罗文东主持）；院A类重大课题3项："唯物史观与中国历史发展道路"（李延明、李为善主持），"邓小平理论与马克思主义"（李崇富主持），"科学社会主义若干重大理论问题研究"（胡乐明主持）；院B类重大课题7项："苏联模式对中国社会主义建设道路的影响"（沈宗武主持），"资本主义向社会主义过渡的理论与实践"（吕薇洲主持），"当前发达资本主义国家左翼的理论与实践"（姜辉主持），"中国特色社会主义若干重大问题研究"（吴波主持），"中国现代化道路与先进文化研究"（周晓英、范强威主持），"'新帝国主义'论研究"（黄华德、邢文增主持），"马恩列斯毛邓'三个代表'论社会建设"（杨双主持）；院重点课题7项："20世纪末新马克思主义的西方阶级和社会结构新变化理论评析"（马志良主持），"越南社会主义体制改革及其与中国的比较"（潘金娥主持），"十六大以来社会主义先进文化建设的理论与实践研究"（张小平主持），"列宁的帝国主义理论与当代资本主义"（许建康主持），"社会主义政治文明中的公正问题研究"（陈志刚主持），"西欧资本主义政党政治的危机与走向"（罗云力主持），"列宁社会主义建设理论与实践研究"（刘志明主持）；院青年科研启动基金课题10项："俄罗斯共运史研究现状与共产主义运动新变化研究"（刘淑春主持），"近年来国外马克思主义若干重大前沿问题研究"（郑一明主持），"马克思理性批判思想及其对当代中国发展道路的指导意义"（陈志刚主持），"自然主义价值论研究"（黄涛主持），"世纪之交中国共产党文化创新的理论与时间问题研究"（李春华主持），"国外马克思主义重要公正思想研究"（冯颜利主持），"社会科学的价值中立观研究"（梁孝主持），"全球化背景下民族国家的定位及其走向"（张晓敏主持），"改革开放以来我国新闻政策研究"（郭志法主持）、"构建和谐社会需以人为本"（侯迎欣主持）；院国情调研课题5项：重大项目"树立落实科学发展观、构建和谐社会在基层"（冷溶主持），"关于社会主义核心价值体系的研究和践行情况调查"（程恩富主持），重点项目"集体经济实践形式与社会主义新农村建设"（赵智奎、龚云主持），"新世纪新阶段如何加强党的思想理论建设"（辛向阳、毛立言主持），考察活动"江西革命老区新农村建设情况调研"（侯惠勤、张祖英主持）。

（三）学术交流活动

1. 学术活动

2008年，马克思主义研究院主办和承办的学术会议有：

（1）2008年4月30日，中国社会科学院马克思主义研究学部、马克思主义研究院主办的"继

续解放思想 深入落实科学发展观——纪念真理标准讨论30周年（思想家论坛5)”在中国社会科学院举行。会议的主题为“纪念真理标准讨论30周年”。

（2）2008年7月20日至8月5日，由马克思主义研究院主办的“第二届全国马克思主义研究与教学高级研讨班”在北戴河、福建举办。会议的主题是“深入学习和贯彻十七大精神，进一步改善和加强马克思主义的学科建设，促进马克思主义理论的教学、宣传与研究，推动全国各高校、科研机构和党政机关相关人员的交流与合作，推进马克思主义理论建设与创新”，研讨的主要问题有“推动科学发展，促进社会和谐面临的机遇和挑战”、“推进中国经济学现代化的思路”、“马克思主义意识形态批判与当代中国”、“改革开放30年的伟大历程与历史唯物主义”、“中国思想政治理论30年”、“马克思主义理论研究和建设工程重点教材《毛泽东思想、邓小平理论和“三个代表”重要思想概论》修改情况”、“大力推进理论创新 繁荣发展哲学社会科学”。

（3）2008年9月20～22日，由马克思主义研究院、江西师范大学共同主办，首都师范大学政法学院协办，《马克思主义研究》编辑部和江西师范大学政法学院承办的“第三届全国马克思主义青年论坛”在江西省南昌市举行。会议的主题是“改革开放30周年与中国特色社会主义”，研讨的主要问题有“正确认识我国改革开放以来的反腐败形势”、“改革开放的历史进程和基本经验”、“中国特色社会主义道路”、“中国特色社会主义基本理论”、“普世价值问题”等。

（4）2008年12月20～21日，马克思主义研究院和广西大学联合主办的“第二届全国马克思主义院长论坛”在南宁市举行。会议的主题是“改革开放30周年与马克思主义理论发展”，研讨的主要问题有“改革开放30年中国马克思主义理论发展最具影响力的30件大事”，“马克思主义与改革开放、中国特色社会主义理论体系、马克思主义学科建设”，“如何发展马克思主义及马克思主义的当代价值”等。

此外，2008年，马克思主义研究学部、马克思主义研究院共同主办了16场“中外马克思主义学术报告会”；马克思主义研究院还举办了21场“马克思主义系列研讨会”。

2．国际与地区学术交流和合作

2008年，由马克思主义研究院主办的大型国际研讨会有两次，由外国学者主讲的马克思主义学术报告会有12次，接待外事来访26次，其中政府与党际交流10次，学者间来访16次。出访交流有23人次，还有两家外国主流新闻媒体采访马克思主义研究院领导和学者。与马克思主义研究院开展学术交流的国家和地区有尼泊尔、美国、日本、泰国、澳大利亚、墨西哥、英国、比利时、意大利、俄罗斯、葡萄牙、法国、越南、奥地利、瑞士、德国、希腊、刚果、马来西亚等国家和中国台、港、澳地区。其中：

（1）2008年1月4日，马克思主义研究院院长程恩富在马克思主义研究院会见了尼泊尔大使卡尔基，双方分别就中国社会科学院马克思主义研究院概况、尼泊尔共产党的情况进行了介绍。

(2) 2008年3月1～7日，马克思主义研究院党委书记、副院长吴恩远等出访日本北海道，与日本社会主义协会、社会主义理论学会、北海道大学斯拉夫研究中心进行了学术交流。

(3) 2008年4月15日，马克思主义研究院中国马克思主义研究一部主任赵智奎、研究二部副主任毛立言，与墨西哥蒙特雷理工学院北美研究中心主任比利亚法内在马克思主义研究院就中国特色社会主义市场经济问题开展了学术交流活动。

(4) 2008年5月4～16日，马克思主义研究院副院长侯惠勤陪同中国社会科学院副院长李慎明访问英国、比利时和意大利三国。

(5) 2008年5月7日，马克思主义研究院院长程恩富等与以阿尔巴诺·努内斯为团长的葡共代表团在马克思主义研究院就“中国改革开放取得的成就”、“中国化马克思主义”、“中国面临的问题”等进行了学术交流。

(6) 2008年5月20～21日，马克思主义研究院党委书记、副院长吴恩远率赴俄学术交流团在莫斯科参加了由俄罗斯科学院哲学所主办的“社会主义的历史命运——第二届中俄思想家论坛”，就“马克思与社会主义”、“20世纪俄罗斯和中国社会主义经验”、“普列汉诺夫的社会主义思想”、“当代社会民主主义和社会主义的前景”、“马克思与21世纪”等问题进行了交流。

(7) 2008年5月24～25日，由中国社会科学院马克思主义研究学部、清华大学经管学院、世界政治经济学学会和美国《自然、社会和思想》杂志共同举办的世界政治经济学学会第三届论坛（2008）“马克思主义与可持续发展”在河北省廊坊市举行。来自中国、美国、英国、德国、法国、日本、加拿大、澳大利亚、印度、希腊、奥地利、墨西哥、刚果等13个国家的百余名专家学者出席了论坛。论坛研讨的主要问题有“马克思与社会主义”、“20世纪俄罗斯和中国社会主义经验”、“普列汉诺夫的社会主义思想”、“当代社会民主主义和社会主义的前景”、“马克思与21世纪”等。

2008年5月，世界政治经济学学会第三届论坛(2008)“马克思主义与可持续发展”在河北省廊坊市举行。

(8) 2008年5月27日，马克思主义研究院马列主义原理研究部主任胡乐明及原理部研究人员与美国共产党经济委员会委员瓦迪·哈拉比、奥地利克拉根福大学讲师约瑟夫·鲍姆博士在马克思主义研究院就“美国金融危机与中国经济问题”开展学术交流。

(9) 2008年6月1～16日，马克思主义研究院中国马克思主义研究二部助理研究员郭志法出访英、法两国，就城市竞争力问题访问英国爱丁堡大学、法国ANGERS商业技术高等学院。

(10) 2008年6月1日至12月1日，马克思主义研究院国际共运史研究部副研究员李瑞琴执行院级交流协议出访俄罗斯，在莫斯科作为期半年的学术访问。

(11) 2008年6月11日，马克思主义研究院、当代中国研究所、俄罗斯东欧中亚研究所在当代中国研究所共同举办学术报告会。会议邀请俄罗斯联邦委员会成员、自然垄断委员会主席、原苏联部长会议主席尼·伊·雷日科夫和莫斯科国立社会大学副校长、俄罗斯社会科学院副院长、俄中友好协会副会长米·伊·科金作了题为《苏联解体的原因》的演讲。

(12) 2008年9月11日，马克思主义研究院院长程恩富等与欧洲左翼党代表团在马克思主义研究院就中国特色社会主义理论等问题进行了学术交流。

(13) 2008年9月23～30日，马克思主义研究院党委书记、副院长侯惠勤根据中国社会科学院与越南社会科学院学术交流合作协议，率团出访越南，就现阶段越南的经济与政治革新的进展等情况进行了考察。

(14) 2008年11月12～20日，马克思主义研究院院长、马克思主义研究学部主任程恩富和学部委员靳辉明、李崇富出席在法国巴黎召开的“市场、社会、历史与人类的变化国际研讨会”。程恩富在大会上作了关于中国社会主义市场经济的经验思考的演讲。代表团还顺访了奥地利、瑞士，并与奥地利社民党党校校长等就马克思主义研究问题进行了交流。

(15) 2008年11月21日，罗莎·卢森堡基金会教授布里来访马克思主义研究院，向马克思主义研究院院长程恩富介绍了该基金会的情况以及相关合作事宜。

(16) 2008年11月21日，马克思主义研究院院长程恩富与莫斯科大学经济系资深教授安德烈·伊万诺维奇·科尔加诺夫在马克思主义研究院就马克思主义经济学问题进行了学术交流。

(17) 2008年11月22日，马克思主义研究院院长程恩富与日本社会主义协会运营委员、摄南大学教授濑户宏在马克思主义研究院就中日双方社会主义建设问题进行了学术交流。

(18) 2008年11月22日，马克思主义研究院副院长张祖英等与越南胡志明国家政治行政学院代表团在马克思主义研究院就毛泽东思想、邓小平理论研究等问题开展学术交流。

(19) 2008年12月5日至2009年2月5日，马克思主义研究院中国马克思主义研究一部主任赵智奎研究员执行院级协议DFG计划，出访德国并进行学术交流活动。

(20) 2008年12月17日，马克思主义研究院院长程恩富与马来西亚政府顾问、著名经济学家、第三世界网络主席马丁·科尔在马克思主义研究院就如何看待世界经济等问题进行学术交流，并洽谈了合作事宜。

（四）学术社团、期刊

1. 社团

（1）中国历史唯物主义学会，会长李崇富。

2008年2月23日，中国历史唯物主义学会在北京召开“纪念《共产党宣言》发表160周年座谈会”。会议的主题是“纪念《共产党宣言》发表160周年”，研讨的主要问题有“阐明《共产党宣言》的发表是马克思主义诞生的标志”、“作为无产阶级革命政党发表的第一个科学理论和政治纲领，《宣言》具有极为重要的历史意义和改变世界的巨大威力”、“将《宣言》精神与时代特征相结合，与中国社会主义实践相结合，使马克思主义在中国特色社会主义实践中进一步发展”。与会学者专家40多名。

2008年7月12～14日，中国历史唯物主义学会在昆明市举办了“历史唯物主义与改革开放30年”学术研讨会。会议的主题为“纪念党的十一届三中全会召开30周年、回顾改革开放30年历史进程及历史经验”，研讨的主要问题有“历史唯物主义是马克思主义的重要组成部分，是中国特色社会主义的重要理论基础”，“改革开放30年来我们取得一切成绩和进步的根本原因，就是开辟了中国特色社会主义道路，形成了中国特色社会主义理论体系”，“继续坚持运用并不断发展历史唯物主义，推进其学科建设”。来自全国各地的百余名专家参加了会议。

2008年11月，中国历史唯物主义学会在北京召开了小型金融问题研讨会。会议的主题为“对当前国际金融危机的马克思主义解读”，讨论的主要问题有“国际金融危机的成因、危害及战略对策”。

（2）中华外国经济学说研究会，会长吴易风，常务副会长程恩富。

2008年11月1～2日，中华外国经济学说研究会在湖南省湘潭市举行“中华外国经济学说研究会第16次学术研讨会”。会议研讨的主要议题有“马克思主义经济学及与西方经济学的比较研究”、“西方经济学基本理论和政策建议研究”、“当代西方经济学流派和思潮研究”、“中国经济改革与社会主义市场经济建设研究”、“金融危机与国际经济问题研究”等。与会专家学者100余人。

2. 期刊

《马克思主义研究》（月刊），主编程恩富。

2008年，《马克思主义研究》全年共出版12期，共计216万字。马克思主义研究学部成立了由学部委员组成的《马克思主义研究》“学部委员专家指导小组”，对每期刊发的稿件进行审读，严把政治关和学术关。2008年，《马克思主义研究》开辟了“十七大精神学习”和“纪念《共产党宣言》发表160周年”专栏，还开展了对“普世价值”问题的专题讨论，相关文章受到中共中央政治局常委李长春同志和中宣部领导高度重视，批转《人民日报》、《马克思主义理论研究和建设工程简报》。全年刊载的有代表性的文章有：陈先达的《中国特色社会主义理论与历史周期率问题》，张全景的《苏共失败、苏联解体的惨痛教训及借鉴意义》，侯惠勤的《中国的改革开放与科学社会主义共命运——纪念〈共产党宣言〉发表160周年》，顾钰民的《社会主义同市场经济结合的观念与制度创新》，王伟光的《中国改革开放和中国发展道路》，田克勤的《深入研究中国特色社会主义理论体系的几点思考》，侯惠勤的《我国意识形态建设的第二次战略性飞跃》，田心铭的《论以人为本》，王伟光的《全面贯彻落实科学发展观 大力推进中国特色社会主义伟大事业》，陈新行的《论核心价值体系》，李崇富的《历史唯物主义在改革开放伟大实践中的创造性运用和发展深化》，冯虞章的《怎样认识所谓“普世价值”》，程恩富、王中保的《论马克思主义与可持续发展》，何秉孟的《试论马克思主义理论发展的阶段性》等。

2008年，《马克思主义研究》获第四届中国社会科学院优秀期刊奖“期刊优秀奖”。

（五）会议综述

继续解放思想　深入落实科学发展观
——纪念真理标准讨论30周年（思想家论坛5）

2008年4月30日，为纪念真理标准讨论30周年，马克思主义研究学部和马克思主义研究院在北京联合举行“继续解放思想　深入落实科学发展观——纪念真理标准讨论30周年（思想家论坛5）”。论坛的主题是“继续解放思想，深入落实科学发展观”。马克思主义研究学部主任、马克思主义研究院院长程恩富主持会议。中国社会科学院副院长武寅出席会议并讲话。来自中国社会科学院、北京大学、清华大学、中央党校、中国人民大学、首都经贸大学、首都师范大学等单位的专家学者150余人出席了会议。

武寅在讲话中指出，真理标准问题的讨论告诉我们，要推进中国特色社会主义伟大事业的不断发展，解放思想一刻也不能停止。新时期解放思想应突出几个方面的内容：第一，要继续破除迷信，反对本本主义。反对本本主义，不仅要反对对马克思主义教条式的理解，也要反对洋教条、反对食洋不化。第二，要坚持实践是检验真理的唯一标准，鼓励大胆探索、实验和创新。第三，要坚持马克思主义特别是坚持当代中国的马克思主义。解放思想不是无原则的解放思想，解放思想更不是解构马克思主义或者解体马克思主义，相反，解放思想应是在马克思主义指导下的解放思想。没有马克思主义作指导的所谓思想解放只能导致思想的混乱，而不可能

2008年4月，“继续解放思想　深入落实科学发展观——纪念真理标准讨论30周年（思想家论坛5）”在北京举行。

达到真理的彼岸。中国社会科学院马克思主义研究院院长程恩富、中央党校原副校长韩树英、中央纪委驻文化部纪检组组长李洪峰、中国社会科学院荣誉学部委员徐崇温、中国社会科学院马克思主义研究院副院长侯惠勤以及来自中国社会科学院、清华大学、首都经贸大学、首都师范大学的十多位知名专家学者在会上发了言。大家一致认为，30年前的真理标准问题讨论是一次伟大的思想解放运动，经过争鸣与讨论，"实践是检验真理的唯一标准"这一马克思主义的基本观点成为全党全国人民的共识，它从根本上否定了"两个凡是"的思想方针，从根本上恢复了党的实事求是的思想路线，为党实现工作重心的转移和正确评价毛泽东思想以及毛泽东同志的历史地位奠定了思想基础。与会者还提出，新世纪新阶段继续解放思想必须以马克思主义及其中国化理论为指导，因而必须反对新自由主义、民主社会主义、历史虚无主义、复古主义等各种错误思潮。专家们共同指出，继续解放思想的目的是为了全面贯彻落实科学发展观。科学发展观是解放思想、实事求是、与时俱进的典范，是立足社会主义初级阶段基本国情，总结我国发展实践，借鉴国外发展经验，适应新的发展要求提出来的。科学发展观是与中国发展的实践相一致的真理性思想，是在实践中形成、在实践中验证、在实践中丰富同时又不断指导实践发展的科学思想，应当长期坚持。

（周晓英）

第三届全国马克思主义青年论坛

2008年9月20～22日，由中国社会科学院马克思主义研究院、江西师范大学共同主办，首都师范大学政法学院协办，《马克思主义研究》编辑部和江西师范大学政法学院承办的"第三届全国马克思主义青年论坛"在江西省南昌市举行。论坛的主题是"改革开放30周年与中国特色社会主义"。中纪委驻中国社会科学院纪检组组长李秋芳，江西省委常委、省委宣传部部长刘上洋出席了开幕式。来自全国各地的140多名青年马克思主义理论工作者参加了会议。会议围绕"改革开放的历史进程和基本经验"、"中国特色社会主义道路"、"中国特色社会主义基本理论"等议题进行了探讨。

李秋芳作了题为《正确认识我国改革开放以来的反腐败形势》的主题报告。中国社会科学院马克思主义研究学部委员靳辉明、李崇富，中国社会科学院马克思主义研究院副院长张祖英，中国社会科学院邓小平理论和"三个代表"重要思想研究中心副主任夏春涛分别作了专题报告。青年学者们在讨论中充分肯定了中国改革开放30年所取得的伟大成就，认为改革开放是决定中国命运的关键抉择。只有社会主义才能救中国，只有改革开放才能发展中国、发展社会主义、发展马克思主义。改革开放是发展中国特色社会主义的必然要求和强大动力，没有改革开放就没有中国特色社会主义。党的十七大对改革开放历史经验"十个结合"的总结，是我们党一贯坚持的理论与实践相结合基本原则在新的历史条件下的新表达。与会者指出，伴随着改革开放的历史进程，我们党对建设社会主义的一系列理论与实践问题进行了深入探索，形成了中国特色社会主义理论体系。有学者对改革开放以来中国特色社会主义理论体系的逻辑进路进行了分析，指出，实事求是的世界观、以人为本的价值观和统筹兼顾的方法论是中国特色社会主义理论体系的哲学基础。有学者指出，这一理论体系有其独特的本质属性，它既坚持了科学社会主义基本原理又具有鲜明的中国特色，它是由理论主题、基本问题、核心内容、条件和手段、发展目标等五个层次构成的。有学者提出，把握中国特色社会主义理论体系的理论定位，要在理论、实践与历史的多维视野中弄清楚它与马克思列宁主义、毛泽东思想、邓小平理论、“三个代表”重要思想、科学发展观等组成部分之间的内在逻辑关联。中国特色社会主义理论体系是马克思主义中国化的最新理论成果，是中国特色社会主义建设的理论结晶，是不断发展的、开放的科学理论体系。会议中，学者们还对我国当前思想理论界关注的“普世价值”等热点问题进行了深入研讨。大家一致认为，只有始终不渝地坚持走社会主义道路，才能克服和解决前进中的困难和问题。

（周晓英）

第二届全国马克思主义院长论坛：马克思主义与改革开放30年

2008年12月20～21日，为纪念改革开放30周年，深入研讨马克思主义与改革开放的内在联系，由中国社会科学院马克思主义研究院和广西大学联合主办的“第二届全国马克思主义院长论坛：马克思主义与改革开放30年”在南宁市举行。来自全国60多所高校和科研单位的70多位领导和专家学者出席了论坛。论坛“围绕马克思主义与改革开放”、“中国特色社会主义理论体系”、“科学发展观”、“马克思主义理论学科建设”等问题进行了交流和研讨。

中国社会科学院马克思主义研究院院长程恩富在主题演讲中系统回顾了改革开放30年中国马克思主义理论发展最具影响力的30件大事。大家在研讨中高度赞扬了胡锦涛总书记在纪念改革开放30周年大会上的讲话，认为，总书记在总结30年来党的理论和实践主题时把三个问题拓展为四个问题，即在“什么是社会主义、怎样建设社会主义，建设什么样的党、如何建设党，实现什么样的发展、怎样发展”的前面增加了“什么是马克思主义、

2008年12月，“第二届全国马克思主义院长论坛：马克思主义与改革开放30年”在广西壮族自治区南宁市举行。

怎样对待马克思主义”的问题，从而揭示出始终毫不动摇地坚持马克思主义的指导地位是改革开放取得伟大胜利的关键。在未来的改革开放进程中，同样要坚持用科学的态度对待和发展马克思主义。与会者还从不同层面对如何发展马克思主义及马克思主义的当代价值提出了诸多创见。有学者提出，马克思主义的社会发展动力分为五个层次，这些动力的交互作用以经济发展为基础，共同推动社会发展，全面把握社会发展动力系统诸要素对推动社会主义社会和谐发展具有重要意义。有学者认为，在马克思的视野中，资产阶级推动了全球化的生成与发展，资本及其运动是全球化的直接动力，资本扩张悖论是全球化双重价值的总根源。有学者指出，把金融危机的根本原因归结为操作和监管层面问题的观点，并未揭示当前金融危机的本质。只有对金融危机进行马克思主义的分析，从客观规律和经济制度层面来揭示金融危机爆发的原因，才能揭示金融危机的根源和实质。学者们对马克思主义中国化的最新理论成果——中国特色社会主义理论体系进行了不同角度的分析。有学者指出，解放思想、实事求是、与时俱进统摄着整个理论体系的形成、实施和发展，是中国特色社会主义理论体系的灵魂；建设中国式的社会主义是中国特色社会主义理论体系的主题，它贯穿于中国特色社会主义理论体系发展的全过程；以人为本是中国特色社会主义理论体系的核心；改革开放是中国特色社会主义理论体系的基本方略。

与会者高度评价科学发展观的理论价值和实践意义。有学者认为，科学发展观作为马克思主义中国化的最新成果已经形成为一个完整的科学体系。它在新的历史阶段全面深化和发展了对中国特色社会主义建设规律的认识，进一步揭示了经济、政治、文化和社会一体化发展的规律，揭示了社会发展的协调均衡规律。因此，科学发展观形成了一个概括比较完整和层次清楚分明的逻辑结构系统，成为中国特色社会主义理论体系中一个相对独立的重要组成部分和在实践中不断发展的开放的思想体系。

（周晓英）

三　院职能部门及党务部门工作

办　公　厅

2008年，办公厅在院党组、院务会议的领导下，以邓小平理论和“三个代表”重要思想为指导，深入贯彻落实科学发展观，以管理体制机制改革为契机，紧紧把握“为院领导服务、为科研服务、为全院各项工作服务”的宗旨，不断加强自身建设，较好地完成了各项工作任务。

（一）加强政治学习，坚持正确方向

1．认真学习贯彻党的十七大精神。通过组织开展学习贯彻党的十七大精神活动，全厅同志深化了对中国特色社会主义道路和理论体系的认识，进一步提高了理论素养和政治意识。

2．深入开展学习实践科学发展观活动。按照中央和院党组的总体部署，组织全厅党员特别是处级以上领导干部深入学习实践科学发展观，着力推进改革创新，把加强督查督办、推进机构改革和转变机关工作作风作为开展学习实践活动的主要实践载体，切实增强了全厅同志贯彻落实科学发展观的自觉性和坚定性。

（二）大力推进管理体制机制改革

1．积极贯彻院总体部署，认真制定办公厅管理体制机制改革方案。根据院2008年工作会议关于办公厅要发挥“枢纽”作用的明确定位和有关改革部署安排，办公厅研究制定了《办公厅改革工作方案》，明确了改革工作的重点和具体措施。

2．整合强化督查督办和综合协调服务职能。筹建办公厅督查处，专门承担全院重要工作的督促检查和推动落实职能。办公厅秘书一处将有关收发文职能转交办公厅秘书二处，重点承担院“三会”的会务和院党组文件文稿起草职责，秘书二处则重点承担全部公文流转和办文、办事、办会的规范管理。

3．《中国社会科学院院报》移交顺利完成，《中国社会科学院要报》改革取得明显成效。按照院党组有关改革部署要求，《中国社会科学院院报》从2008年10月开始由中国社会科学杂志社承办。自6月开始，相关移交工作积极稳步推进。至9月底，顺利完成移交工作，并圆满完成预定出版计划。为进一步改进信息报送工作，经过深入研究，向院领导报送了关于《中国社会科学院要报》改革的意见，得到批准后开始实施。新版《要报》运行后，很快取得成效，得到

有关方面的好评。

4．保卫机构调整等改革稳步推进。经深入研究并报请院人事部门批准，将办公厅保卫一处（政保）并入院信访办公室，办公厅保卫二处、保卫三处合并成立办公厅保卫处。其他处室也积极适应新情况、新需要，采取有效措施，改进和完善工作机制。

（三）进一步做好信息报送、新闻宣传和编辑出版工作

1．信息报送取得新进展。利用我院学科比较齐全的优势，围绕中央关注的涉及多学科的重大国际和国内热点问题，组织跨所专题研讨会，会后形成了一批质量较高的信息成果。围绕党和国家的中心工作及重大突发事件，及时策划选题并组织稿件，深度解析经济社会发展中的热点、难点问题。进一步挖掘人文学科和新兴学科的潜力，组织编发人文学科、新兴学科的稿件20余篇。2008年共编发报送各类信息稿件441期。此外，编发报送《世界社会主义研究动态》60期，《领导参阅》36期。

按照国家科技部部署，组织院属38个填报单位完成了2007年度国家综合科技统计调查年报任务。根据中宣部有关要求，完成了“2007年宣传文化系统基本情况（中央宣传文化单位）”我院有关信息的编辑报送任务。

办公厅主编的《双周要报》全年共编发50期，在保留时效性的同时，突出了“新颖”、“重点”。《工作日报》全年编发142期，主要反映我院举办或召开的重要活动和会议、院领导参加的重要外事活动和出访情况、院重要科研学术活动。认真做好《大屏幕显示》、《宣传窗》信息编发工作和全院所局级科研会议等信息审查办理工作。全年共编发《大屏幕显示》146期、《宣传窗》44期。此外，还编发《情况反映》13期、《思想理论动态简报》119期、《港台报刊动态》319期等为领导决策提供参考的内部资料。

2．新闻宣传和编辑出版工作稳步推进。认真做好《中国社会科学院院报》移交前的编辑出版工作，在内容和形式上积极创新，成功创办《地方社科院》专刊，取得良好反响。1～9月共编辑出版《中国社会科学院院报》正刊74期、理论月刊9期。

积极围绕我院深入学习实践科学发展观活动、研究生院院庆30周年、纪念改革开放30周年等重点工作和活动，联络协助各大新闻媒体做好我院的宣传报道工作。2008年主要新闻媒体关于我院的报道中，电视台播发消息和节目350次、电台广播消息152次、报刊发表消息及文章909篇。其中由院新闻办参与联系的，电视台播发消息和节目20余次，报刊发表消息及文章70余篇。整合院内影视宣传资源和力量，自行摄制我院学部委员专题资料片取得阶段性成果。积极做好对我院重大活动摄影、摄像的协调、组织和管理以及相关资料的收集、保存和整理工作。认真做好与新版《中国社会科学院院报》编辑部和驻院记者站的协调联络工作，保障院内重要活动顺利报道和信息渠道的畅通。

圆满完成《中国社会科学院年鉴》2007年卷的编审、出版和发行工作，该卷共选编文稿110

余万字、近百张图片。顺利完成《中国社会科学院年鉴》2008年卷的征稿工作，共征集文稿150多万字、图片350多张，年内完成编辑和审稿工作。编辑完成了《中国社会科学院2008年综合计划》、《中国社会科学院基本情况统计年报（2007年）》，组织编印了《十六大以来党中央关于哲学社会科学及意识形态的重要论述》等。

（四）各项文秘和综合服务工作取得新成绩

1．认真做好文件起草和各项会务工作。圆满完成院2008年度工作会议、院管理体制机制改革座谈会等重大会议的文件起草、会务及会议简报等工作，认真做好院党组会、院务会、院长办公会、院秘书长办公会、院改革工作协调小组会议、院机关办公会等日常重要会议的会务及会议纪要编发工作，以及院其他各类会务组织工作。全年共筹办完成院党组会议17次、院务会议3次、院长办公会16次、院改革工作协调小组会议20次、院机关办公会8次。

2．强化督查督办职能，进一步做好文件办理工作。积极落实院领导“办公厅要发挥好枢纽作用，加强督查、反馈工作”的指示，对院党组会议、院务会议、院长办公会议决定事项和院领导重要批示的办理情况进行督办反馈，并编发了《督办工作简报》、《院内通报》，有效地推动了院有关决策的执行和各项工作的开展。为便于院领导及时掌握情况、协调工作，编制了院领导一周重要活动计划表和院重要会议、活动情况备案表，制定实施了《中国社会科学院所局级现职领导干部离京、出国（出境）审批备案管理办法》。

进一步规范了公文办理程序，并建立数字化处理制度，有效加强了公文运转。全年共制办党组文件62件，办理院外文件1445件、院内文件1435件，审核办理院各职能部门发文425件，办理院长基金21件。如期完成约计20件全国人大代表建议案和全国政协委员提案的答复办理工作，受到案件交办部门的好评。加强管理，改进服务，认真做好机要交换、信函邮品收发、报刊征订分发等工作。

3．严格做好机要、保密、档案管理工作。根据中办通知要求，及时清退2007年机要文件，连续三年无差错。全年共计收发机要文件资料99000余件、电报175件、专管文件52件。

认真贯彻落实中央国家机关保密工作会议精神，开展了计算机保密隐患排查整改工作和涉密载体统一清理工作，开展了保密知识竞赛等宣传教育活动，组织制定和修订了《中国社会科学院涉密计算机及涉密移动存储介质保密管理规定》、《中国社会科学院贯彻落实〈社会科学研究工作中国家秘密及其密级具体范围的规定〉的实施办法》等规章制度。

继续做好向中央档案馆整理移交我院有关档案的工作，制定完成了我院《机关文件材料归档范围和文书档案保管期限规定》。加大对院各职能部门档案整理的督查和指导力度，严格按照国家档案局规定、标准整理2007年文书档案。全年共接收院各职能部门2007年文书档案19卷7284件，接待查借阅档案人员410人次。

4．切实做好值班、信访、对外接待和综合服务工作。制定实施值班室工作人员《保密工作守则》，全年值班共收发文3500余件，办理传真154件。全年共受理群众来信来访来电363件（人次）。认真做好对外接待、联络和协调服务工作。较好地完成了全国15家地方社科院领导来访和中央业务领导单位及地方工作联系单位的联络接待工作。完成我院事业单位法人证书和组织机构代码证书的年检、变更工作等。

继续做好国务院政务系统办公业务资源网、全国宣传系统宣传网在我院接点的维护工作和我院与国办、中宣部等中央单位信息传送工作，继续做好办公厅内、外网的维护工作和报刊征订系统、机要档案管理系统、新华社专供数据库等数据维护及技术保障工作，维护好全厅计算机设备。

制定《办公厅安排我院副部级老领导到我院接待地点暑期休假服务规则》，切实做好院领导日常办公及生活服务、春节期间院领导看望老干部、院所局领导暑期休假活动等服务工作。

5．继续做好全院人口和计划生育、组织献血工作。多次组织召开我院人口和计划生育有关工作会议、参与筹备中央国家机关人口计生委第二协作组会议，组织院属各单位逐级签订了2008年至2009年人口与计划生育目标管理责任书，制定印发《中国社会科学院人口与计划生育工作管理办法》，举办全院计生干部培训班，参加幸福工程考察团，开展“三下乡”、“手拉手”、捐资助学等公益活动，广泛开展各种宣传教育活动，努力为广大职工提供优质服务。

在汶川大地震后和北京奥运会前后，院献血办积极加强与北京市献血办的联络，并先后两次向院属各单位发文，做好无偿献血准备工作。

（五）切实做好安全保卫工作

1．不断提高政策和业务水平，进一步做好政治保卫工作。认真做好院维护稳定工作领导小组的联络工作，积极开展提高国家安全意识和保密意识的宣传教育活动。与院属各单位保持密切联系，及时发现政治隐患并采取有力措施，全年共处理此类情况5起。认真做好接待和配合国家专门机关的工作，全年共接待专门机关来访、来电查询50多次，配合专门机关工作8起。协同人事教育局做好我院领导干部因私出境政审工作，起草下发了我院防震、减灾突发预案，完成了我院突发事件紧急预案人员演练和培训工作的统计任务。

2．认真贯彻“预防为主，防消结合”的方针，切实做好消防工作。注重日常宣传工作，全年先后为院属多个单位讲授了消防法规和消防常识。着重抓好重大节假日及重要活动期间、重点单位和部位的消防检查工作，请专门机构对院部科研大楼电器设备进行了检测，并结合具体情况对各单位进行抽查，发现隐患400多个，及时予以整改和补救。积极推动院属各单位建立完善并认真落实消防制度，加强对院属各单位消防工作人员的业务指导。

3．加强综合治理，努力做好警卫、治安、交通安全等工作。按照“区分层次、突出重点、抓全过程”的工作思路，建立和完善安全保卫工作机制。严格做好我院重大工作、活动期间的安全保卫工作和国内外有关领导人来院的警卫工作，全年共完成各种中等以上会议安全保卫工作50余次，重要警卫任务20余次。建立和完善治安防控网络，认真做好门卫值班、出入验证、会客登记、夜晚巡查及定期检查等工作。积极开展交通安全常识和法规教育，重大活动期间细致检查我院车辆使用安全管理状况，严格控制、管理车辆违章。按有关规定办理人员出入证、机动车出入证等，及时更新“机动车辆管理系统”。

（六）加强管理，不断推进自身建设

1．认真贯彻民主集中制，努力推进领导班子建设。厅领导班子调整后，进一步明确了领导分工，强化了处级干部职责要求。适时召开厅主任办公会、厅务会集体商讨重要工作，编发《厅主任办公会纪要》、《厅务会纪要》，推进厅内事务公开。

2．加强综合协调，认真做好人事管理和行政后勤工作。根据工作安排和人事工作有关规定，认真做好有关人员调出、职务晋升、退休、职称评审等工作，完成了全厅人员薪级工资年度晋升核算、新增固定资产统计核报、职工购房补贴年度决算预算和申报领取购房补贴以及商品房供暖费报销等工作，继续做好厅内的文件传阅、物资发放、安全保卫、报刊订阅、老干部服务、组织募捐与职工体检等综合管理服务工作。圆满完成2008年度职工工作考核工作，全厅共有12人获得优秀。

3．党建工作进一步加强，各项群众性活动蓬勃开展。认真做好党员发展工作，3名预备党员转正，3人发展为预备党员。按照院直属机关党委布置，选举我厅参加院直属机关党代会代表，推荐新一届院直属机关党委委员候选人和纪委委员候选人。厅工会积极为职工办实事、办好事，得到大家的好评。厅青年工作组、厅团支部积极组织厅内团员青年开展有关学习实践和文体活动，厅团支部荣获院团委授予的“院先进团组织”称号。

科研局／学部工作局

2008年，科研局／学部工作局在院党组和院领导的领导下，全面贯彻落实党的十七大精神，认真开展深入学习实践科学发展观活动，根据社会主义现代化建设和我院创新体系建设的需要，全面实施“科研强院”、“人才强院”战略，深化科研管理体制机制改革，以改革创新的精神推进我院科研组织、学科建设、国情调研、学部服务等工作，强化多出优秀人才、多出学术精品的竞争激励机制，比较好地完成了2008年院工作会议部署的各项科研管理任务。

（一）组织学习、研究和宣传党的十七大精神，认真开展深入学习实践科学发展观活动

为深入推进研究和宣传党的十七大精神，科研局继2007年底部署学习贯彻十七大精神第一

批交办委托课题之后，2008 年初又组织落实了第二批交办委托课题 27 项，组织动员 10 个研究所的研究力量，深入研究和阐发中国特色社会主义理论体系、全面贯彻落实科学发展观。同时，组织落实中组部、中宣部等部委交办的“关于党的十七大的重大意义和历史贡献”、“中国特色社会主义道路研究”等 5 项学习贯彻十七大精神的课题。

2008 年，将深入研究十七大提出的一系列重大理论观点、重大战略思想和重大战略部署作为院重大重点课题的立项重点。在全院立项的 30 项重大课题、98 项重点课题中，有 12 项重大课题和34项重点课题与十七大精神密切相关，如“构建社会主义和谐社会与政治建设研究”、“开放经济新阶段的宏观稳定”、“中国经济重大问题跟踪分析”等。

根据中宣部要求，科研局组织有关单位为“纪念改革开放30周年理论研讨会”撰写19篇理论文章，并从中遴选 7 篇报中宣部。同时，组织和协助有关研究所举办纪念改革开放 30 周年的理论研讨会、学术座谈会，系统回顾总结了改革开放 30 年来相关学科体系的发展成就。积极组织科研人员撰写系统学习、研究和宣传党的十七大精神的理论文章。截至 2008 年第三季度，全院共发表《中国特色社会主义道路越走越宽》、《科学发展观对中国特色社会主义理论体系的丰富和发展》等相关理论文章 30 余篇。

（二）制定、实施院科研管理体制改革方案，科研管理体制机制创新工作迈出重要步伐

根据院党组关于深化改革、以科研工作为中心、实施“科研强院”与“人才强院”的战略方针，科研局在全面总结我院科研组织和管理经验的基础上，就我院科研管理体制和机制创新问题进行了深入研究，在院改革工作座谈会后，修订形成了2008年下半年至2009年深化科研管理体制改革的基本思路：以科研资助方式和学科建设机制创新为重点，完善科研资助体系，优化科研资源配置，强化竞争激励机制，充分调动科研人员和研究所两方面的积极性，努力形成有利于出精品成果、出拔尖人才的科研发展环境。内容涉及完善院级课题管理制度、改革后期资助方式、创新学科建设新机制、扶持创建一批“学术名刊”、健全科研成果新闻发布制度、协助学部发挥好科研组织协调作用、创新科研队伍建设制度、推进科研管理制度化建设等方面。

第一，启动特殊学科建设计划，按照分类指导、分级管理、重点支持、院所共同负责的原则，以科研队伍建设与经费资助为重点开展特殊学科建设，首批启动 11 个“绝学”学科的建设工作。

第二，筹备成立“中国社会科学院重大问题综合研究中心”，加强对重大理论和现实问题研究的组织和协调，搭建发挥我院思想库和智囊团作用的研究平台。

第三，实施“学术名刊建设”，按照普遍资助与重点扶持相结合的原则，对全院67种学术期刊分别实行重点资助和一般资助，通过实行目标管理责任制，加大资助力度，改善办刊条件，进一步提高刊物的学术水平和编印质量，以保持我院学术期刊的整体优势。

第四，修订颁布《中国社会科学院交办委托课题管理办法》，加强对重大交办委托课题研究的资助力度，以适应重大决策咨询和应急突发问题研究的需要。

第五，实施课题后期资助办法，适当压缩院重大、重点课题的立项数量和资助强度，引导部分学科的科研资助向“买成果”过渡。

第六，会同院财务基建计划局采取措施压缩院属各单位的留存科研经费，将院重大、重点课题、国情调研项目立项工作完成时间提前到当年年底，同时改进课题经费管理方式。

第七，研究制定《中国社会科学院院长学术基金管理办法》，支持学部组织跨学科、跨研究所的事关经济社会发展和国家安全的重大宏观性、战略性、前瞻性研究项目和重大基础研究项目，有效发挥中国社会科学院学术团队的整体优势。

（三）围绕重大理论与现实问题组织课题立项

为组织研究我国经济社会发展中的重大理论与现实问题和学科基础理论问题，科研局下发了《中国社会科学院2008年课题申报工作的通知》，明确在继续落实院“十一五”科研规划课题的同时把深入研究十七大提出的重大理论和现实问题、对学科发展具有重大推动作用的基础理论问题作为2008年度立项的重点，并要求课题立项体现出基础理论研究与应用对策研究并重的原则。全院科研人员共申报课题183项。经过院7个学科课题评审会审议，报院务会议审批，最终立项132项课题，包括院重大课题30项、重点课题98项、后期资助项目4项。全年还办理了27项院重大课题（A类）的鉴定和结项公示工作。

落实中央有关部门以及院领导交办的课题65项，并及时提供课题经费。这些课题涉及“经济增长与波动的风险和对策”、“中国医疗体制改革总体方案”、“城市地震灾害中的交通疏导与避难场所”、“灾区工业恢复重建中的产业结构与区域布局调整研究”、“修改《缔结条约程序法》研究”、“发达国家媒体管理与宪法精神调研”、“奥运后期舆论引导的对策建议”等。

制定并发出《中国社会科学院青年科研启动基金项目2008年申报工作的通知》，进一步明确资助条件和范围。院属各单位共申报89项，经局务会议讨论和院务会议审批，立项资助82人。

（四）加强院对国情调研项目立项的宏观指导，推进国情调研基地建设

在2008年度国情调研立项工作中，加强了院对国情调研项目的宏观指导，围绕十七大精神提出一批重大项目选题指南，采取招标方式立项；同时扩大研究所自主权，由各所自主立项一定数量的国情调研重点项目和国情考察活动；进一步推动国情考察活动深入企业、乡镇和社区，促使青年科研人员深入基层了解国情。经院务会议批准，全院立项国情调研项目98项，其中重大项目11项、重点项目59项、按系统考察活动9项、研究所考察活动19项。根据需要，委托交办国情调研项目4项。在国情调研项目的立项评审工作中，专门安排学部委员和荣誉学部委员对申报材料进行审读。积极协助领导小组推动国情调研基地建设，与甘肃、湖南、云南、内

蒙古、江西、宁波签订了基地建设协议，制定了《国情调研基地办公室工作办法》。按照全院科研工作的整体部署，提前到2008年底安排2009年度国情调研的申报工作，要求院属各单位与学习实践科学发展观紧密结合，组织安排2009年度国情调研项目和考察活动。

在院国情调研领导小组的指导下，认真做好国情调研组织工作与制度建设。成立了国情调研领导小组办公室，专门负责全院国情调研组织协调工作，并编印《中国社会科学院国情调研工作简报》10期，及时通报国情调研工作的进展情况。

加强对国情调研项目、考察活动的过程管理。组织召开国情调研动员会，进一步明确我院国情调研工作的指导思想，交流开展国情调研工作的经验和体会，为如何开展国情调研提供参考。对三年来立项的全院308项国情调研项目和考察活动的进展情况进行全面检查。制定并发布了《中国社会科学院国情调研项目鉴定结项管理办法（试行）》，按照该办法组织各类国情调研项目、考察活动的鉴定结项工作。加强国情调研成果管理，积极组织出版、宣传国情调研成果。针对不同形式的国情调研成果，制定并发布了《〈中国社会科学院国情调研丛书〉管理办法（试行）》、《〈中国社会科学院国情调研（考察）报告选编〉管理办法》、《关于中国社会科学院国情调研成果印制样式的规定（试行）》。编选重要国情调研成果，通过《要报·国情调研》报送中央有关部门，努力发挥国情调研的决策咨询作用。

（五）加强国家社科基金项目的申报和课题管理工作，组织落实“西南边疆历史与现状综合研究”项目

做好国家社科基金项目申报的组织工作。专门召开我院国家社会科学基金申报动员会，组织申报本年度国家社科基金重大招标项目。全院共申报国家社科基金项目240项，获准立项40项，其中重点项目4项、一般项目26项、青年项目10项，平均立项率为16.6%，与往年立项规模相比居于中等水平。这些课题以党的十七大报告提出的重大理论观点、重大战略思想、重大工作部署为重点，突出了我国经济、政治、文化、社会和党的建设重大现实问题的对策研究，以及学科基础理论研究。根据院《对国家社科基金项目实施补充资助的规定》，落实了本年度立项课题的补充资助工作。此外，组织我院部分学者申报9项国家软科学项目。

加强对国家社科基金项目的过程管理，注意抓好课题的中期检查、经费管理和鉴定结项工作，把好质量关，确保课题成果的学术质量，提高课题结项率和优良率。全年共办理课题结项28项，其中优秀10项，良好10项。此外，根据全国社科规划办的要求，调整了我院同行评议专家库。2009年度国家社科基金项目的申报工作亦初步展开。

正式启动了国家社科基金特别委托项目“西南边疆历史与现状综合研究”。该项目由国家社科规划办委托我院组织管理。为此，院里组建了项目领导小组、专家委员会和办公室。科研局多次组织召开领导小组会议、专家委员会会议和协调工作会议，制定并下发了《2008年度课题申报工作通知》、《2008年度课题指南》、《课题管理办法》、《经费管理办法》和《课题申报书》。

受理本年度申报课题758项，获准立项61项。

（六）创新学科建设机制，探求自然科学与社会科学交叉融合的研究机制

2008年我院制定了《中国社会科学院特殊学科建设计划实施办法》，下发了《关于申报2008年中国社会科学院特殊学科建设项目的通知》，启动了特殊学科建设立项工作，首批立项从“绝学”类学科开始。全院共申报特殊学科（绝学）建设项目17项，经科研局初审和院特殊学科专家委员会评审后，报院特殊学科建设领导小组审议，最终立项11项。

认真开展“重点学科建设工程”项目的结项验收工作。我院“十五”期间实施了“重点学科建设工程”，分批对102个重点学科进行了为期五年的资助。2008年，按照重点学科管理的相关规定，科研局完成了对2002年立项的57个项目的鉴定验收，并对2003年立项的42个项目的鉴定验收工作进行了布置。

为推动自然科学与社会科学的交叉融合发展，科研局制定了《关于申报社会科学与自然科学交叉课题选题的通知》，组织各研究单位结合自己的专业方向选择申报合适的课题。此外，还积极协助“经济社会发展社会科学实验室”的论证工作。

（七）完善科研成果发布制度，改进《中国社会科学院文库》出版组织工作

根据科研成果发布制度，不定期举办院科研成果发布会，宣传和推介我院新完成的优秀研究成果。组织召开了五次中国社会科学院科研成果发布会，向社会推介《西方美学史》、《中国的语言》、《中国近代文化转型研究》、《中国哲学社会科学30年丛书》、《中国经济改革开放30年研究》等科研成果。同时，进一步完善科研成果发布制度，规范院所两级“科研成果发布会”，加强推介各研究所最新优秀科研成果。

改进《中国社会科学院文库》的出版组织工作，严格《文库》入选标准，扩大资助范围，简化选题评审程序，充分发挥研究所的学术把关作用，建立优秀成果列入院《文库》出版的快速通道，缩短评审出版周期。2008年，落实2007年度《文库》选题与出版资助选题20项。受理《文库》选题申报47项，组织落实《历代珍稀司法文献》(10卷本)、《中国历代边政通论》、《中国经济改革开放

2008年11月，“中国社会科学院科研成果发布会暨《中国哲学社会科学30年丛书》出版座谈会”在北京举行。

30 年研究》、《中国哲学社会科学 30 年丛书》等 16 项《文库》选题和 24 项出版资助选题。

（八）组织评选院"第四届优秀期刊奖"，严格履行期刊、出版和社团管理职责

根据《中国社会科学院优秀期刊奖励办法》和《中国社会科学院第四届优秀期刊评奖实施方案》要求，组织开展"第四届优秀期刊奖"评奖工作。评审专家分组对院属各单位推荐的 41 种参评期刊进行了认真审议，推选出获奖期刊 30 种，其中期刊一等奖 9 种、优秀奖 16 种、进步奖 5 种，组织召开第四届优秀期刊奖颁奖大会。按照新闻出版总署和北京市新闻出版局的要求，对院属具有正式刊号的93种报纸期刊实施年度核检工作，同时开展五年一届的换发许可证工作。根据新闻出版总署的规定和要求，组织年度图书审读工作，抽查了院内出版社 2007 年出版的 31 种图书，对抽查中发现的图书质量问题提出了整改意见。完成 2008 年度出版计划选题分析、重大图书选题的报审、核发和追加书号申领、出版社分级材料申报、"改革开放 30 年重点图书选题"申报以及总署交办的图书审读任务等工作。组织我院出版社向西藏社科院赠送图书 1250 种。

认真做好社团、非实体研究中心的管理工作。会同监察局对院属非实体研究中心实施了严格的年度检查。探索改进对非实体研究中心的管理，适当增加部分研究所非实体研究中心的设置，以满足学科发展的需求。组织我院主管的学术社团参加民政部组织的 2007 年度年检工作。完成了对社团的年度资助工作。

（九）规范学术会议管理，积极推动科研管理的改革

2008 年，科研局组织和协助学部举办各种形式的学术研讨会、论坛、座谈会约 170 次，其中包括 18 场"纪念改革开放 30 年系列学术报告会"、4 届"国学研究论坛"和 4 届"国际问题论坛"，扩大了我院的学术影响。研究制定《中国社会科学院关于举办学术会议的管理办法》，进一步规范学术会议管理。对院属各单位申报的 119 项学术会议计划进行审议，核准院属各单位 50～100 人规模的学术会议 79 场。

组织召开我院科研管理工作座谈会，传达院改革工作座谈会、院改革工作协调会精神和院领导关于我院改革工作的重要讲话，通报了科研局 2008 年下半年工作和深化科研管理体制机制改革的重点。院属各研究所（中心）科研处负责人、职能局和科研局各部门的代表参加了会议。

科研局主办的刊物《社会科学管理与评论》、《学术动态》的编辑出版工作取得新进展。《社会科学管理与评论》致力于探讨国内外哲学社会科学科研管理理论和实践经验，注重全面反映学术发展状况，全年编发 4 期，约 56 万字。《学术动态》侧重反映我院有关重大理论和现实问题的研究动态，全年出刊 40 期（含增刊 4 期），98 万字。

（十）学习实践科学发展观，努力提高为科研工作服务的意识和管理水平

根据中央和我院开展学习实践科学发展观活动的统一部署，科研局认真开展深入学习实践

科学发展观活动，并将科研管理体制机制创新作为学习实践活动的重要载体。科研局积极行动，认真部署，制定了开展学习实践科学发展观活动实施方案，成立学习实践活动领导小组和办公室；召开全局学习实践科学发展观动员会议，组织全体党员干部参加院组织的学习实践活动；组织全局同志认真学习党的十七大报告、《科学发展观重要论述摘编》、《深入学习实践科学发展观活动领导干部学习文件选编》等重要文献；组织集中学习培训，参加院机关组织的刘树成和李扬研究员所作的专题报告与学习辅导；结合我院科研管理改革工作实际，组织专题调研，广泛听取研究所的意见和建议；认真梳理本单位存在的突出问题，总结经验教训，深化对落实科学发展观的认识；开展解放思想大讨论，在我院贯彻科学发展观、进一步创新科研管理体制机制问题上形成共识。

2008 年，全面启动科研局网页改版工作，积极推动科研管理平台数据库系统建设，改进信息发布系统和网站页面的结构设计，更好地展示我院科研情况，为全院科研管理和科研人员服务。根据院统一要求，继续针对进一步加强学风建设、加强政治纪律建设、加强科研保密工作等问题开展调研。科研局专门组建“学风建设”调研起草小组，研究制定了《中国社会科学院关于处理学术不端行为实施办法》。成立科研管理制度建设调研课题组，系统梳理局内各部门的工作职责，研究制定新的工作规范、流程和程序。制定并实施《科研局关于请假制度的暂行规定》、《科研局财务管理办法》等，稳步推进局内部制度建设。

人事教育局

2008 年，人事教育局在院党组的领导下，坚持以邓小平理论和“三个代表”重要思想为指导，认真贯彻落实党的十七大精神，深入学习实践科学发展观。按照院工作会议的部署和构建哲学社会科学创新体系的要求，积极推进人才强院战略，在建设高素质人才队伍和深化人事制度改革等方面，较好地完成了全年的各项工作任务。

（一）加强人才队伍建设

1．研究制定人才与人事管理体制机制改革实施方案。贯彻落实十七大精神，我院 2008 年首次提出实施“人才强院”战略，研究制定了《以改革创新的精神实施人才强院战略——人事与人才管理体制机制改革实施方案》。方案明确了加大用人制度改革的力度，努力形成干部“退出”机制；加强领导班子建设和局、处级干部的交流工作；改进人才的吸引、培养、使用办法等具体措施，推进了我院人才与人事管理体制机制改革。

2．调整和充实部分所局领导班子。2008 年，对院属有关单位进行了所局领导班子到届考察，调整和充实了部分所局领导班子。共对25个单位进行了干部考察，调整任免35个单位68名所局级干部，其中提拔任职正副局级干部34人，岗位调整19人，免职15人。经人事教育局审批、备案调整的处室级干部107人。

3．建立老专家学术助手制度。研究制定并印发了《关于为资深专家配备学术助手的实施办法（暂行）的通知》。通过实施为老专家配备学术助手工作，完善了我院科研工作机制，目前已有5名专家配备了学术助手。

4．招收和吸引了一批青年人才和急需人才。2008年，在人才引进方面，除国家政策性安置和学科急需的人才外，均采取公开招聘的办法，从院外招收和引进人才166人。其中调入干部71人（具有博士学位的41人，硕士14人，本科及以下16人）；接收应届高校毕业生95人（博士生50人，硕士生31人，本科生14人）。

5．加强高层次人才的选拔。组织院属有关单位开展“2007年全国新闻出版行业领军人才”选拔推荐工作。经批准，我院有4名专家入选“2007年全国新闻出版行业领军人才”，其中3名专家还入选“新闻出版总署直接联系中青年专家”。

开展了2008年享受政府特殊津贴人选的选拔工作。经院务会审议，推荐25人为享受政府特殊津贴人选并在全院范围内公示无异议后，报人力资源和社会保障部，批准24人享受政府特殊津贴。

6．加强博士后流动站建设。根据我院发展目标和各研究所学科建设的需要，进一步扩大了博士后学科招收领域，我院新增设的马克思主义理论博士后流动站招收首批博士后研究人员。2008年，共招收博士后157人，按学科划分，包括理论经济学15人，应用经济学46人，工商管理5人，农林经济管理4人，历史学6人，法学31人，社会学7人，民族学4人，哲学9人，中国语言文学16人，马克思主义理论6人，社会学8人。

2008年，我院有171名博士后申报“中国博士后科学基金会面上资助”，批准49人获得资助，其中一等资助9人，二等资助40人，资助总额165万元。此外，还有35人申报“首批中国博士后科学基金特别资助”，有20人获得资助，资助总额为200万元。

与中国博士后科学基金会共同主办了三次博士后论坛，即主题为“中国法学与法治发展30年”的法学博士后论坛、主题为“中国文化发展的回顾与前瞻”的哲学博士后论坛，主题为“中国社会福利与社会建设”的社会学博士后论坛。此外，还与民族学与人类学研究所共同举办了主题为“中国民族与文化多样性”的民族学博士后论坛。

组织博士后开展国情调研活动，完成博士后国情调研课题“我国社会工作人才队伍建设”总报告1篇和分报告13篇。开展了博士后国情调研，就“我国农村人力资源队伍建设”课题组织博士后赴湖南、湖北、山西等地进行调研，并初步形成调研报告。2008年，我院博士后流动站获中国博士后科学基金会与北京博士后联谊会颁发的“中国博士后贡献奖”。

7．加大各类人员培训力度。组织院属各单位186名所局级领导干部，分9期参加了中宣部举办的宣传思想文化系统干部和高校哲学社会科学教学科研骨干学习贯彻党的十七大精神培训班。与院直属机关党委、监察局共同举办了全院处（室）领导干部学习贯彻党的十七大精神培训班。

与研究生院联合举办公共管理硕士（MPA）专业学位研究生（含高级研修班学员）班。经过全国统一考试和复试，录取24人。

举办了新入院人员培训班。分别由专家就《马克思主义哲学方法论及其应用》、《用唯物史观指导中国近代史研究的实践与感想》和《坚持正确方向，发扬优良学风，尽快成长成才》等专题作报告。院属44个单位的147名新入院人员参加了培训。

8. 开展国家公派出国留学和非教育系统留学回国人员科技活动项目择优资助工作。开展我院2008年国家公派出国留学申报及推荐工作。我院共申报16人，经评审，录取5人；经国家留学基金委批准，我院有2名被录取为2008～2009学年度“中美富布赖特项目”出国留学人选。

开展了教育部2008年度留学回国科研启动基金工作。我院有5名留学回国博士获得科研启动基金资助7.5万元；开展了人力资源和社会保障部2008年度留学回国人员科技项目择优资助工作，我院共申报16人，有3人获得启动经费资助9万元。

9. 完成各类人员年度考核工作。组织开展了2008年度全院各类人员考核工作，全院共有3880人参加了年度考核，经考核优秀628人，称职3140人，基本称职3人，不称职5人，未定考核等次104人。此外，还组织全院共26人参加中央工考委2008年度工人职业资格考试，经考核通过17人，通过率为65.4%，其中有1人通过高级技师考试，6人通过技师考试。

（二）推进人事制度改革工作

1. 开展聘用制改革及岗位设置扩大试点工作。在总结2005年3个聘用制试点单位情况的基础上，2008年又在全院选择8个试点单位，开展聘用制改革及岗位设置管理改革扩大试点工作，根据人力资源和社会保障部有关文件规定和各单位的学科建设情况，核定8个试点单位的专业技术岗位、管理岗位和工勤技能岗位的比例，深入8个试点单位调研，听取和了解试点单位工作进展情况以及在聘用制改革中遇到的困难，为在全院推行聘用制改革和岗位设置管理工作打下良好的基础。

2. 开展“事业单位人事制度改革国情调研”。开展了“事业单位人事制度改革国情调研”活动，以高全立副院长为课题组负责人，邀请4名专家学者参与课题研究。课题组分成四个调研组，赴哈尔滨市等人事部确定的人事制度改革试点联系点，就人员聘用、岗位设置等方面的做法和问题进行调研，了解事业单位人事制度改革的进展情况。调研形式以访谈为主，问卷为辅，共选取40个单位、400名职工进行问卷调查。最终形成了由调研总报告、问卷调查分析报告、五个地区调研分析报告、问卷调查分析图表、调研问卷和调研提纲五部分内容组成的调研成果，为我院全面推行聘用制改革提供了宝贵经验。

3．进行院、所两级专业技术资格评审委员会换届工作。开展了2008年度院、所两级评审委员会换届调整工作。经院党组审议，确定我院第七届专业技术资格评审委员会主任及组成人员172人，其中新增评委47人，占评委总数的27%；45岁以下评委20人，占评委总数的12%；60岁以上评委22人，占评委总数的13%；平均年龄53岁；学部委员22人。另外，根据评审委员会换届规定及程序，院直机关组建了新一届评审委员会。

4．完成2008年度职称评审工作。在2008年职称评审工作中，调整了研究所编辑岗位专业技术职务评聘政策；规范了博士后专业技术职务资格评审工作；调整了专业技术职务起聘时间，与薪级工资晋升时间同步；加强了研究所纪检部门对所级评审工作的监督力度等。

印发了《关于开展2008年度中国社会科学院专业技术职务评审工作的实施意见》，2008年我院高研岗位职数的使用遵循“从严从紧”的原则。审核了39个院属单位高研岗位情况等材料，提出了高研岗位使用的初步意见。经院职称工作小组研究，审议通过了考古研究所等10个聘用制改革试点单位在核定的高研比例限额内使用高研岗位方案；适当调整文学研究所等9个高研空岗单位的2008年可评数；允许世界宗教研究所等4个单位调整正、副高比例；确定了民族文学研究所等16个高研岗位申请单位的2008年可评数。2008年，全院共评出正高级职称60人，副高级职称90人，中级职称75人，初级职称12人。

（三）加强基础资料建设

1．开展我院人才队伍建设专项研究工作。开展了“建院30年人事人才工作发展历程与思考”课题研究工作，对我院30年来人才队伍建设和人事工作进行了全面回顾，系统总结了我院在高层次人才选拔和培养等方面的基本做法和成功经验，探索了符合哲学社会科学研究特点的人才成长规律，在课题研究的基础上出版《人才强院　制度创新》书集。

2．完成各类人员、工资计划统计工作。完成向国家人力资源和社会保障部、国家统计局、中央编办报送2008年度各类人员岗位、专业、年龄等基本情况的统计工作。2008年全院在职人员4016人（含代管单位），其中专业人员3218人，行政人员541人，工人257人。专业人员中：正高级771人，副高级927人，中级1056人，初级257人，未定职207人。

3．举办人事信息系统二期应用培训。2008年与院网络中心共同举办了两期“人事信息系统第二期应用”培训班，由北京金益康新技术有限公司的工程师对院属51个单位的人事干部和该局全体人员共91人进行了培训。重点对人事信息的查询统计、报表绘制模块及业务流程的应用操作等作了系统讲解。在实现全院人事工作网络化、程序化和规范化的基础上，搭建了我院人事信息数据充分共享和人事业务工作统一管理的平台。

（四）完成了各类交办任务

1．完成中组部交办课题，与法学研究所共同开展《全国人才队伍建设中长期规划纲要

(2008～2020年)》“人才法律法规体系”战略专题的研究；与科研局共同承担了中宣部交办的“社会科学院系统人才队伍建设研究”课题研究工作；完成中央人才工作协调小组办公室要求的《关于中国社会科学院2008年人才工作总结和2009年人才工作要点的报告》、《关于中国社会科学院贯彻落实中央人才工作协调小组有关人才工作要求的报告》等上报任务；向中组部报送了《中国社会科学院高级专家工作的报告》、《中国社会科学院关于加强领导班子思想政治建设情况的报告》、《中国社会科学院2007年度因公出国（境）审查工作的报告》、《中国社会科学院2007年度培养选拔女干部、少数民族干部和党外干部工作的情况》等专题报告；完成院党组提出的“中国社会科学院完善工资收入分配制度、建设高素质人才队伍和推进人事制度改革的意见和建议”，并上报国家人力资源和社会保障部。

2．召开访问学者及管理人员工作会议，开展调研和考察工作；撰写中国社会科学院《“西部之光”访问学者培养工作五年总结》、汇总2003～2008年31位“西部之光”访问学者导师调研等材料，并报送中组部；召开欢迎第五批“西部之光”访问学者座谈会，接收8名“西部之光”访问学者，联系落实有关研究所接收等事宜；完成我院2006～2008年度3名“新疆特培”访问学者考核和总结工作。

3．落实中宣部交办的西藏社科院干部1名到我院挂职；选派1人参加中组部第六批援疆；选派我院干部参加中组部第九批“博士服务团”赴四川省地震灾区挂职，并对我院选派挂职干部进行考核；推荐27名专家参加由中组部、中宣部等六部委和中办、国办举办的2008年春节慰问专家学者文艺演出及春节团拜活动；推荐3名专家担任《全国人才队伍建设中长期规划》授课教师、7名专家担任中国文字著作权协会理事、1名专家参加“防灾减灾人才队伍建设专题”课题研究；推荐6人为孔子学院总部“中华文化专家库”专家人选、2人为“天津市人大常委会立法咨询专家”；选拔24名具有正高级职称的科研骨干参加中组部、中宣部等五部委举办的哲学社会科学教学科研骨干研修班；选派20名所局以上领导干部参加中央党校、中国浦东等专题培训班；推荐4名新闻出版单位领导干部参加新闻出版总署组织的干部调训。此外，还开展了博士后人才引荐活动，选派5名优秀博士后人才到河南、贵州等地挂职。

4．完成了其他工作。办理2008年因公出国政审150人次，因私出国（境）审批手续38人次，并向中组部报送我院《2007年度因公出国人员审查工作总结》；审核、整理院管干部和机关干部档案400卷，收集档案材料600份，接收及移交干部档案39卷；完成2007年度院属48个法人单位的年检工作，对院属有关单位内设机构及编制的变更进行审批、备案；完成2008年院属各单位“春节”、“七一”特殊困难补助工作，全院共补助137名职工，补助金额13.93万元。

国际合作局

2008年，我院国际学术交流量为1236批2580人次，其中派出1000批1577人次；应我院邀请来访236批1003人次。派遣长期出国进修和访问学者63人，接待外单位邀请的外国来访人员和团组以及国外记者、外国驻华机构人员约873人次。

院党组对全院国际合作与交流的高度重视。2008年，在院所两级管理、三个运行层次的框架下，我院围绕国家总体外交，积极完成了党和国家交办的一些重大外事活动和研究项目；围绕我国当前经济和社会发展的热点问题，完善了运用我院国际资源、开展应急性重大问题研究的机制；搭建了中欧之间高端、多边合作研究的平台；举办了高水平的国际会议，扩大我院知名学者在国际上的话语权；积极落实中央提出的“走出去”战略，对外宣传进一步取得了成效；国际交流人才队伍建设按照“十一五计划”继续执行，并且有了新的进展；进一步解放思想，按照全院推动体制机制创新的部署，进一步加强外事制度建设，立足于提高管理水平和转变工作作风。增加了对院委托研究所开展的重点合作与交流项目和院各学部专项国际合作经费的资助。

（一）围绕国家总体外交，开展重大学术活动

2008年，我院高度重视外国首脑、皇室成员、前政要、现任官员来我院访问和讲演。1月，印度总理辛格应温家宝总理的邀请访问我国。作为此次访问的重要内容之一，辛格总理在我院发表题为《21世纪的印度与中国》的讲演。4月，泰国诗琳通公主殿下一行访问我院，与我院学者交流东南亚研究领域共同关心的问题。11月，我院院长陈奎元会见了澳大利亚总理特使理查德·伍尔科特，就推进亚太各国共同合作与发展等相关问题进行交流。

此外，接待来访和演讲活动还有：挪威劳工和社会部副部长兼国务秘书、伊朗伊斯兰文化联络组织主席、古巴科技环境部代部长、原苏联部长会议主席、墨西哥前外长、荷兰教育文化科学部大臣、日本民主党副党首等。

2008年，我院相关研究所承担的交办研究项目主要有：“中日历史问题研究”、“中国人权问题研究”等项目。

（二）围绕经济、社会热点问题开展专题调研

2008年6月，为及时了解美国次贷引发的金融危机产生的原因及其可能对我国经济、社会等诸方面产生的影响，我院经济学部“次贷危机与美经济走势”调研组赴美考察。同月，我院以财政与贸易研究所为主的调研组赴越南就越南经济、金融状况及走势进行调研，为我国决策机构提供有关情况。此外，欧洲研究所组团赴南非等非洲五国进行考察，就中国对外援助在当

地的现状及影响进行调研。西亚非洲研究所组团赴赞比亚、南非考察，就我国“走出去”企业在上述国家作用及影响、非洲国家官员及民间对我国相关企业和中非关系现状的看法进行调研。工业经济研究所组团赴日考察日本地震后产业重建。

为筹建相关学科重点实验室项目论证工作的需要，我院先后派出两个考察团赴英国、荷兰、奥地利、德国和美国，对欧美国家建设经济社会发展社会科学实验室的状况进行调研。

（三）积极推进搭建双边、多边的合作研究平台工作

2008年，我院坚持以我为主，尝试根据国际惯例，通过公开招标、经费分担、成果共享等国际通行做法，开展双边、多边合作研究工作。

2008年8月，我院与欧盟共同开展“中欧社会科学合作研究项目”。在CO-REACH-SSR框架下，我院与英国、德国、法国、荷兰、奥地利、芬兰等国的11家机构，联合在社科领域资助开展合作项目，该项目采用中欧联合招标方式，征集合作项目申请。项目支持的研究领域有五个，实施期限为两年。

我院与荷兰教育、文化及科学部合作交流谅解备忘录自2001年签署以来，双方学者合作研究项目进展顺利。我院与蒙古国科学院自2005年签署协议以来，确定了四个方面的合作研究方向，其中民族学与人类学研究所与蒙方开展的中蒙两国跨境游牧文化比较研究项目、亚洲太平洋研究所与蒙古科学院国际问题研究所人员互访项目均执行得比较顺利。

2008年，我院新签及续签的对外交流协议、备忘录8项。包括：1月，我院常务副院长王伟光代表我院与欧盟委员会就业、社会事务和机会均等委员签署《中国社科院与欧盟委员会交流备忘录》。2月，我院副院长陈佳贵代表我院与非洲经济研究会函签双边合作协议。3月，副院长陈佳贵代表我院与印度尼西亚科学院签订双边学术交流协议。4月，我院院长陈奎元与蒙古科学院院长签署两院交流协议。6月，国际合作局签署我院与墨西哥国立自治大学经济研究所的双边交流合作协议。9月，副院长陈佳贵代表我院签署与以色列本—古里安大学的双边学术交流协议。同9月，副院长陈佳贵代表我院签署我院与日本东北大学学术交流协议文本。10月，副院长武寅代表我院与英国剑桥大学校长签署我院与剑桥大学的合作备忘录。

此外，我院与印度尼西亚科学院修改并确认两院学术交流谅解备忘录草案（中英文）。我院与荷兰教育、文化及科学部负责与中国交流事务的官员讨论了续签合作交流谅解备忘录的相关事宜。

（四）举办重大国际学术会议

2008年，我院组团出席在古巴哈瓦那召开的“第三届中古社会科学研讨会”和在巴西里约热内卢召开的“第三届外交和对外政策国际研讨会”，并就加强我院与拉美社会科学研究理事会等机构之间的合作问题与相关部门及人员进行交流。

另外，2008年，我院民族文学研究所所长朝戈金在“国际哲学与人文科学理事会第29届大

会”上当选为副主席。考古研究所副所长陈星灿在“第六届世界考古学大会”上当选为大会理事会东亚代表，王学荣当选为中国代表。世界经济与政治研究所所长余永定被提名为联合国货币和金融体系改革委员会委员。

2008年，我院共举办各类国际会议、研讨会约120个，其中“中国经济论坛”、“世界经济与中国2009：变化中的世界和机遇”、“亚欧经济论坛”等会议，扩大了我院及其学者在国际经济领域的影响力。在“殷墟科学发掘80周年学术纪念会”、“第四届东亚考古学大会”、“语音科学前沿问题国际研讨会”等会议中，我院学者在其研究领域的成绩令世人瞩目；“第三亚欧大陆桥西南通道建设国际学术研讨会”、“第五届城市竞争力国际论坛”、“改革开放30周年国际研讨会”等在交流深度、论文质量、会议影响等诸方面均取得了预期效果。

（五）推进学术刊物和科研成果的对外学术交流与合作

2008年，全院有关研究所推荐社会科学图书83种，与国外出版社协议出版14种图书。继续支持出版《中国经济学人》、《世界经济与中国》、《中国考古》、《国际学术交流年报——2007》英文刊物，出版《中国人文学术》（首刊）英文版。2008年3月，国际合作局与古巴驻华使馆等单位联合举办了“《卡斯特罗访谈传记·我的一生》（中文版）首发式”。

我院民族学与人类学研究所、民族文学研究所、世界宗教研究所协同完成了涉藏外宣研究报告和涉藏外宣专家推荐工作，共推荐我院专家学者18人纳入国家有关部门专家信息库。

（六）学习实践科学发展观，加强外事制度建设，提高服务质量

学习实践科学发展观活动和体制机制创新工程推动了全院国际合作与交流进一步发展，在解放思想、深入讨论的基础上，国际合作局以科研为本、整章建制，出台了《中国社会科学院所局级干部因公出国（境）管理暂行规定》、《学部对外学术交流项目的经费管理办法》、《中国社会科学院中青年学者出国进修专业外语回国后的考核办法（试行）》、《关于印发授予外籍人士中国社会科学院荣誉学部委员称号的条例》和《规范与境外机构在境外联名举办活动的规定（试行）》等规章制度。2008年全院共办理352本护照，申办外国签证1012人次。此外，办公自动化建设在原有基础上稳步推进，2008

2008年3月，“《卡斯特罗访谈传记：我的一生》（中文版）首发式”在北京举行。

年完成了办公自动化调研报告及具体研发方案。

财务基建计划局

2008年，财务基建计划局在院党组和院领导的领导下，继续深入学习认真贯彻党的十七大精神，深入学习实践科学发展观，坚持以科研为中心，加强行政后勤保障体系建设，深化行政后勤管理体制机制改革，较好地完成了全年各项工作任务。

（一）经费预算和财务管理

2008年，财政部核定我院预算总额88102.4万元。其中，科学事业费69785.4万元，比2007年增长11%；基本建设经费13267万元；住房改革支出5050万元。按照院党组确定的方案，财务基建计划局完成全院各单位的预算安排，下达预算批复，较好地保障了全院科研事业的发展。

根据院党组确定的工作目标，财务基建计划局对全院期刊收支情况进行了摸底，认真编制院图书馆书库改造、立体车库建设、期刊补贴专项经费申报书，落实项目资金5799万元，顺利完成了院重大项目经费筹措小组交给的任务。完成2008年修购项目调整、申报和评估等工作，并组织院属各单位圆满完成2009～2012年度修缮购置规划和2009年修购项目申报。组织院属各单位顺利完成2009年预算编制和申报工作。配合审计署对我院预算执行情况进行审计。

在推进财务改革方面：一是建立院结算中心。根据2008年院工作会议关于“加强对院属各单位的财务管理，建立并实行财务委派制、结算中心制、收支两条线制度”的要求和我院的实际情况，按时完成了结算中心的启动工作。到11月下旬，结算中心通过对各单位账户的集中管理，及时掌握各单位的资金运转状况，提高全院可支配资金的透明度。二是完成了财政部要求的公务卡试点工作。院机关有300多人拿到了公务卡并按规定开始使用。三是按照财政部对专项经费开展绩效考评的要求，为保证我院2008年绩效考评工作的顺利开展，按照规定的程序对2007年有关项目进行预评。组织

2008年2月，“中国社会科学院2007年部门决算汇审会”在北京召开。

有关单位研究确定考评目标和考评指标，并制定考评工作方案。通过考评，项目单位完善了项目的计划编制、经费预算、工作安排、工作总结等各方面的管理。

在2008年中央部门决算单位中，我院荣获财政部评比二等奖，住房改革决算获财政部评比第四名。

（二）基本建设投资安排和建设管理

2008年，国家发改委下达我院预算内基本建设投资计划为13267万元。其中：考古研究所西安研究室文物标本楼翻建工程1750万元；国家方志馆建设项目11517万元。

在工程建设项目方面，积极与国家及北京市等项目主管部门沟通，全年共申报建设任务23500平方米。积极协调西安研究室文物标本楼翻扩建项目前期立项的各项工作，使该项目前期工作得以顺利完成，基本具备了开工条件。协助地方志办公室完成了国家方志馆的立项工作，并获得国家发改委正式批准。按时完成基本建设预决算。完成院部和中国社会科学出版社立体车库建设方案，并获得财政部支持。认真做好工程结算的审核工作，全年共审核工程项目54个，送审额1437万元，审定额1311万元；审减额126万元，是送审额的8.77%，是造价的9.60%。

积极配合院重大基本建设工作协调小组做好基本建设工作。一是我院科研与学术交流大楼已经中央和国务院同意，并由发改委正式批准立项。二是研究生院良乡新校址教学科研区已于2008年4月26日正式开工建设，预计可在2010年前完成建设。

在工程施工管理过程中，认真落实维修改造项目共35个，维修改造面积近1.4万平米。包括对院贵宾接待室、院科研楼南侧整体路面及环境进行改造；对社科书店新址配套设施进行安装及改造，国际片西楼南段及中楼维修改造；对史学片院内绿化环境进行整体改造；完成世界历史研究所阅览室、民族学与人类学研究所会议室、金融研究所会议室、纪检监察局会议室、院三项办公室、院结算中心、机关财务室等九项装修改造任务，改造后的科研办公环境、面貌焕然一新，为科研人员提供了良好的科研环境；完善了郭沫若纪念馆消防、安防系统，并通过有关部门的验收；解决了研究生院配电室长期存在的用电安全隐患问题；为我院北戴河培训中心更换爆裂的电缆，确保了夏季培训中心正常运转；对印刷厂通风设备进行了改造更新，解决了院图文印刷厂地下室存在有害气体的问题；对中国社会科学出版社、中国社会科学杂志社办公楼屋顶进行了及时抢修。为我院职工宿舍及老干部活动站进行维修，维修项目共16项，使我院职工宿舍区及老干部活动站环境得到了很大改善。

为保障北京奥运会活动的顺利举行，美化首都环境，按国管局要求，我局对院职工宿舍7个区，共计73栋楼进行外立面粉刷。从工程开工到验收，均按时、保质、保量地顺利完成，得到了国管局“08办”领导的充分肯定。

（三）房地产管理和职工住房条件的改善

2008年共支付产权房物业费566万元，供暖费1386万元，支付住外单位产权房供暖费129

万元，支付购商品房供暖费172万元。同时加大了外单位住我院产权房供暖费的收缴力度，共收取供暖费37万元。

认真落实国管局节能工作要求，在全院范围内更换节能灯具，部署开展节能宣传周活动。投资5万余元在办公楼更换3个节能蒸箱，减少蒸箱11个，大幅度节约了燃气资源。制定了图书馆和法学所节能试点方案等，为2009年在全院开展节能工作提供经验。对院单身宿舍进行摸底和清理，并对住房档案资料进行重新登记和核对，较好地完成了2008年新入院职工单身宿舍的分配任务。完成职工住房一次性补贴的审核工作，审核领取补贴611人。为我院职工宿舍安贞小区楼门厅进行装修、对南配楼楼顶进行了防水处理，为太阳宫小区更换公用窗户。对院科研大楼空调电源线进行了更换，解决了事故隐患。

积极采取措施，尽最大努力改善我院职工的住房条件。一是组织协调我院住房困难职工申请购买北京市限价房。我院参加申购约320人，经初步统计实际参加摇号203人，凡参加摇号的全部购买到了住房，90%以上买到的是80平米以上的两居室，购房地段大部分在离我院较近的朝阳区常营地区。部分房源于2009年6月入住，大部分房源可于2009年底入住。二是为解决我院引进人才的住房困难问题，经过院、局领导的积极争取，2008年国管局分配给我院30套经济适用住房。根据院领导指示，我局制定了《中国社科院2008年度引进人才住房配售方案》，通过审核、选房、付款等程序，完成了2008年我院30套引进人才住房的配售工作。三是积极配合院做好我院职工购买燕郊低价商品房工作。

按照国管局统一要求，完成了我院土地预登记工作。

财务基建计划局对我院地产情况进行详细普查，按时上报登记材料29份，圆满地完成了这项任务。因工作突出，国管局对我院土地预登记工作给予表扬。

（四）国有资产管理和政府采购

按照财政部开展行政事业单位资产管理信息系统试点工作要求，认真组织开展了我院资产管理信息系统试点工作。目前，我院各试点单位的固定资产管理系统数据已经顺利转入财政部行政事业单位资产管理信息系统，系统运行状态良好，并按照财政部要求上报了试点工作总结。

严格政府采购程序，落实政府采购制度。一是完成奥运粉刷工程、国际片西楼维修工程、学术报告厅改造等10个工程的招投标工作。二是组织院属各单位开展政府采购执行情况专项检查。三是办理了院学术报告厅贵宾厅家具采购。

（五）经营资产管理

全年收缴各类院创收收入764.6万元。承办顾健诉社科院因名誉权侵害索赔一案的二审诉讼程序，该案经北京市第二中级人民法院终审裁定“驳回原告上诉请求”。至此，该案以原告败诉而告终。

对全院经营性房地产情况和院属企业的经营状况进行了认真摸底、调研，并制定了长远的使用建设规划和具体实施方案。加强成本核算，整合经营性资产，增强全院可经营性资产的经营效益。

老干部工作局

2008年，老干部工作局认真学习贯彻党的十七大精神，自觉践行科学发展观，紧紧围绕社科院的中心工作，结合老干部工作实际，坚持以人为本、有乐有为的工作思路，坚持改革创新，切实加强离退休干部思想政治建设，为老同志搭建多种服务平台。我院离退休干部队伍思想稳定、态度积极，老同志们“有乐”又“有为”。

（一）认真学习贯彻十七大精神，开展深入学习实践科学发展观活动，坚持以人为本，不断提高工作水平

老干部工作局把学习党的十七大报告作为做好离退休干部工作的首要任务，不断提高对离退休干部工作的认识，把思想、行动统一到党中央的要求上来。在工作中认真落实院党组关于离退休干部工作的要求和指示，树立“以人为本，服务第一”的宗旨，以离退休干部的需要和满意作为工作的出发点和标准，强化服务意识，提高服务水平，为离退休干部多办实事、好事，努力形成我院更加和谐的良好局面。

结合实际开展深入学习实践科学发展观活动，制定了学习实践活动实施方案，组织全体党员干部认真学习有关材料，广泛听取群众意见和建议，认真总结经验，撰写调研报告，召开领导班子专题民主生活会，组织群众评议，制定整改落实方案，进一步明确推进老干部工作局改革创新的工作思路和方法，促进离退休干部工作上新台阶。

加强机关作风建设，不断提高职工政治思想素质和业务能力，以学习促改进，不断创新工作思路和工作方法，举办了离退休干部工作人员培训班，组织人员赴甘肃省学习考察，与地方同行切磋交流，进一步增强了工作人员做好离退休干部工作的责任感和使命感，提高了真情服务的自觉性和政策水平。

（二）搞好达标考核验收工作，促进我院离退休干部工作上台阶

2008年2月，院召开离退休领导小组工作会议。副院长、院离退休工作领导小组组长武寅传达了院长陈奎元同志关于加强离退休干部工作的要求；会议审议通过了2007年院老干部工作达标单位名单。

2008年底，根据《离退休干部工作考核标准》的要求，老干部工作局对全院各单位离退休

干部工作情况进行了检查验收，经院老干部工作领导小组审定，有39个单位被评定为达标单位。达标考核工作促进了各单位党委和领导进一步重视和加强离退休干部工作，使我院离退休干部工作整体上了一个新台阶。

（三）加强离退休干部思想政治建设和党支部建设，保持离退休干部队伍的和谐与稳定

坚持开展政治理论与形势政策教育。及时发文要求各单位组织离退休干部学习十七大报告，召开全院离退休干部学习贯彻十七大精神专题辅导报告。举办了“中国特色社会主义理论及其在西部的实践”、“中国法制建设30年”、“中国经济改革开放30年”、“纪念改革开放30周年”等报告会。结合时事热点，举办了“美国金融危机及其对我国的影响报告会”。

加强离退休干部党支部建设。以学习党的十七大报告、弘扬抗震救灾精神、进一步做好支部工作为主题，举办了离退休干部党支部书记培训班，邀请部分单位党委书记参加离退休干部党支部书记培训班，取得了较好的效果。关心支持党支部建设，召开支部书记座谈会，加强与支部书记的联系，协调离退休干部党支部与单位党委、老干部工作人员的关系，我院离退休干部党支部建设成绩明显。

有针对性地做好思想疏导工作。采取召开座谈会、参加各单位支部活动、个别交换意见、召开专门会议安排工作等方式，保持与离退休干部党支部的密切联系，发挥离退休干部党支部的政治优势和经验优势，积极协助、配合各单位做好离退休干部的思想政治工作。

（四）真情服务送温暖，切实为离退休干部排困解难

建立“长征基金”。经院长办公会批准，我院设立助老“长征基金”。从2008年1月开始，分别给予我院年满79周岁、89周岁以上老同志每月固定的生活补助。2008年共有674位老同志享受了“长征基金”，占全院离退休干部总数的24%。

看望近三年退休的老同志及部分危重病人。6月份，看望了260位近三年退休的老同志及部分危重病老同志，使老同志们感受到了组织的温暖。

创造条件为离退休干部办实事，做好事。春节、“十一”两次分别为在医疗、生活方面有特殊困难的251位老同志发放“两困”补助，共计36.2万元，其中：生活困难补助190人，医疗特困补助61人；发放离休干部特困家庭补助50人，计2.8万元；871位离休干部增加护理费52.2万元；369位高龄干部生活补助费53.3万元；19位老红军生活补助费4.4万元；统一为85岁以上老同志按月发放高龄补贴，为80岁以上高龄老人生日祝寿，探望慰问生病住院的老同志。我院还从院长基金中拨出经费补贴医疗困难的老同志。

（五）搭建多种服务平台，离退休干部“有乐”又“有为”

倾情捐款地震灾区人民。2008年5月12日四川地震重大事件发生后，我院离退休干部仅通

2008 年 9 月，“中国社会科学院离退休干部迎奥运文体活动健身年总结表彰会”在北京召开。

过单位向汶川灾区人民捐款和缴纳“特殊党费”总金额达110余万元，其中部分老同志捐款达万元，还有34位老同志身在国外专门给单位打电话要求捐款。

热情服务北京奥运会。在第29届北京奥运会中，我院有14位老同志成为直接为奥运赛事服务的志愿者，其中11位老同志担任北京奥运会、残奥会代表团高级联络员，负责与外国代表团的联系工作。他们克服了天气酷热、年老体弱等重重困难，出色地完成了工作任务，得到了奥组委和服务对象国的表扬与肯定，为社科院、为国家争得了荣誉。与中国老年报社等单位联合发起并参与“两种文化、同一精神 · 翰墨飘香奥林匹亚——书画征集、展览、赠送”大型人文奥运主题公益活动，我院离退休书画爱好者提交书画作品81幅。其中，通过希腊大使馆和希腊文化部将13幅书画作品赠送给希腊政府、希腊奥运健儿。汇编了《纪念第29届北京奥运会中国社会科学院老年书画集》。

服务地方经济发展。与湖北省委老干部局合作，组织我院老专家和湖北省及武汉市社会科学院部分老专家组成调研组，对武汉市及黄冈等八个城市进行了基础性专题调研，为湖北省建设“1+8 城市圈”资源节约型和环境友好型社会综合改革试验区建言献策。专家们的建议得到了地方政府有关部门和领导的充分肯定。

笔耕不辍坚持科研。改革老年科研基金管理，加大成果后期资助力度。2008 年，老年科研课题批准立项课题39项，出版资助著作37项。出版了《亲历与见证——纪念改革开放30周年中国社会科学院离退休干部征文选集》。

参与迎奥运主题活动。从2007年8月8日至2008年8月8日，在离退休干部中开展了“迎奥运健身年”系列活动。组织了“社科老人健步走向北京奥运”，参加了《中国老年报》奥运知识答题活动，召开了“老同志与奥林匹克精神同行座谈会”，举办了第20届老年运动会，编辑了《我与奥运同行——中国社会科学院老年体协成立20周年纪念集》。我院12个宿舍区老干部活动站还开展了迎奥运的各种活动。在“中国社会科学院离退休干部迎奥运文体活动健身年总结表彰会”上，为14个先进集体、25名健康老人、25名先进个人和78名文体活动积极分子颁发了荣誉证书。组织我院324名离退休老同志赴云南和浙江等地区健康休养。组织了院直机关离退休干部京郊春秋游。

进一步加强了宿舍区离退休干部活动站硬件建设，各活动站经常组织老同志开展时事及学术报告会、迎春会、聊天会、保健知识讲座，开展太极拳、健美操等健身养生活动；组织老年书画协会、秋韵诗社会员赴平谷区塔洼村采风写生；秋韵诗社结合时事热点，分别编辑了纪念汶川抗震救灾、庆祝北京举办奥运会的《秋韵》诗辑专刊；老年体协各分会也开展了形式多样的经常性活动。

直属机关党委

2008年，直属机关党委在院党组和中央国家机关工委的领导下，坚持高举中国特色社会主义伟大旗帜，以邓小平理论和“三个代表”重要思想为指导，贯彻落实科学发展观，深入学习贯彻党的十七大精神和全国宣传思想工作会议精神，按照十七大关于繁荣发展哲学社会科学的新任务新要求和我院构建哲学社会科学创新体系的目标，坚持以科研为中心，围绕实施科研强院战略和人才强院战略，以改革创新精神推进全院党的建设，为推进全院管理体制机制改革、努力实现党中央对我院的“三个定位”要求提供了有力的政治保证和组织保证。

（一）围绕学习贯彻党的十七大精神，组织多种形式的学习和培训活动

根据院党组要求，由直属机关党委牵头，与人事教育局、监察局等有关部门联合举办了全院处室级干部学习贯彻党的十七大精神培训班，院属各单位586位处室级干部分7批参加了集中培训学习，开创了组织我院中层干部理论学习的新模式。继续组织党员干部深入学习社会主义核心价值体系，坚持办好“所局级领导干部理论学习报告会”、“院机关干部理论学习系列报告会”和“青年学者学习马克思主义基础知识讲座”等制度化的理论学习品牌。围绕纪念改革开放30周年，组织青年学者开展“改革开放30年的历史进程与经验回顾”和“中国特色社会主义理论体系的形成、发展与创新”等专题研讨活动，面向青年学者举办了“马克思主义与中国特色社会主义政治发展道路”和“党的十一届三中全会与中国当代史上的伟大转折”等专题讲座。

（二）认真履行职责，努力做好全院深入学习实践科学发展观活动的组织协调工作

根据中央的统一部署，自2008年9月起我院开展了深入学习实践科学发展观活动。直属机关党委承担了院学习实践活动领导小组办公室的工作职责，主要有：负责全院学习实践活动的日常组织和协调工作；负责起草院党组学习实践活动实施方案、整改落实方案、总结报告及各阶段转段动员报告等文件；负责全院所局领导干部集中培训；与人事教育局、监察局等有关部

门组织全院170多位所局领导干部参加了学习培训；承担并完成各阶段动员大会和领导小组办公室工作会议的会务工作；协助院党组汇总梳理全院干部职工及地方社科院对学习实践活动的意见和建议；负责与中央学习实践活动领导小组办公室和第11指导检查组的联系协调工作，及时传达贯彻中央指导检查组有关会议精神；向院属各单位派出6个指导检查组，对指导检查组成员进行培训，听取指导检查组关于各单位学习实践活动进展情况的汇报；做好学习实践活动宣传工作，共编发《院学习实践活动简报》80期，《院学习实践活动所局级领导干部培训班简报》24期。我院学习实践活动在院党组的坚强领导下，在中央指导检查组的精心指导下，行动迅速、组织得力，院属各单位党组织高度重视、狠抓落实，广大党员特别是党员领导干部积极参与，圆满完成了中央规定的学习实践活动各项任务，基本实现了我院学习实践活动实施方案提出的目标要求，达到了预期目的。

（三）贯彻落实全国党校工作会议精神，进一步完善我院干部教育培训工作格局

为贯彻落实全国党校工作会议精神，院党组决定成立全院干部教育培训工作领导小组及其工作机构，遵循统一领导、统一规划、统一培训、统一管理、统一经费渠道和分类教学、分类指导的原则，组织协调全院的干部培训工作，进一步健全和完善了我院干部培训工作体制机制。在干部教育培训工作领导小组的领导下，会同人事教育局制定和颁布了《关于加强干部培训工作的实施意见》（暂行）和《中国社会科学院2009年干部培训规划》。院党校举办了第33期处室干部进修班，共有30名学员参加学习培训，并顺利通过中央党校国家机关分校教学质量检查。

（四）组织实施直属机关党委和纪委换届工作

根据院党组的指示和中央国家机关工委要求，2008年10月正式启动直属机关党委、纪委换届选举工作，研究制定了“两委”换届工作方案，并报经院党组和中央国家机关工委批准。认真做好全院党代表大会的代表选举、委员候选人推荐和会务筹备等各项准备工作。2009年1月14日，院直属机关第二次党代表大会顺利召开，选举产生了新一届直属机关党委和纪委领导班子。

（五）以弘扬“抗震救灾精神”和“奥运精神”为契机，加强干部职工思想道德建设

号召干部职工积极为抗击南方低温雨雪冰冻、“5.12”汶川地震等特大自然灾害作贡献，组织了一系列主题教育活动和向灾区人民“送温暖、献爱心”捐助活动。组织干部群众向南方雪灾地区捐款、向汶川地震灾区群众捐款、党员交纳抗震救灾“特殊党费”、团员交纳抗震救灾“特殊团费”等活动，全院党员干部先后为南方雪灾地区群众捐款15万元，为地震灾区人民捐款204.1万元，党员自愿交纳抗震救灾“特殊党费”198.2万元，团员自愿交纳抗震救灾“特殊团费”1.2万元。各单位迅速组织相关学科研究人员围绕抗震救灾和灾后重建问题开展专题研究，为党中央和有关部门决策提供了大量研究报告和对策建议。根据院党组指示，调查核实我

院地震灾区籍干部职工家庭受灾情况，并向37名受灾干部职工家庭送去慰问信，发放一次性生活补助共12.4万元。动员我院干部职工特别是青年团员向地震灾区红军小学捐助学习书籍，在院属出版社的大力支持下，共捐赠图书1.9万余册。为帮助灾区人民安全过冬，2008年底组织干部职工向汶川地震灾区群众捐赠棉衣（被）4534件，并再次捐款7.7万元。开展"抗震救灾精神"教育，组织团员青年观看抗震题材话剧。配合协调四川文物考古研究院和我院考古研究所，完成汶川地震博物馆文物资料征集工作。

2008年5月19日，中国社会科学院在社科会堂举行默哀仪式，悼念"5.12"四川汶川大地震的遇难者。

组织开展"迎奥运、讲文明、树新风"活动，积极参与迎接奥运、宣传奥运、服务奥运的有关工作。以"全民健身与奥运同行"为主题，组织实施干部职工健身行动。院工会组织了各类专项体育比赛，推广普及第八套广播体操。院团委举办了"精品杯·迎奥运社科青年篮球联赛"，展现出我院青年健康活泼、和谐奋进的精神风貌。院妇工委举办"新世纪健康新观念"专题报告会和瑜伽骨干培训班，加强健身和健康知识的宣传普及。组织近70名专家学者观看奥运会、残奥会开闭幕式及部分赛事，组织上百名机关干部参观奥林匹克公园。我院太极拳爱好者还应邀参加奥运会马拉松赛场全民健身展示活动。开展弘扬奥运志愿服务精神主题活动，对我院22名奥运会、残奥会志愿服务者的事迹进行宣传，并发放慰问金8.5万元。与办公厅共同组织干部职工观看北京志愿者主题电影《微笑圈》和残疾人励志电影《绽放》，邀请奥运志愿者代表讲述参与志愿服务的体会。直属机关党委和农村发展研究所获得北京奥组委授予的"北京奥运会、残奥会志愿者工作优秀组织单位"称号。会同有关部门，以高度的政治责任感完成奥运会、残奥会期间维护稳定值班工作。

（六）深化党支部试点工作，推进全院基层党组织建设

认真落实《关于加强支部建设试点工作的意见》，加大对试点支部的支持力度，指导各试点支部开展丰富多彩的组织生活。召开支部建设试点工作座谈会，总结推广支部建设试点工作经验，分析党支部建设存在的实际困难和主要问题，积极探索适合我院工作特点的支部工作模式。学习实践科学发展观活动期间，对全院基层党支部建设情况进行调研，征求基层党支部书记对加强基层党建工作，进一步增强基层党组织凝聚力、战斗力等方面的意见和建议。继续举办"党

2008年6月，中国社会科学院直属机关党委举行“学习新党章报告会暨新党员宣誓仪式”。

支部书记大课堂”，邀请国家机关优秀党支部书记、审计署行政事业审计司司长鲍国明作“创建学习型党支部的有益探索”报告。“七一”前夕，在全院基层党组织中开展“纪念改革开放30周年”主题党日活动。开展慰问生活困难的党员和老党员活动，共慰问生活困难的党员35人，老党员36人，发放慰问金7.11万元。组织全院党员认真学习十七大修订的新党章，举办“学习新党章报告会暨新党员宣誓仪式”，邀请原中顾委秘书长、黑龙江省委原书记、当代中国研究所原所长李力安作关于学习新党章的报告。以科研骨干特别是优秀中青年科研骨干为重点，积极稳妥地做好党员发展工作。举办第23期入党积极分子培训班，20个单位的29名入党积极分子参加培训。全年发展党员107名（含研究生院发展学生党员78名），其中35岁以下青年党员84名。

（七）认真落实《党风廉政建设和反腐败工作职责及主要任务分解》，深入开展反腐倡廉建设

继续贯彻院党组《关于加强政治纪律建设的决定》，全院党员干部不断增强政治意识和大局意识，自觉遵守和维护政治纪律。将加强政治纪律教育和反腐倡廉教育列为院党校处室干部进修班和各类专题培训班的必修课。为推进全院党风党纪和机关作风建设，保障全院管理体制机制改革顺利推进，制定和颁布了《增强服务意识，转变机关作风，提高工作效率——关于加强机关作风建设的意见》和《中国社会科学院监督机关作风建设热线电话和电子邮件受理工作规则》等制度性文件，促进了机关作风的好转。完成中央国家机关文明单位推荐申报工作，马克思主义研究院、当代中国研究所、社会学研究所、西亚非洲研究所、人口与劳动经济研究所和中国社会科学杂志社等6个单位荣获“2008年度中央国家机关文明单位”称号。继续执行向党外人士通报党风廉政建设和反腐败工作情况的制度，邀请他们参加院反腐倡廉建设工作会议，发挥民主党派、无党派人士的监督作用。

（八）坚持以人为本，统战和工青妇工作再上新台阶

举办了党外专家学者迎新春联谊活动，院领导出席并讲话，鼓励党外专家学者积极参政议政，为我院和国家各项事业的发展建言献策。根据中央统战部要求，在全院无党派人士中开展

“自觉接受中国共产党领导，坚持中国特色社会主义”主题教育活动。组织党外专家学者赴湖南开展“建设资源节约型和环境友好型社会”国情考察，并与中国工程院院士、“杂交水稻之父”袁隆平座谈交流。协助中央统战部开展“新的历史条件下党外人士的政治引导”专题调研，积极探索新时期统战工作规律。重视党外人才队伍建设，调整充实我院无党派人士重点人选，协助民主党派加强自身组织建设，组织党外专家申报2008年华夏英才基金资助，共有3部著作受到资助。协助院侨联开展“纪念改革开放30周年”活动，顺利完成中央国家机关侨联第二届委员会委员和出席中央国家机关第二次归侨侨眷代表大会代表的推选工作。

院工会分批组织院职能部门100余名职工到承德休养，为院属10个单位工会组织下拨职工休假疗养经费，确保职工休假权的落实。继续开展送温暖走访慰问活动，为5位困难职工家庭子女发放助学补助7500元，为2名患癌症职工争取中央国家机关职工医疗帮扶基金11万元。关心大龄青年和单身职工，与院妇工委联合组织参加“央务鹊桥”系列联谊活动。继续加强工会财务管理工作，检查督促各单位基层工会办理社团法人资格证书和独立开设银行账户、实行经费独立核算。

指导院青年中心完成换届工作，选举产生由56名理事组成的第二届青年中心理事会。深化“青年学者与学部委员学习交谈”活动，推荐《学问有道——学部委员访谈录》一书参评第二届全国“三个一百”原创图书工程并顺利入选，与文史哲学部联合举办“学问有道·名师论坛”系列报告会。组织青年学者赴福建开展“东部地区农村经济社会梯度发展状况典型调研”国情考察活动。完成2008年度青年社会调研课题招标立项工作，共有12项调研课题获得中心资助。与有关部门联合举办“中国近代社会与法治变迁”、“金融风暴中的全球城市”等青年学术研讨会。组织评选表彰院级“先进团组织” 5个、“先进团组织创建单位”7个、“优秀共青团员”20名、“优秀共青团干部”10名；院团委获得“中央国家机关抗震救灾先进青年集体”荣誉称号，1名同志获得“中央国家机关优秀青年”称号。

“三八”妇女节前夕，全国政协副主席、院党组书记、院长陈奎元为全院女职工题词：“希望全院女同志弘扬前辈敬业精神，作妇女界的楷模”。院党组成员、院妇工委名誉主任武寅、李秋芳发表了节日寄语。武寅代表我院参加中国妇女第十次全国代表大会并当选为全国妇联第十届执行委员会委员。院妇女研究中心举办“女性·社会·发展”2008年学术论坛，交流“中国劳动力市场的性别差异及其对女性农民工的影响”等4项课题结项成果。组织我院部分女干部、女学者赴安徽、江西，围绕“打工妹返乡后状况”开展国情考察活动。组织全院740名女职工参加秋季体检。历史研究所副所长杨珍被授予“全国三八红旗手”称号，世界经济与政治研究所工会女工小组被授予“全国先进工会小家”称号。

（九）进一步加强党建调研工作

在院领导的带领下，围绕党的建设在实现我院“三个定位”中的作用组织专题调研并形成调研报告。直属机关党委部分同志围绕“我院专家学者和干部职工关于国家行政管理体制改革的看法和意见”、“我院研究所推进党内基层民主建设和党务公开情况”等开展专题调研，调研成果得到中央有关部门的重视和好评。在认真调研的基础上，与人事教育局合作完成《加强思想政治建设、坚持正确办院方向》，并入选中组部召开的全国领导班子思想政治建设工作座谈会经验交流材料。

监察局　直属机关纪委

2008年，全院紧紧围绕党和国家改革发展大局，以改革创新精神扎实推进反腐倡廉建设，为深化全院管理体制机制改革，促进哲学社会科学事业繁荣发展提供了有力的政治保证。

1．反腐倡廉建设工作

2008年3月19日，院党组召开2009年反腐倡廉建设工作会议，系统回顾了中国社会科学院2008年党风廉政建设和反腐败工作的成绩和基本经验，深入分析了反腐倡廉工作面临的形势和任务。全国政协副主席、院党组书记、院长陈奎元及党组全体成员出席会议。中央纪委常委、中央国家机关工委副书记、纪工委书记杜学芳参加会议。院党组副书记、常务副院长王伟光代表院党组作工作报告，党组成员、中央纪委驻社科院纪检组组长李秋芳代表驻院纪检组讲话。院属各单位党委书记、所长、纪委书记等所局级领导干部和纪检监察干部等240余人参加会议。

2008年12月22日，“中国社会科学院第三届廉政研究论坛”在院学术报告厅举行。论坛由中国社会科学院、中央纪委驻院纪检组共同主办。院党组副书记、常务副院长王伟光和中央纪委常委、监察部副部长姚增科出席论坛并讲话。论坛由李秋芳同志主持，11位专家学者和纪检干部作了专题发言。武寅同志、黄浩涛同志出席论坛，社科院反腐倡廉研究领导小组成员、各单位各部门负责人、廉政研究课题专家学者和纪检干部共90余人参加。

2．加强政治纪律建设

2008年，监察局、直属机关纪委与有关部门共同举办了七期586名处（室）领导干部参加的学习十七大精神培训班，李秋芳同志为培训班学员作了题为《贴近科研单位实际，落实十七大反腐倡廉精神》的专题报告。研究起草了《涉密课题管理规定》。派出科研观察员对期刊图书审读等科研管理活动中的政治把关情况进行了监督。对两起违反政治纪律的人和事进行了审慎处理。

3．加强反腐倡廉教育

2008年，在全院开展以“社科工作者如何抵制腐败侵蚀”为主题的遵纪守法警示教育，以张林书受贿案为反面典型，面向全院进行了“法律纪律应知应记”教育，增强了科研工作者作为国家工作人员的遵纪守法意识。通过向局级干部赠送廉政周历，在《院报》、《社科党建》、网站、电子大屏幕等发表廉政专论，通报廉政信息，倡导优良学风，进一步营造了重学识、讲人品、扬正气、崇廉洁的氛围。

4．推进反腐倡廉制度建设

2008年，针对全院近年发生的案件和问题，监察局、直属机关纪委会同有关部门研究起草了《关于加强党员干部因私出国（境）证件管理的通知》等源头防治违纪的规定。对涉及反腐倡廉建设的28项内部规章制度进行了清理，针对领导干部兼职兼酬、小金库治理等开展了专题调研，推进了相关制度的研究起草。

5．强化对院重大决策的贯彻落实和领导干部的监督

2008年，监察局、直属机关纪委同步跟进了院结算中心制改革和“科研与学术交流大楼”、“研究生院新校园”等重大建设项目的监督检查，对院属43个二级核算单位专项资金管理使用情况进行了集中检查，完成了对6个二级预算单位的财务收支常规审计，对个别研究所存放账外资金问题进行通报批评并限期整改。加强对领导班子和领导干部的监督，实施了《院党组成员报告个人廉洁自律情况的办法》，派员参加了干部考察和各所局领导班子学习实践科学发展观专题民主生活会，与29名新任局级干部进行了廉政谈话，与8名局级领导干部进行了沟通谈话，全院局处级干部结合年度考核述职进行述纪并接受群众评议，178名局级领导干部报告了个人有关事项和收入情况。

6．发挥查办案件治本功能

2008年，监察局、直属机关纪委纠正了1起错误变更国有股权问题，一次性挽回国有资产损失300多万元；督促司法机关加大了对判决胜诉案件的执行力度。会同科研局对1起违规举办评比活动问题进行了通报批评。对因受贿罪被依法判处有期徒刑的服务中心原主任张林书给予开除党籍、开除公职处分。依纪依法对2人给予留党察看和行政撤职处分，对2人给予行政记过处分。受理信访举报43件，办结38件。

7．紧扣决策和实践需求开展廉政理论研究

2008年，监察局、直属机关纪委组织惩防体系重大国情调研，向中央和中央纪委报送了5篇《要报》。与四地纪委合作开展4年多的惩防体系成效测评指标研究，成为制定《中央纪委推进惩治和预防腐败体系建设检查办法》的重要参考。组织开展了“建筑工程招投标”、“国企领导人薪酬管理”、“金融监管与反腐败”、“社会中介腐败问题及其治理”、“机关事业单位分配制度改革”等专题研究，为反腐倡廉建设重大决策需求及时提供了对策建议。《苏东剧变中的腐败因素研究》获全国党建研究会调研优秀成果一等奖；按照中央纪委交办任务要求完成的《关于加强廉政文化建设的建议》得到中央纪委多位领导的重要批示，并获中央纪委优秀调研报告奖；

中国社科院第三次被中央纪委评选为调研工作先进单位。举办了第三届廉政研究论坛，为反腐倡廉决策提供了智力支持。

8．制定贯彻中央《工作规划》实施办法，惩防体系建设取得新进展

中央颁布《建立健全惩治和预防腐败体系2008～2012年工作规划》后，监察局、直属机关纪委及时起草了贯彻落实《工作规划》的《实施办法》并进行任务分解，推进了惩防体系与哲学社会科学创新体系协同构建。贯彻全国落实党风廉政建设责任制电视电话会议精神，总结了全院落实党风廉政建设责任制10年来的基本情况和经验，提出了进一步强化完善的措施。检查了11个单位责任制落实情况，听取了职能部门落实分解任务的情况汇报。首次实施了“反腐倡廉建设绩效考核评价”工作，在民族学与人类学研究所、马克思主义研究院等8个单位的549名干部学者中进行了问卷调查，院属52个部门和单位对照党组提出的任务自查并报告了落实情况。

9．以“做党的忠诚卫士、改革发展的护航者、社科工作者的贴心人”为载体，扎实开展学习实践科学发展观活动

2008年，监察局、直属机关纪委召集43个单位纪检监察干部进行调研座谈，查找出全院党性党风党纪和学风工作作风方面存在的突出问题，提出了加强和改进的建议。会同科研局就纠正学术不端行为进行了调研，并着手起草有关办法。以学习实践科学发展观为契机，加强自身建设。举办了学习实践活动培训研讨班，进行了解放思想大讨论，召开了组局全体干部恳谈会和领导班子专题民主生活会，认真落实整改方案。开展了院直属机关纪委换届选举工作。对届中出现空缺的纪委书记进行了补任。通过压担子、实践中传帮带、业务培训等举措，提高了纪检干部的业务素质和执纪执法能力。

四 院直属单位工作

中国社会科学院研究生院

（一）人员、机构基本情况

截至2008年年底，中国社会科学院研究生院共有在职人员140人。其中，正高级职称人员12人，副高级职称人员17人，中级职称人员32人；高、中级职称人员占全体在职人员总数的44%。

研究生院设有办公室、人事处（党委办公室）、教务处、招生与就业处、研究生工作处、学位办公室、外事处、总务处、财务处、基建处、保卫处、图书馆、《中国社会科学院研究生院学报》编辑部、马克思主义理论教研室、外语教研室、政府政策与公共管理系、MPA教育中心、继续教育学院。

研究生院现有在校生1800人。其中，内地博士研究生835人，硕士研究生846人；中国港澳台地区博士生37人，硕士生6人；外国留学博士生53人，硕士生23人。

（二）研究生招生与教学管理工作

1．招生录取工作

2008年，研究生院共录取博士生253人，硕士生359人（其中，学历教育计划内硕士生181人，法律硕士生58人，公共管理硕士生120人）。招收外国留学博士生和硕士生15人，招收中国港澳台地区博士生和硕士生9人。

2．教学与教学管理工作

2008年，研究生院在院本部共组织开设了47门课程。其中，公共课14门，专业基础课9门，公共选修课24门。此外，还为各教学系在研究生院安排了10余门专业课。同时，不定期组织多次“热点报告”、“校友论坛”等系列讲座，并整理、编印《学术讲座荟萃》供师生学习和交流。

为规范教学管理工作，研究生院在进一步做好建章立制工作的基础上，着重抓制度落实，深化教学环节的管理。2008年，继续开展课程教学评估和奖励优秀教学工作，通过问卷调查、召开学生座谈会、院领导听课、教研室评价和教师自评等方式，对该学年在院内开设的公共课、专业基础课和选修课进行了教学质量评估。根据《中国社会科学院研究生院优秀教学奖奖励办法》的规定，通过课程教学质量评估，评选出2007～2008学年教学突出贡献奖。

2008年4月11日，2008年度社科院研究生重点教材编审委员会工作会议在研究生院召开。会议提出，研究生院各教学系应进一步加强对已立项重点教材编写工作的监督和管理，既要高度重视和保证教材编写质量，又要大力加快编写进度，争取尽早形成规模。研究生重点教材工程自2005年正式启动到2008年为止共立项99部，已正式出版13部。

2008年4月11日，研究生院召开教授委员会工作会议。会上，教授委员会各执委、研究生院有关职能部门负责人进行工作汇报，并就教授委员会委员提出的关于博士生招生、博导遴选、教材推广等问题进行了解答。

2008年11月27～28日，研究生院召开2008年度系秘书工作会议。会议表彰了获得2008年度研究生院“优秀系秘书”称号的8名系秘书，听取了有关职能部门的工作报告，就系秘书工作进行了交流与探讨，并对下一年度的工作重点进行了部署。

3．学位授予和学科设置工作

经2008年6月19日研究生院学位评定委员会八届十二次会议审议决定，授予236人博士学位，授予180人硕士学位，授予136人硕士专业学位，授予77人以同等学力申请硕士学位。至此，研究生院共授予博士学位2574人、硕士学位4198人、硕士专业学位339人。

2008年6月，北京市教育委员会批准了研究生院马克思主义研究系的“马克思主义中国化研究”、人口与劳动经济系的“人口、资源与环境经济学”、法学系的“民商法学”、社会学系的“社会学”4个专业为北京市重点学科。

2008年10月8日，研究生院学位评定委员会八届十三次会议同意自主设置发展经济学、可持续发展经济学、知识产权法学、中国民间文学、媒体语言学、中国当代史、中国边疆史地等博士点和语言文字测试学硕士点，已报国务院学位委员会办公室备案。

4．优秀博士学位论文评选工作

2008年9月，研究生院法学系2007届博士毕业生王玉花的学位论文《物权的绝对性及相关问题研究》（指导教师为王家福教授）、文学系2007届博士毕业生郭万金的学位论文《明诗文学生态研究》（指导教师为胡明教授）被评为北京市优秀博士学位论文。

5．遴选博导工作

2008年1月，研究生院对《中国社会科学院研究生院审定博士生指导教师实施办法》进行了修订。

2008年5月23日，社科院人才、科研工作小组会议同意《研究生院关于调整2008年遴选博导指标的意见》，遴选博导计划指标总量控制在69人左右，同意将各系上报的75位初选人全部提交研究生院学位评定委员会审议。

2008年5月30日和7月1日，研究生院学位评定委员会召开八届十一次会议，补行一次无记名投票表决，表决结果，2008年新增博导67人。

2008年7月3日，经中国社会科学院院务会议批准，2008年研究生院新增博导67人。

6．继续教育与学生工作

2008年，研究生院大力发展各类培训项目，包括在职研究生课程进修班、企业培训、境外合作培训等，共完成包括产业经济学经济管理方向、金融学、经济法学、民商法学、新闻学在内共5个专业的硕士研究生课程进修班招生工作，完成高级工商管理研修班（管理方向）2期，完成6个教学点的招生和多项企业项目培训工作。

研究生院MPA教育中心在2008年招生工作中再次荣获自主招生资格，这是研究生院连续第三次获得自己确定录取人数和录取分数线的自主招生资格。在合作办学方面，MPA教育中心与多家中央机构和地方政府合作，进一步提升了研究生院MPA的社会影响力和知名度。

2008年，研究生院积极抓好研究生的党、团组织建设，加强对研究生会的工作指导，主要活动有：

（1）组织法学、政治学、社会学、哲学系的博士、硕士参加“西部民族地区农村义务教育状况分析”和“西部革命老区经济发展及其影响因素”国情调研活动，完成并出版科研报告。

（2）2008年4月29日，组织“强国之路、青春使命”主题报告会活动。

（3）2008年9月27日，举办“中国社会科学院研究生院建校30周年庆祝大会暨2008年全国博士生学术论坛”。

（4）2008年10～11月，组织召开“就业指导活动月”系列活动，召开就业指导讲座6场，毕业政策宣讲会1场。

（5）2008年11月3日，组织研究生院“明辨”论坛——2008年美国总统学术研讨活动。

（6）2008年12月5日，研究生院与北京市团委、北京市志愿者协会共同举办“纪念‘12·5国际志愿者日’暨北京志愿者主题公益电影《微笑圈》观映活动”。

（三）科研工作

1．科研成果统计

2008年，研究生院共完成专著2种，50.1万字；学术论文25篇，21.7万字；研究报告9篇，106.7万字。

2．科研课题

（1）新立项课题

2008年，研究生院共有新立项课题4项。其中，国情调研课题2项：“关于发展城市社区基层民主的调研”（黄晓勇主持），“毕业研究生工作、生活、发展状况调查”（刘迎秋主持）；院青年科研基金启动课题2项：“官员选拔、政府竞争与政府治理”（刘剑雄主持），“北魏孝文帝迁都洛阳的军事意义及其影响”（袁宝龙主持）。

（2）结项课题

2008年，研究生院共有结项课题26项。其中，国家社科基金课题2项：“利率、债务率、汇率与经济增长”（刘迎秋主持），“中国传统哲学的走向”（方克立主持）；院重大课题子课题1项：“中国非国有企业改革与发展30年”（刘迎秋主持）；院重点课题1项：“民间组织发展研究”（黄晓勇主持）；国情调研课题5项：“西部革命老区经济发展及其影响因素——内蒙古凉城、甘肃正宁、广西西林三县调查”（黄晓勇主持），“西部民族地区农村义务教育发展状况调查研究”（文学国主持），“信息化的飞速发展对社会学习方式变革的影响”（杨燕主持），“中国高级专业学位教育状况考察——以MBA教育为例”（赵芮主持），“我国民间组织发展考察项目”（蔡礼强主持）；院青年科研启动基金课题1项：“构建和谐社会与完善政府公共服务”（张菀洺主持）；研究生院资助课题9项：“日本武士名誉观”（王炜主持），“中国公用事业的市场优势地位”（文学国主持），“政府公共服务供给效率的经济学分析”（张菀洺主持），“企业家人力资本与中国私营企业制度选择与创新”（刘剑雄主持），“社会发展中的文化力与传统文化”（赵一红主持），“老子和谐社会思想评析”（周勤勤主持），“中国社会主义现代化建设的战略部署”（吕静主持），“浅析山片蟠桃的实学思想”（李晓东主持），“论民俗英汉翻译的基本方法”（冯超主持）；研究生院课题7项：“中国民营企业竞争力报告No.4（2007）——人力资本与竞争力指数”（刘迎秋、徐志祥主持），“中国现阶段民营企业人力资本与企业竞争力关系调查与分析”（刘迎秋、剧锦文主持），“中国村民自治制度中自制规章与国家法律关系研究”（赵一红主持），“中国的政治锦标赛竞争研究”（刘剑雄主持），“欧美学者关于俄国欧亚主义的研究状况”（粟瑞雪主持），“试析中日花文化之异同”（李晓东主持），“哲学引领路径　实践检验真理”（张南主持）。

（3）延续在研课题

2008年，研究生院共有延续在研课题2项。其中，院重点课题1项：“反垄断法的执行制度研究”（文学国主持）；院青年科研启动基金课题1项：“中国社会科学院研究生院数字化教学管理平台建设应用研究”（苏希主持）。

3．科研组织管理新举措

研究生院以中国社会科学院国际学部及其他相关学部的综合科研力量为基础、以研究生院为依托，联合社科院内外的科研机构的相关研究人员以及相关企业的高级管理人员，于2008年5月成立了中国社会科学院研究生院港澳台研究中心。

（四）国际与地区学术交流和合作

2008年，研究生院接待来访36人次，与英国剑桥大学、英国诺丁汉大学、意大利罗马大学、意大利卡塔尼亚大学、荷兰伊拉斯姆斯大学、韩国延世大学、韩国庆熙大学、日本早稻田大学等世界知名大学签订合作协议或谅解备忘录；赴境外培训、进修23人次。

2008年12月1日，研究生院与韩国启明大学联合召开“第七届中韩学术研讨会”，来自中韩两国的学者围绕“2008北京奥运会之后中国的变化”这一主题展开了广泛深入的交流和对话。

（五）学术期刊

《中国社会科学院研究生院学报》（双月刊），主编刘迎秋。

2008年，《中国社会科学院研究生院学报》全年共出版6期，共计144万字。新增了“中国社会科学家”、“校友风采”栏目。全年刊载的有代表性的文章有：李步云的《法治征程的足迹》，汪海波的《试析价格指数及其与经济冷热的关系》，姚介厚的《早期希腊文明思想的萌发》，陈云生的《宪法为什么是重要的？——基于西方“二元政治”的立宪主义原理的解读》，秦弓的《鲁迅对30年代自由主义文学的评价问题》，叶舒宪的《中原文明构建“西部”观念的文化分析》。

（六）良乡新校区建设、校庆及校友会工作

（1）2008年4月26日，研究生院良乡新校区举行了隆重的奠基典礼并正式开工建设。

（2）2008年，研究生院迎来了建校30周年庆典。

2008年9月27日，国务院总理温家宝在中国社会科学院关于研究生院建校30周年有关请示报告中批示：“向社科院研究生院建院卅周年谨致祝贺。”

2008年9月27日，全国政协副主席、中国社会科学院党组书记、院长陈奎元为研究生院亲笔题写校训：“笃学　慎思　明辨　尚行”。迟浩田、李铁映等原党和国家领导人及中国社会科学院党组副书记、常务副院长王伟光等中国社会科学院领导也分别为该院建校30周年题词，表示祝贺。

2008年9月26日，研究生院举行校友会（筹备）成立大会。会议通过了研究生院校友会（筹备）章程，选举产生了校友会理事会、会长、副会长及秘书长等校友会组织机构的组成人员。中国社会科学院党组成员、副院长陈佳贵同志当选为中国社会科学院研究生院校友会（筹备）首任会长。

2008年9月27日，中国社会科学院研究生院建校30周年庆祝大会暨2008年全国博士生学术论坛（经济学、法学）召开。全国政协副主席、中国社会科学院党组书记、院长陈奎元，中国社会科学院党组副书记、常务副院长王伟光等中国社会科学院领导，北京市有关部门和兄弟院校的领导，研究生院师生、校友等800余人共同庆祝研究生院建校30周年。

校庆期间，研究生院编辑出版校庆纪念画册《春风第一枝：中国社会科学院研究生院建校30周年》、《中国社会科学院研究生院校友录》。中央电视台《大家》栏目播出了中国社会科学院荣誉学部委员、博士生导师庞朴和研究员张长寿的访谈节目，中国教育电视台《教育人生》栏目播出了研究生院院长刘迎秋教授等6名博士生导师的访谈节目。

（七）会议综述

2008年全国博士生学术论坛（经济学、法学）

2008年9月27～28日，由国务院学位委员会办公室、教育部学位管理与研究生教育司主办，

2008年9月，“2008年全国博士生学术论坛（经济学、法学）”在北京召开。

中国社会科学院研究生院承办的“2008年全国博士生学术论坛（经济学·法学）”在中国社会科学院召开。这是一次在中国社会科学院研究生院建校30周年校庆期间举办的博士生论坛。来自北京大学、清华大学、人民大学、中国社会科学院研究生院等79所中外高校和科研院所的百余位博士生参加了此次论坛。论坛紧紧围绕“科学发展与和谐社会建设”的主题，进行了广泛交流和探讨。

论坛由全国政协副主席、中国社会科学院院长陈奎元任顾问，中国社会科学院的领导、知名学者、高校和研究机构的领导分别担任指导委员会和学术委员会委员。

此次论坛共征集论文214篇，其中经济学论文127篇，法学论文87篇。整个论坛期间共举行了5场主题报告、51次学术宣讲，其中经济学39次，法学17次。博士生代表按不同主题进行学术研究成果的报告和交流，从理论和实践不同角度对国内外经济和法学界各种热点问题作了专题研讨。与会博士生和点评专家本着沟通、互动、交流的态度开展对话，交流了思想，加深了友谊，促进了发展。与会博士生代表纷纷表示，要进一步倡导和恪守学术道德，遵循学术规范，为我国经济学和法学的繁荣、科技的振兴作出更大贡献。

此次论坛学风严谨、气氛热烈、宣讲认真、点评精彩，为博士生提供了一个高起点、多方位的学术交流平台，在促进学科交叉融合、拓宽博士生学术视野、激发博士生的创新思维、全面提升博士生培养质量等方面起到了重要的促进和推动作用，会议充分展示了全国经济学和法学博士生学术活动的最新成果，也展示了中国社会科学院研究生院的学术实力和组织能力。

（研　院）

首届中国经济学家年度论坛暨中国经济理论创新奖颁奖典礼

2009年11月29日，“首届中国经济学家年度论坛暨中国经济理论创新奖颁奖典礼”在北京大学隆重举行。此次活动由董辅礽经济科学发展基金会联合中国社会科学院研究生院、北京大学经济研究所、中国人民大学经济研究所、武汉大学经济研究所共同发起和组织。论坛以“改革开放30年：回顾与展望”为主题，邀请了多位著名经济学家就中国经济学与改革开放30年进行评论及总结，着重围绕集体林权制度的变革、现今中国二元结构的成因及影响、改革开放30

年制度变迁、当前国际经济金融形势及中国经济未来走向等话题展开探讨。

首届中国经济理论创新奖颁奖典礼随后举行。农村家庭联产承包责任制理论获得“首届中国经济理论创新奖”。该理论是改革开放30年来中国经济改革和发展最具代表性的经济理论之一，对农村改革和发展乃至整个经济改革产生了重大影响。获奖者杜润生长期致力于中国农村问题研究，是中国当代有重要影响的农村经济学家。

中国经济理论创新奖评审专家代表和各界人士近300人出席典礼。该奖项的宗旨是推动经济理论的创新和发展，每年或每两年评选奖励一个经一段时间检验的原创性经济理论。

（研　院）

中国社会科学院图书馆（文献信息中心）

（一）人员、机构基本情况

截至2008年年底，院图书馆共有在职人员131人，其中正高级职称人员11人，副高级职称人员32人，中级职称人员53人；高、中级职称人员占全体在职人员的73%。

院图书馆设有采编部、典藏部、期刊部、古籍特藏部、参考咨询部、数据库部、网络系统部、声像部、国际交换部、研究部、《国外社会科学》编辑部、《第欧根尼》编辑部、《环球市场信息导报》编辑部、办公室、科研业务处、人事处（党办）。

另外设有三个非实体研究中心：中国社会科学院互联网发展研究中心、中国社会科学院国外中国学研究中心、中国社会科学院文献计量与科学评价研究中心。

（二）图书馆工作

2008年，院图书馆进一步贯彻落实十七大精神，深入开展学习实践科学发展观活动，牢固树立“服务科研、贴近科研”的办馆理念，以改革精神推动图书馆各项工作。

2008年1月25日，常务副院长王伟光、副院长武寅等院领导来图书馆检查工作，听取图书馆领导的工作汇报，并对图书馆的发展作了重要指示。2008年3月，院工作会议提出了建设哲学社会科学知名图书馆的发展目标，明确了院图书馆管理体制改革的具体任务。2008年7月，召开了全院优秀图书资料工作者表彰大会暨2008年图书馆工作会议。院领导对图书馆工作的全力支持极大地鼓舞了全院图书资料工作者，图书馆各项工作取得了显著成绩。

1．深化图书馆管理体制机制改革，构建完整的哲学社会科学文献保障体系

在2008年8月召开的中国社会科学院改革工作会议上，院图书馆管理体制改革被确定为院年内改革工作的重要内容。院图书馆经过认真的研究论证，提出了包括总馆、分馆制以及建立特色专业书库、在全院推行“一卡通”等一系列内容的改革方案。

2008 年下半年图书馆体制改革工作的六方面任务：

（1）成立由主管院领导为组长的全院图书馆工作领导小组和图书馆专家咨询委员会。2008 年年底前已经完成了领导小组和专家咨询委员会条例草案的起草及人员组成的初步方案。

（2）建立院图书馆与网络中心的协调会议制度，协调全院信息化建设工作。

（3）试行“总馆、分馆、资料室”三级保障模式，提升文献信息保障工作的水平。2008 年选定法学研究所作为试点单位，2008 年 12 月 16 日举行了法学分馆揭牌仪式，王伟光常务副院长出席仪式，黄浩涛秘书长在仪式上讲话。

（4）组建特色专业书库的工作。2008 年以哲学研究所为试点单位，院图书馆和哲学所就建设方案进行了多次研究，并形成了初步方案。

（5）统一各图书馆服务制度，在全院实行“一卡通”。在院信息化建设领导小组大力支持下，经费得到落实，项目正在实施。

（6）加强图书馆资源数字化建设。对现有图书购置经费进行了调整，加大 2008 年数字资源采购费用所占比例。就利用数字化技术对我院珍贵文献典藏进行保存和抢救工作进行了前期调研，实施方案在进一步完善中。

2．图书馆信息化建设继续取得进展

（1）ECO 系统推广应用取得重要进展。2008 年，ECO 系统的推广应用取得很大进展。考古研究所、民族学与人类学研究所、新闻研究所、日本研究所、美国研究所、西亚非洲研究所、亚洲太平洋研究所、欧洲研究所、东欧中亚研究所、法学研究所、近代史研究所、经济研究所、中国边疆史地研究中心、拉丁美洲研究所、研究生院、社科杂志社等 16 个所图书馆的数据转入到 ECO 数据库。其中考古所等 12 个研究所图书馆开始全面或部分使用 ECO 系统各模块进行图书馆日常工作。

（2）网络服务器以及电脑设备维护工作得到加强，图书馆新大楼的网络系统 2002 年投入使用后，部分网络设备进入故障多发期。2008 年，图书馆落实了部分维护经费。服务器破损配件得到了及时更换，与有关公司签订了设备维护保养合同，使设备维护工作做到了规范化和制度化，有效地保障了网络系统各项功能的正常发挥。

（3）启动了一批新的信息化建设项目。在院网络中心的支持下，院图书馆启动了全院推广“一卡通”、院图书馆网站改版、国外中国学研究网站及数据库建设、中国人文社会科学引文数据库检索系统、图书馆选书系统建设项目。

3．继续加强资源建设，优化资源结构

2008 年，全院图书购置经费为 2000 万元，设备维护和电子信息资源购置经费 200 万元。开展数据库试用 36 批次，新增加了 Econlit 经济学全文数据库、Newsbank 世界各国报纸数据库、EMIS 新兴国家商业资讯数据库、联合国贸易统计数据库、Sage 电子期刊等一批中外文数据库。

目前，院图书馆订购的数据库已达84种。

在加强电子资源建设的同时，传统的纸质资源基本保持了2007年的规模。2008年订购中文图书15677种，28800册，到馆24835册；外文图书订购5458种，到馆5841种，5955册；收集学位论文28189册。订阅外文期刊951种，中文期刊1527种，中文报纸124种。

2008年4月，院图书馆与高校人文社会科学文献中心（CASHL）签订了合作协议，8000多种外文期刊可为全院科研人员提供文献查询和文献传递服务，同时向高校提供我馆馆藏外文期刊的文献传递服务。

4．读者服务工作水平继续得到提高

图书采集、图书编目、阅览流通等各个环节都结合本部门特点采取措施，改进和提高服务水平。2008年外文图书采集量从以前的4000册增加到6000册左右。

2008年来馆借阅书刊的读者数量与2007年持平。其中书库接待的读者为23577人次，阅览室接待读者9449人次，全年借还图书略有增加，从2007年的102550册增加到107126册。

5．进一步在图书馆内部挖掘潜力，扩大藏书空间，缓解库容紧张状况，做好地下书库改造方案的论证工作

为了缓解书库紧张，院图书馆决定把大楼一层的目录检索厅改造成书库。图书馆大楼地下书库改造工程被批准立项。院图书馆组织力量对现在存放在地下书库的全部图书和报刊进行了整理，为下一步腾空地下书库实施改造工程做好了准备。

（三）科研工作

1．科研成果统计

2008年，院图书馆出版专著3种，103.2万字；论文55篇，38.6万字；研究报告6篇，12.35万字；译著3部，100万字；译文14篇，21.4万字；一般文章12篇，4.72万字；学术资料4部，138.77万字。

2．科研课题

（1）新立项课题

2008年，院图书馆新立项课题12项。其中，院重大课题1项：“国外功勋荣誉制度比较研究”（张树华、潘晨光主持）；院重点课题1项：“人文社会科学评价中的h指数研究”（张静主持）；院国情考察活动1项：“农村文化建设现状考察”（何培忠、周霞主持）；所重点课题9项：“日本部分著名中国学家治学历程探究”（何培忠主持），“e-social sciences的内涵与发展”（褚鸣主持），“院馆数字参考咨询系统改版的可行性分析与研究”（白洁主持），“法国中国学的发展状况研究（2000～2009年）”（贺慧玲主持），“院图书馆学科化服务体系建设研究”（赵以安主持），“基于开源软件的院图书馆Library2.0服务应用系统搭建”（张佶烨主持），“中国社会科学院图书馆利用GOOGLE的方案构想”（于力主持），“中国社会科学院图书馆数字资源使用手册”（孔青青主持)，“中国社会科学院学术论文产出力和影响力统计分析 ”(马冉主持)。

(2) 结项课题

2008年，院图书馆结项课题3项，全部为所重点课题：“从女性研究的视角看国外中国学”(刘霓主持)，“中国社会科学院普通图书编目手册”(邵小鸥主持)，“RSS在院图书馆的应用研究”(赵以安主持)。

(3) 延续在研课题

2008年，院图书馆有延续在延课题30项。其中，国家社会科学基金课题1项：“文献信息服务在当代社会中的作用和地位”(黄长著主持)；院重大课题5项：“数字图书馆理论、实践与中国社会科学院数字图书馆建设”(杨沛超主持)，“人文社会科学领域的文献计量学研究”(蒋颖主持)，“中国人文社会科学引文数据库建设”(姜晓辉主持)，“国外功勋荣誉制度比较研究”(张树华、潘晨光主持)，“数字化参考咨询服务研究”(顾红主持)；院重点课题5项：“国外人文社会科学发展政策与管理”(何培忠主持)，“人文社会科学评价中的h指数研究”(张静主持)，“人文社会科学论文转摘率指标的构成及作用”(王力力主持)，“英语世界中的论语”(崔玉军主持)，“中国人文社会科学国际论文统计分析(2005～2009)”(郑海燕主持)；院基础课题2项：“中国地方志城市舆图录”(赵嘉朱主持)，“亚太地区图书情报网络发展面临的主要问题”(刘振喜主持)；院国情调研课题2项：“社会主义新农村的图书馆事业”(杨沛超、蒋颖主持)，“当前社会主义新农村建设中的信息化发展：现状、问题、难点调查与研究“(赵燕平、张树华主持)；国情考察课题3项：“改革开放与中国的图书馆事业”(杨沛超、赵燕平主持)，“两湖部分老区经济与文化建设服务考察”(赵嘉朱、黄丽婷主持)，“农村文化建设考察”(何培忠、周霞主持)；院科研管理课题2项：“引文在社会科学评价中的作用”(刘振喜主持)，“中国社会科学院图书馆科研业务处的功能与定位”(李广立主持)；所重点课题10项：“人文社科核心期刊的认定研究”(尹国其主持)，“院图书馆网站构建与应用模式研究”(杨齐主持)，“应用Z39.50标准协议实现异构图书馆系统之间的资源共享与业务合作的研究”(胡广翔主持)，“人文社科电子资源读者利用分析”(蒋颖主持)，“核心期刊指标统计分析模式的建立与应用”(江小平主持)，“10年来我国青年研究成果的科学性与规范性的文献计量与评估”(张静主持)，“图书馆文献传递服务现状、发展方向及其应对策略”(顾红主持)，“院内研究人员对我馆的需求调查”(王秀玲主持)，“图书馆办公自动化系统的需求分析及框架搭建”(王霞主持)、“图书馆管理人员素质培养研究”(李广立主持)。

3. 获奖优秀科研成果

院图书馆负责的《网讯》工作成绩突出，受到国务院办公厅表扬。

4. 科研组织管理举措

根据院科研局的布置，加强对各类课题经费使用情况的检查，努力减少课题经费结存数量；出台了2008年度所重点课题指南，引导科研业务人员围绕学科建设和实际工作发展的需要开展课题研究。

（四）学术交流活动

1．学术活动

2008年院图书馆举办的学术会议有：

（1）2008年4月28日，院图书馆与国际合作局、中国社会科学出版社在北京国际饭店联合举行《普京文集（2002～2008）》中文版首发式，副院长李慎明出席会议。国际合作局局长杨扬主持会议。馆领导杨沛超、赵燕平、蒋颖、张树华出席首发式。

（2）2008年7月7日，召开中国社会科学院优秀图书资料工作者表彰大会。常务副院长王伟光、副院长武寅、秘书长黄浩涛等院领导出席会议并为2006～2007年度优秀图书资料工作者获奖者颁奖。副院长武寅代表院党组讲话。院图书馆党委书记赵燕平汇报了优秀图书资料工作者评选工作情况。人事教育局局长王苏粤宣读了关于表彰2006～2007年度优秀图书资料工作者的决定及优秀图书资料工作者名单。邵小鸥、刘金利、赵嘉朱、胡广翔等共10位同志被评为优秀图书资料工作者。

（3）2008年12月3日，院重点学科“国外社会科学政策与管理”项目验收报告会召开。

（4）2008年12月26日，院馆召开“《国外社会科学》创刊30周年座谈会”。

2．国际与地区学术交流和合作

2008年，院图书馆利用院协议出访10批19人次，接待来访22批约60人次。在出访的9个项目中，重要的出访项目有4项：

（1）2008年5月26～30日，根据院图书馆代表团与韩国庆北大学的合作协议，赵燕平等一行4人访问了韩国庆北大学并举办了“第二届中国社会科学图书展览”。访问期间，代表团参观了庆北大学图书馆，与庆北大学图书馆馆长南权熙进行了工作会谈，双方同意继续加强合作，在人员往来和文献交换方面采取更多的措施扩大交流。5月27日，院图书馆与庆北大学联合主办了“第二届中国社会科学图书展览”。此次展览共展出500余种反映我国人文社会科学最新研究成果的图书，有助于加深韩国学术界对中国的了解和认识，促进两国学术交流。

（2）2008年6月7～16日，赵燕平等一行3人访问日本，考察日本科研体制中的文献信息服务保障体系建设情况。代表团重点考察了日本公共图书馆系统和大学图书馆系统，对日本图书馆事业发展中领导体制、图书馆管理和服务、新技术应用、人才培养等各个方面作了比较全面的考察。

（3）2008年9月17～26日，研究部主任何培忠一行访问了俄罗斯。此次访俄主要目的是考察俄罗斯学界近年有关中国研究的发展状况并同俄方有关研究单位建立联系，以便开展学术交流活动。代表团先后访问了俄罗斯科学院远东研究所、东方学研究所和世界经济国际关系研究所以及莫斯科大学和圣彼得堡大学，同有关专家进行了座谈，对俄罗斯的中国问题研究的历史、现状、特点和存在的问题作了比较全面的考察。

（4）2008 年 10 月 20～26 日，杨沛超率领中国社会科学院图书馆代表团执行院级协议访问越南社会科学院情报研究所，与该所领导及部分人员举行了会谈，双方领导分别介绍了各自的情况，就图书馆建设、书刊交换、人员交流等事宜交换了意见，并签署了双方刊物交换协议书。

在接待来访的项目中大部分是境外机构的图书馆人员，另一部分是应我院邀请来访问的学者，多数是临时到图书馆或展厅参观。院图书馆有关部门按照院里的有关规定，比较好地完成了接待任务。其中重要的接待工作是 2008 年 4 月 3 日上午，应邀访问我院的泰国诗琳通公主一行到图书馆参观。在古籍特藏部，杨沛超馆长详细介绍了院图书馆的发展情况，特别是我院古籍收藏保护的有关情况。

在扩大人员交往、推进科研人员“走出去”战略的同时，图书馆在接受国外赠书、推进中国社会科学研究成果“走出去”等方面也取得了较好的成绩。2008 年国际书刊交换部代表我院定期向与我院建立了合作关系的 50 多个国外学术机构寄赠我院出版的优秀期刊 15 批次，共计 3230 册。向国外 11 家学术机构寄赠国务院新闻办提供的对外宣传图书 1519 册，在宣传我国人文社会科学研究成果、传播中国文化方面发挥了积极作用。

（五）学术社团、期刊

1. 社团

中国社会科学情报学会，理事长黄长著。

2008 年 6 月 28～30 日，“中国社会科学情报合作与创新论坛”在广州市隆重召开。此次论坛回顾了我国改革开放的历史进程以及社会科学情报工作在推动改革开放和发展繁荣哲学社会科学中发挥的重要作用，就新形势下社会科学情报工作的合作与创新进行了研讨。

2. 期刊

（1）《国外社会科学》（双月刊），主编张树华。

2008 年，《国外社会科学》发表的有代表性的文章有：王雨辰的《马克思主义的生态学——评西方生态学马克思主义对资本主义社会的生态批判》，金小红的《安东尼吉登斯的结构化理论与后现代主义思潮》，刘志云的《当代西方国际关系理论与法学跨学科合作的勃兴》，崔学锋、贾根良的《西方异端经济学的最新发展及其简要评论》，张雪兰、何德旭的《当代西方环境财政改革的若干问题》，何德旭、郑联盛的《从美国次贷危机看金融创新与金融安全》，朱进的《国外财政社会学面面观》，孙武的《西方谎言研究理论综述》，单波、薛晓峰的《西方跨文化传播研究中的和谐理念》，杨虎涛、王爱军的《生物经济学近期研究进展》。

（2）《第欧根尼》（半年刊），中文版主编肖俊明。

2008 年，《第欧根尼》发表的有代表性的文章有：伊姆雷·托特著、肖俊明译的《哲学及其在西方精神空间中的地位：一种辩护》，米歇尔·马费索利著、余丽霞译的《从普遍到特殊》，帕梅拉·多诺万著、霍桂桓译的《无根据之谈无根据到什么程度——流言研究百年回顾》，米歇尔·路易·鲁凯特著、艾彦译的《流言理论和问题研究》，阿尔贝托·佩鲁齐著、余丽霞译的《超越一种分歧：朱利奥·普雷蒂与分析哲学和大陆哲学之间的争论》。

（六）会议综述

《国外社会科学》创刊30周年座谈会

2008年12月26日，院馆召开“《国外社会科学》创刊30周年座谈会”。副院长武寅，原副院长、学部主席团成员、学部委员、《国外社会科学》顾问汝信出席会议。党委书记赵燕平主持会议。馆领导杨沛超、蒋颖、张树华参加座谈会。

武寅向《国外社会科学》创刊30周年表示热烈祝贺。她指出，2008年是纪念改革开放30周年，随着我国哲学社会科学事业的不断繁荣与发展，《国外社会科学》在为哲学社会科学创新服务的过程中也在不断实现着自身的改革与完善。对刊物未来的发展，武寅提出，要把《国外社会科学》提高到一个新的水平，要把办刊工作提高到一个新的水平。编辑队伍要争取有新的面貌。

汝信指出，刊物创刊至今，经历了相当艰难的历程，现在已经得到了社会上和学术界很高的评价。这份刊物是改革开放的产物，一直服务于改革开放这个大方向，并且已经取得了很大的成绩，为介绍国外人文社会科学发展方面的信息提供了一个平台。

《国外社会科学》主编张树华回顾了刊物发展的历史和所取得的成绩，汇报了《国外社会科学》被纳入我院名刊建设工程项目及准备采取的各项改进措施。杨沛超代表主办单位发言。文献信息中心的老领导刘铁、刘仲亨、李惠国、黄长著以及曾经参与《国外社会科学》编辑工作的历任主编等老一辈专家学者畅谈了对创刊30周年的感受，并对刊物今后的发展提出了许多设想与建议。

赵燕平在会议总结发言中强调，图书馆现任领导和编辑部全体工作人员一定会不断提高办刊水平，努力把《国外社会科学》办成学术名刊。希望各位领导和前辈能继续对刊物予以关心和支持。

来自世界宗教研究所、社会学研究所、世界经济与政治研究所、院科研局等单位的新老编委，以及曾经在《国外社会科学》编辑部工作过的老同志和现在研究部、编辑部工作的同志等共40余人参加会议。

国外社会科学政策与管理重点学科结项验收报告会

2008年12月3日，院图书馆召开“国外社会科学政策与管理重点学科建设项目结项验收报告会”，项目负责人、学部委员黄长著作项目总结报告。馆领导杨沛超、赵燕平、蒋颖、张树华出席会议。来自北京大学、中国人民大学和首都图书馆的专家及院科研局哲学片负责人、课题组成员参加会议。

"国外社会科学政策与管理研究"项目于2003年立项，该项目总体目标是通过研究和分析国外社会科学政策及管理的最新发展和经验，为我国学术界、社会科学决策机构和科研管理部门了解国外相关领域的最新动态、制定相关政策提供借鉴。项目主要内容是深入调查和研究国外用以促进、制约和规范社会科学发展的管理政策、管理制度、管理机制和管理办法，旨在推进我国社会科学政策管理在理论、方法和应用方面的发展。

该项目研究历时5年，课题组在调研大量国内外文献的基础上，确定了组织形式、研究切入点、研究重点及研究方法，发表了一系列科研成果，成果显著，影响深远。课题组出版了《国外人文社会科学机构手册》大型工具书和《当代国外中国学研究》、《当代日本人文社会科学》、《国外专业人才培养战略与实施》、《国外人文社会科学政策与管理研究》等专著，完成了人事部委托课题《IT人力资源政策与实施：10国调查报告》。在研究过程中，课题组还陆续产生一批阶段性成果，发表这一领域的论文和文章总计33篇，全部成果总字数为423.94万字。此外，为回应学术界，课题组还在《国外社会科学》杂志的基础上进行了延伸开发，编辑出版了3卷本的"当代西方学术思潮丛书"，作为对国外人文社会科学发展政策及管理研究的有益的补充。该丛书包括《嬗变与趋向》(人文科学篇)、《整合与拓展》(社会科学篇)、《交汇与综合》(跨学科篇)，总计109万字。

经过5年的研究和努力，课题组已经在国内这一研究领域中产生了一定的影响，在相关国际学术会议上的一些发言多次获得国外学者的较高评价。初步确立了国外人文社会科学发展政策及管理研究基地的地位。

(馆　研)

中国社会科学出版社

(一) 深入学习和实践科学发展观，坚持正确政治导向，全面提高职工政治业务素质

2008年，深入学习和实践科学发展观成为中国社会科学出版社政治学习生活的主旋律。

社领导班子始终把坚持正确的政治方向，学习和贯彻马克思主义、毛泽东思想、邓小平理论和"三个代表"重要思想，牢固树立和全面落实科学发展观，以人为本，构建和谐社会，以及党中央关于新闻出版事业的各项方针政策、努力提高职工的政治理论水平放在首位。及时传达中宣部、新闻出版总署及社科院有关出版工作的一系列指示和会议精神。在社领导班子、中

层干部及全体职工中，继续深入开展三项教育和“八荣八耻”教育活动，加强职工思想政治工作，使职工不断坚定社会主义信念，牢牢把握正确的政治方向和舆论导向，提高政治鉴别力，用马克思主义的立场、观点和科学发展观分析和解决问题。

（二）深化改革，制定总体改革方案

根据国务院办公厅（2008）114号关于《文化体制改革中文化事业单位转制为企业的规定》与《文化体制改革中支持文化企业发展的规定》的文件和中宣部、新闻出版总署关于中央各部门各单位出版社转企改制的指示精神，以及院改革领导小组关于中国社会科学出版社深化改革的具体要求，制定出该社体制机制总体改革方案。

中国社会科学出版社发展的总体目标是：在院党组的领导下，巩固和壮大学术出版优势，坚持内涵式发展的扩张之路，做大做强自身实力，把中国社会科学出版社建设成为中国哲学社会科学学术出版中心和知名的国有现代文化企业集团。具体的改革内容和步骤是：转企改制，体制改革，机制创新。

关于转企改制。拟按照“老人老办法，新人新办法的原则”解决现有骨干职工身份问题，解决离退休职工的安置问题，解决新员工的医保、社保问题，同时完成工商注册等必要的法律程序。

关于出版社体制改革。拟组建中国社会科学出版社集团，实行分社制，实行以资产管理为核心的各自不同的管理运行机制，明确分工责任，力求责、权、利的有机结合。

关于出版社机制创新。拟对不同部门和分社机构实行不同的管理机制。如公司制的管理运行机制、事业部制的管理运行机制和部门岗位责任制的管理运行机制。

（三）庆祝建社30周年，继往开来，再造辉煌

1978年6月14日，由胡乔木同志提议，经邓小平、李先念、华国锋等中央领导同志批示，在中国社会科学院刚组建不久，中国社会科学出版社也正式成立。30年来，在中宣部、新闻出版总署及中国社会科学院历届党组的正确领导下，中国社会科学出版社紧紧围绕改革开放和中国特色社会主义建设大局，服务于科研、服务于学者、服务于读者，努力拼搏，积极进取，总共出版了近8000种图书，其中许多是学术大家和青年才俊的精品力作，在新时期繁荣和发展哲学社会科学的历史进程中，在中国特色社会主义文化大繁荣与大发展中，在人们思想文化素质的不断提升中，深深地留下了自己的烙印。2008年10月31日，中国社会科学出版社建社30周年庆祝大会在北京国际饭店

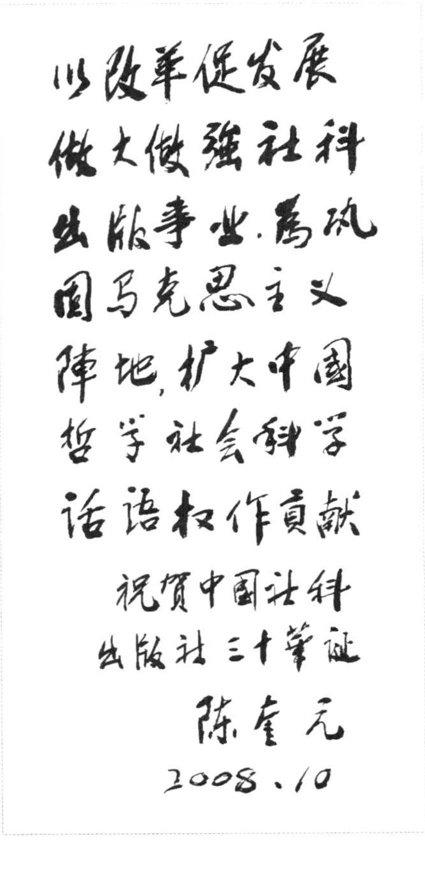

召开。许多政府领导和知名专家学者到会祝贺。陈奎元院长和所有院党组成员亲自题写勉励贺词，王伟光常务副院长到会祝贺，新闻出版总署柳斌杰署长、社科院陈佳贵副院长出席并讲话，对社会科学出版社30年的发展与成就给予充分肯定和高度评价。全国80多家新闻单位从不同角度和层面充分报道，突出和彰显了该社30年的辉煌成就。

（四）调整选题结构，强化经营管理，主要生产经营计划指标基本完成

2008年全年新出版图书761种，其中，新书731种，重印书30种。全年图书版权引进24种，输出1种，达成输出意向9种。图书生产总码洋约11000万元，图书发行总码洋约 10300 万元，销售总收入7183万元（含补贴款等各项收入，2007年该收入为6723万元），上交税金454万元（不含代缴个人所得税），税后净利润653万元，上交院国有资产监管收益分红40万元。

旧选题的梳理初见成效。在近30年的发展中，中国社会科学出版社出版了近8000多种图书。2008年，为继续彰显和凸显中国社会科学出版社的出版宗旨和特色，加强了出版图书的选题梳理和整合。通过编辑部门有计划，有组织地开展工作，截至2008年年底，圆满完成《中国社会科学出版社主题图书选》的整理工作，选题整理工作初见成效。

新选题的开发成果显著。在清理旧图书选题的同时，2008年的新选题开发也取得可喜成就：全年共批准立项选题约823种，签约选题620种。

继续优化选题结构。在823种选题中，过去较弱的哲学社会科学普及类读物和面向普通读者的选题占有相当比例，主要集中在经营管理及人物传记方面。并且重点突出，面向市场，科学布局，结构合理。优化选题结构工作已有很大改观。

出版了一大批优秀图书。2008年，中国社会科学出版社出版了一大批优秀图书。丛书如“中国哲学社会科学30年”丛书（14种），“国家社科基金办成果出版系列”（3种），“法学学科新发展丛书”（22种），“两希文明译丛”（5种），“西方学术经典译丛”（4种）。单本书如《马克思、恩格斯论公平正义》、《马克思主义视野中的社会主义和谐社会》、《马克思主义理论中国化史》等。其中，“中国哲学社会科学30年”丛书受到中宣部和院领导高度评价，《马克思主义中国化理论创新30年》入选由中宣部和新闻出版总署组织的纪念中国改革开放30周年的大型丛书等。

强化经营管理。在加强图书生产经营管理方面，主要抓了以下几项工作：一是改革、完善规章制度，狠抓经营管理。主要针对从选题立项、三审三校、质量检查、印制装订等各生产环节的各项制度衔接和细化问题等，严格执行与落实2007年以来制定的各项规章制度，强化管理。重点监督考核这些规定已进一步明确的责任划分，强调部门协调，严格奖惩措施。初步改变了过去只奖不罚的局面。二是针对近年来出版社新人较多，多数人未经过业务培训，缺乏实际工作经验的现实情况，制定和完善《在职人员业务学习计划》。举办职工业务培训讲座，聘请社外有关专家授课。经过培训，全社编、校、印制、发行人员等政治业务水平有所提高。三是数字出版列上日程并成立相关调研筹备小组。四是对出版社图书生产出版和发行的两个重要环节，有针对

性地加强协调与管理，清理纸张材料库存，节约和降低生产成本；加密发行网点，扩张现有发行渠道，增强发行能力。五是加强工青妇等组织的工作，宣传企业文化、增强企业凝聚力。

中国社会科学杂志社

（一）人员、机构基本情况

截至2008年年底，中国社会科学杂志社共有在职人员57人。其中，正高级职称人员9人，副高级职称人员12人，中级职称人员12人；高、中级职称人员占全社在职人员总数的58%。

中国社会科学杂志社设有总编室、办公室、马克思主义理论编辑室、哲学编辑室、经济编辑室、文学编辑室、综合编辑室、中国史编辑室、世界史编辑室、英文编译室、理论前沿研究中心、《中国社会科学院报》编辑部等机构。

（二）报刊的编辑工作

中国社会科学院党组决定，从2008年10月起《中国社会科学院报》改由中国社会科学杂志社编辑出版。在院党组的坚强领导和亲切关怀下，在各职能局和研究所的密切配合和大力支持下，在杂志社全体同志不懈努力下，经历了筹备、过渡、正式交接、正式出版、正常运转等阶段，2008年10月9日，新版《中国社会科学院报》顺利改版创刊。目前已初见成效，取得了较大的社会反响。截至2008年12月31日，新版《中国社会科学院报》共出版24期256版。

中国社会科学杂志社在院党组的统一部署下，坚决贯彻院工作会议提出的“集中精力办好一报一刊”的战略部署，始终坚持以马克思主义为指导，坚持正确的政治方向和办刊方向，集中力量以《中国社会科学院报》为突破口，努力探索符合现代报刊业发展需要的管理体制和工作机制。充分发挥《中国社会科学院报》时效性强、读者面广、影响力大的优势，与《中国社会科学》相辅相成，相得益彰，成为切实引导、推动中国特色哲学社会科学繁荣发展的高端媒介，展示中华民族具有国际性的当代智慧的重要平台。

2008年，中国社会科学杂志社所办的6刊1报均保持了稳定的学术质量和编校质量，在学术界具有领先地位。杂志社全年编辑出版发行6刊1报，每种刊物的编辑、出版、发行都完全按照办刊方针进行，严格执行并遵守新闻出版总署对出版物的各项政策法规，准期出刊出报。在出版质量上严格把关，编校质量较高，样刊缴送及时。

(1)《中国社会科学》(双月刊)，主编高翔。

2008年，《中国社会科学》共出版6期，共计204.7万字，总发稿95篇。其中，马克思主义9篇，哲学23篇，经济学14篇，社会学8篇，政治学4篇，法学13篇，文学13篇，历史学11

篇。《中国社会科学》2008年刊载的有代表性的文章有：王伟光的《改革开放是发展中国特色社会主义的强大动力》，刘国光的《试用马克思主义哲学方法总结改革开放三十年》，李捷的《“一面旗帜、一条道路、一个理论体系” 是党和国家发展的根本》，江小涓的《中国开放三十年的回顾与展望》，袁贵仁的《建设社会主义核心价值体系》，衣俊卿的《论思想解放的内在机制》，姚洋、张晔的《中国出口品国内技术含量升级的动态研究——来自全国及江苏省、广东省的证据》，董玉庭、于逸生的《司法语境下的法律人思维》，王绍光的《大转型：1980年代以来中国的双向运动》，郭飞的《深化中国所有制结构改革的若干思考》。

2008年，《中国社会科学》获第四届中国社会科学院优秀期刊奖“期刊一等奖”。

（2）《历史研究》（双月刊），主编高翔。

2008年，《历史研究》共出版6期，共计188.9万字，总发稿85篇。其中，专题研究47篇，理论与方法1篇，史家与史学2篇，批评与讨论4篇，笔谈22篇，书评1篇，读史札记5篇，学术述评2篇，国外新书评介1篇。《历史研究》2008年刊载的有代表性的文章有：钱乘旦的《现代化与中国的世界近现代史研究》，李世安的《现代化能否作为世界近现代史学科新体系的主线》，牛军的《“告别冷战”：中国实现中苏关系正常化的历史含义》，张海鹏、赵庆云的《试论胡绳的中国近代史研究》，陈晖的《马歇尔使华与苏联对华政策》，钟焓的《民族史研究中的“他者”视角》，王建朗的《大国意识与大国作为》，邓野的《蒋介石关于“中国之命运”的命题与国共的两个口号》，班班多杰的《禅宗在藏传佛教前弘期的传播和对后弘期的影响》，鹿锡俊的《国民政府对欧战及结盟问题的应对》。

2008年，《历史研究》获第四届中国社会科学院优秀期刊奖“期刊一等奖”。

（3）《中国社会科学内刊》（双月刊），主编孙麾。

2008年，《中国社会科学内刊》共出版6期，共计121万字，总发稿84篇。其中，理论探讨2篇，批评与争鸣1篇，学科反思4篇，前沿论坛2篇，专题研究5篇，调研报告2篇，学者视野11篇，学者专论4篇，问题研究11篇，专题探讨4篇，对策研究10篇，前沿问题3篇，问题探讨3篇，学术评论4篇，本刊专访4篇，特别关注3篇，调研报告3篇，学术视野3篇，研究报告3篇，专题探讨2篇。《中国社会科学内刊》2008年刊载的有代表性的文章有：陈先达的《关于社会主义社会历史周期率问题》，张曙光的《中国经济学研究30年：反思与评论》，黄宏的《毛泽东对中国社会主义道路的探索与中国特色社会主义理论创立的基础》，糜振玉的《略论我国的海防、海权和海洋安全》，王忠兴、王震的《“东突”恐怖活动及遏制对策研究》，韩庆祥的《面向“中国问题”的马克思主义政治哲学》，潘晨光、何强的《关于中国“双线制”人才培养体系的构想》，彭岳的《贸易与道德：中美文化产品争端的法律分析》，王真的《改革开放条件下我国主流意识形态的变革与重构》，颜鹏飞、李华的《中国经济可持续发展的困境及其向科学发展的转型》。从2008年第5期开始，《中国社会科学内刊》改名为《中国社会科学内部文稿》。

（4）《中国社会科学文摘》（月刊），主编高翔。

2008年，《中国社会科学文摘》共出版12期，共计266.2万字，总发稿837 篇。该刊设有“本刊特稿”、“热点问题”、“前沿问题”、“批评与争鸣”、“专题研究”、“调研报告”、“对策研究”、“论著精华”、“学术述评”、“书评”、“学者视点”、“论点摘要”、“学术信息”等主要栏目。《中国社会科学文摘》2008年刊载的有代表性的文章有：陈奎元的《国史研究要以科学、敬谨的态度对待》，程广云的《从思想转向、学术转向到文化转向》，林尚立的《两种社会构建：中国共产党与非政府组织》，赵进文、范继涛的《经济增长与能源消费内在依从关系的实证研究》，方兴起的《社会主义初级阶段中的国家资本主义》，沈海涛的《东北亚国际关系格局新变化与中国外交》，任晓的《本土知识的全球意义》，黄祖辉、张栋梁的《新农村建设应以提升农民生活品质为轴心》，郭飞的《对中国三十年所有制结构改革的若干思考》，陈秉公的《意识形态的社会功能及实现方式》。

（5）*Social Sciences in China*（《中国社会科学》）（季刊），主编高翔。

2008年，*Social Sciences in China* 共出版4期，共计72万字，总发表论文63篇。其中，单篇论文29篇，专题论文34篇。*Social Sciences in China* 2008年刊载的有代表性的文章有：王绍光的《国家汲取能力、政策导向和中国城镇卫生保健的筹资与服务不公平》，谢鸿飞的《论法律行为生效的“适法规范”——公法对法律行为效力的影响及其限度》，荀丽丽、包智明的《生态移民过程中的政府、市场与家户》，吴易风的《产权理论：马克思和科斯的比较》，吴元樑的《比较视野中的中国特色社会主义》，杨耕的《当前马克思主义哲学研究中的三个重大议题》，俞吾金的《康德两种因果性概念探析》，梅新林、葛永海的《经典“代读”的文化缺失与公共知识空间的重建》，郭飞的《深化我国所有制结构改革的若干思考》，王光东的《“主题原型”与新时期小说创作》。

（6）《国际社会科学杂志》（季刊），主编王利民。

2008年，《国际社会科学杂志》共出版2期，共计53.2万字，总编译稿件26篇。《国际社会科学杂志》2008年刊载的有代表性的文章有：陆一的《美国政府：为重建制度信用“改写资本主义”》，薇兰婷·M.莫哈丹的《活动、研究与政策的关联》，韩德强的《当前国外经济形势及成因、趋势》，马克·阿贝莱的《福柯、人类学和权力问题》，辛西娅·富赫斯·爱泼斯坦的《知、行与社会政策：思考美国妇女与法律》，拉玛·巴苏德范的《金融·帝国主义·美元霸权》，卡罗琳娜·塔沃尔加的《妇女经济赋权：现实与未来的挑战》，阿利尔·科罗诺莫斯的《国际关系中的伦理学论证及合理化》，季米特里·特列宁的《俄罗斯希望美国少点意识形态》，尼克·比姆斯的《资本主义的世界性危机和社会主义的前景》。

（三）科研工作

1. 科研成果统计

2008年，中国社会科学杂志社共完成专著4种，65.9万字；论文33篇，50.7万字；学术普及读物1种，0.3万字；工具书1种，4万字；一般文章1篇，2.5万字。

2. 科研课题

（1）新立项课题

2008年，中国社会科学杂志社共有新立项课题29项。其中，院国情调研重大课题2项："学术理论报刊与社会主义核心价值体系"（高翔主持），"革命老区农民生活状况调查——以贵州省为例"（高翔、沈杰主持）；院青年科研启动基金课题5项："马克思恩格斯正义观的批判向度与当代价值"（王广主持），"《汉书·地理志》研究"（周群主持），"帝国主义的新变化及其对社会主义的影响"（李潇潇主持），"20世纪易学的嬗变与发展研究"（韩慧英主持），"中国古代英雄传奇故事类型研究"（李琳主持）；社重点课题22项："新传统的兴起：晚明观念变迁与生活方式"（高翔主持），"当代学术思潮的前提批判"（孙麾主持），"唯物史观与历史评价问题研究"（王广主持），"坚守与突围：新时期散文30年"（王兆胜主持），"社会学界关于构建和谐社会的理论探讨综述"（沈杰主持），"农民工子女平等受义务教育问题思考"（柯锦华主持），"朝鲜北学派的华夷观"（郑成宏主持），"从天书封禅看宋真宗时期的忠节文化建设"（路育松主持），"近代外国在华直接投资结构分析"（梁华主持），"明初谪滇诗人群体研究"（李琳主持），"'尉计'、'苑计'非官名辨"（周群主持），"实用主义司法理念的价值及限度"（张芝梅主持），"知青苦难与乡村城市间关系研究"（刘亚秋主持），"苏东社会主义国家官僚特权阶层研究"（张飞岸主持），"网络舆论引导与网络治理"（党生翠主持），"志愿精神在构建社会主义核心价值体系中的功能"（李潇潇主持），"尚秉和之'阴阳相须'易理思想辨析"（韩慧英主持），"资本全球化和美国工人阶级的贫困化"（许建康主持），"《中国社会科学院报》工作手册"（张华伟主持），"物权法与社会有机团结"（舒建军主持），"走向破裂的结盟：中苏同盟研究的新进展"（徐思彦主持），"昭宣时代"（宋超主持）。

（2）结项课题

2008年，中国社会科学杂志社共有结项课题5项。其中，院重点课题2项："近代外国在华直接投资结构分析"（梁华主持），"《历史研究》与新中国历史学"（王和主持）；院国情调研课题2项："我国社会科学发展实力现状的跨地区比较调查"（吴玉章、沈杰主持），"城市外来务工人员子女享受义务教育情况调研"（柯锦华主持）；院青年科研启动基金1项："波斯纳的司法理念与方法"（张芝梅主持）。

（3）延续在研课题

2008年中国社会科学杂志社共有延续在研课题3项。其中，国家社科基金课题1项："批判性论辩与马克思主义哲学创新逻辑研究"（孙麾主持）；院重大课题1项："社会主义和谐社会中的社团管理——法律视角"（吴玉章主持）；院重点课题1项："宋代文人的社会角色与文学活动"（马自力主持）。

3．科研组织管理新举措

（1）2008年，中国社会科学杂志社在总结长期办刊工作经验的基础上，制定颁布了《中国社会科学杂志社编辑手册》、《中国社会科学杂志社〈中国社会科学院报〉工作手册（试行）》、《中国社会科学杂志社管理类规章制度汇编（试行）》，出台了《加强编辑工作信息管理的规定》等。通过严格三审、终审制度，明确岗位职责，制定编排规范，发布外审补充规定，从制度层面保证了编辑工作的严整有序。

（2）为充分保证《中国社会科学》、《历史研究》的学术地位和编校质量，中国社会科学杂志社专门成立了质检小组和清样审读专家小组。在每期刊物核红之后、出胶片之前，进行清样审读，并形成书面审读意见上报总编辑。清样审读的主要任务是对政治方向、学术质量和编校质量等方面进行整体性审查，杜绝见刊错误。

（3）新建了“中国社会科学杂志社网上投稿系统”，方便快捷地实现投稿、分稿、查稿，有利于提高编辑工作效率，增强编辑和作者的交流与沟通。

（四）学术交流活动

1．学术活动

2008年，中国社会科学杂志社主办和承办的学术会议有：

（1）2008年1月29日，中国社会科学杂志社社科理论前沿中心和该社青年小组共同主办的“首届青年学术论坛”在北京怀柔举行。

（2）2008年3月10～16日，中国社会科学杂志社考察团赴青海就青海省的民族文化在社会主义新农村建设中的作用进行了大量的实地调研。

（3）2008年3月28～29日，中国社会科学杂志社主办的“2008年期刊工作联席会议”在北京举行。

（4）2008年4月19日，中国社会科学杂志社《中国社会科学文摘》编辑部主办的“《中国社会科学文摘》学术咨询委员会暨第一届特邀编委会全体会议” 在北京举行。

（5）2008年6月7日，中国社会科学杂志社《国际社会科学杂志》（中文版）编辑部主办的“老龄化与中国道路研讨会”在北京举行。

（6）2008年7月29日至8月2日，中国社会科学杂志社总编辑高翔一行赴长春和哈尔滨两地，分别在吉林大学、东北师范大学和黑龙江大学召开“中国社会科学报刊工作座谈会”。

（7）2008年10月11～13日，中国社会科学杂志社与武汉大学马克思主义哲学研究所联合主办的“第八届马克思哲学论坛”在武汉市举行。

（8）2008年10月15日，中国社会科学杂志社和湖北省社会科学院联合主办的“第七届全国综合类人文社会科学期刊高层论坛”在武汉市举行。

（9）2008年10月16～18日，中国社会科学杂志社《历史研究》编辑部和湖北大学中国思

2008年12月,"学术期刊与学术发展——首届两岸四地学术名刊高层论坛"在黑龙江省哈尔滨市召开。

想文化史研究所联合主办的"明清对话：鼎革与变迁高峰论坛"在武汉市举行。

(10) 2008年11月11～12日，中国社会科学杂志社、广东省社会科学界联合会、学术研究杂志社共同主办的"第二届中国社会科学前沿论坛"在广州市举行。

(11) 2008年11月13～15日，中国社会科学杂志社《历史研究》编辑部和华南师范大学历史文化学院联合主办的"第二届历史学前沿论坛"在广州市举行。

2．国际与地区学术交流和合作

2008年，中国社会科学杂志社共派遣出访1批4 人次。与该社开展学术交流的国家和地区有俄罗斯、德国和中国香港、澳门、台湾地区。

(1) 2008年4月，受中国社会科学杂志社《国际社会科学杂志》之邀，世界体系理论创始人伊曼纽尔·沃勒斯坦（Immanuel Wallerstein）到中国社会科学杂志社出席关于世界格局的交流研讨会。

(2) 2008年10月21日至11月3日，中国社会科学杂志社总编辑高翔率杂志社代表团一行4人访问了俄罗斯科学院远东研究所、俄罗斯科学出版集团，德国波恩发展研究所、慕尼黑应用政治研究所等学术机构和智库。主要就学术出版物的有关机制，学术期刊与社会思潮、社会发展的关系，以及德国思想库对欧盟的政策导向和对华战略等问题进行了访谈。

(3) 2008年11月，中国社会科学杂志社派出优秀人才、社科理论前沿研究中心主任沈杰赴美国斯坦福大学培训。

(4) 2008年12月24日，中国社会科学杂志社和中国社会科学院学术交流委员会共同主办，黑龙江大学和《求是学刊》编辑部共同承办的"学术期刊与学术发展——首届两岸四地学术名刊高层论坛"在哈尔滨市举行。

（五）行政管理工作

2008年，中国社会科学杂志社被评为"中央国家机关文明单位"。党务工作在院社两级机关党委的部署下，协助社领导举办多次理论学习中心组扩大学习会；组织以党支部为单位开展主题党日活动；汶川地震，全社共捐款4万余元；根据院机关党委号召，组织全社党员为支援灾区交纳特殊党费。

按要求完成日常的人事管理工作。2008年，杂志社在人员大幅度增加的情况下，建立了聘用人员内部档案，纳入人事管理。同时，试行对2008年7月以前入社的合同聘用人员工资进行重新测算，由包干工资向在编人员的结构性工资转换。2008年7月以后新聘用人员直接执行结构性工资。

2008年，杂志社制定出台了《关于进一步加强和改进离退休干部工作的决定》，从制度层面重申老干部工作的重要性，让老干部感受到组织的温暖。

（六）会议综述

第八届马克思哲学论坛

2008年10月11～13日，由中国社会科学杂志社和武汉大学马克思主义哲学研究所联合主办的“第八届马克思哲学论坛”在武汉大学国际学术交流中心举行。本届论坛的主题是“马克思主义哲学中国化与当代中国哲学建设”。

著名经济学家、武汉大学党委书记顾海良致开幕词。他指出，本届论坛的主题“马克思主义哲学中国化与当代中国哲学建设”具有重要的理论价值和现实意义，它的召开将大大深化马克思主义哲学的学理研究，为我国改革开放和社会进步发挥更大作用。

在为期3天的论坛上，著名马克思主义哲学家、武汉大学资深教授陶德麟，中国社会科学院学部委员、中央马克思主义理论研究与建设工程首席专家李景源研究员等分别作了主题报告。与会专家围绕马克思主义哲学中国化的内涵、实质、历史进程、重要代表人物的理论贡献、基本经验、内在规律及其对当代中国哲学建设的重要意义等问题展开了热烈地学术讨论。

马克思哲学论坛是以中国社会科学杂志社为常设主办单位，联合全国高校马克思主义哲学学科博士点共同主办的年度学术论坛。目前，马克思主义哲学论坛已成为中国马克思主义哲学研究和创新的重要学术交流平台。

（王　广）

第七届全国综合类人文社会科学期刊高层论坛

2008年10月15日，由中国社会科学杂志社和湖北省社会科学院联合主办的“第七届全国综合类人文社会科学期刊高层论坛”在武汉市举行。中国社会科学杂志社总编辑高翔，中共湖北省委宣传部常务副部长李以章，湖北省社会科学院院长、《江汉论坛》主编曾成贵致开幕词。湖北省社会科学院副院长刘玉堂主持开幕式。中国社会科学杂志社，全国省级社科院、社科联系统以及部分高校的50家综合类人文社会科学期刊的负责同志出席了会议。

高翔认为，改革开放30年来，中国人文社会科学期刊始终是学术进步的推动者和见证者，在构建具有中国特色的哲学社会科学体系中发挥着不可替代的作用。鉴往思来，科学总结30年改革开放进程中学术期刊的历史，学术期刊必须坚持正确的办刊方向，坚定不移地捍卫马克思主义的指导地位；必须自觉服务中国特色社会主义，坚定不移地推进理论创新；必须坚持百花齐放、百家争鸣，提倡学术批评，推动学术讨论；必须弘扬正气，提倡严谨，杜绝浮躁。

与会人员围绕“当前人文社会科学期刊面临的形势、困难与发展前景，21世纪人文社会科学期刊办刊新思路、新资源、新模式”等议题，共同回顾了人文社会科学学术期刊在30年改革大潮中的发展历程，认真总结了学术期刊在繁荣中国哲学社会科学事业的宏伟进程中不断走向成熟的实践经验，深入探讨了人文社会科学期刊发展的内在规律以及未来前景，并就学术期刊如何在迎接挑战中抓住机遇，发挥理论和学术引领作用，提高学术水平和办刊质量，不断加大学术影响力等方面提出了许多建设性的意见和富有创见性的建议。

论坛共同发表了《关于坚决抵制学术不端行为的联合声明》，即“武汉宣言”。《联合声明》由中国社会科学杂志社发起，得到了参加此次论坛的50家学术期刊的积极响应。与会者一致认为，《联合声明》的发表将有利于净化公共学术空气，维护正常的学术生态，倡导优良学风，为促进学术事业的健康发展，繁荣发展中国哲学社会科学事业起到应有的作用。

全国综合类人文社会科学期刊高层论坛是以中国社会科学杂志社为常设主办单位，联合全国一批优秀的综合类人文社会科学期刊共同主办的年度期刊论坛。目前论坛已成功举办七届，成为推动中国人文社会科学发展的重要学术舞台。

（郑成宏）

第二届中国社会科学前沿论坛

2008年11月，“第二届中国社会科学前沿论坛”在广东省广州市召开。

2008年11月11～12日，由中国社会科学杂志社、广东省社会科学界联合会、学术研究杂志社共同主办的“第二届中国社会科学前沿论坛”在广州市举行。中国社会科学院副院长武寅，中共广东省委常委、宣传部部长林雄出席论坛并致辞。中国社会科学杂志社总编辑高翔、广东省人民政府副秘书长江海燕等出席会议。

武寅在讲话中指出，哲学社会科学是人类精神文明发展的集中体现和时代精神的精粹，是推动历史发展和社会进步的重要力量。哲学社会科学的发展水平和繁荣程度，体现着一个国家和民族的理论思维能力、精神文明水平。马克思主义研究的发展状况，直接关系到当代中国哲学社会科学的面貌。马克思主义研究应当高度重视哲学社会科学发展的前沿，科学地吸收各学科的优秀成果，使马克思主义得到丰富和发展。改革开放30年，不仅是自然科学的“春天”，也是哲学社会科学繁荣发展的“春天”。我国当前经济社会发展正处于历史上最好的时期，哲学社会科学事业也面临着难得的发展机遇。在这样一种历史条件下，依托人民大众实践运动的新特点和时代的新脉动，努力探索理论学术前沿，将有利于哲学社会科学工作者进一步解放思想、实事求是、与时俱进、探索创新，在时代与学术、现实与理论的交相互动中，在历史与逻辑的辩证统一中，勇敢地担负起时代和国家赋予的重大使命，谱写出当代中国社会科学的壮丽篇章。

林雄在发言中强调，坚持理论联系实际，把加强学术研究与关注当下的现实问题紧密结合起来，是繁荣发展哲学社会科学的重要途径。广东是中国改革开放的先锋，也是理论创新的热土。当前，广东正在结合在全党开展的深入学习实践科学发展观活动，深化对科学发展观的认识，转化落实解放思想学习讨论活动成果，提高广东科学发展的水平和质量。

与会专家学者共同回顾了中国哲学社会科学研究在30年改革大潮中的发展历程，认真总结了中国哲学社会科学事业在中国特色社会主义宏伟进程中不断走向成熟的实践经验，围绕着改革开放与中国共产党人的改革开放思想、构建中国特色的创新型国家、国外马克思主义最新研究动态等内容进行了深入研讨，努力探索富有鲜明中国特色、中国气派、中国风格的哲学社会科学的规律和发展前景。

（王　广）

第二届历史学前沿论坛

2008年11月13～15日，由中国社会科学杂志社《历史研究》编辑部与华南师范大学历史文化学院联合主办的“第二届历史学前沿论坛”在广州市举行。中国社会科学院副院长武寅出席并发表讲话。中国社会科学杂志社总编辑高翔、华南师范大学校长刘鸣分别代表主办方致辞。

武寅在讲话中指出，党的十七大站在历史和时代的制高点，从全党全国的战略大局出发，系统总结了30年来我国改革开放所取得的伟大成就。在十七大精神的指引下，我国各条战线积极总结、系统回顾30年来所取得的具体成就和历史经验，为新世纪新阶段高举中国特色社会主义伟大旗帜，夺取全面建设小康社会新胜利奠定了良好的基础。武寅说，系统总结30年来历史学所取得的成就，探讨取得这些成就的历史和时代背景，不仅有利于回顾过去，而且有利于开创未来，可以为繁荣发展哲学社会科学，推进学科体系、学术观点、科研方法创新，鼓励历史学界为党和人民事业发挥思想库作用，推动我国历史学优秀成果和优秀人才走向世界，作出应有的贡献。

高翔指出，全面总结、深刻分析改革开放30年历史学的成长历程，对今后历史学研究的健康发展具有十分重要的意义。在历史新时期，要推动历史研究深入发展，必须一如既往地坚持以马克思主义为指导，自觉地服务中国特色社会主义，自觉地推进理论创新，坚持科学精神，杜绝浮躁，坚持百花齐放、百家争鸣。

刘鸣指出，改革开放30年来，中国历史学有了长足的发展，涌现出了一批著名的学者，产生了一大批富有学术价值的成果，为繁荣中国历史作出了巨大贡献。他认为，总结30年来中国历史学取得的成果，回顾30年来走过的道路，为中国历史学的发展寻找经验和方向，是一件非常有意义的事情。

开幕式上，中国社会科学院副院长武寅受聘为华南师范大学客座教授，并举行了聘任仪式。

会议围绕“理论与方法：中国历史学30年”的主题，全面总结改革开放30年历史学的研究成就，并在此基础上展望了今后研究的发展方向。

（周　群）

学术期刊与学术发展——首届两岸四地学术名刊高层论坛

2008年12月24日，由中国社会科学杂志社和中国社会科学院学术交流委员会共同主办的“首届两岸四地学术名刊高层论坛”在黑龙江省哈尔滨市举行。来自两岸四地的50余位学术名刊主编畅论学术期刊的发展与学术繁荣创新。

中国社会科学杂志社总编辑高翔，黑龙江大学校长张政文，黑龙江省委宣传部副部长张翔，《求是学刊》主编李小娟，澳门基金会行政委员会委员吴志良，香港中文大学 *The China Review* 主编王绍光，台湾“中研院”民族学研究所所长黄树民，《欧美研究》主编李有成，《人文社会集刊》主编章英华，《中国文哲所集刊》主编林庆彰，《台湾政治学》副主编吴齐殷等众多期刊主编和专家学者出席论坛。

学术期刊应当深刻地反映时代问题，把握时代与学术、时代与学术期刊之间辩证互动的深层规律。学术期刊的发展水平，从来都是一个时代文明水平的重要标志，是一个时代认知能力和时代精神的重要体现。学术期刊的历史构成了现代学术历史的重要组成部分。改革开放的深化，全球化浪潮的冲击，社会思潮多元、多样、多变局面的形成，学术制度与期刊管理机制的变化，都深刻地改变着学术期刊生存和发展的社会环境。我国学术期刊，尤其是综合类学术期刊面临着新的机遇，也面临着新的挑战和新的选择。我们必须思考，在社会变革大潮的冲击下，学术期刊如何站在时代的前沿，更好地肩负起推动中国特色哲学社会科学繁荣发展的历史使命。

张政文认为，在全球化背景下的新世纪，学术期刊正经受着前所未有的严峻挑战。如何在新的历史时期，在学术期刊日益呈现出国际化、多元化和集约化的崭新发展态势下，进一步加强学术期刊的自身建设，继续担承应有的社会责任、发挥文化引领的重要作用，已成为世界范围内学术期刊同仁共同面对的重大问题。

研讨会上，来自中国港、澳、台地区的学术期刊主编回顾和梳理了三地社会科学期刊的历史与现状，介绍了三地高校学术评核制度与学术出版机制，揭示了三地学界与期刊界以服务社会为己任的研究传统，并围绕三地学术期刊的办刊经验、优点长处和不足等问题作了深入阐发。与会者认为，中国学术应当努力超越西方学术话语霸权，确立中国学术的应有地位，中文学术期刊在这方面应当起到引领和推动作用。

（王　广）

社会科学文献出版社

2008年，社会科学文献出版社共出版图书679种，其中新书571种，再版及重印书108种，发排总字数2.75亿字；全年造货总码洋16593.78万元；全年发货总码洋10361.2万元；全年实现销售码洋11595万元。总收入7456万元，比2007增长24%。实现利税915万元，较2007增长52.42%；其中利润397万元，较2007增加106.77%；人均实现收入46.89万元，与2007基本持平。以总收入作为主要指标考核，实现年初提出的增长目标。

2008年，社会科学文献出版社新增固定资产82.95万元，自购办公用房总面积达到4000平方米。

1．突出主题出版，维护重点品牌

围绕改革开放30周年主题，社会科学文献出版社组织、策划了30余种相关选题，其中《中国特区经济史论》入选新闻出版总署与中宣部组织的“强国之路——纪念改革开放30周年书系”，《中国社会变迁30年（1978～2008）》、《中国对外关系转型30年（1978～2008）》、《中国西部减贫与可持续发展》入选“纪念改革开放30周年百种重点图书”。2008年12月，社会科学文献出版社和福特基金会共同主办“中国经验——改革开改30年高端学术论坛暨《改革开放研究丛书》发布会”。

2008年12月，“中国经验——改革开放30年高端学术论坛暨《改革开放研究丛书》发布会” 在北京举行。

为进一步提升“皮书系列”的学术品位和出版质量，扩大其品牌影响力，社会科学文献出版社成立“皮书系列”评价研究中心，对所出版皮书展开专题研究，使之更好地服务于科研系统和政府机关。

社会科学文献出版社全年共出版译著近60种，其中，“社科文献精品译库”2008年推出了13个品种，使引进版图书种数达到25种，丰富和扩大了这一译著品牌的影响。

为优化选题结构，提升选题质量，社会科学文献出版社年中改选了编辑委员会，进一步完善了选题立项审批制度。

2．始终坚持为院科研服务的宗旨，充当院科研成果的发布平台

社会科学文献出版社紧密联系各研究所（局、中心），把院科研成果作为最重要的学术出版资源。2008年，共承担院内出版项目140余种，占该社新书出版总量的24.48%。《列国志》工程基本完成收尾工作。截至2008年年底，《列国志》已出版117种，基本上完成了出版任务，其中部分出版较早的产品已经启动修订工作，为2009年整套再版奠定了基础。

3．新增长点特色明显

2008年，在整合原有社工类品牌教材的基础上打造的“中国社会工作教材精粹”系列已经推出2种。数字出版推进速度加快。皮书系列数据库一期建设工程基本完成，并实现在线数据库销售；古籍数据库规模扩充显著，目前已经达到121种。《救护员指南》实现销售50余万册。社会科学文献出版社通过竞标获得部分2010年上海世博会项目的策划与出版权，目前由社会科学文献出版社组织编写、出版发行的《小学生与中学生世博知识读本》已经推出，正等待市场的检验。

4．国际合作开展顺利，成果显著

为了进一步推动“中国图书对外推广计划”工程，社会科学文献出版社成立国际出版中心，全面承担“走出去”项目的联络、推介与出版工作。2008年，“走出去”项目签约10种，出版6种。由日本笹川和平财团基金会资助的《中日友好交流三十年》项目按期结项，其成果在2008年11月正式出版，并召开了隆重的新闻发布会。对韩方面，以《当代韩国》为依托，开展了相关交流活动。2008年，社会科学文献出版社共接待国外出版机构、财团、学者等来访20多人次，社内人员赴境外参加国际学术会议、书展等出访活动达30多人次。

5．认真学习实践科学发展观，全面推动管理水平提升

2008年，按照院党组的部署，社会科学文献出版社开展了认真学习实践科学发展观的教育活动。社领导班子高度重视，党内外积极行动，解放思想，积极探索，各项管理工作在科学发展观的统领下也得到有效提升，取得了很好的成绩。根据院里部署的改革任务，成立了以谢寿光社长为首，社长办公会、社委会和改革方案起草小组成员组成的改革领导小组，有利于调动全社员工改革创新创业的工作积极性和热情，有利于提高核心竞争力，有利于建立有自身特色的企业集团的改革目标。

计算机网络中心

2008年,中国社会科学院信息化建设在院信息化领导小组领导下,认真落实院党组提出的战略目标，进一步提高网络功能，加强网络和网上信息安全，完善和维护好三库，抓好已立项的几十个学科数据库的阶段性开发成果，继续加大对研究所信息化建设的支持力度，努力把院网建成哲学社会科学专业名网。

（一）进一步建立健全院所两级信息化管理体制

按照我院管理体制机制改革要求，院网络中心在征得院人事教育局意见的基础上，制定了《关于加强和健全我院研究所网络信息化管理体制的通知》并下发院内各单位。通知对全院各单位信息化领导体制、管理机构、管理岗位和人员的设置提出了明确要求。按照通知精神，院内各单位在2008年底前都建立健全了信息化领导小组,进一步落实了信息化工作管理机构和人员,院两级信息化管理体制得到进一步加强。

（二）继续抓好网络出口扩容，网络规范管理，网络安全工作

(1) 院出口链路从100兆扩容为150兆，主干设备升级到千兆，同时对邮件服务器进行了升级扩容。为法学研究所、国际法研究中心、经济学科片、民族学与人类学研究所、中国社会科学出版社、社会科学杂志社配置了流量管理设备，并进行了流量管理设备使用培训。

(2) 完成了国际学科片、中国社会科学出版社、中国社会科学杂志社及院报告厅贵宾接待室的网络改造工程。

(3) 配合院保密办对全院计算机信息安全工作进行了检查，向全院提供了瑞星杀毒软件和查杀木马软件。

(4) 按照科学管理的原则，扩大了研究所网管人员权限，方便各单位自行解决账户和密码设置问题。

(5) 配合我院管理体制改革，将“科研人员远程访问内网”、“上网统一身份认证”和“网络有偿使用”列入信息化管理体制改革措施，2008年底前形成了调研报告和解决方案。

（三）重点抓好信息开发和应用工作

(1) 开发中国社科期刊网站群和稿件编辑发布平台。一期完成20个期刊编辑部独立的网站，实现网上投稿和稿件查询，编辑部网上稿件审核，其中《中国社会科学》网站已经上线运行。建立已刊稿件及未刊稿件数据库，在院内实现数据共享，对外提供信息服务。

（2）完成院“GIS综合应用集成平台系统”一期系统平台搭建和中国历史地图基础数据库的建立，进行民族分布专题、民族语言专题、汉语方言专题数据库的运行测试。

（3）院国情调研数据支持平台系统开发进展顺利，2008年底前已开发完成数据校验工具和网站数据统计分析功能。

（4）“院数据库系统基本情况调查”课题结项。

（5）修订“我院科研成果库、我院期刊库和我院科研人员个人资料库”成果填报标准，收集、整理、录入了17位院领导的6000条学术成果信息，其中2000条数据已经补充审核完毕，正式进入“三库”平台。

（6）继续支持研究所开发科研特色数据库和信息资源引进工作。2008年，研究所科研特色数据库新增项目2个，结项10个。

（四）稳步推进院网站建设

（1）开发了网站新后台采、编、发系统，并配套开发了网站信息管理后台安全系统。

（2）搭建中国哲学社会科学专业网的基本框架。完成“中国哲学社会科学网” 项目调研及网站总体设计；完成“院经济学部网”的搭建；其余学部网均已完成前期调研和基础平台搭建工作。

（3）开发了“院网站视频信息制作系统”。

（4）搭建了《深入学习实践科学发展观》、《众志成城　抗震救灾》、《人文奥运　文化中国》、《庆祝中国社科院网络信息系统运行应用十周年》等专题网站。

（5）为我院工业经济研究所、金融统计和孙冶方经济科学基金会等网站的发布提供数据库调试以及服务器设置方面的技术支持。

（五）继续推进办公自动化

配合院人事教育局继续推广人事管理系统一期平台，在全院范围组织了两次专业培训。完成人事管理系统二期开发的需求调研，撰写了我院人事管理系统二期开发的需求报告。牵头召开了职能局业务信息共享研讨会，讨论人事信息共享问题，确定了共享的范围和数据项，明确由人事教育局定期发布，为全院各职能局提供标准数据。

（六）组织会议

2008年是我院计算机信息系统运行应用10周年，网络中心在全院组织了一系列工作交流和表彰活动。包括评选先进单位及先进个人、按学科片组织座谈会、以“我院信息化10年”为主题开展征文等；汇编了院信息化10年的情况、先进单位及先进个人事迹、有奖征文论文集、2006年网站建设报告等；编制了《信息化十年画册》、《计算机网络应用系统实用手册》、专题片和图片展等。2008年7月10日，举行了中国社会科学院计算机网络信息系统运行应用10周年总结表彰大会。我院信息化领导小组组长、副院长陈佳贵，中央纪委驻院纪检组组长李秋芳，院秘书长黄浩涛，副秘书长晋保平等出席会议；院党组副书记、常务副院长王伟光同志为大会写来贺辞。院信息化领导小组成员、院属各单位分管信息化工作的所局领导、专兼职信息化工作人员和各学科片网管员等180余人出席大会。会上向20个先进单位、2个特殊贡献奖单位和35个先进个人颁发了奖杯和荣誉证书。举行了我院信息化成果交流演示会。包括网络中心在内的7个院属单位对10年来在信息化建设和应用中的成果和经验进行了总结与交流。

2008年10月，“第六届（2008）两岸三院信息技术与应用交流研讨会”在湖南省张家界市举行。

2008年10月19～24日，由我院计算机网络中心主办的“第六届（2008）两岸三院信息技术与应用交流研讨会”在湖南省张家界市举行。来自中国科学院、台湾“中研院”和我院的近120位专家学者出席了会议，部分地方社科院也派人参加了会议。

我院副院长陈佳贵致信预祝大会圆满成功，并对大会以例会形式举办给予高度评价；台湾“中研院”副院长刘翠溶和中国科学院副秘书长谭铁牛在大会开幕式上致辞。

我院计算机网络中心主任解延德作了题为《三院携手再努力，续写历史新篇章》的演讲；中国科学院副秘书长谭铁牛作了题为《中科院“十一五”信息化工作进展》的演讲；台湾“中研院”计算中心主任徐讃昇以“资讯技术服务工作现状及展望”为主题，介绍了台湾“中研院”的资讯技术服务的新技术与新方向。

两岸三院60多名参会代表围绕“信息技术与应用”这一主题在会上发言。我院有14个研究所参会，有13个研究所的专家学者在大会上作了信息化工作汇报，特别展示了在世界历史、文学、考古、语言、民族文学、民族学、政治学、法学等领域信息化的成果及发展前景。与会专家指出，进入21世纪，伴随信息技术的发展，中国科学院、中国社会科学院和台湾“中研院”在信息资源内容与技术上都有着许多可以共同关注的主题，并且对加强两岸三院信息技术应用的沟通、交流与合作，尤其是对组织面对面的交流一致表示认同。

与会专家还围绕两岸三院“信息技术与应用”、“信息资源开发与应用”、“GIS与应用”、“科研环境信息化建设”等四个专题展开讨论。

服务中心

2008年，服务中心在院党组的正确领导下，在职能部门的大力支持下，认真学习贯彻党的十七大精神，认真贯彻落实院工作会议精神，开展学习实践科学发展观活动，深化后勤管理体制机制改革，坚持服务宗旨，加强服务经营管理，较好地完成了各项工作任务。

（一）深入开展学习实践科学发展观活动

按照院党组的部署，深入开展学习实践科学发展观活动。中心机关党委和各党支部高度重视，坚持两手抓，两结合，两不误，两促进，组织党员干部学习科学发展观理论，开展专题调研，交流学习心得体会，进行解放思想讨论，查找问题，制定整改措施，党员干部对科学发展观的认识进一步深化，贯彻落实科学发展观的自觉性和坚定性进一步提高，服务经营工作进一步改善。

（二）推进后勤管理体制机制改革

2008年年底，服务中心共有在编职工198人。其中：干部89人（其中：技术干部11人），工人109人，外聘员工约400人。服务中心下设办公室、党务人事部、计划财务部、事业发展部、综合管理办公室、人防管理办公室等6个行政管理部门；社科车队、科研后勤保障中心、院部餐厅、医务室、会议中心、北京社科博源宾馆、北戴河培训中心、密云绿化基地等8个服务单位；社科光大经贸有限公司、安信捷办公用品销售中心、北京市图文印刷厂等3个经营单位。

根据院工作会议精神，下半年在院改革协调小组指导下，中心从三个方面对后勤管理体制机制进行改革。一是聘用制试点改革。按照院人事教育局的部署和要求，中心成立了领导小组，制定了实施方案以及岗位职责、权限和任职条件；制定了服务中心聘用制试行办法。由于聘用制工作实施难度较大，此项改革在2009年度仍将进行。二是北京圣士状元食府（简称圣士）的改革。由于圣士长期亏损，拟改变经营方式，向社会外租。9月，圣士停业，安排人员分流，开展资产、财务清理清算。受地理位置及国际金融危机影响，至年末未能找到合适的合作伙伴。三是北京市图文印刷厂的改革。其目标是改变体制，保证服务，提高效益，解决亏损。经反复研究论证，拟将北京市图文印刷厂改为内部服务单位，成立“社科文印部”。由于改制涉及的问题较多，有关工作安排将在2009年上半年结束。

（三）后勤服务保障工作

各部门通力协作完成了院工作会议、学习党的十七大精神培训班、所局级干部学习实践科学发展观培训班、所局主要领导干部参加的改革工作座谈会以及职能部门召开的各种会议等接待服务工作。

科研后勤保障中心完成院部机关和全院部分宿舍小区物业管理服务工作。完成物业服务面积23万平方米，供暖面积35万平方米。

社科车队安全行车3万多台次，行程100多万公里，在北京奥运会、残奥会有特殊要求的情况下，精心安排，周密组织，保证了院领导、职能部门和职工的安全用车。

院部餐厅在物价上涨的情况下，保持伙食质量稳定，完成职工就餐工作。全年接待就餐人员26.4万人次。

医务室完成全院职工医疗保健工作。完成门诊12000人次。完成全院职工健康体检工作，共51个单位3845人参加体检。

会议中心完成院内外各种会议的接待服务工作，接待会议1300多个（次）。

密云绿化基地、北戴河培训中心和北京社科博源宾馆完成院内各种会议和重要活动的接待服务工作。

（四）经营管理工作

中心实施经营管理合同制度，明确企业经营的各项目标和责任。加大企业管理和企业改革的力度，采取扭亏增盈措施，强化企业激励机制，改革奖罚办法，调动了企业和员工的积极性。同时，积极开展企业经营分析活动，每季度召开一次经营分析会，肯定成绩，指出问题，提出改进措施。中心总体经济效益有所增长。

社科博源宾馆进一步完善经营手续，理顺与地方管理部门的关系，合法经营，取得较好的效益，较好地完成了管理目标。

社科光大经贸有限公司克服国家修建铁路占地的困难，积极创造商机，将经营损失减少到最低，按计划完成拆迁后经营场所基础配套设施建设。

（五）行政管理工作

加强制度建设。贯彻执行国家和院的有关规定。制定了《服务中心职工休假管理办法》、《职工患重（大）病医疗费用补助暂行办法》，修订了《财务支出审批管理办法》等规章制度。

加强房改补贴管理，按照院里的规定，为无房和未达标职工发放了住房补贴。

清理债权债务，重点对密云绿化基地建设项目的垫付款项进行了清理。较好地落实了审计查出的问题。

加强安全稳定管理，坚持节假日、敏感日安全值班，坚持安全检查，特别是加强北京奥运会和残奥会期间的安保工作，确保安全无事故。

综合管理办公室完成2008年度植树造林、院部机关综合治理工作。

人防办公室认真贯彻人防法和规章制度，规范人防工程使用管理，加强监督检查，保证了人防工程安全有效使用。制定了《中国社会科学院人民防空应急预案》。

人才交流培训中心

（一）继续做好“中国社会科学院管理干部公共管理核心内容培训班”的培训任务

2008年，遵照中央提出的“大规模培训干部，大幅度提高干部素质”的方针和战略任务，向院属各单位印发了《关于继续做好管理干部公共管理核心内容培训工作的通知》[社科（2008）人字4号]，组织对2006～2007年未完成4门面授课程的管理干部进行“沟通协调能力”、“心理调试能力”、“公共行政概论”、“创新能力”课程的补课，组织管理干部收看专家授课录像培训8次共32课时，培训管理干部168人次。至2008年底，全院管理干部共有864人参加管理干部公共管理核心内容的培训，其中按文件要求完成4门面授课程的787人，占参训人员的91.1%。

（二）组织“管理干部公共管理核心内容培训班”论文的评审工作

制定了《中国社会科学院管理干部公共管理核心内容培训论文评选方案》和《补充办法》，规范了培训论文的评审工作，并成立了由人事教育局领导牵头、局务会成员组成的“论文评审组”，由人才交流培训中心组织实施，经初评、二审、选优（专家评审）三个程序，对完成4门面授课程的640名管理干部的论文（每篇论文要求1500字以上）进行认真的评选。其中不及格42人，及格248人，良好267人，拟推荐为优秀论文的83人，及格率为93.4% 。有598人培训论文合格，获得“中国社会科学院管理干部公共管理核心内容培训证书”。2008年，“公共管理核心内容培训证书”为全院管理干部年终考核评优秀和院优秀管理干部评选必备条件。

（三）代理报考全国专业技术人员计算机应用能力考试

向院属各单位印发《关于组织2008年晋升中高级职称计算机应用能力考试代理报考与培训的通知》[社科（2008）人培字1号]，为我院专业人员组织3次晋升中高级职称计算机应用能力考试的代理报考服务，并为全院参加2008年考试的专业人员35人进行代理报考服务，报考的计算机模块累计71个。

（四）开展调研活动，草拟中国社会科学院新进人员实行人事代理的方案

为配合我院事业单位人事制度改革，推行聘用制，人才交流培训中心分别到中国科学院人才交流开发中心、文化部文化艺术人才中心、人民日报社人才交流服务中心等单位调研，了解聘用制改革实行人事代理的有关情况，并撰写《关于赴若干人才机构开展人事代理业务的调研报告》，在此基础上，讨论研究对我院新进人员实行人事代理的办法，向院属各单位印发了《关于新进人员实行人事代理的通知》，为全院新进人员实行人事代理做好基础工作。

（五）做好人事代理、流动人员人事档案管理

2008年，接受科研局委托，为其部分聘用人员实施人事代理。目前人才交流培训中心共接受院属7个单位委托，为其职工进行人事代理共23人；接转流动人员人事档案79份，其中转入46份，转出33份，现共有流动人员人事档案649份；为存档人员办理转正定级27人次，办理工龄审定、调整档案工资30人次；开具人事档案相关证明63人次。

（六）继续构建“社会科学人才信息库”，为开展人才交流业务创造条件

2008年，人才交流培训中心网站“中国社科人才网”开展人才交流工作，搜集、整理以社科高层次人才为主的人才信息610条。

（七）进行人才交流培训中心网站“中国社科人才网”的维护和建设

2008年，更新“中国社科人才网”动态网页的部分招聘与求职信息，发布院属单位招聘需求、招聘信息和以社会科学高层次人才及社科类高校应届毕业生为主的求职人才信息。其中单位招聘信息535条，求职人才信息2208条。

更换“中国社科人才网”部分静态网页的信息，在“本站公告”、“国际人才动向”、“国内人才动向”、“历年记事”、“今年动态”等频道编辑、发布有关文章32篇、图片1幅。在“中国社科人才网”为我院直属机关党委招聘应届硕士研究生、金融所招聘博士后人员进行人才招聘代理,发布招聘信息2次，为用人单位获取应聘人才信息提供了服务。

（八）通过北京人才服务机构等级评定委员会的等级认证

根据北京人力资源服务行业协会要求，报送院人才交流培训中心工作的认证材料，参加北京人才服务机构2008年的等级认证。经北京人才服务机构等级评定委员会审议，中心通过北京人才服务机构的等级认证。

（九）完成人才交流机构有关证书、许可证的审验、登记工作

办理人才交流培训中心《事业单位法人证书》2007年年检、《中华人民共和国组织机构代码证》2007年年检、《人才市场中介服务许可证》2007年年审和网站中文域名2008～2009年的注

册事宜。与北京飞燕宏图法律咨询有限公司合作举办4期“《中华人民共和国劳动合同法实施条例》与劳动争议处理技巧研修班”，邀请国务院法制办政法劳动社会保障法制司、《中国劳动保障报》法律事务中心有关专家就《中华人民共和国劳动合同法实施条例》解读、操作和案例分析等进行授课。来自海南省人力资源开发局、中国南方航空股份有限公司等70多个企事业单位、政府管理部门的代表共200人参加了研修。

（十）举办国家社科基金项目管理培训班

与北京产经培经济咨询中心联合举办“国家社科基金项目管理培训班”，邀请有关专家就《如何申办管理国家社科基金项目》进行授课、答疑。来自宁夏社会科学院、厦门市社会科学院、外交学院等单位的27人参加了培训。

五　院直属公司工作

中国人文科学发展公司

人文公司设有总经理办公室、财务部、人事部、网络办公室、图书进口部、图书出口部、中文图书部、综合部、进出口部、影视中心、咨询中心等。

人文公司的业务工作由出版物的进出口、一般商品的进出口贸易和文化产业组成。2008年，人文公司共进口外文期刊98种，外文图书1668册套，共计人民币318万元，内容主要是俄、法、德、西班牙等国最新的社会科学研究成果。2008年，向新加坡、美国、英国、澳大利亚等国家出口中文图书5000册，共计人民币223.9万元。

经过多年来的努力，人文公司在出版物进出口的经营上，已经摸索出了一些经验，形成了一定的规模。同时参与了由国际学部6个所，网络中心研制的社会科学(国际问题研究)学术出版物信息系统，共同解决出版物进口工作流程中难度较高的国际出版物目录采集与发布问题，为科研服务。

在做出版物进出口业务的同时，人文公司还为院图书馆采购中文图书，2008年采购中文图书21878册，共计人民币110.7万元。

人文公司还积极拓展业务渠道，一般商品的进出口贸易是人文公司多年来一直经营的业务，但在2008年，由于世界经济危机的出现，整个进出口业务受到很大影响。

文化产业是公司积极开拓和寻找的一个方向，2005年，人文公司申领了《影视节目制作许可证》，至2008年，人文公司制作了几部影视专题片，受到有关部门的好评。

人文公司在完成院里交办的各项任务的同时，还要接受工商、税务、海关、商检等国家机构的管理、监督和检查。2008年，人文公司在商业运营中，遵纪守法，依法纳税，向国家上缴税收12万元。

2008年，按照院党组的统一安排和布置，人文公司努力营造风清气正的发展环境，深入开展理想信念教育、党章和法纪教育，深入开展学习实践科学发展观活动。

中国经济技术研究咨询有限公司

（一）公司体制

中国经济技术研究咨询有限公司（以下简称中经咨询公司）实行董事会领导下的总经理负责制，设有办公室、计划财务部、投资银行部、管理咨询部、能源评价中心、教育培训部、专家委员会。

（二）主要业务领域

中经咨询公司秉承“知识创造价值，创新服务客户”的企业理念，主要从事以下业务：资本市场运作包括企业资产重组、并购、上市策划、改制策划；城市与产业发展规划；企业发展战略咨询；经营者年薪及企业薪酬设计；企业信息化管理咨询；组织国际国内学术会议与论坛等。

依托中国社会科学院的强大资源平台，凭借自身在专家资源、案例库和知识密集等方面的优势，中经咨询公司能为客户提供产业规划、发展战略、投资银行、管理诊断、市场营销、信息化管理等多方面的咨询服务。服务对象涵盖政府、金融、电信、能源、出版、教育、医药、制造等行业的上百家企业。中经咨询公司在为客户提供优质服务的同时，努力构建“金融顾问”和“管理咨询”并重的业务发展模式，致力于成为中国咨询顾问领域的知名品牌。

（三）企业文化

中经咨询公司以知识创造价值、创新服务客户为理念；以帮助客户实现价值最大化为公司宗旨；以客户是上帝、创新是机遇、质量是品牌、专业是实力为公司核心价值；以服务差别化、产品创新化为公司策略；中经咨询公司战略是以教育培训为龙头，以能源研究评价为核心，以产业管理咨询和金融投资服务为两翼，以专家为依托，以信息为支撑，以网络为手段。中经咨询公司管理秉承人本原则、实证原则、效益原则，致力于打造经济咨询领域知名品牌。

中经咨询公司在科学发展观重要理论的引导下，不断学习中央的最新政策、精神并用以指导公司的经营和发展。在为客户服务的过程中向员工不断灌输“科学发展”、“以人为本”的思想，使企业走上科学发展的道路。

（四）2008 年开展的工作

(1) 孝义国情调研项目。山西省孝义市是公众心目中的中国和谐之城，2007 年，孝义市经济社会发展取得重大成就，实现了“吕梁第一、三晋一流、中国百强”的战略目标。2008 年，根据孝义市的实际情况，中经咨询公司在该市建立了国情调研基地。中经咨询公司通过长期深入调研，完成了国情调研成果报告的编写，包括7份子报告和1份总报告（该项目的专家论证会已筹备完毕，但是由于孝义方面的原因该项目暂时停滞）。

（2）中经咨询公司旅游规划设计资质复核通过、工程咨询单位资质申报成功。中经咨询公司旅游规划资质的复核申报通过，已具备旅游规划设计丙级资质。中经咨询公司工程咨询单位丙级资质的申报成功，该资质已获国家发改委批准。

（3）2008年9月，“第二届东北亚经贸合作论坛”召开，主题为交流、合作、互惠、发展。议题为加强东北亚区域能源、资源及物流的合作，加强东北亚区域合作。公司董事长崔民选受邀出席此次论坛并作主题发言。

（4）南京高新区建立环境资源产业基地可研项目。中经咨询公司通过对国家相关政策法规的分析、南京高新区的特点及自身优势，对南京高新区建立环境资源产业基地的可行性进行了深入调研、论证。完成了论证总报告1份，该研究报告对南京高新区的区位优势、产业模式、发展定位等进行了论证，并对高新区环境资源产业基地的建设提出规划建议。

（5）组织完成《能源蓝皮书：中国能源发展报告》（2009）的编写和出版工作。由崔民选研究员任主编、中经咨询公司组织完成《能源蓝皮书：中国能源发展报告》（2009）的编写，并于2009年初出版。《能源蓝皮书：中国能源发展报告》（2008）在中国社会科学院蓝皮书系列综合评比中名列前五名，并入选“领导干部重大决策参考书”之列。

（6）博士后流动站工作进行顺利。中经咨询公司与中国社会科学院人口与劳动经济研究所自2007年3月合作设立中国社会科学院经济学博士后流动站并在河南鹤壁煤业集团设立博士后工作基地以来，已有近10名博士后进站工作。2008年，此项工作继续顺利进行。

（7）工商管理培训班。依托中国社会科学院强大的师资力量和丰富的专家资源，中经咨询公司与菲律宾太历国立大学、中国社会科学院研究生院政府政策与公共管理系等合作开设工商管理博士学位班和国民经济学博士课程班，以满足社会、公众对持续进修和发展的需求。

（8）通过首都联合职工大学中国社会科学院分校2008年收费许可证审验。首都联合职工大学中国社会科学院分校（简称“社科分校”）为成人大专学历教育体系。学校依托社科院雄厚的师资力量，以培养技能型和一专多能的专业人才为宗旨。该分校于2007年5月由中国社会科学院研究生院移交中经咨询公司管理。2008年度收费许可证副本顺利通过国家发改委年检，审验合格。

（9）2008年，中经咨询公司成立20周年，编印了公司20周年纪念册及成果汇编。

六　院代管单位工作

当代中国研究所

（一）人员、机构基本情况

截至2008年年底，当代中国研究所共有在职人员94人。其中，正高级职称人员12人，副高级职称人员14人，中级职称人员23人；高、中级职称人员占全体在职人员总数的52%。

当代中国研究所设有第一研究室（政治史研究室）、第二研究室（经济史研究室）、第三研究室（文化史与社会史研究室）、第四研究室（外交史与港澳台史研究室）、办公室和科研办公室。其中，办公室下辖秘书处、人事保卫处、档案处、财务处、行政管理处、老干部工作处、机关服务中心7个处。科研办公室下辖学术处、宣传教育处、史料征集处、《当代中国史研究》编辑部、图书资料室、信息中心6个处。当代中国出版社为所直属单位。

（二）科研工作

1．科研成果统计

2008年，当代中国研究所出版专著3种，90.2万字；学术论文122篇，110.59万字；研究报告2篇，1.3万字；译文2篇，1.25万字；学术普及读物1种，4.2万字；工具书1种，100万字；一般文章3篇，1.1万字，论文集1种，60万字。

2．科研课题

2008年，当代中国研究所延续在研课题有18项。其中，国家社会科学基金课题5项："中华人民共和国史研究的理论与方法"（朱佳木主持），"新中国成立以来气象灾害与农业经济关系史"（陈东林主持），"1975～1982：历史转折研究"（程中原主持），"土地制度变动与中国乡村社会变革"（王瑞芳主持），"当代中国发展进步的政治前提和制度基础研究"（田居俭主持）；院重大课题1项："无产阶级专政历史经验研究"（朱佳木、靳辉明主持）；院委托课题4项："建设社会主义新农村与加强农村基层党风廉政建设"（宋月红主持），"党的第一代中央领导集体对社会主义建设规律的探索研究"（欧阳雪梅主持），"贯彻落实十七大精神，走中国特色的自主创新道路"（冷兆松主持），"完善医疗保障制度与构建社会主义和谐社会"（姚力主持）；所重点课题

8项："新中国社会主义意识形态建设的历史经验研究"（张星星主持），"新中国民主与法制建设的历史经验研究"（程中原主持），"新中国农村政治建设研究"（李正华主持），"1966～1976年国民经济与社会发展状况研究"（陈东林主持），"论社会主义和谐社会提出的历史背景及其在中国共产党治国理论中的地位"（刘国新主持），"20世纪60年代中苏关系的回顾与评价"（丁明主持），"'一国两制'在香港的成功实践"（罗燕明主持），"农村土地经营方式的变迁与邓小平'两个飞跃'思想研究"（李文主持）。

（三）学术交流活动

1．学术活动

2008年，当代中国研究所主办和承办的学术会议和活动有：

（1）2008年3月18日，当代中国研究所第一研究室在北京主办主题为"十一届三中全会主题报告的起草经过"的国史季度专题研讨会。

（2）2008年3月24日，当代中国研究所在北京举办国史讲座第44讲。中国社会科学院荣誉学部委员、世界历史研究所原副所长陈之骅作了题为《苏联演变的历史思考》的报告。

（3）2008年5月22日，当代中国研究所在北京举办国史讲座第45讲。中国社会科学院经济研究所现代经济史研究室主任、中国经济史学会现代经济史专业委员会会长武力作了题为《从"城乡互助"到"统筹城乡发展"——中国共产党处理城乡关系的历史经验》的报告。

（4）2008年6月11日，当代中国研究所在北京举办国史讲座第46讲。俄罗斯联邦委员会成员及其自然垄断委员会主席、原苏联部长会议主席雷日科夫作了题为《苏联解体的原因》的报告。

（5）2008年7月11日，当代中国研究所第二研究室在北京主办主题为"三年困难时期的人口变动"的国史季度专题研讨会。

（6）2008年7月14日，当代中国研究所在北京举办国史讲座第47讲。国防大学战略教研部教授、博士生导师徐焰作了题为《建国以来军事决策的历史回顾》的报告。

（7）2008年9月16～18日，当代中国研究所与浙江省委党史研究室、中华人民共和国国史学会在浙江省杭州市联合举办"第八届中华人民共和国国史学术年会"。会议的主题是"中共十一届三中全会与当代中国的历史发展"。

（8）2008年11月21日，当代中国研究所第四研究室在北京主办主题为"新中国对外援助的历史和目前面临的挑战"的国史季度专题研讨会。

（9）2008年12月23日，当代中国研究所第三研究室在北京主办主题为"新中国医疗保障制度的历史与现状"的国史季度专题研讨会。

（10）2008年11月25日，当代中国研究所在北京举办国史讲座第48讲。当代中国研究所所原副所长程中原作了题为《关于国史、党史人物研究和传记写作的若干问题》的报告。

（11）2008年12月29日，当代中国研究所在北京举办国史讲座第49讲。中国社会科学院学部委员、历史研究所原所长、研究员林甘泉作了题为《建国以来孔子和儒家思想研究的回顾》的报告。

2．国际与地区学术交流和合作

2008年，当代中国研究所共派遣出访4批14人次，接待来访30余人次；接待境外记者采访3批3人次。与当代中国研究所开展学术交流并签订了学术交流协议、学术交流意向书的国家有俄罗斯、韩国。

（1）出访

2008年10月6～11日，应韩国国史编纂委员会的邀请，当代中国研究所副所长张星星率领当代中国研究所宣传教育处处长王晓伟、图书资料室主任康俊梅、信息中心高级工程师雷枫，赴韩国进行了为期6天的学术交流与访问。代表团在韩国访问期间，张星星副所长在韩国国史编纂委员会应邀以《当代中国研究所与中华人民共和国史研究》为题作了学术演讲，并与该委员会有关研究人员座谈；与首尔大学中国研究所、高丽大学亚洲问题研究所等就“韩国对当代中国史研究的状况”进行了座谈；代表团在韩国访问期间，还访问了启明大学中国研究中心和庆北大学历史系、政治与外交系。

2008年10月21～27日，当代中国研究所文化史与社会史研究室主任刘国新和政治史研究室副研究员张金才应邀参加了俄罗斯科学院远东研究所等单位于22～24日主办的“第17届中国、中国文明与世界：历史、现状和未来国际学术研讨会”，并向大会提交了论文。此次研讨会的主题为“中华人民共和国改革30周年的经验、问题与教训”。

2008年10月21～31日，根据当代中国研究所与俄罗斯科学院远东研究所签署的双边学术交流协议，科研办公室副主任欧阳雪梅、经济史研究室研究员冷兆松、文化史与社会史研究室助理研究员刘仓等赴俄罗斯科学院远东研究所进行了为期10天的学术交流和访问，达到了预期的交流目的。

2008年12月16～17日，应越南社会科学院中国研究所所长杜进森的邀请，中国社会科学院副院长兼当代中国研究所所长朱佳木率领当代中国研究所经济史研究室主任陈东林、文化史与社会史研究室主任刘国新、经济史研究室副研究员钟瑛、外交与港澳台史研究室副研究员张勉励，参加了由越南社会科学院中国研究所举办的“中国改革开放30年的成就与经验国际研讨会”。朱佳木在大会开幕式上就“中国改革开放30年基本经验的核心”作学术讲演。其他四位学者向大会提交了题为《试验、示范、辐射——中国经济特区的发展历程和经验》、《论中国的发展绩效——以发展战略为视角》、《从中国金融体制改革路径看渐进式改革的正确选择》、《改革开放以来中国利用外援促进发展的经验》的学术论文。

（2）来访

2008年6月11日，应当代中国研究所和中国社会科学院马克思主义研究院、俄罗斯东欧中亚研究所邀请，俄罗斯联邦委员会成员及其自然垄断委员会主席、原苏联部长会议主席尼古拉·伊万诺维奇·雷日科夫和莫斯科国立社会大学副校长、俄中友协副主席МИ.科京等顺访北京，在当代中国研究所学术报告厅共同作了题为《苏联解体的原因》的演讲，并回答了与会者的提问。报告会由中国社会科学院副院长兼当代中国研究所所长朱佳木主持。报告会结束后，全国政协副主席、中国社会科学院院长陈奎元会见并宴请了雷日科夫一行。

2008年7月6日，中国社科院副院长兼当代中国研究所所长朱佳木会见了来访的越南社会科学院中国研究所所长杜进森博士一行。双方互相介绍了各自单位的职责与任务及研究状况，并就进一步加强学术交流与合作进行了商议。

2008年11月29日至12月9日，美国哈佛大学费正清研究中心原主任傅高义教授来当代中国研究所进行学术交流。访问期间，中国社会科学院副院长兼当代中国研究所所长朱佳木与傅高义教授亲切座谈，并回答了学者提出的问题。在此期间，傅高义教授还与当代中国研究所其他研究人员进行了座谈。

2008年12月3日，当代中国研究所副所长张星星会见了根据中国社会科学院与俄罗斯科学院科学合作协议来华交流的俄罗斯科学院远东研究所研究员米罗诺夫，并与该学者就中国文化、历史和哲学问题座谈。参加座谈的还有当代中国研究所文化史与社会史研究室副主任姚力、孙丹博士、刘仓博士。

（3）境外记者采访

2008年11月10日，中国社会科学院副院长兼当代中国研究所所长朱佳木就中国改革开放30年的成就与经验接受了日本NHK电视台记者的采访。

2008年6月10日，当代中国研究所副所长张星星及政治史研究室主任李正华，就中国改革开放30年的基本经验和面临挑战的问题，接受巴西《环球报》记者吉尔伯托的采访。

2008年11月18日，当代中国研究所副所长张星星及部分研究人员就中国改革开放30年的成就和经验，接受香港电台记者黄凯宜的采访。

（四）学术社团、期刊

1．社团

中华人民共和国国史学会，会长陈奎元，常务副会长朱佳木。

（1）2008年4月18日，中华人民共和国国史学会和中国延安精神研究会联合举办的“纪念王震同志

2008年4月，“纪念王震同志诞辰100周年座谈会”在北京举行。

诞辰100周年座谈会”在北京举行。参会人员80余人。

（2）2008年6月13～15日，中华人民共和国国史学会“陈云与当代中国”课题组和上海陈云故居暨青浦革命历史纪念馆在北京、上海联合主办了“第二届陈云与当代中国研讨会”。与会专家学者80余人。会议主题是“科学发展观与陈云的思想”。

（3）2008年9月5日，中国史学会和中华人民共和国国史学会联合主办的学术研讨会在北京举行。与会专家学者70余人。会议主题是“党史、国史研究中的一些问题”。

2．期刊

《当代中国史研究》（双月刊），主编张星星，副主编李文。

2008年，《当代中国史研究》全年共出版6期，共计138万字。全年刊载的有代表性的文章有：朱佳木的《党的十一届三中全会与中国当代史上的伟大转折》，张星星的《中华人民共和国史研究的现状》，李正华的《中共十一届三中全会与改革开放的伟大历程》，王真的《论改革开放是决定当代中国命运的关键抉择》，刘国新的《论中国发展道路和发展模式中的制度安排》，李安增的《当代中国政治现代化的历程及基本经验》，严兴文的《新时期人民政协界别变化的特点及其原因》，侯德泉、何芳的《从“三位一体”到“四位一体”——中国特色社会主义事业总体布局的历史演变》，李碧珍的《我国农产品物流模式演进分析》，王玉波、王瑞红的《新中国成立初期渔业社会变迁的考察》，冯智的《当代西藏文化、文物保护及其意义》，郭永虎的《美国国会“涉藏立法”的历史考察》，宋晓芹、李莉的《试论1949～1959年中苏关系中的美国因素》，郑大华的《1949年后留在大陆的现代新儒家与马克思主义之关系初探》，郑珺的《国史学理论问题研究述评》，王丹莉的《统购统销研究述评》等。

2008年，《当代中国史研究》获第四届中国社会科学院优秀期刊奖“期刊进步奖”。

（五）所直属单位当代中国出版社

2008年，当代中国出版社加大改革力度，拓展经营领域，不断完善管理制度，重点出版了一批国史类图书：“当代中国城市发展”丛书中《杭州》、《成都》、《重庆》3卷、《第七届国史学术年会论文集——国史研究中的重点难点问题研究述评》、《旌勇里国史讲座》（第二辑）、《当代中国石油工业》（1989～2005）、《当代中国海洋石油工业》等。为纪念改革开放30周年，出版了《我所知道的十一届三中全会》、《转折与新路》等图书。《季羡林谈写作》荣获新闻出版总署第五次向全国青少年推荐的百种优秀图书。当代中国出版社全年共出书161种（含重印书39种），造货码洋4670万元。为了积极响应国家关于大力发展文化产业、繁荣文化市场的号召，当代中国出版社于2008年5月25日成立了当代华光文化传媒有限责任公司，中国社会科学院副院长兼当代中国研究所所长朱佳木和新闻出版总署副署长、国家版权局副局长阎晓宏出席成立大会并为公司揭牌。

（六）会议综述

中共十一届三中全会与当代中国的历史发展
——第八届中华人民共和国国史学术年会暨纪念十一届三中全会召开30周年学术研讨会

2008年9月16～18日，当代中国研究所与浙江省委党史研究室、中华人民共和国国史学会在杭州市联合举办了“中共十一届三中全会与当代中国的历史发展——第八届中华人民共和国国史学术年会暨纪念十一届三中全会召开30周年学术研讨会”。

全国政协副主席、中国社会科学院院长、中华人民共和国国史学会会长陈奎元委托朱佳木同志向与会代表们致意，并祝会议取得圆满成功。中共浙江省委书记、省人大常委会主任赵洪祝出席开幕式并致辞，中国社会科学院副院长兼当代中国研究所所长、国史学会常务副会长朱佳木致开幕词，中央组织部原部长、国史学会顾问张全景和中央党史研究室副主任、国史学会副会长李捷分别讲了话。出席开幕式的还有中共浙江省委常委、组织部长斯鑫良，省委常委、省委秘书长李强主持开幕式。当代中国研究所副所长、国史学会第一副秘书长张星星，当代中国研究所秘书长赵明新和副秘书长杜蒲，浙江省委副秘书长、党史研究室主任舒国增和副主任金延锋、王祖强，以及会议代表共约100余人参加了会议。

参会论文82篇，研讨的主要问题是：十一届三中全会及改革开放30年历史的进程、成果、意义和一些领导人的重要贡献等问题，分析和总结我们党在领导改革开放和社会主义现代化建设中积累的丰富经验。

第一，　关于中国特色社会主义理论体系的形成和内涵。与会代表认为，中国特色社会主义理论体系坚持和发展了马克思列宁主义、毛泽东思想，坚持中国特色社会主义理论体系，集中体现了毛泽东思想的当代价值和指导作用。与会代表对中国特色社会主义历史起点的不同观点和认识作了比较分析，认为中国特色社会主义理论体系的形成过程和理论内涵，涉及党的章程和党的指导思想，既是重要的理论问题又是重大的政治问题，需要党史、国史工作者和理

2008年9月，“中共十一届三中全会与当代中国的历史发展——第八届中华人民共和国国史学术年会暨纪念十一届三中全会召开30周年学术研讨会”在浙江省杭州市召开。

论工作者作出进一步的科学分析和正确阐述，为进一步统一思想、统一认识创造有利条件。

第二，关于政治建设和政治体制改革。与会代表认为，中共十一届三中全会以来，我们坚持中国特色社会主义政治发展道路，坚持党的领导、人民当家做主、依法治国的有机统一，坚持和完善人民代表大会制度、中国共产党领导的多党合作和政治协商制度、民族区域自治制度以及基层群众自治制度，以保证人民当家做主为根本，以增强党和国家活力、调动人民积极性为目标，积极稳妥地推进政治体制改革，建设社会主义法治国家，发展社会主义政治文明，不断推进社会主义政治制度的自我完善和发展，推进社会主义民主政治制度化、规范化、程序化，使我国社会主义民主政治展现出更加旺盛的生命力。

第三，关于经济建设和经济制度改革。与会代表认为，经济制度改革不断深化和经济建设的快速发展，是新时期最显著的成就。我国农村和城市的各项改革取得重大进展，确立了公有制为主体、多种所有制经济共同发展的社会主义初级阶段的基本经济制度，形成了按劳分配为主体、多种分配方式并存的分配制度，按照建立社会主义市场经济体制的改革目标，积极发挥市场在资源配置中的基础性作用，新的宏观调控体系框架初步形成。我国对外开放的领域和规模不断扩大，形成了全方位、多层次、宽领域的对外开放格局，中国经济大踏步地走上世界经济舞台。在改革开放的推动下，我国保持了国民经济持续快速健康发展，社会生产力、综合国力和人民生活水平不断跨上新的台阶。

第四，关于思想文化建设和社会事业的发展。与会代表认为，中共十一届三中全会以来，在解放思想方针的指引和推动下，我们坚持把马克思主义普遍原理同时代特征和中国实际相结合，不断推进马克思主义中国化的新发展，努力用中国特色社会主义理论武装全党、教育人民，广泛进行爱国主义、集体主义和社会主义教育，加强社会主义思想道德建设，开展群众性精神文明创建活动，社会主义精神文明建设、社会主义先进文化建设、社会主义核心价值体系与和谐文化建设不断取得新成果，人民群众的思想状态、精神面貌、文明程度发生了深刻变化，教育、科学、文化、新闻、出版、卫生、体育和其他各项社会事业取得了长足进步，促进了经济社会和人的全面发展。

第五，关于国际战略、外交工作及国防建设。与会代表认为，在改革开放的新时期，我国坚持奉行独立自主的和平外交政策，实现了外交战略的重大转变，努力维护世界和平，开创了外交工作的新局面，同周边国家的睦邻友好关系日益加强，同广大发展中国家的传统友好合作关系进一步巩固，同发达国家的关系得到调整和改善，同世界各国的经济技术文化交流蓬勃发展，我国的国际影响日益扩大，国际地位不断提高。国防和军队建设走上和平时期的发展轨道，开创了中国特色的精兵之路，人民军队的革命化、现代化、正规化建设全面加强、协调推进，展开以建设信息化军队、打赢信息化战争为战略目标的中国特色军事变革，军队应对多种安全威胁、完成多样化军事任务的能力明显提高，为维护国家主权、安全和领土完整提供了可靠的保障。

（代　研）

第二届陈云与当代中国研讨会

2008年6月13～15日，中华人民共和国国史学会“陈云与当代中国”课题组和上海陈云故居暨青浦革命历史纪念馆在北京、上海联合主办了“第二届陈云与当代中国研讨会”。会议的主题是“科学发展观与陈云的思想”。

开幕式在北京举行。中华人民共和国国史学会常务副会长、课题组组长、中国社会科学院副院长兼当代中国研究所所长朱佳木主持开幕式并致开幕词。国史学会副会长、中央文献研究室副主任李捷，国史学会顾问、中纪委驻中科院和文化部纪检组组长王庭大和李洪峰，原国家经委主任袁宝华，原轻工业部部长杨波，中组部原部长张全景，济南军区原政委宋清渭，国家审计署原审计长于明涛，国家安全部原部长许永跃，原商业部副部长高修，原轻工业部副部长余建亭，国家统计局原局长李成瑞，求是杂志社原总编辑有林等出席开幕式。陈云同志的子女中国国际技术智力合作公司原总经理陈伟力、北京市政协委员陈伟华、国家行政学院副院长陈伟兰、中山实业有限公司总经理陈方应邀出席会议。出席会议的还有中国曲艺家协会名誉会长罗扬、中国人民大学教授卫兴华和吴易风、中国社会科学院马克思主义学院院长程恩富、上海青浦陈云纪念馆副馆长马继奋等。当代中国研究所党组成员、副所长张星星、米山，党组成员、秘书长赵明新，在京入选论文作者和有关单位的学者80余人出席会议。

会议研讨的主要问题是：深入贯彻党的十七大精神，从新的视角进一步认识陈云关于发展的思想是科学发展观的重要来源之一；深入理解科学发展观的科学内涵和精神实质，认识陈云在改革开放事业中的杰出贡献；深入总结改革开放的历史经验，充分体现和发挥国史研究“围绕中心、服务大局”的社会功能。

与会代表认为，陈云关于国家经济建设与社会发展问题中的搞经济建设的最后目的是为了改善人民生活，四个现代化建设要在不再折腾的条件下有较快的发展速度，按比例发展是最快速度；经济建设不能单纯看产值和数量，而要注重效益、质量和品种；经济发展要做到财政、金融、物资、外贸综合平衡；一要吃饭、二要建设；无农不稳、无粮则乱；对外引进工作既要买工厂、买设备又要更多地买技术、买专利；企业承包责任制既有积极一面又有消极一面；工业建设必须把节约用水和处理污染考虑在先；低工资、高就业、加补贴是保持社会安定的一项基本国策；社会主义事业不可能先进行物质文明建设再进行精神文明建设、必须一起抓等观点，为科学发展观的形成提供了丰富的理论营养。

开幕式后，与会代表前往上海，用两天时间进行了大会发言、分组讨论和大会交流。会议入选论文85篇，作者中既有党政机关的干部，也有社会科学研究部门和高等院校的学者。

（代　研）

中国史学会和中华人民共和国国史学会联合主办学术研讨会

2008年9月5日，中国史学会和中华人民共和国国史学会联合主办的学术研讨会在北京举行。会议的主题是“党史、国史研究中的一些问题”。

会议由中国人民大学原校长、中国史学会会长李文海和中国社会科学院副院长兼当代中国研究所所长、国史学会常务副会长朱佳木共同主持。来自中央文献研究室、中央党史研究室、教育部高校社科发展研究中心、中国人民大学、中国社会科学院历史研究所和世界历史研究所以及当代中国研究所的学者70余人出席会议。

会议围绕党史、国史研究中的历史虚无主义思潮等一些值得注意的问题，从不同角度展开了讨论。与会代表认为：对于历史特别是对于国家史的解释，是一个国家主流意识形态和核心价值体系的重要组成部分，在维护国家统一、促进政权稳固中具有至关重要的位置。马克思主义史学工作者应当加强战斗性、说理性和组织性。要理论联系实际，着眼于解决广大人民群众特别是青年的思想问题。

（代　研）

中国地方志指导小组办公室

（一）人员、机构情况

截至2008年年底，中国地方志指导小组办公室共有在职人员35人。其中，正高级职称人员4人，副高级职称人员8人，中级职称人员7人；高、中级职称人员占在职人员总数的54%。

中国地方志指导小组办公室下设秘书处、联络处、年鉴处（《中国地方志年鉴》编辑部）、方志理论研究室、方志期刊指导处（《中国地方志》编辑部）、人事处6个处室和一个直属事业单位方志出版社。

（二）组织召开工作会议，部署推动全国修志工作

1．中国地方志指导小组四届一次会议

2008年11月5日，“中国地方志指导小组四届一次会议”在北京召开。全国政协副主席、中国社会科学院院长、中国地方志指导小组组长陈奎元主持会议并讲话。中国社会科学院副院长、中国地方志指导小组常务副组长朱佳木就七年来全国地方志工作所取得的成绩及存在的问题、地方志工作的基本经验，以及今后五年地方志工作的方针和主要任务等方面对第四届全国地方志工作会议工作报告作了说明。中国地方志指导小组秘书长兼办公室主任田嘉就第四届指导小

组换届、第四次全国地方志工作会议筹备情况，以及编纂《汶川特大地震抗震救灾志》筹备情况作了汇报。与会中国地方志指导小组成员认真审议了工作报告，一致同意委托朱佳木在第四次全国地方志工作会议上代表中国地方志指导小组作工作报告，并请参加会议人员审议。

2008 年 11 月，“中国地方志指导小组四届一次会议”在北京召开。

2．第四次全国地方志工作会议

2008 年 11 月 6～7 日，“第四次全国地方志工作会议”在北京召开。中共中央政治局委员、国务委员刘延东，全国政协副主席、中国社会科学院院长、中国地方志指导小组组长陈奎元出席会议并讲话。刘延东同志在讲话中指出：“一个国家、一个民族不仅要有经济实力，而且还要有文化魅力。推动地方志事业的发展，既能展示中华文化的博大精深和无穷魅力，也能体现现代文明与历史文明的一脉相承。在建设中国特色社会主义的伟大实践中，进一步推进地方志事业的发展和繁荣，对于促进社会主义文化大发展大繁荣，提高国家文化软实力具有十分重要的意义。”陈奎元同志在讲话中指出：“科学发展观是发展中国特色社会主义必须坚持和贯彻的重大战略思想，也是指引地方志事业繁荣发展的根本指导方针。地方志工作者要把地方志工作与当前开展的深入学习实践科学发展观活动有机结合起来，增强以中国特色社会主义理论体系特别是科学发展观指导地方志工作的自觉性和坚定性，使我们的工作更好地为经济社会发展服务，更深刻地体现社会主义核心价值体系的内涵，更充分地融入社会主义先进文化建设的进程。”中国社会科学院副院长、中国地方志指导小组常务副组长朱佳木代表第三届中国地方志指导小组向大会作题为《深入贯彻落实科学发展观　努力促进地方志工作又好又快发展》的工作报告。会议由国家档案局局长、中国地方志指导小组副组长杨冬权主持。全国 31 个省（自治区、直辖市）和新疆生产建设兵团、解放军、武警部队主管地方志工作的领导同志、地方志工作机构负责人、副省级城市地方志工作机构负责人，以及国家有关部委局史志机构负责人近 200 人参加了会议。

这次会议的主题是：以科学发展观为指导，认真总结交流第三次全国地方志工作会议以来地方志工作的经验，研究部署今后一个时期的工作，进一步贯彻落实《地方志工作条例》，把提高志书编纂质量放在更加突出的位置，振奋精神，锐意进取，促进地方志工作又好又快向前发展。会议回顾了第三次全国地方志工作会议以来全国地方志工作所取得的显著成绩，分析了存在的问题和不足，重申了第三次全国地方志工作会议所总结的五条基本经验，概括了七年来实践所积累的新经验和认识，强调了地方志工作对提升国家软实力的意义和各级政府在贯彻《地方志工作条例》、保证依法修志上的责任，阐述了科学发展观是地方志工作的根本指导方针，明确了质量是志书的生命，必须始终坚持质量第一的原则。会议还明确提出，要继续加强方志理论研究，建立和完善方志学学科体系；要坚持修志为用的原则，进一步提高地方志工作服务经济社会发展的能力；要加强地方志工作队伍建设，努力培养高素质修志人才。

会议期间，与会人员分组讨论了刘延东、陈奎元的讲话和朱佳木的工作报告，交流了各地开展地方志工作的经验。闭幕会上，山东省地方史志办公室、四川省地方志编委会、广东省地方史志办公室、河南省地方史志办公室的代表作了大会发言，介绍各自的工作思路、修志实践体会及经验等。朱佳木主持闭幕会。中国地方志指导小组秘书长兼办公室主任田嘉作会议总结。

3．全国省级方志工作部门主任会议

2008 年 3 月 6～10 日，由中国地方志指导小组办公室主办、海南省地方志办公室承办的全国省级方志工作部门主任会议在海南省海口市召开。海南省人民政府党组成员、秘书长徐庄出席开幕式并致辞。中国地方志指导小组秘书长兼办公室主任田嘉出席会议并作题为《认真学习贯彻党的十七大精神　努力开创地方志工作的新局面》的讲话。全国 31 个省（自治区、直辖市）和新疆生产建设兵团、解放军、武警部队方志工作机构的负责人共 40 余人参加了会议。会议由中国地方志指导小组副秘书长兼办公室副主任李富强主持。

这次会议的主题是：学习贯彻党的十七大精神，进一步落实国务院《地方志工作条例》，交流 2007 年工作情况，通报 2008 年的工作安排。会上，四川省、河南省介绍了本地试点工作进展情况，山东省、广东省介绍了地方志事业可持续发展的情况，海南省、新疆维吾尔自治区介绍了修志工作情况，湖北省、河北省、辽宁省介绍了地方志法规制定、二轮修志、参照公务员法管理等工作情况，上海市、天津市、广西壮族自治区介绍了近期工作情况，全军军事志指导小组办公室对全国军事志编修工作的总体情况作了简要介绍。会议还对地方志事业的可持续发展问题及方志机构和队伍建设工作展开了讨论。

（三）印发《地方志书质量规定》

2008 年 9 月 16 日，中国地方志指导小组向各省（自治区、直辖市）地方志编委会（办公室）、新疆生产建设兵团志办公室、全军军事志指导小组办公室、武警部队编史办印发《地方志书质量规定》的通知（中指组字〔2008〕3 号）。《地方志书质量规定》共分九章，从志书质量的总体要求、立场观点和方法、体例、内容、记述、资料、行文、出版等方面，对志书编修的质量标准作了明确规定和要求。

《通知》要求各地要根据各自实际情况执行。部门志、行业志、乡镇志等志书的质量要求，可参照本规定有关条文执行。

（四）第二轮修志试点工作

2008年6月12日、18日，中国地方志指导小组办公室先后作出批复，新增内蒙古自治区交通厅、浙江省义乌市志编辑部、浙江省杭州市地方志办公室为全国第二轮修志工作试点单位。

2008年7月14～19日，由中国地方志指导小组办公室主办、内蒙古自治区地方志办公室承办的2008年全国第二轮修志工作试点单位经验交流会在呼和浩特市召开。内蒙古自治区政府副秘书长杨玺出席开幕式并致辞。中国地方志指导小组秘书长兼办公室主任田嘉出席会议并作题为《求真务实　加强交流　进一步做好试点工作》的总结讲话。15个全国第二轮修志工作试点单位和所在省市地方志办公室负责人，湖北省地方志办公室、广东省地方史志办公室及内蒙古自治区各盟市地方志办公室负责人等70多人参加会议。

这次会议的主题是：交流自2006年10月第二次全国第二轮修志试点工作经验交流会以来全国第二轮修志工作试点单位的工作进展情况，以及所在省市地方志办公室对全国第二轮修志试点单位加强指导的做法；研究讨论江西省《高安市志》（送审稿）；为江西省高安市史志办公室、内蒙古自治区交通厅、浙江省杭州市地方志办公室、浙江省义乌市志编辑部等全国第二轮修志工作试点单位授牌。

（五）科研工作

2008年，中国地方志指导小组办公室开展了9个专项基础研究，即中国方志理论研究50年、中国方志通鉴、海外藏中国历代方志目录、海外藏中国方志复制与再造工程、明代方志研究、中国方志志、当代志书编纂教程、中国方志文献片、方志系统数字化网络化建设等。

（六）地方志工作调研

2008年9月26～29日，为筹备第四次全国地方志工作会议，中国社会科学院副院长、中国地方志指导小组常务副组长朱佳木赴山东省调研地方志工作。他分别走访了山东省地方史志办公室、济南市地方史志办公室、东营市地方史志办公室、威海市地方史志办公室、青岛市地方史志办公室，并与山东省人民政府副省长王随莲、副秘书长马越男以及有关市委、市政府主要领导分别进行座谈。中国地方志指导小组秘书长兼办公室主任田嘉等陪同调研。

朱佳木在调研中指出，当前，全党正在开展深入学习实践科学发展观活动，地方志系统要抓住这个机遇，深入领会和掌握科学发展观的精神实质，切实把提高志书质量摆在更加突出的位置，使地方志工作也能做到全面协调可持续地发展。

（七）地方志系统人员培训

2008年9月1～8日，由中国地方志指导小组办公室主办、甘肃省地方史志办公室承办的2008年全国地方志系统新方志编修业务培训班在甘肃省兰州市举办。甘肃省副省长咸辉出席开班仪式并致辞。中国地方志指导小组副秘书长兼办公室副主任李富强出席培训班并作题为《学研结合　学以致用　大力提高二轮志书质量》的讲话。来自全国29个省（自治区、直辖市）以及新疆生产建设兵团，各省市县地方志办公室，省直、市直机关单位以及专业志、部门志编纂单位的学员共300余人参加培训班。在结业式上，中国地方志指导小组副秘书长兼办公室副主任李富强向学员代表颁发了结业证书。

此次培训采用专题讲授和分组讨论相结合的方式，紧扣志书质量这一主题，梳理分析了方志编修中存在的问题，探讨了二轮志书编修的模式与方式，使参训人员明晰了修志工作的思路与方法。

（八）《澳门地方志》编纂工程启动

2008年12月1～2日，中国社会科学院副院长、中国地方志指导小组常务副组长朱佳木在中国地方志指导小组秘书长兼办公室主任田嘉等人的陪同下，赴澳门出席中国地方志研讨会暨《澳门地方志》编纂工程启动仪式并致辞。澳门特别行政区政府社会文化司司长崔世安、中央人民政府驻澳门特别行政区联络办公室副主任李本钧、中华人民共和国外交部驻澳门特别行政区公署副特派员宋彦斌等出席研讨会开幕式和启动仪式。

朱佳木在致辞中指出，为了让澳门市民更加系统地了解自己的历史文化，促进中华民族优秀文化在澳门的继承和弘扬，并向内地和国际社会全面介绍澳门概貌，以利于澳门的进一步发展繁荣，澳门特区政府从2007年开始考虑编纂一部澳门地方志。为此，特区政府社会文化司司长崔世安先生两度赴京，走访中国地方志指导小组，咨询有关事宜。随即，在特区行政长官何厚铧先生的支持下，成立了《澳门地方志》编修工作筹备小组，拟订了《澳门地方志》筹备方案和篇目。这一切充分反映了特区政府对地方志功能的深刻认识以及对编修地方志工作所给予的巨大关怀。对此项德政善举，中国地方志指导小组深感钦佩，并愿在业务咨询、人员培训等方面，予以全力协助和配合；同时希望以此为契机，进一步加强澳门学术界与内地方志界的学术交流，共同研讨地方志编纂的理论和方法。

（九）全国地方志系统信息化、网络化建设

（1）全国地方志系统信息网络建设经验交流会。2008年6月1～5日，由中国地方志指导小组办公室主办，湖北省地方志办公室承办的全国地方志系统信息网络建设经验交流会在湖北省武汉市召开。湖北省人大常委会副主任、省地方志编委会副主任蒋大国出席开幕式并致辞。中国地方志指导小组秘书长兼办公室主任田嘉出席会议并发表了题为《与时俱进　大力加强地方志信息网络建设》的讲话。来自全国29个省（自治区、直辖市）方志工作机构的负责人及业务人员80余人参加了会议。会议由中国地方志指导小组副秘书长兼办公室副主任李富强主持。

这次会议的主题是：总结交流各地特别是省级地情网站、地情资料库建设经验，介绍中国

地方志指导小组办公室的网站和数据库建设情况，进一步推动全国地方志系统信息网络建设。会议要求，各省级方志工作机构要进一步重视和加强信息网络建设，深入开展工作，加强规范管理，建立健全相关制度，加强人员培训与人才引进，把信息网络建设与提高地方志系统公共服务能力和水平紧密结合起来，配合全国地方志系统网站联网、中国地方志全文数据库和中国年鉴网络出版总库的建设，为整合全国地方志系统信息资源做好准备，为进一步推动全国地方志系统信息网络建设而不懈努力。

（2）中国地方志指导小组办公室“一网两库”建设。中国地方志网站的建设，以数据库为基础，分别涵盖方志法规、志鉴编修、理论研究、读志用志、旧志整理、方志期刊、志鉴出版、协会工作、方志机构、国际交流、要闻公告等方面的内容。

至2008年底，中国地方志全文数据库已有1万余册方志图书入库，并确定山东省地方志系统为首批试点实施单位，志书入库工作已经开始。

中国年鉴网络出版总库已纳入国家“十一五”项目，成为促进中国年鉴网络传播的重要平台。中国年鉴网络出版总库是中国第一部以全文数据库形式正式、连续出版的大型电子年鉴期刊。中国地方志指导小组办公室在其中发挥指导作用。

（十）《汶川特大地震抗震救灾志》编纂工作

2008年6月，国务院有关部门和中国地方志指导小组办公室开始对编纂《汶川特大地震抗震救灾志》进行反复讨论、研究。2008年9月6～9日，中国地方志指导小组办公室邀请部分专家对编纂《汶川特大地震抗震救灾志》的目的意义、成果形式、组织方式、经费保障、进度安排等问题进行研讨，并起草《〈汶川特大地震抗震救灾志〉编纂工作建议方案》，由国务院办公厅报国务院领导同志审批。之后，在国务院办公厅领导下，中国地方志指导小组办公室起草了《〈汶川特大地震抗震救灾志〉编纂工作实施方案》。2008年10月下旬，《〈汶川特大地震抗震救灾志〉编纂工作实施方案》由国务院办公厅印发原国务院抗震救灾总指挥部各成员单位以及一些专家学者征求意见后，报国务院批准，成为指导《汶川特大地震抗震救灾志》编纂工作的重要文件。

2008年11月6日，《汶川特大地震抗震救灾志》编纂委员会成立大会暨第一次全体会议在北京召开。国务委员兼国务院秘书长马凯出席会议并讲话。全国政协副主席、中国社会科学院院长、中国地方志指导小组组长陈奎元对编纂工作进行部署。中国社会科学院副院长、中国地方志指导小组常务副组长朱佳木宣读了《国务院办公厅关于成立〈汶川特大地震抗震救灾志〉编纂委员会的通知》，会议由国务院副秘书长、中国地方志指导小组副组长项兆伦主持。《汶川特大地震抗震救灾志》编委会委员、协调员及各省区市地方志工作机构负责人共170余人参加会议。

马凯在讲话中指出，编纂《汶川特大地震抗震救灾志》，以志书的形式全面、客观、系统地记述汶川特大地震灾害和抗震救灾工作，是增强人类抵御自然灾害能力、推动文明进步的需要，是弘扬时代精神、增强民族凝聚力的需要，是传承修志优秀文化传统、记载重大历史事件的需要。他强调，要充分认识做好编纂工作的重要意义，高标准、高质量做好志书编纂工作，强化保障，确保编纂工作顺利进行。

陈奎元从编纂指导思想与基本原则、编纂任务和总体设计、组织领导、编纂分工和工作要求、进度安排、质量要求、资料征集与资料长编、经费保障等方面，对编纂工作进行了全面部署。

《汶川特大地震抗震救灾志》编纂委员会以原国务院抗震救灾总指挥部成员单位和第四届中国地方志指导小组部分成员单位为主体组成。陈奎元任《汶川特大地震抗震救灾志》编纂委员会主任。编委会办公室设在中国地方志指导小组，承担编委会的日常工作。办公室主任由中国地方志指导小组秘书长田嘉兼任。

2008 年 11 月 25 日，《汶川特大地震抗震救灾志》承编牵头单位协调员会议在北京召开。会议主要内容是贯彻落实《〈汶川特大地震抗震救灾志〉编纂工作实施方案》，研究部署各分卷的编纂工作。中国地方志指导小组秘书长兼办公室主任、《汶川特大地震抗震救灾志》编委会办公室主任田嘉主持会议并作小结。与会人员就分卷编委会的组成人选、经费、篇目设计等问题进行了讨论。

（十一）地方志统计工作

2008 年 4 月 1 日，中国地方志指导小组办公室向各省（自治区、直辖市）地方志编委会（办公室）、新疆生产建设兵团志办公室、国务院有关部委局史志机构印发《关于开展全国地方志系统统计工作的通知》（中指办字〔2008〕11 号）。

《通知》指出，为全面、准确地掌握全国新编地方志工作成果和地方志资源的基本情况，中国地方志指导小组办公室决定进一步加强统计工作。对新中国成立以来全国出版的新编省市县三级志书、行业志、部门志、专业志、乡镇村志、山水名胜古迹志、省市县地方综合年鉴和专业年鉴，以及教材、理论著述、工具书、历代方志整理出版的情况等进行系统的普查统计，以便更好地为编纂实践、理论研究和工作决策提供服务，促进地方志事业的可持续发展。

（十二）编辑印发《中国方志通讯》

2008 年，编辑印发《中国方志通讯》60 期，共计 60 余万字。《中国方志通讯》以服务广大方志工作者为宗旨，不断拓宽来稿渠道，扩大信息量，及时报道中国地方志指导小组及其办公室的工作情况、领导讲话，传达有关文件和会议精神；及时梳理各地方志工作机构的措施创新、制度发展；及时总结各地方志工作进展、志鉴出版情况，交流经验。为上传下达，为各地方志工作机构之间的交流，为推动地方志事业的大发展大繁荣提供了较好的平台。

（十三）期刊工作

（1）《中国地方志》（月刊），主编于伟平。

2008年，《中国地方志》出版12期，共计150万字。《中国地方志》真实、全面地展示了当今时代方志学术研究的最新成果，突出新视角、新理论、新方法，为广大读者提供了最充分的学术信息。2008年度，《中国地方志》期刊成为中国社会科学院“学术名刊”建设资助期刊。

（2）编辑出版《中国地方志年鉴（2008）》。

2008年12月，《中国地方志年鉴（2008）》正式出版。《中国地方志年鉴（2008）》栏目按照稳定性、连续性的原则，设置与往年基本相同，客观翔实地记载了2007年全国及各省（自治区、直辖市）、市（地、州、盟）、县（市、区、旗）三级地方志编纂委员会（办公室）、新疆生产建设兵团志办公室、武警总部编史办公室、国务院有关部委局史志机构等地区、部门（行业）方志与年鉴工作的基本情况。《中国地方志年鉴（2008）》采用大16开本，精装，150万字。

（十四）中国地方志指导小组办公室内部建设

2008年5月6日，中华人民共和国人力资源和社会保障部复函中国地方志指导小组（人社部函〔2008〕32号），批准中国地方志指导小组办公室参照《中华人民共和国公务员法》管理。

2008年11月，国家发展改革委员会批准国家方志馆立项，北京市朝阳区劲松华威四区综合楼作为国家方志馆，核定建筑面积11889平方米。国家方志馆获准立项，填补了我国文化基础建设的一项空白，为收集、整理、开发、利用地方志奠定了基础。

（十五）方志出版社工作

（1）出版工作。2008年，方志出版社优化选题结构，确保出版质量，共出版图书234种。其中，各级各类志书 70 余种，各级各类年鉴120余种，其他类图书 30余种。在中国社会科学院组织的对院属四家出版社图书编校质量检查中，方志出版社送检的图书全部合格。

做好优质学术类图书的出版工作。《学问有道——学部委员访谈录》、《清代全史》、《新中国考古的发现与研究》入选国家新闻出版总署第二届“三个一百”原创图书出版工程。在出版工作的全程管理操作中，有意识地不断完善精品图书生产机制，为逐步形成“方志品牌”，实施精品战略作了有益的尝试。

（2）旧志整理工作。方志出版社与福建省地方志编纂委员会联手，投入人力、物力，开展旧志整理工作，基本完成《福建民国通志》编校项目。

（3）加强制度建设，保障全程操作项目图书高质量出版。2008年初，出台了《方志出版社关于全程操作图书出版工作的管理规定》，按照“科学分工、量化管理、成本核算、超额奖励”的原则，以提高编辑人员开拓图书市场的积极性为目的，达到实现图书出版全程量化目标管理，最终在合理配置本社出版资源的基础上，走图书产品出版多元化发展道路。这两个文件的修订和出台，旨在进一步提高全社全程操作图书的出版质量和比重，推动编辑人员的选题策划工作向专业性强、学术水平高和原创性图书出版方向转变，为出版社走专业化、特色化的发展道路，创建方志出版社独具的“方志”品牌打下良好的基础。

（4）加大图书宣传，加强发行工作。在《中国社会科学院报》刊登书讯35篇，在《社科新书目》刊登书讯37篇。每月定期更新“新华首所物流中心”等几家大型发行中心的电子书目。同时还与《中国地方志》杂志、《中国社会科学院院网》、《出版商务周报》等相关媒体建立联系，积极参加有关图书订货会，多方拓展销售渠道，注重与客户保持良好沟通。2008年，建立业务往来并开始供销业务合作的单位 75 家，稳步提升图书的销售量与回款额。

（5）开展职工继续教育，不断提高业务水平。推选业务骨干参加国家新闻出版总署、中国地方志指导小组办公室、中国社会科学院科研局组织的相关业务培训、职业考试等；不定期组织社内业务培训。对于参加相关岗位培训的人员，给予时间上的保证并报销有关费用，不断提高出版社的整体业务水平。

（十六）协会工作

2008年12月8～13日，“第二届中国地方志协会城市区志专业委员会理事会议暨2008年学术年会”在浙江省宁波市海曙区召开。这次全国城市区志研讨会是自1989年举办以来的第20次会议。会议分为两个阶段。第一阶段为城市区志专业委员会2008年学术年会，采取专家评议与分组讨论相结合的方式，对《宁波市海曙区志》稿进行评议。第二阶段举行第二届中国地方志协会城市区志专业委员会理事会议，进行换届选举。会议总结了第一届城市区志专业委员会理事会的工作，选举了新一届理事会的领导人，提出了新的工作任务。

第四编

科研成果

KEYANCHENGGUO

2008年主要科研成果

文史哲学部

文学研究所

《感悟通论》

杨义（研究员）

专著　170千字

人民文学出版社　2008年9月

从老子的“止笔之叹”到王国维的“而立之叹”，中国人在思想学术领域以生命和智慧进行着地久天长的文化探索，遂使中国数千年文明拥有许多原创性的思想和智慧形式。尊重自己文化创造的专利权，乃是全球化趋势中现代学者不可或缺的思想态度。该书就感悟思维在中国思想文化中的要义及其生成演变的轨迹，感悟对中国文学和学术传统的广泛渗透，作出了取精用宏、纵贯古今的梳理和剖析。感悟乃是中国智慧和思维能力堪与西方分析性思维对峙互补的优势所在，本能和认知、情感和理智、知识和哲学等诸多层面，给中国智慧提供了奇妙的融贯和升华的通道。

《发现新疆——寻找失落的绿洲文明》

杨镰（研究员）

专著　220千字

北岳文艺出版社　2008年11月

该书为国情调研项目“新疆绿洲文明调研”的中期成果。

世界文明史最典型的绿洲文明，在中国新疆。1901年在罗布泊发现楼兰古城引发了至今经久不衰的“丝绸之路热”，其根本原因在于这一发现证实：在已经无人定居的西部荒漠，曾经有高度发达的古代文明存在。在当时被喻为“像月亮上一样荒凉”的罗布泊荒原的沙包之下，重新发现了高度发达的古代文明。这些古城曾在世界历史进程中据有一席之地，却为流沙湮没，文明绝嗣。沙埋绿洲、沙埋文明，将世界关注的目光引向新疆。该书作者在40年间曾探访了近百个新疆古代遗址，特别是2003年以来，由于承担了“新疆绿洲文明调研”这一新的课题，从2003年到2008年，作者曾8次深入新疆，寻找古绿洲遗迹，并组织了4次学术考察。特别是2008年8～9月间的考察，参加者从不同角度对新疆的历史与现实进行了较深入的调研，并陆续取得了人文地理考察报告《黑戈壁》等多项成果。该书的出版，对“新疆绿洲文明调研”课题将起到重要的推动作用。

《终朝采蓝——古名物寻微》

扬之水（研究员）
专著 200千字
三联书店 2008年11月

该书通过对古代一个个名物的考证，辅以实物或古代书画、壁画、文物等方面的图案，小自牙签，大至几案，时代从秦汉直到明清，皆是由名物研究入手，在文献、实物、图像三者的碰合处复原历史场景中的细节。

《宋代诗人论》

陶文鹏 （研究员）
专著 180千字
辽海出版社 2007年11月

该书收入《论石延年诗歌》、《论胡宿的诗学观与诗歌创作》、《蔡襄：北宋前期的七绝高手》、《论黄庭坚诗歌的比喻艺术》、《论晁补之的七言绝句》、《论“小东坡”唐庚的诗》、《论晁冲之诗歌》、《论华岳的诗歌》、《论洪咨夔诗歌》、《论梦窗词气味描写的艺术》等10篇专题研究文章，并附录《论诗哲杜甫》、《论郑珍的山水诗》。其中，对胡宿、唐庚、晁冲之、华岳、洪咨夔的诗歌研究，均是首发其覆，填补了学术界研究的空白。该书中的论文站在审美和历史的角度，以探究诗人的艺术创作奥秘及其在文学史上的贡献和地位为指归。

《明代戏曲史》

金宁芬（研究员）
专著 370千字
社会科学文献出版社 2007年12月

古代戏曲是我国传统文化的瑰宝。明代戏曲的繁荣时期，在我国戏曲史上是继元代杂剧之后的第二个黄金时代。被联合国教科文组织定为“人类口述和非物质文化遗产代表作”的昆曲，伟大的戏剧家徐渭、汤显祖以及脍炙人口、至今仍盛演于舞台的传奇作品《牡丹亭》等，都产生在这个时代。该书勾画出明代戏曲发展变化的轨迹，论述了明代戏曲的时代特征和艺术特色。

《古今戏曲论》

王卫民（研究员）
专著 180千字
在台湾出版 2008年5月

该书分为古代、近代、现代三个部分对戏曲进行了评述。古代部分除了对元明清戏曲理论、杂剧、传奇、地方戏作全面评述外，还对《窦娥冤》、清官戏、《三国演义》戏、《三言二拍》戏、《聊斋》戏的改编及流传作了系统论述；近代部分对辛亥革命前后戏曲理论变革、戏剧运动及部分作家加以论述；现代部分是对当前戏曲研究及戏曲状况的评论。

《清词的传承与开拓》

沙先一（教授） 张晖（助理研究员）
专著 320千字
上海古籍出版社 2008年5月

该书从传承与开拓的视角出发，从选本批评、校勘之学、声律之学等方面展开，对清词研究中的若干重要环节进行了系统的专题研究。如，选取邹祗谟、王世禛的《倚声初集》，谭献的《箧中词》，朱祖谋的《宋词三百首》等就词选在清词流派形成、词学观念推衍等方面的重要意义进行探讨；以戈载的《词林正韵》为例，考察清代词韵建构词坛风会之转化；运用现代理论，探讨常州派词学的解释学思想等。

《投岩麝退香——论1946～1948年间平津地区“新写作”文学思潮》

段美乔（副研究员）
专著　160千字
北京出版社　2008年6月

1980年，沈从文在回答旧时的学生林蒲有关动乱年代的生活方式时，曾淡然回答：“投岩麝退香”。传说中，麝被猎人追到极处，会自行撕裂香囊，投岩而亡。20世纪40年代后期的沈从文对自己历史命运似乎也有某种预知。“最后一个浪漫主义者”的自省，大约也是“麝退香”式的生命补偿。该书以史料为基础，论析了20世纪40年代后期，围绕着沈从文、朱光潜形成的自由主义作家群，在左翼文化进程之外，对文学自由主义的自觉探索，揭示了在中国现代文学由多元发展趋向一元生存的转折中遮蔽多年的文学探索。该书将这一文学思潮概括为“新写作”文学思潮，描述了“新写作”文学思潮形成、发展和消亡的历程，剖析了其生成的历史渊源、政治意识、文学立场和主张。

《香港小说流派史》

袁良骏（研究员）
专著　337千字
福建人民出版社　2008年1月

郑振铎在20世纪30年代曾强调“正统文学的发展与‘俗文学’的发展是息息相关的”。香港小说的曲折历程一直不受重视，该书作者搜集、审察、爬梳了香港小说，并按照“史有实据”的原则对这些小说进行了研究。该书将雅俗两种小说合在一起讨论，更清楚地呈现了香港小说的文学性质。

《中国话剧百年图文志》

刘平（研究员）
专著　800千字
武汉出版社　2007年11月

该书为纪念中国话剧诞生百年而编撰。

从1902年《东方杂志》上中国最早刊出的莎士比亚照片，到包括名扬雾都剧坛的“四大名旦”——张瑞芳、舒绣文、白杨、秦怡的舞台风采……该书收入了1907～2007年间中国作家创作并已演出的优秀话剧作品。近千幅图片展示了中国话剧100年来历史发展的脉络和舞台演出的脚印。该书还首次收集了大量台湾、香港、澳门戏剧的内容，包括当地戏剧的发展历史、剧团、剧目介绍等。

《后儒学转向》

金惠敏（研究员）
专著　70千字
河南大学出版社　2008年4月

该书为赫尔墨斯国际前沿论文书系之一种。

后儒学不是后现代与儒学的简单相加，而是儒学对后现代主义所凸显的那些当代世界的主要问题的回应。儒学在其本质上是前现代的，因而百年来它一直为中国现代性所排斥。但是，当现代性变得问题丛生的时候，一种辩证否定的思想逻辑必将儒学推进到后儒学阶段。后儒学的主要工作是借鉴后现代理论而展开现代性批判。儒学要发挥其当代价值当在于它能否踏上一个后儒学之途，套用流行的术语就是，能否实现一个“后儒学转向”。

《艺术哲学读本》

杜书瀛（研究员）

专著　387千字

中国社会科学出版社　2008年4月

该书是一部全面、系统地从哲学层面论析艺术的专著。从艺术的主体和客体、艺术的内容和形式、艺术的形象和典型、艺术鉴赏(艺术接受)等方面，论述了艺术的位置、本质和特征，对艺术哲学的理论变革也提出了新的设想。在当下的学术语境和问题视域中对艺术学理论中的这些重大学术专题问题予以讨论，对于深入认识围绕这些问题而产生的学术分歧，对于廓清一些价值取向方面的是非问题，都具有现实意义。

《神话意象》

叶舒宪（研究员）

专著　220千字

北京大学出版社　2007年11月

该书以“神话意象”为题，突出了一个世纪以来神话研究乃至文化研究的一个新动向——从书写文本到图像文本，从文字叙事到图像叙事。在论述中，结合热点文化问题，如《狼图腾》引发的中华祖先图腾辨析，《哈利·波特》引发的巫术复兴讨论，《达·芬奇密码》引发的异教想象与神话符号热潮等，充分利用考古材料，进行了打破学科界限的神话研究新实践。

《读书的启示》

杨义（研究员）

学术讲演集　346千字

三联书店　2007年12月

该书是作者最近5年学术讲演的结集。书中所述的文学、文化问题复杂宏大而多有动感：时间上从先秦到当今，空间上从中原到边疆，族属上从汉族到诸多古代民族和少数民族，文体上从诗、词、文到小说戏剧，学理上从中国到外国。这种动态的繁复中，存在着一以贯之的核心情结，就是力求以创造性的思维，深入地考量东方大地上一个伟大的民族共同体的文化哲学、审美特质和精神历程，以及她对人类智慧的辉煌贡献。

作者认为，学问要做大做深，应该是“耳学”(讲授讲演之学)、“眼学”(文献阅读之学)、“手学”(动手搜集材料之学)、“脚学”(走访调查之学)、“心学”(悟识思辨之学)等“五学”并举。这部阐述作者治学思路的讲演集，或可使人认识“五学”的门径，培养学思的兴趣和创造的能力。

《俞平伯集》

俞平伯（研究员）

论文集　373千字

中国社会科学出版社　2008年3月

该书为中国社会科学院学者文选之一种。

俞平伯是中国著名的国学大师、诗人、散文家、红学家。俞平伯在文学创作和文学研究诸多方面均有深厚的造诣和丰富的论著。该书精选俞平伯有关现代诗文论、古代诗词、曲赋、戏曲、小说论文以及《红楼梦》论文共32篇。

《孙楷第集》

孙楷第（研究员）
论文集　370千字
中国社会科学出版社　2008年3月

该书为中国社会科学院学者文选之一种。

孙楷第是中国古典文学研究的著名学者和专家。该书精选了孙楷第有关古代小说传奇、元曲杂剧、楚辞《九歌》、唐代俗讲变文、古代作家、历史人物及事件等探析考证文章20多篇，这些文章引用史料丰富，言之有据，凸显了作者立论的科学性和可信性。从对文体源流演变的探考到对作家生平事迹和作品内容的查考，无不功底深厚，见解精到。

《明清小说——刘世德学术演讲录》

刘世德（研究员）
学术演讲集　200千字
线装书局　2007年12月

该书收录了作者最近几年在中国现代文学馆所做讲座的8篇演讲稿。这些演讲稿包括《〈水浒传〉的作者与版本》、《〈三国演义〉的作者》、《〈三国演义〉的版本》、《话说刘备》、《吴承恩与〈西游记〉》、《〈金瓶梅〉的作者之谜》、《蒲松龄与〈聊斋志异〉》、《吴敬梓与〈儒林外史〉》等。作者的"版本学"为研读明清小说的创作过程和艺术构思，提供了一种新的视角和新的方法。

民族文学研究所

《中国西部的文化多样性与族群认同：沿丝绸之路的少数民族口头传统现状报告》

朝戈金（研究员）主编
调研报告　400千字
社会科学文献出版社　2008年6月

该书系联合国教科文组织委托民族文学研究所组织和实施的项目成果。全书由19篇专题田野调查报告组成，报告作者是来自北京和新疆两地的专家，并且都是这些文化传统的长期追踪者和切近观察者。该书图文并茂地讲述了生活在沿丝绸之路广大地域之内的众多历史悠久的少数民族普通民众的精神世界，特别是他们的口头传统，其中包括柯尔克孜族卷帙浩繁、回肠荡气的英雄史诗《玛纳斯》，维吾尔族委婉有致、情真意切的长篇韵体达斯坦，哈萨克族充满智慧的歌谣、谚语、笑话及其独有的阿肯弹唱，高山塔吉克人的瑰丽神话、神奇传说和生生不息的故事，锡伯族民间数不胜数的抄本和唱本，回族门派复杂、传统深厚的信仰体系，卫拉特蒙古族气势如虹的英雄颂歌，等等，传达了研究者们对这些古老而瑰丽的人类非物质文化遗产目前所受巨大冲击的焦虑，以及他们对民众伟大诗性智慧的礼赞。

《老舍与满族文化》

关纪新（研究员）
专著　270千字
辽宁民族出版社　2008年3月

老舍是20世纪文坛上众多优秀作家之一，广为读者所熟知。该书探讨了京师旗族的家庭出身对老舍的人文模塑、20世纪满族社会变迁对老舍民族心理的制约、满族伦理观念赋予老舍的精神烙印、老舍赖以托足的满族文化艺术沃壤、老舍文学艺术之中的满族文化调式、老舍对满族及中华文化的忧思与自省等问题，以期深入挖掘老舍在艺术上独树一帜的缘由。

《藏族当代作家汉语创作论》

丹珍草（杨霞）（研究员）
专著　315千字
民族出版社　2008年9月

该书主要以20世纪90年代以来藏族文学创作中的汉语创作与批评为研究对象，以中国当代文学的发展、藏族当代文学的发展为背景，在多维视阈和现代批评语境中探讨当代藏族文学创作与批评中的现代性与传统性、全球化与民族化、多元化与多样化等理论与实践问题。

《史诗观念与史诗研究范式的转移》

尹虎彬（研究员）
论文　13千字
《中央民族大学学报》　2008年第1期

在全球化背景下，史诗观念与史诗研究范式正在突破东西方文明的藩篱。亚里士多德以来的西方古典诗学的史诗范例和诗学范式，正在由主流话语变为一家之言。19世纪浪漫主义运动对口头传统的发掘，以及20世纪后半叶世界各地重新发现的口传史诗，都促使人们以文化多样性的观念改变以往对史诗和史诗传统的认识。世界性的、区域的和地方的传统话语，正在以不同的层面重构关于史诗的观念和研究范式。中国以往的史诗研究具有以下特点：关注民族或地域史诗的历史发展，以历史重建的方法揭示史诗反映的社会历史内容，把史诗作为民族文学的经典纳入文学史的叙述之中。该文提出从文本、文类和传统的实际出发，探讨中国史诗传统的独特规律的观点。中国少数民族的史诗主要是活形态的史诗，这正是中国史诗学科建设的生长点。

《欲望与思维——南方民族神话萌生的心理因素》

刘亚虎（研究员）
论文　15千字
《文化遗产》　2008年第1期

中国南方少数民族地区数千年上万年以前的崖画、殉葬装饰品和死亡仪式的遗留，透露出点点滴滴的神话意识，以另一种形式更为真确地展示了神话起源时的原初形态；南方民族流传着许多神话的活形态，其中蕴涵着先民不少创造神话的深层心理动机、思维形式、表述方法等；南方民族还遗留下许多较早时期经济状况、社会形态的残余形式，它们给人们提供了认识神话产生时代背景的“活化石”。在此基础上，可以粗略地描述南方民族神话萌生发展的轨迹。该文着重探讨这一过程中作为创作主体的南方民族先民的心理因素。

《荷马诸问题》

[匈]格雷戈里·纳吉（Gregory Nagy)著
巴莫曲布嫫（研究员）译

译著　328千字

广西师范大学出版社　2008年6月

“荷马问题”困扰了历代古典学者，格雷戈里·纳吉通过比较语言学和人类学视野作出的精深研究，提出了一个新的历史模型，出色地回答了《伊利亚特》和《奥德赛》怎么样、何时、在哪里以及为什么最终被以书面文本形态保存下来，并且流传了两千多年的缘由。他的模型吸纳了活形态口头史诗传统——其中某一首歌（诗）的每一次演述往往都会涉及叙事的再创编——所提供的类比证据。这些证据意味着荷马史诗的书面文本源于一个演进的过程之中，在创编、演述和流布的相互作用下，《伊利亚特》和《奥德赛》才日臻定型。

《古代艺术与仪式》

[英]简·艾伦·哈里森（Jane Ellen Harrison）著　刘宗迪（副研究员）译

译著　133千字

三联书店　2008年9月

简·艾伦·哈里森是西方古典学历史上里程碑式的人物，英国维多利亚时代的学界女杰之一。在19世纪、20世纪之交的西方古典学界，她率先运用现代考古学的发现，结合古典文献解释古希腊宗教、艺术和神话，开辟了古典学研究的全新范式。其学说对古典学、人类学、神话学、民俗学、美学等许多重要人文学科产生了深远而广泛的影响，以她为代表的剑桥学派或曰“神话—仪式学派”在20世纪上半叶的西方学术界盛行一时，研究成果颇多。该书原为当时几位英国学者编辑的《现代学术·家庭大学丛书》中的一种，由于书的读者对象是一般知识大众，故作者在书中深入浅出地对其关于古希腊宗教、仪式、庆典、神话、美术的见解作了全面系统的阐释，使该书成为了解神话—仪式学说最好的概论和入门读物。

外国文学研究所

《雨果画传》

吴岳添（研究员）

专著　180千字

中央编译出版社　2008年7月

法国作家维克多·雨果是举世闻名的作家和文艺理论家，法国浪漫主义文学运动的领袖，他的创作时间长达60余年，在诗歌、戏剧、小说、政论等各个领域都成就卓著，对法国和整个世界的文学产生了深远的影响。雨果创作的《东方集》、《秋叶集》、《静观集》等诗集以及《巴黎圣母院》、《悲惨世界》等脍炙人口的小说，都大力宣扬了他毕生倡导的人道主义理想。《雨果画传》以洗练动人的笔触、珍贵精美的图片，图文并茂地再现了雨果传奇般的一生，描述了他从诗歌神童、浪漫才子到文坛领袖，最后成为民主斗士和法兰西不朽的民族诗人的过程。在解读雨果的经典作品的同时，该书还反映了他丰富的内心情感，特别是他与情侣朱丽叶动人的恋情。

《神圣的荷马——荷马史诗研究》

陈中梅（研究员）

专著　363千字

北京大学出版社　2008年4月

该书探讨了荷马史诗的构成、明喻的作

用以及荷马的诗学思想。在荷马(或《奥德赛》的作者)看来，诗歌不仅是神赋的，而且还可以是自我教授的；切身的体验和从业的经验，或许还会使诗人感受到亲临其境者（或目击者、当事人）的讲述，这也是诗歌内容的可靠来源。以为荷马只是单一地信奉神赋论的观点是片面的，荷马诗学的复杂程度，在一些方面或许超过了许多人的想象。荷马史诗之所以能够成为传世的文学名著，之所以受到国内外众多学科领域的专家学者们的高度重视，一个重要的原因就在于它能启发人们的思考。研究西方认知史应该从哪里开始？是依照通行的做法从前苏格拉底哲学家及其论述入手，还是把目光前移，将探索的起点放在荷马史诗上，从它的字里行间寻找契机？该书以缜密的研究和翔实的论据回答了上述问题。希腊学术横贯文、史、哲和神学（或许还有科学），对它的跨学科性质要有一个清醒的认识，有一个整体的把握。写作西方哲学史，似乎不应忽略认知的因素。史诗人物的求证努力具有重要的理论和实践意义，后世自然哲学家们在学理上延续了他们的思路，把探察和实证的触角引入自然研究领域，从而缓慢促成了认知取向的转变，逐步建立起逻各斯在思想界的统领地位。该书的理论创新之一，便是论证了塞玛的作用。

《言诗》

陈中梅（研究员）

专著　356千字

北京大学出版社　2008年11月

该书以探析“荷马其人”开篇，讲述了荷马史诗的古代境遇，介绍了近当代学者们的研究风格、学术积累、视角变化以及所取得的成果，包括理论上的创新。该书研讨了柏拉图哲学的文学基础，从不同的角度揭示了柏拉图哲学的诗歌底蕴，论证了以荷马史诗为代表的古希腊诗歌文化对他的影响。柏拉图严厉批评诗歌，却经常喜欢沉溺于辨析(dialektik ē)的释事能量（ischus)，将其奉为封顶所有学问的盖石（thrigkos)。与此截然不同的是，孔子盛赞诗歌，很大度地将其纳入自己的诗教体系，坚信诗是可靠的知识之源。孔子教导弟子们学《诗》，待后者学业有成后又将其引向研究的高层，鼓励他们言《诗》。亚里士多德的《诗学》是一部论诗的经典。海德格尔也思考过“诗人”的问题，但亚里士多德的洞见更多地反映了他对诗的区别性特征的关注，因此比较典型地演示了希腊人分析事物时总爱“抓住本质”的治学特点。鸦片战争尤其是五四运动以后，西学东渐，象征科学和理性精神的逻各斯受到国人的青睐。然而，西方文化不是单极的，在逻各斯以外，与之形成对立、对称和互补、互渗的还有另一个极其重要的文化因素，那就是秘索思(mythos)。该书比较系统地展示了作者对秘索思的思考。

《超语言学——叙事学的学理及理解的原理》

董小英（研究员）

专著　446千字

天津百花文艺出版社　2008年1月

该书的研究对象是自然语言，特别是文学语言。它综合了研究语言现象的语言学、修辞学、逻辑学、叙事学和阐释学等五个学科的研究成果及研究方法，对语言现象进行综合研究。根据英语、俄语和汉语的语法现象，作者提出了普通语法的基本框架，对修辞学进行了逻辑学的分析，证明修辞学中有些辞格是逻辑手段，并指出修辞格的方法是可以通过艺术逻辑进行推导并理解的。在逻辑学的领域，该书对三值逻辑、模态逻辑、可能世界的观点和形式逻辑的一些基本思想提出了不同的意见，并对其所讨论的现象提出了自己的解决方案。这个解决方案就是面对自然语言的一切现象，遵循人的思维规律或记录人的思维推理过程，从中提炼出四种多义表述的推理方式。

超语言学将语言表述分成单义表述和多义表述，从而区分了不同的推理方式，区分了不同的推理有效性，因此对语言现象的解释更加合理。

《德语文学研究与现代中国》

叶隽（副研究员）

专著　550千字

北京大学出版社　2008年9月

该书追溯“德语文学”在现代中国作为一个学科的形成，考镜源流，既注重对学术机构的历史考察，也注重对代表学者的个案研究。该书尤其关注的是，作为一门相对边缘的学科，德语文学研究是如何在现代中国语境里生成，并由此生发出与此相关的学术史、文学史、教育史与思想史课题，进而探讨其在中国现代学术史上的意义。该书立足于学科史梳理与学术史研究，尝试整合学术史、教育史、社会史与文化史的融通视野，借鉴各领域的研究方法，努力呈现较为完整的现代中国语境内的德语文学学科史景观。通过对现代中国的德语文学学科的机构变迁史比较细致而系统的梳理，提供了一条史料有据、可靠翔实的学科史线索；同时也通过学术著作与学人个案的研究，进行学科研究的范式总结与学术伦理反思，并力求在借助学科史的“扎深求微”的基础上，尝试在学术史研究的整体背景中有所突破。

《主体的迁变——从德国传教士到留德学人群》

叶隽（副研究员）

专著　312千字

上海外语教育出版社　2008年8月

学界所谓“从传教士到留学生”的共识，主要是指以甲午战争后为界，留学生逐渐替代传教士成为西学传播的主体。延续解构“西学东渐”的思路，以德国资源为中心，突出强调三个特殊视角：一是对国别资源功用区分的重视，二是对传播主体迁变的突出，三是对学术/教育制度生成的探讨。该书以个案研究为基础，突出比较型、群体性研究；往往通过两个个案的比较研究，或是通过以若干相互关联的个案为主体的群体性研究，同时呈现其活动场域的丰富场景，尽可能从多场景、多元化的角度呈现历史的复杂图画，进而揭示出经由传教士到留德学人的主体迁变，德国资源之借鉴对中国现代学术（包括制度、精神与学科多种层面）的建设与发展所产生的深远影响。

《后殖民：印英文学之间》

石海军（编审）

专著　306千字

北京大学出版社　2008年4月

后殖民主义文化理论是着眼于东西方社会现实而对西方殖民历史文化进行反思的重要学术思潮，它于近一二十年来兴盛于西方，对东西方社会均产生了广泛的影响。该书将后殖民文化理论与20世纪印度文学与印度流散文学的分析融为一体，着重分析印度文学与英国文学之间的互动与发展问题，致力于理清后殖民主义与马克思主义、甘地主义、后现代主义之间的复杂关系，重点分析全球化与地域文化、文化认同与民族主义、殖民和后殖民时代的文学“模仿”、印度流散作家的“世界主义”与文化“杂交”等问题。

后殖民文化批评和印度流散文学讲述的是生活于西方的第三世界知识分子也就是过去的殖民地“他者”进入西方、反观自我的故事，研究这一“故事”，不仅可以开阔文学研究的文化视野，而且对我们认识东西方之间复杂的文化互动关系具有极其重要的现实意义；中国与印度在近现代有着相似的经历，该书的写作兼及中国文学及其批评，在比较分析中思考东方文化的发展与命运。

《中西比较诗学新探》

史忠义（研究员）

专著　487千字

河南大学出版社　2008年7月

该书包括概貌篇、功用篇、价值篇、个案篇和管窥篇以及结束语六个部分。

概貌篇阐述了以下几方面内容：(1) 明确的诗学观念形成之前，中西方准诗学（潜在诗学）方面就存在着重大区别，这些区别是后来几千年中西方诗学的主要区别；(2) 中西诗学内容方面最主要的区别；(3) 中西方的诗性诗学名称相同，但涵盖的内容和思想不同；(4) 中西方审美性诗学的纲领；(5) 中西方的诗学体系等。功用篇有两个重点，一是把柏拉图与墨子相比较；二是把西方侧重情感兼伦理兼审美教育的传统与中国由孔子开启的政治道德教育传统相比较。价值篇则把中西诗学中若干最基本最重要的概念，如“真与虚构”、“文与诗”、“言”、“道与逻各斯”等相比较。个案篇的重心是把道家文学与浪漫主义相比较。管窥篇的重心是论述对话理论，提出泛对话原则；另一重心是想说明，先进的人文思想和文学艺术也是生产力。结束语特别驳斥了后现代主义者的“文学终结论”及其他悲观主义的或虚无主义的错误观点。

语言研究所

《语义综合与词义演变及动词的宾语》

谭景春（研究员）

论文　16千字

《中国语文》　2008年第3期

该文首先说明语义综合是把两个形式表达的内容综合成一个形式来表达的一种语言现象，如：蹬车运煤 ══>蹬煤，即：动1（宾1）+ 动2宾2══>动1宾2，并分析了形成语义综合的语义条件。然后讨论语义综合造成的词义演变，因为语义综合后，语义重心会由动1向动2转移，所以，动1的词义在保留原义或其痕迹的同时，还会产生动2的词义，从而造成词义演变。该文还探讨了在词典释义中如何处理语义综合产生的意义。该文最后讨论了动词和宾语的语义关系，指出从语义综合的角度来看，原本分析为处所、结果、目的、施事等的宾语，都具有一定的受动性，也可以分析为受事宾语，从而使我们对动宾语义关系的认识更加深入和全面。

《由背景化触发的两种句法结构 ——主语零形反指和描写性关系从句》

方梅（研究员）

论文 18千字

《中国语文》 2008年第3期

该文对两种在汉语中历史较短的语句组织结构——零形主语反指和描写性关系从句进行了描写和分析。该文指出，任何形式的产生和发展都有其功能动因，上述两种语句组织结构产生的功能动因是将信息作背景化处理。

以层级较高的语法范畴体现前景信息，以层级较低的语法范畴体现背景信息，这是语言表达的普遍规律。信息包装手段在形态丰富的语言里可以用谓词的屈折手段作句法降级处理。汉语缺少句法屈折，句法降级必然会采用另外一些补偿方式，以取得“意义—功能—形式”的协调一致。小句主语零形反指和描写性关系从句反映了汉语信息包装的特点，是背景化这种功能需求带来的形式的创新。该文以汉语叙事语篇为研究对象，希望在更广阔的视野下探讨汉语书面语语法，并为解释新兴语法现象产生的机制和动因提供了一个新视角。

《重新分析的无标化解释》

刘丹青（研究员）

论文 16千字

《世界汉语教学》 2008年第2期

语法化理论和历史句法学文献对重新分析的动因及其单向性仍未有完满的解释。该文基于汉语及跨语言资料提出“无标化解释”，认为促使重新分析实际发生并且具有单向性的根本原因是人类语言对无标记状态的追求。表达需求的无限拓展和表达方式的新奇性追求使语言总会出现有标记现象，主要通过现有手段的扩展而发生，可称旧瓶装新酒现象。对此，语言会产生回归无标记状态的推力，于是通过重新分析实现无标化，产生新酒塑新瓶的效应。无标化的路向主要有两种：一种是结构简化（包括几种具体情况），一种是语法形式和语义的自然匹配。两种因素总体上是合力共谋关系，有时主要由一个因素起作用，但一般不会发生两者的矛盾冲突。

《动词及物性的语用变化》

张伯江（研究员）

论文 14千字

《语法研究和探索》第14辑

商务印书馆 2008年6月

功能语法关心高频参与使用的成分容易发生什么样的变化，关心不同语体环境对语法的实现有什么样的制约，并且把语法引向何处。该文选取公认的高及物性动词作考察，观察实际篇章中语用条件的差异所造成的语法功能变化，揭示没有静态及物性差异的动词的动态趋向。其一，描写了高频动词“拉”论元组合的多种变化，验证了功能语法关于高频词项句法特征易变的观点；其二，通过对较低频的同义动词“扔”和“掷”的考察，廓清了“较高频动词及物性必然低于较低频动词”的含糊认识，论证了较低频常用动词“扔”的高及物性属性，指出超低频动词“掷”在句法层面退缩、在词法层面延展其活力的事实。

《张家山汉简“去（盍）”字补释》

孟蓬生（研究员）

论文　4千字

《简帛研究》　2008年第3期

张家山汉简中有“去卧”、“去伏”、“去立”等说法，前人多不得其解。陈斯鹏《张家山汉简〈引书〉补释》认为，这个“去”字应是叶（叶）部之“去”（即盍字所从的声符），而非鱼部之“去”。该文同意陈斯鹏将“去”字读为“盍”的意见，并在此基础上对“去（盍）”的意义作了进一步的探讨。文章认为，“去（盍）卧”、“去（盍）伏”、“去（盍）立”中的“去（盍）”应训为“面朝下”。“去（盍）卧”就是传世典籍中的“合卧”，与“仰卧”相对；“合伏”则是先“合”后“伏”，为“去卧，端伏”的省略说法；而“去（盍）立”当指“两腿相阖（合）”，与“夸足”（两腿张开）相对。

《情感句重音模式》

李爱军（研究员）

论文　6千字

《中国语音学报》　2008年第4期

从语音上研究情感情绪表达，是言语工程的需要，目前更多是研究情感情绪语音的声学表现。该文从感知的角度出发，分析字面没有情感标记的“高兴、害怕、难过、生气”这四种情感句的重音模式与对应中性句重音模式之间的关系，给出了情感重音和中性句重音的转移矩阵。研究发现以下几点：(1) 发音人的情感句重音位置分布与中性句重音位置有一定的关系；(2) 发音人的情感句重音位置分布较相似；(3) 情感句重音有重音转移的现象，并且在各种情感句中的转移程度有差异。具体来说就是，高兴的句重音位置试图保持与对应的中性句一致；不管“中性”句重音的情况如何，“害怕、难过和愤怒”的句重音都有向句末转移的现象。

《汉语人称代词复数表示法的类型》

李蓝（研究员）

论文　25千字

《方言》　2008年第3期

该文用语言类型学的理论来研究汉语方言人称代词的复数表示法。文章首先确定人称代词复数表示法的类型参项，而后对423个汉语方言的人称代词复数表示法进行归纳整理。现代汉语方言中使用的人称代词复数表示法共有4种12类30个类型。用同样的方法来归纳44种少数民族语言，这些少数民族语言有3种6类13个复数表示法类型，没有汉语方言复杂。然后，该文讨论了汉语人称代词复数表示法中的两个问题：(1) 人称代词复数表示法的出现顺序与山东方言中的“回头演变”现象；(2) 从认知—功能语言学的角度来讨论四种人称代词复数表示法的优劣。该文最后讨论了语言类型学应如何处理汉语这种方言复杂的语言问题，讨论了语言类型学的发展趋势及其与方言学、历史语言学的关系等问题。

《从句法—信息结构接口看现代汉语不及物动词带宾语现象》

胡建华（研究员）

论文　9千字
《第20届北美汉语语言学会议论文集》
美国俄亥俄州立大学出版社　2008年8月

该文从句法与信息结构接口的角度研究现代汉语不及物动词带宾语问题。该文首先论证汉语中抽象动词“有”的存在，然后指出抽象的“有”既可以选择句子做补足语，也可以选择动词词组做补足语。当“有”选择非作格动词词组做补足语时，如果动词词组的底层主语是有定的，那么，该动词词组主语由于信息结构的要求必须从动词词组主语位置向句子主语位置提升；而如果该动词词组主语在底层结构是无定的，则该主语可以留在原位，不向句子主语位置提升。如此，当动词词组内的词汇动词移向抽象动词“有”时，动词词组的主语由于出现在谓语动词后就变成了句子宾语，形成不及物动词带宾语现象。该文认为，在汉语中信息的分拣与组配往往会影响论元出现的位置，汉语论元的非规则排序实际上是信息结构与句法结构交互作用的结果。

《南方语言正反问句的来源》

吴福祥（研究员）
论文　20千字
《民族语文》　2008年第1期

世界语言中的疑问句，功能上可分为三个主要类别，即极性问句（polar question）、特指问句（content question）和选择问句（alternative question）。汉语疑问句在类型学上的一个显著特点是，极性问句具有是非问句（yes-no question）和正反问句（A-not-A）两种交替形式，而且在一些方言里，正反问句又有“VP-neg”、“F-VP”等不同的句法形式。值得注意的是，中国南方很多民族语言（侗台、苗瑶、南亚及南岛）与汉语一样也拥有“A-not-A ”型极性问句。该文从接触语言学和语言类型学的角度证明以下观点：(1) 这些民族语言里的“A-not-A”疑问构式导源于汉语标准语“VP不VP”正反问句的区域扩散，是一种典型的接触引发的语言演变；(2) 演变的动因是这些民族语言社团中受过教育的双语或多语人群，其第一语言（特定的民族语言）与其习得的汉语标准语（他们的第二或第三语言）之间的密切接触；(3) 演变的机制是“构式复制”，即这些民族语言社团中的双语或多语人群利用其母语的语言材料，按照汉语标准语的“VP不VP”模式构建出对应的疑问构式“A-not-A”。

《黟县宏村方言》

谢留文（副研究员）
专著　210千字
中国社会科学出版社　2008年10月

该书是黟县宏村方言的调查报告。全书共分七章对安徽黟县宏村方言的语音、词汇、语法作了可靠、详细的记录和描写，其内容包括以下七方面：(1) 声韵调系统、小称音变、单字音表；(2) 语音演变特点；(3) 与中古音比较；(4) 同音字汇；(5) 分类词表（3000条左右词汇）；(6) 语法例句；(7) 长篇语料。

考古研究所

《隋仁寿宫·唐九成宫发掘报告》

中国社会科学院考古研究所编著

专著 400千字
科学出版社 2008年1月

隋仁寿宫建于开皇十三年(593年)，历经二年，于开皇十五年竣工。担任设计和营造这座行宫的是隋代最有成就的建筑大师宇文恺，隋仁寿宫代表着隋代建筑的最高水平（西安地区隋的建筑遗址多已破坏殆尽，隋仁寿宫是保存下来的唯一的宇文恺的作品）。隋朝覆灭后，仁寿宫也随之废弃。贞观五年(631年)，唐太宗以隋仁寿宫为基础，加以修缮，并改名为九成宫。《九成宫醴泉铭》碑是唐代著名书法家欧阳询的代表作，被誉为楷书之宗。碑文的作者是宰相魏征，文中记载了贞观六年（632年）唐太宗在九成宫发现泉水的故事和这座离宫华丽的景色。1978～1994年，中国社会科学院考古研究所西安唐城工作队对麟游县新县城及其周围地区进行了多次考察和发掘，充分证实了隋仁寿宫·唐九成宫遗址就在陕西省麟游县的新城区。该书为十几年考古工作的总结报告。该书的出版填补了中国建筑史上隋代宫殿遗址的空白。

《中国美术考古学概论》

杨泓（研究员） 郑岩（教授）
专著 300千字
中国社会科学出版社 2008年2月

中国美术考古学为特殊考古学之一，是中国考古学的一个分支学科。该书分六章：首章阐明什么是中国美术考古学，指明美术考古的对象和目的、美术考古的基本方法与相邻学科的联系与互动，以及中国美术考古发现简史；其后五章按历史发展顺序，分述中国史前时期、先秦时期、秦汉时期、魏晋南北朝时期和隋唐宋元时期的美术考古。

《北方草原考古学文化比较研究——青铜时代至早期匈奴时期》

乌恩岳斯图（研究员）
专著 540千字
科学出版社 2008年3月

该书主要探讨长城地带中段青铜文化、早期铁器时代文化及早期匈奴文化与欧亚草原相邻地区相关文化的关系问题。作者以中国北方不同时期的考古学文化遗存为重点，以具有代表性的文化遗物作为比较研究的对象，从而探索各地区不同考古学文化之间的文化联系及其代表性器类的演进、起源等问题。

《考古测绘遥感与GIS》

刘建国（副研究员）
专著 230千字
北京大学出版社 2008年8月

该书根据考古研究的特点，围绕现代电子全站仪测绘、数字摄影测量、成图、遥感数据处理与分析以及考古地理信息系统的建设与分析等工作过程，介绍有关考古测绘、遥感与地理信息系统的理论和方法及考古研究中地形图的使用和编制方法等，以期使考古研究人员能够掌握常规仪器的操作和维护，熟练地测绘、使用和编制各种地图，处理和分析各种遥感影像，更好地开展考古学研究。

《内蒙古呼伦贝尔辉河水坝细石器遗址发掘报告》

中国社会科学院考古研究所细石器课题组等

研究报告　21千字

《考古学报》　2008年第1期

20世纪上半叶，中外学者在呼伦贝尔大草原调查发现，以细石器为代表的新石器时代文化遗存，迄今已达240多处，细石器遗存最早的时代可能已到中石器时代。中国社会科学院考古研究所中国细石器研究课题组于2003年8～9月对呼伦贝尔辉河水坝细石器遗址进行调查和发掘，出土大量文化遗物，发现细石器制作现场，清理居住、篝火、灰坑等遗迹；2004年又对该遗址进行补充发掘，清理一座殷墓。该文报告了以上两年度发掘的主要收获。

《“文邑”考》

冯时（研究员）

论文　17千字

《考古学报》　2008年第3期

该文考证陶寺文化晚期陶背壶的朱书文字为“文邑”二字，时代约属公元前20世纪，并根据甲骨文、金文有关“文邑”与“文夏”资料的研究，考定“文邑”实即夏邑，揭示了陶寺文化的性质为夏文化。作者指出，夏、商、西周王都以邑为制度，并结合古文字学、古文献学和考古学的研究，论证了邑作为没有城垣的聚邑而与城郭的不同。该文同时对陶寺文化中晚期之交的诸多暴力遗迹进行了历史学解释，认为其反映了自禹都阳城向启兴文邑的转变，而这种禅让制被世袭制所取代的变革正是家天下的夏王朝诞生的重要标志。该文的研究首次通过出土文献论证了夏代存在的事实。

《跨度为2332年的考古树轮年表的建立与下塔图墓葬定年》

王树芝（副研究员）等

论文　6千字

《考古》　2008年第2期

该文对青海省德令哈地区郭里木乡夏塔图墓葬出土的祁连圆柏木材进行了树轮年代学研究，建立了跨度为2332年的考古木材树轮年表，并确立了墓葬群的年代。墓葬年代的确定为研究隋朝和南北朝时期吐谷浑的迁移、文化及吐蕃统治时期吐谷浑文化、吐蕃文明史，为研究中西文化的交流等提供了精确的时间依据。同时，长年表的建立为今后这一地区古气候的重建提供了高精度的树轮年代资料，为我们了解气候在中国古代社会经济形态转化中所起的作用提供了可靠的环境背景。

《地理信息系统支持的兴隆洼文化手工业生产专业化研究》

李新伟（副研究员）

论文　8千字

《考古》　2008年第6期

该文认为，地理信息系统支持的兴隆洼文化手工业生产专业化研究对考古遗址内遗物的空间分布进行分析是研究手工业生产专业化的重要手段。将兴隆洼文化南台子、白音长汗遗址发掘资料数字化，利用地理信息系统软件对遗物分布特征进行分析，显示出遗址内石器和石料的分布具有不均衡性，这说明初级的专业化生产可能在中国的新石器时代中期即已发生。

《殷墟出土青铜礼器铸型的制作工艺》

刘煜（副研究员） 岳占伟（助理研究员）等
论文 9千字
《考古》 2008年第12期

该文通过对殷墟晚商时期青铜期和铸铜遗物的考察、分析和研究，复原了包括造型材料的选择和制备、铸型的设计和制作、合金的配制与熔炼、浇注成形到铸后加工等各个环节的陶范铸造的工艺流程，对陈说进行了厘清、修订或补正，对熔炼工具提出了新的认识。青铜器铸造是制陶和金属冶铸的有机结合，其铸造工艺流程的各个环节均已规范化并达到较高的水平。殷墟铸造业规模的扩大、铜器产量的大幅度提高，是建立在工艺流程的规范化、工艺控制的严格性基础上，并依托于严格的组织管理。中国青铜时代陶范铸造的工艺选择，与中国的黄土环境及高超的制陶技术密切相关。

历史研究所

《甲骨文医学资料释文考辨与研究》

彭邦炯（研究员）
专著 931千字
人民卫生出版社 2008年2月

甲骨文中的医学材料曾经引起许多学者的关注，但是因材料难以收集，文字难以辨释，所以近百年来只有少数学者作过零星的研究，无人将这宗宝贵的材料进行全面的收集、整理和研究。该书的出版，无疑为甲骨文研究中这一少人问津的领域填补了一个空白。

该书作者在广泛而翔实地收集甲骨文中的医学材料的基础上，对其材料作了缜密、精深的考释和研究。全书分为上编、下编、附编。上编为释文和考辨，释文按图版顺序，逐条逐字作出释文；考辨则对相关字词尤其是与生育、疾病相关又众说不一的材料，除了简述前人的论点、汲取各家的研究成果外，还结合个人的心得体会加以辨析与考释。下编为殷商的生育与疾病研究，作者在利用大量的第一手甲骨文材料的基础上，结合文献、考古、民族、民俗资料，对商代的生育和疾病中的问题进行了综合性的研究和探讨，旨在复原商代医学发展的历史，弥补释文考辨中难以避免的零乱和不完整。

《孔子与20世纪中国》

林甘泉（研究员）
专著 533千字
中国社会科学出版社 2008年7月

拥有五千年文明的中国，历史文化名人不计其数。但如果要举出一个最能够代表中国传统文化的历史人物，恐怕非孔子莫属。

20世纪之后，随着政治风云的变幻和不同社会思潮的碰撞，对孔子及其思想的历史定位和价值判断也是毁誉交错、起伏不定。时至今日，尊孔批孔的尘埃已落定，孔子作为中国古代伟大的思想家、教育家和文化巨人的地位，基本上算是得到知识界和社会公众的认同。但对孔子及其思想的评价以及对孔子思想的现代价值的认识，在知识界仍然存在着差异。

该书在总结百余年来孔子及其思想的历史命运时，梳理出三条线索：一是由于政治局势的演变，孔子的亡灵被某种特定的政治需要所利用，在全国范围内出现尊孔或批孔的思想政治斗争；二是有关孔子历史定位与历史评价的研究和讨论，由于论者历史观和方法论的差异，见仁见智，众说纷纭；三是对孔子生平、著作和思想的考辨，在前人研究的基础上，不断有所深入，有些问题已有共识。该书对这方面的各种意见，没有轻易地妄断是非，只是就一些论著在学理上有选择地加以介绍。但对有些比较重要的问题，作者也提出了一些独到的见解。

《唐书辑校》（上、下）

吴玉贵（研究员）
专著　770 千字
中华书局　2008 年 12 月

该书以《旧唐书》为主，根据各种现存的唐代史料中的相关记载，对《太平御览》引《唐书》的内容进行了科学的校勘和整理，既纠正了《太平御览》引《唐书》的文字错误，也使读者能够比较直观地了解《太平御览》引《唐书》与《旧唐书》、《册府元龟》及其他记载的异同。与此同时，《唐书辑校》还对所辑内容进行了“还原”，即查找并标示出《太平御览》引《唐书》的各条在《旧唐书》中的相应记载，还把《旧唐书》中没有相关记载的条目也明确地加以标示，为研究和利用《太平御览》引《唐书》的数据提供了很大的方便。

在科学整理的基础上，作者指出《太平御览》引的《唐书》实际上就是《旧唐书》，但是它们之间的差别并不是因为今本《旧唐书》的内容有散佚，而是因为在宋真宗咸平年间（998～1003年）曾对今天习称的《旧唐书》进行过一次大规模的修订。《太平御览》引的《唐书》是修订前的《旧唐书》，更多地保留了它的原貌，《太平御览》引的《唐书》不仅能够为我们提供许多被宋人删除的较为原始的史料，而且通过二者之间的差异，还可以为唐代文献学和史学史的研究提供有益的线索。

《金元全真教史新研究》

张广保（研究员）
专著　290 千字
（香港）青松出版社　2008 年 7 月

该书系统考察了金元时期全真教发展的具体历程，内容涉及金元时期全真教的宫观系统、戒律的形成、宗谱传承、内丹实践、与蒙元政府的关系、著述考略等。该书的特色主要表现为以下几个方面：第一，在史料方面，将全真教内外材料相互结合，所引用的材料不仅限于全真教史料及金石碑刻、地方志，而且采用了正史，诸如中国方面的《元史》、波斯方面的《史集》。第二，尝试依据金石碑刻材料解决一些全真教史的疑难问题。第三，对若干学界未曾关注的全真教史问题、全真戒律的形成及宗族谱的变化作了初步探讨。第四，进一步依据新材料，并结合正史记载，对全真教当年“济世救民”的行为，提出了新的证据和诠释。

作者还首次提出，在金元之交，全真教建立的大小宫观实际上相当于大小不等的“道教社区”，这对保全民众具有积极作用。此外，对于当时蒙元皇室、宗王、世侯对全真教的崇奉、护持，作者也综合各种史料予以系统论述。

《商代殷都的族居特点与商的王权》

王震中（研究员）
论文　10千字
《王权与都市》（今谷明、宇野隆夫主编）
国际日本文化研究中心出版　2008年3月

该文分三个章节论述了商代安阳王都的族居特点、族氏特点以及与此相关联的王权。

在第一部分“安阳殷都的大杂居与小族居”中，作者依据20世纪80年来安阳殷都的考古挖掘资料和青铜器上的族徽铭文，提出在总面积达36平方公里的殷墟范围内，除了宫殿区和王陵区外，大量的是散布在四面八方的其他族众居住的居址与手工业作坊遗址。而这些族众的居址和手工业作坊遗址则呈现出“大杂居与小族居”的特点。

在第二部分“安阳殷都的族氏结构”中，作者进一步分析了“小族居”的族氏结构。

在第三部分“与殷都族氏结构相关联的王权”中，作者论述了商代的王权及其统治方式与商代的国家结构及殷都的族氏结构都是有关系的。商代的国家结构是一种“复合型国家结构”，它体现在“内服”与“外服”亦即“王畿”与“四土”关系之中。

《秦汉“乡举里选”考辨》

卜宪群（研究员）
论文　12千字
《社会科学战线》　2008年第5期

该文认为，“乡举里选”应作如下层面的考察：其一，秦汉的“乡举里选”与先秦的“乡兴贤”思想或制度有一定的渊源关系，但又有重大的不同：我们没有材料证明秦汉察举诸科所选人才是在乡里推举的基础上选拔出来的，但又不能据此认为秦汉选举与乡里行政组织、乡里民众毫无关系。因为秦汉的选举无论是察举诸科还是选任郡县乡亭小吏，都与乡里有着千丝万缕的联系。不仅大多数被选者出自乡里，其选任过程要受到乡里舆论的左右，而且选举中的许多具体问题也要由乡里组织来实施完成。这是人们用“乡举里选”来概括秦汉选举的重要原因。其二，“乡举里选”是指秦汉的仕进制度向乡里的编户民开放，乡里民众普遍获有仕进的政治权益，在乡里舆论的影响下，可以通过国家的各种渠道进入官僚系统，但并不存在乡里民众的自治选举。其三，尽管察举制下举主的最低秩次是县一级，但乡里行政组织在整个秦汉选举制度中仍然具有重要作用，承担着管理与组织的职能，这既构成乡里行政组织政治职能的一个重要方面，也体现了“乡举里选”最为核心的内容。其四，秦汉“乡举里选”的存在有其历史的必然性。

《帝王之家父子关系的诠释——以康熙帝与皇八子允禩为例》

杨珍（研究员）
论文　11千字
《明清档案与历史研究论文集》
新华出版社　2008年1月

该文主要论述了康熙帝与其皇八子允禩在不同阶段的关系以及各自所具有的特点。

允禩幼年与青少年时期，受到皇父的关爱及严格系统的教育培养。此时的父子关系较为单纯，父子亲情浓厚。随着年龄的增长，允禩逐步为康熙帝所器重。

综合有关材料看，允禩为康熙帝所恼的

原因，曾为康熙帝本人一语道明："二阿哥悖逆，屡失人心，允禩则屡结人心，此人之险，实百倍于二阿哥也。"(《清圣祖实录》卷261，康熙五十三年十一月甲子）说到底，是康熙帝不能允许一个普通皇子的威望与他本人相埒，此为他与允禩的关系骤然恶化的症结所在。

康熙朝中后期，皇权高度集中与强化，康熙帝的唯我独尊意识愈益强烈。他打击允禩，乃为集中皇权，杜绝一切致使大权旁落的可能性。这对父子的关系在最后阶段得以改善，仍主要是政治因素使然。父子双方各有所需，实际上是一种特殊方式的利益交换。

康熙帝与允禩的关系，也受到两人性格、作风等因素的影响。

康熙帝与允禩之间的矛盾，说到底是权力之争。尽管康熙帝重视亲情，爱子如命，但他处理同诸子的关系时，始终是以维护其本人的绝对权威，巩固、加强其统治为前提，如果有碍于此，父子之情则退至末位。

《〈天圣令〉中的律令格式敕》

黄正建（研究员）
论文　22千字
《唐研究》第14卷
北京大学出版社　2008年12月

唐代法律体系由律、令、格、式构成，后期出现了《格后敕》，到五代宋又出现了《编敕》，因此，研究律、令、格、式乃至敕之间的关系，就成了研究唐宋法律史的重要课题。《天圣令》残本的发现，为研究这一课题提供了一部崭新的、原始的又相对完整的资料。

该文逐条分析了《天圣令》残本中所涉及律、令、格、式、敕的条文，从《令》的角度探讨了《令》与律、令、格、式、敕的关系。

总之，《令》与律、令、格、式、敕的关系依时代不同而有所不同；关于"事"的规范放在"令"中，关于"罪"的规定则放在"律"中；"式"是配合"令"的；"格"对"令"来说则多不可知；当有例外出现时，在唐代多用"不用此令"处理，在宋代则更用"从别敕"来规范。"不用此令"是消极的，是不存在另外规范的用语，而"从别敕"则是积极的、另有明确规范的表现。当"从别敕"越来越多的时候，"令"的法律地位就逐渐降低了。

《明太祖外交诏令考略》

万明（研究员）
论文　32千字
《暨南史学》第5辑　2007年12月

诏令文书是研究明代政治、经济、文化、法律、军事、中外关系乃至整个明代历史弥足珍贵的第一手资料。明太祖洪武朝外交奠定了有明一代外交关系的基础，外交诏令是研究中外关系最重要也是最基本的史料，为了解明太祖对外理念及其对外交往实态提供了重要依据。该文首次对现存于中外史籍文物中的明太祖外交诏令进行了系统收集和专门研究。在首先对明代诏令作了全面的概括论述后，对所见现存的明太祖外交诏令127通的来源、名目、存世情形进行了初步考察。作者将外交诏令的来源分为五类，分别加以考述：一是文集类，二是现存文物类，三是明人编诏令集类，四是外国史籍类，五是《实录》类。涉及的种类有诏、敕、谕、制、册、书、诰、祭文、祝文等，几乎囊括了明代诏令文书的全部种类，也大体上反映了各类诏令在明初外交上的使用和传达情况。

《宋初礼制沿革及其与唐制的关系——兼论“宋承唐制”说之兴》

楼劲（研究员）
论文　27千字
《中国史研究》　2008年第2期

宋人对本朝制度来源的阐述，经历了从“沿袭五代”到“宋承唐制”的变迁。

该文认为，赵宋王朝开国伊始，无非是一个承接五代的“第六代”。包括礼制在内，其各项制度基本上都是直承五代而继续调整发展的，有关事实在宋初制度沿革的原始记载中，是基本清楚和易于还原的。就其与唐制的关系而言，宋初循用的唐制，无不是从五代沿袭过来的，且都是循五代的轨迹继续对之修正和变通的。因而所谓“宋承唐制”，严格地应是“宋初循用了五代相沿革的唐制”，宽泛一点，或者也可兼指宋初以来归复某些业已废弛的唐制的过程。

与宋承唐制说兴起相伴，宋初以来对唐制的反省也在发展。在礼制领域，如太宗时议祭祀祝文称号，李至奏《开元礼》有关内容“稽古者以为非礼”；真宗景德二年（1005年）重定郊丘神位、神板，王钦若驳议“岂可信贞元之末学轻淡，略经史之群儒说论”；祥符八年（1015年）欲废唐玄宗《御定月令》时，晁迥要求“废林甫之新文，用康成之旧注”。当时各种反省唐制的论调，除考虑现实需要外，凭恃的还是儒经古制。从其影响来看，正是反省唐制之风渐长，首先在制度层面上开辟了突破唐人成说的通道，遂在庙堂之上催生了回归儒经礼典，重新申说圣贤原旨的势头，这便是扎根于《春秋》之学又针对着庙堂问题的正统史观兴起的重要土壤。在宋初以来思想领域多条线索齐头并进的壮阔波澜中，庙堂之上围绕着建制活动而不断再现的几种旋律——超越唐制、回归经学和强调正统，共同谱出了一个足与江湖之儒所究心的天地性命之学相呼应的重要篇章，并且构成了后来被称为“宋学兴起”运动初期的中心舞台。

《居延简〈宣与幼孙少妇书〉——汉代边地官吏的私人通信》

马怡（研究员）
论文　19千字
《中国古中世史研究》第20辑
［韩国］冠岳社　2008年8月

在20世纪30年代出土的居延汉简中，有一件颇值得辨识和研究的书信。该书信即《宣与幼孙少妇书》。陈直先生很早就注意到这件书信，他在《居延汉简研究》一书之《居延汉简解要》中指出：“此西汉夫寄妇书也。”其说一出，影响很大。后来，林剑鸣先生的《汉简中一封奇怪的信》一文提出了不同的意见，认为该信与家书无干。该文认为，以上二说皆有未安之处。

通览《宣与幼孙少妇书》全文可知，作信人宣应当是与受信人幼孙关系较为密切的人物；《宣与幼孙少妇书》的作信人与受信人都是官吏，但该信并不是一件“公函”，而是汉代边地官吏之间的私人通信。

《三十年来社会史研究的回顾与反思——以明清时期为例》

定宜庄（研究员）

论文　5千字

《历史研究》　2008年第4期

社会史是改革开放30年来在中国历史学研究中发展最迅猛、对中国史学发展贡献最大的学科。如今社会史研究在中国风头正劲，人们展望社会史研究的前景，更多使用的两个关键词，一是“加强”，加强与其他学科的对话、加强跨学科的研究；二是“深化”，主要是深化对某个领域的研究。如此种种呈现了一个欣欣向荣的新学科的蓬勃风貌。然而热闹的背后，也存在诸多困惑和危机。这里所谓的危机，指的是在新理论、新观念和新方法令人眼花缭乱地、源源不断地涌入的时候，史学研究所要求的一些基本功正在悄然消失。这里说的基本功，简言之就是建立在文献史料之上的一套严格的辨伪、批判和考证的功夫，以及在此基础上进行的对历史的解释。该文作者以当今社会史研究中最热衷于引用借鉴的领域如计量史学、人类学与田野调查和口述史等为例，来探讨史学基本功在明清社会史研究中是否还有必要存在的问题。

《试论“状”在唐朝中央行政体系中的应用与传递》

吴丽娱（研究员）

论文　33千字

《文史》　2008年第1辑

该文认为，唐代公式文的状可分为两种：一是给皇帝的上状，称为奏状；二是给宰相或上级长官的上状，称为申状。

奏状和申状唐初以来已有较多的应用。状的形态、使用和递达是了解唐朝公务运行和信息流通的重要方面。奏状和申状在唐朝中央地方的普遍运用，在某种程度上增强和改善了公文的流通方式。特别是唐后期状成为政务文书的主体，对于加强皇权和建立中书门下政务运作机制，保持中央对地方的控制乃至沟通朝廷和藩镇的关系，都有不可或缺的作用。两种状并行不悖，相辅相成，其影响是十分深远的。

郭沫若纪念馆

《郭沫若研究三议》

蔡震（研究员）

论文　6千字

《郑州大学学报》2008年第3期

郭沫若研究无论对于中国现代文学史还是现代学术史，都是一个重要的研究领域。但是，目前郭沫若研究呈现的清冷之态，已经偏离了一个学术领域应有的常态。该文从“热与冷”、“正与反”、“读与解”三个方面，考察回顾了郭沫若研究自新时期以来30年间所经历的从热捧到冷遇的变化，从主要作正面的评说到以正说和反说呈两极对立的状况，分析评判了郭沫若研究在这样一个学术态势的发展走向和学术现状之中所反映出来的问题：潜在的意识形态偏见、非学术因素的干扰、反历史主义的思想方法、轻忽文献史料以及学术上浮躁、急功近利等等。而所有这些都不同程度地涉及一个根本性的问题：先要阅读历史，然后才能解读历史。这是郭沫若研究中最需要解决的问题。

《〈女神〉及佚诗》

蔡震（研究员）

学术资料 155千字
人民文学出版社 2008年6月

《女神》是郭沫若新诗创作的开始，也是中国现代诗歌历史的一个重要起点。但《女神》只是郭沫若诗歌创作的一个选本，他还有大量的诗歌作品散佚在报刊、书信、文章中，大部分已不为人见。同时，《女神》的文本经历过作者重大的修改，而初版本从未再版。这无疑使得对于《女神》的阅读与研究存在很大缺失。该书将郭沫若《女神》时期散佚的诗作77篇（97首）全部收集起来，以最初发表的文本为底本进行整理、校勘、注释，另对初版本《女神》作了文字校勘，一并辑录成集。同时，对郭沫若诗作中一直存在的一些问题重新作了考订。该书为研究郭沫若的《女神》及《女神》时期的诗歌创作，提供了一个完整的、具有版本价值的历史文本。

《〈女神〉与日本文化》

蔡震（研究员）
论文 13千字
《现代中国文化与文学》第5辑
巴蜀书社 2008年5月

郭沫若的《女神》问世以后，一直在其如何受到西方文学影响的意义上被解读与评价。然而，《女神》是一位中国留学生在日本九州的博多湾畔创作而成这一历史事实却被忽略了。该文即从这一史实出发，去寻找《女神》与日本文化的联系。文章首先考察并确认了郭沫若在留学时期，对日本文化是有着相当深入的了解和认知的。然后分析了《女神》最主要的诗歌意象“太阳”、“女神”以及特立独行的天狗这一抒情形象与日本古代神话传说之间的精神联系。在《女神》的文本中，有一个神话世界的存在，虽然并不完整。《女神》的基本主题“毁坏”与“创造”即建立在一个女性再创世神话的叙述框架内。这个神话世界的构成基本上是东方式的，其中就包含了日本文化。

近代史研究所

《近代中国文化转型研究》（9卷本）

耿云志（研究员）主编
专著 3500千字
四川人民出版社 2008年4月

该书系统描述和勾勒了近代中国文化转型的基本轨迹，深入探讨和分析了文化转型的内在机制与外在条件，具体考察和揭示了中国近代文化转型过程中，社会结构、生活方式、思维方式、价值观念、外来文化、学术体制与科学体制的建构等领域具体的演变轨迹及其内部的互动关系。

该书分为《导论》卷、《社会结构变迁与近代文化转型》卷、《中国人的生活方式：从传统到近代》卷、《西学东渐：迎拒与选择》卷、《西学的中介：清末民初的中日文化交流》卷、《近代中国思维方式演变的趋势》卷、《中国近代价值观的嬗变》卷、《近代中国学术体制之创建》卷、《中国近代科学与科学体制化》卷。

该书的各分卷都具有相对的独立性，但各卷又是有着内在联系的整体。该书紧扣近代文化转型的主题，从多学科、多视角、多层面，比较立体地展现出近代中国文化转型的进程。

《1898年中国故事》

马勇（研究员）
专著　250千字
中华书局　2008年10月

1898年是近代中国历史上最值得纪念的一年，在那年发生了许许多多值得称说的故事，中国一度成为世界舆论的中心，尤其是中国的政治变革不仅给中国人带来一个新的时代，而且也使西方国家欢呼雀跃。然而仅仅一夜之间，中国的政治发展突然转向，慈禧太后只需举手之劳就成功地阻止了光绪皇帝和康有为等人开启的政治变革，中国的政治发展似乎又回到老路上去了。这一年的故事一直引起百年来史学家的重视，虽说仁者见仁，智者见智，但大体上是遵循康有为、梁启超一系的“话语强势”进行解释。该书作者认为，这种解释或许有一定的道理，但无疑距历史的真实太远。所以，该书从消解康、梁系的强势话语入手，对1898年中国所发生的重大事件进行重新解读，再现1898年那激动人心、扣人心弦的历史场景。

《清代北京旗人社会》（《国家清史编纂委员会·研究丛刊》）

刘小萌（研究员）
专著　900千字
中国社会科学出版社　2008年8月

清朝统治中国，以八旗制度统领旗人（主体是满洲人），以州县制度管理民人（主体是汉人），形成旗民分治的两元结构。顺治元年（1644年），清朝定都北京（京师），以内城安置旗人，以外城居住民人，是旗民分治两元结构在空间关系上的集中体现。此后270余年中，旗人始终是内城的基本居民，并形成与外城民人社会并存的旗人社会。这是清代北京城的一个基本特点，也是它由以发展的重要前提。辛亥革命（1911年）后，清朝覆灭，旗人社会瓦解，但作为其主体部分的满族始终生活在北京，而旗人文化留给古都北京的鲜明印迹更是经久不衰。该书在综合利用满汉文档案、契书、碑文、家谱、笔记、曲词、小说、舆图、绘画、口述史料的基础上，对北京旗人社会的面貌、特征、变化作了较为系统深入的考察；对旗民关系（核心是满汉关系）的发展，也作了多角度分析。该书对开展北京史研究，把握北京的城市特色，挖掘其丰富的历史文化遗产，对清朝史研究、满族史研究、八旗史研究，均有价值。

《近代中国文化诸问题》（增订本）

马勇（研究员）
专著　350千字
东方出版中心　2008年1月

从历史上看，中国文化与域外文明大规模接触、冲突与融会先后有两次。第一次是东汉末年由印度佛教文化东来引起的中印文化冲突，前后经过长达千年的冲突较量，至宋明新儒家新理学的成立，基本上将佛教文明纳入中国文明体系，成为中国文明的一个重要组成部分。第二次是指明清以来特别是清中叶以来由西方文化输入而引发的中西文化问题。这次文化冲突至今尚看不到最终的解决方案，东西方文明冲突依然困惑着中国人尤其是中国思想界。该书立足宏阔历史背景，详尽描述西方文化自明清之际传入中国以来至清末民初的种种遭遇，以及中国人面对西方文化刺激、挑战、刁难等所作出的种种回应，设身处地探讨前人心迹和理论上的利弊得失，在传统解释之外提出了一些新见解。该书初版于1992年，曾经引发学术界的关注，此次再版主要是将当年论证不太严密而后来又有心得的地方稍作增补，大的框架没有调整。

《〈清实录〉中的淮安》

姜涛（研究员）　孙连华　合编
资料集　685千字
中国书籍出版社　2008年8月

江苏之淮安有着悠久的历史。清代淮安，因地处黄淮运诸河交汇枢纽而有着特别重要的地位。它因漕运和治河而繁富，又因黄河改道和漕运的停止而没落，其命运与清王朝息息相关。《清实录》中反映淮安的事件甚多。该书按内容分为政区与地方政事、漕运、河务、盐务、榷关、驿站、重大事件等七个专辑。其中，“政区与地方政事”专辑又分设政区与职官制度、地方政事、雨雪灾赈、战事等四个专题；“重大事件”专辑中，选录有康熙帝南巡、乾隆帝南巡和由嘉庆帝亲自过问定谳的王伸汉谋毒李毓昌案等三个专题。其余各专辑均按历朝实录的时间顺序，依次编排。该书为研究有清一代的社会经济提供了方便、实用的资料。

《巴拉第与晚清中俄关系》

陈开科（副研究员）
专著　510千字
上海书店出版社　2008年7月

该书主要分为三大部分内容：第一部分“巴拉第与晚清中俄文化关系”，主要叙述了巴拉第的汉学研究成就；第二部分“巴拉第与晚清中俄经济贸易关系”，主要叙述了1860年前俄罗斯驻北京布道团特别是大司祭巴拉第给沙俄政府提供了大量有关中国经济贸易的情报，为俄罗斯在对华商务中取得优势立下汗马功劳；第三部分“巴拉第与晚清中俄外交关系”，叙述了大司祭巴拉第直接受命于俄罗斯外交部和东西伯利亚总督，不但提供大量外交情报，而且身体力行，亲自参与中俄外交实务，为中俄《瑷珲条约》、《天津条约》的提前签订起了一定作用。从学术史角度看，早期中俄关系史的研究，尤其是对俄罗斯驻北京布道团这一关键组织的研究一直是中俄关系史研究领域的薄弱环节，该书在资料的挖掘、研究方法以及对中俄关系的整体认识上都有一定程度的创新，对完善和发展中俄关系史学科具有相当重要的意义。

《日伪统治时期的华北农村》

王士花（副研究员）
专著　188千字
社会科学文献出版社　2008年9月

该书共分六章，分别从政治结构与农村基层权力组织、粮食生产与流通、棉花生产与流通、合作社、经济封锁、文化教育政策及体制等方面，具体阐述了日伪在华北沦陷区农村的政治、经济、文化教育等方面的统治政策及其计划与实施状况，揭示了日本政治上“以华制华”、经济上“以战养战”政策在华北农村的具体表现，分析了华北农村经济与农民生活由此发生的变化及华北农村居民的生存空间和生活境遇，展示了沦陷后华北农村社会样态的主要方面。

《晚清大变局中督抚的历史角色——以中东部若干督抚为中心的研究》(《中国社会科学院近代史研究所专刊》)

贾小叶(副研究员)
专著 260千字
上海书店出版社 2008年6月

晚清督抚职权之隆、地位之尊、历史影响之大，为历代督抚所不及。研究晚清史，不能不重视督抚。迄今为止，学界对晚清督抚的研究，已取得了一些重要成果。但就已有的研究而言，个案多，群体少；政治取角多，思想文化层面的关注少。已有的群体研究，主要侧重于从制度史或政治史的角度，考察晚清督抚权力结构的变迁及中央与地方关系的演变。该书另辟蹊径，由督抚与近代中西文化的关系切入，重点关注两个方面的内容：一是在晚清大变局中，督抚自身思想文化观念的变迁；二是督抚与清政府内政、外交决策的关系，从而揭示督抚在晚清大变局中的历史角色。

该书首次系统考察了督抚文化观念的演变，探讨了晚清督抚外交观念的变迁。该书还系统考察了督抚在外交实践中的种种努力。在深入剖析了督抚思想观念演变的基础上，作者首次系统考察了督抚与晚清历次改革间的复杂关系，包括督抚与戊戌维新、督抚与清末新政、督抚与近代教育变革等。作者认为，晚清督抚不是一个新阶级，但半殖民地半封建社会的特殊国情将晚清督抚推到了时代的前沿，他们身不由己，充当了中国走向近代化的实际操作者的历史角色，承担了新阶级应当承担的使命。而封建“旧阶级”的阶级属性决定了晚清督抚无法成为称职的近代化领导群体。

《丁文江年谱》

宋广波(助理研究员)
专著 600千字
黑龙江教育出版社 2008年9月

该书是国内外第一部全面记述丁文江生平、学术、思想、言行及事业的编年体著作。全书60余万字，分“谱前”、“年谱”、“谱后”三部分。“谱前”分两部分：一是丁文江家世；二是丁文江出生前外国人在中国从事的地质考察活动。“年谱”尽量翔实表现丁文江之生平、学术、思想、言行及事业。“年谱”记载谱主的背景，包括重要时事、相关时人及与谱主有关的科学事业的发展概略等。“谱后”记载有关丁文江的纪念活动、纪念奖金的评选、著作出版情况以及其配偶的简要生平等。该书搜集材料详尽，首次发表了大量新材料。这些新材料，既有千余件档案资料、数百件稀见报刊资料，还有口述史料等。如丁撰写的从未发表的地质报告的手稿以及参加中基会、中英庚款赔款委员会的会议记录、信函、任淞沪总办时的通信，等等。新材料的问世，使丁文江的真貌更加清晰。

世界历史研究所

《中国世界历史学30年(1978～2008)》

于沛(研究员) 周荣耀 (研究员)主编
专著 570千字
中国社会科学出版社 2008年10月

该书是王伟光任总主编的《中国哲学社会科学30年丛书》之一。

该书从古代中世纪史研究、亚非拉美近现代史研究、俄罗斯东欧史研究、西欧北美史研究、外国史学理论研究、专门史研究（主要是国际关系史研究、第二次世界大战史研究、华侨华人史研究）等方面，对改革开放30年来我国世界历史学科建设及重要成果，进行了系统、具体的介绍，论述了我国的世界历史研究已经完成了从译介向研究的转变，并已发展成为形态完备的科学学科，成为当代中国历史科学重要的组成部分。

电视纪录片《世界历史》100集

于沛（研究员）总撰稿

电视纪录片　500千字，3000分钟

中央电视台电影频道　2008年1月1日至4月10日

该片是一部以马克思主义理论为指导，以系统揭示人类历史发展一般规律和特殊规律为主要内容的世界通史性的电视纪录片。该片100集涵盖了自史前时期到20世纪60年代人类历史发展进程中的重大事件、人物、政治、经济、思想、文化、科学技术、社会变迁等内容，通过文字描述和历史文物、资料、遗址等影视图像的再现，使观众在史学家的带领下轻松学习世界历史。该片经过8年的精心打造，为世界史学者集体创作大型影视作品填补了一项空白。

《公地制度中的财产权利》

赵文洪（研究员）

论文　20千字

《经济—社会史评论》第4辑

三联书店　2008年10月

该文在国内史学界第一次比较全面地探讨了在欧洲长期、广泛存在的公地制度中的财产权利状况，包括公地共同体成员对开垦地、未开垦地的权利；领主与这两类土地之间的权利关系。该文认为，公地共同体成员对于土地（财产）的权利是明晰的，公地共同体制定的各种地方法规对这些权利作了细致的规定，并且加以有力的保护。根据这些法规，任何侵犯公地财产权利的行为都要受到惩罚。领主在理论上是整个公地共同体内土地的所有者，但是实际上，一旦他的直接领地纳入了公地制度体系，在土地的使用方面，他就只能够享有与公地共同体其他成员一样的权利。另外，在公地制度中，权利是个人的，而财产却是共享的，因为每个成员名下的地块一般每年都要更换，未开垦地上牲畜的放牧也是公共的。这就形成“私权公享”的特点。

《从西班牙历史看“民族国家”形成与界定》

秦海波（副研究员）

论文　15千字

《世界历史》　2008年第3期

国际学术界关于民族、民族主义、民族国家的争论一直莫衷一是，该文作者以西班牙为例提出了独到见解。作者指出，“民族国家”是一种国家形式，同时也是近代以来形成的一种政治属性的民族，可称为“近代民族”。它与其他那些传统意义上的自然属性的民族有明显区别，主要的特征在于：其规模相当于一个主权国家，而不像自然属性的民族那样不是大于一个国家就是小于一个国家；其主权属于人民，而不是属于任何个人或其家族。它诞生的标志不是“国家统一”而是资产阶级革命或改革。19世纪以前，国家统一之后所产生的往往是中央集权的专制王朝国家，而不是民族国家，它们的性质是完全不同的。西班牙国家统一后，立即通过海外征服和王室联姻等途径迅速膨胀成为一个超级庞大的殖民帝国，西班牙人成为它的“主体民族”，但国家主权却属于来自外族的君主。它那时不是民族国家，而是绝对主义王朝国家。直到19世纪初，随着反抗拿破仑占领的独立战争，西班牙的近代民族意识才被唤醒，才成为了一个民族国家。

《从大臣会议制看沙特阿拉伯的政治发展》

毕健康（研究员）
论文　10千字
《西亚非洲》　2008年第6期

该文系国家社科基金青年项目“中东现代化进程中的民主问题比较研究”阶段性成果之一。

沙特阿拉伯是特殊而重要的中东伊斯兰教国家。第二次世界大战以来，沙特阿拉伯的经济高速增长，社会快速变迁，城市化加速推进，发展成为具有重要影响的地区大国。相形之下，沙特阿拉伯的政治发展明显滞后，彰显出经济与政治发展的不平衡。那么，如何评价沙特阿拉伯的政治发展呢？

该文以大臣会议制为切入点，审视沙特阿拉伯作为现代民族国家构建的特殊性。20世纪50年代中期大臣会议的建立，是沙特阿拉伯民族国家构建与政治发展的重要事件。此后大臣会议不断发展，制度化水平不断提高。大臣会议规模扩大，内部结构不断改善，职权不断扩大，凸显了国家职能的扩大和行政体制的发展。亲王大臣与平民大臣此消彼长，后者逐渐占据了多数席位，折射出中间阶层的逐渐兴起。谢赫家族一直保持着特殊的地位，并进入大臣会议，其权力和影响却在逐渐下降。可见，大臣会议制的建立与发展是沙特王国经济现代化的需要与产物，是沙特阿拉伯政治发展的主要方面，是具有沙特阿拉伯特色的政治发展模式。

《南非白人政府对经济发展的影响》

刘兰（副研究员）
论文　7千字
《西亚非洲》　2008年第4期

国外学者在分析南非政府干预在经济中所起的作用问题时有两派观点：自由主义史学认为，白人政府干预阻碍资本主义经济发展；激进派史学认为，南非资本主义畸形发展得益于白人政府的干预。该文认为，这两派观点过于绝对和僵化。就南非而言，在不同的历史时期，白人政府干预对经济发展产生的作用是不同的。1994年以前的南非白人政府干预经济发展，通过牺牲黑人的利益，使白人资本家获得丰厚利润的同时，还确立了白人工人在劳动力市场上的优势地位。然而，白人政府的干预政策却对南非经济的长远发展产生了负面影响。

《论“家产析分契约”的性质和作用——兼评英国家庭史研究中的“变革与延续之争”》

陈志坚（助理研究员）
论文　17千字

《世界历史》 2008年第4期

该文以盛行于英国近代早期的家产析分契约为主要研究对象，通过对其背景和实践的综合考察，作者发现，与之前的家产分配方案一样，家产析分契约也明显具有矛盾的性质，它反映了地产主既想保全家产，又要为弱势家庭成员考虑的矛盾心态。然而，过渡时期的特殊社会背景又赋予了它新的特性，地产主在坚持原则的基础上，开始利用新兴资本主义的理念和经济手段努力调整其家产分配方式，有效地调和了长久以来存在的各种矛盾。这一研究侧重考察近代早期地产主在处置财产继承问题上的矛盾心理及其具体对策，具有一定新意。

《简析伊斯兰哲学中的存在单一论》

王希（助理研究员）

论文 11.5千字

《哲学研究》 2008年第2期

该文以哲学史为背景，简要分析和解读了伊斯兰宗教思想史上最为重要的学说之一、伊斯兰神秘主义的理论基石——“存在单一论”的基本内涵和哲学义理。该文不仅从词源上辨析了“存在单一论”这一译名，考证了其历史起源，而且以哲学史为背景，运用现代本体论哲学中的概念较为详尽地分析了该理论的基本内涵和主要特征，为我们理解伊斯兰神秘主义和伊斯兰哲学的后期发展提供了一个新的视角和新的方法。

《从摩尔根到塞维斯：酋邦理论的创立》

易建平（研究员）

论文 20千字

《史学理论研究》 2008年第4期

随着中国文明起源研究的发展，愈来愈多的中国学者将目光投向了塞维斯的酋邦学说。然而，其中有的研究者有意无意地把塞维斯视为中国传统社会发展理论的威胁，视为摩尔根的敌人。是否真的如此？该文作者检视了摩尔根同时代及其以后文化人类学等学科的许多重要发现直至塞维斯的酋邦理论，认为，不像一些中国学者所担心的那样——塞维斯是摩尔根的敌人，事实是，前者在充分吸收与发展了后者同时代及其以后的古朗士、弗思、利奇、奥贝格、基希霍夫、弗里德的一些重要发现之后，对摩尔根的基本理论进行了十分重要的修正、补充与发展，由此创立了影响巨大的酋邦学说；塞维斯是摩尔根学说优秀的继承者与发展者。

《奴隶占有制社会的研究史引发的思考》

廖学盛（研究员）

论文 6.5千字

《世界历史》2008年增刊 2008年12月

该文指出，应该花力气把中国学者自20世纪20年代以来研究世界历史以及中国历史上的奴隶占有制度的成败得失，认真地进行科学的总结。这是在中国坚持和发展历史唯物主义必须进行的一项工作。1980年以来，中国学者无论是从世界历史的角度，还是从中国历史的角度，抑或是从两者相互联系的角度，都对奴隶占有制度作了力所能及的探索。在阐明奴隶占有制度萌生、发展与原始社会瓦解的必然性联系，特别是奴隶占有制社会中源于原始社会的氏族部落的血缘关系的重大作用方面，中国学者作出了自己的贡献。

《诉讼与和谐——文献视域中的托勒密埃及诉讼制度》

郭子林（助理研究员）

论文　11千字

《内蒙古民族大学学报》　2008年第1期

托勒密埃及的诉讼制度在埃及学中占有重要地位，很多零散的文献史料反映了这一诉讼制度。诉讼形式主要是请愿。诉讼过程比较复杂，并与法老埃及的诉讼程序之间具有继承性。托勒密埃及的诉讼形式和程序都反映了一种古朴的和谐理念，但这种理念与我们现阶段的“和谐社会”理论存在根本区别。该文通过对史料的整理、分析、考证，厘清了托勒密埃及的诉讼形式，探讨了这种诉讼形式体现出的托勒密埃及诉讼制度深处所蕴涵的朴素和谐理念，从而突破了以往简单的史实考证，进行了一定的理论提升。

中国边疆史地研究中心

《民国时期的英国与新疆（1912～1949）》

许建英（副研究员）

专著　410千字

新疆人民出版社　2008年8月

该书是《近代英国和中国新疆（1840～1949）》的姊妹篇。

该书全面梳理了民国时期英国与中国新疆的关系，对杨增新时期、金树仁时期、盛世才时期以及国民党治新时期英国与新疆关系进行了系统的研究，内容涉及英国与中国新疆相互政策及其形成、英国侨民及其管理、英国与新疆贸易、英新关系曲折变化的过程及原因、英新关系中的阿富汗问题和俄因素，分析了英国与“东突厥斯坦伊斯兰共和国”的关系，研究了英国在新疆的考古探察和传教活动，探讨了英美苏聚焦中国新疆对英新关系的影响，剖析了国际风云变幻中英新关系的性质演变。

全书坚持历史唯物史观，提出若干新的见解。如对英新关系特性的研究上，既注意到当时英帝国主义践踏中国主权的一面以及双方势力不均等现实，也承认英国维持中国对新疆主权的基本政策及对俄的制衡作用。同时，该书还纠正了以往某些偏颇的观点，如有关英国与“东突厥斯坦伊斯兰共和国”的关系问题，作者从档案资料入手，指出英国涉足并没有以往人们想象的那样深，而苏联插手其间也是不容否认的客观事实，从而有助于我们重新定位某些历史认识。

《全球化境遇中的西方边疆理论研究》

于沛（研究员）　孙宏年（副研究员）

专著　380千字

中国社会科学出版社　2008年6月

该书以马克思主义为理论指导，针对当代社会发展所提出的重大理论问题，采用历史学、国际政治、国际法等多学科的理论、方法，通过个案分析，对美、英、俄、日等国主要的边疆学派、学者及其理论进行了论述，并对其中一些理论进行了重点研究，如对英国的寇松、麦克马洪的理论，法国的“维达尔传统”和冷战时期西方出现的“信息边疆”等新边疆理论及其影响等都进行了较有深度的分析，对美国的边疆学派也从边疆问题的角度进行了新的研究。探讨了西方资本主义发展与边疆理论形成的关系，即随着资本主义的产生、发展和国际格局的演变，与边疆有关的理论也在不断发展、演变。总体上看，尽管一些有利于人类社会进步和亚非拉地区弱小民族发展的理论不断出现，但是西方的主流理论则产生于西方的殖民扩张和实现霸权过程中，体现了西方大国的意志和利益，是为维护其本国利益而提出并付诸实践的。

《边吏与古代中国疆域的形成——以两汉为中心》

李大龙（研究员）

论文 15千字

《云南师范大学学报》(社科版) 2008年第6期

该文以汉代为例，探讨了边吏在疆域形成和发展中的作用。认为，在古代中国疆域形成的过程中，边疆地方官吏在其中的作用是值得关注的。边吏在古代中国疆域形成中的作用大致上可以从边疆行政建制的建立和完善、边疆地区社会稳定、边疆地区经济文化的发展等几个方面体现出来。优秀的边吏可以实现王朝疆域的拓展，或通过建立相对完善的统治制度、汉文化的传播来密切边疆和内地的关系，进而巩固王朝的疆域；相反，昏庸的边吏则会引起边疆统治秩序的混乱，甚至导致王朝对边疆地区经营的失败，不得已而放弃对一些边疆地区的经营，由此而引起王朝疆域的缩小。

《清代以降内蒙古河套地区民族聚居格局的演变》

毕奥南（研究员）

论文 7千字

《第三届河套研讨会论文集》

内蒙古人民出版社 2008年10月

该文认为，自先秦以来，河套地区经常成为农耕民族与游牧民族交替控制的地区。当游牧民族占据了河套，这里就成为芳草连天的牧区草原；在农耕民族控制河套时，此地出现过阡陌纵横的农田村舍。两种经济形态派生出来的文化迥然有别，由此形成的文化差异是河套历史人文景观各呈纷彩的渊源所在。应该看到，无论是农耕民族耕耘河套，还是游牧民族放牧其间，两种经济与文化都有冲突、渗透。汉唐时期的胡汉并存，元明清时期的农牧并举，尽管主客不同，比重不一，并存和交流始终贯穿河套地区的发展历史。

《唐西州勋官仕途考论》

李方（研究员）

论文 22千字

《吐鲁番学研究》 2008年第1期

西州勋官以“入仕”与否分为两大类，以有“散、职、爵”与否分为六种形态。西州勋官入仕比例虽然不高，约二分之一弱，但文职武官中皆有勋官，而且勋官级别较广，至少有10转（共12转），其中最高一级上柱国最多。以高昌国旧资获勋官者未超过骑都尉为例，说明西州严格执行了唐朝的规定。勋官任中低级军府官员者皆未见散官，未入仕勋官亦多无散阶，但未入仕勋官承担了许多地方杂职，勋官在地方发挥了重要作用。西州虽然人力紧张，但任官制度一同内地，十分严格。

《英国驻迪化领事馆的建立及活动述论》

许建英（副研究员）
论文 16千字
《中国边疆史地研究》 2008年第3期

民国时期，在英国与中国新疆的关系上，英国驻迪化领事馆的建立及活动占有重要地位。该文较为系统地梳理了英国驻迪化领事馆建立的最初构想、讨论的详细过程、最终的建立与关闭，概括总结了其主要活动，并简要分析了其特点和意义。

《晚清政府对蒙古族的国语教育政策》

于逢春（研究员）
论文 14千字
《中国边疆史地研究》 2008年第2期

“国民国家”构筑意味着将域内全体居民培养成同质性国民。能将国民统合为一体、养成同质性国民的，唯有国民教育一途而已。该文希冀通过考察以东北地区为中心的晚清蒙古族国语教育，剖析晚清政府如何通过国民教育来培育具有同质性的国民这一问题。同时，通过探讨蒙古族对国语教育的反应，考察晚清少数民族国民教育的实际状态。

《清末东北新政与东北边疆现代化进程——以徐世昌主政东北时期的新政改革为中心》

高月（助理研究员）
论文 8千字
《中国边疆史地研究》 2008年第3期

该文从政治结构改革、教育改革、外交努力三方面考察了徐世昌任内东北新政改革对东北地区现代化进程的影响，认为政治结构和教育改革促进了东北地区的现代化进程，而外交上的努力则收效甚微。

台湾研究所

《台湾研究论文集》（第21辑）

余克礼（研究员）主编
论文集 230千字
台海出版社 2008年8月

从1988年开始，中国社会科学院台湾研究所为向社会各界介绍该所的研究动态与研究成果，每年将该所研究人员的部分代表性研究成果编辑成《台湾研究论文集》，已出版了20辑。该辑为第21辑。

该辑所撷取的30多篇文章，基本反映了2007年台湾岛内政治、经济、社会、对外关系以及两岸关系发展的脉络。

《对推进两岸关系和平发展的几点看法》

余克礼（研究员）
论文 8千字
《台湾研究》 2008年第6期

该文认为，国民党重新上台执政，为两岸关系和平发展提供了难得的机遇。文章就两岸关系和平发展与如何构建两岸关系和平发展框架进行了三个方面的论述：(1) 指出两岸关系和平发展主张是中国和平发展战略的一个重要组成部分，在实现中国和平发展战略的过程中，台湾问题不能影响、更不能干扰中国的和平发展；同时，中国的和平发展又要为最终解决台湾问题，完成祖国统一创造条件。(2) 分三个阶段说明了两岸关系和平发展主张的提出及正式确立的发展演变过程。(3) 指出实现两岸关系和平发展的有效机制是尽早构建两岸关系和平发展框架。

文章提出，推进两岸关系和平发展，当务之急是从以下五个方面做起：一是营造两岸关系和谐的气氛；二是尽快实现两岸经济关系正常化；三是尽快实现两岸各项交流交往正常化；四是要朝逐渐实现两岸政治关系正常化的方向去努力；五是要为两岸的最终统一打下基础。

文章特别强调，实现两岸政治关系正常化必须面对以下五个问题：关于台湾当局的政治地位问题；关于结束两岸敌对状态问题；关于建立两岸军事互信机制问题；关于台湾的“国际活动空间”问题；关于和平协议问题。

《新形势下国共交流机制的定位与作用》

朱卫东（研究员）

论文　7千字

《台湾研究》　2008年第6期

该文指出，当前两岸关系进入和平稳定发展的正常轨道，在这历史转折过程中，国共交流机制的建立与功能的发挥，起到了不可替代的独特作用。

文章认为，国共交流是两岸政党交流的重要组成部分，而“九二共识”则是国共交流合作的政治基础，这个基础是建立在认同“九二共识”、反对“台独”这一政治互信上的。

文章强调，国共交流不是排他性的，正如胡锦涛总书记所说，只要承认一个中国，承认“九二共识”，不管是什么人、什么政党，也不管他们过去说过什么、做过什么，我们都愿意同他们谈发展两岸关系、促进和平统一的问题。

文章指出，国共交流机制是推动两岸关系和平发展的重要资产，因为国共交流机制不仅是两岸关系发展的“推进器”与“变压器”，还在于国共交流机制是构建两岸关系和平发展框架的重要内容。可以预见，国共之间达成的共识越多，互信就越强，分歧就越少，合作机会就越多，两岸关系和平发展前景就越光明。

《关于新形势下建构两岸经济合作框架的探讨》

张冠华（研究员）

论文　9千字

《台湾研究》　2008年第5期

该文认为，在当前两岸关系和平发展的新形势下，探讨和思考如何构建两岸经济合作框架，无论是对推动两岸经济关系发展的转型升级，还是推动两岸关系和平发展框架的构建，都具有重要的现实意义。

文章分析了两岸经济关系面临的形势变化，认为当前两岸关系和平发展的新形势为构建两岸经济合作框架提供了有利的政治环境，全球金融海啸对两岸经济增长产生重要影响，两岸经济关系都处于新的转型期，增强了深化两岸经济合作的迫切性。

文章对推动两岸经济关系的功能性升级提出了三点意见：一是推动两岸经贸关系重心由制造业向服务业领域延伸；二是深化两岸产业分工与合作；三是推动大陆台商转型升级。

文章还就全方位推动两岸经贸合作的制

度化安排进行了论述，认为应建构多层次、多元化的经贸事务沟通与协商机制，建构与完善以两会协商为主、两党平台主导、民间行业辅助的协商机制；还应建构两岸经贸交流的相应制度与规范，以保证两岸经贸交流的正常进行与有序运转。

《改革开放三十年对台湾局势和两岸关系的影响》

康绍邦（研究员）等
论文　8千字
《台湾研究》　2008年第5期

该文从三个方面论述了党的十一届三中全会以来，改革开放对台湾局势和两岸关系产生的深刻影响。一是解放思想，实事求是，不断丰富和发展祖国统一理论和对台方针政策。文章认为，党的十一届三中全会以来，我们党对台方针政策有过三次大的调整，而每一次都是解放思想、实事求是的结果，都有力地推动了两岸关系的发展。二是坚持改革开放，加强两岸往来与交流，真诚为两岸同胞谋福祉。三是坚持科学发展观，统筹兼顾，推进两岸关系和平发展。

文章分析了影响台湾局势发展的三个因素，即海峡两岸各自的发展趋势，海峡两岸关系发展的趋势以及国际大环境的发展变化趋势。文章认为，其中最为根本的因素是祖国大陆和台湾综合实力对比的发展变化。因此，祖国大陆坚持发展是第一要义，不断增强综合国力是维护台海局势稳定、把握两岸关系和平发展的前提和保障。文章强调，要始终不渝地走和平发展道路，在和平共处五项原则基础上努力发展同所有国家的友好合作关系，不断增强国际社会对一个中国原则的普遍认同，是推动两岸关系和平发展的重要环节。

《2007年度基础和重点研究课题》

余克礼（研究员）主编
朱卫东（研究员）　张冠华（研究员）副主编
课题汇编　244千字　2008年12月

该课题汇编收集了中国社会科学院台湾研究所研究人员2007年度完成的基础研究和重点研究课题，主要涉及以下几方面内容：

第一，“台湾主体意识”研究。该课题全面、客观地分析和论述了“台湾主体意识”的内涵和本质、产生与演变的原因及其社会基础、主要影响及发展趋势等内容。

第二，台湾“单一选区两票制”研究。该课题针对台湾地区“立法委员”选举制的新变化，深入分析论述了其背景意图、主要内容及其影响，岛内政党政治和选民结构走向，“立法院”议事特点和选民投票行为等内容。

第三，民进党执政时期岛内“台独”活动简论。该课题针对民进党从2000年5月至2008年5月执政期间岛内“台独”活动，分三个阶段进行了具体分析和详尽论述，分析并预测了“台独”活动的未来发展走向和活动方式。

第四，新时期大陆对台政策述评。该课题论述了党的十六大以来，胡锦涛关于新形势下发展两岸关系的四点意见、《反分裂国家法》和党的十七大提出的对台战略新思维的重要作用，对推进祖国统一进程的重要现实意义和深远历史意义。

《新时期对台方针政策重要文献选编》

余克礼（研究员）主编
朱卫东（研究员）张冠华（研究员）副主编
文献选编　118千字　2008年10月

该书的主要内容分五部分。第一部分为以胡锦涛为总书记的新一届中央领导人的重要讲话；第二部分是中央台办、国务院台办负责人受权声明、讲话；第三部分为涉台重要法律、法规、文件；第四部分为近年来中央推出的主要惠台措施；附录部分主要收录了邓小平、江泽民等领导人有关台湾问题的讲话和文稿、涉及两岸关系发展的部分重要文献等。

编入该书的文献，主要选自2003年以来《人民日报》及其海外版、新华通讯社等中央媒体所载文字稿，为突出新时期的特点，各篇标题大部分为编者新拟。附录部分基本保留了原有标题。

哲学研究所

《科学发展观与和谐社会建设》

李景源（研究员）　吴元樑（研究员）主编
专著　310千字
江苏人民出版社　2008年8月

该书是院交办、委托课题“科学发展观研究”的最终成果。

该书分四个部分：第一部分的主题是马克思主义关于发展的世界观和方法论的集中体现，论述了科学发展观的理论基础和科学发展观的理论创新；第二部分的主题是科学发展观的科学内涵与精神实质，论述了科学发展观中以人为本的含义；第三部分的主题是深入贯彻落实科学发展观，论述了党的思想路线和人的全面发展对于贯彻落实科学发展观的重大意义；第四部分的主题是科学发展与社会和谐是内在统一的，论述了科学发展观与建设社会主义和谐社会之间的内在统一性，从社会系统论的角度论述了科学发展观与和谐社会建设的理论和方法，论述了我国现阶段的社会矛盾和主要矛盾，论述了依法治国、建设社会主义核心价值体系、加强宗教文化研究对于构建社会主义和谐社会的重要意义。该书就科学发展观与和谐社会建设提出了许多重要的学术见解和值得进一步研究的问题，这不仅对于贯彻落实科学发展观与全面建设和谐社会的实践具有一定指导意义，而且对于推动科学发展观的理论研究也有学术价值。

《价值哲学方法论》

孙伟平（研究员）
专著　332千字
中国社会科学出版社　2008年5月

该书认为，一般价值论产生于“科学认识论”占主导地位的哲学氛围之中，以自然科学为范式，依照“科学认识论”的思路和方法研究价值问题十分流行。由于价值论与认识论之间存在着深刻的学术差异，因而导致了许多理论和实践问题。以马克思新哲学观为基础，探索适应价值论性质和特点的独特方法，是价值论研究取得突破之关键。只有从实际活动着的人出发，立足“主体尺度”和“主体际关系”，坚持价值的实践品格和历史维度，才能把握价值的真谛和价值活动的规律，提炼出价值思维的方法和逻辑。当然，基于人类生成性的价值生活实践、真正切合价值论性质和特点的新方法的总结与提炼，是一个十分困难的课题，它的解决必然是一个开放性的历史过程。

《道教与丹道》

胡孚琛（研究员）
专著　280千字
中央编译出版社　2008年3月

道教是中国土生土长的宗教，是中国传统文化的源泉和中国传统哲学的要素之一，更是中国人智慧的结晶。丹道作为道家养生的中心内容，一向被视为神秘之功。该书对道教和丹道的起源与发展以及其特征进行了详尽的阐述，揭开了道家和丹道的神秘面纱。

《视觉美学史——从前现代、现代到后现代》

刘悦笛（副研究员）
专著　340千字
山东文艺出版社　2008年6月

该书从“视觉思维”的角度研究了自柏拉图到德里达的视觉美学思想，主要聚焦于“视觉形式学”、“视觉心理学”、“视觉符号学”、“视觉解释学”、“视觉分析美学”、“视觉社会学”和“视觉解构主义”这七个重要美学流派，对二十几位哲学家和美学家的视觉思想进行了深入研究，并对中西视觉美学进行平行比较，最后对建构在“心”与“脑”间的视觉思维提出了自己的独特看法。

《宗教与哲学的相遇——奥古斯丁与托马斯·阿奎那的基督教哲学研究》

黄裕生（研究员）
专著　324千字
江苏人民出版社　2008年4月

该书是院重点课题“重新理解中世纪哲学”的成果部分。基督教在罗马帝国传播的过程中，与哲学相遇，两者并没有一方取代另一方，而是相互改变了对方，相互造成了影响深远的历史效应。基督教哲学便是这种历史效应的一个集中体现，它既是基督教寻求哲学理解、接受哲学追问的直接产物，也是哲学试图去理解和开显基督教教义的思想产物。该书试图通过对奥古斯丁与托马斯·阿奎那的深入研究，探讨基督教哲学为哲学开辟的新问题与新维度，揭示基督教信仰对哲学的特有贡献。作者着重阐释了基督教信仰如何迫使哲学在人类精神世界里打开了这样一些新问题与新维度：一是绝对他者的问题与绝对原则意识；二是自由意志问题与位格意识；三是历史问题与希望意识；四是普遍之爱与亲情的限度意识。作者认为，这也是基督教信仰给哲学带来的主要贡献。

《范畴类型逻辑》

邹崇理（研究员）
专著　255千字
中国社会科学出版社　2008年1月

该书是院A类重大课题“现代逻辑及其在哲学、语言学和人工智能等领域中的应用”的研究成果之一。范畴类型逻辑是一种数理逻辑工具，其研究对象是自然语言，其基本思想是：语言认知就是计算，语法分析就是逻辑。全书分为三章：第一章勾画出范畴类型逻辑的发展轮廓，分为范畴语法、蒙太格语法、类型逻辑语义学和语法逻辑四个阶段；第二章强调范畴类型逻辑的两大板块：服务于计算机信息处理的自然语言语句系统和体现自然语言特色的逻辑系统；第三章把范畴类型逻辑一般原理运用到汉语语义分析的领域，揭示汉语灵活语序的逻辑性质。

《从胡塞尔到德里达》

尚杰（研究员）

专著 280千字

江苏人民出版社 2008年4月

该书以人物划线，分上、中、下三篇。上篇：胡塞尔、舍勒；中篇：克尔凯郭尔、海德格尔；下篇：列维纳斯、德里达。从胡塞尔到德里达，中间有众多重要的哲学家，这场声势浩大的现象学运动完全是开放性质的，也许它的结果已经脱离了胡塞尔的初衷，但是，在我们追溯起源的时候，还是要说，是胡塞尔和他所提出的众多现象学问题，给了后来的哲学家新鲜的灵感。

从胡塞尔到德里达这条精神线索之所以重要，在于只有从胡塞尔出发，我们才能恰如其分地解释在他之后的那些让人眼花缭乱的哲学标签。这条精神线索主导了整个20世纪欧洲大陆哲学的基本走向。

《20世纪末西方新马克思主义》

周穗明（研究员）

专著 425千字

学习出版社 2008年1月

该书是院A类重大课题“20世纪90年代末以来的新马克思主义”的最终研究成果。该书全面系统地介绍和评述了西方新马克思主义13个流派和思潮近年来的最新发展，对这一时期新马克思主义的性质、特点、学术贡献和理论缺陷进行了全面系统的分析，勾勒出20世纪90年代以来西方新马克思主义的整体发展轮廓。

Spirit of Chinese Poetics**（《中国诗学的精神》）**

王柯平（研究员）

专著 280千字

外文出版社 2008年4月

该书从历史语境与跨文化角度出发，较为深入地审视和阐述了中国诗学中部分要论及其精义。该书所涉及的论题包括孔子诗教思想、孔子与柏拉图论诗乐教育、墨子与荀子的乐辩、刘勰的《明诗篇》研究与诗风流变、朱熹的道德化诗论、禅悟中的诗性智慧、王国维的境界说及其审美批评、鲁迅的摩罗式崇高诗学。这部基于文本与语境分析的论作，旨在参照现代视野来重估中国诗学理论的精神特质，探讨中西诗学进行创造性会通的可能途径。

《物·象征·仿真——鲍德里亚哲学思想研究》

孔明安（副研究员）

专著 223千字

安徽人民出版社 2008年8月

该书对鲍德里亚的哲学思想进行了全方位的探讨，是一本系统研究鲍德里亚哲学思想的著作。该书通过对鲍德里亚哲学的一系列概念，如物、符号、象征、大众媒体、诱惑、致命策略、恶的透明性、完美的罪行、虚拟、实在、仿真、仿像和超真实性的分析，揭示了鲍德里亚哲学思维上的偏激性和深刻性，以及鲍德里亚对近代哲学主客二元对立思维方式的颠覆和对近代黑格尔辩证法的批判。

世界宗教研究所

《中国宗教学 30 年》

卓新平（研究员） 金泽（研究员）
王卡（研究员）等
专著 490 千字
中国社会科学出版社 2008 年 10 月

改革开放以来，中国的宗教学术研究大胆创新，勇于突破禁区，同时在研究方法上也更加多元化，注意吸纳当代国际学术界的最新成果，从而在宗教学理论、宗教史等诸多研究领域取得了丰硕成果。该书按宗教学理论、佛教、道教、伊斯兰教、基督教、原始宗教等分支学科系统展示了 30 年来中国宗教学研究所取得的学术成果。

《俄国宗教史》

乐峰（研究员）主编
专著 1172 千字
社会科学文献出版社 2008 年 1 月

该书为国家社科基金项目，是国内第一部全面系统地研究俄国宗教问题的史论相结合的著作。该书涉及俄国多神教、东正教、天主教、基督新教、犹太教、伊斯兰教、佛教、萨满教及新兴宗教等九大宗教，涵盖面广，内容丰富，资料翔实。该书着重研究了俄国宗教的多元化，宗教的地位和作用，宗教与国家的关系，宗教与民族的关系，宗教与科学、文化、艺术的关系，新兴宗教以及东正教在中国传播等问题，是目前我国学者研究俄国宗教史的重要成果。该书被国家社科规划办鉴定为优秀研究成果。

《当代宗教与极端主义》

金宜久（研究员） 吴云贵（研究员）
石衡潭（助理研究员） 江亦丽（副研究员）
朱明忠（研究员） 张大柘（研究员）
宋立道（研究员） 陈双庆（研究员）
董江阳（副研究员）
专著 678 千字
中国社会科学出版社 2008 年 1 月

该书是国家社科基金“十五”重点项目、中国社会科学院“十五”重大项目。该书除专门研究伊斯兰教与极端主义关系外，还涉及佛教、印度教、锡克教、天主教、基督新教、东正教、犹太教、神道教与极端主义的关系。该书以宗教传播地域、信众多寡、民族成分、宗教传统的不同为切入点，研究分析其与极端主义的关系和表现形式上的区别，有助于人们从总体上把握当前世界范围的宗教极端主义活动，进而了解中国周边国家宗教极端主义的动向及其对国内的影响和渗透。

《当代西方社会与教会》

段琦（研究员）
专著 200 千字
宗教文化出版社 2007 年 11 月

该书是国内第一部从西方教会的角度论述有关社会热点问题的著作。该书对 20 世纪 80 年代以来西方教会和社会所关注的几个热点问题，包括创世论与进化论、环境、女性主义、婚姻家庭（同性恋、离婚同居再婚、神父结婚、堕胎）等在当今西方教会内存在的现状作了较为客观的介绍，分析了不同教派（流派）对这些问题所持的不同反应和看法，以及支持这些看法背后各不相同的神学依据，并努力追溯基督教在对待这些问题上的历史渊源。该书强调西方教会内部对问题看法的分歧，纠正了将保守派的观点视为整个教会观点的看法。

《托马斯·里德的常识哲学研究》

张晓梅（副研究员）
专著 156千字
上海人民出版社 2007年11月

该书对苏格兰哲学家托马斯·里德的“常识哲学”进行了较系统、全面的研究，重点是对常识哲学的形而上学原理进行了深入探讨，力图较准确地把握常识哲学在哲学史和思想史上的意义，并令读者能够了解里德思想中蕴涵的丰富的哲学内容，以及它提示的非常有价值的探索方向。作者尝试对常识哲学作整体的梳理，并从现当代哲学的角度考察常识哲学，对常识与怀疑、常识与理性、常识哲学的自然神学基础等问题进行了探讨。

《康德的信仰——康德的自由、自然和上帝理念批判》

赵广明（副研究员）
专著 200千字
凤凰出版传媒集团 江苏人民出版社 2008年6月

过去国内康德研究的重点一般集中在《纯粹理性批判》特别是知识论问题的研究上。但康德批判哲学是一个有机整体，其中的三个批判都至关重要，而《判断力批判》在其中具有基础性地位。

《判断力批判》中的美不是一般美学意义上的概念，而是形而上学意义上的核心哲学理念。该作者把康德在审美中的努力和成就概括为：美如何可能的问题，就是 “一种主观的普遍必然性如何可能”的问题，这根本不同于科学知识之规定性的客观普遍必然性，而是一种反思性的、基于自由的普遍必然性，审美展示了其可能性，在这种审美的可能性中，你的自由和自然是和谐为一；仅仅在这种和谐中你回到了你自身最纯粹、最本然的生命存在，并同时得以置身于一切他者最纯粹、最本然的生命存在，并由此回归终极的自由或自然。可以说，康德据此为道德、为美、为信仰以至于为历史政治找到了一种根基。这一根基意义重大。当自然内在地显现为自由，且自由内在地显现为自然的时候，至善成为可能，上帝就会降临。这是“康德的信仰”的主旨。

《王岱舆思想研究》

金宜久（研究员）
专著 400千字
民族出版社 2008年4月

该书是中国社会科学院老年科研基金课题项目。

王岱舆（16世纪末/17世纪初至约1657年）是回族穆斯林著名学者，中国伊斯兰宗教哲学体系的奠基人。该书根据王岱舆的《清真大学》、《正教真诠》、《希真正答》，对他的思想进行了系统的梳理，探讨了他写作的时代背景、年龄、出生地、师从关系，说明了他之前国人对伊斯兰教的一般认识，揭示了他的思想之纲，考察了他的思想模式，整理了他的概念体系，进而分析、论述了他的“三一”（真一、数一、体一）思想、教道思想、慎修思想。该书认为，王岱舆的这些思想之丰富、新颖，完全不同于单纯的宣教布道，他对其后的马注、刘智、马复初等回族著名学者有着重要影响。以往有关王岱舆思想的研究，很少涉及他与国外伊斯兰思想特别是苏非神秘主义的关系。该书从源头上阐述他的思想虽源于外部世界，但在同时又汲取中国传统文化的思想滋养，它既非外来伊斯兰思想的再现，又非儒释道的复述，而是形成了具有中国特色、中国风格、中国气派的伊斯兰思想。明清以来的中国伊斯兰宗教哲学思想，是中国少数民族之一的回族的思想精华，也是中国传统文化思想宝库不可分割的一个重要组成部分。

《中国禅宗清规》

黄奎（副研究员）

专著　220千字

宗教文化出版社　2008年8月

该书首次从政治、经济、文化、科学等不同视角对禅宗清规予以多维解读，创造性地研究论述了蕴涵着古典理性的寺政管理学、信息传递系统和卫生保健制度等禅宗僧团的制度保障系统。该书还首次将中国僧制史划分为前怀海时代、怀海时代、后怀海时代，凸显了“百丈清规”的划时代意义。

该书是国内第一部以禅宗清规为主题的学术专著，填补了学术空白，以跨学科方式对宗教学研究的方法论创新进行了有益的探索，对于当代中国佛教的制度建设具有一定的借鉴意义。

《清王朝佛教事务管理》

杨健（助理研究员）

专著　549千字

社会科学文献出版社　2008年7月

该书在广泛收集、认真整理、仔细辨析诸多第一手资料的基础上，结合清代的社会、政治、经济、法律等内容，首次对清王朝的僧官制度，度僧、僧籍及度牒制度，僧众管理，佛教典籍；教义及教派管理，寺院管理，佛教与儒教、民间宗教的关系等内容进行了深入的贯通性研究。该书深化了学术界对诸多问题的研究，有助于深入探讨宗教理论中的政教关系问题，有助于进一步研究清代宗教与民族的关系问题，对当今的佛教事务管理工作亦有启迪。

《中亚的第二次机会》

李维建（助理研究员）

译著　360千字

时事出版社　2007年12月

该书剖析了“9·11”事件以后中亚重要战略地位的地缘政治结构的变化，围绕中亚各国的国家建设和国际援助方面的挑战，造成中亚动荡的国内、地区、国际环境因素，美国的中亚政策，中亚各国改革的路径及未来发展的走向进行了梳理和阐释。该书关于中亚前途“柳暗花明”式的深刻洞见提供了观察中亚的崭新视角。

《中国宗教研究年鉴》（2005～2006）

曹中建主编

工具书　780千字

宗教文化出版社　2008年5月

该年鉴于1997年创办，分“学术专稿”、“研究综述”和“资料”三个固定板块，每两年出版一册。2005～2006年卷是该年鉴的第六册，介绍了2005年和2006年宗教研究领域出现的有重要保存价值的专业文章，反映了该时段或更早时段的某一研究领域、研究课题的总体状况和发展态势，还有研究者、学术著作、论著目录的介绍和有关宗教活动、宗教工作的大事记及国家社科基金宗教学类资助项目等。

《基督宗教研究》（第10辑）

卓新平（研究员）主编

论文集　336千字

宗教文化出版社　2007年12月

该书为“基督宗教与和谐社会学术研讨会”论文集，收有相关论题的论文24篇。该书研究的主题是在当代世界构建“和谐社会”中宗教能够起到的重要作用。其基本观点认为，“和谐社会”是当今中国发展的主旋律，“和谐世界”也是各国人民努力争取的共同目标；在多元文化碰撞、多种思想交织的今天，“和”则“通”、“和谐”则“安宁”，这应该成为人们的共识，人类必须朝着这一目标作出建设性的贡献；尤其是对于占世界总人口约三分之一的基督宗教而言，如何实现世界的“和谐”、达成“在地上有平安”的理想，既是其面临的挑战，也是其义不容辞的使命。对此，书中相关论文从不同层面展开了较为深入和系统的探讨。

《当代中国宗教研究精选丛书·基督教卷》

卓新平（研究员）主编

论文集　520千字

民族出版社　2008年1月

该书由一批当代中国基督教研究者的代表性论文组成，是对这一学科领域当代学术发展的回顾与梳理，其中包括对基督教思想及其文化精神之探，涉及对基督教社会、经济与政治构建及其教会基本模式、框架和演变的研究，涉及基督教跨文化对话的理论与实践，以及其“本土化”、“中国化”的进展与问题。这些研究亦反映出中国当代的基督教学术探讨乃突出其哲理性、伦理性、学理性，注重其社会教育、道德实践和文化反思。此外，相关研究亦指出了在基督教学术探索领域宗教学方法与认信护教方法的本质区别和不同意向及侧重。

《彼此内外：宗教哲学的新齐物论》

周伟驰（研究员）

论文集　220千字

宗教文化出版社　2008年7月

该书分两个部分：第一部分讨论当代宗教哲学最前沿的宗教认识论和宗教多元问题。作者对当代著名宗教哲学家普兰丁格（Alvin Plantinga）的宗教哲学进行了分析与反驳，指出其宗教认识论与宗教排他论之间的自相矛盾，并尝试以我国庄子“齐物论”思想来摆脱当代宗教哲学的认识论与多元论困境；第二部分讨论基督教神哲学的内在演变，尤以奥古斯丁和托马斯·阿奎那的“形象观”为中心，指出任何哲学、神学思想在其演变过程中，常常会出现立场的偏离，不可通约的思想体系，因人因时因境而出现不同的“是”“非”，从而亦面临“齐物论”式的思想局面。

《中国宗教报告（2008）》

金泽（研究员）　邱永辉（研究员）
学术研究报告　250千字
社会科学文献出版社　2008年7月

该书是中国社会科学院世界宗教研究所组织专家学者和权威人士，对中国宗教在社会文化发展中的作用，中国宗教的格局与问题，中国宗教与安全、法治、外交以及国际政治的关系等方面进行的全面系统的回顾、分析和前瞻，是我国第一部整体把握中国宗教态势的蓝皮书。

该书由总报告、专题研究和热点关注三大部分组成。书中的16篇报告既有从现实问题出发对当代中国宗教趋势的评估、对宗教及其信教者分布状况的分析和对宗教与政治关系的关注，也从宗教学术体系建设出发，对“宗教观”的探索、“宗教学体系”的构建、“理论”研究与“现实”举措的呼应等方面，作出回应、概括和探索。透过这些报告，人们可以了解中国宗教的新生态、当代中国多元宗教（信仰）结构的新变化，了解“五大宗教”中出现的新问题，了解中国宗教和宗教学研究面临的新的国际环境和新挑战。深入研究中国宗教状况的新变化新趋势、研究新思路新办法，妥善解决涉及宗教的各类矛盾，促进宗教关系和谐，对全面建设小康社会、促进社会主义现代化，具有十分重要的意义。

《犹太教》

黄陵渝（研究员）
教材　428千字
中国社会科学出版社　2008年5月

该书属于中国社会科学院院级重点项目——“中国社会科学院研究生重点教材”工程，是中国犹太教学科的第一部硕士研究生教材，也是面向全世界华人的第一部犹太教专业教材。全书包括犹太教基本知识、犹太教文化习俗和认知犹太教等三编16章，内容涉及犹太教历史、教义、伦理、律法、经典、教派、制度、风俗、礼仪、节日、圣地、神秘主义、犹太人群体、国际犹太组织、犹太复国主义、犹太教哲学研究、国内外犹太教教育与研究等方面，旨在使读者对犹太教学科的专业知识有全面、系统、清晰的了解。

该书还在内容上增加了许多反映本学科学术研究最新成果的知识点。

经济学部

经济研究所

《减轻经济全球化中的健康脆弱性——中国农村案例研究》

王洛林（研究员） 主编
魏众（研究员） 朱玲（研究员）执行主编
专著 645千字
经济管理出版社 2008年1月

从20世纪末起，该书课题组即开始追踪观察乡村医疗保险和救助制度试验。与卫生系统的研究者着重关注医疗服务供给机构和卫生筹资制度运行的做法不同，该书主要从考察农村人口特别是贫困人口健康脆弱性的角度，研究医疗保险和医疗救助项目对个人就医行为和农户家计的影响，并从这一需方为主的视角出发，提出相关的政策建议。

针对合作医疗制度和医疗救助项目的实施状况，该书依据社会保险理论和卫生经济学原理，分别提出三个主要研究问题。第一，围绕合作医疗制度实施效果的问题如下：(1)合作医疗制度如何影响乡村人口对医疗服务的利用；(2)合作医疗制度对农户经济安全有怎样的贡献；(3)哪些因素对合作医疗制度的可持续性起决定作用。第二，医疗救助研究的重点问题则在于：(1)医疗救助项目执行过程中是否瞄准了预定的目标群体；(2)医疗救助项目在多大程度上提高了贫困人口利用医疗服务的能力；(3)医疗救助项目在多大程度上缓解了疾病负担对贫困户经济安全的打击。第三，基于对合作医疗和医疗救助财务可持续性的考虑，该书提出的专项研究问题在于：(1)两类制度的管理成本和运行效率如何观测；(2)现行药品价格与医疗服务价格形成方式如何扭曲了药品生产企业和医疗机构的激励机制；(3)医疗服务供给者的行为如何影响了合作医疗基金和医疗基金使用。

为了回答上述问题，该书主要通过抽样调查和典型调查方式收集信息，并采用案例研究与计量分析相结合的方法进行分析，为制定我国农村基本医疗保障政策和改革卫生体制提供参考。

《清代户部银库收支和库存统计》

史志宏（研究员）
专著 215千字
福建人民出版社 2008年5月

该书是学界第一部关于清代户部银库收支和库存的专著。户部银库是清朝政府最重要的库藏，相当于当时的“国库”。记录清代户部银库历年收支和库存情况的原始档案——银库大进、大出和四柱黄册，至今仍有相当部分保存下来，基本上可以形成从清初直至清末银库收支和库存的完整数据链条。对于这批珍贵资料，以往只有极个别学者作过某个朝代的片段研究，摘引过少量数据。该书分为“绪论”和“统计表格”两个部分。在第一部分“绪论”中，作者依据中国社会科学院经济研究所收藏的数十余册清代户部银库黄册抄档及其他相关档案和文献资料，首次对清代户部银库的设置、历史沿革、出纳运作的各项基本制度以及银库黄册、银库黄册抄档的来龙去脉和现存状况作了详尽介绍，并联系清代财政发展演变的历史过程，对现存银库黄册数据进行了全面、深入、细致的研究和分析。在该书的第二部分，作者在对现存银库黄册原始数据进行认真考核、校订及进一步加工的基础上，将清代各朝银库的历年分月收、支以及年总盈亏、年末结存的情况制成74个统计表格。这是迄今为止公之于世的最全面、系统的清代银库数据，它为国家纂修清史及学术界进一步深入研究清代财政历史，提供了珍贵的历史资料。

《中国商业信用的发展与变迁》

赵学军（研究员）
专著　340千字
方志出版社　2008年8月

该书以马克思主义经济理论为指导，吸收西方现代经济学有关商业信用研究的理论以及新制度经济学制度变迁理论，分析了中国商业信用的发展与变迁。作者着重讨论了以下三方面的问题：(1)中国商业信用的发展变化；(2)政府的商业信用政策与商业信用制度的变迁；(3)商业信用制度运行与经济发展的相互影响。

作者提出，春秋战国时期中国的商业信用已经出现，传统形式是挂账式、口头式的商业信用，票据化商业信用几乎没有得到发展。新中国成立初期，中国经济运行中广泛存在着商业信用。为建立高度集权的计划经济体制，集中信用于国家银行，从1954年起，政府大规模清理、取消了国营经济部门的商业信用。由于客观需要，政府仅允许某些领域可以使用极少的商业信用，但更多的商业信用却以“非法”形式暗中运行，导致“三角债”危机多次出现。20世纪80年代初期，政府逐步放开了商业信用，使商业信用规模迅速扩张，但传统的挂账式商业信用仍占主导，而票据化商业信用发展滞后。在票据化商业信用市场，银行承兑汇票又占绝对份额，商业承兑汇票微不足道。制约商业信用票据化的根本原因是社会信用体系建设的滞后。

该书指出，新中国成立50多年来，商业信用制度经历了两次大的变迁。“过渡时期”政府实行禁止、取缔商业信用的政策，商业信用制度发生了政府主导的强制性变迁。改革开放后，政府实行恢复、发展商业信用的政策，商业信用制度又发生了政府主导的诱致性变迁。

该书认为，商业信用制度与经济发展存在着密切的关系。商业信用制度可以使企业降低交易成本、实现短期融资与扩大生产经营规模。新中国成立以来，或明或暗存在的商业信用对企业的生产经营发挥了积极作用。但企业不当地或过分地使用商业信用，又给生产经营带来负面影响。商业信用对宏观经济的影响，主要表现为商业信用可以带动社会总信用规模的扩张与收缩；商业信用替代货币流通的职能会使商业信用冲击货币政策；商业信用的异常变动可能阻断社会资金的回流，波及金融体系的稳定。此外，商业信用还可以促进实体经济的发展。反过来，宏观经济波动又会影响商业信用的运行。

《乡镇财政与财力分析》

胡家勇（研究员）
论文 9千字
《中国社会科学院研究生院学报》 2008年第2期

近几年，地方政府特别是县、乡镇两级政府的财政困难，成为亟待解决的问题。浙江省温岭市泽国镇的财政运行状况在经济发达地区具有典型代表性。作者通过实地调研，得出以下三点结论：第一，实行分税制以来，乡镇财力存在明显向上集中趋势。在泽国镇，无论是地税占税收总量的比例，还是镇可支配财力占当年入库税收总量的比例，都呈下降趋势。2001～2006年，在泽国镇缴纳的各项税收中，最终由泽国镇来使用的不到10%。然而，在财力向上集中的同时，并没有建立起规范的财政转移支付制度，导致乡镇政府缺乏稳定的财力保障。第二，在乡镇政府可支配财力中，预算外收入依然扮演重要角色，而在预算外收入中，土地出让收入越来越成为最主要来源。2001～2006年，泽国镇预算内可支配财力占可支配财力总量的比例平均仅为12.84%，预算外可支配财力平均高达87.16%，土地出让收入平均占预算外可支配财力的80.29%。第三，在乡镇财政支出中，预算内支出只能维持政府机构运转，而工业化和城镇化过程中的资本性支出则主要靠预算外支出。2002～2006年，在泽国镇基本建设支出、农业支出以及工业交通等部门事业费、文化广播事业费、行政管理费、城市维护费等支出项目中，预算外支出平均占50%以上。作者认为，改善乡镇政府财政运行状况应该从以下几个方面着手：明确乡镇政府职能并确保其相应财力，在财力向上集中的同时建立起完善的转移支付制度，规范预算外收入和土地收入，降低乡镇政府运行成本。

《外部冲击与中国的通货膨胀》

汪红驹（研究员） 张晓晶（研究员）
论文 22千字
《经济研究》 2008年第5期

2007年下半年至2008年5月，受美国次贷危机影响，发达国家普遍出现经济下滑、通胀率上升，53个发展中国家通胀率达到两位数，通货膨胀成为全球关注的焦点之一。在全球通货膨胀的背景下，随着中国更大程度上融入全球化的进程，中国与外部世界的关联越来越紧密，中国也面临输入型通胀压力，国际需求和供给因素导致的外部冲击是影响中国近期通货膨胀的重要因素。该文在充分考察全球流动性的转化、国际大宗商品价格的传导、人民币汇率升值的紧缩效应、国际利率的影响以及价格扭曲效应为外部冲击所放大等典型化事实基础上，应用扩展的菲利普斯曲线方程和VAR模型对外部冲击影响国内通胀进行了经验研究。计量结果表明，短期内，国际食品价格是导致国内物价上涨的主要因素；国际原油价格对国内物价的影响在中长期逐步上升；升值抑制通胀的效果要经过一段时间才能体现出来；国际利率变化对国内物价有影响；全球流动性的转化因央行的有效对冲对物价的直接影响并不明显。综合而言，外部冲击只是导致通胀的因素之一，而GDP增长率仍是影响物价的最主要因素。因此，防止经济增长过快，调整要素价格抑制投资需求膨胀，以及提高汇率机制弹性以增强货币政策独立性并使之成为应对外部冲击的第一道防线，将是治理中国通胀的根本途径。从长远发展看，为了确保战略资源安全，降低和分散风险，抵御外部冲击，需要建立并完善战略资源储备机制，包括战略储备、备用产能、替代能源、预警机制等。

《经济稳定：宏观调控的首要和根本职责》

王诚（研究员）

论文　9千字

《国家行政学院学报》　2008年第3期

在大多数主流经济学家看来，金融市场的状况如何，既不是宏观经济调控的目标，也不是政府为了达到调控目标可以利用的手段。凯恩斯经济理论的“革命性”就在于其提出这样的质疑：市场经济的国家和人民有必要忍受如此“长期”的痛苦，去等待市场的“自我调节”而无所作为吗？需要弄清楚的是，政府的“救市”不是以各种措施去“造市”，而是以各种稳定政策，帮助和维护金融市场的正常融资功能，帮助资金市场显示真实的供求力量，同时打击和处罚各种借机故意破坏金融市场稳定的违规和投机力量。所以，在“救市”问题上，政府既不应该为了维护一部分人或企业的利益（同时损害了其他人的利益）而制造虚假繁荣，更不应该为了“避嫌”而听任金融市场大起大落。当然，针对金融市场受到冲击的程度不同，“救市”的手段也不可能一样。在市场受到严重冲击时，国家需要动用大量财政或外汇储备通过注资股市或进行公共支出的方式来支持金融市场稳定；但是，在投资者信心不足所引发的股市动荡面前，政府需要以正确的信息和逆市场方向的政策操作，帮助克服市场动荡。随着经济社会的进步和政府社会责任的加大，宏观调控的目标也日益多样化。但是，关键问题在于，我们需要认识到，在任何市场经济社会里，宏观经济调控的首要和最为基本的职责是促进和保持宏观经济稳定。这种稳定不是政府职责的全部，但却是经济发展和社会进步的必须前提。面对金融市场和其他市场的巨大波动，政府的宏观调控应当毫不犹豫地承担起自己的职责。

《区位性因素与公共品的最优供给》

赵农（研究员）　刘小鲁（研究员）

论文　18千字

《经济研究》　2008年第10期

该文分析了两种区位性因素对地方公共品最优供给（质量与数量）的影响。一类区位性因素为某公共品在城市中所在的区域。分析表明，位于城市边缘地区的公共品的最优质量要低于位于城市中心地区公共品的最优质量。另一类区位性因素为某公共品与居民的相对位置（距离），这一因素在具体分析中被转化为使用居民出行半径表示的指标。结论表明，出行半径的增加一方面加大了中间投票人与公共品之间的距离，另一方面也使得原先距离公共品较远的居民得以有机会享用该公共品。前一种影响对公共品的最优质量起抑制作用，而后一种影响的效果则相反，而公共品的最优质量随出行半径如何变化，将取决于这两种效应之间的比较。该文根据公共品之间是否存在替代性区分了替代性公共品与非替代性公共品，并分析了这两种不同性质的公共品受区位性因素影响而在最优供给数量上所呈现出的差异。

该文还详细分析了城市各地区公共品的受众人数问题，并指出在城市边缘地区的公共品的有效服务范围将或多或少地超出城市的边界。如果在某城市边存在一个相临的城市，那么这部分超出的有效服务范围就可能覆盖临近城市的部分居民，由此形成某城市公共品供给对临近城市的外部性。实际上，这些用户的效用总和便构成某公共品的外部性效应。

该文的分析是在一个静态的框架内进行的。向动态分析方面的拓展应该包含居民对于居住地点选择的分析以及对城市最优规模（空间上）的推导。该文的模型也为相关的计量分析提供了一个可供选择的分析基础。通过设定具体的效用函数的形式，便可以得到具体的关于公共品质量与相关影响因素的方程。而居民出行半径与日常出行路径数量等数据则可以通过抽样调研的方法获得。

《中国工业R & D产出弹性测算：1993～2002》

吴延兵（副研究员）

论文 18千字

《经济学》（季刊） 2008年第2期

测算R & D对经济增长的贡献一直是经济学研究的重点问题之一。相对于已有文献而言，该文的特色有以下几点：(1) 在生产函数估计中校正了R & D双重计算问题，并考虑了R & D存量不同折旧率对估计结果的影响。(2) 对面板数据分别使用了混合OLS、固定效应法和一阶差分法等不同的估计方法。该文对R & D双重计算问题的校正以及多种估计方法的运用，是已有研究中国R & D与生产率关系的文献中所忽略的方面，该文对已有文献进行了拓展。(3) 该文采用的为大中型工业企业行业面板数据，产业覆盖面广，而且那些没有正式研发支出的企业也计总到产业数据中。因此，可以部分地克服已有研究中存在的样本选择问题。该文研究表明，中国大中型工业产业中R&D对生产率有显著促进作用，R&D产出弹性约为0.1～0.3。研究还表明，R&D产出弹性还取决于技术机会、企业规模、产权结构等特定的约束条件，特别是国有产权对R&D产出弹性有制约作用。上述结论表明，完善创新的制度环境，采取必要的创新激励政策，是促进中国经济长期增长的重要政策选择。

《米塞斯与奥地利经济学》

杨春学（研究员）

论文 20千字

《云南财经大学学报》 2008年第8期

作为一个用公认的标准可以识别的典型学派，奥地利派自1871年诞生以来的100多年间，一直活跃于经济学界，这是经济思想史上独一无二的学术现象。该文通过解释下述问题来探讨这一现象：米塞斯（1881～1973年）与哈耶克都是新奥地利学派的领袖式代表人物，而且，哈耶克的国际学术声望和地位似乎要高于米塞斯，但为什么米塞斯是当然的精神领袖呢？该文就此问题作了以下几方面分析：(1) 米塞斯，以严格的奥地利学派的学术传统（在纯理论领域中不受经验主义的影响、拒绝数学表述和证明、方法论上的主观主义等），通过开设“研讨班”的形式，培养出了第三代、第四代遵循和发展奥地利学派传统的经济学家。新奥地利经济学的几乎所有贡献或者始于米塞斯的著述，或者源于进一步发展其观点的努力。(2) 正当第一代掌门人门格尔去世（1921年），且奥地利学派因为他的基本思想被新古典经济学所吸收而丧失了其独特的学术地位之时，正是米塞斯发表的《社会主义》(1920年）一文使奥地利学派卷入第二场大争论（“社会主义经济核算大争论”)，使这一学派得以重振雄风。这场争论对奥地利经济学具有特别的意义，不仅使这一学派在国际学术界的地位被推向新的高点，也促成新奥地利学派对自由市场制度作出了不同于新古典经济学的独特解释。这种解释正在获得经济学界越来越多的认可。(3) 他与哈耶克一起，一直致力于推动经济学中自由主义的发展，即使是20世纪50～60年代凯恩斯主义盛行的时代，也毫不放松这种努力。自20世纪70年代以来，这种努力最终得到经济学界的高度评价。可以说，即使是在哈耶克的独特贡献中，我们也可以看到米塞斯的影响，而哈耶克却很难分享米塞斯的独特贡献。

《论中国特色经济体制改革道路》

常欣（研究员） 刘树成（研究员）
论文 38千字
《经济研究》 2008年第9、10期

该文从以下九个方面归纳和总结了中国特色经济体制改革道路：

(1) 在改革的理论指导上，注重发挥理论创新的先导作用。30年经济体制改革的进程，是一次又一次思想解放、理论突破与实践探索互动的进程，是马克思主义中国化不断创新和发展的进程，是中国特色社会主义理论体系形成与不断完善的进程。

(2) 在改革的性质上，将第二次革命和社会主义制度自我完善相统一。30年来，将坚持改革开放与坚持社会主义基本制度统一于建设中国特色社会主义的实践，走出了一条在改革和开放中建设具有中国特色的社会主义的道路。

(3) 在改革的方向上，以建立社会主义市场经济体制为目标。这就实现了社会主义基本制度与市场经济的有机结合和兼容。从过去30年的实践看，始终坚持市场取向的改革，逐步在经济活动中引入市场的基本要素。

(4) 在改革的方式上，以渐进式稳步推进市场化。集中表现为从“易”到“难”，从传统体制外到传统体制内，从传统体制内易于突破的外围到需要攻坚的内核的改革顺序。在保证原有利益格局不受到急剧性冲击的前提下，使市场制度能够以“边际演进”的方式获得生长，由此逐步将传统计划格局打破。

(5) 在改革与发展的关系上，视发展为改革的目的。这里的“发展”首先是经济发展，即围绕经济发展进行改革，用经济转型推动发展；同时，不断拓展和深化发展的外延与内涵，并以此推动改革不断向纵深前行。

(6) 在改革与稳定的关系上，以稳定作为改革的保证。通过保持政治、经济和社会稳定，为改革创造良好条件，避免了不少国家遭遇的转轨型衰退和剧烈的政治与社会震荡。

(7) 在改革与开放的关系上，注重市场化与国际化之间的相互推动。首先，开放是改革的内源性要求；其次，开放是推动改革的重要外部力量；再次，开放的拓展和深化，也需要改革给予制度支撑。

(8) 在改革的协同配套上，推进全方位改革。不只寻求经济体制改革本身的“纵向深入”，还注重经济体制改革与政治体制改革、文化体制改革、社会体制改革的“横向协同”。

(9) 在改革的推动力量上，注意发挥基层和领导层的合力作用。上下互动的体制创新机制，为改革的深入进行提供了持久的动力源泉。

工业经济研究所

《中国工业发展报告(2008)——中国工业改革开放30年》

吕政（研究员）主编

研究报告集　1020千字

经济管理出版社　2008年7月

该书是中国社会科学院工业经济研究所连续编写的第13本年度研究报告，其主题是中国工业改革开放30年。该书由“总论”、“综合篇”、“产业篇”、“地区篇”和“企业篇”等共38个专题报告组成。

作者系统回顾和总结了中国工业改革30年的成就与问题，针对工业增长与发展中的深层次矛盾，提出了进一步改革的政策取向和对策建议。该报告不仅涵盖工业管理体制改革、结构调整、技术进步、对外开放、可持续发展等宏观层面的问题，还从不同工业行业和地区的角度阐述了改革的经验与存在的问题，并且对工业企业制度与管理30年的演进历程进行了梳理，提出了改革建议。该报告在充分肯定中国工业改革30年的经济成就的同时，着重分析了我国工业技术自主创新能力薄弱、资源环境约束与工业化加速推进的矛盾日益突出、劳动就业形势严峻、产业结构不合理以及区域经济发展不平衡等问题，并提出要转变经济增长方式、增大创新支持力度、协调好人口与产业升级的关系等政策建议。

《中国民营企业治理演进问题研究》

黄速建（研究员）　王钦（副研究员）

贺俊（助理研究员）

专著　210千字

经济管理出版社　2008年8月

该书在总论中建立了民营企业治理演进的逻辑分析框架，即民营企业治理是在环境约束与需求驱动作用下的适应性选择过程；既而分别从民营企业外部治理与内部治理两个视角进行了研究，前者主要关注政策法律、产业环境、经理人市场及金融市场环境对民营企业治理的影响，后者则重点分析了民营企业的所有权结构、控制权、激励约束机制与治理绩效等方面的演进特征；最后，通过一系列案例分析揭示了中国民营企业治理的演进过程与特征。

《模块化、产业内分工与经济增长方式转变》

张其仔（研究员）

专著　250千字

社会科学文献出版社　2008年10月

该书是国家科技支撑计划“跨区域经济发展动态仿真模拟技术开发”和中国社会科学院B类课题“产业结构的模块化问题研究”的研究成果。该书探讨了模块化对产业组织与技术创新的影响，分析了模块化对中国产业升级的可能影响，并在此基础上，提出了

"模块化时代"中国提升产业竞争力、实现产业优化升级的战略措施。

《振兴东北老工业基地科技支撑战略研究》

吕政（研究员）主编
研究报告集　600 千字
经济管理出版社　2008 年 7 月

该书是中国社会科学院工业经济研究所、中国科学技术促进发展研究中心、科技部火炬高新技术产业开发中心、中国农村技术开发中心、国家新材料行业生产力促进中心、辽宁省科学技术厅、吉林省科学技术厅、黑龙江省科学技术厅、吉林大学、辽宁省科学技术信息中心等单位共同合作的研究成果。

该书全面、系统地分析了东北三省装备制造业、原材料工业、医药工业、农业和现代服务业的技术水平现状，揭示了振兴东北老工业基地主导产业的科技需求和发展目标，提出了推进科技创新的政策措施。该书对振兴东北老工业基地具有一定的指导作用。

《中国制造业技术标准与国际竞争力研究》

赵英（研究员）等
专著　230 千字
经济管理出版社　2008 年 1 月

该书对我国制造业的技术标准及国际竞争力进行了系统研究。该书分析了我国制造业技术标准的现状、成绩、问题与发展方向，并在实证研究的基础上，通过定量、定性研究及国际比较研究，得出了符合我国制造业技术标准实际情况的认识与结论，还在此基础上探讨了具有可操作性的提高我国制造业国际竞争力的技术标准战略。

《中国工业化的资源路线与资源供求》

金碚（研究员）
论文　12 千字
《中国工业经济》　2008 年第 2 期

该文认为，工业化过程中成为短缺资源的物质，往往是具有特殊价格表现的资源产品，而且，其中多数工业资源本身也是工业生产的产品，因而在工业生产体系中形成庞大的资源产品的生产和供应产业。这些产业往往具有相当程度的垄断性和特殊利益。工业化过程本质上是通过市场化过程实现的，市场经济的巨大活力来源于有效的竞争，所以，工业化技术路线和资源路线的选择和转变，其决定性条件是工业竞争力源泉的现实状况和演化趋势。工业技术路线和工业化资源路线的转变，实质上就是工业竞争力源泉的转变。

《中国能源效率地区差异及其成因研究——基于随机前沿生产函数的方差分解》

史丹（研究员）等
论文　15 千字
《管理世界》　2008 年第 2 期

该文提出了基于生产函数的地区能源效率差异分析方法，并利用 1980～2005 年 28 个省级地区的面板数据，并采用方差分解方法测算不同要素对地区能源效率差异的影响程度。该文认为，仅仅从微观技术层面或产业结构方面着手往往不能非常有效地缩小各地区特别是东西部地区间的能源效率差异，只有加快推进中西部地区的市场化改革和对外开放，才能促进包括能源技术在内的技术扩散，改进地区资源配置效率，从而提高落后地区的能源利用效率。

农村发展研究所

《2007～2008年：中国农村经济形势分析与预测》

中国社会科学院农村发展研究所、国家统计局农村社会经济调查司
专著　252千字
社会科学文献出版社　2008年4月

该书是由中国社会科学院农村发展研究所和国家统计局农村社会经济调查司共同撰写的每年一卷的系列研究报告的第16本。

全书由“形势分析与预测”和“专题”两部分组成。“形势分析与预测”的主要内容包括“2007年农业农村经济形势与2008年展望及预测”、“农村政策、改革回顾与展望”、“农业、农村经济与国民经济”、“农业投入与产出”、“农村产业结构”、“农产品市场与价格”、“农产品国际贸易与国际竞争力”、“农村居民收入与生活”、“农村区域经济发展”、“农村全面建设小康社会”、“农村生态环境与可持续发展”。

2005年，中央提出了建设社会主义新农村的战略任务，而发展现代农业是社会主义新农村建设的首要任务。2007年，中共中央、国务院又发布了《关于积极发展现代农业 扎实推进社会主义新农村建设的若干意见》，为此，该书的“专题”部分集中讨论了现代农业和现代农业制度建设。其内容主要包括“农业基础设施建设与农业基础地位的强化”、“农业科技创新体系建设”、“农业结构调整”、“适应现代农业需要的农村经济组织发展”、“农产品质量安全体系建设”、“大城市地区都市型现代农业发展”等。

《中国农村改革30年：回顾与思考》

张晓山（研究员）
论文　38千字
《学习与探索》　2008年第6期

中国农村改革30年来，在农村初步形成了维护农民经济利益、有利于资源优化配置的社会主义市场经济体制，即建立了以家庭承包经营为基础、统分结合的双层经营体制，开始了农村工业化、城市化的进程，努力构建多元化、竞争性的农村金融体系，逐步提高农民进入市场的组织化程度，逐步放开了农产品市场。同时，进一步改革和完善了乡村的治理结构，践行政治民主。但是，国民收入分配格局的扭曲和行政管理体制方面的弊端使得乡镇与村难以完成治理模式的转化，制约农业和农村发展的深层次矛盾并没有消除，一些深层次的矛盾不在农业和农村本身。在农村应坚定不移地推进市场化导向的改革，农村改革能否进一步深化和取得成功则与宏观经济体制的改革和行政管理体制的改革能否深化密切相关；农村的制度变革必须注意利益格局的均衡，给利益受损者以合理的补偿；在未来十几年间，农村土地资本的分配方式与分配格局在很大程度上将左右城乡统筹发展的进程；农村经济体制的改革要与农民民主权利的实现相结合；政府应提供政策保障来促进农村多元化的组织结构，为农民的社会资本和组织资本的发育创造条件；要处理好改革与法制之间的悖论关系；改革要标本

兼治，自下而上和自上而下结合推动，最后形成上下联动的体制改革。

《非政府组织小额信贷机构可能的发展前途》

杜晓山（研究员）

论文　10千字

《中国农村经济》　2008年第6期

该文分析了非政府组织小额信贷机构性质的利弊和它商业性目标与扶贫目标间的关系，认为其优势在于提供弱势群体的金融服务和在探索金融服务的创新模式时所具有的低成本研究和实践功能，而其弱势主要是实施大规模扩展和可持续发展难度较大。该文重点探讨了非政府组织小额信贷机构发展前景的多种可能选择：成长为强有力的非政府组织小额信贷机构、定位成社区资金互助组织、转变为非银行金融机构、转型为小额信贷银行、开展与正规金融机构多样化的合作形式等等。同时指出，无论何种选择都需要考虑自身的状况和政府政策法规支持等因素。

《中国生态经济理论与实践的进展》

李周（研究员）

论文　12千字

《江西社会科学》　2008年第6期

中国的生态经济理论经历了以维护生态平衡为核心的研究、以生态经济协调发展为核心的研究和以生态环境与社会经济可持续发展为核心的研究三个阶段。中国生态经济实践的进展主要表现在以下三个方面：出台旨在实施可持续发展战略的制度和政策、推行区域层面上的生态省建设和开展产业集群层面上的循环经济实践。生态经济学正在探讨的主要问题是：生态经济能否成为具有主导性的经济形态、生态系统服务价值及其补偿的理论与方法、能值评价方法和生态足迹评价方法。

《中国农村改革回顾与展望》

党国英　（研究员）

论文　18千字

《社会科学战线》　2008年第1期

该文认为，30年的农村改革可分为两个时期。20世纪80年代初到90年代中期，中国农业获得了很快发展，其中有几年农民收入增长的速度甚至快于城市居民。但这个时期的土地投入、劳动投入和资本投入是增长的，相应的，农业产出也在增长。这个时期的改革所取得的巨大成绩被称为“中国经济发展的奇迹”。20世纪90年代中期以后，我国农业领域资本投入在增长，但劳动投入和土地投入实际在下降。1996年之后，耕地出现净减少；2000年以后，农村劳动力也在稳步减少，减少的速率大约在1.6%左右。但这个时期的农业GDP却在稳步增长，1996年之后农业GDP平均增长约8%。这种变化更是一个奇迹，且比第一个奇迹更重要，因为这个奇迹是在两种要素投入减少的情况下发生的。为什么会发生第二个奇迹？一可以归结为技术进步，二可以归结为分工水平的提高。而这两个因素可以进一步归结为市场化改革的进步，因为农业技术服务的市场化提高了效率，促进了分工。农村经济发展也影响到中国经济全局。农村要素表现为“人口红利”和“土地红利”对全局经济增长作出了贡献。党的十七大以后，农村改革将进入统筹城乡发展、实现城乡社会经济一体化的综合改革新阶段。今后应以积极的城市化政策为核心，全面推进中国农村改革。

《公司领办的农民专业合作社的探讨》

苑鹏（研究员）

论文　15千字

《管理世界》　2008年第7期

对于以龙头企业为代表的公司带领农民创办合作社的现象，学术界一直存在较大的争议。该文以某水果生产与销售公司领办的北京圣泽林梨专业合作社为例，以公司与梨农开展交易以来利益关系的变化为线索，分析了成立合作社前公司与梨农利益对立的买卖关系、成立合作社后双方形成相互合作的商业伙伴关系、《农民专业合作社法》颁布后双方走向利益共享风险同担的利益共同体的演变过程。

文章进而对公司与农户结成利益共同体的可能性与基本条件进行了理论探讨，肯定了在工商资本进入农业生产领域的背景下，允许公司领办农民专业合作社，将双方外部交易关系内部化，并通过产权纽带建立起风险共担、利益共享的机制的积极意义和现实性。同时也指出了其潜在的风险，这集中反映在那些公司主营业务与农户经营业务是一种产品上下游关系，农户与公司力量对比悬殊，双方不是相互依存关系，而是农户依附于公司的关系。这些所谓的合作社与以前的“公司+农户”模式没有区别，但是公司却通过披上合作社的外衣，在试图垄断农产品原料来源的同时，骗取国家的扶持优惠政策。

《我国农村现行扶贫开发方式有效性讨论》

吴国宝（研究员）

论文　6千字

《中国党政干部论坛》　2008年第5期

该文认为，2001年以来，我国农村扶贫开发确定了整村推进、劳动力转移培训和产业化扶贫三项重点工作。从过去五年的实施结果以及支持这一扶贫政策的理论假设来看，以三项重点工作为基础的扶贫方式存在一些明显的问题。一是它们都无法解决那部分既缺乏可外出务工的劳动力又只有很少的商品生产的农户的增收问题，而这部分农户可能是贫困和低收入农户的主体；二是这将使开发性扶贫与政府的其他发展性举措的工作边界更趋于模糊，无论是整村推进中的社区基础设施建设还是“两翼”中外出务工劳动力培训和农业产业化，都与其他相关政府部门的工作重叠和交叉。扶贫开发以此为主战场必将使开发性扶贫的功能虚化、弱化和分散化，而且也会降低专业化工作的效率，在某种程度上也浪费了社会资源。

基于农村低保政策的全面推开和逐步实施以后农村扶贫形势的变化以及现行扶贫方式存在的问题，该文提出修正农村扶贫开发目标、使农村扶贫对象具体化、创新扶贫方式等政策建议。

《全球农产品价格上涨及其对中国农产品价格的影响》

李国祥（研究员）

论文　7千字

《农业展望》　2008年第7期

该文认为，2008年上半年全球农产品价格显著上涨，重要原因之一是农产品供求关系发生了重大变化。估计未来全球农产品价格将长期在高位波动。随着中国对外开放程度的提高，农产品国际贸易规模的不断扩大，国际上农产品价格上涨将直接或者间接地对中国农产品市场产生影响，并通过农产品国际贸易途径最终传导到国内市场。这需要中国政府和各有关经济主体高度重视，及时采取应对措施。

《中国粮食生产与灌溉用水之间脱钩关系分析》

于法稳（副研究员）
论文　10千字
《中国农村经济》　2008年第8期

该文利用脱钩理论，选择了粮食产量之和占全国总产量90%以上的19个省（市、自治区），对中国粮食生产与灌溉用水脱钩关系进行了研究。研究表明，只有贵州省实现了粮食生产与灌溉用水之间的绝对脱钩，内蒙古、黑龙江、浙江等8个省（自治区）的粮食生产与灌溉用水之间呈现一种准相对脱钩的关系。河北、辽宁、吉林等10个省的粮食生产与灌溉用水之间仍然呈现一种耦合关系，而且有的呈现出较强的耦合关系。粮食耕地面积对粮食产量的贡献率，准相对脱钩的省份要高于耦合的省份；相反，化肥用量对粮食产量的贡献率，准相对脱钩的省份要低于耦合的省份；农业劳动力与粮食产量之间呈现负相关的关系。同时，水稻播种面积对灌溉用水量的影响程度高于玉米播种面积和小麦播种面积。这一研究结果将为不同类型的省份在提高水资源利用效率、实现粮食安全方面提供科学依据。

《中国公益性小额信贷》

杜晓山（研究员）　刘文璞（研究员）
张保民（研究员）　孙同全（副研究员）
储英奂（副研究员）
专著　306千字
社会科学文献出版社　2008年9月

该书是第一本专门对中国公益性小额信贷发展进行多角度、广视野和全方位研究的成果。

该书以中国小额信贷发展促进网络中的27家典型公益性小额信贷机构为研究对象，并选取10家进行了深入的案例研究，分析了中国小额信贷产生的经济和社会历史背景、发展历程、主要管理系统、地理分布、机构组织形式与性质、宗旨、规模、业务范围和贷款产品，等等。该书还从产权、治理结构、与政府的关系、内控制度、外部监管、人力资源管理和激励机制、信贷模式等方面深入分析了中国公益性小额信贷的特点、成绩和问题，讨论了公益性小额信贷发展面临的政策法律环境问题，认为行业自律可能是当前中国对公益性小额信贷进行监管的可选择的道路。该书最后着重讨论了公益性小额信贷的可持续发展和双重目标问题，认为应建立资金批发机构，促进社会企业发展，发挥公益性小额信贷在推动社会进步方面不可替代的作用。

财政与贸易经济研究所

《中国流通领域改革开放回顾》

裴长洪（研究员）　彭磊（副研究员）

论文　14千字

《中国社会科学》　2008年第6期

该文认为，中国流通领域的改革开放是建立社会主义市场经济的重要内容。改革开放之前，中国流通领域长期存在高度集中而又封闭分割的特征，国内市场与国外市场、内贸与外贸相互隔绝，存在两个管理体制和两种政策环境。经过30年的改革开放，中国流通领域的体制环境已经面貌一新，开放型现代流通体制框架已经初步建立，与WTO接轨的商务管理体制已见雏形，商贸服务业的产业延伸促进了体制创新。改革的主要经验是，以对外开放为先导，以开放促改革；遵循先易后难、边破边立、逐步完善的渐进路径；突破传统商品流通领域框架，建立了容纳更多服务业的新商务体制。改革经验的经济学含义是，选择出口导向的开放战略作为改革突破口具有必然性；商品与服务流通的市场结构与人力资本存在内在联系；扩大非物质产品流通是体制创新的重要基础。

《公共财政：概念界说与演变脉络》

高培勇（教授）

论文　18千字

《经济研究》　2008年第12期

该文立足于中国特定的体制转轨背景，在系统考察公共财政问题来龙去脉的基础上，对这一经济范畴的内涵与外延作出了比较清晰的界说。该文认为，跳出纯学术思维的局限而放眼中国财政改革30年的历史进程，可以发现，公共财政本来就是为了解决中国自身问题的需要而提出的一个富有中国特色的概念。鉴于“公共性”是财政与生俱来的本质属性，作为一个有别于计划经济年代的财政制度安排，以覆盖范围不断拓展为集中体现的中国公共财政建设之路，实质是一个让传统中国财政体制机制和传统中国财政学回归“公共性”轨道的过程。站在制度变革的高度，按照公共的理念和规则，深刻把握公共财政制度的基本要求，以此勾画中国财政改革与发展蓝图并改造中国财政学学科体系，是历史赋予我们这一代人的特殊使命。

《吸引外资的状况与评价》

荆林波（研究员）

论文　6千字

《国际经济合作》　2008年第3期

该文对我国利用外资状况进行了较为全面的评价，同时对存在的问题进行了客观分析，认为中国利用FDI的方式需要作适当调整，具体的建议有以下几方面：（1）东部地区应以利用FDI开展一般贸易方式的高新技术产品制造业和服务业为主，而中西部地区则以利用加工贸易方式的劳动力密集型产品制造业为主。劳动密集型外商投资企业向中西部地区投资的，可考虑重新给予优惠政策。（2）应鼓励国内有条件的企业通过直接投资、借壳等方式到海外上市或通过国际金融市场发行债券进行融资。重点扶植有条件有实力的企业到海外投资。在关注生产性投入设备和原材料等进口的同时，适当考虑引进某些中高档消费品，刺激国内市场消费。(3) 对于内资、外资应一视同仁。应逐步开放资本市场，促进外资以多种形式投资国有企业的改造，参与不良资产的处理。完善产权交易制度，为外资参与国内企业的跨国兼并、重组提供良好的制度环境。同时应鼓励国内金融机构多种渠道投资。(4) 由于跨国公司投资主要以跨国并购为主，中国今后坚持以直接投资和长期借贷资本为主的外资结构。同时培育、完善和开放中国的资本市场，有限度地向合格的外国机构投资者开放国内股票市场，允许外资并购某些竞争性行业的企业股权，积极研究中外合资企业、外资企业在国内上市的可行性。(5) 中国应进一步推进服务领域对外开放，引导外商投资于一些薄弱的第三产业。必要时可给予跨国外包企业一定的扶持政策。加快出台新的外资产业投资指南，重点鼓励外资投向高新技术产业和先进制造业。

《中国财政制度改革 30 年》

杨志勇（研究员）　杨之刚（研究员）

专著　236 千字

世纪出版集团格致出版社、上海人民出版社　2008 年 12 月

该书的主题是 1978 年以来中国财政制度改革史，旨在总结改革成就，归纳改革经验，探讨未来改革面临的机会和挑战。该书分析了财政改革的逻辑。中国财政改革与财力困境有密切关系，但从根本上说，是经济改革推动了财政改革，政府转型是财政改革的持续动力。该书对财政透明度、公共预算与国有资本经营预算的衔接、利益冲突与财政改革的推进、财政转移支付等难点问题进行了研究。中国财政改革是在经济改革中进行的，同时推动了经济改革的进行。财政改革必须在国家的法治化、民主化进程的背景下进行。中国财政改革具有普遍意义，特别表现在以下方面：注意制度的自主创新；注意协调不同利益群体的矛盾；财政改革与经济改革、稳定和发展的配套协调；充足的财政收入对于改革、发展与稳定具有重要意义；渐进式改革容易得到改革所需的知识；给各种经济主体以恰当的激励是财政改革成功的主要原因；财政管理体系的变化有利于财政改革的顺利进行；财政改革必须有全球视野。

《贸易结构：从“鸡毛蒜皮”到“机电产品”》

冯雷（研究员）

研究报告　30 千字

《中国对外贸易三十年》（傅自应主编）

中国财政经济出版社　2008 年 11 月

该报告认为，改革开放 30 年来，我国对外贸易结构发生了巨大的变化，从所谓的“鸡毛蒜皮”到主打“机电产品”，反映出我国国民经济的高速发展与产业结构的优化趋势，同时也展示出对外贸易在国民经济发展中逐渐发挥出的不可替代的重要作用。

《排除非收入制约　促进居民消费》

宋则（研究员）

研究报告　25 千字

新华社《内部参考》　2008 年第 67 期

该报告认为，如何制定有效促进消费的近期政策，难度最大，针对性和挑战性也最

强。恰恰在这个问题上，近年来出现了值得关注和需要改进的某些偏差。主要表现是：以“增收政策”简单化地取代、等同于消费政策，偏重于排除消费增长的“收入因素制约”，而忽视了“非收入因素制约”，忽视了对已经形成的巨额购买力存量的化解，消费政策似不够完整。实际上，“消费是收入的函数”这个一般原理是有条件的。在中国现阶段，常常由于非收入的环境条件制约，诸如居住条件、交通通讯、商业欺诈、行业垄断、质量不高、货不对路、服务滞后、信息障碍、流通不畅、预期不高等等，使得已经拥有的居民收入和消费需求支付能力得不到充分实现和化解，而大量转化为储蓄存款。在这种场合，增加收入并不必然增加消费，消费已不再是收入的函数，而是另外一些经济自变量的函数。因此，从中央到地方，促进消费增长的要害，长期靠“增收”，短期靠“化解”；一手抓“增收”，一手抓“化解”，两手不可偏废。目前，尤其需要根据收入增量有限而购买力存量巨大的突出特点，顺势大力度改善消费环境条件，加快释放收入—消费能力的存量。这一点比以往任何时候都更加重要，也更加迫切。

《我国出境旅游花费被严重低估 国际旅游业已经成为迅速扩大的逆差产业》

戴学锋（副研究员）

论文 9千字

《财贸经济》 2008年第8期

该文认为，自1997年《中国公民自费出国旅游管理暂行办法》发布实施，我国正式开放出境旅游市场以来，出境旅游发展如火如荼，出境旅游人数从1997年的500万人次发展到2006年的3500万人次，10年间出境旅游人数增长6倍，年均增长23%以上。与此同时，我国外汇管理不断放宽，个人出境换汇已经从2000年的2000美元增长到2007年的5万美元，且通过VISA卡等可以在国外直接消费。然而根据官方公布的出境旅游支出统计，我国公民出境旅游支出仅仅从1997年的101.66亿美元增长到2006年的243.22亿美元，年均增长率仅为10.2%，低于出境旅游人数的增长将近13个百分点；人均旅游花费则从1997年的1910美元下降到2006年的704美元，平均每年下降10.5%。而我国公布的数字与国外调查公司公布的数据有巨大差异。.

为此，作者所领导的课题组与央视调查公司联合对北京16000余名出境旅游者的出境旅游花费进行了调查，根据调查数据进行统计分析，结论是我国人均旅游花费为1700多美元，2007年我国出境旅游总花费大约为720亿美元，而同期我国入境旅游花费仅为420亿美元，逆差300亿美元。不仅如此，据分析，我国国际旅游逆差还将继续扩大，这将对我国的国际收支平衡、扩大内需等产生重大影响，应引起高度重视。

《高新技术与现代服务业融合发展研究》

夏杰长（研究员）

专著 230千字

经济管理出版社 2008年

该书首先界定了高新技术、服务业、现代服务业、基于高新技术的现代服务业等相关概念，对我国服务业发展总体情况进行了翔实的实证分析并提出促进服务业发展的公共政策；接着，阐述了高新技术与服务业的耦合机理，分析了高新技术为什么不断向服务业渗透和高新技术与服务业的耦合将对经济发展产生怎样的影响，并利用发达国家的投入产出表数据，对其影响进行了实证检验。同时，利用高新技术渗透力度较大的行业如研发产业、信息服务业、创意产业、金融服务业等领域相关案例对“高新技术与现代服务业融合发展”进行了具体分析，针对当前社会各界普遍关注的焦点问题——3G与移动通信增值服务，研究了3G与移动通信增值服务的效应与政策思路。

《2008中国营商环境报告》

倪鹏飞（研究员）等

专著　127千字

社会科学文献出版社　2008年4月

2007年，世界银行集团与中国社会科学院财政与贸易经济研究所联合开展了中国首次区域营商环境调查，经过数月的调研、整理、讨论和写作，最终形成了该报告。该报告采用Doing Business工具，以中国大陆30个省会城市和直辖市作为样本，从“开办企业”、“登记物权”、“获取信贷”以及“强制执行合同”四个与地方政府密切相关的方面进行商业环境的区域性研究。通过比较上述四类指标，该报告发现，中国沿海地区的营商环境最佳，其中广东省广州市名列榜首，其次是浙江省杭州市、江苏省南京市、山东省济南市、上海市、天津市和福建省福州市；营商环境较差的城市一般位于中西部地区。该报告采用独特的视角，考察特定的对象，假定可比的标准，对律师、会计师、金融分析师、房地产经纪师、有关咨询师以及政府相关部门的成员作了专业的调查，使其结论既保持理论逻辑与客观事实一致，也有利于政策建议被采纳。该报告首次在全国范围内对区域商业环境的诸多方面进行了连续、广泛、系统的调查，建立完整、大规模的有关投资环境的数据库，对深入的理论研究具有重要意义。

《出口退税与转变经济发展方式》

张斌（副研究员）

论文　6千字

《税务研究》　2008年第7期

党的十七大报告指出，加快转变经济发展方式，推动产业结构优化升级，这是关系国民经济全局紧迫而重大的战略任务。随着中国劳动力成本的逐步上升、环境补偿与资源定价机制的完善以及人民币的持续升值，单纯依靠成本优势扩大出口的外贸增长模式也越来越缺乏可持续性。出口退税作为对出口有重要影响的政策工具，在促进国际收支平衡与经济增长方式转变的过程中应发挥怎样的作用是当前亟待研究的重要问题。该文提出，出口退税政策工具具有选择性，能够区分不同行业实施差别待遇，既能起到结构调整的作用，通过结构调整也有利于总量目标的实现。但出口退税政策自身也具有局限性，如通过结构调整带来的出口附加值的提高不一定有利于顺差的降低；内需不足背景下规模经济显著行业对出口的高度依赖、出口退税政策的时效性与政策稳定性的矛盾等。

金融研究所

《中国金融改革30年》

李扬（研究员） 王国刚（研究员）
专著 719千字
社会科学文献出版社 2008年12月

该书按照金融改革和发展的主要领域，划分出宏观经济运行和宏观调控、货币理论与货币政策、金融市场、金融发展和开放经济下的宏观调控五个部分。作者认为，鉴于我国国民经济正面临转型的新挑战，迫切需要改变投资领域，提高投资效率，迫切需要完善储蓄向投资转化的金融机制，迫切需要从全球的新角度来思考并规划中国的储蓄和投资的配置战略。书中强调，我国货币政策现正面临新的挑战，这种挑战就是寻找货币政策的新范式。要调整货币政策的范式，可资借鉴并成为创新起点的最切近的实践，应当是业已在很多国家实施并已产生积极成效的通货膨胀目标制。作者还指出，要推动中国金融市场健康发展，就必须进一步发展多层次资本市场，着力为中小企业服务。大力发展债券市场，力促各个市场统一互连，加强彼此间的协调，从而实现我国金融市场统一的目标。建立统一的货币市场，是我国今后金融市场改革的重要内容。在全球经济失衡、国内储蓄率长期高悬等客观因素短时期难以改变的情况下，应急之策是改革我国目前针对外汇储备增长的对冲机制和外汇储备管理体制，切断外汇储备与国内货币供应的僵硬联系；在实现内外两个均衡的总体宏观调控目标框架下，重新设定货币当局和财政当局的宏观调控职责，特别是要明确界定两者在外汇储备管理、汇率政策制定、保持对外均衡等一系列“涉外”政策方面的分工和协调配合。

《中国金融改革开放30年研究》

李扬（研究员） 王国刚（研究员）
专著 513千字
经济管理出版社 2008年11月

该书属中国社会科学院重大科研课题的研究成果。

该书采用史论结合、以史为先的范式，比较系统地回顾了中国金融改革开放30年在各方面走过的历史和值得留笔的经验。这些经验概括起来大致有八个方面：第一，应当始终坚持以推进发展为第一要务，以改革促发展。第二，从稳定金融运行秩序和开发建设金融市场出发，在一定时期内，金融改革应由政府主导。第三，发展中国家在金融改革发展中，为了摆脱贫困的恶性循环陷阱，需要引进外资，但不能依赖外资，主要还应依靠提高国内的储蓄率从而提高投资能力，为此，需要充分发挥本国金融体系的功能。第四，从本国实际出发，不简单照搬西方模式。第五，金融体系的改革发展，必须紧紧围绕推进实体经济发展而展开，在这个过程中，需要不断协调和强化金融业与实体经济之间的融合关系。第六，金融改革发展中金融产品和金融机构等方面的创新，不应操之过急或急于求成，既要吸取国际经验，又要坚持以我为主。第七，应当着力防范和化解金融风险，充分借鉴国际成熟经验，结合本国国情，建立有效的风险防范机制、预警体系和应急体系。第八，国内金融市场的对外开放应当逐步有序地展开，不应盲从西方模式和顺从西方要求。

《亚洲债券市场发展研究》

李扬（研究员） 曹红辉（研究员）
专著 235千字
经济管理出版社 2008年7月

该书从资本市场内部完善结构的角度探讨国内债券市场尤其是公司债券和资产证券化的发展与银行体系的改革，并在金融全球化与金融区域化的双重趋势下，从亚洲金融稳定与经济持续增长角度探索区域金融合作，由此从国际金融体系改革的角度研究国际交易货币与储备资产等。书中指出，从东亚金融合作角度探索建立开放式、区域性债券市场的可行性、市场框架、发展模式与战略步骤，稳步推进区域内债券市场的发展，成为东亚从根本上消除金融脆弱性，改进金融效率，防范金融风险的重要选择。对中国而言，则是支持其作为大国和平发展的国家金融战略之一。书中还强调，随着人民币的自由兑换及资本市场的进一步开放，为区域内各类投融资主体提供国际性储备货币的市场基础，减少对区域外货币的依赖性，消除货币错配的负面影响，最终可能对国际金融市场的格局乃至国际货币体系的改革产生深远影响。

《中国地区金融生态环境评价（2006～2007）》

刘煜辉（副研究员）
专著 324千字
中国金融出版社 2007年12月

同自然生态系统一样，金融主体和金融生态环境也是相互依存、彼此影响的。全书分为总报告和分报告两部分。总报告对中国地区金融生态环境评价指标体系进行了说明，并分析了评价结果。分报告包括温州、广东等地区的金融生态考察报告、区域金融生态环境评价指标体系构建、地方政府热衷房地产开发的原因探讨等专题研究报告，并提出了改善区域金融生态环境的构想。该书对全国31个省级行政区、90个中心城市、324个地级以上城市的金融生态环境进行了综合评价。

《金融自由化路径及其效应》

徐义国（助理研究员）
专著 480千字
经济管理出版社 2008年10月

该书基于金融自由化的理论文献和国别经验的系统总结和甄别归纳，沿着金融自由化路径与效应的分析线索，就经济金融全球化背景下金融自由化在提升金融效率和促进经济增长中的作用、金融自由化进程中金融脆弱性和金融危机的生成及规避机理进行了阐释和剖析，同时借鉴了国内外有代表性的模型及数量化分析成果，以期从中提炼和推演出有关金融自由化理论和实践的既有共识，为金融自由化在各国的实践提供有参照意义的、可操作的、国情化的经验指导和理论贡献。为求得成本最低、效应最佳的中国金融自由化改革路径，该书就金融自由化在中国的实践展开论述，涵盖了实施金融自由化对初始条件的必备要求、当前中国金融自由化的进展程度即阶段水平的基本判断、从市场需求和制度供给的视角对金融自由化进程中若干重点和难点问题的认识和研判。该书还进一步论证了中国推进金融自由化的现实需要和基础条件，并基于保持良好宏观经济环境、遵循合理的速度与秩序、保证制度供给、加快完善多层次资本市场、推动微观层面改革、加强法治及征信体系等外部环境建设、改进监管协调机制、实施政府职能转变及增强国际合作等总体原则，构建了一套针对中国金融自由化的制度化推进的设想和具体手段。

《中国金融改革开放年：历程、成就和进一步发展》

李扬（研究员）

论文　13千字

《财贸经济》　2008年第11期

该文总揽了中国金融改革开放30年的历程，总结了中国金融成功的经验，总括了中国金融理论发展的要义，提供了一个计划经济国家实现金融体制转轨和金融发展的路径、程序等方面的实践图景，提供了进一步研究中国金融改革开放经验的理论原粮。该文分别就货币政策、金融市场和财政政策的协调配合以及外汇储备管理体制改革等领域的进一步改革问题展开讨论。该文认为，为了促进金融体系现代化，需要加快各个领域的改革。这些改革包括以下内容：积极推进利率市场化改革，逐步增大人民币汇率制度的弹性，加快资本项目开放，为各类机构和金融市场创造一个真正市场化运作、能够展开有效竞争的制度基础；在央行、银监会、证监会和保监会之间，在财政部门和金融部门之间，形成分工和职责明确、协调统一的功能监管框架；进一步放松国内金融管制，鼓励金融创新；促进银行体系全面改变其传统经营模式；迅速推进多层次资本市场和货币市场的发展，创造新的金融产品和服务，进一步增加可交易的金融产品，不断开拓可供金融产品交易的市场体系；加快改革，为货币政策能有效发挥作用创造适当的制度和体制基础。

《流动性、流动性过剩与货币政策》

彭兴韵（副研究员）

论文　12千字

《经济研究》　2007年第11期

该文分析了流动性过剩的经济表现，阐述了我国央行对流动性的管理现状，并提出采取多种手段加强流动性管理的对策建议。作者认为，首先，应从银行体系的流动性控制转向全社会的流动性控制，这可能需要进一步调整中国现行的货币政策框架。其次，建立流动性监测指标，使流动性成为可测的，并能够易于被公众所理解。该文认为，中央银行不仅应当公布传统的货币供应量、金融机构信贷的变化，还应当按照剩余期限，从低到高地统计全社会的金融资产期限结构的变化，并进一步分析其对经济和货币政策的影响。第三，有效的流动性管理还需要进一步改革中国的汇率机制与外汇管理体制。第四，发展资本市场、增加长期资产供给是解决流动性过剩的一个必要办法。

《美国次级房屋贷款危机分析》

曹红辉（研究员）

论文　13千字

《财贸经济》　2008年第3期

该文对美国次级房屋贷款危机发生的背景、原因、损失及其对金融市场、实体经济的影响、政策干预及其效果评价等进行了分析，并就中国发展金融市场和房地产市场、开展金融创新及加强全球金融监管协调等方面提出政策建议。其一，反思房地产市场的发展模式，澄清政府在这一市场中的地位与作用，考虑借款人的不同信用，分离低收入阶层到房屋租赁市场和廉租市场。其二，反思房地产金融体系设计，将遏制房价泡沫与控制银行风险相结合。其三，在设计金融市场体系，尤其是发展金融衍生品时，须充分认识到衍生品的两面性——既有分散风险的功能，也有放大风险的作用。同时，应对衍生品市场的发展加强监管，严控风险。最后，对冲基金以及混业经营条件下的银行等机构在金融市场的全球化活动以及危机向全球蔓延的特点，应采取更为积极的措施，加强金融监管的全球协调。

数量经济与技术经济研究所

《中国经济形势分析与预测2008年春季报告》

中国经济形势分析与预测课题组
汪同三（研究员）执笔
研究报告　10千字
《2008年中国经济前景分析预测》（中国经济蓝皮书）
社会科学文献出版社　2008年4月

该报告认为，2008年我国将继续面临物价快速上涨的局势，通货膨胀的压力将加大，并预测2008年我国的GDP增长率将达到10.7%左右，增长速度与2007年相比出现回落。

该报告认为，2008年1～2月居民消费价格上涨7.9%，工业品出厂价格上涨6.4%，因此，2008年我国将面临工业品出厂价格以及居民消费价格快速上涨的双重压力，价格上涨压力将更加明显。2008年初我国南方出现的罕见低温雨雪冰冻灾害对物价的影响，粮食等商品的价格上涨幅度的不确定性，将可能对价格上涨产生叠加效应。2008年，为了防止经济增长由偏快转为过热，防止价格由结构性上涨演变为明显通货膨胀，把握经济增长速度是关键，其中控制投资高速增长和物价快速上涨是重中之重。

《中国经济形势分析与预测2008年秋季报告》

中国经济形势分析与预测课题组
汪同三（研究员）执笔
研究报告　9千字
《2008年中国经济形势分析与预测》（中国经济蓝皮书）
社会科学文献出版社　2008年11月

该报告认为，国际经济不利因素和严重自然灾害并没有改变我国经济发展的基本面，我国经济仍将保持平稳较快发展的态势，预测2008、2009年我国GDP增长率分别为9.8%和9.3%左右。

保持经济平稳较快发展的有利因素是：宏观调控水平显著提高、物质基础较为雄厚、企业经营水平不断提高、金融体系相对安全、外汇储备充足、粮食连续多年实现增产。当前，国民经济继续朝着宏观调控的预期方向发展，保持了增长速度较快、价格涨幅趋缓、结构有所改善的较好态势。经济增长速度今明两年虽然会有所放缓，但仍在合理区间之内，属于经济增长调整性波动。

着力扩大内需是保持经济平稳较快发展的根本举措。为此，既要稳定投资需求，保持投资对经济增长的拉动作用；又要提高居民收入水平，进一步提高消费对经济增长的贡献率。扩大内需的一个重要内容是扎实推进新农村建设，促进形成城乡经济社会发展一体化新格局。

该报告认为，目前全球性金融危机还在延续。为了抵御外部冲击，减少其造成的不利影响，需要积极落实“一保一控”（保持经济平稳较快发展、控制物价过快上涨）方针，保持宏观经济政策的连续性和稳定性，继续加强和改善宏观调控。

该报告还指出，要把当前国际需求减弱的挑战转化为转变经济发展方式的机遇。经济增速减缓时期比经济高速增长时期更适宜进行经济结构调整，我们完全可以把当前国际需求减弱的挑战转化为调整经济结构、转变经济发展方式的机遇。为此，应发展现代产业体系，促进工业由大变强；发展现代服务业，提高服务业比重和水平；加强基础设施建设，加快发展现代能源产业和综合运输体系；加快推进资源要素价格改革，进一步理顺价格体系，促进技术进步、节能减排和增产节约。

该报告分析了中国经济运行中的一系列热点和难点问题，对中国经济下一步发展进行了预测。

《中国社会科学院数量经济与技术经济研究所发展报告（2008）》

汪同三（研究员） 郑玉歆（研究员）主编

论文集 343千字

社会科学文献出版社 2008年4月

该论文集是中国社会科学院数量经济与技术经济研究所第一部系列发展报告。报告聚焦中国社会热点，关注中国改革开放和社会主义现代化建设中的重大现实问题，力图对所研究的对象进行整体上的描述，对其发展过程中的一些重大问题进行较全面、较深入的剖析，对发展过程中的成就、存在的问题进行较客观的评价。报告旨在发挥思想库、智囊团的作用，为党和政府的科学决策出谋划策，同时为广大读者了解认识中国经济发展状况提供有益的帮助。

《高级经济计量学》

李雪松（研究员）

专著 288千字

中国社会科学出版社 2008年5月

该书是为中国社会科学院研究生院编写的一部重点教材。全书共分为12章，其中第1～5章为高级经济计量学的核心方法，内容包括最大似然估计、广义矩方法、半参数方法、贝叶斯分析以及分位数回归；第6～9章为时间序列分析，内容包括ARMA过程与ARCH模型、协整与误差修正模型、向量自回归以及状态空间模型；第10～11章为微观经济计量学，包括离散选择模型、托比特模型以及微观面板数据分析；第12章为非平稳的宏观面板数据分析。

该书较为系统地介绍了高级经济计量学的知识体系及相关最新进展，在理论方法的叙述及公式推导方面力求深入浅出、通俗易懂。

《经济模型理论与应用基础》

李军（研究员）

专著　333 千字

中国社会科学出版社　2008 年 10 月

该书是为中国社会科学院研究生院撰写的一部重点教材。该教材主要从多视角展现经济模型的基本理论与应用，旨在为系统学习经济模型提供必要的基础知识及应用实例。主要内容有以下几方面：经济模型一般性问题论述；学习和运用经济模型的必要知识结构；若干具体经济模型的基础理论、构建技术与应用实例等。

《技术进步规律性研究》

钟学义（研究员）　陈平（副研究员）主编

专著　224 千字

方志出版社　2008 年 7 月

该书为中国社会科学院A类重大课题“科技进步的规律性研究”的最终研究成果。

该书主要从经济增长方式及其质量的关系、传统产业改造、产业结构变化、劳动就业、可持续发展等方面展开对技术进步规律性的考察，其主旨是从技术经济学的视角考察技术进步的规律性。该书阐明了经济学意义上技术进步的概念，并从理论上明晰了技术进步与增长方式的转变和增长质量的提高的内在关系，分析了技术进步促进传统产业改造的一般规律。书中还从技术进步的角度探讨“新经济”的发生和发展，分析了二者之间的内在联系，并从经济学的角度考察技术进步对就业的影响，技术进步与城市化、可持续发展之间的相互关系，指出技术应用带来的资源浪费和环境破坏，最终还是要依靠技术的进步加以解决，解决环境污染和保护生态目前已经成为加快发展的主要内在动力之一。

《转变经济发展方式——关系经济社会发展全局的战略任务》

汪同三（研究员）

论文　5 千字

《人民日报》　2008 年 1 月 4 日

该文认为，加快转变经济发展方式，走中国特色新型工业化道路，是根据现阶段我国发展的客观实际提出的重大战略思想，是推动我国经济社会发展必须坚持的正确方向。转变经济发展方式的主要内容是促进经济增长由主要依靠投资、出口拉动向依靠消费、投资、出口协调拉动转变，由主要依靠第二产业带动向依靠第一、第二、第三产业协同带动转变，由主要依靠增加物质资源消耗向主要依靠科技进步、劳动者素质提高、管理创新转变。实现经济发展方式的转变，根本保证是深入贯彻落实科学发展观。

《工业新增利润来源及其影响因素：基于企业数据的经验研究》

郑玉歆（研究员）　李玉红（助理研究员）

论文　11 千字

《中国工业经济》　2007 年第 12 期

该文利用企业数据，从不同角度对我国 1998～2005 年工业企业的新增利润来源进行了分析，并且进一步将收益率的变化分解为全要素生产率的变动和分配格局的变动，对正确理解研究时期工业利润率的变化提供了微观层面的解释。该文认为，考察期内国有企业在资源性垄断行业表现出较强的优势，政府应当对垄断性行业的垄断收益加大规制力度，鼓励企业通过技术创新提高收益。同时对总体利润率提高须保持审慎态度，要特别注意分配关系上发生的变化，不应把效益转好与效率改善等同起来。该文在对流行的有关利润率概念进行综述分析的基础上，提出利润率是属于生产关系中分配范畴的收益性指标。

《2008节能减排形势分析与政策研究》

齐建国（研究员） 刘强（副研究员）
论文 8千字
《2008年中国经济前景分析》
社会科学文献出版社 2008年4月

该文在对2007年我国节能减排分析的基础上，对2008年我国节能减排形势进行了分析并提出有关政策建议。该文认为，2007年我国政府采取了一系列重大措施，进一步加大节能减排工作力度，取得了明显成效。在GDP增长速度高达11.4%的情况下实现了能耗强度下降3.27%，二氧化硫和化学需氧量排放总量分别下降4.66%和3.14%的成绩，实属不易。文中对2008年我国节能减排工作面临的压力以及节能减排工作中存在的有待解决的问题进行了分析说明。预计2008年节能减排政策环境将进一步好转，能源消费增长率、万元GDP能耗水平将下降，接近于完成预定的年度指标；排放减少略低于规划目标。该文还对2008年节能减排领域的工作提出了政策建议。

《中国国民经济核算体系的扩展与延伸》

李金华（研究员）
论文 17千字
《经济研究》 2008年第3期

该文在对联合国国民经济核算体系、社会和人口统计体系、环境和经济综合核算体系进行比较研究的基础上，提出了中国国民经济核算体系扩展延伸的思路和理论依据。该文认为，通过设计社会核算矩阵和卫星账户，可以建立中国泛国民经济核算体系，进而实现对环境资源和相关社会活动成果的核算。文章构建了中国泛国民经济核算体系下的若干社会核算矩阵和卫星账户，从理论和实证两方面论证了对中国国民经济核算进行扩展延伸的现实性和可行性。

人口与劳动经济研究所

《刘易斯转折点——中国经济发展新阶段》

蔡昉（研究员）
专著 220千字
社会科学文献出版社 2008年10月

长期以来，中国经济是一个具有劳动力无限供给特征的二元结构。从2004年沿海地区出现民工荒现象，到如今几乎无人不谈工资上涨问题，众多现象表明，劳动力无限供给的特征正在中国逐渐消失。由于这是一个具有重要意义的变化，用发展经济学的术语来说，是到达了一个所谓的“刘易斯转折点”的阶段性变化。该书提供了刘易斯转折点到来的各种证据，并对转折点到来的重要政策含义进行了相对完整的概括。该书的第一篇从中国成功的人口转变及其后果入手，通过估算农村劳动力的真实剩余现状，描述了城市劳动力市场的供求形势，再次论证了二元经济发展重要转折点的到来。与此同时，该书也尝试构造一个能够解释中国经济发展过程的理论框架。该书的第二篇从长期经济增长与宏观经济周期的关系、中国经济与全球经济的关系等角度着眼，论述在转折点到来的条件下宏观经济新特点和新挑战，同时论证了政府在其中能够和应该扮演什么角色。第三篇揭示了在转折点到来之后，中国经济改革与发展面临的重要挑战，涉及收入分配、劳动力市场建设和政策、养老保障制度改革、经济发展方式转变和农业政策选择等方面的问题。

《WTO框架下中国工业竞争力研究》

蔡昉（研究员） 王德文（研究员） 等
专著 255千字
中国社会科学出版社 2008年6月

该书从经济学角度对工业力竞争力的经济学含义和理论模型，工业竞争力与发展阶段和技术选择的关系，工业竞争力和国有企业改革、就业体制改革、产业结构调整的关系等方面进行了理论和实证分析。该书指出，中国工业竞争力显著提高源于两方面的改革：一是微观经营机制的改革增强了企业激励和管理水平，提高了企业对外部环境作出正确反应的能力；二是宏观经济体制改革和市场发育，为企业决策提供了真实的信号，从而使企业的经营决策对市场环境形成正确反应。提高中国竞争力，需要通过深化体制改革和要素市场发育，将潜在的优势充分发掘出来；同时，通过制定符合本国资源和要素禀赋结构的产业政策，加速工业结构调整和技术升级，在充分发挥中国比较优势的基础上，从过去依靠劳动力数量资源优势的“向下竞争”模式，转变为依靠劳动力质量和科技进步的“向上竞争”模式，实现经济增长模式的根本转变。

《中国人口与劳动问题报告No.9——刘易斯转折点如何与库兹涅茨转折点会合》

蔡昉（研究员）主编
研究报告 240千字
社会科学文献出版社 2008年10月

中国经济发展到现在，劳动力短缺现象越来越毋庸置疑。该书认为，刘易斯转折点的来临是普通劳动者和低收入家庭提高其收入水平，改变其在收入分配中地位的大好机会。在政策对路的情况下，我们预期，可以把刘易斯转折点与收入分配状况改善的库兹涅茨转折点结合起来，实现“边增长、边分配”。中国劳动力需求和供给关系发生根本性变化这一事实，并不意味着劳动力市场从此就一帆风顺、高歌前进了。构成中国失业率的最重要的组成部分是由结构性和摩擦性因素形成的自然失业率。解决自然失业问题，既有赖于劳动力市场功能的整体改善，也有赖于针对不同就业困难群体的就业扶助政策的完善。该报告针对农民工、青年特别是大学生和残疾人等群体的问题，进行了实证分析，提出了政策建议。该书并不是纯粹的理论阐述，而是在对经济发展规律性认识的基础上，着眼于提供发生在中国经济生活中的现实证据，归纳在当前发展阶段上的新经验，对未来的变化趋势作出判断。

《经济发展方式与节能减排内在动力》

蔡昉（研究员） 都阳（研究员）

王美艳（副研究员）
论文 14千字
《经济研究》 2008年第6期

与全球气候变暖问题相关，中国的节能减排受到国际社会的压力，地方政府则受到来自中央政府的强制性要求。经济发展阶段变化所引起的增长方式转变的内在需要，以及人均收入水平提高所引起的对环境质量的更高要求，是节能减排政策能否实现与地方政府的发展动机及企业行为激励相容，从而真正得以贯彻的关键。该文讨论目前中国发展阶段的根本性变化，以及对于经济发展方式的意义，以二氧化硫排放为例，从经验上勾画出中国的“环境库兹涅茨曲线”，从而揭示中国节能减排的激励机制和政策着力点。该文通过拟合“环境库兹涅茨曲线”、预测排放水平从提高到下降的转折点，考察了中国经济内在的节能减排要求。研究显示，对于温室气体的减排来说，单纯等待库兹涅茨转折点的到来，已无法应对日益增加的环境压力。在这种情况下，需要依靠中央政府的决心、地方政府和企业转变增长方式的动机，加大激励力度，以实现可持续经济增长。

《国有部门与非国有部门工资差异及人力资本贡献》

张车伟（研究员）
论文 16千字
《经济研究》 2008年第6期

该文利用微观调查数据，对我国国有部门与非国有部门的工资差异进行了实证研究。对比两个部门的工资水平和劳动力结构可以发现，国有部门有着比非国有部门更高的平均工资水平，但同时，国有部门也拥有更高的人力资本结构。进一步的工资差异分解表明，我国国有部门的工资优势中有80%以上来自于人力资本的优势，尤其在工资分布的高端，人力资本的作用更突出，并且更高的教育程度倾向于获得更高的报酬率。这说明人力资本在国有部门的工资决定中已经发挥了决定性作用。但人力资本对工资差异的贡献在工资分布区间并不均匀，它随着工资从高分位点向低分位点移动而逐渐降低，与此对应的是工资溢价随工资从高分位点向低分位点移动而逐渐升高。从工资差异看，在工资分布高端——高知识高技能人才的密集区，工资差异完全体现为人力资本的差异；而在工资分布的低端——低技能劳动力的密集区，工资差异有很大一部分是人力资本无法解释的，也即溢价。该文认为，造成这种现象的原因在于国有部门“共享式”的工资决定模式。这种模式倾向于在压低高技能劳动力的报酬率的同时，抬高低技能劳动力的报酬率。所以，国有部门的工资决定应进一步强化人力资本的报酬机制，以提高效率，增强竞争力。

《当前中国中产阶层的政治态度》

张翼（研究员）
论文 20千字
《中国社会科学》 2008年第2期

该文利用2006年全国性调查数据，重点分析了当前中国中产阶层的政治态度及其对社会稳定的影响。研究发现，与其他各阶级阶层相比，中产阶层的社会批判意识渐趋显化，其政治态度也并不保守；在中产阶层内部，新中产阶级比老中产阶级更具“社会改造”风险；农民阶级和工人阶级向“社会中层”的认同，能显著增加社会稳定性；社会公正的维护与各级政府形象的改善极其有利于抑制各类冲突的发生；在社会稳定意识的培育上，政治身份的作用渐趋式微。文章在分析中还发现，收入的高低，也与人们的政治态度之间失去了必然联系——不是收入越高的人，其政治态度越保守，也不是收入水平越低的人，政治态度越激进。人们的主观感受，深受很多复杂的社会因素的影响。所以，收入只有通过某些中介变量的影响，才能与社会态度发生联系。收入差距的拉大、社会不公的表现，只有在那些认识到此问题的严重性的阶级那里，才可能生成为变革的动力。应该注意到，在常态社会中，是人们对现实的解释，而非现实本身，引发着集体行动。

《刘易斯转折点后的农业发展政策选择》

蔡昉（研究员）

论文　16千字

《中国农村经济》　2008年第8期

21世纪以来，中国农业发展的政策环境进一步得到改善，在涉及农业、农村和农民利益各个方面政策的改进进展以及使农民满意的程度都是史无前例的。但是，长期以来在“三农”方面存在的问题远未得到根本解决。除了农民工在城市的经济社会待遇问题以及在社会保障和公共服务上的巨大城乡差距外，农产品也遇到了一定的供给制约，甚至引发了通货膨胀压力。经济发展到达刘易斯转折点之后，劳动力不再无限供给，因此，在劳动力继续转移的情况下，保持农产品稳定供给的关键在于提高农业生产效率。该文借助于费·拉尼斯模型这个分析框架，观察在经历了刘易斯转折点之后，中国农业面临着哪些挑战，并且按照相关的分析结论，讨论应该采取什么样的政策应对这些挑战。文章认为，在农村劳动力继续向城市转移的同时，农业生产率的同步提高有赖于农产品价格特别是粮食价格朝着市场均衡方向持续提高。该文建议，在21世纪以来粮食比较优势提高的基础上，实施主动的粮食安全战略，是一个有利于提高粮食生产能力，保持农业发展可持续性的政策选择。

《农村迁移劳动力的就业与工资决定：教育与培训的重要性》

王德文（研究员）　蔡昉（研究员）

张国庆（研究员）

论文　18千字

《经济学》（季刊）　2008年（第7卷）第4期

在城市劳动力市场上，农村劳动力根据个人的人力资本积累状况和当地的劳动力市场条件，在成为自我经营者和工资收入者之间进行就业选择。简单的Mincer工资方程回归结果显示，工资收入者比自我经营者的教育回报率高出两个百分点左右。在矫正了样本选择偏差之后，拓展的Mincer工资方程对工资收入者的教育回报率估计结果在5.3%～6.8%之间。从培训角度看，简单培训、短期培训和正规培训对农民工再流动都有显著作用，但简单培训对农民工的工资收入作用不显著，而短期培训和正规培训则对其工资收入有着重要的决定作用。此外，工资拖欠等权益保护问题也对农村劳动力再流动有着重要影响。在处理农民工的个人异质性和教育内生性问题时，该文还发现，父母受教育年限不是一个理想工具变量。提高农民工就业能力是解决农民工就业问题的关键。今后的培训工作重点应该向短期培训和正规培训倾斜，以提高农民工的技能素质和收入创造能力。同时，加快户籍制度改革，使得这种循环式迁移逐步转变为永久性迁移。

《城市劳动力市场对外来劳动力歧视的变化》

王美艳（副研究员）

论文 13千字

《中国劳动经济学》 2007年第4卷第1期

中国劳动社会保障出版社 2008年1月

改革开放以来，随着农村和城市各项制度的改革以及户籍制度的松动，大批农村劳动力进入城市就业。但是，由于户籍制度以及一系列其他福利制度的存在，从农村进入城市工作的劳动力，在工作岗位、工资、社会保障和住房待遇等方面，与城市劳动力相比处于弱势地位。外来劳动力和城市劳动力的人力资本差异，是造成两类劳动力工资差异的重要因素。除此之外，对外来劳动力的歧视，也会造成两类劳动力的工资差异。随着中国劳动力市场的发育，对外来劳动力的歧视在下降。该文从劳动力市场歧视的概念入手，分析了歧视的来源及其与劳动力市场发育水平的关系，探讨了可能存在的对外来劳动力的歧视及其下降趋势，并利用微观数据，证实了这种下降趋势。该文还提出了一些消除对外来劳动力歧视的政策建议：第一，劳动力市场发育本身就是减少和消除歧视的最好手段；第二，最直接的政策是政府干预，用法律和政策手段给予受歧视者同等的就业机会和工资待遇；第三，较为间接的政策是增加受歧视者接受正规教育和在职培训的机会，提高他们在劳动力市场上的竞争力。

《城市农业和非农业流动人口对医疗服务的使用与医疗消费的比较分析》

侯慧丽（助理研究员）

论文 5千字

《中国卫生经济》 2008年第10期

该文将城市非农业户籍流动人口和农业户籍流动人口共同纳入城市流动人口分析框架中，参考卫生经济学中的两部模型法（对是否使用城市医疗服务的概率用logistic分析，对使用了医疗服务的医疗消费支出，用多元线性回归进行分析）进行研究，结果发现，没有参加任何医疗保险的流动人口与参加了社会医疗保险的流动人口在医疗服务使用和消费上没有表现出差异，城市农业户籍和非农业户籍流动人口是否使用城市医疗服务与是否享有社会医疗保险相关关系也不显著，社会医疗保险制度对城市农业和非农业流动人口医疗消费支出的影响也都不显著。也就是说，社会医疗保险制度对城市流动人口和农村流动人口都没有发生作用，这与以往研究中的“城镇职工医疗费用支出与享受何种医疗保障具有十分密切的关系”的结果形成鲜明对照。由此也进一步说明，社会医疗保险制度对医疗服务的使用和医疗消费的影响的差异存在于本地与非本地人口之间，而非城市与农村人口之间。导致医保待遇差异突出的原因是户籍制度的地区分割因素，而不是以往所强调的城乡分割因素。

《从两次人口普查结果看中国教育发展》

郑真真（研究员） 牛瑞琴（研究员）

论文 10千字

《人口与经济》 2008年第4期

该文利用1990年和2000年两次人口普查数据，描述了中国教育现状和10年间的变化，并分析了教育的城乡差距、地区差距和性别差距及其变化。对10～18岁青少年学业完成情况的分析结果显示，20世纪90年代中国普及9年义务教育相当成功，各省、市、自治区在教育的不同阶段都有明显的进步。小学和初中教育方面的城乡差距、地区差距和性别差距都在缩小，西部地区的改善尤其显著。不过，家庭和社区等外部因素依然制约着农村地区的教育发展，城乡差距和地区差距依然存在，有些差距还相当大。由于农村的高中升学难问题在20世纪90年代没有得到根本解决，因此城镇初中升高中状况的改善进一步扩大了城乡差距。目前东部地区尤其是大城市的人口年龄结构趋于老化，需要中西部的年轻人补充劳动力缺口，未来一段时期农村地区青年劳动力依然会大量流入东部地区和城市，青年受教育的城乡差距将会使流入城市的农村青年劳动力在就业方面处于不利地位。中国在缩小教育的城乡差距和地区差距方面还有很大的改善空间。

城市发展与环境研究中心

《城市化模式及其转变研究》

盛广耀（副研究员）

专著 320千字

中国社会科学出版社 2008年8月

该书试图从模式研究的角度，建立一个较为系统的城市化问题的分析框架，对城市化相关问题进行研究，分析城市化进程中的各种问题和矛盾以及解决的不同途径和方式。在研究内容上，力求把城市化的发展理论与实证分析结合起来，探讨城市化的一般理论问题和中国城市化的发展实践，以城市化模式的转变为重点，分析不同时期城市化路径的选择问题，将城市化的发展演化进程与城市化发展模式的阶段性转变联系起来，强调在新的发展阶段和发展条件下，城市化模式的转变对促进城市化和社会经济健康发展的重要性。书中重点对中国城市化进程中的空间组织问题、城乡关系问题、资源环境问题及其模式转变进行了理论与实证分析，同时也对市场与政府对城市化的作用关系问题及其模式转变进行了分析。

《中国就业结构转变与城市化》

田明（博士后）

专著 260千字

中国科学出版社 2008年2月

该书从就业结构与城市化二者关系演变的视角出发，在对国内外相关理论进行综合评价、对相关统计指标和概念科学界定的基础上，分析了中国就业结构和城市化演变的历史过程及特点，比较了不同时期就业结构和城市化的区域发展差异，以及区域差异与经济增长和产业结构变动的关系。在比较了先进工业化国家和世界一般模式就业结构转变与城市化发展关系的基础上，总结了就业结构转变与城市化的周期演变规律，比较了中国就业结构与城市化周期变化的特点，分析了中国就业结构偏差和城市化偏差的实质和根源。运用世界100多个国家的相关数据建立了衡量就业结构与城市化相互关系的标准模式，并以此为尺度，以影响中国就业结构与城市化关系的主要因素为线索，把中国31个省、自治区、直辖市分成5种类型，并对其中的3种典型类型进行了案例分析。

《中国外贸进出口商品中的内涵能源及其政策含义》

陈迎（副研究员）　潘家华（研究员）
谢来辉（博士）
论文　20千字
《经济研究》　2008年第7期

近年来，中国能源需求和温室气体排放呈现快速增长趋势，其中有相当一部分通过国际贸易内涵在产品中出口到国外，并没有在国内消费。该文从内涵能源的概念出发，应用基于投入产出表的能源分析方法，定量研究了2002～2006年中国外贸进出口商品中的内涵能源问题。研究表明，尽管中国自1993年以来成为石油净进口国，但通过外贸商品进出口，中国是内涵能源的净出口大国。2002年，内涵能源出口总量约为4.1亿吨标煤，扣除内涵能源进口1.7亿吨标煤，内涵能源净出口达2.4亿吨标煤，约占当年我国一次能源消费总量的16%，内涵排放净出口1.5亿吨碳。随着中国外贸进出口的快速增长，在不考虑部门投入产出结构性变化的条件下，2006年内涵能源净出口约为6.3亿吨标煤，比2002年增长162%。此外，该文还就测算可能的误差来源进行了分析，并依据测算结果对其政策含义进行了探讨。

《中国二线城市科学发展研究》

王伟光（研究员）主编
研究报告　553千字
社会科学文献出版社　2008年11月

作为一部实践调查与理论探讨相结合的学术性著作，该书重点对二线城市科学发展的相关实践和理论问题进行了调查和研究，旨在探讨城市科学发展的理论与实践，力图通过实地调查深化科学发展观和中国特色城市化的理论研究，通过理论研究更好地指导城市科学发展实践。全书分为上下两篇，上篇为“总体态势：二线城市科学发展评价”，主要探讨了科学发展观与中国特色城市化道路的关系，论述了城市科学发展的背景和理论基础，通过总结中国城市化的发展进展、演进特征和发展趋势，分析国外城市化的经验教训及其对我国的启示，论述了科学发展观指导下的中国特色城市化道路的路径选择。并在定性分析了二线城市发展的总体态势后，采用定量分析的方法对全国二线城市科学发展状况进行评价，对城市科学发展理论和研究方法进行了尝试性探索。下篇为“专题调查：二线城市科学发展实践”，从城市转型、“两型社会”建设、和谐社会建设、统筹城乡发展等四个方面，对南昌、沈阳、武汉、珠海、杭州、石家庄、重庆、兰州等城市在实践科学发展过程中制度创新的需求与障碍进行了考察和剖析。

《生态环境与经济发展》

中国社会科学院经济学部主编

论文集　483 千字
经济管理出版社　2008 年 12 月

该书是中国社会科学院经济学部于 2008 年 5 月 16～17 日召开的“第四届中国经济论坛”的文集，共收入论文 38 篇。论文分别围绕节能减排与应对气候变化、生态环境与可持续发展、经济与社会和谐发展三个主题，从理论研究和政策研究等多角度，对中国经济发展中的资源、环境、生态领域的重大理论和现实问题进行了深入研讨。主要论文有：《全球气候变化与我国气象防灾减灾》、《中国能源供求走势与战略选择》、《改革开放以来我国环境立法的基本经验和存在的问题》、《全球背景下中国的环境与发展——机遇、挑战与战略转型》、《资源环境问题与城市化模式的分析》、《中国：消费率、经济脆弱性与可持续风险》等。

《中国房地产发展报告 NO.5》

牛凤瑞（研究员）　李景国（研究员）
尚教蔚（副研究员）主编
研究报告　396 千字
社会科学文献出版社　2008 年 4 月

该书围绕国家加强住房保障体系的政策和我国住房保障建设问题进行了深入分析，并从房地产投资、区域差异、房价走势、政策调控等角度对 2007 年全国房地产市场发展、热点问题、2008年趋势进行了主题讨论，提出了“破除垄断，增加有效供给”、“遏制投机性需求，防范市场风险”、“构建多层次的住房保障体系、注重政策的衔接性和协调性“等对策建议。

《城市学概论》

牛凤瑞（研究员）主编
教材　470 千字
中国社会科学出版社　2008 年 8 月

该书是一本系统介绍城市学理论体系的教科书，被列为中国社会科学院研究生重点教材。全书由总论和 14 个章节组成：总论主要讨论城市及城市学的若干基本原理，指出城市学是研究城市发展、变化和运行规律及调节机制的科学，包括城市经济学、城市社会学、城市管理学、城市文化学、城市地理学、城市规划学、城市生态学等多学科内容；第 1～6 章主要讨论城市作为一个有机整体的发展战略、规划、空间结构、土地利用及基础设施建设的运行问题；第 7～11 章主要讨论城市内部各组成单元的管理问题；第 12～13 章主要讨论城市密集区域发展问题；第 14 章主要对中国的城市和城市化进行了探讨。

社会政法学部

法学研究所

《中国法治发展报告》(2008年卷)

李林（研究员）主编
专著　438千字
社会科学文献出版社　2008年3月

该书以“法治在改革中前行”为主题，回顾了2007年法治发展历程，展望了2008年的法治进程。该书的主题分报告中，推出了立法发展报告、行政法治改革报告、司法改革报告(包括检察改革、法院改革、法律服务体制改革)以及港澳台法治与国际法治。该书的专题报告篇选取死刑核准制度、刑事被害人国家补偿制度、宽严相济刑事司法政策、刑事赔偿、反垄断法、物权法、劳动合同法、人权法、行政收费、金融法治、环境法治、公益法实践加以探讨，意在反思过去，直视现状，展望未来。该书的地方法治篇选择湖南、重庆、迪庆、余杭进行分析，探索地方法治发展之路，寻究法治量化评估体系，选择迪庆藏族自治州旨在探讨少数民族地区法治问题。该书的法治热点篇对当前关注的食品药品安全法制建设和国家知识产权战略进行探讨。

《中国法学30年：回顾与展望》

李林（研究员）主编
专著　446千字
中国社会科学出版社　2008年10月

1978年以来，经过改革开放大潮的洗礼和社会主义民主法治实践的磨砺，中国法学走过了从“幼稚”到“成熟”、从“冷门”到“显学”、从“人治”到“法治”不平凡的发展历程，形成了中国式的法学研究范式和法学理论体系。该书分法理学、法律史学、比较法学、宪法学、行政法学、刑法学、民法学、商法学、经济法学、社会法学、诉讼法学、国际公法学、国际私法学、国际经济法学等章，总结了30年中国法学的研究成就及得失，旨在进一步提升中国法学的自主性，推动中国特色、中国风格、中国气派的法学研究，为推进依法治国、加快建设社会主义法治国家而努力。

《中国法治30年：1978～2008》

中国社会科学院法学研究所编
专著　479千字
社会科学文献出版社　2008年12月

伴随着中国经济体制、政治体制、社会体制和文化体制全面改革的辉煌历程，中国法治也经历了恢复重建、改革创新和不断发展的30年。社会主义的市场经济是法治经济，和谐社会是法治社会，民主政治是法治政治，从这个意义上可以说，改革开放30年是中国从“人治”走向法治，从法制走向法治、走向依法治国的30年。该书全面概括了中国法治发展30年的历程，从立法、依法行政、司法改革、宪法、人权、经济法治、社会法治等领域，深刻总结了30年法制建设的中国道路和中国经验，是一部观察和研究新时期新世纪中国法制建设的理论著作。

《民商法论丛》（第41卷）

梁慧星（研究员）主编
专著 502千字
法律出版社 2008年6月

该书为《民商法论丛》第41卷。该卷刊载了民商法学领域的前沿研究成果共19篇，探讨了证券无纸化之后的一系列问题，包括证券账户的设立、功能、法律分析等；系统分析了 Ebay网络平台下买卖合同的成立、买方权利和义务等问题，对我国物权法担保物权的外在体系设计和立法理由以及新发展进行了分析并提出了完善建议；系统探讨了我国个人信息保护的立法问题，包括立法理念、立法模式、基本范畴以及具体制度的设计等。该卷还从法律理论、法律实践和占有者的权利等角度介绍了大陆法系和英美法系的不同理论和做法；从契约理论的三阶段出发介绍了作为契约理论的新纪元关系契约理论，分析了其理论贡献、制度价值以及对契约司法实务的影响。该卷从理论由来、构成要件、告知标准三方面对英美侵权法上医疗专业过失诉讼的重要类型"告知后同意"加以研究，对医疗纠纷的解决以及我国的侵权立法有所启发。

《论物权法》（修订版）

孙宪忠（研究员）
专著 584千字
法律出版社 2008年1月

该书为2001年《论物权法》（初版）的修订版，收录了作者历年来有关《物权法》的24篇学术论文和3篇译文。其中，有关于《物权法》基本制度的设计、物权行为、不动产物权的法律问题以及探讨我国市场经济体制下的各种具体财产权利的制度理性等方面的论文和报告。该书作者一直受邀担任全国人大法工委《民法典》以及《物权法》的立法专家，全程参与了《物权法》从立法到颁布的整个过程。该书收录的文章大多是当初为《物权法》的制定提供理论准备的论文和研究报告等。该书的再版，有助于人们正确理解《物权法》中的众多关键问题，具有较强的理论意义和现实意义。

《中国社会科学院法学博士后论丛》（第2、3、4卷）

中国社会科学院法学博士后流动站主编
专著 2260千字
中国社会科学出版社 2008年11月

该论丛发表的博士后研究报告，能够反映博士后研究报告概貌、理论预设、主题思想、创新点、理论贡献等精华内容。包括法律冲突问题、社会权若干问题、村民自治、中国共产党领导立法的理论与实践、两岸统一之法理、中国土地发展权制度构建、英美合同法中的违约解除制度、反恐斗争中的若干国际法问题、文化背景下的中国法律、党的地方组织与地方人大的相互关系、公司资本制度的信用功能、知识产权领域的反垄断问题等，反映了中国社会科学院法学博士后流动站最新的研究成果和研究水平。

《知识产权法》

李明德（研究员）

教材　400千字
法律出版社　2008年5月

该书为21世纪法学系列教材之一。

该书认为，知识产权是人们就某些智力活动成果所享有的权利。保护这些智力活动成果的法律，就叫做知识产权法律。该书认为，版权法体系、专利法体系和商标法体系具有各自的起点。例如，版权法保护对于思想观念进行的表达(作品)，而不保护思想观念本身。又如，专利法保护符合新颖性、创造性和实用性的技术发明。那些不符合这些条件的技术发明，那些没有申请专利的技术发明以及那些技术领域之外的发明，无论“发明人”付出了怎样的创造性劳动，都不能获得专利法的保护。再如，商标法保护商标及其所代表的商誉。其中的商标是指示商品或服务来源的标记，其中的商誉是消费者或者社会公众对某一商标的积极评价。与此相应，商标所有人的权利，也仅限于该商标指示商品或服务来源的范围以及商誉所及的范围。该书对于深入了解和掌握知识产权理论体系的起点、理解知识产权法律的一系列特殊规定具有一定的意义。

《法学讲演录》(第1～4卷)

[英] 约翰·奥斯丁　著
支振锋（助理研究员）等译
译著　1025千字
中国社会科学出版社　2008年11月

该书是19世纪英国著名法学家约翰·奥斯丁(John Austin，1790～1859年)的杰出著作，是近代西方法学的经典作品。奥斯丁是现代分析法学的开山鼻祖，其著作《被界定之法学的范围》被认为是近代分析法实证主义法学的开山之作。该书是奥斯丁任伦敦大学法理学教授时的讲演集，奥斯丁逝后由其遗孀萨拉·奥斯丁整理而成，于1885年经罗伯特·坎贝尔（Robert Campbell）编辑后分两卷在伦敦出版。此次翻译的是第一卷，中英文对照出版。该书除对分析实证主义法学进行建构外，还包括奥斯丁对权利、义务、人、物、主权、国家等概念的精微分析，它不仅体现了奥斯丁在法哲学上的贡献，还体现了他对罗马法及德国法学的精深研究以及对民法学的杰出贡献。

《高举社会主义宪政旗帜，推进中国特色民主法治建设》

李林（研究员）
论文　15千字
《法学》　2008年第3期

该文认为，“宪政”与“民主”、“自由”、“平等”、“宪法”、“人权”、“共和”等词语一样，不是资产阶级的专利，而是人类政治文明的共同财富，是社会主义的应有之义。中国共产党人在新民主主义革命和社会主义建设与改革的伟大实践中，不仅把实现人民民主、公平正义、依法治国、平等自由、人权法治作为自己的目标，而且高度重视制宪、修宪和行宪，主张依宪治国，建设社会主义宪政。社会主义宪政是从理论上、制度上、机制上实现“坚持党的领导、人民当家做主和依法治国有机统一”的重要形式，是加强和巩固党的领导、提高党的执政能力的重要举措，是尊重保障人权、实现国家长治久安与社会和谐的重要保障，是合理配置国家权力、防止权力滥用、维护国家权力秩序的有效手段。发展中国特色社会主义民主政治，应当高举社会主义宪政旗帜，不断推进社会主义宪政建设。

《法苑撷英》

陈甦（研究员）主编
专著　1350千字
中国社会科学出版社　2008年11月

该书是中国社会科学院法学研究所为纪念建所50周年而出版的学术论文集。该书分为上下卷，汇集了法学研究所老中青三代学人的照片、学术简历以及代表作，反映了该所薪火相传的学术历程。

政治学研究所

《当代中国知识分子和舆论精英研究》

王一程（研究员）　房宁（研究员）
王炳权（副教授）　刘瑞生（助理研究员）
研究报告　52.2千字　2008年5月

该研究报告系中国社会科学院政治学所“当代中国社会结构的新变化”课题组与德国阿登纳基金会合作项目“当代中国社会结构的新变化调查之二——当代中国知识分子和‘舆论精英’研究”的最终成果。

该研究报告分析了改革开放以来中国知识分子与此前相比发展变化的总体情况，重点对意识形态领域中的知识分子特别是“舆论精英”在社会经济政治文化生活中的地位、作用和影响进行了研究。报告指出，当代中国知识分子在各行各业发挥着重要的积极作用，为促进中国生产力的发展、强国富民作出了重要贡献，社会地位不断提高。与此同时，中国知识分子群体的规模不断扩大，结构日趋复杂，世界观、人生观、价值观发生了引人注目的分化，在思想观点和政治主张方面的多元化趋向非常明显，意识形态领域的知识分子表现得尤为突出。随着经济体制转型和社会发展变化，社会意识对社会存在的反作用日益增强，意识形态领域中持不同价值观和政治立场的知识分子，越来越直接地对中国的重大现实问题和相关历史问题公开表达不同看法，以争夺思想话语主导权，左右社会舆论，影响执政党决策和改革开放实践走向。意识形态领域知识分子发展变化的这一动向和作用特点，集中表现为“舆论精英”的出现。现代化信息传播手段在中国的快速发展和普及应用，为这一特殊群体的形成提供了催生条件和机遇。考察这一群体状况及其作为和影响，是观察当代中国社会阶级阶层结构变化、意识形态领域多元化格局现状和知识分子作用的一个不可或缺的视点。

《回顾与展望：改革开放以来的中国政治发展》

杨海蛟（研究员）主编
专著　710千字
人民出版社　2008年10月

中国特色社会主义政治民主建设、各项政治制度的健全和完善以及政治体制改革的不断深化、政治稳定局面的形成和维护，构成了中国改革开放30年政治发展气势磅礴的图景。该书从理论与实践的结合上，采用历史与逻辑相结合的方法，运用历史的眼光，以高度负责的精神和科学的思维方式，全方位回顾了中国改革开放以来政治发展的历史轨迹和主旋律，阐释了中国特色社会主义政治发展的主要内容，论述了改革开放30年来中国政治发展所取得的成就，总结了改革开放以来政治建设和政治发展所积累的经验，并展示了未来中国政治发展的前景和方向。全书分九个专题，回顾发展历程、概括成就、总结经验、设想前景，基本上展现了改革开放30年来政治发展的全貌，涉及政治发展30年的方方面面。

《草根经济与民主政治》

房宁（研究员）等

专著 382千字

社会科学文献出版社 2008年11月

该书系统研究了台州30年来的经济发展、社会变迁，提出了台州模式的概念。该书认为，台州模式是在改革开放的实践中创造的一种通过内生型工业化道路实现经济社会发展，通过社会主义民主政治建设保障和实现人民权利，经济政治协同发展的社会发展模式。台州模式作为中国改革开放的一个地区样本，反映了在改革开放的大环境中，一个地区从本地实际出发，采取适当的改革措施，建立适用的制度，就可以促进经济社会快速，持续、协调地发展。

《中国基层民主政治建设发展报告》

史卫民（研究员）等

研究报告 489千字

中国社会科学出版社 2008年3月

该书系院重大课题“基层民主政治建设研究”的总报告。

该书以中国的间接选举、乡级人大代表选举、村民自治、社区建设、乡镇治理等研究为基础，着重对2000～2005年中国基层民主政治建设的发展进行了总体说明。书中不仅介绍了基层民主政治建设所取得的成就，还指出了基层民主政治建设发展面临的种种问题，并对学术界就基层民主政治发展的政治、经济、社会基础等方面问题进行了研究，理出了未来基层民主政治建设发展的基本思路。全书分为四个部分：一是村民委员会选举数据分析报告与调研报告；二是社区建设调研报告，报告对沈阳市、青岛市和杭州市社区建设发展状况及其面临的问题作了分析；三是行政改革与“公选”县级国家机关领导人员调研报告，报告分别对焦作市的行政服务中心建设和南京市、徐州市“公推公选”县长、区长进行了研究；四是中国基层民主政治建设发展研究总报告，报告在说明2000年以前基层民主政治建设发展概况后，重点介绍了2000～2005年中国基层民主政治建设在党内民主、村民自治、居民自治与城市社区建设、基层人大代表选举、县乡两级国家机关领导人员选举、行政改革、公共政策的民主化与科学化以及基层工会、妇女组织选举等方面的重大进展，并就基层民主政治建设发展的原则、目标、路径等阐明了作者的观点，提出了发展中国基层民主政治的建设性意见。

《乌克兰宪政及其潜在问题》

徐海燕（助理研究员）

论文 7.2千字

《国际信息资料》 2007年第11期

该文认为，宪政已成为西方影响、改变他

国政治制度的突破口。乌克兰宪政之路不仅要面对制度与文化的双重变迁，而且还面临着历史上遗留下来的族群、文化差异。在实行宪政的现实进程中，由于宪政生长的社会根基十分薄弱，缺乏必要的思想基础和法律至上的传统，具有更多的设计成分，加上社会转型的急迫性，国家对引入的宪政模式甚至省去了价值分析与论证环节，致使乌克兰宪政价值定位既不明确，又缺乏内涵。乌克兰引入宪政后出现政治危机表明，离开具体的、历史的、阶级的内容，把西方抽象的宪政进行宽泛化、抽象化，必然造成水土不服的后果。对于乌克兰政府而言，首先必须考虑如何使宪政产生实效，才真正有利于国家发展和人民的福祉。

《重庆丰都县的“三会一评”机制：基层群众自治工作的积极探索》

冯钺（助理研究员）

研究报告　7千字

政治学研究所　2008年6月

该文认为，近年来基层群众自治成为我国农村政治经济生活的重要内容，社会主义新农村建设和科学发展观在农村的贯彻落实与基层群众自治制度的完善和创新有着紧密的关系。在基层自治广泛开展的今天，我们应认识到民主是一个复杂、深刻的问题。当谈起民主的时候，许多人认为民主就是选举，就是直选。直选固然是民主一个基本权力，但仅有直选的民主是极不完善和初级的。有直选，不一定有好的民主，我们建设社会主义新农村的核心在于民主决策、民主管理、民主评议、民主监督，建立并完善中国共产党领导下的、中国特色社会主义基层群众自治制度，才能真正落实好科学发展观，建设好社会主义和谐社会。重庆丰都县的“三会一评”工作，在落实科学发展观方面具有很强的典型性、代表性，对今后解决基层科学发展中的问题和矛盾具有启发意义。

《中国经济优势应在政治领域寻找》

陈红太（研究员）

论文　3千字

《人民论坛》　2008年第4期

该文认为，解读中国经济发展的奇迹，不应仅仅在狭义的经济领域去寻找，而应到广义的政治领域中去寻找。把经济建设作为中国最大的政治问题，这是邓小平所具有的独特的政治视角。中国可以动用一切政治组织资源服务于经济建设，这是其他国家所不具有的政治优势。中国的政治建设也有其独特的发展道路和自身的逻辑。中国的政治决策已经告别了以个别领导人的意志和主张为转移的时代，进入了一个符合历史发展的必然进程、以最广大人民的意志为依据的时代。在中国，一种具有共识模式的民主政治形态已经出现。如何提高国家的软实力，创建能够被世界认可的、符合严格的学术规范、有着严谨的思辨逻辑和经验逻辑论证体系、具有较强的解释力和预见性的学科理论体系，已经成为摆在中国学术界面前的迫切任务。

《我国政治体制改革的任务、性质和不可动摇的正确方向》

王一程（研究员）

论文　5.1千字

《毛泽东邓小平理论研究》　2008年第6期

该文认为，邓小平不仅阐明了政治体制改革的任务，而且明确提出了政治体制改革的目标和总的目的。邓小平说："政治体制改革的目的，总的来说是要消除官僚主义，发展社会主义民主，调动人民和基层单位的积极性。"具体地说，政治体制改革的"第一个目标是始终保持党和国家的活力"；"第二个目标是克服官僚主义，提高工作效率"；"第三个目标是调动基层和工人、农民、知识分子的积极性"。改革总的目的，是要有利于巩固社会主义制度，有利于巩固党的领导，有利于在党的领导和社会主义制度条件下发展生产力。我国政治体制改革的性质和方向，是社会主义政治制度的自我完善和发展。这是由我国的社会主义性质、政治体制改革的内容和目标决定的，是不容改变的。只有坚持社会主义政治制度的自我完善和发展这一性质和方向，才符合不断实现、维护和发展以占中国人口最大多数的工人、农民及其他普通劳动者为主体的全体人民的根本利益、现实和长远利益。

《民主是国产的好》

房宁（研究员）等

学术访谈　12千字

《天涯》　2008年第2期

该文认为，近20多年来，推动中国政治体制改革和民主政治发展的根本原因并不在于人们的思想意识，而是来自于中国社会发展的现实，来自于政治体制维护自身存在发展的需要。其中最重要的有两个因素。第一，改革开放以来，中国人民的权利意识普遍增长，包括公共权利意识。从计划经济转向市场经济，促使经济社会结构发生深刻改变，不同的阶级、阶层和群体之间的利益关系发生了改变。权利意识增长和利益关系的变化，从主客观两个方面导致了新的利益矛盾与冲突的大量出现，包括贫富矛盾、劳资矛盾、城乡矛盾以及地区差距导致的矛盾，等等。民主观念本质上是一种权利意识。权利意识的增长、社会矛盾的增加，以及向政权集中的趋势，构成了新时期政治参与的动因，要求我们的政治体制作出回应，产生了政治体制改革的现实需要。第二，市场经济要求政治体制与之相适应，政治体制也要制约市场经济中的消极因素，这些造成政治体制改革和民主建设的又一个需要。主要表现在两个方面：一方面是降低行政成本，另一方面是遏制腐败。

《中国法律发展的理论反思》

韩旭（副研究员）执笔

论文　9千字

《法学家》　2008年第1期

该文认为，近一段时期，我国法学理论的研究一如既往地稳步发展，对法理学传统上的一些"老"问题（例如，法治的一般理论与中国法制现代化、人权问题等等）的探讨不断深化，对理论上和实践中提出的新问题（例如，与构建和谐社会相适应的法律发展模式、全球化条件下的中国法律发展、法律职业问题、多元化纠纷解决机制等）的研究正在逐步展开。而其中一个突出的亮点，是法理学界（当然也包括其他法学学科的学者）对我国近30年来法律发展和法制建设的整体模式以及发展过程中许多领域的具体问题进行的适时的反思。

《听证制度彰显科学民主决策新机制》

韩旭（副研究员）
研究报告　5千字
政治学研究所　2008年8月

该文认为，推进决策的科学化和民主化是我国社会主义政治文明建设的一项重要内容，而如何推进决策的科学化和民主化，一直是改革进程中时常引起广泛关注的话题，十七大报告对此也明确提出了具体要求。随着改革开放进程的不断深入，听证制度逐渐进入人们的视野，其所固有的某些特点和属性，有助于推进决策民主化进程，提高决策的科学化水平。近日，国家发改委在互联网上发布公告，就制定《政府制定价格听证办法》广泛征求社会各界意见和建议。一时间，如何完善我国的听证制度以及相关话题，再度引起人们的热议。而这种围绕听证制度建设不同观点进行探讨的局面，恰好与听证制度本身内在的理念和精神是相契合的。从这个意义上说，听证制度的发展过程本身也恰好构成了我国民主政治建设的一个例证。

民族学与人类学研究所

《图腾与中国文化》

何星亮（研究员）
专著　568千字
江苏人民出版社　2008年1月

该书采用历史学与人类学相结合的方法，探讨图腾与中国各民族文化的关系。作者运用多年研究中形成的文化时空分析法，探讨中国各民族的图腾文化，既探讨横向的空间结构，也分析纵向的时间层次；既分析图腾的功能和象征意义，也探析图腾文化元素的变异及其形式。

《欧洲联盟：一种新型人们共同体的建构》

刘泓（研究员）
专著　105千字
中国社会科学出版社　2008年11月

该书从民族学的角度出发，分析了欧洲人从分散走向联合的步伐，作为新型人们共同体的欧盟的权力、属性与组织功能，作为族际政治实体的欧盟属下民族——国家的发展境况，欧盟与欧盟属下民族——国家的关系以及人们共同体的未来发展方向，以期为人们客观认识和研究人们共同体的未来发展方向，提供现实与理论根据。该书认为，建立欧盟是欧洲人的一种理性选择；欧盟不是欧洲邦联、欧洲联邦或欧洲政府，也不等同于国际组织或安全共同体，而是一个兼有超国家政治成分和政府间政治成分的区域性人们共同体；欧盟的超国家机构不是单纯的被动代理人，而是具有相当多的自主性和独立影响的政治实体，它们服务于跨国社会的利益，致力于超国家的治理，其成员国政府的长期利益将日益屈服于跨国社会的长期利益；欧洲一体化的深入发展，造成张扬国家利益与维护民族个性的民族主义表现得更为顽强，超国家权力的扩大与成员国权力缩小的矛盾日益凸显；欧盟的建立并非意味民族——国家的终结，目前尚不能断言欧盟将代表人们共同体的未来发展方向。

《突厥史话》

何星亮（研究员）　郭宏珍（助理研究员）
专著　100 千字
五洲传播出版社　2008 年 3 月

该书分“突厥人的发祥地”、“突厥人的兴起及其迁徙”、“突厥人的社会”、“突厥人的政治”、“突厥人的习俗与信仰”、“突厥人的文字”、“突厥人与中原王朝的友好关系”、“古代突厥人与现代中国突厥语诸族”八部分内容。该书通过大量翔实的历史资料，以通俗易懂的语言，让外国人了解古代突厥人的客观历史事实，以及古代突厥人与现代维吾尔、哈萨克、柯尔克孜等民族的关系，旨在反对“泛突厥主义”和“泛伊斯兰主义”。

《乾隆皇帝与章嘉国师》

秦永章（研究员）
专著　260 千字
青海人民出版社　2008 年 1 月

有清一代，利用藏传佛教加强和巩固对蒙藏地区的统治，是清朝政府民族政策的主要内容，它对于清代多民族国家统一的历史进程，蒙藏民族及蒙藏地区政治、经济、文化的发展，都产生过广泛的影响。在这一过程中，藏传佛教的许多上层人士起过非常重要的作用，其中，与达赖、班禅、哲布尊丹巴相提并论，分管京城及漠南蒙古地区的佛教事务，备受清廷尊崇的大国师、三世章嘉·若必多吉呼图克图就是他们当中相当突出的一个典型。

该书运用编年体与专题论述相结合的方法，以三世章嘉国师为主，介绍了三世章嘉与乾隆皇帝之间的深厚友谊，以及他们在维护祖国统一、加强民族文化交流等方面的历史贡献。

《契丹语研究》

孙伯君（研究员）　聂鸿音（研究员）
专著　220 千字
中国社会科学出版社　2008 年 10 月

该书详细考求了史籍所载契丹语词汇的意义，拟定了所考词语的读音，在此基础上，首次利用音韵分析法归纳了契丹语的语音系统，分析了契丹语的历史地位，整理出辽代契丹语简单的语法规则。

《纪念柳陞祺先生百年诞辰暨藏族历史文化论集》

郝时远（研究员）　格勒（研究员）主编
论文集　550 千字
中国藏学出版社　2008 年 12 月

2008 年是我国著名藏学家柳陞祺先生诞辰 100 周年和逝世 5 周年。为了缅怀柳先生，该书由中国社会科学院民族学与人类学研究所所长郝时远研究员和中国藏学研究中心副总干事长格勒研究员主编并作序，共收录了文章 55 篇。其中，前 20 篇是柳先生的亲属和生前好友写的回忆柳先生的文章，后 30 余篇则是学者撰写的相关领域的学术论文。

《昭君想像与时代变迁》

周竞红（副研究员）
论文　17 千字
《中央民族大学学报》　2008 年第 1 期

该文认为，王昭君是一个艺术化的历史

人物。数千年来，昭君的形象在民间传颂，在朝野记述，在文人墨客诗作、剧本中生辉。昭君的想象有其特定的时代背景，与此同时，还有其特定的社会背景，在一定意义上，与其说是文人墨客形塑了昭君，不如说是数千年王朝中国北方地区族际关系的发展轨迹形塑了昭君这一历史形象，而统一的多民族国家的现代转型则给了昭君全新的生命力；或者说，正是统一的多民族现代国家成就了昭君“民族和谐、和睦、团结使者”的光辉形象。

《种族与殖民》

陈建樾（副研究员）
论文　7千字
《民族研究》　2008年第1期

该文梳理了自古希腊至19世纪西方思想家关于殖民与种族及民族的思想史，发掘了从柏拉图、亚里士多德到霍布斯、洛克、亚当·斯密等人的殖民与族际政治观念。文章指出，殖民是一个基于种族优劣观念之上的、以军事强力为依托，对本国以外的其他地方进行控制和获取其资源的行为和历史过程；殖民使人们得以“群己权界”；由于殖民，政治得以发生；由于殖民，民族主义得以萌生；由于殖民，城邦由此走上国家之路；由于殖民，近代化、现代化、全球化和后现代与后殖民才得以发生。与殖民和殖民主义密切相关联，人类的种族观念、民族意识、民族主义、民族国家和国际秩序与国际体系都不断地随着殖民的形态在广度和深度上不断演进到全球化的今天。

《〈孔子和坛记〉的西夏译本》

聂鸿音（研究员）
论文　11千字
《民族研究》　2008年第3期

《孔子和坛记》是中古时期在我国西北地区产生的一部道家俗文学著作，其汉文原本已佚，唯西夏译本尚存。前人已经发现该书的叙述线索套用了《庄子·渔父》，该文则进一步指出其汉文原本的撰成时间应在唐代中叶以后，内容为佛、道两家思想的杂糅，且作者的文化水平不高，这是唐宋西夏时代佛教与道教世俗化的反映。文章最后利用西夏译本对相应的汉文底本进行了构拟，可以为西夏学和古代河西俗文学的研究提供基础资料。

《东亚语言的声调形式与对应现象》

黄行（研究员）
论文　11千字
《中国民族语言学研究》
社会科学文献出版社　2008年12月

声调是东亚语言分布比较广泛的语音特征，汉藏语系的汉、侗台、苗瑶、藏缅语族语言均有声调，南亚语系的越南语和一些孟高棉语族语言的方言以及南岛语系的回辉语因受声调语言的影响也产生了声调。这些语言之间的声调系统有的可以严格地对应，有的则独立发生而与其他语言不对应。关于侗台语、苗瑶语和汉语的声调对应曾有同源、类型共性和语言接触等不同的解释。

该文通过越南语和回辉语的声调产生机制，认为侗台语、苗瑶语和汉语的声调对应反映的是语言接触关系，而不是语言发生学关系。即这些语言的声调是受汉语影响而后起的，具体过程是因借入大量有声调的汉语词汇以后，声调逐渐从借词扩散到原本没有声调的母语词中。以这种方式产生声调的语言应该具备两个条件，一是汉语（或其他有声调语言）的借词已经稳定而颇具规模地进入母语，成为母语词汇不可缺少的组成部分；二是这些语言已具备产生声调的词的单音节化条件，当然也可能相反，是因为产生声调以后导致这些语言词的语音趋于单音节化。

社会学研究所

《社会蓝皮书：2008年中国社会形势分析与预测》

汝信（研究员）　陆学艺（研究员）　李培林（研究员）主编

研究报告　299千字

社会科学文献出版社　2008年1月

该书是中国社会科学院关于“中国社会形势分析与预测”的年度报告，已经连续发布了16年。

2007年，中国宏观社会经济继续保持良好发展态势。经济持续高速增长，人民生活进一步改善，农民显著增收，为社会发展和建设提供了坚实的物质基础。

以改善民生为重点的社会建设事业在2007年获得快速推进。在积极就业政策的推动下，就业形势继续好转，就业结构显著改变；统筹城乡社会保障成为社会保障事业发展的主题，覆盖城乡的最低生活保障制度以及由城镇职工医疗保险、城镇居民医疗保险和农村新型合作医疗组成的公立医疗保障体系基本形成；中央和地方政府对教育的财政投入显著增加，农村免费义务教育全面实行，针对家庭贫困学生的国家资助体系得以建立，这都将继续促进教育公平；维护劳动者权益的力度加大，非公有制企业工会的组建有较大进展，《就业促进法》和新《劳动合同法》的出台，进一步推动劳动关系调节走向制度化；中共十七大提出的建设“生态文明”的号召，标志着环境保护理念的历史进一步呈现出良性化发展的态势，主要违法犯罪的发案数量有所减少，上访和群体性事件发生数开始回落，群众安全感进一步增强；公众对于中央政府的管理信心全面提升。

2007年，中国社会发展和社会建设工作也面临一系列突出问题和矛盾。食品和住房价格增长过快，一部分低收入群体的生活受到影响；城乡之间、地区之间、社会成员之间收入差距扩大的趋势仍未能扭转；群众反映较大的医疗问题尚未根本改观，医患矛盾呈现增加之势；劳动关系不和谐问题仍然突出，落实新《劳动合同法》面临挑战；生态环境形势依然严峻，涉及民生的环境污染问题增多。

2008年成为中国改革开放30年发展史上的新界标，北京奥运会标志着中国作为一个新的世界经济巨人的兴起。防止经济过热、继续保持经济平稳快速增长，关注民生、注重公平，是经济和社会健康发展的关键。

该书是中国社会科学院的精品图书之一，在国内外具有重要影响。

《中国社会年鉴》(2003～2006)

中国社会科学院社会学研究所编

工具书　570千字

社会科学文献出版社　2008年3月

该书设“学术综述”、“论著论文题录”、

"社会学界重大活动"、"社会学大事记"、"社会学界重大课题介绍"、"社会学博士点情况介绍"、"全国社会学机构目录"等栏目，以学术借鉴价值高、导读性强、信息密集、资料浓缩为原则，突出学术精品意识；以准确反映中国社会学研究动态与现状、展示社会学优秀科研成果、介绍社会学机构、记录社会学重要事件、不断推出社会学学术精品和新人为主要内容。

《家庭与性别评论》（第一辑）

唐灿（副研究员）主编
论文集　332千字
社会科学文献出版社　2008年5月

近年来，在家庭婚姻研究领域出现相对"沉寂"的状况，这既有悖其作为社会学重要分支的学术地位——中国社会学史上曾产生过一大批研究婚姻家庭问题的名家和名著名篇，又有违剧烈变动的国内家庭婚姻现实对理论的召唤和期待。该书分题介绍了国内外家庭研究的理论和方法，系统梳理和介绍了国内外有关于此的研究理论和学术观点，召唤学界同仁对这一领域的重新关注和热情。

《中国社会和谐稳定报告》

李培林（研究员）　陈光金（研究员）
张翼（研究员）　李炜（副研究员）
专著　348千字
社会科学文献出版社　2008年8月

该书依托于2006年的大规模调查资料，在7061个样本的基础上，全面分析了中国社会和谐稳定的总体形势，对社会和谐稳定问题进行了影响因素分析；并分专题介绍了收入和财富分配、阶级阶层结构变迁、中产阶层的现状及政治态度、农民工现存状态、贫困群体以及利益矛盾和冲突等。

《社会学与中国社会》

李培林（研究员）　李强（教授）
马戎（教授）主编
论文集　1150千字
社会科学文献出版社　2008年5月

该书内容涵盖中国社会学近代以来的产生与发展、中国社会近代以来的演变、家庭与婚姻、宗族与家族、社区与公民社会、组织过程与制度安排、社会分层、性别与性、代际关系、教育和公平、种族与族群、社会网络与社会资本、政治社会学、大众传媒、文化、宗教、移民与社会流动、人口变迁、城市化、技术、全球化、医疗、老龄化、贫困、犯罪、集群行为、资源与生态环境、风险社会、社会建设等，为社会学近30年以来的集大成之作。

《社会政策评论》（第二辑）

杨团（研究员）　葛道顺（副研究员）主编
论文集　273千字
社会科学文献出版社　2008年8月

该书的论文多集中于中日韩三国社会政策的历史及现状的探讨，主题涉及"韩国卢武铉政府的社会政策"、"日本资源型地区低保的历史与现状"、"中日韩三国的福利范式的比较"以及"东亚综合农协模式与中国农村的合作组织"，等等。该书聚焦了农协的历史与现状，既有对日韩农协的发展历史及现状的研究，也有对我国解放前农会发展的基本经验的介绍。

《社会分层理论》

李春玲（研究员） 吕鹏（博士）

教材 189千字

中国社会科学出版社 2008年7月

社会分层问题是社会学研究的一个重要主题。近年来，中国社会的收入不平等和贫富差距问题日益突出，专家学者、社会公众和政策制定者都对此类问题予以越来越多的关注。与此同时，社会学研究者和社会学专业的学生希望了解更多的社会分层理论，以便于针对中国的社会分层现象进行深入分析。该书是一本系统介绍社会分层理论的研究生教材，主要适用于社会学专业的研究生教学和学生自学，其内容包括了古典时期的社会分层理论、近现代社会分层理论和当代社会分层理论。全书共分三编。第一编介绍三位古典理论家（马克思、韦伯和涂尔干）的社会分层理论，他们的理论观点后来发展为社会分层理论的三个主要流派：阶级分析理论、多元分层观和功能主义分层理论。第二编介绍近现代社会分层理论和理论家，包括帕森斯、戴维斯和摩尔等人的现代功能主义分层理论；赖特等人的新马克思主义阶级分析理论；吉登斯、帕金、戈德索普等人的新韦伯主义分层理论；古尔德纳、伯纳姆等人的后工业主义分层理论；以及米尔斯等人的精英理论。第三编介绍当代社会分层理论，包括布迪厄的分层理论和相关概念；帕库尔斯基等人的后现代主义和格仑斯基等人的后涂尔干主义分层理论；以及倪志伟等人的市场转型理论。

《象征的来历——叶青村纳西族东巴教仪式研究》

鲍江（副研究员）

专著 360千字

民族出版社 2008年10月

该书是一项关于纳西族东巴教仪式的人类学民族志研究，阐释了作为一种信仰体系的东巴教文化的概貌。在信仰建构的外层，上中下三界，神祖、人、「史」和鬼魅四类存在，它们共同构成基本的宇宙图景。人类与其他三类存在之间的关系有两个维度，即垂直轴上神祖、人与鬼魅构成对立，水平轴上人与「史」构成对立。按东巴教人观念，「祀」、「日」和「禹」构成永恒灵魂的三阶性的存在形式。「祀」在先，为灵魂的生命状态，可以对译为汉语里的“生者”、“生命”、“人”等；「日」和「禹」在后，为灵魂后于生命阶段的存在形式，相当于汉语里的“亡灵”、“祖灵”、“祖先”等。在澄清宇宙论与人观的基础上，作者进而阐释了东巴教仪式实践的实质内涵，即仪式主人家通过东巴（祭司）与宇宙间的超越存在进行互惠交流，这一交流的过程从始至终贯穿着一条“聚—交换—散”的主旋律。该书理论上的贡献主要体现在三个方面：第一，作者分别从内与外两个维度阐释仪式的价值，在仪式理论方面挑战了弗雷兹·史奈尔（Frits Staal）提出的“仪式无意义”的观点。第二，作者提出了人类学仪式研究的策略。第三，作者尝试勾连起客观与主观，提出了构拟象征动力学的思路。

新闻与传播研究所

《传媒全球化与中国崛起》

明安香（研究员）
专著　328千字
社会科学文献出版社　2008年6月

该书是中国社会科学院A类重大课题“21世纪世界新闻传播格局研究”的最终成果之一。

该书探索了中国新闻媒体、中国企业、中国文化和中国政府如何突破和改变当今美国主导的全球传播格局，发出自己的洪亮声音，掌握国际话语权，营造出一个不断优化的全球新闻传播、文化传播、舆论传播环境，在全球新闻传播市场、文化传播市场和舆论市场占有自己应有的地位，从而尽快实现中华民族的伟大复兴等问题。在对2005～2007年间以美国主流日报为代表的西方媒体进行定量和定性相结合的分析研究的基础上，研究了传媒全球化、传播全球化和媒介数字化等三大传播潮流对当今世界带来的重大影响及其来龙去脉，系统总结和概括了当今传播全球化的主要特征及其带来的难得机遇与严峻挑战，并针对世纪之交以来全球传播的新发展，提出“全球传播已经形成了新的格局”的观点。21世纪的全球传播格局可以简要地概括为：一极、多强和新兴传播国家多元并存，并提出全球传播中的硬传播、软传播和大传播的概念。

《受众本位论》

陈崇山（研究员）
专著　412千字
社会科学文献出版社　2008年10月

该书旨在坚持以马克思主义新闻观为指导，借鉴哲学、传播学、社会学、社会心理学、政治学和数理统计学等多学科的理论和知识，运用定性与定量相结合的分析方法，探索研究我国受众接收和接受新闻传播的规律，以增强新闻传播效果，更好地发挥新闻传媒在祖国现代化建设中的作用。该书作者创制了测定受众价值观的量表，通过对实地调查获得的大量数据进行交互分析、相关分析、因子分析、回归分析等深度分析，揭示出受众价值观是由传媒特质性、教育服务性、相吸互动性、个性鲜明性、方便易得性和娱乐怡情性等六个因子所构成，并且同受众接触传媒的目的、习惯、偏好、收获、评价等可测量的显性和隐性指标均密切相关。

《2008年舆论热点之预测及其分析》

尹韵公（研究员）
论文　6.5千字
《现代传播》　2008年第1期

该文对2008年将要出现和可能发生的舆论热点逐一进行了预测和点评。该文指出，对于中国而言，2008年是多事之年，也是极为重要、非常关键的一年。2008年3月召开的全国人大十一届首次会议、2008年8月召开的第29届奥运会、纪念改革开放30周年、2008年5月的台湾岛内大选结果、2008年中国的周边环境以及国内动态等等，直接关乎中华民族的命运与前途，直接关乎国家的兴衰与存亡。面对这些重大事件，新闻传媒应全面、深入地报道好这些议题，从而保证中华民族的利益得到坚强守护，保证国家的各项事业能够顺利推进。该文针对新闻媒体如何应对和报道这一系列重大事件，对于媒体的选择倾向、新闻技巧和报道艺术，比如重点关注什么议题、怎样关注议题、如何深入探讨议题等等作了必要的提醒和指导。

《论胡锦涛新闻思想的时代特征》

尹韵公（研究员）
论文　9.3千字
《新闻与传播研究》　2008年第4期

该文是对胡锦涛总书记考察人民日报社时作的重要讲话的详细解读和深入分析。该文指出，胡锦涛总书记在考察《人民日报》时作的重要讲话既是开创新闻宣传工作新局面的纲领性文件，又是做好新闻宣传工作的强大思想武器，具有很强的思想性、政治性和现实指导意义。该文深入分析了胡锦涛新闻思想形成和成熟的时代背景及其讲话中对新闻宣传工作提出的“五个必须”，并深入探讨了胡锦涛新闻思想的创新之处以及“利误论”和“舆论引导新格局”等概念。

《中国报业过去五年的“重大突破”》

唐绪军（研究员）
论文　12千字
《中国报业》　2008年第4期

该文对中国报业自党的十六大至十七大这五年来改革发展状况进行了梳理与总结。该文分为四个部分：党中央高度重视，出台了一系列相关文件；主管部门认真落实，努力构建健康有序的报业市场；报纸工作者解放思想，深入思考报业的现实和未来；报业各单位积极探索，实践中取得了一系列突破性新进展。通过对政策创新、管理创新、理论创新和实践创新的归纳、分析和总结，以中国报业过去五年来所取得的成就，论证了十七大报告所作出的“改革开放取得重大突破”的基本判断。该文全面梳理了五年来中国报业改革发展的新进展，总结了报业实践中的一些新理念与新经验，为报业下一步的改革和发展提供了一个参照坐标。

《公民“擅自制播讲演录像”的罚与法——廖良兴诉南平市延平区广电局案释评》

宋小卫（研究员）
论文　6.6千字
《国际新闻界》　2008年第12期

该文结合一起广播电视行政诉讼案例对《广播电视管理条例》有关禁止“擅自制播电视节目”的规定进行了探讨。作者认为，该《条例》第三十一条、第四十八条的规定，不宜作为处罚公民“擅自制播讲演录像”的法规依据，应启动行政法规的解释程序，由国家广电总局向国务院提出行政法规的立法性解释请求，由国务院法制机构研究拟定出相应的解释草案，报国务院同意并公布后施行。

《争论能为人类交流做什么——一个反思争论的关系与对话视角？》

王怡红（研究员）
论文　7千字
《现代传播》　2008年第1期

该文是中国社会科学院B类课题“中国社会人际传播观念研究”的成果之一。

该文围绕2000年初夏关于“长江《读书》

奖”评奖风波的争论以及易中天、于丹等人在央视播出电视讲坛栏目的争论，从传播学的视角，对其交流方式进行了学理上的探讨。该文从中西方的传播理论与经验入手，对以下三个问题进行了探讨：第一，什么是争论？在争论这种交流方式中，争论者通常有着怎样的思考习惯？第二，争论对于人类思想观点的传播或交流，是唯一有效的互动方式吗？这种方式经常创造了交流者之间怎样的传播关系？第三，争论作为人类一种常用的交流方式，有没有可能得到改善？对话是否可以作为人类认识和改进争论的思想资源与理论资源，与争论这种交流方式有所区别，并被设置为一个人类能够理性地面对差异、寻找问题、进行思想观点交锋的前提呢？该文从关系传播理论的视角，对争论这种交流方式的负面性进行了探讨。

《涉藏报道与美国主流媒体的意识形态性》

刘瑞生（助理研究员）

论文　8.5千字

《新闻与传播研究》　2008年第3期

该文针对西方主流媒体对西藏“3·14”事件的虚假报道，在学理上分析了西方新闻“客观性”的虚伪，并通过梳理美国主流媒体多年来涉藏报道口径的“一贯性”，从传播的机理层面考量了美国主流媒体的意识形态性及其与美国意识霸权的关系，批驳了近年学界“甚嚣尘上”的“意识形态终结论”。该文还指出，应对深层的意识形态，操作层面需要极为复杂的系统和机制，在具体的传播实践中不可以简单地对待和处理。

国际研究学部

世界经济与政治研究所

《2008年世界经济形势分析与预测》

王洛林（研究员）　李向阳（研究员）主编

王立强（研究员）副主编

专著　344千字

社会科学文献出版社　2007年12月

该书作为年度形势报告，其主旨是为读者了解过去一年的世界经济形势和把握未来一年世界经济的发展趋势提供分析和参考。本年度的形势报告分为以下五部分：（1）“总论”部分：概述全球经济一年走势的特点。（2）“国别与地区”报告部分：深入解析各国别、地区的经济发展态势。（3）“专题研究”报告部分：注重对本年度国际贸易形势、国际金融市场和国际投资形势的回顾与展望。（4）“热点研究”报告部分：重点研究全球经济发展中的热点问题。本年度的热点集中考察严重的全球流动性过剩对商品、资本、外汇、石油等市场究意意味着什么。（5）“世界经济统计分析与资料”部分：这一部分继承了原有的体系设置，提供了翔实而又有价值的经济统计材料，方便读者动态地了解世界经济的发展趋势。

《2008年全球政治与安全报告》

李慎明（研究员）　王逸舟（研究员）主编
李少军（研究员）副主编
专著　365千字
社会科学文献出版社　2007年12月

作为国际政治领域的形势报告，该书着眼国际关系的全局，揭示世界总的趋势，同时突出反映了国际政治与安全格局下的一些最新动向；从中国研究者的独特视角观察国际形势，向社会公众和政府部门解说受到广泛关注的热点问题。2007年度的报告勾勒出最新的全球热点分布图和大体的力量对比，还专门讨论了防止核扩散的动态，联合国新秘书长的头一年工作评价，俄美日等大国内部政治的新变动及相互间关系的新走向，能源安全和气候变化，难民、妇女及儿童遭遇等问题。

《世界经济前沿问题》（上、下册）

李向阳（研究员）主编
专著　731千字
社会科学文献出版社　2007年12月

该书系2007年度世界经济与政治研究所的有关世界经济方面的研究成果汇编，分为上、下册，共23篇文章。内容涉及国际生产网络、汇率制度发展的方向、区域主义与多边主义的潜在冲突、全球经济失衡与人民币汇率调整，等等。

《国际政治理论与战略前沿问题》

王逸舟（研究员）主编
专著　380千字
社会科学文献出版社　2007年12月

该书系2007年度世界经济与政治研究所的有关国际政治问题的研究成果汇编，收入了11篇文章。内容涉及国际关系研究的方法、国际政治经济学、外交政策、国家社会化、国际组织与制度研究、西方国际关系研究前沿问题、地缘政治、恐怖主义、2006年度中国国际关系学科发展等。

《全球视角下的人民币汇率：政策选择和风险防范》

高海红（研究员）主编
专著　375千字
中国财政经济出版社　2008年3月

该书对人民币汇率水平和汇率制度、亚洲金融货币合作以及金融风险防范3个方面的理论和实践问题进行了深入系统的研究。全书包括3个部分共11章内容，涉及人民币汇率、区域货币合作、金融风险防范3个方面的11个重大问题。重点研究中国在内的东亚国家长期实际汇率行为、实际汇率与经济增长的关系、均衡汇率水平测算、人民币汇率制度调整等问题；从微观层面对金融危机理论、建模、预警等金融问题，提出防范风险的政策建议。

《马克思主义国际问题基本原理》（上、下卷）

李慎明（研究员）主编
刘国平（研究员）　王立强（研究员）副主编
专著　1681千字
社会科学文献出版社　2008年4月

该书所讲的马克思主义国际问题理论，不仅包括马克思、恩格斯的基本理论，也包括他们之后列宁、斯大林、毛泽东、邓小平所继承、发展和创新的理论。该书分为上、下两卷。上卷为马克思、恩格斯所创立的即原本、原意的马克思主义国际问题理论；下卷为列宁、斯大林、毛泽东、邓小平、江泽民、胡锦涛所继承和发展的理论，重点在发展上。该书对马克思和恩格斯关于国际问题的基本理论，对列宁、斯大林、毛泽东、邓小平、江泽民、胡锦涛对这些基本理论的继承和发展，进行了比较完整、系统的解读。书中大量引用的原著，对于科学准确理解马克思和恩格斯国际问题基本理论、科学准确理解这些基本理论的与时俱进性都具有重大的理论意义和实践意义。

《最优贸易理论》

宋泓（研究员）
论文 10千字
《世界经济》 2008年第6期

该文对发达国家之间的贸易提供了一种新的解释，即按照比较优势原则所进行的国际分工，并不是两国之间国际分工的最优选择。这种分工，虽然是众多可能情形中的一种，但是，国际社会并没有一种机制能够保证这种贸易分工的实现，尤其是一个国家在所有产品上都具有绝对优势的时候。最优贸易模型分析显示，贸易双方互有特长，并按照各自规模分工在消费支出比例不同产品上的国际贸易分工是一种最优分工。这种形式的贸易比较容易在发达国家之间出现。

《国际关系研究中途径与范式》

李少军（研究员）
论文 15千字
《欧洲研究》 2008年第2期

学术研究的“途径”包括研究问题、分析视角、资料搜集、概念运用、论证方法等要素。如果某一种“途径”得到广泛认可，取得支配地位，那就可称为该领域的“范式”。在国际关系研究中，相继出现的传统主义与行为主义、实证主义与后实证主义、理性主义与建构主义等争论，就是这种意义上的“范式之争”。由于这些体现了认识论和方法论含义的争论在很大程度上标志着国际关系学科的发展，因此阐释它们的演进与主要分歧对于把握国际关系学科的基本知识和研究方法有着重要意义。该文在把握经验论与唯理论这两种不同科学哲学观争论主线的基础上，阐释了国际关系范式之争的实质和目前学界所出现的不同途径间相互融合、宽容的新趋势。

《高技术产业技术投入和生产率增长之间关系的研究》

王玲（副研究员）［荷兰］Adam Szirmai（亚当·茨尔默马斯特里赫特大学教授）
论文 25千字
《经济学》（季刊） 2008年4月

该文通过一个基于内生增长理论的生产函数模型分析了中国高技术产业行业部门水平上各类技术投入和生产率变动之间的关系。文章使用永续盘存法估算了资本存量和R&D存量，估计了R&D存量和其他知识存量的产出弹性系数，结果显示，R&D与国外购入技术的作用比较显著，R&D与从国外引进技术的合作对生产率的作用非常显著，反映了它们之间的互补关系，R&D具有提高吸收能力的作用。与依据比较优势原则，中国目前应该倡导生产性投资而不是R&D投资，中国的技术进步应该走模仿学习的道路而不要提倡R&D投资的一般政策建议有所不同，该文认为，R&D投资收益率大大超过资本收益率，R&D与技术引进或模仿并不矛盾，它们之间具有一定的互补关系，必须加大中国自身R&D投入的力度。

《通货膨胀：寻找完整统一的解释》

张斌（副研究员）

论文　10千字

《国际经济评论》　2008年9～10月

该文通过完整一致的线索解释2007年以来中国的通货膨胀。汇率低估、土地税收优惠、能源和环境价格扭曲等一系列有利于制造业的政策扭曲和对服务业准入的管制造成了过度资源流入制造业部门，带来了中国贸易顺差的持续大幅增长。贸易顺差激发了货币升值预期和热钱流入，货币当局面临的不仅是基础货币增长，还有货币乘数变化以及货币中介目标和通胀之间的稳定关系等多方面挑战，这就让货币当局几乎不可能很好地管理货币和总需求。

俄罗斯东欧中亚研究所

《俄罗斯东欧中亚国家发展报告（2008）》

邢广程（研究员）主编

专著　500千字

社科文献出版社　2008年5月

该书是对俄罗斯东欧中亚国家2007年发展状况进行回顾的总结报告，全书分九个部分，包括总论、中国与俄罗斯及中亚的国家关系、热点问题、区域性问题、俄罗斯、中亚和外高加索国家、乌克兰及新东欧六国、中东欧国家、附录。

该书认为，2007年俄罗斯东欧中亚地区的发展呈现如下特点：（1）经济快速平稳发展，旧的问题有所缓解，但新的问题也不断出现，如通胀反弹等问题；（2）政局尚不稳定，一批国家出现了政治危机；（3）地区内部分合有度，各方都在积蓄力量，但矛盾爆发为期不远；（4）“科索沃问题”升级；（5）俄罗斯加大抗争力度，以期改变对其不利的军事政治格局。

该书对俄罗斯新的政治格局、“普京计划”等重大问题进行了详细的阐释，对突出的能源问题、俄罗斯综合国力及经济发展模式等问题进行具体的分析，对俄美关系、俄欧关系以及与独联体国家的关系都进行了全面的阐释。此外，该书还以相当大的篇幅对独联体国家和中东欧国家的发展状况进行了分析。

《普京八年：俄罗斯复兴之路（2000～2008）》

郑羽（研究员）　蒋明君（研究员）总主编

专著　1400千字

经济管理出版社　2008年4月

该书是对俄罗斯总统普京执政期间俄罗斯政治、经济、外交政策的全面概括和总结，探讨普京在其两个任期内，重建俄罗斯、恢复大国地位的八年历程。

在政治卷中，对普京执政八年俄罗斯政治发展的进程，普京的治国理念，俄罗斯的社会政治思潮，联邦制度、政党制度、司法制度的改革，普京与寡头的关系，引人注目的车臣问题等都进行了详尽的分析。

该书勾画出俄罗斯政治经济转轨和国家振兴时期的“普京模式”。作者认为，在经济领域，普京强化了国家控制下的市场经济发展，使俄罗斯经济摆脱危机走向增长，为重振大国地位积蓄了经济实力。在外交领域，普京对西方国家从以妥协求合作转向以斗争保安全，与中国的战略协作则得到了全方位发展。

《梅德韦杰夫和普京：最高权力的组合》

邢广程（研究员） 张建国（副研究员） 主编

专著 250千字

长春出版社 2008年7月

俄罗斯政治变局具有突然性、隐蔽性、神秘性和难预测的特点，2007年的国家杜马大选和2008年的总统选举引起了全世界的关注。该书在对这两场选举过程的追踪分析的同时指出，在这个变局中，“梅普组合”是一个核心问题。

该书分三个部分：第一部分探讨俄罗斯2007年国家杜马选举和2008年总统选举的进程，分析各种政治力量的竞选策略和战略安排，为读者提供全面、客观和确切的信息和政治含义。第二部分阐述普京道路及其延续问题，包括普京的政治资本、涉及俄罗斯重要发展战略的“普京计划”以及实现该计划的政治机制和最高权力机制，即“梅普组合”。第三部分主要讨论“梅普组合”所面临的一系列问题和挑战，包括政治发展中的官僚机制问题、经济与社会发展中存在的挑战以及俄罗斯崛起的国际环境和政策发展趋势。

《俄罗斯地方权限及其调整》

董晓阳（研究员）主编

专著 251千字

当代世界出版社 2008年8月

该书是一部集中论述俄罗斯联邦主体权限的学术著作。

俄罗斯是一个联邦制国家，由共和国、边疆区、州、联邦直辖市、自治州、民族自治区等法律上平等的联邦主体构成，其构成形式的多样性成为俄罗斯联邦组成的一个主要特点。而在多样性的基础上实现联邦权力的统一，成为俄罗斯处理中央和地方关系的关键。

该书以俄罗斯中央与地方的关系及其调整为背景，对俄罗斯地方权限的变化进行集中论述。前两章论述俄罗斯联邦中央与地方的关系，包括条约关系以及普京为加强中央集权而对地方实施控制的政治举措。中间四章分别论述俄罗斯联邦地方的各种权限，主要包括地方的财政权限、经济特区及其权限、对外联系及其权限、远东地区的地方权限。最后一章论述中国与俄罗斯的地方合作，包括两国高层对开展地方合作的战略设计、两国地方合作涉及的主要领域、合作的潜力以及面临的问题。该书附列了三个涉及俄罗斯联邦制问题的重要法律文件。

《俄罗斯之痛：“车臣问题”探源》

李雅君（副研究员）

专著 280千字

长春出版社 2008年7月

车臣问题是与俄罗斯国家统一、国家安全相联系的一个重大问题和焦点问题。

该书通过对车臣问题的历史考察车臣，

从学理角度探讨俄罗斯的联邦制度、民族政策、反恐政策等问题。(1) 在大量历史文献的基础上，以车臣民族的历史发展为主线，对车臣民族的起源、车臣民族的古代文明、车臣的社会制度以及宗教等内容进行了全面梳理和分析，多角度地展现了车臣民族的民族性格、文化和宗教特点。(2) 对俄罗斯与车臣关系发展中的重大历史事件和人物进行具体分析，如“曼苏尔起义”、“高加索战争”、“北高加索的哥萨克”、“沙米尔和伊玛玛特”等，以此探讨它们在历史上对车臣民族的实际影响。(3) 以时间为序，考察和分析从沙皇伊凡四世到普京时期的俄罗斯对车臣的政策，总结俄罗斯在处理民族问题方面的经验教训，如车臣民族的集体流放问题、两次车臣战争问题。

《美国对俄经济外交：从里根到小布什》

徐洪峰（助理研究员）

专著　270千字

知识产权出版社　2008年10月

该书通过美国对俄经济外交这个角度，系统考察美国自里根政府到小布什政府的对俄外交政策，通过分析美国对俄资金技术援助、美国对俄贸易和投资的规模以及数量的相对变化，揭示历届美国政府对俄外交政策的侧重点。作者认为，在冷战后期，里根政府对苏联的经济外交意在损耗苏联的社会主义体制，老布什政府的对俄经济外交确保里根对外政策的不可逆转性，而克林顿政府则全面介入俄罗斯内部制度的转型进程，小布什政府对俄经济外交一波三折，逐步过渡到理性探索时期。

欧洲研究所

《欧盟是怎样的力量》

周弘（研究员）

专著　280千字

社会科学文献出版社　2008年12月

欧洲一体化进程与全球化进程相伴，是欧洲各国应对经济全球化的一种方式，具有鲜明的欧洲特性。该书旨在从经济、制度（治理模式）、观念和认同、欧盟对外行为方式、欧盟在全球化进程中的地位以及世界多极化条件下的中欧关系这6个方面来理解欧盟这支力量的特殊性。作者认为，欧盟是一支极为特殊的区域化力量，它是一种超国家体制和政府间合作体制并存的独特实体，至今仍处在发展的过程中。欧盟与成员国之间的力量分合因领域不同而不同，时强时弱，但是却能够以不同的方式、在不同的程度上维护欧洲的利益。因此，欧盟不仅是经济全球化中举足轻重的力量，也是影响世界多极化进程的重要一极。

《2007～2008年欧洲发展报告：欧洲联盟50年》

周弘（研究员）　沈雁南（编审）

专著　3390千字

中国社会科学出版社　2008年4月

2007年为《罗马条约》签订50周年。50年前，《罗马条约》的问世揭开了欧洲一体化发展的新篇章。该书以此为线，全面分析、总结了欧洲一体化发展的成败得失，特别对其在经济、政治、法制和文化领域的成果进行了深入的讨论，提出欧洲一体化的成功之处在于其具有不断创新的精神和坚持和平发展的道路，并因此给“二战”后欧洲各国带来了发展和繁荣。同时，该书也讨论了欧洲一体化进程中存在的问题及其发展前景。

作为年度欧洲蓝皮书，该书还讨论了本年度欧盟及欧洲各国的政治、经济、社会、国际关系及欧盟法治进程、形势，并对一些热点问题进行了分析，特别是针对中欧关系最新发生的变化进行了深入讨论，指出欧盟对华政策的调整已将中欧关系推入了一个重要的关键时期，如何处理好中欧关系不仅对双方有着重要的利害关系，而且也将对冷战后世界格局的变化带来深远的影响。

《欧盟治理模式》

周弘（研究员）科勒—科赫（教授）

专著　300千字

社会科学文献出版社　2008年7月

欧洲政治体制，尤其是欧盟治理模式不仅对欧洲，而且对欧美、欧亚、欧拉等多边关系产生着重要影响。该书力求在欧洲一体化的背景下，从欧洲国家体制、欧盟社会治理、欧盟外部治理三个方面以多角度纵深探讨欧洲模式下的欧盟治理问题。最后得出如下结论：欧盟之所以成为一种“模式”，源自它的独特性、它特殊的和平与发展模式以及它通过“软实力”塑造和建构世界秩序和规则的对外关系模式。欧盟是一个正在形成的体系，会随着外部的压力而进行变革。在全球化的世界中，它最终也会对中国发生影响。

《欧洲认同研究》

马胜利（研究员）　邝杨（副研究员）

专著　320千字

社会科学文献出版社 2008年5月

近年来，随着欧洲一体化的深化和扩大，欧洲认同问题成为热点议题，人们开始深入探究“何为欧洲”、“欧洲从何处来”、“欧洲向何处去”等重大问题。由于“欧洲认同”并非单一和固定的事物，而是具有多样性、复杂性和动态性的特征，并兼具文化与政治的维度，因此该书也力图从“历史考察与理论阐释”、“专题探讨与政策研究”、“经验调查与实证分析”、“观点论争与思想对话”专题入手研讨欧洲认同问题。前三个专题是中欧学者历时两年的中—欧合作项目“欧洲认同研究”的结晶。第四个专题收录了2005年11月在法国举办的“欧洲建设中的欧洲认同问题”国际研讨会的文稿，以反映当前欧洲学者对欧洲认同的各种思考。

《中国公众对欧盟及中欧关系看法的调查与初步分析》

周弘（研究员）　董礼胜（研究员）

论文　40千字

《欧洲研究》　2008年第2期

该文在中国社会科学院欧洲研究所课题组对北京、上海、广州、武汉和西安五个城市普通城市居民调查数据进行分析的基础上，得出当前中国民众对欧盟的认知有如下基本特征：中国公众大都从大众媒体获得他们关于欧盟的知识，对于欧盟的运作方式并不十分了解；对中欧关系友好程度的认同比较高，对中欧关系的未来发展持比较乐观的态度，很少有人将欧盟视为“竞争对手”，几乎没有人认为欧盟是中国的“敌人”；问卷中涉欧人士和高收入群体对欧盟的认知程度最高，同时也更加了解美国和日本；调查显示，与欧盟接触的机会直接作用于中国人对欧盟的认知；中国人对中欧经贸关系的重要性予以高度评价，但多数受访者认为， 欧盟在承认中国完全市场经济地位的问题上采用了双重标准，他们认为欧盟市场具有不确定性。

《西方国家的网络治理及对中国的启示》

刘作奎（助理研究员）

论文　16千字

《中国社会科学内刊》　2008年第3期

该文认为，尽管以英美为首的西方国家网络基础设施发达，电子政府业务完善，但其网络治理在促进民主方面受制于两个关键因素：现实政治中的民主发展状况和两国政府保守的网络治理策略。作者认为，西方国家网络治理给中国的启示是网络治理政策的制定要立足国情，我国现阶段网络治理的主要目标和决策基础是挖掘网络的信息服务功能而不是在互动性上的变革潜力。

《欧盟公民权与欧洲认同》

马胜利（研究员）

论文　12千字

《欧洲研究》　2008年第1期

1991年《马斯特里赫特条约》宣布“建立欧盟公民权”，这标志着欧盟公民权的正式诞生。欧盟公民权是欧洲认同的重要内容和显著标志。欧盟公民权的建设既涉及欧洲的法律、政治和社会现实，也涉及它的思想意识，它不仅反映出欧洲一体化的重要进程，也关系到欧盟未来的前途与命运。该文论述了欧盟公民权的产生和内容、欧盟公民权的特点、欧盟公民权建设中存在的问题、欧盟公民权建设的前景。

《从“共同贸易政策”看“欧洲模式”——谈谈一体化中的“欧洲化”取向及其法律保障体系》

吴弦（研究员）

论文　9千字

《欧洲研究》　2008年第1期

欧盟独特的发展道路引发了何谓“欧洲模式”的热烈讨论。该文认为，从共同贸易政策入手，颇有助于探讨这一模式的构成要素。欧盟的核心目标，首先是实现区域经济一体化，即打破各国经济之间的隔离状态，确立欧洲统一的经济空间乃至实体。建立关税同盟是实现该目标的基石，而共同贸易政策则是同盟构建中不可或缺的组成部分，因此能够集中反映出“欧洲模式”的本质特征，表现为两大要素：一是“欧洲化”取向。关税同盟旨在建立欧洲单一商品市场，为此必须确立欧洲统一的市场规则与秩序，共同贸易政策因此产生。主要体现为：政策范围尽量纳入影响企业公平竞争的诸因素，实施原则与内容强调“同一性”，以及政策制定与管理权限的“共同体化”。二是提供法律保障。法律自身特别是欧盟法体系的独特性，使之成为保障政策实施的重要手段，也构成“欧洲模式”的又一要素。政策通过欧盟法的三个方面，即“源本法”（涉及目标、原则、涉及范围与决策机制）、

"派生法"(关乎立法形式、时段与内容)和"判例法"(通过司法裁决甚至起到"司法立法"的作用)的制定与适用,有力地保证了"欧洲化"取向之实现。

《论社会层面上的欧洲认同》

田德文 (研究员)
论文 13千字
《欧洲研究》 2008年第1期

该文认为,社会层面是"欧洲认同"建构过程中的基础领域,欧盟提出的"欧洲社会模式现代化"概念、共同体的社会政策体系以及欧盟对于成员国社会政策领域的积极介入都具有重要的意义。"欧洲社会模式现代化"是形成中的"欧洲认同"的核心内容,欧盟社会政策体系具有贴近人民、增强一体化的合法性的作用,而欧盟对于"欧洲公民社会权利"概念的建构正在成为社会层面上欧洲认同的形成基础。总的来看,在欧洲化的进程中,欧盟在社会层面上采取的政策措施已经成为欧洲认同建构的主要方面之一。

西亚非洲研究所

《近代非洲思想经纬——18、19世纪非洲知识分子思想研究》

张宏明 (研究员)
专著 327千字
社会科学文献出版社 2008年6月

该书主要阐释18、19世纪的非洲知识分子面对西方文明及其价值观念的冲击所作出的反应,他们对种族命运和非洲前途的思索,以及对非洲社会发展的价值取向。非洲思想是非洲学研究的一个重要领域,近代非洲知识分子中的许多风云人物的思想主张仍鲜为国人所知。作者强调,非洲思想的主体是知识分子,而不应仅仅被视为或等同于当权者的思想。作者从对非洲近代思想萌生的历史环境的完整回顾入手,探寻近代非洲思想演化的历史脉络和发展轨迹,论述近代各个时期非洲思想的不同流派,包括对不同时期代表人物的主要思想观点进行个案剖析。

《全球视野下的达尔富尔问题研究》

李新烽 (副研究员)
专著 373千字
世界知识出版社 2008年10月

该书是中国学者撰写的一部全面系统论述达尔富尔问题的专著。作者从全球的视野,全面论述了达尔富尔问题的历史与现实、资源与环境、宗教与文化、冲突与维和、内外矛盾与大国角力、中国与苏丹关系等多方面的内容,并在全球化时代非洲民族国家构建与经济发展面临严峻挑战的背景下,综合探究了达尔富尔问题的特殊性质及影响后果,提出达尔富尔问题本质上还是一个非洲国家如何实现经济发展、社会公正的问题,国际社会应该为非洲的发展作出负责任的切实努力。该书还分析了有人试图把北京奥运会与达尔富尔问题挂钩的前因后果,并就达尔富尔问题对于中国外交成长的特殊意义作了思考。全书融学术性、现实性、可读性于一体,是一部关于达尔富尔问题的全景式深度透视著作。

《现代图书馆信息管理》

赵茹林（图书馆员）
专著 261千字
科学出版社 2008年10月

该书以现代图书管理为切入点，分析了传统图书馆向现代图书馆特别是数字图书馆过渡的时代特征及二者之间的关系，提出应该用科学发展观来指导现代图书馆的管理，明确了图书馆在构建和谐社会中的地位和作用，提出现代图书馆管理中的人本理念。作者以知识管理和服务这个当代图书馆职能的核心环节，在理论和实践结合的基础上分析当代图书馆的业务流程及适应性变化。从管理理念的变革、人力资源建设、业务重组到知识资源的整合，现代图书馆建设面临许多重大问题，其中不乏学界同人关注的一些热点问题，如知识仓库、知识导航、个性化服务、数字化咨询、学科馆员制建设、网络信息检索、信息技术整合等。网络环境中现代信息的检索、利用需要现代化图书管理。现代图书馆通过激发人的主动性、积极性、创造性来实现人与图书的和谐发展。

《列国志·摩洛哥》

肖克（助理研究员）
专著 310千字
社会科学文献出版社 2008年4月

该书是中国社会科学院重大课题、国家“十五”重点出版项目《列国志》之一卷。该书图文并茂、全面而客观地反映了摩洛哥政治、经济、历史、地理、军事、外交和教科文等方面的发展概况，为广大读者了解、认识摩洛哥的情况提供有益的帮助。该书是我国第一本专门论述摩洛哥的书籍。

《列国志·叙利亚》

高光福（助理研究员） 马学清（助理研究员）
专著 265千字
社会科学文献出版社 2008年10月

该书为中国社会科学院重大课题《列国志》大型丛书国别本之一。《列国志》项目被国家新闻出版总署列入国家重点图书出版计划。该书包括前言、正文7章，遵循资料翔实、准确、最新，文笔流畅，学术性和可读性兼备的写作要求，内容涵盖自然地理、政治、经济、军事、外交和社会人文等各个方面，是外交外事工作者、国际经贸企业及日渐增多的广大出国公民和旅游者了解叙利亚的重要工具书。

《反黑人种族主义思潮形成过程辨析》

张宏明（研究员）
论文 19千字
《西亚非洲》 2008年第1期

作者指出，16世纪初是资本主义时代的开端，大西洋奴隶贸易的兴起开启了非洲近代史的帷幕。奴隶贸易、帝国主义和种族主义——近代史上的这三种罪恶构成了非洲与资本主义世界关系的特征。奴隶贸易和奴隶制度是以欧洲为中心的资本主义世界经济体系的派生物，也是当代世界经济结构的一个关键部分；而种族主义，特别是反黑人的种族主义则是奴隶贸易和奴隶制度的伴生物，也是留给非洲人最可怕的精神遗产。然而具有讽刺意味的是，种族主义却充当了唤醒和催生黑人种族意识的“酵母”，近代非洲思想也正是从种族主义的污秽中诞生的。因此，作者认为，从功能上说，种族主义对近代非洲思想的孕生所起的是一种反作用。大西洋奴隶贸易、美洲殖民地奴隶制，以及欧洲学者的推波助澜都在反黑人的种族主义形成中扮演了重要角色。

《中东国家民主实践的基本特征及其类型》

王林聪（副研究员）

论文　11千字

《西亚非洲》　2008年第2期

作者分析认为，中东国家民主化呈现出由弱渐强的趋势。中东国家的民主实践在启动方式上具有外塑型和仿效型；在民主化进程中具有迟缓性和滞后性；在民主发展水平上具有不平衡性；在民主实践类型上具有多样性，表现为世俗主义基础上的民主、法基赫主宰下的“伊斯兰民主”、权威政权主导下的有限民主，等等。同时作者提出，民主化与伊斯兰主义两种不同倾向相互交织，并行相伴，凸显中东国家民主化道路的独特性和复杂性。

《论伊斯兰政治文化功能》（上、下）

刘月琴（研究员）

论文　23千字

《西亚非洲》　2008年第4、5期

作者认为，人类的宗教除其基本功能外，还有其他的社会功能。伊斯兰文化与政治有密切的关系，但各有其内涵，互不等同，它们分属于各自领域。伊斯兰政治只是文化的一部分，而伊斯兰文化的范畴却远远大于政治。作者论述的文化功能包括伊斯兰政治功能，立足于阐述政治文化与宗教的密切关系，早期政治民主与协商，教法文化，政治文化与政治发展的关系等。伊斯兰教中的政治功能源于其本质，它脱胎于伊斯兰教历史，并经历了纯粹的政教合一、哈里发权力与王权合一、政教分离等阶段。作者还指出，伊斯兰政治文化与法律密切相关，两者相辅相成。政治文化中包括法文化，其内容主要包括：《古兰经》立法、教法、民法和刑法等。在一定程度上，伊斯兰教法是对政治文化的有力支撑。伊斯兰政治文化思想首先源于《古兰经》，贯穿于民法、刑法等诸法律中。认主独一、服从真主和使者，成为宗教信仰与政治文化一元论的政治观，构成了伊斯兰政治文化的基础、核心和主导思想。伊斯兰文化与政治、宗教、宗教观念相通，尤其是认主独一的信念具有突出的宗教内容。在当代伊斯兰文化整合与重建中，《古兰经》和圣训居核心文化地位，公议和类比作为法律补充。伊斯兰教的政治力与当代伊斯兰运动有渊源关系，在多数情况下，一经民主选举，伊斯兰势力就能获得成功，并有多米诺骨牌的效应。

《新世纪的高油价与中东》

杨光（研究员）

论文　10千字

《西亚非洲》　2008年第9期

作者提出，21世纪以来，国际原油价格不断上涨，其基本原因在于世界剩余原油生产能力和主要产油区地缘政治局势紧张。上述两个原因都与中东地区的问题密切相关。为避免长期高油价引发世界经济衰退，国际社会应当积极行动起来，缓和中东地区的紧张局势，让该地区巨大的石油资源潜力转化为生产能力，扭转国际油价不断上涨的势头。

《中国与非洲：建设可持续的战略伙伴关系》

杨立华（研究员）
论文　9千字
《西亚非洲》　2008年第9期

作者认为，中国与非洲的合作关系在21世纪初期呈现快速、全面、深入的发展势头。尽管面临一些新挑战，但中非双方相互需要，相互依存，经贸合作迅猛发展。面对双边合作的快速发展，如何保持战略合作关系的可持续性，是当前中非双方需要共同研究和筹划的课题。作者提出，在新的基础上进一步加强政治互信、深化符合长远发展的互利合作、充分发挥企业界的作用并加强监管、增进和扩大民间社会的交往以及注重中非合作的开放性和非排他性，对于中非可持续战略伙伴关系的发展具有重要意义。

《中国的战略选择：从陆地迫近中东》

张晓东（研究员）
论文　11千字
《西亚非洲》　2008年第10期

作者提出，冷战结束以来，亚欧大陆腹地内在联系逐渐增多，一个可称为大中东的地区渐具雏形。中国应该利用地缘优势，通过双边和多边的合作，构建陆上交通、通讯走廊和网络，实现与中亚、南亚和海湾地区紧密的经济与政治联系。这样的一项政策将使中国的对外开放格局、经济发展格局更为均衡，同时也将在很大程度上改善中国在地缘上面临的困境。

拉丁美洲研究所

《2007～2008年：拉丁美洲和加勒比发展报告》

苏振兴（研究员）主编
蔡同昌（副编审）副主编
专著　409千字
社会科学文献出版社　2008年3月

该报告阐述了整个拉美地区的政治、经济、外交和社会发展形势，并分析了国别和小地区的发展形势，并对某些有重要影响的国家进行了详细报道。

该报告的副标题是“社会和谐——拉美国家的经验教训”。作者就社会问题对拉美地区及几个具有代表性的国家进行了深度分析。吸取拉美国家社会经济发展中的经验教训，对于中国建设和谐社会具有重要的借鉴意义。

《卡斯特罗评传　从马蒂主义者到马克思主义者》

徐世澄（研究员）主编
专著　530千字
人民出版社　2008年5月

该书是作者根据多年来掌握的大量第一手资料写成的，是对古巴人民的杰出领袖菲德尔·卡斯特罗长期了解和研究的结果。全书分析了卡斯特罗这位当代风云人物的业绩、思想和对世界社会主义的贡献。是一部全面展示卡斯特罗一生的作品。

《社会政策与福利政策——全球化的视角》

[加拿大] R.米什拉 著

郑秉文（研究员）译
译著　200千字
中国劳动社会保障出版社　2007年10月

该书是一本研究社会政策与社会福利的名著。该书从一般意义上论述了全球化对社会福利的意义和对民族国家采取社会政策的影响，认为全球化这一现象对福利国家来说十分重要，它由政治和意识形态驱动。在发达国家中，劳动力流动、利益集团、竞选和社会运动等涉及所有社会价值和人文价值的领域，他们的社会政策与全球化的新自由主义是针锋相对的。尽管如此，全球化对发达国家的影响是很大的，例如劳动力市场——尤其是充分就业、工资和工作待遇——社会保障体系和税制等。对欠发达国家和半工业化国家来说，由于工业化和民主化的缘故，这两个原因刺激了社会保障的发展。该书对欧洲模式（莱茵模式）、美国模式（盎格鲁·撒克逊模式）和北欧模式（斯堪的纳维亚模式）进行了比较研究，其中对欧洲模式充满了赞誉。

《对阿根廷腐败问题与反腐体制建设的初步分析》

刘纪新（研究员）
论文　10千字
《拉丁美洲研究》　2007年第6期

20世纪90年代是腐败问题在阿根廷扩展和蔓延的时期，也是腐败程度渐趋严重的时期，出现了许多大型腐败案件。在民众呼声、媒体介入和国际社会的共同推动下，阿根廷政府将反腐提上公共议事日程，开始加强反腐体制建设。目前，阿根廷已初步形成了一个政府主导型反腐监察体制。但这个反腐体制还存在许多缺陷，与比较完善的国家廉政体系还有相当大的差距。在一个存在着严重的制度性腐败和腐败文化无所不在的国家，治理腐败和有效遏制腐败的滋生蔓延，将是一项长期而艰巨的任务。阿根廷近几年取得的一些进步，尚不足以扭转腐败恶性发展的惯性。

《社会分化、贫富差距与社会保障——拉美国家福利体制变革的经验教训》

房连泉（副研究员）
论文　9千字
《拉丁美洲研究》　2008年第2期

该文考察了拉美国家福利体制演变的两个历史阶段，分析拉美国家社会保障制度改革中存在的两个突出的社会矛盾，即“社会分化”与“贫富差距”两个社会问题。作者认为：在构建和谐社会的过程中，中国应充分吸取拉美国家的经验教训，社会保障制度改革应以正确的理念为先导，选择合适的福利制度模式，避免改革走弯路。

《中拉经贸合作：在经济增长中实现良性互动》

吴国平（研究员）
论文　13千字
《拉丁美洲研究》　2008年第3期

该文分析了自2003年起拉美经济新一轮增长周期中，中拉经贸合作出现的迅速发展的趋势和互利双赢、良性互动的新局面。论文介绍了近年来中拉贸易成倍增长、投资合作日趋活跃的特点。文章认为，中拉经贸合作显示出日益强劲的活力，成为推动拉美经济增长的积极因素之一。文章还从经济日益全球化的国际市场框架内，研究了中拉经贸合作面临的新挑战，提出了面向未来中拉经贸合作更上一个新台阶的思路。

《对拉美国家经济改革的回顾与评估》

苏振兴（研究员）
论文 17千字
《拉丁美洲研究》 2008年第4期

拉美国家在新自由主义指导下的经济改革起步于20世纪70年代中期。文章分析了新自由主义在拉美流行的国内国际背景，回顾了这场经济改革的主要内容和过程，对改革的成效和问题作了总体的评估。在此基础上，作者从宏观经济政策与改革举措之间的互不协调、贸易自由化与提高产业竞争力之间的脱节、利用外资没有取得预期效果、社会发展问题被严重忽视、国家与市场关系处理不当等5个方面，对这场经济改革的主要失误进行了分析和探讨。作者认为，进入21世纪之后，新自由主义在拉美地区已经出现了“由盛转衰” 的变化，拉美国家也由此而进入一个对前期改革进行深刻反思、对发展道路进行重新探索的新阶段。

《切·格瓦拉的伦理价值观及其影响》

宋晓平（研究员）
论文 8千字
《拉丁美洲研究》 2008年第4期

该文指出，切·格瓦拉的伦理价值观体现了当今时代的精神，体现了马克思主义最本质的东西——最彻底的人道精神。切·格瓦拉认为马克思实质上是以人为中心构建和发展自己的学说的，以人为本和人道主义是马克思主义的出发点和基本归宿。在人们往往偏离马克思的普遍的人道思想的当今世界，格瓦拉的人道价值观成为革命者回归马克思主义的重要警示，具有更加特殊的意义。格瓦拉的伦理价值观是人类进步思想的宝贵财富，在当今世界发挥着重大影响。格瓦拉一直受到中国人民的爱戴，他的传奇式经历及其思想在中国日益广为传播，究其原因，与中国的社会发展背景和社会价值观的变化有很大关系。在社会伦理价值问题日益引起人们普遍关注的同时，格瓦拉所倡导的理想和价值观自然就有了生长与发展的土壤和条件。

《拉美国家维护整治社会稳定的基本经验》

袁东振（研究员）
论文 10千字
《拉丁美洲研究》 2008年第4期

自20世纪80年代民主体制恢复后，在可治理性问题不断加剧和社会问题十分严重的条件下，拉美国家基本维持住了政治稳定的局面。但拉美国家政治相对稳定局面的背后一直有风险和隐患，其不断积累加重了可治理性问题，对政治和社会稳定构成威胁。鉴于不稳定因素增多和可治理性问题加剧，拉美学术界及相关国际机构提出了一系列维护政治社会稳定的政策性建议，这些建议受到拉美国家政府的高度重视。拉美各国政府已经或正在采取措施，努力化解政治和社会稳定的各种风险和隐患；注重构建和完善有利于稳定的体制，消除不稳定赖以产生的社会基础；加强对非政府组织力量的疏导；预防和消除对政治稳定的外部威胁。拉美国家在维护政治社会稳定方面积累了一定经验。

亚洲太平洋研究所

《中国与周边国家：构建新型伙伴关系》

张蕴岭（研究员）
编著　354千字
社会科学文献出版社　2008年2月

鉴于周边国家各自情况及其与中国关系各不相同，该书从多视角观察中国与周边国家之间关系发展的优势，主要从双边关系的角度研讨中国与周边国家关系的历史沿革和新的发展等，内容涉及俄罗斯、日本、韩国、蒙古国、越南、泰国、马来西亚、新加坡、柬埔寨、老挝、缅甸、印度、巴基斯坦、尼泊尔、阿富汗、中亚国家、美国、澳大利亚等20余个国家和地区。

《亚太地区发展报告》（2008）

张蕴岭（研究员）　孙士海（研究员）
编著　375千字
社会科学文献出版社　2008年6月

该书对2007年亚太地区经济、政治和国际关系领域里发生的重要事件、热点问题以及对中国的经济发展具有借鉴意义的问题进行了比较深入的探讨和分析。

经济篇对2007年亚太地区经济的总体形势和2008年的发展前景进行了综合性的评述；探讨了区域和次区域经济合作的进展情况，分别对亚太经济合作组织领导人非正式会议、东亚经济合作以及东盟经济共同体的建设进行了介绍和评析；考察了中国与一些国家的经贸关系，分别对中美、中韩和中澳的双边贸易发展、存在的问题以及发展前景进行了深入的分析。

政治与社会篇对2007年亚太地区巴基斯坦大选，贝·布托遇刺，韩国总统选举，印度尼西亚的内阁改组，菲律宾、尼泊尔和泰国的宪政改革以及日本大选和福田政府上台执政后的内外政策及政治走向作了基本分析。

国际关系篇对亚太地区的大国关系、地区安全和地区热点问题进行了综合性的论述，讨论了美中日俄关系、朝核问题、中日韩三国合作以及东盟在亚洲地区合作的作用等问题。

《国际经济政治学》

张宇燕（研究员）
专著　600千字
上海人民出版社　2008年1月

该书共包括16章。第1章为导论，介绍了全书的分析思路、研究目标、结构和特点；第2章从新制度经济学、公共选择理论、企业理论和博弈论等角度分析了本书将采用的理论工具；第3章从多个角度讨论了国家的本质、功能、起源及国家在国际关系中作为国际行为主体的特征，讨论了国家人格化的含义及该假定在国际关系分析中的作用；第4章对国家利益进行了界定；第5章从博弈论的角度讨论了国家利益的现实问题，认为国家之间的合作与冲突都是国家间博弈的结果；第6章运用新制度经济学的相关理论，分析了国际规则的形成、变迁、创新和实施等；第7章分析了国际组织的本质及表决机制；第8章分析了国际公共产品的本质、特征及提供等问题；第9章从国内利益集团之间的博弈及国家间博弈的角度详细分析了国际贸易政策形成的政治经济学；第10章从国际政治经济学的角度分析了国际货币体系的演变情况，揭示了稳定的国际货币体系难以建立的根源；第11章讨论了开放条件下国家间宏观经济政策的问题；第12章讨论了劳动力流动和资本流动对国内不同主题和政府的影响等问题；第13章从政治经济学的角度探讨了石油价格的决定机制等问题；第14章讨论了战争与和平问题；第15章讨论了经济全球化与全球治理等问题；第16章对国家兴衰的有关政治学、经济学进行了评论。

《美国经济论集》

张宇燕（研究员）

专著　233千字

浙江大学出版社　2008年1月

该书收录了《监管型市场与政府管制——美国政府管制制度变迁轨迹的实证分析》、《美国历史上的腐败与反腐败》、《当代美国的腐败：数据、案例与机理》、《美国宪法的形成过程及其经济学意义》、《基于利益最大化的美国行为》、《“奇迹”还是“常规”——评持续七年增长的美国经济》、《美元化：现实、理论及政策意义》、《汇率的政治经济学——以中美之间人民币汇率争论为纲》、《从美国霸权地位看当今世界——兼评1995年国际形势》等9篇论文。该书展示了美国政府管制制度变迁历程，呈现了美国社会腐败与反腐败的历史，介绍了美国宪法的形成过程，思考了美国行为的根源，分析了美元化和中美人民币汇率之争，破解了美国经济持续增长的原因，拓展了当代美国研究的视野。

《中国印度文化交流史》

薛克翘（研究员）

专著　400千字

昆仑出版社　2008年1月

该书为中国社会科学院2005年重点项目成果，同时也是季羡林先生主编的《东方文化集成》丛书之一。该书按“先秦至两汉时期”、“两晋南北朝时期”、“隋唐五代时期”、“宋元明时期”、“清至民国时期”和“中华人民共和国成立以后”等几个分期，再现了中印两国辉煌的文化成就及频繁的文化交流。

《亚洲政治概论》

李文（研究员）

编著　460千字

中国社会科学出版社　2008年2月

该书从亚洲人的视角，对亚洲地区作为一个整体在政治上表现出的基本特征、演进和发展脉络以及与这种演进和发展有关的因素进行了有益的探索，研究范围涵盖了亚洲所有的次区域和国家，涉及政治学的政治体制、政党、选举、议会制度、民主模式、阶级与阶层、社会团体与利益集团、决策过程等诸多方面。

该书共分五个部分，第一部分，界定了亚洲的地理范围，论证了研究亚洲政治的学术价值与现实意义。第二部分“亚洲政治综论”，侧重对亚洲地区的政治进行了整体研究。第三部分“东北亚政治概论”、第四部分“东南亚政治概论”和第五部分“南亚政治概论”分别从政治现代化进程、政治制度与政治体制、政党制度与政治参与、政府与行政等四个方面依次对亚洲地区的三个次区域，即东北亚、东南亚和南亚的政治形态及演进过程进行了严谨而周密的考察和阐述。

《日本的能源》

朴光姬（研究员）
专著　360 千字
经济科学出版社　2008 年 7 月

该书介绍了 1973 年石油危机爆发后，日本迅速调整能源政策和能源管理体制，实现能源稳定供给，保证经济持续增长的过程。

该书分为上下篇。上篇主要对日本战后至今的常规能源、核能、新能源、能源工业和能源供需平衡进行了分析介绍；下篇主要从日本的能源战略与能源政策、能源外交、能源安全与国际能源合作、能源效率与节能和能源利用与环境等方面，将与日本的能源密切相关的专题进行了分析评述。该书认为，日本能实现能源的基本稳定供给，在石油危机前主要靠当时相对有利的外部客观环境；石油危机后主要靠日本政府较为成功的能源管理，包括对能源政策的迅速调整、能源管理机制的逐步健全、法律法规的完善。

《当代东南亚伊斯兰发展与挑战》

许利平（副研究员）
专著　280 千字
时事出版社　2008 年 8 月

该书从历史、政治、宗教等多个角度，剖析了当代东南亚伊斯兰的产生和发展及其在当代社会所面临的挑战等。作为一种外来文化，当代东南亚伊斯兰经历了本土化和现代化的过程。尽管面临着极端主义的威胁，当代东南亚伊斯兰还是走向了一条自我调节、自我发展的道路。此外，该书还对当代东南亚伊斯兰发展的一些难点、热点进行了多层次剖析。

《对东亚合作发展的再认识》

张蕴岭（研究员）
论文　16 千字
《当代亚太》　2008 年第 1 期

该文在回顾东亚合作发展历程的基础上，重点分析了促成东亚合作的历史缘由、东亚合作的功能及内在特征，对东亚合作的未来发展趋势进行了预测和分析。该文认为，东亚合作是基于现实利益基础上的务实合作，在支持机制上体现为灵活的多层性。东亚合作的“开放性”及参与东亚合作的各方利益选择的差异，使其成为一种地区关系的协调和合作框架，而非一个单一的地区组织。东亚合作进程将以“东盟 +3”为主渠道，沿着充实合作内容的方向推进，但在制度化建设方面将进展缓慢。该文最后还对中国的区域观作了较为系统的分析。

《货币的性质与人民币的未来选择——兼论亚洲货币合作》

张宇燕（研究员）
论文　32 千字
《当代亚太》　2008 年第 2 期

该文从货币作为计价单位的属性出发，指出货币具有国家和权力的特征，它反映建立在国家权威基础上的社会信用关系。货币是真实经济中的一个重要变量。

该文认为，国际货币体系并非一个中性

的体系。货币是国家财富的直接创造者。拥有国际货币地位不仅能为货币发行国带来现实的铸币税和金融服务收入，更为重要的是，它使货币发行国享有影响别国货币政策的主动权，并得以主导国际上货币和大宗商品的定价权，从而长期影响别国的经济发展。此外，拥有国际货币地位还为货币发行国的金融产品、金融机构和金融市场的发展带来便利，从而有利于维护和巩固一个倾向于货币发行国利益的国际金融体系。大国谋求不断扩大本国的货币流通领域，并竭力排斥别的国家竞争和取代自己的位置。国际体系中的大国关系史同时也是一部货币主权的斗争和变迁史。

该文认为，中国迫切需要建立起人民币在国际货币体系中的国际地位，以维护本国的政治经济利益。就目前来看，中国尚不具备走人民币直接国际化的条件，而选择符合亚洲共同体利益的区域货币合作路线更具有现实意义。

《二战后东亚学生运动的生成与意义》

李文（研究员）
论文　20千字
《当代亚太》　2008年第5期

该文分析了战后东亚学生运动的类型、生成的原因及其地位和作用。该文认为，东亚国家的学生运动主要有“民主学生运动”、“爱国学生运动”和“维护自身权益的学生运动”三种类型。大学生群体人数增多、社会不平等现象加剧、合法参与渠道的缺乏和中产阶级政治作为的不足，是导致发展中国家民主学生运动发生的主要原因。在东亚国家的政治现代化进程中，学生团体成为先进政治力量，学生运动在社会政治变革中起着重要的引领和推动作用。

《东南亚伊斯兰非政府组织的产生、发展及其作用》

许利平（副研究员）
论文　18千字
《当代亚太》　2008年第5期

该文分析了东南亚主要伊斯兰非政府组织的产生原因、发展过程及其作用。该文认为，东南亚伊斯兰非政府组织的产生、发展及其作用具有正面的积极意义。它分为两类，一类产生于殖民主义时期，与伊斯兰民族主义紧密相连，并在当代东南亚市民社会中发挥着第三部门的作用；另一类产生于20世纪80年代末至90年代初，与现代化浪潮相关联，更多地关注穆斯林个人的发展，并在塑造市民社会中扮演着十分重要的角色。在印度尼西亚和马来西亚穆斯林人口占绝大多数的国家里，伊斯兰非政府组织在数量和影响上，都强于穆斯林占少数的其他东南亚国家。

《国际热点与中国的应对》

周方银（副研究员）
论文　11千字
《当代亚太》　2008年第4期

该文对中国在国际热点问题上的态度变化进行了回顾，并把中国面临的国际热点问题分为两类，一类是中国周边地区的热点问题，另一类是其他地区的热点问题。该文认为，在这两类热点问题的解决过程中，中国的国家利益有很大不同，在后一类热点问题中，如何发出适当的信号是一个更为根本的问题。

为此，中国采取的政策也应有相应的变化。最后，该文对中国在国际热点问题上的政策选择进行了探讨和分析。认为，随着实力的增强和对外部世界影响力的增大，中国在国际热点问题上必然发挥越来越大的作用，其面临的来自西方的压力也可能进一步增大。为此，中国需要采取更为积极主动的态度，在热点问题的早期就建设性介入，并不断积极参与，甚至可以比某些西方国家还要积极。这是传达中国关切和责任意识、化解外部压力的一个重要手段。

《中澳双边贸易中的不对称相互依赖分析》

高程（副研究员）
论文　20千字
《当代亚太》　2008年第2期

该文比较、分析了澳大利亚对中国贸易依赖的性质、程度和中国对澳大利亚贸易依赖的性质和程度，研究结果表明，中澳双边自由贸易区谈判出现权利不对称关系，中国处于相对不利的位置。该文分析认为，澳大利亚对中国出口以及从中国进口的主要商品，在其他市场上具有较为明显的替代性。因此，虽然中国在澳大利亚贸易份额中的比重较大，但这只能说明澳大利亚对中国贸易的依赖具有较强的敏感性，而它对中国贸易依赖的脆弱性较小。原因是，澳大利亚通过政策和市场来调整对华贸易依赖关系的成本并不高。相反，中国对澳大利亚贸易依赖的脆弱性高于澳大利亚对华贸易依赖的脆弱性。换言之，若切断中澳双边贸易，则中国政策和市场调整的代价要比对方更高。从贸易不对称依赖的程度看，澳大利亚在中澳双边自由贸易区谈判中更可能占据优势地位，这或将提高中国为双边自由贸易区所支付的成本。

《中韩人际关系网结构比较》

王晓玲（助理研究员）
论文　10千字
《当代亚太》　2008年第1期

该文对中韩人际关系网的结构特征进行了比较分析。该文研究发现：中国与韩国的人际关系网都是家人与亲属占比重较高的封闭型关系网，但两种关系网之间也存在差异。在走向工业化的过程中，韩国人没有选择孤立自身的完全的个人主义，而是通过血缘和学缘等渠道选择了一种“小集团个人主义”，中国人则选择了个人主义。韩国人的关系网带有先赋性或者半先赋性的特征，而中国人关系网中亲密朋友的比重及其重要性更高，可以说后致性的成分更多。在韩国，人们通常认为关系网由三种要素构成：血缘、地缘和学缘。但是，本研究的统计分析表明，地缘的影响力不明显，学缘是影响关系网大小以及结构的最重要因素。在中国，经济发展程度这一变量的影响力最大。越发达的城市里，人们的关系网越小，取而代之的是更多地依赖家庭成员。

《水资源安全和中印关系》

蓝建学（助理研究员）
论文　8.6千字
《南亚研究》　2008年第2期

该文认为，近年来中印跨界河流的流量分配、源头森林植被的开发和保护、上下游水文信息的互通与共享等，成为两国水资源安全互通的重要内容。从国际河流相关国际法的变化和两国整体关系的角度看，处理中印跨界水资源问题时，需要平衡兼顾“绝对领土主权原则”和“公平利用原则”。水资源既可能成为激化两国原有矛盾的催化剂，也可能成为加强两国互信的契机。

美国研究所

《挑战博彩——澳门博彩业开放及其影响》

黄平（研究员）主编

专著　164千字

社会科学文献出版社　2008年5月

该书对澳门赌权开放政策近6年的实践进行了深入的回顾、总结、分析和反思。博彩业在历史上一直在澳门经济社会中占据举足轻重的地位，是澳门的主导产业，它在带来经济收益的同时，也对社会生活产生了一定的负面影响。1999年澳门回归后，特区政府于2002年实行赌权开放，结束赌权专营，意在打破垄断，引入外资和竞争机制，充分配置和运用资源，提升和巩固博彩及旅游业的“龙头”地位，带动其他产业，促使澳门向着发展成亚洲地区博彩旅游中心的方向加速迈进。实施赌权开放政策后，澳门在2006年底超过了拉斯维加斯成为世界第一赌城，GDP平均以每年超过17%的速度增长，澳门获选“最具经济发展潜力城市”。全书由6篇论文构成，依内在逻辑排列，分别对外资进入澳门博彩业的经济、社会后果，美资进入后的状况和影响，博彩业专营权有限开放政策对澳门社会经济发展的影响，博彩业有限开放条件下的法律监管以及澳门的公共行政及“澳门模式”进行了深入的研究和分析。

《美国的腐败与反腐败》

周琪（研究员）

专著　320千字

中国社会科学出版社　2008年9月

该书深入研究和探讨了美国历史上和现今的腐败与反腐败的历程。美国在历史上也曾经历过一个严重的腐败时期，这一时期是通过文官改革运动和进步主义的城市改革运动等社会改革运动来结束的。这些运动推动了行政部门的结构性变化，使政府改变了公共事务的管理方式。建立旨在进行自我约束的“政府道德标准”自第二次世界大战结束后被看做反腐败的一个主要措施。与此同时，美国政府还逐步设立了监督执行道德标准的机构，其主要关注在于事先预防，而不是事后惩罚。而国会制定的《政府道德法》成为对政府道德的法律制约。该法在1989年被扩大到适用于立法部门和司法部门。国会道德规则的改革围绕着禁止国会议员接受酬金进行。在美国，由于私人经济部门中的行政人员和政府官员之间的职位转换是惯常现象，防止“利益冲突”就成为防止腐败的一个关键。防止腐败并不仅仅依赖于政府官员的个人道德，更重要的是依赖法律和规章。

腐败问题是当今世界各国政治中普遍存在的问题，由于各国历史、政治文化和价值观念的不同，政治腐败在不同的国家呈现出不同的特点。美国是在各种腐败现象不断出现时，在各种社会因素的推动下，不断制定出新的制止腐败的规则和规章，并设立起监督和执行这些规则和规章的机构，从而逐渐形成了一套反腐败的机制。至今，这一机制仍时常显露出其弱点，受到各方面的讨论和批评，仍处在不断完善中。

《美国新移民研究（1965 年至今）》

姬虹（研究员）
专著　238 千字
知识产权出版社　2008 年 8 月

该书借鉴历史学、社会学、人口学等研究方法和手段，对1965年以来美国新移民融入美国的过程以及美国社会因此而发生的变化进行了考察和分析。该书指出：（1）新移民同化过程大不同于前移民，其经济融合迅速，文化融合相对滞后，更多地保持了原籍国文化，其“跨国性”活动、跨族婚姻等对移民同化产生了重要的影响。（2）美国政府的移民准入政策极大地影响了移民的流向和规模，近年来美国移民政策逐步向高科技人才倾斜，正在改变着美国移民的构成。同时，非法移民屡禁不止，引发了美国移民政策的大辩论和改革，但目前尚未出现实质性的政策转变。（3）新移民潮对美国社会各个方面产生了深刻的影响，不仅拉动了经济的发展，也改变了美国的政治生态，目前美国社会种族矛盾已不再局限于黑白之争，少数族裔之间的矛盾如对工作职位、住房、政治权力等的争夺也日益突出，而且有愈演愈烈的趋势。（4）新移民也给美国社会文化带来了变化：在语言上，从总统候选人到国会议员，都在争相学习西班牙语，以争取更多的选票支持。在饮食、音乐等诸多方面，新移民的影响显而易见，并有扩大趋势，这势必会影响未来美国社会的发展。（5）新移民的大量进入、跨族婚姻数量的大幅增加，使美国人口的种族构成发生了巨大变化，种族界限也随之改变。不过，美国社会还远没有到达“色盲”程度，对少数族裔的歧视依然根深蒂固，但形式发生了变化：从赤裸裸变为更加隐性。从目前的移民形势和美国的相关政策看，美国这个“移民之国”在21世纪还将接受更多的移民，美国社会的多元化和人口的多样性将成为难以阻挡的趋势。此外，移民问题常和种族问题搅在一起，将使美国的种族问题更趋复杂。

《美欧“跨大西洋对话”及其对中国的影响》

刘得手（副研究员）
论文　11 千字
《美国研究》　2008 年第 1 期

该文讨论了以应对中国崛起为目的的美欧“跨大西洋对话”机制，指出了美欧在对华关系上的一致与分歧。作者认为，美欧“跨大西洋对话”是中美欧三边关系的晴雨表。在此三边关系中，美欧关系仍是最紧密的一组双边关系，中美欧之间尚存在较深的分歧与猜疑，而中美关系则在一定意义上使中欧关系复杂化。美欧“跨大西洋对话”对中国及中美欧三边关系具有深刻影响。为了最大限度地发挥“跨大西洋对话”的积极影响，中国在处理对美、对欧关系问题时，需要加强中欧关系，进而推动中美关系的发展。

《美国与东亚能源安全》

罗振兴（副研究员）
论文　19 千字
《美国研究》　2008 年第 3 期

该文扼要分析了当前东亚能源安全的形势，讨论了东亚内部的能源关系，详细阐释了美国与东亚能源安全之间的联系，集中论述了美国对东亚的能源政策。作者认为，美国是影响东亚能源安全最重要的外部因素之一。在维护海洋运输线路和保障全球能源安全等方面，其影响多是积极的；但美国的单边制裁和能源外交，对东亚能源安全则是不利的。在解决东亚内部能源争端方面，美国目前的立场有助于各方保持克制，但其立场的多变性则可能不利于争端的最终解决。美国对东亚的能源政策以将东亚纳入全球能源安全体系为目标，目前的重点则是处理中美能源关系。

《从〈国际刑事法院规约〉看美国霸权维系的困境》

李枏（助理研究员）

论文　18千字

《美国研究》　2008年第1期

该文以美国拒绝加入国际刑事法院为个案研究，试图阐释随着全球化的兴起和国际组织的不断壮大，美国在维系霸权地位时所面临的结构性矛盾。文章认为，国际刑事法院所体现的非国家性与自由主义是西方人权观的具体反映，也是美国在维系世界霸权时对外投射的价值取向，而当这种价值观与美国的现实权势维系产生矛盾时，美国便在“单极体系”的逻辑中陷入两难困境。其结果是削弱了美国价值观的对外投射力，进一步加剧了与欧洲盟国的分裂，并最终危及“单极体系”的合法性与持续性。

《中国加入世贸组织以来的中美知识产权争端》

何兴强（助理研究员）

论文　15千字

《美国研究》　2008年第2期

该文对中国加入世贸组织之后，特别是2004年以来中美知识产权争端加剧的原因进行了深入分析。作者认为，争端是在美国政府加强知识产权保护的背景下、在美国知识产权相关商业集团的推动下发生的。争端的加剧还受到当前美国对华负面贸易政治气氛的不利影响，并遭遇双方在知识产权保护理解上一系列差距的困扰。文章对中美知识产权争端的解决前景进行了探讨，认为加强沟通与合作、相互体谅和妥协，而不是单方面地施压与报复，才是双方应寻求的正确解决问题之道。

《美国对印度尼西亚军政关系民主化改革的影响》

仇朝兵（助理研究员）

论文　21千字

《美国研究》　2008年第3期

该文探讨了美国对印尼军政关系民主化改革的卷入及其手法。作者指出，美国政府部门以及非政府组织都为推动印尼军政关系民主化改革作出了努力。美国政府在双边高层交往中不断对印尼政府和军方施加外交压力，促其改革：包括国务院、国际开发署、国防部、司法部等在内的行政部门实施了一系列项目，旨在推动印尼的军政关系制度建设，培育印尼民主的军政关系文化；美国国会则以立法手段或向行政部门施压的方式约束美国对印尼的军事援助及两国军事关系，意在通过制裁和压力迫使印尼进行军政关系改革。美国的非政府组织也以各种方式参与了推动印尼军政关系改革、促进民主的军政关系文化形成的活动。这些部门和组织广泛而深刻的卷入，在很大程度上推动了印尼的军政关系民主化改革，同时也充分显示出美国在对外扩展民主时投入之大、关注之广、手法之细腻。

日本研究所

《日本经济蓝皮书：日本经济与中日经济关系发展报告（2008）》

王洛林（教授）主编
孙新（副研究员）　张季风（研究员）副主编
专著　492千字
社会科学文献出版社　2008年5月

该书为我国第一部日本经济蓝皮书。由于国际环境的恶化和日本国内政策的变动，2007年日本经济复苏势头明显减弱。在国际石油、资源涨价和美国经济减速的压力下，日本经济将面临严峻考验。目前，中日政治关系持续回暖，但经济关系却未随之升温。2008年是世界经济形势充满变数的年份，日本经济的走向如何？对我国经济将产生那些影响？中日关系能否实现“政经双热”？该书从宏观经济运行层面、金融领域、产业结构与技术创新、贸易、投资以及区域合作等不同角度进行了全景式分析与预测。

《中日友好交流三十年（经济卷）》

张季风（研究员）主编
专著　484千字
社会科学文献出版社　2008年11月

该书从双边贸易、双边投资、日本对华ODA、金融流通领域合作、能源与环境合作等几个方面，对30年来（1978～2008）中日经贸合作的基本状况、特点以及中日经济之间的互补关系等进行了深入分析；对30年来中日经济关系中所存在的主要问题和主要事件也作了介绍和分析。全书按照编年史的体例，共分6个单元56个词条，并附有中日经济关系大事记。

《日本经济发展模式再探讨》

张舒英（研究员）主编
专著　515千字
方志出版社　2007年12月

泡沫经济膨胀、崩溃及其后的长期萧条，暴露出日本原有经济体制和发展模式的诸多问题。在跨世纪转折之际，日本展开了自明治维新130多年来最深刻的一次变革。该书提出了“追赶时代”的概念，将日本此次变革定性为“划时代”的转折。

该书对日本发展模式的再探讨，着重从政府与市场关系、产业发展、金融、财政、税制、教育、社会保障制度等方面展开。

《日本：2007》

林昶（副编审）
专著　390千字
世界知识出版社　2008年8月

该书为年鉴式工具书。分经济篇、政治

篇、对外关系篇、中日关系篇、社会文化篇、学术动态篇、资料篇、文献篇八部分。收录了《2007年日本经济回顾与展望》、《2007年日本政治回顾与展望》、《2007年日本对外关系调整及走向新进展》等27篇文章，并附有日本大事记、经济统计数据、中日关系文献等。

该书从经济、政治、外交、社会文化等多个角度，对2007年日本的发展动态及热点问题作了全面的分析与展望。书中认为，2007年日本的变化趋势，在宏观上处于继明治维新、“二战”后改革之后的第三次全面转型期，在微观上处在这一转型期中重要的转折点上，其显著特征是经济、政治、外交、社会文化等领域之间的不均衡发展和相互间的复杂互动，这些特征可以用“转型中的波动”来概括。

《日本现代化过程中文化建设的主要力量及其作用机制》

崔世广（研究员）

论文　11千字

《日本学刊》　2008年第6期

该文从相互作用的视角出发，将知识分子、政府和民众视为日本现代化过程中文化建设的主要力量，对三者在日本文化建设中的位置、影响及其相互作用进行了探讨。文章通过动态分析日本近现代文化的矛盾而又统一的发展过程，揭示了日本文化建设的内在机制，由此初步建立了日本文化建设研究的框架。

《试析日本的环境外交理念及取向——以亚太环境会议机制为中心》

吕耀东（副研究员）

研究报告　10千字

《日本学刊》　2008年第2期

日本环境外交顺应全球环境保护发展趋势，期望通过参与和倡导国际环境对话与合作确立环保主导权，为实现日本“大国化”战略再辟蹊径。日本主办的亚太环境会议作为本地区各国进行环境政策对话、交涉和调整环境相关问题的平台，是日本加强双边、区域性及全球性三个层次环境外交的中间环节，也是日本以“环保大国”形象从亚太地区走向世界的政治跳板。

《中日贸易结构与产业竞争——兼论我国产业面临的挑战》

徐梅（副研究员）

论文　9千字

《日本学刊》　2008年第4期

该文从产业的发展实态出发，通过分析我国对日贸易商品结构及产业分工、中日产业的国际竞争力、双方市场开放等状况，考察我国产业在对日竞争中的比较优势与劣势，有助于我国相关产业部门及企业把握国内外经贸形势的现状和变化，在扩大对日市场开放的同时，注重调整和深化产业结构，努力提高自身的国际竞争力，制定和实施全球化战略。

《中日两国FTA战略的比较分析》

徐梅（副研究员）

论文　10千字

《日本学刊》　2008年第6期

该文考察了中国和日本的FTA战略及其进展，深入剖析两国战略的利益交汇点和分歧点，从中探寻缔结中日FTA的条件，争取减少和排除推进中日FTA过程中的障碍和问题，这将有助于我国宏观决策部门趋利避害，调整和实施我国的FTA战略和区域化对策，制定对日策略。该文是国家社科基金特别委托项目“中日建立自由贸易区问题研究”的阶段性成果。

《日本社会变革中的“生活者运动”》

胡澎（副研究员）

论文　10千字

《日本学刊》　2008年第4期

该文指出，以日本“生活者俱乐部”为中心的生活者运动，自1965年至今在生产和消费领域、地方政治和行政领域、社区建设领域开展了“共同购买活动”、“肥皂运动”、垃圾减量运动、再生利用运动、代理人运动等多种活动，对日本的政治、经济和社会产生了不可忽视的影响。这一主要由家庭主妇参与并推进的社会运动倡导了一种新的消费理念和生活方式、尝试了一种新的劳动方式，推动了日本政治、地方行政的民主化进程，也开辟了一条妇女参与政治、经济和社会生活的道路。

《美国解密日本二战档案考察》

孙伶伶（助理研究员）

论文　14千字

《日本学刊》2008年第1期

该文指出，2007年1月，美国国家档案馆（NARA）解密了10万页“二战”期间日本罪行的档案。这批档案再次证实了日军在中国的大屠杀、生物战、强掳劳工、性暴力等战争罪行。其中令人关注的是日军七三一部队进行活体实验的记录，以及战后美国以豁免七三一部队负责人罪行换取日本生物战实验资料等幕后交易的档案。近年来，对日本“二战”中对亚洲各国民众以及盟国战俘的反人道罪行，国际社会开始给予更多关注，甚至有升温迹象。以美国为例，2007年1月美国国家档案馆解密日本帝国战争罪行档案，7月底美国国会通过了敦促日本政府向“慰安妇”道歉及赔偿的决议案。

《民主党的发展及其执政可能性》

张伯玉（副研究员）

论文　12千字

《日本：2007》

世界知识出版社　2008年

2007年参议院选举后，民主党一跃成为参议院第一大党，结束了自民党自1955年成立以来参议院第一大党的历史。同时，以民主党为首的在野党势力控制了参议院。民主党首次占据参议院议长以及议院运营委员长等掌控参议院的要职。民主党取代自民党完全控制了参议院，夺走了自民党的半壁江山。在民主党人看来，其与政权的距离似乎只有一步之遥——下届大选就可能实现这种夙愿。民主党成立以来，从“第三极”到“第二极”，再到参议院第一大党，在朝野两大政党分别控制国会众参两院、分而治之的政治形势下，民主党若下届大选能赢得众议院过半数议席或成为众议院第一大党，便能控制众议院，进而实现政权更迭。

《战后日本的主要媒体及其政治影响》

赵刚（助理研究员）

论文　9千字

日本研究所　2008年

该论文为“日本民族保守主义研究”课题结项报告。文章以日本主要媒体形式及与日本人的生活为切入点，着重分析了“战后媒体的转变与保守政治”的相互关联，对“沉默的螺旋理论”与今后媒体的走向问题提出了赌局特色的观点，认为在“沉默的螺旋”的怪圈里，正义的声音往往会被周围的杂音所湮没而变得无声无息，当日本的报道针对别国或是涉及到国际关系的时候，媒体与政治的相互影响就成为值得注意的问题。

《战后日本社会党纲领路线的演变轨迹》

张伯玉（副研究员）

论文　11千字

《现代日本》　2008年第4期

该文指出，日本社会党是战后日本最早成立的政党，也是1955年体制下最大的在野党，但在长达38年的1955年体制下始终未能上台执政。1955年体制解体后，被称为意识形态色彩较浓的日本社会党经过艰难的理论调整，实现了类似西欧各国社民党以联邦德国社民党1959年哥德斯堡纲领为标志的理论调整。但是，此后日本社会党的发展演化表明，无论是调整其基本理念还是改变其名称，最后都没能挽回其不断衰退的趋势。

马克思主义研究学部

马克思主义研究院

《反思和超越新自由主义主导的经济全球化》

程恩富（教授）

论文　7千字

《河北学刊》　2008年第1期

该文认为，经济全球化具有正负两方面的效应。经济全球化的正面效应表现为，它为在全球范围内的资源优化配置、为在全球范围内发挥客观经济规律的作用、为加速产业结构的世界性合理调整和高级化提供了可能性。经济全球化的负面效应表现为，它可能加大世界经济发展的不平衡性、加大世界经济发展的波动性和加大世界经济发展的矛盾性。从当今经济全球化的实践中可以揭示出经济全球化的根本矛盾，即一国内部的经济不断社会化与生产要素的私有制之间的矛盾，国际社会的经济不断全球化与生产要素的私有制和国有制之间的矛盾，以及一国和全球经济的无政府或低秩序或弱调控状态，必然导致一国或全球经济的紊乱和衰退。要从根本上解决上述矛盾，必须反思和超越新自由主义主导的经济全球化，走世界各国人民共同认定的公正和有序的经济全球化，否则，各种危机、混乱、暴力、犯罪与贫穷等就难以较快治理。

《"普世价值"的理论误区和实践危害》

侯惠勤（教授）
论文　12千字
《马克思主义研究》　2008年第9期

该文旨在澄清当今世界所鼓吹的"普世价值"理论的误区和实践危害，揭露出其鼓吹者通过"普世价值"干预我国的民主政治建设，以期终结共产党领导的国家权力结构的目的，揭示其本质上是当代西方话语霸权及其价值渗透方式的表达。该文从以下几个方面展开论证：(1)"普世价值"观混淆了认识论价值与价值论价值；(2)"普世价值"观混淆了政治价值与人性价值；(3)"普世价值"观混淆了理想价值与空想价值；(4)"普世价值"观混淆了马克思不同语境中的话语价值；(5)"普世价值"是西方国家推行国际关系单边主义与双重标准的重要舆论武器。"普世价值"以人道理想的美丽外衣，掩盖了其霸权主义的本质。

《〈共产党宣言〉与现时代》

靳辉明（教授）
论文　15千字
《科学社会主义》　2008年第1期

该文指出，《共产党宣言》是马克思主义奠基之作，尽管它已经发表160周年了，但仍具有重要的理论价值和现实意义。文章从三个方面进行了论述：(1)《宣言》的问世标志着科学社会主义的诞生，它自出版以来，至今用200多种文字，出版了数百种版本，其影响波及全世界。(2)伴随着近年来兴起的"国外马克思主义热"，国外举行了多场纪念《宣言》发表的活动和研讨会，国外学者对马克思的思想也越来越关注，对其评价也越来越客观、公正。(3)由《共产党宣言》所奠定的马克思主义学说，之所以至今能够依然闪耀着理论的光辉，之所以对人类社会和历史发展发生如此深刻的影响，就是因为它阐述的基本原理是科学真理。

《关于"普世价值"的几点看法》

李崇富（教授）
论文　6千字
《马克思主义研究》　2008年第9期

该文分析了一般"价值"概念、价值意识和价值观的基本特征，认为价值哲学具有自明性、合理性、脆弱性等特征。文章指出，在当今的作为整体的世界还是阶级社会的历史条件下，根本不存在所谓"普世"的、超阶级的价值体系和价值观。现在一些人所讲的"普世价值"，就是把资本主义的意识形态中性化、普遍化、神圣化、绝对化为超阶级和超时代的所谓"普世价值"。该文还对"普世价值"被大肆张扬的政治背景、舆论氛围进行了分析，指出，针对目前我国意识形态领域中广泛存在的非意识形态化的倾向，一个重要的理论武器就是在坚持党在现阶段的"一个中心、两个基本点"的基本路线前提下，坚持准确地掌握和正确地运用马克思主义的阶级观点和阶级分析方法。

《劳动者权益保护的理论思考》

胡乐明（教授）　彭五堂（助理研究员）
论文　8千字
《当代经济研究》　2008年第5期

切实保护劳动者的合法权益是事关我国

经济社会稳定持续发展的一个重大问题。要有效解决这一问题，必须从理论上研究和阐明劳动者权益保护的基本前提、基本原则和基本思路。该文提出劳动者权益保护的基本前提是构建新型和谐的劳动关系；基本原则是权益确认原则、广泛覆盖原则、适度保护原则、劳资两利原则、动态调整原则；基本思路包括完善法律体系，加强劳动执法监察，强化制度建设，完善劳动者权益保护机制以及充分发挥政府、工会、雇主组织的积极作用，平衡劳资权益。

《经受大选考验的俄共——俄共大选结果解读》

刘淑春（编审）
论文 8.4千字
《当代世界与社会主义》 2008年第3期

该文分析了俄共在2007年底的议会选举和2008年初的总统选举中的竞选战略、策略和成果，认为俄共在这一轮选举中保住了第二大议会党团的地位，这一结果得来不易；而参选过程对俄共重塑形象的意义更大，俄共通过竞选向社会证明，俄共走出了分裂的阴影，仍是一个代表劳动人民利益并能适应现代政治要求的坚强政党。

《全球发展的公正性：问题与解答》

冯颜利（研究员）
专著 286千字
中国社会科学出版社 2008年1月

该书力求“从物质实践出发解释观念的东西”，打破流行的西方自由主义“公正话语霸权”，探讨了21世纪马克思主义公正理论，着力为发展中国家特别是社会主义国家科学发展提供公正的理论诉求。全书共分八章：第一章主要探讨该研究的理论与实践意义；第二章讨论全球发展公正性的理念；第三章至第七章分别考察全球发展公正性的主体问题、人权问题、权利与义务问题、机会问题、结果问题，并着力从马克思主义哲学的视角进行解答；第八章探索全球发展公正性的前景，重点是其可能性与现实性。

《早期毛泽东的教育思想与实践》（日文）

郑萍（助理研究员）
专著 300千字
日本侨报社 2008年6月

该书充分利用中国和日本关于毛泽东研究以及教育学研究的成果，并将之结合起来，实证性地梳理了至1921年秋为止的早期毛泽东的教育思想和实践。作者认为，对早期毛泽东教育思想和实践产生影响的，不仅有家庭因素，还有中国传统的儒家教育思想，包括日本在内的近代西方的伦理、教育思想。该书特别对英国的斯宾塞、德国的泡尔生、美国的杜威等对毛泽东的影响进行了分析。书中提出，早期毛泽东教育思想体现了四个特征，即以国家和个人的“独立富强”为教育目的；以“平民教育”为教育对象；以“三育并重”为教育内容；以“工读并行”为教育方法。

该书获2008年日本侨报社第六届华人学术奖。

《论社会形态的衔接顺序》

刘海霞（副研究员）
专著 230千字

研究出版社　2008 年 7 月

社会形态衔接顺序是历史唯物主义的基本理论问题之一，深入研究这一问题，有助于进一步完善唯物史观的基本原理，坚持和发展唯物史观。该书以唯物史观为指导，坚持历史与逻辑、抽象与具体、归纳与演绎、理论与史实相统一，综合运用哲学、历史学、人类学、考古学、经济史、经济—社会史学等学科的研究方法，注重比较研究，考察了具体社会形态，探讨了社会形态的更替是否具有规律性、社会形态是怎样衔接的以及社会发展究竟是“单线”还是“多线”等基本理论问题。在此基础上作者指出，规律性不排除某个社会在某个阶段上的“缺失”和“跨越”等多样性，规律性和多样性是多对矛盾关系的辩证统一。

《统筹城乡中农村公共产品供给：理论与实证分析》

杨静（助理研究员）

专著　210 千字

经济科学出版社　2008 年 7 月

该书针对当前对统筹城乡中农村公共产品供给问题研究的不足，系统总结了经济发展阶段和公共产品的相关性，运用公共产品供给模式变化的经济发展动态理论，解决政府财力存量和增量向农村倾斜后，协调城乡居民享有公共产品福利问题。统筹城乡中农村公共产品供给的增加，也要兼顾城市居民福利，不能顾此失彼。此外，该书还进一步研究了当前农村公共产品供给的重点范围，采用定量分析的方法，对选定的农村公共产品进行了优先次序排列。该书最后提出了农村公共产品有效供给的政策建议。

《迈入新阶段的中国经济》

毛立言（研究员）主编

专著　600 千字

经济科学出版社　2008 年 8 月

该书从我国经济社会进入新的发展阶段这一国情出发，贯彻党的十七大精神，多方面、多视角地对中国特色社会主义道路和中国特色社会主义理论、对如何实现科学发展和构建社会主义和谐社会、对我国当前经济中的热点问题和马克思主义经济学创新与中国化等问题进行了研究和探讨，力图深刻认识我国经济社会发展的阶段性特征及其蕴涵的规律性要求，全面把握我国经济社会发展面临的新任务，以促进我国经济又好又快发展。

《马克思主义中国化理论创新 30 年》

侯惠勤（教授）等

专著　530 千字

中国社会科学出版社　2008 年 9 月

该书以马克思主义的唯物论和历史辩证法为方法论指导，以全球化下的世界政治经济趋势为背景，以改革开放这一决定当代中国命运的历史选择为主线，以改革开放30年来马克思主义中国化在科学继承马克思主义基本原则方面的新认识、对国内外社会主义实践经验教训的新总结、对国际形势和时代特征的新定位以及对中国最广大人民群众根本利益和共同愿望的新把握为创新点，以十七大报告总结改革开放的十个结合的基本经验为主要内容，以“史论结合、以论带史”为基本叙述方式，力图揭示马克思主义与时俱进的理论品格和马克思主义理论创新的内在规律。

《中国特色社会主义理论体系新论》

罗文东（研究员）主编
专著　430千字
人民出版社　2008年10月

该书坚持历史与逻辑相一致、理论与实践相结合的原则，站在总结中国近现代历史发展和世界社会主义运动的实践经验和理论成果的高度，全面论述中国特色社会主义理论体系的时代背景、实践基础、思想渊源、发展历程、科学内涵、精神实质、历史地位和指导意义等一系列重大问题。该书以党的十七大精神为指导，不仅从概念、原理的内在联系上对中国特色社会主义理论体系进行了比较全面的分析，而且从经济、政治、文化、社会、国防和军队建设以及国际战略和党的建设等实践层面对这一理论体系的发展进行了探讨。

《科学发展观的基本问题研究》

辛向阳（研究员）
专著　260千字
中国社会出版社　2008年10月

该书立足于改革开放30年来中国社会全面发展的新实践，在对国内外相关研究成果进行系统梳理的基础上，将科学发展观放到马克思主义发展的全过程中，放到中国特色社会主义实践中进行考察，不仅揭示了科学发展观的思想基础、理论渊源，也揭示了其科学内涵、精神实质等。该书总体框架结构安排分为两部分九章：第一部分是科学发展观的马克思列宁主义基础、科学发展观形成的路径、理解科学发展观的四个维度等四章；第二部分是科学发展观与经济建设、政治建设、文化建设、社会建设、党的建设等五章。

《马克思主义产权理论研究》

彭五堂（助理研究员）
专著　210千字
上海财经大学出版社　2008年11月

该书系统地梳理了马克思主义产权理论的脉络。马克思从所有制和所有权两个层面上研究了产权问题，指出所有制是所有权的基础，所有权是所有制的法律表现。马克思按照生产力——分工——所有制——所有权的思路构建了自己独特的研究产权问题的基本框架。马克思在生产力发展的基础上研究了产权的形成和演变过程。其结论是，产权本质上是生产关系的总和，它的基本特征取决于其得以产生的生产力状况，它的发展和演进最终是生产力变化发展推动的。

《改革开放30年思想史》（上、下卷）

赵智奎（研究员）等
专著　1080千字
人民出版社　2008年12月

该书是中国社会科学院重大课题的最终成果。

该书遵循马克思主义基本原理，坚持历史与逻辑的统一，以党的十一届三中全会以来中国30年的社会变迁为基础，以邓小平理论、“三个代表”重要思想、科学发展观等重要战略思想为主线，以中国特色社会主义理论体系的形成和发展为核心内容，概览和解析了对中国改革开放有重大影响的各种社会思潮、学派、人物的思想流变，全方位、立体地再现了改革开放30年来中国经济、政治、文化、社会思想的发展图式和逻辑进程，总结了改革开放30年来中国社会思想发展的若干规律性，对于进一步认识中国特色社会主义理论体系的历史地位，不断深化对共产党执政规律、社会主义建设规律、人类社会发展规律的认识具有重要的理论和现实意义。

《现代政治经济学新编》

程恩富（教授）
教材 918千字
上海财经大学出版社 2008年5月

该书在体系、内容和方法上进行了如下探索和创新：(1) 体系新。该书依据马克思《资本论》体系和政治经济学六分册体系的精神，在学术界首创“五过程体系”。除了导论和尾论外，第一编分析直接生产过程，第二编分析流通过程，第三编分析生产的总过程，第四编分析国家经济过程，第五编分析国际经济过程。(2) 方法新。该书摒弃将政治经济学分作资本主义和社会主义两部分的叙述方法，或者将有交叉联系的经济制度、经济运行和经济发展分割为几部分，并在各部分中再分章叙述资本主义和社会主义的方法，而首创在每章内部均按照“范畴一般与范畴特殊分析法”来阐述。(3) 观点新。该书积极吸收国内外政治经济学关于资本主义和社会主义的最新研究成果，坚持“不唯书、不唯上、不唯风”的精神，主张“思想应当解放而不僵化，学风应当严谨而不风化”。

其他单位

当代中国研究所

《我所知道的十一届三中全会》

朱佳木（研究员）
专著 82千字
当代中国出版社 2008年9月

该书是一部亲历者回忆与研究中共十一届三中全会的口述史著作。作者介绍了粉碎“四人帮”后头两年对三中全会召开的作用，三中会议及此前中央工作会议在历史遗留、真理标准讨论和中央人事安排等问题上取得的成果，邓小平“主题报告”的形成过程和陈云、叶剑英、胡乔木等领导人对三中全会的历史贡献；说明了三中全会所实现的伟大转折，既不是偶然的、突然的，也不是党的宗旨和社会主义基本制度的转变；三中全会最重要的成果是重新确立了马克思主义的路线，形成了以邓小平为核心的第二代中央领导集体。书中披露的一些领导人为会议所做的准备工作和会议上的一些细节，对深入研究三中全会具有一定的史料价值。

《陈云对改革开放的重大贡献》

朱佳木（研究员）
论文 12千字

《党的文献》　2008年第5期

该文概括了陈云对改革开放作出的10个方面的重大贡献。即在1977年3月中央工作会议上率先提出邓小平复出的问题；在十一届三中全会前的中央工作会议上提出必须解决一系列重大历史遗留问题；力主领导了新中国成立后第二次国民经济调整；率先提出社会主义时期的经济应由计划经济和市场调节两部分经济组成；较早表态支持安徽等地实行包产到户的做法；率先提出对外开放也可以到国外投资办厂的主张；强调处理好积极改革与稳步改革、搞活经济与宏观控制的关系；积极推动干部革命化、年轻化、知识化、专业化 ；强调党内民主及民主的制度化；提醒广大党员干部警惕改革开放中的消极东西，坚持理想信念，维护良好党风。作者认为，陈云对改革开放贡献中最为核心的内容，是他主张一种平衡发展和稳步前进的思路，从而为人们正确看待和处理改革、发展、稳定的关系产生了积极的影响。

《党的十一届三中全会与中国当代史上的伟大转折》

朱佳木（研究员）

论文　17千字

《当代中国史研究》　2008年第5期

该文通过分析党的十一届三中全会及此前中央工作会议的历史背景、主要成果、基本特点和伟大意义，阐述了三中全会这一新中国成立以来党的历史上具有深远意义的伟大转折的由来、必然性和性质等问题。作者认为，这一转折不是自然形成的，而是大多数与会代表在老一辈无产阶级革命家带动和支持下通过斗争取得的；但它也不是偶然发生的，而是粉碎“四人帮”之后到会议召开前的两年，党内正确力量在思想上、组织上所做的大量准备工作与国内外形势发展相互作用的必然结果，是或迟或早总会发生的。它既不是一般方针、政策的转变，也不是社会主义基本制度的改变，而是从对什么是社会主义、怎样建设社会主义的问题由不完全清楚到比较清楚的转变，从探索中国自己的建设社会主义的道路到开辟中国特色社会主义道路的转变，是以经济建设为中心、改革开放与四项基本原则的有机结合，是社会主义制度的自我完善和发展。

《正确认识国史是建设社会主义核心价值体系的必然要求和重要途径》

朱佳木（研究员）

论文　6千字

《毛泽东邓小平理论研究》　2007年第12期

该文指出，对于历史尤其是对国家史的解释，在塑造一个国家的主流意识形态过程中具有极其重要的作用，我们要建设社会主义核心价值体系，就必须发展和繁荣国史研究，加强唯物史观对国史研究的指导，促进广大群众对国史的正确认识。文章批驳了极少数人为了消解社会主义意识形态，把1978年改革开放前的29年说成是封建专制主义的历史，把1978年以后的29年说成是民主社会主义的发展史的错误观点，认为改革开放前后的两个29年是中华人民共和国历史进程中两个既互相区别又互相联系的阶段，前者是后者的基础，后者是对前者的继承、扬弃和完善。二者统一于对科学社会主义基本原则的坚持，任何把二者割裂和对立的观点都是错误的。

《胡风事件研究综述》

张星星（教授）
论文　10千字
《中共党史资料》　2008年第1期

该文依据对国家图书馆馆藏目录和中国知网期刊、报纸、学位论文等全文数据库的检索，系统梳理和分析了20世纪80年代“胡风反革命集团”案件平反以来，学术界对胡风事件和胡风文艺思想研究的基本情况、主要成果和存在问题。文章认为，随着“胡风反革命集团”案件的平反，胡风事件和胡风文艺思想逐渐成为史学界和文艺界的研究热点，发表了大量的文献史料和回忆史料，取得了丰硕的研究成果。但是，由于胡风事件的历史渊源、政治背景、人事纠葛和社会影响的复杂性，对胡风文艺思想评价、胡风事件起因和始末、事件的影响和教训等问题，仍然在基本看法上存在着许多重大分歧。文章对胡风事件研究中的热点、难点问题作出了分析和评述，指出了研究中应当注意的一些问题。

《中华人民共和国史研究述论》

张星星（教授）
论文　26千字
《中国历史学30年（1978～2008）》
中国社会科学出版社　2008年10月

该文回顾了中共十一届三中全会30年来中华人民共和国史研究的发展概况，从档案文献的公布、学术成果的出版、研究机构和学术团体的建立、学科建设和学术队伍的发展、专业人才的培养等方面，系统梳理了研究中取得的主要成就；围绕国史学科的定位、国史研究的主线、国史的阶段分期、国史的历史主流、国史中失误和曲折等问题，着重分析了其中的重点、热点和难点；提出了坚持以马克思主义特别是马克思主义中国化的理论成果为指导、进一步明确国史的学科定位、切实加强国史学科建设、努力拓宽国史的研究视野、深入挖掘国史的档案文献等加强中华人民共和国史研究的思考和建议。

《转折年代——1976～1981年的中国》

程中原（研究员）　王玉祥（副研究员）
李正华（研究员）
专著　400千字
中央文献出版社出版　2008年10月

该书围绕十一届三中全会这个历史转折点，叙述了这五年发生的重大历史事件，邓小平、陈云等老一辈革命家对历史转折的卓越贡献，客观地反映了伟大历史转折时期的概貌和邓小平开创这条一心一意搞建设的改革开放新路的历史进程。

《中华人民共和国史编年》（1951年卷）

当代中国研究所编
陈东林（研究员）执行主编
工具书　1200千字
当代中国出版社　2007年12月

该书记述了1951年1月1日至12月31日发生的政治、经济、军事、文化等方面的大事，特别是抗美援朝、土地改革和镇压反革命三大运动。该书作为国史编年第三卷，首次选用了一批中央档案馆相关重要文献。其中，在撰写条目中参考、提炼、摘写的有73件，在条目所附文献中节录或全文发表的有32件。该书还选用了珍贵的历史照片60余幅。

《建国初期朱德的国家安全思想论析》

刘国新（研究员）
论文　9千字
《党的文献》　2008年第1期

论文从四个方面分析了朱德关于国家、军队以及军队如何有效地担当起国家安全责任的论述：第一，关于国家安全的物质基础，在于建设一支掌握现代军事科学技术的军队。这符合世界军事发展的最新趋势和国际政治潮流。第二，关于国家安全的战略重点，从客观地理条件和国家关系的现状看，是西缓东紧，防御重点在东，特别是东南。第三，关于国家安全的主要手段，是空防和海防。第四，关于国家安全的战争形态。简单的边防冲突并不威胁到国家安全，而一旦发生战争，就绝不会局限在边境地区，很可能是一场大规模的现代化的侵略战争，是“诸军兵种的联合作战”。论文最后分析了朱德国家安全思想形成的历史依据和理论依据。

《西藏和平解放“十七条协议”谈判、签订问题研究》

宋月红（研究员）
论文　19千字
《史学月刊》　2008年第2期

该文在综述“十七条协议”研究状况的基础上，就协议谈判的地点、西藏地方政府谈判代表的资格和协议签订的合法性等基本问题，进行了史实考辨和观点剖析，批驳了所谓西藏地方政府代表不具有全权代表资格以及在“胁迫”和“压力”下进行谈判与签订的错误观点。作者认为，协议的谈判和签订的过程，是中央人民政府和西藏地方政府全权代表在北京平等协商关于和平解放西藏办法的具体历史过程。协议的签订标志着西藏和平解放、西藏民族内部团结的实现和祖国大陆统一的完成，在当代西藏地方发展史和中央与西藏地方关系史上具有里程碑意义和奠基性作用。

《中华人民共和国史研究若干前沿问题简介》

李文（编审）
论文　10千字
《中国社会科学院院报》　2008年3月25日

2007年9月，当代中国研究所、中华人民共和国国史学会等单位在陕西延安联合召开了主题为“国史研究中的重点、难点问题研究述评”的第七届国史学术年会。此次会议的60余篇述评文章，对国史研究中一些重点、难点问题的研究状况和取得的主要成果进行了较为全面的回顾和系统的梳理。该文将会议涉及的部分前沿问题的基本观点和主要分歧作了简要介绍。这些问题包括：新中国成立初期的土地改革运动、镇压反革命运动、抗美援朝战争、“三反”“五反”运动、由新民主主义向社会主义提前过渡、新中国成立初期的工业化道路和经济体制、统购统销、农业合作化、新中国成立初期意识形态领域的改造和批判运动、反右派斗争、农村社会主义教育运动、“文化大革命”、真理标准问题大讨论、中共十一届三中全会等。

中国社会科学院研究生院

《中国民营企业竞争力报告 No.4——人力资本与竞争力指数》

刘迎秋（研究员）主编
研究报告　300 千字
社会科学文献出版社　2007 年 11 月

该书由序言、报告篇（含主报告和9份调研报告）、案例篇和附录（综合竞争力指数和人力资本竞争力指数模型介绍）组成。

该书在对全国 14 个省市开展“中国民营企业人力资本与竞争力问卷调查”和实地考察基础上，分析和阐明了民营企业人力资本与企业制度选择与创新、企业绩效、企业研发行为、企业市场开发以及企业国际化发展的关系。作者认为，到目前为止，民营企业家的人力资本仍然是民营企业持续快速发展与成长的主要推动力；民营企业家管理经验和领导能力的积累，对于民营企业制度选择和创新具有重要作用；民营企业的人力资本水平越高，该企业越倾向于改制为现代企业；民营企业创办人的党员身份同样是民营企业家人力资本的一种存在形态。该书阐明了企业人力资本水平和质量越高，竞争力越强，企业成长与发展的能力越强的逻辑结论。

《2008 国情调研——西部革命老区经济发展及其影响因素》

黄晓勇　（编审）主编
研究报告　290 千字
中国民航出版社　2008 年 8 月

该书反映了内蒙古自治区凉城县、宁夏回族自治区盐池县、青海省海晏县、广西壮族自治区西林县等西部革命老区在扶持主导产业促进产业结构优化、财政收支状况、公路基础设施与县域经济发展、新型农村合作医疗、农村养老的出路选择、人力资本投资与区域经济发展关系等方面的现状，并对其进行了认真仔细的分析梳理，找出存在的问题，有针对性地提出了政策建议。

《2008 国情调研——西部民族地区农村义务教育状况分析》

黄晓勇　（编审）主编
研究报告　205 千字
中国民航出版社　2008 年 8 月

该书反映了内蒙古自治区凉城县和东乌旗、宁夏回族自治区盐池县、青海省海晏县、广西壮族自治区西林县等西部民族地区农村义务教育法实施情况、义务教育状况、义务教育师资现状、义务教育阶段辍学现象、义务教育经费运行状况等方面的现状，并对其进行了认真仔细的分析梳理，找出存在的问题，有针对性地提出了政策建议。

《中国民间组织报告（2008）》

黄晓勇　（编审）主编
研究报告　454 千字
社会科学文献出版社　2008 年 8 月

该书是我国第一本民间组织发展的蓝皮书报告。

该书分为总报告、综合研究篇、地方发展篇和域外镜鉴篇四部分内容。综合研究篇包括3篇文章，分别是对民间组织的相关研究所作的系统梳理和述评、历史发展源流的探究和总结，以及所面临的法制环境的法律视角考察。地方发展篇则选取了上海、浙江、四川、广东四个省市，分别介绍了当地民间组织在政府购买服务、促进经济发展和参与新农村建设等方面的重要经验。域外镜鉴篇以课题组考察的英国、俄罗斯和波兰等国家为代表，总结介绍了英国政府与民间组织的公私伙伴关系，俄罗斯与波兰民间组织对转型过程的推动作用。这些经验对我国的民间组织管理和发展有着重要的借鉴和启发意义。

《中国村民自治制度中自制规章与国家法律关系研究》

赵一红（副教授）

专著　256千字

中国社会科学出版社　　2008年6月

该书以法律社会学为研究视角，以村民自治制度中的自制规章为切入点，深入探讨国家法与村民自制规章在中国特殊环境下的相互关系及其特色，问题集中在：村民自治制度与村民自制规章的含义与内容，村民自制规章的产生、形成、特征及其存在的价值，村民自制规章与国家法之间的限定范围，村民自制规章与国家法产生冲突的原因及其解决冲突的方法与途径等。书中提出了村民自制规章具有相对独立性和自主性的观点。村民自制规章既不同于国家法也不同于民间法，它表现出当代农民自我管理、自我教育、自我服务的特点，有其自己的管辖范围和地位，有其自身的系统体系，村民自制规章的内容构成了乡村秩序的一系列规范制度的基础。

《日本武士名誉观》

王炜（讲师）

专著　268千字

社会科学文献出版社　2008年8月

该书将武士阶级的名誉观念及其发展过程分为形成、成熟和转变三个阶段进行考察和分析。认为日本武士的名誉观具有如下几个重要特征：第一，名誉是武士身份者的最高价值目标，而实力（包括技术层面的精湛武艺和精神层面的勇猛无畏）是武士阶级实现名誉的内核。第二，随阶级社会角色的分化，武士也分化为统治阶层和从属阶层两个层次，二者相互影响和作用。其变化趋势体现了来自武士阶级统治阶层意志的不断改造，武士阶级的名誉观念也成为武士统治阶级维护内部秩序、加强统治权威的得力工具。第三，在变化发展的过程中保留了其传统精神。如内发性名誉判断发挥重要作用，努力使自身行为与所担当的社会角色所被要求的责任和义务相符合，重视外在评价等。在今天的日本社会依然能够感受到这些特征的遗存。

虽然武士的时代已经成为历史，但关于武士的名誉观念和对名誉的追求，尤其是对于武士对个人名誉的追求即个人价值与统治阶层对武士名誉观念的影响和改造、集团价值之间的关系等，仍然是现代日本社会及日本人伦理意识的核心问题。

"Market Dominance by China's Public Utility Enterprises"（《中国公用事业的市场优势地位》）

文学国（教授）

论文　12千字

Antitrust Law Journal（《反垄断法研究》）2008 年 第 1 期

该文对中国的公用事业的定义、法律特征和针对公用事业的立法情况进行了介绍；结合发生的有关案例，对我国公用事业滥用市场优势地位的行为如超高定价、强制性收费、交叉补贴、共同抵制、限制进入关键设施、搭售等进行了研究；对我国近几年来立法机关和政府加强公用事业的管制所采取的措施进行了分析，并对反垄断法通过后，反垄断法对公用事业滥用市场优势地位的规制前景进行了展望。论文对我国如何规制公用事业提出了自己的观点。

《企业家人力资本与中国私营企业制度选择和创新》

刘剑雄 （讲师）
论文　30 千字
《经济研究》　2008 年第 6 期

该文基于对全国 14 个省市民营企业的调查数据，运用 Ordered Logistic Regression 对中国私营企业家的人力资本中影响企业制度选择和创新的关键因素作了实证研究。研究表明：私营企业家的企业家人力资本越高，其越有可能将创立的公司改制为现代企业。私营企业家管理和领导经验的积累，对于私营企业制度选择和创新有显著性影响。对于中国的私营企业而言，所有权与经营权分离之后，企业所有者会作出一些产权方面的制度选择，以对经营者形成制衡。研究也表明，私营企业创办人创办企业前的党员身份和现任管理者的党员身份对于私营企业制度选择和创新有重要影响。

《构建和谐社会与完善政府公共服务》

张菀（讲师）
论文　12 千字
《数量经济技术经济研究》　2008 年第 6 期

该文运用经济学的分析方法研究了公共服务的供给效率问题，强调了市场失灵状态下政府干预的必要性。但需要说明的是，政府有提供的职责并不意味着必须由政府自己生产亲自供给。政府通过设计合理的制度安排，比如政府间协议、合同承包、特许经营、凭单制、补助、志愿服务、社区治理、自我服务等多种选择模式，可以划定政府与市场在公共服务供给中的责任边界，实现优势互补。这种多元化综合模式，也有助于政府服务职能的延伸，为构建社会主义和谐社会所要求的服务型政府职能的有效配置创造基础。

中国社会科学杂志社

《新传统的兴起：晚明观念变迁与生活方式》

高翔（研究员）
论文　23 千字
《吉林大学社会科学学报》　2008 年第 5 期

该文从观念变迁的角度，将中国早期近代化的历史推到晚明时期，以考察中国近代化的起源问题。以儒家纲常伦理为核心的道德观念，构成了长期主导中国社会发展方向的“旧传统”。而晚明市民观念的变迁以及由此引发的生活方式的改变，表明一个新的文化传统的产生。其主张的是人性自由与个性发展，追求的是物质享受与生活乐趣，质疑和批判的是儒家纲常礼教。这种文化传统，虽然尚不成熟，但它的灵魂——带有人文主义色彩的价值观念，已经为那个时代打上了深刻的烙印，而它本身也未因朝代更迭、世道盛衰而终止。正是这种绵延不绝的文化递进，为19世纪中叶以后中国近代化的全面启动，提供了原始的但却是必不可少的文化基础。该文以实证的方法，比较彻底地否定了中国社会停滞说，并从观念变迁与生活方式的角度，揭示了中国早期近代化的起源模式。

《深入研究思想史　促进新的思想解放》

周溯源（编审）

论文　5千字

《人文学人——张岂之教授纪事》

西安出版社　2008年1月

该文回顾了中国思想史的梗概，重点分析了春秋战国时期、盛唐时期、晚清时期、五四时期、真理标准讨论时期思想解放对社会变革的推动作用，从思想史的角度来认识新时期解放思想的重要性、必要性和必然性。利于人们用历史的眼光看问题，做到古为今用，与时俱进。

《中港财经论集》

王利民（编审）

专著　253千字

港龙出版社　2008年1月

该书提出，松财政、稳货币、升汇率是中长期中国宏观经济政策的理想选择；人民币升值，改革公共财政体制是中共十七大后建立共享经济模式的两个主线；扩张公共财政，以公共消费为主，公共投资为辅；未来20年，以科学发展观、以和谐社会努力打造促进中国和平崛起的政策体系。该书分析了中美双边经济平衡；总结了香港20世纪70年代经济社会转型的经验和汇率的关系；系统考证了香港“积极不干预”政策的来龙去脉。分析了人民币升值、结构性通胀和分享社会的关系，提出了分析中国新一轮结构性通胀的理论框架和政策建议。

《当代学术思潮的前提批判》

孙麾（编审）

论文　18千字

《马克思主义研究》　2008年第3期

该文围绕中国现代性和改革的重大核心问题引发的学术界一系列争论，认为导致这种状况的最直接的原因是透过西方理论的针孔来观察中国的实际问题，在以观念的“应然”规定现实物质生活的“实然”中，回避或远离了中国的真正问题和产生问题的真正根源。该文表明，诸多学术思潮的论战交锋提示我们，在当前及今后相当长的一段时期，思想文化领域的多元、多样、多变趋势将进一步加剧，因而，巩固马克思主义在意识形态领域指导地位的任务将更加重要、突出，也更加艰巨。

《20世纪30年代关于“封建”的论争》

李红岩（研究员）

论文　40千字

《“封建”名实问题讨论文集》

江苏人民出版社　2008年12月

该文以20世纪30年代关于“封建”和中国封建社会的论争为内容，以各家的总观点为子标题，比较详细地介绍和分析马克思主义史家和非马克思主义史家的观点，从认为中国自古以来就是封建社会，到魏晋封建说，以肯定或否定秦汉后中国是否封建社会为分野，凸显该问题的学术价值与政治意涵，并对有关商业资本主义问题的讨论进行了介绍和分析。文章特别关注了当时的代表人物陶希圣的观点，揭示出其观点的逻辑架构和政治隐含，还对中国“托派”的相关观点作了比较详细的介绍和分析，最后讲述马克思主义史家的观点，以彰显其观点的科学性。

《昭宣时代》

宋超（编审）
专著　180千字
陕西人民出版社　2008年8月

该书指出，西汉昭宣时代，既不似汉初高祖时代那样波澜壮阔，亦不如武帝英雄时代那样灿烂夺目，如果给昭宣时代以一个历史定位，似乎更类于“文景之治”：一个是“承亡周乱秦兵革之后，天下空虚，故务劝农桑，帅以节俭，民始充实”的“治世”；一个是“承孝武奢侈余敝师旅之后，海内虚耗，户口减半”，“轻繇薄赋，与民休息”，“吏称其能，民安其业”的“中兴”时代。所不同者是，“文景之治”迎来的是一个堪称鼎盛的武帝英雄时代；而宣帝辞世之后，嗣君元帝“牵制文义，优游不断，孝宣之业衰焉”。昭宣时期统治政策的调整，缓和了武帝晚年以来严重激化的社会矛盾，避免了重蹈秦亡的覆辙。

《朝鲜北学派的华夷观》

郑成宏（副研究员）
论文　15千字
《东北亚论坛》　2008年第6期

该文认为，自从清入主中原、所谓“华夷秩序”大乱之后，朝鲜人自感传续华夏文明之真传的责任重大，虔诚地维护传统文化。朝鲜卫道士们一直将中华以外的文明视为“夷狄”之货，采取不屑一顾的态度。在如此僵化愚腐的意识氛围中，北学派先驱洪大容率先提出了“华夷一也”的新观念，实现从“慕华贱夷”、“尊华攘夷”到“华夷一也”思想的飞跃。在东亚率先打破传统的“华夷观”是朝鲜北学派的一大特点，在朝鲜唤起了民族主体意识，为朝鲜学习世界先进文化，吸收新的世界文明做了理论准备。

《唯物史观与历史评价问题研究》

王广（编辑）
论文　16千字
《中国社会科学》　2008年第1期

该文围绕着学科对话在学术创新中的必要性、唯物史观在学术研究中的方法论意义、唯物史观与历史评价问题以及对历史虚无主义等思潮的剖析与批判等四个问题，总结了当前哲学界与史学界的众多观点，并在此基础上提出：学科对话是推动学术创新，形成新思想、新见解的重要平台；学科对话的目的不是盲目求新求异，而是为中国特色社会主义寻找新的更加强大的思想助力；学科对话要求学者们突破单一学科的视阈制限，不断拓辟新的学术空间。

《美国的法律实用主义》

张芝梅（副编审）
专著　126千字
法律出版社　2008年4月

该书主要采取历史的方法和比较的方法进行分析。使用历史的方法分析了美国法律实用主义产生的社会背景和理论背景，描述了其从最初的对法律形式主义的批评到法律现实主义，随后衰微，再到法律实用主义复兴的过程。既有对人的比较，也有主义之间的比较。用比较的方法对德沃金和波斯纳的思想进行了多方面的比较，还把实用主义和实证主义、功利主义、后现代主义、相对主义和怀疑论这些经常和实用主义联系在一起的主义进行了比较。

《从天书封祀看宋真宗时期的忠节文化建设》

路育松（副编审）

论文　12千字

《清华大学学报》　2008年第6期

该文从忠节角度分析天书封祀事件发生的背景、内容、影响，丰富了对此事件的认识。天书封祀是宋真宗统治时期的一个重大事件，将其放在宋初忠节文化建设的背景下，可以看出天书封祀是当时忠节文化建设的内在组成部分，也是神道文化在政治上的反映。该事件中，人们对神道设教的质疑和对从道、从君问题的思考和抉择，反映了宋初社会发展的趋势，亦对此后的忠节文化建设产生了重要影响。

《近代外国在华直接投资结构分析》

梁华（副编审）

论文　12千字

《西北师大学报》　2008年第3期

该文从产业间构成、第二产业内部门构成和第三产业内部门构成三个方面梳理外国在华直接投资的产业结构及其变动，计算中外产业结构相似系数和第二产业内部门结构相似系数，比较发现：外国在华直接投资与中国国内投资在产业结构上存在较高程度的相似性，中外竞争并非主要集中在第三产业，而是集中在矿冶业和制造业。

《中国戏曲通鉴》

李琳（编辑）

合著　100千字

中州古籍出版社　2008年10月

该书分为“元代卷”、“明代卷”、“清代卷”3卷。所编内容包括：古代戏曲作家生平事迹、交游与著述情况，古代戏曲作品的写作时间及有关本事，古代著名优人事迹，戏曲演出情况及有关戏曲的事件，古代戏曲作品与戏曲理论的刊刻、流传及影响，各代朝廷有关戏曲的政令法规及与戏曲有联系的乡情民俗等。

中国社会科学院图书馆

《国外人文社会科学政策与管理研究》

黄长著（研究员）　黄育馥（研究员）等

专著　276千字

社会科学文献出版社　2008年11月

该书是中国社会科学院重点学科建设项目“国外人文社会科学政策与管理”的研究成果之一。该书以问题研究为中心，结合国别研究，对近年来东西方主要的人文社会科学研究方针政策及管理实践进行了梳理和分析，内容涉及资助体制、评价体系、跨学科研究、学风建设等重要问题。书中附有国外主要人文社会科学基金会简要介绍。该书资料丰富翔实，可供学术界和科研管理部门参考。

《SSCI、A&HCI和ISSHP收录中国论文统计分析（1995～2004）》

郑海燕（研究员）

专著　526千字

社会科学文献出版社　2008年10月

该书运用文献计量学研究方法，对SSCI、A&HCI和ISSHP三大国际检索工具在1995～2004年期间收录我国（包括香港和台湾地区）论文的情况，进行了综合统计分析。其内容包括论文数量、国际排名、学科分布、地区分布、机构分布、文种分布、国内外合著以及被引用情况等。该书从一个方面揭示了我国人文社会科学在走向世界的进程中面临的机遇和挑战，为学术研究和科研管理提供了一些可资参考的数据。

《苏南基层图书馆的创新与发展——对昆山、张家港的调研报告》

蒋颖（副研究馆员）等

专著　156千字

中国大地出版社　2008年8月

该书是中国社会科学院国情调研项目“社会主义新农村的图书馆事业”研究成果之一，重点研究我国以苏南地区为代表的发达地区基层图书馆事业的发展情况。该书是调研项目组对省、市、县、镇、村各个层面的图书馆进行了深入考察后撰写的调研报告，内容涉及江苏省经济社会文化发展总体情况、基层图书馆建设、服务、管理等方面的发展经验和存在的问题，对进一步促进我国农村地区基层图书馆事业发展提出了值得思考的问题。

《如何正确认识世界诸语言的统计数字》

黄长著（研究员）

论文　8千字

《国外社会科学》　2008年第1期

该文分析了目前国际流行的几种有关世界语言的统计数据及导致语言统计不准确的主要原因：（1）划分语言的标准不统一；（2）人类对世界语言的知识仍然贫乏；（3）世界语言总是处在动态变化的过程中。文章认为，在缺乏统一的语言和方言划分标准，在人类对不断变化的世界语言认识和描写不充分的情况下，是不可能作出完全准确的统计的。目前最重要的是抓紧时间对那些未知的语言进行记录和描写。

《对学科和事业发展的几点思考》

黄长著（研究员）

论文　6千字

《情报资料工作》　2008年第6期

该文在简要回顾改革开放以来我国社科情报事业发展的基础上，就目前大家普遍关心的图书馆学情报学学科建设、学科名称、数字图书馆建设以及基础研究与应用研究关系等问题，提出了独到见解。文章认为，网络环境和信息环境的改变促进了传统图书馆从“以藏为主”向“以用为主”的转变，并对图书馆学科提出了挑战，引起了图书馆学情报学的研究内容和研究对象的外延，向管理学、经济学、传播学、计算机科学的延伸，从而推动了跨学科研究的发展。

《社会科学情报事业发展的历史轨迹与未来走向——以中国社会科学院图书馆为例》

杨沛超（教授）等

论文 11千字

《情报资料工作》 2008年第6期

该文以中国社会科学院图书馆为例，在对改革开放前我国社会科学情报工作进行简要回顾的基础上，全面概括、总结了改革开放30年来我国社会科学情报事业发展的历史轨迹，提出了我国社科情报事业未来走向是大力发展面向哲学社会科学创新的图书情报事业。建设一个良好的文献保障系统是构建哲学社会科学创新体系的前提条件。哲学社会科学创新发展的伟大历史使命，给图书馆工作提出了更高的要求。文章指出，信息资源是一种重要的战略资源，对于一个国家的文化和科技发展有着非常重要的战略意义。以数字化方式收集和保存文献资源，既可以服务于当前的科研和决策需要，又可以作为保护传统文化典籍、推动中国文化走向世界的重要手段。中国社会科学院作为国家最高人文社会科学研究机构，有责任承担起中国人文社会科学信息资源战略储备体系的建设任务。

《欧洲社会科学数据的服务与共享》

蒋颖（副研究馆员）

论文 11千字

《国外社会科学》 2008年第5期

社会科学数据对于社会科学领域的实证研究具有重要意义。该文以英国、德国和荷兰等国为例，介绍了欧洲的社会科学数据管理和服务状况。欧洲各国很早就意识到进行统一的数据管理、服务和共享的重要性，并开始进行这方面的实践。最主要的措施有两项，一是建立国家级的数据档案机构，集中管理和保存社会科学数据，在一定的范围内进行共享。二是利用现代化的手段，在保证不泄密的基础上，逐步开放国家统计局的微观数据，以供研究使用。此外，这些国家还开发了相关的数据服务软件，以方便数据管理和用户检索。

科研局／学部工作局

《改革与单位制度的变迁》

李汉林（研究员）

论文 30千字

《中国社会变迁30年（1978～2008）》

社会科学文献出版社 2008年11月

该文以中国改革开放30年间社会变迁为背景，从社会学的整体视角探讨了社会转型与单位制度变迁。作者提出，单位不仅是一种统治及统治的形式，一种制度，一种深受制度环境影响，“嵌入”在特定制度结构之中的特殊的组织形态，而且也是我国独特的一种社会结构。单位作为一种中国社会的传统行为和传统文化的积淀现象不可能一挥而去，在另一个层次上还顽强地表现出它特有的生命力。单位研究是中国社会学研究中的一个重要领域，它对于理解我们国家的国情与社会变迁有着不同寻常的意义。

《印度中国如何改变世界》

陈黎（副译审）

译著 250千字

国际文化出版公司　2008年2月

该书重点运用整体性的观察方法，全方位地介绍了中、印这两个将改变我们整个时代的亚洲大国，全面阐释了印度和中国两国的经济、政治、文化和双方之间的关系，以及两国的历史和文化背景，并绘制了今后亚洲和全球发展图景。书中指出，我们正处于一个历史性的时刻：印度和中国的人口总和占世界人口的三分之一。现在，两国的经济动力十分强劲，它们正在准备成为世界经济的中心。多年以来，印度和中国仅仅是邻国，但是现在，两国在经济和政治上越来越靠近了。现在的问题也越来越清晰：合作还是竞争？亚洲专家卡尔·皮尔尼研究了这个发展变化过程，并且展望了全球化对两国可能产生的经济和政治后果。

监察局

《上海合作组织防空安全合作：进程与前景》

孙壮志（研究员）

论文　6千字

《当代世界》　2008年第11期

该文论述了上海合作组织反恐合作的基本进程和重要作用，强调了作为成员国多边合作的重要内容。该文认为，上海合作组织反恐合作的领域不断扩大，合作的层次越来越丰富，对维护地区安全与稳定发挥了积极的作用。上合组织框架内的反恐合作，有助于增进成员国的政治和军事互信，提升国家间关系的水平；有助于构筑真正和平友好的新边界；有助于防止非传统安全威胁，消除地区的安全隐患；有助于维护成员国的国防安全；有助于增强上合组织的行动能力，提高其国际威望。中国是多边反恐合作的积极推动者，中国倡导的新安全观，成为多边反恐安全合作的重要指导原则。随着地区安全形势的复杂化，中亚及周边的国际恐怖主义有重新抬头的趋向，上合组织反恐合作的任务更加艰巨。目前，成员国已经开始考虑进一步扩大反恐合作，并且与其他国家和国际组织在反恐领域进行协调和对话。

《当前我国流动性过程的分析与对策研究》

蒋来用（博士）

论文　12千字

《财政研究》　2008年第5期

该文在分析2007年我国流动性资金的总量的基础上，认为银行的资金面相当宽松，资金供给严重大于需求，流动性过剩问题比较突出。导致流动性过剩的主要原因是外汇储备剧增，深层原因是国内消费不足，外部原因是国外大量向我国输出流动性资金，直接诱因是不规范的财政和经济行为。我国的流动性过剩是相对过剩而不是绝对过剩，主要是结构性问题，表现为城市、部分行业和少部分人群的过剩，而对于农村、农业、小企业和广大低收入人群则是流动性不足。在科学合理地运用好财政、货币政策工具的同时，需要抓紧解决好以下几个问题：一是将全国最低工资标准提高到平均工资的40%以上；二是改革和完善社会基本保障制度，尤其要考虑农民的基本社会保障，尽快打破城市和农村的界限和地域的隔阂；三是规范政府财政行为，加强预算管理，弥补和缩小政府赤字，坚决反对和禁止铺张浪费；四是加强对大额资金流动的监控和管理，严厉打击地下钱庄，加强反洗钱工作的力度。

《中国卫生改革与发展实证研究》

王延中（研究员）
专著　359千字
中国劳动社会保障出版社　2008年8月

该书从经济学、社会学、公共管理学等学科角度，对卫生改革与发展的一些重大理论与现实问题进行了深入的调查和理论研究。全书除绪论外有10篇，分别论述公立医院营利性行为，乡镇卫生院、村卫生室、新兴合作医疗的运行，新型合作医疗基金监管，全民医疗保障制度，医疗保险费用的控制，药品监管等问题。

《政府传播论》

高波（博士）
专著　300千字
中国传媒大学出版社　2008年10月

该书以马克思主义经典作家关于精神交往和意识形态建设的论述为基础，从信息公开、组织传播等视角分析了政府传播的重要意义，指出政府传播不仅是传播主流价值、改善政府形象、化解公共危机、扩大公民参与、保障社会监督的重要基础，也是推动科学发展、促进社会和谐的重要途径。该书对近年来各地各部门推行新闻发言人制度、建立危机处理预案、开门立法、提高领导干部运用媒体能力等政府传播活动，特别是对2008年汶川特大地震中的“全媒抗震”和“举国直播”现象进行了深入研究，提出了加强和改进政府传播的对策建议。作者认为，十七大提出的“信息化”、“表达权”等概念，表明党对时代特征的清醒认识和对政府传播的更高要求。随着以互联网为代表的新兴传媒的快速发展，人们对公共信息的需求日益增长，参与、表达、监督的意识更加强烈，要求政府更加注重社会各方面的利益诉求和意见表达，不断完善政府与大众之间的互动交流机制，努力提供更加完备、便捷和细化的信息公共产品与服务。同时，中国政府应当通过国家传播活动，在融入世界的过程中提高文化软实力，为构建和谐世界提供智力支撑。

第五编

学术人物

XUESHURENWU

一 中国社会科学院博士学位研究生指导教师(2008~2009)

系 别	学科专业	姓 名	出生年月	主要研究方向
哲学教学研究部马克思主义研究系	马克思主义基本原理	程恩富	1950.07	中外马克思主义经济学、中外社会主义市场经济理论与政策
	马克思主义发展史	侯惠勤	1949.02	马克思主义发展史、当代意识形态研究
	科学社会主义与国际共产主义运动	靳辉明	1934.11	马克思主义哲学、科学社会主义
	科学社会主义与国际共产主义运动	冷 溶	1953.08	中国特色社会主义
	科学社会主义与国际共产主义运动	李崇富	1943.09	科学社会主义、马克思主义哲学
	科学社会主义与国际共产主义运动	李延明	1945.02	科学社会主义原理
	马克思主义发展史	罗文东	1967.12	中国特色社会主义理论、当代资本主义理论与世界社会主义运动
	科学社会主义与国际共产主义运动	吴恩远	1948.04	国外社会主义、科学社会主义、俄罗斯历史
	马克思主义中国化研究	赵智奎	1960.01	邓小平理论、马克思主义哲学
	科学社会主义与国际共产主义运动	余文烈	1951.12	国外马克思主义与社会主义
	马克思主义基本原理	胡乐明	1965.10	马克思主义经济理论、现代西方经济理论
	马克思主义发展史	夏春涛	1963.11	马克思主义中国化发展历史、当代中国马克思主义理论前沿问题研究

续表

系　别	学科专业	姓　名	出生年月	主要研究方向
	科学社会主义与国际共产主义运动	李慎明	1949.10	民主政治
	马克思主义中国化研究	辛向阳	1965.03	中国特色社会主义理论
	科学社会主义与国际共产主义运动	姜　辉	1969.11	国外马克思主义
哲学教学研究部哲学系	中国哲学	方克立	1938.06	中国传统哲学范畴、中国现当代哲学与文化
	哲学、伦理学	甘绍平	1959.08	应用伦理学、西方伦理学
	中国哲学	胡孚琛	1945.12	中国哲学道家与道教文化（含道教生命哲学）
	外国哲学	江　怡	1961.05	现代外国哲学
	中国哲学	李存山	1951.05	中国哲学、儒家哲学
	马克思主义哲学	李德顺	1945.09	哲学原理、价值论
	马克思主义哲学	李景源	1945.07	认识论与历史观
	外国哲学	李鹏程	1944.10	西方哲学、文化哲学
	外国哲学	李甦平	1946.10	东亚比较哲学、中日韩儒学比较
	中国哲学	王葆玹	1946.11	经学、魏晋玄学、道家哲学
	哲学、美学	王柯平	1955.05	西方美学史、中西美学比较
	马克思主义哲学	魏小萍	1955.12	马克思主义哲学史、当代国外马克思主义哲学
	外国哲学	谢地坤	1956.12	欧洲大陆哲学、德国哲学
	哲学、外国哲学（西方哲学史）	杨　深	1952.02	现代法国哲学、西欧文明史、外国文明理论
	外国哲学	叶秀山	1935.06	西方哲学史、中西哲学比较、美学
	伦理学	余　涌	1961.10	西方伦理学、应用伦理学
	逻辑学	张清宇	1944.04	现代逻辑
	美学	章建刚	1952.11	美学原理、艺术史、伦理学

续表

系 别	学科专业	姓 名	出生年月	主要研究方向
	外国哲学	周晓亮	1949.10	16～18世纪西方哲学
	科学技术哲学	朱葆伟	1949.01	科学技术哲学、马克思主义哲学原理、价值论
	逻辑学	邹崇理	1953.07	自然语言逻辑
	外国哲学	汝 信	1931.08	西方美学史、西方哲学史
	美学	滕守尧	1945.02	当代西方美学、中西美学比较
	哲学、外国哲学（东方哲学）	孙 晶	1954.01	印度哲学、梵文
	外国哲学	尚 杰	1955.09	法国哲学
	科学技术哲学	王延光	1955.09	科学技术哲学
	外国哲学	张 慎	1954.12	德国近现代哲学
哲学教学研究部世界宗教研究系	宗教学	何劲松	1962.08	汉传佛教及佛教艺术
	中国哲学	卢国龙	1959.11	中国哲学
	宗教学	金 泽	1954.05	宗教学、宗教人类学
	宗教学、中国哲学	王 卡	1956.12	道教学、中国哲学
	宗教学	魏道儒	1955.10	佛教
	宗教学	周燮藩	1945.01	伊斯兰教
	宗教学	卓新平	1955.03	基督宗教、西方宗教学、中西宗教文化比较
经济学教学研究部经济系	经济史	徐建生	1966.05	中国近代经济史
	经济思想史	魏 众	1968.03	发展经济学
	西方经济学	王红领	1952.09	技术创新
	经济史	董志凯	1944.08	中华人民共和国经济史
	西方经济学	韩朝华	1953.09	微观经济学、企业制度
	政治经济学	胡家勇	1962.11	社会主义市场经济理论
	西方经济学	剧锦文	1959.10	现代产权与企业理论、资本市场理论、公司治理结构理论
	政治经济学	李铁映	1936.09	社会主义市场经济理论
	经济史	刘兰兮	1954.06	中国商业史、中国近代企业史
	西方经济学	刘树成	1945.10	数量经济学、宏观经济学
	西方经济学	刘小玄	1953.01	微观经济学、产业组织理论

续表

系　别	学科专业	姓　名	出生年月	主要研究方向
	经济思想史	王　诚	1955.10	外国经济思想史、宏观经济理论
	政治经济学	王振中	1949.06	政治经济学、国际投资与贸易、转型经济
	经济史	魏孔明	1956.09	中国经济史、区域经济史
	政治经济学	吴敬琏	1930.01	政治经济学社会主义部分、比较经济学、比较经济体制
	经济史	武　力	1956.11	中国现代经济史
	经济思想史	杨春学	1962.11	当代西方经济学说、新制度经济学与公共选择理论
	经济思想史	叶　坦	1956.10	中国经济思想史、东亚经济思想比较研究、中国经济学术史
	西方经济学	袁钢明	1953.09	宏观经济学、企业理论
	政治经济学	张　平	1964.07	中国经济增长、收入分配、资本市场理论
	产业经济学	张卓元	1933.07	价格理论
	政治经济学	朱　玲	1951.12	收入分配、贫困问题和乡村发展、发展经济学
	西方经济学	左大培	1952.08	西方经济学理论、经济模型分析
	经济思想史	李　实	1956.01	外国经济思想史、经济分析
	经济史	朱荫贵	1950.12	中国近代经济史、中日近代史比较研究、中日证券史比较研究
	经济史	林　刚	1948.01	中国近代经济史、中国早期现代化问题
	政治经济学	刘国光	1923.11	社会主义国民经济问题
	经济史	史志宏	1949.04	明清农业史、财政史、人口史、近代财政史
经济学教学研究部工业经济系	产业经济学	张其仔	1965.05	产业竞争力
	产业经济学	张世贤	1956.04	工业投资与融资
	企业管理	罗仲伟	1955.10	企业战略管理
	企业管理	陈佳贵	1944.10	企业管理、企业发展理论
	企业管理	陈乃醒	1945.10	人力资源开发与管理、中小企业

续表

系别	学科专业	姓名	出生年月	主要研究方向
	区域经济学	陈耀	1958.05	区域经济与政策
	会计学	杜莹芬	1964.09	公司理财、企业并购
	产业经济学	郭克莎	1955.07	产业经济学、经济增长
	企业管理	黄群慧	1966.08	企业理论与战略管理、管理理论与管理学方法论
	企业管理	黄速建	1955.11	企业管理、公司理财
	产业经济学	金碚	1951.04	产业组织、工业投资与融资
	产业经济学	李海舰	1963.09	工业利用外资
	产业经济学	吕政	1945.07	工业发展理论与政策
	企业管理	沈志渔	1954.06	企业制度、企业改革
	产业经济学	史丹	1961.04	能源经济、工业发展
	产业经济学	魏后凯	1963.12	城市与区域经济、产业集群
	企业管理	张承耀	1947.05	企业管理
	企业管理	周绍朋	1946.11	企业改革与企业管理
	区域经济学	陈栋生	1935.10	工业布局与区域经济
	产业经济学	赵英	1952.09	产业政策与技术创新、国家经济安全
经济学教学研究部农村发展系	农业经济管理	杜志雄	1963.02	农村发展融资
	农业经济管理	李国祥	1963.08	农产品市场与贸易
	林业经济管理	潘晨光	1954.09	林业经济
	农业经济管理	党国英	1957.06	农村发展理论与政策
	农业经济管理	韩俊	1963.12	农村发展理论与政策
	农业经济管理	胡必亮	1961.09	农村金融
	农业经济管理	李周	1952.09	资源与环境经济、农村发展理论与政策
	农业经济管理	谭秋成	1965.08	中国农村工业化与城市化
	林业经济管理	吴国宝	1963.12	贫困与发展
	农业经济管理	苑鹏	1962.08	农村组织与制度
	农业经济管理	张晓山	1947.10	农村组织与制度、农村社会保障
	农业经济管理	朱钢	1958.11	农村财政
	农业经济管理	邓英淘	1952.09	农村宏观经济管理
	产业经济学	张群群	1970.10	市场组织与价格制度

续表

系　别	学科专业	姓　名	出生年月	主要研究方向
经济学教学研究部财政与贸易经济系	财政学	杨志勇	1973.08	财税理论与政策
	金融学	倪鹏飞	1964.03	城市房地产金融
	国际贸易学	冯　雷	1954.06	WTO与多边贸易体制
	财政学	高培勇	1959.01	财税理论与政策
	金融学	何德旭	1962.09	金融理论与政策
	国际贸易学	江小涓	1957.06	国际投资
	产业经济学	荆林波	1966.04	信息服务与供应链
	财政学	李茂生	1943.03	财政金融体制、宏观经济政策
	金融学	裴长洪	1954.05	国际金融与投资
	产业经济学	宋　则	1951.12	市场理论与流通创新
	产业经济学	王诚庆	1958.08	城市发展与旅游经济
	国际贸易学	王洛林	1938.06	国际投资
	产业经济学	温桂芳	1945.08	价格理论、住房制度
	财政学	夏杰长	1964.03	财税政策与服务经济
	国际贸易学	杨圣明	1937.07	国际服务贸易
	旅游管理学	张广瑞	1944.09	旅游经济与政策
	国际贸易学	赵　瑾	1965.03	WTO与中国外经贸发展
经济学教学研究部金融系	金融学	周茂清	1954.03	金融市场
	金融学	李　扬	1951.09	货币理论与货币政策
	金融学	王国刚	1955.11	资本市场、公司金融
	金融学	王松奇	1952.03	国际金融理论与政策
经济学教学研究部数量经济与技术经济系	数量经济学	李雪松	1970.09	经济模型理论与应用
	技术经济及管理	李　青	1964.09	区域经济学
	数量经济学	王国成	1956.11	博弈论
	会计学	李金华	1962.11	国民经济核算、经济统计理论与方法
	技术经济及管理	李京文	1933.11	技术经济学理论与方法、宏观经济预测
	技术经济及管理	李　平	1959.06	技术经济、能源经济
	技术经济及管理	齐建国	1957.06	技术创新、知识经济
	数量经济学	沈利生	1946.04	数量经济学、经济模型、经济预测
	数量经济学	汪同三	1948.07	数量经济学理论与方法、经济模型、经济预测

续表

系 别	学科专业	姓 名	出生年月	主要研究方向
	技术经济及管理	汪向东	1954.03	信息化理论与实践、互联网经济与应用
	技术经济及管理	杨敏英	1950.08	能源经济、技术经济
	会计学	张国初	1942.06	会计、技术经济与管理
	数量经济学	张昕竹	1964.05	管制经济学与管制政策、激励理论与应用
	数量经济学	赵京兴	1950.01	数量经济学理论研究
	数量经济学	郑玉歆	1945.11	生产率研究
经济学教学研究部投资经济系	国民经济学	刘立峰	1956.05	公共部门投资
	国民经济学	臧跃茹	1964.11	经济体制改革
	国民经济学	曹玉书	1948.09	投资理论与实践、产业经济发展
	国民经济学	陈东琪	1955.08	政治经济学、宏观经济分析、资本市场与投资
	国民经济学	刘福垣	1944.09	发展、运行、调控
	国民经济学	罗云毅	1949.05	宏观经济与投资
	国民经济学	王一鸣	1959.08	宏观经济、区域经济
	国民经济学	肖金成	1955.09	投资经济、区域经济
	国民经济学	张汉亚	1945.12	经济预测的方法与应用、投资宏观管理理论和方法、投资项目的评价理论与方法
经济学教学研究部政府政策与公共管理系	国民经济学	岳福斌	1953.01	产权理论
	国民经济学	成思危	1935.06	风险投资、管理科学
	国民经济学	蒋正华	1937.10	人口学、系统工程、管理科学
	国民经济学	李剑阁	1949.12	宏观经济、金融证券、社会保障
	国民经济学	李克穆	1952.07	宏观经济运行
	国民经济学	李连仲	1949.11	社会主义市场经济理论
	国民经济学	李晓西	1949.03	宏观经济、价格与通货膨胀
	国民经济学	刘迎秋	1950.08	宏观经济运行与发展
	国民经济学	郑秉文	1955.01	比较经济体制
	国民经济学	郑新立	1945.02	宏观经济理论
	政治经济学	邹东涛	1949.11	经济体制改革
	国民经济学	曾培炎	1938.12	宏观经济管理

续表

系　别	学科专业	姓　名	出生年月	主要研究方向
经济学教学研究部人口与劳动经济系	劳动经济学	都　阳	1971.04	劳动力市场与就业
	人口、资源与环境经济学	蔡　昉	1956.09	就业政策
	人口学	田雪原	1938.08	人口学、人口社会学、老年人口学
	人口学	王跃生	1959.12	发展人口学、制度人口学
	劳动经济学	张车伟	1964.10	劳动经济学、人口经济学
	人口学	张　翼	1964.12	人口变迁与社会保障、人口社会学
	人口学	郑真真	1954.12	人口学、人口分析技术应用
经济学教学研究部城乡建设经济系	区域经济学	仇保兴	1953.11	城市发展
	应用经济学、区域经济学	陈　淮	1952.02	城市化理论、房地产经济
经济学教学研究部城市发展研究系	区域经济学	李景国	1957.01	区域与城镇规划
	可持续经济学	潘家华	1957.06	资源与环境经济学
	城市经济学	宋迎昌	1965.11	城市建设与土地开发
法学教学研究部法学系	国际法学	赵建文	1956.01	国际法基本制度
	民商法学	张广兴	1954.03	债权法
	诉讼法学	熊秋红	1965.10	刑事诉讼法学
	经济法学	陈　甦	1957.12	公司法、证券法
	刑法学	陈泽宪	1954.07	国际刑法、中国刑法
	经济法学	崔勤甦	1944.02	经济法基础理论、公司法、证券法
	宪法学与行政法学	冯　军	1965.12	行政法、传媒法
	宪法学与行政法学	李　林	1955.11	宪政民主理论、立法学、人权理论
	知识产权法	李明德	1956.03	知识产权法
	知识产权法	李顺德	1948.04	知识产权法
	民商法学	梁慧星	1944.01	民法总论、民法债权和法学方法论
	法学理论	刘作翔	1956.09	法律文化理论、法理学、法治理论
	国际法学	莫纪宏	1965.05	宪政、国际人权法
	刑法学	屈学武	1949.08	中国刑法学、国际刑法学
	国际法学	沈　涓	1962.08	国际私法

续表

系别	学科专业	姓名	出生年月	主要研究方向
	法律史	苏亦工	1962.12	中国法律史
	民商法学	孙宪忠	1957.01	民法总论、物权法、债券法、侵权行为法
	宪法学与行政法学	王家福	1931.02	民法总论、物权法
	诉讼法学	王敏远	1959.11	刑事诉讼法学
	经济法学	王晓晔	1948.10	经济法、竞争法
	宪法学与行政法学	吴新平	1951.10	宪法基本理论
	法律史	徐立志	1951.06	中国近现代法制史
	法律史	杨一凡	1944.04	中国法律史
	宪法学与行政法学	张明杰	1962.03	信息公开法
	宪法学与行政法学	周汉华	1964.10	行政法学、政府管制
	国际法学	朱晓青	1955.09	国际公法
	民商法学	邹海林	1963.08	保险法、破产法、民法债权、担保法
	宪法学与行政法学	陈云生	1942.05	权利相对论、宪法哲学、民族区域自治和宪法监督制度
	法学理论	李步云	1933.08	马克思主义的法律理论、我国法制建设中具有重大现实意义的理论问题
	法学理论	吴玉章	1955.09	法理学、比较法
	法学理论	夏　勇	1961.11	法理学、人权、大众传媒法
	法学理论	信春鹰	1956.10	法理学、港澳台法学
	法学理论	韩延龙	1934.08	中国近现代法制史、人权理论和中国人权法史
	国际法学	刘楠来	1933.05	国际海洋法、国际人权法
	民商法学	马骧聪	1934.01	环境侵权法、自然资源法、国际环境法
	国际法学	陶正华	1942.05	国际公法、国际经济法
	国际法学	王可菊	1933.11	国际海洋法、国际人权法
	宪法学与行政法学	张庆福	1937.06	宪法学、行政法学
法学教学研究部政治学系	政治学理论	白　钢	1940.01	比较政府体制、政府理论、中国政治
	行政管理	董礼胜	1955.03	行政管理
	政治学理论	史卫民	1952.10	比较政府体制、政府理论

续表

系 别	学科专业	姓 名	出生年月	主要研究方向
	政治学理论	杨海蛟	1955.03	政治学理论、政治学理论与当代中国政治建设
	政治学理论	张树华	1966.09	比较政治、政治比较与国别政治
法学教学研究部社会学系	社会学	杨宜音	1955.12	社会心态
	社会学	王春光	1964.03	农村社会学
	社会学	陈光金	1962.05	农村社会学、社会发展
	社会学	陈婴婴	1952.06	社会调查、社会分层
	社会学	付崇兰	1940.12	城市社会学
	社会学	黄 平	1958.02	发展与知识社会学
	社会学	王延中	1963.05	社会保障
	社会学	景天魁	1943.04	发展社会学
	社会学	李汉林	1953.11	社会结构与社会组织
	社会学	李培林	1955.05	企业组织与社会发展
	社会学	李银河	1952.02	家庭社会学
	社会学	陆学艺	1933.08	农村社会学、社会思想史
	社会学	苏国勋	1942.02	社会理论
	社会学	折晓叶	1950.01	社会组织与制度变迁
	社会学	罗红光	1957.01	社会人类学
法学教学研究部民族学系	中国少数民族语言文学	徐世璇	1954.11	藏缅语族语言研究
	民族学	曾少聪	1962.12	世界民族研究
	中国少数民族语言文学	朝 克	1957.09	东北亚诸民族语言以及阿尔泰语系诸民族语言文化关系
	民族学	郝时远	1952.08	民族理论、民族学、民族史、海外华人
	民族学	何星亮	1956.08	宗教人类学、中国少数民族文化
	中国少数民族语言文学	黄 行	1952.06	汉藏语研究
	中国少数民族语言文学	江 荻	1954.10	藏族计算语言学、汉藏语理论
	民族学	拉巴平措	1942.11	西藏历史、社会、民族理论
	专门史	罗贤佑	1945.06	中国民族史

续表

系别	学科专业	姓名	出生年月	主要研究方向
	民族学	孟慧英	1953.03	民族宗教文化、萨满教、宗教人类学
	专门史	聂鸿音	1954.11	西夏学、民族古典文献学
	民族学	色　音	1963.07	人类学、民俗学
	专门史	史金波	1939.09	西夏学、中国民族史、中国民族古文字学
	民族学	王希恩	1954.06	民族理论、民族问题
	中国少数民族语言文学	周庆生	1952.04	社会语言学、语言政策、语言人类学
	中国少数民族史	乌　兰	1954.04	古代蒙古史及蒙古文文献
文学教学研究部外国文学系	英语语言文学	程　巍	1966.05	英美文学
	比较文学与世界文学	陈敏华	1954.01	古希腊文学、哲学、文艺理论
	比较文学与世界文学	陈众议	1957.10	西班牙语文学
	法语语言文学	郭宏安	1943.02	法国文学
	英语语言文学	黄　梅	1950.02	英国小说
	比较文学与世界文学	李永平	1956.05	德语文学
	俄语语言文学	刘文飞	1959.11	俄罗斯文学与文化
	英语语言文学	盛　宁	1945.07	美国文学研究、美国及西方当代文学理论
	俄语语言文学	石南征	1949.01	俄罗斯小说创作及小说理论
	比较文学与世界文学	史忠义	1951.07	中西比较诗学、中西比较文学
	法语语言文学	余中先	1954.08	法国当代文学
	英语语言文学	傅　浩	1963.04	英语诗歌及诗论、文学翻译
	英语语言文学	陆建德	1954.02	英国文学
	英语语言文学	赵一凡	1950.08	美国文学与文化理论
	俄语语言文学	周启超	1959.04	俄罗斯文论、比较诗学
	德国文学与美学	叶廷芳	1936.11	卡夫卡研究
文学教学研究部文学系	文艺学	彭亚非	1955.04	中国古代美学
	中国现当代文学	赵京华	1957.11	中国现代文学研究
	中国古典文献学	戴　燕	1961.01	中古文学与文化
	文艺学	党圣元	1955.09	中国古代文论
	文艺学	高建平	1955.03	比较美学
	中国古代文学	蒋　寅	1959.06	中国诗学

续表

系　别	学科专业	姓　名	出生年月	主要研究方向
	文艺学	金惠敏	1961.11	文学理论与当代文化思潮
	中国现当代文学	黎湘萍	1958.12	中国当代文学（台港文学）
	中国古代文学	李　玫	1957.01	中国古代戏曲史
	中国古代文学	刘扬忠	1946.02	词学研究
	中国古典文献学	刘跃进	1958.11	中国古典文献(先秦至唐)
	中国古代文学	吕　微	1952.01	中国民间文学史
	中国现当代文学	孟繁华	1951.08	中国当代文学
	中国古典文献学	杨　镰	1947.02	中国古典文献（宋元明清）
	中国现当代文学	杨　义	1946.08	中国现代文学
	比较文学与世界文学	叶舒宪	1954.09	文学人类学
	中国现当代文学	张中良	1955.02	中国现代文学
	中国现当代文学	赵稀方	1964.01	中国现代文学
	中国古代文学	陶文鹏	1941.09	唐宋文学
	中国古代文学	胡　明	1947.08	中国文学批评史
	中国现当代文学	赵　园	1945.02	中国现代小说
文学教学研究部少数民族文学系	民俗学	尹虎彬	1960.05	民俗学
	民俗学	朝戈金	1958.08	民间文艺学、史诗学
	中国少数民族语言文学	刘亚虎	1949.06	南方民族文学、华夏/汉族与周边族群文学关系
	中国少数民族语言文学	斯钦孟和	1954.07	蒙古文学
	中国少数民族语言文学	扎拉嘎	1946.11	蒙古古典文学、蒙古近代文学、蒙汉文学关系、中国各民族文学关系
	中国少数民族语言文学	郎　樱	1941.04	突厥语民族文学、北方民族史诗、各民族文学关系
文学教学研究部新闻学与传播学系	新闻学	卜　卫	1957.03	信息传播的影响
	新闻学	李仁臣	1941.10	新闻媒介管理学、新闻业务
	新闻学	唐绪军	1959.02	媒介经济学
	新闻学	尹韵公	1956.10	新闻史、新闻理论
	新闻学	于　宁	1944.03	新闻业务、新闻理论
	新闻学	张西明	1965.02	新闻法制研究、新闻传播与文化建构

续表

系 别	学科专业	姓 名	出生年月	主要研究方向
文学教学研究部语言学系	汉语言文字学	程 荣	1952.09	词典学
	汉语言文字学	方 梅	1961.04	语法学
	语言学及应用语言学	曹广顺	1952.03	中古、近代汉语语法史
	汉语言文字学	董 琨	1946.10	汉语文字学、汉语史
	语言学及应用语言学	顾曰国	1956.10	语用学、话语分析、修辞学、语料库语言学、语言哲学
	语言学及应用语言学	李爱军	1966.09	声学语音学
	汉语言文字学	刘丹青	1958.08	语言类型学、汉语语法学、汉语方言学
	汉语言文字学	麦 耘	1953.08	方言学、汉语历史音韵学
	汉语言文字学	沈家煊	1946.03	英汉对比语法、现代汉语语法、语义和语用研究、口误的心理研究
	汉语言文字学	吴福祥	1959.10	汉语历史语法
	汉语言文字学	许嘉璐	1937.06	训诂学、应用语言学
	汉语言文字学	张伯江	1962.11	句法语义学
	汉语言文字学	张国宪	1954.11	现代汉语语法
	汉语言文字学	张振兴	1941.03	现代汉语方言
	汉语言文字学	江蓝生	1943.11	汉语史研究、晚唐五代至明代（近代汉语）语法和词汇
文学教学研究部语言文字应用系	语言学及应用语言学	苏金智	1954.02	社会语言学
	语言学及应用语言学	姚喜双	1957.01	广播电视语言
	语言学及应用语言学	李宇明	1955.06	应用语言学、语言理论
历史学教学研究部历史系	中国古代史	杨 珍	1955.06	清代政治史
	历史文献学	卜宪群	1962.11	秦汉史
	中国古代史	黄正建	1954.07	唐史
	中国古代史	陈祖武	1943.10	清代学术史、中国古代史
	专门史	定宜庄	1948.12	清史、社会史
	中国古代史	高 翔	1963.10	清代政治史、清代社会文化史
	历史文献学	宋镇豪	1949.01	古文字学、中国上古史、甲骨文献学
	中国古代史	万 明	1953.03	明史
	中国古代史	王震中	1957.01	先秦史（史前与夏商）

续表

系别	学科专业	姓　名	出生年月	主要研究方向
	中国古代史	余太山	1945.07	中外关系史、中亚史、内陆欧亚史、西北民族史
	中国古代史	陈高华	1938.03	元史、中亚史、绘画史、海外交通史
	专门史	李锦绣	1965.09	唐代西域史
	中国古代史	李世愉	1949.02	清代政治史、清代典章制度
	中国古代史	林甘泉	1931.11	秦汉史、中国封建社会经济史、史学理论
	中国古代史	卢钟锋	1938.12	宋明理学史、中国近代思想史、中国传统文化
	史学理论及史学史	彭　卫	1959.02	史学理论与中国古代史学史、秦汉史
	专门史	王育成	1950.12	中国道教文化史、中日文化交流史
	历史文献学	吴玉贵	1956.10	历史文献学、隋唐史
历史学教学研究部近代史系	中国近现代史	左玉河	1964.10	中国近代思想文化史
	中国现代化史	马　勇	1955.12	中国现代化史
	中国近现代史	耿云志	1938.12	中国近代思想史、文化史、政治史、中华民国史
	中国近现代史	杨天石	1936.02	中国近现代史、中华民国史、中国近代文化史
	中国近现代史	张海鹏	1939.05	中国近代政治史、台湾史
	中国现代化史	虞和平	1948.09	中国现代化史、现代化理论、中国近代社会经济史
	中国近现代史	姜　涛	1949.07	中国近代社会史、中国近代政治史
	中外关系史	王建朗	1956.11	中国外交史
	中国近现代史	闻黎明	1950.09	中国现代政治史
	中国近现代史	郑大华	1956.08	中国近代思想史、中国近代文化史
	中国近现代史	王奇生	1963.11	中华民国史、中国国民党史
	中国近现代史	朱佳木	1946.06	中华人民共和国史
	中国近现代史	厉　声	1949.08	中国边疆史、西域史
	中国近现代史	李长莉	1958.02	中国近代社会文化史
	中国近现代史	于化民	1958.03	中国革命史、中国现代政治史
	中国近现代史	刘小萌	1952.03	清史

续表

系 别	学科专业	姓 名	出生年月	主要研究方向
历史学教学研究部世界历史系	世界史	徐建新	1953.06	日本古代史
	世界史	郭 方	1948.11	古代中世纪史
	世界史	黄立茀	1951.09	苏联政治理论社会史
	史学理论及史学史	姜 芃	1950.11	当代西方史学理论
	世界史	吴必康	1954.05	西欧近现代史
	世界史	武 寅	1950.03	日本史
	世界史	张顺洪	1955.02	英帝国史
	史学理论及史学史	于 沛	1944.05	外国史学理论方法论
	国际政治	周荣耀	1946.04	欧洲国际关系
历史学教学研究部考古系	考古学及博物馆学	赵志军	1956.05	植物考古学
	考古学及博物馆学	冯 时	1958.10	古文字学
	历史、考古学及博物馆学	杨 泓	1935.12	汉魏南北朝考古学、中国美术考古
	历史、考古学及博物馆学	孟凡人	1939.09	汉唐考古、新疆考古
	历史、考古学及博物馆学	刘庆柱	1943.08	秦汉考古
	历史、考古学及博物馆学	王 巍	1954.05	夏商周考古、东亚考古
	历史、考古学及博物馆学	袁 靖	1952.10	动物考古
	历史、考古学及博物馆学	陈星灿	1964.12	中国史前考古，考古学的历史、理论与方法
	历史、考古学及博物馆学	徐苹芳	1930.10	宋元考古、中国古代城市考古
	历史、考古学及博物馆学	安家瑶	1947.08	隋唐考古
	历史、考古学及博物馆学	白云翔	1955.12	秦汉考古

续表

系别	学科专业	姓名	出生年月	主要研究方向
史学部中华人民共和国国史系	中共党史	张星星	1955.04	共和国文化史
	中共党史	李正华	1964.06	中国当代史
	中共党史	刘国新	1950.12	中共党史
	中国近现代史	朱佳木	1946.06	中华人民共和国史
史学部中国边疆历史系	中国近现代史	于逢春	1960.04	中国疆域史
国际教学研究部世界经济与政治系	世界经济	宋　泓	1965.07	国际贸易
	国际关系	李东燕	1960.09	当代全球政治
	世界经济	何新华	1962.03	世界经济统计
	世界经济	高海红	1964.04	国际金融
	国际关系	李少军	1950.10	国际关系理论
	世界经济	李向阳	1962.12	世界经济理论
	世界经济	鲁　桐	1961.12	国际商务
	世界经济	孙　杰	1962.10	国际金融
	国际关系	王逸舟	1957.07	国际关系理论
	世界经济	余永定	1948.11	宏观经济学
	世界经济	潘家华	1957.06	可持续发展经济学
国际教学研究部俄罗斯东欧中亚研究系	国际政治	孙壮志	1966.05	中亚地区社会政治
	国际政治	李建民	1953.04	俄罗斯、独联体经济
	国际政治	李静杰	1941.10	国际政治、国际关系
	国际政治	邢广程	1961.10	俄罗斯政治、苏联政治
	国际政治	张盛发	1957.01	国际关系史、苏联政治和苏联外交
	国际政治	郑　羽	1956.08	俄罗斯外交与中俄关系
	国际政治	朱晓中	1957.03	中东欧国家对外关系
	国际政治	吴　伟	1957.01	国际政治与国家关系
国际教学研究部日本研究系	世界经济	张淑英	1954.12	日本经济
	国际政治	崔世广	1956.06	日本政治文化、当代日本文化与社会思潮
	日本政治	高　洪	1955.02	日本政党制度
	国际关系	金熙德	1954.05	战后日本外交、战后中日关系

续表

系别	学科专业	姓名	出生年月	主要研究方向
国际教学研究部拉丁美洲研究系	国际政治	袁东振	1963.10	拉丁美洲政治
	国际政治	刘纪新	1951.02	拉丁美洲政治
	世界经济	宋晓平	1952.08	拉丁美洲经济、区域经济合作
	世界经济	苏振兴	1937.05	拉丁美洲经济与政治
	世界经济	吴国平	1952.09	拉丁美洲经济
	国际政治	徐世澄	1942.05	拉丁美洲政治、拉丁美洲国际关系
国际教学研究部西亚非洲研究系	国际关系	贺文萍	1966.10	非洲政治发展
	世界经济	杨　光	1955.03	西亚非洲经济发展
	国际政治	杨立华	1947.03	非洲政治发展、非洲国际关系
	国际政治	张宏明	1959.02	非洲政治
	国际关系	张晓东	1961.01	中东国际关系
国际教学研究部美国研究系	国际政治	周　琪	1952.11	国际关系
	世界经济	王孜弘	1960.07	美国经济
	世界经济	胡国成	1949.02	美国经济史、当代美国经济
	国际政治	倪　峰	1963.02	美国政治
	国际政治	陶文钊	1943.02	中美外交、中美关系
	国际关系	王缉思	1948.11	中美关系
	社会学	黄　平	1957.02	美国经济社会
国际教学研究部欧洲研究系	世界经济	江时学	1956.09	拉丁美洲经济
	世界经济	罗红波	1946.03	欧洲产业政策研究、意大利经济研究
	国际关系	吴　弦	1952.04	欧洲一体化、欧盟成员国关系、欧盟与外部世界的关系
	国际政治	周　弘	1952.10	国际政治、国际问题研究
	世界经济	王　鹤	1948.11	欧洲经济、欧洲经济一体化
国际教学研究部亚洲太平洋研究系	国际关系	朴键一	1962.01	东北亚国际关系
	世界经济	黄晓勇	1956.11	亚洲太平洋地区经济合作
	国际政治	李　文	1957.01	亚洲太平洋政治
	国际关系	孙士海	1949.11	南亚国际关系及安全,印度政治、经济及对外关系
	世界经济	张宇燕	1960.09	国际政治经济学
	世界经济	张蕴岭	1945.05	国际经济关系、区域一体化

二　2008年度晋升正高级专业技术职务人员

刘方喜（1966年8月～　）　江苏江都人，研究员。1985年9月至1989年7月、1994年9月至1997年7月在徐州师范学院中文系学习，先后获文学学士学位、文学硕士学位；1998年4月至2000年12月在南京大学中文系在职学习，获文学博士学位。1989年9月至1994年9月在江苏徐州矿务局职工子弟学校任教；1997年9月至2001年7月在徐州师范大学中文系任教，任讲师；2001年7月至2004年3月在中国社会科学院文学研究所作博士后研究；2004年3月至今在中国社会科学院文学研究所工作，任副研究员，现任理论研究室副主任。兼任中国中外文艺理论学会副秘书长。

现从事文艺学、美学研究，主要学术专长是中国古代文论。主要代表作有：《声情说——诗学思想之中国表述》（专著）；《三种时间、三种活动：马克思"审美生产主义"初探》（论文）；《"成文"以"尽意"》（论文）；《声情研究方法论现代启示》（论文）；《创建"审美诠释学"》（论文）。

邢绍涛（1954年5月～　）　北京市人，编审。1979年2月至1983年3月在中国人民大学第二分校中国文学专业学习，获文学学士学位。1971年1月至1972年5月在北京市东城区金刚石厂工作；1972年5月至1974年12月在北京市东城区塑料二厂工作；1975年1月至1979年2月在北京市东城区印刷二厂工作；1983年4月至今在中国社会科学院文学研究所工作，历任助理编辑、编辑、副编审。

现从事中国现代文学编辑工作。主要代表作有：《论无政府主义信仰对巴金抗战文学的潜在影响——兼谈〈火〉三部曲的价值取向》（论文）；《郁达夫散文的抒情个性》（论文）；《苦路行——论巴金的小说创作》（论文）。编辑代表作有：《论现代中国神秘主义诗学》（论文，审校）；《论现代散文的文体选择与创造》（论文，审校）。

竺　青（1962年11月～　）　浙江镇海人，编审。1980年9月至1984年7月在中国人民大学第一分校中文系学习，获文学学士学位。1984年8月至1992年3月在中国人民大学第一分校任教；1992年4月至今在中国社会科学院文学研究所工作，历任编辑、副编审，现任《文学遗产》编辑部副主任。

现从事中国古代文学编辑工作。主要代表作有：《〈负曝闲谈〉评考者徐一士考略》

（论文）；《稀见清代白话小说集残卷五种述略》（论文）；《稀见清末白话小说集残卷考述》（论文）；《济公传》（古籍整理）；《说岳全传》（古籍整理）。

旦布尔加甫（1960年2月～　）　蒙古族，新疆乌苏人，研究员。1980年9月至1984年7月在中央民族学院民族语言文学系学习，获文学学士学位；1996年8月至1997年12月在蒙古国国立大学做访问学者，获蒙古科学院语言文学副博士学位；2002年9月至2007年8月在日本东京外国语大学在职学习，获文学博士学位。1977年9月至1980年9月在新疆乌苏县塔布勒合特蒙古乡小学任教；1984年8月至今在中国社会科学院民族文学研究所工作，历任研究实习员、助理研究员、副研究员。

现从事民族文学研究，主要学术专长是蒙古英雄研究、江格尔史诗。主要代表作有：《卫拉特英雄故事研究》（专著）；《卡尔梅克〈江格尔〉校注》（学术资料）；《汗哈冉贵——卫拉特英雄史诗文本及校注》（古籍整理）；《卫拉特英雄故事、英雄史诗中的岩石崇拜观念》（日文论文）；《英雄史诗与英雄故事的区别》（论文）。

穆宏燕（1966年5月～　）　女，四川永川人，研究员。1982年9月至1990年7月在北京大学东语系波斯语言文学专业学习，先后获文学学士、文学硕士学位。1990年7月至1995年9月在北京北辰国际旅游公司工作；1995年9月至今在中国社会科学院外国文学研究所工作，历任助理研究员、副研究员，现任东方文学研究室主任。

现从事东方文学研究，主要学术专长是伊朗文学。主要代表作有：《凤凰再生——伊朗现代新诗研究》（专著）；《在卡夫山上追寻自我——奥尔罕·帕慕克的〈黑书〉解读》（论文）；《中波古典情诗中的喻托》（论文）；《波斯古典诗歌中的诗酒风流》（论文）；《伊朗现代诗新诗精选》（译著）；《拨开西方话语霸权的迷雾，探求伊斯兰的本真》（论文）。

覃远雄（1957年8月～　）　广西荔浦人，研究员。1975年9月至1978年7月在北京大学中文系学习；1997年9月至2000年7月在暨南大学中文系学习，获文学博士学位。1978年7月至1982年2月在广西壮族自治区教育厅工作；1982年2月至1985年10月在广西银行学校任教；1985年10月至1997年9月在广西民族学院任教，历任讲师、副教授；2000年7月至今在中国社会科学院语言研究所工作，任副研究员。

现从事汉语言文字学研究，主要学术专长是汉语方言学。主要代表作有：《汉语方言否定词的读音》（论文）；《部分方言否定语素“有／冒”所反映的读音层次》（论文）；《桂南平话的主元音及韵母格局》（论文）；《南宁平话词典》（工具书，合著）；《汉语方言的“佮”与“合”》（论文）。

王小庆（1965年10月～　）　陕西西安人，研究员。1983年9月至1987年7月、1989年9月至1992年7月在西北大学历史系考古专业学习，先后获历史学学士、历史学硕士学位；1995年4月至2000年3月在日本国立东北大学文学研究科学习，获文学博士学位。1987年7月至1989年8月、1992年7月至1995年3月在陕西省考古研究所工作，历任研究实习员、助理研究员；2000年8月至2002年8月在中国社会科学院考古研究所作博士后研究；2002年8月至今在中国社会科学院考古研究所工作，任副研究员。

现从事考古学研究，主要学术专长是史前考古。主要代表作有：《仰韶文化の研究》（专著）；《石器使用痕迹显微观察的研究》（专著）；《赵宝沟遗址出土石器的微痕研究——兼论赵宝沟文化的生业形态》（论文）；《兴隆洼与赵宝沟遗址出土细石叶的微痕研究——兼论兴隆洼文化和赵宝沟文化的生业形态》（论文）；《公元前2500年至公元前1500年豫西晋南地区考古资料所反映的人类生产工具的状况》（论文）。

刘国祥（1968年10月～　）　蒙古族，内蒙古赤峰人，研究员。1986年9月至1990年7月在北京大学考古系学习，获历史学学士学位；1995年9月至1997年7月在中国社会科学院研究生院在职学习，获历史学硕士学位。1990年7月至今在中国社会科学院考古研究所工作，历任助理研究员、副研究员，其间，2006年8月至2007年7月在美国哈佛大学做访问学者，现任内蒙古第一工作队队长。

现从事考古学研究，主要学术专长是东北史前考古。主要代表作有：《红山文化与西辽河流域文明起源探索》（论文）；《兴隆洼文化玉器初探》（论文，合作）；《海拉尔谢尔塔拉墓地》（考古报告，主编）；《中国出土玉器全集（内蒙古、辽宁、吉林、黑龙江卷）》（图录，主编）；《赵宝沟文化聚落形态及相关问题研究》（论文）。

刘建国（1966年1月～　）　安徽庐江人，研究员。1985年9月至1989年7月在武汉测绘科技大学学习，获工学学士学位；2004年9月至2007年7月在中国地质大学在职学习，获工学博士学位。1989年8月至今在中国社会科学院考古研究所工作，历任研究实习员、助理研究员、副研究员，现任考古科技实验研究中心副主任。

现从事考古科技研究，主要学术专长是考古遥感与地理信息系统。主要代表作有：《考古与地理信息系统》（专著）；《GIS支持的临汾盆地古代人地关系研究》（论文，合作）；《考古测绘、遥感与GIS》（教材）；《陕西周原七星河流域考古信息系统的建设与分析》（论文）；《地理信息系统在考古研究中的应用》（论文）。

齐乌云（1967年11月～　）　女，蒙古族，内蒙古通辽人，研究员。1986年9月至1990年7月在内蒙古师范大学地理系学习，获理学学士学位；1990年9月至1993年7月在北京师范大学资源与环境学系学习，获理学硕士学位；1993年9月至1996年7月在北京大学环境学院学习，获理学博士学位。1996年8月至今在中国社会科学院考古研究所工作，历任助理研究员、副研究员。

现从事环境考古学研究，主要学术专长是孢粉分析、磁化率分析。主要代表作有：《山东沭河上游史前文化人地关系研究》（论文，合作）；《从胶东半岛贝丘遗址的孢粉分析看当时的人地关系》（论文，合作）；《内蒙古大山前遗址孢粉分析反映的夏家店下层文化时期的自然环境》（论文）；《湖北枣阳雕龙碑遗址的孢粉分析研究》（论文）；《山东沭河上游史前人类生存环境对文化演进的影响》（论文）。

董新林（1966年9月～　）　辽宁绥中人，研究员。1985年9月至1989年7月在吉林大学考古学系学习，获历史学学士学位；1989年7月至1993年7月在北京大学研究生院考古系学习，获历史学硕士学位。1993年7月至今在中国社会科学院考古研究所工作，历任研究实习员、助理研究员、副研究员，现任汉唐考古研究室副主任、内蒙古第二工作队队长。

现从事考古学研究，主要学术专长是辽宋金元考古。主要代表作有：《中国古代陵墓考古研究》（专著）；《辽代墓葬形制与分期略论》（论文）；《徐水西黑山金元时期墓地发掘报告》（专著）；《幽冥色彩——中国古代墓室壁饰》（专著）；《赣闽地区宋墓形制类型与分期初探》（论文）。

刘　晓（1970年4月～　）　山东临沂人，研究员。1988年9月至1992年7月在山东大学法律系学习，获法学学士学位；1992年9月至1995年7月在北京大学历史系学习，获历史学硕士学位；1995年9月至1998年7月在中国社会科学院研究生院历史系学习，获历史学博士学位。1998年7月至今在中国社会科学院历史研究所工作，历任助理研究员、副研究员。兼任中国元史研究会副秘书长、理事。

现从事中国古代史研究，主要学术专长是蒙元史、中国古代法制史。主要代表作有：《元史研究》（专著）；《元代怯薛轮值新论》（论文）；《宋元时代的通事与通事军》（论文）；《元“大开元一宗”初探》（论文）；《元代大道教玉虚观系的再探讨》（论文）。

刘　源（1973年7月～　）　湖南长沙人，研究员。1990年9月至1994年7月在陕西师范大学历史系学习，获历史学学士学位；1994年9月至2000年7月在南开大学历史系学习，先后获历史学硕士、历史学博士学位。2000年7月至今在中国社会科学院历史研究所工作，历任助理研究员、副研究员。兼任中国先秦史学会、中国殷商文化学会副秘书长。

现从事先秦史研究，主要学术专长是甲骨文、商周史。主要代表作有：《甲骨学殷商史研究》（合著）；《逨盘铭文考释》（论文）；《试论殷墟花园庄东地H3卜辞中的行款》（论文）；《从国博所藏甲骨谈殷墟王卜辞中的子某》（论文）；《甲骨文与殷礼研究》（论文）。

张宪博（1954年10月～　）　北京市人，研究员。1981年9月至1986年6月在北京师范学院历史系在职学习。1970年6月至1986年6月在冶金部冶金地质机械厂工作；1986年6月至今在中国社会科学院历史研究所工作，历任助理研究员、副研究员。兼任中国明史学会理事。

现从事中国古代史研究，主要学术专长是明代政治史。主要代表作有：《明代政治史》（合著）；《复社的政党化趋向》（论文）；《晚明社会的变迁——问题与研究》（合著）；《从依附到参与的政治文化嬗变》（论文）；《吴应箕实政思想略论》（论文）。

宫长为（1957年1月～　）　吉林永吉人，研究员。1979年9月至1986年7月在东北师范大学历史系学习，先后获历史学学士、历史学硕士学位；1988年9月至1995年12月在吉林大学古籍整理研究所在职学习，获历史学博士学位。1986年7月至1996年7月在东北师范大学历史系任教，历任助教、讲师；1996年8月至1998年12月在中国社会科学院历史研究所作博士后研究；1998年12月至今在中国社会科学院历史研究所工作，任副研究员。兼任中国先秦史学会秘书长。

现从事先秦史研究，主要学术专长是西周史。主要代表作有：《西周王朝官制结构研究》（专著）；《由〈遂公盨〉铭文说到大禹治水及其相关问题》（论文）；《〈尚书〉中所见商周关系》（论文）；《商周政体论纲》（论文）；《甲骨文献集成》（编纂，合作）。

楼　劲（1957年11月～　）　浙江绍兴人，研究员。1979年9月至1983年7月在兰州大学历史系学习，获历史学学士学位；1983年9月至1986年7月在复旦大学历史系学习，获历史学硕士学位。1975年12月至1979年9月在浙江省绍兴县东浦绸厂工作；1986年7月至1998年11月在兰州大学历史系任教，历任讲师、副教授；1998年11月至今在中国社会科学院历史研究所工作，任副研究员，现任科研处副处长。

现从事中国古代史研究，主要学术专长是魏晋南北朝隋唐史。主要代表作有：《道武帝所立庙制与拓跋氏早期世系》（论文）；《对几条北魏官制材料的考绎：太和年间官制整改与官制诸令的若干问题》（论文）；《关于〈开宝通礼〉若干问题的考察》（论文）；《中国古代文官制度》（合著）；《宋初礼制沿革及其与唐制的关系——兼论“宋承唐制”说之兴》（论文）。

黄道炫（1966年4月～　）　江西赣州人，研究员。1982年9月至1986年7月在江西师范大学历史系学习，获历史学学士学位；1986年9月至1989年7月在中国社会科学院研究生院近代史系学习，获历史学硕士学位。1989年8月至今在中国社会科学院近代史研究所工作，历任助理研究员、副研究员。

现从事中国近代史研究，主要学术专长是中华民国史、中国革命史。主要代表作有：《洗脸——1946年至1948年农村土改中的干部整改》（论文）；《中央苏区第五次反“围剿”军事策略考察——以广昌战役为中心》（论文）；《蒋介石“攘外必先安内”方针研究》（论文）；《1920～1940年代中国东南地区的土地占有——兼谈地主、农民与土地革命》（论文）；《蒋家王朝1·民国兴衰》

（专著）。

李学通（1963年7月～　）　河北景县人，编审。1981年9月至1985年7月在南开大学历史系学习，获历史学学士学位；1999年9月至2002年7月在中国人民大学国际关系学院政治学系在职学习，获法学博士学位。1985年8月至今在中国社会科学院近代史研究所工作，历任助理编辑、编辑、副编审，现任《近代史资料》编译室主任。兼任中国抗战史学会理事、中国近现代史史料学学会理事。

现从事中国近现代史编辑工作。主要代表作有：《幻灭的梦——翁文灏与中国早期工业化》（专著）；《翁文灏年谱》（专著）；《农商部地质研究所始末考》（论文）；《战时儿童保育会的历史与作用》（论文）；《翁文灏中国工业化思想初探》（论文）。

刘　钢（1954年7月～　）　河北唐山人，研究员。1995年9月至1998年7月在中国社会科学院研究生院哲学系学习，获哲学博士学位。1969年9月至1974年8月在河北唐山卑家店下乡；1974年9月至1975年8月在山东北镇青岛医学院分院任教；1976年9月至1977年7月在湖北武汉水利电力学院任教；1977年8月至1978年9月在武汉月湖中学任教；1978年9月至1980年8月在武汉长虹中学任教；1980年9月至1981年8月在湖北轻工业学院任教；1981年9月至1995年9月在中国科学院武汉数学物理研究所工作；1998年7月至今在中国社会科学院哲学研究所工作，历任助理研究员、副研究员，现任科技哲学研究室主任。

现从事信息哲学研究，主要学术专长是科学技术哲学。主要代表作有：《信息哲学探源》（专著）；“Philosophy of information and foundation for the future Chinese philosophy of science and technology”（英文论文）（中译文《信息哲学与未来中国科技哲学的基础》）；《通向信息哲学的东方进路》（论文）；《信息哲学的诞生》（论文）；《驯服偶然》（译著）。

黄陵渝（1950年8月～　）　女，山东沂水人，研究员。1980年4月至1982年4月在北京东城区职工业余大学在职学习；1982年5月至1984年7月在北京广播电视大学中文系在职学习；1994年6月通过自学考试，获北京师范大学文学学士学位。1968年7月至1975年1月在黑龙江生产建设兵团工作；1976年3月至1979年2月在北京广播器材修造厂工作；1979年3月至今在中国社会科学院世界宗教研究所工作，历任助理研究员，副研究员。兼任中国世界民族学会理事。

现从事宗教学研究，主要学术专长是犹太教。主要代表作有：《犹太教学》（专著）；《论犹太教伦理的核心主题》（论文）；《当代犹太教》（专著）；《犹太教研究在中国》（论文）；《北京宗教调研报告》（调研报告）。

周伟驰（1969年10月～　）　湖南慈利人，研究员。1988年9月至1992年7月在中山大学哲学系学习，获哲学学士学位；1992年9月至1998年7月在北京大学哲学系学习，先后获哲学硕士学位、哲学博士学位，其间，1996年8月至1997年6月作为交换生在加拿大维真学院学习。1998年7月至今在中国社会科学院世界宗教研究所工作，历任助理研究员、副研究员，其间，2000年8月至2001年6月在美国耶鲁大学神学院做访问学者。

现从事基督教研究，主要学术专长是中世纪哲学、当代西方宗教哲学。主要代表作有：《奥古斯丁的基督教思想》（专著）；《形象观的传承》（论文）；《彼此内外：宗教哲学的新齐物论》（论文集）；《论三位一体》（译著）；《论语今译时释》（合著）。

高超群（1971年7月～　）　甘肃泾川人，研究员。1988年9月至1995年7月在北京大学历史系学习，先后获历史学学士学位、历史学硕士学位。1995年8月至今在中国社会科学院经济研究所工作，历任研究实习员、助理研究员、副研究员，现任《中国经济史研究》编辑部副主任。

现从事经济史研究，主要学术专长是中国近代经济史。主要代表作有：《民生精神的意义及其实践》（论文）；《科学管理改革与劳资关系——以申新三厂和民生公司为中心》（论文）；《民国年间的金融诡才——周作民》（论文）；《道术分裂与中国的现代化》（论文）；《官商关系的历史考察》（论文）。

常　欣（1972年7月～　）　女，山东惠民人，研究员。1991年9月至1995年7月在南开大学社会学系学习，获法学学士学位；1995年9月至1998年7月在南开大学经济研究所学习，获经济学硕士学位；1998年9月至2001年7月在中国人民大学经济学院在职学习，获经济学博士学位。1998年7月至今在中国社会科学院经济研究所工作，历任研究实习员、助理研究员、副研究员。兼任中国社会科学院青年人文社会科学研究中心理事。

现从事宏观经济学研究，主要学术专长是产业经济、公共经济。主要代表作有：《新阶段中国垄断性行业改革的三线推进战略》（论文）；《调整政府支出结构　促进居民消费增长——基于政府支出与居民消费互补性关系的分析》（论文）；《当前的通货膨胀与深层体制性障碍》（论文）；《改革开放30年来中国经济学的发展》（论文，合作）；《增长失衡与政府责任——基于社会性支出角度的分析》（论文，合作）。

王砚峰（1965年4月～　）　天津市人，研究馆员。1983年9月至1987年7月在北京师范大学图书馆系学习，获图书馆学学士学位。1987年7月至1993年4月在中国社会科学院民族学与人类学研究所工作，历任助理馆员、馆员；1993年5月至今在中国社会科学院经济研究所工作，历任馆员、副研究馆员，现任经济研究所图书馆副馆长。

现从事图书资料管理工作。主要代表作有：《全球经济的22个瞬间——重点问题跟踪》（专著）；《“新经济”透视》（合著）；《清代道光至宣统间粮价资料概述——以中国社科院经济研究所图书馆馆藏为中心》（论文）；《人文社会科学专业图书馆文献采访模式研究——以中国社会科学院图书馆系统为例》（论文）；“A Debate on 2005 Chinese Economy ”（英文论文）（中译文《2005年中国经济讨论》）。

周文斌（1966年11月～ ） 河南固始人，研究员。1983年9月至1986年6月在河南信阳师范学院中文系学习；1989年9月至1992年6月在南开大学研究生院中文系学习，获文学硕士学位；1998年9月至2001年6月在中国社会科学院研究生院农业经济系学习，获管理学博士学位。1986年7月至1989年8月，先后在郑州市电信局、河南省邮电学校工作；1992年7月至1998年8月在中共河南省委工作，历任编辑、副编审；2001年7月至2003年10月在北京市委研究室工作，任副处长、副研究员；2002年9月至2005年5月在中国社会科学院经济所作博士后研究；2003年11月至今，在中国社会科学院工业经济研究所工作，任副研究员，现任《经济管理》编辑部主任。

现从事企业管理、区域经济研究，主要学术专长是企业人力资源管理。主要代表作有：《论人力资源能力的区域异质性》（论文）；《中部人对“中部崛起”尚存的认识误区及其超越》（论文）；《现代化进程中的中国农村可持续发展》（专著）；《北京卫星城与郊区城市化的关系研究》（论文）；《人力资源能力区域异质性研究》（专著）。

刘　勇（1970年9月～ ） 山西太原人，研究员。1988年9月至1992年7月在山西财经学院企业管理系学习，获经济学学士学位；1992年9月至1995年7月在中国人民大学贸易经济系学习，获经济学硕士学位；1995年9月至1998年7月在中国人民大学工商管理学院学习，获经济学博士学位。1998年7月至今在中国社会科学院工业经济研究所工作，历任助理研究员、副研究员，其间，2002年8月至2003年8月在美国密歇根大学商学院三井金融研究中心做访问学者。

现从事应用经济研究，主要学术专长是产业经济。主要代表作有：《不完全市场下的企业避险动机》（论文）；《论服务业与制造业的协同发展》（论文）；《广东产业升级的经验与启示》（论文）；《中国生产性服务业发展的战略选择》（论文）；《中国制造业：他山之石攻己之玉》（论文）。

李　静（1966年3月～ ） 女，辽宁庄河人，研究员。1984年9月至1988年7月在吉林大学经济管理学院经济管理系学习，获经济管理学学士学位；1988年9月至1991年6月在北京经济学院研究生部政治经济学系学习，获经济学硕士学位；1999年9月至2002年6月在中国社会科学院研究生院农业经济系在职学习，获管理学博士学位。1991年7月至今在中国社会科学院农村发展研究所工作，历任编辑、副编审、副研究员，其间，2002年11月至2005年11月在北京师范大学博士后流动站作博士后研究。

现从事农村经济研究，主要学术专长是农村金融、农村贫困。主要代表作有：《农村合作基金会的行为与政府干预——两类农村合作基金会的比较研究》（论文）；《农村金融发展和改革的地区差别》（论文）；《中国农村金融组织行为与制度环境》（专著）；《中国农村市场化进程分析》（论文）；《农村金融转型与创新》（合著）。

王小映（1966年10月～　）　甘肃礼县人，研究员。1985年9月至1989年7月在中国人民大学土地管理系学习，获经济学学士学位；1992年9月至1998年7月在中国人民大学农业经济系学习，先后获经济学硕士学位、经济学博士学位。1998年7月至今先后在中国社会科学院科研局、农村发展研究所工作，历任助理研究员、副研究员，现任农村发展研究所农村政策研究室副主任。

现从事农业经济学研究，主要学术专长是土地经济。主要代表作有：《土地征收公正补偿与市场开放》（论文）；《土地股份合作制的经济学分析》（论文）；《全面保护农民的土地财产权益》（论文）；《论我国农地制度的法制建设》（论文）；《论土地利用规划的效率与公平》（论文）。

曹红辉（1966年5月～　）　湖南汉寿人，研究员。1984年9月至1988年7月在长沙铁道学院外语系学习，获文学学士学位；1994年1月至1997年1月在中南工业大学管理系在职学习，获工学硕士学位；1999年9月至2002年7月在中央财经大学经济管理系学习，获经济学博士学位。1988年7月至1994年1月在中南工业大学外语系任教；1994年1月至1997年1月在湖南省进出口总公司工作；1997年1月至1999年8月在中国诚信证券评估有限公司投资银行部工作；2002年7月至今在中国社会科学院金融研究所工作，历任助理研究员、副研究员，现任金融研究所金融市场研究室主任。

现从事金融学研究，主要学术专长是金融市场、国际金融。主要代表作有：《人民币汇率预期：基于ARCH族模型的实证分析》（论文，合作）；《中央与地方政府间的利益分割与博弈——基于中国经验的分析》（论文）；《国有商业银行改革：战略、路径、模式、成本收益与效果评估》（论文）；《金融监管体制的现状、缺陷及其改进》（论文）；《金融持续紧缩及其影响》（论文）。

李新忠（1963年2月～　）　江苏溧阳人，研究员。1981年9月至1988年7月在新疆大学工学院地质系学习，先后获工学学士、工学硕士学位；1991年9月至1995年7月在中国地质大学数学地质与遥感地质研究所学习，获工学博士学位。1988年9月至1991年7月在新疆地质矿产研究所工作；1995年9月至1997年7月在北京大学地质学系作博士后研究；1997年10月至今在中国社会科学院数量经济与技术经济研究所工作，历任助理研究员、副研究员，其间，2002年9月至2003年8月在韩国经济研究院企业经济研究所、韩国高等教育财团做高级访问学者。

现从事数量经济学研究，主要学术专长是外商直接投资与国际贸易、实证分析与计量模型。主要代表作有：*The Effects of Foreign Direct Investment on China's International Trade*（合著）（中译文《外方直接投资对中国国际贸易的影响》）；《决策分析中最小成本的算法实现》(论文);《发挥外资技术外溢效应,提高产业生产率》(论文);《外商直接投资与东道国国际贸易的促进关系》(论文);《以结构调整促进对外经贸发展》(论文)。

李　群(1961年12月～　)　山东临清人,研究员(转系列)。1978年9月至1982年7月在曲阜师范大学数学系学习,获理学学士学位;1984年9月至1985年7月在南开大学数学系研究生班在职学习;2000年9月至2003年9月在大连理工大学应用数学系在职学习,获理学博士学位。1982年7月至1993年12月在聊城教育学院数学系任教,历任讲师、副教授;1993年12月至2000年9月在山东财政学院工作,任教授、副处长;2003年9月至2006年12月在中国社会科学院数量经济与技术经济研究所作博士后研究;2006年12月至今在中国社会科学院数量经济与技术经济研究所工作。

现从事数量经济学研究,主要学术专长是人力资源与经济发展。主要代表作有:《不确定性数学方法研究及其在社会科学中的应用》(专著);《我国高层次人才发展预测与对策》(论文,合作);《我国人才效能分析与对策》(论文,合作);《金融资源优化配置模型及其应用》(论文,合作);《加入WTO后我国统计调查面临的挑战和对策》(论文)。

庄贵阳(1969年9月～　)　吉林榆树人,研究员。1988年9月至1995年4月在北京农业工程大学水利与土木工程学院学习,先后获工学学士学位、工学硕士学位;2004年9月至2007年7月在中国社会科学院研究生院世界经济与政治系在职学习,获经济学博士学位。1995年4月至2005年3月在中国社会科学院世界经济与政治研究所工作,历任研究实习员、助理研究员、副研究员,其间,1998年10月至2000年3月在日本佐贺大学大学院经济学研究科做访问学者;2005年4月至今在中国社会科学院城市发展与环境研究中心工作,任副研究员。兼任中国社会科学院可持续发展研究中心副秘书长。

现从事可持续发展经济学研究,主要学术专长是国际气候制度。主要代表作有:《低碳经济:气候变化背景下中国的发展之路》(专著);《后京都时代国际气候治理与中国的战略选择》(论文);《欧盟温室气体排放机制及其对中国的启示》(论文);《气候变化挑战与中国经济低碳发展》(论文);《低碳经济引领世界经济发展方向》(论文)。

徐　卉(1970年10月～　)　女,江苏镇江人,研究员。1987年9月至1993年7月在中国人民大学学习,获经济学学士、法学学士学位;1996年9月至1999年7月在中国人民大学在职学习,获法学博士学位。1993年9月至2000年5月在北京成恒资讯科技发展有限公司工作;2000年6月至今在中国社会科学院法学研究所工作,历任助理研究员、副研究员。兼任中国法学会民事诉讼法学研究会理事。

现从事诉讼法学研究,主要学术专长是公益诉讼。主要代表作有:《通向社会正义之路》(专著);《谁来界定公共利益?——中东欧国家的公益法策略》(英文论文);《美国联邦地区法院刑事诉讼流程》（译著）；《中国法律援助制度的建立与发展：从合法性危机到社会安全阀》（论文）；《中国需要怎样的审级建构：对当前审级制度改革研究的反思》（论文）。

常纪文（1971年4月～　）　湖北监利县人，研究员。1991年9月至1995年6月在武汉大学法学院和环境科学系学习，获理学学士、法学学士学位；1998年9月到2001年6月在武汉大学法学院在职学习，获法学博士学位。1995年7月至1998年8月在湖北荆门大学任教，历任助教、讲师；1998年8月至2001年7月在湖南师范大学任教，历任讲师、副教授；2001年7月至2003年6月在中国社会科学院法学研究所作博士后研究；2003年6月至今在中国社会科学院法学研究所工作，任副研究员。兼任中国环境资源法研究会常务理事、北京市政协委员。

现从事环境与资源保护法学研究，主要学术专长是中国与国际环境法比较。主要代表作有：《市场经济与我国环境法律制度的创新和完善》（专著）；《动物有权利还是仅有福利？——“主、客二分法”与“主、客一体化法”的争论和沟通》（论文）；《环境法原论》（专著）；《动物福利法：中国与欧盟之比较》（专著）；《无过错污染损害的赔偿限度研究》（论文）。

尤韶华（1960年8月～　）　福建永春人，研究员。1978年9月至1982年8月在厦门大学历史系学习，获历史学学士学位；1984年9月至1987年7月在中国社会科学院研究生院法学系学习，获法学硕士学位。1982年9月至1984年8月在江西省委党校任教；1987年8月至1991年9月在国家司法部工作；1991年9月至今在中国社会科学院法学研究所法制史研究室工作，历任助理研究员、副研究员。

现从事法律史学研究，主要学术专长是司法制度史、法律思想史。主要代表作有：《象刑歧义考》（论文）；《香港司法体制沿革》（专著）；《明代司法续考》（专著）；《隋唐法制史考证举要》（论文）；《历史思考：守法治国是社会和谐的基石》（论文）。

赵建文（1956年6月～　）　河南西平人，研究员（转系列）。1978年3月至1981年12月在郑州大学政治系、法律系学习，获法学学士学位；2001年9月至2004年6月在中国政法大学在职学习，获法学博士学位。1982年1月至2007年12月在郑州大学任教，历任助教、讲师、副教授、教授；2008年1月至今在中国社会科学院国际法研究中心工作。兼任中国国际法学会常务理事、中国国际私法学会理事。

现从事国际法研究，主要学术专长是国际人权法。主要代表作有：《论和平共处五项原则》（专著）；《人民自决权的主体范围》（论文）；《国际法新论》（主编）；《海洋法公约与有限豁免原则》（论文）；《论国际法与宪法的效力关系》（论文）。

陈红太（1957年10月～　）　黑龙江绥化人，研究员（转系列）。1980年9月至1987年7月在东北师范大学学习，先后获史学学士学位、史学硕士学位；2004年9月至2006年6月在中国政法大学法学院在职学习，获法学博士学位。1978年9月至1980年9月在黑龙江省北安市第六中学任教；1987年7月至2007年9月在中国政法大学任教，历任助教、副教授、教授；2007年9月至今在中国社会科学院政治学研究所工作。兼任中国政治学会理事。

现从事政治学研究，主要学术专长是中国政府与政治制度。主要代表作有：《中国政府体系与政治：概念、总结与探索》（专著）；《改革开放30年来中国社会主义民主政治建设的经验和面临的挑战》（论文）；《中国刑律儒家化的标准问题研究》（专著）；《中国政治文明的个性特征与独特贡献》（论文）；《从共识性出发 积极稳妥地推进社会主义民主政治建设》（论文）。

周庆智（1960年8月～　）　蒙古族，内蒙古赤峰人，研究员。1980年7月至1991年7月在中央民族大学历史系、民族学系学习，先后获历史学学士、法学硕士学位；1998年9月至2001年7月在北京大学社会学系在职学习，获法学博士学位。1984年7月至1988年9月在内蒙古自治区党校任教；1991年7月至2003年9月在中国社会科学院民族学与人类学研究所工作，历任助理研究员、副研究员；2003年10月至今在中国社会科学院政治学研究所工作，任副研究员。

现从事政治社会学研究，主要学术专长是基层政权组织。主要代表作有：《中国县级行政结构及其运行——对W县的社会学考察》（专著）；《政府监督：对权力制约的一个检讨——以部分省市“环保绩效考核”情况调查为例》（论文）；《论县级行政机构规模增长的制度性根源——对县级行政权力结构及其运行的实证分析》（论文）；《等级制中的权位竞争——对某县行政权力的实证分析》（论文）。

刘　泓（1965年10月～　）　女，江苏南京人，研究员。1984年8月至1991年6月在吉林大学历史系学习，先后获历史学学士学位、历史学硕士学位；1992年7月至1996年6月在东北师范大学历史系在职学习，获历史学博士学位。1991年7月至1996年6月在吉林大学历史系任教，历任助教、讲师；1996年7月至今在中国社会科学院民族学与人类学研究所工作，历任助理研究员、副研究员。兼任中国世界民族学会常务理事、副秘书长。

现从事世界民族研究，主要学术专长是欧美民族问题。主要代表作有：《欧盟与欧盟属下的民族国家》（论文）；《民族主义与国家利益——民族学视野中的阿富汗国家重建》（论文）；《世界民族通览》（合著）；《新型人们共同体的现状与未来》（论文）；《西方国家的移民问题》（论文）。

李云兵（1968年1月～　）　苗族，云南弥勒县人，研究员。1987年9月至1991年6月在中央民族学院学习，获语言学学士学位；1993年9月至1996年6月、1999年9月至2002年6月在中央民族大学在职学习，先后获文学硕士学位、文学博士学位。1991年7月至今在中国社会科学院民族学与人类学研究所工作，历任研究实习员、助理研究员、副研究员。兼任中国民族语言学会理事。

现从事少数民族语言学研究，主要学术专长是语言类型学、南方少数民族语言。主要代表作有：《中国南方民族语言语序类型研究》（专著）；《布赓语研究》（专著）；《花苗苗语方位结构的语义、结构及类型特征》（论文）；《论语言接触对苗瑶语语序类型的影响》（论文）；《中国南方民族语言差比句的语序类型特征》（论文）。

夏传玲（1964年2月～　）　安徽合肥人，研究员。1982年9月至1986年6月在南京农业大学植物保护系学习，获得农学学士学位；1990年9月至1993年6月在北京大学社会学系学习，获法学硕士学位；2003年9月至2006年6月在中国社会科学院研究生院在职学习，获法学博士学位。1986年7月至1990年8月在安徽省农业科学院植物保护研究所工作，任研究实习员；1993年7月至2002年6月在中国老龄科学研究中心工作，历任助理研究员、副研究员；2002年6月至今在中国社会科学院社会学研究所工作，任副研究员，现任调查和方法研究室副主任。

现从事社会学研究，主要学术专长是社会学研究方法。主要代表作有：《权杖和权势：组织的权力运作机制》（专著）；《老年人日常照料的角色介入模型》（论文）；《计算机辅助的定性分析方法》（论文）；《日常护理需求的事件数模型》（论文）；《组织变迁的社会过程：以社会团结为视角》（合著）。

阎　明（1964年1月～　）　女，山东蓬莱人，研究员。1981年9月至1985年7月在北京商学院学习，获经济学学士学位；1985年9月至1986年7月在北京大学社会学系学习；1986年9月至1987年6月在美国南伊利诺大学学习；1987年9月至1993年7月在美国纽约大学学习，获社会学博士学位。1989年9月至1994年6月在美国纽约大学、圣约翰大学、佩斯大学工作，历任助教、助理教授；1994年6月至2002年6月在美国纽约市立大学工作，历任助理教授、副教授；2002年6月至今在中国社会科学院社会学研究所工作，任副研究员。

现从事社会学研究，主要学术专长是中国社会学史、城市社会学。主要代表作有：《一门学科与一个时代——社会学在中国》（专著）；《发达国家住房政策的演变及其对我国的启示》（论文）；《社会学原著导读》（合著）；《社会政策发展中的几个关键性问题》（译文）。

何　帆（1971年4月～　）　河南郑州人，研究员。1989年9月至1993年6月在海南大学经济学院国际贸易专业学习，获经济学学士学位；1993年9月至2000年6月在中国社会科学院研究生院世界经济与政治系学习，先后获经济学硕士学位、经济学博士学位。2000年6月至今在中国社会科学院世界经济与政治研究所工作，历任助理研究员、副研究员，现任所长助理、《世界经济》编辑部主任。兼任中国世界经济学会副秘书长、中国国际金融学会理事、中国数量经济学会理事。

现从事国际经济研究，主要学术专长是国际金融。主要代表作有：《美元与美国霸权》

（论文）；“After The CMI:The Future Of Asian Monetary Cooperation and China′s Role”（英文论文）（中译文《后清迈协议：亚洲货币合作的未来以及中国的角色》）；《FDI会引起国际收支危机吗？》（论文，合作）；《金融自由化、政策一致性与金融脆弱性》（论文，合作）；《越南金融动荡的起源以及中国的对策》（论文）。

王德迅（1957年8月～　）　河北枣强人，研究员。1984年9月至1988年9月在首都联合职工大学图书系在职学习；1994年8月至1996年12月在中央党校函授学院经济管理专业在职学习；1997年9月至1999年6月在中国社会科学院研究生院法学系在职学习。1976年2月至1980年11月在中国人民解放军80303部队服役；1981年5月至今在中国社会科学院世界经济与政治研究所工作，历任馆员、助理研究员、副研究员，现任所长助理。兼任中国文字著作权协会理事。

现从事日本问题研究，主要学术专长是日本经济、国外危机管理。主要代表作有：《危机管理的新模式：来自日本的实证分析》（论文）；《业务持续管理的国际比较研究》（论文）；《日本危机管理研究》（论文）；《日本危机管理体制的演进及其特点》（论文）；《日本的防灾体制与防灾赈灾》（论文）。

邵　峰（1964年7月～　）　北京市人，研究员（转系列）。1982年9月至1986年7月在北京大学国际政治系学习，获法学学士学位。1986年7月至1990年3月在中国社会科学院科研局工作；1990年3月至今在中国社会科学院世界经济与政治研究所工作，历任编辑、副编审、编审，现任国际战略研究室主任。兼任中国太平洋学会理事。

现从事国际战略研究，主要学术专长是恐怖主义与反恐战略。主要代表作有：《国际核扩散难题：根源与出路》（论文）；《现今恐怖活动为何愈来愈多（一种战略分析）》（论文）；《当前国际防核扩散形势述评》（论文）；《恐怖主义与反恐战略研究综述》（研究报告）；《直面困境　探寻出路——2007年国际核扩散形势述评》（研究报告）。

刘显忠（1968年12月～　）　内蒙古通辽人，研究员。1987年9月至1991年7月在内蒙古大学历史系学习，获历史学学士学位；1991年9月至1994年7月在陕西师范大学历史系学习，获历史学硕士学位；1996年9月至1999年7月在北京大学历史系学习，获历史学博士学位。1994年7月至1996年9月在陕西师范大学历史系任教；1999年7月至今在中国社会科学院俄罗斯东欧中亚研究所工作，历任助理研究员、副研究员。兼任中国苏联东欧史研究会理事。

现从事欧洲史研究，主要学术专长是俄国、苏联历史。主要代表作有：《近代俄国国家杜马：设立及实践》（专著）；《二战爆发前后苏联对少数民族的迁移》（论文）；《当代俄罗斯政治思潮》（合著）；《近年来俄罗斯史学界有关苏联民族关系史的研究状况及特点》（论文）；《战后初年苏联农民的反集体农庄情绪及其产生原因》（论文）。

田德文（1964年12月～　）　河北沧州人，研究员。1983年9月至1987年7月在中国人民大学哲学系学习；1997年9月至2004年7月在中国社会科学院研究生院欧洲研究系在职学习，先后获法学硕士、法学博士学位。1987年7月至1990年12月在中国社会科学院哲学研究所工作，任助理编辑；1991年1月至今在中国社会科学院欧洲研究所工作，历任助理研究员、副研究员，现任《欧洲研究》编辑部主任。兼任中国欧洲学会理事。

现从事欧洲政治研究，主要学术专长是欧洲社会政策。主要代表作有：《欧盟社会政策与欧洲一体化》（专著）；《论中欧伙伴关系中的观念因素》（论文）；《挪威》（专著）；《论社会层面上的欧盟认同建构》（论文）；《西方文化霸权与冷战后的国际关系》（论文）。

朴光姬（1963年4月～　）　女，朝鲜族，黑龙江牡丹江人，研究员。1980年9月至1984年7月在吉林职业技术师范学院学习，获工学学士学位；1989年9月至1994年3月在日本筑波大学在职学习，获健康教育学硕士学位；1995年9月至1998年7月在中国社会科学院研究生院财政与贸易经济系在职学习，获经济学博士学位。1984年7月至1992年2月在中国国民党革命委员会吉林省委工作；1992年2月至1998年5月在中国包装总公司工作；1998年7月至今在中国社会科学院亚洲太平洋研究所工作，历任助理研究员、副研究员。

现从事区域经济研究，主要学术专长是亚太区域经济、能源。主要代表作有：《日本能源》（专著）；《石油时代日本能源供给的“弱中东化”》（论文）；《日本国家能源规划的新变化》（研究报告）；《构建清洁经济高效的电力体系》（研究报告）；《中韩双边贸易的发展及问题》（论文）。

姬　红（1964年3月～　）　女，北京市人，研究员。1982年9月至1989年7月在北京大学历史系学习，先后获历史学学士、历史学硕士学位。1989年8月至今在中国社会科学院美国研究所工作，历任助理研究员、副研究员，现任美国社会文化研究室主任。

现从事美国研究，主要学术专长是美国社会问题。主要代表作有：《美国新移民研究（1965年至今）》（专著）；《美国城市黑人聚居区的形成、现状及治理》（论文）；《美国少数族裔的政治参与》（论文）；《种族歧视在美国执法、司法领域中的表现》（论文）；《美国移民跨族婚姻的历史与现状研究》（论文）。

金民卿（1967年8月～　）　河南宜阳人，研究员。1984年9月至1988年7月在河南师范大学政教系学习，获文学学士学位；1988年9月至1991年7月在黑龙江大学哲学系学习，获哲学硕士学位；1997年9月至2000年7月在中共中央党校研究生院学习，获哲学博士学位。1991年7月至1997年9月在中共洛阳市委党校任教，任讲师；2000年7月至2007年7月在中共深圳市委党校任教，历任讲师、副教授；2007年8月至今在中国社会科学院马克思主义研究院工作，任副研究员。

现从事哲学研究，主要学术专长是马克思主义哲学、文化学。主要代表作有：《文化全球化与中国大众文化》（专著）；《深刻认识社会主义意识形态的基本内涵和特征》（论文）；《现代移民都市文化》（专著）；《大众文化论——当代中国大众文化分析》（专著）；《西方文化渗透的程式与途经》（论文）。

冯颜利（1963年8月～　）　湖南临湘人，研究员。1980年9月至1982年6月在湖南省岳阳市岳阳师范学校学习；1985年9月至1987年6月在湖南师范大学外语系在职学习；1992年9月至1995年6月在西南师范大学政治学系学习，获哲学硕士学位；1999年9月至2002年6月在苏州大学政治与公共管理系在职学习，获哲学博士学位。1982年7月至1992年9月在湖南省临湘市詹桥中学任教；1995年7月至2006年12月在苏州大学任教，历任助教、讲师、副教授，其间，2004年3月至2005年12月借调至西南大学任教，2002年9月至2006年7月在中国社会科学院哲学研究所作博士后研究；2007年1月至今在中国社会科学院马克思主义研究院工作，任副研究员。兼任全国辩证唯物主义学会理事。

现从事哲学研究，主要学术专长是马克思主义哲学。主要代表作有：《全球发展的公正性：问题与解答》（专著）；《论全球发展公正性的权利与义务问题》（论文）；《科学发展观与苏南发展新文化》（专著）；《中国特色社会主义与苏联模式社会主义比较》（论文）；《马克思主义人权论》（论文）。

吴　波（1971年10月～　）　安徽五河人，编审。1988年9月至1991年7月在合肥工业大学社会科学系学习，获法学学士学位；1997年9月至2000年7月在中国社会科学院研究生院马列系学习，获法学博士学位。1991年7月至1994年7月在机电工业部广州机床研究所工作；1994年8月至1997年8月在共青团安徽省委安徽青年报社工作；2000年7月至今在中国社会科学院马克思主义研究院工作，历任助理研究员、副研究员、副编审，现任《马克思主义研究》副主编。

现从事编辑工作。主要代表作有：《中国特色社会主义若干重大问题研究——十六大以来中国特色社会主义的新探索》（专著）；《现代性的内在超越：中国特色社会主义道路实质的一种分析》（论文）；《论马克思主义的立场、观点和方法》（论文）；《经济全球化与西方国家工人运动》（论文）；《社会形态和现代化双重视野中的中国道路》（论文）。

黄晓勇（1956年11月～　）　湖南衡南人，教授（转系列）。1978年10月至1982年7月在中国人民大学世界经济系学习，获经济学学士学位。1982年8月至1996年12月在中国社会科学院日本研究所工作，历任编辑、副编审，其间，1986年11月至1987年10月在日本明治大学经营学院做访问学者，1992年10月至1993年9月在日本东京大学经济学院做访问学者，1995年4月至1996年3月在日本爱知大学经济学部做访问学者；1996年12月至2006年12月在中国社会科学院办公厅工作，历任编审、办公厅副主任、主任；2006年12月至今在中国社会科学院研究生院工作，任编审，现任党委书记、副院长兼MPA教育中心主任。兼任全国日本经济学会副会长、世界社会主义研究中心常务理事。

现从事世界经济研究，主要学术专长是世界经济、国际能源安全。主要代表作有：《中日商业交易惯例与价格形成比较研究》（论文）；《2008国情调研——西部民族地区农村义务教育状况分析》（论文集，主编）；《2008国情调研——西部革命老区经济发展及其影响因素》（论文集，主编）；《和谐 规范 发展 成才——全国研究生会主席论坛学术论文集》（论文集，主编）；《台湾史与桦山大将》（合译）。

曲弘梅（1963年10月～　）　女，吉林松原人，编审。1980年9月至1987年6月在吉林大学中文系学习，先后获文学学士、文学硕士学位。1987年7月至今在中国社会科学出版社工作，历任编辑、副编审。

现从事中国古典文学编辑工作。主要代表作有：《宋太祖》（编著）。编辑代表作有：《明清曲家考》（专著，责任编辑）；《政治兴变与唐诗演化》（专著，责任编辑）；《〈论衡〉同义词研究》（专著，责任编辑）；《红楼梦：一个诗性的文本》（专著，责任编辑）。

黄纪苏（1955年11月～　）　北京市人，译审。1990年10月至1993年9月在美国俄亥俄州立托莱多大学学习，获社会学硕士学位。1976年6月至1977年3月在北京第二仪表厂工作；1978年6月至1990年10月在中国社会科学院考古研究所工作，任编辑；1994年至今在中国社会科学杂志社工作，历任翻译、副译审。

现从事翻译工作，主要学术专长是英语翻译、文化批评。主要代表作有：《编者的话》（译文）；《人道帝国主义：帝国主义右派的新信条》（译文）；《非政府组织、原住民与当地知识》（译文）；《高高低低话平等》（文章）；《爱因斯坦的梦》（译著）；《切格瓦拉重返中国》（文章）。

邢东田（1953年6月～　）　山西五台人，编审。1978年10月至1982年9月、1986年10月至1989年1月在中国人民大学历史系学习，先后获历史学学士、历史学硕士学位。1971年7月至1978年10月在北京工艺美术工厂工作；1982年10月至1983年10月在北京市大葆台西汉墓博物馆工作；1983年10月至1986年10月在北京地质管理干部学院任教；1989年4月至1991年4月在北京燕京文化学院工作，任编辑；1991年4月至2002年11月在中国社会科学院世界宗教研究所工作，历任研究实习员、助理研究员；2002年11月至今在中国社会科学院办公厅工作，历任副研究员、副编审。

现从事历史学编辑工作。主要代表作有：《应当如何理解鲁迅先生“中国根柢全在道教”之说——与卿希泰教授商榷》（论文）；《拯救辞书：规范辩证、质量管窥及学术道德考量》（论文集，主编）；《1978～2000年中国的儒教研究：学术回顾与思考》（论文）；《"熊良山现象"应当引起高度关注》（综述）；《"评比学术"的误区及矫正——对当前学术失范现象的一个思考》（论文）。

刘玉杰（1965年12月～　）　女，山东恩县人，编审（转系列）。1984年9月至1988年7月、1991年9月至1994年7月在黑龙江大学中文系学习，先后获文学学士学位、文学硕士学位。1988年7月至1991年8月在黑龙江省统计局工作；1994年7月至2007年9月在黑龙江省记协、黑龙江日报报业集团工作，历任编辑、主任编辑、高级编辑；2007年10月至今在中国社会科学院办公厅工作。

现从事年鉴编辑工作。主要代表作有：《新闻专业期刊的总体策划与栏目策划》（论文）；《汉语成语英译词典》（辞书，主编之一）；《黑龙江报业改革思路探析》（论文，合作）；《中国社会科学院年鉴》（2006年卷）（年鉴，合编）；《中国社会科学院年鉴》（2007年卷）（年鉴，合编）。

韦莉莉（1956年9月～　）　女，北京市人，研究员。1978年10月至1982年7月在浙江大学哲学系学习，获哲学学士学位；1988年9月至1992年3月在北京师范大学哲学系在职学习，获哲学硕士学位。1975年1月至1978年9月在东海舰队服役；1982年8月至1990年6月在大连舰艇学院任教，历任助教、讲师；1990年7月至今先后在中国社会科学院人事教育局、科研局工作，历任助理研究员、副研究员。

主要代表作有：《中国科学院学部性质职能演变探究》（论文）；《繁荣发展哲学社会科学》（合著）；《研究项目的结项评估》（论文）；《中国社会科学院学部委员制度的相关问题研究》（论文）；《人文社会科学评价理论与实践评析》（论文）。

第六编

规章制度

GUIZHANGZHIDU

一　中国社会科学院院长学术基金管理办法

（2008年4月30日院长办公会议审议通过）

（一）为整合中国社会科学院的研究力量与学术资源，进一步发挥学部的作用，特设立“中国社会科学院院长学术基金”。

（二）院长学术基金从院重大课题经费中列支。

（三）院长学术基金用于资助由学部组织的跨学科、跨研究所的事关经济社会发展和国家安全的重大宏观性、战略性、前瞻性研究项目和重大基础研究项目。

（四）院长学术基金申请项目报院长办公会议审议，院长批准使用。

（五）申请院长学术基金，需填报《中国社会科学院院长学术基金资助申请书》。

（六）院长学术基金项目的资助经费，专款专用，一般分年度拨付。

（七）院长学术基金项目的经费，检查和鉴定结项等管理事项，参照《中国社会科学院重大课题管理办法》执行。

（八）院长学术基金项目管理的事务性工作由学部工作局承担。

注：此办法于2008年5月23日以（2008）社科研字5号文件通知各学部遵照执行。

二　关于授予外籍人士“中国社会科学院荣誉学部委员”称号的条例

（2008年7月3日院务会议审议通过）

为提高我院科学研究在国际学术界前沿的地位，扩大我院在国际学术界的影响，促进我院与国际学术界的交流，发挥国际著名学者和知名人士在我院科研工作中的作用，特制定本条例。

（一）授予对象

“中国社会科学院荣誉学部委员”（外籍）授予对象为在哲学社会科学研究领域作出过重大贡献，并代表当前学术研究最高水平和发展潮流的国际学术界的著名学者和知名人士。

（二）候选人条件

在国际哲学社会科学界具有广泛的学术声誉，为推动学术发展作出突出贡献；政治上对我友好；能够为我国哲学社会科学研究事业作出实质性贡献。

（三）提名审批程序

1. 院属各研究所为中国社会科学院荣誉学部委员外籍候选人的推荐单位，推荐单位在提出候选人时，需经本单位学术委员会讨论通过，并向国际合作局提交推荐人材料（推荐单位报告、被推荐人自然简历和学术简历）；

2. 国际合作局为授权审核单位，国际合作局根据推荐单位的报告商学部工作局提出审核意见；

3. 由院学部主席团会议通过授予决定，并由院务会议核准。

（四）其他相关事宜

1. 中国社会科学院荣誉学部委员的英文译文是：Honorary Member of the Chinese Academy of Social Sciences；

2. 荣誉学部委员证书由学部工作局统一制作；

3. 我国港、澳、台地区候选人的提名审批工作参照此条例执行；

4. 本条例的解释权在国际合作局；

5. 本条例规定自院务会议批准之日起实施。

注：此条例于2008年8月6日以（2008）社科国际字11号文件通知院属各单位遵照执行，[2002]社科外字30号文终止执行。

三　关于规范与境外机构在境外联名举办活动的规定（试行）

（2008年7月3日院务会议审议通过）

为规范管理院属各单位（包括挂靠机构以及学会、研究会等，下同）在境外与境外机构联名举办会议、展览，开展调研、考古发掘等活动，特作如下规定。

（一）基本原则

1. 院属各单位在境外与境外机构联名举办活动，须符合国家的外交、民族、宗教等相关政策和保密规定，根据学术需要，坚持以我为主、为我所用的方针确定合作方案。

2. 院属各单位应预先掌握合作对象的政治、学术及经费来源的背景，并了解对方在合作目的、合作方式和成果使用等方面的基本设想。

3. 院属各单位应遵循平等、务实的原则，在学术地位对等、学科领域相关联的前提下选择境外联名机构。

（二）冠名要求

1. 以中国社会科学院名义在境外联名举办活动，需经院务会议批准，院属各单位未经批准不得使用院的名义。

2. 院属各单位使用本单位名义在境外联名举办活动，应经所局级领导会议审议，报院批准。

3. 我院任何个人未经批准不得使用本单位以及本单位对外协议的名义与境外机构或个人联名举办活动。

（三）审批程序

1. 院属各单位在境外联名举办活动，应事先将活动方案报国际合作局。国际合作局根据项目的具体情况，上报主管院领导、院务会议或国家相关主管部门审批。

2. 院属各单位的报批件应由本单位主管领导签字并正式编号。挂靠单位、学会、研究会等报批件均应以挂靠主管单位名义行文报批。

3. 国际合作局应及时将办理情况通报报文单位。

4. 院属各单位在项目批准后，应与境外合作机构以书面形式确认具体方案，对联名举办展览、调研、考古发掘的项目，应签订协议书，协议书中应包括实施程序、知识产权、保险等相关内容。协议书应抄送国际合作局。

5．国家外事项目和院级协议项目框架下的境外联名活动，由国际合作局履行上报审批程序。

（四）附则

1．院属各单位在境内与境外机构联名举办活动，仍按照2003年7月院务会议批准的相关规定办理。

2．本规定自院务会议批准之日起实施。

注：此规定于2008年8月18日以（2008）社科国际字13号文件通知院属各单位遵照执行。

四　中国社会科学院学术会议管理办法

（2008 年 7 月 31 日院长办公会议审议通过）

第一条　本办法适用于我院以哲学社会科学学术研究为目的的各类报告会、研讨会、讲座等学术会议。

第二条　举办学术会议是我院科研工作的重要组成部分，组织各类学术会议，必须以马克思主义为指导，贯彻落实科学发展观，坚持正确的政治方向和学术方向，自觉遵守国家法律、法规及我院有关规定。

第三条　举办学术会议应坚持党的“百花齐放、百家争鸣”方针，同时应做到研究无禁区、宣传有纪律。学术会议内容不能违反四项基本原则。

第四条　院属各单位要牢固树立政治意识、大局意识、责任意识，确保本单位举办的学术会议能够成为促进学术创新、宣传科学理论、传播先进文化、弘扬社会正气的重要思想阵地。

第五条　我院各单位举办的学术会议实行分级分类归口管理，坚持“谁主办，谁负责”的原则。

第六条　建立健全申报、审批、归档和责任追究等制度。会议主办单位应加强对学术会议会前、会中和会后的管理与监督。

第七条　申报学术会议，会议组织者要有完整的会议计划和会议主题，要按照《中国社会科学院学术会议申报书》的要求，认真填写会议相关信息。

第八条　会议组织者要围绕会议主题做好相关组织工作。准备不充分的，不得召开会议。

第九条　会议组织者在筹办学术会议时，必须对拟邀请报告人报告的主要内容进行评审，必要时应事先征求拟邀请报告人所在单位意见。

第十条　会议组织者如发现报告人的报告内容有严重问题，要及时制止并消除影响，同时向报告人所在单位通报情况。

第十一条　我院学者到外单位或境外担任学术会议的报告人，需经所在单位批准，所在单位要对其提出明确的政治纪律要求。

第十二条　各单位要按照会议审批权限办理审批手续：49 人以下、会期 5 天以内的学术会议，由所在单位批准；50～100 人、会期 5 天之内的由院批准；100 人以上或会期 5 天以上的学术会议，由院报国务院办公厅批准。

第十三条　需由研究所（中心）审批的会议最迟应在会议召开之前15日报主管所领导审批；由院和国务院办公厅审批的学术会议应每年11月10日前报下一年度的会议计划，由院科研局汇总办理审批手续，逾期上报者原则上不再办理。

第十四条　邀请境外人员参加学术会议，需按照外事工作的有关规定办理。

第十五条　凡报我院和国务院办公厅审批的年度学术会议计划须经所长（或主管业务的副所长）审核签字。

第十六条　组织学术会议要切实注重会议的学术效果，严格控制会议规模，力求做到以文入选。

第十七条　会议主办单位邀请新闻媒体参会，需按照《中国社会科学院新闻宣传工作管理办法》的有关规定执行。

第十八条　举办学术会议要本着节约原则。不得以任何名义赠送贵重礼品，不得用公费组织旅游，不得超规格公费宴请，不得在《中共中央办公厅国务院办公厅关于严禁党政机关到风景名胜区开会的通知》（厅字[1998]23号）明令禁止的12个风景名胜区召开学术会议。

第十九条　严禁将举办学术会议作为创收手段，谋取不正当利益。

第二十条　凡未按照规定申报的以及未经审批或审批手续不全而擅自举办会议的，一经发现将追究会议组织者的责任，并在全院范围内予以通报批评，情节严重者给予纪律处分。

第二十一条　会议实际内容与其申报时的内容不符，以至有违反本办法的，组织者须及时向审批部门汇报。造成不良影响的，应采取相应措施，予以消除。同时视情节轻重，追究组织者及直接责任人的相关责任，严重者给予纪律处分，并在全院范围内予以通报。

第二十二条　会议组织者要做好学术会议的资料收集、总结和归档工作，对会议的内容要进行文字、影像和录音记录，会后需将有关会议资料进行整理，报送审批部门备案。

第二十三条　利用网络、视频、电视电话等形式召开的各类学术会议同样适用本办法。

第二十四条　自本办法实施之日起，《中国社会科学院关于召开学术会议的几项规定》（1989年4月27日秘书长办公会议通过）停止执行。

注：此办法于2008年10月10日以（2008）社科研字16号文件通知院属各单位遵照执行。

五 中国社会科学院人口与计划生育工作管理办法

（2008 年 9 月 25 日院长办公会审议通过）

第一条 为了贯彻落实中央关于“稳定低生育水平，统筹解决人口问题，促进人的全面发展”的方针，加强中国社会科学院人口与计划生育工作，根据《中华人民共和国人口与计划生育法》、《中共中央国务院关于全面加强人口和计划生育工作统筹解决人口问题的决定》、《北京市人口与计划生育条例》、《中央国家机关人口与计划生育工作管理办法》等有关规定，结合我院实际，制定本办法。

第二条 中国社会科学院人口和计划生育委员会（简称院人口计生委）是院人口与计划生育工作的领导、协调和管理机构。该委员会在院长办公会领导下开展工作，由分管院领导和部分所（局）领导及管理人员组成。

第三条 院人口计生委下设办公室（简称院人口计生办），负责院人口计生委的日常工作，为办公厅的内设机构。

第四条 院属各单位成立人口和计划生育工作领导小组（简称人口计生小组），由所局级主管领导、人事处（或办公室）负责人和兼职计生干部组成，负责具体落实本单位人口与计划生育工作的各项任务。

第五条 院人口计生委根据工作区域和学科片将院属各单位划分为若干协作组，实行网络化管理。院人口计生委指定组长单位，协助院人口计生办做好重要工作的落实、宣传教育、学习交流、检查评比等工作。

第六条 院人口计生委主要职责：

1．贯彻落实国家有关法律法规和政策，协调、指导全院人口与计划生育工作。

2．执行中央国家机关人口和计划生育委员会规章制度及工作部署，与其签订人口与计划生育目标管理责任书。

3．研究制定院人口与计划生育工作管理办法、相关规章和工作标准，与院属各单位签订人口与计划生育目标管理责任书。

4．审议通过院人口与计划生育年度工作计划、工作总结及先进单位、先进工作者名单。

5. 落实和管理院拨人口与计划生育工作经费。

6. 研究解决院人口与计划生育工作中的重要问题。

第七条　院人口计生办主要职责：

1. 按照中央国家机关人口和计划生育委员会工作部署与院人口计生委工作安排及要求，结合实际，做好各项日常工作。

2. 拟订院人口与计划生育工作规章制度、编制人员培训规划和年度工作计划，草拟工作总结，安排专项工作并组织实施。

3. 组织开展院人口与计划生育工作，督促检查各单位工作完成情况。

4. 组织院属各单位逐级签订人口与计划生育目标管理责任书。

5. 组织开展人口与计划生育宣传教育、优质服务及社会公益活动。

6. 建立院人口与计划生育综合信息管理系统，组织院属各单位信息统计、汇总和报送工作。

7. 拟订院人口与计划生育目标管理评估标准，组织开展目标管理检查、考核、评比与达标表彰等活动。

8. 协调和驻地政府部门人口与计划生育工作关系。

9. 加强人口与计划生育管理和服务网络建设，对院协作组的工作给予经常性的业务指导和工作协调。

10. 定期组织院人口计生干部进行业务培训。

第八条　院属各单位人口计生小组主要职责：

1. 贯彻落实国家有关法律法规和政策，执行院人口计生委的规章制度和工作部署，指导本单位的人口计生工作。

2. 按要求逐级签订人口与计划生育目标管理责任书。

3. 研究解决本单位人口与计划生育工作中的问题。

4. 落实和管理人口与计划生育工作经费。

5. 开展人口与计划生育宣传工作，宣传普及人口政策、有关法律法规、计划生育、避孕节育、优生优育和生殖保健等知识，组织开展相关活动。

6. 为实行计划生育的家庭和人员提供相关技术服务和支持。

7. 建立和完善人口与计划生育综合信息管理系统，建立健全规范的基础资料档案（包括建立育龄人员婚育情况档案），做好信息统计报送工作。

8. 按要求参加人口与计划生育干部业务培训。

9. 加强对流动人口（含临时聘用人员、在读学生、单位房屋承租人或承借人）的计划生育服务和管理工作。

第九条　院人口与计划生育工作遵循依法管理、优质服务、综合治理的原则，根据要求建立科学、合理、规范的人口与计划生育目标管理体系，实行目标管理与考评奖惩相结合的管理模式。

第十条 各单位人口与计划生育控制指标应达到符合政策生育率100%；晚婚晚育率98%；独生子女领证率100%；节育措施落实率100%；无违法生育。

第十一条 各单位对违反规定超计划生育的人员，应按照《中央国家机关人口与计划生育工作管理办法》给予降级或撤职处分；情节严重的，应开除公职。

第十二条 院人口计生办于每年年底组织对各单位人口与计划生育目标管理的情况进行检查、考核，对达标单位进行表彰和奖励。

第十三条 对检查、考核不达标的单位，院人口计生委视情况给予通报批评，责成限期整改。同时建议院有关部门，取消不达标单位本年度各种先进的申报资格。

第十四条 本办法由院人口计生办负责解释。

第十五条 本办法自印发之日起施行。《中国社会科学院计划生育工作管理办法》([2000]社科办字35号）同时废止。

注：此办法于2008年9月25日以（2008）社科办字16号文件通知院属各单位遵照执行。

第七编

统计资料

TONGJIZILIAO

一　中国社会科学院2008年在职各类人员情况

人数　项目 单位	合计	专业人员						管理人员	工勤人员
		小计	正高级	副高级	中级	初级	未定级		
总计	4016	3218	711	927	1056	257	207	541	257
文学研究所	138	122	37	40	32	5	8	9	7
民族文学研究所	45	40	12	9	11	1	7	4	1
外国文学研究所	83	75	24	26	18	4	3	7	1
语言研究所	91	80	26	21	31	1	1	6	5
考古研究所	164	140	38	45	44	5	8	14	10
历史研究所(含郭沫若纪念馆)	153	135	35	44	40	8	8	16	2
近代史研究所	133	113	33	36	34	5	5	6	14
世界历史研究所	85	74	21	26	24	3	0	9	2
中国边疆史地研究中心	31	29	7	8	10	0	4	2	0
哲学研究所	143	129	43	44	28	6	8	9	5
世界宗教研究所	79	72	20	23	23	4	2	7	0
经济研究所	132	111	38	32	30	6	5	10	11
工业经济研究所	87	81	17	26	25	7	6	6	0
农村发展研究所	84	77	19	28	22	6	2	6	1
财政与贸易经济研究所	73	70	16	16	22	7	9	3	0
金融研究所	38	38	7	13	14	2	2	0	0
数量经济与技术经济研究所	84	72	23	23	20	1	5	9	3
人口与劳动经济研究所	46	44	9	13	20	2	0	2	0
城市发展与环境研究中心	38	36	10	7	14	1	4	2	0

续表

人数 项目 / 单位	合计	专业人员						管理人员	工勤人员
		小计	正高级	副高级	中级	初级	未定级		
法学研究所	109	97	28	28	38	3	0	9	3
国际法研究中心	23	21	3	7	9	1	1	2	0
政治学研究所	45	41	7	11	14	7	2	3	1
民族学与人类学研究所	158	146	33	50	51	8	4	9	3
社会学研究所	81	75	16	26	22	7	5	5	0
新闻与传播研究所	41	37	8	11	12	5	1	3	1
世界经济与政治研究所	107	94	24	33	26	7	4	9	4
俄罗斯东欧中亚研究所	96	81	22	25	19	9	6	6	9
欧洲研究所	50	42	11	11	18	2	0	6	2
西亚非洲研究所	63	56	12	15	24	3	2	7	0
拉丁美洲研究所	60	51	10	19	14	5	3	9	0
亚洲太平洋研究所	54	51	11	15	18	2	5	2	1
美国研究所	56	51	11	14	24	1	1	3	2
日本研究所	52	49	12	11	20	4	2	2	1
马克思主义研究院	129	124	23	24	56	10	11	4	1
办公厅	76	30	7	6	10	7	0	46	0
科研局/学部工作局	41	33	9	13	7	3	1	8	0
人事教育局	40	14	1	2	7	4	0	26	0
国际合作局	43	34	4	8	15	7	0	7	2
财务基建计划局	35	20	0	3	8	9	0	15	0
老干部工作局	21	6	0	3	2	1	0	15	0
纪检组、监察局	22	6	2	1	0	3	0	16	0
直属机关党委	26	7	2	2	3	0	0	19	0
中国社会科学出版社	93	70	14	12	18	16	10	9	14
社会科学文献出版社	43	38	5	5	16	5	7	4	1
中国社会科学杂志社	57	47	9	12	12	6	8	7	3
中国社会科学院研究生院	140	79	12	17	32	7	11	40	21
院图书馆(文献信息中心)	131	115	11	32	53	12	7	12	4
计算机网络中心	26	23	0	5	5	10	3	3	0

续表

人数 项目 / 单位	合计	专业人员						管理人员	工勤人员
		小计	正高级	副高级	中级	初级	未定级		
服务中心	201	18	0	1	5	6	6	71	112
中国人文科学发展公司	19	12	0	2	6	3	1	6	1
中国经济技术研究咨询有限公司	3	0	0	0	0	0	0	3	0
当代中国研究所	94	68	12	14	23	5	14	19	7
中国地方志指导小组办公室	35	29	4	8	7	5	5	4	2
院领导	19	14	13	1	0	0	0	5	0
1.研究单位	2980	2652	682	802	857	158	153	229	99
2.院直属单位	713	402	51	86	147	65	53	155	156
3.院直机关	323	164	38	39	52	34	1	157	2
4.女职工	1626	1370	174	389	551	159	97	198	58

注：本统计资料中人事教育局含人才交流培训中心。

研究单位/全院总职工=2980/4016=

二 中国社会科学院2008年在职人员年龄结构

项目 / 人数 / 单位	年龄结构									
	合计	25岁及以下	26~30岁	31~35岁	36~40岁	41~45岁	46~50岁	51~55岁	56~60岁	女	60岁以上
总计	4016	61	332	471	570	678	544	804	443	105	113
文学研究所	138	2	14	13	16	18	21	32	15	5	7
民族文学研究所	45	0	10	3	3	9	8	6	4	1	2
外国文学研究所	83	1	2	16	10	13	10	19	9	1	3
语言研究所	91	0	2	9	17	12	17	19	12	4	3
考古研究所	164	1	9	24	26	31	23	22	22	5	6
历史研究所(含郭沫若纪念馆)	153	3	10	22	24	26	17	27	18	6	6
近代史研究所	133	0	6	20	13	28	22	17	23	3	4
世界历史研究所	85	0	8	14	15	11	7	18	8	3	4
中国边疆史地研究中心	31	0	5	4	1	5	6	6	3	1	1
哲学研究所	143	2	9	14	19	32	16	33	12	3	6
世界宗教研究所	79	0	3	8	15	15	14	11	11	5	2
经济研究所	132	0	3	12	20	16	22	39	17	4	3
工业经济研究所	87	0	4	13	11	16	14	20	7	1	2
农村发展研究所	84	0	4	3	7	22	20	18	8	3	2
财政与贸易经济研究所	73	2	12	11	10	8	7	15	5	2	3
金融研究所	38	0	1	11	13	3	3	3	4	1	0
数量经济与技术经济研究所	84	0	1	9	14	19	12	15	8	3	6
人口与劳动经济研究所	46	0	3	8	4	10	7	10	3	0	1

续表

项目 / 人数 / 单位	年龄结构									
	合计	25岁及以下	26～30岁	31～35岁	36～40岁	41～45岁	46～50岁	51～55岁	56～60岁	女	60岁以上
城市发展与环境研究中心	38	0	1	6	9	13	3	4	1	0	1
法学研究所	109	1	7	18	17	19	17	19	8	3	3
国际法研究中心	23	0	4	7	3	3	2	4	0	0	0
政治学研究所	45	0	6	3	12	8	4	7	2	1	3
民族学与人类学研究所	158	1	9	15	28	40	13	35	16	2	1
社会学研究所	81	2	9	10	8	18	7	18	8	5	1
新闻与传播研究所	41	0	7	2	8	5	4	13	1	0	1
世界经济与政治研究所	107	1	4	18	16	18	13	18	19	6	0
俄罗斯东欧中亚研究所	96	0	5	12	18	15	10	27	7	2	2
欧洲研究所	50	0	6	9	7	6	7	6	7	2	2
西亚非洲研究所	63	1	3	12	6	15	7	14	4	1	1
拉丁美洲研究所	60	3	5	13	6	7	4	11	8	5	3
亚洲太平洋研究所	54	0	8	13	9	8	5	5	5	2	1
美国研究所	56	1	3	8	13	10	7	8	4	1	2
日本研究所	52	0	3	6	9	8	5	16	4	0	1
马克思主义研究院	129	2	16	28	30	18	8	11	12	1	4
办公厅	76	1	8	6	6	10	16	17	10	1	2
科研局／学部工作局	41	0	9	2	5	9	5	6	4	3	1
人事教育局	40	4	9	4	4	3	10	4	2	0	0
国际合作局	43	1	7	0	8	8	6	10	3	1	0
财务基建计划局	35	3	4	1	6	5	8	3	5	1	0
老干部工作局	21	1	0	1	1	3	3	4	7	3	1
纪检组、监察局	22	1	3	3	2	3	1	4	3	0	2
直属机关党委	26	1	5	1	5	4	1	5	4	0	0
中国社会科学出版社	93	3	6	7	15	16	14	19	13	2	0
社会科学文献出版社	43	0	11	4	5	7	5	9	2	0	0
中国社会科学杂志社	57	0	9	5	9	10	3	14	7	2	0

续表

人数 项目 / 单位	年龄结构										
	合计	25岁及以下	26～30岁	31～35岁	36～40岁	41～45岁	46～50岁	51～55岁	56～60岁	女	60岁以上
中国社会科学院研究生院	140	10	15	12	11	18	14	42	17	4	1
院图书馆(文献信息中心)	131	6	15	9	9	26	20	33	11	2	2
计算机网络中心	26	1	13	3	2	0	1	4	1	0	1
服务中心	201	1	5	5	14	23	59	55	38	1	1
中国人文科学发展公司	19	1	0	0	2	1	2	7	5	1	1
中国经济技术研究咨询有限公司	3	1	0	0	1	0	1	0	0	0	0
当代中国研究所	94	2	5	11	22	20	9	14	9	0	2
中国地方志指导小组办公室	35	1	6	3	6	7	3	5	4	1	0
院领导	19	0	0	0	0	0	1	3	3	1	12
1.研究单位	2980	26	213	408	465	532	374	565	308	83	89
2.院直属单位	713	23	74	45	68	101	119	183	94	12	6
3.院直机关	323	12	45	18	37	45	51	56	41	10	18
4.女职工	1626	42	178	223	257	277	207	323	105	105	14

注:本统计资料中人事教育局含人才交流培训中心。

三　中国社会科学院2008年在职各类专业人员学历结构

项目 人数 类别	专业人员总数	学历结构							
		研究生	博士	硕士	大学	大专	中专	高中	初中及以下
总计	3218	2058	1114	879	757	323	19	48	13
其中：正高级	771	573	327	226	190	6	0	1	1
副高级	927	632	390	226	232	60	1	1	1
中级	1056	656	296	334	198	178	5	15	4
初级	257	56	0	54	93	66	11	25	6
未定级	207	141	101	39	44	13	2	6	1
1.研究人员	2161	1752	1038	681	363	39	0	2	5
研究员	645	508	312	181	132	4	0	0	1
副研究员	664	541	354	177	115	7	0	0	1
助理研究员	653	547	284	256	80	24	0	1	1
研究实习员	65	42	0	42	21	0	0	1	1
研究未定职	134	114	88	25	15	4	0	0	1
2.编辑人员	428	194	51	129	147	78	2	6	1
编审	99	51	12	36	46	1	0	1	0
副编审	137	61	22	35	52	24	0	0	0
编辑	128	58	7	45	26	42	0	1	1
助理编辑	34	6	0	5	13	9	2	4	0
编辑未定职	30	18	10	8	10	2	0	0	0
3.翻译人员	47	24	4	16	21	2	0	0	0
译审	6	3	0	2	3	0	0	0	0
副译审	14	7	2	4	7	0	0	0	0

续表

项目 / 人数 / 类别	专业人员总数	学历结构							
		研究生	博士	硕士	大学	大专	中专	高中	初中及以下
翻译	19	11	1	8	6	2	0	0	0
助理翻译	7	2	0	2	5	0	0	0	0
翻译未定职	1	1	1	0	0	0	0	0	0
4.教学人员	68	44	18	25	19	4	0	1	0
教授	19	11	3	7	8	0	0	0	0
副教授	19	13	10	3	5	1	0	0	0
讲师	20	17	4	13	3	0	0	0	0
助教	3	1	0	1	2	0	0	0	0
教学未定职	7	2	1	1	1	3	0	1	0
5.工程技术人员	47	5	0	4	32	7	2	0	1
高级工程师	5	1	0	1	2	1	1	0	0
工程师	20	4	0	3	12	3	0	0	1
助理工程师、技术员	22	0	0	0	18	3	1	0	0
工程未定职	0	0	0	0	0	0	0	0	0
6.图书、文博、资料人员	337	32	2	21	134	133	6	29	3
研究馆员	2	0	0	0	1	1	0	0	0
副研究馆员	80	6	1	4	48	25	0	1	0
馆员	178	17	0	9	60	86	3	11	1
助理馆员、管理员	55	4	0	4	17	17	2	13	2
图书未定职	22	5	1	4	8	4	1	4	0
7.会计人员	100	1	0	0	32	48	8	9	2
高级会计师	4	0	0	0	2	2	0	0	0
会计师	25	0	0	0	8	14	1	2	0
助理会计师、会计员	59	1	0	0	12	32	6	6	2
会计未定职	12	0	0	0	10	0	1	1	0
8.经济人员	15	4	1	1	3	7	0	1	0
高级经济师	2	2	1	1	0	0	0	0	0
经济师	8	2	0	0	1	5	0	0	0
助理经济师、经济员	5	0	0	0	2	2	0	1	0

续表

项目 人数 类别	专业人员总数	学历结构							
		研究生	博士	硕士	大学	大专	中专	高中	初中及以下
经济未定职	0	0	0	0	0	0	0	0	0
9.统计人员	2	0	0	0	2	0	0	0	0
高级统计师	0	0	0	0	0	0	0	0	0
统计师	1	0	0	0	1	0	0	0	0
助理统计师、统计员	1	0	0	0	1	0	0	0	0
统计未定职	0	0	0	0	0	0	0	0	0
10.卫生技术人员	13	2	0	2	4	5	1	0	1
主任医师	0	0	0	0	0	0	0	0	0
副主任医师	2	1	0	1	1	0	0	0	0
主治医师	4	0	0	0	1	2	1	0	0
医师、医士	6	0	0	0	2	3	0	0	1
卫生未定职	1	1	0	1	0	0	0	0	0

注:本统计资料中含地方志指导小组办公室和当代中国研究所。

四　中国社会科学院2008年在职各类专业人员年龄结构

项目 人数 类别	合计	年龄结构 25岁以下及	26～30岁	31～35岁	36～40岁	41～45岁	46～50岁	51～55岁	56～60岁	女	60岁以上
总计	3218	27	281	435	507	575	383	598	312	97	100
其中：正高级	771	0	0	1	20	146	121	231	159	41	93
副高级	927	0	0	59	213	277	105	168	100	46	5
中级	1056	0	103	326	226	116	108	139	38	6	0
初级	257	8	108	14	12	15	41	46	11	3	2
未定级	207	19	70	35	36	21	8	14	4	1	0
1.研究人员	2161	11	170	374	408	404	204	322	184	51	84
研究员	645	0	0	1	20	120	105	190	126	31	83
副研究员	664	0	0	54	187	208	71	97	46	18	1
助理研究员	653	0	78	280	173	59	24	28	11	2	0
研究实习员	65	4	47	7	1	2	1	2	1	0	0
研究未定职	134	7	45	32	27	15	3	5	0	0	0
2.编辑人员	428	4	33	28	46	79	55	109	68	22	6
编审	99	0	0	0	0	22	12	35	26	8	4
副编审	137	0	0	2	19	37	18	30	29	14	2
编辑	128	0	11	20	19	16	17	35	10	0	0
助理编辑	34	2	7	3	4	0	8	7	3	0	0
编辑未定职	30	2	15	3	4	4	0	2	0	0	0
3.翻译人员	47	0	8	3	8	12	4	9	3	1	0
译审	6	0	0	0	0	1	2	2	1	0	0
副译审	14	0	0	0	2	6	1	4	1	0	0

续表

项目 / 人数 / 类别	合计	年龄结构									
		25岁以下及	26~30岁	31~35岁	36~40岁	41~45岁	46~50岁	51~55岁	56~60岁	女	60岁以上
翻译	19	0	1	3	5	5	1	3	1	1	0
助理翻译	7	0	7	0	0	0	0	0	0	0	0
翻译未定职	1	0	0	0	1	0	0	0	0	0	0
4.教学人员	68	1	6	10	6	14	5	11	9	4	6
教授	19	0	0	0	0	3	2	4	4	1	6
副教授	19	0	0	2	1	8	2	4	2	2	0
讲师	20	0	3	8	5	3	0	1	0	0	0
助教	3	0	2	0	0	0	0	1	0	0	0
教学未定职	7	1	1	0	0	0	1	1	3	1	0
5.工程技术人员	47	0	17	4	4	4	6	7	5	1	0
高级工程师	5	0	0	0	1	0	0	2	2	1	0
工程师	20	0	0	4	2	3	6	3	2	0	0
助理工程师、技术员	22	0	17	0	1	1	0	2	1	0	0
工程未定职	0	0	0	0	0	0	0	0	0	0	0
6.图书、文博、资料人员	337	6	33	11	22	50	78	101	35	14	1
研究馆员	2	0	0	0	0	0	0	0	2	1	0
副研究馆员	80	0	0	1	3	17	12	29	17	10	1
馆员	178	0	10	9	14	26	49	57	13	3	0
助理馆员、管理员	55	1	19	1	2	5	13	12	2	0	0
图书未定职	22	5	4	0	3	2	4	3	1	0	0
7.会计人员	100	5	11	3	11	8	25	31	4	2	2
高级会计师	4	0	0	0	0	0	0	2	1	0	1
会计师	25	0	0	2	7	3	7	6	0	0	0
助理会计师、会计员	59	1	7	1	3	5	18	20	3	2	1
会计未定职	12	4	4	0	1	0	0	3	0	0	0
8.经济人员	15	0	0	2	2	2	4	3	2	0	0
高级经济师	2	0	0	0	0	0	1	0	1	0	0
经济师	8	0	0	0	1	1	2	3	1	0	0

续表

项目 人数 类别	合计	年龄结构									
		25岁以下及	26～30岁	31～35岁	36～40岁	41～45岁	46～50岁	51～55岁	56～60岁	女	60岁以上
助理经济师、经济员	5	0	0	2	1	1	1	0	0	0	0
经济未定职	0	0	0	0	0	0	0	0	0	0	0
9.统计人员	2	0	1	0	0	0	1	0	0	0	0
高级统计师	0	0	0	0	0	0	0	0	0	0	0
统计师	1	0	0	0	0	0	1	0	0	0	0
助理统计师、统计员	1	0	1	0	0	0	0	0	0	0	0
统计未定职	0	0	0	0	0	0	0	0	0	0	0
10.卫生技术人员	12	0	1	0	0	2	1	5	2	2	1
主任医师	0	0	0	0	0	0	0	0	0	0	0
副主任医师	2	0	0	0	0	1	0	0	1	1	0
主治医师	4	0	0	0	0	0	1	3	0	0	0
医师、医士	6	0	1	0	0	1	0	2	1	1	1
卫生未定职	1	0	1	0	0	0	0	0	0	0	0
其中：女	1357	18	156	204	218	238	156	258	97	97	12

注:本统计资料中含地方志指导小组办公室和当代中国研究所。

五　中国社会科学院2008年科学事业经费预决算情况

单位：万元

项目 / 单位	预　算	决算支出 合　计	决算支出 基本合计	决算支出 工　资	决算支出 项目支出	决算为预算的%
文学研究所	1606.56	1838.43	1306.46	434.20	531.97	114
民族文学研究所	586.22	714.32	369.10	122.53	345.22	121
外国文学研究所	1204.29	1306.45	887.34	266.41	419.11	108
语言研究所	1134.71	1511.43	1011.02	222.47	500.41	133
考古研究所	3519.29	3637.10	1889.36	614.46	1747.74	103
历史研究所	1681.25	1972.80	1350.30	394.36	622.50	117
近代史研究所	2589.60	2550.38	1484.41	463.25	1065.97	98
世界历史研究所	1161.38	1260.86	816.61	239.03	444.25	108
中国边疆史地研究中心	368.15	654.36	452.13	102.76	202.23	177
哲学研究所	1784.27	2473.53	1751.93	550.68	721.60	138
世界宗教研究所	1448.73	1489.15	913.69	253.01	575.46	102
经济研究所	2188.31	2936.47	1920.04	478.65	1016.43	134
工业经济研究所	1480.79	2740.58	1847.09	524.79	893.49	185
农村发展研究所	1234.73	1328.18	908.59	266.44	419.59	107
财政与贸易经济研究所	939.84	1727.90	1351.01	307.53	376.89	183
金融研究所	369.79	508.63	229.68	115.93	278.95	137
数量经济与技术经济研究所	976.79	1983.21	1417.03	243.63	566.18	203
人口与劳动经济研究所	601.67	684.82	415.39	138.21	269.43	113
城市发展与环境研究中心	676.88	988.04	296.79	106.78	691.25	145

续表

项目 单位	预　算	决算支出				决算为预算的%
		合　计	基本合计	工　资	项目支出	
法学研究所	1496.27	2304.23	1617.90	495.08	686.33	153
国际法研究中心	238.66	252.99	161.39	80.00	91.60	106
政治学研究所	496.91	554.34	364.84	119.75	189.50	111
民族学与人类学研究所	2226.71	2427.94	1567.04	464.87	860.90	109
社会学研究所	1063.26	1914.63	1130.26	241.58	784.37	180
新闻与传播研究所	586.84	736.42	525.77	140.56	210.65	125
世界经济与政治研究所	1437.10	2220.71	1611.92	338.89	608.79	154
俄罗斯东欧中亚研究所	1504.65	2121.70	1074.91	268.78	1046.79	141
欧洲研究所	636.91	760.44	390.05	161.09	370.39	119
西亚非洲研究所	790.01	883.19	527.97	164.86	355.22	111
拉丁美洲研究所	771.42	978.90	658.78	206.41	320.12	126
亚洲太平洋研究所	741.44	887.51	508.66	156.06	378.85	119
美国研究所	670.70	762.04	512.42	172.87	249.62	113
日本研究所	560.17	729.86	399.52	153.19	330.34	130
马克思主义研究院	1338.48	1576.93	987.95	372.52	588.98	117
郭沫若纪念馆	201.65	381.50	250.51	100.87	130.99	189
财务基建计划局	24514.78	18313.12	8570.03	1695.81	9743.09	74
中国社会科学出版社	1002.95	1108.96	744.65	0.00	364.31	110
中国社会科学杂志社	1031.40	1346.10	822.25	305.24	523.85	130
中国社会科学院研究生院	2609.51	15430.55	3648.23	1399.14	11782.32	591
院图书馆(文献信息中心)	3072.63	3200.22	1240.02	398.41	1960.20	104
服务中心	1332.05	5856.92	5543.80	1489.50	313.12	439
中国地方志指导小组办公室	12501.17	979.78	425.74	159.69	554.04	7
当代中国研究所	1723.51	2411.31	1390.79	492.33	1020.52	139
合计	88102.43	100446.93	55293.37	15422.62	45153.56	141

六　中国社会科学院2008年在职职工工资总额

人数／单位　项目	在职职工（人）	临时工（人）	年工资总额（万元）	年人均工资（万元）
文学研究所	138	0	612.72	4.4
民族文学研究所	45	0	175.95	3.9
外国文学研究所	83	2	485.35	5.7
语言研究所	91	0	506.87	5.6
考古研究所	164	4	893.76	5.3
历史研究所(含郭沫若纪念馆)	153	0	871.20	5.1
近代史研究所	133	2	544.05	4.0
世界历史研究所	85	0	330.65	3.9
中国边疆史地研究中心	31	0	173.60	5.6
哲学研究所	143	1	872.64	6.1
世界宗教研究所	79	2	373.41	4.6
经济研究所	132	9	423.00	3.0
工业经济研究所	87	11	548.80	5.6
农村发展研究所	84	3	445.44	5.1
财政与贸易经济研究所	73	5	415.74	5.3
金融研究所	38	2	203.20	5.1
数量经济与技术经济研究所	84	0	472.92	5.6
人口与劳动经济研究所	46	3	304.29	6.2
城市发展与环境研究中心	38	0	149.34	3.9
法学研究所	109	9	615.96	5.2
国际法研究中心	23	0	94.30	4.1
政治学研究所	45	1	159.62	3.5

续表

人数 项目 单位	在职职工（人）	临时工（人）	年工资总额（万元）	年人均工资（万元）
民族学与人类学研究所	158	0	600.40	3.8
社会学研究所	81	0	402.57	5.0
新闻与传播研究所	41	0	205.00	5.0
世界经济与政治研究所	107	5	502.88	4.5
俄罗斯东欧中亚研究所	96	0	413.76	4.3
欧洲研究所	50	2	235.56	4.5
西亚非洲研究所	63	0	229.95	3.7
拉丁美洲研究所	60	0	207.60	3.5
亚洲太平洋研究所	54	3	229.14	4.0
美国研究所	56	3	224.20	3.8
日本研究所	52	2	248.40	4.6
马克思主义研究院	129	2	602.60	4.6
中国社会科学出版社	93	24	1006.20	8.6
社会科学文献出版社	43	98	585.15	4.2
中国社会科学杂志社	57	37	511.36	5.4
中国社会科学院研究生院	140	60	1380.00	6.9
院图书馆(文献信息中心)	131	15	608.82	4.2
服务中心	201	348	1043.10	1.9
当代中国研究所	94	0	592.20	6.3
中国地方志指导小组办公室	35	7	231.00	5.5
院直机关	371	6	2077.27	5.5
合计	4016	666	21810	4.7

七 中国社会科学院2008年邀请来访人员统计

表1 中国社会科学院2008年邀请来访人员按交流学科划分统计

国际合作局 / 交流学科	总计		国际处		联络处		美大处		欧洲处		亚非处	
	批次	人次	批次	人次	批次	人次	批次	人次	批次	人次	批次	人次
法学	17	45	0	0	0	0	2	6	10	29	5	10
国际问题	37	145	3	42	1	1	9	24	13	24	11	54
经济学	50	222	2	45	1	1	9	10	21	48	17	118
马克思主义	2	2	0	0	0	0	0	0	1	1	1	1
民族学	9	50	2	25	0	0	1	1	4	18	2	6
社会学	19	35	0	0	1	2	4	5	9	23	5	5
史学	35	216	11	176	1	6	3	7	9	10	11	17
图书资料	0	0	0	0	0	0	0	0	0	0	0	0
文学	11	17	0	0	2	2	0	0	4	9	5	6
语言学	10	78	3	44	0	0	3	3	1	1	3	30
哲学	10	36	0	0	1	10	0	0	6	23	3	3
政治学	0	0	0	0	0	0	0	0	0	0	0	0
宗教学	5	22	3	20	0	0	0	0	0	0	2	2
综合	12	86	0	0	0	0	6	58	4	24	2	4
新闻出版	7	26	1	20	0	0	3	3	3	3	0	0
其他	12	23	2	6	0	0	3	5	4	6	3	6
总计	236	1003	27	378	7	22	43	122	89	219	70	262

表 2　　中国社会科学院 2008 年邀请来访人员按交流方式划分统计

国际合作局 / 交流方式	总计		国际处		联络处		美大处		欧洲处		亚非处	
	批次	人次	批次	人次	批次	人次	批次	人次	批次	人次	批次	人次
学术访问	129	205	1	10	2	2	23	29	56	87	47	77
工作访问	14	19	0	0	1	2	4	6	7	9	2	2
国际会议	38	483	22	364	0	0	3	44	11	39	2	36
双边会议	19	192	0	0	2	16	3	29	6	43	8	104
合作研究	12	34	0	0	0	0	5	9	4	18	3	7
讲学	8	26	0	0	0	0	4	4	4	22	0	0
进修	15	42	4	4	2	2	1	1	1	1	7	34
其他	1	2	0	0	0	0	0	0	0	0	1	2
总计	236	1003	27	378	7	22	43	122	89	219	70	262

八　中国社会科学院2008年派遣出访人员统计

表1　　中国社会科学院2008年派遣出访人员按交流学科划分统计

国际合作局 / 交流学科	总计		国际处		联络处		美大处		欧洲处		亚非处	
	批次	人次	批次	人次	批次	人次	批次	人次	批次	人次	批次	人次
法学	57	87	1	1	18	22	9	18	16	31	13	15
国际问题	194	261	3	4	13	14	38	43	56	67	84	133
经济学	286	441	11	11	36	55	55	71	82	144	102	160
马克思主义	18	35	1	1	3	3	1	1	8	20	5	10
民族学	16	29	1	1	3	5	1	1	7	15	4	7
社会学	58	85	0	0	15	20	8	8	20	38	15	19
史学	137	242	9	12	41	67	20	28	23	36	44	99
图书资料	7	16	1	1	2	3	0	0	0	0	4	12
新闻出版	21	36	0	0	6	8	4	6	3	4	8	18
文学	40	53	1	1	13	13	1	1	9	15	16	23
语言学	36	41	0	0	15	16	5	6	6	7	10	12
哲学	25	41	5	15	9	12	0	0	7	7	4	7
政治学	13	20	1	1	4	5	0	0	2	7	6	7
宗教学	32	60	0	0	10	20	4	4	7	8	11	28
综合	60	131	6	7	12	17	9	33	20	51	13	23
总计	1000	1578	40	55	200	280	155	220	266	450	339	573

表 2　　中国社会科学院 2008 年派遣出访人员按交流方式划分统计

国际合作局 / 交流方式	总计		国际处		联络处		美大处		欧洲处		亚非处	
	批次	人次	批次	人次	批次	人次	批次	人次	批次	人次	批次	人次
学术访问	460	773	9	9	91	123	74	113	140	255	146	273
工作访问	24	38	0	0	10	16	4	4	6	13	4	5
国际会议	358	495	20	35	51	62	52	70	88	118	147	210
双边会议	88	190	0	0	35	63	11	18	15	43	27	66
合作研究	23	31	0	0	2	2	1	1	14	18	6	10
讲学	14	17	0	0	9	12	1	1	0	0	4	4
进修	33	34	11	11	2	2	12	13	3	3	5	5
总计	1000	1578	40	55	200	280	155	220	266	450	339	573

九 中国社会科学院图书馆系统2008年藏书情况

单位 \ 项目	合计(万册)	新购图书(册)		新购期刊(种)	
		中文	外文	中文	外文
院图书馆（文献信息中心）	180.00	24835	5955	1527	951
经济研究所	65.00	2404	514	397	87
考古研究所	27.00	2640	440	150	200
历史研究所	60.00	3600	16	350	0
近代史研究所	60.00	4300	510	292	61
世界历史研究所	11.00	362	564	101	71
法学研究所	28.90	3189	186	83	59
民族学与人类学研究所	44.90	2561	464	240	52
新闻与传播研究所	52.90	1471	96	27	150
俄罗斯东欧中亚研究所	5.30	240	860	126	100
西亚非洲研究所	2.98	400	250	100	111
拉丁美洲研究所	3.70	426	703	103	80
亚洲太平洋研究所	1.35	351	352	137	80
日本研究所	6.60	1180	605	45	67
美国研究所	2.73	1310	319	68	56
中国社会科学院研究生院	27.51	7701	812	991	123
中国社会科学出版社	3.00	0	0	2	0
中国社会科学杂志社	5.36	2510	0	513	4
中国边疆史地研究中心	2.00	316	0	197	0
总计	590.23	59796	12646	5449	2252

十 中国社会科学院各出版社 2008年图书出版情况

表1 中国社会科学出版社2008年图书出版情况

项目 / 分类	本版图书种数(种) 合计	其中:新出	总印数(万册)	总印张(千印张)	定价总金额(万元)
图书总计	761	731	262.07	45875.59	8820.08
使用“中国标准书号”部分合计	761	731	262.07	45875.59	8820.08
马列主义、毛泽东思想	5	5	0.95	205.15	33.00
哲学	108	103	38.65	7304.05	1313.56
社会科学总论	34	32	13.44	2570.64	451.96
政治、法律	146	142	41.94	8775.16	1570.21
经济	150	142	55.12	9267.15	1785.33
文化、科学、教育、体育	74	69	24.21	3226.38	731.06
语言、文字	44	43	9.62	1735.27	486.94
文学	90	87	26.15	4407.06	778.77
艺术	10	10	2.20	348.16	81.90
历史、地理	90	89	45.90	7467.49	1469.85
自然科学总论	2	2	0.41	54.24	9.80
天文学、地理科学	1	1	0.03	2.12	0.45
医药、卫生	5	4	2.25	256.22	68.25
航空、航天	1	1	0.60	129.00	21.00
环境科学	1	1	0.60	127.50	18.00

表 2　　社会科学文献出版社 2008 年图书出版情况

分类＼项目	本版图书种数(种)		总印数(万册)	总印张(千印张)	定价总金额(万元)
	合　计	其中:新出			
图书总类	679	571	299.11	59357.07	16593.78
使用“中国标准书号”部分合计	675	567	298.51	59339.58	16593.78
哲学	51	36	24.32	4610.37	2537.58
社会科学总论	42	34	15.60	3874.60	965.52
政治、法律	192	156	71.74	15767.63	3682.42
经济	227	206	81.81	19710.56	5350.36
文化、科学、教育、体育	49	49	19.56	3963.21	977.98
语言、文字	8	6	2.78	1260.35	416.97
文学	9	9	2.95	529.75	126.25
艺术	4	3	1.40	201.75	50.20
历史、地理	59	48	23.17	4451.06	1051.68
医药、卫生	15	8	51.74	2902.11	948.82
工业技术	6	3	6.03	662.31	128.19
环境科学	9	9	3.40	882.13	247.90
综合性图书	4	4	1.70	523.75	109.91

表 3　　经济管理出版社 2008 年图书出版情况

项目 分类	本版图书种数(种)	总印数(万册)	总印张(千印张)	定价总金额(万元)
图书总计	400	150.85	26612.00	5444.34
使用“中国标准书号”部分合计	400	150.85	26612.00	5444.34
哲学	8	5.20	681.18	127.88
社会科学总论	11	4.90	842.44	156.30
政治、法律	12	4.80	951.92	191.30
经济	337	120.82	21568.05	4352.70
文化、科学、教育、体育	16	8.30	1324.35	253.30
语言、文字	7	2.98	462.31	92.96
文学	1	0.80	158.00	28.80
历史、地理	2	1.00	201.25	58.50
数理科学、化学	1	0.30	72.00	109.20
医药、卫生	3	1.05	211.00	43.40
环境科学	2	0.70	139.50	30.00

十一　中国社会科学院2008年期刊一览表

序号	名　称	主办单位	主　编	地　址	邮　编
1	《经济研究》(月刊)	经济研究所	刘树成	北京西城区阜外月坛北小街2号	100836
2	《中国经济史研究》(季刊)	经济研究所	吴太昌	北京西城区阜外月坛北小街2号	100836
3	《经济学动态》(月刊)	经济研究所	王振中	北京西城区阜外月坛北小街2号	100836
4	《消费者》(月刊)	经济研究所	周　济	北京西城区阜外月坛北小街2号	100836
5	《中国城市经济》(月刊)	经济研究所	杨重光	北京海淀区长春桥路新起点家园4-807室	100089
6	《经济管理》(月刊)	工业经济研究所	吕　政	北京西城区阜外月坛北小街2号	100836
7	《中国工业经济》(月刊)	工业经济研究所	吕　政	北京西城区阜外月坛北小街2号	100836
8	《中国经营报》(周双)	工业经济研究所	李佩钰	北京海淀区西四环北路6号院1号楼	100089
9	《精品购物指南》(周双)	工业经济研究所	张书新	北京海淀区民族学院南路甲19号	100081
10	《商学院》(月刊)	工业经济研究所	金　碚	北京海淀区西四环北路6号院1号楼	100089
11	《职场》(月刊)	工业经济研究所	王立鹏	北京海淀区西四环北路6号院1号楼	100089
12	*China Economist*(双月刊)	工业经济研究所	金　碚	北京西城区阜外月坛北小街2号	100836

续表

序号	名　称	主办单位	主　编	地　址	邮　编
13	《风尚志》(半月刊)	工业经济研究所	王月新	北京东城区东四七条19号	100007
14	《中国农村经济》(月刊)	农村发展研究所	张晓山	北京东城区建内大街5号13层	100732
15	《中国农村观察》(双月刊)	农村发展研究所	张晓山	北京东城区建内大街5号13层	100732
16	《财贸经济》(月刊)	财政与贸易经济研究所	裴长洪	北京西城区阜外月坛北小街2号	100836
17	《数量经济技术经济研究》(月刊)	数量经济与技术经济研究所	汪同三	北京东城区建内大街5号14层	100732
18	《中国人口科学》(双月刊)	人口与劳动经济研究所	蔡　昉	北京东城区建内大街5号10层	100732
19	《中国人口年鉴》(年刊)	人口与劳动经济研究所	张车伟	北京东城区建内大街5号10层	100732
20	《哲学研究》(月刊)	哲学研究所	李景源	北京东城区建内大街5号9层	100732
21	《哲学动态》(月刊)	哲学研究所	谢地坤	北京东城区建内大街5号9层	100732
22	《中国哲学年鉴》(年刊)	哲学研究所	李　河	北京东城区建内大街5号9层	100732
23	《世界哲学》(双月刊)	哲学研究所	李存山	北京东城区建内大街5号9层	100732
24	《中国哲学史》(季刊)	哲学研究所	李存山	北京东城区建内大街5号9层	100732
25	《马克思主义研究》(月刊)	马克思主义研究院	程恩富	北京东城区建内大街5号13层	100732
26	《世界宗教文化》(季刊)	世界宗教研究所	黄夏年	北京东城区建内大街5号8层	100732
27	《世界宗教研究》(季刊)	世界宗教研究所	卓新平	北京东城区建内大街5号8层	100732
28	《科学与无神论》(双月刊)	世界宗教研究所	杜继文	北京东城区建内大街5号8层	100732

续表

序号	名　称	主办单位	主　编	地　址	邮　编
29	《考古》(月刊)	考古研究所	王　巍	北京东城区王府井大街27号	100710
30	《考古学报》(季刊)	考古研究所	刘庆柱	北京东城区王府井大街27号	100710
31	《中国史研究》(季刊)	历史研究所	彭　卫	北京东城区建内大街5号12层	100732
32	《中国史研究动态》(月刊)	历史研究所	陈高华	北京东城区建内大街5号12层	100732
33	《近代史研究》(双月刊)	近代史研究所	徐秀丽	北京东城区王府井大街东厂胡同1号	100006
34	《抗日战争研究》(季刊)	近代史研究所	步　平	北京东城区王府井大街东厂胡同1号	100006
35	《世界历史》(双月刊)	世界历史研究所	吴恩远	北京东城区王府井大街东厂胡同1号	100006
36	《史学理论研究》(季刊)	世界历史研究所	于　沛	北京东城区王府井大街东厂胡同1号	100006
37	《中国地方志》(月刊)	中国地方志指导小组办公室	于伟平	北京东城区大雅宝胡同1号梓峰大厦5层	100730
38	《中国地方志年鉴》(年刊)	中国地方志指导小组办公室	田　嘉	北京东城区大雅宝胡同1号梓峰大厦5层	100730
39	《中国边疆史地研究》(季刊)	中国边疆史地研究中心	李大龙	北京东城区王府井大街东厂胡同1号	100006
40	《文学评论》(双月刊)	文学研究所	杨　义	北京东城区建内大街5号7层	100732
41	《文学遗产》(双月刊)	文学研究所	陶文鹏	北京东城区建内大街5号7层	100732
42	《中国文学年鉴》(年刊)	文学研究所	杨　义	北京东城区建内大街5号7层	100732
43	《民族文学研究》(季刊)	民族文学研究所	关纪新	北京东城区建内大街5号11层	100732
44	《外国文学评论》(季刊)	外国文学研究所	盛　宁	北京东城区建内大街5号11层	100732
45	《世界文学》(双月刊)	外国文学研究所	余中先	北京东城区建内大街5号11层	100732

续表

序号	名 称	主办单位	主 编	地 址	邮 编
46	《外国文学动态》(双月刊)	外国文学研究所	陆建德	北京东城区建内大街5号11层	100732
47	《中国语文》(双月刊)	语言研究所	沈家煊	北京东城区建内大街5号6层	100732
48	《当代语言学》(季刊)	语言研究所	沈家煊 顾曰国	北京东城区建内大街5号6层	100732
49	《方言》(季刊)	语言研究所	麦 耘	北京东城区建内大街5号6层	100732
50	《政治学研究》(季刊)	政治学研究所	王一程	北京东城区建内大街5号6层	100732
51	《法学研究》(双月刊)	法学研究所	梁慧星	北京东城区沙滩北街15号	100720
52	《环球法律评论》(双月刊)	法学研究所	徐 炳	北京东城区沙滩北街15号	100720
53	《民族语文》(双月刊)	民族学与人类学研究所	黄 行	北京海淀区中关村南大街27号民族大学内6号楼	100081
54	《民族研究》(双月刊)	民族学与人类学研究所	郝时远	北京海淀区中关村南大街27号民族大学内6号楼	100081
55	《世界民族》(双月刊)	民族学与人类学研究所	郝时远	北京海淀区中关村南大街27号民族大学内6号楼	100081
56	《世界华商经济年鉴》(年刊)	民族学与人类学研究所	郝时远	北京朝阳区安外小关东里10号润雨大厦501	100029
57	《社会学研究》(双月刊)	社会学研究所	李培林	北京东城区建内大街5号10层	100732
58	《青年研究》(月刊)	社会学研究所	单光鼐	北京东城区建内大街5号10层	100732
59	《新闻与传播研究》(季刊)	新闻与传播研究所	尹韵公	北京朝阳区金台西路2号9号楼	100026
60	《中国新闻年鉴》(年刊)	新闻与传播研究所	钱莲生	北京朝阳区金台西路2号9号楼	100026
61	《世界经济》(月刊)	世界经济与政治研究所	余永定	北京东城区建内大街5号15层	100732
62	《世界经济与政治》(月刊)	世界经济与政治研究所	王逸舟	北京东城区建内大街5号15层	100732

续表

序号	名　称	主办单位	主　编	地　址	邮　编
63	《世界经济与中国》(英文版)(双月刊)	世界经济与政治研究所	余永定	北京东城区建内大街5号15层	100732
64	《世界经济年鉴》(年刊)	世界经济与政治研究所	谈世中	北京东城区建内大街5号15层	100732
65	《国际经济评论》(双月刊)	世界经济与政治研究所	余永定	北京东城区建内大街5号15层	100732
66	《美国研究》(季刊)	美国研究所	黄　平	北京东城区张自忠路3号东院	100007
67	《商业评论》(月刊)	美国研究所	胡国成	北京东城区张自忠路3号东院	100007
68	《俄罗斯中亚东欧研究》(双月刊)	俄罗斯东欧中亚研究所	邢广程	北京东城区张自忠路3号东院	100007
69	《俄罗斯中亚东欧市场》(月刊)	俄罗斯东欧中亚研究所	常　玢	北京东城区张自忠路3号东院	100007
70	《日本学刊》(双月刊)	日本研究所	韩铁英	北京东城区张自忠路3号东院	100007
71	《欧洲研究》(双月刊)	欧洲研究所	周　弘	北京东城区建内大街5号14层	100732
72	《西亚非洲》(月刊)	西亚非洲研究所	杨　光	北京东城区张自忠路3号东院	100007
73	《拉丁美洲研究》(双月刊)	拉丁美洲研究所	郑秉文	北京东城区张自忠路3号东院	100007
74	《当代亚太》(月刊)	亚洲太平洋研究所	张宇燕	北京东城区张自忠路3号东院	100007
75	《南亚研究》(季刊)	亚洲太平洋研究所	孙士海	北京东城区张自忠路3号东院	100007
76	《台湾研究》(双月刊)	台湾研究所	徐克礼	北京海淀区中关村东路21号	100083
77	《当代中国史研究》(双月刊)	当代中国研究所	张星星	北京西城区地安门西大街旌勇里8号	100009
78	《今日中国论坛》(月刊)	政治学研究所	段若非	北京东城区沙滩北街2号	100727
79	《中国社会科学院研究生院学报》(双月刊)	中国社会科学院研究生院	刘迎秋	北京朝阳区望京中环南路1号	100015

续表

序号	名　称	主办单位	主　编	地　址	邮　编
80	《环球市场信息导报》(月刊)	中国社会科学院图书馆	黎　歌	北京东城区建内大街5号4层	100732
81	《国外社会科学》(双月刊)	中国社会科学院图书馆	张树华	北京东城区建内大街5号4层	100732
82	《第欧根尼》(半年刊)	中国社会科学院图书馆	肖俊明	北京东城区建内大街5号4层	100732
83	《程序员》(半月刊)	中国社会科学院图书馆	黄长著	北京东城区建内大街5号5层	100732
84	《当代韩国》(季刊)	社会科学文献出版社	汝　信	北京东城区建内大街5号405室	100732
85	《中国社会科学》(双月刊)	中国社会科学杂志社	高　翔	北京西城区鼓楼西大街甲158号	100720
86	《历史研究》(双月刊)	中国社会科学杂志社	高　翔	北京西城区鼓楼西大街甲158号	100720
87	《中国社会科学》(英文版)(季刊)	中国社会科学杂志社	高　翔	北京西城区鼓楼西大街甲158号	100720
88	《中国社会科学文摘》(双月刊)	中国社会科学杂志社	高　翔	北京西城区鼓楼西大街甲158号	100720
89	《国际社会科学杂志》(季刊)	中国社会科学杂志社	王利民	北京西城区鼓楼西大街甲158号	100720
90	《中国社会科学院报》(周双)	中国社会科学杂志社	高　翔	北京西城区鼓楼西大街甲158号	100720
91	《中国城市年鉴》(英文版)(年刊)	办公厅	程安东	北京东城区东四南大街演乐胡同116号	100010
92	《中国城市年鉴》(年刊)	办公厅	程安东	北京东城区东四南大街演乐胡同116号	100010
93	《社会科学管理与评论》(季刊)	科研局/学部工作局	李汉林	北京东城区建内大街5号3层	100732
94	《中国社会科学院年鉴》(年刊)	办公厅	王伟光 黄浩涛	北京东城区建内大街5号3层	100732

十二　中国社会科学院2008年主管学术社团一览表

序号	名　　称	负责人	挂 靠 单 位	成立时间
1	中国社会主义经济规律系统研究会	毛立言	经济研究所	1984
2	中国经济史学会	董志凯	经济研究所	1986
3	中国经济思想史学会	钱　津	经济研究所	1980
4	中国《资本论》研究会	裴小革	经济研究所	1981
5	中国比较经济学研究会	余大章	经济研究所	1986
6	孙冶方经济科学基金会	张卓元	经济研究所	1983
7	中国城市经济学会	王振中	经济研究所	1986
8	中国工业经济学会	吕　政	工业经济研究所	1979
9	中国区域经济学会	陈栋生	工业经济研究所	1990
10	中国企业管理研究会	黄速建	工业经济研究所	1981
11	中国生态经济学会	滕　藤	农村发展研究所	1984
12	中国林牧渔业经济学会	张晓山	农村发展研究所	1979
13	中国县镇经济交流促进会	权兆能	农村发展研究所	1992
14	中国国外农业经济研究会	丁泽霁	农村发展研究所	1978
15	中国城郊经济研究会	包永江	农村发展研究所	1986
16	中国西部开发促进会	杜晓山	农村发展研究所	2006
17	中国成本研究会	余秉坚	财政与贸易经济研究所	1980
18	中国市场学会	何德旭	财政与贸易经济研究所	1991
19	中国数量经济学会	汪同三	数量经济与技术经济研究所	1979
20	中国考古学会	刘庆柱	考古研究所	1979
21	中国明史学会	张显清	历史研究所	1989
22	中国殷商文化学会	王宇信	历史研究所	1989

续表

序号	名　　称	负责人	挂靠单位	成立时间
23	中国中外关系史学会	耿　昇	历史研究所	1981
24	中国魏晋南北朝史学会	李　凭	历史研究所	1984
25	中国先秦史研究会	孟世凯	历史研究所	1982
26	中国秦汉史研究会	卜宪群	历史研究所	1983
27	中国孙中山研究会	金冲及	近代史研究所	1984
28	中国现代文化学会	耿云志	近代史研究所	1989
29	中国抗日战争史学会	何　理	近代史研究所	1991
30	中国中俄关系史研究会	李静杰	近代史研究所	1979
31	中国史学会	张海鹏	近代史研究所	1949
32	中国国际文化书院	于　沛	世界历史研究所	1989
33	中国中日关系史学会	徐启新	世界历史研究所	1984
34	中国非洲史研究会	毕健康	世界历史研究所	1980
35	中国拉丁美洲史学会	王文仙	世界历史研究所	1979
36	中国日本史学会	汤重南	世界历史研究所	1980
37	中国美国史研究会	孟庆龙	世界历史研究所	1979
38	中国英国史研究会	吴必康	世界历史研究所	1980
39	中国第二次世界大战史研究会	张晓华	世界历史研究所	1980
40	中国世界古代中世纪史研究会	徐建新	世界历史研究所	1991
41	中国世界近现代史研究会	俞金尧	世界历史研究所	1991
42	中国朝鲜史研究会	黄有福	世界历史研究所	1979
43	中国苏联东欧史研究会	黄立茀	世界历史研究所	1985
44	中国法国史研究会	端木美	世界历史研究所	1979
45	中国德国史研究会	邸　文	世界历史研究所	1980
46	中国近代文学学会	王　飚	文学研究所	1988
47	中华文学史料学学会	包明德	文学研究所	1990
48	中国中外文艺理论学会	钱中文	文学研究所	1994
49	中国鲁迅研究会	袁良骏	文学研究所	1979
50	中国毛泽东诗词研究会	何火任	文学研究所	1994
51	中国当代文学研究会	张　炯	文学研究所	1978
52	中国现代文学研究会	张中良	文学研究所	1979

续表

序号	名　　称	负责人	挂 靠 单 位	成立时间
53	中国少数民族文学学会	朝戈金	民族文学研究所	1979
54	中国维吾尔历史文化研究会	郎　樱	民族文学研究所	1996
55	中国蒙古文学学会	斯钦孟和	民族文学研究所	1989
56	中国江格尔研究学会	刘　成	民族文学研究所	1991
57	中国外国文学学会	陈众议	外国文学研究所	1979
58	中国语言学会	侯精一	语言研究所	1980
59	全国汉语方言学会	熊正辉	语言研究所	1981
60	中国历史唯物主义学会	李崇富	马克思主义研究院	1981
61	中华外国经济学说研究会	程恩富	马克思主义研究院	1979
62	中国逻辑学会	张家龙	哲学研究所	1979
63	中国辩证唯物主义研究会	李德顺	哲学研究所	1982
64	中国哲学史学会	李存山	哲学研究所	1979
65	中国马克思主义哲学史学会	唐源昌	哲学研究所	1979
66	中华美学学会	滕守尧	哲学研究所	1980
67	中国伦理学会	陈　瑛	哲学研究所	1980
68	国际易学联合会	李惠国	哲学研究所	2004
69	中华全国外国哲学史学会	谢地坤	哲学研究所	1980
70	中国现代外国哲学学会	江　怡	哲学研究所	1979
71	老子道学文化研究会	胡孚琛	哲学研究所	2008
72	中国宗教学会	卓新平	世界宗教研究所	1989
73	中国无神论学会	任继愈	世界宗教研究所	1978
74	中国法律史学会	夏　勇	法学研究所	1979
75	中国政治学会	李慎明	政治学研究所	1980
76	中国政策科学研究会	陈炎兵	政治学研究所	1994
77	中国民族研究团体联合会	杜荣坤	民族学与人类学研究所	1979
78	中国世界民族学会	郝时远	民族学与人类学研究所	1979
79	中国民族史学会	拉巴平措	民族学与人类学研究所	1983
80	中国突厥语研究会	哈米提·铁木尔	民族学与人类学研究所	1980
81	中国民族理论学会	牟本理	民族学与人类学研究所	1980

续表

序号	名　　称	负责人	挂靠单位	成立时间
82	中国民族学学会	郝时远	民族学与人类学研究所	1980
83	中国民族语言学会	孙宏开	民族学与人类学研究所	1979
84	中国民族古文字研究会	张公瑾	民族学与人类学研究所	1980
85	中国西南民族研究会	何耀华	民族学与人类学研究所	1989
86	中国社会学会	李培林	社会学研究所	1979
87	中国社会心理学会	杨宜音	社会学研究所	1982
88	中国新闻文化促进会	尹韵公	新闻与传播研究所	1988
89	中国世界经济学会	余永定	世界经济与政治研究所	1980
90	中国东欧中亚经济研究会	万　军	世界经济与政治研究所	1978
91	中国俄罗斯东欧中亚学会	李静杰	俄罗斯东欧中亚研究所	1981
92	中国欧洲学会	周　弘	欧洲研究所	1984
93	中国亚非学会	张宏明	西亚非洲研究所	1962
94	中国中东学会	杨　光	西亚非洲研究所	1982
95	中国拉丁美洲学会	江时学	拉丁美洲研究所	1984
96	中华美国学会	陶文钊	美国研究所	1988
97	中国亚洲太平洋学会	张蕴岭	亚洲太平洋研究所	1994
98	中国南亚学会	孙士海	亚洲太平洋研究所	1978
99	中华日本学会	蒋立峰	日本研究所	1990
100	全国日本经济学会	孙　新	日本研究所	1978
101	中国社会科学情报学会	黄长著	中国社会科学院图书馆	1986
102	中国郭沫若研究会	蔡　震	郭沫若纪念馆	1983
103	中国城市发展研究会	旷建伟	办公厅	1984
104	中国地方志协会	秦其明	中国地方志指导小组办公室	1981
105	中华人民共和国国史学会	朱佳木	当代中国研究所	1992
106	中国解放区文学研究会	魏　巍	当代中国研究所	1985
107	全国台湾研究会	许世铨	台湾研究所	1988

十三　中国社会科学院2008年非实体研究中心一览表

序号	名　　称	类　别	成立时间	负责人	主管单位
1	中国社会科学院民营经济研究中心	院属	1993	刘迎秋	经济所
2	中国社会科学院全球契约研究中心	院属	2003	王振中	经济所
3	中国社会科学院日本市场经济研究中心	院属	1992	朱绍文	经济所
4	中国社会科学院中国现代经济史研究中心	院属	1996	董志凯	经济所
5	中国社会科学院上市公司研究中心	院属	1996	张卓元	经济所
6	中国社会科学院欠发达经济研究中心	院属	1994	袁钢明	经济所
7	中国社会科学院食品药品产业发展与监管研究中心	院属	2004	吕　政	工经所
8	中国社会科学院管理科学研究中心	院属	2001	黄速建	工经所
9	中国社会科学院 WTO 研究中心	院属	2002	金　碚	工经所
10	中国社会科学院中小企业研究中心	院属	1994	陈乃醒	工经所
11	中国社会科学院西部发展研究中心	院属	1995	魏后凯	工经所
12	中国社会科学院生态环境与经济研究中心	院属	1994	李　周	农发所
13	中国社会科学院贫困问题研究中心	院属	1996	王洛林	农发所
14	中国社会科学院旅游研究中心	院属	1999	张广瑞	财贸所
15	中国社会科学院对外经贸国际金融研究中心	院属	1992	冯　雷	财贸所
16	中国社会科学院财政税收研究中心	院属	2002	高培勇	财贸所

续表

序号	名　　称	类　别	成立时间	负责人	主管单位
17	中国社会科学院国际投资研究中心	院属	1996	裴长洪	财贸所
18	中国社会科学院开发性金融研究中心	院属	2004	李　扬	金融所
19	中国社会科学院金融研究中心	院属	1994	李　扬	金融所
20	中国社会科学院保险与经济发展研究中心	院属	2004	李　扬	金融所
21	中国社会科学院循环经济与环境评估预测研究中心	院属	2006	齐建国	数技经所
22	中国社会科学院产业规制与竞争研究中心	院属	1999	张昕竹	数技经所
23	中国社会科学院信息化研究中心	院属	1994	汪向东	数技经所
24	中国社会科学院环境与发展研究中心	院属	1995	郑玉歆	数技经所
25	中国社会科学院技术创新与战略管理研究中心	院属	1999	金周英	数技经所
26	中国社会科学院中国经济分析与预测研究中心	院属	1995	汪同三	数技经所
27	中国社会科学院项目评估与战略规划研究咨询中心	院属	1996	钟学义	数技经所
28	中国社会科学院生态资源环境可持续发展联合研究中心	院属	2000	王忍之	数技经所
29	中国社会科学院劳动与社会保障研究中心	院属	2003	张车伟 王延中	人口与劳动经济所
30	中国社会科学院人力资源研究中心	院属	2000	蔡　昉	人口与劳动经济所
31	中国社会科学院边疆考古研究中心	院属	1999	王　巍	考古所
32	中国社会科学院古代文明研究中心	院属	2000	李学勤	考古所
33	中国社会科学院国外考古研究中心	院属	1999	陈星灿	考古所
34	中国社会科学院敦煌学研究中心	院属	1998	黄正建	历史所
35	中国社会科学院简帛研究中心	院属	1995	卜宪群	历史所
36	中国社会科学院徽学研究中心	院属	1995	万　明	历史所

续表

序号	名　　称	类　别	成立时间	负责人	主管单位
37	中国社会科学院甲骨学殷商史研究中心	院属	1992	宋镇豪	历史所
38	中国社会科学院台湾史研究中心	院属	2002	朱佳木 张海鹏	近代史所
39	中国社会科学院史学理论研究中心	院属	2003	朱佳木 于　沛	世界历史所
40	中国社会科学院加拿大研究中心	院属	1993	周荣耀	世界历史所
41	中国社会科学院新疆发展研究中心	院属	2000	马大正	边疆中心
42	中国历史文化信息研究中心	院属	1999	马大正	边疆中心
43	中国社会科学院社会发展比较研究中心	院属	1995	程恩富	马研院
44	中国社会科学院世界文明比较研究中心	院属	1994	汝　信	哲学所
45	中国社会科学院东方文化研究中心	院属	1997	李甦平	哲学所
46	中国社会科学院社会发展研究中心	院属	1993	孙伟平	哲学所
47	中国社会科学院科学技术和社会研究中心	院属	1993	殷登祥	哲学所
48	中国社会科学院应用伦理研究中心	院属	1995	甘绍平	哲学所
49	中国社会科学院基督教研究中心	院属	1996	卓新平	世界宗教所
50	中国社会科学院邪教问题研究中心	院属	2002	高全立	世界宗教所
51	中国社会科学院道家与道教文化研究中心	院属	2000	卢国龙	世界宗教所
52	中国社会科学院佛教研究中心	院属	1997	魏道儒	世界宗教所
53	中国社会科学院文献计量与评价研究中心	院属	2007	杨沛超	文献中心
54	中国社会科学院互联网发展研究中心	院属	2000	蒋　颖	文献中心
55	中国社会科学院国外中国学研究中心	院属	2004	黄长著	文献中心
56	中国社会科学院台港澳法律研究中心	院属	1996	杨一凡	法学所

续表

序号	名　　称	类　别	成立时间	负责人	主管单位
57	中国社会科学院人权研究中心	院属	1991	王家福	法学所
58	中国社会科学院文化法制研究中心	院属	2003	夏　勇	法学所
59	中国社会科学院民主问题研究中心	院属	2000	李铁映	法学所
60	中国社会科学院知识产权中心	院属	1994	李明德	法学所
61	中国社会科学院蒙古学研究中心	院属	2002	乌　兰	民族所
62	中国社会科学院藏族历史与文化研究中心	院属	2003	郝时远	民族所
63	中国社会科学院西夏文化研究中心	院属	1997	史金波	民族所
64	中国社会科学院海外华人研究中心	院属	2002	郝时远	民族所
65	中国社会科学院少数民族语言研究中心	院属	1993	黄　行	民族所
66	中国社会科学院中国私营企业主群体研究中心	院属	1999	陈光金	社会学所
67	中国社会科学院国情调查与研究中心	院属	1992	陆学艺	社会学所
68	中国社会科学院社会政策研究中心	院属	2003	朱锦昌	社会学所
69	中国社会科学院第三世界研究中心	院属	1989	谈世中	世经政所
70	中国社会科学院世界经济研究中心	院属	2000	余永定	世经政所
71	中国社会科学院俄罗斯研究中心	院属	1994	李静杰	欧亚所
72	中国社会科学院上海合作组织研究中心	院属	2002	邢广程	欧亚所
73	中国社会科学院西班牙研究中心	院属	2002	周　弘	欧洲所
74	中国社会科学院中德合作研究中心	院属	1994	顾俊礼	欧洲所
75	中国社会科学院欧洲问题研究中心	院属	1992	周　弘	欧洲所
76	中国社会科学院海湾研究中心	院属	1995	杨　光	西亚非所
77	中国社会科学院地区安全研究中心	院属	2002	张蕴岭	亚太所
78	中国社会科学院亚太经合组织与东亚合作研究中心	院属	1995	张蕴岭	亚太所
79	中国社会科学院南亚研究中心	院属	1998	孙士海	亚太所

续表

序号	名　　称	类　别	成立时间	负责人	主管单位
80	中国社会科学院澳大利亚、新西兰与南太平洋研究中心	院属	1994	张蕴岭	亚太所
81	中国社会科学院世界政治研究中心	院属	2000	王缉思	美国所
82	中国社会科学院期刊研究中心	院属	2004	秦　毅	杂志社
83	中国社会科学院老年科学研究中心	院属	2000	郭永才	老干局
84	中国社会科学院妇女研究中心	院属	1995	武　寅	妇工委
85	中国社会科学院韩国研究中心	院属	1993	汝　信	国际合作局
86	中国社会科学院青年人文社会学研究中心	院属	2001	方　军	直属机关党委
87	中国社会科学院世界社会主义研究中心	院属	2000	李慎明	科研局／学部工作局
88	中国社会科学院中日历史研究中心	院属	1998	王忍之	科研局／学部工作局
89	中国社会科学院可持续发展研究中心	院属	1997	滕　藤	科研局／学部工作局

第八编

大事记

DASHIJI

中国社会科学院2008年大事记

一　月

1月4日　院党组书记、院长陈奎元主持召开第180次党组会议，会议研究了院党组成员的工作分工问题和2008年院工作会议的筹备工作。会议决定，王伟光同志全面担负常务副院长的职责，主持全院的日常工作，负责召集院长办公会议。会议认为，2008年度院工作会议，要全面贯彻落实党的十七大精神，把十七大关于哲学社会科学的要求和部署真正落实到我院各项工作中。

1月14～15日　常务副院长王伟光在上海出席由欧盟委员会、中国社会科学院、上海市政府共同主办，我院国际合作局、人口与劳动经济研究所承办的“中欧老龄化背景下的就业、社会保障和经济增长国际研讨会”。

1月15日　印度总理曼莫汉·辛格在我院召开的演讲会上发表题为“21世纪的印度与中国”的演讲。全国政协副主席、我院院长陈奎元出席，副院长陈佳贵主持演讲会。

1月16日　院长陈奎元，常务副院长王伟光，副院长高全立、武寅，秘书长黄浩涛在八宝山革命公墓参加原院领导吴介民同志遗体送别仪式。

1月17日　副院长武寅出席我院主办、我院考古研究所和考古杂志社承办的“中国社会科学院考古学论坛:2007年中国考古新发现”报告会并致辞。

1月24日　院党组副书记、常务副院长王伟光主持召开第181次党组会议，会议按照国务院办公厅通知的部署和要求，集中阅读讨论了与《政府工作报告》有关的文件。会议讨论意见汇总后以专题报告形式报送国务院办公厅。

1月28日　院长陈奎元主持召开2008年第一次院务会议，审议2007年度院专业技术职务评审结果、中国社会科学院第二届离退休人员优秀科研成果奖评定结果等有关事项。

1月29日　院长陈奎元，常务副院长王伟光，副院长李慎明、陈佳贵、高全立、武寅，秘书长黄浩涛出席2008年我院离退休人员春节团拜会。

1月30日　院长陈奎元，常务副院长王伟光，副院长李慎明、陈佳贵、朱佳木、高全立、武寅，中央纪委驻院纪检组组长李秋芳，秘书长黄浩涛出席我院2008年春节团拜会。

二　月

2月14～16日　常务副院长王伟光，副院长陈佳贵、武寅，中央纪委驻院纪检组组长李秋芳，秘书长黄浩涛出席院经济学部召开的“2008年中国经济形势与热点问题研讨会”。

2月21日　院长陈奎元，常务副院长王伟光，副院长朱佳木、武寅，中央纪委驻院纪检组组长李秋芳，秘书长黄浩涛出席院文史哲学部举办的“学术动态报告会”。

2月22日　院党组书记、院长陈奎元主持召开第182次党组会议。会议学习讨论了全国宣传思想工作会议和中央纪委第二次全会精神，重点学习了胡锦涛总书记在两次会议上的重要讲话。会议还传达学习了全国组织工作会议精神。

△全国政协副主席、院党组书记、院长陈奎元，院党组副书记、常务副院长王伟光，院党组副书记、副院长李慎明出席我院新一届全国人大代表、全国政协委员座谈会并发表讲话。院党组成员、副院长陈佳贵、武寅出席会议。

2月25～26日　副院长武寅，中央纪委驻院纪检组组长李秋芳出席院国际研究学部2008年度工作交流会议。

2月27日　副院长李慎明出席院国际研究学部、国际合作局和拉丁美洲研究所共同主办，中国拉美学会和社科文献出版社协办的院第四届国际学术论坛“2007～2008年拉丁美洲和加勒比：多样性与挑战”开幕式并致辞。

2月28日　院长陈奎元，常务副院长王伟光，副院长高全立、武寅，秘书长黄浩涛出席院2008年度离退休干部工作暨第二届离退休人员优秀科研成果颁奖会，并为获得2007年度离退休干部目标管理考核先进单位颁发荣誉证书，为第二届离退休人员优秀科研成果奖获奖代表颁奖。

三　月

3月13日　全国政协副主席、我院院长陈奎元，常务副院长王伟光，副院长李慎明、陈佳贵、高全立、武寅，秘书长黄浩涛与江西省委书记苏荣等省委省政府领导座谈。

3月24日　我院召开学习贯彻十一届全国人大一次会议和全国政协十一届一次会议精神大会。院党组副书记、副院长李慎明，院党组成员、副院长朱佳木、高全立、武寅，院党组成员、中央纪委驻院纪检组组长李秋芳，院党组成员、秘书长黄浩涛出席大会。会议由李慎明主持。出席传达“两会”精神大会的还有院副秘书长，我院部分老领导、全国人大代表、政协委员，学部委员、学术咨询委员会委员，各单位所局级领导，离退休干部支部书记和院青年中心理事、院团委委员等220余人。

3月25～26日　中国社会科学院2008年度工作会议在社科会堂隆重召开。院党组书记、院长陈奎元出席会议并讲话，院党组副书记、常务副院长王伟光作工作报告，大会由院党组副书记、副院长李慎明主持，院党组成员、副院长陈佳贵、朱佳木、高全立、武寅，院党组成员、中央纪委驻院纪检组组长李秋芳，院党组成员、秘书长黄浩涛出席大会。

3月27日　院党组召开中国社会科学院2008年度反腐倡廉建设工作会议。院党组书记、院长陈奎元，院党组副书记、常务副院长王伟光，院党组副书记、副院长李慎明，院党组成员、副院长朱佳木、高全立、武寅，院党组成员、中央纪委驻院纪检组组长李秋芳，院党组成员、秘书长黄浩涛出席大会。王伟光作工作报告，李秋芳代表驻院纪检组讲话。中央纪委常委、监察部副部长王伟及有关单位的负责同志应邀出席会议。

3月29日～4月11日　应印度社会科学理事会、印度尼西亚科学院、马来西亚亚洲战略研究所的邀请，副院长陈佳贵率我院代表团前往三国访问。访问期间，与外方学者就双边政治、外交、经贸等共同感兴趣的问题交换意见，并同印度尼西亚科学院签订双边学术交流协议。

四　月

4月3日　全国政协副主席、我院院长陈奎元会见了访问我院的泰王国诗琳通公主殿下一行。副院长武寅及我院东南亚研究领域的学者与诗琳通公主进行了学术交流；会后，诗琳通公主参观了我院图书馆。

4月8日　院党组书记、院长陈奎元主持召开第183次、184次党组会议。会议的主题分别是：院党组专题民主生活会；根据中央通知要求，讨论如何进一步推进农村改革和发展问题。

4月9日　院长陈奎元，常务副院长王伟光，副院长高全立，秘书长黄浩涛在八宝山革命公墓参加原院领导曲维镇同志遗体送别仪式。

4月10日　副院长李慎明主持召开我院马克思主义研究学部、国际研究学部部分学部委员和专家学者座谈会，就马克思主义理论研究和建设工程“当代国际政治”课题研究的若干重大理论和实践问题进行讨论。

4月13～24日　应古巴科技环境部、巴西外交部所属国际关系研究所、阿根廷拉美社会科学研究理事会邀请，常务副院长王伟光率我院代表团访问了古巴、巴西和阿根廷，出席了在哈瓦那召开的“第三届中古社会科学研讨会”和在里约热内卢召开的“第三届外交和对外政策国际研讨会”，并就加强我院与拉美社会科学研究理事会等机构之间的合作问题与外方相关部门及人员进行了交流。

4 月 17 日　副院长陈佳贵主持召开院学部主席团主办的“国学问题专题座谈会”，就我院开展国学问题研究征求意见和建议。秘书长黄浩涛出席会议，原院领导江蓝生、汝信，部分学部委员、荣誉学部委员，我院有关专家学者 30 余人参加会议。

4 月 18 日　院长陈奎元、副院长朱佳木出席由中华人民共和国国史学会和中国延安精神研究会联合举行的“纪念王震同志诞辰 100 周年座谈会”。

4 月 20 日　副院长武寅出席我院科研局、国际合作局承办的“社会科学研究政策：项目管理国际研讨会”并致辞。会议讨论了社会科学研究项目的立项、管理、评估等问题。

4月23日　副院长武寅出席我院与南非驻华大使馆共同主办的“纪念中国——南非建交10周年”学术讨论会并致贺词。

△ 秘书长黄浩涛会见芬兰科学院院长马迪拉率领的代表团一行，并就进一步加强合作交换了意见。

4 月 25 日　全国政协副主席、我院院长陈奎元会见了蒙古国科学院院长恰德拉率领的代表团一行，并代表我院与蒙科院签署双边学术交流协议。

4 月 28 日　常务副院长王伟光会见美国金融家、《他改变了中国——江泽民传》一书的作者罗伯特 · 库恩博士一行。

4 月 30 日　副院长李慎明、武寅出席马克思主义研究院举办的以“继续解放思想，深入落实科学发展观——纪念真理标准大讨论 30 周年”为主题的思想家论坛。

五　月

5 月 4～10 日　副院长武寅在浙江省杭州市出席由我院文史哲学部主办，院科研局和中国地方志承办的“中国社会科学院第 8 届史学会——改革开放 30 周年与中国史学”研讨会。

5 月 4～15 日　应比利时国家科研基金会、英国学术院和意大利威尼斯国际大学邀请，副院长李慎明率我院代表团访问了比利时、英国和意大利。此访旨在进一步加强我院与三国学术界的合作关系，并就欧洲政党理论与实践、欧洲政治和社会发展趋势、国际战略与安全以及中欧关系等问题进行学术交流。

5 月 10 日　常务副院长王伟光出席中国社会科学院、中央党校和云南省委联合召开的“艾思奇哲学思想与马克思主义中国化最新理论成果研讨会”，并作题为《为推进马克思主义哲学中国化的不断创新而努力》的讲话。

5 月 15 日　我院院长陈奎元，常务副院长王伟光，副院长陈佳贵、高全立、武寅，中央纪委驻院纪检组组长李秋芳出席我院向四川地震灾区群众“送温暖、献爱心”捐助活动仪式并现场捐款。

5 月 16 日　常务副院长王伟光出席由我院主办，院经济学部、城市发展研究中心承办的“第四届中国经济论坛：生态 、环境与中国经济”开幕式并致辞。副院长陈佳贵主持会议。中国气象局局长郑国光、全国人大常委辜胜祖出席会议。

5 月 19 日　院党组书记、院长陈奎元主持召开第 185 次党组会议，会议审议我院 2008 年度享受政府特殊津贴人员选拔工作情况、我院 2008 年科学事业经费预算方案等事宜。

5月20日　全国政协副主席、我院院长陈奎元在京会见伊朗伊斯兰文化联络部组织主席马赫迪·穆斯塔维法一行。

5 月 20～21 日　副院长武寅在京出席由我院主办、俄罗斯东欧中亚研究所承办的“中国社会科学院第 21 届国际问题论坛：俄罗斯总统选举及其未来走势”。

5 月 24 日　常务副院长王伟光出席由世界政治经济学学会、清华大学经济管理学院、我院马克思主义研究学部和美国《自然、社会与思想》杂志共同举办的“马克思主义与可持续发展论坛”并致辞。

5 月 29 日　院党组副书记、常务副院长王伟光同志主持召开院长办公会议，会议审议了《中国社会科学院院报》办报体制调整方案和我院研究生院新校址建设项目、贡院东街科研与学术大楼建设项目、职工住房房源项目进展情况等项工作。

六　月

6 月 11 日　全国政协副主席、我院院长陈奎元在京会见俄罗斯联邦委员会委员、俄罗斯联邦委员会自然垄断委员会主席、前苏联部长会议主席尼古拉·伊万诺维奇·雷日科夫一行 4 人。副院长朱佳木、院秘书长黄浩涛陪同会见。

6 月 16 日　院党组书记、院长陈奎元主持召开第 186 次党组会议。会议传达学习了中共中央、国务院召开的省区市和中央部门主要负责同志会议精神，对我院贯彻落实会议精神作出部署。

△ 我院召开院属各单位主要负责同志会议，院党组副书记、常务副院长王伟光传达了中共中央、国务院召开的省区市和中央部门主要负责同志会议和全国宣传部长会议精神。

6 月 20 日　全国政协副主席、我院院长陈奎元会见了西藏自治区政协副主席、西藏社会科学院院长白玛朗杰一行。副院长武寅、秘书长黄浩涛陪同会见。

全国政协副主席、我院院长陈奎元，常务副院长王伟光会见了来访的上海社会科学院院长王荣华一行。会见前，王伟光与王荣华等上海社科院领导进行了工作交流。

△副院长陈佳贵主持召开院经济学部主办的“越南金融危机与我国当前经济形势学术研讨会”。经济学部有关专家学者近20人参加会议。

6月23日　副院长陈佳贵主持召开我院专家学者和成都市社会科学院、成都市统筹城乡工作委员会专家学者组成的联合课题组会议，就灾后重建的国际经验及其对成都市灾后经济重建的借鉴意义、重建过程中成都市重点产业的布局与建设、灾区重建规划的概念方案、重建模式选择等问题进行了讨论。

6月26日　副院长朱佳木会见香港岭南大学香港与华南历史研究部主任、香港地方志办公室主任刘智鹏等一行2人。中国地方志指导小组有关负责同志陪同会见。

△副院长武寅出席院科研局、中日历史研究中心主办的“中日历史研究中心成立10周年学术研讨会”并讲话。会议前，武寅会见了日中友好会馆理事长村上立躬。

6月27日　我院举办学习新党章报告会暨新党员入党宣誓仪式，院党组副书记、副院长李慎明主持会议并讲话。

6月28～29日　常务副院长王伟光出席在贵州省贵阳市召开的全国社会科学院系统邓小平理论和“三个代表”重要思想研究中心第13届年会暨理论研讨会，并在开幕式上致辞。

七　月

7月3日　院党组副书记、常务副院长王伟光主持召开2008年第二次院务会议，审议《关于研究生院学位评定委员会2008年遴选博士生导师的报告》、《关于院网络信息系统运行10周年系列纪念活动的情况报告》和《关于授予外籍人士“中国社会科学院荣誉学部委员”称号条例》等事宜。

7月4日　常务副院长王伟光出席院学部主席团主办的首届“中国社会科学院国学研究论坛”并讲话。副院长李慎明、陈佳贵、朱佳木、武寅，中央纪委驻院纪检组组长李秋芳，秘书长黄浩涛出席会议。会议由我院文史哲学部主任江蓝生主持。院学部主席团成员汝信，我院部分学部委员和荣誉学部委员以及院内外的专家学者200余人参加了会议。

7月7～9日　我院召开“优秀图书资料工作者表彰大会暨2008年图书馆工作会议”。常务副院长王伟光，副院长武寅，秘书长黄浩涛出席开幕式，并为优秀图书资料工作者颁奖。

7月9日　全国政协副主席、我院院长陈奎元在京会见了即将离任的越南驻华大使陈文律一行。常务副院长王伟光，副院长李慎明、陈佳贵，秘书长黄浩涛陪同会见。

7月10日　我院召开网络信息系统运行应用10周年总结表彰会。常务副院长王伟光向表彰会发来贺词。副院长、院信息化领导小组组长陈佳贵，中央纪委驻院纪检组组长李秋芳，秘书长黄浩涛出席会议并向获得表彰的先进单位和个人颁奖。

7月11日　常务副院长王伟光会见了陕西省社会科学院院长杨尚勤和副院长石英一行。秘书长黄浩涛陪同会见。

7月15日　全国政协副主席、我院院长陈奎元会见了青海省社会科学院院长赵宗福一行。秘书长黄浩涛陪同会见。

△副院长朱佳木在京会见了就澳门编修地方志事宜前来咨询的澳门特区政府社会文化司司长崔世安、澳门理工学院院长李向玉。

7月15～22日　中央纪委驻院纪检组组长李秋芳带队在福建省进行贯彻落实惩治预防腐败体系五年工作规划国情调研。

7月20日　副院长朱佳木率我院国情调研项目“特大城市社会治安调查研究”课题组部分成员前往天津，与天津市人大常委会主任刘胜玉及市综治委、公安局的有关领导进行座谈。座谈会后前往天津市港务局进行调研。

7月20～23日　常务副院长王伟光出席由中国社会学会主办，吉林省社会科学院、吉林省社会科学联合会、吉林省社会学会、吉林大学和东北师范大学联合承办的“中国社会学会2008年学术年会暨第七届理事会”并致辞。吉林省委书记王岷在会议期间会见了王伟光等同志。吉林省委副书记王儒林，吉林省委常委、宣传部长荀凤栖，吉林省人大常委会副主任车秀兰，吉林省政协副主席林炎志，中国社会学会名誉会长陆学艺、郑杭生等出席了开幕式。

7月23～26日　中国社会科学院召开改革工作座谈会。院党组书记、院长陈奎元出席大会并在会议结束时发表了重要讲话。院党组副书记、常务副院长王伟光在开幕式上作了题为《深化改革，加强适应哲学社会科学创新体系的管理体制机制建设》的主题讲话。院党组副书记、副院长李慎明出席闭幕式并讲话。院党组成员、副院长陈佳贵、朱佳木、高全立、武寅，院党组成员、中央纪委驻院纪检组组长李秋芳，院党组成员、秘书长黄浩涛出席会议。陈佳贵主持开幕式。会议进行了大会交流，院办公厅、科研局、人事教育局、国际合作局、财务基建计划局、图书馆、计算机网络中心、服务中心汇报了本单位管理体制机制改革的思路和方案；院直属机关党委作了关于机关作风建设专题发言；院两个专项工作小组介绍了专项工作情况；中国社会科学出版社、社会科学文献出版社、中国社会科学杂志社、我院研究生院分别介绍创新发展的思路和目标。会议还分组对各部门改革思路和方案进行了讨论，提出了修改意见。院副秘书长及院属各单位主要负责人参加了会议。

7月26～27日　副院长陈佳贵出席我院与江苏省政府共同举办，院财政与贸易经济研究所与扬州市政府承办的“第五届城市竞争力国际论坛”并讲话。江苏省副省长史和平等出席开幕式并致辞。

八　月

8月8日　全国政协副主席、我院院长陈奎元在京会见来访的联合国教科文组织总干事松浦晃一郎一行。副院长陈佳贵陪同会见。我院考古研究所所长王巍向来宾介绍了包括殷墟和文字起源等方面的考古现状及成果。

8月9～10日　副院长朱佳木会见俄中友协主席、俄罗斯科学院远东研究所所长季塔连科院士，并陪同季塔连科参观了天津港和天津滨海经济技术开发区。

8月14日　院党组书记、院长陈奎元主持召开第187次党组会议。会议根据中央办公厅通知要求，讨论了中央有关文件征求意见稿。

8月18日　院党组书记、院长陈奎元主持召开第188次党组会议。会议审议了《中国社会科学院关于深化管理体制机制改革的方案（送审稿）》、《关于呈报〈第一届院学术咨询委员会届满工作的报告〉的请示》、《中国社会科学院贯彻落实中共中央〈建立健全惩治和预防腐败体系2008～2010年工作规划〉的实施办法》等。

8月19日　我院召开部署深化改革工作会议。院党组副书记、常务副院长王伟光，院党组副书记、副院长李慎明，院党组成员、副院长高全立、武寅，院党组成员、中央纪委驻院纪检组组长李秋芳，院党组成员、秘书长黄浩涛出席会议并分别讲话。会议由李慎明主持。我院副秘书长及院属各职能局、研究所的主要负责同志百余人参加会议。

8月20日　副院长武寅主持召开我院老年科研基金领导小组会议并讲话。会议审议批准了2008年老年科研基金立项课题、资助出版项目；审议并原则通过了《关于进一步改进完善老年科研基金资助工作的意见》。院科研局负责同志及老年科研基金领导小组成员参加会议。

8月29～30日　常务副院长王伟光出席我院经济社会发展社会科学实验室论证委员会全体会议并讲话。秘书长黄浩涛出席会议。

九　月

9月3日　全国政协副主席、我院院长陈奎元在京会见了越南新任驻华大使阮文诗一行。秘书长黄浩涛陪同会见。

9月6日　常务副院长王伟光出席“第12届全国社会科学院院长联席会议暨国际智库院长论坛”并讲话。王伟光代表陈奎元院长和我院对会议的召开表示祝贺，对大力支持此次会议的上海市委市政府致以诚挚的感谢。上海市委常委、宣传部长王仲伟等出席会议。

△副院长、中国企业管理研究会会长陈佳贵出席在重庆市召开的“中国企业改革与发展30年学术研讨会暨中国企业管理研究会2008年年会”并讲话。重庆市副市长童小平出席会议并讲话。

9月12日　中国社会科学院荣誉学部委员，原中国科学院哲学社会科学部学部委员，我院原顾问、经济研究所研究员骆耕漠同志（正部级待遇）因病医治无效，在北京医院逝世，享年100岁。9月28日上午，院长陈奎元，常务副院长王伟光，副院长陈佳贵、高全立、武寅，秘书长黄浩涛在八宝山革命公墓参加骆耕漠同志遗体送别仪式。

9月17～18日　常务副院长王伟光、秘书长黄浩涛在我院分别会见云南省副省长顾朝曦一行，山东省社会科学院党委书记、院长张华一行，江西省社会科学院院长傅修延一行。会见时，双方交流了科研与合作等事宜。

9月20日　中央纪委驻院纪检组组长李秋芳在江西省南昌市出席由我院马克思主义研究院、江西师范大学联合主办的“第三届马克思主义青年论坛”并作主题发言。

9月22日　中共中央政治局委员、国务委员刘延东在全国政协副主席、我院院长陈奎元的陪同下到我院调研，亲切看望专家学者和机关工作人员，参观科研成果展、珍藏善本古籍书库，考察民族文学研究所、社会学研究所、语言研究所和考古研究所，并听取了我院的工作汇报。我院常务副院长王伟光，国务院副秘书长项兆伦，国务院研究室副主任江小涓，我院副院长李慎明、朱佳木、高全立、武寅，中央纪委驻院纪检组组长李秋芳，秘书长黄浩涛等陪同调研并出席座谈会。王伟光在会上代表院党组汇报我院的工作情况。我院文史哲学部副主任张海鹏、经济学部副主任刘树成、社会政法学部主任郝时远、国际研究学部主任张蕴岭、马克思主义研究学部主任程恩富和研究生院党委书记黄晓勇在座谈会上发言。

9月25日　院党组书记、院长陈奎元主持召开第189次党组会议。会议传达学习了中央关于开展深入学习实践科学发展观活动有关文件精神，研究部署我院开展学习实践科学发展观活动有关工作。

9月26日　我院召开处室级以上领导干部大会，传达学习中央关于在全党开展深入学习实践科学发展观活动动员大会精神。院党组副书记、常务副院长王伟光主持会议并传达了全党深入学习实践科学发展观活动动员大会暨省部级主要领导干部专题研讨班会议精神，对全院学习实践活动作初步动员和部署。院党组副书记、副院长李慎明传达了胡锦涛同志的重要讲话精神。院党组成员、中央纪委驻院纪检组组长李秋芳出席大会。

9月27日　全国政协副主席、我院院长陈奎元，常务副院长王伟光，副院长李慎明、陈佳贵、武寅，秘书长黄浩涛出席在社科会堂召开的“中国社会科学院研究生院建校30周年庆祝大会·科学发展理论暨全国博士生论坛开幕式”。

十　月

10月8日　常务副院长王伟光、副院长高全立为中国社会科学院结算中心揭牌。

10月13日　副院长朱佳木在我院举办的纪念改革开放30周年系列学术活动报告会上作题为《党的十一届三中全会与中国改革开放的伟大转折》的首场报告。

10月14日　“中国社会科学院深入学习实践科学发展观活动动员大会”在社科会堂隆重召开。全国政协副主席、院党组书记、院长、院深入学习实践科学发展观活动领导小组组长陈奎元，院党组副书记、常务副院长王伟光，中央学习实践科学发展观活动第11指导检查组组长、江西省政协主席傅克诚以及副组长、全国政协常委、国家安监总局原副局长、党组副书记王显政，我院党组副书记、副院长李慎明，院党组成员、副院长陈佳贵、朱佳木、高全立，院党组成员、中央纪委驻院纪检组组长李秋芳，院党组成员、秘书长黄浩涛出席会议。出席动员大会的还有我院副秘书长，部分原院领导，院十七大代表、全国人大代表、全国政协委员，院学部委员、荣誉学部委员、学术咨询委员会委员以及院属各单位所局级领导干部、院机关处级党员干部和研究员等约800人。

10月15日　院党组副书记、常务副院长王伟光主持召开第190次院党组会议。会议学习讨论了党的十七届三中全会有关文件精神。

△院长陈奎元、常务副院长王伟光出席由我院马克思主义研究院召开的“改革开放30年理论创新——马研院学术顾问特聘研究员座谈会”并发表重要讲话。

10月17日　常务副院长王伟光、副院长李慎明在浙江省宁波市出席《中国社会科学院和宁波市双方全面合作协议》和《共建中国社会科学院国情调研宁波基地协议》签约仪式。

10月17～18日　常务副院长王伟光，副院长武寅在南昌出席我院与江西省科研合作协议签约仪式暨建设鄱阳湖生态经济区高层论坛。

10月21日　常务副院长王伟光，副院长陈佳贵，院特约顾问刘国光出席院经济学部等单位在京举办的“改革开放30年暨纪念孙冶方百年诞辰研讨会”。

10月23日　常务副院长王伟光、副院长高全立出席由国家人口计生委与我院主办，院人口与劳动经济研究所承办的“改革开放与人口发展论坛”开幕式。

10月26日～11月5日　中央纪委驻院纪检组组长李秋芳率我院廉政研究代表团访问俄罗斯和法国。

10月27日　秘书长黄浩涛出席我院文史哲学部举办的第二次国学研究论坛。论坛主题为“国学与中国哲学”。

10月29日 院党组书记、院长陈奎元主持召开第191次党组会议。会议传达学习了中央纪委召开的“全国落实党风廉政建设责任制工作电视电话会议”精神；研究部署了我院深入学习实践科学发展观活动有关工作。

10月31日 中国社会科学出版社隆重举行建社30周年庆祝大会。全国政协副主席、我院院长陈奎元题词：“以改革促发展，做大做强社科出版事业，为巩固马克思主义阵地，扩大中国哲学社会科学话语权作贡献”，以此向中国社会科学出版社全体干部职工表示祝贺。常务副院长王伟光出席大会，副院长陈佳贵致辞。

十一月

11月3日 副院长陈佳贵会见美国斯坦福大学胡佛研究所第一副所长大卫·布雷迪教授，就今后加强双边关系等问题交换了意见。同日，大卫·布雷迪在我院美国研究所就“2008年美国大选及其对中美关系之影响”发表演讲。我院美国研究所、拉丁美洲研究所、亚洲太平洋研究所、国际合作局等单位人员参加会议。

11月4日 全国政协副主席、我院院长陈奎元会见澳大利亚总理特使理查德·伍尔科特、澳大利亚驻华大使芮捷锐等，就推进亚太各国共同合作与发展等相关问题进行交流。

△常务副院长王伟光会见荷兰教育文化科学部大臣罗纳德·布斯特克率领的荷兰教育文化科学部代表团一行。双方举行了《中国社会科学院与荷兰教育文化科学部科学合作与交流谅解备忘录》的签字仪式。

11月5日 第四次全国地方志工作会议在人民大会堂隆重召开。中共中央政治局委员、国务委员刘延东，全国政协副主席、我院院长、中国地方志指导小组组长陈奎元出席会议并发表重要讲话。我院副院长、中国地方志指导小组常务副组长朱佳木向大会作工作报告。国家档案局局长、中国地方志指导小组副组长杨冬权主持会议。

11月6日 院党组副书记、常务副院长王伟光主持召开第192次院党组会议。会议学习讨论了胡锦涛同志在十七届三中全会上的两次讲话、胡锦涛同志同全国党校工作会议代表座谈时的讲话、《中国共产党党校工作条例》、习近平同志在全国党校工作会议上的讲话。

△常务副院长王伟光、副院长武寅出席由我院举办的第四届中国社会科学院优秀期刊奖颁奖大会并为获奖期刊代表颁奖。武寅在会议上发表讲话。

11月7日 全国政协副主席、我院院长陈奎元会见了宁夏回族自治区副主席李堂堂一行。副院长武寅出席会见。

△ 副院长陈佳贵主持由我院经济学部、院《要报》编辑部和农村发展研究所共同举办的“落实中共十七届三中全会‘关于推进农村改革发展若干重大问题的决定’精神，农村土地制度改革研讨会”。

11月7～8日　常务副院长王伟光出席由我院与中共中央文献研究室、中共深圳市委、深圳市人民政府共同主办的“坚持改革开放，推动科学发展——中国特色社会主义理论与实践研讨会”并讲话。

11月11日　副院长武寅主持召开我院特殊学科（绝学）评审会议。对首次申报立项的17个特殊学科建设项目进行了评审。有11个学科作为本年度特殊学科（绝学）建设项目。

△ 在我国著名文学家、翻译家、考古学家郑振铎先生诞生110年周年、逝世50周年之际，中国社会科学院学部主席团和国家图书馆联合主办的主题为“郑振铎与现代中国文化建设”的中国社会科学院第三次国学研究论坛隆重举行。

11月12日　副院长李慎明在我院学术报告厅主持召开报告会，俄罗斯莫斯科大学原第一副校长、现社会学系主任多博林科夫作题为《当代俄罗斯与当代世界》的报告。

11月14日　副院长陈佳贵在我院出席由我院经济学部、科研局和工业经济研究所联合主办的“自然科学与社会科学交叉论坛：中国医改若干重大问题研究研讨会”并讲话。

11月15日　副院长陈佳贵在成都出席我院和四川省委、省政府联合主办的“纪念改革开放30年——统筹城乡发展论坛”并致辞。全国政协副主席阿不来提·阿不都热西提，全国人大农业和农村委员会主任王云龙，四川省委书记、四川省人大常委会主任刘奇葆，四川省委副书记、省长蒋巨峰，中央政策研究室副主任郑新立等出席论坛。

△ 中国社会科学院法学研究所建所50周年纪念大会暨法学学科新发展论坛在我院社科会堂隆重召开。全国政协副主席、我院院长陈奎元题词：“深入学习法学理论，为建设在中国共产党的领导下，人民当家作主，依法治国的社会主义国家作出新贡献”。我院常务副院长王伟光出席大会并致辞。

11月19日　常务副院长王伟光出席“中国社会科学院科研成果发布会暨《中国哲学社会科学30年丛书》出版座谈会”并讲话。

11月20日　院党组书记、院长陈奎元主持召开第193次党组会议。会议主要内容是院党组开展深入学习实践科学发展观活动解放思想讨论会。

11月20～21日　副院长武寅出席院文史哲学部主办、院学部工作局和世界历史研究所承办的“中国社会科学院世界史论坛”并致辞。

11月24日　常务副院长王伟光，秘书长黄浩涛在京出席由我院和云南省政府联合主办，院亚洲太平洋研究所承办的“第三亚欧大陆桥西南通道建设国际学术研讨会”开幕式。

十二月

12月3日　院党组书记、院长陈奎元主持召开第194次党组会议。会议审议了院党组深入学习实践科学发展观活动分析检查报告（讨论稿）。

12月6日　常务副院长王伟光出席在我院召开的“台州模式研究成果发布会暨《草根经济与民主政治》出版座谈会”并致辞。

△副院长陈佳贵、武寅在出席由院科研局主办，经济学部、经济管理出版社承办的“中国社会科学院科研成果发布会暨《中国经济改革开放30周年研究》丛书发布会”并讲话。

12月9日　秘书长黄浩涛在广州市出席由我院、广东省委宣传部、广东省社会科学院等6家联合主办，我院工业经济研究所承办的“第四届中国企业文化国际论坛”并致辞。广东省委常委、宣传部部长林雄出席会议并致辞。会议的主题是“改革开放30年中国发展模式的变革”。

12月11日　由我院学部主席团主办，历史研究所承办的“第四届国学研究论坛”在京举行。此次论坛主题为“陈垣、陈寅恪与20世纪中国传统文化研究”。

12月12日　我院在社科会堂召开所局领导干部大会，院党组副书记、常务副院长王伟光主持会议，传达中央经济工作会议等文件精神，会议对学习贯彻中央文件精神提出了具体要求。

12月16日　院党组书记、院长陈奎元主持召开第195次党组会议暨院党组理论学习中心组学习会。会议学习讨论了中央经济工作会议等有关文件精神。

△中国社会科学院学部主席团在京召开“改革开放30年国际学术研讨会”。全国政协副主席、我院院长陈奎元出席大会并会见来访的外国学者。常务副院长王伟光在会上讲话，中央文献研究室主任冷溶、商务部副部长马秀红、全国人民代表大会外事委员会副主任查培新、国务院研究室副主任宁喆等出席会议。开幕式由我院副院长陈佳贵主持。

12月18～20日　常务副院长王伟光、副院长李慎明出席由中宣部、中央党校、中央文献研究室、中央党史研究室、国家发改委、教育部、中国社会科学院、国务院发展研究中心、解放军总政治部等单位联合召开的“纪念改革开放30周年理论研讨会”。王伟光作大会发言。李慎明主持小组讨论并发言。

12月20日　副院长武寅出席我院民族学与人类学研究所建所50周年庆祝大会并讲话。

12月22日　常务副院长王伟光、副院长武寅、中央纪委驻院纪检组组长李秋芳、秘书长黄浩涛出席“中国社会科学院第三届廉政研究论坛”。

12月29日　院党组书记、院长陈奎元主持召开第196次党组会议。会议内容为院党组开展深入学习实践科学发展观活动专题民主生活会。

△副院长武寅出席由我院科研局主办、城市发展与环境研究中心承办的“自然科学与社会科学交叉论坛”并致辞。我院原副院长滕藤作论坛总结讲话。